DE LOS IMPERIOS A LA GLOBALIZACIÓN
LAS RELACIONES INTERNACIONALES EN EL SIGLO XX

PEDRO LOZANO BARTOLOZZI

DE LOS IMPERIOS A LA GLOBALIZACIÓN

LAS RELACIONES INTERNACIONALES EN EL SIGLO XX

EDICIONES UNIVERSIDAD DE NAVARRA, S.A.
PAMPLONA

Quedan rigurosamente prohibidas, sin la autorización escrita de los titulares del «Copyright», bajo las sanciones establecidas en las leyes, la reproducción total o parcial de esta obra por cualquier medio o procedimiento, comprendidos la reprografía y el tratamiento informático, y la distribución de ejemplares de ella mediante alquiler o préstamo públicos.

Primera edición: Octubre 2001

© 2001. Pedro Lozano Bartolozzi
 Ediciones Universidad de Navarra, S.A. (EUNSA)

ISBN: 84-313-1918-6
Depósito legal: NA 2.625-2001

Dibujos mapas: Juancho Cruz y Alfonso Díaz Knörr

Tratamiento: PRETEXTO. Estafeta, 60. Pamplona

Impreso en: GRÁFICAS LIZARRA, S.L. Ctra. Tafalla, Km 1. Estella (Navarra)

Printed in Spain – Impreso en España

Ediciones Universidad de Navarra, S.A. (EUNSA)
Plaza de los Sauces, 1 y 2. 31010 Barañáin (Navarra) - España
Teléfono: +34 948 25 68 50 - Fax: +34 948 25 68 54
e-mail: eunsa@cin.es

A Margarita

ÍNDICE

Prólogo 15

LIBRO I
EL COMPLEJO RELACIONAL

Introducción 21
Bibliografía básica 23

Primera parte
EL COMPLEJO RELACIONAL COMO SISTEMA COMUNICATIVO

Planteamiento 29
Bibliografía 31

Capítulo I
CONCEPTO DE RELACIONES INTERNACIONALES

1.1. Planteamiento teórico de la disciplina 39
1.2. El paradigma de la razón comunicativa-informativa 49
1.3. Intereses, poderes y valores 56
1.4. El mecano de los «ismos» 63

Capítulo II
ESTRUCTURA Y DINÁMICA

2.1. La sociedad internacional 79
2.2. Culturas y civilizaciones 86
2.3. Subsistemas y audiencias 91

2.4. El contexto del ecosistema 99
2.5. El mundo global 118

Capítulo III
ACTORES Y MEDIOS

3.1. Los estados 127
3.2. Las organizaciones internacionales 145
3.3. Otros actores 159
3.4. La diplomacia 176
3.5. Las fuerzas armadas 189

Segunda parte
MARCO JURÍDICO E INFORMATIVO DEL COMPLEJO RELACIONAL

Planteamiento 197

Bibliografía 199

Capítulo IV
EL MARCO JURÍDICO

4.1. El ordenamiento jurídico 207
4.2. Principios básicos de las relaciones entre los estados 213
4.3. Los derechos humanos 217
4.4. Regimen jurídico del espacio 221
4.5. El derecho al desarrollo 235

Capítulo V
CRISOLOGÍA Y POLEMOLOGÍA

5.1. La conflictividad internacional 243
5.2. Modos pacíficos de resolución de conflictos 246
5.3. Rearme y desarme 253
5.4. La guerra 266
5.5. La seguridad colectiva 275

Capítulo VI
LA INFORMACIÓN INTERNACIONAL

6.1. La información de actualidad o periodismo 291
6.2. El sistema comunicativo mundial 298
6.3. Metamorfosis de la información internacional 308

6.4.	La sociedad de la información	317
6.5.	La información internacional como factor de las relaciones internacionales	322

LIBRO II
DE LA MULTIPOLARIDAD AL GLOBALISMO

Introducción	331
Bibliografía básica	333

TERCERA PARTE
LA GUERRA FRÍA

Planteamiento	341
Bibliografía	343

CAPÍTULO VII
LA SEGUNDA GUERRA MUNDIAL

7.1.	Estructura y proceso	349
7.2.	La guerra europea	356
7.3.	La guerra Mundial	362
7.4.	La estrategia diplomática	370
7.5.	La herencia de la guerra	374

CAPÍTULO VIII
UN MUNDO DIVIDIDO

8.1.	Estructura y proceso	385
8.2.	Formación del Bloque del Este	405
8.3.	El problema alemán	419
8.4.	Formación del Bloque Occidental	428
8.5.	Proliferación de las alianzas	440
8.6.	Europa Occidental en busca de su unidad	444

CAPÍTULO IX
LA EMERGENCIA DEL TERCER MUNDO

9.1.	Estructura y proceso	449
9.2.	La independencia del Indostán y del Sudeste asiático	464
9.3.	El comunismo se extiende en Asia	470
9.4.	La formación de los estados árabes y de Israel	483
9.5.	Las «Áfricas» de África	492

CUARTA PARTE
LA COEXISTENCIA

Planteamiento 509
Bibliografía 511

CAPÍTULO X
UN MUNDO INTERDEPENDIENTE

10.1.	Estructura y proceso	519
10.2.	Evolución en el Bloque del Este	524
10.3.	Evolución en Europa Occidental	530
10.4.	El «imperio» americano	540
10.5.	Se reanudan las cumbres	544
10.6.	Hispanoamérica en busca de sí misma	548
10.7.	Cambios en América del Sur	556
10.8.	La aventura espacial	563

CAPÍTULO XI
LOS «RETOS Y RIESGOS CALCULADOS»

11.1.	El inestable equilibrio de la coexistencia	569
11.2.	La guerra de Vietnam	575
11.3.	Explosivo Oriente Medio	581
11.4.	La Guerra de los Seis Días	587
11.5.	El imperio olvidado, China	596
11.6.	Las áreas periféricas del Sistema Mundial	603
11.7.	El Gran Giro	615

CAPÍTULO XII
DISTENSIÓN Y CAMBIO

12.1.	Estructura y proceso	637
12.2.	Años de autocrítica	649
12.3.	Europa, del desasosiego a la esperanza	666
12.4.	El resurgir del Islam	682
12.5.	Guerra y paz en Oriente Medio	693
12.6.	El despertar de Asia	707
12.7.	Inestable África	723
12.8.	Democratización en Iberoamérica	730

Quinta parte
LA CRISIS

Planteamiento 743
Bibliografía 745

Capítulo XIII
EL DESPLOME DEL BLOQUE DEL ESTE

13.1. Estructura y proceso 755
13.2. Hacia la casa común europea 766
13.3. El fin de las Repúblicas Populares 790
13.4. De la URSS a la CEI 810
13.5. La reunificación alemana 822
13.6. Yugoslavia en guerra 831

Capítulo XIV
LA POSTGUERRA FRÍA

14.1. Otro hábitat 845
14.2. La construcción europea 865
14.3. Un nuevo Oriente Medio 890
14.4. Asia a la espera 907
14.5. Cambios en África 921
14.6. Iberoamérica se transforma 938

Capítulo XV
AGITADO FIN DE SIGLO

15.1. Estructura y proceso 959
15.2. Hegemonía norteamericana 970
15.3. El espacio post-soviético 977
15.4. Hacia la Europa Continental 983
15.5. Esperanza en los Balcanes 1004

Capítulo XVI
ALFA Y OMEGA

16.1. Involución en Oriente Medio 1011
16.2. Asia se inquieta 1017
16.3. África convulsa 1028
16.4. Iberoamérica progresa 1036
16.5. La conquista del espacio exterior 1045

PRÓLOGO

El premio Nobel de Química de 1977, Ylya Prigogine, manifestó que «en una década, la ciencia ha descubierto lo complejo, la no-linealidad, el caos, y que lejos de ser una autómata, la naturaleza es creativa y está en perpetuo devenir»... «La naturaleza es una narración, una novela imaginativa que se va escribiendo progresivamente».

Si un científico podía sugerir esta interpretación *literaria* de los fenómenos naturales, muchos más coherente resulta aplicarla a los acontecimientos sociales. Ya dijo también un poeta, Mallarmé, que el mundo está hecho para desembocar en un bello libro. El paradigma de la razón comunicativa e informativa que sustenta el método de este volumen dedicado a describir el sistema internacional contemporáneo participa de esa misma comprensión, ya que plantea el complejo relacional como un hecho diálectico, como un resultado del intercambio de mensajes entre unos actores capaces de construir audiencias sociales, perfiladas en tiempo y espacio.

El siglo XX que acaba de terminar fue estratificado por una serie de etapas que guardan una evidente concatenación y a la vez brindan bastantes diferencias para su autonomía. Todo el período despliega, como en una gran sinfonía, temas recurrentes y diferenciadores; compone un descoyuntado friso escultórico que conforme se nos aleja descubre una trama más nítida y comprensible. Al fin y al cabo la historia, como el arte, tiene mucho que ver con la perspectiva.

Los grandes Imperios, desde el español, que acabó en 1898, hasta el soviético en 1991, pasando por el desmoronamiento colonial de las otras Potencias europeas en la segunda postguerra, se trocearon para dar paso a casi dos centenares de nuevos Estados.

Ha sido un siglo de cambios internos, de impresionantes avances en el ámbito de la ciencia, la tecnología, la medicina, los transportes, y toda la red comunicativa del ecosistema social.

Las aportaciones de la física cuántica, la teoría de la relatividad, la conquista del espacio, los descubrimientos en el microcosmos y complementariamente en el universo, en la biomedicina, la genética o el surgimiento de la sociedad de la Información, son logros espectaculares de estos grávidos cien años, que han repercutido además directamente en mejorar la vida cotidiana de las gentes.

Pero también es manifiesto el desajuste entre el fascinante cabalgar de estos progresos materiales y el mucho más lento caminar de los valores del espíritu. El siglo XX estuvo crucificado por Auschwitz, el Gulag, Hirosima y una larga serie de trágicos nombres de personas, hechos y lugares. Desde la confrontación ruso-japonesa de 1904 hasta la intervención en Kosovo en 1999 y la intifada de 2000, el siglo ha sido todo él, un lacerante período de entreguerras, que ofrece en las hondas cicatrices de las dos conflagraciones mundiales sus heridas más dramáticas.

El rompimiento estético y el entrecruzamiento de las vanguardias literarias o pictóricas, el ritmo vertiginoso del cambio en los gustos, los usos y las modas, el efímero y febril consumismo, la ascensión de las masas, el culto al poder en sus más poliédricas formas o la devastadora carrera de armamentos, unidos al deterioro medioambiental configuran el rostro de unos años que a la vez han visto la expansión de los derechos humanos, la liberación de la mujer, la universalización de la democracia y crecientes reivindicaciones por la igualdad entre los pueblos.

Se han fusionado y fragmentado mundo e inframundos, reales y virtuales, trastocando y reubicando ideas, creencias, pasiones, intereses, sueños, carencias y esperanzas en un remolino existencial casi surrealista. A la vez se han levantado sólidos principios, imponentes estados, ambiciosas organizaciones regionales y mundiales, áreas económicas desarrolladas, poderosas alianzas multinacionales y empresas más soberanas que decenas de países.

El caminar histórico ha sido fluido y contradictorio, con logros admirables y referentes ejemplares, pero a la vez ha pasado un viento iconoclasta, que ha desjerarquizado, desvalorizado, destradicionalizado y desmenuzado ideologías, autoridades, identidades, proyectos políticos, sentimientos religiosos, mesianismos —como el comunismo y el nazismo—, todo vibrando en un cuadro sin límites para el mal, sin marcos de sujeción ética, con una visión vaciada del hombre.

El crecimiento también ha afectado a la población, que casi se ha cuadruplicado en este siglo, alcanzando hoy más de 6.000 millones de habitantes que sin embargo viven en situaciones absolutamente dispares, con predominio de las subdesarrolladas.

Ha sido la época de las mejoras educativas y sanitarias, de la incipiente sociedad del ocio, de la generalización de los deportes y el turismo, de la implantación del Estado del bienestar, de la movilidad social y del sufragio universal.

El siglo empezó anclado en cimientos tangibles, en una *paz de los Imperios* que pronto se vio injusta y explosiva, y termina con un horizonte desnortado, tensionado entre el informalismo y el hegemonismo, rehecho de nuevo como unidad por la *paz cibernética* del mundo global.

El auge de las fuerzas económicas, del flujo informativo, del paradigma político democrático y del progreso científico precisan como contrapeso de una sociedad civil transnacional, de un pensamiento crítico y vigilante, de un retorno a valores estabilizadores y morales que restauren heridas, rehagan fracturas y superen la tensión centro-periferia para procurar un sistema más justo, interdependiente y solidario.

Agotadas las ediciones de mis obras *Estructura y Dinámica de las Relaciones Internacionales,* Ed. Mitre, Barcelona 1987, *Relaciones Internacionales (I). El Gran Consulado,* EUNSA, Pamplona 1994 y *Relaciones Internacionales (II). El Directorio Mundial,* EUNSA, Pamplona 1995, he considerado oportuno redactar un nuevo texto, esta vez en volumen unitario, que refundiese y actualizase los citados libros e incorporara los aspectos conceptuales y doctrinales más recientes. También se han añadido capítulos dedicados a los principales acontecimientos habidos en la escena internacional hasta finalizar el siglo XX.

El volumen consta de dos libros, divididos en dos y tres partes respectivamente, con un total de dieciséis capítulos. La estructura del complejo relacional como sistema comunicativo y su marco jurídico e informativo son objeto del libro primero, y el segundo está dedicado a describir el desarrollo histórico de ese sistema internacional desde 1939 hasta diciembre de 2000.

Las referencias bibliográficas son lógicamente selectivas, pues la cantidad de libros, monografías y artículos en las principales lenguas sobre el anchuroso campo de los estudios internacionales es ingente e inabarcable. Se ha optado por incluir recopilaciones vinculadas a los distintos capítulos y dos más generales e introductorias que también incorporan una breve relación de revistas especializadas.

El volumen incluye varios mapas e infográficos para ilustrar los temas expuestos, pero se ha prescindido de las notas a pie de página remitiéndonos al aparato bibliográfico general.

El trabajo que aquí se ofrece no es únicamente una gavilla de lecciones escritas para la formación de los estudiantes universitarios, aunque tal sea lógicamente su primera finalidad, sino una reflexión acerca del sistema relacional internacional y una crónica del acontecer histórico más reciente, que espero pueda interesar a círculos profesionales y a amplios sectores del público preocupado por los hechos y noticias internacionales.

El texto puede resultar prolijo en detalles, nombres, fechas o circunstancias, recogidos precisamente por anclarse en el devenir de unos sucesos muy concretos y haber sido la prensa una de las fuentes de investigación, pero se recomienda, a efectos académicos, que el estudiante se centre más en el análisis y la comprensión de las líneas generales, de las fuerzas profundas y de las claves formativas y fenomenológicas. Este volumen es fruto del esfuerzo de más de treinta años de dedicación académica, de la siempre enriquecedora relación con las distintas promociones de alumnos y del estímulo y consejo de profesores y colegas. Agradezco especialmente la ayuda prestada por Carlos Bueno, María Ángeles Martos, Laura Medel, Reyes Ibáñez-Aldecoa, Íñigo Alfonso Imízcoz, Raquel Panadero, Carla Vargas, Clara Abad e Iraia San Saturnino en la búsqueda de algunos materiales bibliográficos, comprobación de fechas y corrección de pruebas. Asimismo quiero mencionar a las hermanas Maite y María Paz Martínez por la transcripción definitiva del original.

Deseo que este libro contribuya a afianzar en los jóvenes universitarios, y en todos los demás lectores, el afán de trabajar por una época más justa, más libre y más pacífica. Que la Historia se vuelva a ilusionar con otro nuevo siglo de las luces, fundamentado en el reconocimiento de la intrínseca dignidad de todos los hombres por ser hijos de Dios.

*Junto a la fuente del vino, en el monasterio
de Santa María la Real de Irache,
Navarra a 15 de enero del año 2001*

Libro I
EL COMPLEJO RELACIONAL

INTRODUCCIÓN

Este primer libro, dividido en dos partes y seis capítulos, se dedica al planteamiento conceptual de aspectos teóricos del llamado por Chevalier complejo relacional internacional, entendido como un sistema comunicativo.

La imagen de un puzzle o rompecabezas puede servir de metáfora para exponer visualmente la idea de este complejo, integrado por un heterogéneo número de actores que mantienen entre sí muy variadas relaciones y de cuya interacción emergen audiencias y subsistemas, que no dejan de ser partes de un conjunto más abarcado, que se empieza a comprender como sociedad internacional

Escribe George Perec que «al principio el arte del puzzle parece un arte breve, un arte de poca entidad, contenido todo él en una elemental enseñanza de la Gestalttheorie: el objeto considerado —ya se trate de un acto de percepción, un aprendizaje, un sistema fisiológico o, en el caso que nos ocupa, un puzzle de madera— no es una suma de elementos que haya que aislar y analizar primero, sino un conjunto, es decir una forma, una estructura: el elemento no preexiste al conjunto, no es ni más inmediato ni más antiguo, no son los elementos los que determinan el conjunto, sino el conjunto el que determina los elementos: el conocimiento del todo y de sus leyes, del conjunto y su estructura, no se puede deducir del conocimiento separado de las partes que lo componen: esto significa que podemos estar mirando una pieza de un puzzle tres días seguidos y creer que lo sabemos todo sobre su configuración y su color, sin haber progresado lo más mínimo: sólo cuenta la posibilidad de relacionar esta pieza con otras y, en este sentido, hay algo común entre el arte del puzzle y el arte del go: sólo las piezas que se hayan juntado cobrarán un carácter legible, cobrarán un sentido...».

Algo parecido es predicable del sistema internacional, integrado por piezas muy perfiladas, como bien ilustran los estados, que son los actores más clásicos e importantes del conjunto, piezas que sin embargo coexisten y mantienen un intercambio vivo capaz de generar otra realidad no menos tangible:

las relaciones internacionales. La exposición comprende dos partes. La primera, titulada *El Complejo Relacional como Sistema Comunicativo* abarca tres capítulos dedicados al aspecto conceptual y metodológico, a la estructura y dinámica de la disciplina y a la consideración de los principales actores y medios. El segundo bloque de temas, bajo la rúbrica del *Marco Jurídico e Informativo del Complejo Relacional* contempla el ordenamiento jurídico, la conflictividad del sistema, y la información internacional.

Estos primeros capítulos ayudarán a comprender, desde la reflexión especulativa, el ámbito que es propio de nuestra disciplina y su doble engarce en el tiempo y el espacio, es decir, en el devenir histórico, el discurso pluricultural, la expansión territorial y la agrupación comunitaria en sociedades cada vez más relacionadas e institucionalizadas.

La crisis del sistema estatocéntrico heredado del orden creado en Westfalia en 1648 afecta a todo el conjunto de disciplinas científicas implicadas en el hecho y, especialmente, a las relaciones internacionales.

El dato incontrastable de haber entrado en crisis un modelo de sistema internacional y estar formándose otro, cuyos perfiles son todavía muy borrosos, aconseja dedicar algunos temas de nuestro estudio al análisis de este sistema estatocéntrico, en buena parte aún predominante, pero hacerlo desde la ponderación y alertando acerca de los problemas emergentes.

Coherentemente con la fase de transformación del sistema real, la ciencia de las Relaciones Internacionales está igualmente en período de autocrítica y busca nuevos cambios, proponiéndose paradigmas alternativos a los clásicos esquemas del realismo, el idealismo, el behaviorismo, y demás escuelas doctrinales. Junto a los temas vinculados a la delimitación del estudio, a la metodología o a las implicaciones históricas, se han dedicado otros a la estructura y la dinámica del complejo relacional.

Por otra parte se consideran aspectos jurídicos e informativos que pienso ayudarán a entender mejor las conexiones existentes entre todos estos campos.

Los actores intervienen en el proceso comunicativo, incluso en este período que ya empieza a conocerse como post-nacional, guiados por la consecución de sus intereses y mediante su capacidad de poder, acción o influencia. Tal es el planteamiento realista que el paradigma de la razón comunicativa e informativa debe superar.

Este enfoque propuesto no significa ignorar la innegable existencia de intereses y poderes, sino procurar su reconducción como elementos de un ciclo comunicativo estructurador de un sistema de coexistencia pacífico por ser entendidos ontológicamente como dialogantes.

BIBLIOGRAFÍA BÁSICA

A) LIBROS

ADLER, E. y CRAWFORD, B. (eds), *Progress in postwar international relations,* Columbia University Press, Nueva York 1991.

ARENAL, C., DEL, *Introducción a las Relaciones Internacionales,* Tecnos, Madrid 1990 (3.ª ed.).

ARON, R., *Paz y Guerra entre las Naciones,* Alianza, Madrid 1985 (reimp.).

BARBÉ, E., *Relaciones Internacionales,* Tecnos, Madrid 1995.

BERCOVITCH, J., *Meditation in International Relations,* MacMillan, Londres 2000.

BONANATE, L., *Introduzione all'analisi politica internazionale,* Corso di Relazioni Internazionali. Turín 1979 (2.ª ed.).

BROWN, S., *International Relations in a Global Changing System. Toward a Theory of the World Polity,* Westview Press, Boulder 1992.

BULL, H., *The anarchical Society. A Study of Order in World Politics,* MacMillan Press, Londres 1977.

CALDUCH, R., *Relaciones Internacionales,* Ed. Ciencias Sociales, Madrid 1991.

—, *Dinámica de la sociedad internacional,* Ed. Centro de Estudios Ramón Areces, Madrid 1993.

COLARD, D., *Les Relations Internacionales,* Masson, París 1981.

DEUTSCH, C.W., *El análisis de las Relaciones Internacionales,* Paidós, Buenos Aires 1974 (2.ª ed.).

EBATA, M. y NEUFELD, B., *Confronting the Political in International Relations,* MacMillan, Londres 2000.

FRANKEL, J., *Internacional Relations in a Changing World,* Oxford, University Press, 1979.

GARCÍA ARIAS, L., *Estudios sobre Relaciones Internacionales y Derecho de Gentes,* I.E.P., Madrid 1971.

GONIDEC, P.F., *Relations Internationales,* Ed. Montchrestien, París 1981 (3.ª ed.).

HAAS, M., *International Systems, A Behavioral Approach,* Chandler, Nueva York-Londres 1974.

HERZ, G.H., *International Politics in the Atomic Age,* Columbia University Press, Nueva York 1970.
HOCKING, B. y SMITH, M., *World Politics. An Introduction to International Relations,* Harvester, Nueva York 1990.
HOLSTI, K.J., *International Politics. A framework for analysis,* Prentice Hall, Engleword Cliffs 1992 (6.ª ed.).
JOUVE, E., *Relations Internationales,* PUF, París 1992.
KAPLAN, M.A., *System and Process in International Politics,* Wiley and Sons, Nueva York 1967.
KNORR, K. y ROSENAU, U.N., *Contending Approaches to International Politics,* Princeton University Press 1969.
KRIPPENDORFF, E., *The Theory and Politics of International Relations,* Frances Pinter, Londres 1986.
LERCHE, CH. y SAID, A.A., *Concepts of International Politics,* Prentice Hall, Englewood Cliffs 1979.
LOZANO BARTOLOZZI, P., *Estructura y Dinámica de las Relaciones Internacionales,* Ed. Mitre, Barcelona 1987.
MEDINA ORTEGA, M., *Teoría y Formaciones de la Sociedad Internacional,* Ed. Tecnos, Madrid 1983.
MERLE, M., *Forces et enjeux dans les relations internationales,* Pub. Sorbonne, París 1980.
—, *Sociología de las Relaciones Internacionales,* Alianza Universidad, Madrid 1991 (2.ª ed.).
MORGENTHAU, H., *La lucha por el poder y por la paz,* Sudamericana, Buenos Aires 1963.
—, *Politics among Nations. The Struggle for Power and Peace,* A. Knopf, Nueva York 1978.
NICHOLSON, M., *International Relations,* MacMillan, Londres 1998.
PADELFORD, M.J. y LINCOLN, G., *The dymanics of International Politics,* MacMillan, Nueva York 1967.
PALOMARES, G., *Teoría y concepto de las relaciones internacionales. Relaciones Internacionales I,* UNED, Madrid 1994.
RENOUVIN, P. y DUROSELLE, J.D., *Introducción a la política internacional,* Rialp, Madrid 1968.
REUTER, P. y COMBALAU, I., *Institutions et Relations Internationales,* PUF, París 1980.
REYNOLDS, P.A., *Introducción al estudio de las Relaciones Internacionales,* Tecnos, Madrid 1977.
ROCHE, *Theórie des relations internacionales,* Monthrestien, París 1997.
ROSECRANCE, R., *International Relations: Peace or War?,* MacGraw-Hill, Nueva York 1973.
ROSENAU, J.N. y otros (ed), *World Politics. An Introduction,* The Free Press, Nueva York 1976.
SMOUTS, M.C. (ed), *Les nouvelles Relations Internationales. Pratiques et theoríes,* Presses de Science PO, París 1998.
SPANIER, J.W., *Games Nations Play,* Nelson, Londres 1972.
SCHWARZENBERGER, G., *La política del poder. Estudio de la Sociedad Internacional,* FCE, México 1960.
STRANGE, S. y STOPFORD, J., *Rival States, Rival Firms,* Cambridge University Press 1991.
VELLAS, P., *Relations Internationals,* Lib. Gral., París 1974.
VV.AA., *La historia de las relaciones internacionales: una visión desde España,* UCM, MAE, Madrid 1996.

WALTZ, R., *Theory of International Politics,* Rendon House, New York 1979.
WRIGHT, Q., *A Study of War,* Chicago UP, Chicago 1965 (reimp.).
ZIEGLER, D.W., *War, Peace and International Politics,* Ed. Little Brown, Boston/Toronto 1987.
ZORGBIDE, Ch., *Les Relations Internationales,* PUF, París 1978 (2.ª ed.).

B) REVISTAS Y ANUARIOS

Adelphi Papers, Londres.
American Journal of International Law.
Annuaire de l'Institut de Droit International, París.
Annuaire Francais de Droit International, AFDI, París.
Anuario de Derecho Internacional, Universidad de Navarra, Pamplona.
Anuario Internacional CIDOB, Barcelona.
Anuario Latinoamericano I.E.D., Madrid.
Aussen Politik: German Foreign Affairs Review, Hamburgo.
Comunicación y Sociedad, Universidad de Navarra, Pamplona.
Conflict Studies, Londres.
Cursos de Derecho Internacional de Vitoria-Gasteiz, Universidad del País Vasco.
Etudes de Presse, París.
European Journal of International Law.
European and World Year Book.
Gazette. International Journal for mass communication Studies, Londres.
Journal of Communication, ICA, Austin, Oxford Univ. Press.
Journalism Mass Communication Quarterly, Columbia.
Keesing Contemporary Archives. Londres.
Media, Culture, Society, Londres. *New Media Society,* Londres.
Política Exterior, Madrid.
Public Opinion Quarterly, Chicago Press.
Publizistik, Westdeutscher Verlaga, Wiesbaden.
Recueil des Cours Académie de Droit International, La Haya.
Relaciones Internacionales, La Plata.
Relaciones Internacionales, México.
Review of International Studies.
Revista de Derecho Comunitario Europeo, Madrid.
Revista de Estudios Internacionales (antes Revista de Política Internacional), Madrid.
Revista de Instituciones Europeas, Madrid.
Revista Española de Derecho Internacional, AEPDIRI, Madrid.
Revista de Instituciones Europeas, Madrid.
Rivista di Studi Politici Internazionali. World Press Review.
ZER, Revista de Estudios de Comunicación, Universidad del País Vasco, Bilbao.

PRIMERA PARTE

EL COMPLEJO RELACIONAL COMO SISTEMA COMUNICATIVO

PLANTEAMIENTO

Los tres capítulos de este primera parte tienen un enfoque sistémico para exponer el armazón doctrinal, el entramado de actores, valores, intereses, medios y factores, contemplando también, sucintamente, la dinámica relacional.

Se empieza delimitando conceptualmente el ámbito de los estudios internacionales, para acotar el contenido propio de la disciplina de Relaciones Internacionales; para concluir con una referencia al método que se propugna: el paradigma de la razón comunicativa e informativa.

La evolución histórica del complejo relacional ha culminado en nuestro tiempo en la formación de un sistema integrado por diversos subsistemas territoriales y funcionales que se enfrentan juntos a una serie de desafíos.

Destaca entre estos retos el mismo proceso formativo del complejo, sometido a la acción simultánea de fuerzas centrífugas y centrípetas, en busca de su propia estructuración.

La sociedad internacional en formación es así el precipitado de una dialéctica entre formas culturales y choque de civilizaciones, con un sustrato de elementos asimétricos y un marco espacio temporal que culmina hoy en el reto del mundo global.

El friso de los actores, antes limitado a los estados, ha visto incorporarse a numerosas organizaciones internacionales y una variadísima cantidad de fuerzas transnacionales y actores *sui generis*.

La variedad tipológica de formas estatales está contribuyendo a dejar obsoleta la interpretación tradicional de la sociedad internacional como una aristocracia de estados soberanos.

El Estado es una organización de poder independiente sobre un espacio territorial y corresponde a un enfoque poco menos que patrimonial, cuando el poder es ahora consecuencia de la *capacidad de conformar la vida internacional*, un elemento del proceso comunicativo social, más relacionado con la *autoridad* —capacidad de promover acciones— que con el dominio de un territorio.

Si el complejo relacional es consecuencia de un sistema comunicativo sus elementos se clasificarán y diferenciarán más por su actividad *informativa* que por su ubicación o dimensión territorial.

De aquí la importancia que van cobrando los llamados actores *sui generis,* como las empresas multinacionales, los sindicatos, las internacionales de partidos políticos, los medios de comunicación de masas, los grupos de presión o las entidades científicas y culturales.

También se advierte una revalorización del papel de los individuos, de sus derechos y responsabilidades.

Los estados continúan manteniendo sus prerrogativas y sus funciones generales, al menos formalmente, y en el caso de las grandes potencias no sólo ejercen como tales, sino que además controlan a buena parte de las otras clases de actores.

Aunque esta variedad de sujetos supone lógicamente una gran diversidad de medios operativos, los estados, en cuanto actores más significativos del sistema, canalizan su acción fundamentalmente por dos medios: la diplomacia y el ejército.

El concepto de diplomacia ha visto ampliar su contenido y sus mecanismos hasta abarcar prácticamente todas las modalidades de relación exterior y además los restantes actores, en cierto modo, han promovido sus correspondientes *paradiplomacias.*

El poder militar también ha visto alterarse su significado y alcance, llegando a situaciones límite ante el riesgo de un holocausto nuclear o interrogarse por su razón de ser en un sistema que ha proclamado la prohibición del uso o amenaza de la fuerza para resolver los conflictos internacionales.

Además de implicar intereses, valores, poderes y medios de acción, el proceso relacional se desenvuelve en un contexto, en un *contorno* y un *dictorno* de factores influyentes, cada vez más fluidos.

Los actores se encuentran así encuadrados entre la acción de las fuerzas y factores internos y la presión de las fuerzas y factores externos que coadyuvan, equilibran o se oponen a su acción.

Las ideologías y estrategias se concretan en líneas operativas como el nacionalismo, el imperialismo, el neutralismo, los sistemas de equilibrio de poder, las hegemonías, las políticas revisionistas o conservadoras del sistema y las fuertes presiones actuales de un transnacionalismo multifacético.

BIBLIOGRAFÍA

1. Concepto de relaciones internacionales

Albert, H., *Die Wissenschaft und die Fehlbarkeit der Vernunft,* Tubinga 1982.
Arbatov, G., *Lutte Idéologique et relations internationales,* Edt. du Progrés, Moscú 1974.
Arenal, C. del, *Problemas y Perspectivas de las relaciones internacionales como teoría y como ciencia,* Universidad Complutense, Madrid 1986.
—, *La teoría de las relaciones internacionales en España,* International Law Association, Madrid 1979.
Baldwin, D.A. (ed), *Neorealism and Neoliberalism. The Contemporary Debate.* Columbia University Press, Nueva York 1994.
Beitz, Ch., *Political Theory and International Relations,* Princeton University Press, 1979.
Bonanate, L. y Santoro, C.M. (comps), *Teoría e analisi nelle relazioni internazionala,* Il Mulino, Bolonia 1986.
Braillard, Ph., *Theóries des Relations Internationales,* PUF, París 1977.
—, *Théorie des Systèmes et relations internationales,* Bruylant, Bruselas 1977.
Braillard, Ph. y Senarclens, P., *El Imperialismo,* P.C.E., México 1980.
Broekman, J.M., *El estructuralismo,* Herder, Madrid 1976.
Burchill, S. y Linklater, A., *Theories of International Relations,* McMillan, Londres 1996.
Burton, J.W., *Teoría General de las Relaciones Internacionales,* Universidad Nacional Autónoma, México 1973.
Choucri, N. y Robinson, T.W., *Forecasting in International Relations. Theory, Methods, Problems, Prospecto,* San Francisco 1978.
Cirput, J.V. (ed), *The Art of the Fend. Reconceptualizing International Relations,* Greenwood G.P.G., Londres 2000.
Clark, I. y Neumann, I., *Classical Theories of International Relations,* MacMillan, Londres 1999.
Clemens, W.C., *Dynamics of International Relations,* Rowman and Littlefield, Maryland 1998.
Davis, M.D., *La théorie des jeux,* Colin, París 1973.

DEUTSCH, K.W., *Los nervios del gobierno. Modelos de comunicación y control político,* Paidós, Buenos Aires 1966 (2.ª ed.).
DONELAN, M., *The Reason of State. A Study in International Political Theory,* Allen and Unain, Londres 1978.
DOUGHERTY, J.E. y PFALTZGRAFF, R.L., *Contending theories of International Relations,* Hasper & Row, Cambridge 1990.
EDKINS, J., *Poststructuralism and International Relations: Bringing the Political Back In,* Lynne Rienner, Londres 1999.
FRANKEL, J., *National Interest,* Pall Mall Press, Londres 1970.
GARCÍA ARIAS, L., *Estudios sobre Relaciones Internacionales y Derecho de Gentes,* I.E.P., Madrid 1971.
GARCÍA PICAZO, P., *Las relaciones internacionales en el siglo XX: la contienda teórica. Una visión reflexiva y crítica,* UNED, Madrid 1998.
GROOM, A.J.R. y LIGHT (comps), *Contemporary International Relations: A Guide to theory,* Pinter, Londres 1994.
HABERMAS, R.J., *Theorie and Praxis. Sozial philosophische studien suhrkamp,* Frankfurt 1971.
—, *Erkenntnis und Interesse,* Suhrkamp, Frankfurt 1973.
—, *Towards a theory of communicative competence,* 1970.
—, *Kleine Politische Schriften,* Frankfurt 1981.
—, *Theorie des Kommunikativen Hencheins,* Frankfurt 1981.
—, *Nisdkbewysstein und Kommunikatives Handienm,* Frankfurt 1983.
HIRSCHWEBER, W., *La Política como conflicto de intereses,* Madrid 1972.
HOFFMANN, St.H., *Teorías Contemporáneas sobre Relaciones Internacionales,* Tecnos, Madrid 1979 (reimp.).
INNERARITY, D., *Praxis e intersubjetividad,* EUNSA, Pamplona 1985.
JARVIS, D.S.L., *International Relations and the Challenge of Postmodernism. Defending the Discipline,* The University of North Carolina Press, 2000.
JENKINS, R., *Explitation. The world power structure and the inequality of nations,* McGibbon and Kee, Londres 1970.
KEOHANE, R.O. y N.Y.E., J.S., *Poder e interdependencia. La política mundial en transición,* Ed. Grupo Editor latinoamericano, Buenos Aires 1988.
KNORR, K.E., *El poder de las naciones,* Ed. Belgrano, Buenos Aires 1981.
LIGHT, M., *The Soviet Theory on International Relations,* Wheatsheaf Books, Brighton 1988.
LINKLATER, A., *Beyond Realism and Marxism: Critical Theory and International Relations,* McMillan, Londres 1990.
LITTLE, R. y SMITH, M. (comps), *Perspectives on World Politics,* Routledge, Londres 1992 (reimp.).
LOZANO BARTOLOZZI, P., *El Ecosistema Político,* EUNSA, Pamplona 1976.
LUHMANN, N., *Theorie der Gasselschofz oder social technolgie,* Suhrkamp, Frankfurt 1971.
MARDONES, S.M., *Razón comunicativa y teoría crítica,* Universidad del País Vasco, Bilbao 1985.
MEDINA ORTEGA, M., *La teoría de las Relaciones Internacionales,* Seminarios y Ediciones, Madrid 1973.
MESA GARRIDO, R., *Teoría y Práctica de Relaciones Internacionales,* Taurus, Madrid 1980 (2.ª ed.).
NOLFO, E., *Por una teoría empírica delle relazioni internazionali,* Turín 1973.
OZKIRIMLI, U., *Theories of Nationalism,* MacMillan, Londres 2000.
PAPISCA, A., *Introduzione alla studio delle relazioni internazionali,* Turín 1973.

RICOEUR, P., *El discuso de la acción,* Madrid 1981.
RITTBERGER, V. (ed), *Regime Theory and International Relations,* Clarendon Press, Oxford 1993.
ROSECRANCE, R., *International Relations: Peace or War?,* McGraw-Hill, Nueva York 1973.
ROSENAU, J., *Turbulence in World Politics. A Theory of Change and Continuity,* Harvester/Wheatsheaf, Londres 1990.
SCHMIDT, A., *Historia y estructura,* Madrid 1973.
SCHWARZENBERGER, G., *La Política del Poder. Estudio de la Sociedad Internacional,* FCE, México 1960.
SINGER, J.D. (ed), *Cuantitative International Politics. Insights and Evidence,* The Free Press, Nueva York 1968.
SPROUT, H.M., *Foundations of National Power,* Von Nostrand, Nueva York 1951.
TRUYOL I SERRA, A., *La teoría de las relaciones internacionales como sociología,* I.E.P., Madrid.
UREÑA, E.M., *La teoría crítica de la Sociedad de Habermas,* Madrid 1978.
VV.AA., *Las relaciones internacionales en la España contemporánea,* Ed. Univ. de Murcia, 1989.
VIET, J., *Les méthodes structuralistes dans les sciences sociales.* Mouton, La Haya 1967.
VINCENT, J.E., *International Relations,* (4 vols), Eurospan, Londres 1983.
VON BERTALANFFY, L., *Teoría General de los Sistemas,* FCE, Madrid 1976.
WALTZ, K., *Theory of International Politics,* Wesley, Reading 1979.
WELTMANN, J.J., *Systems Theory in International Relations,* Lexington Mass 1973.
WENDT, A., *Social Theory and International Relations,* Cambridge University Press, Cambridge 1999.
WILLMS, B., *Kritik und Politic. Jürgen Habermas oder das politische Defizit der Kritischen theorie,* Suhrkamp, Frankfurt 1973.
WITTGENSTEIN, L., *Philosophische Untersuchger,* Frankfurt 1982.

2. ESTRUCUTRA Y DINÁMICA

AXFORD, B., *The Global System: Economics, Politics, Culture,* Polity Press, Londres 1995.
BADIE, B., *La fin des territoires,* Fayard, París 1995.
BANAC, I. y otros, *Nation and Ideology,* Columbia University Press, Nueva York 1981.
BAYARDO, R. y LACARRIEU, M., *Globalización e identidad cultural,* Ciccus, Buenos Aires 1997.
BAYLIS, J. y SMITH, S. (ed), *The globalization of World Politics,* Oxford University Press, Oxford 1997.
BECK, U., *¿Qué es la globalización? Falacias del globalismo y respuestas a la globalización,* Paidós, Barcelona 1998.
BORJA, J. y CASTELLS, M., *Local y Global,* Taurus, Madrid 2000 (5.ª ed.).
CHOMSKY, N., *El beneficio es lo que cuenta. Neoliberalismo y orden global.* Crítica, Barcelona 2000.
DENG, F., *Soverighty as Responsability,* Brooking, Washington 1996.
D'ENTREMONT, A., *Geografía Económica,* Cátedra, Madrid 1997.
DOKA, C., *Les Relations Culturelles sur le Plan International,* La Baconnière, New Châtel 1959.

DOLLOT, L., *Les relations culturelles internationales,* París 1964.
EMGE, R.M., *Auswärtige Kulturpolitik,* Dunker and Humblot, Berlín 1967.
EMMANUEL, A., *L'èchange inégal. Essai sur les antagonismes dans les rapports économiques internationaux,* Maspero, París 1969.
ESTEFANÍA, J., *Contra el pensamiento único,* Taurus, Madrid 1997.
EUDES, Y., *La colonización de las conciencias. Las centrales USA de exportación cultural,* Ed. Gustavo Gili, Barcelona 1984.
GAMBLE, A. y PAYNE, E. (ed), *Regionalism and World Order,* Mcmillan, Londres 1966.
GUDYKUNST, W., *Intercultural Communication,* Sage, Londres 1983.
HAAS, E.B., *The study of Regional Integration: Reflections on the Joy and Anguisn of Pretheorizing,* International Organization.
HANSEN, R.D., *Regional Integration. Reflections on a Decade of Theoreticas Efforts,* World Politics, 1969.
HINSLEY, F.M., *Nationalism and the International System,* Holder & Stoughton, Londres 1973.
HOLSTI, O.R., *Unity and disintegration in International Alliances. Comparative Sudies.* John Wiley, Nueva York 1973.
HUNTINGTON, S.P., *El orden político en las sociedades en cambio,* Paidós, Buenos Aires.
KRIESBERG, L., *Social Processes in International Relations,* A Reader, Wiley, Nueva York 1968.
LANDHEER, B., *On the Sociology of International Law and International Society,* Nijhoff, La Haya 1966.
LEWIS, V.A., *L'integration regionale pour échepper à l'exiquité,* R.I.S.S., 1978.
LICHTHENIM, *El Imperialismo,* Alianza, Madrid 1972.
MADDISON, A., *The World Economy in the Twentietle.* Century, París 1989.
MANNING, C.A.W., *The Nature of International Society,* Bell and Sons, Londres 1973.
MAYALL, J., *Nationalis? and International Society,* Cambridge University Press, Cambridge 1990.
McCLELLAND, Ch., *Theory and the International System,* Nueva York 1966.
MEDINA ORTEGA, M., *Teoría y Formación de la Sociedad Internacional,* Tecnos, Madrid 1983.
MELO, J. y PANAGARIYA, A., *New Dynamics in Regional Integration,* Cambridge University Press, Cambridge 1993.
MESA GARRIDO, R., *La Nueva Sociedad Internacional,* C. Estudios Constitucionales, Madrid 1992.
MESTRE, T., *La política internacional como la política de poder,* Labor, Barcelona 1979.
MITTELMAN, J.H., *Globalization: Critical Reflections,* Lynne Rienner, Boulder 1996.
MORGENTHAU, H.J., *In Defense of the National Interest,* Knopf, Nueva York 1951.
MURPHY, G.N. y TOOZE (eds), *The New International Political Economy,* Lynne Rienner, Boulder 1991.
NADAL, J. (coord), *El mundo que viene,* Alianza, Madrid 1994.
NORTH, D., *Institutions, Instituional Change and Economic Performance,* Cambridge University Press, Cambridge 1990.
O'BRIEN, R., *Global Financial Integration: The End of Geography,* RIIA/Pinter, Londres 1992.
OMAN, Ch., *Globalisation et Regionalisation: quels enjeux pour les pays en developpment?,* OCDE, París 1994.

OVERBEEK, K. (ed), *Neo-Liberalism and Global Hegemony: Concepts of Control in the Global Political Economy,* Routledge, Londres 1994.
ROBERTS, J.C., *World Citizenship and Mundialism,* Praeger, Londres 1999.
ROBSON, P., *Transnational Corporations and Regional Economic Integration,* Routledge, Londres 1993.
ROSENAU, J. (ed), *Global Voices. Dialogues in International Relations,* Westview Press, Boulder 1993.
RUGGIE, J. (ed), *The Antinomies of Interdependence,* Columbia University Press, Nueva York 1983.
SAID, E.W., *Cultura e imperialismo,* Anagrama, Barcelona 1996.
SCHAFFER (ed), *Technology transfer and East-West Relations,* Croonshelm 1985.
SCHAEFFER, R.K., *Understanding Globalization,* Rowman and Littlefield, Maryland 1997.
TONNIES, G., *Comunidad y Sociedad,* Losada, Buenos Aires 1947.
TRUYOL I SERRA, A., *La Sociedad Internacional,* Alianza, Madrid 1993 (nueva ed.).
VV.AA., *Pensamiento Jurídico y Sociedad Internacional,* Estudios en honor del profesor D. Antonio Truyol Serra, CEC/Universidad Complutense, Madrid 1986.
—, *La nueva Sociedad Internacional,* Centro de Estudios Constitucionales, Madrid 1992.
—, *Terrorism and International Order,* Routledge-Keegan, Londres (reimp 1988).
VAN DETH, J.W. y SCARBROUGH (ed), *The Impact of Values,* Oxford University Press, Oxford 1995.
VÄYRYNEN, R. (ed), *Globalization and Global Governance,* Rowman and Littlefield, Maryland 1999.
VIDAL VILLA, J.M., *Teorías del Imperialismo,* Barcelona 1976.
WATERS, M., *Globalization,* Routledge, Londres 1995.
WATSON, A., *The evolution of international society,* Routledge, Londres 1992.
WIGHT, M., *The Balance of Power and International Order,* Manning, Oxford University Press, 1959.
ZALDIVAR, C.A., *Variaciones sobre un mundo en cambio,* Alianza, Madrid 1996.

3. ACTORES Y MEDIOS

ABI-SAAB, G., *Le concept d'organisation internationale.* Ed. UNESCO, París 1980.
ALDECOA LUZARRAGA, F., (comp) *La Cooperación Internacional,* Universidad del País Vasco, Bilbao 1993.
ALDECOA, F. y KEATING, M. (edit), *Paradiplomacy in Action: The Foreing Relations of Subnational Governments,* Frank Cass, Londres 1999.
AMIN, S., *Classe et nation dans l'Histoire et la crise comtemporaine,* Les Editions du Minuit, París 1979.
ARANBURU MENCHA, C.A., *Multinational Firms and Regional Process of Economic Integration,* Cours, 1976.
ARCHER, C. (comp), *International Organizations,* Routledge, Londres 1992 (2.ª ed.).
AZCÁRATE, P., *Minorías nacionales y derechos humanos,* Universidad Carlos III, Madrid 1998.
BALADO, M. y GARCÍA REGUEIRO, J.A. (dir), *La Declaración de los Derechos Humanos en su 50º aniversario.* Bosch, Barcelona 1998.

BANKS, M. y SHAW, M. (ed), *State and Society in International Relations,* Harvester Wheatsheaf, Nueva York 1991.
BARBERIS, J.A., *Los sujetos del Derecho Internacional Actual,* Tecnos, Madrid 1989.
BEIGBEDER, Y., *Le rôle international des organisations non gouvernementales,* Bruylant, Bruselas 1992.
CAMILLERI, J.A. y FALK, J., *The End of Sovereighty? The Politics of a Shrinking and Fragmenting World,* Edward Elgar, Aldershot 1992.
CARRILLO SALCEDO, G.A., *La Crisis Constitucional de las Naciones Unidas,* Madrid 1996.
—, *Soberanía del Estado y Derecho Internacional,* Ed. Tecnos, Madrid 1969.
—, *Dignidad frente a barbarie. La Declaración Universal de Derechos Humanos, cincuenta años después,* Trotta, Madrid 1999.
COHEN, Y., *Media Diplomacy,* Frank Cass, Londres 1986.
DEUTSCH, K.W., *Las naciones en crisis,* FCE, México 1981.
DIEZ DE VELASCO, *Las Organizaciones Internacionales,* Tecnos, Madrid 1994 (8.ª ed.).
EISENSTADT, S.N., *Los sistemas políticos de los Imperios,* Revista de Occidente, Madrid 1966.
ETIENNE, C., *Vencer a la guerra,* Ed. El País, Madrid 1985.
FASSBENDER, B., *Un Security Reform and the Right of Veto,* Kluver Law International, 1998.
FRANKEL, J., *National Interest,* Pall Mall Press, Londres 1970.
FRATTINI, E., *Guía de las Organizaciones Internacionales,* Ed. Complutense, Madrid 1998.
GIRARD, M. (ed), *Les individus dans la politique internationale,* Económica, París 1994.
GIRASOLI, N., *National minorities: who are they?,* Akadémiai Kiadó, Budapest 1995.
GÓMEZ GALÁN, M. y SANAHUJA, J.A., *El sistema internacional de cooperación al desarrollo. Una aproximación a sus actores e instrumentos,* CEDEAL, Madrid 1999.
HAAS, M., *International Systems. A Behavioral Approach,* Chandler, Nueva York 1979.
HALPERIN, M.H. y otros, *Bureaucratic Politics and Foreing Policy,* Washington 1979.
HANSEN, A., *USIA: Public Diplomacy in the Information Age,* Praeger, Nueva York 1984.
HINSLEY, *El concepto de la Soberanía,* Ed. Labor, Barcelona 1973.
HIRSCHWEBER, W., *La política como conflicto de intereses,* Madrid 1972.
HOLBRAAD, C., *Middle Powers in International Politics,* McMillan, Londres 1984.
HOLTON, R.J., *Globalization and the Nation-State,* McMillan, Londres 1998.
HORSMAN, M. y MARSHALL, A., *After the Nation-State,* Harper, Londres 1995.
JACKSON, R., *Quase-States: Sovereignty, Internacional Relations and the Third World,* Cambridge University Press, Cambridge 1990.
JIMÉNEZ PIERNAS, C. (ed), *La responsabilidad internacional. Aspectos de derecho internacional público y derecho internacional privado,* Ed. Asociación Española de Profesores de Derecho Internacional y Relaciones Internacionales, Alicante 1990.
JOUVENEL, B., *El poder,* Rialp, Madrid 1974.
LAUREN, P.G., *Diplomacy. New approaches in History. Theory and Policy,* Nueva York-Londres 1979.
LEFEBVRE, H., *De L'Etat,* Ed. UGE, París 1976.
LETAMENDIA, F. y otros, *Cooperación transfronteriza. Euskadi-Aquitania,* Universidad del País Vasco, Bilbao 1994.
MANGAS, A., *Análisis comparativo del derecho integracionista en la UE, GRAN, MERCOSUR,* IRELA, Madrid 1995.

MARIÑO, F. y FERNÁNDEZ LIESA, C. (eds), *El desarrollo y la cooperación internacional,* Universidad Carlos III, Madrid 1997.
MARSHALL, A., *Citizens, tabalism and the new world order,* Harper and Collins, Londres 1994.
McGOMAN, P. y KELLEY, Ch., *Foreing policy and the modern world sistem,* Sage, Londres 1983.
MEDINA ORTEGA, M., *Las organizaciones internacionales,* Alianza, Madrid 1979 (2.ª ed.).
MERLE, M., *La politique étrangère,* PUF, París 1984.
MERRIT, R.L., *Foreign Policy Analysis,* Lexington Books, Lexington 1976.
MORAN, T. (ed), *Government and Transnational Corporations,* Routledge, Londres 1993.
MORGENTHAU, H.J., *In Defense of the National interest,* Knopf, Nueva York 1951.
NAEF, W., *La Idea del Estado en la Edad Moderna,* Nueva Época, Madrid 1946.
NICOOLSON, H., *Diplomacia,* F.C.E., México 1984.
OLIMAE, K., *De LÉtat-Nation aux États-Règions,* Donod, París 1996.
OPELLO, W.C. y ROSOW, S., *The Nation-State and Global Order: A Historical Introduction to Contemporary Politics,* Lynne Rienne, Londres 1999.
OPPENHEIMER, F., *The State. Its History and Development viewed sociologically,* Trasaction, New Jersey 1998.
OVIAMIONAYI, V., *Diplomacia Pública. El uso de la información en la promoción de la política exterior y la imagen nacional.* Universidad de Navarra, Pamplona 1993 (tesis inédita).
OWEN VANDERSLUIS, S., *The State and Identity Construction in International Relations,* MacMillan, Londres 2000.
PETRIE, Ch., *Historia de la Diplomacia,* Caralt, Barcelona 1979.
PORTUGAL, M.L., *El agregado de prensa y el agregado de cultura como agentes de la diplomacia pública peruana,* Universidad de Navarra, Pamplona 1999 (tesis en prensa).
REMIRO BROTONS, A., *La acción exterior del Estado,* Tecnos, Madrid 1989.
—, *Civilizados, bárbaros y salvajes,* McGraw-Hill, Madrid 1996.
ROSECRANCE, R., *La expansión del estado comercial,* Alianza, Madrid 1987.
ROSENAU, J. (ed), *International Politics and Foreing Policy,* The Free Press, Nueva York 1969.
SCHOU, A., *Small States in International Relations,* Almquist y Wiksell, Estocolmo 1970.
SINGER, M., *Weak States in a World of Powers. The Dynamics of International Relationships,* Free Press, Nueva York 1972.
STAAR, R.F. (ed), *Public diplomacy: USA versus URSS,* Stanford 1968.
STEINBRUNER, J. DE, *The cybern etic theory of decision. New dimension of political analysis,* Princeton University Press, 1980.
STRANGE, S., *State and Markets,* Pinter, Londres 1994.
TAYLOR, P., *Nonstate Actors in International Politics. From transregional to Substate Organizations,* Westview-Press, Boulder 1984.
TUCH, H.N., *Public diplomacy: what it is and how it works,* Fletcher School, Medford 1985.
VELTZ, P., *Mundialización, ciudades y territorios,* Ed. Ariel, Barcelona 1999.
VV.AA., *El derecho al desarrollo o el desarrollo de los derechos,* Inst. Ciencia y Sociedad, Madrid 1991.
—, *Comunidades Autónomas: solidaridad, estatutos, organización, convenios,* Sevilla 1980.
WALLAGE, W., *Foreign policy making in western Europe,* Sason House, Hampshire 1984.
WILLIAMS, L., *Intergovernmental military forces and world public order,* 1971.

Capítulo I
CONCEPTO DE RELACIONES INTERNACIONALES

1.1. Planteamiento teórico de la disciplina

1.1.1. *Un amplio campo de estudios*

La ambigüedad de esta denonimación de Relaciones Internacionales que Merle califica de «prosaica», la heterogeneidad e imprecisión de su contenido, lo reciente de su tratamiento como disciplina diferenciada, y la universalidad de los asuntos que afronta, hacen del propósito de concretar el concepto de la misma un empeño difícil, hasta el punto de haber sido señalado por Quincy Wright que las Relaciones Internacionales son una disciplina que no ha sido formulada todavía.

A) Si es cierto que se trata de un campo de estudio relativamente nuevo, no lo es menos que la preocupación por los asuntos internacionales ha sido una constante histórica. En esta cuestión cabe trazar un símil con el personaje de Molière, maese Poquelin, que «hablaba en prosa sin saberlo».

Los historiadores, los juristas, los pensadores políticos, y hasta los escritores utópicos han construido las primeras etapas hacia una ciencia de la sociedad internacional, bamboleando estos precedentes entre el idealismo pacifista y el realismo pragmático.

Este elenco de nombres, este friso de personajes es tan dispar como ilustre; consejeros de príncipes, como Cautilya «el Tortuoso», Maquiavelo o el duque de Sully; filósofos griegos y medievales, escolásticos y librepensadores; de Platón a Kant, de Agustín a Montesquieu; historiadores romanos, árabes y románticos; Polibio, Ibn Jald, Jacob Burekhardr, hombres de leyes como Vitoria, Suárez, Grocio, Vattel, poetas y soñadores; Dante, Campanella, Swift, Coudenhove-Kalerji.

La diferenciación de las Relaciones Internacionales como disciplina autónoma es fruto esperanzado del drama de la Gran Guerra y las corrientes doctrinales se emparentan ahora con la sociología, el behaviorismo, las direcciones cuantitativas, el marxismo, el postbehaviorismo... todas ellas se plantean la problemática global de la sociedad internacional, bajo distintas ópticas, o prefieren ceñirse a cuestiones más precisas, bien sea el comportamiento de los actores, el estudio de la decisión o la cuantificación de las variables relevantes. La primera cátedra se creó en la Universidad de Gales en 1919.

B) La amplitud y complejidad de este campo de estudio y la polivalencia del precipitado doctrinal hacen de las Relaciones Internacionales una disciplina de límites fluídos, hasta el punto de admitirse por Manning, en su conocido informe, que todo puede acabar siendo objeto de estudio en nuestro campo.

Se impone por tanto acotar el ámbito con más exigencia y con mayor deslinde, bien sea fijándose en los actores, en las relaciones o en el conjunto sistémico.

Decía García Morente que así como la reflexión filosófica enuncia en conceptos claros y distintos el objeto universal, la totalidad de la vida, la ciencia piensa clara y distintamente sobre objetos parciales.

Resulta de lo dicho que cada ciencia particular se determina por un objeto contemplado desde una singular perspectiva.

En el caso de nuestra disciplina encontramos la peculiaridad de ser una ciencia particular que tiene un objeto en cierto modo universal: la Sociedad Internacional.

La necesaria adopción de criterios restrictivos ha llevado a las distintas corrientes doctrinales a destacar determinados aspectos de este objeto tan abarcador.

C) Así encontramos el grupo de concepciones estatalistas, bien citando expresamente al Estado como actor privilegiado, confundiendo política internacional con relaciones internacionales, o bien recurriendo a anfibologías como «relaciones entre poderes políticos superiores», «unidades políticas autónomas» o «grupos con poder». En autores como Wright, Dunn, Aron o Virally se encuentran planteamientos de este estilo.

Un segundo grupo procura incluir las relaciones no gubernamentales en la misma concepción definitoria. Así Duroselle, tras amalgamar en la disciplina «todo lo que se refiere a las relaciones entre grupos a uno y otro lado de las fronteras nacionales», distingue entre la política exterior, que se ocupa de las relaciones entre estados y la vida internacional, que se ocupa de las relaciones entre los demás grupos sociales.

Merle señalará en este misma línea que la vida internacional es la manifestación de una serie de intercambios producidos en un medio determinado, preciso.

Para evitar el riesgo de disolución y de imprecisión que se crea al introducir todas las relaciones humanas en la definición, un tercer grupo de autores intenta reconducir el problema fijándose en la especificidad de las relaciones internacionales, frente a otro tipo de relaciones sociales. En este grupo cabe citar las aportaciones de Spykman, Deutsch, Young o Chevalier.

De este modo buscando un enfoque más abarcador y sistémico, se vuelve a considerar a la sociedad internacional como el objeto propio de estudio.

Schwarzenberger ya definió la disciplina como «la rama de la sociología que se ocupa de la sociedad internacional, añadiendo que son asuntos internacionales las relaciones entre grupos, entre grupos e individuos y entre individuos, que afectan de modo esencial a la sociedad en cuanto tal».

Sintetizando las distintas aportaciones, puede convenir señalar como temas que preocupan a los investigadores de nuestra disciplina: 1) la tipología de los «actores» y su comportamiento; 2) la taxonomía de las relaciones y los medios para establecerlas; 3) la estructura y dinámica de los factores y subsistemas resultantes y 4) los problemas puntuales más significativos de cada momento histórico, o actuales.

D) Los dilemas y controversias que se plantean a la hora de definir el concepto se entrecruzan con los metodológicos, habida cuenta de la interdependencia entre objeto y método.

Puede definirse el objeto de las Relaciones Internacionales como disciplina científica, en un sentido amplio, como «el estudio del proceso comunicativo establecido entre los actores, medios y factores de la sociedad internacional, de los mensajes y productos que la informan y del complejo relacional resultante».

Desde una óptica exclusivamente periodística, cabe añadir que «las Relaciones Internacionales constituyen el objeto material de la información internacional».

1.1.2. Ámbito y estructura

Acotar un campo de estudio tan heterogéneo e impreciso, perfilando sus contenidos, y recurriendo a una perspectiva y una metodología que sin romper su raíz transdisciplinaria permita la sistematización autónoma de las Relaciones Internacionales, es empeño sin duda necesario y árduo.

Se ha visto cómo si se adopta un criterio amplio «todo puede acabar siendo materia de estudio de nuestra disciplina», y los riesgos de que si se escogen concepciones más restrictivas, acaban éstas por identificar las Relaciones Internacionales con la Política Internacional, con la Historia Contemporánea o con un apéndice del Derecho Internacional o la Teoría del Estado.

Se impone por tanto ver algunos criterios conceptuales, pedagógicos y profesionales que deben tenerse presentes a la hora de acotar este campo de estudio.

A) *Criterios Conceptuales*

Como advierte Roberto Mesa el contenido de las Relaciones Internacionales «está en íntima dependencia del concepto que adoptemos de Sociedad Internacional; puesto que precisamente el objeto mismo del estudio de las Relaciones está multi-compuesto por las relaciones que se desarrollan entre los miembros de la Sociedad, llamada comúnmente familia de naciones».

De aquí el interés por contemplar:

a) las características de la Sociedad Internacional, b) la taxonomía de sus actores miembros, c) las relaciones que se establecen entre ellos, d) los medios de relación de los mismos, e) los factores que influyen y enmarcan, tanto a los actores como a las relaciones.

B) *Autonomía y carácter transdisciplinario*

Concretado el concepto de la disciplina y su carácter sistémico, conviene deslindar las Relaciones Internacionales de otras materias afines, de las que ha ido paulatinamente diferenciándose conforme lograba su identidad como enseñanza autónoma.

Resignarse a considerar las Relaciones Internacionales como un campo de estudios interdisciplinarios o equipararlas a la expresión más amplia de estudios internacionales no facilita precisamente este objetivo.

1. La ciencia histórica tiene especial vinculación con las Relaciones Internacionales por tres razones: a) constituir uno de los saberes matrices de nuestra disciplina, tanto por la preocupación de los historiadores hacia los temas internacionales como por las aportaciones conceptuales y metodológicas que se han hecho desde la perspectiva histórica y desde la historia diplomática; b) formar toda una rama de los estudios internacionales al plantearse éstos como historia de las Relaciones Internacionales y c) al ser el componente temporal, en su completo despliegue evolutivo pasado-presente, una de las dimensiones aconsejables para la sistematización científica de cada uno de los temas que integran la disciplina.

Sin embargo, como señala Medina Ortega, «los fenómenos internacionales no pueden ser examinados sin perspectiva histórica, pero ésta sólo da uno de los aspectos de la sociedad internacional. Fundamentalmente, la actual disciplina de las Relaciones Internacionales se ocupa de fenómenos actuales y ha de reflejar ante todo la situación actual».

2. La vinculación con la Teoría Política no es menos relevante, especialmente en el campo más reducido de la Política Internacional, que según entiende la mayoría de los autores es la rama de la ciencia política que trata de las relaciones internacionales e interestatales.

No compartimos por ello el punto de vista contrario que amplía esa dependencia a todo el contenido de las relaciones internacionales y las ve como apéndice del sabor político, confundiendo Política Internacional con Relaciones Internacionales.

3. Lo dicho para la ciencia política es aplicable, en otra dirección, a otros autores que consideran las Relaciones Internacionales como una parte de la sociología. Esta postura es comprensible, habida cuenta de que el objeto de la asignatura es el estudio de la sociedad internacional. En cierto modo, el planteamiento es diverso al que se hizo en la delimitación precedente, pues la sociología no se ciñe a un campo acotado, sino más bien es un área de estudios y un método de acercamiento a los fenómenos sociales.

4. La diferenciación respecto al Derecho Internacional es más patente y se admite por la mayoría de los tratadistas. Como indica Pecourt, «la simple convivencia origina indefectiblemente una cierta regulación de la misma. Esto es obvio en toda especie posible de relaciones, interindividuales, intergrupales, interestatales, etc. Ahora bien, la idea de regulación es excesivamente amplia, ya que dentro de la misma tiene cabida cualquier forma de ordenación racional».

Por esto mismo queda muy clara la diferenciación de áreas de estudio, correspondiendo al derecho, la regulación del marco jurídico propiamente dicho. Rousseau señala concisamente que «el Derecho Internacional puede concebirse como la expresión de la justicia en las relaciones internacionales (derecho natural ideal, racional u objetivo) o como el conjunto de reglas que, en un momento dado, se hallan en vigor en la sociedad internacional (derecho positivo, efectivo o vigente)».

Este proceso de deslindamiento podía continuar con otras materias, como la economía internacional, el estudio de la organización internacional, la polemología, la filosofía política e incluso otros saberes humanísticos.

Recapitulando lo dicho hasta ahora, tenemos que el objeto propio de las Relaciones Internacionales en cuanto disciplina es el estudio de los actores, medios y factores *que configuran el complejo relacional* conformador de la sociedad internacional, su génesis y su problemática actual.

«Por último —como estima Del Arenal—, no podemos finalizar estas consideraciones sobre los principales problemas a que se enfrenta la teoría de las relaciones internacionales sin referirnos a la cuestión de la relación entre teoría y práctica, o más precisamente, a la cuestión de si la teoría de las relaciones internacionales debe limitarse al conocimiento del objeto o, por el contrario, debe orientarse, también, hacia la acción.

»Ante todo se ha de señalar que toda teoría, toda teorización de la realidad, tiene siempre una proyección práctica, se reconozca o no. Unas teorías se orientarán más a la acción que otras, pero todas en mayor o menor medida tienen una dimensión práctica».

Reynolds, tras referirse a la corriente doctrinal encaminada a determinar las variables o elementos significativos de las relaciones, considera que el abanico teórico puede clasificarse en dos grandes tendencias: «La primera de ellas comprende las teorías y métodos de análisis centrados en el estudio del comportamiento de los individuos, grupos y organizaciones que desempeñan un papel de importancia en la escena internacional. Esta tendencia puede resumirse en la expresión "microrrelaciones internacionales". La segunda tendencia comprende las teorías que conciben las relaciones internacionales como un conjunto de interacciones de muy diversas clases, y se ocupan principalmente de la naturaleza de esas interacciones y de su relación entre sí, así como de la forma, las causas y el sentido en que cambian o permanecen estables. Esta segunda tendencia puede designarse con la expresión "macrorrelaciones internacionales"».

Los autores que se inclinan por la relevancia de las variables, en su mayor parte variables cuantitativas, se plantean luego un segundo nivel de análisis; relacionar las variables entre sí. En esta línea Kelman considera:

«— Las variables que describen características de la sociedad en conjunto.

»— Los valores, motivaciones, actitudes que tienen las personas y que determinan sus reacciones.

»— Los factores "estructurales", que aluden a las características de las estructuras y mecanismos para canalizar los anteriores en decisiones y acciones».

Con respecto a este último punto, señala que «al ser estas decisiones influidas por grupos e individuos de dentro y fuera de la nación, hay que analizar las estructuras internas e internacionales, en especial aquellas en las que está implicada la nación».

El proceso de interacción es, por añadidura, dinámico —«sucesión de hechos en constante variación»— y recaba un estudio de la evolución completa de la secuencia.

C) Chevalier proporciona un planteamiento sugerente con su idea del *complejo relacional internacional,* anclado en el concepto de internacionalidad: «el conjunto de los fenómenos sociales que expresan relaciones inmediatas de los estados entre sí o influyen directa o indirectamente en estas relaciones o están por ellas influidos, constituye el problema de la internacionalidad. Es internacional una relación cuando se refiere a una relación entre grupos sociales que están determinados por poderes estatales distintos, y son internacionales en el sentido más estricto y jurídico, las relaciones entre los estados mismos».

La heterogeneidad, temporalidad, espacialidad y carácter sistémico pueden ser las otras características de este complejo relacional al que entiendo debe añadirse su comunicabilidad, que lógicamente implica un flujo informativo.

Como indica Von Bertelanffy, todos los complejos sistémicos tienen una estructura; hay que averiguar, por tanto, qué elementos los componen y con qué procesos se relacionan. El esquema más simplificado de variables queda reducido a las fuerzas que configuran «desde dentro» la capacidad, necesidades y fines de los actores; las que lo hacen «desde fuera» y el modo de estructurarse el resultado hacia situaciones de cooperación y conflicto dentro del sistema internacional que los engloba.

En cierto modo, coincide también con Duroselle cuando opina que el estudio de las Relaciones Internacionales es la investigación de los fenómenos internacionales para intentar descubrir los datos fundamentales y accidentales.

Un enfoque típicamente estatocéntrico lo encontramos, por ejemplo en Grayson Kirk, para quien la teoría de las relaciones internacionales como materia de enseñanza se puede dividir en los cinco grandes sectores siguientes:

1.º El análisis de las fuerzas que influyen sobre la política exterior de los principales estados.

2.º El examen crítico de los métodos que emplean los estados en sus relaciones recíprocas y los instrumentos que a tal fin establecieron.

3.º La valoración de las relaciones internacionales contemporáneas en materia económica, política, jurídica y las tendencias que revelan.

4.º El estudio de los medios que permiten resolver los conflictos entre estados.

5.º La consideración de los principios jurídicos y morales que deben regular la convivencia entre las naciones.

El planteamiento opuesto, individualista y polivalente, lo vemos en autores como Alger: «Las relaciones internacionales constituyen una actividad humana a través de la cual personas pertenecientes a más de una nación, de modo individual o colectivo, entran en relación. Las relaciones internacionales se entablan, bien por el contacto directo entre los interesados, o bien de manera indirecta. El empleo de la expresión «relaciones internacionales» por los especialistas, no es coherente. Algunos utilizan esta expresión y la de «"política internacional" de modo indistinto, si bien la mayoría prefiere reservar "política internacional" para aplicarla a las relaciones entre gobiernos, utilizando "relaciones internacionales" como concepto más amplio. Los que así piensan, consideran la política internacional, la economia internacional, las comunicaciones internacionales, el derecho internacional, la guerra internacional y la organización internacional como subcategorías de subcategorías de las relaciones internacionales».

Como expone García Arias «en la ciencia de las Relaciones Internacionales se integran muy variados conocimientos». Palmer y Perkins, aun cuando indican que el estudio de las Relaciones Internacionales emerge de su antiguo estatus como una pura relación de ciencia política e historia, depende tanto de la economía, la geografía, la sociología, la psicología y la antropología como aquellas. Para Haase y Whiting, en ellas se incluyen elementos de historia, geografía, economía, sociología y política, formando así un compendio de ciencias sociales. Para Wrigth el contenido de las Relaciones Internacionales está integrado por las que denomina disciplinas prácticas y teóricas, mencionando entre las primeras la política internacional, el arte de la guerra, el arte de la diplomacia, la conducción de las relaciones exteriores, el gobierno colonial y la organización, el derecho, la economía, las comunicaciones y la educación internacionales; y entre las segundas, la geografía política, la demografía política, la tecnología, la sociología, la psicología y la ética. Y prácticamente tenemos que en el país que más ha desarrollado el estudio de las relaciones internacionales, en los Estados Unidos, comprenden materias de política internacional, derecho internacional, política extranjera, geografía política (y, más raramente, geopolítica), comercio y finanzas internacionales; derecho y administración comparados, estudio comparativo de los sistemas económicos y de las instituciones sociales, antropológicas y culturales, demografía, historia diplomática, historia militar, etc.

Esta abrumadora cantidad de elementos citados pone inmediatamente de relieve la complejidad del contenido de la ciencia de las Relaciones Internacionales y muestra bien la dificultad de su conocimiento y técnica.

1.1.3. *Los estudios sobre temas internacionales en periodismo*

En los distintos centros de enseñanza del periodismo que han existido en España —y en el extranjero— nunca han faltado desde sus orígenes disciplinas vinculadas al tema de las relaciones internacionales, aunque recibiendo muy diversas denominaciones y con variado contenido.

Así en la Escuela de El Debate se agrupaban las cuestiones relacionadas con la vida internacional bajo la denominación de *Política Extranjera*.

En los sucesivos planes de estudio de la Escuela Oficial de Periodismo, siempre reciben especial atención los temas vinculados a la política internacional y la información del extranjero, enfocados preferentemente como un análisis del mundo actual.

Durante la vida docente de este centro conviven una serie de disciplinas de diferente titularidad, pero marcadamente internacionales, como son: «Sistemas políticos, históricos y actuales», «Geopolítica», «Mundo actual», «El cuadro histórico contemporáneo» y «La Información de Extranjero».

En el Instituto de Periodismo de Navarra se incorporaron a la enseñanza profesores de Derecho Internacional y se mantiene desde su primera convocatoria la asignatura de *Política Internacional,* hasta ser sustituida en el curso de 1975-76 por la de *Relaciones Internacionales*.

Una vez creadas las Facultades de Ciencias de la Información, sus estudios se estructuran en los tres ciclos oficiales.

Será mediante la Orden Ministerial de Educación y Ciencia del 14 de septiembre de 1974, «aprobando con carácter provisional el plan de estudios de las Facultades de la Información de las Universidades españolas», cuando figure entre las asignaturas del último curso, Sección de Periodismo, la disciplina de *Relaciones Internacionales*, denominación que por cierto apareció con errata de imprenta y con la denominación de *Relaciones Interministeriales*.

Encontramos así por primera vez concretados y agrupados los anteriormente dispersos temas vinculados con el campo internacional, en una asignatura única, que por cierto también aparece de modo autónomo y con igual denominación en los nuevos planes de estudio de la reformada Facultad de Ciencias Políticas.

Anteriormente se había dotado una cátedra de Derecho y Relaciones Internacionales (1957) en la Facultad de Ciencias Políticas y Económicas, hecho que bien puede calificarse de «fundamental» en los orígenes y desarrollo de esta disciplina en España.

La mayoría de los autores que analizan la evolución de los estudios internacionales en España prescinden del tratamiento que éstos han tenido en los planes docentes de periodismo, posiblemente porque hasta la creación de las Facultades de Ciencias de la Información, no poseían la categoría de licenciatura.

Así lo vemos en un autor tan autorizado como Roberto Mesa que escribió: «El estudio de las Relaciones Internacionales, como disciplina científica con entidad académica universitaria, es un fenómeno muy reciente; puede afirmarse que es algo absolutamente contemporáneo. Fueron centros anglosajones, concretamente las Universidades norteamericanas y los departamentos gubernamentales estadounidense los que, por motivos docentes, y también de política pragmática, iniciaron este campo de estudios de la Sociedad Internacional. Como parcela autónoma, su recepción en la Europa continental será muy tardía. En España, esto no ocurrirá hasta después de la Guerra Civil cuando con fines no precisamente altruistas, se crea la Facultad de Ciencias Políticas y Económicas en el decenio de los años cuarenta. Hasta entonces, todo lo referente a "Política Internacional", "Política Exterior", "Historia de las Relaciones Internacionales", al margen de intentos de centros privados o paraestatales, quedaba englobado en el sector clásico del Derecho internacional público».

Luis García Arias publicó ya en 1971 un artículo titulado *Estudios sobre Relaciones Internacionales y Derecho de Gentes* en el que se hace un recorrido histórico sobre el origen de la disciplina y sobre su concepto académico.

Por su parte Celestino del Arenal es autor en 1979 de una monografía sobre *La teoría de las relaciones internacionales en España.* Al mismo autor debemos un enjundioso estudio sobre la génesis de las Relaciones Internacionales como disciplina científica, publicado en 1981, en el que se señala que «el Derecho Internacional es históricamente la primera disciplina que se configura como ciencia de las relaciones internacionales, si bien también desempeñan un papel similar la historia diplomática y la diplomacia». Y añade seguidamente cómo «sólo a partir del inicio del siglo XX tales disciplinas pierden progresivamente ese sentido y alcance, como consecuencia de la aparición de una nueva disciplina científica, las relaciones internacionales, que se configuran como la ciencia de la sociedad internacional de nuestros días».

Del Arenal ha vuelto a tratar el tema en un reciente trabajo (1999) acerca de la enseñanza de las Relaciones Internacionales en España, diferenciando una etapa de antecedentes (1834-1957), el inicio (1957-1973) y la de consolidación y desarrollo, a partir de la década de los setenta hasta la actualidad, en la que ya se hace mención a las Facultades de Ciencias de la Información.

Truyol i Serra, Medina, Mesa, Calduch, Barbé, G. Palomares, y Sodupe, entre otros, han tratado el tema de la evolución de los estudios internacionales en España. Por mi parte publiqué, en 1976 *El Ecosistema Político* y en 1987 *Estructura y Dinámica de las Relaciones Internacionales,* obras en las que se trata la evolución doctrinal de nuestra disciplina y en las VII Jornadas de la Sociedad Española de Profesores de Derecho Internacional y Relaciones Internacionales celebradas en la Universidad de La Rábida en 1983 presenté una comunicación sobre este tema.

1.2. El paradigma de la razón comunicativa-informativa

1.2.1. *El complejo relacional como sistema comunicativo*

Hemos visto que el sistema internacional puede abordarse como un complejo sumativo de las muy diversas clases de relaciones que lo constituyen, o decantarse por los subsistemas específicos que se generan por las distintas acciones, sean estas políticas, culturales, económicas, conflictivas, de cooperación, informativas o de otra naturaleza relacional.

Entendemos que el objeto material del estudio internacional está constituido por lo que J.J. Chevalier denominó *complejo relacional internacional*, término que ya ha sido mencionado en apartado precedentes.

Siguiendo a Truyol, concebimos que este complejo debe considerarse en sí mismo «y no sólo desde la perspectiva particular de las diversas disciplinas tradicionales que abarcan también aspectos del mismo, como la economía. En realida el "complejo relacional internacional" es, como todo sector de la realidad, objeto material (por lo menos parcial) de una pluralidad de disciplinas. Lo que da lugar a una disciplina especial de las relaciones internacionales es, como en toda disciplina, más que el objeto material, el punto de vista o perspectiva desde el cual dicho objeto material es considerado; o sea lo que en epistemología tradicional se denomina objeto formal».

Interesa, por lo tanto, delimitar círculos de estudio específicos si se pretende considerar relaciones concretas o plantearse el complejo relacional como un todo sistémico, como un ámbito de integración e interacción de esa variedad relacional.

El criterio metodológico que aquí planteo sostiene la hipótesis de entender el complejo relacional como un sistema comunicativo e informativo.

Indicaré, de entrada, que esta postura viene sustentada por el análisis de la distribución, interacción y potenciación de las informaciones sociales con influencia conformadora de la convivencia a nivel mundial.

Si los autores que sitúan el estudio de la sociedad internacional en clave de organización y actuación del poder se interrogan acerca de quién tiene poder, cuáles son las fuentes del mismo, las clases de poder o cómo se ejerce este poder en el ámbito estatal e interestatal, desde el método que vengo propugnando, las preguntas básicas recaerán acerca de conceptos como información, comunicación, sistema mediático, capacidad de influencia, audiencias, mensajes y la interacción entre el complejo relacional y el complejo informativo, a escala igualmente mundial.

Dicho esto señalaré que al referirme a conceptos informativos y comunicativos no deben entenderse éstos únicamente desde su formulación periodística, como fácilmente pudiera deducirse, sino desde una ontología más abarcadora, como realidades y fenómenos sociales.

A) Entre la cantidad de elementos que conforman el complejo relacional internacional y entre la gran variedad de actores de ese mismo complejo, el estudioso debe acotar aquellos que sean más relevantes y afrontar el análisis de la estructura básica y las líneas de acción de ese sistema.

Un autor ajeno a las posiciones comunicativas como Duroselle advierte que «la distinción entre los datos fundamentales y duraderos y los datos accidentales y efímeros, debe ser el objeto de estudio de las relaciones internacionales». Planteamiento selectivo de los acontecimientos, que no deja de ser una operación típicamente periodística.

En efecto, para los informadores, las relaciones que constituyen lo que pudiéramos denominar *complejo noticioso internacional,* son aquellas que por su importancia, actualidad, novedad, universalidad e interés general pueden ser noticia y desencadenar consecuentemente un proceso informativo.

Se ve así una convergencia en el objeto de ambos planteamientos: diferenciar los actores, relaciones y actos relevantes por su capacidad conformadora de la actualidad internacional. Sin embargo, como bien señala Sánchez Bravo, «no debe confundirse información internacional con comunicación internacional, concepto mucho más amplio, donde caben todos los intercambios entre dos o más personas de distintas naciones, independientemente de su contenido periodístico».

El complejo relacional internacional está compuesto por una serie de actores que se comunican entre sí, y por obra de las relaciones establecidas construyen un determinado *hábitat* social e histórico.

Este sistema tiene una patente estructura relacional y por ello importa, de entrada, considerar algunos de los rasgos que poseen esas relaciones que lo conforman.

B) El concepto de relación implica referencia, conexión, finalidad, comunicación...

En cuanto referencia, la relación se entiende como un relato narrativo o como dependencia o semajanza entre personas o cosas. En cuanto conexión, puede variar desde una atadura hasta una amistad. Ya Aristóteles consideraba la relación como la referencia de una cosa a otra, del doble al tercio, del exceso al defecto, de lo medido a la medida, del conocimiento a la conciencia, de la sensibilidad a la sensación.

Junto a la idea de ver la relación como un predicamento, como un accidente real, está la de considerarla también como una relación lógica, de la mente. Para Kant las relaciones no son categorías ontológicas, sino «formas *a priori* de unificación de todo contenido posible de experiencia y por consiguiente, como una de las condiciones formales de la experiencia misma».

Por otra parte, el empirismo radical señala «que las relaciones que conectan las experiencias deben ser a su vez relaciones experimentadas, de modo que cualquier clase de relación experimentada debe ser considerada alto tan real como cualquier otro elemento del sistema».

En otras direcciones del pensamiento contemporáneo se ha estudiado la relación sobre todo dentro de la ontología del objeto ideal.

Desde los autores internacionalistas, las relaciones vienen entendiéndose normalmente como intercambio, como conexiones y como antagonismos.

El comercio, las actividades culturales, los actos de cooperación vendrían a inscribirse en las relaciones como *intercambio,* mientras las acciones jurídicas y políticas, especialmente la diplomacia, serían relaciones de *conexión,* dejando para las de *antagonismo* todo el abanico de situaciones de crisis, incluida la guerra.

Lo que sí tienen en común todas las relaciones del complejo internacional es este rasgo de la *internacionalidad* y el dato no menos clave de su *comunicabilidad.*

La internacionalidad deriva, como dice Reynolds, de que se trata de relaciones «entre individuos o grupos que son miembros de distintos Estados, o entre distintos Estados». El mismo autor considera más apropiado este término de internacional al uso de otros afines como inter-estatales o inter-gubernamentales para referirse al planteamiento más globalizador del concepto.

La comunicabilidad de las relaciones internacionales no precisa mayores argumentos, pues toda relación, en cuanto es comparación, conexión o referencia, *es actividad comunicativa en sí misma.* Confirman además su comunicabilidad por su internacionalidad, que según se acaba de ver, implica *contactos entre personas o grupos de distintas naciones.*

C) El complejo relacional tiene un entramado comunicativo que pudiéramos calificar de institucional y que viene a coincidir con el conjunto de sujetos con personalidad jurídica reconocida por el Derecho Internacional, especialmente los estados, que son además titulares de la soberanía. Este entramado *canaliza* el flujo de otro sistema, el informativo, suma de la heterogeneidad de ideas, productos, relaciones y realizaciones que se intercambian y fomentan, constituyendo el rico acervo que día a día dinamiza el proceso de socialización transnacional.

Como ya se ha señalado, autores como Ithiel de Sola Pool, Norbert Wiener, Harold Lasswell, George Norman Clark, Charles McClelland, Karl Deutsch o Warren Philips, entre otros, integran, con diversas variantes, un grupo que ha aplicado al estudio de las relaciones internacionales enfoques conceptuales y fórmulas metodológicas generadas desde la teoría de las comunicaciones.

Entendemos con Charles A. McClelland que «el sistema internacional puede concebirse tomando como base de referencia una red de comunicaciones sumamente amplia y complicada». Los actores del sistema operan así como sujetos emisores y receptores de comunicación, sirviéndose de unos medios y unos lenguajes específicos que transmiten unos mensajes de cuya capacidad conformadora depende el tipo de relaciones que se establezcan.

El medio o ámbito internacional resulta de esta manera consecuencia de una doble actividad. Por un lado está el hábitat natural; por otro, el construido por la interacción comunicativa.

Buckley denuncia que «la sociedad es un sistema de comunicación en un sentido mucho más profundo de lo que pudiera deducirse del significado corriente de esa expresión» y De Sola Pool confirma que «puede usarse el universal acto social de la comunicación como índice para describir todos y cada uno de los aspectos de la vida social», añadiendo que «el ámbito de estudios de la comunicación puede legítimamente coincidir con el ámbito total de las ciencias sociales».

En los planteamientos de Keohan y Nye que ven en la *capacidad* o en la *habilidad* el nuevo rostro de la soberanía de los actores, hay una reflexión paralela al paradigma comunicativo, del mismo modo que también lo hay en quienes entienden reemplazado el concepto de soberanía por el de *autonomía*.

En todas estas posturas, los actores, incluido el Estado se están considerando como entes capaces de comunicar mensajes, como actores *influyentes*.

Así se ve, más modernamente en Mansbach, Lampert o Ferguson, cuando insisten en resaltar la *capacidad de actuación* para reconocer a un actor.

1.2.2. *El complejo relacional como sistema informativo*

Desde nuestro enfoque no se trata únicamente de valorar la influencia que la estructura comunicativa de un país pueda tener en la construcción de esa comunidad política, como ya planteó Karl Deutsch en 1953, sino de entender ese complejo relacional como un sistema comunicativo que facilita la circulación de un flujo informativo igualmente sistémico.

Nuestra postura se inscribe en la Teoría General de Sistemas, habida cuenta de esta doble concepción sistémica del complejo relacional. Se adopta como paradigma de la estructura social no el poder, como hacen los seguidores de la escuela realista, sino la *razón comunicativa,* que conlleva la proposición de un modelo de comunicación transnacional y heterogéneo, integrado por todos los actores con capacidad de actuación en la reciente Sociedad Internacional.

El siguiente dato clave es el discurso informativo que fluye por ese sistema y la capacidad que de esa misma operatividad informativa surge para conformar y reformar el propio sistema comunicativo.

En Rosenau se encuentra ya la concepción de la política exterior como un sistema de influencias mutuas que incluye a los gobiernos, a los factores y a los sectores de opinión. Esta es la línea de trabajo que interesa. Otra cuestión es considerar el empleo de la comunicación y de la propaganda como medios de la sección política o valorar la importancia que contar con una información adecuada tiene para el correcto proceso de toma de decisiones.

Plantear un modelo de acción comunicativa sólo es inteligible desde la idea de finalidad, pues todo proceso comunicativo tiende a no agotarse en su función propia, sino a facilitar la acción informativa que es su contenido. Pensar una acción comunicativa sin información es un concepto vacío, por instrumental. No es que se niegue la existencia de este tipo de acción, que por supuesto existe, sino que se advierta que tal realidad tiene su razón de ser como *medio para* las relaciones informativas.

Lo dicho se puede comprender fácilmente si se tiene en cuenta que las tesis de quienes propugnan la razón comunicativa, lo han hecho en su mayoría partiendo del modelo lingüístico y del dato, no menos significativo, de que el pensamiento es «radicalmente dialógico».

La razón comunicativa convierte el núcleo opositor de la relación en una dialéctica emisor-receptor, en una dialéctica de opuestos comunicantes, no de opuestos contradictorios.

Frente a la idea de constituir el sistema internacional como un equilibrio de poderes, extrapolando el principio de entender el Estado como un sistema de frenos y balanzas, el paradigma que propugno lo ve como una audiencia animada por el diálogo informativo de los diversos actores con capacidad comunicativa transnacional, idea igualmente extrapolada de la concepción de los estados como ecosistemas informativos.

El Estado, como forma de organizar la vida política de los pueblos no puede entenderse de modo aislado, sino en referencia a los otros estados, como miembro de un sistema que se ha venido denominando precisamente estatal.

Las relaciones exteriores, por lo tanto, sin dejar de ser actividad hacia fuera, dirigida desde la voluntad interna, se constituyen también como relaciones conformadoras del sistema, se hacen, en cierta manera, relaciones internas del sistema de estados.

Lo mismo es predicable de los demás actores, cada uno según su entidad conformadora.

Rasgo consustancial al sistema de estados es el mutuo reconocimiento entre sus componentes, hecho que viene a confirmar el elemento *comunicati-*

vo que aparece en el fundamento estructurador del complejo relacional internacional.

Además, como señalan diversos autores, desde que existen las Naciones Unidas, y especialmente tras el proceso descolonizador, el ingreso de los nuevos estados en la Organización mundial viene a ser una revalidación colectiva de su entidad, un corolario a su independencia.

El carácter heterogéneo, relativo y desigual de los actores estatales es otro factor coadyuvante a su interpretación como actores comunicativos y se une a las tesis que ven el poder como *capacidad de influencia y capacidad de relación*.

Por ello, todo el proceso tiende además a superar su estructura comunicante, transformándose en un sistema informativo. La emergencia deviene por obra de la dinámica que supone compartir los contenidos de valores, ideas, intereses, acciones y productos que el flujo de mensajes, personas y cosas conlleva.

1.2.3. *El complejo relacional como ecosistema*

El modelo que se propugna recibe influencias no sólo de la Teoría de Sistemas y de la teoría comunicativa, sino también de las corrientes sociológicas, del realismo, del behaviorismo y del transnacionalismo. Ello es muy sencillo de entender pues el contenido de los mensajes o de las informaciones materiales, el número y tipología de los actores, los móviles de comportamiento o los estudios cuantitativos son perfectamente asumibles en el amplio sistema que aquí se sugiere, siempre que participen de los rasgos de comunicabilidad, internacionalidad, finalismo informativo, capacidad conformadora de acciones o relaciones e interconexión dialógica, es decir, sistémica.

A) El rasgo informativo abre un abanico prácticamente inabarcable de contenidos relacionales, que pudiera fragmentarse esterilmente por un exceso de atomización y exploraciones de detalle, pero al estar íntimamente conectado con la exigencia de su comunicabilidad y engarce sistémico, cobra una articulación dialéctica que le otorga una utilidad, una trascendencia y una proyección sociológica cuyo alcance puede ser muy concreto o prácticamente universal, dependiendo de los actores conectados y de los contenidos informados, los medios empleados y las audiencias y sistemas generados.

B) Al primarse las relaciones de solidaridad y diálogo sobre las de oposición y violencia, la tesis comunicativa pudiera tener mucho en común con las doctrinas idealistas, si compartimos con Medina que el idealismo político internacional parte de la creencia de que las relaciones deben apoyarse en ciertos principios éticos dirigidos a conseguir la paz y la buena armonía entre entidades políticas independientes. Por ser la relación comunicativa una acción forzosamente dialógica, las acciones encaminadas a facilitar la cooperación, el entendimiento y la colaboración se identifican más con el paradigma elegido, mientras que las acciones de ruptura, enfrentamiento y disociación, por muy comunicativas que sean en un sentido formal, no lo son por su contenido disfuncional.

La pérdida del sentido de finalidad y el predominio de concepciones instrumentales y materiales en la interpretación de la realidad social constituyen dos de las causas de la crisis actual de la modernidad, y son consecuencia epigonal del positivismo. Afortunadamente se observa en amplios sectores doctrinales la denuncia de esa ruptura y la necesidad de recuperar la articulación entre naturaleza y acción, redescubriendo la idea de fin. Es en este amplio movimiento intelectual donde cabe incardinar el paradigma de la razón comunicativa.

C) Según el Diccionario de la Real Academia Española «se entiende por ecosistema la Comunidad de los seres vivos cuyos procesos vitales se relacionan entre sí y se desarrollan en función de los factores físicos de un mismo ambiente».

Esta definición hace referencia a la coexistencia de seres vivos en un mismo medio ambiental y procede del campo de la biología, pero entiendo que puede ser un concepto igualmente válido para aplicarlo a otros ámbitos y así en 1974 propuse los términos de *ecosistema informativo* y *ecosistema político* para referirme al sistema informativo periodístico y al sociopolítico.

El concepto de ecosistema informativo para describir la convivencia de los medios de comunicación de masas con su entorno social hizo fortuna y ha sido citada y adoptada por distintos autores.

También considero que el concepto es aplicable al complejo relacional internacional entendido como sistema comunicativo e informativo, pues se trata de describir la coexistencia de un número heterogéneo de actores que se relacionan entre sí y con el medio natural, precisamente a través de acciones comunicativas e informativas de tan amplia taxonomía como ofrece la naturaleza y la sociedad humana.

Las consecuencias que estos planteamientos tienen para la concepción de las relaciones internacionales pueden sintetizarse en los siguientes puntos: a) el complejo relacional es un ecosistema comunicativo-informativo; b) los estados y restantes actores operan como sujetos emisores-receptores de los mensajes y con ellos construyen el entorno histórico y cultural; c) hay que superar la idea de que el interés nacional y el poder son las claves de la política internacional, para primar principios como la solidaridad, la paz y el diálogo, que son esencialmente aspectos de la acción comunicativa social, y, por lo tanto, con su consecución se favorece la estabilidad y la estructura del complejo relación; d) para alcanzar estos objetivos hay que superar la concepción instrumental de las acciones exteriores y dotarlas de una finalidad guiada por dichos principios de solidaridad y de paz, compartidos por todos los actores; e) ni una visión atomística del complejo, anteponiendo los intereses y móviles individualizados de los actores, ni un planteamiento global centrado en los valores exclusivamente sistémicos, contribuirán a favorecer el paradigma comunicativo, que únicamente será posible desde su propia condición de diálogo informativo recíproco.

1.3. INTERESES, PODERES Y VALORES

1.3.1. *El interés nacional como mensaje-eje*

Si el ecosistema informativo tiene en el concepto de interés periodístico su elemento dinamizador, algo similar cabe decir del ecosistema político internacional, pues tiene en el interés, ahora entendido como interés nacional, su elemento dinamizador más emblemático.

A) Como escribe Reynolds, «una política exterior no es sólo un conjunto de acciones, sino también los principios que las orientan o los objetivos a los que sirven. En lo que se refiere a las acciones internacionales del gobierno de un Estado, esos objetivos a los que sirven se resumen normalmente en el concepto de *interés nacional*».

Y añade el mismo autor: «La política exterior puede, por lo tanto, ser ya definida como el conjunto de acciones de un Estado en sus relaciones con otras entidades que también actúan en la escena internacional, con objeto, en principio, de promover el interés nacional».

En este mismo sentido se pronuncian numerosos autores, especialmente a partir del *realismo político*. Frankel dirá que «el interés general es el concepto clave de la política exterior», Lerche lo considera «el concepto básico para la política internacional» y Morgenthau señala que «los objetivos de una política exterior han de ser definidos en función del interés nacional».

Sin embargo, pese a su indudable importancia, se trata de un concepto poco estructurado, difuso y polivalente.

El término difiere muy poco del más clásico de la *Razón de Estado* y su afianzamiento en la doctrina y en la práctica es correlativo con el auge de otros conceptos afines, como la *soberanía popular* o el *principio de las nacionalidades*, vinculándose también al desarrollo del centralismo democrático y a la concentración de los medios de poder del Estado.

Por tratarse de un concepto polivalente e histórico, su mejor comprensión reclama un doble enfoque, considerando tanto su evolución en el tiempo como su contenido. Hay que interrogarse igualmente por quienes definen o interpretan en cada momento el ser de ese interés nacional.

B) Por ser un concepto sumativo y simple, se acostumbra a entender el interés nacional como el conjunto de los objetivos y fines determinados, a corto plazo, que los responsables del poder político intentan conseguir para un Estado. Junto a esta idea de talante coyuntural, también se habla de intereses permanentes, fruto de motivaciones históricas y geográficas.

Si se acepta dicha dicotomía, se puede hablar *del interés nacional*, de modo permanente y de *intereses*, de modo circunstancial.

Mientras cabe la postura de identificar intereses con valores y principios, sobre todo en el enfoque *permanente,* es más corriente traducir interés por necesidad en el caso del enfoque *coyuntural.*

En esta línea, Deutsch dirá que «los intereses verdaderos o bien entendidos se relacionan a menudo con las necesidades de los individuos y grupos. Una *necesidad* es un insumo o dotación de alguna cosa o relación, cuya carencia va seguida de un daño observable... Las necesidades humanas deben ser traducidas a intereses activos para que adquieran efectividad política».

Este autor añade que el interés «proviene de la palabra latina "interesse", que significa "estar en medio", como los granos de trigo o dentro de la cáscara, o la carne entre los huesos y los cartílagos. Este significado implica que entre (o en medio de) un conjunto de cosas y acontecimientos no deseables existen ciertos elementos deseables que deben ser aprovechados. Preguntar "¿cuál es mi interés?", es una forma latina de inquirir "¿en qué me beneficio yo?"».

Precisamente el carácter pragmático y más oportunista del enfoque coyuntural y plural de ver el interés nacional como una expresión de intereses cambiantes, facilita la negociación diplomática. L. Garruccio comenta como «las ideologías no pueden entrar en la estrategia de los objetivos intermedios, puesto que son unos objetivos máximos, rígidos y totales. Los intereses ofrecen unas facetas que le brindan al operador político la máxima flexibilidad: la estrategia de los objetivos intermedios es la suya. El hallazgo fundamental del profesor Kissinger es el de que las ideologías no son negociables, mientras que los intereses sí lo son».

Si Tucídides dijo que «el más seguro de los vínculos —ya sea entre estados o entre individuos— es la identidad de intereses», Lord Salisbury añadirá siglos más tarde que «el único lazo de unión entre las naciones es la ausencia de intereses antagónicos».

1.3.2. *La Razón de Estado*

Para completar estos planteamientos se impone una mínima referencia a la evolución histórica del concepto de interés, especialmente para perfilar la respuesta a *quién* decide en cada circunstancia *lo que es interesante.*

Si es cierto afirmar con Morgenthau que «el interés es la norma constante por la cual ha de juzgarse y dirigirse la acción política», no lo es menos ver la génesis de los centros de decisión y los límites éticos, jurídicos e incluso operativos que tal hegemonía del interés debe conllevar.

Rosenau, citando trabajos de Beard dice que «los actores políticos comenzaron a presentar sus reivindicaciones en nombre del interés nacional en la Italia del siglo XVI y en la Inglaterra del siglo XVIII. En aquella época, las reivindicaciones hechas en nombre de la "voluntad del príncipe" y los "intereses dinásticos", la "raison d'État" y otras expresiones por el estilo, comenzaron a perder fuerza, al hacer su aparición una nueva forma de organización política, el Estado nacional, que servía de unidad política a la que los hombres debían prestar fidelidad».

Renouvin y Duroselle escriben que «la idea del *interés nacional,* en oposición a la del *interés del Príncipe,* hizo su aparición en el sentimiento nacional y adquirió su máximo vigor con el desarrollo de las instituciones democráticas». Hay en estas interpretaciones como una visión que partiendo de un entendimiento *personalista* del interés general, poco menos que identificado con el del monarca, va progresando hasta un replanteamiento participativo y democrático. Así Naef dirá que «la razón de Estado sólo es comprendida por el Soberano y sus ministros; tiene en cuenta, es verdad, las fuerzas y las necesidades del pueblo, pero no procede de este. Y es que el Estado, con su poder estatal, su territorio estatal y su conciencia estatal, no constituye todavía un todo orgánico».

El interés nacional es por lo tanto un fruto del despotismo ilustrado y Lichtheim considerará acertadamente que «el absolutismo actúo en todas partes como avanzada del nacionalismo en cada país y del imperialismo en el extranjero... confiriendo a sus súbditos la conciencia de formar una nacionalidad separada».

Sin embargo, el hecho de ser ahora el Gobierno representativo quien interprete el interés general no garantiza por sí mismo ni la imparcialidad ni el objetivismo. Renouvin llegará a plantearse por esto la siguiente cuestión: «es tal la contradicción entre los intereses de los grupos y de los individuos, dentro de un mismo Estado, que cuesta admitir la idea de un interés nacional *objetivo.* ¿No son, salvo casos excepcionales, los "intereses superiores del Estado", invocados con tanta frecuencia, un simple medio de enmascarar intereses infinitamente menos nobles y, en todo caso, particulares»?

Desde el enfoque comunicativo el interés nacional es el prototipo de los mensajes-eje del actor estatal. En principio es un elemento instrumental que precisa llenarse de contenido, es decir, hacerse informativo en cada ocasión en que entra en juego.

1.3.3. *El poder como medio comunicativo*

Pocos temas resultan tan nucleares en la Ciencia Política y en el campo de las Relaciones Internacionales como el del poder.

Celestino del Arenal escribe al respecto que «la tradicional consideración de las relaciones internacionales como en estado de naturaleza, en contraposición al estado de orden que se considera caracteriza a la sociedad estatal, ha acentuado aún más el juego del poder en la vida internacional, de forma que casi la totalidad de la literatura sobre las relaciones internacionales le ha otorgado siempre un papel predominante en orden a la explicación de los fenómenos internacionales».

A) Ha sido especialmente la escuela realista la tendencia que más ha valorado el fenómeno del poder, aunque por ser cuestión clave, las diversas líneas del pensamiento internacionalista, lo consideran.

Como todos los vocablos globales y polivalentes, el término se resiste a una definición satisfactoria, y por ello, las existentes pecan casi siempre de reduccionistas y revelan la heterogeneidad de componentes y lo impreciso de sus límites respeco a conceptos como *influencia, autoridad, fuerza, persuasión, coerción, dominio* y otros semejantes.

Entre las definiciones que se han ofrecido, reproducimos algunas que además reflejan la heterogeneidad de componentes y propósitos. «Es la capacidad para realizar fines» (Wright); «capacidad para alcanzar los resultados queridos» (Ch. B. Marshall); «capacidad de imponer la voluntad de uno a otros y ello bajo la seguridad de sanciones efectivas en caso de no sometimiento a tal voluntad» (Schwarzenberger); «el poder se entiende en términos de conducta impuesta a otros» (Carl J. Friedrich). Hobbes dejó escrito en el Leviathán que «el poder de un hombre es, en general, igual a sus medios presentes para conseguir un bien futuro» y Burdeau resume el problema con una frase tajante: «el poder es una fuerza al servicio de una idea».

Si atendiendo a la materialidad hay que hablar de variedad de poderes y de gradación en ellos, el mismo hecho de constituir una capacidad para hacer y obligar a hacer o no hacer, implica el trasfondo comunicativo, dialéctico, del poder como relación entre un actor *emisor* y otro *receptor*. Ese carácter traslativo lleva a Gaudemet a hablar del elemento activo y del elemento pasivo en la relación de poder.

Desde esta perspectiva, el poder se configura como capacidad de respuesta o de incitación, dentro de un proceso comunicativo que lo convierte en *medio de relación*.

La polivalencia del vocablo obedece así a la diversidad de medios a emplear, que pueden ir desde la simple transmisión de la palabra escrita o impresa, hasta la coerción armada. En este sentido el poder, como medio, *condiciona el mensaje*.

B) Deslindar, desde esta nueva situación comunicativa, las fronteras entre conceptos como influencia, autoridad, fuerza, dominio o entre las distintas clases del poder —poder político, militar, económico, técnico, cultural, etc.— es cuestión mucho más sencilla y coherente. Todo depende del tipo de *medio de comunicación* que se emplee, de la intensidad de coacción del mismo y del contenido del mensaje.

Desde una perspectiva distinta, del Arenal viene también a señalar que el poder «no es un fin en sí mismo, como afirma la escuela realista, sino un instrumento para la consecución de determinados objetivos... Y en segundo lugar, el poder es un fenómeno multidimensional, en el sentido de que se manifiesta de muy distintas formas y se ejerce a través de muy diversas vías, que van desde la coerción hasta el acuerdo».

Según la descripción de J.C. Plano y R. Olton, los elementos del poder nacional, son «factores que constituyen colectivamente el poder manifiesto y el poder potencial de un Estado. Algunos elementos del poder nacional son factores naturales no necesariamente sujetos a control humano o alteración, mientras que otros, son variables, pues dependen de los impulsos humanos, de organización y de capacidades».

Además, junto a los elementos conocidos, existen los llamados «valores presuntos». Como indica Goeliner, los elementos latentes del poder nacional de un Estado y los valores presuntos o supuestos por otro Estado, se hallan en lucha perpetua y, con mucha frecuencia, la suerte de la paz depende del resultado de esta pugna.

Las manifestaciones más diferenciadas y estudiadas del poder nacional son el poder político, el militar, el económico y el cultural.

Esta división puede analizarse contemplando cada una de dichas formas de poder de modo autónomo e intervinculadas, que es lo más frecuente, al menos desde el cálculo que los otros actores hacen del grado de poder del actor que *emite el mensaje,* por emplear el lenguaje comunicativo.

C) La concepción del poder como capacidad conlleva la idea de límite, habida cuenta que toda capacidad es una tensión entre las posibilidades reales de acción y los objetivos propuestos.

De aquí, la primera de las limitaciones de todo poder: su propia capacidad originaria.

Pero como ya se ha indicado repetidamente, las acciones internacionales implican siempre un marco operativo y una respuesta, que a su vez condicionan al actor-emisor. En este sentido, las limitaciones que presionan y coartan al poder derivan, bien del marco, bien de los otros actores.

Es aquí donde tenemos que enumerar como límites:

a) Los principios éticos y morales.

b) Las normas jurídicas.

c) La propia capacidad y prudencia de actuación.

d) El poder de los otros actores.

El tema contacta también con la legitimidad del poder, con la primacía del servicio al bien común y con la sumisión del poder, en cuanto «medio instrumental», a los valores que ese actor defiende y a los intereses que lo afectan a él y al conjunto de la comunidad internacional.

Tanto el concepto de interés entendido como fuerza dinamizadora y conductora de los mensajes informativos de los actores, como el poder, o poderes, vistos como medios comunicativos o capacidad para materializar dichos mensajes y poner en relación a unos actores con otros, no son predicables solamente respecto a los Estados, sino que, variando su entidad, finalidad y capacidad operativa, son igualmente válidos, como instrumentos de análisis metodológico, para todos los demás actores.

1.3.4. *Valores y principios*

Si los intereses en plural se acostumbran a relacionar con las necesidades y los poderes, también en plural, con la capacidad operativa, los contenidos informativos pueden obedecer, como ya se ha apuntado a otras finalidades y propósitos más altos: los principios y valores que creen y sustenta a los actores, sean estados, organizaciones internacionales o de otra índole.

Lord Acton ya dejó escrito que «la historia moderna se distingue de toda la anterior por la aparición de las ideas como fuerzas sociales determinantes del curso de los acontecimientos».

En buena medida los estados se han levantado enarbolando una serie de creencias, ideologías y principios, que si antes del sistema westfaliano se vinculaban más con planteamientos religiosos y dinásticos, van a cobrar una especie de dinámica estatalista propia conforme aumenta el poder estatal, hasta culminar en las trágicas experiencias de los estados totalitarios. Este proceso se vincula por otra parte con el auge de los nacionalismos y los imperialismos.

Habermas ha escrito con acierto que «el Estado secularizado tuvo que legitimarse a sí mismo a partir de otras fuentes», y añade: «Para lograr esta movilización política se precisaba una idea con fuerza capaz de crear convicciones y de apelar al corazón y al alma de una manera más enérgica que las nociones de soberanía popular y derechos humanos. Este hueco lo cubre la idea de nación».

Por otra parte, David Easton define el acto político como aquel que se refiere «a la imposición de valores a una sociedad».

Desde un planteamiento crítico, el riesgo de erigir a los estados en sujetos definitorios de los valores sociales colectivos puede traer graves consecuencias, como la historia del siglo XX ilustra dramáticamente.

Los autores críticos con la erección del Estado en última instancia del orden jurídico, axiológico y ético, denuncian este riesgo y el obstáculo que supone para la construcción de un sistema internacional más justo, equilibrado y pacífico.

Así Antonio Poch dijo hace tiempo con acierto que «el mal de la soberanía para la seguridad de las normaciones internacionales, no consiste en que sea una *suprema potestas* a la par que una *plenitudo potestatis*; no reside ni en su monopolio ni en la omnicomprensividad de su poder. Esto, al fin y al cabo, resulta un obstáculo técnico para el desarrollo de un orden internacional, pero no es insuperable. El defecto capital de la soberanía reside justamente en que el Estado angosta dentro de sus límites todo orden y todo valor».

Afortunadamente el horizonte histórico es más esperanzador y se aprecia la realidad de que los estados, o al menos la mayor parte de los mismos, aseguran compartir una serie de valores y principios como se da en el supuesto de aceptación de las ideas expresados en la Carta de las Naciones Unidas.

Como señala Marie-Claude Smouts, «en menos de un siglo, la imagen de la sociedad internacional ha pasado del modelo de "comunidad de los Estados civilizados", todos orientados hacia la competición y persiguiendo los mismos fines egoístas de poder y de interés nacional a este de una "sociedad civil mundial", heterogénea, multicéntrica, en busca de un espacio público y de regulación. Cada etapa de esta transformación ha conducido a revisar la noción de cooperación internacional, sus actores, sus medios y sus fines: quien coopera, cómo y para hacer qué».

El afianzamiento progresivo del Derecho Internacional es otro signo positivo de esta mejora de un ecosistema que para ser realmente compartido e interdependiente debe asumir una serie de valores comunes.

En esta línea esperanzada Carrillo Salcedo, refiriéndose a los principios generales del Derecho Internacional, cada vez más aceptados por la Comunidad de los Estados ha dicho que son una manifestación más, junto con normas imperativas del *ius cogens* de un cierto retorno del Derecho Natural, que vuelve a verse hoy «como un factor de progreso».

Es innegable que el complejo relacional internacional será más un ecosistema social cuantos más valores comparta.

1.4. El mecano de los «ismos»

Si bien los actores de las relaciones internacionales persiguen objetivos muy específicos y metas coyunturales, cabe detectar también una serie de grandes líneas a modo de estrategias compartidas que especialmente los estados procuran secundar o promover con su acción exterior.

Estas estrategias globales poseen un anclaje eminentemente doctrinal y en gran medida son condicionantes de los diversos *mensajes* que los Estados guiados por su respectivo interés nacional difunden en su proceso comunicativo con los demás actores.

Son grandes movimientos que se concretan en posturas ideológicas, dando lugar a una fenomenología de situaciones variadísimas, pero capaces de ser reducidas a una serie delimitada de planteamientos y realizaciones.

A estas estrategias pertenece el nacionalismo y sus «ismos» conexos. Hay que citar luego a los imperialismos, al colonialismo y a las nuevas modalidades de dominación indirecta a la vez que a fuerzas opuestas como el proceso de autodeterminación de los pueblos.

Por último, junto a instituciones clásicas como la neutralidad o el aislamiento el mundo actual ha visto surgir el llamado no-alineamiento que a la postre ha venido a convertirse en otra vía de alinearse.

1.4.1. *Nacionalismos y Panismos*

El nacionalismo constituye un fenómeno destacado de la historia europea, siendo en opinión de Girardet un factor decisivo en la evolución general de nuestro tiempo. Aparece hoy con una realidad singularmente huidiza, además de omnipresente, por haberse extendido a todo el planeta, y multiforme, al manifestarse en muy distintos campos y vincularse a conceptos como Patria, Estado, etnia, cultura, etc.

Para comprender el tema se han puesto varios criterios:

a) económico, que hace coincidir tipos varios de nacionalismo con cada una de las etapas clásicas de la evolución económica;

b) doctrinal o ideológico, vinculando el nacionalismo a la expansión de las corrientes políticas, desde el liberalismo al socialismo pasando por el fascismo;

c) de área de civilización, entendiendo por este criterio la valoración de los propios esquemas y aversión a lo extranjero, con riesgo de «chauvinismo», sobreestimando la lengua, arte, folklore, paisaje, pasado, etnia propia, etc.;

d) religioso, al existir ciertos nacionalismos estrechamente ligados a la manifestación de fe religiosa, como se ve en el mundo árabe, Israel, Irlanda...

Conviene inclinarse por criterios amplios que impliquen la combinación de todas estas variantes.

A) Se entiende por nacionalismos a las ideologías y movimientos políticos que encarnan el sentimiento de un grupo humano de pertenecer a una misma nación, necesitada de constituirse en Estado para preservar su identidad o al menos garantizar su autogobierno. El proceso de desarrollo del nacionalismo lo ha llevado a transformarse de un sentimiento emotivo, de un plano cultural y antropológico a otro político y jurídico.

No puede comprenderse el sentimiento nacionalista sin asumir la idea de nación, concepto derivado del latín «natio, nationis» y que se vincula al nacimiento como lazo de relación, al factor étnico o al menos de población más relevante para configurar una comunidad humana diferenciada. En última instancia, nación se identifica con un pueblo y el nacionalismo deriva en un contradictorio movimiento unionista o separatista respecto a los Estados históricos, generalmente complejos, multinacionales y obra de la confluencia de varios factores además del étnico, como la geografía, la religión, las combinaciones dinásticas, etc. Así el nacionalismo obró como elemento aglutinante en el caso de Alemania o de Italia, superando las soberanías provincianas que troceaban estos pueblos, mientras desempeñó el papel opuesto en Austria-Hungría o el Imperio Otomano, por citar los ejemplos más habituales.

La afirmación del ideal de que cada pueblo o nación debe contar con un Estado propio sacudió la ordenación política del mundo, primero en Europa y después en todas partes, al difundirse el principio de las naciones primero y de la autodeterminación de los pueblos más tarde. El nacionalismo es un fenómeno indispensable del mundo contemporáneo.

Otra variable nacionalista es la de las *naciones sin Estado*, que afecta no sólo al ámbito colonial sino a Estados consolidados y metropolitanos, vinculándose con el tema de las minorías.

B) La conciencia de pertenecer a un grupo humano diferenciado y afincado sobre un territorio propio, poseedor de rasgos culturales, intereses económicos e instituciones políticas suficientes, constituyen los elementos definitorios del nacionalismo al que debe añadirse un cierto talante de aprecio hacia sí mismo.

Junto a las diferencias étnicas, el idioma ha sido el rasgo diferenciador más utilizado y en parte coincide esta idea con la formación de los estados modernos, que por constituir unidades jurídicas, administrativas, económicas e incluso informativas, encuentran una ventaja obvia en su homogeneidad lingüística.

Sin embargo, como indica Rustow «si el mapa lingüístico del mundo fuera comparado con los límites políticos en el decenio de 1960, podrá mostrarse que ambos coinciden con cierta exactitud sólo en dos decenas de países, la mayor parte europeos. En cerca de la mitad de los países del mundo menos del setenta por ciento de la población habla la misma lengua y en uno de cada cuatro no existe una mayoría lingüística».

El nacionalismo se ha vinculado también al proceso de modernización y ha logrado a la vez que la implantación de un Estado eficaz, una red de comunicaciones, un mercado financiero y comercial activo, una cultura y educación pujantes, etc.

Como fuerza que moviliza a las sociedades modernas el nacionalismo, expresión del ya citado interés nacional, se ha revestido de todos los atributos del poder civil, del culto laico al Estado —banderas, héroes, ceremonias, días festivos— y un peligroso egoísmo sagrado, que en ocasiones constituye un factor de agresividad y conflictividad.

C) «La difusión del nacionalismo a escala global es el resultado de la europeización y la modernización de las sociedades premodernas no occidentales. Como fenómeno de la historia moderna europea, la ascensión del nacionalismo está íntimamente vinculada con los orígenes de la soberanía popular, la teoría del gobierno por el consentimiento activo de los gobernados, el crecimiento de la secularización, el debilitamiento de las antiguas lealtades tribales, clánicas o feudales, y la difusión de la urbanización, la industrialización y los progresos en las comunicaciones» dice Khon.

Este proceso que en cien años (1815-1919) transformó el mapa de Europa, se extenderá tras la Segunda Guerra Mundial al resto del mundo y se confunde con el movimiento descolonizador, aunque buena parte de los estados emergentes no respondan a los esquemas clásicos del nacionalismo.

El pensamiento nacionalista tiene cierta vinculación en el auge de la burguesía y el mismo Marx afirmará que los proletarios no tienen patria. Serán Lenin y Otto Bauer quienes inciten los movimientos nacionalistas en cuanto instrumentos revolucionarios y de liberación nacional que contribuyan a minar los sistemas calificados de imperialistas. Mayor relación ha tenido el nacionalismo con los movimientos fascistas y militaristas, especialmente en la etapa de «entreguerras» y en las corrientes socialistas del período descolonizador.

Por ejemplo en la Revolución mexicana de 1910, en el movimiento regeneracionista turco de Kemal Ataturk y en líderes tan dispares como Chiang Kaishek, Nasser, Ben Bella, Gadafi, Perón o Chávez.

Las últimas manifestaciones de movimientos nacionalistas que en cierto modo se vinculan a la descolonización imperial, han tenido lugar paradójicamente en Europa al descomponerse la URSS y Yugoslavia, dos construcciones políticas sujetas por la ideología comunista, pero heredadas de un *panismo*; el paneslavismo.

Otro tipo de expresiones nacionalistas, que tienen también antecedentes históricos, se dan en el nacionalismo vasco, catalán, bretón, corso e irlandés, que son manifestaciones de reivindicaciones de ámbito subestatal precisamente en un espacio transnacional como el que se está levantando en la Europa comunitaria, lo cual no deja de ser una contradicción que posiblemente haya que vincular hoy a reacciones diversas en el marco del discurso de *globalización*.

El principio de las nacionalidades vino a sustituir en la moral internacional al principio de la legitimidad dinástica y se esperaba que constituyera una factor de paz.

Como recuerda Bouthoul, aunque Napoleón III dijo que las nacionalidades satisfechas cimentarían las asociaciones europeas, otros opinaron lo contrario, denunciando los riesgos de esas «democracias imperiales» que nunca estarán conformes con sus límites y en frase de Proudhon serán «más ávidas de gloria y de conquistas que las viejas dinastías legítimas».

Extrapolando el principio de que la voluntad popular es el último argumento político, resultaba comprensible trasladar la tesis al terreno internacional, pero como critica Ivor Jennings: «si a primera vista parecía muy razonable que el pueblo decidiese, de hecho era ridículo, porque el pueblo no puede decidir hasta que alguien ha decidido quienes constituyen el pueblo».

D) Según Kazemzadeh llamamos movimiento panista a aquel que trata de unificar un área geográfica, un grupo lingüístico, una nación, una raza o una religión. El término panismo es tan amplio que puede utilizarse, como de hecho se ha utilizado, para designar una vasta serie de fenómenos dispares.

Unido a los intentos de integración, más o menos promovidos por afanes hegemónicos de las potencias alentadoras, los diversos panismos vienen a ser en unos casos la ampliación del sentimiento nacionalista a una escala regional mayor, y en otros la fuerza opuesta al sesgo secesionista que también según vimos tiene el nacionalismo.

Aunque la historia brinda numerosos ejemplos de intentos integradores casi siempre obra de expansiones religiosas o imperiales, las manifestaciones modernas de estas tendencias se enlazan con el nacionalismo y el regionalismo, pero impulsadas, casi siempre, por el interés dominante de un Estado.

De las distintas formas merecen especial mención algunos panismos, como el panamericanismo, el panislamismo, el paneslavismo y el pangermanismo.

El *irredentismo* se estima como una consecuencia del nacionalismo. Defiende la idea de que todas las regiones que posean unas mismas características lingüísticas y raciales deben unirse al país que posea esos rasgos. La voz, deriva de la frase «Italia irredenta o no redimida» y fue creada por Matteo E. Umbriani en el año 1877, para referirse a los territorios de Trieste y Trento, todavía bajo dominio austriaco, pero con población italiana.

La convicción de que un grupo humano y una cultura concreta son superiores a las otras se conoce por *etnocentrismo*. El fenómeno recalca las diferencias entre «nosotros» y «ellos» y valora los símbolos y expresiones de esa diferenciación que además se tiene por elemento de superioridad.

Otra manifestación más grave del sentimiento nacionalista es el *chauvinismo*, exacerbación del propio patriotismo y del Estado que lo encarna. Como citan Plano y Olton, «el chauvinismo puede ser descrito como una forma extrema de nacionalismo». El término deriva del nombre de Nicolas Chauven, un soldado napoleónico que fue notorio por su estricta devoción al Imperio.

Este sentimiento se relaciona como el anterior a la llamada *xenofobia* o desconfianza y animadversión hacia lo extranjero. Vinculado al etnocentrismo y al nacionalismo asume los rasgos típicos de ver la vida social desde ópticas maniqueas y con estereotipos más o menos irracionales. La xenofobia ha sido muchas veces fomentada desde los medios de comunicación.

Aunque sean conceptos muy diferenciados del nacionalismo, mencionaremos también al racismo y al tribalismo.

El tribalismo es un fenómeno típico de los países tercermundistas, principalmente de los africanos y se basa en la coexistencia de muy distintas étnias y tribus, no siempre coincidentes con los límites de la distribución estatal de sus habitantes y cuyas señas de identidad son más fuertes y muy anteriores a los vínculos estatales.

Se calcula que en África hay más de dos mil tribus que poseen su idioma, costumbres y rasgos físicos propios. El sentido de lealtad y diferenciación tribal es semejante o superior a otro tipo de divisiones, como el credo religioso, la clase social o las castas.

1.4.2. *Imperialismos*

El imperialismo recibe distintos sentidos y explicaciones. Seguiremos en general el esquema propuesto por Braillard y Senarclens.

En una primera acepción, el imperialismo es la doctrina favorable al sistema imperial y también se refiere al hecho de la expansión territorial de un Estado o de su supremacía sobre los demás.

La palabra se popularizó en Francia para designar a los partidarios del bonapartismo, durante la Monarquía de Julio, pero es en Gran Bretaña donde se afianza y difunde, pasando luego a designar, no al régimen militarista de Napoleón III, sino a los lazos que unían al Imperio inglés y a la política expansiva de éste. Desde esta nueva óptica se asociará con cualquier política colonialista y patriótica, teniéndose como una «forma arrogante del nacionalismo».

El paso siguiente es condenatorio, sustituyendo el aplauso a la concepción gloriosa del imperialismo por la crítica del mismo, al que se acusa de belicoso, agresivo y explotador. Se inserta aquí la línea del pensamiento socialista y del leninismo.

Para comprender con una perspectiva adecuada el imperialismo hay que relacionarlo con el colonialismo, las estrategias de supremacía y dominación, las formas de expansión y de equilibrio, los procesos de aculturación, comunicación y comercio... en suma, con toda la panoplia taxonómica del complejo relacional.

A) Los autores marxistas no conciben el imperialismo como una manifestación expansiva del poder político, en principio, ni un fenómeno de conquista militar, sino esencialmente como la consecuencia directa del funcionamiento y de la evolución del capitalismo.

Partiendo de las ideas de Hilferding y Bujarin, el capital financiero supone una etapa clave en la evolución capitalista al implicar el paso de la competencia al monopolio y la fusión entre el capital bancario y el industrial, siendo este último dependiente del otro.

Esta etapa conduce al predominio de los monopolios controlados por la banca y lleva a un proceso de «aglomeración nacional» y se traslada la lucha competitiva al mercado mundial.

La respuesta a esta situación es el proteccionismo y el nacionalismo, y el fomento de una política expansiva desde una estrategia colonial para asegurar el control de materias primas y mercados de consumo. La exportación de capitales y el dominio directo de nuevos territorios, son su consecuencia.

Siguiendo los planteamientos citados, Rosa Luxemburgo añade otra tesis indicando que el imperialismo proviene de «una contradicción esencial del capitalismo: la contradicción entre las fuerzas productivas y los límites del mercado», es decir, que la capacidad de producción del sistema no encuentra una demanda suficiente y tiene que salir fuera de obtener el necesario beneficio, precisamente en el medio no capitalista. Esta expansión y competitividad se ha agudizado y empleo medios militaristas, debido al agotamiento del espacio y la rivalidad entre las potencias.

Gracias a estos procesos expansivos, el capitalismo puede sobrevivir, retrasando su fin, pero conlleva el riesgo de fomentar «luchas interimperialistas», justamente para lograr esa conquista de mercados.

Frente a esta tesis de la conflictividad inevitable, otros autores marxistas apuntaron la vía opuesta, una cierta solidaridad de los intereses internacionales del capital, es decir, la consecución de acuerdos de reparto y cooperación que lleven a un equilibrio.

Así Kautsky contradiciendo la tesis más ortodoxa estima que el imperialismo no tiene por qué ser una necesidad ineludible para el capitalismo, preguntándose si la evolución del sistema no puede conducir a una fase de «ultraimperialismo», especie de alianza entre las potencias capitalistas.

B) Son muy variadas las interpretaciones no marxistas, pero en síntesis pueden decirse que no se limitan a centrar en aspectos económicos el tema ni a atribuir el imperialismo a una fase concreta del capitalismo. El énfasis se sitúa más en la expansión colonial, la política de poder, las necesidades estratégicas, la ambición, la influencia ideológica, cultural, e incluso en la misma *decadencia de la civilización* como dice Spengler. El subdesarrollo, la existencia de estructuras sociales atrasadas e injustas, el primitivismo de las comunidades periféricas, la debilidad de las economías primitivas, son razones que igualmente se citan.

Schumpeter añade que el nacionalismo, las tendencias autoritarias y el imperialismo, deben entenderse como «supervivencias del feudalismo» especie de atavismo social que se opone al liberalismo, la democracia y la libre empresa. Los autores del realismo político insisten en la tesis del poder y el desarrollo mundial. Así, Robbins dirá que el imperialismo se vincula a la índole anárquica de la sociedad internacional. Este autor, sin negar la importancia de la competitividad económica y el proteccionismo estima que «en ausencia de normas jurídicas coaccionantes en las relaciones internacionales, la conservación o el aumento del poder militar se convierte en un objetivo casi ineluctable del comportamiento de las naciones-Estado».

Para William Langer el imperialismo es sobre todo la prolongación de la efervescencia de los nacionalismos europeos, una proyección a escala mundial de esas rivalidades.

Llegados a este punto conviene recordar que el imperialismo no es de un sentido único, sino vario, que además puede verse como ideología, y como manifestaciones históricas factuales y por último, que se presta a nuevas interpretaciones, tanto por su vinculación con el fenómeno del poder y de las rivalidades por la hegemonía o la consecución de zonas de influencia, como por su relación con otras expresiones de la actividad internacional: expansionismo cultural, intereses estratégicos, proselitismo político, competencia económica, etc.

El triunfo del comunismo en una potencia como Rusia y el posterior auge de la nueva URSS tras su victoria en la Segunda Guerra Mundial llevó a poner en tela de juicio la interpretación unilateral que el marxismo hacía del imperialismo, ante la evidencia de una política de expansión, de militarización no fue denunciado sólo por los teóricos occidentales, o por líderes contestatarios de los países situados en la órbita soviética —polacos, checos, lituanos, etc.— sino por Mao Zedong y los dirigentes comunistas chinos.

A los chinos se debe el término de social-hegemonismo como vocablo de contenido prácticamente igual al de imperialismo. Se afirmó que los dirigentes soviéticos habían heredado la política expansiva del zarismo y del paneslavismo aunando a esas fuerzas imperialistas el sentido mesiánico e internacionalista de fomentar el comunismo en todo el mundo.

Como escribió Northedge, el Estado bien puede ser definido como un animal expansionista e imperialista, al menos hasta que encuentra otra fuerza que lo contrapese. El planteamiento de poder que late en todas estas reflexiones se acrecienta al aplicarse a las grandes potencias, máxime si además poseen ideologías internacionalistas y como en el caso de la rivalidad China-URSS, opuestas interpretaciones de un mismo internacionalismo.

Sin embargo, la acción imperial de la URSS estuvo más próxima a las actitudes neo-coloniales o de denominación indirecta, pues se respeta formalmente las soberanías nacionales —no siempre, se demostró con la invasión de Afganistán— y se operó mediante la vinculación de la internacional comunista, lazos de solidaridad, mecanismos económicos y pactos militares, conforme a la llamada «doctrina Breznev» de soberanía limitada.

La evolución finisecular hacia un sistema global ofrece aspectos novedosos en este campo de la expansión del poder, menos ostensible en los actores estatales, pero más evidente en otros actores, como las grandes compañías multinacionales, las internacionales políticas o los actores culturales, como ya se verá en el Capítulo II.

1.4.3. *Colonialismos, neocolonialismo y teorías de la dependencia*

A) Como todos los «ismos», el colonialismo supone un desmesuramiento, un exceso respecto a otro concepto previo y más concreto: colonización, idea que hace referencia al asentamiento de grupos de población procedente de la metrópoli en territorios ultramarinos y en buena parte deshabitados o sin civilizar, como en los casos típicos de las colonias griegas y, en cierto modo americanas.

Emerson dirá que el colonialismo se identifica ahora con la denominación sobre gentes de otra raza que habitan en tierras separadas por el mar del centro del Imperio; más concretamente implica el control político directo ejercido por países europeos, o de origen europeo, como Estados Unidos o Australia, sobre pueblos de otras razas, especialmente asiáticas y africanas. A esta categoría debe añadirse el dominio japonés sobre sus territorios dependientes al que puso fin la Segunda Guerra Mundial.

Entre los rasgos que se han destacado para perfilar el fenómeno se incluyen: a) la ocupación de territorios vírgenes o *res nullius* y al afán de descubrimientos geográficos y científicos; b) la formación de colonias de poblamiento con emigrantes o exiliados; c) motivaciones económicas, primordialmente comerciales; d) proselitismo religioso; e) causas militares y de comunicaciones, para asegurar el control de zonas estratégicamente valiosas y f) las rivalidades del nacionalismo.

Balandier enumera como características de una situación colonial, «la dominación de una minoría extranjera que ejerce una pretendida superioridad racial y cultural sobre una mayoría nativa materialmente inferior; el contacto entre una civilización tecnificada, de orígenes cristianos, de economía potente, y ritmo de vida acelerado, y una civilización no-cristiana, carente de técnicas y condicionada por una economía atrasada y un ritmo de vida lento; y la impresión de la primera civilización sobre la segunda».

Una clasificación divide las colonias en: 1) de poblamiento, aquellas que han recibido los excesos de población europea y dado origen a países nuevos que en gran medida responden a los patrones culturales occidentales; 2) de explotación, que nacieron por causas fundamentalmente económicas y en las que apenas se dio un asentamiento de emigrantes o una fusión entre colonizadores y colonizados o indígenas, como en la mayoría de los pueblos afroasiáticos y 3) militares o meras bases de aprovisionamiento para el sistema de transportes y comunicaciones estratégicas, que hoy día han dado lugar a micro-estados, en gran medida insulares.

El sistema colonial encontró fuertes críticas y detractores, no sólo desde enfoques morales o humanísticos, sino también por razones políticas e incluso económicas. Se dijo que las colonias si son ricas buscan la independencia y sin son pobres, cuestan dinero. El mismo Adam Smith escribiría en 1776 que «los inconvenientes resultantes de la posesión de colonias han tenido que ser soportados íntegramente por cada nación. Las ventajas resultantes de su comercio han tenido que ser compartidas con otras naciones».

Si en un principio se adujeron como justificaciones del colonialismo la «mission civilisatrice» o la «responsabilidad del hombre blanco», razonándose el dominio colonial por la seguridad europea y los beneficios espirituales, políticos, culturales y tecnológicos que la civilización aportaba a unas sociedades bárbaras y atrasadas, las tesis más actuales toleraron la situación como un período transitorio encaminado a preparar a esos pueblos primitivos hasta que alcanzasen su mayoría de edad, y además hacerlo bajo la tutela e inspección de la comunidad internacional. De aquí surgieron las instituciones del *mandato* y el *fideicomiso* de la Sociedad de Naciones y las Naciones Unidas.

B) La doctrina opuesta al colonialismo que cuenta con interesantes antecedentes comienza su influjo serio en las relaciones internacionales al incorporarse a los 14 puntos propuestos por el W. Wilson, el principio de las nacionalidades. Si bien su puesta en práctica, especialmente en el ámbito ultramarino, fue frenada por los aliados y el Pacto de la Sociedad de Naciones no mencionará el principio, hay que tener en cuenta este período histórico como el primer paso en el largo proceso de la emancipación de los pueblos.

Tras la Segunda Guerra Mundial la misma Carta de las Naciones Unidas señala que las naciones deben basar sus relaciones en la igualdad de derechos y en la libre determinación de los pueblos (arts. 1, 2 y 55), aunque no desarrolla de modo dispositivo el principio, en contraste con la minuciosa articulación del régimen de fideicomisos.

El principio de la libre determinación podía chocar con otros como la soberanía estatal, la no ingerencia en asuntos internos o la integridad territorial, pero la evolución, del proceso descolonizador, salvo excepciones, apenas planteó esta colisión de derechos y favoreció la implantación del principio de autodeterminación. Cabe destacar en este sentido la célebre resolución 1514 (XV) del 14 de diciembre de 1960, calificada de *Carta magna de la Descolonización* y otras posteriores. El tema de la autodeterminación se trata en el Capítulo III.

C) La descolonización, el trasfondo de la guerra fría, el resurgimiento de un orden más regionalizado e interdependiente del poder, a la vez que se produce la aparición de nuevos y numerosos estados confirman por un lado el fin del imperialismo de corte clásico y la expansión de nuevas modalidades de control, dependencia y hegemonía.

A finales de los años cincuenta los estudiosos detectan estas innovaciones y procuran buscar su explicación. Es en este contexto donde surgen las tesis acerca del neoimperialismo y las teorías sobre la dependencia.

Dice Braillard que «la conducta de los actores internacionales, ya no aparece, en efecto, como la expresión de lo que un actor único decide en forma coherente y racional y teniendo en cuenta el interés nacional; sino que es considerado en buena medida como el resultado tanto del funcionamiento y de las rutinas de las grandes organizaciones, que constituyen el marco en el cual nace la decisión, como de un regateo complejo entre los miembros de la jerarquía burocrática de un aparato gubernamental».

La desigualdad y la inferioridad se sitúan entre las causas de toda dominación y dependencia. Para la tesis clásica este proceso debe atribuirse no sólo a la superioridad o expansión de las potencias o actores dominantes, sino también a la situación de atraso e incluso explotación que viven las sociedades menos desarrolladas. En otra dirección se mueven los autores neomarxistas para los que el subdesarrollo no es sino una consecuencia del sistema capitalista internacional y de su reproducción.

Paul Baran, Samir Amin, Pierre Jalée y Arghri Emmanuel, entre otros, denuncian la descolonización como algo meramente formal, afirmando que el sistema de dominación continúa por otras vías. En esta óptica, el subdesarrollo, como otras modalidades de dependencia no tiene su origen en el interior de las sociedades atrasadas del Tercer Mundo, sino en la organización global del sistema internacional.

El concepto clave de estas posturas es la diálectica entre el centro (o metrópolis) y la periferia (países dominados). También se distinguen en el interior del propio centro, un centro y una periferia —élites y trabajadores— y lo mismo se hace con la periferia —élites locales—. Se establece así una relación asimétrica en beneficio del centro.

Otros aspectos interesantes que complementan este esquema son: a) la disparidad de tasas de remuneración del capital que implican más beneficios en la periferia; b) la extensión de los mercados y el desequilibrio norte/sur; c) la división internacional del trabajo entre el centro dominante y la periferia proletarizada; d) la institucionalización de organizaciones internacionales a las que se tildan de cooperar en el sistema; e) aumento de la dependencia tecnológica; f) deterioro de los precios y términos de intercambio; g) fragmentación horizontal de la periferia; h) papel activo de las empresas multinacionales, y j) alineación cultural o autocolonización.

También son interesantes aspectos tan fundamentales como el llamado intercambio desigual, la rigidez de los monocultivos, los excedentes de capital, la remuneración salarial menor en la periferia, la ayuda internacional para el desarrollo, etc.

El término de neo-colonialismo se acostumbra a atribuir a Jean-Paul Sartre, en los años cincuenta, cuando va a ponerse fin a la colonización formal. Gonidec dirá que la ideología neo-colonialista es proteiforme y no puede limitarse a una dominación económica pues tiene importantes manifestaciones en los campos políticos, cultural, técnico, social, etc. El dato más claramente diferenciador entre colonialismo y neo-colonialismo es la independencia más o menos formal del territorio dominado y la posibilidad de plantearse esa influencia en una mayor graduación de situaciones y de una manera global o diversificada.

El concepto nos retrotrae en buena medida a fórmulas de expansión y control anteriores y marginales al imperialismo moderno, como las hegemonías helénicas, la satelización del vasallaje feudal, el reconocimiento de supremacía de otros reyes a quienes se suministran tributos o ayudas, el protectorado, las ligas, los pactos dinásticos, etc.

1.4.4. *Pacifismo y coexistencia*

Pocos términos han tenido y, en cierto modo, continúan teniendo un sentido polisémico como el de pacifismo. Tendencias muy diversas se inscriben en el pacifismo, debido a su común defensa de la necesaria reconciliación y renuncia a los métodos violentos, especialmente a la guerra.

Realmente se trata de un concepto moderno, pero cabe encontrar precedentes en la historia, principalmente en movimientos de inspiración filosófica y religiosa, como el irenismo, el estoicismo y el mismo cristianismo.

El racionalismo y utilitarismo, juntamente con minorías religiosas, —cuáqueros, objetores— van ganando adeptos en pro de una renuncia a la violencia, fundiéndose con grupos anarquistas y ecologistas.

Sin embargo, no puede hablarse de una teoría o ideología uniforme para estas y otras tendencias, que han vuelto a ponerse de actualidad en el actual contexto de crítica al riesgo de holocausto nuclear, armamentismo, política de bloques, etc.

A) En 1959, Johan Galtung funda en Oslo el SIPRI o primer centro dedicado al estudio de la paz, progresivamente se han ido creando instituciones parecidas. En esta línea se aprecia una confluencia entre pacifismo y polemología.

El pacifismo como línea de acción internacionalista hunde sus raíces según acabamos de apuntar entre las tendencias del idealismo y el humanismo, vinculándose en sus distintas etapas a otros movimientos, como el utopismo o el antimilitarismo. Como escribe Medina, es sobre todo en el siglo XX y con motivo de la Primera Guerra Mundial, cuando el pacifismo enlaza con el idealismo político, con los proyectos de organización internacional y con una esperanza resurgida en el derecho de gentes, para constituir el moderno idealismo político internacional, que encuentra su encarnación principal en el presidente de los Estados Unidos, Woodrow Wilson.

Si parte desde aquí una corriente pacifista que fomenta los derechos humanos, el derecho internacional y la paz mediante la organización mundial, otra corriente rompe con estas tesis tachadas de aburguesadas y busca en esquema anarquistas, antiestatalistas, antiarmamentistas y de trasfondo revolucionario, sus vías de expresión.

El clásico aforismo latino *si vis pacem para bellum* es denunciado como una falacia cínica, concentrando buena parte del esfuerzo pacifista su acción en las campañas contra el rearme. Estos movimientos se han reforzado y extendido ante la actual evolución de las armas. Los intereses de bloque han aprovechado estas tendencias para unas campañas populares abiertamente maniqueas. No hay duda de que la opinión pública actual se encuentra especialmente sensibilizada ante el reto de la paz.

B) La tesis de fondo de la ideología de la coexistencia pacífica se centra en la posibilidad de convivencia de estados con regímenes sociopolíticos e intereses contrarios. No se trata en realidad de algo radicalmente nuevo, pero si ha cobrado aspectos peculiares en nuestro tiempo por la supuesta incompatibilidad entre las potencias occidentales y comunistas.

Incluso Lenin tuvo que reconocer que la existencia de un Estado socialista no debía suponer su estado de guerra permanente con los otros países. Corresponde al período de la desestabilización de la posguerra el afianzamiento de esta posición, como oficial de la URSS.

Históricamente, el tratado concertado entre India y China en 1954 se considera fundamental de la moderna doctrina de la coexistencia al recoger los cinco principios del Pancha Sila, antiguo texto asiático que también fue incorporado a la Declaración de Bandung y que son:

1. El respeto recíproco de la integridad territorial y la soberanía.
2. La no agresión mutua.
3. La no intervención en los asuntos internos.
4. La igualdad y el provecho mutuos.
5. La coexistencia pacífica.

Como señaló Nehru, «estos principios son válidos, no solamente para nuestros dos países, sino también para otros países a los cuales pudiera servir de ejemplo».

Y en efecto, numerosos documentos diplomáticos han incorporado estos principios, que por otra parte son coincidentes con el espíritu que anima la Carta de las Naciones Unidas.

Frente a la concepción de la paz como fruto de la imposición —Pax Romana, Pax Británica— se tiende a ir más allá de la consecuencia de la paz mediante la transacción o el pacto y acceder a la paz por la tolerancia y coexistencia entre sistemas distintos que afirman respetarse y no interferirse en sus asuntos.

Los organismos internacionales, la Iglesia y muy distintos movimientos culturales y políticos han venido desarrollando activos esfuerzos para fomentar ideales de paz, respeto mutuo, promoción de los derechos humanos, solidaridad entre los pueblos, apoyo a las tendencias internacionales y mundialistas, a las relaciones de amistad y cooperación. Todo ello contribuye igualmente a fomentar un clima de coexistencia pacífica.

La declaración de Propósitos y Principios de la Carta de la ONU o los textos recogidos tras las cumbres de Helsinki y Madrid, de la CSCIS son ejemplos de esta búsqueda de un «orden legítimo» que sea respetado por todos, o al menos por los firmantes de las Actas. El período postsoviético pareció propiciar un auge de la tolerancia y la convivencia internacional, aunque también ha traído un renacer de los nacionalismos, fundamentalismos y políticas de poder que se creían superadas.

1.4.5. *Aislamiento y no-alineamiento*

El aislamiento, el neutralismo, el no-alineamiento consisten, en cierta manera, en estrategias para mantenerse, en la medida de lo posible, fuera del sistema y, defender líneas autónomas, bien basadas en la propia capacidad para situarse al margen —el «espléndido aislamiento»— o adoptar, como se propugna por los dirigentes del neutralismo positivo, una actitud de no vincularse a los bloques existentes con el fin de potenciar la propia independencia y solidaridad, contribuyendo así a la coexistencia general.

También cabe hablar de otras posturas de no compromiso más específicas y diferenciadas, como la desnuclearización de zonas o países, la desmilitarización total o parcial, la declaración de no-beligerancia, que es distinguible, con matices, de la neutralidad y la neutralización propiamente dicha.

A) El asilacionismo responde a una doctrina opuesta a la intervención del país que la sustenta, en cuestiones internacionales.

La mayoría de los autores señalan como ejemplo más clásico de esta política, a la seguida por los Estados Unidas hasta la Primera Guerra Mundial, con excepción de su expansión continental. Los orígenes de esta política se remontan al mensaje de despedida de George Washington en 1976, aconsejando a los norteamericanos no mezclarse ni inmiscuirse en problemas europeos y a la Declaración de Monroe de 1823. EEUU mantuvo esta línea respecto a Europa, pero no por lo que se refiere a otras zonas del mundo, como el Caribe o el Pacífico, donde se enfrentó con España (1898).

El aislamiento tuvo numerosos partidarios frente a las dos guerras mundiales, y tanto Wilson como Roosevelt tuvieron que esgrimir argumentos como las agresiones alemanas y japonesas a los intereses americanos para entrar en la guerra. El aislamiento rebrotó tras la guerra y fue la causa de que los EEUU no formaran parte de la Sociedad de Naciones que ellos mismos habían promovido. A partir de la Segunda Guerra Mundial la política estadounidense ha sido manifiestamente intervencionista, especialmente tras la Doctrina Truman. Gran Bretaña y otros países han practicado en diversos momentos de su historia esta misma política de no intervencionismo que se estimaba en última instancia beneficiosa para los intereses del país afectado (España en la Primera Guerra Mundial).

La creciente interdependencia del actual sistema internacional y del complejo relacional hacen muy difícil estas posturas de auto-marginación especialmente para las potencias medias y las superpotencias.

B) El no-alineamiento como sintetiza Colard es el producto simultáneo de la descolonización política, de la guerra fría y del subdesarrollo económico. Su estrategia actual presenta la originalidad de combinarse con la doble acción de la disuación y de la detente. Los fundadores del no-alineamiento fueron Nehru, Tito y Nasser, como líderes más destacados y su objetivo común era escapar de la dinámica bipolar de los bloques propugnando una especie de tercera vía independiente.

No se trata por tanto de restaurar la fórmula convencional de mantenerse neutrales, al margen de una pugna en la cual no se toma parte sino de adoptar una voluntad activa no intervencionista que de un contenido autónomo a sus partidarios. Por eso Naser hablaba de «neutralismo positivo».

Entre las causas del movimiento, múltiples y varias, hay motivaciones políticas, económicas, ideológicas, culturales, militares, etc., pero cabe agruparlas en:

a) salvaguardar la independencia de los Estados emergentes; b) escapar al maniqueísmo bipolar; c) combatir el neo-colonialismo; d) buscar vías propias, ideológicas y culturales y e) superar las dependencias económica y el subdesarrollo.

El no-alineamiento ha surgido paralelamente al movimiento afro-asiático, incorporando luego las inquietudes de América Latina, pero últimamente tendió a escorarse hacia posiciones pro-soviéticas, aunque esta línea fue contestada por parte de sus miembros.

La evolución del movimiento puede seguirse consultando la documentación de las reuniones «cumbres» más importantes así como el número y situación geográfica de los Estados miembros.

Conforme ha ido ampliándose, el movimiento se ha hecho más heterogéneo y disperso, pero cabe decir que se mantiene el consenso respecto a la llamada estrategia de las tres D:

— Descolonización.

— Desarrollo.

— Desarme.

El no-alineamiento se ha ido fusionando así con el movimiento tercermundista, la lucha contra el colonialismo y los esfuerzos por combatir el subdesarrollo. La heterogeneidad y distinta evolución de los países que componen este grupo de estados afectados además por los conflictos intra-subsistemáticos ha debilitado el movimiento, al menos respecto a sus esperanzas originarias.

El fin de la Guerra Fría y del contencioso Este-Oeste ha «enfriado» en cierta manera el movimiento neutralista, pero la globalización ha vuelto a plantear un cierto rediseño de la fractura Norte-Sur, revitalizando el movimiento reivindicativo de los países menos desarrollados, y de minorías contestatarias en los desarrollados.

Capítulo II
ESTRUCTURA Y DINÁMICA

2.1. La sociedad internacional

2.1.1. *Un complejo de interacciones sociales*

La existencia de un complejo relacional internacional permite hablar de una sociedad internacional, al menos en proceso de formación. Aunque parte de la doctrina estima prematuro utilizar esta terminología, entendiendo que es todavía una simple expresión formal con un contenido difícil de precisar, considero que contamos con manifestaciones societarias a escala mundial suficientemente constatables como para defender la viabilidad del concepto.

Medina Ortega explica que: «La expresión "Sociedad Internacional" no es nueva, sino que ha sido utilizada ya con frecuencia. Además de la obra de Truyol, podemos hacer referencia a un trabajo del profesor Poch y Gutiérrez de Caviedes sobre *Comunidad internacional y Sociedad internacional,* en el que trata de llevar a cabo una delimitación conceptual. La expresión fue utilizada también por Stanley Hartnoll Bailey y Philip Marshall Brown, en el período de entreguerras, y más recientemente la ha empleado C.A.W. Manning para denominar una obra teórica fundamental. En ocasiones se utilizan expresiones similares, como las de "sociedad mundial", "comunidad internacional" o, con un intento quizás de obtener mayor precisión, de "comunidad de Estados". Cabe hacer remontar el origen de estas expresiones a épocas anteriores y, sobre todo, a la Escolástica española del Siglo de Oro representada por la Universidad de Salamanca y por los grandes nombres de Vitoria y Suárez».

Como señala Ago, la Comunidad Internacional de hoy tiene indudablemente carácter universal, pero no en el sentido de constituir una especie de sociedad humana integrada por todos los individuos, sino por agrupamiento de individuos por Estados.

La sociedad internacional se halla, por lo tanto, en una fase de construccion muy peculiar. Ha superado la etapa utópica y literaria para ofrecer realidades incontrastables, instituciones con vocación mundial como la ONU, redes de transporte y comunicación de alcance planetario, problemas, conflictos y respuestas que surgen y son afrontados de modo internacional... pero es igualmente innegable que esa sociedad internacional está aún en fase constituyente, pese a emplearse ya con frecuencia el concepto de mundo global.

A) Si se entiende que la sociedad es el resultado de la acción compartida de los actos sociales, que es un «prius», la existencia del complejo relacional internacional evidencia la realidad de esa *actividad social*, aunque no con la suficiente riqueza y potencia como para afirmar categóricamente que ya se da una convivencia universal merecedora del título de Sociedad Mundial. Por esto, al coincidir en un mismo medio natural, en un mismo hábitat social diversos actores y comunidades organizadas, prefiero hablar de *ecosistema*, al referirme al momento presente de *intensidad social* en el mundo.

Recordemos que para calificar la adaptación de un sistema sociocultural a un hábitat natural se utiliza el témino de ecosistema y estimo que la humanidad vive hoy este proceso de ubicación e interacción a escala mundial.

Sobre el concepto de sociedad y su interpretación se han elaborado numerosas teorías, destacando las aportaciones de Comte, Spencer, Durkheim, Giddings, Hobhouse, Mac Iver, Sumer, Schäffle, Worms, Freyer, Manheim, Weber, Pareto, Radcliffe-Brown, Malinowski, Parson y otros.

Las distintas teorías vienen a coincidir en la necesidad de que junto al agrupamiento de individuos se establezcan una serie de *roles*, una red de relaciones, unas instituciones y en última instancia, una especie de sistema autónomo que permita hablar de la sociedad como de algo diferenciado de sus componentes.

Otro aspecto de obligada cita, al tratar de estas cuestiones, es la distinción entre comunidad y sociedad de Tönnies, y también la diferenciación entre la sociedad y el Estado, en el sentido de ver la primera como una realización preferentemente «informativa», por cultural que puede ser inferior y superior al Estado como entidad política nítidamente delimitada, que opera de cauce *comunicativo*.

Si en la Antigüedad existían grandes espacios vacíos que escapaban al poder político en gran parte reducido a las ciudades amuralladas, en la época actual las fronteras terrestres no reflejan los límites ni el alcance de las distintas clases y centros de poder, no sólo de los actores *sui géneris*, ni siquiera de los estados, especialmente de las Potencias con intereses fluidos y multiformes repartidos por todo el orbe.

Por otra parte, la uniformidad de los modos de vida y de los sistemas de producción y consumo han simplificado y nivelado los ámbitos sociales, haciéndolos más homogéneos y transnacionales.

Esta descentralización del poder otorga a las acciones de fuerza y a las situaciones de conflictividad un decisivo protagonismo en el conjunto relacional.

Si el progreso se consigue tan sólo en la expansión e intensificación de las redes comunicativas y en el nivel de intercambios, cierto que el complejo relacional aumentará sus expectativas y su eficacia, pero el sistema no superará la fase instrumental y para llegar a fundirse en realidades sociales, se necesita esta emergencia, que sólo deviene de los *mensajes* y no de *los medios*. De aquí la urgencia de ideas capaces de remover la historia y aunar a los pueblos en una misma voluntad de paz y colaboración libre.

B) Como ya se ha visto, los actores, medios, factores y mensajes que tejen el complejo relacional lo hacen mediante un proceso comunicativo que varía a lo largo del tiempo y del espacio, que tiene dimensiones diacrónicas y sincrónicas.

El complejo no es una simple yuxtaposición de elementos aislados, sino un complejo de interacciones que constituyen una cierta totalidad, en frase de Braillard.

Esa unidad de sentido, esa organización, es precisamente el rasgo de que se está ante algo sistemático y no ante algo inarticulado.

A lo largo de la historia han coincidido distintos sistemas, pero con muy escasas relaciones entre ellos, especialmente en la Antigüedad y en las regiones extraeuropeas. El gran proceso vinculante surge a finales del siglo XV, con la formación del sistema europeo y su expansión ultramarina, un despliegue integrador que culminará con la descolonización y la emergencia del actual sistema mundial.

Han sido los Imperios quienes han ido forjando amplios espacios de poder sistematizado, *audiencias*, por emplear un término comunicativo: Egipto, Persia, el Imperio de Alejandro, Roma, China, la Europa interdependiente del medioevo, las potencias modernas, europeas y ultramarinas... esa construcción de espacios imperiales unos ajenos y otros comunicados han ido constituyendo a lo largo del tiempo la estructura geopolítica del complejo.

La dinámica sistematizadora ha avanzado en un doble frente: en el espacio y en el tiempo. El progreso es además poliédrico y funcional. De aquí la proliferación de subsistemas de muy distinta naturaleza: espacios de poder político, mercados económicos, culturas, zonas de hegemonía militar, áreas periféricas y marginales, redes de transporte, focos de producción y consumo...

Estas unidades subsistémicas se suceden y conviven pasando desde una fase de mutua ignorancia hasta otras de contacto o intercambio, que generan situaciones de cooperación y de conflicto. En ese *bullir* estamos, con la esperanzadora aparición en el horizonte histórico de mensajes universales, con realizaciones aún polémicas y perfectibles, pero realizaciones con vocación y sentido de alcance mundial.

La estructura de nuestro entorno es básicamente un subproducto de los sistemas políticos nacionales, como dice Medina, pero también se advierten esas interacciones a través de las fronteras de las que habla Luhmann.

Superadas las fases de mutua incomunicación y disueltos los esquemas del modelo colonial tras la Segunda Guerra Mundial, se ha alcanzado una fase propiamente universal y más heterogénea, que reclama un análisis propio.

En este examen cabe diferenciar tres niveles de interacción: dentro de cada subsistema, entre los propios subsistemas y el correspondiente al tipo de sistema global resultante.

La temporalidad permite diferenciar unos sistemas de otros a lo largo de una existencia, y también distinguir las sucesivas etapas formativas de un mismo sistema.

2.1.2. *Procesos de integración y desintegración*

Otro aspecto nuclear es la observación y estudio de los procesos integradores y desintegradores, de la actuación de fuerzas centrífugas y centrípetas y del complejo relacional resultante.

Truyol señala al respecto que en la sociedad internacional operan «dos tendencias contradictorias» que provocan una tensión continua:

a) Una tendencia centrífuga (*centrípeta* para cada sociedad política o estatal particular): las sociedades políticas dotadas del poder de coerción legítima tienden a reforzar los vínculos internos a hacerse autosuficientes y a no depender de nadie en detrimento de las relaciones internacionales.

b) Una tendencia centrípeta (*centrífuga* para cada sociedad política o estatal particular): la innata sociabilidad humana que no se detiene ante obstáculos como las fronteras políticas provoca el comercio internacional, que en definitiva es fuente de enriquecimiento mutuo. Así dice Suárez en *De Legibus* (III,19,5), que si bien las sociedades políticas constituyen sociedades perfectas que en principio se bastan a sí mismas, necesitan para una vida mejor el intercambio con las demás, por la interdependencia natural existente entre todos los miembros del linaje humano. El ímpetu irresistible del hecho social internacional obliga a los Estados a entrabar lo menos posible esas relaciones internacionales.

«Los procesos de integración internacional —señala Medina— pueden situarse en un continuo, limitados por dos formas de integración diferenciadas: la integración puramente vertical dentro de las distintas sociedades independientes y la integración política que lleva a la supresión de las entidades independientes. La integración internacional requiere, por un lado, la subsistencia de entidades políticas independientes y, por otro, el que tales entidades se aproximen y hagan permeables sus fronteras para que sea posible un cierto grado de especialización funcional y solidaridad entre las distintas comunidades independientes».

Si en los años cincuenta Legaz Lacambra podía estimar que «sociológicamente la realidad de la sociedad internacional es harto compleja y no le es aplicable, considerada en su conjunto, el esquema *comunidad* o *sociedad*», la evolución experimentada por el complejo relacional internacional en este último medio siglo parece aconsejar lo contrario. Ante todo hay que advertir que sólo puede hablarse de la sociedad desde un enfoque teórico y abstracto, pues la realidad histórica y coetánea obliga a referirse, más adecuadamente a «sociedades».

Desde el paradigma de la razón comunicativa, la subsistencia de unidades independientes es condición básica, pues si únicamente se da un sujeto emisor, es imposible hablar de comunicación internacional. El progreso integrador proviene del avance en dos frentes: el incremento, extensión e intensificación del complejo medial comunicativo, lo que pudiéramos definir como *implantación de la red* y la mejora en calidad del tipo de los mensajes del sistema y sus componentes, es decir una progresión en el sentido solidario de los contenidos informativos.

Cabe afirmar, por lo tanto, que en estos años el sistema internacional progresa en su integración comunicativa, pero lo hace mucho más lentamente en su integración informativa.

Como escribe Dupoy, coexisten, entremezclándose dos tipos de sociedades: «la société relationelle» y la «société institutionelle», conceptos que también pudiéramos definir como actores y factores espaciales o verticales, y actores y factores funcionales u horizontales. Los primeros integrarían la sociedad internacional, entendida según el criterio estatista, y los segundos la llamada sociedad «transnacional».

2.1.3. *La comunidad internacional*

A) «La Sociedad Internacional —dice Mariño Menéndez— es la formación social concreta en que actualmente se estructura la convivencia de todos los pueblos, personas y entidades políticas en el seno de la humanidad. Como tal formación, constituye la base social de la Comunidad Internacional. Ésta, por su parte, es una entidad conformada por el conjunto de entes colectivos, primordialmente los Estados, que se relacionan entre sí mediante las normas del Derecho Internacional Público o Derecho de Gentes».

«En un cierto sentido, la Comunidad Internacional rige o "gobierna" la humanidad y, en todo caso, su existencia ha recibido expresión en el Derecho Internacional». Mariño Menéndez añade que «referencias a ella se contienen en diversas Resoluciones de la Asamblea General de Naciones Unidas y también en la jurisprudencia internacional».

El mismo autor considera que el reconocimiento de este concepto de Comunidad Internacional tiene su mejor expresión «en el artículo 53 del Convenio de Viena sobre el Derecho de los Tratados de 23 de mayo de 1969, que, al referirse a las normas imperativas de Derecho Internacional General, establece que son normas aceptadas y reconocidas: "...por la Comunidad Internacional de Estados en su conjunto"».

El análisis del grado de vertebración de esta Comunidad hace recordar la tesis de Reuter sobre tres niveles de sociedad, según se trata de una simple yuxtaposición de estados, del reconocimiento de intereses comunes entre ellos o de una organización diferenciada.

Como recuerda Pastor Ridruejo comentando a Reuter: «Existiendo desde 1945 la Organización de las Naciones Unidas, de carácter cuasiuniversal y con aspiraciones de universalidad, surge la duda de si la sociedad internacional responde al tercer tipo y está, por consiguiente, organizada. Pero la respuesta es negativa. Ni todas las relaciones internacionales han sido absorbidas por la misma, ni sus poderes (legislativos, ejecutivos y judiciales) satisfacen a la idea de una organización completa y efectiva de la sociedad internacional».

Sin embargo, son las distintas y numerosas organizaciones internacionales el camino más esperanzador para esa vertebración, para ese paso desde lo social a lo comunitario, gracias a compartirse valores e intereses, aunque salvo la apasionante y original construcción de la Unión Europea todavía se esté muy lejos de esos objetivos.

Como considera Carrillo Salcedo «el fenómeno de organización internacional representa, desde luego, un proceso de institucionalización de la sociedad internacional, pero dicho proceso no ha desplazado al Estado soberano, por lo que la sociedad internacional no ha perdido sus principios constitutivos de libertad, igualdad e independencia de las entidades políticas autónomas que están en su base, los Estados soberanos, ni su carácter predominantemente descentralizado y paritario. Un largo proceso histórico de más de cien años ha traído consigo un amplio catálogo de organizaciones internacionales en las que la soberanía de los Estados parece haber cedido en muchos campos no políticos; pero conviene no sobreestimar estos resultados, parciales y fragmentarios, mientras que una instancia de autoridad política internacional, superior a los Estados, sigue faltando en la vida internacional».

Los distintos autores y enfoques doctrinales coinciden en señalar una serie de características de la sociedad internacional contemporánea, aunque ofrezcan matices semánticos o distinciones poco relavantes. La pluralidad y diversidad de actores, incluyendo la heterogeneidad de las formas estatales, modelo de estructuración política ya universalizado, es el primer rasgo de un espacio que, si en principio se contempla como no integrado, se ve igualmente inmerso en un proceso de interdependencia cada vez más intenso y pluriforme.

B) Otro aspecto llamativo son las escisiones dialécticas de su estructura, como las denominadas Norte-Sur o Centro-Periferia, para referirse a los Estados desarrollados y en vías de desarrollo que también suelen agruparse en el desfasado concepto de Tercer Mundo. Aunque en buena medida se ha desvanecido la ruptura Este-Oeste según el modelo de la Guerra Fría, continúan las divergencias ideológicas, especialmente entre los estados democráticos y los que no lo son.

Calduch entiende por sociedad internacional «aquella sociedad global (macrosociedad) que comprende a los grupos con un poder social autónomo, entre los que destacan los estados, que mantienen entre sí unas relaciones recíprocas, intensas, duraderas y desiguales sobre las que se asienta un cierto orden común».

El mismo autor considera que es una sociedad global de referencia, que es distinta de la sociedad interestatal, que requiere una dimensión relacional y que goza de un orden común, y enumera como elementos fundamentales de su estructura: 1º) la extensión espacial, 2º) la diversificación estructural, 3º) la estratificación jerárquica, 4º) la polarización, 5º) el grado de homogeneidad o heterogeneidad y 6º) el grado de institucionalización.

C) Habermas advierte que podemos orientarnos en el incierto camino hacia las sociedades postnacionales y recuerda la fase en cierto modo crítica de las formas estatales hoy día:

«Hegel consideraba que toda forma histórica estaba condenada al ocaso en el mismo momento en que llegaba a su madurez. No es necesario hacer propia su filosofía de la historia para reconocer que el camino triunfal del Estado nacional tiene un reverso irónico. El Estado nacional representaba en su época una convincente respuesta al desafío histórico consistente en encontrar un equivalente funcional para las formas de integración social de la modernidad temprana que habían entrado en decadencia. Hoy nos hallamos ante un desafío similar. La globalización del tráfico económico y de las comunicaciones, de la producción económica y de su financiación, de las transferencias en tecnología y armamento y, sobre todo, de los riesgos tanto ecológicos como militares, nos confronta con problemas que ya no pueden solucionarse dentro del marco de un Estado nacional o por las vías habituales hasta ahora de los recuerdos entre Estados soberanos. Si no cambia todo, seguirá progresando el vaciamiento de la soberanía concebida en términos propios de los Estados nacionales y se hará necesario la construcción y ampliación de las competencias políticas de acción a niveles supranacionales, cuyos comienzos ya podemos observar».

Los procesos de integración no constituyen una novedad radical, pues ha habido importantes realizaciones históricas en que distintas entidades se han agrupado para formar otras mayores, bien de un modo «amalgamado» o bien de una manera «pluralística» por emplear el vocabulario de K. Deutsch.

Sin embargo, salvo la variedad encadenada de señorío que el sistema feudal permitía, o las fórmulas federales y confederales, los casos de integración fueron mayoritariamente de fusión de varias entidades en una sola, muchas veces *manu militari*.

Lo llamativo y original de la situación contemporánea es la aparición de modalidades diversas de integración funcional y territorial, compatibles normalmente con el mantenimiento de la soberanía nacional.

Ámbitos tan variados como el económico, el político, el del poder y el cultural, registran ejemplos distintos de estos procesos integradores, que responden a estrategias más amplias de cooperación entre los pueblos, superadoras de los límites y capacidades operativas de la *audiencia* estatal.

Maurice Byé podrá definir la integración «como la sustitución de espacios nacionales, más o menos aislados, por un espacio internacional único, para hacer compatibles, al máximo, los planes de los centros de decisión que lo componen».

2.2. Culturas y civilizaciones

2.2.1. *Complejidad conceptual*

El debate conceptual sobre los términos cultura y civilización es uno de los más bizantinos y complejos del ámbito académico.

La cultura es un proceso aglutinante de las distintas expresiones conformadoras de la sociedad. Estas «fuerzas» dibujan el nivel histórico; unas son de «atracción» y otras de «repulsión», y, según sea su movimiento, dan forma a las ideas, creencias, usos, normas del agregado social. Voltaire emplea la frase *moeurs es sprit* para referirse al conjunto de hechos y actos que suelen entenderse por cultura. Originariamente, el término «cultura» está emparentado con el de «cultivo», evolucionando posteriormente en un sentido figurado para representar el conjunto de fenómenos sociales que la moderna antropología entiende ahora por cultura. Kroeberg y Kruckhonhn, en un conocido trabajo, llegan a enumerar hasta 181 definiciones del concepto cultura.

Cicerón ya lo usaba en sentido figurado. Philip Bagby dice que no puede hablarse de «cultura a secas», y en 1852 Newman menciona los términos «cultura mental» o «cultura intelectual». Otros autores incluyen, como ingredientes de la cultura, a las artes, ideas, costumbres, técnicas, conocimientos, creencias, instituciones..., defendiendo que hay unas formas elementales y otras más complejas, desde la cultura individual a la colectiva, y que no tiene forzosamente una delimitación estatal sino de áreas geográficas o raciales.

Oswald Spengler afirma que «la historia es —en íntima afinidad con la vida, con el devenir— la realización de la cultura posible».

Si la cultura es *fruto del quehacer histórico,* la civilización, que no es otra cosa que la *acción comunicativa* organizada de la cultura, opera como *canal* de la acción cultural.

Muchas veces se usan indistintamente los términos cultura y civilización, aunque suele reservarse al primero un carácter más vinculado a la instrucción, al grado de conocimientos. En Spengler, la civilización aparece como degeneración de la cultura y en otros pensadores, ésta queda englobada como una parte de aquélla. Si la civilización es la acción organizada de la cultura, el estudio de las civilizaciones se convierte en el objeto propio de estudio de la historia.

2.2.2. *Tipologías*

Al coincidir varios tipos de civilizaciones en el campo histórico, sea de modo sucesivo o coetáneo, cabe hablar de civilizaciones abiertas y cerradas, de civilizaciones-fuerza y civilizaciones-resultado, de civilizaciones-abortadas, civilizaciones-reflejo, civilizaciones-sucesoras, o renovadoras, constelación de civilizaciones y otras clasificaciones parecidas, que sirven para entender mejor el sistema de las relaciones internacionales de un momento histórico pasado o presente.

Michelet considera la explicación del cambio de las civilizaciones por el trabajo incesante de ellas sobre sí mismas. Se aprecian dos direcciones evolutivas, una interna y otra externa, relacionadas a su vez mutuamente de forma positiva o negativa. Las civilizaciones pueden abortarse (Esparta), ser heridas mortalmente (Azteca), endurecerse hasta pervivir siglos de modo artificial (Bizancio), influirse (Grecia-Roma), dividirse en una constelación más o menos unida (Conmonwealth, Hispanidad), mantener contactos directos (Este-Oeste tras la postguerra de 1945), o indirectos (el Islam como mediador entre Oriente y Occidente).

La clasificación del número de civilizaciones principales que han existido depende de cada investigador. Toynbee habla de una nueva civilización que terminaría en un Estado Universal y una Religión capaz de originar a su vez civilizaciones filiales (la originaria se denomina «materna»). Se citan entre otras posibles la egipcia, la andina, la helénica, la japonesa, la rusa, la minoica, la hitita, la sínica, la sumeria, la índica y la occidental. La centroamericana es dividida en maya, jucateca y mejicana. Toynbee añade también la siríaca, iránica, arábiga y ortodoxa; traza, además, tres civilizaciones abortadas y cinco detenidas (nestoriana, irlandesa, escandinava, esquimales, polinesios, osmanlíes).

Bagby establece dos grandes grupos (mayores y menores), destacando la egipcia, la babilónica, la china, la india, la clásica, la peruana, la centroamericana y la europeo-occidental. Mientras los estudios históricos no arrojan más luz sobre el pasado, éstas y otras clasificaciones no dejan de ser, por el momento, subjetivas y hasta caprichosas.

El sentido «fatalista» y «cíclico» es característico del modo de ver la historia en las civilizaciones antiguas como Babilonia, Egipto, Grecia, Persia, India y China. En el polo opuesto se advierten las concepciones antropocéntricas, tanto en los autores renacentistas como en el existencialismo. Pero han sido modernamente las teorías evolucionistas del idealismo o el materialismo las que más han influido en nuestro tiempo. En Hegel, es el despliegue del espíritu la clave, como lo será en Marx el materialismo, tras el vuelco que Feuerbach hace de Hegel. También cuenta la visión optimista de un positivismo progresivo y el pesimismo de un Spengler o la diálectica orteguiana de la razón vital.

El planteamiento moral, frente a las concepciones cíclicas, antropomórficas evolucionistas o externalistas, hace entrar a la historia en los planes de la Providencia. San Agustín ya afirmaba que Dios, que creó los pájaros, no puede ser indiferente a los asuntos humanos.

Los hechos históricos actúan así como *productos informativos* que configuran el ser y el existir de las sociedades y civilizaciones y, a la vez, dinamizan el suceder temporal.

2.2.3. *Pluralidad cultural y convergencia*

La vida humana, que se desenvuelve en el marco de un *hábitat natural* y de un *hábitat social*, es radicalmente convivencia en sociedad. Sin embargo, en el ámbito histórico ha habido épocas de escasas o nulas relaciones entre las diversas sociedades nacionales y otros períodos de intensas relaciones, tanto pacíficas como conflictivas.

Si el estudio de la Historia nos ofrece la existencia de diversas civilizaciones, que en unos casos se han comunicado e influido y en otros no, el tema de las sociedades conlleva automáticamente la pregunta de plantearnos si únicamente cabe hablar de sociedades particulares, muchas veces de vida corta y efímera, o también cabe interrogarse por la realidad de una sociedad internacional tan abarcadora como el *hábitat* planetario.

El concepto de cultura no es uniformista ni monolítico, sino todo lo contrario; polivalente, evolucionista, interactivo y plural, y, por ello mismo, es uno de los factores clave del cambio, y no sólo de la identidad, de las sociedades.

Razones biológicas, antropológicas, culturales, políticas y morales parecen coincidir en reconocer la realidad de la unidad del género humano y la existencia de una sociedad mundial en formación, como ya se ha visto anteriormente.

La historia demuestra que el mundo se ha estructurado a modo de constelaciones, ajenas o vinculadas entre sí.

Estas pueden constituirse en Sistemas autosuficientes y prácticamente dominantes en su área —casos de China o Roma— o en agrupaciones que actúan dominando a los demás y formados interiormente por un equilibrio de estados, como se vio en el largo período de convivencia de los Imperios europeos que prácticamente se repartieron el mundo entre España, Inglaterra, Portugal, Francia, Holanda, Turquía y Rusia.

El «orden europeo» posterior al período napoleónico se vio trastornado por la irrupción «desde dentro» de dos nuevas Potencias —Alemania e Italia—, la desintegración de otras dos —Austria-Hungría y Turquía—, y la irrupción «desde fuera» de Estados Unidos y Japón, además de otras alteraciones muy grandes en casi todas las «variables» internas del agregado.

El paso de la bipolaridad al policentrismo, unido a la descolonización, ha trastocado la situación anterior, pues la división que trajo consigo quedó compensada por la política de coexistencia que promovió establecer unas normas de actuación internacional.

El desplome del Bloque comunista, capitaneando por la URSS, ha dado lugar a otra fase distinta, todavía confusa y de líneas titubeantes, como se estudiará al final de este libro.

2.2.4. *Choque o diálogo de las civilizaciones*

En un artículo aparecido en 1993 en la revista *Foreing Affairs,* el experto norteamericano en temas internacionales Samuel F. Huntington propuso su polémica tesis de que el enfrentamiento entre liberalismo y marxismo sería sustituido por un choque de civilizaciones. Su planteamiento causó un revuelo sólo comparable al generado por la tesis de Francis Fukuyama acerca del fin de la historia.

«Durante la guerra fría, escribió Huntington, el mundo ha estado dividido en tres: el primero, el segundo y el tercero. Esas divisiones ya no son pertinentes. En un futuro inmediato, el mundo estará forjado por las interacciones de siete u ocho grandes civilizaciones: occidental, confuciana, japonesa, islámica, hinduista, eslavo-ortodoxa, latinoamericana y quizá africana». Huntington sustentaba sus tesis en estos elementos: las diferencias entre civilizaciones son más importantes que las ideológicas y políticas; las diferencias se acentúan con la proximidad provocada por el hecho de que el mundo es cada día más pequeño; los procesos de modernización económica y social alejan la identidad nacional y aproximan a la identidad cultural y, por último, Occidente, el más poderoso, agrede a las otras identidades culturales. «La cortina de terciopelo de la cultura, decía, ha reemplazado al telón de hierro de la ideología».

Este choque entre civilizaciones ocurrirá en dos niveles. En el «micronivel», grupos contiguos entrarán en conflicto con el fin de controlar un territorio y controlarse unos a otros. En el «macronivel», Estados con distintos caracteres culturales se disputarán el dominio militar y político en un ámbito dado, así como el control sobre organismos internacionales y terceros países.

Inmediatamente surgieron las críticas, evidenciando lo caprichoso de estas divisiones culturales, como la exclusión de Hispanoámerica del grupo occidental o el olvido del peso islamista en África, y, por supuesto, no parece lógico hablar de una civilización confuciana hoy día.

Karlsson dirá que «si del "macronivel" pasamos al "micronivel", hay más razones en favor de la teoría de Huntington; pero son insuficientes para darla por válida. Las civilizaciones no controlan Estados, antes bien son los Estados quienes controlan las civilizaciones, y actúan solamente en defensa de la propia cuando ello les interesa por motivos políticos».

También se ha tendido, especialmente entre los seguidores del romanticismo y el nacionalismo, a identificar cultura con nación, y de aquí los planteamientos diferenciadores de las llamadas *señas de identidad,* no siempre fáciles de enumerar y concretar, pero la realidad a finales del siglo XX es más bien otra: en el rompimiento pluriculturalista.

Agnes Heller escribirá en este sentido que «el carácter monolítico de las culturas nacionales de Occidente ha sido erosionado de un tiempo a esta parte. La condición posmoderna en la que vivimos se distingue por la fragmentación en microdiscursos del —en otro tiempo forzosamente homogéneo— discurso universalista, humanista y racionalista. Para bien o para mal, todas las *diferencias* (políticas, culturales, sexuales y raciales) tienen cada vez más, su propio microdiscurso, mientras que lo que Occidente ha denominado tradicionalmente como *cultura*, ha prosperado con la universalidad del discurso: éste ha creado sus propios cánones, normas y valores universales».

Las civilizaciones, por ser formas comunicativas de los procesos históricos, intercambian sus contenidos culturales del mismo modo que los medios de comunicación social lo hacen con la información de actualidad. Así se construye precisamente el sistema y los subsistemas que estructuran y dinamizan el llamado complejo relacional internacional, sustento posible del grado de sociabilidad de los agregados humanos en un tiempo y un espacio dado.

Si adoptamos este punto de vista comunicativo-informativo, como método de análisis histórico y sociológico, todas las diversas formas de socialización, desde las más cercanas, como la familia, hasta las más complejas y universales se nos transforman en un realidad nueva: en *audiencias*.

2.3. Subsistemas y audiencias

2.3.1. *Hacia el sistema reticular*

Al final de su Historia de las Relaciones Internacionales, Pierre Renouvin escribe que «en una visión de conjunto acerca del desarrollo de las relaciones internacionales, en el transcurso de diez siglos, destacan dos rasgos esenciales: uno, el más llamativo sin duda, es la continuidad de las rivalidades y los conflictos entre los grandes Estados, el espectáculo de los cambios sobrevenidos en la jerarquía de esos Estados; el otro es el progreso de las relaciones entre los continentes —a iniciativa de los europeos— al ritmo de los progresos técnicos, que han facilitado los desplazamientos de los hombres, el transporte de las mercancías y el intercambio de ideas...».

A partir de la expansión ultramarina en el Renacimiento van a desarrollarse velozmente estas dos líneas estructuradoras del sistema internacional, la implantación del modelo estatal, primero en la Europa westfaliana y después en todo el mundo, y paralelamente, la gestación de una red de intercambios, comunicaciones e informaciones que ha culminado en el actual horizonte del mundo global y reticulado.

El siglo XX ha sido especialmente decisivo en ambas líneas de progresión. Tras la Primera Guerra Mundial se hunden los viejos Imperios históricos multinacionales como Austria-Hungría y el Otomano, Rusia se transforma en la URSS y comienza el despertar afroasiático, además de incorporarse los estados extra-europeos, EEUU y Japón, al Concierto de las Potencias y hundirse también en China otro de los Imperios milenarios, iniciándose un proceso revolucionario que culminará en 1949 con la proclamación de la República Popular.

El nuevo orden mundial surgido de la Paz de Versalles, que por cierto trae la novedad de la primera Organización Internacional, la Sociedad de Naciones, dura apenas veinte años, pues en 1939 estalla de nuevo la guerra, con mayor virulencia y expansión que la de 1914.

La Segunda Guerra Mundial sugiere análisis revisionistas. Es formalmente cierto que terminó con las rendiciones de Alemania, Japón y sus países coaligados, pero también es posible adoptar, desde la óptica que nos permite el orto del siglo XXI, una reflexión distinta y considerar que este conflicto tuvo las siguientes fases, obviamente diferenciadas, pero igualmente intervinculadas: 1) Fase bélica propiamente dicha (1939-1945), 2) Formación de los Bloques y Guerra Fría, 3) Descolonización, 4) Hundimiento de la URSS y del Bloque del Este, 5) Institucionalización de un espacio europeo nuevo generado desde la Unión Europea, 6) Emergencia de un sistema mundial global, todavía en período embrionario.

Se trataría, por tanto, de una gran onda de cambio histórico que además conlleva profundas transformaciones ideológicas, políticas, científicas, tecnológicas y artísticas, entre las que cabe destacar, como indica Fukuyama, la expansión del modelo democrático en lo político y capitalista en los económico.

Por otra parte, la construcción sistémica se cimenta en la imbricación polivalente de redes de relaciones que conectan a los actores, generando espacios de acción, cooperativos y competitivos.

El nuevo siglo parece traernos un horizonte distinto, todavía impreciso, pero que algunos autores no dudan en calificar de post-nacional, post-estatal, desterritorializado, sistema-red, sistema transnacional, mundo virtual, mundo global, espacio policéntrico, glosociedad, nuevo multilateralismo, unipolar, tripolar, pacificador y superador de las guerras e incluso no ha faltado quien como Pierre Hassner cuestione la vigencia de las relaciones internacionales tal como aún se entienden.

Es evidente que los órdenes creados por Versalles y Yalta están ya tan obsoletos como Westfalia y que nos encontramos ante un espacio complejo, nuevo, que ofrece fracturas y asimetrías graves y hondas, pero, a la vez, procesos de cooperación e intervinculación esperanzadores, sin dejar por ello, como dice Rosenau, de estar «sometido a turbulencias».

2.3.2. *El trasfondo dialéctico del sistema internacional*

El término de subsistemas puede entenderse como parte de un todo más abarcador, el sistema que los engloba, y, además, no verlo exclusivamente como un acotamiento espacial, concepción que es por cierto válida para la identificación de los subsistemas territoriales con el concepto más habitual del regionalismo, tanto subestatal como supraestatal, sino también como subsistemas comunicativos, funcionales, operativos y hasta temporales.

A) Las teorías estructuralistas dan la sensación de interpretar los elementos del sistema social no solo de modo instrumental, sino estático. Es el concepto de función el que ayuda a animarlos, aportando dinamismo al conjunto, como escribe Daharendorf.

Sin embargo, los funcionalistas pecan de optimismo, al ofrecer unos esquemas excesivamente armónicos de los procesos y así, para Mayo, el estado normal de la sociedad es el de la integración y la cooperación. Merton, admite los conflictos, pero considerándolos como «disfuncionales».

Estos planteamientos parecen ver la sociedad como una cuestión geométrica, que traslada al terreno del constructivismo de raíz matemática. Ya decía Simmel que la sociedad es la geometría de lo humano.

Sin embargo, el desajuste no es ajeno a la sociedad y debe contarse con él. Autores como Kant, Hegel, Marx, Sorel, Aron, Mills o Dahraendorf han atribuido precisamente al conflicto un papel determinante en la evolución histórica y social.

Así, Dahrendorf dirá que el sentido y efecto de los conflictos sociales se concretan en mantener y fomentar la evolución de la sociedad en sus partes y en conjunto. Si el conflicto no se considera entonces como algo anormal —recordemos la concepción de Ortega de la sociedad como realidad constitutivamente enferma— éstos pueden operar flexiblemente, hasta estabilizar un equilibrio diverso o desembocar en contradicciones violentas, como se ilustra por la misma evolución formativa de la sociedad internacional, con fases frecuentemente bélicas.

La sociedad abarca, a la vez, semejanzas y diferencias, como unidad resultante de la articulación de tendencias pluralistas, permanentemente en construcción. Este proceso supone una tensión dialéctica entre necesidades, carencias, posibilidades y realizaciones. Este hecho es consecuente con las teorías que ven en la cooperación y el conflicto fases de un proceso, que siempre engloba algo de ambas situaciones, como dice Cooley.

Por lo tanto, este continuo «hacerse y deshacerse» es un dato que no hay que olvidar, con mayor motivo a la hora de contemplar las relaciones internacionales que «tejen» la estructura de la sociedad internacional.

B) La acción social, fruto del acto social, aparece por tanto como causa estructuradora de las relaciones y de las realizaciones sociales, que en su mutua interacción tejen esa urdimbre de fenómenos compartidos que sustenta y dinamiza la sociedad.

Por su parte, Truyol, después de citar el concepto de acción en Max Weber como conducta humana con sentido, añade que «acción social será aquella cuya significación es referida a la conducta de otro y, por consiguiente, se orienta hacia ésta. De la acción social se pasa a la relación social, o sea, al hecho de que una pluralidad de individuos refieran recíprocamente sus conductas unos a otros, y se orientan según esa reciprocidad».

Si rechazamos con Toynbee las concepciones «atomista» y «organicista» de la sociedad, propugnando ésta como «un sistema de relaciones entre individuos, radicando en el hombre la fuente de acción», aceptamos la idea de Nicol de que el hombre es un «ser de expresión» y vemos en la sociedad el resultado del intercambio de los mensajes que los hombres se comunican.

Como dice Durkheim, el progreso social viene a ser un ascenso desde la solidaridad de la semejanza, dominada por la homogeneidad de las «mores», a la solidaridad de la interdependencia, lo cual implica una visión dialéctica, o al menos complementaria y funcional, de los actos sociales.

Cuanto venimos considerando cobra especial interés a la hora de estudiar la existencia de una sociedad internacional, que si se fundamenta en la interacción de las relaciones internacionales, cobra unas dimensiones mucho más hondas que las de una mera coexistencia de unidades estatales.

Pecourt ha escrito al respecto que «toda investigación sociológica en el ámbito internacional debe adoptar como presupuesto la intrínseca naturaleza social del hombre, la que venimos llamando comunicabilidad humana. Se postula, de este modo, un planteamiento antropológico de la sociología internacional. Durante mucho tiempo, la ciencia y la práctica internacionales han vivido sometidas a la deformante óptica estatal. Frente a ello, es necesario volver a la tesis que localiza en el hombre, en cuanto miembro individualizado de la Humanidad, el elemento ontológico primario de toda modalidad de convivencia social, incluida la internacional».

El anclaje de la actividad socializadora en la capacidad informativa de las personas y los grupos pone en primer plano el carácter dialéctico, por dialogante, de las respectivas estructuraciones colectivas, es decir de los distintos subsistemas, desde la familia y la ciudad, a la empresa, la región, la nación o el sistema transnacional.

2.3.3. *Un regionalismo comunicativo*

A) Los estados, además de actores in-formativos, son fundamentalmente comunicativos, que canalizan hacia el exterior los variados contenidos de sus diversos actores internos, y ello justamente por corresponderles el requisito de imponer el mensaje-eje a una estructura. Su fin esencial es mantener y desarrollar ese agregado nacional potenciando sus contenidos que *hacen* la sociedad.

Las características de interdependencia que han hecho en esta época de todo el planeta un solo ecosistema político, obligan a una doble operación, por otra parte muy simple; trasladar a una escala mayor —supraestatal— la función comunicativa de posibilitar la transmisión y recepción de los mensajes, habida cuenta que la estructura es ahora más amplia sociológicamente hablando, y revitalizar, por otra, la originalidad de las formas-región «internas» ante el desafío que para su supervivencia implica esa «mundialización».

El sistema estatal que pudiera tender al enclaustramiento, a cerrarse sobre sí mismo, experimenta el proceso contrario, se abre y expande gracias al factor comunicativo que entraña en sus fundamentos y en su modo de actuar.

No es casual, como se ha visto, que el orden estatal coincida no sólo con el espíritu innovador del Renacimiento, sino también con su acción universalizadora. La aventura ultramarina es la resultante lógica de este espíritu *descubridor* y *comunicador*.

Spengler, con su sugestivo estilo, ya había atribuido al sentimiento fáustico este modo de ser *dinámico* y *desvelador*. «...el descubrimiento del nuevo mundo, de la circulación de la sangre y del sistema copernicano ocurrieron casi al mismo tiempo y con un sentido idéntico; poco antes había sido descubierta la pólvora, o sea el arma de largo alcance, y la imprenta, o sea la escritura de largo alcance».

No deja de ser también curioso que Francisco de Vitoria escribiese en aquella época que «la sociedad es, como si dijéramos, una naturalística comunicación, muy conveniente a la naturaleza».

El entramado comunicativo no es predicable solamente de los estados, sino de todos los actores del complejo relacional. Además, es posible vincular el modelo comunicativo con los estudios acerca del regionalismo y la reestructuración del sistema mundial, pues ambos comparten la idea de identificar subsistemas espaciales y funcionales de diversa entidad, alcance e integración.

B) La internacionalización de la sociedad ha conllevado un incremento, una intensificación, diversificación y universalización del flujo y del contenido informativo y, paralelamente, una revisión del complejo relacional desde enfoques regionalistas.

La multiplicidad de actores, medios, mensajes y rediseños territoriales ha transformado radicalmente el sistema, especialmente en ciertas áreas del planeta.

Como ha escrito acertadamente Charles A. McClelland, «...lo único que hay que hacer para ampliar el modelo tradicional de las relaciones internacionales es considerar a los Estados nacionales como organizaciones complejas que procesan la información que obtienen a través de los canales de comunicación y que transmiten sus reacciones al exterior en forma de demandas y respuestas. Los Estados nacionales son fuentes de comunicación, y sus acciones de demanda y respuesta generan la corriente de mensajes entre los Estados. Las unidades de las relaciones internacionales son los miles y miles de mensajes que se intercambian continuamente».

Si este párrafo ilustra el discurso comunicativo como estructurador del sistema, el entendimiento del espacio como suma de subconjuntos regionales, acaba resultando convergente e incluso complementario del esquema que propugnamos.

Los profesores Aldecoa y Cornago han analizado los rasgos del nuevo regionalismo, el subestatal y el interestatal, analizando con detalle los casos del modelo asiático de bajo perfil institucional, el norteamericano y el europeo comunitario, sugiriendo interesantes reflexiones acerca de la reorganización del sistema político y la gobernabilidad multinivel.

Un aspecto de gran interés es el discurso normativo que implica competencias locales con instancias supranacionales, cuestión que cobra especial relieve en los Estados de estructura compleja, como el español.

«En efecto —dicen estos autores—, si en su génesis y desarrollo inicial el regionalismo está muy relacionado con la recomposición del orden económico, político y social tras la segunda gran guerra, en la actualidad se producen desarrollos que exigen registros de explicación muy diferentes. La cooperación para la recuperación económica en la posguerra, la regionalización de la seguridad colectiva durante la política de bloques, y la afirmación de la solidaridad poscolonial fueron las bases sobre las que se construyó la organización regional en su sentido clásico, pero tales aspectos no resultan de gran utilidad para explicar los desarrollos institucionales más recientes, verdadera redefinición en curso del regionalismo. Esa inadecuación parece especialmente clara cuando se considera que uno de los rasgos más característicos de la sociedad internacional de nuestro tiempo consiste, precisamente, en la configuración en los ámbitos más dispares de diversos procesos de integración regional, muy desiguales en su planteamiento inicial, su grado de compromiso, o formalización jurídica, pero cuya relevancia política no deja lugar a dudas».

Estos nuevos parámetros, que ven los subsistemas como conjuntos polivalentes, tienen en el modelo de *audiencias comunicativas* su explicación más coherente.

2.3.4. *Las audiencias como subsistemas*

Pasemos a considerar ahora el concepto de audiencia desde el entendimiento del complejo relacional internacional como un sistema comunicativo.

Deseo dejar muy claro, que pese a los paralelismos semánticos, la *audiencia relacional* no debe confundirse con la periodística, pues su contenido se refiere a todo tipo de interacciones. Lo único que comparten es ser ambas resultado de la acción comunicativa en cuanto función socializadora.

Como he expuesto en otros trabajos, la idea más parecida en la doctrina internacionalista es la de *marca* y la más opuesta, la de frontera líneal o la clásica de entender el territorio como algo cerrado e insularizado.

Si se admite que el complejo relacional internacional es un intercambio comunicativo, se comprende que la base *espacial* del mismo no puede ser rígida y conclusa, sino abierta y modificable, justamente por la difusión, aceptación o rechazo de los mensajes.

Las relaciones, afinidades y diferencias entre los conceptos de territorio, espacio y audiencia, estimo que son esenciales en la concepción comunicativa del complejo internacional. Es justamente en esta misma perspectiva donde cabe situar el concepto de espacio informativo, visto no como aportación de datos, ubicación de hechos o ambientación, sino desde una motivación más honda: como una relación de interés sobre el espacio, que crea un campo de atención. El interés se erige así en móvil vertebrador del diálogo comunicativo y en criterio selectivo de esa realidad cambiante ofrecida a unos espectadores cambiantes.

Siguiendo el planteamiento de H. Sprout, entendemos que «los politólogos se interesan por las dimensiones y pautas de las áreas "sólo" en la medida en que estos objetos de estudio parezcan contribuir a una mejor comprensión de instituciones, procesos, relaciones y temas de interés público. Por consiguiente, los analistas políticos tienden a considerar las dimensiones y pautas geográficas desde una perspectiva predominantemente ecológica; es decir, la perspectiva que atiende principalmente a las relaciones entre los "sujetos políticos" y su medio».

En esta línea cabe incardinar la tesis del ecosistema político, pero destacando la incidencia que en el mismo tiene la estructura informativa de toda actividad social.

El modelo de Jones (que cita Sprout) supone cinco categorías conectadas: «idea política-decisión-movimiento-campo-área política», con una dinámica que va de la «idea» al «área» y otra inversa, donde se sitúa la coerción del medio sobre la conducta humana.

Otros autores aceptan estas coordenadas, pero resaltando «la naturaleza psicológica del condicionamiento del medio sobre la conducta» (así en Mackinder, Febre y Kirk).

Debe añadirse también el hecho secular de la «modificación» que la acción humana ejerce sobre el medio natural, actualmente destacado por los autores y constatable en la experiencia diaria, debido a la creciente capacidad «alteradora» de las sociedades desarrolladas. Glacken y Sauer, entre muchos, insisten en ello.

Desde nuestra perspectiva, el modelo de Jones pudiera ser expresado según esta otra relación de conexiones: «audiencia-canales representativos-centros decisorios-medios comunicativos-audiencia».

Los elementos y factores geográficos desempeñan, como mínimo, las siguientes funciones: a) delimitan la extensión física de la «audiencia»; b) componen su «medio natural»; c) sufren la «inter-acción» de las variables y los actores; d) afectan a los medios; e) la intensidad de su acción es relativa y puede tener efectos múltiples: económicos, psicológicos, culturales, políticos, administrativos...

Planteado el espacio como «audiencia», se comprende que su entendimiento implica un sentido dinámico, en el doble aspecto temporal y morfológico y un componente humanizado de su estructura, concebida como «área de in-formación».

El enfoque «comunicativo» es, en cierto sentido, una variante de las interpretaciones basadas en la capacidad de modificación tecnológica del medio natural.

La *audiencia*, aun incluyendo un soporte territorial de ubicación, remite, primordialmente, a un grupo humano configurado por la recepción del mensaje, es decir, a un público.

Puede ser *nacional* o configurarse como una situación *transnacional,* afectando a públicos sujetos a distintas soberanías.

La *audiencia* es fruto del alcance e intensidad de los mensajes, pero se sustenta también en las categorías que tengan los sujetos o actores comunicados, de aquí su doble carácter espacial y humano.

El esquema que se expone se completa con la figura de las regiones o subsistemas, que puede ser *espaciales* o *funcionales,* según se vinculen o no al carácter territorial de sus actores o procesos.

Así, cabe interpretar una actividad internacional, primordialmente, por su anclaje territorial, equiparable a la sujeción o no a cuestiones de soberanía o jurisdicción nacional, mientras en otros supuestos lo definitorio serán los rasgos funcionales especificadores.

La idea fundamental es la mutua interacción entre actores, factores, medios, mensajes, audiencias y subsistemas, superando tanto los esquemas *atomísticos* como los excesivamente globalizadores. No se trata, siguiendo a Braillard, de un planteamiento basado en la simple yuxtaposición de elementos, sino en el conjunto de interacciones que constituyen una cierta totalidad.

2.4. El contexto del ecosistema

2.4.1. *Los factores*

La actividad «informativa», que dinamiza el sistema internacional, se desenvuelve dentro de unas coordenadas que denominamos «factores constantes» por su permanente influjo, aunque su contenido sea variable y el valor que tengan en una u otra situación no sea igual, sino también variable en función del predominio que ejerza uno o varios de estos factores. Las diversas teorías sobre las relaciones internacionales siempre incluyen estos factores, aunque sea con denominaciones y valoraciones distintas. Componen el *contorno* y el *dintorno* de la acción exterior, al influir desde fuera y desde dentro en el proceso de toma de decisiones.

Destacan especialmente, como factores naturales, el espacio, el tiempo y la población. A estos se añaden otros como la herencia histórica, el sistema cultural o el aparato tecnológico y se completa el esquema con las necesidades y recursos económicos.

Estos factores —según Merle— no están situados en el exterior del sistema. «Están comprendidos en los límites de un sistema que cubre todo el espacio habitable. Esta particularidad introduce en el análisis un temible elemento de complejidad, puesto que los factores que ejercen su influencia sobre el funcionamiento del sistema global son la resultante de numerosas situaciones o iniciativas que emanan de cada uno de los actores y que contribuyen, al mismo tiempo, a diseñar los contornos y a definir la capacidad de influencia de cada uno de los actores o grupo de actores. Esta es la consecuencia ineluctable de la división territorial de un espacio en unidades independientes... El inventario de los datos comprendidos en este entorno es posible a condición de no olvidar nunca que los datos en cuestión son, al mismo tiempo, constitutivos de las caracteríticas propias de cada una de las unidades del sistema».

En efecto, los factores son igualmente elementos integrantes de los Estados —y, al menos, parcialmente de otros actores— y del conjunto sistémico.

Esta doble perspectiva del ser y del actuar de los factores, ofrece además distinto grado de inter-comunicación, según el proceso de internacionalización que el sistema relacional tenga en un momento histórico concreto.

Otro aspecto relevante es la mutua tensión entre los factores naturales y los culturales, centrada en el obrar humano.

2.4.2. *Espacio y tiempo*

Espacio y tiempo enmarcan, en el doble sentido de *sostener* y *limitar*, las relaciones que se establecen entre los actores del complejo internacional. En principio, son factores externos, dados por el entorno, pero en tanto que experimentan la acción del hombre, reciben el impacto modificador de su voluntad, sentimiento y trabajo. Así, el *habitat* natural se transforma en medio social.

Tiempo y espacio operan por lo tanto en dos sentidos, como factores objetivos del sistema social y como elementos subjetivos aportados por la acción informativa del hombre. El entorno natural es por ello *basamento* e *imagen*, y el tiempo, *pasado* y *actualidad*. De aquí la conveniencia de considerar ambos factores juntamente con la población, que en última instancia hace del territorio la patria, y del tiempo, la historia.

Toynbee rechaza la idea de que ciertos marcos geográficos que ofrecen condiciones fáciles para la vida humana, sean la clave para la explicación del origen de las civilizaciones, pero destaca el papel acogedor de los valles del Nilo, Eufrates, Indo, Amarillo, o cómo la civilización minoica nació «en respuesta a la incitación del mar».

A) Entre las distintas doctrinas relacionadas con el factor espacial, la más llamativa ha sido la geopolítica.

De las diversas tendencias geopolíticas, destacan las que extreman su argumentación hacia el predominio del mar o de las tierras interiores.

Mahan (1900) ofreció una conocida interpretación «talasocrática», que tuvo clara repercusión en la política naval estadounidense. Los factores climáticos se resaltan por Huntington (1915), Mills (1949) y Missenard (1954), como otros autores dan prioridad a la desigual distribución de las materias primas, al nivel de modificación tecnológica (Brown, 1956) y a la relación espacio-crecimiento demográfico (Blount, 1957).

Por su parte, N.J. Spykman en su libro *The Geography of Peace* desarrolla el concepto de «rimland» (que corresponden al *inner crescent* de MacKinder) según el cual, la seguridad de los EEUU depende de que Europa, Oriente Medio, Sudeste de Asia y Extremo Oriente y Africano caigan en poder de una Potencia hostil, ya que América quedaría «cercada». El área clave se traslada así de Eurasia a las zonas «intermedias». Esta tesis pesó, sin duda en los años de la «guerra fría».

Según Mahan y otros autores defensores del «predominio del mar», quien controle los mares tiene el dominio de las tierras, «unidas por la aguas». Su tesis se basa esencialmente en el desarrollo del Imperio Británico y que los EEUU sólo podrán ejercer una «misión mundial» si siguen su tesis de estar presentes en el dominio del mar. Mahan defiende además que los países no pueden quedarse aislados si no quieren su decadencia.

Mackinder, representa la tesis «terrestre». Como resume García Arias, se describen tres zonas de poder: «*Pivotarea*, totalmente continental; *Outer nes-*

cent, completamente oceánica, y, entre una y otra, *Inner crescent*, parte continental y parte oceánica».

1.º La región pivote o eje es ese gran espacio ruso-asiático, en el cual se siguen dando las condiciones de una movilidad de poderío militar y económico de gran alcance, aunque limitado, que hace sentir su presión sobre Finlandia, Escandinavia, Polonia, Turquía, Persia, India y China.

2.º Las tierras exteriores o el creciente insular que comprende Gran Bretaña, África del Sur, Australia, Estados Unidos, Canadá y Japón.

3.º Región marginal del gran creciente interior que abarca Alemania, Austria, Turquía, India y China.

El *heartland* es la región a la cual, en las condiciones actuales, puede ser rehusado el acceso al *seapwer*.

B) La idea de espacio es consustancial con la de territorio, precisamente por tratarse de un concepto «espacial». Ya advirtió Aristóteles que el espacio es «un medio entre extremos», una relación.

El marco natural, el territorio, constituye en principio un «telón», un «basamento» geofísico con características determinadas que conforman los recursos y los obstáculos del entorno material para el desenvolvimiento de la vida humana.

El hombre —y la sociedad organizada— está así «sustentado y limitado» por su medio ambiente, estableciéndose una doble relación de «incitación-respuesta».

El principio de «la frontera» es el rasgo clave para interpretar al espacio como factor de relación, pero en un sentido polivalente. Si la idea jurídico-política de frontera parece clara, hay otras no menos útiles, fundadas en las «limitaciones» que la propia naturaleza, material y diversificada del entorno geofísico, posee.

Sin este doble límite no serían posibles las relaciones espaciales ni las geofísicas. El principio de la frontera se apoya por tanto en la coexistencia de «territorios políticamente diferenciados» y en el fenómeno de la diversidad de elementos materiales que estructuran el espacio «politizado».

La función coercitiva o sustentadora del entorno geofísico, influye dinámicamente en las relaciones del hombre con la naturaleza para facilitar su vida social o para dificultarla. Un río puede constituir a la vez una barrera militar, una vía de comunicación, un motivo pictórico o un lugar para pescar.

Esta mutua relación conformadora centra todos los procesos que afectan al «espacio como factor», que genera una situación comunicativa nueva capaz de realizar actividades socialmente «in-formativas».

El «espíritu de la frontera», que preside el destino expansionista de los EEUU, no es una llamada «geográfica», sino política, como acertadamente supo interpretar J.F. Kennedy con su programa de la «Nueva Frontera». El fenómeno no es exclusivo de los norteamericanos y puede emparentarse con el «espíritu de la Cruzada» que animó la Reconquista española, o la invitación a la libertad que la República Francesa hizo a todos los pueblos.

La frontera política es algo muy distinto a la geográfica, e incluso cuando se invoca esa «frontera natural», se oculta siempre una especie de «destino manifiesto», fundido con la doctrina del «espacio vital» (Lebensraum).

Como advierte Truyol «podríamos decir que si desde el punto de vista jurídico y político la frontera es una línea —la línea que señala sus límites al ámbito estatal en el espacio— desde el punto de vista geográfico y cultural es una zona de contacto, a menudo generadora de tensiones, o también una zona de aislamiento entre sociedades políticamente diferenciadas y, por encima de ellas todavía, de núcleos geohistóricos».

El espacio como factor opera para dar un marco geofísico a los Estados, un área de intercambio a los pueblos, un sustrato material a la economía, un campo de operaciones a la guerra y un telón de fondo a los sentimientos, entablando en todos los casos una relación comunicativa entre el hombre y su medio.

El espacio marítimo, el aéreo y el extra-terrestre han sido objeto de especial regulación jurídica, como se expone en el Capítulo IV.

«En definitiva —dice Mackinder— es evidente que el *Heartland* es un hecho real y físico dentro del *World-Island,* así como esta Isla-Mundial lo es en relación con el océano».

Estas tesis, que pueden calificarse de «clásicas», han sido profundamente alteradas por la evolución de los acontecimientos posteriores y en concreto por el dominio del «espacio aéreo» y del «espacio submarino», hecho que ha cobrado su vertiente estratégica al disponerse de armas de destrucción masiva capaces de ser disparadas desde el fondo de los mares e incluso desde el espacio «extraterrestre».

Si García Arias señala que el poder aéreo «fue el tercer término que se introdujo en el dualismo clásico tierra-mar y que en gran parte altera el sentido estratégico del *Heartland*», L.B. Pearson habla del armamento nuclear como de un «nivelador de la geografía» que opera no ya contra zonas, sino contra países y continentes, dando una dimensión nueva a la geopolítica.

El espacio como distancia ha supuesto, normalmente, un obstáculo para el progreso de las relaciones entre los pueblos y la superación de esta barrera por obra del desarrollo de las comunicaciones ha constituido un factor absolutamente decisivo en la formación y expansión del sistema internacional.

La preocupación por el desequilibrio ecológico, la polución del medio ambiente y las agresiones a la naturaleza constituyen uno de los aspectos más actuales del estudio del espacio como factor.

C) Otro tema novedoso es la división regional del mundo, que da a este vocablo de *regional* un doble y muy distinto significado para referirse por un lado a los territorios subestatales, como los Länder alemanes o las Autonomías españolas y por otro a los agregados supranacionales al estilo de Europa atlántica o balcánica, Escandinavia, América andina o Sudeste asiático.

Por su parte Juillard menciona los intercambios económicos e informativos como meros criterios de regionalización por encima de los naturales e históricos tradicionales. Como citan Méndez y Molinero:

«Si hasta entonces su identificación espacial de la región se basaba en la existencia de una cierta uniformidad, bien en sus rasgos físicos o humanos, ahora se incorporan nuevos criterios. Por influencia de la economía regional, pasa a un primer plano la existencia de interrelaciones (económicas, sociales, informativas...) que vinculan los distintos componentes de un territorio entre sí, generando una red de flujos a partir de la cual se formaliza una determinada estructura espacial. Cabrá hablar, por tanto, de región cuando la unidad o cohesión funcional entre elementos y espacios heterogéneos sustituya la existencia de uniformidad».

Postel Vinay analiza la transformación espacial de las Relaciones Internacionales a partir de la nueva comprensión que el hombre post-moderno tiene de su entorno siguiendo la tesis de Featherstone sobre la «espacialización de la teoría social» y el análisis de Ruggie sobre la geometría variable de la experiencia de la Unión Europea.

Walker, Badie y Murphy también consideran reinterpretaciones del concepto clásico del territorio en esta época de la globalización. Otro autor interesado por la revalorización del regionalismo es Andrew Hurrel. La mayoría de las revisiones neo-espaciales otorgan especial relevancia a la imbricación de las llamadas *sociedad-red*.

También puede abordarse el espacio como *audiencia social*, es decir como realización cultural e informativa, como aquí se propugna.

D) Si el espacio-frontera acaba siendo *conciencia de ubicación,* el tiempo se ve como *historicidad* en el horizonte humano. Y con este término queremos abarcar simultáneamente el ayer, el hoy y el mañana. El tiempo, como factor de las relaciones internacionales incorpora el peso del pasado, pero es simultáneamente coetaneidad, elemento de relación entre actores y relaciones que comparten una misma actualidad operativa.

El sentimiento patriótico, los nacionalismos y panismos que operan como fuerzas decisivas en el complejo relacional, son más consecuencias de la interpretación histórico-cultural del espacio, que de la geográfica.

Por otra parte el concepto de «velocidad» ha alterado el sentido convencional del tiempo en las relaciones internacionales, que aparece acelerado y alterado con respecto a su naturaleza anterior.

Como escribe Dorfles, «desde el comienzo de la llamada era tecnológica (o neotécnica, si se prefiere), la velocidad está en la base de gran parte de nuestra vida de relación. Requeridos por continuos impulsos dinámicos, introducidos en una incesante marea de eventos motores, nos hemos convertido en víctimas de esta nueva dimensión, y con frecuencia no logramos concebir la vida y sus productos más que en desarrollo dentro de un continuo devenir».

El tiempo como «historicidad» es esencial al horizonte humano. Como señala Ortega y Gasset, el hombre «no tiene naturaleza, sino que tiene historia. O lo que es igual: lo que la naturaleza es a las cosas, es la historia —como *res gestae*— al hombre».

La «historicidad» interesa mayormente por su «carga de tradiciones» que siguen actuando en el presente o que al menos han contribuido a conformarlo como es. El tiempo como «legado» acaba cobrando tal entidad que se nos aparece poco menos que como una categoría del espacio, como una *res extensa*.

El tiempo, para las sociedades humanas, no es sólo historia, sino también actualidad. Las relaciones internacionales y por supuesto, la información «periodística» internacional, aún incorporando el pasado, lo hacen siempre «desde el hoy». El tiempo como actualidad opera esencialmente como una relación unificadora, como un vínculo que «sitúa» acontecimientos, lugares y actores muy distintos, en un mismo «estrato».

Pero la historia —y el tiempo— no son sólo «actualidad» y «tradición». Sus notas de «coimplicación» quedan vacías sin una apoyatura socio-espacial que dé contenido a su «respectividad dinámica». Lo histórico es así «pasado-presente-en», por lo tanto, es también una categoría doblemente limitante. Hay «un tiempo» en «un lugar» y de «un actor». Por supuesto que estos términos pueden ser colectivos.

Este movimiento de «irse y quedarse», de «aportar y limitar», generado por la función acumuladora-excluyente de las tradiciones, se proyecta además «hacia adelante», con vocación de permanecer.

«En la existencia del presente —afirma Millán-Puelles— hay una persistencia de lo histórico y como una instancia hacia el futuro. A lo primero corresponde estricta y formalmente, la actualidad o presencialidad; a lo último, en cambio la posibilidad real o la potencia. Entre ambos, el ser de lo histórico se manifiesta como irreductible a uno u otro concepto».

Del mismo modo que ocurre con el espacio, los progresos en las telecomunicaciones y en la instantaneidad del flujo de mensajes, también están alterando radicalmente la comprensión del tiempo.

Tal vez el rasgo más llamativo del actual momento histórico es la coexistencia de espacios culturales, económicos y políticos que sin embargo *viven en tiempos históricos distintos*.

Esta convivencia intra-histórica e inter-temporal es todavía más evidente desde el enfoque del *tiempo mundial* como hace Zaki Lïdi, tomando un concepto elaborado por Eberhard y usado también por Braudel. En esta línea se ha comenzado a hablar de la *temporalización del espacio* y de las *re-escrituras locales* del tiempo mundial.

2.4.3. *La población*

El *factor demográfico*, paradójicamente, es una noción deshumanizada. Al plantear el *factor humano* como un problema de grandes números, de masas de población, de estadísticas más o menos impersonales, los individuos e incluso los grupos sociales quedan difuminados y cosificados.

Conviene por ello insistir en replantearse «lo demográfico» desde su perspectiva ontológica, y sin negar la importancia o el interés de estudio que este factor tiene como variable cuantificable, sino todo lo contrario, entenderlo a la vez como un hecho, como un asunto humano. Alban d'Entremont señala como, «el análisis de la población lleva consigo una serie de implicaciones respecto al espacio, a la economía y al medio ambiente, por ejemplo, porque los seres humanos, lógicamente, inciden en su entorno circundante, y el ámbito humano y el físico son suceptibles de múltiples influencias mutuas. De ahí se desprende fácilmente que el tema de la población se puede estudiar desde muy distintas perspectivas».

La concepción que se tenga del hombre influirá por tanto en el tratamiento de los problemas y de las soluciones que el tema conlleve. Así, por ejemplo, desde un planteamiento cristiano el aborto es un atentado contra la vida humana, es decir, un homicidio. La prioridad del factor humano sobre todos los demás es también evidente desde la metodología informativa, pues el proceso relacional se fundamenta en decisiones y acciones personales. Los hombres, no son, por lo tanto, meros factores materiales, sino actores del complejo relacional, tanto individual como colectivamente. Precisamente por este hecho cabe hablar de Derechos Humanos a escala internacional.

El asentamiento de los grupos humanos, la estructuración de las sociedades primitivas o contemporáneas, los movimientos de población como las migraciones o las colonizaciones, constituyen aspectos importantes de la dimensión humana de las relaciones internacionales.

Tampoco cabe extraer la actividad humana —o formas de ella— de su anclaje cultural y natural. Si acertadamente se está progresando en el campo de la *ecología humana*, no hay que olvidar la naturaleza espiritual y libre del hombre que por ello, precisamente, es capaz de adaptar y modificar su medio en un deseable equilibrio entre el sustrato geofísico y su transformación cultural.

El deterioro del medio ambiente por actividades tecnológicas y sociales constituye hoy uno de los temas de preocupación para la opinión pública y un problema de estudio a escala internacional. Véase como documento básico la Declaración de Estocolmo sobre el medio humano del 16 de junio de 1972.

El concepto de población expresa con sencillez el entendimiento del factor demográfico de un modo más humanizado y puesto en relación con su medio ambiente físico y cultural.

La comprensión del factor demográfico como población facilita además un análisis ya experimentado de sus componentes y lleva al estudio más pormenorizado de su estructura social, edad, composición étnica, división por sexos, ritmo de crecimiento o descenso del volumen de habitantes, desarrollo educativo, capacidad productiva y tecnológica, distribución geográfica y socio-profesional, etc.

El dato referente al volumen, al número de habitantes, con ser importante, no es el aspecto más decisivo para el complejo relacional y debe cotejarse con otras variables.

Sin embargo, el número de habitantes es el primer componente del factor y tiene un indudable peso en las relaciones internacionales pues representa el llamado *capital humano* del Estado.

La diversidad tipológica de los Estados tiene en las desigualdades de población, uno de los factores más objetivo de su diferenciación.

Este mismo dato es aplicable a espacios mayores, como las macroregiones o los continentes y para su mejor comprensión hay que ponerlo en relación con unidades de espacio, como la superficie de la nación, por ejemplo, para obtener la densidad de población o analizar otras variables, como las tasas de natalidad o mortalidad.

Así frente al crecimiento global de la población en los dos últimos siglos, acelerando especialmente en las generaciones más recientes gracias a los avances logrados en la medicina, la higiene y otras técnicas y campos sociales, también se asiste a situaciones de involución, que pueden acarrear graves desajustes en las sociedades afectadas. Así ocurre en Europa.

Mientras los foros internacionales y la opinión pública se encuentran hipersensibilizados por el crecimiento de la población en las zonas subdesarrolladas, también hay que hablar del fenómeno inverso, el último involucionista y el envejecimiento de la población en los países desarrollados.

Si este concepto de población permite abordar el factor demográfico desde una perspectiva acorde con el paradigma estatal, predominante en los análisis de las relaciones internacionales, hay que tener también en cuenta su estudio más desagregado en grupos, etnias, clases, castas, minorías, élites o asociaciones locales territoriales y profesionales, que vengan a corresponderse con la presencia de las fuerzas transnacionales y actores *sui generis*. Si siempre hay hombres detrás de cualquier clase de actores de la escena internacional, también la utilización de los medios y la apreciación del influjo de los factores, depende de decisiones humanas.

«No queda demostrado —dice Alban d'Entremont— que existan leyes universales inherentes que correlacionen directamente el crecimiento demográfico, el desarrollo socioeconómico y el medio ambiente. Todo apunta, más bien, a que ello dependerá de otros factores y variables que no suelen ser ni demográficas, ni económicas, ni medioambientales. Las causas de fondo, tanto del bienestar como del malestar del mundo, hunden sus raíces en un substrato no meramente biológico, sino esencialmente antropológico y por ende mucho más profundo. Se hallan ancladas en cuestiones que atañen a la ética y a la naturaleza misma de las personas, a su cultura, a sus tradiciones, a sus creencias y a sus mentalidades, de las cuales reciben poderosas influencias la política, la economía y la ecología, y no al revés».

2.4.4. *Los recursos económicos*

A) El factor económico guarda relación con los demás factores. Ya se vio su vinculación con la geografía, pero también lo está con la población, con la técnica y con la cultura. Cuanto más primitiva es una economía, menos contactos e interacciones mantiene con los otros factores, pero cuanto más desarrollo alcanza, ocurre lo contrario.

Lo mismo cabe decir de su dimensión internacional. Las economías primitivas son prácticamente cerradas, mientras que las formas más avanzadas necesitan del intercambio, del comercio, de la acción internacional. Un buen ejemplo de este hecho se aprecia en la ventaja que poseen las economías diversificadas, que tienen además una presencia más activa en el contexto exterior. Una estructura económica rígida y corta ofrece mucha menor libertad de maniobra política máxime en la época contemporánea, a partir de la revolución industrial.

Como escribe Reynolds, «el primer aspecto del elemento económico que influye en la política exterior es, por consiguiente, el grado en que la comunidad depende del comercio exterior. Este grado depende a su vez de la cantidad y disponibilidad de recursos naturales, de los bienes que componen el conjunto de la exportación, de la diversidad de mercado, del número y tendencias de la población y del nivel de vida y las expectativas sobre el mismo. Una vez más resulta evidente la interrelación de los diversos elementos...».

El fenómeno de la globalización de la economía y el papel cada vez más influyente de las empresas multinacionales están trastocando estos planteamientos que podemos considerar clásicos. Como ha escrito Fukuyama, «la globalización no va a dar marcha atrás, porque está impulsada por unos avances en tecnología de la información que no tienen vuelta de hoja». El carácter comunicativo de las relaciones queda bien patente en el caso de la actividad económica, centrada en una función de intercambio entre actores. Así junto al desarrollo del comercio exterior, interesa que la economía nacional sea excedentaria en capital y tecnología y posea un mercado propio estable.

El factor económico sirve también, como ocurre con los otros factores, para establecer esquemas jerárquicos y agrupaciones subsistemáticas entre los tipos de actores, según sea su grado de desarrollo económico y su modelo social.

B) El contenido sustantivo de las relaciones económicas internacionales está compuesto por el conjunto de transacciones que se realizan a través de las fronteras nacionales y que pueden agruparse en tres bloques: a) movimiento de bienes y servicios; b) movimiento de capitales; c) movimiento de personas.

Aparte de los bienes económicos propiamente dichos que forman el centro de los intercambios internacionales, podemos hablar de servicios o bienes invisibles, como los seguros, servicios de banca, de flete, de turismo, de transporte, siendo uno de los más importantes la inversión de capital de unos países en otros. Conocer los tipos de producción, intercambio y flujo de bienes y servicios es una de las metas del estudio de las relaciones económicas. Interesa especialmente medir la magnitud de los intercambios —y su dirección y composición— relacionándolos con los lugares y tipos de producción.

La base de los intercambios radica en la complementariedad que deriva de la especialización productiva, tanto en el plano de la diversificación de productos como en el más complejo de su diferenciación cualitativa.

Otro rasgo llamativo es la gran disparidad existente entre los distintos países o economías nacionales, por obra de factores políticos, culturales, geográficos, laborales, productivos, etc. Sin embargo es posible intentar ciertas agrupaciones entre los países, bien por grados de desarrollo, tipología productiva o ubicación geopolítica.

La generalización de los planteamientos neoliberales y la expansión del sistema capitalista hace preguntarse a muchos autores sobre la pervivencia o no del control estatal sobre sus economías nacionales, que además en el caso europeo cuenta con el añadido de las transferencias que está conllevando la consolidación del mercado común y de la unificación monetaria en el área euro.

C) El sistema monetario internacional de la postguerra se formuló en la Conferencia de Bretton Woods, en 1944. En esta reunión se creó el Fondo

Monetario Internacional, con el objeto de «promover la estabilidad de los tipos de cambios». Esto se logró instrumentándose un sistema de tipos relativamente fijos en relación al oro y al dólar, comprometiéndose a intervenir los estados firmantes en los mercados de divisas para evitar fluctuaciones superiores al 10 por ciento.

La evolución del sistema íntimamente vinculado a la utilización del dólar como medio de pago y moneda de reserva internacional, se ha visto afectada por las alteraciones experimentadas por el dólar y otras monedas fuertes.

Para comprender los rasgos del sistema monetario internacional hay que recordar como dato esencial y más característico el hecho de que las transacciones económicas internacionales entrañan el uso de monedas diferentes.

Cada país utiliza su propia moneda y el medio a través del cual las distintas monedas nacionales se compran y venden constituyen el mercado de divisas, facilitando así el cambio entre la moneda local de un país y las monedas extranjeras.

El tipo de cambio es el resultado de la interacción de la oferta y la demanda en el mercado de divisas. Sin embargo, la demanda de divisa acostumbra a ser una consecuencia de la demanda de importaciones. De aquí la trascendencia económica que tiene el comercio internacional y el fenómeno de la exportación.

La experiencia más novedosa e importante en el área monetaria mundial la constituye el euro, moneda que ya comparten trece países de la Unión Europea y que alcanzará su plena circulación efectiva en el 2002.

La Balanza de Pagos es el documento contable o registro sistemático de todas las transacciones económicas, reales y monetarias, realizadas entre los residentes de un país y los del resto del mundo, durante un período de tiempo, regularmente un año. El saldo exterior se refiere al resultado de la balanza exterior de un país y no debe confundirse con la citada balanza de pagos. Puede ser deficitario si las importaciones superan a las exportaciones o presentan superávit si se da el caso opuesto.

D) Granell define la organización económica internacional como el conjunto de reglas, institucionales y prácticas creadas y aceptadas por la comunidad internacional para la regulación, sostenimiento y desarrollo de los intercambios mundiales.

El crecimiento cuantitativo y el desarrollo cualitativo de los intercambios afecta no solo al comercio propiamente dicho, sino a la tipología de los actores, a los mecanismos de funcionamiento y al marco jurídico y político.

En el campo de las relaciones económicas se han conseguido distintos modelos de cooperación inter-estatal que pueden llegar a convertirse en procesos de integración sectorial o global.

Se arranca de la superación del aislacionismo mediante la formulación de reuniones ocasionales y la conversión de los mecanismos bilaterales en multilaterales, hasta la institucionalización de organizaciones especializadas y permanentes.

Respecto a los modelos de cooperación y de integración conviene diferenciarlos, pues en los primeros no hay cesión de cuestiones referidas a la soberanía, mientras si lo hay en los segundos. Según el conocido esquema de Bela Balassa, los modelos de integración son los siguientes:

1) Zona de libre comercio, en la cual los países participantes eliminan los aranceles de aduanas entre sí, pero guardan sus respectivos aranceles respecto a las importaciones procedentes del exterior.

2) Unión aduanera en que además de la eliminación de aranceles al tráfico interzonal, se establece un arancel externo único y común respecto a las importaciones procedentes del exterior.

3) Mercado Común en que, además de ambos rasgos citados, existe una libre circulación de personas, capitales y mercancías o factores de producción.

4) Unión Económica o Comunidad que combina la supresión de las restricciones al movimiento de mercancías y factores con un cierto grado de armonización de las políticas económicas nacionales con objeto de eliminar la discriminación resultante de las disparidades de tales políticas.

5) Integración económica total, que presupone la unificación de las políticas monetaria, fiscal, social y anticíclica, además de requerir el establecimiento de una autoridad supranacional cuyas decisiones son obligatorias para los estados miembros.

Al margen de este esquema, centrado en las relaciones económicas interestatales, hay que mencionar también todos los tipos de cooperación transnacional protagonizados por actores no gubernamentales. En este grupo destaca la acción de las empresas multinacionales.

E) Para los analistas que destacan el aspecto económico del proceso de globalización, éste es básicamente fruto de la interdependencia económica creciente entre todos los estados, generada por el aumento de las transacciones más allá de las fronteras, flujos que corresponden a ámbitos muy variados, desde los capitales a la tecnología o los bienes y servicios de todas clases, como ya se ha dicho.

Para Joaquín Estefanía se trata de «un proceso por el que las economías nacionales se integran progresivamente en la economía internacional, de modo que su evolución dependerá cada vez más de los mercados internacionales y menos de las políticas económicas de los gobiernos».

Escribe Fernando Vallespín que lo más relevante de la mundialización económica puede que sea el papel central de las finanzas. Como afirma Nikolas Luhmann, «si deseamos describir la sociedad moderna en términos económicos, hoy deberíamos desechar ya los términos de sociedad "capitalista" o sociedad "subindustrial" y optar por aquel que de verdad refleja lo que pasa: sociedad "financiera". Si hay un verdadero *centro* en la economía mundializada éste no puede describirse en téminos geográficos o en relación a Estados sin incurrir en un importante error categorial. El nuevo centro, desespacializado, son los mercados financieros globales respecto a los cuales todas las demás actividades económicas —producción, intercambios, trabajo— ocurren en la "periferia". El "centro" vive de las demandas de crédito de la periferia y de su capacidad para acumular liquidez. A la inversa, la periferia vive de la función del centro para dar y tomar créditos y permitir el comercio mediante las promesas de pago. La gran diferencia entre centro financiero y periferia productora reside en que ésta última sigue orientándose a partir de la diferencia entre mercado interior y mercado internacional, entre proximidad y lejanía, mientras que aquél, que necesariamente debe partir de las diferentes divisas, lo hace, sin embargo, desde una perspectiva exclusivamente global».

Otro importante y dramático aspecto del sistema económico internacional es su radical desigualdad y sus enormes fisuras.

Aunque las cifras son cambiantes, se estima que 1.200 millones de seres humanos —una quinta parte de la humanidad— viven con menos de un dólar diario, que 500 millones de niños están sin escolarizar y que los enfermos de SIDA —dos tercios en África— se elevan a 34 millones.

Cuestión grave es también la deuda externa de los países en vías de desarrollo.

Entre los propósitos que se acordaron en la Declaración final de la llamada «Cumbre del Milenio» en septiembre de 2000 figuraban entre otros los siguientes:

— Reducir a la mitad para el año 2015 la proporción de la población mundial cuyos ingresos son inferiores a 200 pesetas al día.
— Reducir a la mitad para la misma fecha la proporción de la población mundial (el 29%) que no tiene acceso a agua potable.
— Garantizar la educación primaria a todos los niños en los próximos 15 años.
— Detener la difusión del SIDA y de la malaria.
— Reducir la mortandad infantil de niños menores de cinco años en dos tercios.
— Conseguir una mejora significativa de las vidas de los 100 millones de personas que malviven en las chabolas del mundo.

Las relaciones económicas son por lo tanto un factor decisivo del entramado internacional, que afecta de modo importantísimo a otros aspectos de naturaleza social, política, educativa, tecnológica, de salud y de mentalidad.

2.4.5. *El aparato tecnológico*

La tecnología se relaciona con la ciencia y con la economía, especialmente con el sector industrial. Es una doble vinculación que da a la tecnología su carácter particular como conjunto de técnicas.

El progreso técnico a lo largo de la historia ha sido una de las variables de cambio más decisivas, que ha visto acelerado su impacto a partir del siglo XVIII. Su influjo ha alterado prácticamente todos los campos de la actividad humana y consecuentemente ha afectado también a las relaciones internacionales.

Merle dice que «indiscutiblemente, ha sido el progreso técnico, fruto de los descubrimientos científicos, el que ha engendrado, más que el sistema socialista o que el sistema capitalista, el fenómeno bien conocido de la "aceleración de la historia", mediante la acción que ha ejercido sobre la producción de bienes, el nivel de vida, el género de vida y la vida misma (a causa de las transformaciones de la medicina y de la cirugía). Pero no se observó suficientemente que los efectos combinados de la revolución científica y técnica también se ejercían al nivel de las relaciones internacionales. A este particular, el progreso técnico ha intervenido en dos formas principales: la aceleración de las comunicaciones y la transformación de la producción y de los intercambios».

A) La técnica, aun vinculada al saber científico, cobra una cierta autonomía que facilita su prolífica aplicación, transferencia y universalización. Otro dato importante es su neutralidad política y su capacidad niveladora y unificadora del subsistema instrumental.

La sociedad industrial contemporánea se caracteriza a la vez, en frase de Habermas por la «cientificación de la técnica y la tecnificación de la ciencia». Sin embargo, el factor tecnológico no es comprensible en su actual impacto, sin su maridaje con la economía.

Hay por lo tanto un proceso de investigación y otro complementario de producción y utilización que dan a la tecnología su dimensión completa. Además, desde el planteamiento internacionalista, el otro aspecto no menos importante es la transferencia de tecnologías y el intercambio entre los países, en esta materia.

La relación entre progreso técnico y crecimiento económico caracteriza especialmente al sistema desarrollado y su consecución supone una de las reivindicaciones de los países tercermundistas.

La necesidad de una infraestructura científica o industrial es patente para lograr una tecnología propia. En caso contrario, los estados son meros *consumidores* de tecnología y sufren el riesgo neocolonialista, incluso aunque se trate de países industrializados.

Otro rasgo definitorio del factor tecnológico es su continuo afán de innovación y crecimiento. No cabe el estancamiento en este sector, sacudido por una auténtica carrera de desgaste y transformación.

La desigualdad en recursos, investigación, fabricación, exportación y empleo tecnológico está contribuyendo a establecer una nueva división entre los estados, y ha dado origen a un nuevo vocablo: *gap,* que viene a indicar el distanciamiento tecnológico, el grado de retraso.

B) El intercambio de tecnología y las transferencias tecnológicas, constituyen uno de los campos más interesantes de estudio, por descubrir las redes transnacionales de producción, transferencia e importación, vinculadas muy directamente a dos tipos de actores no estatales: las empresas multinacionales y los actores culturales, como las universidades.

La tendencia a la internacionalización de las técnicas ya anida en su propia naturaleza neutral y polivalente, aunque hay autores que cuestionan esta indiferencia ideológica de lo técnico y le atribuyen una función mentalizadora muy concreta, típica de la sociedad avanzada.

El comercio tecnológico desempeña además un papel destacado en los intercambios económicos internacionales y un autor como Michalet habla de las dos lógicas de la circulación de la tecnología: la internacionalización de los intercambios y la internacionalización de la producción.

Encontramos en el factor tecnológico un buen ejemplo de la actividad transnacional, una ilustración constatable del proceso de socialización mundial, y además un desafío para la remodelación más justa del sistema. Se está asistiendo a la construcción de un esquema de poder multinacional, muy en línea con las denuncias formuladas por los autores de la teoría de la dependencia. Este sistema rompe los espacios nacionales y opera con una estrategia nueva, a escala regional e incluso mundial. El reto consiste en la urgencia de dar una respuesta más solidaria y generosa al problema tecnológico, como ya ha sido denunciado por las Conferencias de países del Tercer Mundo, reclamando más y mejor información, otro sistema de precios y de transferencias, más control público y una política de ayuda internacional más eficaz.

Los avances tecnológicos también están resultando espectaculares en los campos de la genética y la medicina, hasta el punto de rozar la ingeniería genética los límites de la ética. La clonación de seres vivos que es posible tras el caso de la oveja Dolly está abriendo insospechados campos a la investigación biomédica.

También la ciencia y la tecnología ofrecen en los últimos años del siglo XX extraordinarias aportaciones en campos tan diversos como las energías alternativas, los transportes, la cibernética, la microcirugía o la *aventura espacial*.

2.4.6. *El universo cultural*

El factor que denominamos *universo cultural e ideológico* comprende el conjunto de ideas, creencias, mitos, saberes, comportamientos, usos, artes y demás realizaciones que se acostumbra a encuadrar bajo el amplio vocablo de cultura. Si espacio, tiempo y población eran factores naturales y objetivos, aunque tuvieran un importante componente subjetivo, el universo cultural e ideológico, que lógicamente también tiene un componente objetivo, es fundamentalmente un *sistema de valores y de representaciones*, una visión y una interpretación del *estar-en-el-mundo*.

Se va imponiendo entre los autores una concepción pluralista de la cultura, especialmente por obra de la antropología y es precisamente desde este enfoque desde el cual es posible hablar de un factor cultural en las relaciones internacionales. Este factor hay que verlo cada vez más como un ámbito pluralizado. Habermas señala cómo «en nuestras sociedades pluralistas vivimos con evidencias cotidianas que se alejan cada vez más del caso modélico de un Estado nacional con una población culturalmente homogénea. Aumenta la multiplicación de formas de vida, grupos étnicos, confesiones religiosas e imágenes del mundo. No existe para ello ninguna vía alternativa, a no ser que se pague el precio normativamente insoportable de las limpiezas étnicas».

El hecho más llamativo del factor cultural es la pluralidad constitutiva del mismo, la existencia en el tiempo y en el espacio de culturas distintas, aunque hoy en día asistamos, como en otros sectores del complejo relacional, a una cierta universalización de pautas culturales.

A) Las relaciones culturales constituyen uno de los ámbito más ricos, multiformes, importantes e intensos del complejo relacional internacional. Su valor y trascendencia para la formación, mantenimiento y expansión del sistema es obvio, precisamente por expresar un mosaico de actividades que contribuyen decisivamente al ser de las personas y los grupos sociales. No aparecen como una novedad de nuestro tiempo, aunque gracias a la potencia de los medios de comunicación y educación y a las circunstancias de la sociedad de consumo hayan cobrado especial auge, pues las relaciones culturales están ya operando en el mismo origen de la civilización.

Conviene además diferenciar entre la actividad cultural internacional, fruto del quehacer artístico, cultural o deportivo de grupos e individuos pertenecientes a pueblos diversos y la acción cultural exterior como política concreta de los estados.

También hay que tener presente que toda actividad cultural, por su misma naturaleza comunicativa, es abierta a todos los hombres e incluso aun siendo fomentada por la acción diplomática, supera ese canal y alcanza una dimensión transnacional. Además, el hombre tiene derecho a la cultura, como se explicita en la Declaración de Derechos Humanos de 1948 y otros textos internacionales.

Como acción exterior, la cultura obedece a una estrategia triple: defender, difundir y desarrollar los valores y obras culturales del Estado, es decir, del pueblo o pueblos de que se trate. Esta acción se integra en el cuadro más amplio de la política general de ese Gobierno y forma parte de su proyecto de dar una determinada imagen internacional.

Podemos distinguir con Bermúdez de Castro tres modalidades de formas de acción cultural exterior: 1) unilateral, 2) bilateral y 3) multilateral.

El primer modelo es el más frecuente, aunque se ejerce en un clima de tácita reciprocidad. Los Estados toleran la acción cultural ajena, que es tenida por beneficiosa, en principio, salvo que por exceso de politicidad se convierte en abierta propaganda o en una forma solapada de colonización cultural. La colaboración bilateral es propia de programas muy concretos de intercambio, normalmente a cargo de universidades o entidades culturales públicas. También admite la forma de actividades en común frente a terceros.

La sección multilateral es el modo de operar propio de las organizaciones internacionales, aunque no se reduce a ellas. La promoción y fomento de proyectos y realizaciones colectivas es igualmente posible por la cooperación entre estados.

La acción cultural es permeable y recíproca, pues, además de la promoción de los valores y obras nacionales, también facilita el acceso a la cultura ajena, que es tenida por un bien para el propio país. Han contribuido al proceso de internacionalización, desde el principio de la historia y en la actualidad influyen y son influidas por la aceleración e intensificación de ese proceso. Las relaciones culturales son un ejemplo muy claro de intercambio comunicativo en beneficio mutuo.

Entre los riesgos de la acción cultural estatal está la *oficialización* de unas creaciones y estilos concretos, el fomento de actitudes xenófobas y etnocéntricas y la implantación de un *universo cultural* dominado por tópicos, mitos, estereotipos y prejuicios. La búsqueda de la cooperación y el intercambio cultural, la apertura a las manifestaciones y creaciones foráneas, facilita la superación de esos riesgos de enclaustramiento.

El peligro opuesto radican en la alineación, en un exceso de aculturación, en el llamado neocolonialismo cultural.

B) Una de las manifestaciones más dinámicas de la acción cultural es la ayuda o cooperación. El hecho de que los conocimientos y las técnicas pueden transmitirse, reproducirse, adaptarse y asimilarse, permite el fenómeno de la «ayuda exterior».

Colaborar con el desarrollo cultural de otros pueblos, no constituye, en principio un riesgo para el «interés nacional», al contrario, es un medio de extender la influencia del Estado.

Las modalidades más habituales de «ayuda exterior» son: a) becas a extranjeros para estudiar en el país concesionario; b) envío de equipos y programas a los lugares asistidos; c) instalación de centros, empresas e industrias, lo cual conlleva una trasferencia de saberes y tecnologías; d) el intercambio cultural típico; e) el comercio de bienes culturales; f) el turismo; g) el envío de exposiciones, compañías de teatro, ballets, masas corales, orquestas, etc.

Para evitar recelos *imperialistas*, en la actualidad, se tiende a hablar más de *cooperación cultural* que de ayuda.

Las relaciones culturales cuentan con una serie de medios que facilitan el intercambio de ideas, personas y cosas, como las grandes exposiciones, ferias y olimpiadas, las muestras cinematográficas, los torneos deportivos, los certámenes de moda, festivales musicales y teatrales, premios literarios, congresos científicos...

A título ilustrativo, cabe enumerar las de exposiciones y bienales de pintura de Venecia, Kassel, Sao Paulo o Alejandría, las muestras monográficas conmemorativas e itinerantes, la proliferación de galerías y museos con su trasiego de obras y artistas, las subastas de obras de arte, los Premios Nobel, el éxito de los libros de bolsillo, de ferias como la de Frankfurt, de versiones cinematográficas de obras literarias clásicas y contemporáneas, de giras de orquestas y compañías de ballet, teatro y circo, sin olvidar la «amplificación» que la radio y la televisión dan, a escala mundial a estas manifestaciones.

La lista puede alargarse. Los salones del automóvil o las competiciones deportivas promocionan, además de unas técnicas, unos diseños y unos estilos. Con mayor razón puede decirse lo mismo de los certámenes cinematográficos, del intercambio de espacios audiovisuales entre las emisoras de países alejados geográficamente, del festival de Eurovisión o de la OTI y del gigantesco comercio de la canción y el espectáculo.

Si el deporte desborda, como ocurre con la técnica, el espectro cultural, sin dejar de pertenecer a él, la moda cobra cada día una mayor importancia por sus connotaciones gestuales y económicas. Los grandes almacenes y el «prêt à porter» han permitido, junto al consumo masivo, la unificación «exterior» de los pueblos. El hecho es mucho más hondo de lo que a primera vista puede parecer. Recordaremos simplemente la función ritual del traje o su importancia en épocas de intentos «reformistas» como la de Pedro el Grande de Rusia.

Si los mercados internacionales del traje, el arte, el disco, el libro o el espectáculo generan un movimiento de homologación innegable, también sirven, como el cine, la radio y la televisión, para divulgar uso y estilos no sólo ajenos, sino hasta exóticos. Mueven además importantes cantidades de dinero.

Desde el plano propiamente internacional, los intercambios culturales se estima que contribuyen además a una mejor comprensión entre los hombres y entre los pueblos, como se reconoce en el Acta Final de la Conferencia de Helsinki. Estas mismas ideas se han recogido en otros muchos textos y declaraciones, como las Conferencias organizadas por la UNESCO.

La estrategia recomendada es la de ampliar las relaciones y el conocimiento mutuo, favoreciendo la difusión y el intercambio, reduciendo trabas fiscales y burocráticas, promoviendo las traducciones y los viajes, las becas y el acceso a la información, el contacto entre personas y la cooperación entre las instituciones, sin descuidar la protección del patrimonio.

C) Por ideología hay que entender un modo de concebir la convivencia social. Implica una visión de la realidad y una toma de postura frente a la misma.

Para Willems, las ideologías son «un sistema de ideas propias de un grupo determinado y condicionadas, en última instancia, por los centros de interés de ese grupo».

La vinculación entre ideologías e intereses es típica del marxismo, que ve en la clase poseedora de los bienes de producción el control de los medios de creación intelectuales.

Toda ideología supone un modo ordenado —sistematizado— de opiniones, creencias y posturas según unos principios rectores previos, unos valores. De esa mentalización deriva un tipo de comportamiento, que frecuentemente ayuda a identificar un grupo social o nacional. La variedad es por lo tanto otro de los rasgos de las ideologías.

Si al hablar de la cultura se hacía hincapié en la pluralidad de formas culturales, lo mismo hay que señalar respecto a las ideologías, señalando además el dato siempre importante de la convivencia en un mismo Estado de grupos con ideologías diversas e incluso opuestas a la consagrada como *oficial*.

Las religiones no son ideologías, pero las generan en una dimensión que pudiéramos calificar de *secular*. Tal vez sea el Islam la religión que, por su implicación en el quehacer mundano, resulte más difícil de separar de su respectiva ideología.

Las ideologías, en cuanto *cosmovisiones,* tienen mayor o menor coherencia y consistencia, experimentando cambios y escisiones. Su influjo en la vida internacional es grande, por inspirar la acción de los distintos actores, especialmente los Estados y los grupos políticos o religiosos.

Pueden operar como factores revisionistas o conservadores, según se trate de ideologías revolucionarias del sistema y del medio internacional o de ideologías de tendencia *statuoquista.*

Por su carácter de basamento, la ideología subyace en casi todas las tomas de postura y de decisión políticas e incluso de muy variado contenido e inversamente, son influidas por los intereses y criterios de los grupos sociales.

Una clase específica de las ideologías son las políticas, que al ser asumidas por los partidos y los centros de poder cobran un alto protagonismo en las relaciones internacionales, máxime si son de implantación transnacional, como ocurre con las más relevantes.

El «universo cultural» se completa con la consideración de las *creencias,* los *mitos* y las *utopías,* que juntamente con las ideologías y las formas culturales y artísticas, integran este factor.

Sin cuestionar la realidad e importancia de los procesos transculturales, tampoco cabe menospreciar el fermento local de las culturas y hay autores como Fred Halliday que prácticamente equipara la globalización con la fragmentación, por cierto reavivada por la formación de pequeños grupos diferentes generados por las migraciones.

2.5. El mundo global

2.5.1. *El discurso universalista*

A) Entre el 6 y el 8 de septiembre de 2000 se dieron cita en Nueva York 154 Jefes de Estado y de Gobierno en la mayor reunión de estadistas del siglo, la llamada «Cumbre del Milenio» con ocasión de conmemorarse el 55 aniversario de la Organización de las Naciones Unidas. La foto de familia que apareció en todos los medios de comunicación ilustraba a la vez la globalización del ecosistema político y del ecosistema informativo, con un único, simbólico y compartido gesto histórico.

Como expuso el Secretario General, Kofi Annan, «el mundo está cambiando muy rápido y es urgente que nos adaptemos a esos cambios o nos quedaremos atrás... Tenemos grandes esperanzas, pero también problemas muy graves, y sólo juntos seremos capaces de resolverlos».

En la mayoría de las intervenciones de los distintos dirigentes se planteó la evidencia de la globalización, sus carencias y sus exigencias. El mismo Annan expuso que «...oponerse a la globalización es como resistirse a la fuerza de la gravedad. Pero eso no significa que debamos aceptar la ley de la supervivencia de los más poderosos. Al contrario: debemos hacer de la globalización el motor que permita a la gente salir de la miseria y no el arma que los tenga subyugados».

Para los partidarios del cambio universalista la globalización es la gran ocasión para reducir la diferencia entre los países industrializados y los subdesarrollados, para establecer grandes mercados más equilibrados, unas relaciones económicas más dinámicas y desrreglamentadas, más respeto a los derechos humanos y expansión de la democracia, además de la disminución de los riesgos conflictivos y de enfrentamientos armados, sin olvidar el progreso e internacionalización cultural.

Para los detractores y críticos, la globalización es un nuevo paso de la dominación imperialista, una fuerza que aumentará las diferencias y desigualdades entre los pueblos. Theo-Ben Guribab, de Namibia expuso como «la globalización puede acabar siendo una fuerza destructiva porque está dirigida por los mismos poderes coloniales que crearon lo que hoy conocemos como Tercer Mundo. ¿Podemos fiarnos de ellos?».

El enfoque favorable a la globalización y su previsible consolidación puede resumirse en estas reflexiones de Fukuyama: «Hay al menos dos razones importantes para el progreso indefinido de la mundialización. En primer lugar, no hay una alternativa de modelo de desarrollo viable que prometa mejores resultados, ni siquiera tras la crisis de 1997-1998. En particular, los acontecimientos de los diez últimos años han desacreditado aún más al principal competidor de la mundialización, el denominado "modelo de desarrollo asiático (...)".

»La segunda razón por la que no es probable que se invierta el sentido de la mundialización está relacionada con la tecnología. La mundialización actual está respaldada por la revolución en la tecnología de la información que ha llevado el teléfono, el fax, la radio, la televisión e internet a los rincones más remotos de la Tierra. Estos cambios dan autonomía a los individuos y son profundamente democratizadores en muchos niveles. Ningún país puede hoy en día desconectarse de los medios de comunicación mundiales o de las fuentes de comunicación exteriores; las tendencias que se inician en un rincón del mundo se copian rápidamente a miles de kilómetros de distancia...».

B) Las afirmaciones en favor del proceso globalizador cuentan ya con una cierta ejecutoria e incluso la contradicción más evidente del hecho, la llamada tensión entre fragmentación y globalismo se planteó a principios de los años noventa.

Así Butros Gali, entonces Secretario General de la ONU señalaba, en 1992 que: «Hemos entrado en una era de transición mundial marcada por tendencias singularmente contradictorias. Asociaciones regionales y continentales de Estados están elaborando mecanismos para profundizar en la cooperación y suavizar algunas de las características contenciosas de las rivalidades de soberanía y nacionalismos. Las fronteras nacionales están desdibujadas a causa de las comunicaciones y del comercio global, y de las decisiones de los estados de ceder algunas prerrogativas de soberanía a asociaciones políticas de mayor alcance. Sin embargo, al mismo tiempo, surgen nuevas y violentas declaraciones de nacionalismo y de soberanía, y la cohesión de los estados se ve amenazada por brutales luchas étnicas, religiosas, sociales, culturales y lingüísticas».

Lo novedoso respecto a otras épocas es la *globalidad del sistema* que está surgiendo, sin que esto suponga, al menos todavía, uniformidad del mismo. El progreso de las comunicaciones, que tanto influyó en el afianzamiento del mundo moderno y en la formación del sistema eurocéntrico, sigue constituyendo uno de los factores decisivos del actual horizonte histórico.

Merle señala que el advenimiento de este sistema mundial se caracteriza por los siguientes rasgos: «1) participación igualitaria de todos los Estados en una red muy densa de organizaciones permanentes universales; 2) intensificación de los intercambios económicos en el marco de un mercado mundial; 3) instantaneidad de las comunicaciones en el campo de la información; 4) apertura de un campo estratégico unificado (gracias a los progresos realizados en el campo de la balística).

Se podría discurrir largamente sobre las causas de esta transformación y reflexionar sobre si conviene atribuir sus méritos a los progresos técnicos, a la concurrencia de intereses o a los cambios de mentalidad. Por el momento, poco importa la respuesta. Lo importante es que por vez primera en la historia todos los actores internacionales se hallan enfrentados conjuntamente al mismo tipo de problemas y sometidos al mismo tipo de coacciones; comenzando por la resultante de la interdependencia creciente entre sus respectivas posiciones».

Mayor Zaragoza ha escrito que «el encogimiento virtual que el planeta ha experimentado en este siglo ha dado por resultado que vivamos en un mundo cada día más compacto, donde las corrientes financieras, tecnológicas e informativas no conocen fronteras». Y añade una rotunda cita de Albert Einstein: «el mundo es uno o ninguno».

La globalización no implica solamente cambios económicos que favorecen al sistema capitalista; conlleva modificaciones en la mayor parte de las actividades y relaciones sociales, desde las políticas a las culturales, desde las jurídicas a las deportivas, pues se basan todas ellas en la revolución de las comunicaciones, en la telemática, en la desterritorialización, la desfronterización y la desrreglamentación, es decir, en la emergencia de un sistema comunicativo y la posibilidad que ello supone para un flujo más libre y veloz de todo género de mensajes informadores del complejo relacional internacional.

Alain Touraine prefiere el término de «mundialización» para designar el cambio histórico en marcha y relega el de «globalización» para el empleo peyorativo o perverso, mientras Giddens, con un cierto juego de palabras dice que «la modernidad es intrínsecamente globalizadora». En una línea más extrema Ignacio Ramonet ha sugerido el vocablo «globalitarismo», vinculado, lógicamente al pensamiento único y al neoliberalismo radical.

2.5.2. *Otro sistema inter-estatal*

Todos los tratadistas que describen las características del actual sistema internacional, desde las más diversas ópticas, coinciden en señalar como rasgos poco menos que obvios su complejidad, universalidad, heterogeneidad e interdependencia, en una extraña combinación de anarquía y orden.

Igualmente, los internacionalistas reconocen el aumento y diferenciación de los actores, viendo en esta pluralidad otro de los hechos clave del dinamismo de esta sociedad, en cierto modo post-estatal.

Así, Del Arenal escribe que: «la complejidad es producto, por una parte, de la propia heterogeneidad de los actores y del carácter interdependiente, multiforme y con frecuencia contradictorio de sus intereses, acciones y relaciones, así como de la naturaleza global y multidimensional de la propia sociedad internacional, y por otra, de la tensión dialéctica entre el protagonismo individual de los actores, sobre todo de los Estados, y la necesidad de un protagonismo de la propia sociedad internacional como tal».

Abundando en estas circunstancias, Hoffmann había planteado la coexistencia de dos realidades, una del conjunto estatocéntrico, y otra la transnacional.

James Rosenau entiende, además, que el sistema estatal guarda cierto orden estructural, esencialmente en los ámbitos jurídicos, diplomáticos y militares, mientras el integrado por los otros actores es multicéntrico y más vinculado a cuestiones socioeconómicas.

La dialéctica entre anarquía y orden lleva a posiciones doctrinales polarizadas, aunque la dinámica de la sociedad actual parece confirmar que se va advirtiendo un cierto orden, como señala Esther Barbé al mencionar elementos estabilizadores como el derecho internacional, la diplomacia y el equilibrio del poder. Reproduce frases de Bull y Wight que redundan en estas ideas, recordando que en la vida internacional hay tanto conflicto como cooperación.

Esther Barbé describe este contraste entre la universalización del modelo estatal como forma política de la convivencia social y la exigencia de división y quebrantamiento que el hecho conlleva: «Paradójicamente, la estatalización

—proceso de fragmentación en entidades soberanas— es una forma más de mundialización desde el momento en que "armoniza" la forma de organización de las comunidades políticas independientes que constituyen la sociedad internacional. En ese sentido, mundializar y estatalizar pueden ser procesos divergentes, cuando se trate de tecnología o de economía, pero también convergentes, cuando se trate de política. El escenario ideal de dicha convergencia —el mundo estatalizado— está encarnado en la Asamblea General de Naciones Unidas: 185 estados que representan a cerca de mil millones y medio de los individuos».

El sistema resultante es por lo tanto contradictoriamente homogéneo y heterogéneo, máxime si se tiene en cuenta la enorme variedad de los estados existentes, según veremos en el Capítulo III.

Esta tensión entre globalidad y fragmentación que varios autores resaltan y lleva a afirmar a Gaddis que la misma ha sustituido a la dialéctica democracia-totalitarismo de la época bipolar y se está extrapolando a los demás campos del proceso globalizador y no sólo al de las relaciones inter-estatales.

Stanley Hoffmann, desde su clásico enfoque realista escribe que «hay tensión más que complementariedad, entre las dos nociones de orden, que corresponden, una a la sociedad global, parcialmente ficticia, y otra, a un grupo a la vez real (los Estados), abstracto (¿qué es la entidad Estado independientemente de los individuos y de los grupos?) y extraordinariamente limitado».

Si releemos la frase anterior, vemos que se tacha de *parcialmente ficticia* a la sociedad global a la vez que se reconoce las carencias del actor estatal. Avanzando algo más y teniendo muy presente la existencia de estados cuya influencia en el complejo relacional internacional es mínima y en ocasiones inexistente y la realidad no menos manifiesta de influyentes actores no estatales, no parece muy exagerado contradecir a Hoffman y a afirmar que también hay Estados de entidad *plenamente ficticia* e incluso *virtual*, por emplear un vocabulario más acorde con el paradigma comunicativo.

La oposición entre un sistema regido por una o varias superpotencias o un sistema multipolar es también planteado por los especialistas. Sobre el tema dice Del Arenal que el sistema «avanza al mismo tiempo hacia la unipolaridad y la multipolaridad (...) tiende, al menos a primera vista hacia la unipolaridad desde el punto de vista diplomático-estratégico, pues (...) los Estados Unidos se presentan como la única potencia con capacidad, vocación y voluntad de ejercer el papel de superpotencia (...). El sistema internacional actual se caracteriza también y sobre todo (...) por una multipolaridad política y económica creciente, fruto del desarrollo de nuevos centros de poder político y económico, como las empresas transnacionales y la Comunidad Europea y Japón, que provoca un incremento de la interdependencia compleja (...) el más importante contrapeso a la posible dominación "objetiva" de una única superpotencia. En este contexto se avanza hacia la configuración de grandes bloques o centros de poder político y económico».

El rediseño del complejo inter-estatal e incluso la posibilidad de estar en los albores de una nueva era post-estatal tiene consecuencias no solo políticas y económicas, sino también culturales.

Ulrich Beck escribe que «transnacional significa también transcultural —a condición de que los Estados transnacionales reconozcan la no identidad entre Estado y sociedad—. ¿Qué significa esto para la autocomprensión cultural? Si sociedad mundial significa *multiplicidad sin unidad* y sociedad nacional *unidad con multiplicidad limitada,* entonces Estado transnacional significa *inequívocamente multiplicidad*. Con esto queremos decir que, más allá de la globalización y la localización, se experimentan y reconocen variantes de culturas *globales* en el nexo de la sociedad mundial».

2.5.3. *Globalización y comunicación*

Anthony Gidens entiende la globalización como una intensificación de las relaciones a escala planetaria que provoca una influencia recíproca entre sucesos de carácter local y otros que acontecen en lugares bien distantes. ¿No servirían estas palabras para definir la información internacional periodística?

Todavía encontramos en Habermas una vinculación más clara entre globalización y comunicación: «Las comunicaciones, que se extienden igualmente a escala planetaria, discurren por medio de lenguajes naturales (la mayoría con medios electrónicos) o a través de códigos especiales (sobre todo el dinero y el derecho). Dado que la noción "comunicación" tiene un significado ambivalente, de estos procesos surgen tendencias contrapuestas. Exigen, por una parte, la expansión de la conciencia de los actores y, por otra parte, la ramificación, la ampliación del alcance y la concatenación de sistemas, redes (como, por ejemplo, los mercados u organizaciones».

Sin embargo, esta consolidación de lo que pudiéramos denominar *infraestructura comunicativa* únicamente confirma ese proceso de intensificación y coordinación relacional, pero no la mejora de sus contenidos. Y la explicación es muy sencilla: lo importante de verdad para la conformación de los acontecimientos son los mensajes que fluyen por esa infraestructura, o dicho tajantemente *las informaciones que se comunican,* no las comunicaciones en sí.

Habermas, desde otro enfoque metodológico viene a decir esto mismo: «... aunque ciertamente el crecimiento de sistemas y redes multiplica las posibilidades de contactos y comunicaciones, sin embargo, no provoca *per se* el ensanchamiento de un mundo compartido intersubjetivamente ni aquella concatenación discursiva de puntos de vista relevantes, temas y contribuciones a partir de los cuales se forman los espacios políticos públicos». En efecto, para crear esos espacios y para dar capacidad de influencia a los discursos relacionales hace falta *interés* compartido, si éste falta ni hay conciencia pública, ni opinión pública, ni por supuesto, *audiencias políticas*.

La Olimpiada de Sidney de septiembre de 2000 ilustra con la convicción de la actualidad más reciente esta imbricación entre redes comunicativas, flujos informativos, audiencias transnacionales, relaciones deportivas y económicas mundializadas e incluso la universalización de intereses y gustos ciudadanos que llegan a intervincular a millones de personas en torno a un acontecimiento que nadie puede negar es manifiestamente global.

Los juegos reunieron a más de 10.000 atletas pertenecientes a 199 países. Los periodistas acreditados fueron 12.000 y la audiencia estimada de 3.700.000 de personas, además de 1.000.000.000 más de visitas previstas a la página *web* de Internet. Las horas de emisión de televisión se cifraron en 3.400.

Otro dato es la aceleración del ritmo histórico, la velocidad con que ocurren los acontecimientos y los cambios, cuyo máximo exponente es la práctica instantaneidad y universalización de las comunicaciones electrónicas tipo internet.

Como escribe Fernando Vallespín: «Ya no hay nada estable ni inmóvil. En tiempo del Mundo Rápido la pauta es la movilidad, la flexibilidad, la adaptabilidad constante. No hay reposo ni quietud, ni siquiera para detenernos a pensar hacia dónde vamos ni a qué hayamos de adaptarnos. Todos nos hemos contagiado del *tempo* de los medios de comunicación con su desenfrenada velocidad por cambiar continuamente de temas, por las opiniones y evaluaciones de urgencia, por el *entretenimiento* y la *variedad*. Puede que el auténtico espíritu del tiempo se refleje en la publicidad, en particular en los video-clips, con su énfasis y sugerente necesidad por vendernos lo de siempre bajo imágenes renovadas sin cesar».

2.5.4. *El mito del mundo unitario*

Frente a quienes sobrevaloran los rasgos del *globalismo* y el *uniformismo* de un mundo cada vez más interdependiente, otros autores mantienen criterios más diversificadores y pluralistas, sobre todo al referirse al campo económico y al campo cultural. Así Ralf Dahrendorf habla del *mito del mundo unitario* y defiende la postura de que admitiendo una cierta interdependencia, todavía queda mucho camino que recorrer, sobre todo en el ámbito económico para hablar de un solo mundo.

Las posiciones críticas llegan a poner en cuestión las ventajas del desarrollo y de la implantación de los modelos occidentales y democráticos para los países en vías de desarrollo. Samuel Huntington expuso en esta línea de pensamiento que «...la modernización social y económica no solo produce estabilidad política, sino que la amplitud de la inestabilidad depende de la rapidez de la modernización».

Se pone así en tela de juicio la conveniencia de la modernización y hay pensadores afroasiáticos que propugnan «civilizaciones alternativas», como se está confirmando en las reacciones fundamentalistas de varios países islámicos y en el retorno a las rivalidades nacionalistas y la preocupación por el mantenimiento de las señas de identidad de los colectivos sociales. Esta tensión entre globalismo y diversificación, uniformismo y pluralismo es otro de los rasgos del momento histórico.

La concepción exclusivamente económica de la globalización ha levantado también fuertes críticas y concretamente hay autores que ven en este proceso una maniobra del capitalismo internacional para zafarse de los ordenamientos estatales, no sólo fiscales o laborales, sino de todo orden, propiciado por una liberalización y desregulación exacerbada, hasta el punto de acusar a las grandes empresas y bancos de pretender escapar a todo control democrático, especialmente sobre los flujos financieros, los movimientos de capitales y la toma de decisiones estratégicas.

Siguiendo estas ideas, la globalización sería hoy parafraseando a Lenin «la fase o estadío superior del capitalismo».

Precisamente por haberse universalizado y completado el sistema mundial se han hecho más evidentes las diferencias y contrastes no sólo en las actividades políticas o en las relaciones económicas, sino también en las restantes manifestaciones culturales y sociales.

Hay como un triple y aparentemente contradictorio movimiento que anima el complejo relacional: la proliferación del cambio, la extensión de las interconexiones y la defensa y fomento de las entidades diferenciadoras. De aquí la impresión de un desajuste general, de una estructura desproporcionada, rota en subsistemas desiguales, opuestos, desnivelados y que sin embargo están juntos, son coetáneos y aparecen reflexivos entre sí.

Esta sensación se detecta en la universalización del espíritu y las realizaciones de la modernidad, de la civilización tecnológica y tecnocrática, de la sociedad de consumo y de los patrones ideológicos, pragmáticos y progresivos de las culturas desarrolladas.

Simultáneamente hay un amplio proceso de autocrítica, de revisión de quiebra de valores y búsqueda de nuevos principios, sin olvidar que esa *marcha de la modernidad* despierta, en muchos lugares, recelos y enfrentamientos y puede llegar a plantearse por los sociólogos reacciones tan diversas como la contra-modernización, la super-modernización y la des-modernización.

Con ocasión de la citada «Cumbre del Milenio» para conmemorar los 55 años de la ONU, se congregaron en Nueva York grupos contestatarios y hubo declaraciones y manifestaciones críticas con la globalización. Estas protestas se han dado también en otras ocasiones.

Las asimetrías del nuevo complejo relacional internacional son muy evidentes en campos tan decisivos como el poder militar, el reparto de la población, las dimensiones de los estados, la difusión y empleo de unas lenguas francas universales —inglés, español, chino, árabe, francés— y otras en franco retroceso hacia comunidades muy localizadas y, por supuesto, el ámbito económico.

Para Esther Barbé es más adecuado plantear la articulación del sistema entre el mundo de la economía, el de la política e incluso el de los ciudadanos: «En primer lugar, el mundo de la geoeconomía que se caracteriza por la globalización, traducida en una economía mundial. En segundo lugar, el mundo de la geopolítica, en el que se dan tendencias contradictorias, si atendemos a lo dicho antes, ya que, por un lado, los estados se resisten a los procesos de integración (renacionalización) y, por otro, sufren el impacto de unas sociedades más vinculadas con el medio internacional (subgrupismo, opinión pública sensible a los temas internacionales, etc.). De ahí que Stanley Hoffmann hable no de dos, sino de tres mundos a la vez (el diplomático-estratégico, el de la economía internacional y el de los ciudadanos).

»Así pues, nos encontramos con tres lógicas, respondiendo cada una de ellas a valores diferentes: la seguridad vinculada a la lógica, estratégico-diplomática del estado, el bienestar como producto de la lógica económica mundial, y, finalmente, la libertad y la justicia, derivadas de la lógica de los ciudadanos (individuos, subgrupos, sociedad)».

CAPÍTULO III

ACTORES Y MEDIOS

3.1. Los estados

3.1.1. *Concepto y tipología*

A) La doctrina coincide en considerar al Estado como actor principal e incluso paradigmático de las relaciones internacionales, que para ciertos autores se entienden en puridad como relaciones interestatales.

Desde muy diversos enfoques, la importancia del Estado como actor es irrebatible. El Derecho Internacional le atribuye una cualificación preeminente como sujeto jurídico que goza de la plenitud de competencias. Fenomenológica y sociológicamente se destaca su carácter de elemento fundamental del sistema internacional en cuanto entidad institucionalmente perfilada sobre un espacio geográfico, con una población diferenciada y una personalidad cultural forjada en la historia, además de contar con otros rasgos claves como el monopolio de la fuerza y un gobierno propio.

El Estado, fruto renacentista, se ha extendido hoy a todo el planeta como modelo institucional de las sociedades políticas independientes y tras el proceso descolonizador se ha universalizado como actor básico del sistema mundial, aunque la heterogeneidad de sus formas y contenidos haya aumentado casi en la misma proporción que su generalización.

El Estado es sujeto comunicador —emisor y receptor— de las informaciones que construyen el complejo relacional. Elemento básico del sistema mundial. Es origen de la mayoría de las acciones diplomáticas, políticas y militares, además de canalizar el resto de las actividades comunicativas sociales entre los pueblos y grupos humanos. A su vez, es destinatario de esas mismas acciones, que transmite a las sociedades que representa, viéndose afectado por las transformaciones que experimenta el complejo relacional, en sus diversos subsistemas.

El dato de su reconocimiento por la comunidad internacional se concreta mediante el establecimiento de relaciones diplomáticas, una acción obviamente comunicativa que incluso se inicia con la presentación de *cartas credenciales*. El ingreso de los nuevos Estados en la ONU se ha convertido en la práctica en una especie de reválida de la condición soberana del actor y de su ingreso en el complejo mundial.

Es significativo que la palabra Estado —dice Truyol— apareciese en Italia (*Lo stato*) a finales del siglo XV en relación con el proceso de formación del Estado moderno, pasando de allí a Francia y a España y luego a los demás países. En Inglaterra vino a sustituir paulatinamente a la palabra *Commonwealth*, que fue reservándose para la forma republicana de Estado o para la comunidad en general. En Alemania, el vocablo *staat* se introduce más tardiamente, a fines del siglo XVIII y en un sentido amplio. Pero se generaliza en todas partes en el siglo XIX.

Singer califica al Estado de «actor primario de las relaciones internacionales» y Spykman señala como «en la esfera internacional, la lucha por el poder y la participación en el gobierno internacional, se realiza a través de un tipo particular de organización cooperativa llamada Estado y por ello, el Estado se convierte en unidad inmediata de comportamiento político».

Para Esmein, el Estado es la personificación jurídica de una nación y en Kelsen encarna el orden jurídico total. A estas definiciones cabe oponer la existencia de Estados multinacionales y de Estados Federales y Confederaciones, por no hablar de realidades históricas del pasado como las *polis* griegas, las ciudades estado italianas o los grandes imperios dinásticos de compleja estructura poblacional.

Se trata, por tanto, de un concepto en parte equívoco y hasta polivalente, habida cuenta de la evolución de las formas estatales en el tiempo, de su heterogeneidad y taxonomía en el espacio y de su diversificación atendiendo al contenido, pero al menos la doctrina coincide en señalar tres elementos mínimos que configuran el Estado: población, territorio y gobierno. De aquí la similitud y la disparidad que los Estados ofrecen, siendo la desigualdad su rasgo más común.

B) Como sintetiza Charles Rousseau el primer elemento del Estado es la población: conjunto de individuos que se hallan unidos por un vínculo jurídico y político, al que habitualmente se da el nombre de nacionalidad y que se caracteriza por su permanencia (elemento de distinción entre el nacional y el extranjero) y por su continuidad.

El segundo elemento del Estado es el territorio, que posee límites precisos (fronteras) y se extiende, además de la superficie terrestre, al subsuelo, al espacio aéreo y al marítimo.

Finalmente, el Estado es también una organización política y administrativa, que lleva a cabo el funcionamiento de los servicios públicos, mantiene el imperio de la ley, el mantenimiento del orden, el fomento de las actividades socioeconómicas, etc.

La diversidad de formas estatales que pueden darse al combinar estos tres elementos ha hecho a Truyol escribir que «un hecho particularmente sorprendente en el plano sociológico del mundo de los Estados... es la desigualdad fundamental que en él impera en todos los aspectos. La más llamativa a la simple vista de un mapa de geografía política, es la que atañe a la forma y a la extensión. A la forma, hay Estados compactos, otros alargados, algunos irregulares (que por ejemplo constan de espacios separados entre sí, ya por el mar, ya por territorios ajenos, como Alemania entre las dos guerras mundiales o Pakistán hasta la secesión de Bangla Desh). A la superficie, por cuanto recorre una gama sumamente variada que abarca desde la Unión Soviética y los Estados gigantes de Asia y América, verdaderos subcontinentes, hasta los Estados exiguos o microestados como Liechtenstein, Mónaco y San Marino, en Europa, entre los más antiguos, Bahrein, Qatar y las islas Bahamas en otras partes del mundo, entre los más recientes.

Pero no son menores otras desigualdades, como las referentes a la población —que oscila entre cientos de millones de almas y unos cuantos millares—, a los recursos económicos y al producto nacional bruto, al potencial militar, etc».

Como el Estado es por añadidura un fenómeno histórico, se diferencian también, como dice Merle, por su edad. «De la totalidad de los Estados miembros de las Naciones Unidas, más de la mitad no han accedido a la independencia hasta después de la segunda guerra mundial».

Los Estados son, por último, diferentes en función de su régimen político y de su estructura jurídica y constitucional. Junto a Estados centralizados los hay federales y confederales, junto a repúblicas, monarquías y si unos se adscriben a un bloque de poder o alianza, otros lo hacen en una órbita distinta. En contra de esta interpretación, un autor como Wolfers defiende la tesis de la igualdad en el sentido de que cada Estado constituye una unidad cerrada, impermeable y soberana, completamente separada de los otros Estados. A esta idea, también conocida como *teoría de la bola de billar*, se oponen radicalmente aquellas líneas de pensamiento de fundamentación más o menos sistémica, que enfocan el tema del Estado no desde éste, sino desde el conjunto internacional. Silvio Brucan escribirá al respecto que por su parte sostiene «que los tipos de Estado que hoy existen en el mundo, están en buena medida configurados por el contexto internacional. A decir verdad, los cambios más recientes en las actividades y el comportamiento de los Estados han sido determinados externamente, es decir, desde el sistema mundial, más que desde procesos y conflictos de clases interiores».

La significación abstracta e igualitaria del concepto hace que otros autores prefieran los términos de *nación* o de *gobierno* para referirse al verdadero sujeto de la acción internacional. Reynolds, por ejemplo, escribe que los Estados son actores, «sólo en el sentido de que constituyen las entidades jurídicas permanentes entre las que se establecen relaciones formales y se crean derechos y obligaciones. Los Gobiernos de los Estados son los agentes, que, de hecho, toman las decisiones, elaboran la política y reaccionan ante las decisiones y la política de los demás Gobiernos...».

El paradigma del Estado se encuentra actualmente cuestionado por la emergencia de una sociedad cada vez más transnacional y así Bell ha dicho que los Estados resultan demasiado grandes para los problemas pequeños y demasiado pequeños para los problemas grandes.

C) La metamorfosis del mapa geopolítico europeo, uno de los espacios que más modificaciones ha experimentado en estos últimos siglos, ilustra la evolución del número y de la tipología de formas estatales, que es uno de los aspectos que debe analizarse al estudiar el Estado como actor de la escena internacional.

Después del Congreso de Viena (1815) quedaron en Europa 3 Imperios, 15 Reinos, 7 Grandes Ducados, 15 Ducados, 11 Principados, 7 Estados republicanos, 1 Electorado y el Pontificado. Contando a la Confederación Helvética como un solo actor, existían 60 Estados, de los que 38 se integraban en la Confederación Germánica.

Tras la unificación de Italia y Alemania, en vísperas de la Primera Guerra Mundial (1914) había 4 Imperios y 3 Repúblicas, siendo monarquías los otros 20 Estados restantes.

La Europa de la Paz de Versalles (1919), vuelve a experimentar hondos cambios, hundiéndose los 3 imperios históricos (Austria, Alemania, Rusia) y el otomano. Caen varias monarquías y nacen Estados como los bálticos y balcánicos. Las Repúblicas son 14, sin contar Andorra y San Marino. El total de Estados europeos era de 32.

Con la Segunda Guerra Mundial, los cambios del conjunto fueron menores, territorialmente hablando. Destacando la división de Alemania en dos Repúblicas, las anexiones soviéticas y ligeros retoques fronterizos en el Este; el conjunto de Estados independientes aumentó a 34.

El fin de la URSS y el desplome del Bloque del Este vuelve a trastocar el mapa europeo. La Unión Soviética se transforma en la CEI, integrada por los siguientes Estados independientes: Rusia, Ucrania, Bielorrusia, Armenia, Azerbaiyán, Kazakstán, Kirguisistán, Moldavia, Tadjikistán, Turkmenistán, Uzbekistán y Georgia, que en un primer momento se separó del todo, al igual que las Repúblicas bálticas de Letonia, Estonia y Lituania. Checoslovaquia se dividió entre Chekia y Eslovaquia, mientras Yugoslavia experimenta un trágico rompimiento que da origen a Eslovenia, Croacia, Macedonia, Bosnia-Herzegovina, con tres comunidades diferenciadas y a una Yugoslavia reducida a Serbia, Montenegro y al conflictivo Kosovo con fuertes tensiones separatistas.

Los cambios también han sido llamativos en el resto del mundo. En 1914 había 54 Estados independientes, 26 de ellos europeos; en 1937 el número de Estados soberanos se elevaba ya a 73 y en 1964, tras la gran oleada descolonizadora, los Estados sumaban 124. Otro punto de referencia lo ofrece el crecimiento de miembros de la ONU que pasan de los 51 originarios a los 189 del año 2000, tras la admisión de Tuvalú.

De acuerdo con los elementos que componen al Estado como actor y abundando en lo ya señalado, recordaremos con Esther Barbé que: «En términos territoriales, Naciones Unidas alberga 185 estados que van desde las dimensiones de Rusia (17 millones de kilómetros cuadrados) hasta las dimensiones de Mónaco (un kilómetro cuadrado). Los extremos no son, sin embargo, elocuentes de un hecho evidente: el 50 por 100 del territorio mundial está bajo la soberanía de ocho estados (Rusia, Canadá, China, Estados Unidos, Brasil, Australia, India y Argentina) y 48 unidades (estados y territorios) tienen menos de 1.000 kilómetros cuadrados (el municipio de Madrid tiene 600 kilómetros cuadrados). Entre estos últimos se encuentran estados miembros de Naciones Unidas, como Bahrein (622 Km^2), San Vicente y Granadinas (388 km^2) o Liechtenstein (157 km^2), que tienen superficies equivalentes a lo que en España son algunos parques nacionales (los 750 km^2 de Doñana o los 160 km^2 de Ordesa-Monte Perdido).

»El tamaño del territorio, sin embargo, no es un valor *per se* (Rusia o Gran Bretaña, con territorios muy diferentes, han desempeñado en diferentes momentos papeles de primeras potencias, respectivamente continental y marítima). La ubicación del territorio (control de estrechos estratégicos, país enclavado, condiciones climáticas, etc.) y su riqueza (combustibles, minerales estratégicos, autosuficiencia alimentaria, agua, etc.) son cuestiones a considerar. En lo que respecta a la riqueza del territorio, no hace falta recordar la trascendencia política que ha tenido la concentración de los recursos energéticos en algunas regiones del mundo, destacando los países árabes con el 60 por 100 de las reservas mundiales de petróleo».

La misma profesora de la Universidad de Barcelona describe seguidamente cómo «la población, al igual que el territorio, está repartida de manera dispar a lo ancho del planeta. Los extremos en este caso corresponden a China, con una población en 1992 de 1.166 millones de habitantes (21,42 por 100 del total mundial), y al Vaticano, con una estimación de 1.000 habitantes. Seis estados gozan de soberanía sobre el 50 por 100 de la población mundial (China, India, Estados Unidos, Indonesia, Brasil y Rusia), mientras que 76 unidades (estados y territorios) tienen poblaciones de menos de un millón de habitantes. Entre estos últimos se cuentan miembros de Naciones Unidas como Gambia (929.000 habitantes), Islandia (261.000 habitantes) o Seychelles (69.000 habitantes). En otros términos, provincias o ciudades españolas tienen poblaciones equivalentes a las de un estado con escaño en la ONU: la población de Gambia es equivalente a la de la provincia de Zaragoza, la de Islandia a la del municipio de Hospitalet de Llobregat y la de Seychelles a la de la ciudad de Toledo».

Otras variables que se manejan al comparar las características estatales, y se acostumbran a señalar en estadísticas mundiales hacen referencia al Producto Nacional Bruto (PNB) a la renta *per cápita*, al producto interior, al consumo energético, a los índices de alfabetización y estudios, al número de camas hospitalarias, a los kilómetros de redes ferroviarias o de carreteras, a la pirámide de población, al potencial militar, al factor tecnológico y de desarrollo de la investigación científica, etc.

3.1.2. *Soberanía, independencia e igualdad*

A) Como se ha apuntado ya, el Estado es un concepto único «que recubre una gran diversidad de actores nacionales», en frase de Leurdijk.

Sin embargo, la normativa internacional recoge el principio de la igualdad jurídica de los Estados. Así se deduce del Pacto de la Sociedad de Naciones, de la Carta de las Naciones Unidas y de la Declaración sobre los Derechos y Deberes de los Estados, entre otros importantes documentos y resoluciones.

Esta igualdad reposa en que todos los Estados son igualmente soberanos e independientes, al menos desde la óptica del sistema jurídico internacional.

La soberanía, como atributo de la autoridad suprema del poder estatal —*potestas legibus soluta*— es el rasgo definitorio del Estado como actor. Impulsado bajo el absolutismo como calidad del Soberano y transformado luego en facultad de la nación como «pueblo soberano», es un atributo jurídico-político que actualmente experimenta una cierta polémica interpretativa.

Friedman considera que «la fuerza de la soberanía nacional viene de dos elementos: la ideología del nacionalismo y el poder de organización y coerción del Estado moderno, que moldea grupos nacionales en una organización eficaz en los campos políticos, legales y sociales... El elemento unificador puede ser la raza, el lenguaje, el territorio, la religión, los intereses económicos o una tradición común».

Es indudable que se da una correlación entre el principio democrático de la soberanía del pueblo, y la consideración diferenciadora del Estado como actor independiente desde el conjunto del complejo relacional.

Otro tema interesante es la diferenciación de los Estados atendiendo a su estructura interna, grado de complejidad o situaciones que modifican de un modo permanente o circunstancial su relación con los otros Estados.

Así cabe recordar, en el pasado, las situaciones de vasallaje, las Uniones Personales y las Uniones Reales. Al desenvolvimiento de la colonización se deben los protectorados, el arriendo internacional, el Mandato y Tutela, las Colonias y las asociaciones de Estados formadas por antiguas metrópolis y países descolonizados. Además de la diferencia entre Estados unitarios, federales y confederales, interesa contemplar, hoy día, una serie de situaciones nuevas como las zonas desmilitarizadas, las sometidas a neutralidad permanente, las bases militares, las ciudades o zonas bajo administración internacional y los tratados de sede de organizaciones internacionales.

Los Mandatos y Fideicomisos instituidos, respectivamente, tras las dos guerras mundiales, intentaron ser una alternativa al sistema colonial, tenido por obsoleto después de la segunda conflagración.

Las situaciones especiales o de subordinación han perdido, en gran parte, su interés, al superarse formalmente el colonialismo directo, pero han dado paso a fórmulas de influencia y dominación indirecta, a otros modos informales, pero no menos activos de control y de dependencia, dentro del llamado fenómeno del neocolonialismo. También debe tenerse en cuenta no sólo el dato de que un país sea independiente, sino el grado de madurez de su propia identidad, la coherencia alcanzada, su convergencia moral, su capacidad de autogobierno. Huntington señalará en este sentido que la diferencia política más importante entre los países «se refiere, no a su forma de gobierno, sino al grado de gobierno con que cuentan». Y es que en última instancia, soberanía, independencia, autogobierno y otros conceptos semejantes no dejan de ser otra cosa que consecuencias de la capacidad de decisión de los actores estatales.

Deutsch escribe concretamente que «cuando llamamos soberano a un país, gobierno o pueblo, estamos diciendo que las decisiones principales acerca de sus acciones provienen de su interior. La "soberanía", tal como han desarrollado este concepto los abogados desde el siglo diecisiete, significa el poder de tomar decisiones en última instancia, decisiones que no pueden ser anuladas o revocadas por ningún otro gobernante o institución humana».

La soberanía —rasgo esencial del actor estatal— se nos transforma desde nuestro enfoque comunicativo en la capacidad para producir, emitir, rechazar y realizar mensajes. Es así el basamento de su personalidad comunicativa, la expresión de su poder informativo internacional.

B) A estas tradicionales notas de comprensión de la realidad estatal, es decir, territorialidad, población, gobierno y soberanía, el profesor Carrillo Salcedo añade, con acierto, un nuevo requisito desde la óptica de exigir a los Estados unos mínimos jurídicos para ser considerados como «Estados civilizados».

Dice Carrillo: «Creo que la soberanía de los Estados sigue siendo un principio constitucional del Derecho Internacional, y que no ha sido desplazada de esta posición ni por el fenómeno de organización internacional ni por el reconocimiento de la dignidad de la persona, símbolos de las transformaciones del orden internacional que habitualmente denominamos proceso de institucionalización y proceso de humanización del Derecho Internacional. Pero pienso que sí ha quedado *erosionada y relativizada por el desarrollo normativo que ha seguido a las disposiciones de la Carta de las Naciones Unidas en materia de derechos humanos*, ya que en Derecho Internacional general contemporáneo (y por tanto, no sólo en el marco convencional), todos los Estados tienen la obligación jurídica, *omnium y erga omnes*, de respetar los derechos humanos fundamentales de toda persona que se encuentre bajo su jurisdicción, ya que los derechos humanos *han dejado de pertenecer a la categoría de los asuntos que son esencialmente de la jurisdicción interna de los Estados*».

Y añade más adelante de modo concluyente, tras plantear la legitimidad del deber de injerencia de la comunidad internacional respecto de las situaciones de violaciones graves y masivas de derechos humanos fundamentales como entiende «que lo esencial de todo proceso de transformación experimentado en relación con la posición de los Estados soberanos ante el Derecho Internacional se encuentra, en definitiva, en *la progresiva introducción en el orden internacional de un nuevo principio de legitimidad: el del reconocimiento y protección de los derechos humanos*».

El mundo de los Estados es un complejo relacional que se manifiesta en su mutuo reconocimiento e interconexión. Como ya se ha apuntado, la pertenencia a la ONU se ha convertido en una especie de ágora para su coexistencia.

El reconocimiento de Gobierno no siempre es tema sencillo, pues en el proceso interfieren intereses políticos y exigencias jurídicas. Los criterios de legitimidad han ido evolucionando con el tiempo. Así se habla del criterio dinástico, del democrático y del de efectividad.

Otras cuestiones importantes son la responsabilidad internacional de los Estados, la llamada sucesión de Estados y el fenómeno del nacimiento o creación de Estados, tema en el que normalmente tiene relevancia la actitud de terceros actores.

Habermas insiste en esta emergencia de una política interconectada y señala concretamente cómo los Estados «deben entrelazarse, *de forma percepti-*

ble en términos de política interna, en los procesos de cooperación vinculantes de una comunidad de Estados cosmopolita».

Justamente éste es el planteamiento posible en un sistema internacional entendido como ecosistema informativo pues el entramado que lo estructura es una red comunicativa polivalente y un flujo de mensajes conformadores cuyo alcance dialéctico esté en función de sus contenidos, medios y actores. El complejo relacional se asienta en audiencias y éstas en círculos de interés.

Frente a la idea de unas fronteras intocables e impenetrables, significativamente definidas como correspondientes al llamado *Estado caparazón o puercoespín*, se va imponiendo la realidad de las fronteras fluidas, de las zonas *ósmosis* y de las denominadas, con acierto, soberanías *perforadas*.

3.1.3. *Grandes potencias. Potencias regionales. Microestados*

A) Como ya se ha indicado una de las causas de la heterogeneidad estatal es la variedad de sus componentes y el grado de poder diverso que establecen.

La potencia es así resultado del poder estatal.

Corolario inseparable del dato anterior es la tendencia de los Estados que tienen menos poder a agruparse en «constelaciones» por emplear el término de Aron, bien para equilibrar a las Potencias o para mantenerse en su órbita de influencia.

Este poder permite una diferenciación clara entre aquellas Potencias que destacan por su hegemonía en una zona geográfica o un campo concreto del poder (militar, cultural, económico, industrial, agrícola, etc.) o reúnen buena parte de esos elementos, logrando una supremacía sobre los otros actores. En el primer caso debe hablarse de Potencias regionales o sectoriales y en el segundo de Grandes Potencias propiamente dichas.

Toynbee señala que gran potencia es la potencia política cuya acción se ejerce en toda la extensión del ámbito máximo de la sociedad en cuyo marco opera.

La expresión *puissance à intérêts généraux*, más eufemística y «antiguo régimen» que *puissance de premier ordre*, y no digamos que *Grande* a secas de la terminología actual, se remonta al período vienés de la diplomacia clásica. Aparece en efecto en las instrucciones de Luis XVIII a la representación de Francia en el Congreso de Viena (procedentes por cierto de su propio destinatario, Talleyrand), y es manejada en los Congresos a lo largo del siglo XIX. Fue oficialmente consagrada, asimismo, en la Conferencia de París de 1919. En ella, los *États à intérêts limités* llegaron a constituir en ocasiones, un comité propio, junto al Consejo Supremo, abierto sólo a los Estados con intereses generales» como recuerda Truyol.

La palabra «Superpotencia» se debe al norteamericano William Tr. Fox quien popularizó el vocablo a partir de 1944.

La historia ofrece claros ejemplos de grandes imperios regionales y universales, como los reinos de la Antigüedad, o los Imperios de Alejandro, Roma, Carlomagno, China, precolombinos y los más recientes de los Habsburgo, de Napoleón o de la Sublime Puerta, además de los grandes espacios coloniales de Gran Bretaña, España, Francia, Portugal, Holanda, Alemania, Italia y Japón.

En el siglo XX las grandes potencias más significativas han sido los Estados Unidos y la Unión Soviética, que en el período de la Guerra Fría establecieron una especie de Gran Consulado mundial que llevaba a hacer coincidir sus límites de influencia desde el estrecho de Bering al muro de Berlín, haciendo realidad la conocida profecía de Alexis Tocqueville de que «un día llegará en que los Estados Unidos y Rusia se repartirán el mundo».

Paul Kennedy ha publicado un excelente estudio histórico de la tipología imperial en su obra *Auge y caída de las Grandes Potencias*. La coexistencia de actores de distinta categoría y poder en un mismo ecosistema ha llevado a algunos autores a plantearse la estructura del complejo relacional según el esquema centro-periferia, atribuyendo por cierto al Estado un cierto papel liberador. En Kazancigil, Shivji, O'Donnell y otros se plantea cómo en los países del Tercer Mundo, la expresión de dignidad de los pueblos y de su descolonización se consigue justamente al ser reconocidos como estados independientes.

El análisis de la estructura del ecosistema político lleva a considerar cuestiones tan importantes como los distintos modelos de equilibrio de poder, la no-alineación, el aislacionismo, las zonas de influencia, las políticas de bloques y alianzas, los panismos, nacionalismos e imperialismos y los intentos variados de organización internacional, cuyo máximo exponente, por ahora, son las Naciones Unidas.

B) Otro término novedoso es el de estados *axiales*, en vocabulario de Chese, Hill y el mismo Kennedy. Como estos autores señalan: «La idea de un Estado axial —una zona decisiva que no sólo podría determinar el destino de su región, sino también afectar a la estabilidad internacional— tiene un origen que se remonta al geógrafo británico sir Halford Mackinder. El clásico ejemplo de Estado axial a lo largo del siglo XIX fue Turquía, el epicentro de la llamada cuestión de Oriente: debido a su situación estratégica la desintegración del imperio otomano planteó un problema perenne a los políticos británicos y rusos.

»Los políticos estadounidenses del siglo XX utilizaron su versión particular de la teoría de los Estados axiales. Desde Eisenhower y Acheson hasta

Nixon y Kissinger, siempre consideraron a un país que sucumbiese al comunismo como una futura "manzana podrida en un cajón" o una "pieza de dominó que cae". Aunque la teoría del dominó nunca fue suficientemente discriminatoria —empeoró los compromisos estratégicos de EEUU— su esencia se basaba en apoyar a los Estados axiales para evitar su caída en el comunismo y la consiguiente caída de los Estados vecinos.

»Dado que la obsesión norteamericana por los dominós llevó a políticas discutibles desde Vietnam hasta El Salvador, la teoría tiene ahora mala reputación. Pero la idea en sí, la de clasificar algunos países como más importantes que otros, tanto en su estabilidad regional como por los intereses norteamericanos, es sensata. EEUU debería adoptar una política justa para el mundo en vías de desarrollo y concentrar sus energías en Estados axiales en lugar de dispensar su atención y recursos por el globo».

Los autores citados consideran que estos estados «ya no necesitan ayuda frente a una amenaza exterior, el peligro es más bien que caigan víctimas del desorden interno».

Esta teoría recuerda el clásico concepto de estados «tapones» o de zonas *neutralizadas* y glacis interpuestos, que fue tan útil en la época de la expansión colonial y del choque de los imperialismos.

C) Atendiendo a los antecedentes históricos y al dato clave de su mínima extensión, los microestados tienen su precedente en las ciudades griegas y las ciudades italianas renacentistas. Constituyen en parte una reliquia feudal (Andorra, Mónaco...) o son fruto de la descolonización, principalmente en el caso de pequeños territorios insulares (Granada, Malta, Nauru...).

Merle escribe que «el concepto de Estado tenía todavía una cierta consistencia cuando se aplicaba a unas unidades territoriales que, aunque fuesen de una dimensión reducida, como el Gran Ducado de Luxemburgo, correspondían a unas realidades históricas, culturales o económicas, que les permitían asumir efectivamente su independencia.

»La sociedad internacional está poblada hoy de estados que no responden a ninguna de estas condiciones. Se trata de islas ancladas al borde de continentes (Hong-Kong, Singapur), o plantadas en medio de los océanos (Maldivas, Mauricio, Malta, Barbados), o bien, pozos petrolíferos en torno a los cuales se han levantado apresuradamente unas fronteras (Kuwait, Mascate y Oman, Bahrein, Qatar, Federación de Emiratos árabes), se tiene el sentimiento de unas situaciones artificiales, creadas o mantenidas intencionadamente por las combinaciones de las grandes Potencias: en la mayoría de los casos se trata de que unas potencias quieren sustraer a otras la posesión de unos recursos preciosos o el control de unos puntos estratégicos importantes».

La Santa Sede tuvo desde la época del carolingio Pipino III (siglo VIII) territorios propios que constituyeron hasta 1870 los Estados Pontificios. Por el Tratado de Letrán de 1929 se reconoció el Estado Vaticano, ente de gobierno de la Iglesia Católica que tiene personalidad y reconocimiento internacional, incluido el *ius legationis* y posee una mínima base territorial en Roma.

La mayoría de los microestados, precisamente por su artificiosidad, son posibles por una especie de fenómeno de *plusvalía*, originado en el interés que su existencia tiene para el resto de los estados, bien sea por razones religiosas, culturales, económicas, turísticas, históricas o estratégicas. Es gracias a esta apreciación de los otros actores por lo que son casi siempre viables.

Algunos de los microestados de más reciente creación han nacido como «paraísos fiscales» y su soberanía es más que discutible si se adoptan criterios estrictos.

3.1.4. *Equilibrio de poder y hegemonías*

A) La diversidad de poder entre los actores de la escena internacional ocasiona el fenómeno conocido como hegemonía o predominio de las grandes potencias sobre los restantes estados. Esta hegemonía o supremacía puede reconocerse de modo formal, como se da en las situaciones de vasallaje y protectorado o ejercerse de forma fáctica y no institucionalizada.

Para Triepel la hegemonía es una situación a medio camino entre la simple influencia y la dominación propiamente dicha. Así lo recoge sintéticamente Truyol:

«En un estudio fundamental de este fenómeno, hasta entonces más propio de los historiadores que de los sociólogos (en sus formas típicas), por no hablar de los juristas, H. Triepel (*Die Hegemonie,* Stuttgart, 1938) lo caracterizó certeramente como situado a medio camino entre la simple influencia y la dominación (Herrschaft). En la hegemonía, hay un reconocimiento de la posición particular del Estado hegemónico por parte del Estado dirigido. Siempre asoma la tentación de convertir la hegemonía en dominación (Roma, Napoleón, Piamonte-Cerdeña); nos encontramos entonces con lo que Triepel denomina «hegemonía de absorción». Pero una mayor madurez de los pueblos hace que, a su juicio, la dominación tienda a ser reemplazada por la hegemonía (incluso en el caso que resulte posible la dominación), en virtud de la "ley de la fuerza decreciente" (*Gesetz der abnehmenden gewalt*), de la que hablaba Friedrich Von Wieser en su sociología del poder (*Das Gesetz der Macht,* 1926). Interviene, por otra parte, el reconocimiento de una superioridad, por lo demás variable: es necesario que por lo menos en un valor político relevante haya superioridad del Estado hegemónico».

Desde el enfoque comunicativo, la capacidad de influencia es corolario de la acción informativa que los actores desempeñen respecto a los otros miembros del complejo relacional.

Tal vez sea el poder militar el factor más tradicional y simbólico de las potencias, que en la actualidad tiene su mejor exponente en las armas atómicas. Como señala Marino Menéndez, «en lo que se refiere al poder político militar, destaca sobre todo la relevancia del dato de hecho de la posesión o no de armas nucleares. El hecho de poseerlas o no se ha convertido en todo un sector de normas del Derecho Internacional, en elemento diferenciador de categorías de Estados que quedan así sometidos a obligaciones y poseen derechos diferentes».

Si hegemonía implica una supremacía más o menos incontrastada en un espacio político, durante cierto período histórico o actual, que puede ejercerse por la fuerza o por la influencia derivada de un poderío manifiesto en todas o en parte de las actividades sociales, cabe por lo tanto hablar de una *hegemonía informativa*.

La hegemonía es un atributo de la potencia y determina la formación de zonas o esferas de influencia en su etapa más informal o de constelaciones de estados en una fase más institucionalizada. Estas constelaciones, que acostumbran a adoptar la fórmula de alianzas, no deben confundirse con los territorios coloniales propiamente dichos.

Gonidec escribe sobre la interdependencia de hegemonía y constelaciones de estados que en realidad, el mejor criterio para definir las constelaciones es el de la hegemonía, que implica precisamente la capacidad y la voluntad de un Estado o de un grupo de estados de dominar a otro Estado o grupo de estados.

Fue Raymod Aron en 1954 quien introdujo la terminología de las «constelaciones diplomáticas», aunque el recurso a símiles astronómicos refiriéndose a sistemas internacionales es más general. En la Guerra Fría se impuso el término de Estados *satélites*. Cuestión que de inmediato plantea el tema de las constelaciones su grado de estabilidad, dependencia o crisis del sistema y su vinculación a la Potencia o Potencias que rigen ese orden. Surge así otra cuestión interesante: los polos de poder. Se comparan esos polos de poder con los imanes y su capacidad de generar campos de atracción, pudiendo distinguirse también entre poder potencial y poder actual.

Por supuesto que esos polos deben entenderse en un sentido amplio. El mismo Aron añadirá que la conducta exterior de los estados no está determinada únicamente por la relación de fuerzas: ideas y sentimientos influyen también sobre las decisiones.

Al introducir principios axiológicos, ideologías, valores, etc., se puede hablar de sistemas homogéneos y heterogéneos, lo mismo que la tesis de los polos de poder lleva a hablar de sistemas bipolares, multipolares, etc.

B) Al distinguir entre hegemonía y sistemas de estados se está propiciando una serie de posibles ordenaciones de esa coexistencia de poderes, que pueden ir desde la supremacía más o menos imperial de una o varias Potencias —en cuyo caso se hablará de Concierto de las Potencias o Directorio— y fórmulas de contrapeso mediante el entendimiento de los otros estados para equilibrar los polos de poder.

El equilibrio es más perfecto si supera la etapa «mecanicista» y se cimenta en compartir valores, principios e intereses entre los distintos estados.

Como escribió Friedrich, la expresión «equilibrio de poder» ha sido desde el siglo XVI, en que fue empleada por primera vez por Guicciardini y otros historiadores florentinos, una descripción eufemística de una determinada distribución del poder entre las naciones que resultaba aceptable para la persona que utilizaba la expresión. Después de 1871, los franceses decían que deseaban restaurar en Europa el equilibrio de poder perturbado por la unificación de Alemania. Los alemanes afirmaban que tenían que mantener el equilibrio de poder amenazado por el deseo francés de revancha. Esas observaciones tienen que cambiar de signo si las referimos al período posterior a la Primera Guerra Mundial.

Así, por ejemplo, puede verse que el equilibrio de poder no hace necesariamente referencia al mantenimiento del *status quo*; puede ser también la base para defender la conveniencia de alterarlo. Como la expresión es aplicable a cualquier forma de distribución del poder, la historia del equilibrio de poder es evidentemente idéntica a la historia de las relaciones internacionales.

Importante diferencia es la que se da en aquellos sistemas meramente mecánicos, es decir, de contrapeso de poderes e intereses y aquellos otros en los que cobran un papel relevante las creencias, ideologías, valores, principios, como se da en los sistemas surgidos en el siglo XX o se observa en la oposición de las tendencias revolucionarias o conservadoras en el siglo XIX.

Así W. Naef señala como «la idea del equilibrio europeo es entendida en 1815 de una manera radicalmente diferente a como se entendía el equilibrio en el siglo XVIII: el equilibrio ahora debe ser estabilizado por una fuerza ideológica vinculante, por la actitud antirrevolucionaria común a todos los poderes estatales constituidos; o bien, para expresarlo positivamente, por el afianzamiento y apoyo recíproco de la autoridad de los gobiernos autoritarios. La política aspira a un orden europeo; pero la idea de Europa es puesta al servicio de una dirección política determinada».

Esta idea de compartir valores y principios entre los estados ha vuelto a plantearse con la Carta de las Naciones Unidas y la universalización en nuestro tiempo de la Declaración de los Derechos Humanos.

C) El concepto de zonas o esferas de influencia se introduce en el vocabulario internacional con ocasión del reparto de África, pero significa una realidad que se remonta al mismo origen de las relaciones internacionales. Se ha dicho que en lugar de zonas de influencia, debería hablarse más ajustadamente de «zonas influidas», por nombrar determinadas parcelas de territorio sometidas, indirecta o directamente, a una dominación informal de otra potencia.

Esta influencia puede ser de índole variada, según el aspecto en que se ejerza o si abarca a un conjunto de actividades.

No pueden ni deben confundirse las zonas de influencia con nociones mucho más nítidas, como anexión, ocupación, condominio, vasallaje, protectorado, etc. La naturaleza de la influencia es más sutil aunque no menos efectiva que el control ostensible y normalmente no implica una violación de la soberanía del país afectado.

Las zonas o esferas de influencia tienen una manifestación típica en los sistemas de alianza y ententes políticas, pero también se expresaron en cierta tendencia expansiva de naturaleza geopolítica.

Como ha escrito Mestre, «los Estados han tendido a ampliar su base territorial tratando de ensanchar la propia base territorial metropolitana de ser posible, incorporando tierras como dependencias o simplemente condicionando territorios ajenos sin anexionarlos o ponerlos bajo propia soberanía formalmente. Los impulsos geohistóricos (o geopolíticos) diseñan tendencias definidas en la expansión metropolitana: búsqueda de una salida al mar, ampliación de la costa litoral, control de la orilla opuesta, dominio del conjunto de la cuenca fluvial, reconquista de territorios perdidos, consecución de glacis defensivos.

»Precisamente en esta idea de los glacis, que se aprecia en la interposición de "marcas", de zonas francas o desmilitarizadas, se ven ejemplos de lo dicho. También se reconocen zonas de influencia monetaria, comercial, lingüística, cultural, etc.

»Ya se ha visto el concepto de potencia y la posibilidad de coexistir potencias regionales, funcionales y universales o grandes potencias. Lo característico de estas potencias es su capacidad de proyectar decisiones hacia un área, de controlar más o menos formalmente un conjunto de países o actores y de operar frecuentemente de modo concertado. Así Bourquin hablará de «la vocación directorial de las Grandes Potencias».

Se ha aludido ya a esa especie de «campo magnético» que crean las potencias con su actuación. Aron hablará por ello de cómo están «condenadas a la ambición de grandeza por virtud del hecho de su prepotencia... querer al *maximum* de poder es querer el mayor número posible de aliados y el menor número posible de enemigos... Una gran potencia desea siempre algo más que seguridad y poder, desea una idea, en el sentido más amplio de la palabra».

Tanto los pequeños estados como las potencias medias o los grandes centros de poder hegemónico se relacionan entre sí, intercambian sus políticas, intereses, valores, objetivos, antagonismos y rivalidades, tendiendo a una tensión que oscila de la cooperación al conflicto y se expresa en la admisión de un orden relativamente jerarquizado, dominado por una fórmula directorial e imperial, o bien, se esfuerzan en establecer fórmulas de balanza de poder y sistemas de equilibrio.

También hay que recordar la interacción entre los elementos que componen los subsistemas, conformándose continuamente y en distinto grado, unos y otros factores.

Ahondando en estos temas, Sttanley Hoffmann considera que «un equilibrio de poder puede existir siempre que se enfrenten, por lo menos, dos grandes potencias en la competencia internacional. El término "equilibrio de poder", referido a un sistema, designa una estructura de relaciones que abarca a más de dos unidades políticas principales, es decir, un sistema multipolar. Pero, incluso en un mundo bipolar, como el mundo en que hemos vivido desde 1945, o el de Grecia en el siglo V a. de C. conforme lo describe Tucidides, es perfectamente concebible que una de las dos potencias —la que está a la defensiva e intenta impedir que su adversario establezca su preponderancia— tenga que practicar una "política" de equilibrio de poder, con el fin de acorralar a su rival; si tiene éxito en su empeño, la distribución de poder así obtenida puede llamarse también equilibrio».

Las potencias —y en menor medida todos los actores— pueden adoptar respecto al sistema global, una línea conservadora, innovadora o revolucionaria.

Las potencias situadas en una situación hegemónica tienden a adoptar estrategias conservadoras, salvo que escojan una política destructora encaminada a controlar aún más el sistema. Por el contrario, suelen ser las potencias emergentes o las vencidas, los actores que promueven la inestabilidad al estar insatisfechos con el orden reinante, con el reparto de poder establecido.

Existen potencias inmovilistas que desean preservar su situación y prorrogarla. Son países defensores del *status quo*, mientras que los actores opuestos pretenden justamente lo contrario, revisar el sistema y rediseñarlo según sus intereses.

D) Toynbee estima que el equilibrio de poder, clave de la dinámica política, «entra en juego siempre que una sociedad se articula en una serie de estados locales independientes».

Equilibrio y sistema de estados vienen a ser términos poco menos que sinónimos y se opone tanto a la ordenación rígidamente dependiente de una estructuración monolítica del poder, como a la anarquía internacional.

La realización más reciente del modelo tradicional del Directorio de Potencias es el denominado Grupo de los Siete o G-7, que en cierto modo está operando como alternativa informal al Consejo de Seguridad de la ONU (ahora G-8 al incorporarse Rusia).

García Arias advierte que el equilibrio es una tendencia social innata y por ello se ha manifestado en todo tiempo y lugar. El mismo autor añade que el equilibrio de poder es tan antiguo como el sistema de Estados y probablemente tan viejo como cualquier tipo de sociedad organizada. Ateniéndonos a la clásica definición de Vattel, se entiende por equilibrio de poder una disposición de las cosas por cuyo medio ninguna Potencia se halla en estado de predominar absolutamente, ni de imponer la ley a las demás.

Barcia señalará que el principio del equilibrio es una constante histórica de la Europa tradicional en los últimos cuatrocientos años.

El término se ha empleado: a) para designar un sistema de relaciones internacionales en el cual se contrapesen los distintos poderes nacionales; b) para definir una concreta política encaminada a impedir la hegemonía de un Estado, manteniendo un equilibrado concierto entre los demás.

Condición primera para un equilibrio es la pluralidad y proporcionalidad del poder, pues si existe un predominio hegemónico o no se da una coexistencia de actores, difícilmente cabe hablar de equilibrio. Wright estima que el sistema de la *balanza de poder* es opuesto a la democracia.

El concepto, cómo advierten los tratadistas del tema, designa una estructura de relaciones con más de dos unidades políticas, es decir, un sistema multipolar, pues incluso en un esquema bipolar se da la tendencia a crear un área de clientela.

Hoffmann señala cómo «aunque ninguna de las unidades políticas tenga el objetivo explícito de conservar el sistema, tal concepción permite utilizar una especie de lenguaje común en la manipulación del sistema y presupone, por lo general, un mínimo de similitud entre los regímenes políticos de los participantes y entre las creencias referentes a la naturaleza y función del Estado. Estas condiciones de homogeneidad relativa existieron, hasta cierto punto, entre las ciudades-Estado de Grecia e Italia y en el sistema de los estados europeos desde 1648 hasta 1789 y desde 1815 hasta 1914».

Por lo que afecta a sus integrantes, el equilibrio puede ser simple o complejo. Respecto a la forma, flexible o rígido, y en cuanto al espacio, regional o mundial.

De las diversas teorías que se han elaborado entre este tema del equilibrio, la más clásica y citada es la que propuso Morton Kaplan en los siguientes prototipos:

a) *Equilibrio*. Las potencias están interesadas en mantener el *status quo* y ningún Estado prevalece sobre los demás. Consiste en una convivencia pacífica, aceptándose y respetándose normas comunes de comportamiento. El modelo es factible cuando se da un mínimo de cinco potencias que lo fomenten y se apoya así en un cierto sistema de Concierto.

b) *Bipolar flexible*. Hay dos actores principales que encabezan sendos grupos de Estados. Los bloques así formados no acaban de estar consolidados y se presta a maniobras de cambio y rompimiento.

c) *Bipolar rígido*. Los dos actores dominantes controlan sus bloques de un modo férreo. No cabe alteración del reparto, salvo violentamente.

d) *Sistema universal*. Implica la constitución de un Gobierno mundial y una estructura integrada y solidaria.

e) *Universal jerárquico*. Centralizado al estilo de los Estados Federales.

f) *Internacional de veto por unidad*. Cada actor tiene capacidad suficiente para imponerse a los otros, anulándose así entre ellos la capacidad destructiva.

El sistema internacional postsoviético ha sugerido a Huntington el término *unimultipolar world*, para referirse a la situación de los EEUU como actor hegemónico. Karl Adred y Martin Smith, por otra parte, sugieren el concepto de *unitripolaridad* para referirse a la tripolaridad que constituyen Norteamérica, la Unión Europea y Japón.

La estabilidad o inestabilidad de esos sistemas es fruto de las políticas de sus actores, de una dinámica que se enraiza en las oposiciones o convergencias ideológicas, políticas, económicas, militares, etc., y que cristaliza en «ismos» fundamentalmente expansivos e intervencionistas.

También se detectan en las relaciones internacionales otras fuerzas, preferentemente estabilizadoras como el pacifismo o la política de coexistencia y otras de perfiles más ambigüos como el aislacionismo o el no alineamiento, entre otros movimientos.

De la interacción de estas diversas políticas y líneas de acción, de la confrontación de los distintos intereses nacionales y transnacionales, en una palabra, del intercambio de mensajes y acciones mediante el ciclo comunicativo/político, depende el tipo de estructura del sistema internacional; su equilibrio, estatismo, desequilibrio y dinamismo.

El riesgo de petrificación, de inmovilismo e incluso de involucionismo es uno de los desafíos básicos para los distintos sistemas internacionales, especialmente para aquellos de una mayor rigidez en su estructura y esta lentitud e incluso incapacidad para reaccionar y adaptarse al cambio suele ser causa de crisis hondas y hasta de la quiebra del orden establecido.

Desde los planteamientos del realismo político, el sistema internacional de poder es resultado de la acción de las Potencias, de su entendimiento y rivalidad para crear un tipo u otro de hegemonía o equilibrio.

Con una interpretación comunicativa-informativa, los Estados operan sobre el conjunto, pero reciben igualmente los mensajes y la influencia de los otros actores y de los subsistemas de poder, espaciales y funcionales. Si el poder se ve como un medio de acción comunicativa, aunque el factor territorial siga teniendo importancia hay que tener cada vez más en cuenta los otros elementos con capacidad de acción que pueden englobarse como no territoriales y pertenecen a ámbitos de tipo funcional, virtual, cultural, monetario, ideológico y otras características de la emergente sociedad de la información.

3.2. LAS ORGANIZACIONES INTERNACIONALES

3.2.1. *Concepto, génesis y evolución*

A) Según el texto redactado en la Comisión de Derecho Internacional de las Naciones Unidas, se entiende por Organización Internacional a «toda asociación de Estados instituida por Tratado, que posea una Constitución y Órganos comunes y tenga una personalidad jurídica distinta de la de los Estados miembros».

El concepto queda situado entre la idea más amplia de organización internacional, aplicable al conjunto del sistema de los pueblos en un determinado momento histórico y la diversidad de organizaciones concretas existentes.

La proliferación de organizaciones internacionales en el siglo XX y especialmente tras la Segunda Guerra Mundial, constituye uno de los rasgos más característicos de la época e ilustra el patente proceso de internacionalización e interdependencia del sistema mundial, en parte, consecuencia de la crisis de la idea del Estado-Nación y de la necesidad de cooperación entre los mismos.

Las organizaciones continúan y coronan el proceso de colaboración iniciado por las alianzas y los Congresos, pero dando una institucionalización permanente y propia a cada planteamiento.

La trascendencia histórica del hecho es incuestionable aunque todavía esté «lastrado», en frase de André Fontaine, por el egoísmo fundamental de las grandes potencias.

Carrillo Salcedo advierte que aunque siga faltando una autoridad política internacional superior a los estados, las organizaciones internacionales suponen para el Derecho Internacional un cauce de positividad y transformación: permiten un mayor grado de efectividad del Derecho Internacional y, a través de su acción, asistimos a un inmenso proceso de cambio en el alcance de las funciones y fines del orden internacional.

Su estructura, influida por el sistema liberal, refleja el modelo llamado «trinitario», en la mayoría de los casos —Asamblea, Consejo, Secretaría—, añadiéndose en otros un Tribunal y distintas Comisiones Técnicas.

Si la Asamblea responde a esquemas parlamentaristas, aunque los representantes no acostumbren a serlo por sufragio directo, el Consejo recuerda la herencia aristocrática del sistema «Directorio».

Entre sus rasgos más significativos cabe citar:

a) Voluntad propia, distinta de la de sus miembros.

b) Permanencia, estabilidad, continuidad.

c) Internacionalidad.

d) Diversidad y proliferación.

Al ser un tipo de actor integrado por otros actores —los estados— cumple una doble función comunicativa. En primer lugar, como foro de diálogo para sus miembros integrantes, que encuentra en la Organización un «espacio comunicativo para sus informaciones» y en segundo lugar, al operar en el conjunto del complejo relacional como un sujeto emisor propio, como actor autónomo.

B) A grandes rasgos, el proceso de formación de las organizaciones internacionales obedece a una serie de circunstancias, que pueden sintetizarse así: a) multiplicación de tratados que tienden a ser multilaterales; b) validez de la fórmula de los congresos, que derivan en la convocatoria de conferencias internacionales con cierta periodicidad; c) establecimiento de secretariado y oficinas permanentes para dar continuidad a las conferencias; d) difusión de las ideas y doctrinas favorables a la creación de organizaciones supranacionales.

Como ha descrito ampliamente Truyol, el proceso de organización internacional ofrece dos vertientes complementarias; la doctrinal y la institucional, porque «la organización internacional ha existido antes en el espíritu de los hombres, de algunos hombres, que en la realidad de los hechos. Ha sido primeramente una idea, y después un programa de acción en función de una situación internacional considerada como insatisfactoria y que se pretendía superar».

El mismo autor afirma que el problema de la instauración de una organización internacional, «en términos generales, se ha planteado siempre de alguna manera en toda sociedad internacional».

Comienza por recordar a los imperios universales justificados por asegurar una paz general en su ámbito; la *pax* romana en Occidente, la *pax* sínica en Oriente, son ilustraciones clásicas de tal legitimación. «Pero la propia historia nos enseña que esta fórmula, por fundarse en una dominación, o por lo menos en una hegemonía, resulta a la larga precaria, pues el imperio caduca con la fuerza que le diera origen».

La otra idea es la de la cooperación voluntaria de las sociedades políticas, «que desemboca en la fórmula de la federación, con toda una gradación de posibilidades en función de la intensidad del vínculo asumido».

El fenómeno de las ligas y de las alianzas, ya apuntado, puede encajarse preferentemente en esta segunda opción, sin olvidar que también se ha estructurado en torno a la política hegemónica de las grandes potencias.

Como ha dicho Miaja, «es de subrayar la novedad de un Congreso en que representantes de todos los países europeos discutieron sus diferencias. Existía el precedente de los concilios de los siglos XIV y XV, en que junto a las cuestiones religiosas, fueron discutidas otras de carácter profano, pero en un ambiente comunitario que la Reforma había roto más de un siglo antes de Westfalia. En realidad, las sesiones allí celebradas guardan poca analogía con los que habían de ser los congresos posteriores: ni hubo presidente, ni comisiones, ni siquiera pudieron sentarse todos los plenipotenciarios a la misma mesa. Sin embargo, allí quedó señalado un precedente que había de preparar la posibilidad de grandes asambleas posteriores».

El seguimiento de la formación de las organizaciones internacionales puede hacerse considerando dos planos: el de la insuficiencia del Estado o de las formas de comunidad política que lo precedieron en el tiempo para afrontar sus necesidades, causa que determina la colaboración con otros actores del sistema; y el estudio de las modalidades de la diplomacia, que han ido institucionalizando el tratamiento multilateral de los problemas, a la vista de los límites inherentes a las relaciones bilaterales. Ambos tienen un mismo fondo de motivación: la impotencia del actor individual en un complejo que tiende a extender, intensificar e integrar sus procesos de inter-acción.

En el primer supuesto encontramos el precedente de las alianzas, ligas y otras formas de colaboración ocasional, ordinariamente por razones militares. En el mismo sentido, pero por razones distintas, hay que mencionar los contactos culturales y comerciales que paulatinamente van reclamando un marco más adecuado para su desarrollo compartido, las exigencias prácticas derivadas del propio cambio del contexto tecnológico y la concreción más o menos informal de «ententes» políticas, fundadas en simpatías y antipatías ideológicas.

En el segundo supuesto, la diplomacia bilateral se muestra insuficiente para resolver los asuntos que se «enredan» por la propia dinámica de los hechos y se recurre a la fórmula de las conferencias y congresos para tratar «globalmente» los temas entre los actores afectados.

Una vez comprobada la validez de esta «diplomacia por conferencia», se dará el paso siguiente, es decir, hacerla permanente en vez de ocasional, dotándola de los mecanismos jurídicos necesarios.

El aumento de miembros y su distribución geográfica ilustra el ascendente protagonismo de las organizaciones internacionales desde las Conferencias de Paz de La Haya, que en cierto modo constituyen, vistas desde hoy, un cierto prólogo a este fenómeno internacionalista, hasta la actual pléyade de organizaciones que constituyen la llamada constelación onusiana.

En las Conferencias de Paz de La Haya participaron: En la primera conferencia (1899): los 20 Estados europeos de entonces, exceptuando los microestados, 4 asiáticos (China, Japón, Persia y Siam) y 2 americanos (EEUU y México). Y en la segunda conferencia (1907): 21 europeos, 4 asiáticos y 19 americanos.

Respecto a la Sociedad de Naciones, que sí constituyó la primera gran organización, entre los miembros originarios firmantes del Tratado de Versalles, había 10 europeos, más 6 invitados a adherirse; 13 americanos, más 6 invitados; 5 asiáticos (Japón, China, Hedjaz, India —todavía Dominio— y Siam); 2 africanos (Liberia y Suráfrica —Dominio también); y 2 de Oceanía (Australia y Nueva Zelanda, ambos Dominios).

En 1926 los europeos sumaban 27 Estados —sin la URSS—; los americanos 17 —sin los EEUU—, Persia había que sumarla a los asiáticos y Etiopía a los africanos.

Coincidimos con Pastor Ridruejo cuando señala cómo «los *Estados en desarrollo* vieron desde el primer momento en las organizaciones internacionales de carácter universal un importante instrumento de cambio de las estructuras jerarquizadas y estratificadas del sistema internacional, y de las funciones del Derecho Internacional, y adoptaron, así, una concepción teleológica, evolutiva y expansiva de aquellas organizaciones, cuyo rumbo pretenden orientar en virtud de las mayorías automáticas, que están a su alcance. En este sentido han sido siempre favorables a la extensión de las funciones y poderes de aquellas organizaciones. De todos modos, la cooperación institucionalizada dentro del grupo es mucho menos importante que en el bloque de Estados occidentales».

C) Desde el punto de vista de las teorías, la preocupación doctrinal, que en el Renacimiento animó proyectos utópicos como el de Moro o el de Campanela, cobra nueva vida al consolidarse el sistema del Barroco. Nacen ahora esos grandes planes para lograr «una paz perpetua» y una «República cristiana» que si unas veces se concretan al marco europeo, otras se extienden al mundial. La bibliografía sobre el tema es amplia.

En otra dirección, una serie de necesidades concretas y particulares, bien generadas por la problemática internacional o bien por el progreso científico y tecnológico, contribuyen a estimular la cooperación entre los Estados y a convencer a sus dirigentes de la conveniencia de intensificar sus foros de diálogo e incluso de la utilidad de crear organizaciones especializadas para resolver las cuestiones surgidas. Los autores hablan así de dos vías de acción que contribuyen decisivamente a la gestación de la actual pléyade de organizaciones internacionales: a) la vía de la cooperación material y técnica y b) la vía de la paz.

A la primera vía se deben importantes experiencias a lo largo del siglo XIX, iniciadas por el establecimiento de las comisiones fluviales para regular la situación de los ríos internacionales y por la aparición de la telegrafía y el ferrocarril.

Así recordaremos la Comisión internacional del Rhin (1804); el acta del Congreso de Viena sobre navegación libre en los ríos (1815); Comisión europea del Danubio (1856); Comisión internacional del río Congo (1885); Tratado de Constantinopla sobre el régimen del canal de Suez (1888).

Mayor importancia tendrán la Unión Telegráfica Internacional (1865 y 1912); Unión Internacional de Telecomunicaciones (1932); Unión Postal Internacional (1878); Convención sobre transporte de mercancías por caminos de hierro (1890); Unión para el sistema métrico y Oficina Internacional de pesas y medidas (1883); Unión Metereológica Internacional (1878); Institución Internacional para la Agricultura (1905) y Oficina Internacional de Higiene pública (1903).

La función «comunicativa» que en un principio señalamos compete a las organizaciones internacionales como instrumentos de encuentro, diálogo y actuación, se revela también así por su propia «biografía».

Como destaca Merle «no es un efecto del azar si las primeras instituciones internacionales, dotadas de la permanencia en su función y de una cierta autonomía respecto a los Estados, han aparecido "en el dominio puramente técnico de las comunicaciones". Para resolver los nuevos problemas planteados por el desarrollo de las comunicaciones los Estados han recurrido, ante todo, al procedimiento clásico de la "reglamentación convencional": un tratado abierto a la firma y a la ratificación de los Estados fijaba las normas aplicables a tal vía de comunicación o a tal medio de transporte. Pero rapidamente se comprendió la necesidad de vigilar la aplicación de tal régimen y de adaptarlo a las exigencias de la evolución técnica...».

Respecto a la vía de la paz, conviene diferenciar las etapas siguientes: 1) el período del Directorio europeo tras el Congreso de Viena, que se concretó en la Santa Alianza y las varias *cumbres* reaccionarias de la época romántica; 2) el período del Concierto Europeo, que se prolonga hasta la Primera Guerra Mundial y ve el nacimiento de varias organizaciones especializadas, de la Cruz Roja y de otras entidades, además de contar con reuniones internacionales importantes, como las Conferencias de París (1856), Berlín (1878) y las citadas de La Haya (1899-1907); 3) el período de *entreguerras*, con la aparición de la Sociedad de Naciones y 4) la etapa actual, nucleada desde el sistema de las Naciones Unidas.

3.2.2. Criterios de clasificación

Siguiendo el esquema de Reuter, podemos clasificarlas según su objeto, sus poderes y el ámbito de su extensión.

Según el objeto serán generales o especiales, teniendo presente si abarcan el conjunto de las relaciones pacíficas y la resolución de los conflictos, como prevé el art. I de la Carta de las Naciones Unidas o se proponen objetivos limitados.

En este segundo caso, cabe hablar de organizaciones económicas (OPEP), técnicas (Organización Meteorógica Mundial), sociales y humanitarias (UNICEF), militares (OTAN) y políticas (Consejo de Europa). Lógicamente pueden abrirse en cada uno de estos grupos variedad de subdivisiones.

Respecto a sus poderes, tenemos las de «cooperación» que todavía responden al ideal de coordinar las soberanías de sus miembros, tomándose por lo común los acuerdos unanimemente y procediendo mediante recomendaciones y proposiciones y las de «integración» o de carácter típicamente supranacional, concebidas siguiendo los modelos federalistas e implicando transferencias de algunas competencias de los Estados. Son un grupo muy interesante pues algunas han creado órganos legislativos, ejecutivos y judiciales que pueden tener competencia sobre los particulares.

Conviene advertir que, a veces, más que de transferencias lo que existen son competencias concurrentes. Cuanto más perfecta es una organización, más integrada suele estar, aunque el federalismo actual mezcla cooperación e integración, siendo siempre éste último el objetivo ideal a alcanzar, como en el ejemplo de la Comunidad Económica Europea, hoy Unión Europea.

Por la extensión se clasifican en: «universales», que pretenden abarcar a todos los Estados, cuentan con poderes menos perfilados y sus condiciones de ingreso son generales; y organizaciones «regionales», que están limitadas geográficamente y tienen un condicionado más estricto.

Verdross advierte que al ser las organizaciones internacionales un precipitado histórico, su estructura se comprende mejor vista desde esa perspectiva de su evolución formativa.

Todas las organizaciones internacionales tienen, lógicamente, un número de órganos dependiendo, por lo común, su estructura de los fines y de su desarrollo orgánico.

Los procedimientos técnicos para lograr un equilibrio aceptable son la representación desigual en órganos diferentes o el establecimiento de modalidades para el voto.

El primero es característico de las estructuras federales. Así en la ONU, todos los Estados miembros tienen igual representación y capacidad de voto en la Asamblea General, mientras que en el Consejo de Seguridad existen miembros permanentes con derecho a veto.

En las organizaciones especializadas, suele darse una representación más privilegiada de los Estados más directamente interesados. Por ejemplo la OACI.

El propósito de buscar una influencia desigual es difícil si se trata de representantes gubernamentales, pero se consigue dando representación a entidades territoriales menores (UPU, OMM), aunque lo más usual es el establecimiento de reglas de mayoría en las votaciones de los órganos (unanimidad, dos tercios, mayoría simple, ponderación de votos). También cabe atribuir distinto número de representantes o de votos a cada miembro, como ocurre en la Unión Europea.

3.2.3. *Personalidad y régimen jurídico*

Si los estudiosos de las relaciones internacionales, los politólogos, los historiadores y por supuesto los periodistas no dudan en la práctica del carácter de «actores» que corresponde a las Organizaciones Internacionales aunque hay opiniones encontradas (Virally, Cox y Jacobson) sí ha resultado más polémico su consideración como sujetos del Derecho Internacional.

El asunto quedó zanjado tras el conocido dictamen emitido el II-IV-48 por el Tribunal Internacional de Justicia sobre «reparaciones por daños sufridos al servicio de las Naciones Unidas».

Por supuesto que los juristas se plantean muchas cuestiones sobre el tema de la personalidad de las Organizaciones Internacionales, al igual que los autores discuten sobre su verdadera naturaleza como «actores» (autónomos, secundarios, sistemas sometidos a su entorno), y que la mayoría de las críticas que reciben responden justamente a esa dependencia orgánica que las Organizaciones Internacionales tienen respecto a sus miembros. Como recordaba U. Thant el II-IV-70 en Manila, «las Naciones Unidas son esencialmente una organización intergubernamental y solo pueden ser lo que sus países miembros quieran que sean».

El régimen jurídico de las organizaciones internacionales contempla como puntos más generales las normas para el procedimiento de ingreso, su fundamentación jurídica en un Tratado de base y de modo más amplio, los derechos aplicables a las mismas.

1. *Ingreso*

Según sean las modalidades de ingreso, se puede hablar de organizaciones más o menos abiertas, ya que ni las más universales comprenden automáticamente a todos los Estados.

2. *Tratado de base*

Las organizaciones reposan sobre un tratado de base, pero además hay que tener presente las resoluciones de los órganos, las convenciones que les son aplicables, el derecho interno de los estados y el derecho internacional. El documento base determina los objetivos, los órganos, las condiciones de funcionamiento y las obligaciones de sus miembros. Ordinariamente hay un reglamento que desarrolla el tratado.

Un aspecto importante a considerar es la formación de la voluntad, con base en la idea de que efectivamente poseen una voluntad propia distinta de la de sus miembros, asunto que afecta al problema de las competencias exclusivas y de los distintos órganos. Hay que matizar entre voluntad de un órgano y de la organización y contemplar las modalidades de votación.

También es interesante aludir al régimen financiero, considerando sus recursos, gastos y presupuestos.

Los recursos acostumbran provenir de las aportaciones de los estados miembros, teniéndose ordinariamente en cuenta, para la fijación del montante, la capacidad contributiva de cada uno, como ocurre en la ONU.

Por último señalaremos que las organizaciones internacionales gozan de privilegios e inmunidades, que permiten a las mismas evitar la autoridad del Estado donde tienen su sede o en donde ejercen sus funciones.

Otros aspectos muy interesantes son sus competencias y su capacidad *nomogenética*. Las organizaciones, cumplen un importante papel en el desarrollo del Derecho Internacional contemporáneo, pese a carecer, en general, de atribuciones legislativas.

También ejercen interesantes funciones en el arreglo de diferencias entre los estados parte.

3.2.4. *Principales organizaciones internacionales*

A) La Organización Internacional más importante son las Naciones Unidad, nombre concebido por Franklin Roosevelt y que ya se empleó en la *Declaración de las Naciones Unidas* (I-I-42). La Carta de la ONU fue redactada por los representantes de 50 países reunidos en San Francisco del 25 de abril al 25 de junio de 1945. El documento lo firmó poco después Polonia, siendo así 51 los miembros fundadores. En la actualidad suman 189. Las Naciones Unidas adquirieron existencia oficial el 24-X-45 al quedar ratificada la Carta.

Vinculados a la ONU se encuentran los llamados Organismos Especializados, término que figura en la Carta (artículos 57, 58, 59, 63, 64 y 70) para referirse a determinadas organizaciones intergubernamentales que son las siguientes: Fondo Monetario Internacional (FMI), Banco Mundial, Banco Internacional de Reconstrucción y Desarrollo (BIRD), Asociación Internacional de Desarrollo (AID), Corporación Financiera Internacional (CFI), Acuerdo General sobre Aranceles y Comercio (GATT), hoy Organización Mundial del Comercio (OMC), Organización Metereológica Mundial (OMM), Organización Internacional de la Energía Atómica (OIEA), Organización de las Naciones Unidas para el Desarrollo Industrial (ONUDI), Unión Postal Universal (UPU), Unión Internacional de Telecomunicaciones (UIT), Organización de Aviación Civil Internacional (OACI), Organización Marítima Internacional (OMI), Organización de las Naciones Unidas para la Educación, la Ciencia y la Cultura (UNESCO), Organización Mundial de la Propiedad Intelectual (OMPI), Organización Internacional del Trabajo (OIT), Organización de las Naciones Unidas para la Agricultura y la Alimentación (FAO), Fondo Internacional de Desarrollo Agrícola (FIDA), Organización Mundial de la Salud (OMS) y Organización Mundial del Turismo (OMT).

B) Europa ofrece un complejo entramado de organizaciones internacionales que se solapan entre sí y a las cuales pertenecen todos o parte de los Estados del continente. Esta auténtica madeja se ha enredado aún más tras la emergencia de nuevos actores al disolverse la URSS y Yugoslavia.

Como organizaciones más importantes y abarcadoras pueden citarse las siguientes:

— Unión Europea Occidental (UEO). Integrado por diez países comunitarios: Francia, Bélgica, Holanda, Luxemburgo, Alemania, Italia, España, Gran Bretaña, Portugal y Grecia.

— OTAN. A estos 10 países de la UEO hay que añadir EEUU, Canadá, Noruega, Turquía, Dinamarca e Islandia.

— Consejo de Cooperación del Atlántico Norte (CCAN). Reúne a los miembros de la OTAN y a los antiguos socios del disuelto Pacto de Varsovia, desde 1992.

— Comunidad Europea o Unión Europea. Alemania, Francia, Italia, Gran Bretaña, Holanda, Bélgica, Luxemburgo, España, Portugal, Grecia, Irlanda, Austria, Suecia, Finlandia y Dinamarca.

— Consejo de Europa. Fundado en mayo de 1949 cuenta ahora con 40 miembros: Austria, Bélgica, Bulgaria, Chipre, República Checa, Dinamarca, Estonia, Finlandia, Francia, Alemania, Grecia, Hungría, Letonia, España, Islandia, Irlanda, Italia, Liechtenstein, Lituania, Luxemburgo, Malta, Holanda, Noruega, Polonia, Portugal, Rumanía, San Marino, Eslovaquia, Eslovenia, Suiza, Suecia, Turquía y Gran Bretaña, Albania, Andorra, Croacia, Macedonia, Moldavia, Rusia y Ucrania.

Han solicitado ser miembros Armenia, Azerbaiyán, Bielorrusia, Bosnia-Herzegovina y Georgia. Tienen estatus de observadores EEUU, Canadá y Japón.

— Comunidad de Estados Independientes (CEI) integrada por Rusia, Bielorrusia, Ucrania, Kazakstán, Turkmenistán, Tadjikistán, Azerbaiyán, Uzbekistán, Kirguisistán, Armenia, Moldavia y Georgia.

— Espacio Económico Europeo. Incluye a los miembros de la Unión Europea, Noruega e Islandia, que pertenecían a la EFTA. Suiza rechazó su incorporación y Liechtenstein revisa su *status* para poder unirse.

— Organización para la Cooperación y la Seguridad Europea, antigua CSCE. Tiene 53 miembros. Es la más amplia organización que incluye, además de Estados Europeos, a EEUU, Canadá y las Repúblicas asiáticas de la CEI. Además de los países miembros del Consejo de Europa, la OCSE incluye Albania, Armenia, Azerbaiyán, Rusia, Bielorrusia, Ucrania, Bosnia-Herzegovina, Croacia, Georgia, Kazakstán, Kirguisistán, Moldavia, Mónaco, Tadjikistán, Turkmenistán, Uzbekistán, Ciudad del Vaticano y Yugoslavia (Serbia y Montenegro), cuya pertenencia fue suspendida en julio de 1992.

— A todas ellas hay que sumar la Asociación por la Paz que pretende vincular a los países de la OTAN y los antiguos miembros del extinguido Pacto de Varsovia.

— También existen organizaciones de carácter técnico y especializado que sería prolijo enumerar aquí.

C) Las principales organizaciones internacionales africanas son hoy día el Banco Africano de Desarrollo (ADB o BAD) con 77 miembros, la Comunidad Económica Africana (AEC) que pretende crear una especie de Mercado Común Africano, la Comunidad Económica de Estados del África Occidental (CEDEAO/ECOWAS) con sede en Nigeria y 15 socios, la Comunidad de Estados de África Central (CEEAC), con sede en Gabón y 11 Estados miembros, COMESA o Mercado Común del África Austral y Oriental, sede en Zambia y 21 miembros, la Comisión del Océano Índico (IOC) con 5 miembros y sede en Mauricio, la Comunidad de África del Este (EAC) entre Kenia, Tanzania y Uganda, la Unión Aduanera del África Austral o SACU que agrupa a Botswana, Lesotho, Namibia, Sudáfrica y Swazilandia, la Comunidad de Desarrollo de África Meridional (SADC) con 14 miembros y sede en Botswana, la Comunidad Económica y Monetaria de África Central (UDEAC/CEMAC), con sede en la República Centroafricana y 6 miembros, la UEMOA o Unión Económica y Monetaria del África Occidental con 8 miembros.

Hay que añadir a esa auténtica *sopa de letras* la Unión del Magreb Árabe, creada en 1989 entre Argelia, Libia, Marruecos, Mauritania y Túnez que prácticamente está congelada por la crisis de relaciones entre sus miembros, la Zona del Franco que agrupa a los Estados de la UEMOA, CEMAC y Comores y la más amplia de todas las organizaciones: la OUA, Organización de la Unidad Africana, fundada ya en 1963, con sede en Addis Abeba y que contaba en 1999 con 52 miembros. La OUA, lastrada por la crisis del Sahara Occidental y otras rivalidades internas se encuentra casi paralizada.

Un caso curioso por la amplitud geográfica de sus miembros y la escasa actividad que por ahora cumple es la IOR/ARC o Iniciativa para el Océano Índico propuesta por Mauricio en 1995 y que cuenta ya con 19 miembros incluyendo Estados tan dispares como Australia, India, Kenia, Omán, Singapur, Mozambique, Sudáfrica, Tanzania, Yemen, Tailandia o las Seychelles. Francia y Pakistán han presentado su candidatura para incorporarse.

D) América ofrece un panorama más estructurado y más reducido de Organizaciones Internacionales. Destacan la Asociación de Estados del Caribe (ACS) con 25 miembros; la Zona de Libre Comercio de las Américas o AFTA que incluye a todos los países del continente exceptuando a Cuba; el BID o Banco Interamericano de Desarrollo, con sede en Washington y 46 miembros; la Comunidad del Caribe o CARICOM, sede en Guyana con 16 miembros en su mayoría anglófonos como Barbados, Jamaica, Belice, Granada o Surinam.

También en América Central está el Mercado Común Centroamericano (MCCA) con 5 países de habla hispana.

En América del Sur destacan la Comunidad Andina, que ha sustituido al anterior Pacto Andino de 1969 que agrupa a Bolivia, Colombia, Ecuador, Venezuela y Perú, el Grupo de Río creado en 1986 con objetivos preferentemente políticos que van complementándose con acciones económicas como las reuniones regulares con la Unión Europea. Cuenta con 12 miembros, incluyendo a Brasil, Argentina, Chile y México. Por otra parte está el MERCOSUR, Mercado Común fundado en 1991 por Argentina, Brasil, Paraguay y Uruguay. Chile y Bolivia son ya asociados.

Por otra parte, Colombia, México y Venezuela han puesto en marcha un acuerdo de libre comercio y Estados Unidos, Canadá y México cuentan con un Tratado de Libre Comercio desde 1994.

La Organización continental más antigua es la OEA, fundada en 1948 y con sede en Washington, agrupa a todos los Estados americanos independiente excepto Cuba, expulsada en 1962.

E) Asia es el continente menos estructurado en áreas regionales, tal vez por las dimensiones de sus principales países. La zona del Sudeste, por ser la más troceada es también la más intervinculada. Hay que mencionar a la Asociación de Naciones del Sudeste Asiático o ASEAN, creada en 1967 y que en 1999 contaba con Birmania, Brunei, Camboya, Indonesia, Filipinas, Laos, Federación de Malasia, Singapur, Tailandia y Vietnam. Papusia-Nueva Guinea es observador y Corea del Sur tiene un estatus especial. El llamado Foro Regional creado en 1994 ha ampliado estos 10 países de ASEAN con otros como Australia, Japón, Mongolia, Nueva Zelanda, India, Estados Unidos, Rusia y la Unión Europea. Como se ve una especie de ONU en pequeño para la seguridad de la zona de Asia y el Pacífico. A estos países hay que sumar ambas Chinas, lo cual no deja de ser llamativo.

El ANZUS es el pacto militar que une desde 1951 a Australia, EEUU y Nueva Zelanda.

Otras organizaciones son la Asociación de Asia del Sur para la Cooperación Regional (SAARC) con sede en Katmandú y 7 miembros del área indostánica y la Organización de Cooperación Económica (OCE) con sede en Teherán. Creada en 1985 tiene hoy como miembros a las seis Repúblicas asiáticas ex-soviéticas, Turquía, Irán, Pakistán y Afganistán. También hay que citar al Banco Asiático de Desarrollo.

F) En Oriente Medio hay que mencionar a la Liga Árabe, fundada en 1945 con sede en El Cairo y que cuenta ahora con 22 miembros y al denominado Consejo de Cooperación del Golfo, con sede en Riad y que agrupa a Arabia Saudí con los Emiratos Árabes, Omán, Bahrein, Kuwait y Qatar.

La OPEP u Organización de los Países Exportadores de Petróleo, fundada en 1960, además de abarcar a Estados árabes como Argelia, Arabia Saudita, Iraq, Kuwait, Libia, Qatar y los Emiratos, cuenta con Indonesia, Nigeria, Irán y Venezuela.

G) En el área del Pacífico destacan tres organizaciones, la APEC o Cooperación Económica en Asia-Pacífico, con sede en Singapur y nacida por iniciativa australiana y que reúne a 20 Estados de ambas orillas del océano. Entre otros están EEUU, México, Chile, Japón, Nueva Zelanda, Rusia, las dos Chinas, Vietnam o Indonesia.

La Comunidad del Pacífico Sur y el Foro del Pacífico Sur son las otras dos organizaciones que agrupan a países ribereños y a otros como Francia y Gran Bretaña.

H) Aunque no se trata específicamente de organizaciones internacionales, hay que citar a los principales foros de diálogo y decisión que han ido formándose en el sistema internacional.

El llamado G-7 nació en 1975 y reúne a los países más industrializados del mundo: Estados Unidos, Japón, Alemania, Gran Bretaña, Francia, Italia y Canadá. El Presidente de la Unión Europea participa en las últimas cumbres. Rusia, que había tomado parte en sesiones desde 1994 fue formalmente incorporada en 1997, salvo en cuestiones económicas y financieras. España ha manifestado su deseo de sumarse al Grupo, que por cierto todavía no tiene Secretariado Permanente.

En 1989 se constituyó en Belgrado el llamado Grupo de los Quince (G-15) para fomentar el diálogo Norte-Sur. En 1999 se había ampliado a 17 miembros (Argelia, Argentina, Brasil, Chile, Egipto, India, Indonesia, Jamaica, Kenia, Malasia, México, Nigeria, Perú, Senegal, Sri Lanka, Venezuela y Zimbabwe).

El grupo más numeroso está formado por los países en vías de desarrollo, denominado originariamente en 1964 Grupo de los 77 y que a finales de 1999 sumaba 133 Estados.

El conjunto de pueblos más pobres conforman el conjunto denominado Países Menos Avanzados (PMA). En 1999 eran 48.

El Movimiento de Países No-Alineados nació coincidiendo con la descolonización y con el propósito de constituir una alternativa a la política de bloques generada por la Guerra Fría. Formalmente hay que remontarse a las cumbres de Bandung (1955) y Belgrado (1961) para fechar su origen. Desde entonces se han venido celebrando regularmente cumbres de sus miembros que conforme han ido creciendo en número han visto, paradójicamente, perder su peso. En 1999 sumaban 114 miembros.

La Agencia de la Francofonía reemplazó en 1996 a la Agencia de Cooperación Cultural y Técnica creada en 1970 y se encarga de hacer cumplir los acuerdos de las Cumbres de esta organización que reúne a los Jefes de Estado y de Gobierno de los países francoparlantes. La cumbre de 1999 concitó a 52 países.

Al independizarse la mayor parte de los territorios del Imperio Británico, apareció como nexo de unión la Commonwealth o Comunidad Británica de Naciones, creada formalmente en 1926 y que en 1949 transforma su nombre en Comunidad de Naciones. Sus principios orgánicos se establecieron en 1931 en el Estatuto de Westminster. En 1999 la integraban 54 Estados.

La Comunidad de Países Lusófonos se creó en 1996 e incluye a Portugal, Angola, Guinea-Bissau, Cabo Verde, Mozambique, Santo Tomé y Príncipe y Brasil.

En 1969 se fundó la Organización de la Conferencia Islámica, con sede en Yedda (Arabia Saudita) y agrupa a 55 Estados musulmanes y a la OLP.

Desde 1991 se vienen celebrando reuniones de los países Iberoamericanos, que abarcan los Estados de la península Ibérica y los de América que fueron colonias de España y Portugal. En el año 2000 tenía 21 miembros. Madrid es sede de la Secretaría General (SECIB).

3.2.5. *Organizaciones no gubernamentales*

En principio son asociaciones de grupos de personas o individuos que pertenecen a países diferentes y se les suele exigir que no tengan fines lucrativos porque sino se contemplan en el país donde tienen su sede, como empresas.

Muy numerosas actualmente, según Truyol «el número creciente y su papel destacado es uno de los rasgos más destacados de nuestra época. Demuestran un índice social internacional cada vez más rico».

Su origen es privado y espontáneo, promovido por particulares es internacional en cuanto que agrupa a miembros de diferentes países, se caracteriza por su solidaridad ya que promueven un mismo fin para sus socios y por último sin organizaciones con una forma permanente y unos estatutos.

Actualmente hay Organizaciones no gubernamentales, casi todas con sede en Europa, lo que refleja un predominio del mundo Occidental. La diversidad de fines hace muy compleja su clasificación: científicas, culturales, asistenciales, profesionales, laborales, educativas, económicas, higiénicas, ecológicas, deportivas...

Según el artículo 71 de la Carta de las Naciones Unidas, éstas podrán hacer consultas con las organizaciones nacionales e internacionales que actúen en asuntos de su competencia: actualmente son más de 600 las organizaciones consultivas de la ONU.

Como señala White «una gran parte de la población mundial está en contacto con una o más de esas organizaciones, que incluyen entre sus miembros a casi todas las grandes Iglesias, los sindicatos, las asociaciones de banqueros, las sociedades cooperativas, los grupos de granjeros y las organizaciones femeninas, así como a numerosas organizaciones profesionales, científicas, humanitarias y sociales. En conjunto, estas organizaciones se ocupan de todas las cuestiones posibles e imaginables, desde la teología a los Juegos Olímpicos, desde la asistencia a la infancia, a la lucha contra el cáncer y desde la aviación a los derechos de la mujer».

Las ONGs más importantes y activas en la actualidad son las humanitarias, que cuentan con el precedente de la acción caritativa de la Iglesia y de la Cruz Roja. Como escribe Eric Stobbaerts «A lo largo de los siglos, el sufrimiento humano ha provocado sentimientos e impulsado gestos de solidaridad con las víctimas, expresados y canalizados de maneras muy diferentes. En 1864, con la creación del Comité Internacional de la Cruz Roja (CICR), se sentaron los principios de una acción humanitaria moderna, basados en la neutralidad de la víctima y la imparcialidad e independencia de la acción. Biafra fue el conflicto fundador del *sin fronterismo*. Actuar y hablar, curar y dar testimonio son las bases que rigen la creación —en 1971— de Médicos Sin Fronteras (MSF), la primera de una nueva generación de organizaciones humanitarias que nacen para reivindicar la independencia de acción y de juicio, la simultaneidad de la acción y la palabra. En el último cuarto de siglo, las organizaciones humanitarias se profesionalizan y crecen a la par que las necesidades humanitarias. El final del orden de la posguerra supone un profundo cambio de las relaciones internacionales. Crisis internas con multiplicidad de actores como Somalia, Bosnia o Ruanda lo testifican. La respuesta humanitaria se hace más compleja. Los dilemas surgidos en Kosovo o la negación de acceso de la ayuda humanitaria a Chechenia son los últimos ejemplos».

Y añade más adelante que «en este vertiginoso panorama, la acción humanitaria es una respuesta y un compromiso para participar en el cambio y en la mejora de situaciones que, muchas veces, se considera que no tienen solución. Esta conciencia del estado del mundo se ha visto reforzada por la mediatización de las crisis. La soltura con la que se ha movilizado la sociedad civil es un fenómeno totalmente nuevo. La proliferación de las ONG son un ejemplo claro».

Cáritas, Médicus Mundi, Farmacéuticos o Periodistas sin Fronteras, Amnistía Internacional, Greenpeace, son algunas de las ONGs más conocidas.

Rodríguez Carrión advierte que «aunque puede ser de una enorme trascendencia para la opinión pública internacional, según su capacidad de actuar como grupo de presión internacional, su relevancia jurídica es mínima». Añadiendo luego que su evidente efectividad «ha puesto sobre la mesa la necesidad de acciones tuitivas en favor de dichas organizaciones y de las personas que cooperan con ellas».

3.3. OTROS ACTORES

3.3.1. *La persona humana*

Reynolds escribe que los individuos, «aún en pequeña medida, no dejan de ser actores de la escena internacional. El autor de un libro que se vende en un país extranjero, el turista que adquiere dinero extranjero y conoce a nacionales de otros Estados, el atleta que participa en los Juegos Olímpicos y el médico que realiza el primer transplante de corazón humano son actores de la escena internacional, aunque la actividad aislada de cada uno de ellos no tenga probablemente grandes consecuencias en el campo internacional».

En el mismo sentido Merle, hablando de los actores transnacionales señala que «si es relativamente fácil identificar como actores a los estados o a las OIG es mucho más complicado localizar el origen y, después, reconstruir el trazado de todas las acciones e intervenciones que constituyen la red de las relaciones transnacionales. En el caso límite, toda persona o todo grupo que detenta un medio de influencia es un actor potencial y se convierte en un actor ocasional cuando decide hacer uso de su poder en el campo de acción internacional...».

Coincidimos con Reuter en que las relaciones interpersonales «son el elemento más rico y vivo de la Sociedad Internacional, constituyendo un factor de progreso de esa Sociedad Internacional».

Interesan especialmente aquellos individuos, que por su mayor capacidad de influencia desempeñan una cierta *autoría* en el complejo relacional. Tal es la situación en que se encuentran los Jefes de Estado y de Gobierno, los responsables de la diplomacia o de los ejércitos, los altos funcionarios de las organizaciones internacionales, los ejecutivos de las empresas multinacionales, los grandes artistas, científicos y escritores y en general todas aquellas personas que en el lenguaje periodístico se conocen por *newsman*, u hombres-noticia.

Cabe destacar expresamente a los reyes —y a las dinastías— que han vertebrado durante siglos la política interior y exterior en Europa y en todo el mundo.

Los pleitos dinásticos, las bodas reales y los consiguientes cambios territoriales, han jugado un papel relevante en la historia. Incluso con la implantación de los regímenes democráticos, los monarcas conservan funciones institucionales relevantes.

Desde una consideración jurídica, como sintetiza Sorensen, «la transformación de la situación del individuo es uno de los progresos más notables del Derecho Internacional contemporáneo». En efecto, hay una tendencia a permitir que las personas defienden directamente sus derechos e intereses, incluso contra Estados extranjeros y es otra realidad que la protección de los derechos individuales —de nacionales y extranjeros— preocupa al Derecho Internacional.

Si en la situación anterior, los individuos incurrirían en responsabilidad en contados casos, como la piratería, tras la Segunda Guerra Mundial, «una persona puede ser responsable por delitos contra la paz y la seguridad internacional».

Como sintetiza Gutiérrez Espada, «el Derecho Internacional reconoció que la persona humana, por serlo, y con independencia de su raza, credo o nacionalidad, tiene una serie de derechos (civiles y políticos, económicos y sociales).

En contrapartida también se han reconocido deberes y responsabilidades tanto a los individuos como a los Estados, como se concretó en la Resolución 95/I de 11-XII-46 que reformaba los llamados «Principios de Nuremberg».

Los medios de comunicación han generado una especie de nueva casta de populares internacionales, desde científicos, escritores y deportistas a cineastas, cantantes, millonarios o personajes de la moda y el espectáculo, cuya influencia en los gustos, ideas y costumbres resulta cada vez más patente.

La formación de un Tribunal Internacional para juzgar los delitos de la Guerra de Yugoslavia, el procesamiento del ex-presidente chileno Pinochet o las demandas presentadas contra los mandatarios argentinos de la época del Gobierno militar, han vuelto a dar relevancia y actualidad al tema de la responsabilidad internacional de los individuos y de la necesidad de contar con un Tribunal Penal Internacional siguiendo el estatuto aprobado en Roma el 17-VIII-98.

3.3.2. *Los grupos y organizaciones sociales*

A) Si las personas, individualmente consideradas, pueden estimarse actores del complejo relacional, también es atribuible esta posibilidad a los distintos grupos sociales.

Así desde los planteamientos marxistas, la lucha de clases desempeña una función clave y ofrece en la escena internacional, un campo de acción lógico, continuación de los esquemas internos. Como escribe Tunkin, «la política extranjera de un Estado está estrechamente unida a su política interior y constituye su prolongación. La línea general de la política extranjera de un Estado depende, sobre todo, de los principios de su régimen social, de su esencia de clase».

Sin compartir esta postura tajante, la consideración del sistema social es, sin embargo, para muchos autores, cuestión obligada para entender la estructura y la línea de acción de los Estados.

Todo entramado social ofrece la convivencia de distintas élites de poder, de grupos influyentes, de amplios sectores de población más o menos concienciados de la problemática del país, de organizaciones políticas y sindicales, de fuerzas sociales en suma, que directa o indirectamente operan sobre las relaciones interiores y exteriores.

La constitución de este entramado varía de unas sociedades a otras, de unas épocas históricas y unos lugares geográficos a otros, según sea el grado de desarrollo económico, la estructura social, el universo cultural, el marco jurídico y su institucionalización política. En este sentido cabe recordar la nobleza medieval y palaciega, las sectas, las castas religiosas o las divisiones étnicas y tribales que siguen teniendo gran peso en las modernas sociedades afroasiáticas.

El racismo, la xenofobia, el chauvinismo, el clasismo, suelen tener su campo de acción en el complejo relacional y no se limitan al ámbito nacional.

Como ha señalado Lerner, «muchos de los conflictos mayores de nuestro tiempo son la consecuencia, al menos parcialmente, de litigios entre grupos, dentro o más allá de las fronteras del Estado. No hay virtualmente zona del mundo exenta de la amargura y, frecuentemente, la violencia y aun terrorismo, en algunos casos, causados por la supresión o el aplastamiento de las aspiraciones colectivas de grupos religiosos, étnicos o culturales, por la discriminación o persecución contra minorías y por la instigación al odio contra grupos.

Las argumentaciones sociales perfiladas y estudiadas son los partidos políticos, sindicatos, grupos de representación empresarial, asociaciones profesionales, entidades culturales y grupos de intereses.

De algún modo todas estas organizaciones pueden considerarse como grupos de presión, aunque debe diferenciarse entre las que los son explícitamente, como los partidos o sindicatos y los que operan de modo indirecto e incluso solapado, también en la escena internacional.

Wooton señala que la estructura y las actividades de los grupos de presión deben ajustarse a la distribución del poder efectivo dentro del sistema político. Por lo tanto, donde haya poder, habrá presiones, aunque estas... denoten sólo una de las manifestaciones de la influencia del grupo.

Entre los grupos de presión, destacan los *lobbys*, que tienen como esfera de acción característica los círculos políticos y parlamentarios.

La creciente internacionalización de sectores como la economía, la cultura, la comunicación, el ocio, el deporte o la moda, ha ampliado el campo de acción de estos grupos, antes limitados al ámbito local.

B) La creación de las *Internacionales* a mediados del siglo pasado, como instrumento de la solidaridad obrera, constituye el precedente de las organizaciones sindicales internacionales. Estas primeras entidades fueron dando más relevancia a la intervención en el campo político y revolucionario, que al sindicalismo propiamente dicho.

Ya en el siglo XX y para compensar la politización de las Internacionales, sindicatos socialistas de doce países europeos fundan en 1919, en Amsterdam, la Federación Sindical Internacional, que envió delegados a la OIT. En este mismo período se crea en Moscú la Sindical Roja, en 1921 y en La Haya, en 1919, la Confederación Internacional de Sindicatos Cristianos.

Después de la segunda conflagración, se intentó rehacer la unidad sindical durante el Congreso de París de 1945, donde se creó la Federación Sindical Mundial. La mayoría de las centrales se adhirieron al proyecto, incluida la CIO norteamericana. En 1949, las tensiones del momento y concretamente la oposición al plan Marshall por parte de los sindicatos comunistas, hace que se separen los sindicatos occidentes, creando en Londres la confederación Internacional de Organizaciones Sindicales Libres (CIOSL).

Las organizaciones sindicales que, posteriormente han ido cobrando más importancia han sido la Federación Sindical Mundial que agrupaba a los países de la órbita soviética, la citada Confederación Internacional de Organizaciones Sindicales Libres, de inspiración socialdemócrata, la Confederación Mundial del Trabajo y la Confederación Europea de Sindicatos.

Como es lógico, el proceso de integración europea se ha reflejado en el ámbito laboral y sindical, favoreciéndose la cooperación de las Centrales de los distintos estados miembros.

Por otra parte, la exigencia de una representación patronal en la Organización Internacional del Trabajo y el surgimiento de asociaciones representativas de los empresarios nacionales ha llevado a la creación de internacionales patronales. Ya en 1919 se erigía en Washington la Organización Internacional de Empleadores Industriales.

Otra entidad de importancia es la Cámara de Comercio Internacional, creada en 1920, tras la reunión el año anterior, en Atlantic City de la Conferencia Internacional de Comercio. Desde que inició su colaboración con la Sociedad de Naciones, la Cámara de Comercio Internacional ha venido prestando su cooperación a Organizaciones y Conferencias, especialmente sobre temas económicos. También se han formado grupos nacionales y regionales de Cámaras y asociaciones tranfronterizas, especialmente en Europa.

C) Neumann señala que «cuando los partidos políticos se han desarrollado del todo se despliegan en tres círculos concéntricos. Se basan en lealtades personales, se manifiestan a través de multitud de agrupaciones nacionales y se lanzan más allá de las fronteras del Estado, con sus ideologías y sus *Internacionales* organizadas... En realidad, el carácter fundamental de todo partido se revela perfectamente en su conducta internacional».

La acción de los partidos en la escena internacional se vincula por una parte a las fuerzas ideológicas y por otra a los centros de poder institucionalizado, desde los que operan los políticos. Conforme ha ido afianzándose el proceso de interdependencia y cooperación entre los grupos y los pueblos, todas las manifestaciones ideológicas han incrementado sus contactos, tendiendo a darles permanencia y firmeza.

El hecho de la internacionalización política e ideológica es una constante histórica, como se ilustra por la extensión del feudalismo en el medievo, de la *internacional patricia* en la edad moderna o de los movimientos revolucionarios y conservadores en el siglo diecinueve.

Tanto el liberalismo como el nacionalismo y el socialismo fueron extendiéndose por Europa con una vocación continental y por ello los partidos que encarnaron estas ideologías, también buscaron su entendimiento y apoyo.

El proceso se aceleró por la estrategia de Bloques de la postguerra y la consolidación de la integración europea, hasta el punto de celebrarse elecciones directas para el Parlamento de Estrasburgo. Junto al destacado internacionalismo europeo, en otras zonas del mundo se asiste a procesos en cierto modo similares.

Si el comunismo nació ya con vocación internacional e institucionalizó su dinamismo mediante el Kominform y la Komintern, los partidos liberales, democristianos, populares y socialistas han constituido sus respectivas internacionales y celebran reuniones y congresos a escala regional y mundial.

3.3.3. *Las empresas multinacionales*

A) La existencia de poderosas empresas mercantiles con intereses en varios países y en los territorios de ultramar no es un fenómeno nuevo. Las célebres Compañías de las Indias pueden considerarse como precedente de las actuales empresas multinacionales; su poder, reconocido mediante privilegios y concesiones reales hoy inimaginables, alcanzó dimensiones equiparables a las de un Estado, incluida la capacidad para firmar tratados y declarar la guerra.

Compañías de este estilo se constituyeron en España, Gran Bretaña, Holanda, Francia, Portugal, Dinamarca, Suecia e incluso Austria.

Una de las compañías más poderosas fue la denominada de las Indias Orientales, que alcanzó en 1833 el carácter imperial y administró los asuntos británicos en la India hasta 1857, cuando tras la rebelión de los cipayos, sus atribuciones y poderes se transfirieron a la Corona.

A lo largo del siglo XIX, con la expansión colonial europea y del capitalismo financiero, muchas empresas metropolitanas y estadounidenses se implantaron en distintos territorios e hicieron inversiones fuera de sus fronteras.

Como indica Merle, «fue precisa la descolonización, es decir, la ruptura de los lazos de dependencia, para que las actividades de las firmas coloniales se considerasen extranjeras y comenzase a suscitarse otro tipo de análisis».

Las empresas multinacionales han surgido en un medio internacional política y económicamente muy distinto a los antecedentes citados. Junto a la descolonización, hay que tener en cuenta otros hechos, como la unificación del mercado mundial y la consiguiente interdependencia de sus factores, la tendencia a la concentración y a la expansión empresarial, el impacto de las nuevas tecnologías y la búsqueda de nuevas fórmulas que modifican los sistemas financieros, productivos, laborales y de consumo. Por último, la acción de las multinacionales no se plantea únicamente en operar sobre los países antes dependientes, sino que sus actividades se ejercen por igual en los países industrializados.

B) Como escribe Roig, «la empresa multinacional es un ente organizador de conjuntos productivos diversos, de ámbito mundial, dándoles un sentido unitario que aumenta la eficiencia en la obtención de resultados».

Como rasgos más comunes y significativos de este tipo de empresas, cabe señalar: a) su ubicación en distintas naciones; b) toma de decisiones generalmente centralizada; c) capacidad de realizar transferencias de capital, técnica, cuadros directivos y de operar sobre el mercado internacional; d) elevado volumen de negocios que les permite una sólida autonomía y una obvia posibilidad de actuar como grupo de presión político; e) vinculación o no a un país determinado; f) origen privado. Sus miembros suelen ser ciudadanos de diversos estados.

Los autores coinciden en estimar que las empresas multinacionales responden a la estrategia actual del capitalismo avanzado, que opera por encima de la división política de los estados, al existir ya un mercado globalizado.

Desde el punto de vista económico, como indica Merle, «si las firmas penetran en los espacios económicos extranjeros es para beneficiarse en las mejores condiciones de todas las ventajas que una implantación múltiple es susceptible de proporcionar: proximidad de las materias primas, acceso directo al mercado de consumidores, régimen fiscal y aduanero, nivel de salarios, lucha con armas iguales contra la competencia extranjera.

»Pero estas diversas ventajas no pueden explotarse a fondo más que si la firma está en condiciones de jugar con todos estos factores y de desplazar rápidamente de un sector y de un país a otro sus actividades y sus inversiones».

Pero el fenómeno ofrece otra vertiente, pues su influencia en el complejo relacional no es sólo económica o tecnológica, sino también política.

C) García Vilar señala, «si nos preguntamos por la naturaleza de las empresas multinacionales como actores internacionales, hay que afirmar que son actores políticos. Frecuentemente se asigna a las empresas multinacionales un papel de actor económico, reconociendo su función de actor político internacional cuando ejercen una acción corruptora sobre la vida política del país:

compra de presidentes o ministros, subversión para hacer caer un gobierno, apoyo a un partido político de determinada ideología. Pero las empresas multinacionales exigen el reconocimiento de actores políticos transnacionales, aun en el caso de que no observaran la conducta desviada señalada...».

Martins dice que estas empresas se constituyen *de facto* en un actor político internacional, «algo que hasta ahora era prerrogativa de los Estados. Es un actor internacional de nuevo tipo y que creará una serie de problemas políticos en las relaciones internacionales».

Las multinacionales más importantes tienen un volumen de negocio superior al presupuesto nacional de buena parte de los Estados medios o en vías de desarrollo.

Además de su influencia económica y política, estas empresas o sus fundaciones científicas controlan la mayoría de la investigación, producción y transferencia de la tecnología punta. También conviene distinguir entre empresas multinacionales públicas y privadas. Las primeras han sido creadas por un tratado firmado por varios Estados para perseguir objetivos comunes.

Desde el punto de vista jurídico, lo más frecuente es que las empresas transnacionales no estén sujetas a la jurisdicción de un solo Estado, sino a la de cada uno en los que opere una sociedad de su grupo. Por este motivo Mariño Menéndez advierte que «... no existe una jurisdicción común sobre las empresas sino jurisdicciones paralelas de varios Estados cada uno de los cuales tiene la jurisdicción sobre la sociedad del grupo vinculada a su orden jurídico».

Rodríguez Carrión señala cómo «la necesidad de controlar sus actividades, de capacidad política y económica inigualable para muchos Estados ha alentado la pretensión de regularlas y controlarlas, dando lugar a una multiplicidad de proyectos, siempre malogrados, especialmente en una actualidad política y económica en la que la liberación apunta más a desrregulación. En cualquier caso, ninguno de los intentos ha contemplado la posibilidad de otorgar subjetividad internacional a las empresas transnacionales».

3.3.4. *Iglesias y confesiones religiosas*

A) Las grandes religiones históricas han surgido con misión de universalidad, superando el localismo de los cultos idolátricos. Las principales culturas y civilizaciones estuvieron o están, en la mayoría de los casos, vinculadas a las distintas confesiones. Destacan por su peso en la escena internacional las iglesias cristianas, especialmente la católica, el islam, el judaísmo y el hinduismo, seguidas a distancia por confucionistas, taoístas, budistas, sintoístas y otras.

Como dice Truyol, «en ciertas épocas, para determinados pueblos, las motivaciones religiosas pueden tener mayor relevancia internacional que las propiamente políticas; e incluso cuando los grupos religiosos no se han confundido con los políticos o se han impuesto a ellos (como en el caso de los regímenes "teocráticos" o "hierocráticos"), influyeron en todo caso en los mismos».

El cristianismo ha desarrollado una función aglutinadora en la civilización occidental, creando, como Iglesia organizada, una serie de instituciones modélicas para la sociedad civil, como las encargadas de las tareas asistenciales, la diplomacia vaticana o los Concilios.

Las diferencias de credo ha llevado a situaciones de conflicto, como las luchas entre Cristiandad e Islam o las guerras de religión, pero han sido mucho más importantes las acciones benéficas, asistenciales, culturales, educativas, pacíficas y apostólicas en beneficio de las personas y los pueblos.

La Iglesia Católica actúa, por otra parte, como sujeto del Derecho Internacional a través del Estado Vaticano, sucesor, tras los acuerdos de Letrán de 1929, del poder temporal del Papado, como ya se ha visto. La diplomacia pontificia, que en otras épocas no rehuyó la acción política, tiende hoy a trabajar principalmente en favor de las causas humanitarias, de la solidaridad y de la paz entre los pueblos.

Los últimos papas ya han expresado reiteradamente el magisterio eclesiástico respecto a la convivencia mundial. Así lo hicieron Juan XXIII en su encíclica *Mater et Magister* (1961) y *Pacem in Terris* (1963), Pablo VI en la *Populorum Progressio* (1967) o la Constitución sobre la Iglesia en el mundo actual, *Gaudium et Spes*, del Concilio Vaticano II.

Juan Pablo II ha continuado esta tarea de difundir la doctrina cristiana en todo el orbe, realizando frecuentes viajes y pronunciando mensajes en defensa de la paz y la libertad, especialmente en sus audiencias y alocuciones.

Las órdenes y congregaciones religiosas constituyen un buen ejemplo de grupos de acción transnacional. Especial relevancia histórica tuvieron las llamadas Órdenes Militares, creadas para la defensa de los Santos Lugares. Para la universalización de la fe han tenido destacada importancia los misioneros en países de Ultramar. La Iglesia Católica ofrece también otros signos de su ecumenismo, como se aprecia por la incorporación de lenguas y usos vernáculos al culto y la presencia de obispos y cardenales de todas las razas en su actual estructura institucional.

B) Otro actor internacional *sui generis* vinculado a la actividad apostólica y al pasado de la Iglesia es la Soberana Orden de Malta, que todavía conserva su personalidad jurídica y posee el derecho de legación.

La Orden fue instituida en el año 1113 con el fin de asistir a los peregrinos a Tierra Santa. Tuvo carácter militar y hospitalario. En 1291 se trasladó a Chipre y en 1310 a Rodas, cambiando su nombre. En 1530 obtienen de Carlos V el vasallaje de Malta. Tras las ocupaciones francesa y británica de la isla, la Orden se trasladó a Roma en 1843. Está regulada hoy día por el Breve Pontificio de 21-XI-56. Desde 1994 goza de estatuto de observador de la ONU.

C) Otras confesiones cristianas también desempeñan un activo papel en la vida internacional. Para compensar la fragmentación de los protestantes se creó en 1948 el Consejo Ecuménico de las Iglesias, que ha sido reconocido por la ONU y por la UNESCO como organización consultiva.

El islam, el judaísmo y el budismo son las otras religiones más importantes y que han tenido y tienen influencia en la vida internacional.

3.3.5. *Ciudades, pueblos y naciones*

A) Hay otras entidades de naturaleza subestatal distintas de los actores que se acaban de contemplar, que también tienen su presencia en el complejo relacional internacional. Las ciudades, especialmente las grandes urbes, las regiones históricas y autonómicas, los pueblos e incluso actores diversos abarcados por el polisémico término de nación, van cobrando una nueva importancia en la emergente sociedad transnacional de la época global.

Mónica Salomón, tras recordar que las interacciones que mantienen las ciudades son temporalmente muy anteriores a la aparición de los Estados modernos y «desde el principio tuvieron como función primordial la de actuar como núcleos comerciales y formar parte de sistemas de redes urbanas» escribe cómo «cada día somos testigos de acciones llevadas a cabo por las ciudades a nivel internacional: hermanamientos entre dos municipios de diferentes estados, conferencias internacionales de alcaldes, acuerdos comerciales gestionados por autoridades locales, redes de ciudades ricas embarcadas en proyectos de cooperación con el Tercer Mundo, creación de organizaciones de poderes locales, etc. Los ejemplos son muy numerosos y están al alcance de la mano. No cabe duda de que las ciudades adoptan un papel cada vez más dinámico en el ámbito internacional, en el que, sin cesar, cooperan, compiten, declaran, forman grupos de interés, crean su propio aparato diplomático, se promocionan o se exhiben, entre otras acciones».

Hay tres momentos estelares en la historia en los que las ciudades cobraron un protagonismo ejemplar: las *polis* de la antigua Grecia, las ciudades germanas y nórdicas de la Liga Hanseática en la Edad Media europea y las ciudades y pequeños señoríos del Renacimiento italiano.

En la antigüedad las ciudades desempeñaron, en muchas ocasiones y momentos, un papel decisivo como centros del poder político, emporios comerciales y focos de cultura. Recordaremos nombres como Babilonia, Alejandría, Atenas, Cartago y Roma, «que hizo de la urbe, el orbe».

El auge de las metrópolis, Nueva York, Tokio, Londres, México, París, El Cairo, Buenos Aires, San Francisco, Calcuta, Shangai, Madrid, Singapur, Moscú, Roma, Berlín, Kinshasa, Sao Paulo, Río de Janeiro, Lima, Sidney, Seúl, Yakarta, Bombay, Estambul, Bangkok... coindice con la formación de la Sociedad de la Información, que tiene una infraestructura «hiperurbana».

En efecto, el surgimiento de la actual red comunicativa mundial se apoya en los centros urbanos y tiene en las torres emisoras de las televisiones sus nuevos campanarios. Este conjunto de metrópolis, que Alain de Marolles compara con el desarrollo hanseático y las ciudades-Estado, está conectado por las líneas aéreas, las autopistas, los trenes de alta velocidad y las infovías cibernéticas.

La existencia de una *paradiplomacia* municipal y una *política exterior* de los Ayuntamientos se ha formulado por varios autores, como Chadwick. Lo mismo y con ejemplos concretos muy actuales es predicable de otras entidades subestatales como los gobiernos regionales o autonómicos que aún careciendo formalmente de competencias en el ámbito de las relaciones exteriores, materia normalmente reservada a los Gobiernos centrales, desempeñan *paradiplomacias* más o menos informales, como han estudiado Casadevante o Cornago.

En la Unión Europea la institucionalización del Comité de las Regiones tras los acuerdos de Maastricht, que cuenta con 222 representantes de municipios y regiones, se ha dado un paso importante en el reconocimiento de la presencia transnacional de estos actores locales.

B) El Derecho Internacional clásico era esencialmente estatocéntrico, aunque a principios del siglo XX cobra un cierto interés el llamado derecho de las nacionalidades, impulsado no en contra del colonialismo, sino en favor de las minorías nacionales que coexistían en los derrotados Imperios multinacionales europeos.

Sin embargo, como escribe Pastor Ridruejo «desde 1945, estamos asistiendo a un proceso de transformación profunda del Derecho Internacional. Es, como dijimos, el tránsito del Derecho Internacional Clásico al Derecho Internacional Contemporáneo, caracterizado éste último por su contenido humanista y social y por la nueva función de procurar el desarrollo integral de los individuos y pueblos sin excepción alguna. Bien entendido que la concepción contemporánea del Derecho de Gentes se presenta fundamentalmente y en su conjunto como una tendencia o aspiración, aunque no deja de tener manifestaciones ciertas en la realidad. Y entre estas manifestaciones hay que hablar de la situación de los pueblos en el Derecho Internacional, que ya no son como antes meros objetos del ordenamiento, susceptibles de dominación extranjera, sino titulares de muy importantes derechos...».

El concepto clásico de nación alude al Estado nacional característico del siglo XIX, aunque surgido en la época renacentista, que encontró en los ideales de la Revolución francesa y el surgimiento y expansión de la ideología nacionalista su fuerza dinámica.

Los estudiosos suelen mencionar dos concepciones de la idea de nación: la *objetiva* o alemana y la *subjetiva* o francesa. La primera tenía en cuenta diferencias fácticas como la raza, la lengua, la religión, la geografía, la historia común, mientras la segunda recalcaba la voluntad de construirse como tal nación diferenciada.

La realidad histórica confirma que hay naciones donde se dan esas circunstancias objetivas, pero en el mayor número de casos no es así y resultaban mucho más frecuentes los Estados multiculturales y multiétnicos, especialmente en los de gran tamaño y a la vez hay muchísimos Estados independientes que comparten la misma lengua y religión, como se demuestra con el mundo árabe, los países de la Commonwealth o los iberoamericanos. En el otro extremo cabe citar, entre otros, a Suiza, nación que cumple el requisito subjetivo pero contradice los objetivos.

Truyol, comentando esta identificación entre nación y Estado en la terminología de Europa occidental, señala cómo no ocurre lo mismo en los países centro-europeos, donde se distingue entre ambos conceptos.

«La razón es sencilla —dice este autor—, en la Europa Occidental, los estados que se forman a partir de la Baja Edad Media vienen a coincidir *grosso modo* —no sin excepciones, como en el Reino Unido o Irlanda— con límites nacionales; pero en Centroeuropa ha habido estados multinacionales (Austria) y naciones que no alcanzaron la unidad estatal hasta época reciente (Italia; Alemania desde 1871 hasta la nueva división de 1949, consagrada por el tratado fundamental interalemán de 1972), prescindiendo de las que, especialmente en la Europa oriental, no la han alcanzado o sólo la alcanzaron esporádicamente».

El Derecho tradicional no consideraba, en principio, a la nación como sujeto, mientras no constituía un Estado, sin embargo, la denominación de la organización internacional por antonomasia surgida tras la Segunda Guerra Mundial, que hereda su nombre del adoptado por los aliados, es curiosamente el de Naciones Unidas.

Es conocido que existen naciones sin un Estado diferenciado propio y Estados integrados por diversas naciones o incluso naciones que pertenecen a dos o más Estados. Lo dicho resulta aún más frecuente si se habla de nacionalidades, pero en este casi sí cabe plantearse con más fundamento el interrogante de su capacidad para ser sujetos de derecho, una vez difundido y legalizado el llamado *principio de las nacionalidades*. Igual problema se suscita con el concepto de pueblo, que en las denominaciones germánico-nórdicas hace las veces de nación y figura en las definiciones del Derecho Internacional o *Völkerrecht* como Derecho de los Pueblos.

El concepto ha cobrado una importancia y un protagonismo innegables, desde que la Carta de las Naciones Unidas comienza su texto con la frase solemne de «Nosotros los pueblos de las Naciones Unidas».

El desenvolvimiento del proceso de descolonización dio gran relevancia a este reconocimiento de los pueblos como titulares del derecho a la autodeterminación, expresamente establecido en el art. I, parágrafo 2 de la Carta de las Naciones Unidas y desarrollado en los artículos 55 y 56.

El vocablo nación se enraiza en *nacer* y, por lo tanto, incluye al menos dos elementos, el grupo humano al que se pertenece y el lugar en que se ha nacido, aunque no se alude a la situación política de ese grupo o lugar. Hay que esperar a las tesis nacionalistas para hacer converger nación y Estado.

Si a lo largo del XIX fue creciendo el ideario y la acción política del nacionalismo, vocablo por cierto también polisémico, fue al término de la Primera Guerra Mundial cuando el presidente estadounidense Wilson propuso el llamado principio de *self-determination* que pretendía concretar el de las nacionalidades. No deja de ser algo pintoresco que en el texto de la propuesta presidencial ya se diga que «todas las aspiraciones nacionales bien definidas deberán recibir la satisfacción más completa que pueda ser otorgada sin introducir nuevos o perpetuar antiguos alementos de discordia o de antagonismo susceptible de romper con el tiempo la paz de Europa y en consecuencia la del mundo».

De alguna forma estos párrafos resultaron casi proféticos, pues las rivalidades y reclamaciones de base nacionalista han fomentado y siguen haciéndolo, buena parte de los conflictos internos e internacionales.

C) Los autores acostumbran a diferenciar entre libre determinación como derecho aplicable al fenómeno de la descolonización y la posibilidad o no de aplicar el mismo principio a todos los pueblos.

Como expone Jiménez de Aréchaga: «el movimiento para la emancipación de los pueblos coloniales invocó los principios de igualdad de derechos y libre determinación de los pueblos enunciados en el artículo 1 de la Carta, en el entendido de que el colonialismo, por su propia naturaleza, constituye una denegación de la libre determinación. Además de la justicia intrínseca de este reclamo, dos factores apoyaron este desenvolvimiento de orden jurídico y le dieron una fuerza irresistible: primero, el hecho de que el movimiento de descolonización era un proceso que se nutría a sí mismo, mediante la admisión de nuevos Miembros, lo que reforzaba las mayorías en su favor; en segundo lugar, la circunstancia de que las más serias dificultades que se encuentran en la aplicación práctica del principio de libre determinación no surgen, o son más fáciles de resolver con referencia a los pueblos bajo dominio colonial. La separación física entre territorios metropolitanos y coloniales, las diferencias de raza, costumbres, religión y lenguaje hacen más fácil determinar si una población dada debe ser considerada como poseyendo la identidad de un "pueblo" con derecho a su libre determinación».

El texto más contundente es el artículo 73.a) de la Carta señalando a sus miembros su obligación «a desarrollar el gobierno propio, a tener debidamente en cuenta las aspiraciones políticas de los pueblos, y a ayudarlos en el desenvolvimiento progresivo de sus libres instituciones políticas, de acuerdo con las circunstancias especiales de cada territorio, de sus pueblos y de sus distintos grados de adelanto».

«De forma general —señala— podría afirmarse que la Carta, aunque pensando en la descolonización, no ve el fenómeno como inminente y, consecuentemente, no organiza un sistema excesivamente coherente de cara a su consecución. Será la práctica de la Organización y el cambio en la marea histórica, lo que producirá una revolución copernicana en este terreno».

Una serie de importantes disposiciones van a concretar el desarrollo de este proceso descolonizador, como la Resolución 1514/XV del 14-XII-60. La Resolución 1541 del 15-XII-60 explicita que: «Puede considerarse que un territorio no autónomo ha alcanzado la plenitud del gobierno propio: a) cuando pasa a ser un Estado independiente y soberano; b) cuando establece una libre asociación con un Estado independiente, o c) cuando se integra a un Estado independiente».

A mayor abundamiento, en la Resolución 2625 (XXV), se dice que: «el territorio de una colonia u otro territorio no autónomo tiene, en virtud de la Carta de las Naciones Unidas, una condición jurídica distinta y separada de la del territorio del Estado que lo administra, y esa condición jurídica distinta y separada conforme a la Carta existirá hasta que el pueblo autónomo haya ejercido su derecho de libre determinación de conformidad con la Carta y, en particular, con sus propios propósitos y principios».

Los partidarios de extender el derecho de autodeterminación a todos los pueblos suelen invocar la Declaración onusiana de 1970 que dice: «En virtud del principio de la igualdad de derechos y de la libre determinación de los pueblos, consagrado en la Carta de las Naciones Unidas, todos los pueblos tienen el derecho de determinar libremente, sin injerencia externa, su condición política, y de procurar su desarrollo económico, social y cultural, y todo Estado tiene el deber de respetar este derecho de conformidad con las disposiciones de la Carta».

Aréchaga, comentando este texto considera que «si bien en la práctica de las Naciones Unidas el derecho de libre determinación se ha aplicado fundamentalmente a los pueblos bajo dominación colonial, este derecho no está de ningún modo limitado a estos pueblos ni circunscrito a una situación política en vías de desaparición. El carácter general del principio no resulta claramente de la Resolución 1514 a causa del énfasis puesto en este documento en el anti-colonialismo. Pero la Carta, en los artículos 1 y 55 se refiere al principio como aplicable a todos los pueblos y no únicamente a aquellos de que tratan los capítulos XI y XII».

»La misma Resolución 1514/XV en su parágrafo 6 establece una forma que ha sido definida como "claúsula de salvaguardia": «cualquier tentativa dirigida a destruir total o parcialmente la unidad nacional y la integridad territorial de un país es incompatible con los fines y principios de las Naciones Unidas».

En el mismo sentido y en opinión de varios autores refiriéndose esta vez a pueblos no coloniales, la Resolución 2625 declara que: «ninguna de las disposiciones de los párrafos precedentes se entenderá en el sentido de que autoriza o fomenta cualquier acción encaminada a quebrantar o menoscabar, total o parcialmente, la integridad territorial de Estados soberanos e independientes que se conduzcan de conformidad con el principio de la igualdad de derechos y de la libre determinación de los pueblos antes descrito y estén, por tanto dotados de un gobierno que represente a la totalidad del pueblo perteneciente al territorio, sin distinción por motivos de raza, credo o color».

El autor antes citado completa estas disposiciones escribiendo: «es obvio que un reconocimiento ilimitado del principio de libre determinación fomentaría movimientos irredentistas y de secesión de minorías en diversas partes del mundo y podría llevar a una fragmentación de los Estados existentes. Tal posibilidad no podría ser aceptada fácilmente por una organización internacional compuesta por Estados, como son las Naciones Unidas, salvo en muy excepcionales circunstancias.

»Por consiguiente, los dos párrafos finales de la Declaración contienen ciertas restricciones destinadas a proteger a los Estados contra la posibilidad de movimientos de secesión, proclamando el principio del respeto a la integridad territorial y la unidad nacional de los Estados y los países».

D) Como se ha visto es interesante diferenciar si cuando se está hablando del derecho de autodeterminación y consecuentemente de independencia, el Derecho Internacional se refiere exclusivamente a los pueblos colonizados y étnicamente diferenciados o a pueblos que reclaman tal ejercicio soberano aun perteneciendo a un Estado no colonial, no discontinuo e incluso étnicamente homogéneo y por supuesto, con régimen democrático.

Otro tema complejo es determinar quién es el titular de ese derecho de autodeterminación. Mientras en los derechos humanos se refieren claramente a individuos, este otro supuesto lo otorga a grupos humanos y más concretamenete a pueblos y nacionalidades si nos remontamos a los Puntos de Wilson.

Obieta señala nítidamente que «el primer problema que se nos presenta al estudiar el derecho de autodeterminación es el de determinar sus sujetos, es decir, los titulares de este derecho».

Aunque en la Declaración Universal de los Derechos Humanos de 1948 no se menciona la autodeterminación, sí se hace en el Pacto de los Derechos Económicos, Sociales y Culturales y en el complementario Pacto de Derechos Políticos y Civiles y además en un sentido generalista: «Todos los pueblos tienen el derecho de libre determinación...».

La complejidad del tema no termina aquí pues caben distintos contenidos de ese derecho, que pueden ir desde la autonomía a la secesión e incluso a la incorporación a otro Estado. Lo que sí resulta evidente es que se trata de un derecho que solo puede ejercerse en un marco jurídico democrático.

Igualmente importante es el supuesto de la autodeterminación de territorios reivindicados por estados contiguos. Así se argumenta que una de las consecuencias de la exigencia de no quebrantar la integridad territorial es no admitir esa autodeterminación, y así lo ha expresado España respecto a Gibraltar, con el respaldo de la Asamblea General de la ONU (Resolución 2353/XXI de 1967) y también Marruecos en relación a Ceuta y Melilla.

Por supuesto, hay que tener en cuenta el derecho del Estado legítimamente establecido e históricamente existente. Como escribe Recalde «...cuando se establece un orden político se aceptan sus consecuencias. Un Estado es, por naturaleza, un orden estable que, en razón del bien común, ha de ser mantenido. El Estado es una organización que requiere su permanencia y poner ésta en cuestión supone introducir un elemento de inseguridad que atenta prácticamente a la base fundamental del orden estable».

Ciñéndose al tema de la personalidad jurídica de los pueblos, Pastor Ridruejo, siguiendo a Sorensen y su tesis de que además de ser destinatarios de normas deben tener legitimidad para reclamar y puedan incurrir en responsabilidad por su incumplimiento, se decanta por negar esa personalidad, aunque añade que lo importante hoy día, desde una perspectiva sustantiva y sociológica, es que el Derecho Internacional promueve el desarrollo integral de los individuos y los pueblos.

Añadiremos desde nuestro planteamiento metodológico y doctrinal que si los pueblos y naciones pueden no ser sujetos desde una perspectiva técnico-jurídica, si que son actores del complejo relacional internacional y del ecosistema informativo.

3.3.6. *Medios de comunicación colectiva y actores culturales*

A) Parte destacada de los autores incluyen a la opinión pública entre los actores *sui generis* y fuerzas transnacionales. Así Truyol, relacionando individuo y opinión escribe que «si no individualmente, los particulares pueden tener una influencia no despreciable en la sociedad internacional por el cauce de la *opinión pública*, conjunto de sentimientos, ideas y valoraciones que indudablemente presiona a los Estados. Su papel es difícil de precisar, pero evidente» Otro autor, Merle, dirá que «entre las fuerzas transnacionales, debe reservarse un lugar al estudio de un fenómeno del que se oye hablar frecuentemente, pero cuyos contornos así como su sustancia no son fáciles de definir: se trata de la opinión pública internacional».

La realidad de este hecho implica, sin embargo, dos aspectos que merecen señalarse: más que de *una* opinión pública, hay que hablar de *opiniones* y en segundo lugar, estas opiniones son expresadas y difundidas en su mayor parte por los llamados medio de comunicación de masas, que en realidad operan como *actores* del complejo, de cuya acción resulta el fenómeno citado.

Por ello parece más propio considerar a la opinión pública como un *factor* de las relaciones internacionales y atribuir la calificación de actores o fuerzas transnacionales a los medios de comunicación con bastante influencia.

Otro rasgo de esta cuestión es el carácter organizado y universalizado de la actuación de los medios, hasta el punto de constituir un conjunto interactivo y dar lugar a todo un sistema que se conoce por comunicación internacional, tema al que se dedica el capítulo VI de este libro.

B) Además de la acción internacional de los medios de comunicación, ha existido siempre en el complejo relacional una presencia muy decisiva de las formas culturales, que si acostumbran a situarse en el estudio de los factores, como elementos del *universo cultural,* no debe olvidarse son fruto del trabajo de personas, grupos e instituciones, que de este modo deben incluirse entre los actores *sui generis* o fuerzas transnacionales.

Las personas, grupos y organizaciones que fomentan y crean la comunicación cultural, cumplen una función educativa y formativa, además de lúdica, que incide directamente en el ámbito cultural de las relaciones internacionales. Las tareas intelectuales y artísticas han sido siempre un factor de cooperación e intercambio y sus obras, sin dejar de pertenecer a sociedades distintas, pueden constituir, incluso jurídicamente, patrimonio de toda la humanidad.

Las editoriales, las bibliotecas, las artes plásticas, los museos, los documentos, las grandes exposiciones, los festivales, óperas, conciertos, teatros, las grabaciones y los distintos espectáculos artísticos, como realizaciones de los hombres y los pueblos, además de la acción científica, investigadora, educativa y académica de las Universidades y Fundaciones informan el riquísimo conjunto de la Cultura Universal.

Si en el pasado las formas culturales fueron un elemento de identificación, conocimiento mutuo, de lujo, educación y comercio, también sirvieron como vehículo para los contactos entre los pueblos e ir fomentando unos valores estéticos y culturales compartidos por todos.

Las influencias en los campos de pensamiento y el arte, el aprendizaje de oficios y estilos, la difusión de escuelas y obras, las traducciones, el conocimiento de otras lenguas o la extensión de idiomas internalizados, como el griego, el latín, el árabe, el chino o modernamente el inglés, el francés o el español, ilustran esa activa presencia de los hombres y los trabajos de la cultura en la escena internacional.

Las relaciones culturales constituyen un importante capítulo de la diplomacia de los Estados y están presentes en las organizaciones internacionales, pero son también resultado de iniciativas privadas de Patronatos, Fundaciones, Universidades y por supuesto, de los creadores: artistas, escritores e intelectuales.

Los viajes, que desde la Antigüedad han sido un medio de conocimiento y aprendizaje, constituyen en nuestra época un fenómeno que bien puede calificarse de multitudinario, refiriéndonos no solo al turismo, sino a los intercambios de universitarios, como los programas Erasmus, Sócrates o Lingua. Son otra modalidad de comunicación cultural, como todo el conjunto de actividades propiamente educativas y científicas que obviamente desempeñan una función nuclear en las relaciones internacionales de cooperación, como ha sido puesto de relieve por declaraciones oficiales y textos internacionales.

3.4. LA DIPLOMACIA

3.4.1. *Concepto y evolución*

A) Aron sintetiza en un expresivo párrafo los dos medios clásicos de relación entre los estados: la diplomacia y la guerra, y los personifica en el diplomático y el soldado para significar que en última instancia las relaciones inter-estatales se polarizan entre la guerra y la paz.

En efecto, el planteamiento clásico entendía las relaciones internacionales esencialmente como inter-estatales y además canalizadas por los mecanismos diplomáticos o las guerras jurídicamente perfiladas y separadas de la paz. Sin embargo hoy día el horizonte es mucho más complejo. No sólo por la mayor heterogeneidad y diversidad de actores, sino también por el aumento de las vías de relación, cooperación y conflictividad entre ellos. Incluso las fronteras entre paz y guerra resultan difíciles de dibujar en momentos de «guerra fría y paz caliente».

Modificando la dicotomía convencional diplomacia/guerra, cabe afirmar también que todas las ramas de la Administración estatal y de los actores transnacionales han cobrado una proyección exterior, con rasgos indudablemente cada vez más autónomos. Por otra parte la rigidez que el armamento nuclear da al extremo de recurrir a la guerra, el desarrollo de la tesis de la seguridad colectiva, la prohibición del recurso de la fuerza y la proliferación de fórmulas de compulsión no bélicas, han alterado en parte la función del poder militar en la política exterior. Además hay que tener presente la actual tendencia al empleo de fuerzas conjuntas de intervención.

La toma de decisiones en política exterior está condicionada por factores internos y externos, y constituye, además un proceso comunicativo propio.

La cuestión guarda íntima relación con el tema del Interés Nacional, pues toda decisión no deja de ser una selección de prioridades acerca de necesidades concretas, adoptada teniendo en cuenta una serie de valores, principios y condicionantes.

En el estado actual de las investigaciones sobre temas internacionales se advierte un creciente interés por toda la problemátia relacionada con el proceso de decisión.

Sprout dirá por ello que la toma de decisiones es un problema central de la política internacional, con base en la información que poseen sobre la situación internacional. Los Gobiernos actúan, sea para exigir o para contestar a las peticiones que se les demandan.

Y con mayor concreción, Deutsch escribe cómo «la política es la toma de decisiones por medios públicos».

Toda decisión es resultado de un proceso selectivo entre objetivos, medios, necesidades y posibilidades.

Mesa resume los elementos a analizar en: órganos decisorios, las limitaciones, las influencias y de modo relevante, la información recibida.

B) La instalación de la diplomacia como *medio de comunicación* va gestándose desde la Alta Edad Media para afianzarse como tal en la etapa que va del Renacimiento al Barroco. Fue justamente en el *otoño de la Edad Media,* por emplear la sugerente frase de Huizinga, cuando la diplomacia se constituye como tal instrumento. El hecho es posible por coincidir con otros dos fenómenos históricos: la implantación del moderno sistema de estados y la estructuración del complejo relacional internacional como un peculiar sistema informativo.

Nicholson ya advierte que el término *diplomacia* se utiliza por lo menos en dos sentidos: el primero y más restringido hace referencia al proceso por el cual los gobiernos *se comunican* entre sí, por conducto de agentes oficiales; el segundo, de ámbito más amplio, hace referencia a los métodos o técnicas de la política exterior que influyen en el sistema internacional.

Este planteamiento de ver la actividad diplomática como un proceso comunicativo se fundamenta en dos elementos básicos de la misma: el carácter representativo de los *enviados* cuya función es *relacionar actores* del sistema internacional y la misión *negociadora* como objetivo prioritario de su gestión. Así, Pradier-Fodere definirá la diplomacia como «el arte de la negociación».

«La diplomacia como institución —señala Kordt—, no pudo desarrollarse hasta que no existieron relaciones de cierta duración entre grupos organizados de hombres. Como formas primitivas de la diplomacia pueden designarse las negociaciones entre representantes de estamentos; pero resultaría arbitrario equiparar los inicios de la diplomacia con ellas. La diplomacia encuentra, más bien, su génesis en la idea de que la actuación diplomática es una actividad mediadora en el ámbito de la política exterior, del derecho internacional y de la moral».

Según Gentilis, ya en la Antigüedad pueden fecharse relaciones que hoy denominamos diplomáticas pero al menos hay que precisar con Burns que el empleo de enviados diplomáticos requiere de alguna forma de gobierno.

Desde nuestra posición doctrinal, «la diplomacia es el medio de comunicación informativa pacífica e institucionalizada entre lo actores del sistema internacional. Su fin esencial es poner en comunicación a los actores para conocer sus intereses e intentar resolver sus diferencias de modo negociado, fomentando unas relaciones internacionales de cooperación y entendimiento».

Expone Fraga Iribarne que «la diplomacia exige un sistema de Estados como el que creó eso que Carl Schimitt llama en su *Des Nomos der Erde* el *ius publicum europeum*. Es evidente que diplomacia y sistema de Estados se condicionan recíprocamente dice Rohden. Una idea imperial como la de Roma, la del Medioevo o la de Napoleón es incompatible con la diplomacia. Rohden ha estudiado muy bien la lucha de la diplomacia clásica contra Napoleón, que negaba la pluralidad, que era su base, y ha señalado, por otra parte, que "la existencia del diplomático puro está ligada a la del Estado puro"».

Esta afirmación se ilustra por el hecho de la actual crisis de la diplomacia tradicional, fenómeno sin duda paralelo a la quiebra que también experimenta hoy el Estado como arquetipo de organización de la vida política, y sujeto privilegiado del complejo relacional internacional.

C) Es curioso que las formas más primitivas de relación sean también las más actuales: diplomacia directa, diplomacia *ad hoc* y diplomacia *en la cumbre*. García Arias escribe que «durante milenios, la relación diplomática ha tenido un carácter bilateral: un pueblo enviaba a otro sus representantes para negociar los asuntos de interés común pendientes entre ellos, teniendo la misión diplomática un carácter temporal o *ad hoc*. Tan sólo se daban en la comunidad de ciudades que implicaban reuniones plurilaterales para tratar de cuestiones de interés común, incluso en períodos regulares de tiempo».

Aunque el tema es polémico, se admite por la investigación que desde la Antigüedad van surgiendo ciertas costumbres y normas, reglamentos de ceremonial, códigos de honor y usos protocolarios y de actuación que se consolidan en la Baja Edad Media, en el ámbito de la sociedad feudal.

Tras la ruptura de la unidad romana, los períodos merovingio y carolingio ofrecen ya datos interesantes, con hábitos muy concretos de envío de cartas, recepciones, títulos, inmunidades, honores cortesanos, legaciones e incluso *conferencias cumbre* que dieron pie a importantes tratados.

Los principados y señoríos desempeñan una función propia, y más aún la Iglesia con el envío de *nuncios* a los reyes cristianos. Simultáneamente, Bizancio y el Islam constituyen otras áreas de relación. En Constantinopla se mantienen buena parte de la tradición romana, incluyendo el fasto palaciego y el funcionamiento del *logoteta* o departamento de correos.

La selección de personas que formaban parte de las misiones, los problemas de transporte, avituallamiento y seguridad que originaban los viajes, los inconvenientes de la diversidad de idiomas y usos entorpecían las relaciones en la Alta Edad Media. Estos problemas se van paliando en los siglos siguientes por el reforzamiento del poder real y la mejora de las comunicaciones.

Se afianzan las costumbres y normas que pudiéramos calificar de pre-diplomáticas, ampliándose las relaciones hasta Oriente con algunas expediciones como la de Marco Polo o la embajada de Ruy González de Clavijo al Gran Tamerlán.

Las embajadas se formaban con personajes de alcurnia o miembros del alto clero, aunque a veces se incorporaban a ellas personas cualificadas por sus conocimientos. También cabe encontrar en los concilios un modelo para los congresos diplomáticos modernos. Sin embargo, es todavía prematuro hablar de un sistema diplomático organizado.

D) Todos los investigadores coinciden en señalar que a finales del siglo XV y entre las ciudades italianas comienzan a establecerse los agentes residenciales.

Reibstein dirá que Venecia, «escuela de la diplomacia moderna» contaba con enviados propios desde el siglo XIII. Los *relatos* de los diplomáticos venecianos gozaban de justa fama ya en la época renacentista.

García Arias escribe cómo «al final del Medioevo nacerán las embajadas permanentes en las naciones europeas, al tiempo que se constituyen los Estados modernos, con todo lo que significan: un ejército y una diplomacia permanentes, una burocracia y una hacienda estatales. Será así como la diplomacia se institucionaliza, creándose los primeros Departamentos de Relaciones Exteriores aún como meras Secretarias de Estado para los monarcas, mientras se rarifican las entrevistas entre soberanos y proliferan los congresos de plenipotenciarios».

Zeller, tras reiterar que «el siglo XV vio realizarse una transformación de gran alcance en la técnica de las relaciones internacionales: la aparición de las misiones diplomáticas permanentes en el extranjero», da cuenta de quienes fueron estos primeros diplomáticos, que comienzan precisamente con representantes establecidos entre los pequeños estados italianos.

En el siglo XIV ya cabe hablar de «agentes residenciales». El primero fue enviado antes de 1341 a la Corte Imperial de Baviera por Gonzaga de Mantua. Entre 1375 y 1379 se intercambian representantes Ludovico Gonzaga y los Visconti de Milán. Este ducado organiza una Cancillería. Filippo Maria Visconti tuvo durante 7 años (1425-1432) un embajador resistente en la Corte de Segismundo de Hungría y éste, otro en Milán. En 1435, se envía ante la Santa Sede a Bombo de Venecia, como «orador», pero es Francesco Sforza quien más se sirve de la diplomacia. Su enviado Nicodemo Tranchedini da Entremolini residió casi 20 años en Florencia, ante los Medici y es considerado por la mayoría de los autores como el primer Embajador. Tras la paz de Lodi (1454) aumentan los «residentes permanentes».

En España, los Reyes Católicos se inspiraron en el modelo italiano y enviaron a Venecia a Lorenzo Suárez de Figueroa y a la Corte inglesa a Rodrigo González de Puebla. Otro diplomático español del momento fue Alfonso de Silva.

Spengler escribe que la organización dinástico-diplomática del Estado es uno de los rasgos de la cultura *fáustica,* por oposición a la *apolínea* y las relaciona con la música contrapuntística, la física dinámica, el sistema de crédito o la propaganda de los jesuitas.

Esta idea de ver en la actividad diplomática algo de laboriosa contradanza se vincula con el principio del equilibrio político.

Así, Kordt opina que la diplomacia puede ser también definida «como el esfuerzo por suprimir una situación tensa que proceda de un estado de desequilibrio determinado por la violencia y por crear un estado de equilibrio».

En esta época se originan los nombres de los cargos diplomáticos, habitualmente ejercidos por personajes del alto clero y de la nobleza, que en los congresos de Viena (1815) y La Haya (1818) recibirán una jerarquía y una ordenación prácticamente conservada hasta hoy.

Como rasgos característicos de la diplomacia clásica, ejercida por representaciones permanentes y según hábitos y protocolos muy perfilados, gozando los embajadores de gran autonomía y procurando la consecución de objetivo generalmente limitados, los autores acostumbran añadir el carácter secreto de las deliberaciones, la profesionalidad de los negociadores, la concepción de Europa como centro de gravedad de la política internacional.

Y añade García Arias: «En el siglo XVII comienza la edad de oro de la diplomacia clásica, la de los diplomáticos que representan a los soberanos cerca de las cortes extranjeras para ser los normales instrumentos de negociación y canales de información, y los que intervienen como únicos plenipotenciarios en los Congresos generales de paz. Con alguna que otra manifestación resonante de la diplomacia directa de alto nivel, cual el Congreso de Viena de 1815 en el que verticila la diplomacia clásica, esta época llega hasta la I Guerra Mundial. Todavía en la Conferencia de Algeciras de 1906, todas las delegaciones se componían exclusivamente de diplomáticos. Fue el canto de cisne de *l'ancienne diplomatie,* escribirá cuarenta años después uno de los reunidos a orillas del estrecho de Gibraltar».

La quiebra de la diplomacia clásica y el fin de la llamada época dorada coincide con la pérdida del eurocentrismo, la guerra total, la extensión de la democracia y su pugna con los regímenes autoritarios, el desarrollo industrial y tecnológico, el aumento de actores —especialmente de estados independientes— y la proliferación de *diplomacias paralelas*. Como formas más representativas de la situación contemporánea, con una acción exterior de operatividad casi inmediata, universal, heterogénea, tecnificada y muy afectada por presiones políticas, económicas y de opinión pública, consideraremos las llamadas *diplomacia directa, multilateral* y *parlamentaria,* además de la *diplomacia "ad hoc"* y de la *diplomacia pública*.

3.4.2. *Órganos de las relaciones exteriores*

A) Aunque se citen los órganos de las relaciones exteriores de un modo general, conviene remitirse en cada caso concreto al derecho constitucional del Estado y conocer las diferencias y matices que le son propias.

Seguiremos la tradicional división entre Jefe de Estado, Jefe de Gobierno, Ministro de Asuntos Exteriores y Misiones Diplomáticas.

Hasta la Revolución Francesa y primera mitad del siglo XIX, los Jefes de Estado, que disfrutaban por lo general de unos poderes más «absolutos» monopolizaban, junto con sus consejeros, la dirección de las relaciones exteriores y podían vincular por sí solos al país. En el mismo Congreso de Viena, los Soberanos europeos, desempeñaron un papel activo.

Con la extensión del sistema constitucional y el auge de los regímenes democráticos, el Jefe de Estado tiende a convertirse en una institución preferentemente honorífica, con funciones representativas, trasladándose la responsabilidad de la política exterior al Gobierno y al Parlamento.

Actualmente se detecta una cierta involución en este proceso. Tanto los regímenes autoritarios como los presidencialistas han devuelto el Jefe del Estado unos poderes más fuertes y unas funciones de liderazgo más ostensibles, aunque se compartan con el Gobierno y las Cámaras. La proliferación de Conferencias en «la cumbre» y los contactos «personalizados» de la diplomacia «directa», han contribuido también a este giro.

Como atribuciones más características del Jefe del Estado se acostumbra a citar: a) que personifica al Estado, representándolo ante los otros pueblos; b) que la costumbre internacional le reconoce su inviolabilidad, extensión de jurisdicción y otros privilegios y honores (Véase el art. 63 de la Constitución española).

Los Jefes de Gobierno desempeñan, generalmente, importantes funciones, especialmente en aquellos Estados de corte parlamentario que atribuyen pocas funciones al Jefe de Estado. Sin embargo, la figura ha sido escasamente estudiada, al pasar la responsabilidad de la política exterior del Jefe del Estado a los Ministros de Asuntos Exteriores, vinculándose el Presidente de Gobierno a la política interior, quedando, en apariencia, como apartados de la vida diplomática. El artículo 97 de la Constitución española establece que es el Gobierno quien dirige la política exterior del Estado.

Esta situación también está cambiando, en parte por los mismos motivos que hemos citado al referirnos al Jefe del Estado —liderazgo democrático, diplomacia «directa», «cumbres»— sin olvidar que el Jefe de Gobierno es el órgano ejecutivo principal, que el Gobierno establece la política general —incluyendo la exterior— del Estado, que es superior jerárquico del Ministro de Asuntos Exteriores y que adopta sus decisiones a impulso o con el control de un Parlamento, que normalmente tiene el apoyo de la mayoría.

Goza de inmunidades y privilegios en el exterior parecidos a los del Jefe de Estado.

Por otra parte, en el caso español, las Cortes Generales pueden controlar la acción del Gobierno.

El Ministro de Asuntos Exteriores es titular de la diplomacia del país, tiene la iniciativa en materia de relaciones exteriores y negocia los Tratados. Desde la Primera Guerra Mundial su papel ha ido en auge, a costa de los agentes diplomáticos y tras la Segunda Guerra Mundial desempeña frecuentemente misiones directas. Jurídicamente tienen gran relevancia sus actos y manifestaciones, siendo considerado el portavoz más idóneo del Gobierno por lo que respecta a sus relaciones con el exterior.

B) Misiones diplomáticas. Según el art. 3 párrafo 1 de la Convención de Viena de 1961 las funciones de una misión diplomática consisten principalmente en:

a) Representar al Estado acreditante ante el Estado receptor.

b) Proteger en el Estado receptor los intereses del Estado acreditante y los de sus nacionales dentro de los límites permitidos por el derecho internacional.

c) Negociar con el Gobierno del Estado receptor.

d) Enterarse por todos los medios lícitos de las condiciones y de la evolución de los acontecimientos en el Estado receptor e informar sobre ello al Gobierno del Estado acreditante.

e) Fomentar las relaciones amistosas y desarrollar las relaciones económicas, culturales y científicas entre el Estado acreditante y el Estado receptor.

Como se deduce de este texto, en la actualidad como desde su mismo origen, la función diplomática ha unido a su tarea representativa misiones informativas y negociadoras, es decir tareas comunicativas.

La jerarquía establecida entre los diplomáticos y que se remonta hasta los Protocolos de Viena y de Aquisgrán es la siguiente:

1) Embajadores, Nuncios y Legados Pontificios; 2) Enviados Extraordinarios, Ministros Plenipotenciarios e Internuncios; 3) Ministros residentes; 4) Encargados de Negocios, temporales o permanentes.

La función diplomática comienza con el *placet* o *agreement,* que se hace habitualmente por cortesía y no es obligatorio, pero son las cartas credenciales el título adecuado, instrumento mediante el cual al llegar a su destino se notifica el nombramiento al Ministro de Asuntos Exteriores enviándole una copia figurada de las cartas credenciales. Esta fecha determina su antigüedad. Después se entregan ceremoniosamente al Jefe del Estado. Los privilegios se disfrutan desde que se entrega en el territorio del Estado.

La misión termina por cese, dimisión, muerte, fin del plazo si era temporal, ruptura de relaciones o declaración de guerra, extinción del Estado al que se representa o ante el que se está acreditado. También existe la figura de ser declarado el agente *persona non grata.* Las inmunidades consagradas por la costumbre y la Convención de Viena, se basan en motivos jurídicos y en prerrogativas de cortesía. En síntesis se agrupan en la inviolabilidad del personal diplomático, de la correspondencia (valija, cifrado) y del edificio, además de la inmunidad de jurisdicción y otras en razón del culto y de exención fiscal.

Las relaciones consulares, como escribe Rodríguez Carrión, «responden a una práctica secular cuyo origen podemos encontrar en los *proxenoi* en Grecia, ciudadanos de un Estado a los que otro Estado encargaba, en intervención oficiosa, proteger y ayudar a los ciudadanos de este Estado que se encontraban o residían en ese país. Posteriormente la figura es adoptada por el derecho romano, en el que el *hospitium,* el *patronatus* e incluso el *praetor peregrinus* cumplían este tipo de funciones».

Pero será en la Edad Media cuando se formalice y generalice la figura de los cónsules, como se aprecia en el *Libro del Consulado del Mar,* siendo regulado como institución actual por los Convenios de 1928, 1963 y 1967 que fijan sus funciones y competencias. El Estado receptor debe otorgar al Cónsul su reconocimiento denominado *Exequátur.*

También hay que distinguir entre funcionarios consulares de carrera y honorarios. Hay que tener en cuenta que los actos consulares son actos de Derecho interno y no de Derecho internacional. Incluso pueden mantenerse relaciones consulares sin tenerlas diplomáticas, pues las primeras no implican el reconocimiento entre Estados.

3.4.3. *Modalidades de la actividad diplomática*

A) La «diplomacia directa» se superpone a los canales ordinarios de negociación. Los contactos los mantienen personalmente los Jefes de Estado, Jefes de Gobierno o Ministros titulares, en lugar de establecerse entre las representaciones diplomáticas oficiales y los órganos del Estado ante el que están acreditadas.

El hecho en sí no es nuevo. Lo característico del fenómeno radica en la intensidad y proliferación de estos contactos «directos» entre los estadistas para tratar asuntos de alto nivel. Ello ha sido posible esencialmente por dos factores: a) el progreso de los medios de comunicación y transporte; b) el «protagonismo» ejercido en la vida política por los dirigentes, democráticos o autoritarios.

El famoso «teléfono rojo» que permitió la comunicación automática entre el Kremlin y la Casa Blanca, puede ilustrar gráficamente la convergencia de los dos factores citados, explicando la eficacia y comodidad de la «diplomacia directa».

Si bien esta fórmula de mantener contactos ofrece obvias ventajas de rapidez y facilita la toma de decisiones, ha sido muy criticada por los riesgos de personalización y el escaso margen de maniobra que entraña. Cuando se entrevistan los primeros mandatarios de las Potencias, la remisión a otras instancias se hace mucho más impensable. La toma de decisiones puede verse influida por motivos de prestigio e incluso de partido, cuando no por circunstancias de la psicología individual.

Las entrevistas entre soberanos, cancilleres y ministros han sido frecuentes a lo largo de la historia, revistiendo algunos de estos encuentros suma trascendencia, como el establecimiento de pactos de familia, firma de alianzas y tratados de paz, celebración de bodas que conllevan modificaciones territoriales y otros acuerdos importantes.

Acontecimientos no estrictamente políticos han dado también ocasión para el ejercicio de la «diplomacia directa» al más alto nivel. Los funerales de destacados estadistas, las tomas de posesión de los Presidentes, la conmemoración de efemérides históricas e incluso acontecimientos de otro signo, como las Olimpiadas, han sido testigos de conversaciones entre los dirigentes. La misma apertura de las sesiones de la Asamblea General de las Naciones Unidas da pie a entrevistas entre Jefes de Gobierno y Ministros de Estados que tal vez no mantienen entre sí representaciones ordinarias a nivel de Embajadas.

Las entrevistas pueden ser bilaterales «en la cumbre» cuando se encuentran dos Jefes de Estado y multilaterales, igualmente «en la cumbre», confundiéndose por lo común en este caso con la «diplomacia por conferencia». La llamada «Cumbre del Milenio» celebrada en Nueva York en septiembre de 2000, con asistencia de 154 Jefes de Estado es un reciente ejemplo. Son más frecuentes las entrevistas entre Jefes de Gobierno y Ministros de Asuntos Exteriores y, también más ventajosas, pues, dejan un mayor margen de maniobra.

B) *La diplomacia multilateral* o *por conferencia* cuenta con antecedentes históricos. En cierto sentido es aplicable a los concilios y a las asambleas medievales, aunque los precedentes más directos son los congresos del Barroco y las conferencias internacionales del siglo XIX.

Se trata de encuentros prefijados de representantes o delegados de distintos Estados u organizaciones internacionales e incluso de Gobiernos provisionales y revolucionarios, con el fin de adoptar algún acuerdo y convención internacional, arreglar por medio de la discusión un problema o conseguir una línea de actuación política compartida.

La actual interdependencia, el aumento de Estados y organizaciones y el auge de la diplomacia «especializada» ha hecho crecer significativamente el número de conferencias internacionales.

La institucionalización de las reuniones periódicas da un cierto talante de estabilidad y diálogo al sistema internacional y contribuye al respeto de unas normas y usos compartidos.

Las conferencias deben resolver quiénes son los invitados, dónde se celebran, cuál es su orden del día, su organización y protocolo, el sistema de votación (por unanimidad, por mayoría...) y su ratificación.

C) *La diplomacia parlamentaria.* La *diplomacia por conferencia* ha evolucionado hasta transformarse, según la acertada definición de Dean Rusk, en *diplomacia parlamentaria.*

Los factores fundamentales, en opinión del ex-Secretario de Estado norteamericano, para posibilitar este cambio han sido: a) la existencia de una organización permanente con amplios intereses, objetivos y responsabilidades internacionales, con temas fijados en una agenda para ser tratados en un tiempo determinado; b) un debate público desarrollado al alcance de los medios de comunicación, que lo difunden ampliamente entre la opinión pública mundial; c) reglas de procedimiento que rigen el desarrollo de los debates y que son susceptibles de manipulaciones tácticas; d) conclusiones aprobadas por mayoría de votos simple o cualificada.

En opinión de Carrillo Salcedo, «la diplomacia parlamentaria no es más que un instrumento calculado para conseguir el máximo posible de negociación y de acuerdo y, en la Asamblea General de las Naciones Unidas, el proceso de decisión no lleva a una legislación en sentido auténtico ya que el poder de decisión permanece, al menos en principio, en manos de los estados Soberanos».

D) *La diplomacia ad hoc*. La diplomacia comenzó siendo una institución *ad hoc*, en cuanto que desde sus orígenes las misiones diplomáticas eran enviadas con un objeto determinado y sus funciones daban fin cuando era cumplida la tarea específica que les había sido encomendada.

La existencia de misiones especiales no es, por tanto, una novedad. Ya hemos señalado que tal carácter tuvieron muchos contactos de los acostumbrados en la Antigüedad y la Edad Media y siempre se vieron misiones temporales para ceremonias de importancia como coronaciones, bodas reales, funerales, firma de tratados, etc.

La diplomacia directa, incluida la llevada a cabo por los principales responsables del Estado o de la Administración exterior, es ya una forma de *diplomacia ad hoc*. Lo son también los *Embajadores volantes*, las Comisiones de Cooperación Técnica destinadas a otros países, las Oficinas Comerciales o de Turismo, las Misiones especiales cerca de las Organizaciones Internacionales (permanentes o no) y las Misiones y oficinas en general que de modo similar crean los demás Departamentos de la Administración, cuyos titulares viajan y negocian, incluso al margen de los cauces diplomáticos acreditados.

La diplomacia a*d hoc*, en buena parte de sus manifestaciones, es una respuesta a la necesidad de contar con personal especializado en las cuestiones más diversas y en la conveniencia de atender la demanda de políticas pragmáticas frente a los problemas eminentemente técnicos.

Las Misiones Especiales constituyen una de las formas de esta diplomacia, no necesariamente enviadas por necesidades técnicas, pero sí para objetivos muy concretos y tiempo limitado.

Según el texto adoptado por la Convención sobre Misiones Especiales elaborado por la Comisión de Derecho Internacional de las Naciones Unidas

(Res. 230/XXIV), las Misiones Especiales, tanto políticas como técnicas o cualquier otra, las constituye una representación estatal enviada por un tiempo determinado por un Estado a otro, con el consentimiento de este último, a fin de celebrar negociaciones sobre asuntos definidos o llevar a cabo tareas que dimanan de acuerdos concertados entre ambos Estados.

Las Misiones ante Organismos Internacionales o las enviadas por éstos son otra modalidad que la práctica internacional ha ido valorando, y su proliferación ha ido aumentando tras la Segunda Guerra Mundial.

E) El término *public diplomacy* (Diplomacia Pública) se empieza a manejar en el mundo académico ya en la década de los sesenta, pero hay que esperar a la época presidencial de Reagan para verlo plasmado en los servicios burocráticos. Ha sido también en los EEUU donde la *United States Information Agency* (USIA) ha oficializado ya el concepto en su práctica habitual.

Como afirma Bullion, la diplomacia pública deriva de la idea wilsoniana de la diplomacia abierta y desde un principio tiene como objetivo influir en la opinión de los países extranjeros. Viene a ser, en su origen, una actividad persuasiva y por ello, en opinión de Hans Tuch, es muy probable que Edmond A. Guillion, a quien se atribuye la paternidad del concepto, pensó en un primer momento en usar el clásico vocablo de propaganda pero dadas sus connotaciones peyorativas, optó por otra formulación más neutra.

No se busca por tanto, como se hacía en la diplomacia clásica, actuar sobre los Gobiernos, sino hacerlo ahora sobre los pueblos, entendidos desde nuestra óptica del ecosistema informativo como públicos. Otra segunda intención es que mediante esta intervención se logre simultáneamente volver a influir en los Gobiernos, que por ser democráticos están muy pendientes de las inclinaciones de la opinión de sus ciudadanos.

Existen varias definiciones en torno a la diplomacia pública. Las opiniones más cualificadas, como las de Malone y las del *Edward Murrow Center of Public Diplomacy,* apuntan a que la diplomacia pública puede definirse como aquellos intentos públicos o privados dirigidos a influir en la opinión pública extranjera; o como aquellos esfuerzos gubernamentales dirigidos a influir en la opinión pública en otros países con el propósito de establecer canales de comunicación con un público específico o con el público general en aras del interés nacional.

Esta es la primera fase de la operación: influir en los públicos extranjeros, ofrecer una imagen interesada del propio país y de la situación exterior. Sin embargo, la permeabilidad de las fronteras actuales y la interacción cada vez más dinámica de los flujos internacionales, incluidos lógicamente los noticiosos, ha generado un segundo objetivo tal vez no pretendido: influir sobre el propio público, sobre la población nacional. En este sentido se entiende la frecuencia con la que los dirigentes políticos utilizan los encuentros diplomáticos para tratar cuestiones incluso de política interior.

Si se enfoca expresamente hacia los medios de comunicación de masas e incluye, además de las notas de prensa, entrevistas, declaraciones y ruedas de prensa, la diplomacia pública, como señala Cohen, «incluye no sólo el trabajo informativo y las actividades culturales, donde los medios están involucrados, sino todos los aspectos públicos de la política exterior».

Estas nuevas modalidades del oficio diplomático no han puesto fin, lógicamente, a las negociaciones más o menos secretas y a los encuentros confidenciales, pero ilustran la tendencia cada vez más extendida a dar a conocer a los públicos cuanto hacen los Gobiernos, como un corolario de los planteamientos democráticos de la política y a veces, por simples razones electoralistas y de búsqueda de popularidad de los estadistas.

Por otra parte los diplomáticos han perdido también su rasgo de inviolabilidad por obra del terrorismo. Los secuestros y atentados contra el personal y las instalaciones diplomáticas constituyen una de las modalidades frecuentes del terrorismo internacional actual.

F) Las llamadas entidades subestatales, aunque formalmente no tengan competencias de acción exterior, llevan a cabo, de modo cada vez más frecuente, muy diversas actividades de tipo representativo, social, cultural y económico que han venido a calificarse de *paradiplomacia*. Francisco Aldecoa, Noé Cornago y Carlos Casadevante, entre otros, han tratado el tema, que además está cobrando un nuevo interés desde la óptica europea, especialmente en aquellos Estados, como el español, que tienen transferidas competencias a estas entidades y para los que se reclama algún tipo de presencia, como ya tienen regiones de Alemania, Bélgica y Reino Unido, en el ámbito comunitario.

En Bruselas, las autonomías españolas mantienen oficinas con fines informativos y de gestión. Otro tema de interés son los hermanamientos o *jumelages* entre ciudades.

Como planteamiento general, en España a tenor de lo dispuesto en el art. 149.1.3ª de la Constitución, las relaciones internacionales son competencia exclusiva del Estado. La sentencia del Tribunal Constitucional de 26-V-94 ha afirmado respecto a las competencias exteriores de las Comunidades Autónomas, que el artículo 149.1.3ª excluye «que dichos entes puedan establecer órganos permanentes de representación ante esos sujetos, dotados de un estatuto internacional, pues ello implica un previo acuerdo con un Estado receptor o la Organización Internacional ante la que ejercen sus funciones».

3.5. Las fuerzas armadas

3.5.1. *Concepto e historia*

A) Si la diplomacia encauza las formas de relación pacífica, que según se ha visto, abarca hoy día las diversas ramas de la Administración del Estado, comprendiendo relaciones culturales, económicas, políticas, sociales, etc., que incluso son desempeñadas de modo independiente al Ministerio de Exteriores, las Fuerzas Armadas, como instrumento característico del Poder Militar, constituyen el otro Medio clásico de actuación exterior, especialmente en las situaciones de crisis y de guerra.

Dos características perfilan claramente la diferencia entre el poder militar y las otras formas de poder del Estado: ser el último y más contundente medio de acción para la política y constituirse como un poder-suma, un resultante de todos los demás medios. La segunda característica es aplicable especialmente a los estados de la época industrial.

El poder militar se concreta en el Ejército, institución que también desempeña otras funciones no militares. Dice el general Díez Alegría que «...existen ante todo, una serie de cuestiones de principio; una nación independiente no puede prescindir del Ejército, puesto que el ejército es un atributo de la independencia. Para la misma nación, el ejército viene a ser la prueba de la autenticidad del Estado. No es casual que la formación de los estados coincida con el fin de la caballería feudal y el triunfo de las armas de fuego o que los Ejércitos nacionales sean consecuencia de una movilización general emparentada con la implantación de la democracia moderna».

Ejercer o controlar el poder militar despierta un claro riesgo de creerse dueño de los demás recursos y medios de poder. La historia está salpicada de este «complejo pretoriano» y de los continuos esfuerzos del poder civil por evitarlo. Incluso Mao Zedong repitió la vieja idea de que el poder sale de la boca de los fusiles.

Se denomina Ejército al conjunto de las fuerzas armadas de un país. Aunque en principio se refiere sólo a los efectivos terrestres, calificando como Marina a los medios navales, también se emplean los términos de Ejército de Tierra y Ejército del Aire. Cabe una acepción más restringida para designar una agrupación táctica, como el VIII Ejército británico.

La posesión de armas, la disciplina, la estructura jerárquica y su dependencia del poder político perfilan al Ejército.

Su misión característica es la defensa del territorio o de los intereses nacionales contra un ataque exterior, pero también puede cumplir funciones dentro del propio país, como el mantenimiento del orden público, la colaboración en situaciones de catástrofe, etc.

El Ejército es una institución consustancial con las sociedades organizadas y su afianzamiento es fruto de la convergencia del poder político centralizado, recursos humanos y económicos y desarrollo tecnológico.

B) La dialéctica entre «la coraza y la espada» sustenta todo el proceso de cambio militar. Desde las puntas de flecha y los restos de las fortificaciones más primitivas hasta las redes de alerta anti-misiles, pasando por las armaduras y la artillería de campaña, los castillos y las trincheras, las ametralladoras o los carros de combate, la dialéctica entre medios ofensivos y defensivos resume los dos fines del poder militar: destruir al contrario y defender lo propio.

En las sociedades primitivas los hombres útiles poseían sus propias armas y defendían la tribu. Se trata de un planteamiento radicalmente distinto en el que se difuminan las fronteras entre los deberes civiles y militares. Los guerreros no constituían un ejército, sino «la tribu en armas», como tampoco fueron un ejército los caballeros y las mesnadas feudales. El caudillaje, la fidelidad y las mismas necesidades operativas imponían sin embargo, en ambos casos, ciertas formas de disciplina de instrucción castrense.

A Roma se deben muchas innovaciones que han llegado hasta hoy, como los convoyes navales, los campamentos y trincheras, la combinación entre «orden cerrado y abierto», los estamentos y servicios auxiliares, algunas formaciones, como «el testudo», antecedente del «erizo» de los piqueros y los «cuadros» de los fusileros.

Si la falange y la legión se basaban en el predominio de la infantería, con las connotaciones urbanas que el hecho tiene, como volverá a ocurrir en el siglo XIX al movilizarse las masas por el nacionalismo, el período medieval supone el predominio de la caballería, símbolo de la sociedad campesina y feudal.

La sociedad feudal es en gran medida una sociedad guerrera. El ejercicio de las armas constituye una de las escasas ocupaciones dignas de un noble. La seguridad que garantiza el sistema feudal a cada pequeño dominio a cambio del vasallaje es una de las claves de la época.

El castillo «protegiendo su campo» es la imagen que resume el Medioevo, período en que tampoco faltan arrolladoras invasiones y levantamientos campesinos e incluso expediciones «internacionales», como las Cruzadas.

La derrota de Adrianápolis en el 1378 —dice Montgomery— inicia el cambio de la época. El dominio de la caballería durará mil años, coincidiendo con un período «defensivo, encastillado, cerrado en murallas, armaduras, cotas de malla y privilegios». La guerra se «singulariza», se hace más épica y personal, más «caballeresca», como se ilustra por los mismos símbolos heráldicos y los torneos.

La batalla de Courtrai en 1302, así como las de Morgarten en 1315 y Laupen en 1339 ponen en duda la superioridad de los caballeros frente a las «nubes» de flechas y los «bosques» de las picas y alabardas. No sólo es una cuestión de armas, sino de la importancia que cobra el estilo nuevo de las formaciones, ágiles y resistentes, contra la pesadez de la caballería acorazada.

La artillería, que hace su aparición tímida y ruidosa en España —sitio de Niebla— y cobra cierta utilidad en la segunda mitad de la Guerra de los Cien Años, dará el golpe de gracia a castillos y armaduras.

Y será la combinación de las armas de fuego ligeras y la nueva infantería creada por España —los Tercios del Gran Capitán— quienes abren las puertas a la modernidad. Pavía confirma este cambio.

La pólvora ilustra dos hechos reveladores: que la guerra ya no es una pelea individual y que se tecnifica, es decir, se masifica, encarece y especializa. El cambio coincide con otras profundas alteraciones político-sociales, que se simbolizan en la ampliación del concepto y la realidad del «espacio», la centralización del poder, la incorporación paulatina del pueblo y los primeros síntomas del capitalismo. Todo ello acabará perfectamente simbolizado en los disciplinados, pertrechados y uniformados regimientos del barroco.

Las campañas de los siglos XVII y XVIII ilustran el afianzamiento de las Monarquías. Los Ejércitos aumentan sus efectivos y se hacen más caros y permanentes, mientras nace una incipiente burocracia militar y una industria bélica.

La «Razón» se impone también en los calibres de las armas de fuego, en el avance de la artillería, en las operaciones y maniobras, cada vez más «geométricas», como las fortificaciones de Vauban o los despliegues «a la federica».

C) De las guerras napoleónicas a la Primera Guerra Mundial, la movilización obligatoria, el empleo del material forjado por el creciente complejo económico-industrial y la misión de servir a los intereses nacionales van a desembocar en la guerra total, aumentando paralelamente el peso del militarismo en la vida pública. Con la Restauración se retorna a los Ejércitos limitados, pero conforme se intensifican las tensiones imperialistas se consagran las levas permanentes.

La aventura ultramarina traerá otra importantísima alteración: la pugna por el dominio del mar para obtener la tierra. Sir Walter Raleigh, adelantándose a Mahan decía: «quienquiera que domine el mar domina el comercio; quienquiera que domine el comercio del mundo domina las riquezas del mundo, y, por consiguiente el mundo entero».

Si la evolución de la artillería es un reflejo del progreso industrial y de la masificación, la evolución de la marina aún lo es más, forzando e incorporando las innovaciones científicas y técnicas; sirviendo tanto para la guerra como para el transporte de los hombres, las ideas y las cosas.

Si entre 1800 y 1815 Napoleón puso en armas a dos millones de hombres, en vísperas de la Primera Guerra Mundial, Francia podría hacerlo con 3.500.000 y Rusia con 4.000.000. Bloch denunció los peligros de una hecatombe ante esta masificación y la capacidad de fuego de las armas. Sus augurios se cumplieron. En los cuatro meses de la batalla del Somme hubo un millón de víctimas. Las cifras de Verdún fueron también terribles.

La tecnificación se sigue claramente en el arma de caballería, que si a lo largo del XIX mantiene su romántica estampa —batalla de Balaklava— y vive «sobre el propio terreno», al mecanizarse en la Segunda Guerra Mundial dependerá de una industria altamente especializada y del suministro de combustible. Los caballos se sustituirán por carros blindados y vehículos de transporte.

La ampliación del espacio alteró la estrategia y la táctica, de igual modo que la industrialización hizo de la retaguardia un objetivo militar y del bloqueo un arma decisiva. Esta tendencia a la «totalización» afectó a la población civil y endureció las hostilidades.

El eterno dilema entre «la coraza y la espada» cobra una dimensión nueva al tener que contar con dos factores básicos: la masa y el movimiento. La artillería «levantará murallas», o caerá como el rayo. En Trafalgar, el navío insignia español, con 130 cañones —el *Santísima Trinidad*—, preludia la potencia de fuego de los acorazados. La respuesta es correlativa: móvil y destructora a la par que protegida. Las trincheras de la Gran Guerra y el blindaje de los carros de combate remedan al castillo feudal, como el reactor —heráldica incluida— resucita al caballero prepotente del Medioevo.

Si en la Primera Guerra Mundial la pala será tan vital como el fusil, en la estrategia nuclear la red de salvaguardia no lo es menos que los misiles. La marina y la aviación van a modificar en los conflictos del siglo XX el modo de combatir. El dominio del aire se hace imprescindible. Los aviones sirven para el transporte de tropas y material, para el enfrentamiento aéreo y para los bombardeos del frente y la retaguardia. En el mar las grandes novedades serán los submarinos y los portaaviones.

D) La guerra contemporánea será no sólo distinta de la «antigua», sino que también variará según los recursos del Estado que la protagonice. Esta «escalada» culmina con la sofisticación de la guerra atómica. Mecanización y especialización obligan a una formación más intensa del soldado y del mando y al mantenimiento de una mayor burocracia militar. El Ejército es ya escuela, industria, cliente, consumidor y productor mayoritario. Concreta Clark que «como el Estado moderno fue necesario para crear el Ejército permanente, así creó el Ejército al Estado moderno, pues la influencia de ambas causas fue recíproca».

La manifestación y tecnificación de la «guerra total» ha impuesto una acción cada vez más coordinada, no ya entre las distintas armas, sino entre los distintos ejércitos para conseguir la debida cooperación.

Esta exigencia ha llevado además a una superposición de misiones y una síntesis de las armas. Así se habla de «infantería de marina», de «caballería helitransportada», de «paracaidistas de tierra», de cohetes aire-aire o tierra-aire, de «infantería mecanizada», etc.

Las características de los ejércitos modernos, con sofisticados armamentos y servicios, ha vuelto a dar una gran importancia a los aspectos logísticos y de retaguardia.

La importancia de los factores psicológicos, económicos y sociales crece a la vez que el impacto de las nuevas tecnologías. La «guerra total» no es ya un «asunto de militares» sino de la sociedad entera.

De algún modo y por paradójico que resulte, se ha vuelto a la tribu primitiva, al grupo social en armas, a «desmilitarizar la guerra», precisamente por haber convertido a la sociedad en objeto bélico.

En la última década del siglo XX los conflictos del Golfo, Bosnia y Kosovo ilustran las nuevas concepciones estratégicas y logísticas, la importancia de la aviación, el empleo de armas inteligentes, la aplicación de la electrónica y la necesaria profesionalización de los militares.

Autores como Toffler y Echevarría hablan ya de la *ciberguerra* y de la creciente reconversión de los ejércitos por el impacto de la telemática. Otro dato finisecular ha sido la formación de unidades de intervención inmediata y la coordinación de fuerzas multinacionales, a la vez que la acción militar se contempla casi siempre desde ópticas como la ayuda humanitaria, la interposición o el mandato de las Naciones Unidas. Otro dato es la sustitución de las tropas de recluta por las unidades profesionales en los países más avanzados.

SEGUNDA PARTE

MARCO JURÍDICO E INFORMATIVO DEL COMPLEJO RELACIONAL

PLANTEAMIENTO

Los temas agrupados en esta segunda parte son más especializados y en cierto modo complementarios, para ofrecer un mejor conocimiento del encuadre jurídico y del tratamiento informativo de actualidad que corresponde al complejo relacional.

Aunque las cuestiones referidas al Derecho Internacional apenas suelen incluirse en los manuales y estudios dedicados a las Relaciones Internacionales, he querido dedicar en esta ocasión un cierto, aunque limitado espacio a este campo, habida cuenta que este libro está pensado, básicamente, para estudiantes y profesionales de la comunicación.

Los cambios que está experimentando la sociedad internacional inciden igualmente en el derecho, que debe plantearse desafíos de gran calado en ámbitos como los derechos humanos, las relaciones de cooperación inter-estatales, la protección del medio ambiente, el derecho al desarrollo, la viabilidad de una jurisdicción penal, o la tensión entre el respeto a la soberanía de los estados y el deber de injerencia humanitaria, entre otros asuntos que son hoy tema de debates, no sólo entre los especialistas, sino en la opinión pública.

Los conflictos y su máxima modalidad polemológica, la guerra, han encontrado nuevas manifestaciones de rivalidad, hostilidad y tensión, y a ellos se dedica otro de los capítulos de este bloque. Paralelamente se está avanzando de modo positivo en el llamado *ius contra bellum,* en los medios pacíficos de resolución de conflictos y en la aceptación del principio de la seguridad colectiva.

Los progresos científicos y tecnológicos han contribuido a una impresionante carrera de armamentos, tanto en calidad como en cantidad, hasta el punto de constituir esta escalada uno de los problemas más graves de nuestra época. Afortunadamente también han progresado las vías de diálogo y entendimiento, y se han multiplicado los foros de desarme y la concienciación general ante la proliferación de las armas, especialmente las de destrucción masiva.

Junto a los dos capítulos de tipo jurídico, el último de esta parte se dedica a analizar la información internacional desde el punto de vista periodístico. Aunque se dejan fuera muchas cuestiones, se ha procurado exponer las líneas básicas del proceso comunicativo, del llamado ciclo vital de las noticias, y temas tan actuales como la formulación de la agenda temática, el enfoque, la especialización de contenidos, las fuentes, los géneros y el tratamiento propio de la sección de información internacional.

Un dato relevante es la emergencia de la denominada sociedad de la información, que está transformando el horizonte histórico al establecerse una red comunicativa mundial, una infraestructura tecnológica, que prácticamente anula tiempo y espacio.

En cierto modo puede decirse que todos los agentes y actores sociales se están convirtiendo en sujetos emisores y receptores de información, obligando a los medios profesionales dedicados a la elaboración y difusión de noticias a plantearse su misma transformación.

La referencia a la opinión pública como factor influyente en el complejo internacional cierra este capítulo y este primer libro de tipo preferentemente teórico.

BIBLIOGRAFÍA

4. EL DERECHO INTERNACIONAL

AKEHVEST, M., *Introducción al Derecho Internacional.* Alianza, Madrid 1979.
AMSTUTZ, M.R., *International Ethics,* Rowman and Littlefield, Maryland 1999.
ARBUET, H., *Derecho Internacional Público,* Montevideo 1993.
BENADAVA, S., *Derecho Internacional Público,* Santiago de Chile 1993 (4.ª ed.).
BERMEJO GARCÍA, R., *Textos de derecho internacional público,* Pamplona 1996 (2.ª ed.).
CARRILLO SALCEDO, J.A., *El Derecho Internacional en un mundo en cambio,* Tecnos, Madrid 1984.
—, *El Derecho Internacional en perspectiva histórica,* Tecnos, Madrid 1991.
—, *Curso de Derecho Internacional Público,* Madrid 1996.
COMBACAU, J. y SUR, S., *Droit International Public,* París 1995 (2.ª ed.).
DÍEZ DE VELASCO, A., *Instituciones del Derecho Internacional Público. Las Organizaciones Internacionales,* Madrid 1973.
DUPUY, P.M., *Droit International Public,* París 1995 (3.ª ed.).
FERNÁNDEZ FLORES, J.L., *Derecho Internacional Público. Instituciones,* Ed. Sistema, Madrid 1980.
GAVIRIA LIÉVAND, E., *Derecho Internacional Público,* Bogotá 1993.
GÓMEZ-ROBLEDO VERDUZCO, A., *Temas selectos de derecho internacional público,* México 1994.
GONZÁLEZ CAMPOS, G.D., SÁNCHEZ RODRÍGUEZ, L.I., ANDRÉS SÁENZ DE SANTA MARÍA, P., *Curso de Derecho Internacional Público,* Madrid 1998.
GUNDER, A.F., *Dependent Accumulation and Underdevelopment,* McMillan Information Cord, Londres 1978.
GUTIÉRREZ ESPADA, C., *Derecho Internacional Público,* Madrid 1995.
—, *Apuntes sobre las funciones del derecho internacional contemporáneo,* Murcia 1995.
HERRERO RUBIO, A., *Derecho Internacional Público,* vol 1, Valladolid 1994 (10.ª ed.).
KLEIBOER, M., *The multiple Realities of International Mediation,* Lynne Rienner, Londres 1998.
JIMÉNEZ DE ARECHAGA, E., *El Derecho Internacional Contemporáneo,* Madrid 1980.

LASCOMBE, M., *Le Droit international public,* París 1996.
MARIÑO MENÉNDEZ, F., *Derecho Internacional Público. Parte general,* Madrid 1995 (2.ª ed.).
MARTIN, P.M., *Le Échecs au Droit International,* París 1996.
MONCAYO, VINUESA y GUTIÉRREZ POSE, *Derecho Internacional Público,* Buenos Aires 1997.
ORTEGA CARCELÉN, M., *Hacia un gobierno mundial. Las nuevas funciones del Consejo de Seguridad,* Salamanca 1995.
PASTOR RIDRUEJO, J.A., *Curso de Derecho Internacional Público y Organizaciones Internacionales,* Temas, Madrid 1999.
PUENTE EGIDO, J., *Lecciones de Derecho Internacional Público,* 2 vols., Madrid 1997.
RAMÍREZ, E., *Derecho Internacional Público,* Lima 1992.
REMIRO BROTONS, A. y otros, *Derecho Internacional,* McGraw-Hill, Madrid 1997.
RIZZO ROMANO, A., *Derecho Internacional Público,* Buenos Aires 1995 (3.ª ed.).
RODRÍGUEZ CARRIÓN, A.J., *Lecciones de Derecho Internacional Público,* Tecnos, Madrid 1987.
RUZIÉ, D., *Droit international public,* París 1995 (11.ª ed.).
SÁNCHEZ RODRÍGUEZ, L.I., *Derecho Internacional Público: Problemas actuales,* Madrid 1993.
SIMMA, B., *The Chapter of the United Nations. A Commentar,* Oxford University Press, 1995.
STEFFENS, A.L., *Nuevos enfoques del Derecho Internacional,* Santiago de Chile 1992.
TREDINNICK, F., *Curso de Derecho Internacional Público y Relaciones Internacionales,* La Paz 1993.
TRIGO, J., *Manual de Derecho Internacional Público,* La Paz 1993.
VV.AA., *Pensamiento Jurídico y Sociedad Internacional. Estudios en honor del profesor D. Antonio Truyol Serra,* CEC/UCM, Madrid 1986.
VALLS, A., *Ethics in International Affairs,* Rowman and Littlefield, Maryland 2000.
VERDROSS, A., *Derecho Internacional Público,* Aguilar, Madrid 1979.

5. CRISOLOGÍA Y POLEMOLOGÍA

AGUIRRE, M., *De Hiroshima a los euromisiles,* Tecnos, Madrid 1984.
—, (Ed), *Las guerras modernas: pobreza, recursos, religión,* Anuario CIP, Barcelona 1997.
AGUIRRE, M. y MATTHEWS, R., *Guerras de baja intensidad,* Ed. Fundamentos, Madrid 1989.
ALEXANDER y otros, *Terrorism: Theory and practice,* Bowker, Essex 1979.
ART, R.J. y WALTZ, K.N., *The use of Force. Military Power and International Politics,* Rowman and Littlefield, Maryland 2000 (5.ª ed.).
BEAUFRE, A., *Disuasión y estrategia,* Pleamar, Buenos Aires 1990 (4.ª ed.).
BERTRAM, Ch., *Arms Control and Military Force,* Gower Pub, Hamshire 1980.
BETTATI, M. y KOUCHNER, B., *Le Devoir d'ingerence,* Ed. Denoêl, París 1987.
BLANCO GASPAR, V., *La agresión internacional. Intentos de definición,* Madrid 1973.
BOUTHOUL, G. y CARRERE, R., *El desafío de la guerra (1740-1974). Dos siglos de guerra,* Madrid 1977.
—, *El fenómeno guerra,* Plaza Janés, Barcelona 1971.
BRAILLARD, Ph., *Quelques perspectives de développement de l'étude empirique des conflicts internationaux,* Ed. Etudes Internationales, 1983.

BROMS, B., *The Definition of Aggresion,* 1977.
CIMBALA, S.J., *Nuclear Strategy in the Twenty-First Century,* Praeger, Londres 2000.
DÍAZ BARRADO, C.H., *El uso de la fuerza en las relaciones internacionales. Textos relativos a su regulación y control,* Ed. Ministerio de Defensa, Madrid 1991.
DUROSELLE, J.B., *La nature des conflicts,* 1964.
ETIENNE, C., *Vencer a la Guerra,* Ed. El País, Madrid 1985.
FAWCETT, J. y PARRY, A., *Law and International Resorce Conflict,* Oxford, University Press, Oxford 1981.
FERNÁNDEZ-FLÓREZ, J.L., *Del Derecho de la Guerra,* Ed. Ejército, Madrid 1982.
FISAS, V., *Introducción al estudio de la paz y de los conflictos,* Ed. Lerna, Barcelona 1987.
FREEDMAN, L., *The Evolutions of Nuclear Strategy,* McMillan Press, Londres 1982.
GARCÍA ARIAS, L., *La guerra moderna y la organización internacional,* Instituto de Estudios Políticos, Madrid 1962.
GARNER, W., *Soviet threat perceptions of NATO's eurostrategic missiles,* The Atlantic Institute for International Affairs, París 1983.
GOLDBLAT, J., *La limitación de armamentos,* MPDL, Madrid 1984.
GRAY, C.S., *Nuclear strategy and the arms race,* Gower, 1985.
HAAS, M., *International Conflict,* Ed. Babbs-Merrill, Londres 1974.
HASSNER, P., *La violence et la paix. De la bombe atomique au nettoyague etnique,* Ed. Espirit, París 1995.
HILSMAN, R., *From Nuclear Military Strategy to a World Without War,* Praeger, Londres 1999.
HOFFMANN, S., *Jano y Minerva. Ensayos sobre la guerra y la paz,* Ed. GEL, Buenos Aires 1991.
INTRILIGATOR, M.D., *Research an conflict theory. Analityc Approaches and Areas of Application,* 1982.
JAMES, A., *Peacekeeping in International Politics,* McMillan, Londres 1990.
JONES, R.W., *The Spread of nuclear weapons,* Lexington Books, 1985.
LIDER, J., *On the nature of war,* Ed. Saxon House, Hampshire 1977.
LITWAR, R., *Sources of Inter-State Conflict,* Gower 1981.
LIVINGSTONE, N.C., *The War against terrorism,* Lexington Books, 1982.
LOCKHART, Ch., *Bargaining in International Conflicts,* Columbia University Press, 1980.
LUTERBACHER, U., *Dynamic Models of International Conflict,* Frances Printer, Londres 1986.
MANGAS, A., *Conflictos armados internos y derecho internacional humanitario,* Universidad Salamanca, 1992 (2.ª ed.).
MIDLASKY, M., *On War. Political Violence in International System.* Free Press, Nueva York 1975.
MOCKAITIS, T.R., *Peace Operations and Intrastate Conflict,* Praeger, Londres 1999.
MONTGOMERY, A., *Historia del Arte de la guerra,* Madrid 1969.
MORENO, F. y JIMÉNEZ, F. (Coord), *La guerra: realidad y alternativas.* Ed. Complutense, Madrid 1992.
MYRDAZ, A., *El juego del desarme,* Ed. Debate, Madrid 1984.
NICHOLSON, M., *Análisis del Conflicto,* Madrid 1974.
NYE, J.S., *Redce in Harts. Integration and Conflict in Regional Organization,* Little Brown, Boston 1971.
PARSONS, A., *From Cold War to Hot Peace: Un Interventions 1947-1994,* Londres 1995.

Pecourt, E., *Ius ad bellum, ius contra bellum y legítima defensa en el derecho internacional*, Valencia 1977.
Ramírez Sineiro, J.M., *La dimensión estelar de la carrera de armamentos y la crisis de los principios normativos de la actividad espacial*, 1985.
Rodríguez Carrión, A., *Uso de la fuerza por los Estados*, Málaga 1974.
Romero, A., *Estrategia política en la era nuclear*, Tecnos, Madrid 1979.
Salas López, F., *La Utopía de la Paz y el Terror de la Guerra*, Servicio Publicaciones E.M.E., Madrid 1983.
Seara Vázquez, M., *Paz y Conflicto en la Sociedad Internacional*, México 1969.
Schear, J.A., *Nuclear weapons proliferation and nuclear risk*, Gaver, 1984.
Singer, J.D., *Explaining War. Causes and Correlates of War*, Sage, Londres 1980.
Toffler, A., *Las guerras del futuro*, Barcelona 1994.
VV.AA., *International Conflict and Conflict Resolution. Readings in World Politics*, Prentice-Hall 1989, (2.ª ed.).
Vásquez, J., *The War Puzzle*, Cambridge University Press, Cambridge 1993.
Venezia, J.C., *Stratégie nucléaire et relations internationales*, Colin, París 1971.
Von Clausewitz, K., *De la Guerra*, Labor, Barcelona 1984.
Waltz, K.N., *El hombre, el Estado y la Guerra*, Buenos Aires 1970.
Weiss, T.G., *Military-Civilian Interactions. Intervening in Humanitarian Crises*, Rowman and Littlefield, Maryland 1999.
Zorbige, Ch., *La Guerra Civil*, Dopesa, Barcelona 1975.

6. La información internacional

Adams, W.C., *Television coverage of international affairs*, Norwood, N.J., Ablex 1982.
Aguadero, F., *La sociedad de la información*, Acento, Madrid 1997.
Alcoba López, A., *Periodismo gráfico*, Fragua, Madrid 1988.
Altabella, J., *Corresponsales de Guerra. Su Historia y su actuación*, Febo, Madrid 1945.
Álvarez, J.T., *Historia y modelos de comunicación en el siglo XX. El nuevo orden informativo*, Ariel, Barcelona 1987.
Arbatow, G., *The Ward of ideas in contemporary international relations*, Moscú 1973.
Balle, F., *Información y Sociedad: antiguos y nuevos desafíos*, EUNSA, Pamplona 1983.
Beneyto, J., *La Opinión Pública Internacional*, Tecnos, Madrid 1963.
Benito, A., *La invención de la actualidad. Técnicas, usos y abusos de la información*, FCE, Madrid 1995.
Berger, P.L., *La construcción social de la realidad*, Buenos Aires 1972.
Bezunartea, O., *La prensa ante el cambio de siglo*, Deusto 1998.
Bielenstein, D., (comp), *Toward a new world information order: consequences for development policy*, Institut Für Internationale Begegenugen, Bonn 1980 (2.ª ed.).
Borrat, H., *El periódico, actor político*, Gustavo Gili, Barcelona 1989.
Boyd-Barret, O. y Palmer, M., *Le Trafic de nouvelles. Les agences mondiales d'information*, A. Moreau, París 1981.
Bryant y Jennings, *Los efectos de los medios de comunicación*, Paidós, Barcelona 1996.

BUTTER, O., *La Presse et les relations politiques internationales,* Recueil des Cours de l'Académie de Droit International, La Haya 1933.
CASTELLS, M., *La Era de la Información,* 3 vol., Alianza, Madrid 2000 (2.ª ed.).
CEBRIÁN, J.L., *La red,* Aguilar, Madrid 1988.
COHEN, B., *The Press and Foreign Policy,* Princeton University Press, 1963.
COLOMBO, F., *Televisión: la realidad como espectáculo,* Gustavo Gili, Barcelona 1976.
COTTAM, M.L., *Foreign Policy Decision Making,* Westview Press, Boulder 1986.
CURRAN, J., y GUREVITCH, M. (ed), *Mass Media and Society,* Arnold, Londres 1991.
DADER, J.L., *El periodista en el espacio público,* Bosch Comunicación, Madrid 1992.
DE FLEUR, M., *Teorías de la Comunicación Masiva,* Paidós, Buenos Aires 1970.
ECO, U., *Apocalípticos e integrados ante la cultura de masas,* Lumen, Barcelona 1973.
ECHEVERRÍA, J., *Telépolis,* Destino, Barcelona 1994.
—, *Cosmopolitas domésticos,* Anagrama, Barcelona 1995.
—, *Los señores del aire: Telépolis y el tercer entorno,* Destino, Barcelona 1999.
ESCRICHE, P. y otros, *La comunicación Internacional,* Mitre, Barcelona 1985.
FAUS BELAU, A., *La radiodifusión ante el futuro tecnológico,* Universidad de Navarra, Pamplona 1995.
FENBY, J., *International news services,* Schocken, Nueva York 1986.
FERGUSON, M., *Public Communication: The new huperatives,* Sage, Londres 1990.
FERRO, M., *L'Information en Uniforme,* Ramsay Ed., París 1991.
GALNOOR, I., *Communication and Politics,* Sage, Londres 1982.
GANNETT FOUNDATION, *The Media at War: the press and the Persian Gulf Conflict,* Columbia University, Nueva York 1991.
GARCÍA NOBLEJAS, J.J., *Medios de conspiración social,* EUNSA, Pamplona 1998.
GERSTLÉ, J., *La communication politique,* PUF, París 1992.
GOMIS, L., *El Medio media: La función política de la prensa,* Mitre, Barcelona 1987 (2.ª ed.).
—, *Teoría del periodismo,* Paidós, Barcelona 1991.
HABERMAS, J., *Historia y crítica de la opinión pública,* Gustavo Gili, Barcelona 1982.
HAMELINK, C.J., *La aldea transnacional. El papel de los trusts en la comunicación audiovisual,* Gustavo Gili, Barcelona 1981.
HOFFMAN, A., *Las comunicaciones en la diplomacia moderna,* Distribuidora Argentina, Buenos Aires 1976.
KENNEDY, P., *La Sociedad de la Información,* Comisión Europea, Luxemburgo 1996.
KNIGHTLEY, Ph., *Corresponsales de guerra,* Euros, Barcelona 1976.
KRUGLAK, E.T., *The foreigns Correspondents: A Study of the Men and Women Reporting for the American Information Media in Western Europe,* E. Droz, Ginebra 1955.
LEE, J., *Diplomatic Persuaders, New Role of the Mass Media in International Relations,* Wiley and Sons, Nueva York-Londres 1968.
LEVY, P., *¿Qué es lo virtual?,* Paidós, Barcelona 1999.
LÓPEZ-ESCOBAR, E., *Análisis del «nuevo orden» internacional de la información,* EUNSA, Pamplona 1978.
LOZANO BARTOLOZZI, P., *El Ecosistema Informativo,* EUNSA, Pamplona 1974.
MARKLEY, R. (ed), *Virtual Realities and their Discontents,* John Hopkins, Baltimore 1996.
MARTÍN ALGARRA, M., *La comunicación en la vida cotidiana. La fenomenología de Alfred Schutz,* EUNSA, Pamplona 1993.

MARTÍN LÓPEZ, E., *Sociología de la opinión pública,* Universidad Complutense, Madrid 1990.
MARTÍN VIVALDI, G., *Géneros periodísticos,* Paraninfo, Madrid 1987.
MARTÍNEZ ALBERTOS, J.L., *Curso General de Redacción Periodística,* Mitre, Barcelona 1983.
—, *La noticia y los comunicadores públicos,* Pirámide, Madrid 1987.
MARTÍNEZ-COSTA, P., *La radio en la era digital,* El País-Aguilar, Madrid 1997.
MARZO, M.J., *Europa, una información selectiva,* Bilbao 1993.
MATTELART, A., *Multinationales et Systémes de communication,* Anthropos, París 1976.
MCBRIDE, S., *Un solo mundo, voces múltiples,* FCE, México/París 1980.
MCNAIR, B., *An Introduction to Political Communication,* Routledge, Londres 1995.
MCQUAIL, D., *Media performance,* Sage, Londres 1992.
MEHRA, A., *Free flow of information: a new paradigm,* Greenwood, New York 1986.
MONZÓN, C., *Opinión pública, comunicación y política,* Tecnos, Madrid 1996.
MURCIANO, M., *Estructura y Dinámica de la Comunicación Internacional,* Bosch, Barcelona 1992.
NEGROPONTE, N., *El mundo digital,* Eds Barcelona 1995.
NOELLE-NEUMANN, E., *La espiral del silencio,* Paidós, Barcelona 1995.
NÚÑEZ DE PRADOS, S. y MARTÍN DÍEZ, M.A., *Estructura de la comunicación mundial,* Universitas, Madrid 1996.
NÚÑEZ LADEVEZE, L., *El lenguaje de los media,* Pirámide, Madrid 1979.
ORIVE RIVA, P., *Diagnóstico sobre la información,* Tecnos, Madrid 1980.
—, *Estructura de la Información Periodística (1),* Pirámide, Madrid 1977.
—, *Comunicación y Sociedad Democrática (2),* Pirámide, Madrid 1978.
PARÉS I MAICAS, M., *Introducción a la comunicación social,* PPU, Barcelona 1992.
PIZARRO, A., *Historia de la propaganda,* Eudema, Madrid 1990.
RAMONET, I., *La tiranía de la comunicación,* Temas de Debate, Madrid 1998.
RODRÍGUEZ, R. y SADAB, G. (ed), *Periodistas ante conflictos,* EUNSA, Pamplona 1999.
ROSENAU, *Public opinion and Foreign Policy: An operations formula,* Random House, Nueva York 1961.
SAHAGÚN, F., *De Gutenberg a Internet. La sociedad internacional de la información,* Universidad Complutense, Madrid 1998.
SÁNCHEZ BRAVO, A., *Tratado de Estructura de la Información,* Latina Universitaria, Madrid 1981.
SÁNCHEZ NORIEGA, J.L., *Crítica de la seducción mediática,* Tecnos, Madrid 1997.
SAPERAS, E., *Los efectos cognitivos de la comunicación de masas,* Ariel, Barcelona 1987.
SHOEMAKER, P.J. y REESE, S.P., *Mediating the message: theories of influence on mass media content,* Longman, Nueva York 1991.
STATERA, G., *Società e comunicazioni di massa,* Palumbo, Palermo 1980.
STEVENSON, R.L. y SHAW, D.L., *Las noticias internacionales y el nuevo orden en la información mundial,* Mitre, Barcelona 1985.
TARDE, G., *La opinión y la multitud,* Taurus, Madrid 1986.
TEHRANIAN, M., *Global Communication and World Politics: Domination, Development and Discourse,* Lynne Rienner, Londres 1999.
THOMPSON, J.B., *Los media y la modernidad,* Barcelona, Paidós 1988.
TUCHMAN, G., *La producción de la noticia,* Gili, México 1983.
VALBUENA, F., *La comunicación y sus clases,* Edelvives, Zaragoza 1979.

VAN BELLE, D., *Press Freedom and global Politics,* Praeger, Londres 2000.
VV.AA., *Opinión pública y comunicación política,* EUDEMA, Madrid 1990.
—, *Opinión publique et politique exterieur (1945-1981),* Ecole Francaise de Rome, Roma 1985.
VAN DICK, T.A., *La noticia como discurso. Comprensión, estructura y producción de la información,* Paidós, Barcelona 1990.
WOLF, M., *La investigación de la comunicación de masas. Críticas y perspectivas,* Paidós, Barcelona 1987.
WOLTON, D., *Sobre la comunicación,* Acento, Madrid 1999.
YOUNG, K., *La opinión pública y la propaganda,* Paidós, Buenos Aires 1956 (1980).

Capítulo IV
EL MARCO JURÍDICO

4.1. El ordenamiento internacional

4.1.1. *El contexto jurídico*

El Derecho Internacional en cuanto contexto normativo en el que se desenvuelven las relaciones internacionales, es a su vez un factor de éstas y el marco para su desarrollo. No se acostumbra a considerar así, pero entendemos que si se trata «de identificar y de aislar los factores que dirigen el comportamiento de los actores o, si se prefiere, las coacciones que pesan en el funcionamiento del sistema», como dice Merle, el ordenamiento jurídico del complejo relacional es un *factor-marco* del mismo.

González Campos ya definió el Derecho Internacional como «el ordenamiento jurídico regulador de las relaciones internacionales» y Dreyfus tituló sus elementos de Derecho Internacional Público como *Droit des relations internationales*.

En esta línea, Roberto Mesa ha señalado que «nos hallamos, pues, ante una configuración distinta del Derecho Internacional público a la que no ha sido ajeno el auge científico de las Relaciones Internacionales, pese a todas sus imperfecciones, así como el proceso de cambio experimentado por la Sociedad Internacional durante la presente centuria».

Esta ubicación del Derecho Internacional como factor-marco no va en detrimento de su autonomía científica. Simplemente establece una conexión entre el sistema jurídico y el complejo relacional del que es un factor y parte. En efecto, las relaciones jurídicas, como las económicas o las culturales configuran el complejo y son a la vez constituyentes de los factores correspondientes. No se trata por lo tanto de afirmar que todas las relaciones sean jurídicas o que estén sometidas al derecho —aunque así sería de desear— sino que las relaciones jurídicas forman parte del complejo.

Díez de Velasco escribe «que la función de carácter general del Derecho Internacional Público es la de reglamentar, como hemos dicho anteriormente, las relaciones entre los sujetos de la Comunidad Internacional que sean susceptibles de una normación de carácter jurídico. Con ello queremos dejar bien sentado que no todas las relaciones son jurídicas y que tampoco todas están regidas por el Derecho Internacional Público. Su función, no obstante, puede abarcar situaciones de paz o de guerra, pues incluso ésta última queda, en amplios sectores, regida por el ordenamiento jurídico».

Numerosas y diferentes definiciones se han dado del Derecho Internacional, predominando las que lo consideran fundamentalmente como el conjunto de normas que regulan las relaciones entre los estados, aunque se admita la atribución de derechos y obligaciones a otros sujetos y actores.

Otro de los rasgos consustanciales a estos planteamientos es la constatación del escepticismo con que parte de la doctrina y de la opinión ve la juridicidad del Derecho Internacional.

Walz agrupa los detractores del carácter jurídico del Derecho Internacional en cuatro apartados: 1) Iusnaturalismo radical, 2) El Derecho Internacional como política de fuerza, 3) El Derecho Internacional como Moral Internacional y 4) El Derecho Internacional como Derecho imperfecto, en gestación.

No es cosa de entrar aquí en estas cuestiones y otros temas generales del ordenamiento internacional, como las posiciones doctrinales que sí postulan su juridicidad, pues el hecho constatable para el ámbito de estudio de las relaciones internacionales es la existencia de un derecho positivo internacional, con todas las carencias que se quiera.

Hay que señalar también que el Derecho Internacional comprende el *común general* y el *particular* y que puede ser *público* y *privado*.

Juste Ruiz expone con acierto que en lugar de «sumergirse en la añoranza del estatalismo perdido, el internacionalista debe ahondar en la significación rica en consecuencias de un ordenamiento no autoritario, auto-gestionario y en el que la jerarquización cede el paso a la coordinación».

El mismo autor considera que «el carácter problemático del Derecho Internacional deriva, esencialmente, del hecho de tratarse de un "producto diferente" que supera en buena medida los esquemas prototípicos asignados a las diversas ramas del Derecho interno. En efecto, si los diferentes ordenamientos nacionales se caracterizan básicamente por el rasgo de su estatalidad, el Derecho Internacional se define precisamente por su carácter fundamentalmente interestatal. El Estado, legislado, juez y gendarme único en el orden interno, comparte con los demás Estados la tarea de elaborar, aplicar e imponer las normas en el marco internacional. Ninguna autoridad de "superposición" se impone aquí a los Estados, interrelacionados en una estructura de "yuxtaposición" en la que ellos mismos actúan como creadores y como destinatarios de las normas, por mor del fenómeno que Scelle bautizara con el nombre de "desdoblamiento funcional"».

Como sintentiza Remiro Brotons, «el *acuerdo* es la pieza maestra en la creación de la norma. Con otras palabras, *norma y obligación* tienden a confundirse. Aquella existe en la medida en que el sujeto ha consentido —o, por lo menos, no ha rechazado— obligarse, someterse a ella. Aceptada la ordenación por el Derecho de las relaciones internacionales, el *acuerdo* es la manifestación vertebral en ese plano de la soberanía del Estado, *civitates superiorem non recognoscentes*. El acuerdo no supone una dejación o un límite a la soberanía sino que, todo lo contrario, refleja su ejercicio».

Esta trabazón pactista que se concreta en el predominio de los tratados como fuentes del sistema jurídico internacional, tiene un anclaje *comunicativo* en la idea de igualdad emisor-receptor como relación constructora de la norma.

Gutiérrez Espada tras recordar el viejo adagio latino *Ubi societas ibi ius,* añade que según sea la sociedad así será el Derecho y escribe cómo «la heterogeneidad de la sociedad internacional contemporánea constituye un dato esencial para comprender en profundidad cuál es la misión de su ordenamiento jurídico, cómo es su sistema normativo y en qué consiste y por qué su sistema institucional. O, con más concreción, la división y diversidad de la sociedad internacional contemporánea es la que explica la ampliación de las funciones del Derecho Internacional Público, es la que condiciona el sistema normativo al hacerlo incierto y favorecer, así, su quebrantamiento, y es, en fin, la que condiciona su aparato institucional, impidiendo la existencia de órganos internacionales comunes y fuertes y entorpeciendo el funcionamiento de los que existen».

4.1.2. *Evolución formativa del ordenamiento*

Un buen ejemplo de la distinta categoría conformadora de los mensajes lo encontramos en la jerarquización normativa del Derecho Internacional. Así Vallespín recuerda la división entre prescripciones fuertes (*hard law*), como aquellas que se apoyan en los tratados, y en vigor; y las débiles (*soft law*) que obedecen a declaraciones, principios generales, propósitos o concepciones morales.

La evolución formativa del Derecho Internacional en el tiempo ha hecho diferenciar a Rodríguez Carrión entre una primera etapa en la cual regía las relaciones entre Estados católicos, otra entre cristianos, una tercera entre civilizados, y actualmente un derecho universal que corresponde a la presente sociedad mundial. Si la historia es importante para considerar todas las actividades sociales, resulta especialmente clave en el caso del ordenamiento jurídico. Por eso escribió Aguilar Navarro que «el Derecho Internacional es el más histórico de todos los derechos: su dependencia de las circunstancias sociales es extremada; peca acaso de una auténtica servidumbre en que se encuentra con relación a los acontecimientos históricos. La sociedad internacional es una sociedad en formación; el Derecho Internacional es un derecho en proceso de gestación: de una se dice que es primitiva, de otro se afirma que es rudimentario...».

En cierto modo puede observarse un paralelismo entre el grado de estructuración comunicativa del complejo relacional internacional y el grado de vertebración del Derecho Internacional. La evolución desde el clásico concepto de *ius gentium* a la situación presente es coherente con la transformación del sistema mundial desde el orto renacentista a la sociedad global.

En opinión de Pastor Ridruejo, el Derecho Internacional, desde sus orígenes hasta 1945 respondía a unos rasgos característicos que sucintamente podían concretarse en ser liberal, descentralizado y oligocrático, pero «la sociedad internacional que empezó a configurarse tras 1945 postula, por el contrario, una concepción distinta del Derecho Internacional. Es la concepción del Derecho Internacional Contemporáneo, que sería un ordenamiento jurídico de carácter social, institucionalizado y democrático».

González Campos ha señalado en esta línea que el Derecho Internacional es el «conjunto de principios y normas que constituyen el ordenamiento jurídico de la Comunidad Internacional en la era de la coexistencia de sistemas estatales distintos por su contenido económico, político y social.

Si es cierto que el Derecho Internacional, originado en la práctica como inter-estatal, es en gran medida fruto de la conjugación de los intereses y poderes de sus estados parte, también lo que es su progresiva tendencia hacia la adecuación de ese esquema a otra situación que tenga más en cuenta principios, valores, necesidades y respuestas colectivas de un sistema más heterogéneo, interdependiente y mundializado.

Esta evolución, consecuencia en gran medida de la división en bloques ideológicos y especialmente de la acción reivindicativa de los países emergentes o descolonizados, devuelve al Derecho Internacional a sus mejores raíces, cuando Francisco de Vitoria afirmaba que «el orbe todo, que de algún modo forma una república, tiene poder de dar leyes justas y a todos convenientes, como son las del derecho de gentes».

En efecto, «la concepción *comunitaria* prospera en el nivel pragmático. Tanto en el Derecho del Mar, como en el del Espacio o el del Medio Ambiente, se hacen continuas referencias al *interés* o al *patrimonio común de la Humanidad*», señala Remiro.

El estado actual del Derecho Internacional responde a la paralela situación del proceso de socialización del complejo relacional internacional, una vez superada la etapa *eurocéntrica* y la incomunicación del período de la guerra fría.

Existe toda una amplia normativa escrita de ámbito de aplicación universal o regional, que posee una fundamentación común en los principios generales de la Carta de las Naciones Unidas y otras formulaciones emanadas de la ONU, organización a la que pertenecen prácticamente todos los estados soberanos de la tierra.

4.1.3. *Las fuentes del sistema jurídico*

La cuestión de las fuentes del Derecho Internacional ha quedado resuelta por la referencia que acerca del tema se hace textualmente en el apartado 1º del artículo 38 del Estatuto del Tribunal Internacional de Justicia:

«1. El Tribunal, cuya función es decidir conforme al Derecho Internacional las controversias que le sean cometidas, deberá aplicar:

a) Las convenciones internacionales, sean generales o particulares, que establecen reglas expresamente reconocidas por los Estados litigantes.

b) La costumbre internacional como prueba de una práctica generalmente aceptada como Derecho.

c) Los principios generales del Derecho reconocidos por las naciones civilizadas.

d) Las decisiones judiciales y las doctrinas de los publicistas de mayor competencia de las distintas naciones como medio auxiliar para la determinación de las reglas de Derecho sin perjuicio de lo dispuesto en el artículo 59».

Concide la doctrina en esta apreciación de ver en la enumeración citada las fuentes del Derecho Internacional, pero como señala Pastor Ridruejo, las fuentes realmente autónomas son dos: la costumbre y los tratados.

El Derecho Internacional vigente refleja las tensiones y esperanzas de las relaciones internacionales presentes y ha logrado una cierta coherencia por su anclaje en el sistema onusiano.

Carrillo Salcedo ha enumerado una serie de principios que estima tienen hoy carácter de *ius cogens,* por ser no sólo el mínimo jurídico de la comunidad internacional, sino el esquema de sus valores morales. Estos principios son:

1) La existencia de unos derechos fundamentales de la persona humana, que los Estados deben respetar y proteger, 2) El derecho de los pueblos a su libre determinación, 3) La prohibición del recurso a la fuerza o a la amenaza de la fuerza en las relaciones internacionales y la obligación de arreglo pacífico

de las controversias, 4) La igualdad de *status* jurídico de los Estados y el principio de no intervención en los asuntos internos de los otros Estados».

Los autores acostumbran a reunir los textos más importantes del actual ordenamiento atendiendo a los principios básicos de las relaciones entre los estados, al derecho de tratados, derecho diplomático y consular, responsabilidad internacional, jurisdicción y arbitraje, derecho del mar, derecho del espacio, organizaciones internacionales, derechos humanos y derecho bélico.

El Derecho Internacional de hoy muestra especial interés por temas como la cooperación, el desarrollo, los derechos humanos y de los pueblos, la protección del medio ambiente, la paz y el arreglo pacífico de las controversias, la organización internacional, las comunicaciones y la asistencia entre los estados. El afianzamiento, sistematización y desarrollo del Derecho Internacional es un factor positivo, que coadyuva decisivamente a la consecución de una Sociedad Internacional y al establecimiento de un complejo relacional más justo y pacífico.

4.1.4. *Importancia de los tratados*

La elaboración de las normas jurídicas internacionales tiene en cuenta los denominados actos unilaterales de los Estados, las normas convencionales, las consuetudinarias, los actos de organizaciones internacionales, los principios generales y las formas auxiliares.

Especial relevancia ofrecen los tratados, que por cierto tienen su anclaje en la costumbre, como se ilustra por la típica norma *Pacta sunt servanda* y en parte fundamentó la Convención sobre el Derecho de los Tratados que entró en vigor el 27-I-1980.

Una definición amplia de Tratado entre Estados se establece en el artículo 2 del Convenio de Viena de 1969 que lo describe como «un acuerdo internacional celebrado por escrito entre estados y regido por el Derecho Internacional, ya conste en un instrumento único o en dos o más instrumentos conexos y cualquiera que sea su denominación particular».

El régimen jurídico de los tratados tiene en cuenta la capacidad de los actores, la celebración y entrada en vigor, que supone la negociación, adopción y autenticación del texto. Otros aspectos consideran la firma, la adhesión, la publicación y el registro, pues los tratados secretos quedaron prohibidos ya por el Pacto de la Sociedad de Naciones. Además el art. 102 de la Carta de la ONU establece la obligatoriedad de registro en la Secretaría de la organización y su publicación «a la mayor brevedad posible».

Los tratados *multilaterales,* como señala Mariño Menéndez, cuyas normas «han sido elaboradas con la intención de que vinculen a amplios círculos de Estados (y de organizaciones), incluso alcanzando si es posible la universalidad, están por lo general abiertos después de su adopción (dentro de modalidades y plazos diferentes) a la firma, a la ratificación y a la adhesión».

Las relaciones entre el Derecho Interno y el Derecho Internacional es otro ámbito que ha ido cobrando importancia desde que se planteó por Triepel la llamada teoría *dualista* que considera a ambos ordenamientos como distintos, autónomos y claramente diferenciados, con la consiguiente incomunicación entre ellos, salvo cuando explícitamente se dé su incorporación. Como resume Rodríguez Carrión: «...este mandato de incorporación equivaldría a una auténtica transformación de la norma recibida: una norma internacional incorporada a un ordenamiento interno lo sería en virtud de algún mandato legal establecido por el ordenamiento interno, pero al incorporarse pierde su naturaleza internacional para convertirse en norma interna».

Desde la llamada óptica *monista* se defiende la unidad última del sistema jurídico, siendo ambos derechos expresiones distintas de una misma actividad y lo único relevante determinar, caso de hacerse, el rango jerárquico entre los mismos, lo cual deriva, lógicamente, en otras dos posturas, bien en favor de la primacía de lo interno o de lo internacional.

La polémica, más bien académica, ha perdido parte de su virulencia pues la transnacionalización de la sociedad de hoy día hace prevalecer criterios de cooperación, intercambio o interdependencia, creándose cada vez más campos compartidos, como ilustra la originalidad del pujante derecho comunitario europeo.

La práctica jurídica contempla normalmente la recepción de normas interncionales, sean convencionales, consuetudinarias o actos de las organizaciones internacionales y su fórmula de aplicación.

4.2. Principios básicos de las relaciones entre los Estados

El actual ecosistema mundial ofrece la novedad de compartir, al menos en el plano de los compromisos reconocidos por la mayor parte de sus estados miembros, una serie de valores y de principios jurídicamente establecidos y articulados.

La no menos patente división del sistema en actores muy heterogéneos, así como las diferencias ideológicas, culturales, sociales y económicas, parecen contradecir ese hecho pero en realidad lo confirman y potencian pues el marco jurídico es a la vez, desde el paradigma de la razón comunicativa, el marco para sustentar el ordenamiento informativo propiamente dicho, es decir axiológico.

213

4.2.1. *Unos valores compartidos*

La Carta de las Naciones Unidas hoy día suscrita prácticamente por todos los estados soberanos comienza su capítulo I con una enumeración de los Propósitos y Principios que han de guiar la acción de sus miembros.

Textos posteriores han ido ampliando y complementando esta solemne Declaración. Hay que citar especialmente la Resolución 375 (IV) de 6-XII-1949 sobre los Derechos y Deberes de los Estados; la Res. 2131 (XX), aprobada el 21-XII-1965 sobre la inadmisibilidad de la intervención en los asuntos internos de los Estados y la protección de su independencia y soberanía; la Res. 2542 (XXIV) aprobada el 11-XII-1969 sobre el Progreso y el Desarrollo en lo Social y la Res. 2625 (XXV) del 24-X-1970 sobre los Principios de Derecho Internacional referentes a las relaciones de amistad y a la cooperación entre los Estados de conformidad con la Carta de las Naciones Unidas, además de las Resoluciones acerca de la descolonización.

Otros textos importantes son: la Declaración sobre la soberanía permanente sobre los recursos naturales; Res. 1803 (XVII) de la Asamblea General de 14-XII-62, la Declaración sobre el establecimiento de un nuevo orden económico internacional; Res. 3201 (X-VI) de la Asamblea General de 1-V-74, la Carta de los Derechos y Deberes económicos de los Estados; Res. 3281 (XXIX) de la Asamblea General de 12-XII-74, además de las convenciones de Viena de 1978 y 1983 sobre Sucesión de Estados.

Precisamente la Declaración de 1970 ofrece un interés particular por especificar en cierto modo todos estos principios y resaltar el deber de cooperación internacional en última instancia, una obligación comunicativa. Los puntos principales son los siguientes:

a) Que los Estados, en sus relaciones internacionales, se abstendrán de recurrir a la amenaza o al uso de la fuerza contra la integridad territorial o la independencia política de cualquier Estado, o en cualquier otra forma incompatible con los propósitos de las Naciones Unidas.

b) Que los Estados arreglarán sus controversias internacionales por medios pacíficos de tal manera que no se pongan en peligro ni la paz, ni la seguridad internacional, ni la justicia.

c) Que los Estados tienen la obligación de no intervenir en los asuntos que son de la jurisdicción internacional de los Estados de conformidad con la Carta.

d) La obligación de los Estados de cooperar entre sí, de conformidad con la Carta.

e) El principio de la igualdad de derechos y de la libre determinación de los pueblos.

f) El principio de la igualdad soberana de los Estados, y

g) El principio de que los Estados cumplirán de buena fe las obligaciones contraídas por ellos de conformidad con la Carta.

Como se deduce de este texto la cooperación entre los estados, además de ser una lógica exigencia de toda política internacional que tenga como último objetivo el bien común, constituye una obligación nuclear del Derecho Internacional. En dicho texto tras indicarse la prioridad de la cooperación para mantener la paz y la seguridad, se enumeran otras circunstancias más específicas, como el respeto hacia los derechos humanos o la cooperación en la conducción de las relaciones económicas, sociales, culturales, técnicas y comerciales.

Este derecho a la cooperación es un requisito para afianzar la convivencia y un factor coadyuvante de los procesos de integración internacional, pues no se trata de fijar unos objetivos más o menos reglados, sino de indicar *un cambio de actitud* en el comportamiento de los estados.

La cooperación es una actividad radicalmente comunicativa pues implica una concertación, una *puesta en común,* un establecer puentes entre actores independientes, es decir, con capacidad de ser emisores-receptores del complejo relacional.

Hay una alteración sustancial y no sólo instrumental que da a la dinámica de las relaciones un sesgo comunicante. Precisamente por convertir la cooperación en un objetivo esencial esta disposición supera lo comunicativo para conformar, para *in-formar* el sistema.

4.2.2. *La jurisdicción internacional*

Todo sistema jurídico tiene su complemento en la existencia de los correspondientes órganos jurisdiccionales. Precisamente los esfuerzos por conseguir la creación de una jurisdicción internacional en sus diversos campos es uno de los elementos más ilustrativos de la evolución que está siguiendo el afianzamiento del ordenamiento internacional.

El órgano más importante, por ahora, es el Tribunal de La Haya, pero el tema más candente es el proceso aún abierto para la creación de un Tribunal Penal Internacional Permanente.

El texto básico es el adoptado el 17 de julio de 1998 en Roma como Estatuto de la futura Corte Penal Internacional. Dice Javier Quel López sobre éste hecho que «Es el reflejo de la profunda transformación del sistema jurídico empeñado en crear un cuerpo normativo que positive penalmente conductas gravemente atentatorias a los derechos fundamentales del ser humano. Si bien puede afirmarse que tales normas ya habían sido formuladas en disposiciones internacionales de origen convencional o consuetudinario, lo cierto es que su eficacia como fundamento de una justicia internacional de orden penal a través de mecanismos jurisdiccionales llamados a actuar autónomamente, aunque complementariamente con las jurisdicciones nacionales, no había sido concebida, salvo en la mente de los teóricos del Derecho, hasta 1993, momento en que Naciones Unidas da el primer paso con la adopción de la Resolución 827 del Consejo de Seguridad. Lo que fue un titubeante inicio al que siguió otro no menos incierto en la Resolución 955, ha dado paso a lo que parece ser una marcha imparable hacia la internacionalización de la justicia penal respecto de crímenes que por su naturaleza o amplitud constituyen violaciones de bienes jurídicos cuyos destinatarios no son los individuos sino la Comunidad Internacional en su conjunto. Proceso de internacionalización que debe apreciarse igualmente en otra vertiente como es la de la reafirmación en la práctica del principio de jurisdicción universal y su puesta en marcha efectiva por los tribunales internos».

La institucionalización de tribunales internacionales conlleva un amplio debate en el ámbito jurídico y una difícil problemática en la práctica política de los estados. Se entremezclan cuestiones de tanto calado como la soberanía nacional, la no injerencia en los asuntos internos, la competencia material de esos tribunales, la tipificación previa, la posibilidad o no de una incriminación universal, aspectos procesales como las condiciones para el ejercicio de la jurisdicción, la relación con las jurisdicciones nacionales, la responsabilidad penal individual por crímenes internacionales, la inviolabilidad o no de determinadas personas, como los Jefes de Estado, etc.

Otra realidad son los llamados Tribunales *ad hoc* para la persecución de violaciones del Derecho Internacional Humanitario, como en el caso del conflicto de la ex-Yugoslavia, Tribunal establecido por la Resolución 808 de 1993, invocándose como fundamento el Capítulo VII de la Carta de las Naciones Unidas. La misma tesis se invocó para el Tribunal Internacional para Ruanda.

Algunos autores han cuestionado la creación de órganos de carácter judicial, entendiendo que no son función del Consejo de Seguridad estas constituciones, aunque pueda crear comités de expertos, comités de investigación o zonas de protección de población civil.

Otro tipo de Tribunales Internacionales que no crean practicamente polémicas y funcionan eficazmente, en general, son los establecidos en las organizaciones regionales, como lo ilustra especialmente el ámbito de la Europa comunitaria.

4.3. LOS DERECHOS HUMANOS

Si el deber de cooperar entre los Estados como principio clave del sistema internacional unido a los otros derechos y deberes básicos citados es fundamentalmente una confirmación jurídica de la *implantación de la red comunicativa,* la proclamación de unos derechos humanos con validez y alcance universal, constituye el mejor ejemplo de que también se comparten contenidos informativos, verdaderos mensajes-eje del complejo relacional.

Schwelb cita a la obra de Francisco de Vitoria como «el primer intento de utilizar el razonamiento jurídico, los principios morales y el valor cívico en apoyo de una causa que abarcaba a la vez los derechos humanos y el Derecho Internacional». Los más destacados autores del Derecho Internacional de los siglos XVII y XVIII ejercieron una poderosa influencia en el desarrollo de la idea de los derechos del hombre.

Como precedentes históricos de la Declaración onusiana de 1948 hay que citar la Declaración de Derechos de Virginia de 1776, la Declaración de los Derechos del Hombre y del Ciudadano de 1789 o la Convención sobre la Esclavitud de 1926.

Lauterpacht se refirió a la relación existente entre los Derechos Humanos y el Derecho Internacional diciendo que «el Derecho de las Naciones, que puede concebirse simplemente como un orden superior al orden jurídico de los Estados soberanos, no es únicamente un derecho que rige sus relaciones mutuas, sino también, en último análisis, el derecho universal de la humanidad, en el cual el ser humano individual se erige, como suprema unidad del derecho, en soberano sobre la provincia limitada del Estado».

Aunque la Carta de Naciones Unidas reafirmaba su fe en «los derechos humanos fundamentales» hay que esperar hasta la aprobación por la Asamblea General del texto de 10 de diciembre de 1948 para contar con una solemne y precisa Declaración Universal de los Derechos Humanos.

4.3.1. *La Declaración onusiana*

Como recoge Manuel Díez de Velasco, «el contenido de la Declaración Universal de Derechos Humanos ha sido presentado de una manera plástica y magistral por uno de sus más eminentes redactores, René Cassin que fue Premio Nobel de la Paz por su contribución a ésta a través de la internacionalización de los Derechos Humanos. En su discurso como delegado de Francia en la Asamblea General, la víspera de la aprobación, el ilustre profesor y político resumía la Declaración diciendo que había sido comparada por algunos con un vasto templo, en cuyo atrio, formado por el Preámbulo, se afirma la unidad de la familia humana y cuyos cimientos están formados o constituidos por los principios de libertad, de igualdad, de no discriminación y de fraternidad proclamados en los arts. 1.º y 2.º.

Cuatro columnas de importancia igual sostienen el pórtico, dice Cassin; la primera es la formada por los derechos y libertades de orden personal (arts. 3.º a 11.º incluidos), en los que proclamaban y definen los derechos a la vida, a la seguridad y dignidad de la persona, a igual protección ante la ley, a las garantías contra la esclavitud, la tortura, las detenciones y las penas arbitrarias y los recursos judiciales contra los abusos del poder político.

La segunda de las columnas está formada por los derechos del individuo en sus relaciones con los grupos de que forma parte y de las cosas del mundo exterior (arts. 12 al 17 incluidos). El hombre y la mujer tienen reconocidos en pie de igualdad el derecho a casarse, fundar una familia, tener un hogar, un domicilio, y el asilo en caso de persecución política. Todo ser humano por vocación tiende a ser miembro de una ciudad, ser nacional de un país, ejercer el derecho de propiedad sobre las cosas que son suyas.

El tercer pilar es el formado por las facultades del espíritu, las libertades políticas y los derechos políticos fundamentales (arts. 18 a 22 inclusive): la libertad de conciencia, de pensamiento, de creencias; la libertad de palabra, de expresión; la de reunión, la de asociación; el derecho a tomar parte en la vida política y de participar en las elecciones periódicas. La voluntad del pueblo es proclamada fundamento de la autoridad de los poderes públicos.

El cuarto pilar, simétrico al primero, tiene un carácter enteramente nuevo en el plano internacional, y su importancia no cede en nada al de los otros. Es aquél de los derechos económicos, sociales y culturales (arts. 22 a 27 incluidos). El derecho al trabajo, a escoger libremente este trabajo, a la seguridad social, a las libertades sindicales, a la educación, al derecho al descanso, a la vida cultural y el derecho a la protección de la creación artística.

Sobre estas cuatro columnas encontramos un frontispicio en el cual se enmarcan los lazos entre el individuo y la sociedad. Los arts. 28 y 30 afirman la necesidad de un orden social internacional en el cual los derechos y las libertades de la persona pueden y deben encontrar su plena efectividad. Se proclama así la existencia de unos deberes del individuo respecto a la Comunidad, los cuales fijan los límites que el hombre no puede pasar; éstos son los deberes respecto a la Comunidad: el deber de respetar los derechos y las libertades de los otros; no poder atentar contra las exigencias de la moral, del orden público y del bienestar general de una sociedad democrática, y no ir en contra de los principios y fines de las Naciones Unidas. Así, la Declaración Universal marca un tono continuado entre lo individual y lo social».

Los Pactos Internacionales sobre Derechos Económicos, Sociales y Culturales y sobre Derechos Civiles y Políticos aprobados por la Asamblea General el 16 de diciembre de 1966, vienen a confirmar y completar, como acuerdo entre los estados, los derechos individuales y colectivos de 1948, a tenor de los acontecimientos sobrevenidos después en la escena internacional, especialmente el proceso descolonizador. Estos Pactos incorporan como nuevos derechos el de los pueblos a la autodeterminación y a disponer libremente de sus riquezas y de sus recursos naturales, además de otras novedades concretas.

Ambos Pactos se han completado con varios convenios como los destinados a la protección de los derechos de los trabajadores emigrantes y sus familias, los derechos del niño, contra la tortura y los tratamientos y penas crueles, sobre la eliminación de todas las formas de intolerancia... En esta misma línea hay que incluir el decenio de lucha contra el racismo.

Hay que citar el derecho al trabajo libremente elegido; el derecho de toda persona, sin distinción, a disfrutar de condiciones de trabajo justas y favorables; el derecho a la seguridad social; el derecho de la familia, de las madres, de los niños y de los adolescentes a la protección y a la asistencia; el derecho al libre consentimiento en el matrimonio; el derecho de toda persona a disfrutar de un nivel de vida suficiente; al mejor estado posible de salud física y mental; a la educación; a participar en la vida cultural y beneficiarse del progreso científico y de sus aplicaciones.

El Pacto de los Derechos civiles y políticos insiste en el reconocimiento del derecho a la vida, prohíbe la tortura, la esclavitud, los trabajos forzados, las detenciones arbitrarias. Además de enunciar el derecho a la libertad de movimiento, la igualdad ante los tribunales, prohibe: la retroactividad de la legislación penal; los atentados al honor; las intromisiones en la vida privada; y toda propaganda en favor de la guerra; la incitación al odio por motivos de nacionalidad, raza o religión; y cualquier otro tipo de violencia. También hay unas especiales disposiciones en favor de las minorías.

4.3.2. *Otras disposiciones*

También se ha avanzado en la protección de los derechos humanos en el ámbito regional, como se ve en el Convenio para la Protección de los Derechos Humanos y Libertades Fundamentales del 4-II-50 y la Carta Social Europea de 18-X-61, la Convención Americana sobre Derechos Humanos de 22-XI-69 y la Carta Africana sobre Derechos Humanos y de los Pueblos de 27-VI-81. Hay que destacar la labor del Consejo de Europa, la trascendencia de la CSCE de Helsinki de 1975 y su posterior labor desde la reconvertida OSCE.

Del mismo modo, el derecho interno de algunos países hace expresa mención de la Declaración Universal de la ONU, como la Constitución española de 1978 en su artículo 10 del título 1.

Actualmente se dedica especial atención a los llamados derechos humanos «de la tercera generación o de solidaridad», como el derecho a la paz, al desarrollo, a la libre determinación, a un medio ambiente sano y ecológicamente equilibrado y el derecho al patrimonio común de la humanidad. Igualmente se va avanzando en los esfuerzos por la igualdad de derechos de la mujer en la realidad práctica de la sociedad, sobre todo en las que se encuentran en vías de desarrollo.

Del Arenal escribe sobre los derechos de tercera generación que éstos «son consecuencia de los nuevos problemas que afectan a la humanidad y responden a las actuales necesidades del hombre y de la propia humanidad en su estado de desarrollo presente.

»La toma de conciencia de los mismos se produjo en especial a partir de la década de los sesenta. Se inspiran en una concepción de la vida humana en comunidad en un modo absolutamente independiente y solo pueden realizarse en base a la cooperación a nivel interno e internacional y, en consecuencia, exigen el esfuerzo conjunto de todos, individuos, instituciones públicas y privadas, Estados y organizaciones internacionales».

Este autor traza un paralelismo evolutivo entre los Derechos Humanos y la concepción de la paz como actividad y situación positiva, como logro a conseguir tras solucionar los problemas e injusticias de los hombres. «De afirmar que la vida humana es destruida cotidianamente por la pobreza, el hambre, la enfermedad, la represión y las privaciones socio-económicas a afirmar que la paz supone necesariamente la solución de esos problemas y la satisfacción de las necesidades de los hombres y de los pueblos no había más que un pequeño paso. Si la paz es, en principio, la ausencia de todo tipo de violencia, sea real o virtual, directa o indirecta, incluida por supuesto la guerra, es evidente que la paz exige también que la sociedad, interna e internacional, sea reestructurada con el fin e conciliar los derechos e intereses a todos los niveles y evitar las causas de violencia».

Si ciertamente se han universalizado los derechos humanos, al menos como valores a conseguir y compartir, también hay que hacer constar que la heterogeneidad política, ideológica y cultural del mundo se deja sentir a la hora de ponerlos en práctica. Este hecho ha quedado también explícito en recientes reuniones internacionales, como la Conferencia sobre Derechos Humanos habida en Viena en 1993.

Las diferencias entre países democráticos y comunistas, entre países occidentales o islámicos, China y otros pueblos del Tercer Mundo, son evidentes hoy en día, pese a los progresos de acercamiento en tantos otros ámbitos.

Estamos sin duda ante uno de los temas clave del nuevo milenio, la expansión y aceptación, o no, de unos derechos coherentes e iguales para todos los hombres, independientemente de su raza, religión, cultura o ciudadanía política.

En el texto adoptado por consenso de los 171 Estados reunidos en Viena con ocasión de la citada Conferencia sobre Derechos Humanos se dijo taxativamente que «todos los derechos humanos son universales, indivisibles e interdependientes y están relacionados entre sí». Estos tres requisitos dibujan nítidamente la naturaleza intrínsecamente conformadora de los mencionados derechos y cómo su implantación y mundialización debe ser uno de los objetivos *informativos* más básicos del orden mundial en gestación.

Además de esta preocupación por los Derechos Humanos, el ordenamiento jurídico contempla la normativa sobre los ciudadanos nacionales de los Estados, la protección de las minorías, al régimen de extranjería, el derecho de asilo y la protección de los refugiados. Estos últimos temas han cobrado nuevo interés en Europa al crearse un espacio compartido especialmente en el grupo de los Países Schengen.

El crecimiento espectacular de la emigración en algunas zonas del mundo, como el de africanos hacia Europa, está convirtiéndose ya en un tema más político y social que jurídico.

4.4. RÉGIMEN JURÍDICO DEL ESPACIO

4.4.1. *El espacio terrestre*

El territorio es el soporte físico del Estado, aquel espacio en el que ejerce sus poderes con plenitud y exclusividad. Comprende la superficie emergida o tierra firme, las aguas interiores y determinados espacios aéreos y marítimos. Tal es el planteamiento clásico.

Rodríguez Carrión señala que «la existencia de una pluralidad de estados y la ausencia de poderes de subordinación exigen que la única forma de evitar colisiones de soberanía sea la atribución de las notas de soberanía e independencia sobre la base de repartos geográficos no coincidentes. En otras palabras, el Estado soberano sólo es concebible en puridad sobre un determinado asentamiento territorial; de ahí que el territorio sea la base espacial sobre la que se ejercen las competencias del Estado, hasta el punto de concebírselo como elemento constitutivo del Estado.

»Desde esa perspectiva, el ejercicio de competencias soberanas se identifica o asocia necesariamente con el trípode de la plenitud, la exclusividad y la inviolabilidad de las mismas. La plenitud soberana significa el ejercicio por el Estado de las funciones legislativas, administrativas y judiciales propias de Estado, sin más limitaciones que las estrictamente establecidas por las normas de Derecho Internacional, como reiteradamente ha manifestado la jurisprudencia internacional...».

Como nociones especiales nuevas se han incorporado las llamadas zonas monetarias, zonas de libre cambio y espacios económicos. La delimitación del espacio se logra mediante la frontera, que sirve para señalar los límites físicos de las competencias. En principio, la frontera es más una zona que una línea, que cristaliza, como señala Cavaré, las aspiraciones sociales, ideológicas, biológicas y económicas de las colectividades nacionales.

Mientras en Europa, debido a su larga historia, densidad de población y ocupación efectiva del terreno, las fronteras son muy precisas; en otras partes del mundo, como África, Sudamérica o los archipiélagos de Oceanía se da una mayor fluidez e indeterminación y cabe hablar a veces de «fronteras zonales».

Es necesario considerar además la frontera política, la económica y la cultural, no siempre coincidentes; y los conceptos opuestos de froteras artificiales (como los paralelos y meridianos) y fronteras naturales (ríos, montes).

El estudio de las competencias territoriales de los Estados comprende básicamente los modos de adquisición del territorio, su delimitación, las llamadas competencias compartidas, las limitadas, especialmente ríos y canales internacionales, la cesión o arriendo de bases militares y las relaciones de vecindad. Las aguas interiores están formadas por los puertos, ríos, lagos y canales, así como por las aguas situadas en el interior de la línea de base del mar territorial. Sobre ellas ejerce normalmente sus competencias el Estado ribereño, del mismo modo que lo hace sobre la tierra firme.

Las radas y bahías pueden ofrecer distintas regulación según sus características y dimensiones.

4.4.2. *Espacios marítimos*

La regulación de los espacios marítimos abarca aquellos bajo jurisdicción estatal, como el mar territorial, la zona contigua, la zona económica exclusiva, los ríos y estrechos y las aguas internacionales o alta mar.

A) Por mar territorial se entiende el mar adyacente a las costas de un Estado. También se le denomina «aguas jurisdiccionales» o «aguas territoriales».

Es el espacio intermedio entre el territorio y la alta mar. La anchura del mar territorial constituye uno de los temas más polémicos y cambiantes del derecho marítimo.

El concepto de mar territorial proviene de los siglos XVII y XVIII y para determinar su extensión se comenzó aplicando la teoría del holandés Bynkershoek con base en el adagio *ibi finitur terrae dominium, ubi finitur armorum vis* lo que venía a equivaler, en el armamento de la época, a tres millas.

El progresivo aumento del alcance de la artillería de costa hizo prescindir de este criterio.

No es cuestión de entrar en detalle en las sucesivas ampliaciones de este espacio ni de la controversia de intereses que lo han motivado. El concepto se considera un corolario de la soberanía territorial: «es la tierra en sí misma la que confiere al Estado ribereño el derecho a las aguas adyacentes a sus costas».

Según establece la Convención de las Naciones Unidas sobre el Derecho del Mar aprobada en la Tercera Conferencia sobre este tema en Montego Bay (Jamaica) en 1982 y que consta de 320 artículos y IX anexos, la soberanía del Estado ribereño «se extiende al espacio aéreo sobre el mar territorial, así como al lecho y al subsuelo de ese mar» (art. 2, Secc. I, Parte II) y su límite de anchura se fija en 12 millas para la franja de mar adyacente.

La línea de base normal para medir la anchura del mar territorial es la línea de bajamar a lo largo de la costa.

La línea de base presenta matizaciones en el caso de arrecifes, aberturas, escotaduras o franjas de islas y atolones.

Otro aspecto importante es la delimitación del mar territorial entre estados con costas adyacentes o situados frente a frente «cuando las costas de dos Estados sean adyacentes o se hallen situadas frente a frente, ninguno de dichos Estados tendrá derecho, salvo acuerdo en contrario, a extender su mar territorial más allá de una línea media cuyos puntos sean equidistantes de los puntos más próximos de las líneas de base a partir de las cuales se mida la anchura del mar territorial de cada uno de esos Estados. No obstante, esta disposición no será aplicable cuando, por la existencia de derechos históricos o por otras circunstancias especiales, sea necesario delimitar el mar territorial de ambos Estados en otra forma» (art. 15).

Existen otras disposiciones más específicas para bahías, puertos que se adentran en el mar, radas e instalaciones artificiales. Si bien el Estado ribereño ejerce su soberanía sobre el mar territorial, debe respetar el llamado «derecho de paso inocente» de los buques extranjeros (ver arts. 18 y 19).

Se considera inocente el paso de los buques si no perjudica la paz, el orden o la seguridad. Los barcos de pesca deberán respetar además las reglamentaciones dictadas por el Estado ribereño en la materia para no pescar en esa jurisdicción y los submarinos deben navegar en superficie, mostrando su pabellón.

Cabe la imposición de restricciones por razones de seguridad, salvo en estrechos que se utilicen para la navegación internacional. También hay limitaciones por razones de protección ecológica y respecto a los buques de guerra, de propulsión nuclear o los que transporten substancias peligrosas o nocivas.

«A tenor del art. 29, se entiende por "buques de guerra" todo buque perteneciente a las fuerzas armadas de un Estado, que lleve los signos exteriores distintivos de los buques de guerra de su nacionalidad, que se encuentre bajo el mando de un oficial debidamente designado por el gobierno de ese Estado cuyo nombre aparezca en el correspondiente escalafón de oficiales o su equivalente, y cuya dotación esté sometida a la disciplina de las fuerzas armadas regulares».

Los derechos de los Estados ribereños se refieren a la pesca, explotación del fondo del mar y del subsuelo, espacio aéreo, cabotaje y aspectos concretos para situaciones de guerra e inspecciones sanitarias, fiscales, medio ambiente e inmigración.

El artículo 19.2 enumera las actividades que pueden considerarse como «pasos perjudiciales». También se entiende perjudicial el paso de los submarinos y otros vehículos sumergibles que naveguen en inmersión.

B) La Zona Contigua es, en frase de Herrero «una noción decadente» originada por las medidas policiales de persecución del contrabando y otros delitos. Los autores discuten si forma parte del mar territorial o de la alta mar. El art. 33 de la Convención que estamos siguiendo le señala una extensión de 24 millas marinas «contadas desde las líneas de base a partir de las cuales se mide la anchura del mar territorial».

La Zona Económica Exclusiva o ZEE es un área «situada más allá del mar territorial y adyacente a éste», sujeta al régimen jurídico establecido en la Convención. «No se extenderá más allá de las 200 millas marinas contadas desde las líneas de base a partir de las cuales se mide la anchura del mar territorial».

En la ZEE, el Estado ribereño tiene:

1. derecho de soberanía para los fines de exploración, explotación, conservación y administración de los recursos naturales, tanto vivos como no vivos de las aguas subyacentes al lecho y del lecho y el subsuelo del mar, y con respecto a otras actividades... como la producción de energía eléctrica derivada del agua, de las corrientes y de los vientos.

2. jurisdicción con respecto a: a) establecimiento y utilización de islas artificiales, instalaciones y estructuras, b) la investigación científica marina, c) la protección y preservación del medio marino, d) otros previstos en la Convención.

En la ZEE, los otros Estados, ribereños o no:

1. gozan de libertad de navegación, sobrevuelo y tendido de cables y tuberías submarinos.

2. Se aplicarán los artículos 88 a 115 (sobre el régimen de alta mar) a la ZEE, en lo que no sean incompatibles.

Especial interés tiene la normativa sobre islas artificiales, instalaciones y estructuras que se establezcan en la ZEE.

También son importantes las medidas para procurar la conservación del medio marino y de los recursos vivos.

Como se ve, la ZEE es una fórmula de transacción entre las distintas posiciones favorables y opuestas a la ampliación de la soberanía estatal sobre el mar y al mantenimiento de las libertades características del régimen de alta mar. Refleja especialmente el impacto del nuevo derecho sobre los propios recursos y la preocupación por la defensa ecológica.

Otra noción importante es la de *plataforma continental* que comprende el lecho y el subsuelo de las áreas submarinas que se extienden más allá del mar territorial y a lo largo de la prolongación natural de su territorio hasta el borde exterior del margen continental, o bien hasta una distancia de 200 millas marinas contadas desde las líneas de base a partir de las cuales se mide la anchura del mar territorial, en los casos en que el borde exterior no llegue a esa distancia.

El Estado ribereño ejerce su soberanía sobre la plataforma a efectos de exploración y explotación de sus recursos. También tiene una serie de obligaciones, como la de no impedir la colocación de cables o tuberías, permitir las investigaciones y preservar el medio.

Un aspecto muy llamativo es la exclusividad del Estado ribereño a autorizar y regular las perforaciones que con cualquier fin se realicen en la plataforma continental.

El régimen precedente, especialmente anterior a 1945 no recogía este proyecto de «proyección patrimonial de la tierra sobre el mar» y la libertad del mar incluía el derecho de cada Estado de explorar y explotar el fondo del mar. Era además un derecho compartido. Los avances tecnológicos en la exploración subacuática y el auge de la producción y consumo del petróleo son las causas más conocidas de este cambio.

C) También poseen su correspondiente normativa las islas, los Estados archipelágicos y los ríos y estrechos internacionales.

Los Estados archipelágicos constituyen un aspecto diferenciado de sumo interés, habida cuenta el carácter «anfibio» de su territorio nacional, al estar constituidos por uno o varios archipiélagos, es decir, por grupos de islas y aguas, formando una sola entidad económica y política.

El trazado de líneas de base archipielágicas ofrece un complejo entramado técnico, según se describe en el art. 47 de la Convención y deben trazarse de modo que no aíslen o interfieran aguas de otros Estados.

Las islas artificiales, instalaciones y estructuras poseen otra normativa. No tienen la categoría jurídica de islas y por ello carecen de mar territorial propio.

Los ríos internacionales son cursos de aguas, que en su parte navegable separan o atraviesan territorios de diferentes estados. Pueden ser ríos fronterizos y ríos sucesivos.

La normativa general es doble: se divide la jurisdicción por la mitad o se internacionaliza. En el primer supuesto se crea una legislación especial para el río, que asegure el saneamiento, aprovechamiento hidráulico, agrícola, pesquero, de navegación... nombrándose una Comisión Internacional que regule y vigile el cumplimiento de estas normas.

Si se internacionaliza, también se forma la Comisión y se somete a una legislación propia.

Los principales ríos internacionales que atraviesan varios Estados poseen Estatutos específicos. Así, el Rhin, Danubio, Congo, etc.

Los estrechos comunican dos partes de alta mar y se utilizan para la navegación internacional, sometiéndose por lo tanto a la libertad de paso a la vez que se conceden determinados derechos a los estados ribereños.

El régimen de derecho común tiene su origen en la resolución del Tribunal Internacional de Justicia de 9-IV-49 sobre el asunto de Corfú, que señalaba para tiempos de paz un régimen de libertad, tanto para mercantes como para buques de guerra.

Cuentan con regímenes convencionales propios la mayoría de los estrechos importantes: Sund y Belt (1857), Magallanes (1881) Dardanelos y Bósforos (1841/56/78/1923/36) —los más polémicos—, Gibraltar (1904/12), Kiel (1919), Corinto (1881).

La regulación de los estrechos enfrenta dos posiciones doctrinales, como señala González Campos: la de mantener a ultranza el libre tránsito, que beneficia obviamente a las Potencias navales en detrimento de los Estados ribereños y la postura que, en sentido opuesto, considera los estrechos como parte del mar territorial.

El problema se agravó con la extensión del mar territorial hasta las 12 millas, pues quedaron así incluidos en éste algunos estrechos importantes, como Dover, Gibraltar, Bering, Bav-el-Mandeb o Malaca. Según el Convenio de Naciones Unidas que se incluye en la documentación, hay que distinguir entre las rutas de alta mar o que atraviesan la ZEE que pasan a través de un estrecho (art. 36), y vías marítimas en los estrechos internacionales (41).

Así, se respetarán las convenciones internacionales precedentes. Los estados ribereños podrán también indicar vías alternativas, si las circunstancias lo requieren. Los buques en tránsito deberán respetar las disposiciones establecidas en cada caso.

Los canales internacionales surgidos por obra artificial, como los de Suez y Panamá, poseen igualmente su régimen convencional que se cimenta en el principio de la libertad de tránsito.

Los estados sin litoral y los que se encuentran en situación geográfica desventajosa han sido tenidos en cuenta por esta Convención, aunque su especial ubicación crea posiciones polémicas y diversas.

A resolver sus problemas se destina la Parte X del Convenio de Jamaica, artículos 124 a 132, relativa al derecho de acceso al mar y desde el mar de los Estados sin litoral y libertad de tránsito. De conformidad con el artículo 15.1, «los Estados sin litoral tendrán el derecho de acceso al mar y desde el mar para ejercer los derechos que se estipulan en esta Convención, incluidos los relacionados con la libertad de la alta mar y con el patrimonio común de la humanidad para este fin, los Estados sin litoral gozarán de libertad de tránsito a través del territorio de los Estados de tránsito por todos los medios de transporte».

D) Las zonas marítimas no incluidas en los apartados anteriores constituyen la alta mar. La Convención de Ginebra de 1958 la define como «parte del mar no perteneciente al mar territorial ni a las aguas interiores de un Estado», pero en la reciente Convención de 1982 se dice que las disposiciones sobre alta mar se aplicarán «a todas las partes del mar no incluidas en la zona económica exclusiva, en el mar territorial o en las aguas interiores de un Estado, ni en las aguas archipelágicas de un Estado archipelágico». La diferencia se centra, por tanto en considerar las aguas de la ZEE como mar territorial *sui generis* o alta mar.

Lo característico de la alta mar es su rasgo de no pertenencia a ningún Estado y al hecho de regir en ella las libertades de navegación, pesca, sobrevuelo, tender cables y tuberías submarinas (con límites), construir islas y otras instalaciones permitidas y la investigación científica marina.

También se señala que la alta mar «será utilizada exclusivamente con fines pacíficos».

Como norma general, los buques en alta mar, solo están sujetos al Derecho Internacional y a las leyes del Estado cuyo pabellón enarbolan. Es por ello importante determinar la nacionalidad del buque, que si en el caso de los navíos de guerra no plantea problemas, sí lo hace en el de los mercantes. En la mayoría de los casos la nacionalidad deriva de la matrícula del buque, aunque su armador o tripulantes sean de otra. Así ocurre en los llamados «pabellones de conveniencia», pues hay países que dan más facilidades fiscales, laborales, etc. y a ellos se acogen otros armadores (Liberia, Panamá...).

También se concretan en el derecho marítimo otros muchos aspectos, como señales, códigos, seguros, disciplina, estaciones de radio «piratas», contaminación por hidrocarburo, etc.

Igualmente se contempla por el derecho la interferencia con buques en alta mar (inspección, detención, etc.), bien por estar pescando en zonas atribuidas de forma exclusiva a un Estado o estados por razones policiales, sanitarias, de contrabando, de castigo a la piratería, etc.

Los fondos marinos preocupan cada vez más a los estudiosos y juristas y la fijación de límites exteriores a la plataforma continental ha constituido un problema, dada la tendencia actual a «avanzar» el dominio «terrestre» sobre el mar. En el tema subyacen motivaciones estratégicas y económicas, pues se calcula que el lecho de los océanos está cubierto por nódulos de manganeso, con parte de otros metales, como níquel, cobre, cobalto, etc., además de yacimientos energéticos y bancos de pesca.

Para cortar esta «tentación», la Convención ha establecido una «zona internacional» que comprende el espacio fuera de la plataforma continental de los Estados y queda definido como «patrimonio común de la humanidad».

Se prevé que la exploración y explotación de estos fondos oceánicos la controlará una Autoridad Internacional, que realizará sus propias operaciones mediante un órgano llamado la Empresa. También firmará contratos con empresas estatales y privadas.

Especial interés tienen las llamadas poblaciones transzonales, en lo referente a la pesca y la denominada jurisdicción *rampante*. La Convención de 1982 ha sido completada con otras disposiciones posteriores, destacando el Acuerdo de 1994.

Otro aspecto interesante es la prohibición de transmisiones no autorizadas de radio o televisión desde un buque o instalación en alta mar y dirigidas al público en general.

4.4.3. *El espacio aéreo y el espacio extraterrestre*

A) Si se ha dicho que los fondos marinos constituyen «la nueva frontera de la Humanidad», la regulación del espacio aéreo y extraterrestre supone igualmente un reto hacia el futuro, por establecer los primeros pasos de otra «nueva frontera» para los hombres. En cierto modo, la normativa sobre el espacio aéreo toma sus conceptos del derecho marítimo, según veremos.

La delimitación vertical del control sobre el espacio es preocupación nueva, surgida del progreso de la aviación y su eficaz uso en la guerra. Con anterioridad ya se había planteado el tema, pero con un enfoque poco menos que de divertimento. Así Grocio señaló que la libertad del espacio comienza más allá del alcance del arma de un cazador.

Dos ideas se contraponen a la hora de regular el espacio aéreo, la de plena libertad de tráfico, o la de pertenencia al Estado subyacente, es decir la soberanía aérea.

Como escribe Rodríguez Carrión: «En Derecho romano también se encontraba presente este choque de concepciones: si el aire era considerado una *res communis,* al propietario de un predio se le confería la propiedad del aire, definido por los límites perpendiculares a los confines de la propiedad (*qui dominus est soli, dominus est usque ad sidera et usque ad infera*). Serían, sin embargo, concepciones igualmente extraídas del Derecho Romano las que permitirían la elaboración de las teorías que abogaban por la libertad del aire: el espacio suprayacente al espacio terrestre sólo es susceptible de apropiación, como ocurriera en el espacio marítimo, en la medida en que fuera susceptible de ocupación, siendo la ocupación de imposible producción precisamente por la misma contextura física del aire. Lo que ni el más moderno Derecho Romano ni el primitivo Derecho Internacional podían prever era que se produjeran ocupaciones efectivas del aire más allá del levantamiento de obras o edificios dependientes del suelo.

»Hoy día, por el contrario, es posible imaginar formas permanentes de ocupación del aire impensables no hace mucho tiempo y que abogarían por la defensa de la soberanía de los Estados sobre la masa suprayacente a su espacio terrestre: de una parte, la tecnología permite detectar y controlar cualquier objeto que se mueva por el espacio aéreo, lo que es una forma indirecta de ocupación; de otra parte, las ondas hertzianas tienen una limitación clara en el aire, terminando por interferirse unas a otras, con lo que las ocupaciones de las ondas habrían de decidirse sobre algún tipo de base, y ninguna parece más clara que la física que presta el espacio terrestre».

A los tradicionales problemas de tráfico y seguridad se ha añadido el de la contaminación del medio ambiente, que además puede fácilmente afectar al espacio de otros estados. Además, conforme han ido avanzando las telecomunicaciones y la tecnología aeronáutica se ha visto que el tema novedoso no consiste en la delimitación lateral, sino en la fijación de límites o estatutos verticales, cuya progresiva ampliación puede afectar al régimen del llamado espacio extra atmosférico o exterior.

A partir de 1919 resultó evidente que los estados no aceptarán fórmulas incompatibles con su soberanía plena, pese a un dato científico tan obvio como la «movilidad» de ese espacio. De esta forma, aunque se tiende a buscar similitudes con el derecho marítimo, no se establece el derecho de paso inocente y consecuentemente, las aeronaves de otro Estado tienen derecho a sobrevolar la alta mar, pero no el mar territorial ni el territorio de otro Estado.

El transporte aéreo interestatal sólo resulta consecuentemente posible, mediante la institución de tratados bilaterales que establezcan la autorización de vuelo en régimen de reciprocidad.

«El fracaso de la tentativa de regular multilateralmente el problema de la aeronavegación —ha escrito Lachs—, condujo a una proliferación de acuerdos bilaterales de línea».

Jiménez de Arechaga cita que «se ha observado que a los efectos de implantar un régimen legal completo en materia de aeronavegación, a través de acuerdos bilaterales entre 150 Estados, serían necesarios nada menos que 11.324 tratados bilaterales.

Los primeros textos positivos más importantes sobre el régimen del espacio aéreo son el Convenio de París de 13-X-1919, el de Varsovia de 1929 y el de Chicago de 7-XII-44, en vigor desde el 4-IV-47. También hay que citar las reuniones de Madrid en 1911 y de La Habana de 1929.

El principio de soberanía estatal es la norma básica, pero también se establece, según la Convención de Aviación Civil Internacional, que «cada Estado contratante conviene en que todas las aeronaves de los demás Estados contratantes que no se utilicen en servicios internacionales regulares, tendrán derecho, de acuerdo con lo estipulado en el presente Convenio, a penetrar sobre su territorio o sobrevolarlo sin escalas, y a hacer escalas en él con fines no comerciales, sin necesidad de obtener permiso previo, y a reserva del derecho del Estado sobrevolado de exigir aterrizaje».

Las aeronaves militares no gozan de esta especie de «pasaje inofensivo» y requieren, —al igual que los *vuelos chárter*— autorización previa.

Además las aeronaves, normalmente, deben seguir los canales o zonas de navegación que le sean señalados.

En el Convenio de Chicago se fijan las llamadas libertades del aire y que son: derecho de paso inofensivo, derecho de escala técnica para provisionamiento o reparaciones, y derecho de embarcar y desembarcar pasajeros y mercancías entre los Estados contratantes.

— Las aeronaves deberán estar matriculadas e identificadas.

—Se reconocen zonas prohibidas a la navegación por razones de seguridad o emergencia.

— Otras disposiciones contemplan aspectos más técnicos, atribuyen únicamente a las compañías nacionales los servicios de cabotaje, salvo acuerdos especiales y también hay normas sobre policía aérea, derecho de registro, accidente y jurisdicción de los tribunales. Los aviones vienen a ser considerados como una especie de «islas flotantes en el aire».

El espacio aéreo comunitario europeo tiene su propio ordenamiento. Según el Acta Única de 1986 se aplican las libertades básicas y el principio de la libre competencia.

En el campo de las comunicaciones radiofónicas o televisivas se acepta igualmente el principio de la soberanía del Estado en cuanto al control de las emisiones desde y hacia su territorio. Sin embargo, los progresos tecnológicos están dejando prácticamente obsoletas estas limitaciones.

Coincidimos con Rodríguez Carrión cuando señala acertadamente que «el derecho a la comunicación sin ser voluntaria o involuntariamente interferido, el derecho a la preservación del medio ambiente o el derecho a las comunicaciones espaciales obliga a abandonar por inadecuadas las teorías que unilateralmente postulan una rígida separación de la atmósfera entre soberanías estatales. El derecho a la comunicación o la preservación de la seguridad impide, igualmente, que se defienda a ultranza el derecho a la libre utilización del aire suprayacente a cada Estado. Una correcta regulación del espacio aéreo sólo puede hacerse a través de la toma en cuenta de los diferentes factores en presencia. En este sentido el Derecho internacional que se codifica día a día es bastante consciente de los problemas; sólo falta que se elaboren, quizás desde la doctrina, principios sustentadores y propulsores de los diversos intentos parciales relativos y necesarios para la elaboración de un auténtico sistema de Derecho Aéreo».

B) Desde que los rusos lanzaron el 4-X-1957 el primer satélite artificial quedó abierto un nuevo campo a la ciencia y al derecho: el espacio exterior, también denominado ultraterrestre, extraterrestre, cósmico e incluso interplanetario.

Desde esa fecha, han sido numerosos los ingenios espaciales lanzados por el hombre y que en sus «órbitas» han sobrevolado miles de veces el planeta, generando un nuevo dato, una nueva norma de tipo fáctico y consuetudinario: la no soberanía de ese espacio y la libertad de navegación en el mismo.

Por ello, se compara el espacio aéreo al mar territorial y el espacio extraterrestre a la alta mar. El problema está en fijar donde empieza uno y otro.

El origen de la normativa sobre el tema está en resoluciones de organismos internacionales, que fueron asumidas por el Tratado de Londres, vigente desde el 10-X-1967, completado por acuerdos posteriores, como el de recuperación de aeronaves del 2-IV-1968 o el régimen sobre no apropiación nacional de la luna y otros cuerpos celestes (1979).

Otras resoluciones y convenios importantes son la Resolución 1348/XIII de la Asamblea General de la ONU la Resolución 1472/XIV que sirven de base a otras posteriores, como el Tratado de Londres ya citado, el Convenio de 1974 sobre registro de objetos lanzados.

En síntesis, las líneas vigentes establecen:
1. El espacio ultraterrestre estará abierto para su exploración y utilización por todos los Estados y no podrá ser objeto de apropiación nacional.

2. Su exploración y aprovechamiento deberá hacerse en provecho de todos los países.
3. No deberá contaminar el medio ambiente.
4. Los Estados deberán informar de sus actividades en el espacio exterior.
5. Las actividades de entidades no gubernamentales requerirán autorización y el Estado responderá por ello, especialmente si se ocasionan daños.
6. Los Estados quedan obligados a prestar ayuda a los astronautas en peligro.
7. Los objetos hallados deberán ser devueltos a su Estado de origen.
8. También se ha prohibido utilizar la luna y otros cuerpos celestes para fines militares.

La propia naturaleza de la «aventura espacial» y del medio en que se desenvuelve ha contribuido a dar este talante más abierto y cooperativo a su normativa.

Por el contrario, en lo referente a los satélites que circunvalan la tierra, la polémica es mayor, pues también se emplean para fines militares de observación y reconocimiento.

El régimen sobre los objetos espaciales, sobre las comunicaciones y sobre la responsabilidad internacional por actividades espaciales completan, por ahora, este nuevo ámbito del espacio ultraterrestre.

4.4.4. *Los espacios polares*

La concepción y los límites de los espacios polares ya constituye un tema confuso y discutido en sí mismo. Parte de la doctrina se inclina por identificar espacio ártico con el Círculo Polar Ártico, aunque para el Antártico se amplíen sus dimensiones. Sí parece claro que en el Ártico predomina el elemento marino rodeado de un cinturón continental, mientras que en el Antártico ocurre a la inversa al tratarse de una masa helada rodeada de mar.

Los progresos tecnológicos y de comunicaciones han dado un nuevo valor geoestratégico a las zonas polares, especialmente al Ártico, hecho al que hay que sumar su importancia ecológica y sus posibles recursos económicos, esta vez más patentes en el polo sur.

Respecto al régimen jurídico del Ártico además de reconocerse la soberanía de los estados vecinos sobre determinadas islas, el espacio oceánico debe considerarse como alta mar y del mismo modo el espacio aéreo situado por encima tiene libertad de sobrevuelo.

EL MARCO JURÍDICO

La Antártida constituye el mayor enclave natural del planeta, con 14 millones de km², estando casi en su totalidad cubierta de hielos de dos km de espesor. Los expertos estiman que cualquier cambio en su equilibrio medioambiental puede afectar al resto de la tierra.

Además de su papel regular en las temperaturas, tienen mucho interés sus recursos minerales y pesqueros, cuya esquilmación produciría gravísimas consecuencias para el ecosistema de la zona y del mundo.

Desde principios del siglo XX se han registrado reivindicaciones de soberanía territorial por parte de Gran Bretaña, Nueva Zelanda, Francia, Noruega, Australia, Chile y Argentina sobre el polo sur.

Coincidiendo con el Año Geofísico Internacional (1957-58) se reconoció el libre acceso de científicos de cualquier nacionalidad así como el intercambio de sus investigaciones. En este nuevo contexto se firmó en Washington el 1-XII-59 el Tratado sobre la Antártida, del que fueron parte entre otros Estados EEUU y la URSS. España se adhirió en 1982.

El Tratado congelaba las pretensiones de soberanía territorial, la desmilitarización y la libertad de investigación científica y la cooperación internacional.

Otros convenios importantes han sido la Convención para la protección de las focas del 1-VI-72, la Convención sobre la conservación de la flora y de la fauna marina de la Antártida de 20-V-80 y la Convención sobre la reglamentación de las actividades relativas a los recursos mineros de 2-VI-88.

España también ha puesto en marcha una política de presencia en esta zona del mundo, que ya en la época de los descubrimientos avistaron sus marinos.

El 7-I-88 llegaba a la despoblada isla de Livingston la primera expedición científica española a la Antártida estableciendo, al pie del monte Reina Sofía, la base permanente con el nombre de Juan Carlos I. Al frente de la expedición figuraba el profesor Antoni Ballester.

Otras expediciones más recientes han continuado esta acción exploradora. En 1993, el buque oceanográfico *Hespérides* fue el primer barco español que cruzó el Círculo Polar Antártico.

El presente y el futuro de la Antártida reunió en Madrid, entre el 22 y el 30 de abril de 1990, a representantes de 39 países. Nuevamente volvieron a enfrentarse las posturas de quienes eran partidarios de la explotación de las riquezas mineras y petrolíferas del llamado continente blanco y de quienes propugnaban su declaración como parque natural mundial y, consecuentemente, libre de explotación.

EEUU, Gran Bretaña y Japón apoyan la primera tesis, pero con una moratoria de 20 a 30 años, mientras España y otros estados defendieron la moratoria indefinida o al menos renovable con el Tratado. Francia, Australia, Italia y Nueva Zelanda se muestran en favor de la tesis del parque natural.

También figuraban en la agenda otros temas, como la pesca y el turismo.

4.4.5. *La conservación del medio ambiente*

La toma de conciencia de amplios sectores sociales acerca del deterioro del medio ambiente y el interés de la opinión pública por la conservación de la naturaleza, unido a la aparición de los partidos políticos denominados *verdes*, han contribuido a la formación de un campo del Derecho Internacional que en definición de Remiro Brotóns «tiene por objeto preservar la biosfera y sus ecosistemas del deterioro y desequilibrio causados por la acción del hombre».

La defensa del medio ambiente es un valor universal, común e interdependiente que reclama una respuesta coordinada de los estados. Las primeras medidas de regulación fueron parciales e insuficientes hasta que en los años sesenta la alarma social confirmó la importancia del tema.

La Asamblea General de las Naciones Unidas convocó en Estocolmo la conferencia sobre Medio Humano que se celebró en 1972 y produjo una declaración donde se señalaba que «los recursos naturales de la Tierra, incluidos el aire, el agua, el suelo, la flora y la fauna, así como muestras representativas de los ecosistemas mundiales, deben preservarse en beneficio de generaciones presentes y futuras mediante una cuidadosa planificación».

Esta declaración fue el comienzo de una compleja y dispersa serie de disposiciones y recomendaciones que culminaron en 1982 en la Carta Mundial de la Naturaleza y en 1992 en la cumbre de Río de Janeiro, además de numerosos acuerdos bilaterales y multilaterales, entre los que cabe citar el Convenio de Naciones Unidas sobre el Derecho del Mar, la Convención de Barcelona sobre el Mediterráneo, el Tratado Antártico, el Convenio de Viena para la protección de la capa de ozono, el de Washington sobre especies amenazadas, etc.

La prevención, reducción y control del deterioro y de la contaminación son los objetivos generales básicos. También preocupa el cambio climático y la conservación de la biodiversidad.

Para José Antonio Pastor, teniendo en cuenta los 27 principios de la Declaración de Río y la adoptada en Estocolmo, la doctrina, la práctica, la jurisprudencia y los instrumentos convencionales se pueden señalar cinco principios fundamentales del llamado Derecho Internacional del medio ambiente: 1) la soberanía de los Estados sobre sus recursos naturales y la obligación de no causar daño al medios ambiente; 2) el desarrollo sostenible; 3) la buena vecindad y la obligación de cooperar; 4) el deber de prevención, y 5) el deber de reparación.

Hay que tener también presente la preocupación por considerar la protección de aquellos espacios como los fondos marinos y oceánicos, la alta mar, el espacio ultraterrestre y los cuerpos celestes que escapan a la jurisdicción estatal.

Siguiendo al autor citado vemos que de acuerdo con el preámbulo de la Declaración de Río, la Tierra es el hogar de la Humanidad y constituye un todo marcado por la idea de la interdependencia, aunque ni desde el punto de vista normativo ni institucional «resulta posible afirmar que el medio ambiente del planeta constituya en nuestros días patrimonio común de la humanidad».

Lógicamente el carácter fragmentario e insuficiente de las convenciones en vigor está reclamando un enfoque muchos más ambicioso y universal, que responde a esta época por tantos motivos denominada global.

La Comunidad Europea ha dado muestras de su interés por estos problemas y así se recoge en el Acta Única, en el Tratado de la Unión Europea de 1992 y en las políticas específicas sobre estas materias se han adoptado y continúan adoptándose por Bruselas.

4.5. EL DERECHO AL DESARROLLO

El ordenamiento internacional está entrando en una fase de mayor efectividad y solidaridad. Así, junto a los derechos ya clásicos de los estados, como son el derecho a la independencia, a establecer libremente su condición política, el de la libre asociación o integración o el mantenimiento de su integridad si se conduce conforme a los principios de la Carta, se insiste actualmente en el derecho a perseguir libremente su desarrollo económico, social y cultural.

4.5.1. *Concepto e índices del subdesarrollo*

A) La aspiración al desarrollo ha venido ligada al logro de las independencias de los pueblos coloniales y no es casualidad que un día más tarde de aprobarse la Carta Magna de la Descolonización, la Asamblea General afirmase la necesidad de una acción concertada para el desarrollo, apelando a los países miembros y a los organismos internacionales.

Ha sido la ONU, a cuyo foro se fueron incorporando los países emergentes hasta constituir la mayoría de sus miembros, el organismo que más se ha preocupado de este problema, como ilustra la catarata de resoluciones orgánicas de él emanadas.

Fue precisamente durante la preparación de la Conferencia de las Naciones Unidas sobre el Comercio y el Desarrollo, celebrada en Ginebra entre marzo y junio de 1964, cuando nació el llamado «Grupo de los 77», número inicial de los países en vías de desarrollo que se ha mantenido como símbolo y que ha venido trabajando desde entonces como impulsor de numerosas reuniones, conferencias y resoluciones.

De estas actividades, principalmente de las reuniones de la UNCTAD y de la ONUDI y de la tarea propia de la Asamblea General y del Consejo Económico Social, han ido surgiendo una serie de iniciativas y disposiciones que acaban por configurar el llamado Derecho Internacional del Desarrollo.

El derecho al desarrollo ha sido considerado, por otra parte, como un derecho de la persona humana y no sólo como un derecho de las comunidades políticas o los estados, entendiéndose en frase de Gros Espiell «como un derecho subjetivo, es decir como poder, como parte de una relación jurídica, que supone un contenido u objeto (el desarrollo) y la existencia de otro sujeto, titular, a su vez de obligaciones o deberes correlativos al reconocimiento del derecho». En este mismo sentido se había ya pronunciado Carrillo Salcedo al escribir que «el derecho del desarrollo es un derecho humano y un derecho de los pueblos, lo que trae consigo el corolario de que todos los hombres y todos los pueblos, sin distinción, han de contribuir a una empresa común de la humanidad».

El concepto de desarrollo debe plantearse de un modo amplio y no limitado a un determinado grado de capacidad económica. En efecto, la misma doctrina de las Naciones Unidas insiste en la articulación del desarrollo como «económico y social integrado», dando a entender que sus fines son económicos y sociales.

A mayor abundamiento, en la Res. 1.674 (XVI), la Asamblea afirma su convicción de que «el desarrollo económico y el desarrollo social son interdependientes y de que el objetivo final de todas las medidas encaminadas a fomentar el desarrollo económico debe ser el de satisfacer, en la forma más plena posible, las necesidades de la sociedad».

Existe una interpretación más ceñida, más mecanicista, que ve el desarrollo de un modo cuantificable exclusivamente, como una suma de producciones y resultados tangibles. Este enfoque obedece a esquemas básicamente materialistas o reducidos a un pragmatismo meramente economicista.

Frente a este planteamiento está el de la economía humana. Como ha escrito Lebret, «la idea de desarrollo está tomada de una imagen viva: la planta se desarrolla, el animal se desarrolla, el hombre se desarrolla. Existe un equilibrio interno que se continúa en el crecimiento. Se trata de una armonía que deriva de la naturaleza del ser en vías de desarrollo. Un principio íntimo de unidad realizada la permanencia en la sucesión con vistas a un mejoramiento; para la planta es la fecundidad manifestada en la flor y en el fruto. El desarrollo es la explicación de los valores que el ser llevaba en sí, la evolución de sus potencialidades hacia el "estado que la realiza"».

B) La noción de subdesarrollo implica términos de comparación con respecto a unos baremos socioeconómicos y es fruto del hecho de la desigualdad entre las unidades políticas y económicas.

No es sencillo fijar esos baremos y resulta más exacto efectuar la calificación a la vista de un conjunto de factores.

Hay dos tesis para explicar esta situación: una considera que el desarrollo y el subdesarrollo mantienen una posición dialéctica que de algún modo los hace inseparables, mientras que la otra ve entre ambos fenómenos una sucesión más bien como fases de un proceso de crecimiento.

Así, Bergesen dirá que el desarrollo o subdesarrollo de un país tiene más que ver con su situación jerárquica en la división mundial del trabajo, que en su propio ritmo interno de desarrollo.

Esta misma idea se aprecia en autores como Ikonikoff o Sigal al considerar el fenómeno como un resultado de la expansión europea del siglo XIX y del colonialismo... «y al ser el elemento motor, las sociedades europeas hacia el resto del mundo, se convierten en el "centro" del sistema, de modo que las otras regiones se integran en función de sus necesidades y de la dinámica del centro, convirtiéndose así, en "periferia"».

Autores como Samir Amin o Galtung abundan en estos mismos planteamientos, emanados del concepto de Lenin de ver en el imperialismo el estado supremo del capitalismo o interpretar la sociedad internacional como una estructura que asume la dialéctica de la lucha de clase entre «ricos y pobres», pero incorporando además elementos de oposición ideológica, étnica o cultural, identificando «subdesarrollo y tercermundismo».

En esta línea, Pierre Moussa habla de las «naciones proletarias», Alfred Sauvy acuñará en 1956 el concepto de «Tercer Mundo» —por analogía al «Tercer Estado» de Sieyès (1789)—, y Bornschier, entre otros, dirá que «en vez de ver el mundo como la suma de relaciones dadas entre los distintos países que lo componen... hay que verlo como un sistema, es decir, un sistema mundial que tiene lógica de desarrollo propia y que afecta a unidades de nivel inferior».

Por nuestra parte, admitiendo tanto el carácter cada vez más acentuado de la interdependencia y globalización de las relaciones internacionales y el impacto que en la actual organización del mundo ha tenido —y tiene— la etapa industrial y colonial, advertimos también que los planteamientos antes citados resultan excesivamente limitados a un período muy concreto.

En efecto, es un dato histórico que, existiendo recursos económicos distribuidos por todo el planeta, el progreso social y el grado de crecimiento económico ha sido y es distinto, tanto por causas de organización productiva como por razones tan diversas como el marco natural, el régimen político, el nivel tecnológico y educativo o sus creencias religiosas.

La oposición entre miseria y riqueza es lógicamente muy anterior a la renovación industrial o al colonialismo del siglo XIX, pero ha cobrado perfiles propios por obra de estos hechos, por cierto más centrados en la acción impulsora del hombre como motor del progreso, que en obstáculos naturales o geográficos.

Como ya se ha señalado, se acostumbra a manejar una serie de baremos o índices para perfilar el grado de desarrollo de un país, aun admitiendo que toda relación queda en parte incompleta y necesitada de matizaciones. En líneas generales, estos índices son: a) baja renta nacional per cápita; b) subalimentación y difusión de enfermedades; c) agricultura primitiva, no mecanizada; d) escasa densidad de infraestructuras; e) escasa industrialización; f) alto porcentaje de analfabetismo; g) insuficiencia de cuadros técnicos y científicos; h) otros criterios (natalidad y mortalidad excesivas, subempleo, trabajo infantil, escasa participación de la mujer en el trabajo, falta de clases medias y de instituciones democráticas, escaso ahorro y poca inversión, supersticiones...).

4.5.2. *El nuevo orden económico internacional*

El llamado Nuevo Orden Económico Internacional o NOEI tiene sus primeras formulaciones indirectas en las diversas resoluciones acerca del derecho al desarrollo, hasta ser expresamente enunciado en 1974 con la Declaración sobre el establecimiento de un Nuevo Orden Económico Internacional, aprobada por la Asamblea General.

Fruto de este nuevo espíritu será la Carta de los Derechos y Deberes Económicos de los Estados, que ya se ha mencionado.

Sin embargo, estas disposiciones no dejan de presentar un talante retórico, desigual y repetitivo, más acorde con manifiestos políticos que con textos jurídicos, lo cual no deja de tener su lógica habida cuenta del carácter de las resoluciones de la Asamblea General, ágora parlamentaria, pero no cámara legislativa.

A) Las líneas maestras del NOEI han sido resumidas por Remiro Brotons en el siguiente esquema:

1) La afirmación, incluso radical, de la dimensión económica de la soberanía del Estado, y 2) la aserción del deber de la comunidad internacional y de

todos los Estados que la componen de cooperar para el desarrollo de los países. Lo primero supone el derecho inalienable de elegir el sistema económico, social y cultural de acuerdo con la voluntad del pueblo sin intervención extranjera de ninguna clase (art. I de la Carta; 4 d) de la Declaración y la soberanía permanente sobre los recursos naturales y las actividades económicas del Estado (art. 2 de la Carta; 4 e) de la Declaración. Lo segundo, conduce a la promoción de un Derecho tuitivo, protector, cuyas normas pasan por la consideración de la particular situación de los países en desarrollo: los países desarrollados deberán conceder un trato preferencial generalizado a los países en desarrollo, dice el art. 19 de la Carta (*véase tb*. el 4 n) de la Declaración, en aquellas esferas de la cooperación internacional en que sea factible. Con el fin de realizar la auténtica igualdad han de tratarse desigualmente las situaciones desiguales. La genuina aplicación de este principio de desigualdad compensadora provoca la fisión del concepto de países en desarrollo dando origen a categorías que son beneficiarias de medidas de protección privilegiadas. Desde un punto de vista institucional, el NOEI proclama el papel central de la ONU (punto 6 de la Declaración), urge el robustecimiento y mejora de las organizaciones internacionales competentes en la materia y afirma el derecho de todos los Estados, jurídicamente iguales, de participar y efectivamente en el proceso internacional de adopción de decisiones (arts. 10 y 11 de la Carta; 2 y 4 c) de la Declaración. Ello se concreta en la pretensión de crear nuevos organismos especializados, y en democratizar el funcionamiento de los monetarios ya existentes (BIRD, FMI).

B) La afirmación y descripción más detallada de la dimensión económico de la soberanía es uno de los rasgos más interesantes del NOEI, que ya contaba con formulaciones anteriores.

La afirmación de la soberanía permanente sobre los recursos naturales como derecho inalienable se establece en la parte disposiva de la Res. 2.158 (XXI) que desarrolla así su anterior enunciado en el preámbulo de la Res. 1.803 (XVII) y es proclamada la libre disposición de sus recursos en los Pactos sobre Derechos económicos, sociales y culturales.

Este principio será mantenido e incluso ampliado al extenderse por obra de los países subdesarrollados a los fondos marinos y al subsuelo situado en las aguas subyacentes, dentro de su jurisdicción nacional.

«El principio de la soberanía permanente sobre los recursos naturales —afirma Ferrer— ha surgido como un desarrollo o consecuencia de la igualdad soberana de los Estados y especialmente del de igualdad de los derechos de los pueblos y de su derecho de disponer de sí mismos, bajo la presión ejercitada en las Naciones Unidas por los países en vía de desarrollo».

En efecto, los países del Tercer Mundo han estimado que la soberanía política no es suficiente si no se halla acompañada de una adecuada soberanía económica —sin entrar, en este momento, en cuál deba ser el alcance y el contenido justo de la misma— como cita Sánchez Apellániz.

Esta insistencia en la soberanía económica es un corolario de la soberanía política, en parte comprensible al haber sido propiciado por una serie de países recién independizados y temerosos de caer en el neocolonialismo económico.

Esta vinculación al anticolonialismo explica que en sus contenidos concretos se conceda especial importancia a las nacionalizaciones, las expropiaciones y el control sobre las inversiones extranjeras y la acción de las firmas multinacionales.

El NOEI da también relevancia a otros asuntos, como la libre elección del sistema económico y la búsqueda de un trato más justo en los intercambios, concretamente en la utilización del comercio internacional para ayudar a corregir los desajustes y promover el desarrollo.

En esta dirección se explicita el derecho de asociarse en organizaciones de productores de materias primas, con el doble objetivo de controlar mejor la producción y los precios, a pedir la supresión de trabas comerciales y a procurar ampliar el sistema de preferencias arancelarias generalizadas, no recíprocas y no discriminatorias.

Los fundamentos de esta estrategia están en la concepción de establecer fórmulas desiguales para contribuir así a compensar las diferencias y, de alguna manera, a igualar los desajustes, según el grado de desarrollo de los estados y otras circunstancias concretas.

Finalmente, otro aspecto interesante es la afirmación de que todos los estados tienen derecho a aprovechar los avences de la ciencia y tecnología, tema obviamente discutible si no se adopta un criterio de solidaridad y mutua ayuda.

Por otra parte, Cristina Aznar expone unos nuevos desafíos que califica como «nuevas fronteras del Sur» y que en síntesis se concretan en las siguientes temáticas: 1) el desarrollo tecnológico, 2) la información, 3) la transculturación, 4) la revisión del comercio internacional, 5) la degradación medioambiental, 6) la deuda externa y 7) la inmigración.

La Iglesia Católica ha sido de las instituciones que más se ha preocupado de defender y promover el derecho al desarrollo de los individuos y de los pueblos. La documentación emanada de la Iglesia acerca de los problemas y esperanzas del desarrollo, es también abundantísima y constituye uno de los temas preferidos de la predicación de los últimos Pontífices.

El desarrollo constituye el tema central de la Encíclica *Populorum Progressio,* donde se dice textualmente que «el desarrollo no se reduce al simple crecimiento económico. Para ser auténtico, debe ser integral, es decir, promover a todos los hombres y a todo el hombre».

El desarrollo económico —como las restantes actividades, incluida la política—, debe estar al servicio del hombre, procurando la eliminación de las enormes desigualdades y fomentando unas condiciones laborales, económicas, sociales, sanitarias e institucionales al modo de ser de cada pueblo, en un marco de convivencia pacífica y cooperación internacional.

Y todo esto hay que conseguirlo en un clima de libertad y responsabilidad, en un sistema de diálogo comunicativo. Como ya se indicó en el texto aprobado por el Concilio Vaticano II: «no se puede dejar el desarrollo ni al libre juego de las fuerzas económicas ni a la sola decisión de la autoridad pública. A propósito hay que acusar de falsas tanto las doctrinas que se oponen a las reformas indispensables en nombre de una falsa concepción de la libertad, como las que sacrifican los derechos fundamentales de la persona y de los grupos en aras de la organización colectiva de la producción».

Capítulo V
CRISOLOGÍA Y POLEMOLOGÍA

5.1. La conflictividad internacional

A) Las Relaciones Internacionales acostumbran a disociarse en dos grandes apartados: de cooperación y de conflicto, siendo la guerra la manifestación extrema de estos últimos.

En primer lugar interesa advertir que no se pueden aislar los conflictos internacionales de los conflictos como fenómeno sociológico más abarcador.

Dentro de este conjunto de situaciones, los autores diferencian en un principio los conflictos jurídicos de los políticos.

a) *Conflictos jurídicos*

Aquellos que manifiestan una disputa relativa a un principio jurídico o a una regla del derecho y pueden ser resueltos ordinariamente sobre la base del derecho positivo.

b) *Conflictos políticos*

Aquellos que por su naturaleza no admiten una solución basada exclusivamente en el derecho positivo. Ponen en juego, más que la aplicación de una regla jurídica, el honor o los intereses de los Estados o incluso el reparto de poder entre ellos.

Esta distinción debida a Cavaré no es la única y así cabe diferenciar los conflictos por otro criterios: 1. Según los actores (Estados o no). 2. Según su alcance geográfico (local, regional...). 3. Según su contenido (civil, ideológico, religioso, económico...). 4. Según los medios utilizados (armados o no, etc.).

Los estudios sobre la «etiología de la violencia» arrancan de la propia naturaleza humana y señalan que las diferencias originadas por posiciones antagónicas llevan a actuaciones contradictorias que pueden terminar siendo incompatibles.

Las causas que están en el origen de las crisis pueden verse influenciadas por diversos factores de índole económica, política, personal, territorial, etc. y generarse por omisiones y por acciones.

Según Díez de Velasco hay que distinguir tres momentos principales:

1. *Situación* «la crisis no se ha producido aún, pero está en estado potencial o incluso latente» (usado en los capítulos VI y VII de la Carta de las Naciones Unidas).

2. *Conflicto* «supone una discrepancia entre los sujetos de Derecho Internacional que ha inducido o puede inducir a uno de ellos a actuar contra otro» en frase de Sereni.

3. *Controversia o diferencia,* momento en el que «una de las partes en la misma hace valer frente a la otra pretensiones opuestas, o cuando una de dichas partes pretende de la otra una pretensión a la que esta última no se somete».

Situación, conflicto y diferencia pueden ser los tres momentos de una crisis internacional.

De las diversas manifestaciones de la crisis, nos interesa considerar especialmente las guerras, cuyo estudio ha dado origen a una reciente rama científica: la Polemología.

La «Polemología» (del griego *Polemos*, guerra y *logos*, tratado) es el estudio de las causas, formas, funciones y efectos de la guerra como fenómeno social. Fue propuesto en 1946 por Gastón Bouthoul en su libro *Cent millions de morts*. El propósito de la polemología es llegar a conocer las raíces y manifestaciones de las guerras y así poder prevenirlas y evitarlas.

Tres rasgos ayudan a diferenciar la guerra de otras formas de violencia, lucha, rivalidad y competencia: a) su intencionalidad política; b) el empleo de armas; c) llevarse a cabo por grupos sociales organizados mediante contingentes jerarquizados.

Otro aspecto importante muy actual es la investigación sobre la paz, que es un campo distinto a la polemología. En España ha estudiado especialmente este tema Del Arenal.

B) El Tribunal Permanente de Justicia Internacional definió el concepto de *diferencia* como «un desacuerdo sobre un punto de derecho o de hecho, una contradicción de tesis jurídicas o de intereses entre personas».

Siguiendo a Díez de Velasco, esta definición es aceptable si se tiene en cuenta lo siguiente: a) Que las personas a que se refiere tienen que ser sujetos del ordenamiento internacional y preferentemente se dan las diferencias entre

Estados. Ello no quiere decir que no sean también internacionales las que se plantean entre un Estado y una organización internacional o entre dos organizaciones internacionales o entre Estados u organizaciones y otros sujetos del Derecho Internacional. Ésto último pone de manifiesto que las diferencias entre personas privadas o entre éstas y los Estados no son diferencias internacionales; b) La diferencia supone una discrepancia entre las partes en la misma, que se refiera, o sólo a cuestiones propiamente jurídicas —interpretación de una o varias claúsulas de un tratado— o también a cuestiones de hecho —límites entre dos Estados o sobre el trazado de un punto concreto de una frontera—; c) El objeto de la discrepancia puede versar ya sea sobre una cuestión jurídica propiamente dicha o sobre intereses concretos, no siempre susceptibles de ser sometidos a una solución propiamente jurídica, como veremos más tarde; y d) Para que exista una diferencia internacional hace falta que la misma haya sido fijada por las partes mediante conversaciones directas, actos unilaterales u otros medios capaces de delimitar su verdadero contenido y que objetivamente sea identificable.

Las diferencias implican un antagonismo circunscrito a un objeto, que se caracteriza por recaer sobre él pretensiones contradictorias de dos o más actores.

Las tensiones, por el contrario, aún siendo también limitadas en sus medios de acción, carecen de un objeto preciso de disputa y son más bien una *situación de antagonismo*. Cabe, de todas formas, que se den ambas diferencias sobre algo muy preciso y un alineamiento antagónico más generalizado, que se deba o que cause, la tensión entre los actores.

Los conflictos surgen cuando las diferencias se hacen radicalmente antagónicas, incompatibles. Como recoge Reuter, los conflictos consisten en «una oposición de pretensiones sufientemente exteriorizada para poner en peligro la paz social».

C) Edgar Morin dice a propósito de la crisis esta sugestiva y clarificadora idea: «Las diferencias se transforman en oposiciones y los complementos en antagonismos».

Como advierte Rodríguez de las Heras «la crisis se utiliza la más de las veces como «término» socorrido, pero no como «concepto» riquísimo, profundo, sin fondo; y mucho menos desde una «crisología». Es una especie de comodín que combina con todo y permite encubrir, pero no llenar, vacios teóricamente. Y por eso se recurre a nombrarla cuando hay que hablar de cambio, de conflicto, de emergencia, de desarrollo, de quiebra y muerte, de incertidumbre y de otros comportamientos del sistema que se estudie, individual, político, social, cultural...».

Siguiendo esta idea y el desarrollo que propone R. de las Heras, podemos señalar las siguientes etapas en una apretada síntesis teórica del tema:

En un conjunto, un subconjunto se puede diferenciar porque se opone a su entorno, haciéndose antagónico «a todo lo demás». Es decir, se diferencia porque se opone y así se individualiza, entendiendo por ello «entrar en conflicto con todo lo que rodea a esa parte emergente», de donde tenemos que la crisis es «un conjunto de relaciones de coalición y antagonismo».

«Entre los componentes de un objeto en crisis aparecen relaciones de coalición y antagonismo, pero estas relaciones no se reparten en el conjunto de los componentes de una manera caprichosa, formando un "montón" enmarañado de relaciones de coalición y antagonismo, sino que seguirán una ley de distribución. Se crea una estructura del conflicto».

Esta estructura, en su forma más elemental, se ofrece como una división en dos, pero al extenderse, se llega a un proceso en el que los elementos «se coaligan unos con otros, haciéndose antagónicos».

Otro escalón es la generación de un «campo crítico»: «para cualquier crisis que se produzca fuera de un sistema, el sistema no es indiferente a ella, es perturbado. Cuando un sistema entra en crisis, extiende fuera la perturbación a "todo lo demás", a los otros sistemas».

Una crisis se manifiesta «emitiendo» una serie de acontecimientos que pueden ser detectados desde fuera del sistema por un observador o desde dentro (conciencia).

Hay que tener presentes: a) la imprevisibilidad del acontecimiento, b) la intensidad del antagonismo, c) los elementos relacionados por el hecho y su jerarquización, d) la duración, e) su ampliación o no.

La conflictividad internacional ofrece por lo tanto una variada tipología: diferencias, tensiones, conflictos abiertos, litigios jurídicos, hostilidades, coerciones no armadas y guerras.

Tiene especial interés para las relaciones internacionales la dimensión que alcance la situación de crisis, es decir la congelación o localización de la misma o su extensión e internacionalización.

Las crisis pueden resolverse por medios pacíficos o por medios armados.

En el actual ordenamiento jurídico internacional y en la serie de valores admitidos y compartidos por el sistema internacional, los Estados tienen la obligación de resolver sus diferencias por medios pacíficos. Así se deduce de los dispuesto en el art. I y en parágrafo 3 del art. 2 del Cap. I de la Carta de las Naciones Unidas.

5.2. Modos pacíficos de resolución de conflictos

Remiro Brotons considera que meta indiscutible de todo sistema jurídico es que los conflictos que por una u otra causa puedan originarse se sometan a medios de arreglo exclusivamente pacíficos y eficaces. La idea quedó acuñada en la época de la Sociedad de Naciones bajo la fórmula *Arbitraje-Seguridad-Desarme*. Ahora, el final de la Guerra Fría ha creado el clima favorable para, tras años de frustración, volver a acometer esta meta activando las potencialidades de la Carta de Naciones Unidas.

Así, en enero de 1990 la Asamblea General declaró abierto el *Decenio para el Derecho Internacional* cuyo Programa de Actuación viene encabezado por la promoción de medios y métodos para el arreglo pacífico de las controversias entre Estados, incluido el recurso a la CIJ (res. 44/23, de 1989). Como contribución al Decenio, el Secretario General elaboró un *Manual sobre el arreglo pacífico de controversias internacionales* (A/46/33, supl. 33 de 1991), cuyo principal propósito es servir de ayuda a los Estados para elegir y poner en práctica los métodos que a tal fin hay a su disposición.

Item más. En su primera reunión a nivel de Jefes de Estado y de Gobierno (31 de enero de 1992), el Consejo de Seguridad adoptó una Declaración invitando al Secretario General a preparar un informe sobre los medios para fortalecer y hacer más eficiente la acción de la Organización en materia de diplomacia preventiva (*preventive-diplomacy*), establecimiento de la paz *(peace-making)* y mantenimiento de la paz *(peace-keeping)*. El Secretario General presentó el solicitado informe *(Agenda por la Paz)* el 30 de junio de 1992, añadiendo al análisis una noción nueva en el lenguaje de Naciones Unidas: la *consolidación de la paz* después de los conflictos *(peace-building)*. Las recomendaciones del Secretario General, especialmente las dirigidas al logro del arreglo pronto y justo de los conflictos internacionales, han recibido la adhesión del Consejo de Seguridad y de la Asamblea General, que ya ha adoptado su particular y más limitada *Agenda por la Paz (diplomacia preventiva y cuestiones conexas)* (Res. 47/120 de 1992)».

Hay que tener en cuenta, ante todo, que la tradicional división de los modos de resolución de los conflictos en pacíficos y no pacíficos, como dice Reuter, conserva su valor, pero ha perdido su sencillez.

«La separación lineal de la guerra y de la paz debería hacerse sobre la base del recurso a la fuerza armada; pero el desarrollo de las coacciones físicas no armadas, así como el de las coacciones armadas no estatales, y el lugar cada vez más importante de las amenazas virtuales como factor de política internacional puede sugerir otra distinción. Serán pacíficos los modos de solución que tienden a resolver un conflicto por su reabsorción, serán no pacíficos aquellos que tiendan a solucionarlo mediante su extensión. Una tal definición, sin embargo, no es aplicable más que *a posteriori*; según las circunstancias una coacción, inclusive no armada, puede llevar o no a la extensión del conflicto; la sanción de un derecho puede ser peligrosa para la paz si concentra fuerzas demasiado débiles para reprimir el delito.

»De hecho, en la práctica internacional actual la diferencia esencial es la que se basa en la ausencia de fuerza armada o en el recurso a ésta».

Este mismo autor agrupa en tres grandes apartados la división de los modos de solución de conflictos: a) mediante la intervención de terceros; b) mediante la aplicación de derecho y c) con la acción de las organizaciones internacionales. La solución de los conflictos sin recurrir a la fuerza armada incluye, en primer lugar a las negociaciones diplomáticas propiamente dichas y después a dos clases de modos: los no jurisdiccionales y los jurisdiccionales.

La negociación es la actividad básica de las relaciones diplomáticas y ocupan, como señala Geamanu, un lugar preponderante en la vida internacional de hoy, hasta el punto de poderse calificar a nuestra época como una era de negociaciones. Además, esta tendencia a negociar ha adquirido un carácter permanente que responde a una necesidad objetiva.

Por otra parte, hay que sumar a los canales tradicionales de la diplomacia todas las nuevas formas de acción exterior, especialmente los contactos directos entre los estadistas de los Estados y las facilidades que el complejo comunicativo actual ofrece para el flujo del intercambio continuo y universalizado de las acciones diplomáticas, políticas y jurídicas.

El interés de la opinión pública internacional por las cuestiones internacionales y su decantación mayoritaria por la búsqueda de soluciones pacíficas a los conflictos es otro dato de sumo interés que no cabe marginar.

Cabe exponer de una forma esquemática el cuadro descriptivo, no jurisdiccional y jurisdiccional de los modos de resolución pacífica.

A) *Modos no jurisdiccionales*

Requieren la intervención de terceros, pero no se invocan consideraciones jurídicas para resolver las diferencias. Las conclusiones a que se llegue no son obligatorias para las partes en conflicto.

a) *Buenos Oficios y Mediación*

El sujeto que interviene puede ser una persona física o jurídica, como un Estado u Organización Internacional. En el supuesto de los buenos oficios, se limita a actuar como simple intermediario para procurar que las partes negocien, pero sin proponer por su parte ninguna solución.

En la mediación, en cambio, el mediador, además de intentar que las partes se pongan de acuerdo, propone una posible solución para el litigio.

b) *La Investigación y la Conciliación*

Es una fórmula propuesta por la delegación rusa en la Conferencia de La Haya de 1899. Su misión es «la de establecer la materialidad de los hechos ocurridos, origen de la desavenencia», pues como ya indica el art. 9 de la Convención de La Haya de 1909, estas Comisiones deben «facilitar la solución de estos litigios, esclareciendo por medio de un examen imparcial y concienzudo *las cuestiones de hecho*».

La tarea de la Comisión termina con su estudio, que puede ser aprovechado por las partes para solucionar el contencioso. Por su parte, las Comisiones de Conciliación crearon a partir de 1919 a iniciativa escandinava. Además de fijar las cuestiones de hecho, señalarán también los puntos de derecho y redactarán un informe ofreciendo términos de arreglo. Esta fórmula de «determinar los hechos» ha sido muy recomendado por la ONU como se ilustra con la Resolución 46/59 de 9-XII-91.

La conciliación es más formal que la mediación y guarda cierta semejanza con el arbitraje.

Díez de Velasco recuerda «que la creación de las Comisiones de Investigación, según la reglamentación de las Conferencias de La Haya de 1899 y 1907, tiene carácter voluntario; no obstante se contempla como una obligación su creación en los llamados tratados Bryan, estipulados por los EEUU y diversos Estados en los años 1913 y 1914. El mismo sentido obligatorio lo encontramos en el tratado de Gondra, preparado por la Conferencia de Estados americanos, celebrada en Santiago de Chile en 1923.

»Las Comisiones de Investigación fueron utilizadas por la Sociedad de Naciones en diversos casos, y más recientemente por la Organización de las Naciones Unidas, con mayor o menor fortuna».

B) *Modos Jurisdiccionales*

Como rasgos característicos de estos modos de resolución hay que señalar la obligatoriedad de la decisión, el fundamento jurídico de la misma y el hecho de proceder dicha decisión de un órgano independiente respecto a las partes.

El arbitraje y el arreglo judicial presentan muchos aspectos comunes, pero también diferencias. La más patente es el carácter permanente del órgano judicial.

Estos modos jurisdiccionales ya fueron contemplados desde el fin de la Segunda Guerra Mundial por textos como los siguientes: Estatuto del Tribunal Internacional de Justicia (26-VI-45); Reglamento del Tribunal Internacional de Justicia (14-IV-78); Estatuto del Tribunal Internacional del Derecho del Mar (Anexo VI a la Convención de Jamaica sobre Derecho del Mar de 10-XII-82); Arbitraje Especial de Derecho del Mar (Anexo VIII a la Convención de Jamaica); Acta Revisada para el Arreglo Pacífico de las Diferencias Internacionales. Ag. Res. del 28-IV-49.

a) *El arbitraje internacional*

El art. 37 de la Convención de La Haya de 1907 dice que el arbitraje «tiene por objeto el arreglo de litigios entre los Estados mediante jueces de su elección y sobre la base del respeto al Derecho». Se diferencia por tanto del sistema jurisdiccional por la elección de jueces, cosa que no ocurre en el otro supuesto, salvo el nombramiento de jueces *ad hoc*.

Otra institución destacable es el Tribunal Permanente de Arbitraje. Se estableció en la Conferencia de Paz de La Haya de 1899, pero no se trata realmente de un Tribunal sino de una lista de árbitros y tampoco es permanente, aunque sí funcione con permanencia una secretaría del Tribunal en La Haya.

b) *El arreglo judicial*

Tras el fallido intento de crear un Tribunal Internacional de Justicia en la II Conferencia de La Haya, donde solamente se logró establecer un Tribunal de Presas, se volvió a plantear el proyecto en la Conferencia de Paz que siguió a la Gran Guerra, como se ve en el art. 14 del Pacto de la Sociedad de Naciones.

Los trabajos de la Comisión desembocaron en un proyecto de Estatuto, aprobado por la Asamblea de la Sociedad de Naciones el 3 de diciembre de 1920. El Tribunal existió hasta abril de 1946, no funcionando durante la Segunda Guerra Mundial.

El actual Tribunal Internacional es el órgano judicial de las Naciones Unidas, según lo propuesto en la Conferencia de Dumbarton Oaks.

El Tribunal se compone de quince miembros elegidos «entre personas que gocen de alta consideración moral y que reúnan las condiciones requeridas para el ejercicio de las más altas funciones judiciales en sus respectivos países o que sean jurisconsultos de reconocida competencia en materia de Derecho Internacional».

En su nombramiento se tiene también presente la representación de las distintas culturas y sistemas jurídicos. La elección la realizan por separado la Asamblea General y el Consejo de Seguridad sobre una lista entregada por el Secretario General, basada en las candidaturas presentadas por los grupos nacionales.

El Tribunal está abierto a los Estados parte en el Estatuto y a los que no siéndolo lo hagan en las condiciones fijadas por la Resolución 9 (1946), pudiendo entender todas las diferencias de orden jurídico que le sean sometidas.

Además del Tribunal Internacional de Justicia y siguiendo su modelo se han creado también después de la Segunda Guerra Mundial otros Tribunales, como el Tribunal Europeo de los Derechos del Hombre, el Tribunal de las Comunidades Europeas, la Corte Interamericana de Derechos Humanos y los de diversas Organizaciones Internacionales.

Rodríguez Carrión considera que: «Ofrece aspectos discutibles incluir en esta perspectiva histórica a los *Tribunales Militares Internacionales de Nuremberg y Tokio,* creados en 1945 con la finalidad de juzgar a los responsables de la comisión de actos contrarios a las leyes de guerra durante la Segunda Guerra Mundial. Si de una parte no fueron tribunales que conocieran de controversias internacionales, no es menos cierto que supone un importante precedente, como el frustrado *Tribunal Internacional de Presas,* en la posterior creación de tribunales especializados *ratione materiae,* como el Tribunal Internacional Penal que prepara la CDI o su homónimo para los crímenes cometidos en la antigua Yugoslavia».

C) *El papel de las Organizaciones Internacionales*

El mandato establecido en los Propósitos y Principios de la carta para que los Estados resuelvan sus diferencias por medios pacíficos inspira además las relaciones de amistad y cooperación que deben mantener entre sí los miembros de las diversas organizaciones internacionales en sus ámbitos respectivos.

La pertenencia de la casi totalidad de los Estados al sistema onusiano y a las distintas organizaciones regionales facilita la aplicación de este mandato, pues las organizaciones actúan, con instituciones *ad hoc* o simplemente ejerciendo sus buenos oficios, para invitar a sus Estados parte a negociar y resolver sus diferencias.

Se observa un positivo crecimiento de esta función resolutiva y conciliadora por parte de las organizaciones internacionales.

D) *Medidas de aplicación coactiva*

Con el fin de obtener del Estado adversario el reconocimiento de una pretensión o la ejecución de una obligación cuyo contenido ya esté fijado, los Estados recurren a una serie de medidas coactivas contempladas por el Derecho Internacional.

Como se deduce de lo expuesto, el Estado pretende suplir la ausencia de un legislador o juez internacional mediante dos actuaciones, las represalias y la retorsión, que son formas surgidas en la etapa en la que predominaban las relaciones bilaterales en el sistema internacional y que no encajan muy bien en la nueva situación histórica que ha establecido, por ejemplo, la prohibición de la amenaza o el uso de la fuerza y propugna la segurida colectiva.

También caben otras modalidades como las *sanciones,* las *contramedidas,* las *medidas de reciprocidad* y la máxima *inadim pleuti non est adimpleutum.*

La retorsión es una medida inamistosa pero legal, que suele adoptarse por un actor como respuesta a un acto ilícito o lesivo para sus intereses, acto que entiende ha violado sus derechos. Es una medida que pertenece a la acción discreccional de los Estados, lo cual da límites borrosos a esta figura, máxime si se tiene en cuenta lo complejo que suele resultar deslindar los actos lícitos de los ilícitos en temas polémicos.

Según Sorensen, las represalias son los actos de un Estado realizados contra otro para obligarlo a convenir en el arreglo de una controversia, derivada de un delito internacional de este último. Las represalias, contrariamente a la retorsión; son medidas que aisladamente consideradas, serían ilegales, pero que excepcionalmente pueden tomarse, con el solo propósito de obligar a acatar la ley cuando un Estado viola los derechos del otro.

Par su admisibilidad, las represalias únicamente pueden realizarse tras haberse presentado una demanda de reparaciones y de haber resultado inútil la gestión. Por otra parte, las represalias deben ser proporcionadas al perjuicio sufrido.

Sin embargo, la prohibición al uso o amenaza de la fuerza establecida en la Carta de las Naciones Unidas restringe aún más el derecho a la represalia.

Así dice Aréchaga, «en vista de los términos generales del artículo 2, parágrafo 4, las represalias armadas son hoy ilegítimas de acuerdo con la Carta. La Declaración de 1970 de la Asamblea General, haciendo más específico en esta materia el derecho resultante de la Carta y codificado al mismo tiempo una serie de pronunciamiento del Consejo de Seguridad, dispone en términos categóricos que «los estados tienen el deben de abstenerse de actos de represalia que impliquen el uso de la fuerza».

De todas formas, la práctica demuestra el empleo de la represalia armada por parte de los Estados, como se da con cierta frecuencia en el conflictivo escenario del Oriente Medio.

Para intentar justificar este recurso a la represalia, algunos Estados afirman que sus acciones no son tales represalias, sino medidas de defensa propia, justificables invocando el art. 51.

Modalidades «suaves» de las represalias son los embargos, bien de cuentas bancarias, de propiedades de súbditos del país represaliado o la retención de las naves y barcos fondeados en los puertos del Estado perjudicado.

Antonio Remiro señala cómo represalias, sanciones y contramedidas «son nociones íntimamente vinculadas» y añade que los dos términos primero o más tradicionales «han encontrado acomodo final en el más omnicomprensivo de *contramedidas,* que figura como circunstancia extintiva de la ilicitud en el artículo 30 del proyecto de artículos de la Comisión (de Derecho Internacional de la ONU)».

5.3. REARME Y DESARME

5.3.1. *La carrera armamentista*

A) La fabricación de armamentos, la continua innovación en los tipos de armas y el volumen de recursos destinados a fines militares, alcanzan cada vez mayor importancia. Las cifras de gastos militares y la incidencia que la producción de armas tiene sobre la investigación, el comercio internacional y el desarrollo, aumentan también de año en año.

La variedad y especialización de la panoplia armamentística ha cobrado un ritmo de sofisticación llamativo, hasta el punto de constituir uno de los sectores productivos punta de las sociedades más avanzadas.

Coexiste una doble escalada armamentista: la continua mejora y perfeccionamiento de las armas y la carrera competitiva entre las potencias por mantener y en lo posible superar, la calidad y cantidad de sus arsenales.

El llamado Sistema Estratégico Nuclear ha jerarquizado a los actores estatales en orden a su capacidad para desencadenar un ataque nuclear o replicar al mismo, convirtiéndose en un condicionante final de la acción política y dando al sistema internacional una rigidez todavía no flexibilizada.

Los Estados se *nivelan* por este motivo entre el reducido grupo de aquellas Superpotencias con capacidad de destrucción mutua y bastante —*overkill*—. Las potencias medias que han experimentado ya el arma nuclear, aunque no dispongan de arsenales suficientes, y el resto de países, que de alguna manera *viven en otra época.*

El arma nuclear no significa una alteración cuantitativa en la carrera de armamentos, es un cambio cualitativo radical, tan grande o todavía más significativo que la aparición de los utensilios de hierro en la prehistoria o de las armas de fuego a finales de la Edad Media.

La sensibilización de la opinión pública ante este problema y el riesgo de destrucción colectiva que implica también contribuye a aumentar el halo mágico y esotérico de las armas nucleares.

El tema del armamento ofrece cuestiones conexas y abarca no solo la investigación y fabricación de las armas, sino la mejora de los sitemas de transporte y almacenaje, las redes de transmisiones, el diseño de nuevas tácticas y la coordinación entre los diversos modelos y posibles usos.

Otro tema de interés se centra en los intentos de remodelar las armas nucleares para su empleo convencional, mediante la reducción de su capacidad destructora, dotándolas de nueva versatilidad. Junto a las armas nucleares o atómicas, conocidas por armas A, existen otras no menos mortíferas, las armas químicas y biológicas. Por último, el desarrollo de las llamadas armas inteligentes también está formando la panoplia convencional con una enorme opcionalidad, desde prototipos individuales hasta las fantásticas armas denominadas con el cinematográfico apodo de «Guerra de las Galaxias».

Junto a la división de las armas en ofensivas y defensivas, ha preocupado siempre a los expertos la conexión entre el arma propiamente dicha y su medio de transporte. Salvo las armas arrojadizas primitivas, como las lanzas, lo usual ha sido recurrir a un vector que disparase o condujera el proyectil hasta el objetivo. Así ocurre con el arco y la flecha, el fusil y la bala o el avión bombardero y la carga que lleva.

La aparición de los misiles ha logrado superar esa diferenciación entre proyector y proyectil, logrando la versión actual del arma arrojadiza, al ser simultáneamente medio de conducción y cabeza explosiva.

La evolución en el campo de los misiles constituye todo un capítulo propio dentro de la carrera de armamentos. Los hay de alcance medio, intermedio e intercontinental, con una o varias cabezas, de crucero o balísticos, con carga convencional o nuclear y con distintos sistemas o plataformas de lanzamiento, desde silos y vehículos terrestes hasta aviones y submarinos.

La irrupción de la electrónica y de la informática ha sido otra de las variables que ha modificado los armamentos y las técnicas y tácticas de su uso.

Junto a los misiles ofensivos, también se han fabricado los sistemas antimisiles, apoyados en redes de alerta y dotados de cohetes interceptores.

Todas estas innovaciones tecnológicas hay que vincularlas a otras circunstancias que han ayudado a fomentar la escalada armamentista, como la política de Bloques y la existencia de grandes alianzas permanentes que inciden en la industria militar, la investigación, la logística y las doctrinas y prácticas militares.

B) *Armas químicas y bacteriológicas*

El I-VII-1969 el Secretario General de la ONU publicó un informe sobre las armas químicas y bacteriológicas (biológicas) y los posibles efectos de sus usos. El estudio se basa en las aportaciones de 14 expertos, en conformidad con una petición de la Asamblea General.

El Secretario General pidió que se tomaran medidas para hacer frente a la amenaza que suponen tales armas, entre ellas renovar el llamamiento para que todos los Estados suscribieran el Protocolo de Ginebra de 1925 y pedir que se pusieran de acuerdo para «suspender el desarrollo, la producción y la acumulación de todos los agentes químicos y bacteriológicos (biológicos) con fines bélicos y logar su eliminación efectiva de los arsenales militares».

La denominación de las armas C deriva del inglés *chemical*. También puede llamárselas Q.

A partir de 1945 se ha multiplicado y diversificado la producción de sustancias mortíferas de carácter químico y bacteriológico. Por contraste con las armas atómicas y las convencionales más sofisticadas, no implican la destrucción necesaria de los elementos materiales del territorio enemigo y son mucho más económicas de fabricar.

Siguiendo el informe de la ONU —publicado como documento A/7575— se entienden por armas químicas «las sustancias químicas, ya sean gaseosas, líquidas o sólidas, que puedan emplearse en razón de sus efectos tóxicos directos en el hombre, los animales y los cultivos».

Estas armas pueden utilizarse en la zona de contacto y en la retaguardia, contra objetivos militares y civiles con misiones muy diversas desde un planteamiento táctico.

Pueden diseminarse por medio de «municiones tierra-tierra», como granadas, obuses y misiles, «tierra-aire» y también de municiones «fijas», como generadores y minas.

Los gases asfixiantes, tóxicos y similares, se prohibieron ya en 1925. El 19-I-93 se firmó en París la Convención prohibiendo fabricar y emplear armas químicas.

Otro grupo lo componen las llamadas armas B. Según la Resolución 26 03 A (XXIV) de 10-XII-69, «las armas bacteriológicas (biológicas) son organismos vivos, sea cual fuere su naturaleza o material infeccioso derivado de ellos, que se utilizan para provocar la enfermedad o la muerte en el hombre, los animales o las plantas y cuyo efecto se basa en su capacidad de multiplicarse en la persona, el animal o la planta atacados». Los progresos en el conocimiento de la genética de los microbios y en la aerobiología experimental y el consiguiente proceso de selección hacen prever nuevas modalidades de estas armas.

Pueden utilizarse virus, bacterias, hongos y *rickettsias* que producen muy diversas enfermedades, como encefalitis equina, fiebre amarilla, tifus, antrax, cólera, peste, brucelosis, etc.

Es factible su fabricación en gran cantidad, pueden dispersarse con facilidad e incluso llegar a ser eficaces pese a contramedidas médicas.

Al no conocerse por experiencia los efectos de estas armas, resulta aventurado concretar los efectos, y se calculan con base en experimentos de laboratorio y a las situaciones epidemiológicas.

El Convenio de Guerra Biológica de 1972 declaró fuera de la ley el desarrollo, la producción, almacenamiento y transferencia internacional de las armas biológicas y tóxicas.

C) *Las opciones de la estrategia nuclear*

El aumento de la capacidad de destrucción, el temor que ello suscita, el carácter tecnológico —y financiero— que subyace tras el armamento atómico y su sobreposición a los otros medios militares convencionales, son datos claves para abordar el análisis de la estrategia nuclear y de su repercusión en las relaciones internacionales. El «poder compensatorio» o el miedo al «holocausto» no parecen razones bastantes para calificar el fenómeno.

Los tratadistas señalan tres grandes fases en la estrategia nuclear. Una primera de preparación, que incluye su despliegue adecuado, redes de transmisión, apoyos logísticos y control de decisiones. La segunda fase se conoce como disuasoria y puede limitarse a su propia capacidad de contención por la imagen de poder que entraña o llegar a concretarse en maniobras de amenaza que pongan en marcha los dispositivos adecuados para establecer una especie de advertencia con valor de «signo». Todas estas precisiones están encaminadas a neutralizar y disuadir al adversario. Por último, se habla del empleo de la fuerza termonuclear o fase final, que a su vez puede ser «flexible» o «masiva».

El carácter tecnológico del «complejo armamentístico» y el carácter industrializado y urbano de las potencias que lo poseen determina a su vez la señalización de objetivos para un ataque rentable. Mientras en una primera fase se mantienen los criterios heredados de la Segunda Guerra Mundial de desarticular la retaguardia, atacando ciudades, fábricas y comunicaciones, posteriormente se retornó a la idea primitiva de perseguir objetivos militares, con el propósito de neutralizar la capacidad «inmediata» del enemigo y mantenerle los objetivos civiles intactos con el fin de que sirvan de «rehenes» ante el riesgo de un «segundo golpe».

La evolución del potencial bélico y de las doctrinas estratégicas es paralelo. Durante el monopolio atómico norteamericano, predomina la idea elemental de la «represalia masiva». Con la entrada de la URSS (1949) y de Gran Bretaña en el «club atómico», se abren paso otras alternativas, que coinciden con la primera generación de misiles y el desarrollo de las armas nucleares. Aunque los EEUU conservan la superioridad, se debate la utilidad de las armas atómicas tácticas (limitadas) y los grados de la disuasión. El ingreso de Francia, China, India y Pakistán en el conjunto de las Potencias con capacidad nuclear, las nuevas generaciones de cohetes, los progresos en las redes de salvaguardia y los riesgos de la proliferación, van dando paso a doctrinas más complejas, como la «escalada», la «respuesta flexible», la «guerra atómica preventiva» y la «estrategia de contra-fuerza».

Las mejoras en los medios de lanzamiento se relacionan con los avances en la astronáutica, así como los progresos en la guía de los misiles y las redes de intercepción, se relacionan también estrechamente con los avances en la astronáutica.

La estrategia nuclear conlleva otros muchos problemas no militares, poco estudiados, como los efectos de la radiación sobre el medio natural y el aspecto médico y biológico del mal causado. También ofrece cuestiones conexas, pero marginales que van cobrando gran interés, como el auge del complejo militar-industrial, el riesgo de arrumbarse el sistema de Gobierno democrático ante la emergencia de una tecnocracia esotérica o los costos socioeconómicos de la carrera de los armamentos.

a) *La disuasión*

La esencia de la disuasión es su carácter simbólico. Revive la imagen de «la espada de Damocles» y ofrece un espléndido ejemplo del «lenguaje demostrativo» de la política, entendida como «actividad in-formativa».

Los expertos insisten coherentemente en que la disuasión implica un elemento de credibilidad, fundado en la posesión cierta de una capacidad de poder militar suficiente, una divulgación de ese poderío, para que los demás «actores» lo conozcan y sientan «temor».

La credibilidad disuasoria se enraiza en la posibilidad cierta de que el «actor» cuenta con un aparato nuclear bastante para resistir un «primer golpe», quedando en situación de «responder» contundentemente. El complejo de poder no se limita por lo tanto a la posesión de las armas, sino a la supervivencia de los vectores, redes de comunicación, transporte e información, centros de mando, control y decisión que permitan operar contra un enemigo en estado de alerta y defensa.

b) *Disuasión proporcional*

Gallois ha propuesto su tesis de la «disuasión proporcional», confiando lograr así la estabilidad internacional. Fue una idea muy debatida en los años sesenta y lógicamente defendida por los estados que deseaban mantener a ultranza su soberanía militar.

El principio de las alianzas como fórmula de equilibrio es sustituido por esta otra alternativa del «poder igualador del átomo».

c) «Escalada»

El concepto de «escalada» pretende abarcar simultáneamente todas las modalidades posibles de las operaciones militares, clasificándolas de forma gradual en orden a su capacidad destructora. Este enfoque, usual en los estrategas norteamericanos, permite una cierta libertad de maniobra y actuación mediante «respuestas» limitadas o flexibles, que van incrementando su contundencia en función de la «provocación-reacción» del adversario.

Es la filosofía del «riesgo calculado», uno de los componentes de la «guerra fría» y del «equilibrio del terror», aplicada operativamente a la estrategia militar.

El planteamiento no es tan simple como en principio parece. Al ignorarse con exactitud la voluntad y los medios del contrario, hace arbitraria la evaluación de ese «riesgo calculado», salvo que ambas partes admitan seguir unas mismas reglas, objetivo al que precisamente se desea llegar por obra de la coexistencia y las consultas periódicas.

d) La «Guerra preventiva» o «disuasión genuina»

La llamada «guerra preventiva» o «disuasión genuina» consiste en atacar al presunto enemigo antes de que él lo haga, una vez que se conoce con certeza su plan ofensivo. Este grado de «anticipación» —que no debe confundirse con una simple agresión—, es incluso calificado por algunos como modalidad «defensiva y se funda en la información fehaciente del espionaje o de los hechos tangibles».

Una vez desencadenado el conflicto se puede optar por «golpes nucleares estratégicos» conjugados con «fuerzas de maniobra» de carácter táctico, para terminar con la frase que el Mariscal soviético Sokolosky denominó «batalla de los restos».

Otra opción es la versión nuclear de la «guerra relámpago», que incluye, con los «golpes nucleares», el despliegue de columnas motorizadas y fuerzas aerotransportadas de tipo convencional, para dominar el terreno y explotar el éxito, unidades que además irían dotadas de armas nucleares de alcance limitado.

Otra opción es la llamada «estrategia anti-fuerza» que persigue aniquilar los medios nucleares del enemigo, para imposibilitarle toda ofensiva de alcance. Se atacarían no sólo las bases de lanzamiento, sino también los «silos» de proyectiles, los centros de producción y las redes de alerta e información.

e) *Respuesta flexible*

La «respuesta flexible» es una concepción atribuida a Mac Namara, Secretario de Estado para la Defensa bajo la Administración Kennedy, basada en los siguientes principios: 1) cualquier agresión no debe ser contestada necesariamente por un «golpe atómico»; 2) a un ataque convencional se responderá con armas convencionales; 3) si la respuesta no es suficiente, se pueden utilizar ya armas nucleares, pero contra objetivos exclusivamente militares y en la zona de frente; 4) si tampoco se disuade al enemigo, se atacan entonces objetivos civiles y la zona de retaguardia; 5) esta postura supone un plan de «escalones nucleares» que pueden escapar a un primer ataque.

La «respuesta flexible» es un intento de retorno a la guerra «limitada», pero olvidando que no existe suficiente aceptación de un «orden moral compartido» y que la potencia de las armas «que aún no se usan» es muy superior a las que se emplean, no tanto por cuestión de cantidad —como en la guerra convencional clásica— sino por calidad.

La estrategia de la «respuesta flexible» ofrece el atractivo político de poder argumentarse que el enemigo es el agresor. También incluye como otro factor a la opinión pública internacional, presumiblemente opuesta al «actor» que no se aviene a negociar y continua en su empeño, poniendo en peligro la seguridad general. Por todo lo dicho, la «respuesta flexible» viene a situarse entre la simple «disuasión» y los peldaños críticos de la «escalada».

D) *La «Guerra de las Galaxias»*

Ya por los años sesenta, las superpotencias se enfrascaron en la investigación de misiles capaces de interceptar los cohetes enemigos. Sin embargo, los ABM no acabaron de cuajar y fueron incluidos en el art. 5º de un acuerdo complementario del primer tratado SALT de 1972 para la limitación de las armas estratégicas.

El tema volvió a la palestra tras el discurso pronunciado por el presidente Reagan el 23 de marzo de 1983, anunciando la reanudación del proyecto de interceptar los misiles, con la variante de llevar la detección y destrucción de los mismos nada menos que al espacio exterior.

La Administración americana ha reiterado el carácter «defensivo» del proyecto, cuyo verdadero nombre es mucho más aséptico y ambiguo: Iniciativa de Defensa Estratégica. Se insiste en su naturaleza básicamente científica y de investigación tecnológica, sin olvidar aludir al hecho de que los rusos también llevaban a cabo experiencias en este mismo campo.

Lo cuantioso de las sumas que pretendían invertirse en la operación —se habló de 30.000 millones de dólares, unos cinco billones de pesetas—, lo discutible de sus objetivos e incluso lo dudoso de su eficacia militar, levantaron fuertes polémicas a favor y en contra, no sólo en la opinión pública estadounidense, sino en todo el mundo occidental.

Se argumentó en su favor que ofrecía una alternativa a la rigidez tremenda de la fórmula MAD (*mutual assured destruction*), ahora vigente y que en síntesis viene a asegurar el equilibrio del terror por el convencimiento de la mutua capacidad de destrucción entre las superpotencias.

Como ha manifestado Kaspar Weinberger, secretario de Estado para la Defensa, «es preferible la protección asegurada a la destrucción asegurada».

Su objetivo, como ya se ha apuntado, es interceptar los misiles enemigos en el espacio, antes de la fase de reentrada en la atmósfera, cuando todavía no han soltado sus múltiples cabezas atómicas y «señuelos». Esta intercepción «a medio viaje» proporciona una gran ventaja en el tiempo —y una mayor seguridad— pues la batalla defensiva «comienza antes» permitiendo que el sistema opere por fases y barreras sucesivas, sin aguardar a «tener los cohetes encima».

Parte de las nuevas armas funcionarían con la velocidad de la luz, pues una estación, situada en tierra o en el espacio, puede lanzar sus rayos láser con tal rapidez que «cazaría al vuelo» los «lentos» cohetes convencionales.

Junto a estos «cañones de rayos», que además pueden ser reflejados y reconducidos desde colosales espejos orbitales, funcionan otros artefactos no menos espectaculares. Así se habla de «proyectiles inteligentes» o vehículos «asesinos» de energía cinética, que en parte devuelven estos combates estelares a la prehistoria ya que son como piedras lanzadas por hondas magnéticas y que hacen desintegrarse los misiles contrarios por simple impacto.

La operatividad del proyecto es bien simple: satélites de vigilancia detectan el disparo de los misiles enemigos, captan su trayectoria y ordenan su destrucción que será realizada por las armas citadas, preferentemente por el sistema de rayos láser reflejados en los espejos colocados en órbita como grandes reflectores. Los misiles que logren franquear la «barrera» serían «detenidos» en la fase final por aviones Boeing 767 dotados de sensores especiales para ordenar su derribo por las baterías de tierra.

El tema del «escudo protector» ha vuelto a ser planteado al final del mandato de Clinton, y retomado por el nuevo presidente George W. Bush.

E) *El terrorismo internacional*

El atentado con fines políticos y las luchas de guerrilla no deben confundirse con la nueva modalidad de violencia denominada terrorismo. Asesinatos con móvil ideológico los ha habido siempre a lo largo de la historia y la resistencia partisana, con diversas modalidades, también se ha dado en distintas épocas.

El terrorismo, por el contrario, pretende fundamentalmente aterrorizar a la población civil —de aquí su denominación—, desprestigiar a las instituciones establecidas y utilizando métodos delictivos —crímenes, secuestros, atracos, extorsión, actos de sabotaje— obtener unos fines políticos.

Los intentos para lograr una definición sustancial del terrorismo en el campo jurídico no han sido, hasta el momento, satisfactorios.

En el proyecto de código sobre crímenes internacionales adoptado por la Comisión de Derecho Internacional de las Naciones Unidas se incluye el apoyo, encubrimiento y tolerancia de las actividades terroristas como un crimen contra la paz y la seguridad de la humanidad.

Por una parte, se plantea la prohibición del apoyo que en algunos estados encuentran las acciones terroristas y por otro, la necesidad de coordinación entre los distintos estados para perseguir y castigar estas actividades.

El incremento de los delitos de piratería aérea ha generado ya una cierta normativa, por cierto con escasa efectividad. También conviene diferenciar la comisión de actos terroristas en tiempos de paz o en el marco de una situación de guerra, donde sería más fácil aproximar sus actividades a la lucha partisana.

Las argumentaciones encaminadas a justificar la actividad terrorista identifican a ésta con la guerrilla y la unen a planteamientos de resistencia a un ocupante o a luchas de liberación nacional.

También se acostumbra a diferenciar el terrorismo perpetrado como única forma de acción política bajo un régimen dictatorial o autoritario y los actos cometidos en un estado plenamente democrático, donde se respetan todos los derechos humanos y pueden expresarse todas las ideas políticas.

Sin embargo es precisamente en los países democráticos europeos donde más actos terroristas se cometen. Otro de los rasgos del internacionalismo que caracteriza hoy día al terrorismo es la colaboración y entendimiento entre los grupos terroristas, especialmente en la adquisición de armas, entrenamiento y aspectos logísticos. También aseguran ciertos servicios secretos que una serie de estados cooperan en la formación, financiación y actuación de los terroristas.

Como medidas más recientes contra el fenómeno del terrorismo hay que citar la resolución de las Naciones Unidas aprobada por unanimidad de la

Asamblea en diciembre de 1985, condenando al terrorismo, con especial mención de la piratería aérea.

La inquietud existente en Europa sobre el tema ha estrechado la cooperación entre los países de la OTAN y son frecuentes las reuniones de los responsables de la seguridad interior de los distintos gobiernos. Esta preocupación por combatir el terrorismo de una manera internacional ha sido expuesta por numerosos estadistas en los distintos foros europeos y mundiales.

El Consejo de Europa ha manifestado que el «refuerzo del espacio democrático europeo exige una defensa decidida frente al desafío terrorista. La amenaza terrorista, agudizada en los últimos tiempos, exige la adopción de posturas y de acciones comunes. Ya hace casi una década el Consejo de Europa demostró, a través de la Convención de 1977, su firme voluntad de contribuir a la lucha común de las democracias contra el terrorismo».

Una vertiente de especial interés para los informadores es la clara vinculación entre los atentados terroristas y su eco en los medios de comunicación. Las acciones terroristas se perpetran, en gran medida, buscando esa difusión y esa publicidad que multiplica su impacto.

5.3.2. *La carrera del desarme*

Los esfuerzos, esperanzas y frustraciones que ha generado y sigue generando el tema del desarme, esencialmente unido a toda temática de la seguridad, de la paz y de la guerra, hacen de él una cuestión central de las relaciones internacionales. Como bien señalaba Colard «es el problema de los problemas, el que condiciona la solución de todos los demás, sobre todo en la era nuclear».

El desarme se sitúa, justamente con el desarrollo, la paz, la coexistencia y la independencia de los pueblos, entre «los problemas cruciales de nuestro tiempo» en el texto denominado *Mensaje de Nueva Delhi* y se pide a las potencias «que detengan la carrera de armamentos que está consumiendo a un ritmo cada vez más rápido los escasos recursos materiales de nuestro planeta, destruyendo el equilibrio ecológico y desperdiciando gran parte de las mejore capacidades científicas en objetivos estériles y destructivos...».

A) La guerra, admitida como mal menor para «resolver» los conflictos, tuvo su primer encauzamiento al atribuirse su ejercicio legítimo únicamente a los Estados y por ello verse afectada, de algún modo, por usos y normas.

Paralelamente a la labor de los juristas, crece entre los pensadores el interés por limitar y paliar de algún modo las causas de las guerras y los males que acarrean, enlazando con planteamientos anteriores al derecho bélico moderno, como la institución de la «Tregua de Dios» o medidas condenatorias contra armas consideradas especialmente «pérfidas» o indignas de cristianos.

Se entremezclan así las disposiciones humanitarias del derecho positivo, las costumbres corteses del honor militar, los llamamientos de la Iglesia y los escritos más o menos utópicos de los filósofos, como el ensayo de Kant *Sobre la Paz perpetua* o el proyecto de Jeremías Bentham para *Una paz universal y perpetua*.

No es casual que los intentos serios para ordenar las acciones bélicas coincidan con el desarrollo de los ejércitos modernos. En cierto modo, la codificación del derecho de los conflictos, iniciada como es sabido por la Declaración de París 1856, es la respuesta a la modernización de los armamentos.

La potencia destructora cada vez más temible de las nuevas armas, la capacidad de movilización de efectivos humanos y recursos materiales de las potencias, hacen prever las trágicas consecuencias que pueden derivar de «las guerras industriales» y avivan los sentimientos y campañas en favor del desarme. En este clima, el zar Nicolás II propuso a los principales estados, el 24 de agosto de 1898, la celebración de una conferencia internacional para frenar la carrera de armamentos.

La I Conferencia de la Paz de La Haya, no excesivamente grávida de contenido, tuvo al menos el mérito de iniciar esta larga marcha hacia el desarme, que aún continúa.

El proceso que sigue a la Primera Guerra Mundial es más conocido y se inicia con el llamamiento, en el cuarto punto de los Catorce del presidente Wilson, para establecer con la seguridad interna de los Estados. La idea quedará plasmada en el art. 8 del Pacto de la Sociedad de Naciones.

El período de entreguerras ofrece un especial interés para los estudios acerca del desarme, aunque continúa predominando la idea de «imposición al vencido» como se vio en las restricciones exigidas a los alemanes en la Paz de Versalles y el criterio de que la seguridad reclama un mínimo de poder militar.

El gran giro se producirá tras la Segunda Guerra Mundial, al consagrarse en la Carta de las Naciones Unidas, como ya se ha indicado, la «prohibición genérica del recurso al uso o amenaza de la fuerza».

B) Como expone Buchan «el desarme puede realizarse de formas diferentes. Puede ser *unilateral* o bien depender de medidas análogas de otros Estados, es decir, *multilateral*. Como desarme *total*, puede comportar la disminución de toda clase de armas y fuerzas militares o, como desarme *parcial*, referirse únicamente a determinadas categorías. Puede ser *general* o *limitado*, esto es abarcar todos los estados o solamente los pertenecientes a una determinada zona regional. Finalmente, el desarme puede llevarse hasta cualquier nivel, inclusive hasta el desarme completo, hasta la supresión de todas las armas y fuerzas militares, con excepción de las que sean necesarias para la seguridad interior de los Estados particulares: desarme *completo*».

Propugnamos diversas clasificaciones morfológicas atendiendo a categorías como el grado, el modo, los objetivos, las fases, la reprocidad, el ritmo y seguimiento del desarme.

a) Teniendo en cuenta el *grado,* el desarme *completo* supone la eliminación de la capacidad militar que exceda de la fuerza considerada imprescindible para asegurar el orden interior.

El *parcial* bien puede afectar a toda clase de armas, pero de modo incompleto, o de forma completa, a unas armas determinadas. También es posible una fórmula combinatoria.

Las medidas de *control* pueden destinarse a impedir, retardar, disminuir o suprimir la capacidad militar, tanto en calidad como en cantidad. Los aspectos vinculados a la información acerca de los efectivos y planes, constituyen otra faceta de control.

Por último, las distintas posibilidades de neutralización constituyen grados *sui generis*, si no de desarme, sí de limitación.

b) Respecto al *modo,* el desarme puede ser proporcional, gradual, igual, controlado, nuclear, convencional y mixto, siendo muy importante el problema de la *proliferación* de los armamentos, bien sea en sentido vertical, perfeccionamiento y aumento del poderío en sentido horizontal, extensión a otros países o incremento del número de estados que poseen determinadas armas.

c) La complejidad de los elementos que constituyen el poder militar propiamente dicho y máxime en nuestra época, obliga a extender las medidas de desarme a una gama de *objetivos* cada vez mayor y más heterogéneos. Así, el desarme debe contemplar el número de «actores» internacionales implicados; los recursos humanos de un país y especialmente su sistema de movilización; la capacidad industrial; los efectivos militares «operativos»; las zonas geográficas afectadas; los planes de investigación y los planes estratégicos.

d) El desarme puede incidir en todo el proceso de producción y empleo del armamento o hacerlo únicamente en algunas de estas *fases*. Así conviene enumerar como integrantes del proceso; la investigación, experimentación, producción, posesión, mantenimiento, transferencia, despliegue y uso.

e) Con respecto a la *reciprocidad* del desarme, poco hay que explicar, señalando que puede ser unilateral, multilateral, condicional o incondicional, voluntario o impuesto.

f) Un aspecto no siempre valorado es el *ritmo* del desarme, bien en lo concerniente a las negociaciones previas, bien en lo que afecta a los momentos, es decir, si opera de modo preventivo, impidiendo que se alcance un techo prefijado, o lo hace después de haberse alcanzado ya unos topes y consiguientemente obliga a la reducción de efectivos, e incluso a la destrucción de armas.

g) Por último, aspecto importantísimo de toda consideración del desarme es plantear y garantizar el cumplimiento de los acuerdos adoptados, sin violar la soberanía nacional.

Estas consideraciones confirman la afirmación de ser el fenómeno del desarme «un haz de problemas» y resultar por ello insuficientes los planteamientos exclusivamente armamentísticos de la cuestión.

C) El tema del armamento es únicamente la punta de lanza de una serie de factores encapsulados y que van desde el honor nacional y la seguridad al trabajo y el consumo.

En efecto, el volumen de los presupuestos militares no puede verse sólo como un gasto, sino también como una inversión que además tiene conocidos efectos multiplicadores en el empleo. Al fin y al cabo, los ejércitos no dejan de ser una especie de «sociedad dentro de la sociedad», con amplias necesidades económicas.

El comercio internacional de armas es otra de las vertientes más llamativas de este hecho, por cierto reiteradamente denunciado en los foros internacionales como una de las causas que coadyuvan al mantenimiento del subdesarrollo, al drenar recursos que debieran destinarse a la financiación del despegue económico y no al rearme.

No hay tampoco que olvidar el carácter cada vez más sofisticado del armamento de vanguardia y cómo actúa esta circunstancia de aliciente en el fomento de la investigación en importantes ramas de la ciencia, como química, electrónica, biónica, balística, astronáutica, informática, etc.

Simultáneamente, las armas continúan manteniendo su función de «impresionar». Son un símbolo de prestigio y de fuerza.

Y sobre todo, las armas además de su interdependencia con la investigación científica, la económica, y la política, siguen cumpliendo su función más característica: disuadir.

Otro aspecto curioso de la carrera de armamentos es la irrupción de un lenguaje esotérico y un vocabulario ininteligible.

D) Antes de terminar la Segunda Guerra Mundial se afianza el deseo de poner coto a la desazonante carrera de las armas y en la misma Carta de las Naciones Unidas se incluyen, en los artículos 11 y 26, medidas en favor de la cooperación internacional y del desarme, encomendándose al Consejo de Seguridad la elaboración de planes «para el establecimiento de un sistema de regulación de los armamentos».

En efecto, cabe distinguir tres campos de acción autónomos pero lógicamente conectados en el esfuerzo antibelicista: a) la actividad desarrollada por las Naciones Unidas; b) la labor llevada a cabo por las negociaciones de Ginebra y c) los contactos entre las potencias militarmente más afectadas.

Fuera del marco de Naciones Unidas se desenvuelven las negociaciones de Ginebra, con peripecia no menos desigual. Por último hay que cifrar los frecuentes encuentros entre estadistas de las distintas potencias, las cumbres entre los Grandes y las conferencias de los países no alineados. De esta «selvática maraña de reuniones», tal vez hayan sido las conversaciones SALT las más divulgadas.

Aunque en los capítulos dedicados a la evolución actual de las relaciones internacionales se hará mención de las negociaciones y acuerdos, recordaremos aquí algunos de los más importantes que se refieren a armas de destrucción masiva. Así está el Tratado por el que se prohíben los ensayos con armas nucleares en la atmósfera, el espacio ultraterrestre y debajo del agua (5-VIII-63); el Tratado sobre la no proliferación de armas nucleares (1-VII-68); el Tratado Antártico (1-XII-59); el Tratado sobre la prohibición de emplazar armas nucleares y otras armas de destrucción masiva en los fondos marinos y océanos y su subsuelo (11-II-71); el Tratado sobre los principios que deben regir las actividades de los estados en la exploración y utilización del espacio ultraterrestre, incluso la Luna y otros cuerpos celestes (27-I-67) y su revisión en 1979. Tan solo ratificado por ocho Estados, el Tratado para la proscripción de las armas nucleares en América Latina (14-II-67) y enmendado el 26-VIII-92; el Tratado sobre la desnuclearización del Pacífico Sur (6-VIII-85); el Tratado para crear una zona libre de armas nucleares en África (11-IV-96); el Tratado sobre desnuclearización del Sudeste asiático (15-XII-95).

5.4. La guerra

5.4.1. *Concepto y planteamiento*

Cicerón consideraba que la guerra era un enfrentamiento violento —*certatio vim*—, idea que predomina hasta muy entrada la Edad Moderna, cuando Grocio la critica diciendo que no es precisamente el conflicto, «sino la condición de quienes contienden por la fuerza» lo característico. La guerra es así una forma distinta a la paz, una institución que admite un tipo de comportamiento condenado por el derecho en tiempos de paz. No es en el fondo otra cosa lo que indica Von Clausewitz en su famosa definición.

La mayoría de los autores resaltan alguna de las características, casi siempre en función de sus preferencias ideológicas o vocacionales. Así señala el internacionalista Rousseau que la guerra «constituye una lucha armada entre estados, que tiene por objeto hacer prevalecer un punto de vista político, utilizando medios reglamentados por el Derecho Internacional». Gibbs da otra definición más sociológica al decir que «un enfrentamiento violento solo puede denominarse guerra cuando se trata de un conflicto global de toda la sociedad, que provoca la utilización de procedimientos bien definidos; es decir... que presupone la existencia de grupos cerrados» y Malinowski insiste en el carácter político-militar al afirmar que es «un conflicto armado entre dos unidades políticas independientes con utilización de fuerzas militares organizadas, en persecución de una política tribal o nacional». A Wright se debe una definición muy concreta y completa: «Situación jurídica que permite a dos o más grupos hostiles iguales dirimir un conflicto con la fuerza de las armas». Por último Eugenio d'Ors resume con hondura: «la guerra es una irrupción de la Prehistoria en la Historia».

Si puede haber un «estado de guerra» sin hostilidad violenta, también cabe una situación de abierto enfrentamiento armado sin haberse cumplido los requisitos legales de declaración, un ultimátum con plazo límite o un hecho agresivo bastante. Las guerras suponen, además de unos «actores», un espacio de acción —cada vez más extenso— y un tiempo, normalmente enmarcado ente la declaración formal y la firma del armisticio que pone fin a la hostilidad, manifestando la voluntad de llegarse a un Tratado de Paz, o al menos de interrumpir la lucha armada.

En sentido jurídico, la guerra es una lucha armada entre dos o más estados, que implica la aplicación de normas especiales al conjunto de sus relaciones mutuas y con los estados terceros.

En el Derecho Internacional clásico los estados podían emprender guerras si éstas eran consideradas *justas*. Precisamente la Escuela Española del siglo XVI realizó una elaborada construcción jurídica sobre el *iustum bellum*.

Otros autores como Hugo Crocio, también trataron de este tema y la guerra vino a admitirse como una manifestación de la soberanía nacional.

Didier Bigo plantea el llamado discurso «del fin de los conflictos» tras el hundimiento soviético y el control progresivo de las guerras regionales o locales. Frente a esta tesis optimista también se habla del discurso «del desorden» ante la desaparición del sistema bipolar anterior, más o menos estable. Aspectos nuevos son la «desmilitarización» y «desmasificación» de los conflictos menores y últimamente se reflexiona acerca de lo poco factible de grandes guerras entre las potencias y por contra, del riesgo de conflictos internos, especialmente en los países en vías de desarrollo.

A) Lucha armada entre Estados

Las operaciones de guerra son las que se producen entre fuerzas armadas de estados, que actúan bajo la autoridad y responsabilidad de estos.

La guerra civil no es, por lo tanto, guerra en sentido internacional. Adquiere el sentido de guerra mediante el reconocimiento de beligerancia realizado por el gobierno legítimo o por terceros estados. y tal reconocimiento no transforma las hostilidades en guerra en sentido internacional más que en relación a aquellos que reconocen. Este reconocimiento permite la aplicación del Estatuto de neutralidad y la posibilidad de extender la guerra a alta mar.

En principio es el derecho interno el que se aplica a la guerra civil, pero las Convenciones de Ginebra de 1949 admiten que algunas reglas que representan la esencia misma de las obligaciones de humanidad se apliquen en caso de guerra civil sobre el territorio de los estados parte en esta convención.

B) *Desencadenamiento del estado de guerra*

La guerra se caracteriza por el desencadenamiento de una serie de normas jurídicas relativas a las relaciones de los estados beligerantes entre sí y con terceros. El conjunto de estas normas constituye el «estado de guerra». Sin embargo son posibles hostilidades más limitadas que plantean problemas de efectos y calificaciones.

Las hostilidades pueden recibir distintas denominaciones, precisamente con el objeto de evitar el empleo del vocablo guerra. Así se recurre a términos como *represalias armadas, operaciones de protección, intervención de humanidad, operaciones en defensa de la paz, operaciones de cuarentena*, etc.

C) *Duración de las hostilidades*

El estado de guerra comporta importantes consecuencias para los terceros estados y para las relaciones privadas, por lo que debe fijarse con precisión su comienzo y fin.

a) *Principio*

Numerosos estados hacían una declaración formal de guerra antes del comienzo de las hostilidades. La práctica no era sin embargo unánime. La víspera de la II Conferencia de La Haya, en 1904, Japón atacó, sin avisar a las fuerzas rusas. Inglaterra venía practicando siempre las hostilidades sin declaración previa.

La II Conferencia de La Haya exige para la iniciación de hostilidades una advertencia clara e inequívoca, bajo la forma de una declaración formal motivada o de un ultimátum acompañado de una declaración condicional. Éstas deben ser notificadas a terceros. La convención fue obedecida en las dos guerras mundiales, pero con excepciones tan importantes como los ataques alemanes a Polonia y a la URSS, y al ataque japonés a EEUU.

Los terceros estados, si no ha habido declaración de guerra, tienen derecho a considerar que no están obligados por los deberes de neutralidad.

La guerra comienza en el mundo de su declaración o en el momento fijado. Si los actos de hostilidad han precedido a la declaración, el estado de guerra se retrotrae a la fecha del primer acto de hostilidad.

b) *Fin*

La guerra termina al finalizar los dos elementos que la consituyen: las hostilidades y el estado de guerra.

Las hostilidades pueden acabar con un armisticio general. También puede acabar la guerra recurriendo a una convención muy concreta llamada Tratado de Paz. En ocasiones el estado de guerra concluye por la derrota total de uno de los beligerantes y la desaparición de sus poderes estatales. Termina así el estado de guerra por un acto unilateral del estado o estados vencedores.

Es armisticio es una convención puramente militar, tanto por su modo de conclusión como por su objeto. La firman jefes militares y sirve para suspender las hostilidades. Pero en su desarrollo moderno, el armisticio comporta cláusulas políticas que anticipan el acuerdo que pondrá fin al conflicto. Suele ser firmado por los Comandantes Superiores de las Fuerzas Armadas actuando de acuerdo con las autoridades políticas (Las convenciones de armisticios de 1918 y 1940 entre Francia y Alemania y entre Francia e Italia y de 1943 entre los aliados e Italia implicaban numerosas cláusulas políticas, garantías sobre la ocupación, organismos permanentes de ejecución del acuerdo, etc).

El Tratado de Paz de Versalles puso fin a la Primera Guerra Mundial, pero la Segunda terminó de distinta forma según los beligerantes. Alemania firmó dos capitulaciones: Reims el 7 de mayo y Berlín el 8 de mayo, que se remiten a la capitulación general que tomó la forma unilateral de la declaración de Berlín de 5 de junio de 1945. Italia, con su estatuto de cobeligerancia, firmó un armisticio por dos veces (3 y 29 de septiembre de 1943) y un Tratado de Paz en 1947. Con Japón hubo dos actos de capitulación (14 de agosto y 2 de septiembre de 1945) para aplicarse la Declaración de Postdam de 26 de julio de 1945. En 1951 se firmó un Tratado de Paz con las Potencias occidentales. En cierto modo se ha dicho que el Acta de Helsinki de 1975 de la CSCE equivale al Tratado general, que no hubo, sobre las consecuencias de la Segunda Guerra Mundial.

D) *Efectos generales del estado de guerra*

Los autores consideran como principales consecuencias del estado de guerra: a) la ruptura de las relaciones entre los Estados beligerantes; b) aplicación del derecho bélico a las hostilidades y a la población civil; c) determinadas medidas respecto a las personas, empresas, propiedades y bienes de los súbditos enemigos. El Derecho Internacional establece una serie de normas acerca de cómo deben desenvolverse las hostilidades y el trato que corresponde a heridos, prisioneros y población civil. El número de convenciones existentes sobre estos temas es muy amplio y aunque se remonta a mediados del siglo XIX, también hay precedentes muy anteriores, como la llamada «Tregua de Dios» como se vió al hablar del desarme.

El Derecho Internacional humanitario también se ha desarrollado tras la Segunda Guerra Mundial. Pero las disposiciones más recientes sobre situaciones de beligerancia, como el Protocolo I de Ginebra de 1977 señalan claramente que «ninguna disposición del presente Protocolo ni de los Convenios de Ginebra de 12 de agosto de 1949 puede interpretarse en el sentido de que legitime o autorice cualquier acto de agresión u otro uso de la fuerza incompatible con la Carta de las Naciones Unidas».

Como escribe Pastor Ridruejo, «la situación de conflicto entre dos o más Estados llega en ocasiones a una circunstancia extrema de empleo de la fuerza armada, que es la guerra. Y el Derecho Internacional no ha permanecido mudo ante esta realidad, sino que, por el contrario, ha sentado criterios ante una serie de problemas que plantea el fenómeno bélico, a saber: 1) condiciones en que es lícito el recurso a la fuerza armada o *ius ad bellum;* 2) eliminación, o al menos reducción, de los medios de hacer la guerra, esto es, *desarme;* 3) límites a la violencia bélica mediante la regulación del comportamiento de los beligerantes durante las hostilidades, es decir, *ius in bello*; 4) posición de los terceros Estados, o sea, *neutralidad.* Estos son los cuatro grandes bloques de problemas que la guerra plantea al Derecho Internacional y a los que éste ha dado respuesta».

5.4.2. *Tipología*

Además de las guerras internacionales entre Estados convencionales o con el empleo de armas nucleares, cabe señalar la siguiente tipología:

A) *Guerras civiles*

Dos caracteres definen con bastante nitidez los componentes de la guerra civil: sus protagonistas pertenecen a la misma nacionalidad y su escenario de operaciones es el territorio nacional o zonas a éste sometidas. Puede añadirse otra nota muy frecuente y que cuadra con el concepto de «civil»: son guerras en que participa la población no militar de un modo más activo que en las internacionales. Sus causas se fundan en motivos muy concretos de conflicto: problemas dinásticos, rivalidades político-ideológicas o movimientos secesionistas. Tienen carácter de revolución y de rebelión cuando se trata de un levantamiento contra el Gobierno establecido y de «interregno» si ocurren en una etapa de crisis de poder.

Es frecuente que el carácter ideológico «internacionalice» la guerra civil, bien sea mediante la presencia de «voluntarios» a título individual o con una intervención extranjera en apoyo de uno o de ambos bandos, intervención que igualmente puede ser ayuda política, económica y técnica (incluyendo armamento) como el envío de contingentes militares, descansando en este caso, un estado de guerra.

El «golpismo» es una variante más limitada de conflicto civil, a veces incluso al margen de la mayoría de la población.

Lo conflictos civiles pueden estar «inspirados» desde el exterior con el fin de modificar la situación e instaurar un régimen favorable a los intereses de la potencia «promotora». Buena parte de los conflictos de la Guerra Fría y del período posterior al desplome del Bloque del Este han tenido su origen en enfrentamientos internos, como Corea, Vietnam, países centroamericanos, Yugoslavia y guerras africanas con componentes étnicos.

B) *Guerras limitadas*

Se trata de un concepto relativo que vuelve a cobrar actualidad como alternativa de la «guerra total» y se emparenta con el más reciente de «guerra periférica». Ferrero ha dicho acertadamente que la guerra limitada es una de las mejores cosas que hemos perdido como consecuencia de la Revolución Francesa. No es por lo tanto un concepto nuevo, al contrario, como señala Osgood «las guerras limitadas son tan antiguas como la historia del género humano. Se han producido entre los pueblos más primitivos y entre los más adelantados de todas las civilizaciones. La inmensa mayoría de las guerras internacionales han perseguido fines que no llegaban, ni mucho menos, a la dominación ni a la aniquilación, y en ellas se han empleado medios que tampoco se destinaban a la destrucción completa de las fuerzas armadas o la sociedad del enemigo».

Cabe establecer una tipología mínima, mediante el siguiente esquema: a) guerras entre pequeñas potencias con medios limitados; b) guerras entre potencias con objetivos y medios limitados; c) guerras de grandes potencias con potencias menores o pueblos débiles, con empleo de escaso medios sin riesgo de una intervención de una tercera gran potencia, como fue usual en la mayoría de las campañas coloniales; d) la misma situación, pero con el rigor de intervención de terceros, que puede desencadenar una conflagración general, tal como ocurrió en ambas guerras mundiales; e) guerra limitada expresamente por sus protagonistas, con el riesgo casi inevitable de una «escalada»; f) guerras «interpuestas», las que se libran por actores con medios limitados y objetivos concretos, pero contando con el respaldo de una o más potencias.

El carácter de «limitadas» puede atribuirse, por lo tanto, a los protagonistas, los objetivos, los medios, el espacio, el tiempo y la intensidad del enfrentamiento.

C) *Guerras revolucionarias*

Manera señala que «en las guerras revolucionarias pueden darse dos grandes tipos: guerras insurreccionales y guerras subversivas. Las primeras suelen tener como fin bien la expulsión de un enemigo que ha ocupado el país o la de conseguir la libertad y autodeterminación de una región que quiera independizarse de un poder central o metropolitano.

»Las subversivas tienen por fin derrocar y cambiar el régimen político establecido y sustituirlo por otro más radical, con bases políticas o sociales o religiosas totalmente diferentes al tradicional... las guerras insurreccionales suelen ir mezcladas, respecto a sus objetivos, a las subversivas».

No tienen porqué adoptar necesariamente estas guerras la modalidad de la lucha guerrillera, pero este hecho suele ser el más frecuente.

Si la rebelión no es sofocada, corre el riesgo de ser considerada guerra civil y otros Estados pueden acordar su estatus de beligerancia e incluso reconocer al gobierno rebelde. La conversión de los insurrectos en combatientes en una contienda civil es en gran medida cuestión de volumen y Bouthoul dirá que logran esa categoría al desarrollarse «entre dos facciones poderosas cada una de las cuales controla parte del territorio nacional».

Una importante modalidad de las guerras insurreccionales fueron las de emancipación nacional encaminadas a poner fin al colonialismo.

D) *Guerra de «guerrillas»*

El concepto de «guerra de guerrillas» es, más bien una definición genérica cómoda para una multiplicidad de actividades armadas, que no son ni bandidaje o disturbios locales, ni guerra convencional, o intervenciones de unidades especiales» en opinión de Heilbrunn.

Si la acepción de «guerrilla» resulta polivalente se debe, en parte, no solo a variedad de modalidades, sino también a lo difícil que resulta, en algunos tipos de esta modalidad de lucha, diferenciarla del terrorismo, o de las guerras limitadas, convencionales, psicológicas y revolucionarias.

La guerrilla entraña una dimensión clara de guerra psicológica para impresionar a la población y dar a conocer una causa reivindicativa. El auge de las relaciones informativas internacionales han dado también una divulgación de sus actos y objetivos perfectamente acorde con los deseos de quien pretenden influir en opinón.

Aunque la palabra guerrilla sea española y derive de la lucha contra Napoleón, tal forma de lucha existió siempre y ha vuelto a revalorizarse hoy por la vulnerabilidad que ofrece la compleja organización de los estados industrializados y de sus ejércitos. La lucha partisana buscaba prioritariamente desarticular redes de comunicación, destruir centros de decisiones, interrumpir abastecimientos y quebrantar el sistema logístico.

La población es elemento sustancial de la guerrilla, tanto si es rural como urbana, primitiva o contemporánea.

Si la guerrilla rural aprovecha las dificultades existentes, como montañas, ríos, pantanos, selvas o simplemente zonas quebradas y pobres, la urbana se adapta a las condiciones de la ciudad moderna y ha acabado resultando un espacio tan eficaz o más que el otro. Permite el aprovisionamiento, la información, el movimiento y el ocultamiento con mayor facilidad y además, los «golpes urbanos» cobran mayor eco en la opinión y revisten un tinte terrorista.

Para Plano y Olton la guerrilla es «guerra irregular donde pelean pequeños bandos contra un ejército invasor o en rebelión contra un gobierno establecido. La guerra de guerrillas se produce principalmente en áreas rurales, con elementos indígenas que conocen el territorio y son a menudo invisibles entre el resto de la población. El éxito del movimiento guerrillero depende del apoyo dado a la guerrilla por la población local en abastecimiento de alimentos y refugios, ayuda para el envío de esos abastecimientos y negarse a dar información a las fuerzas antiguerrilleras... La guerra de guerrilla es a menudo una fase de una revolución política, económica y social e ideológica que lucha contra el orden establecido».

Mientras Mao Zedong considera que «estas operaciones de guerrilla no deben ser consideradas como una forma de guerra independiente. No son sino un paso en la guerra total», Grivas señala «que es a veces posible para una organización de guerrillas, como un movimiento militar independiente, alcanzar por sí sola el objetivo político deseado».

Al general Rustow se debe una definición muy clara: «Guerra en pequeñas escalas con un conjunto de operaciones emprendidas con núcleos de fuerzas reducidas en relación con el efectivo total del Ejército, siendo su misión colaborar, mediante la consecución de objetivos secundarios, al objeto principal de la guerra».

E) *La guerra «psicológica»*

Se atribuye al británico J.F.C. Fuller el uso del concepto «guerra psicológica» en 1920, aunque el término se aplica a unas actividades que han sido practicadas en toda la historia. Dice Fuller que los medios conocidos de hacer la guerra sean «reemplazados por una guerra puramente psicológica en la que ni siquiera será preciso hacer uso de armas ni de campos de batallas... sino la corrupción de la razón humana y la desintegración de la vida moral y espiritual de una nación mediante la influencia de la voluntad de otra».

Luego se habla de «guerra política» y de «guerra ideológica», revalorizando la apelación de «psicológica» durante la Segunda Guerra Mundial coincidiendo con la utilización político-militar de la «propaganda» y la «información», tanto por Alemania y Japón, como por los Aliados.

Hasta 1953 no se crea la US Information Agency. Es en el período de la Guerra Fría y del conflicto coreano cuando ambos Bloques se lanzan a una maniquea campaña para ensalzar sus propias virtudes y denostar los defectos del enemigo, utilizando toda clase de medios: cine, radio, prensa, espionaje y hasta cómics.

La guerra psicológica no debe confundirse con la «propaganda» ni con el «espionaje», aunque incluya estas vertientes dentro de una gama más amplia. Opera por igual en tiempos de paz y se dirige no solo al bando contrario sino a los aliados y a la propia población, incluyendo las fuerzas militares.

La guerra psicológica se transforma en «ideológica» al perseguir la difusión y afianzamiento de doctrinas, ideas, creencias, sentimientos, etc. buscando paralelamente el desprestigio, neutralización o eliminación de las contrarias. Aquí encajan, desde el proselitismo religioso o la acción subversiva, pasando por la enseñanza, el mundo del espectáculo o la producción artística e industrial. Propaganda, publicidad, investigación, técnicas de captación, análisis de información, muestreo y sondeos se ponen al servicio de este fin.

Cabe señalar un cierto parecido entre la guerra psicológica y la recientísima «diplomacia pública», pues ambas actividades tienen en última instancia el objetivo de influir en la población y confirman la importancia que en nuestro tiempo tiene la opinión pública.

5.4.3. *La neutralidad*

Conviene empezar diferenciando entre el término jurídico de neutralidad de la llamada política neutralista o de la situación del Estado neutralizado, como Suiza desde 1815 o el Vaticano desde 1929.

El Derecho Internacional clásico imponía a los estados neutrales los deberes de abstención e imparcialidad y paralelamente aseguraba la inviolabilidad de su soberanía. La Conferencia de Paz de La Haya de 1907 es ya un texto clásico en este ordenamiento y tiene la salvedad de autorizar en la guerra marítima el derecho de presa sobre buques neutrales que transportasen mercancías para los beligerantes en alta mar. También se prevé un Tribunal de presas.

El Pacto de la Sociedad de Naciones introdujo un cambio importante al señalar en su artículo 16 que si un Estado miembro recurría a la guerra, se consideraba el hecho como un acto contra todos los demás miembros. De todas formas la regulación resultó insuficiente.

La situación ha vuelto a modificarse con la Carta de las Naciones Unidas y se ha cuestionado si la institución sigue vigente pues los Estados tienen la obligación de prestar toda clase de ayuda «en cualquier acción que ejerza de conformidad con esta Carta y se abstendrán de dar ayuda a Estado alguno contra el cual la Organización estuviere ejerciendo acción preventiva o coactiva».

La normativa viene señalada principalmente en los artículos 2, 25, 41, 43, 48 y 49.

En este contexto Arroyo Lara ha vuelto a emplear el matizado concepto de *no beligerancia* en sustitución de la idea clásica de neutralidad.

5.5. LA SEGURIDAD COLECTIVA

5.5.1. *Prohibición de la amenaza o el uso de la fuerza*

A) Como señala Jiménez de Aréchaga, «la obligación fundamental de la Carta está contenida en el artículo 2, parágrafo 4, que prohibe la amenaza o el uso de la fuerza en las relaciones internacionales. Ésta es la norma básica del Derecho Internacional contemporáneo y la piedra angular de las relaciones pacíficas entre los Estados».

La disposición supone la sustitución del tradicional *ius ad bellum* por un *ius contra bellum*, que pone fuera de la ley a la guerra, salvo en caso de legítima defensa, estableciendo como sustitución la fórmula de la seguridad colectiva.

Así Pecourt escribe que «el recurso a la fuerza en el ámbito de las relaciones internacionales va a adquirir nuevo sesgo con la Carta de las Naciones Unidas». La novedad supone, en términos muy sintéticos, los siguientes puntos: a) *prohibición genérica del recurso a la fuerza* como medio lícito de actuación en la sociedad internacional; b) sustitución de la legitimidad individual del recurso a la fuerza por un *monopolio institucionalizado del uso de la misma al servicio del interés común;* c) reconocimiento expreso de *determinadas excepciones* al principio general establecido; y d) *reconocimiento expreso de la legítima defensa —individual y colectiva— en el marco de la nueva normativa establecida*». Se trata por lo tanto de tres cuestiones conexas pero distintas: prohibición del uso o amenaza de la fuerza, seguridad colectiva y legítima defensa.

Con esta norma se culmina un largo proceso de introducir límites a la guerra, iniciado por la teoría de la guerra justa y continuado por todas las medidas y esfuerzos que paulatinamente fueron reglando y humanizando los conflictos, siendo los más recientes las Conferencias de La Haya, las limitaciones parciales introducidas por el Pacto de la Sociedad de Naciones o el célebre tratado Briand-Kellog.

Este último establecía taxativamente en su art. 1: «Las Altas Partes Contratantes declaran solemnemente en nombre de sus respectivos pueblos, que condenan recurrir a la guerra para el arreglo de las diferencias internacionales, y renunciar a ella como instrumento de política nacional en sus relaciones mutuas».

Rodríguez Carrión tras recordar que en la sociedad internacional «el poder político se encuentra individualmente repartido entre sus sujetos» y que el derecho a la guerra «no se encontraba hasta hace bien poco prohibido, sino tan solo sometido a determinadas regulaciones» para plantear la situación previa a la actual de control sobre el uso de la fuerza, añade cómo, además de existir ahora mecanismos de arreglo pacífico, «por primera vez en la historia de la humanidad la guerra ya no es soportable. Con ello queremos indicar dos cosas: la introducción de nuevas tecnologías de destrucción masiva hace de la guerra un elemento de alto peligro; más aún los altos costos de una guerra, incluso en los supuesto en los que se logre salir victorioso, resultan superiores a los beneficios que se estima puedan deducirse de la guerra».

Varios autores, comentando el avance que supone lo dispuesto en la Carta, añaden que la sustitución del vocablo *guerra* por el *uso o amenaza de la fuerza,* cierra el paso a posibles maniobras legalistas que esgrimieran que los actos de hostilidad desencadenados por un estado no constituían una guerra formal. Otro aspecto novedoso es la prohibición no solo del empleo de la fuerza, sino la simple amenaza de su uso, aunque bien es verdad que este extremo se presta a matices que han facilitado la transgresión del principio.

También ha sido objeto de encontrados planteamientos doctrinales el alcance que deba darse al término *fuerza*. Mientras unos autores estiman que únicamente se trata de la fuerza *armada*, otros amplían el concepto a otras formas de presión, como la política y la económica. Predomina la tesis de que en el contexto de la Carta y en la propia aplicación del texto se debe entender la palabra fuerza en sentido restringido a la fuerza armada.

Cuestión igualmente comentada ha sido la relación establecida entre la prohibición y la frase «contra la integridad territorial o la independencia política de cualquier Estado», que figura en el parágrafo 4 del artículo 2 de la Carta, en el sentido muy discutible de entender que en caso de no darse dichas circunstancias, el uso o amenaza de la fuerza estaba admitido. El texto de la Declaración de 1970 logró una redacción más clara al indicar expresamente que «Todo Estado tiene el deber de abstenerse de recurrir a la amenaza o al uso de la fuerza para *violar las fronteras internacionales existentes en otro Estado*».

Sobre la interpretación del texto de la Carta es obligado citar el célebre caso del Canal de Corfú, visto ante la Corte Internacional de Justicia acerca de la operación de limpieza de minas llevada a cabo por buques ingleses en aguas territoriales albanesas.

Además, el mismo artículo 2 incluye un párrafo ampliatorio al señalar también: «... o en cualquier otra forma incompatible con los propósitos de las Naciones Unidas».

Hay que citar además otra disposición importante que recoge el principio: el artículo 9 de la Res. 375 (IV) de 6-XII-1949. El texto dice: «Todo Estado tiene el deber de abstenerse de recurrir a la guerra como instrumento de política nacional y de toda amenaza o uso de la fuerza, contra la integridad territorial o la independencia política de otro Estado o en cualquier otra forma incompatible con el derecho y el orden internacionales».

Por último, estas ideas quedan remachadas y completadas en la Res. 3.314 (XXIX) del 14-XII-1974 sobre la definición de la agresión.

B) A tenor de lo expuesto en la Declaración sobre los Principios de Derecho Internacional referentes a las relaciones de amistad y a la cooperación entre los Estados de conformidad con la Carta de las Naciones por *Declaración de 1970,* cabe enumerar una serie de corolarios al postulado sobre abstención del recurso a la fuerza.

Así se indica que «una guerra de agresión constituye un crimen contra la paz, que con arreglo al derecho internacional, entraña responsabilidad».

También se advierte que los estados deben abstenerse de hacer propaganda en favor de las guerras de agresión.

Tras recordar que no puede emplearse la fuerza para resolver los litigios fronterizos o las líneas internacionales de demarcación, como las de armisticio, ni llevarse a cabo actos de represalia, como ya se ha comentado, se ordena a los estados como un deber, «abstenerse de recurrir a cualquier medida de fuerza que prive de su derecho a la libre determinación y a la libertad y a la independencia a los pueblos aludidos en la formulación del principio de la igualdad de derechos y de la libre determinación».

De donde resulta que la lucha contra el colonialismo viene a reconocerse como *guerra justa* y sería otra excepción al principio general de prohibición. Naturalmente que esta tesis no ha sido establecida de un modo tajante y obligatorio, pero es en cierto modo deducible de lo dicho, al prohibirse el uso de la fuerza contra pueblos que ejercen su derecho a la libre determinación.

La Declaración obliga, por otra parte, a los estados a no organizar o fomentar la organización de fuerzas irregulares o de bandas armadas, incluidos los mercenarios, para hacer incursiones en otro Estado.

En el párrafo siguiente se concreta la obligación de abstención en actos de guerra civil o en actos de terrorismo.

Por último, se reitera el no reconocimiento de los cambios territoriales por obra de la fuerza.

5.5.2. *Agresión y legítima defensa*

A) Los diversos intentos por concretar el concepto de agresión no han acabado de cuajar del todo. Ni los artículos 10 y 11 del Pacto de la Sociedad de Naciones, ni el articulado de la Carta de la ONU definen la agresión.

Tampoco fue definida en el Tratado de Asistencia Mutua de 1923 en cuyo texto se declaraba la guerra de agresión como delito internacional.

La aportación más interesante fue hecha por Litrinov, delegado soviético en la Conferencia para la Reducción y Limitación de Armamentos, el 6 de febrero de 1933. En síntesis, los puntos de la propuesta para considerar un acto como agresión eran: 1.º El declarar la guerra a otro Estado; 2.º El invadir con fuerzas armadas, incluso sin declaración de guerra, el territorio de otro Estado; 3.º El bombardeo por fuerzas terrestres, navales o aéreas del territorio de otro Estado; 4.º El desembarco de fuerzas armadas en el territorio de otro Estado sin la autorización del Gobierno de éste, o violando las condiciones concedidas; y 5.º El bloqueo naval de las costas o de los puertos de otro Estado.

La mayoría de los tratadistas coinciden en señalar tres elementos como característicos del acto de agresión; 1.º El hecho de atacar a otro; 2.º La circunstancia de ser el primero en atacar; 3.º El no haber precedido provocación grave por parte del atacado.

García Arias, a quien se debe el citado tríptico, añade el interrogante sobre la clase de ataque. «Puede tratarse de un ataque material —dice— o de un ataque jurídico. Josef L. Kunz señala que puede haber agresión sin que haya guerra en el sentido jurídico, sin que exista acto militar: puede ser agresor el Estado que franquee una "frontera jurídica", que practique una "agresión normativa", es decir, viole un tratado». García Arias rechaza esta tesis, entendiendo que la llamada «agresión jurídica» engendra responsabilidad internacional del Estado transgresor, pero no constituye una agresión. El requisito de materializarse el ataque, la violación del territorio de otro Estado, parece ser la clave del concepto, además de diferenciarse de los simples actos coactivos por su mayor hostilidad e intencionalidad de materializarse y desencadenar una guerra.

Pese a esta aparente nitidez, la práctica confirma que «cada acto de fuerza ha sido considerado como una agresión (y por consiguiente, injustificado, ilícito e inmoral) por las víctimas, en tanto que los supuestos "agresores" lo han conceptuado, también invariablemente, como moral, lícito y justificado, con la excusa de "legítima defensa" "mantenimiento del equilibrio político", "defensa del honor nacional", o cualquier otra fórmula plausible para justificar el hecho de recurrir a la guerra».

La complejidad del tema deriva también de la existencia de «agresiones no armadas», como la ideológica, la jurídica y la económica, cuya gravedad, en el contexto del actual sistema internacional, donde las relaciones bélicas se consideran patológicas, es manifiesta el haberse trasladado buena parte de las tensiones y diferencias internacionales a esos otros campos.

Sobre este tema de la agresión hay que referirse, sobre todo, a la Resolución de las Naciones Unidas sobre definición de la agresión (Res. 3314/XXIX, del 14 de diciembre de 1974).

B) «De la legítima defensa se ha venido diciendo tópicamente que "no tiene historia", en el sentido, claro está, de que ha sido conocida en todos los tiempos y admitida por todos los ordenamientos jurídicos. Ciertamente —al menos en términos generales— esto es así, y no hay tratamiento doctrinal del tema que no comience por referirse, más o menos ampliamente, a sus remotos y universales antecedentes. Sin embargo, como figura de la dogmática jurídica, la legítima defensa está lejos de contar con una interpretación unánime y unívoca», señala Recourt.

Por su parte, Remiro Brotons escribe que «los comentaristas de la Carta de las Naciones Unidas han registrado tradicionalmente cuatro excepciones a la prohibición del empleo de la fuerza en las relaciones internacionales: 1) la acción individual o colectiva emprendida por los miembros de la Organización sobre la base de una decisión o recomendación del Consejo de Seguridad conforme al cap. VII de la Carta; 2) la acción de las organizaciones regionales según lo dispuesto en el art. 53 de la misma; 3) las medidas adoptadas contra un Estado que durante la Segunda Guerra Mundial fue enemigo de los signatarios de la Carta de acuerdo con los arts. 53 y 107; y 4) la legítima defensa, individual o colectiva, prevista por el art. 51».

A tenor del artículo 51 «ninguna disposición de esta Carta menoscabará el derecho inmanente de legítima defensa, individual o colectiva, en caso de ataque armado contra un miembro de las Naciones Unidas, hasta tanto que el Consejo de Seguridad haya tomado las medidas necesarias para mantener la paz y la seguridad internacionales. Las medidas tomadas por los Miembros en ejercicio del derecho de legítima defensa serán comunicadas inmediatamente al Consejo de Seguridad, y no afectarán en manera alguna la autoridad y responsabilidad del Consejo conforme a la presente Carta para ejercer en cualquier momento la acción que estime necesaria con el fin de mantener o restablecer la paz y la seguridad internacionales».

Especial relevancia tiene esta norma, no solo por reconocer explícitamente un derecho que tanto el Pacto de la Sociedad de Naciones como el Pacto Briang-Kellog daban por supuesto, sino por destacar su carácter *inmanente*.

Comentando este dato, Antonio Remiro señala cómo «el carácter inmanente del derecho a la legítima defensa, (...) no es una manifestación de que tal derecho no tiene en exclusiva naturaleza convencional, sino también consuetudinaria. En la *inmanencia* de este derecho, en su supuesta incardinación en el Derecho natural —según reza la formulación francesa del art. 51— han querido escudarse las cancillerías y los autores interesados por afirmar la licitud de una legítima defensa preventiva, ejercida por el Estado que —según su propia apreciación— va a ser víctima de un ataque armado, con anticipación a que dicho ataque se produzca».

La posibilidad de un ejercicio colectivo de la legítima defensa ha articulado los tratados de alianza bilaterales y multilaterales como ilustra el art. 5 del texto constitutivo de la OTAN.

Los juristas al estudiar este derecho tienen en cuenta las condiciones y límites para su ejercicio, entre ellas la necesidad, proporcionalidad, inmediatez y duración. Más problemas ocasiona el llamado *casus operandi* y el polémico supuesto de la defensa preventiva.

El ejercicio de la legítima defensa debe ceñirse a su provisionalidad o transitoriedad, subsidiariedad, inmediatez, proporcionalidad y necesariedad de las medidas.

También se ha criticado al texto la atribución de un derecho que se califica de *inmanente* únicamente a los miembros de las Naciones Unidas, cuando es facultad de todos los estados.

Más nítida queda la causa de la reacción defensiva: *un ataque armado,* con lo cual parece que el texto no incluye la amenaza de fuerza u otras formas de presión.

También es claro el carácter subsidiario del derecho, en espera de las medidas que adopte el Consejo de Seguridad.

La legítima defensa aparece, por otra parte, como un corolario de la independencia de los estados. Así en el art. 12 de la Declaración de Derechos y Deberes de los Estados se dice que «Todo Estado tiene el derecho de legítima defensa individual o colectiva en caso de ataque armado» y se reconoce igualmente frente a una *agresión armada* en la Res. AG. 375 (IV).

Sí hay acuerdo sobre los bienes susceptibles de protección: independencia política e integridad territorial, las condiciones para el ejercicio de la legítima defensa requieren una agresión y una proporcionalidad y racionalidad en la respuesta.

5.5.3. *El sistema de seguridad en la carta de la ONU*

A) En el capítulo VII, la Carta de las Naciones Unidas dispone todo un sistema de *seguridad colectiva*, otorgando al Consejo de Seguridad la facultad de adoptar medidas, incluso armadas, vinculantes para todos los Miembros, con el propósito de hacer frente a las situaciones que impliquen una amenaza a la paz, un quebrantamiento de la paz o un acto de agresión.

El texto onusiano perseguía mejorar sustancial y nítidamente lo dispuesto por el Pacto de la Sociedad de Naciones, que a todas luces resultó rígido, insuficiente e invertebrado.

Buena parte de los comentaristas destacan el papel relevante que el Consejo de Seguridad tiene en este sistema de seguridad colectiva y señalan, del mismo modo, las dificultades que supuso la Guerra Fría para el correcto funcionamiento del orden previsto en 1945.

El sistema establecido recuerda la fórmula del Directorio de Potencias, pero ahora a escala mundial, al facultarse al Consejo de Seguridad para valorar la violación perpetrada y adoptar las medidas oportunas, en nombre de la Comunidad Internacional.

Las sanciones pueden ser económicas, diplomáticas y militares. En este último supuesto, el Consejo podrá «ejercer, por medio de fuerzas aéreas, navales o terrestres, la acción que sea necesaria para mantener o restablecer la paz y la seguridad internacionales».

El sistema directorial implica la mutua aceptación del *status quo* y el acuerdo entre las partes para la introducción de cambios. Todo esto solo es viable si las potencias comparten unos valores y unos intereses, cosa que no ha ocurrido entre los grandes. Otro defecto que se achaca al sistema establecido es la práctica inviolabilidad de las potencias, pues resulta impensable la aprobación de medidas coercitivas contra alguna de ellas, máxime si se requiera una unanimidad en la decisión sancionadora.

Tampoco se ha conseguido un desarrollo proporcionado en el tema de las fuerzas armadas puestas a disposición del Consejo, aunque esta cuestión es consecuencia de las desavenencias entre los grandes.

B) Según el texto de la Carta, el Consejo de Seguridad «determinará la existencia de toda amenaza a la paz, quebrantamiento de la paz o acto de agresión».

Antes de tomar decisiones graves, podrá instar a las partes interesadas «a que cumplan con las medidas provisionales que juzgue necesarias o aconsejables».

El art. 41 enumera las medida coercitivas de naturaleza económica, así como la ruptura de relaciones diplomáticas, siendo en el art. 42 donde se describen las medidas de fuerza armada.

Existe un compromiso, para todos los Estados miembros, de poner a disposición del Consejo las fuerzas armadas o facilidades de paso que se les reclamen, de conformidad con un convenio o convenios especiales.

Se prevé el mantenimiento de contingentes de fuerzas disponibles para el caso de ordenarse intervenciones urgentes (art. 45), pero la práctica ha confirmado lo poco desarrollada que ha sido esta disposición, como la institucionalización del Comité de Estado Mayor, también prevista. Realmente no se ha creado una especie de Ejército Internacional, con las implicaciones formativas, logísticas y armamentísticas que ello conllevaría, aunque sí realizaciones parciales, especialmente tras la crisis de la URSS.

El principio de la seguridad colectiva, reconocida, enunciado y llevado incluso a la práctica, no acaba de tener la solidez y el desarrollo que sería deseable.

Como intentos anteriores de sistemas de seguridad colectiva suelen citarse la Santa Alianza del período postnapoleónico en Europa y la Doctrina Monroe en América, aunque este supuesto es más discutible. La Sociedad de

Naciones, como ya se ha mencionado, intentó sin conseguirlo, prohibir y regular el uso de la fuerza, especialmente en su artículo 16.

C) La Asamblea General, no solo tiene capacidad para adoptar recomendaciones, también puede intervenir en la adopción de medidas para el mantenimiento de la paz.

Así se dedujo de la Res. 377 (V), «Acción Unida para la Paz» que preveía sesiones de emergencia de la Asamblea, convocadas por el Consejo de Seguridad, cuando en situaciones de crisis graves, el Consejo se mantuviera en punto muerto por el insalvable desacuerdo de sus miembros.

La Asamblea hizo uso de esa capacidad con ocasión de los casos de Suez y Hungría en 1956 y del Líbano en 1958, pero la URSS protestó alegando que la Asamblea carecía de potestad para hacer recomendaciones sobre el uso de la fuerza armada.

La cuestión continúa siendo polémica y se estima que puede facilitar la ampliación de la tesis de los *poderes residuales* y de la *responsabilidad subsidiaria* de la Asamblea, para dotar a ésta de más atribuciones.

D) El sistema de seguridad colectiva tiene otra vertiente en su dimensión regional. En efecto, la misma Carta, en su art. 52 dice textualmente: «Ninguna disposición de esta Carta se opone a la existencia de acuerdos u organismos regionales cuyo fin sea entender en los asuntos relativos al mantenimiento de la paz y la seguridad internacionales y susceptibles de acción regional, siempre que dichos acuerdos u organismos, y sus actividades, sean compatibles con los Propósitos y Principios de las Naciones Unidas...».

El articulado del Capítulo VIII, que contempla esta cuestión de los acuerdos regionales, prevé también que en el seno de dichos acuerdos se hagan todos los esfuerzos posibles para el arreglo pacífico de las controversias de carácter local. Los acuerdos pueden ser utilizados por el Consejo de Seguridad, *si a ello hubiere lugar, para aplicar medidas coercitivas bajo su autoridad*, lo que hace poner a disposición de la seguridad colectiva los organismos regionales.

Las disposiciones se contemplan con el deber de mantener plenamente informado al Consejo «de las actividades emprendidas o proyectadas... con el propósito de mantener la paz y la seguridad internacionales».

Precisamente la conjunción de lo reglado en este Capítulo y lo dispuesto en el art. 51 ha permitido la constitución de las distintas Organizaciones Militares, como la OTAN o el Pacto de Varsovia, además de los tratados de Río de Janeiro de 1948, el Pacto Colectivo de Seguridad de la Liga Árabe de 1952, y la SEATO de 1955, como ya se ha indicado.

En la etapa posterior a la Guerra Fría, los conflictos del Golfo y Yugoslavia han dado una distinta y más dinámica operatividad en este proceso de justificar las acciones internacionales de intervención. El texto más interesante lo constituyó ya en 1990 la Resolución 678 del Consejo de Seguridad contra la ocupación de Kuwait por Irak.

5.5.4. *Operaciones de mantenimiento de la paz e injerencia humanitaria*

A) Cuestión central de las actuaciones de las Naciones Unidas, en el período que sigue a la caída del muro de Berlín, es el uso de la fuerza por la Organización Internacional y más en concreto las llamadas intervenciones humanitarias.

El tema, que es importante, ofrece muchos aspectos polémicos, ambigüedades, riesgos y enfoques opuestos que reclaman un marco de actuación claro y preciso.

Mariano Aguirre señala que el intervencionismo ha sido definido como la «injerencia coercitiva por parte de un Estado o grupo de Estados dentro de la jurisdicción interior de otro Estado, tanto en sus asuntos externos como internos». Puede tener carácter militar (*forcible*), o ejercerse su uso de fuerza (*non-forcibles*), a través de la presión económica o la ayuda internacional. Lewer y Ramsbotham definen el intervencionismo humanitario como «la amenaza del uso de las fuerzas armadas por parte de un Estado, una comunidad beligerante o una organización internacional, con el fin de proteger los derechos humanos».

Se acostumbra a decir que el marco legal para la intervención se apoya en una serie de textos como la Carta de la ONU, la Convención para la prevención y la sanción del delito de genocidio (1948), los cuatro convenios de Ginebra para la protección de víctimas de guerra de 1949, los Protocolos adicionales de 1977, el Pacto internacional sobre derechos civiles y políticos, el Pacto internacional sobre derechos económicos, sociales y culturales, convenciones regionales y los procedimientos llevados a cabo por la Comisión de Derechos Humanos de la ONU.

Sin embargo, en lo referente a las operaciones de mantenimiento de la paz Remiro Brotons expone lo siguiente: «Las operaciones de mantenimiento de la paz no se encuentran contempladas expresamente en la Carta. Han sido las debilidades y lagunas del sistema de seguridad colectiva la razón de su nacimiento, vinculado en términos polémicos en época temprana con el entrometimiento de la AG en el manejo de algunas situaciones de crisis (Canal de Suez, 1956; Congo ex belga 1960...) al encontrarse el Consejo de Seguridad paralizado por el veto de uno o más de sus miembros permanentes Despejando las dudas sobre su legalidad, la CIJ (*Ciertos gastos de las NU, artículo 17.2 de la Carta, 1962*) afirmó su conformidad con la Carta, condicionada a su carácter pácifico, no coercitivo (si no es el Consejo de Seguridad quien las autoriza), y al necesario consentimiento del Estado en cuyo territorio se despliegan. Ello ha posibilitado que se implantaran con cierta firmeza gracias a una práctica concernida por la observación del alto el fuego o la interposición de contingentes militares entre fuerzas contendientes, si bien la consolidación y progresión geométrica de las operaciones se produjo a partir de 1988, en virtud no sólo y principalmente de los nuevos bríos del Consejo en la *posguerra fría,* sino también por la acción de los organismos regionales y, fundamentalmente, por las nuevas consideraciones sobre el mantenimiento de la paz y de la seguridad emanadas de Naciones Unidas en 1992 (*Programa para la Paz*)».

Aguirre comenta la tensión que se crea entre el principio de inviolabilidad de la soberanía y el intervencionismo, sea por razones humanitarias o en operaciones de pacificación: «Existe una vinculación directa entre no-intervencionismo, soberanía de los Estados e igualdad entre ellos. El artículo 2.4 de la Carta prohíbe el uso de la fuerza entre los Estados, excepto en casos de autodefensa o defensa colectiva. y el artículo 27 prohíbe las intervenciones de las Naciones Unidas en cuestiones de jurisdicción interna de los Estados.

»De acuerdo con la Carta, el uso de la fuerza es legítimo en el caso que el Consejo de Seguridad autorice acciones militares amparándose en el capítulo VII, si una organización regional es autorizada por el Consejo de Seguridad a adoptar medidas de fuerza y cuando se usa la fuerza con el fin de la defensa propia o colectiva. Para aplicar el capítulo VII, el Consejo de Seguridad debe acogerse al artículo 39 y establecer que existe una amenaza a la paz, ruptura de la misma, o un acto de agresión. Si se quiere realizar una intervención humanitaria de acuerdo con el capítulo VII, entonces es preciso vincular la grave violación de los derechos humanos que ocurre en un país específico con una de esas situaciones».

Como señala Romualdo Bermejo, «para que tales intervenciones puedan estar justificadas tienen que efectuarse según unos determinados criterios, materiales y formales, con el fin de evitar los eventuales abusos y hacer prevalecer los intereses humanitarios sobre los políticos. Entre los criterios establecidos por la doctrina y la práctica internacional figuran los siguientes:

a) existencia de una violación grave de los derechos humanos fundamentales;

b) situación de urgencia y necesidad de actuar;

c) agotamiento de otros medios de protección sin que se haya conseguido salvaguardar esos derechos humanos;

d) proporcionalidad entre el uso de la fuerza y los objetivos perseguidos;

e) carácter limitado de la operación en el tiempo y en el espacio;

f) informe inmediato de la intervención al Consejo de Seguridad y, si se da el caso, al organismo regional pertinente;

Con estas premisas, no resulta difícil sostener que la intervención humanitaria es una figura que puede, e incluso debe, existir en el Derecho internacional contemporáneo».

Suele resultar difícil evitar que se mezclen varios intereses en estas intervenciones e incluso que los Estados se muestren reacios a actuar, mientras en otros supuestos cabe la posibilidad de esgrimir este argumento de la intervención humanitaria o simplemente la aprobación del Consejo de Seguridad para llevar a cabo operaciones que pueden obedecer a intereses del Estado.

Otro tema que también debe relacionarse es la invocación al llamado *estado de necesidad,* cuestión que parece superflua ya que se cuenta con un argumento más sólido: el recurso a la legítima defensa.

Teresa La Porte expone, por otra parte, que las operaciones de mantenimiento de la paz o *peacekeeping* «no estaban previstas o tipificadas, al menos en su origen, como una actividad propia de las Naciones Unidas. Fue una solución intermedia que nació fruto de la necesidad de hacer frente a demandas de pacificación sin contar con la aprobación del Consejo de Seguridad.

»El *peacekeeping* —añade La Porte— suponía una acción militar —despliegue de los cascos azules— con una misión de paz». Era algo intermedio entre los dos capítulos recogidos en la carta, y Daj Hammarskjold, Secretario General de la Organización entre 1953 y 1961, decidió solucionar el problema jurídico incluyendo esta cuestión en el «capítulo seis y medio».

Las operaciones de mantenimiento de la paz se desarrollan como un instrumento coercitivo de control de los conflictos. Por sí misma no puede conseguir una solución permanente de los conflictos, y debe ser completada por la tarea de pacificacion o negociación política de la paz (*peacemaking*).

El aumento y diversificación de este tipo de intervenciones aconseja su adecuado replanteamiento jurídico y la redefinición del concepto de «mantenimiento de la paz».

B) Aguirre recuerda que los interrogantes sobre el derecho de injerencia por razones políticas o humanitarias no son nuevos y se remontan a los tiempos de la revolución francesa. Los procesos revolucionarios desde el siglo XVI y las revueltas anticoloniales del siglo XX fueron escenarios de frecuentes intervenciones. Pensadores y estadistas debatieron el derecho a intervenir para acabar con revoluciones o apoyarlas y sobre si era legítimo actuar para derrocar a dictadores o defender a connacionales. El jurista Malanczuk considera que «la práctica del Estado en el siglo XIX invocó razones humanitarias para justificar la intervención, frecuentemente, sin embargo, como una coartada para intervenciones por razones políticas o económicas».

Mientras que alegando acciones humanitarias se practicaba en el curso del siglo XX el intervencionismo por razones políticas y económicas, se desarrolló una importante jurisprudencia sobre los derechos humanos en un sentido amplio que, implícita o explícitamente, podría otorgar legitimidad a la comunidad internacional para intervenir en los asuntos internos de Estados en los que se producen violaciones masivas de estos derechos.

Otros autores remontan este problema a los mismos orígenes del Derecho Internacional y concretamente a Francisco de Vitoria. Así Jorge Hevia estima que «no parece ni mucho menos casual ni accidental el protagonismo que la Santa Sede ha desarrollado en el debate sobre la injerencia humanitaria, ni tampoco la energía con la que ha defendido esta teoría ante la opinión pública internacional y ante numerosos y variados foros. Por el contrario, la labor de la Santa Sede y su decidido apoyo a este principio han sido una consecuencia lógica de su concepción de las relaciones internacionales y más concretamente de su idea de comunidad internacional.

»En este sentido, los antecedentes se remontan a la idea del "Totus orbis" de Francisco de Vitoria, considerado el fundador del moderno Derecho internacional».

La Santa Sede se ha pronunciado en numerosas ocasiones en favor de la intervención humanitaria y el Papa Juan Pablo II lo ha ratificado en muchas de sus alocuciones. Por ejemplo, en su visita a la sede de la FAO el 5 de diciembre de 1992, el Papa afirmó: «No es justo que la guerra entre naciones y los conflictos internos condenen a civiles indefensos a morir de hambre por motivos egoístas o partidistas. En estos casos, se debe asegurar la ayuda alimentaria y sanitaria y superar todos los obstáculos, comprendidos los que provienen del recurso arbitrario al principio de no injerencia en los asuntos internos de un país. La conciencia de la humanidad, ahora sostenida por las disposiciones del Derecho internacional humanitario, exige que se haga obligatoria la injerencia humanitaria en las situaciones que comprometen gravemente la supervivencia de los pueblos y de grupos étnicos enteros: he aquí un deber para las naciones y la comunidad internacional».

L'Observatore Romano ha defendido en sus editoriales y comentarios estas tesis, especialmente durante los conflictos en la ex-Yugoslavia.

C) Jorge Hevia también alude a los requisitos de toda intervención: «Para realizar con éxito el mandato humanitario será necesario usar la fuerza dentro de unos límites precisos y sólo como última opción. Es decir, la injerencia lleva consigo la posibilidad de ejercitar la violencia para poder cumplir los objetivos de la operación humanitaria. Ello debe hacerse teniendo siempre en cuenta y respetando, en todo caso, los requisitos de la doctrina tradicional de la guerra justa, es decir, causa justa, recta intención, proporcionalidad en los medios y uso de la fuerza como última *ratio*. La moderna doctrina de la injerencia humanitaria aparece cada vez más como una reelaboración de la tradicional de la guerra justa».

El tema ha suscitado la toma de postura de muchos autores. Jaime Oraa dice: «El Derecho internacional está experimentando recientemente una creciente tensión entre la primacía del principio de la soberanía de los Estados y algunos valores fundamentales de la comunidad internacional que pondrían en tela de juicio aquel principio. Uno de estos valores es, sin duda, la protección de los derechos humanos. En estos tiempos la cuestión que está recibiendo una renovada atención es la siguiente: ¿está legitimada la comunidad internacional para pasar por encima del principio de la soberanía de los Estados con el fin de proteger a la persona? La actuación de los Estados y de las Naciones Unidas en los recientes casos de Irak, la antigua Yugoslavia, Somalia, Haití, etcétera, son una buena muestra de la actualidad de esta cuestión».

«En todo caso —escribe Pastor Ridruejo—, el principio de no intervención es de los que más y mejor se prestan a divergentes apreciaciones políticas, e incluso a manipulaciones, por parte, sobre todo, de las grandes potencias y superpotencias. La historia de los últimos lustros demuestra, en efecto, que las superpotencias han clasificado las intervenciones en dos modalidades: legítimas e ilegítimas. Legítimas eran las propias, por supuesto, y en ellas la intervención se presentaba como una ayuda a la independencia soberana del Estado de que se trate, amenazada por el otro bloque. Ilegítimas eran las de las superpotencias antagónicas, que constituirían auténticas agresiones a la independencia. Estamos, en fin, ante un principio tan solemnemente afirmado como continuamente manipulado cuando no flagrantemente violado, bien entendido que el sentido de las violaciones es por lo común unidireccional: Estados poderosos en detrimento de Estados con menor poder, más difícilmente lo contrario. Los intereses políticos de los grandes han pasado realmente por encima de la aplicación del principio».

Las operaciones de mantenimiento de la paz llamada de *primera generación* abarcan el período 1948 a 1987 y fueron menores que las que están en marcha en el período de la posguerra fría, denominadas de *segunda generación*.

En la primera fase cabe mencionar como más destacadas la UNTSO (Organismo de las NU para la Vigilancia de la Tregua Palestina), el UNMOGIP para verificar el alto el fuego entre la India y Pakistán en Cachemira o el envío de una auténtica fuerza armada de interposición con ocasión de la crisis de Suez de 1956.

Se dividían en dos modelos: grupos de observadores militares no armadas o fuerzas de intervención propiamente dichas. Citaremos entre otras la presencia de observadores en Líbano y Yemen y las intervenciones militares en Chipre, Indonesia, Katanga, Congo y tras el conflicto del Yon Kipur.

Ya en su primera fase, las operaciones de mantenimiento de la paz suscitaban problemas de competencia en relación con su autorización, su ejecución y financiación.

Refieriéndose a la etapa más reciente, el profesor Brotons, añade que: «En cuanto a los *medios de acción* utilizados, ha de constatarse que el Consejo de Seguridad ha seguido la tendencia manifestada a lo largo de la Guerra del Golfo (1990-91), recurriendo con profusión a los poderes que le otorga el Capítulo VII de la Carta a fin de ejercer su responsabilidad primordial en el mantenimiento de la paz y de la seguridad internacionales. Si ya es abrumador, desde un punto de vista meramente cuantitativo, el incontinente goteo de resoluciones del Consejo de Seguridad (de 2 de agosto de 1990 a 31 de enero de 1997 se han adoptado desde la resolución 660 a la 1096) y la práctica creciente de las Declaraciones del Presidente del Consejo, en el aspecto cualitativo el abundante recurso al ejercicio de los poderes contenidos en el Capítulo VII se ha traducido en: 1) la adopción de medidas que no implican el uso de la fuerza armada, como los embargos de carácter comercial o sobre el armamento; 2) la autorización a los Estados miembros para que ejecuten las medidas necesarias a fin de que sean respetadas y cumplidas las medidas de embargo previamente decididas por el Consejo de Seguridad; 3) la autorización del uso de la fuerza por los Estados miembros y 4) la adopción de medidas *sui generis* sin precedentes en la práctica anterior del Consejo, como la constitución de tribunales internacionales para enjuiciar las violaciones del Derecho Internacional humanitario o el establecimiento de zonas de protección para la población afectada por los conflictos armados».

Capítulo VI
LA INFORMACIÓN INTERNACIONAL

6.1. La información de actualidad o periodismo

6.1.1. *Los medios de comunicación social y su proceso informativo*

A) Para el estudio de las Relaciones Internacionales resulta obligado tener presente la creciente importancia que los medios de comunicación social, que procesan y difunden cuanto de interés general ocurre en el mundo, están cobrando para la implantación de una sociedad internacional realmente interconectada y con conciencia de su entorno espacio-temporal. Si en el capítulo I se expuso el paradigma de la razón comunicativa-informativa como modelo explicativo de la estructura y dinámica del complejo relacional internacional, en este otro apartado nos centraremos en la información de actualidad o periodismo y en su influencia en las Relaciones Internacionales.

Como afirma Celestino Del Arenal, «el especialista de las relaciones internacionales no puede en ningún caso desinteresarse del problema de la comunicación a nivel internacional, pues la misma representa un aspecto particularmente relevante de los flujos e interacciones que constituyen las relaciones internacionales, contribuyendo decisivamente a configurar la estructura de la sociedad internacional».

En la misma línea de pensamiento se expresan la mayoría de los autores. Así José Luis De Castro escribe como «en la reflexión sobre las relaciones internacionales es más necesario que nunca incluir el fenómeno la comunicación como un actor/factor cada vez más influyente, incluso determinante».

Según Calduch, «afirmar que vivimos en un mundo en el que la transmisión de la información, gracias a las telecomunicaciones, posee un alcance planetario y que los medios de comunicación de masas ejercen un impacto directo en la génesis, evolución y resolución de los acontecimientos internacionales, resulta una aseveración muy sencilla de demostrar ya que forma parte de nuestra experiencia personal, directa y cotidiana.

»Pero tan importante como la facilidad de transmisión y de acceso a esa información, lo es su alcance mundial e inmediato y, también, la diversidad de medios de comunicación (escritos y audiovisuales) y de fuentes informativas, gracias a las que podemos disponer de una información exhaustiva que nos permita forjarnos una interpretación lo más completa y veraz posible de lo que acontece en la realidad, nacional e internacional».

Los modernos medios de comunicación colectiva institucionalizan e industrializan el diálogo social, constituyendo el mejor cauce de endoculturación y siendo los autores, mediante la elaboración de sus *agendas noticiosas*, del *universo presente* de sus audiencias.

El contenido de este *universo* aumenta especialmente en función de su transnacionalidad y en el actual paisaje informativo es obvio que nos topamos con una malla comunicativa e informativa, tanto por su capacidad de transmisión como por su densidad y variedad de contenidos, ostensiblemente mundial.

Este es pues el primer dato nítido: la coexistencia de un complejo relacional informativo mediático global.

El fin prioritario de los medios de comunicación es informar y después, siguiendo un viejo adagio periodístico, formar y entretener. La equiparación o el escalonamiento de estos tres objetivos es un campo de discusión, poco menos que bizantino, sobre todo si se traslada de la prensa a los medios audiovisuales.

Otra cuestión inseparable incluso en perspectiva teórica es el debate fronterizo entre información y opinión, cada vez más permeable.

La llamada «jerarquización» y complementariedad de los medios se encuentra en crisis y la estructuración clásica basada en el principio de que la radio anuncia, la televisión muestra y la prensa explica no se puede mantener hoy de forma tan tajante, máxime si se tiene en cuenta el fenómeno de los multimedia.

B) El proceso comunicativo se origina a partir de algo externo; el *acontecimiento,* entendiendo por tal al hecho noticiable que existe previamente y que cobra su dimensión periodística al ser incorporado al discurso comunicativo.

Como recuerda McCombs: «Lippmann marcó una distinción importante entre el *entorno* (el mundo que existe realmente allí fuera) y el *pseudo-entorno* (nuestras percepciones privadas de aquel mundo). No hay que olvidar que el capítulo que abre su libro *Public Opinion,* se titula "El mundo exterior y las imágenes en nuestras cabezas". Lippmann argumentó con elocuencia que son los medios informativos los que esbozan muchos de esos dibujos en nuestras cabezas. Esta visión del impacto de las noticias es congruente tanto con el criterio académico como con el popular, en tiempos de Lippmann, del poder de la comunicación de masas, que creció a partir de sus relaciones durante la primera guerra mundial con la propaganda política y la comunicación de masas».

Los medios de comunicación tienen forzosamente que seleccionar del conjunto de hechos ocurridos aquellos que pueden ser *noticiables* y la comunicación de éstos, una vez transformados en *noticias* constituyen *la imagen* que del *entorno social* reciben los lectores, radioyentes o telespectadores.

Los medios, con sus mensajes no solo brindan la llamada *agenda*, es decir la relación de temas de interés de la jornada, sino que simultáneamente *exprimen*, si se me permite la expresión, el tiempo, enfocándolo como actualidad.

Además de establecer la *agenda* del público, exponer lo que hoy importa conocer, es un modo clarísimo de marcar y delimitar el tiempo de cada día visto como *quehacer* colectivo y a veces, personal.

El término de «periodísticas» dan a las informaciones su característica más esencial, su temporalidad, su sujeción al tiempo. De aquí derivarán precisamente las denominaciones más clásicas y universales de los medios de comunicación impresos: *diarios, periódicos* y *semanarios.*

C) Si el tiempo como *actualidad* es uno de los requisitos esenciales que todos los autores y profesionales exigen a la noticia, no son menos importantes los condicionantes de *novedad* e *interés*. Los tres elementos están intervinculados. Difícilmente puede hablarse de un contenido actual si no es nuevo.

Pero novedad alude al conocimiento. Se logra con el contenido comunicar algo que no se sabía, al menos en la forma en que se dice. Lo original entraña interés, atrae a todos, uniendo así el valor de su inmediatez temporal con respecto al receptor —se puede ser nuevo sin ser actual, pero no "existir" como novedad— el impacto de su interés general. Tanto el periodista que elabora el proceso de la noticia como el consumidor del producto influyeron con su actitud cognoscitiva en calificarla como nueva o no.

Un análisis más focalizado hace advertir que muchos temas aparentemente olvidados *vuelven* por muy diversas razones. Las efemérides, conmemoraciones, aniversarios, informes, entrevistas, reportajes y otros géneros, dan pie para devolver a la actualidad existencial a noticias aparentemente fosilizadas y que ahora sirven no sólo para trabajos de erudición o documentación, sino para abordar sucesos estrictamente del día, preparar *dossiers* y hacer suplementos especializados y hasta anuarios.

La actualidad y proximidad de las noticias son conceptos en cierto modo relativos, pues dependen directamente del interés y ubicación del receptor con respecto a la información. No es suficiente decir que es actual «lo que ocurre hoy» y cercano «lo que pasa aquí», porque hay que referirse a un tiempo y a un espacio *personalizados* por el receptor, es decir, de alguna manera subjetivos.

Actualidad y proximidad son categorías que van a vincularse muy estrechamente con otro requisito de lo noticioso: el interés. He aquí la verdadera clave sustantiva del mensaje, *su interés para el receptor.*

La noticia muestra una estructura originada por un proceso múltiple. Los distintos «momentos» de su ciclo no pueden cobrar autonomía suficiente como noticias sin una mutua referencia. Su totalidad no es aditiva —«acontecimiento», «hecho noticioso», «mensaje», «producto consumido»— sino energética y dinámica pues cada uno de ellos supone a los otros dentro de ese proceso y no se da en otro distinto. Además, los «momentos» están en movimiento interior —«actualizándose»— y refiriéndose unos a otros.

Resulta obvio que sin la realidad previa del hecho noticiable no hay noticia, pero es igualmente cierto que no basta con la producción del suceso o acontecimiento para otorgarles la calidad de noticias, es además necesario que *interesen*. Y cuanto mayor sea ese interés y a más número de receptores pueda interesar, más noticia será ese hecho seleccionado.

D) Resulta simplista pensar que el área informativa —la audiencia— depende de su ubicación espacial o del reparto de población, con ser ambos datos relevantes, porque lo realmente clave es la capacidad de interesar de las informaciones. Es aquí donde coincidimos con el profesor Maxwell McCombs y su teoría de la *agenda-setting* y con otros estudios teóricos paralelos como las nociones de *priming* y *framing*.

En síntesis, estas posiciones doctrinales se centran en explicar la función que cumplen los medios en la «construcción social de la realidad». No se trata sólo de que los medios, al dar prioridad y seleccionar unos hechos en detrimento de otros, influyen en la opinion pública, sino que además ofrecen el temario del día, la *agenda* y el *enfoque* valorativo o meramente factual de lo que ocurre.

El modelo del *gatekeeper,* una vez comprendido y desarrollado ha modificado el planteamiento primitivo de Kurt Lewin y el de White y ya no se habla de un sólo *gatekeeper*, sino de varios. Como señala McQuail glosando el modelo más complejo propuesto por McNelly «trata de representar los diversos comunicadores intermedios que están situados entre el acontecimiento y el receptor definitivo».

6.1.2. *La «construcción social de la realidad»*

A) José Luis Dader escribe en un estudio sobre la *agenda-setting* que él es más partidario de emplear el concepto de *canalización periodística de la realidad*. Parecido término emplearán autores italianos al hablar de que los medios operan *canalizando la atención del público*.

Las tesis de McCombs y D. Shaw no se limitan a reiterar que los medios influyen en los público o que las informaciones generan determinados efectos, su idea es que *proporcionan los temas*. «Aparentemente la gente toma conciencia de los temas (Learn) en proporción directa al énfasis dado por los medios a esos temas...».

Esta función de los medios de comunicación para seleccionar y jerarquizar los temas opera como una guía para los públicos que en cierto modo hacen suyo ese esquema valorativo.

Los medios desempeñan «una función *ordenadora*» y gracias a ello la información no es una relación indiferente para la estructura de la sociedad, sino decisiva, tanto por su carácter comunicativo como en especial por la función ordenadora que cumple al conformar el modo de pensar, actuar y expresarse informativamente de los individuos, grupos y asociados comunitarios de todas clases...

A todo lo dicho hay que sumar la influencia que mantienen los medios entre sí, incluso a escala internacional, por lo cual los temas que aparecen en *las agendas* de los medios con mayor difusión y relevancia o con mayor capacidad multiplicadora, como las agencias de prensa o las cadenas radiofónicas, actúan a su vez en la *formación de agendas* de los otros medios, con una especie de efecto *bola de nieve*.

E. Katz añade que «como consecuencia latente de estarnos diciendo sobre qué pensar, el efecto *agenda-setting* consiste en que a veces se puede influir en lo que pensamos».

Las investigaciones académicas sobre la selección temática y su efecto de reconstrucción de la realidad son mumerosas y pertenecientes a escuelas y enfoques diversos.

Citaremos entre otros los trabajos de Iyengar y Kinder con su concepto del *priming* (predisposición, en castellano), de Blumler y Gurevitch y su planteamiento de los marcos comunes de Tuchmann (construcción de la realidad), Altheide, Snow, la llamada escuela de Birmingham (Stuart Hall) con su idea de «la lectura preferente» Galtung, Ruge, Roshco, Graber, Noelle-Neumann y Bückelman, Lorenzo Vilches (las tijeras del agente forestal) y concepciones como la «focalización», la corriente italiana de la *tematizzazione* o la teoría sociológica de Niklas Luhmann.

Estas corrientes doctrinales tienen otra vertiente complementaria en la teoría del *frame* o encuadre que se refiere al enfoque desde el que se realiza la versión informativa y la creación de imágenes. Las *rutinas profesionales* se sumarían a todos estos paradigmas que constituyen el entramado del discurso comunicativo de actualidad que facilita continuamente a los públicos los ingredientes temáticos del entorno informativo, es decir, *los hechos que por ser noticia se erigen en temas de la realidad circundante.*

Las rutinas profesionales y los valores y criterios de los informadores deben tomarse en consideración a la hora de plantearse la función selectiva y manipuladora de las redacciones, como ha sido señalado, entre otros autores por Elliot.

Corolario lógico de estos planteamientos es que al destacarse unos temas se infravaloran otros e incluso puede llegarse a adoptar estrategias de *nivelación, disminución* y *silencio* sobre cuestiones que al no ser tratadas en su verdadera dimensión informativa resulten reducidas y hasta ignoradas. El desconocimiento de hechos noticiables por los medios puede deberse a muy diversas causas, incluyendo *una consciente marginación,* como ha estudiado Noelle-Newman en su «espiral del silencio».

B) Otro aspecto distinto de esta relación entre tiempo e información consiste en plantearla desde *el ciclo vital* de la noticia.

Como ya expuse en mi libro *El Ecosistema Informativo*, el concepto de tiempo en que se desarrolla la noticia es funcional. Se fija desde un horario propio: el de salida al exterior del medio. Cabe hablar por lo tanto de una especie de *tempo* informativo, estrechamente vinculado al lenguaje periodístico. De una *presentificación.*

Los medios de comunicación lanzan su producción en intervalos temporales. Basta que se repase cualquier programación audiovisual o impresa para comprobar esta sujeción que suele llegar en el primer grupo a concretar los segundos de «salida al aire».

El contenido que ofrecen a sus receptores va así «temporalizado» cortando artificialmente el continuo fluir de los acontecimientos y dando una visión presente y ordenada de los mismos.

Enzo Paci señala cómo «la presencia es temporalidad "dilatada", porque en ella hay, ante todo, el pasado como presente, como extensión del presente, retenido en el presente y el futuro expresado por el presente, como extensión del presente. El presente es siempre, por lo tanto, algo que se alarga hacia el pasado y hacia el futuro: es un centro constituido por una presencia que siempre, siendo presencia, se hace pasado en el presente y futuro en el presente. El presente es algo que es tal porque se despresentifica».

El tiempo informativo aparece como resultado de la mentalidad periodística que impone el profesional y el medio. Responde a un criterio dado y de esta intencionalidad nace el ser temporal de la noticia, que al no poder vivir su difusión, le debe su existencia.

Precisamente por ser procesual, el discurso informativo es un devenir inmerso en el tiempo, como el discurso histórico. Y no sólo en su ingrediente de actualidad, sino también por el interés noticioso que anima la novedad de toda información. Los hechos noticiables e historiables no se dan aislados, hay que verlos en su contexto y en coetaneidad.

Coimplicación y continuidad son notas atribuibles a lo periodístico para lo cual resulta decisiva su «colocación» socio-espacial y socio-temporal, caracterizándose simultáneamente por una íntima constitución de respectividad y una movilidad abierta.

El tiempo informativo es por todo lo considerado un tiempo poliforme. En primer lugar, el tiempo real en el que ocurren los acontecimientos noticiables; en segundo nivel, el tiempo del ciclo comunicativo propiamente dicho; en tercer momento el tiempo marcado por las *agendas* noticiosas a los públicos y por último el modo en que los receptores viven y adecúan su tiempo individual y colectivo a este nuevo universo temático, espacial y temporal generado por las informaciones.

6.1.3. *Las nuevas tecnologías*

Las nuevas teconologías de la información suponen un decisivo factor en el proceso comunicativo global y por lo tanto, en el ámbito de la información internacional.

El impacto de la microelectrónica, la informática y las telecomunicaciones han modificado sustancialmente toda la infraestructura técnica del sistema comunicativo. A los avances en la telemática hay que sumar los satélites de transmisión directa. La principal innovación de la telemática radica en la conjunción de la informática y las telecomunicaciones, reduciéndose las diversas formas comunicativas a una sola, el *dígito*, hecho que supone que se puede acceder por un único canal a los bancos de voz, imágenes, sonidos y datos de modo simultáneo.

La asociación de las empresas informáticas con las operadoras de cable y las telefónicas ha facilitado la constitución de las llamadas *redes integradas,* que posibilitan novedades como la conexión de los aparatos de televisión con los ordenadores. Estas redes integradas permiten servicios como juegos interactivos, teletextos, consultas a bancos de datos, libros electrónicos, películas y otros títulos e informaciones de CD-Rom.

Este nuevo *paisaje telemático* forma además una compleja red al establecer la posible conexión de distintos equipos informáticos por medio de las llamadas *infopistas, infovías* o *autopistas de la información.*

Las nuevas tecnologías son de alguna forma *neutras*. Es cierto que todo producto cultural —y la tecnología, vieja o nueva, lo es— se vincula a ese complejo conjunto cultural del que ha surgido e impregna de sus características al grupo social que la emplea, pero es también defendible que de todos los elementos integrantes de una cultura la técnica es la *más exportable* a otros ámbitos culturales, seguramente por ser, no lo olvidemos, una herramienta. Como expone Sarasqueta: «Un programa de ordenador puede servir para cualquier persona en cualquier parte del mundo, con culturas y sistemas educativos distintos, o actividades diferentes. Es una unidad creada para su comprensión y aplicación global. De la misma manera que la relación múltiple y activa de diferentes unidades, produce efectos globales».

De todas formas, aún compartiendo estas ideas, creo que la tecnología sí es decisivamente innovadora, como en su momento lo fueron el fuego, la rueda, la pólvora, el vapor, la electricidad, no es tan neutra como se ha dicho y constituye un factor de cambio cultural o al menos de cambio *civilizador.*

Los progresos tecnológicos permiten hoy «informar en tiempo real». Como resume Sarasqueta: «la comunicación moderna sustituye a la relación causal de espacio-tiempo que ha prevalecido en el racionalismo clásico. Antes el correo tardaba en llegar a su destino lo que la diligencia o el avión tardaban en recorrer la distancia del espacio en el que se desplazaban. Hoy la comunicación electrónica hace que el correo y cualquier información se transmita en tiempo real sin que se vean afectados por la distancia.

»La desaparición de la relación causal espacio-tiempo, elimina a su vez los límites de referencia en los que se ha movido el hombre convencionalmente en su vida cotidiana, y le envuelve en el infinito. Es el espacio el que ha pasado a dominar nuestra vida. Y del espacio y el infinito, la complejidad».

6.2. EL SISTEMA COMUNICATIVO MUNDIAL

Plantear la existencia de una red comunicativa universalizada en el mundo actual, resulta prácticamente innecesario, dada la evidente realidad del hecho, sin embargo, sí cabe hacer algunas reflexiones sobre este asunto.

El sistema comunicativo, incluyendo el mediático o vertebrado propiamente dicho, posee una estructura variable y cuantificable que periódicamente es pormenorizado en estudios estadísticos, análisis de mercado y audiencia, prospecciones tecnológicas, previsiones económicas y debates académicos, ideológicos y hasta políticos.

Entre los temas más reiterados figura la desigual distribución de los medios y la aún mayor diferenciación y desajuste de los contenidos, con claro predominio de las empresas ubicadas en los estados más industrizaliados. De aquí han surgido interesantes y conocidas polémicas sobre el desequilibrio Norte-Sur, sobre el llamado Nuevo Orden Internacional de la Información, el neocolonialismo o imperialismo informativo y cultural, la erosión de las culturas autóctonas por la agresividad de los arquetipos occidentales, la conveniencia o no de poner barreras a la libre circulación de informaciones, etc. Especial relevancia tuvo en su momento el llamado Informe McBride, que aún estando en parte superado continúa siendo de gran importancia en buena parte de sus planteamientos, especialmente los críticos con la situación de subdesarrollo informativo de los pueblos más atrasados, la excesiva circulación vertical de la información o de sentido único, la dependencia informativa y el fenómeno de la transculturación.

La tensión entre los defensores del *libre flujo* y de quienes se muestran partidarios de introducir controles correctores ofrece cuestiones de fondo y ramificaciones hacia temas conexos, que si por un lado evidencian la relación entre las formas de dominación política, económica y militar con el neocolonialismo informativo, también plantean los riesgos de censura y estatismo que puede acarrear un exceso de intervencionismo.

Como escribe López-Escobar: «el problema del "nuevo orden" internacional de la información se plantea mezclado con otro problema parasitario, y el progreso que pueda alcanzarse en este campo esencial de la comunicación entre los hombres y entre los pueblos dependerá de la distinción de ambos aspectos y de su respectivo aislamiento. Queremos decir con ello que al amparo de las aspiraciones sentidas por muchos países en el orden de la información, se postulan concepciones estatistas de la comunicación. Con ello, el genuino problema de los que podríamos llamar el "subdesarrollo informativo" se impregna con los intentos totalitarios, y pierde credibilidad y eficacia en la medida que no se quiere o no se acierta a establecer, una separación nítida».

El fenómeno de la comunicación internacional, además de estos problemas relacionados con la estructura del sistema de actores ofrece otros aspectos de interés, como el impacto de las nuevas tecnologías y su incidencia en la llamada *soberanía informativa* o los progresos legislativos y en defensa del derecho a la información, tan unido a la supervivencia y expansión del modelo democrático de sociedad.

La formación de poderosos actores en el ecosistema comunicativo lleva a muchos autores a adoptar posiciones de denuncia. Así Ramonet escribe que el capitalismo de mercado se apodera de esta multiplicación a escala mundial de medios, nuevas tecnologías y sus posibilidades de actuación en los campos del saber, la creación y el ocio, citando como ejemplo las recientes «megaconcentración Time Warner —Turner Broad— casting System o Walt Disney-ABC».

6.2.2. *Públicos externos*

El proceso comunicativo de la información internacional está generando otro fenómeno novedoso: la formación de *públicos externos*.

Al focalizar el interés de los públicos, los medios contribuyen a perfilar éstos y a la vez, a crear espacios informativos especializados. Tanto esos públicos como estos espacios se extraen de la población general de un país que queda así articulada en segmentos de audiencias.

Pues bien, el hecho radical al que estamos asistiendo es el surgimiento de públicos externos, fenómeno esencial del proceso más amplio de irse sustituyendo lo internacional por lo transnacional. Entiendo por públicos externos aquellos segmentos de la audiencia, formados por grupos que reciben con cierta regularidad mensajes difundidos desde medios de comunicación de distinta nacionalidad.

La explicación del surgimiento de este fenómeno hay que relacionarlo con las facilidades técnicas que hoy día se dan para el desarrollo de las comunicaciones.

Desde el punto de vista de los contenidos esos públicos se van formando al ser atraídos por temáticas afines y ofertas con interés suficiente.

Para la constitución de públicos hace falta que se dé una polarización de interés. Como señala Kimball Young, «es evidente que los públicos difieren según el motivo de la reunión» y sugiere esta clasificación: «búsqueda de información, búsqueda de entretenimiento y búsqueda de conversión».

Los públicos promovidos por la acción de los medios son artificiales y dispersos, siendo su perfil opuesto al de los grupos primarios. Así lo han venido afirmando la mayoría de los autores. Por ejemplo, Bramson entiende que el público de las comunicaciones de masas estaba integrado por individuos ajenos entre sí, aislados, anónimos, desligados, que únicamente se polarizan hacia la sugestión del medio emisor.

Sin embargo, conviene revisar estos supuestos a la vista de la vinculación que el hecho de integrarse en audiencias específicas otorga a quienes conforman esos públicos y a la relación que igualmente se establezca entre mensajes, emisores, medios y receptores, hasta el punto de hacer resultar muy discutible seguir hablando de aislamiento cuando cientos de miles de personas participan de una misma experiencia que además suministra generalmente motivos, ideas, argumentos e imágenes para conversaciones posteriores en los círculos familiares, de amistad y de trabajo.

Los individuos, vistos como receptores de información, no operan como seres meramente pasivos, sino que de modo muy paralelo a la anteriormente citada *agenda-setting*, eligen, rechazan o aceptan los mensajes y además al adoptar esta función selectiva y actuar ellos como vehiculizadores del diálogo, continúan ese mismo proceso reconstructor del entorno social.

El campo de interés no es obra únicamente de los medios, que ya vimos deben compensar siempre barreras idiomáticas, sino también de las temáticas y lo contenidos. Hay que incluir así en este análisis el hecho de las coproducciones cinematográficas y televisivas, los seriales de difusión internacional, con personajes y situaciones que alcanzan la categoría de arquetípicos, los reportajes reproducidos por diversos medios impresos y la actividad de las agencias.

Si los medios y los contenidos impulsan la formación de los públicos, éstos, con su respuesta, por débil que sea, influyen igualmente en el proceso comunicativo. De aquí el interés por las mediciones de audiencia.

Resulta así configurado el público como un grupo receptor disperso que tiene capacidad de intercomunicación por obra de participar en un mismo proceso informativo. Éste no se agota en la unidireccionalidad de la emisión del mensaje, sino que su circuito se prolonga tanto hacia el interior del grupo como hacia fuera del mismo, reconvirtiéndose el receptor en emisor, aunque todo ello no ocurra de un modo simétrico ni equilibrado. Este tema de la circulación informativa intragrupal y de su efecto respuesta ofrece, lógicamente, muy distintas graduaciones.

Esta extranjerización de los públicos deviene por dos motivos: la presencia de grupos no nacionales en un país por obra del nomadismo de la sociedad actual, y la formación de grupos de lectores, oyentes y telespectadores fuera de las fronteras nacionales gracias a la capacidad de producción o difusión de los medios ubicados en otros estados.

6.2.3. *Desmasificación de las audiencias*

Vimos que las nuevas tecnologías tiene un efecto *desmasificador* que fragmenta los públicos y propicia, especialmente en los medios audiovisuales, la llamada *información a la carta*.

Este hecho es todavía más patente en internet y en las variadísimas posibilidades de *navegación* que este medio ofrece. El satélite y la televisión por cable contribuyen igualmente a esta desmasificación y troceamiento de los públicos.

Reyes Matta ante esta expansión de las redes estima que «la gente está construyendo un planeta donde la distribución de la información está crecientemente en manos de los usuarios. Los espacios de la especialización y de la multiplicación de intereses han gestado mundo alternativos al sistema industrial de la información».

El lado negativo sería que esta situación llevaría a un reduccionismo de las defensas sociales al quedar los públicos tan fragmentados y convertirse las personas en consumidores de tecnología y también de una información que no siempre les puede interesar, todo lo cual llevaría a la conformación de unas estructuras sociales más débiles y manipulables.

En esta línea negativa hay quien añade que la información atomizada, sin el contraste del análisis riguroso, de la contextualización, de la continuidad y de la búsqueda de causas y consecuencias, limitada a un bombardeo masivo de temas fútiles, fugaces, particularizados en exceso, sería en realidad una información engañosa y opaca.

La fragmentación de las audiencias y su correlativa diversificación de públicos es un resultado directo del crecimiento de los multimedias y de la diferenciación y multiplicación de emisores comunicativos en la emergente sociedad de la información.

Sin embargo, cuando se relaciona este polémico tema con los medios de comunicación de masas, el planteamiento dicho no es tan claro y hay autores que consideran compensada esa fragmentación por la cada vez mayor semejanza en la programación de los medios audiovisuales y el peso de las agencias de noticias en los medios impresos.

Otro aspecto a considerar es la fidelidad de los públicos propios hacia los medios de comunicación profesionales, cosa que lógicamente es imposible en los otros supuestos de sujetos particulares o de escaso alcance social de sus mensajes. Este hecho tiene gran relevancia tanto en el tema de la formación de audiencias como en el fenómeno de la formación de la opinión pública.

Desde esta perspectiva se entiende que los públicos cobran de nuevo un protagonismo en el proceso comunicativo y no son simples receptores mostrencos de los mensajes. Este dato tiene su importancia para fundamentar no solo los sondeos de opinión sino los estudios sobre índices de audiencia.

Francisco Iglesias puede hablar así de *audiencias inteligentes*. Aunque el enfoque de este autor se centra en la economía de la empresa informativa y en la publicidad, su planteamientos es perfectamente aplicable al proceso comunicativo como tal.

Los receptores no son unicamente *usuarios, compradores, clientes o consumidores* de productos anunciados o de productos informáticos entendiendo por tales incluso a las noticias, sino que son ante todo *consumidores de mensajes* y por ser esto, *receptores*, generan audiencias.

6.2.4. *Nuevos espacios informativos*

A) El primer requisito para la existencia de un espacio informativo es la implantación de una red mediática, de un complejo comunicativo capaz de poner en relación públicos diversos gracias al establecimiento de periódicos, revistas, radios y televisiones, a los que hoy habrá que añadir los demás medios telemáticos y electrónicos como internet que estructuren un sistema de transporte, recepción y difusión para los mensajes periodísticos.

El segundo aspecto a considerar es la incorporación a esta red mediática de medios o multimedios transnacionales, cuyo ejemplo más convencional son las agencias de prensa o las cadenas de medios impresos o audiovisuales.

No basta con la constitución de esta infraestructura comunicativa, lo más importante es la generación de una *temática*, de unas *fuentes*, de unos *públicos* igualmente transnacionales. Ahora sí se puede hablar de una audiencia que corresponda a las dimensiones de ese espacio. Y esto es básicamente fruto del *interés noticioso*.

Todos estos parámetros permiten la reconfiguración del territorio como una audiencia informativa, cuyas dimensiones cartográficas, lejanías, cercanías, vecindades y extranjerías son cada vez más un resultado de la intensidad, extensión, calidad y contenido informativo.

Otro aspecto a tener en cuenta como ya se ha señalado es la convivencia de estos circuitos mediáticos industrializados con todos los demás actores comunicativos no periodísticos que se dan en la naciente sociedad de la información.

Por último hay que considerar la existencia o no de fuentes informativas institucionales, especialmente gubernamentales e intergubernamentales, que operen sobre ese espacio.

Tampoco hay que marginar la acción de los medios locales y nacionales, muchísimo más numerosos que los grandes medios que Merrill y Fisher denominaron *elite press* y que lógicamente son los actores más directos en la generación de las diversas opiniones públicas.

B) Un ilustrativo ejemplo de esta doble influencia entre el *complejo informativo* y del *complejo relacional internacional* lo encontramos en la situación europea actual.

En la Europa de los Quince se está asistiendo a la transición de la sociedad inter-estatal a la sociedad transnacional de la Unión Europea. Es un movimiento lento y complejo, pero controlado e irreversible.

Este proceso de cambio está modificando el *medio social* en el cual se producen las noticias y, a su vez, el flujo informativo nuevo está influyendo, conformando ese ámbito como un espacio diferenciado.

Siguiendo a María Lozano Uriz cabe decir cómo «se advierte por un lado la existencia de una *temática* europea; y por otro, de unas *fuentes* y unos *medios*, además de una *audiencia,* igualmente identificables».

Así, hay que destacar la acción de las fuentes *institucionales comunitarias,* con su política propia, las conexiones e intercambios entre los medios, la génesis de unos públicos y la tendencia a *europeizar* muy distintas actividades noticiables, desde las políticas a las culturales, desde las económicas a las deportivas, dotándolas de una misma perspectiva comunitaria.

También hay que perfilar el mismo concepto de información europea, distinguiendo en ella lo propiamente comunitario y lo continental.

La formación de esa audiencia informativa contribuye, de un modo decisivo, a la constitución de otra *audiencia social,* que a su vez realimenta el proceso comunicativo.

La irrupción de una *sección europea* en algunos medios puede advertirse en dos direcciones: como parte destacada del conjunto de noticias políticas internacionales y como adjetivación espacial del resto de las informaciones, sean estas de una u otra naturaleza.

Parece así coherente hablar de una cierta *especialización* periodística en cuestiones europeas o, dicho de otra manera, de una temática autónoma como especialización informativa.

Un aspecto que plantea este hecho es saber si este espacio informativo deja o no de ser campo de la información *extranjera* para instituirse como algo *sui géneris,* que ya no es propiamente internacional ni es tampoco nacional.

Otra cuestión previa es diferenciar entre lo *comunitario* y lo *continental.* Es en el ámbito de los Quince donde se produce esa *alteración de la extranjería noticiosa,* al darse simultáneamente un nuevo estatus y, consecuentemente, *otra vecindad* informtiva, sociológica y culturalmente hablando. Pero no ocurre tal respecto a los demás países europeos. Por esto parece más acorde que en lugar de referirnos a un nuevo espacio informativo europeo debamos decir, todavía, un nuevo espacio *comunitario.*

Esta nueva situación no es casual, sino todo lo contrario, y responde a una decidida voluntad política de transformar la situación de los Estados miembros de la Comunidad. Como se dice textualmente al comienzo del Acta Única, se quiere «proseguir la obra comprendida a partir de los Tratados constitutivos de las Comunidades Europeas y de transformar el conjunto de las relaciones entre sus Estados en una Unión Europea...».

Lógicamente, en ese *conjunto de relaciones* deben estar comprendidas las informativas, máxime si ello se vincula a otro objetivo no menos importante y reiteradamente expuesto: preservar y fomentar la identidad europea.

La Comunidad es consciente de la influencia que tiene la actividad informativa en la estrategia integradora y cuenta con una política informativa propia canalizada a través de una Dirección General de la Comisión.

Puede hablarse así de un sistema de fuentes informativas institucionales, que abarca también al Parlamento europeo, y que genera un valioso y denso flujo noticioso desde los distintos centros de decisión. Bruselas, Estrasburgo, Luxemburgo o ciudades donde se llevan a cabo reuniones comunitarias, se han convertido en centro de atracción periodística, permanente u ocasional.

Si cabe hablar así de unas *fuentes*, también se puede señalar la existencia de corresponsales, de asuntos y hasta de medios más o menos caracterizados por su contenido informativo comunitario.

La información comunitaria, en sus muy variadas manifestaciones, se está convirtiendo en toda una especialización profesional dentro del más amplio espectro, ya citado, del espacio noticioso europeo.

Con distintos grados de intensidad y articulación, lo dicho respecto al espacio europeo entiendo que es predicable de las distintas áreas geopolíticas del mundo.

C) Otro ejemplo de espacio con perfiles propios es el de las informaciones bélicas. No se trata esta vez de un espacio nuevo, pues las crónicas de guerra son tan antiguas como el mismo periodismo, por no remontarnos a Homero, pero sí es un espacio que ofrece un tratamiento característico en el periodismo actual. Los conflictos se consideran noticiables en la mayoría de los casos, pues responden a los requisitos que perfilan el concepto de los temas de interés periodístico.

Para el sociólogo, como para el informador, existen diferencias, oposiciones, tensiones, litigios, hostilidades, disputas, choques, divergencias, colisiones, competitividad y finalmente luchas, incluyendo las guerras.

La tarea del periodista consiste, ante todo, en detectar y saber valorar el grado de conflictividad del hecho noticioso y desvelar la potencialidad crítica de los sucesos.

De alguna manera se está ante un periodismo preventivo, que descubre y denuncia los riesgos, incluso cuando todavía son embrionarios.

El segundo escalón es informar, lo más objetiva y completamente posible, de la gravedad y de los elementos estructurales de la situación de conflictividad dada, investigando y exponiendo sus claves.

Por último, y no necesariamente cuando la gravedad de la crisis haya alcanzado su clímax, el medio informativo como tal debe «echar su cuarto a espadas» para serenar los ánimos e impulsar la resolución justa y pacífica del conflicto.

Hace falta un buen tacto profesional para saber obtener los datos y relacionarse con las fuentes implicadas, e incluso responsables de las crisis, y mantener a la vez una independencia de criterio y un espíritu conciliador.

Esta exigencia de comprometer a los medios y a los informadores en esforzarse por contribuir a la superación de las causas o consecuencias de las crisis puede no ser compartida, y haya quienes se contenten con pedir que los medios se limiten a su misión exclusivamente narrativa de los hechos.

Esta demanda de un cierto intervencionismo pacificador no supone una suplantación del deber informativo, sino su complemento. Lo primero es, sin género de dudas, informar, pero si se advierte que los medios operan e influyen en el espacio informativo, en el hábitat que los enraíza, su misión no termina con la mera exposición de los acontecimientos. Entiendo que les corresponde además explicarlos, interpretarlos y opinar sobre ellos con honestidad y responsabilidad. Y sobre todo, no agravar con sus planteamientos la intensidad del conflicto.

Las guerras son los conflictos por antonomasia y, también, las noticias más relevantes, las informaciones con más impacto. Los despachos, imágenes, reportajes o comentarios sobre guerras siempre han merecido trato periodístico preferente.

Creo que un análisis somero de las actuales informaciones sobre conflictos nos lleva a unas conclusiones totalmente contradictorias. ¿Por qué? Por el doble camino que se adopta; o bien se ofrece una información aséptica, fría, deshumanizada, poco menos que estadística o por el contrario se abusa de la dramatización y la especialización, especialmente en las fotografías y filmaciones televisadas.

Las aportaciones del diseño como la cartografía, el dibujo de las zonas de operaciones, incluso las maquetas de los aviones, barcos, misiles o carros de combate, todo en color, contribuye a dar a las páginas o los espacios visuales que informan de las batallas un cierto aire lúdico. Aquello parece más un video-juego o un cómic para niños que una descripción de combates de verdad en los que mueren personas.

El estilo lacónico, conciso, esquemático, numérico, despersonalizado, es lo más frecuente en las noticias enviadas por las agencias o en los despachos que leen, con la sonrisa en los labios, los locutores o presentadores.

La tecnificación, el vocabulario tipo jerga especializada y un cierto distanciamiento caracterizan los textos escritos o leídos, mientras paradójicamente pueden emitirse imágenes trágicas, de una terrible violencia y cuya espectacularidad puede confundir a quienes los ven, acostumbrados a contemplar este género de escenas en las películas de guerra. ¿Dónde está la frontera entre la realidad y la ficción? ¿dónde entre el reportaje y el telefilme?

Volviendo a los textos, abundan detalles que puedan ser irrelevantes para los lectores u oyentes como concreciones horarias al minuto, localización exacta de objetivos atacados, identificación minuciosa de unidades militares e informes de las características de los tipos de aviones o el alcance y trayectoria balística de los misiles. Es la información limpia que se corresponde con la guerra quirúrgica.

En todo esto tienen mucho que ver las limitaciones que impone la censura militar y los impedimentos que, tras la negativa experiencia de Vietnam, se ponen al trabajo de los periodistas en primera línea.

Por el contrario, acerca de los enfrentamientos armados en países del tercer mundo sí se emiten textos e imágenes desde el propio terreno de los combates y en ocasiones de una crudeza y agresividad sobrecogedoras.

No hay que alarmarse por todo lo dicho. Responde a la doble lógica de un periodismo aséptico o espectacular. De aquí la necesidad de que las informaciones, frías o duras, sean complementadas por un periodismo de opinión riguroso, en lo que se refiere a las ideas, valoraciones y juicios. Y por los géneros más creativos de crónicas y reportajes, en lo posible, con interés humano.

La guerra de Kosovo, o dicho con más exactitud, la intervención armada de la OTAN contra Serbia y la limpieza étnica llevada a cabo por los serbios en el territorio kosovar, permiten añadir algunas consideraciones puntuales a este análisis.

Hay tres vertientes en este escenario: a) la información sobre el conflicto; b) la utilización de los medios para las acciones diplomáticas y de guerra sicológica; c) la conversión de los medios y de la infraestructura comunicativa en objetivos militares.

Respecto a la información de las operaciones, el tratamiento noticioso revalida los criterios más generales que acabamos de citar: valoración casi prioritaria del diseño, de los mapas e infográficos y de las filmaciones que evocan «las películas de guerra», unido a la parquedad de las ruedas de prensa y un contrapunto analítico proporcionado por numerosos artículos de opinión de expertos, politólogos, historiadores, técnicos y políticos, a ser posible contradictorios entre sí. El resultado para el público receptor es la confusión y cierta perplejidad.

A esta sensación de «no entender lo que pasa» se une la polémica generada en la opinión nacional e internacional acerca de la legitimidad, legalidad, oportunidad, necesidad o equivocación de la intervención de la Alianza.

Las imágenes de los miles de refugiados vagando en busca de ayuda o las fotografías de muertos por los bombardeos pusieron el contrapunto, esta vez dramáticamente humano, a la asepsia de los partes de guerra.

El segundo aspecto a señalar es la utilización de los medios para influir en los públicos y justificar las posiciones de los diversos estadistas o responsables militares. Las ruedas de prensa, declaraciones, entrevistas, artículos de opinión, intervenciones en los Parlamentos, fotos de los políticos visitando los lugares de acogida a los refugiados e incluso comunicados claramente involucrados en la llamada «guerra psicológica» confirman estos supuestos.

Un hecho novedoso en esta campaña ha sido que, además de los aviones espía, el Pentágono ha ensayado un sofisticado avión emisora que, en lugar de arrojar bombas, emite programas de radio y televisión «para deshacer la moral de los combatientes». Según los despachos de prensa: «Conocido con el sugerente nombre de Comando Solo (el héroe de *La Guerra de las Galaxias*) el aparato emite programas producidos por el Grupo de Operaciones Psicológicas del Ejército y repone los programas de las emisoras de propaganda de Radio Europa y La Voz de América». Se trata de una versión modificada del C-130 Hércules, pero portador de material electrónico capaz de introducirse en los canales de televisión y radio serbios para ofrecer su versión de la guerra. Recordaremos también que los aviones aliados filman sus operaciones y, por lo tanto, son simultáneamente cazabombardeos y grabadores de televisión.

Tercera cuestión. La conversión de los informadores y de los medios en objetivo se ha visto tanto en la detención de periodistas —los dos informadores españoles de Tele 5 y un holandés capturados y luego liberados por los serbios— como en los ataques de la aviación aliada al edificio de la Televisión de Belgrado. Como se explicó posteriormente, «la televisión era un objetivo militar por ser un instrumento de propaganda». Por su parte, el alcalde Mihajlovic señaló que «por primera vez en la historia de la humanidad, la información de guerra ha sido atacada con bombas».

Otra versión de esta guerra contra la infraestructura comunicativa han sido los bombardeos para producir cortocircuitos y paralizar así los servicios eléctricos de medio país. Un «apagón» que sumió en el caos a las redes de ordenadores y, por lo tanto, que tenía como misión atacar al ecosistema informativo serbio, es decir, a la sociedad de la información.

La experiencia de Kosovo también confirma el rasgo «desextranjerizante» de la información internacional que anteriormente señalé, pues se mezclan, en las noticias, lo local, lo nacional, lo europeo y lo mundial. En una región como Navarra aparecieron en la prensa temas como la participación de las ONG, el envío de soldados del acuartelamiento de Aizoáin a la zona o la protesta de un concejal de IU expulsado de una sesión del Ayuntamiento de Pamplona por llevar una camiseta con un letrero anti-OTAN, que lo confirman.

El conflicto genera, por otra parte, su propio lenguaje, tanto técnico como jurídico o de otros tipos. Así, se ha hablado del «deber de injerencia humanitaria», de los «daños colaterales» y de toda una jerga de vocablos sobre armamento.

6.3. METAMORFOSIS DE LA INFORMACIÓN INTERNACIONAL

6.3.1. *Construcción de la «imagen del mundo»*

A) En un trabajo pionero sobre las relaciones entre la prensa y la política internacional, Oscar Butter señalaba cómo los periódicos son un medio para conocer y para influir en la vida internacional. Añadía este autor que durante mucho tiempo la prensa se había dirigido a una élite intelectual, pero que en nuestra época —y escribía en los años treinta— llega a una muchedumbre cada vez más numerosa de lectores, constituyendo para miles de personas el único medio de conocer y juzgar la vida de su pueblo y de los otros pueblos, en sus relaciones mutuas.

Es verdad que el turismo, los viajes, el aumento espectacular del comercio y de otros cauces de intercambio entre los pueblos y las gentes, permiten hoy un mejor conocimiento y sobre todo un sentido más personalizado de la vida extranjera, pero este hecho innegable no resta valor a la afirmación precedente: la información es el medio fundamental de la explicación que los ciudadanos reciben de «lo que ocurre» en el exterior y por lo tanto, de la imagen que diariamente se hacen del contexto internacional. Al menos esto es lo que se pensaba hasta hoy, pero cabe preguntarse si en la emergente sociedad de la información que nos aloja, la afirmación sigue teniendo validez.

Sin embargo, creo que se puede continuar afirmando que los medios de comunicación, incluyendo también los llamados multimedia que en la actualidad tanto peso tiene, sirven de intermediarios para el conocimiento de la vida de los distintos países. Ya en 1929, Wladimir d'Ormesson defendía esta función medial del sistema comunicativo.

El periodismo, como *técnica informativa*, está construyendo día a día el panorama noticioso del mundo que nos rodea, haciendo del caos un *cosmos noticioso* y por ello perfilando un paisaje, un *espacio cultural interpuesto* que de alguna manera constituye la *imago mundi* para los públicos receptores, según ya se ha visto.

Si el concepto de información internacional es coherente con la existencia de una sociedad mundial estructurada en el paradigma del Estado soberano, es decir, en un sistema inter-estatal, la noción emergente de *información transnacional* se corresponde con una interpretación más comunicativa, procesual y desterritorializada de esa misma sociedad y es más coherente con el actual horizonte de la globalización.

Podemos afirmar que la metamorfosis que está experimentando el complejo informativo se corresponde con un fenómeno de cambios paralelo en el *complejo relacional internacional.*

B) La heterogeneidad, complejidad, contenido importante y procedencia extranjera de la temática que venía constituyendo el complejo noticioso internacional está también experimentando un proceso de cambio.

Esta metamorfosis se corresponde con la transformación que vive el sistema político, social y cultural, cada vez más interdependiente y mundializado.

Tres datos clave del hecho son la instauración de la sociedad de la información como rasgo estructural de las sociedades más avanzadas; la implantación de un complejo telemático comunicativo que vincula del modo cada vez más universal e instantáneo a todos los estados desarrollados y en vías de desarrollo; y la acción sistematizada e igualmente intervinculada de los medios de comunicación de masas como industria cultural y modernos foros institucionalizados del diálogo colectivo, sin olvidarse de que la opinión pública se ha convertido en un factor clave en los conflictos de toda índole.

Las fronteras son cada día más permeables a las transmisiones informativas, especialmente a las difundidas por las agencias de noticias, los ordenadores conectados con base de datos, las emisiones televisivas y las radiofónicas. El teléfono móvil, el fax, el dinero electrónico y de *plástico*, las posibilidades de trabajar y comprar desde el propio domicilio (tele-trabajo y tele-compra), están alterando los comportamientos sociales e incluso confundiendo el ámbito de lo privado y de lo público.

Como describe Javier Echeverría, está surgiendo «un nueva forma de cosmopolitismo, que pivota sobre los domicilios. Además de ser telespectadores del mundo, podemos actuar social y privadamente desde nuestras casas. A través de las diversas representaciones electrónicas, la cultura hogareña se internacionaliza. Las tecnologías de interacción a distancia generan una nueva forma de sociedad abierta, las casas abiertas e interconectadas, que rompen el principio de territorialidad y vecindad que ha atenazado a los ámbitos domésticos durante siglos».

El espacio, antes concebido como una distancia geográfica está siendo cada vez más entendido como una categoría relacional, como una función comunicativa.

La distancia es ahora una variable del interés informativo y de la acción telemática.

6.3.2. *Desextranjerización informativa*

Veamos algunos aspectos conceptuales sobre la información internacional de nuestra época.

Las noticias *extranjeras* y las noticias *internacionales* tienen un contenido semejante al que ofrecen las llamadas noticias *locales* o *nacionales*, con el dato añadido de ser *relevantes* para compensar con su importancia el obstáculo que para su interés supone el ocurrir *fuera* y equilibrar de esta forma su alejamiento para el sujeto receptor.

Si el contenido no es por lo tanto la clave, al menos en esta primera aproximación, se muestra como requisito distintivo la *internacionalidad* en su sentido más amplio y la *extranjería* en el más estricto.

En principio, la *internacionalidad* es el requisito diferenciador de las noticias internacionales de las que no lo son, pero este planteamiento reclama algunas precisiones.

A) El área informativa no depende del espacio, sino de la relación de interés sobre el espacio, que crea un campo de audiencia. Las lejanías y vecindades son distancias relativas, «nuevas fronteras», función de afinidades asentadas en las creencias, intereses y sentimientos.

Por todo ello, noticia internacional no es cualquier noticia que se produzca en el extranjero, entendiendo por extranjero el Estado situado más allá del territorio nacional del medio, sino todo lo contrario. Noticia internacional es aquella que «desextranjeriza lo externo y lo hace interno», que relaciona con su relato a todos los hombres, precisamente por sus características de ser relevante, actual e interesante a escala supranacional.

Situado en esta «orilla» nos sentimos como «ciudadanos del mundo» y ahora sí que podemos comprender que el objeto de la información serán aquellas noticias que procuran y dinamizan el *complejo relacional internacional* y que la naturaleza de la información internacional es relatar esos acontecimientos destacados por su importancia política, cultural, social, deportiva, humana e incluso exótica, que relacionan al hombre con sus semejantes de otras latitudes.

La fuerza vinculante del interés por los sucesos que nos afectan, además de ser otro «nivelador de la geografía», es una de las fuerzas que construyen el mundo, esa «visión de mundo» en que todos convivimos, aunque estemos en nuestras casas.

B) Tras esta consideración propondremos las siguientes definiciones.

Noticias extranjeras son aquellas originadas en un acontecimiento ocurrido en un país y que por su interés informativo son difundidas en otro.

Noticas internacionales son cuantas se funden en acontecimientos ocurridos en el propio país, en otro, o en varios y que posean un interés informativo supranacional. Si su alcance es «mundial» cabe calificarlas de noticias internacionales *stricto sensu*.

Toda noticia es en origen «local», pero en función de la universalidad que tenga su valor informativo, puede ir acrecentándose hasta ser considerada «regional», «nacional», «extranjera», «internacional» y «mundial».

Dentro de este inconmensurable campo, es dado volver a clasificar las noticias según el contenido de su comunicación. Serán por lo tanto, noticias de política internacional las que tengan un interés actualizador de conformación políticas, sean o no de temática estrictamente política.

Los avances tecnológicos han permitido que hoy día no existan prácticamente barreras para la expansión y multiplicación internacional de las informaciones de actualidad.

Consecuentemente, con estos procesos que alteran el espacio real hay que tener muy presente que el *espacio informativo* depende más de la separación intencional entre el receptor y el lugar de la emisión que de su ubicación física en el espacio.

Acontecimientos geográficamente muy cercanos nada nos dicen —están lejos— y otros situados en las antípodas pueden afectar fuertemente nuestro interés. No resulta difícil afirmar que el *espacio informativo* —y consiguientemente el criterio de localización de las noticias— es función del interés que la noticia tiene para el receptor.

C) El universo que nos ofrecen los medios no deja de ser un producto manipulado, por muy objetivo que honradamente se procure fabricar. La noticia es inevitablemente una imagen y un producto.

El problema nuclear es que la noticia, como imagen vicaria, presupone una especie de delegación de la imagen real. Así la fotografía sería como un *alter ego* indicado expresamente, y sin embargo, las imágenes vicarias del mundo real que surgen de la actividad informativa son preferentemente retórica, un universo de discurso, un sistema simbólico, que en parte «*ficcionalizan*» la realidad y en parte hacen de la ficción *realidad*.

El otro dato para no olvidar es la asombrosa proliferación de estas imágenes, su omnipresencia, mundialismo, continuismo y reiteración, hasta el punto de invadir nuestra intimidad, relegar y ocultar el mundo real, asfixiado tras esta reconstrucción cultural de muy variada calidad. Este flujo noticioso transforma paulatinamente el mundo exterior en un mundo simbólico.

Lo dicho es más patente en los mensajes televisivos, que permiten domesticar, en el sentido literal de la palabra, un mundo ilimitado de realidades inaccesibles y fantasías inexistentes, hasta hacerlo más palpable y familiar que las propias vivencias, mixtificando realidad y ficción, alterando las categorías y trastocando el tiempo y el espacio vitales.

Y es precisamente en el ámbito de la información internacional y de la transmisión de producciones extranjeras, donde este embrujamiento es más patente.

Leer el periódico, escuchar la radio o ver la televisión es un modo cómodo, —me atrevería a decir que inmóvil— de viajar por el mundo.

Las noticias de extranjero nos ponen a mano, en nuestro entorno familiar y local, cuanto de curioso e importante sacude los anchos horizontes del planeta, transformando, por extraño hechizamiento, lo ajeno en propio, lo distante en familiar. En efecto, la información internacional nos pone el mundo en casa. Nos hace deambular por las grandes metrópolis, asistir a las asambleas y congresos, codearnos con reyes y ministros, presenciar graves conflictos, guerras, bodas principescas, ferias, certámenes, competiciones deportivas o catástrofes naturales.

A la interpretación del espacio como *imago mundi*, la acción de los medios de comunicación colectiva ha añadido un nuevo rasgo: el espacio como espectáculo.

El espacio como información más o menos fría ya se encuentra en planteamientos anteriores, y buena parte de ello son las viejas cartografías, desde los portulanos a los planos de fortines y batallas.

Lo novedoso, aportado por los medios de comunicación colectiva, es la contemplación preferente de ese espacio como espectáculo, hasta el extremo de imponer la interpretación vicaria del espacio-mensaje, en cuanto naturaleza artificial, al espacio real.

Nace así este *espacio cultural interpuesto* que se constituye en el nuevo *hábitat* de la gente.

En esta línea Javier Echeverría dice en su obra *Telépolis* que «el ámbito social que más se asemeja en la actualidad al *ágora* clásica es sin duda el espacio televisivo, o en general de los medios de comunicación. Todo lo que tiene alguna relevancia ocurre allí, ante la contemplación pasiva de la inmensa mayoría de los ciudadanos».

Este talante espectacular conlleva varias implicaciones, como el aspecto teatral del medio y su contemplación, de acuerdo con criterios selectivos de raíz narrativa y sensacionalista, el predominio del contraste y el ritmo, la fugacidad unida al anclaje en lo actual, la tentación maniquea y el papel del hombre como espectador.

6.3.3. *Agendas y barreras*

La teoría de la *agenda-setting* ya mencionada es igualmente aplicable a la temática internacional en opinion de buena parte de los autores. Así Walter B. Wriston dirá que: «Cada vez más, la agenda nacional y la internacional son establecidas por los medios de comunicación, en la medida en que los analistas políticos se ven forzados a invertir una buena parte de su tiempo y esfuerzo en ocuparse de cualquier crisis o pseudocrisis que haya sido descubierta por la Prensa del día».

Sin embargo considero, teniendo en cuenta el enfoque conceptual del complejo comunicativo como un ecosistema informativo, que en el ámbito internacional, dado el carácter *importante* que normalmente poseen las noticias, éstas surgen *realmente* y de un modo más *autónomo* que en los otros ámbitos informativos y sin negar la función *mediática* y *vicaria* de los medios, estimo que el enraizamiento de lo informativo en el *proceso fáctico* es mayor, dada la intrínseca relevancia que los acontecimientos deben tener para ser noticiables.

Cuestión igualmente de interés es la dialéctica entre espacialización, tematización y heterogeneidad de las informaciones internacionales. Si se adopta un criterio restringido, las noticias de este campo acostumbran a ceñirse a las de política internacional, pero si se prefiere el planteamiento más abarcador, todos los temas pueden ser internacionales, independientes de su politicidad. En este último supuesto, el dato diferenciador volvería a ser la extranjerización y transnacionalidad del contenido, sea éste social, cultural, deportivo, económico, religioso, publicitario, etc.

Consideramos ahora otro aspecto de la información internacional: sus barreras comunicativas más llamativas.

El proceso comunicativo para hacer llegar los contenidos desde el sujeto emisor al receptor encuentra tres barreras principales: la *complejidad* del objeto informativo, su *accesibilidad* como mensaje y producto elaborados por los medios y finalmente, su *comprensibilidad* por los públicos.

El complejo relacional internacional es el ámbito real del que surgen los acontecimientos noticiables. Constituye en sí mismo un conjunto heterogéneo de estructura intervinculada, amplio espacio de acción y continua movilidad, que además está experimentado en estos años una patente transformación histórica.

Los públicos que reciben ese *paquete de mensajes* no están educados en la temática profunda ni en la realidad cambiante que los produce.

La primera barrera surge por lo tanto del mismo objeto informativo que es hoy enormemente difícil de abarcar y entender, habida cuenta de su extensión mundial, la intensidad y el número de los acontecimientos y el acelerado ritmo de su dinámica temporal.

También es conveniente recordar que, si bien puede estimarse a la información de política internacional como temática prioritaria, no se agota en ella el campo de la información de extranjero, lógicamente tan variada como son las diversas relaciones humanas que forman la urdimbre de la sociedad internacional, en su acepción más amplia.

Si el universo del que se va a informar es ya un objeto de difícil comprensión y que exige para su análisis, estudio y descripción unos conocimientos previos, su tratamiento periodístico añade a estas exigencias nuevos requisitos derivados del modo de ser y de obrar de la información contingente o publicística.

Es especialmente grave la exigencia de rigor, objetividad y responsabilidad ética en el desempeño de las tareas en la Sección Internacional.

Desde el nuevo enfoque propuesto en el apartado anterior las noticias internacionales que hasta ahora venían caracterizándose por ser lejanas, ajenas, importantes o exóticas, y mayoritariamente bélicas, conflictivas y políticas, se deben replantear dentro de una temática que cuadre con esta transformación de la sociedad nacional de nuestro tiempo en otra cada vez más transfronteriza.

Si a la dificultad que implica la complejidad de los acontecimientos internacionales sumamos los peligros de deformación, de desfiguración, de interpretación y expresión, de *ruidos* que pueden alterar todo proceso comunicativo, conviene tomar también en cuenta las barreras con las que podemos toparnos desde la perspectiva de las audiencias o públicos.

La mayoría de estos obstáculos son patentes y proceden del desconocimiento, pero esta afirmación tan obvia justifica precisamente la actividad informativa vista desde el sujeto receptor. Lo que el público quiere es... «informarse».

La desinformación no es por lo tanto una barrera, sino una demanda, una inclinación para el proceso comunicativo que le da precisamente su razón de ser.

Las barreras proceden por lo tanto de otras dos circunstancias: de la no exclusividad de los medios en los procesos de conocimiento y de las surgidas por los cambios sociológicos y psicológicos.

En el primer caso cabe decir que la comprensión de la información de extranjero requiere una educación previa, y también continuada, que complemente la periodística. Es cierto que los medios cumplen una insustituible misión educativa y son los agentes principales de aculturación colectiva, pero es igualmente válida la afirmación de que su acción ni es, ni debe ser, exclusiva. Hace falta que otras instancias, instituciones y asociaciones contribuyan a la educación y formación permanente de los individuos.

En el segundo supuesto hay que destacar el cambio que está experimentando la sociedad, que de nacional, como ya se ha apuntado, se está transformando en transnacional.

Y además hay que tener presente que esa misma audiencia que recibe los mensajes es la que los genera. Asistimos así a una progresiva desextranjerización de los temas que hasta ahora habían merecido la calificación de internacionales y que cada vez resultan más *domésticos*.

6.3.4. *La Sección de Internacional*

La Sección de Internacional era en un principio un espacio importante pero limitado de los medios, especialmente en los impresos. Es verdad que desde el mismo origen de la prensa ha existido un interés por los temas de extranjero, pero es igualmente obvio que el incremento del espacio dedicado a la información foránea ha sido paralelo a la internacionalización de la Sociedad. Se confirma así la correlación entre la estructura e identidad de los espacios informativos y los espacios sociopolíticos.

Los despachos de agencia y las crónicas de los corresponsales y enviados especiales han sido siempre la base del material noticioso en este campo, al que hay que añadir las llamadas «labores de mesa», como la documentación, cartografía y periodismo de opinión, editoriales o columnas que comentaban las noticias.

Actualmente se aprecian tres hechos novedosos: el primero, la ampliación de la temática internacional que ha desbordado las páginas de la Sección propiamente dicha para impregnar en cierto modo el conjunto de las informaciones, pues tanto el deporte como la economía, la cultura o la misma crónica social reflejan un mundo cada vez más transnacional. El otro dato es la importancia que han cobrado la fotografía y el diseño, especialmente en las informaciones sobre temas bélicos, catástrofes, viajes de Estado o reportajes más o menos costumbristas. Y por último, la mayor dedicación a cuestiones internacionalistas por parte de los editoriales y columnas de opinión, respondiendo así al crecimiento del interés por parte de los públicos hacia estos temas.

El tratamiento de las noticias, comentarios y fotografías sobre temas internacionales o las informaciones paralelas de los medios audiovisuales ofrecen algunos aspectos que pudieran sintetizarse en una serie de rasgos. Así hay que destacar la relevancia que acostumbran a recibir, sobre todo aquellos temas de alto nivel protagonizados por los Jefes de Estado, como las cumbres, las declaraciones y ruedas de prensa, las convenciones y viajes. Otra temática muy destacada es siempre la bélica y en cierto modo las informaciones que contengan espectacularidad, rarezas, conflictividad, violencia y hasta tragedias humanas o colectivas. También se aprecia una mayor interconexión entre los asuntos políticos y económicos y mayor ósmosis entre los temas de política interior e internacional.

Siempre han despertado más interés los temas cercanos, como ocurre con las informaciones europeas en los países comunitarios, o aquellos en que de algún modo se ven involucrados personas de la misma nacionalidad.

La información sobre el Tercer Mundo han sido objeto de frecuentes críticas, afirmándose que es mayoritariamente negativa, catastrofista, sesgada y como mucho despreocupada de los verdaderos problemas de estos países, que son tratados desde ópticas tan opuestas como la miseria, las enfermedades y las guerras o el exotismo folclorista.

Para Vallespin la construcción del mundo que realizan los medios no es un mero reflejo de lo que acontece si no que: «Se va edificando *activamente* siguiendo la propia lógica del sistema. Y su consecución inmediata es, en primer lugar, una necesaria adaptación de lo que ocurre a los imperativos de la novedad y la "sorpresa". En vez de tratarse de una imagen del mundo que, como la tradicional, tiene una relativa consistencia y duración, lo que ahora importa son las rupturas, el conflicto, lo excepcional, eso que permite introducir una diferencia y mantener la atención del destinatario. Esta permanente "irritación" de la realidad provocada por los medios, a la caza de la atención constante durante las veinticuatro horas del día, obliga a una incensante creación de información en la que algunos acontecimientos simplemente ocurren y otros, como la "opinión" o la publicidad, son producidos únicamente *para* los medios de comunicación. Hay así una marcada selección de aquello que debe ser comunicado y de la *forma* en la que debe serlo para que se ajuste de modo idóneo al medio en cuestión —televisión, prensa escrita, radio— y al tipo de programación —noticias, informes, entretenimiento, publicidad—. La imagen de la realidad que surge de esta construcción de informaciones es una imagen quebrada y fragmentada, incluso organizada en secciones —deportes, política internacional, sociedad, cultura, etc.—, que, sin embargo, cobra consistencia y densidad por el propio formato de los medios y por su ritmo temporal. Al final, "la autodescripción de la sociedad moderna sigue la racionalidad propia de lo medios de comunicación"» como dice Luhmann.

6.4. La sociedad de la información

6.4.1. *Los actores sociales como sujetos comunicativos*

Reiteramos cómo los modernos medios de comunicación colectiva institucionalizan e industrializan el diálogo social, constituyendo el mejor cauce de endoculturación y siendo los autores, mediante la elaboración de sus agendas noticiosas, del universo presente de sus audiencias.

El contenido de este universo aumenta espacialmente en función de su transnacionalidad y en el actual paisaje informativo es obvio que nos topamos con una malla comunicativa e informativa, tanto por su capacidad de transmisión como por su densidad y variedad de contenidos, ostensiblemente mundial, aunque asimétrica.

La segunda novedad es la competencia que para ese poderoso complejo mediático supone la irrupción de un fenómeno colectivo no menos vigoroso, amplio, cohesionado y poliédrico: la sociedad de la información.

¿En qué consiste este verdadero salto? La respuesta es muy sencilla; en que todos los actores y sujetos sociales se erigen, con grados de comunicación distintiva, en emisores y receptores de la información compartida.

El rasgo más característico de la sociedad de la información no es la existencia de una red de mensajes que articulan el tejido social, pues esto ha venido ocurriendo siempre con mayor o menor intensidad y estructuración, sino la variación radical de haberse constituido los actores sociales en sujetos comunicativos de modo generalizado y, en consecuencia, la conversión de parte de los parámetros sociales en parámetros comunicativos.

Esta proliferación invasora de sujetos emisores y receptores, esta contradictoria multiplicación y fragmentación de las audiencias conforman el complejo comunicativo público en dos ejes antitéticos; el *vertebrado* de la red mediática y el *invertebrado* configurado por todos los demás actores sociales.

Además, la diferencia de suyo entre ambos ejes es fácil de detectar: los medios periodísticos sirven a la actualidad, la novedad, la universalidad y el interés colectivo; los otros actores, incluso los que se consideran con perfil informativo tendrán fines más específicos, limitados e individualizados.

Por otra parte y en cierto modo como reacción defensiva, los medios de comunicación convencionales, en principio diferenciados por su actividad profesional entre impresos y audiovisuales, tienden a reagruparse en potentes grupos multimedia. También se asiste a procesos de concentración y diversificación empresarial con alcance transfronterizo.

Las nuevas tecnologías y las llamadas infovías o autopistas de la información han alterado por completo los sistemas anteriores de conexión y transporte de mensajes entre las personas, las empresas, los grupos sociales, las instituciones de todo orden y por supuesto, las Administraciones públicas, facilitando la generación de un diálogo multitudinario y multidireccional, pero a la vez más fluido, incontrolado y fraccionado. Internet es paradigma manifiesto de esta situación a la vez compartida y deslavazada.

Los conceptos clave de tiempo, espacio e interés periodístico no se pueden aplicar a estos otros supuestos de relaciones comunicativa, que operan con móviles propios que modifican el aquí y el ahora exigibles a toda información mediática. Los actores informales e incluso institucionalizados de estas redes invertebradas crean sus tiempos, espacios, temas y audiencias con la más variable autonomía.

El periodista profesional, como experto en comunicación masiva, puede verse en entredicho y ver reducidas sus funciones en esta sociedad de la información dominada por las redes telemáticas y las infovías, pero también puede ocurrir lo contrario, que su actividad como intermediario entre los sucesos y los públicos resulte insustituible y sea cada vez más necesario contar con personas dedicadas a seleccionar, filtrar, valorar, jerarquizar y distribuir las informaciones, no sólo las de interés general, sino también las dirigidas a segmentos de audiencia.

Ante el exceso de informaciones recibidas, Willes considera que esta «sobrecarga estimula la función editorial, la decisión de lo que es importante y no lo es. La gente desea que se le diga lo que es noticia».

Por su parte, Robert Samuelson escribe que «Internet y la explosión de canales de televisión por cable y satélite está desdibujando las fronteras entre noticias e información. Esto no significa el fin de los periódicos, ni de los informativos de las cadenas de televisión, pero sí que todos ellos perderán influencia y transmitirán menos noticias *tradicionales* (y eso ya ha ocurrido)».

El problema nuclear es devolver su propia misión a los medios de comunicación profesionales, los que he definido como vertebrados, justo en una situación en la que todos los actores de la vida social se están convirtiendo, a su modo, en agentes comunicativos e informativos.

En esta línea, Sarasqueta dice expresamente: «Pensemos, por ejemplo, que el nuevo entorno global no diferencia entre empresas, equipos de fútbol, hospitales y partidos políticos. Todos son hoy organizaciones que se mueven en el mismo entorno y que cruzan sus intereses y actividades.

»Son organizaciones que necesitan el mismo entorno de comunicaciones multimedia para ser competitivas, mediante redes electrónicas como Internet, sistemas avanzados de ordenadores, CD-ROM, videoconferencia y canales de televisión vía satélite. Todos participan, igualmente, del mismo escenario central dominado por la opinión pública: en el que se agrupan los socios del equipo de fútbol, los accionistas e inversores, los militantes y votantes, los profesionales y pacientes, etc.

»Eso es el mercado global: organizaciones e individuos compartiendo y compitiendo en el mismo espacio. Medios y sectores que convergen en una realidad global, y que ha dado paso al mundo de las "redes" y "*networks*"».

Si quisiéramos buscar una identificación que todavía reconozca a los medios tradicionales un papel diferenciado en ese panorama me inclinaría por señalar los siguientes rasgos:

1. Tener como objetivo esencial de su actividad la *información de actualidad de interés general.*
2. Estar constituidos como empresas informativas, incluyendo las empresas multimedia, que pueden ser públicas o privadas.
3. Contar con equipos profesionales especializados, periodistas y comunicadores.
4. Ejercer su actividad de un modo continuo o al menos con periodicidad regular.
5. Dirigirse a públicos masivos que conforman audiencias relativamente estables.

6. Constituirse como actores institucionalizados e industrializados del diálogo social.

Diezhandino escribe que «es lógico, por tanto, que empiece a resultar caduco el viejo concepto de Comunicación de Masas, entendida la comunicación como destinada a públicos amplios, anónimos, heterogéneos, dispersos, para empezar a hablar de Comunicación Colectiva, o, según término acuñado por Moles, Comunicación de difusión. Hoy, entre la comunicación interpersonal (o personal, de acuerdo con Moles) y la comunicación de masas, binomio que ha prevalecido hasta fechas recientes, se pueden establecer muchas tipologías: self-media, intermedia, comunicación próxima, lejana, fría, caliente...; o dependiendo del ámbito comunicativo: mega, macro, meso y micro-medios..., como dice Moragas».

La dicotomía especialización de contenidos *versus* selección de públicos está en el núcleo de este debate y entiendo que los medios de comunicación *vertebrados* tienen que saber mejorar la calidad y tematización de su producto, pero sin olvidar que su razón de ser es divulgar, es difundir, es llegar a un amplio número de receptores. Por esto se denominan medios colectivos o de masas.

6.4.2. *La información, objeto de consumo masivo*

La revolución de las telecomunicaciones y la aparición de la sociedad de la información implica una reconversión de categorías tan trascendentales como las de espacio y tiempo que resultan esencial, o al menos existencialmente alteradas. Es todo un entorno nuevo el que está formándose.

Las nuevas tecnologías reducen al mínimo las distancias espaciales entre los puntos que intercambian información en todo el globo.

La radio y la televisión en directo y por supuesto internet son medios que pueden ofrecer informaciones en tiempo real, es decir, en el mismo momento en que ocurre el hecho noticiable. Aquí no hay el *aplazamiento* o *adelantamiento* que se da en los medios impresos, aunque también pueden incluir noticias de estas características en el conjunto de su programación.

Las noticias, que no olvidemos son también productos, se han convertido en objetos de consumo y además en un mercado masivo y globalizado.

La información fluye en un *continuo* temporal y espacial prácticamente mundializado y la causa no está únicamente en la citada expansión de las nuevas tecnologías, sino además en la conversión de los mensajes en objeto de consumo masivo.

Por otra parte, unos medios remiten a otros medios, unos programas o espacios a otros programas y espacios, mezclándose por añadidura los contenidos en un *totum revolutum* que ya Moles definió como cultura del mosaico.

La televisión se presta a ejemplos más claramente ilustrativos de lo dicho. Jacques Guyot plantea la lógica del raudal y escribe: «La televisión funciona ininterrumpidamente, aún cuando, hasta 1984, las cadenas suspendían sus programas durante la noche. Es el sistema del grifo de imágenes en el que todo se encadena sin interrupción en un mismo despacho. Las informaciones se suceden sin jerarquía alguna. Esto es precisamente lo que Baudrillard subrayaba en *La société de consommation*, en donde insiste sobre la disolución de los sentidos, en medio de una sucesión de signos que se presentan como equivalentes y sustituibles. Lo que hace la verdad de la televisión, según Baudrillard, es que cada mensaje tiene inicialmente por función remitir a otro mensaje: Vietnam, a la publicidad; ésta al periodismo hablado, etcétera. Su yuxtaposición sistemática es el modo discursivo del medio, su mensaje, su sentido».

Asunto no menos destacable es que junto a la coincidencia entre mensajes y tiempo real o al planteamiento secuencial de los mismos, también caben enfoques totalmente arbitrarios, involucionistas, recordatorios, con temas rescatados del ayer, con temas futuribles, con temas en tiempo virtual o ficticio.

Siguiendo a Park y su planteamiento de la distancia social, concepto vinculado al de *aculturación* entendida como «la interpenetración de mentes y culturas», la difusión de los mensajes informativos no sólo acorta ese distanciamiento en el espacio, sino también en el tiempo. En ambos casos la clave vuelve a estar en el interés noticioso y en la co-implicación de los públicos.

Rosa Berganza en un interesante trabajo sobre Park reproduce un texto que abunda en este enfoque participativo de compartir un mismo tiempo noticioso:

«A través del periódico, el hombre normal de hoy participa en los movimientos sociales de su tiempo. El analfabeto de ayer, por otra parte, vivía impasible ante los acontecimientos diarios del mundo que sucedían en el exterior de su aldea. El *tempo* de las sociedades modernas puede ser medido comparativamente por la perfección relativa de los instrumentos de comunicación y la rapidez de la circulación de sentimientos, opiniones, y hecho. En realidad, la eficiencia de una sociedad o de un grupo se debe medir no sólo en términos de números o de recursos materiales, sino también en términos de movilidad y acceso, a través de la comunicación y la publicidad, a la tradición y a la cultura».

José Luis De Castro escribe que «si la relación entre sociedad y comunicación siempre ha sido algo intrínseco, pues no es posible la primera sin la segunda, hoy la Sociedad Internacional no puede entenderse al margen de las tecnologías de la información y la comunicación. Hablamos de mundialización y globalización, y los *media* son uno de los más determinantes, sino los más determinantes, agentes de expansión y refuerzo del proceso de transnacionalización. En alguna medida, incluso, podemos afirmar que la realidad internacional, o una parte de ella al menos, es producida por los medios de comunicación de masas. La Comunicación de masas ocupa un lugar central en la Sociedad Internacional actual. Las redes de comunicación en tiempo real están configurando un modo de organización del planeta aún incierto, pero novedoso. Asistimos a una nueva fase de apertura al mundo, un nuevo paso —quizá el más intenso— hacia alguna forma de integración mundial que viene realizándose desde hace tiempo».

6.5. La información internacional como factor de las relaciones internacionales

6.5.1. *La opinión pública internacional*

A) La existencia de una opinión pública como factor influyente en la vida política internacional no ofrece únicamente la dimensión nacional, pues la realidad de medios de comunicación internacionales y de públicos externos ha llevado a la formación de *opiniones públicas transnacionales*. Y tanto la opinión pública nacional como la transnacional, son hoy día factores operativos de la vida y de la política internacionales.

Los autores ya habían advertido este hecho de modo general. Como escribió García Arias, «las relaciones internacionales en otros siglos se conducían en forma arcana; sus protagonistas estaban alejados de toda precisión periodística. Hoy las cancillerías no sólo han de contar con las reacciones, favorables o contrarias de la prensa extranjera, sino también con el eco que la propia acción estatal hacia el exterior encuentra en la prensa nacional, pues ésta no sólo refleja sino que acaso también en buena medida crea la opinión pública, de la que nunca puede prescindir el hombre de Estado».

El interés por la opinión pública y por los medios de comunicación que la crean y difunden ha pasado del terreno doctrinal al normativo y, después de la Segunda Guerra Mundial, la preocupación por asegurar, proteger, defender o reglamentar la actividad informativa, la libertad de expresión y el derecho a la información, queda reflejada en numerosos documentos, acuerdos, cartas y textos internacionales.

El conjunto de estos textos incluye documentos tan importantes como la Declaración Universal de Derechos del Hombre de 1948, el Pacto Internacional de Derechos Civiles y Políticos de 1966 o el Convenio Europeo para la Protección de los Derechos Humanos y de las Libertades Fundamentales de 1950.

En el Acta final de Helsinki de 1975 se habla expresamente «de la necesidad de que cada vez sea más amplio el conocimiento y la comprensión de los diversos aspectos de la vida en otros Estados» y de cómo este proceso comunicativo «contribuye a desarrollar la confianza entre los pueblos», concluyendo que debe ser objeto de los estados participantes «facilitar una difusión más libre y amplia de las informaciones de toda índole».

Unicamente cabe hablar de la existencia de una opinión pública internacional si previamente reconocemos la existencia de un espacio informativo igualmente transfronterizo, si cuenta con una infraestructura comunicativa suficiente y si es posible plantearse la formación de una sociedad civil del mismo ámbito, hecho que precisa la coexistencia de públicos externos.

De Castro Ruano expone cómo «el concepto de opinión pública pretende incorporar la voz de la sociedad civil en las labores de gobierno, y para esta función, los medios de comunicación son el instrumento decisivo. A medida que fueron ganado terreno, la opinión pública iba también ganando terreno para hacerse escuchar y convertirse así en el referente obligado de legitimación y control del ejercicio del poder político y legitimación, por lo tanto, de todo el sistema democrático. Y a medida que los medios de comunicación iban ganando terreno en el escenario internacional, asistimos al surgimiento de una opinión pública también internacional o transnacional».

B) Entendemos con Calduch que «la existencia del público, o si se prefiere de públicos especializados, como señalaba Meynaud, constituye el fundamento sociológico de la opinión pública, que podemos definir, en consecuencia, como: *el conjunto de creencias, valoraciones y actitudes sustentadas por los individuos que integran el colectivo social que denominamos público.*

»Llegados a este punto conviene realizar una previa aclaración a las consideraciones posteriores. Existe una tendencia muy generalizada a utilizar el término opinión pública en lugar del término, más adecuado, de público, así, por ejemplo, se habla de opinión pública para referirse a la influencia que el público puede ejercer sobre los poderes y órganos decisionales de una sociedad. En este sentido se enfatiza el poder de la opinión pública, cuando lo correcto sería afirmar el poder del público, no obstante semejantes matizaciones, aunque resulta necesario explicitarlas para evitar confusiones, no impiden que, en adelante, nos refiramos a ambos términos como equivalentes».

Por mi parte considero que se trata de dos conceptos distintos pero vinculados. Los públicos, en efecto, son grupos de personas asociadas por compartir algún tipo de elemento integrador. Normalmente ese factor de cohesión tiene que ver con la actividad mediática. Ya un autor clásico como Young escribió que «a diferencia de la muchedumbre, cuyos miembros se hallan juntos, el público, si bien constituye un grupo psicológico en sentido estricto, es amorfo y su polarización adquiere un carácter diferente. El público no se mantiene unido por medio de contactos cara-a-cara y hombro-a-hombro; se trata de un número de personas dispersas en el espacio, que reacciona ante un estímulo común, proporcionado por medios de comunicación indirectos y mecánicos. A decir verdad, el público como grupo efímero y disperso en el espacio es la criatura engendrada por nuestros notables medios mecánicos de comunicación».

Los públicos son, por lo tanto, los componentes de las audiencias, pero si tenemos presente que éstas se originan por la difusión informativa y por compartir un grupo de individuos un mismo interés, se comprende que ambos términos se necesitan de modo inter-activo. Sin público no hay audiencia, pero sin audiencia tampoco se originan públicos.

Si además tenemos en cuenta que el interés es el desencadenante de la opinión, todavía resulta más arduo diferenciar entre públicos y opiniones, habida cuenta de que éstos nacen por compartir intereses informativos y de esa intercomunicación dialógica surge precisamente la opinión u opiniones.

Otra cuestión es que tales opiniones para merecer el calificativo de públicas necesitan, además de socializarse, ser publicitadas, ser comunicadas, bien por medio vertebrados o no, aunque para hablar con exactitud de opinión pública ésta debe divulgarse por medios igualmente públicos. Corolario de lo dicho es la temática variable de las opiniones, su distinta fijeza, versatilidad o continuismo y por supuesto la importancia, solidez o intensidad de las mismas, que si recaen sobre cuestiones fútiles tienen escaso eco pero si tratan de temas fundamentales, como ocurre en su caso con aquellos que coinciden con la agenda de los grandes medios, sí alcanzan peso e influencia. Hay por lo tanto opiniones efímeras, ocasionales y otras más constantes e incluso continuistas. Lo mismo puede afirmarse de su grado de difusión o de la amplitud de su expansión espacial, igualmente variables.

Parte de los estudiosos de estos temas cuestionan la posible existencia de opiniones transnacionales como tales y por supuesto niegan la realidad de una única opinión mundial, al menos en el actual momento de socialización del planeta y articulan estas opiniones más anchurosas a partir de las opiniones nacionales.

Por nuestra parte sí admitimos la realidad de opiniones más amplias que las coincidentes con el marco estatal, tanto por la existencia de públicos externos, como por la influencia que los medios transnacionales y sus agendas temáticas tienen en la constitución de las audiencias, que ya hemos visto se cohesionan por los públicos.

La creciente preocupación de los gobiernos de los principales estados por la Diplomacia Pública, es decir, por la imagen exterior y su capacidad de influir sobre los públicos propios y extranjeros, es otro dato que viene a confirmar la realidad existencial de opiniones supranacionales.

6.5.2. *Espacios informativos y espacios públicos*

Si para Habermas la comunicación es un elemento dinámico de la integración y cohesión interior de los estados, la misma idea pudiera extrapolarse al complejo relacional internacional. Dice Habermas: «...el Estado nacional logró instaurar un contexto de comunicación política que hizo posible amortiguar los sucesivos impulsos de abstracción que conlleva la modernización social, consiguiendo así insertar, mediante la difusión de la conciencia nacional, a una población que había sido arrancada de los contextos de vida tradicionales en los contextos de un mundo de la vida ampliado y racionalizado. El Estado nacional podía cumplir esta función integradora tanto más cuanto que el *status* jurídico del ciudadano se vinculaba con la pertenencia cultural a la nación».

En un mundo globalizado como el actual esta misma dinámica, de darse los supuestos comunicativos, que al menos con bajo perfil se dan, también puede producirse y conseguir generar audiencias —y públicos— transnacionales que transmitan esa misma cohesión al ámbito político inter-estatal.

En este contexto los medios de comunicación más importantes se han convertido innegablemente en actores del sistema, de modo paralelo al actuar de las multinaciones no dedicadas a este ámbito profesional que siempre han visto reconocida esta capacidad de influencia por los internacionalistas. El hecho es todavía más evidente en las empresas consideradas como multinacionales de la comunicación de masas.

No hay que olvidar que la información de actualidad es a la vez un producto cultural, por eso convenimos con Marcel Merle en que: «El impacto de la técnica (en particular el desarrollo de los *mass-media*) sobre la difusión y sobre el contenido de la cultura es bien conocido. Si no se atienden las implicaciones internacionales de estas transformaciones, es porque se olvida que los hechos políticos, comenzando por el hecho nacional, son en buena medida hechos culturales».

Para Bernard Manin, autor del concepto de «democracia mediática» el lugar que ocupaban los partidos en la democracia parlamentaria lo ocupan ahora los medios de comunicación.

Comentando esta tesis, Vallespin señala que: «Desde la perspectiva de los ciudadanos, entonces, la política democrática es una especie de gran espectáculo que *representan* los políticos en el escenario de los medios de comunicación. Ellos, el público, son la "audiencia" —de nuevo el *voyeur*—. Pero una audiencia que es capaz de participar en la acción e incluso alterar su trama, si bien de forma indirecta y virtual: mediante su transmutación en encuestas».

Felipe Sahagún también plantea esta imbricación entre periodismo y política: «Nadie se imagina ya una campaña electoral sin televisión ni una democracia sin libertad de prensa. La información se ha convertido en un elemente tan inseparable de la política interior y exterior que ha surgido un nuevo juego de poder. El senador estadounidense Richard Lugar lo ha bautizado con el nombre de *medialismo*. David Gergen, responsable de comunicación en la Casa Blanca con los presidentes Gerald Ford, Ronald Reagan y, durante algún tiempo, Bill Clinton, prefiere llamarlo *teledemocracia*. La información (y desinformación) en Internet empieza a tener una influencia igual o mayor que la televisión.

»Ya no se trata del cuarto poder al que se refería Douglass Carter ni de elegir, como planteaba Thomas Jefferson, entre gobierno sin periódicos o periódicos sin gobierno. Con la televisión global, el ordenador, las cámaras superligeras de Super-8 milímetros, el fax, el teléfono por satélite y la digitalización de la señal, las murallas espacial y temporal que siempre han separado a políticos y periodistas empiezan a derrumbarse. Los mundos de la política y de la información se han integrado de tal manera que el gran peligro ahora es asegurar que ninguno de los dos pierda su función esencial, su razón de ser. Esa razón es, para los periodistas, informar lo antes y lo mejor posible; para los políticos, cumplir con eficacia y limpieza ética su responsabilidad de gobierno; para los diplomáticos, defender lo mejor posible los intereses nacionales. En ocasiones, son funciones contradictorias; la mayor parte de las veces, se complementan».

Para María Luisa Portugal «los sistemas informativos de la comunidad internacional, qué duda cabe, tienen un protagonismo de excepción en la configuración de una opinión pública en los públicos internacionales. Hay un justificado interés, por parte de éstos, por conocer todo asunto que tenga implicación en la comunidad internacional, así como opinar acerca de los mismos, y los responsables de la información de difusión colaboran proporcionando los mensajes de la manera más completa y rápida posible para que puedan elaborar sus juicios. Se puede decir que ambos sistemas de información se alimentan mutuamente».

En resumen, la generación de espacios comunicativos, y más aún informativos, constituye un factor estructurador de todo sistema sociopolítico, sea éste local, regional, nacional o transnacional.

Como ya se expuso, los Juegos Olímpicos de Sidney, celebrados en septiembre de 2000 constituyen un modélico ejemplo de un acontecimiento transnacional que generó un interés noticioso mundial y a la vez ejemplarizó la realidad del proceso de globalización y de creación de espacios sociales subsistemáticos, en este caso, deportivos.

Este acontecimiento tuvo una triple vertiente: deportiva, noticiosa y globalizadora, que simboliza de modo pragmático y tangible la existencia de un ecosistema informativo mundial coherentemente de un espacio, de unos públicos y de unas opiniones públicas y publicitarias, inequívocamente transnacionales.

6.5.3. *El complejo informativo transnacional*

Si es posible hablar de espacios informativos y de opiniones públicas de ámbito supranacional se debe a la existencia de un sistema comunicativo e informativo equivalente que responde a una demanda colectiva: saber qué pasa en el mundo.

La información internacional es al mismo tiempo necesidad y respuesta, petición y contestación.

Si nos interesa como fenómeno internacional no lo es en sí mismo, pues el estudio de los procesos comunicativos y periodísticos es campo académico de otras disciplinas, sino en cuanto factor influyente en la sociedad internacional.

Por un lado encontramos las relaciones informativas de actualidad o periodísticas, que ya son, por sí mismas, un aspecto del complejo relacional, pero además hay que distinguir la acción de los medios comunicativos, especialmente los vertebrados, como actores conformadores del sistema y la influencia que la opinión u opiniones públicas tienen sobre los otros actores de la vida internacional, especialmente los gobiernos, que han llegado a intervenir en directamente en los procesos comunicativos e institucionalizando la llamada Diplomacia Pública.

Resumiremos en unos cuantos puntos los temas más relevantes del análisis informativo periodístico y de la información internacional desde la nuestra perspectiva de estudio.

— Los medios y especialmente aquéllos con más influencia en sus respectivos países o en el ámbito internacional, incluyendo las grandes cadenas de televisión y radio, las agencias mundiales y las empresas multimedia, fijan la agenda temática de la actualidad y de este modo condicionan, en buena parte, los asuntos objeto de debate por las opiniones locales, nacionales y transnacionales.

— Los gobiernos, mediante el ejercicio de la Diplomacia Pública, también actúan sobre los medios y sobre los públicos propios y externos, tratando igualmente los temas que se consideran de interés y que frecuentemente coinciden con las agendas mediáticas.

— A estas interacciones entre los medios *vertebrados* hay que añadir todo el ingente flujo informativo que discure por los canales *invertebrados*, es decir, entre los distintos sujetos emisores y receptores de la sociedad internacional, que como se ha explicado está hoy día en fase de afianzamiento y expansión. Lógicamente también contribuye la formación de opiniones grupales e incluso más amplias opiniones sectoriales y de segmentos especializados y profesionales, que puedan ser también transnacionales.

— Estos distintos tipos de espacios informativos, comenzando por los más activos y anchurosos, los generados desde el sistema mediático, además de constituirse como audiencias de ecosistema informativo operan igualmente como audiencias sociales del ecosistema político nacional e inter-estatal.

— Si adoptamos el criterio metodológico expuesto en el capítulo I del paradigma de la razón comunicativa-informativa, se entiende la relevancia que para la base espacial del complejo relacional tienen las audiencias sociales y cómo en la estructuración de las mismas desempeña una función conformadora clave la actividad periodística o de actualidad. El espacio informativo es por lo tanto un factor relevante para la configuración de cualquier clase de audiencia social, sea esta local, nacional, interestatal, regional o mundial, al igual que ocurre con la formación de espacios económicos, culturales, militares, diplomáticos o judiciales.

Los medios de comunicación colectiva institucionalizados son, por ello, actores del complejo relacional, mientras las opiniones que se manifiestan en los distintos públicos, al influir en la mentalización y actuación de los grupos sociales, operan como factores de ese mismo complejo e inciden en la elaboración de la política exterior e interior de los actores estatales, de las organizaciones internacionales e incluso de los restantes actores.

Como escribe De Castro Ruano refiriéndose a la información en nuestra época globalizada «El ciberespacio permite, precisamente, una comunicación interactiva, no jerarquizada y a escala planetaria. Sus usuarios no son únicamente receptores/consumidores pasivos de servicios producidos por algún interés conspirativo. Son también emisores/creadores de su propio discurso. Surgen así nuevos actores en la escena internacional que formulan nuevas políticas en el escenario internacional, asistimos a una nueva movilización creciente de la sociedad civil transnacional (...). Las redes telemáticas permiten una nueva forma de relación internacional, con diferentes actores —no solo los Estados, los grupos financieros, y las grandes compañías transnacionales—. Las redes telemáticas posibilitan una transnacionalidad para otros actores, para individuos, para grupos sociales. El debate se hace más amplio y más abierto. La globalización adquiere así otro perfil. Hay lugar para la esperanza».

Libro II
DE LA MULTIPOLARIDAD AL GLOBALISMO

INTRODUCCIÓN

Este Libro II tiene un contenido predominantemente descriptivo. Analiza la evolución de los principales acontecimientos que han ido construyendo el complejo relacional internacional desde la Segunda Guerra Mundial hasta el fin del siglo XX.

Entiendo que la Segunda Guerra Mundial no terminó en 1945 sino en 1991. Tuvo varias fases distintas, unas armadas y otras no: las guerras en Europa, en Asia y en el Pacífico, la Guerra Fría, la Descolonización, la Coexistencia y el hundimiento de la URSS.

La II GM supuso el fin de dos ideologías trágicamente desmesuradas por deshumanizadas: el nazismo y el comunismo soviético. También trajo el fin de los Imperios históricos, desde el Británico al Ruso, culminando así la obra de la I GM. Y un proyecto de organización internacional como la ONU. Tras un período interino de Bipolaridad, parece insinuarse un nuevo Directorio Mundial: los EEUU, Rusia, La Unión Europea, China, Japón; flanqueado por potencias regionales y áreas geopolíticas: India, conjunto árabe, Brasil, México, Argentina, Sudáfrica o Australia.

La democracia ha sido la ideología política vencedora, el libre mercado su modalidad económica, y la sociedad de la información su forma cultural. Ahora hace falta que el respeto a los derechos humanos, a la identidad de los pueblos, a las normas internacionales y a la paz sea su ética colectiva.

Si adoptamos este punto de vista, que hace del período que vamos a analizar un único gesto histórico con diversas fases, cabe también retrotraernos en el tiempo y preguntarnos si la Primera Guerra Mundial no está justamente en los orígenes de toda la época y en cierto modo las dos grandes conflagraciones mundiales son partes de un único conflicto.

El siglo XX brinda una extraña sensación contradictoria de constituir uno de los momentos históricos más beneficiosos para la Humanidad, con portentosos avances en los campos científicos y tecnológicos y a la vez de dramáticas guerras, trágicas ideologías e inútiles sistemas postbélicos, como los órdenes surgidos de la paz de Versalles o los acuerdos de Yalta, e incluso de una tercera y extraña posguerra fría, que tampoco acababa de ofrecer perfiles nítidos. No es exagerado afirmar que el siglo XX, desde la óptica de la pervivencia en el tiempo de sus sistemas estructuradores no ha existido, pues sus ideologías más radicales, sus guerras y sus paces, parecen haberse volatilizado y el mundo vuelve, en parte, a los problemas radicales con los que empezaba el tiempo que ahora finaliza.

La última década parece dudar entre el hegemonismo norteamericano y la lenta emergencia de un entramado de subsistemas políticos, económicos y culturales intercomunicados.

Se ha repetido por varios analistas que estamos ante un mundo sin contrapeso tras el hundimiento de la URSS, que el nuevo orden hegemónico o multipolar se cimenta, como el viejo, en la política de poder, que las ideologías han muerto para ser sucedidas por los meros intereses.

El horizonte parece erizado de incertidumbres, asimetrías, fundamentalismos, turbulencias, encrespamientos y rivalidades competitivas. Son las nuevas barreras de la incomunicación y la incomprensión a las que hay que oponer el diálogo, la cooperación, la tolerancia, el pacifismo, la moral política y privada. Son los retos de la condición humana.

BIBLIOGRAFÍA BÁSICA

A) Libros

Adam, R. y Kingsbury, B., *United Nations. Divided World: The UN's Roles in International Relations,* Oxford 1993 (2.ª ed.).
Adams, W.P., *Los Estados Unidos de América,* Siglo XXI, Madrid 1992 (2.ª ed.).
Ambrosius, G., y Hubbard, W.H., *Historia social y económica de Europa en el siglo XX,* Madrid 1992.
Aracil, R., Oliver, J. y Segura, A., *El mundo actual. De la Segunda Guerra Mundial a nuestros días,* Barcelona 1995.
Attina, F., *La política internacional contemporánea (1945-1980),* Angeli, Milán 1983.
Balta, P., *El gran Magreb, Desde la independencia hasta el año 2000,* Siglo XXI, Madrid 1994.
—, *Islam. Civilización y Sociedades,* Siglo XXI, Madrid 1994.
Barraclough, G., *Introducción a la historia contemporánea,* Madrid 1965.
Bark, P. y Gress, D.R., *A History of West Germany,* Oxford 1993 (2 vol).
Beasley, W.G., *Historia contemporánea de Japón,* Alianza, Madrid 1995.
Bell, P.M.H., *France and Britain, 1940-1994: The Long Separation,* Londres 1997.
Ben Ami, S. y Medin, Z., *Historia del Estado de Israel,* Rialp, Madrid 1981.
Benz, W. y Graml, H., *El Siglo XX. Europa después de la Segunda Guerra Mundial, (1945-1982),* 2 tomos, Siglo XXI, Madrid 1986.
Berstein, S. y Milza, P. (dir), *Histoire du XX siècle,* París 1993.
—, *Los regímenes políticos del siglo XX,* Barcelona 1966.
Besne Mañero, R. y otros, *La Unión Europea. Historia, instituciones y sistema jurídico,* Universidad de Deusto, Bilbao 1998.
Best, G., *War and Law since 1945,* Oxford 1995.
Bethell, L. (comp), *The Cambridge History of Latin America,* Cambridge 1986-1991.
Bogdan, H., *La historia de los países del Este,* Vergara, Buenos Aires 1990.
Bracher, K.D., *A History of Political Thought in the Twentieth Century,* Londres 1985.
Brass, P.P., *The Politics of India since Independence,* Cambridge 1990.
Briggs, A. y Clauw, P., *Historia Contemporánea de Europa,* Crítica, Barcelona 2000.

BRZEZINSKI, Z., *El gran tablero mundial,* Paidós, Barcelona 1998.
—, *El gran fracaso, Nacimiento y muerte del comunismo en el siglo XX,* Madrid 1989.
BULLOCK, A. y otros, *El Siglo XX,* Labor, Barcelona 1974.
CALVOCORESSI, P., *Historia política del Mundo Contemporáneo, (de 1945 a nuestros días),* Akal, Madrid 1987.
CHEVALIER, F., *América Latina de la independencia a nuestros días,* Barcelona 1979.
COLARD, D., *Les Relations Internationales de 1945 a nous jours,* Masson, París 1991 (reimp).
CORTES LÓPEZ, J.L., *Historia contemporánea de Africa: de Nkrumah a Mandela,* Mundo Negro, Madrid 1995.
CROUZET, M., *La Época Contemporánea,* Destinolibro, Barcelona 1982.
D'ALMEIDA-TOPOR, H., *L'Afrique au XXe siècle,* París 1993.
DAVID, Ch. P., *Au sein de la Maison-Blanche: la formulation de la politique étrangère des État-Unis de Truman à Clinton,* Les Presses de l'Universitá Lavel, Québec 1994.
DE DIEGO, F., *Historia del Mundo Contemporáneo,* Actas, Madrid 1994.
DÍEZ ESPINOSA, J.R. y otros, *Historia del mundo actual (desde 1945 hasta nuestros días),* Universidad de Valladolid, Valladolid 1996.
DÍEZ ESPINOSA, J.R. y MARTÍN DE LA GUARDIA, R., *Historia contemporánea de Alemania (1945-1995). De la división a la reunificación,* Síntesis, Madrid 1998.
DONGHI, T.H., *Historia contemporánea de América Latina,* Alianza, Madrid 1998.
FERRARY, A. y CASPISTEGUI, F.J. (ed), *Rusia entre dos Revoluciones, 1917-1992,* EUNSA, Pamplona 1994.
FIELDHOUSE, D.K., *The Colonial Empires: A Comparative Survey from the Eighteenth Century,* Londres 1966.
FRASER, T.G., *The Middle East, 1914-1979,* Arnold, Londres 1980.
GADDIS, J.L., *Russia, the Soviet Union and the United States: An Interpretative History,* 1990.
GARCÍA DE CORTAZAR, F. y LORENZO, J.H., *Historia del mundo actual, 1945-1995,* Alianza, Madrid 1996.
GARRATY, J.A., y GAY, P., *Historia universal. V: La edad contemporánea,* Bruguera, Barcelona 1981.
GÓMEZ-ANTÓN, F., *7 Potencias,* Ediciones Internacionales Universitarias, Madrid 2000 (3.ª ed.).
HAMON, D. y KELLER, I.S., *Fondements et étapes de la construction européenne,* PUF, París 1997.
HEFFER, J., *Les Etats-Unis de Truman à Bush,* Colin, París 1992.
HELLER, A. y FEHÉR, F., *De Yalta a la «Glasnost»,* Ed. Pablo Iglesias, Madrid 1992.
HOBSBAWM, E., *Historia del Siglo XX,* Grijalbo-Mondadori, Barcelona 1994.
HOROWITZ, D., *Estados Unidos frente a la revolución mundial. De Yalta al Vietnam,* Ed. Cultura Popular, Barcelona 1968.
HOWARD, M. y LOUIS, W.R. (eds), *Historia Oxford del Siglo XX,* Planeta, Barcelona 1999.
HUNTINGTON, S.P., *El choque de las civilizaciones,* Paidós, Barcelona 1997.
ILIFFE, J., *The History of a Continent,* Cambridge 1995.
JACKSON, G., *Civilización y Barbarie en la Europa del siglo XX,* Planeta, Barcelona 1997.
JOHNSON, P., *Tiempos Modernos,* Vergara, Buenos Aires 1988.
KENNEDY, P., *Hacia el siglo XX,* Plaza y Janés, Barcelona 1955.
—, *Auge y caída de las Grandes Potencias,* Plaza y Janés, Barcelona 1989.

KISSINGER, H., *Diplomacia*, Ediciones B, Barcelona 1996.

LAQUEUR, W., *La Europa de nuestro Tiempo. (Desde el final de la Segunda Guerra Mundial hasta la década de los 90)*, Vergara, Buenos Aires 1994.

LÓPEZ GARCÍA, B., *El mundo árabe-islámico contemporáneo. Una historia política*, Síntesis, Madrid 1997.

LUARD, E., *History of the United Nations*, (2 vols), McMillan, Londres 1982.

LUNDESTAD, G., *East, West, North, South. Major Developments in International Politics*, Norwegian UP/Oxford UP, Oslo 1991.

MAMMARELLA, G., *Historia de Europa contemporánea desde 1945 hasta hoy*, Barcelona 1996.

MARTÍN DE LA GUERRA, R. y PÉREZ SÁNCHEZ, G., *La Europa del Este, de 1945 a nuestros días*, Síntesis, Madrid 1995.

—, *Lecciones sobre historia contemporánea del mundo extraeuropeo*, Univ. de Valladolid, 1996.

MARTÍNEZ CARRERAS y OTROS, *Historia del Mundo Actual*, Pous, Madrid 1996.

MARTÍNEZ CARRERAS, J.U., *El Africa subsahariana*, Síntesis, Madrid 1993.

MIQUEL, P., *Histoire du monde contemporaine, 1945-1991*, París 1991.

MONTAÑO, J., *Las Naciones Unidas y el orden mundial 1945-1992*, FCE, México.

MOREAU DEFARGES, P., *Les relations internationales dans le monde d'aujourd'hui*, STM, París 1992 (4.ª ed.).

MORENO GARCÍA, J., *China contemporánea 1916-1990*, Istmo, Madrid 1992.

NEUSTADT, R. y MAY, E.R., *Thinking in time*, Nueva York 1986.

NIJMAN, J., *The Geopolitics of Power and Conflict. Superpowers in the international system 1945-1992*, Londres 1993.

NOUSCHI, M., *Historia del siglo XX. Todos los mundos, el mundo*, Cátedra, Madrid 1996.

NÚÑEZ SEIXAS, X.M., *Movimientos nacionalistas en Europa. Siglo XX*, Síntesis, Madrid 1998.

ORBORNE, M., *Southeast Asia: An Illustrated Introductory History*, Sidney 1990.

PALMER, R. y COLTON, J., *Historia Contemporánea*, Akal, Madrid 1980.

PAREDES, J. (coor), *Historia Universal Contemporánea (II). De la Primera Guerra Mundial a nuestros días*, Ariel, Barcelona 1999.

—, *Historia contemporánea de España (Siglo XX)*, Ariel, Barcelona 1998.

PARSONS, A., *From Cold War to Hot Peace-UN Interventions 1947-1994*, Londres 1995.

PATULA, J., *Europa del Este: del stalinismo a la democracia*, Siglo XXI, México 1993.

PAUL, T.V. y HALL, J.A. (ed), *International Order and the Future of World Politics*, Cambridge University Press, 1999.

PEREIRA, J.C. y MARTÍNEZ-LILLO, P.A., *Documentos básicos sobre historia de las relaciones internacionales. 1815-1991*, Ed. Complutense, Madrid 1995.

PEREIRA, C., *Historia y presente de la guerra fría*, Istmo, Madrid 1989.

PÉREZ BUSTAMANTE, R., *Historia de la Unión Europea*, Dykinson, Madrid 1997.

POWASKI, R., *La Guerra Fría, Estados Unidos y la Unión Soviética 1917-1991*, Crítica, Barcelona 2000.

RIADO, P., *L'Amerique Latine de 1945 à nous jours*, Masson, París 1992.

RIVOIRE, J., *L'économie mondiale depuis 1945*, PUF, París 1991 (5.ª ed.).

ROBERTS, A. y KIGSVURY, B. (comp), *United Nations. Divided World: The UN's Roles in International Relations*, Oxford 1993 (2.ª ed.).

ROSENAU, J., *Turbulence in World Politics. A Theoy of Change and Continuity,* Harvester Wheatsheaf, Londres 1990.
SAR DESAI, D.R., *Vietnam. Past and Present,* Westview Press, Oxford 1999 (3.ª ed.).
SERVICE, R., *Historia de Rusia en el siglo XX,* Crítica, Barcelona 2000.
SHAMBAUGH, D. (ed), *The Modern Chinese State,* Cambridge University Press, 2000.
SIDJANSKI, D., *El futuro federalista de Europa. De los orígenes de la Comunidad Europea a la Unión Europea,* Ariel, Barcelona 1998.
SOUCEK, S., *A History of Inner Asia,* Cambridge Unversity Press, 2000.
TAIBO, C., *La Unión Soviética (1917-1991),* Madrid 1993.
TORTELLA, G., *La revolución del siglo XX,* Taurus, Madrid 2000.
VADNEX, T.E., *The World Since 1945,* Penguin Books, Londres 1992.
VAN DER WEE, H., *Prosperidad y crisis. Reconstrucción, crecimiento y cambio 1945-1980,* Crítica, Barcelona 1986.
VEIGA, F., CAL, E. y DUARTE, A., *La paz simulada,* Alianza, Madrid 1997.
YOUNG, J.W., *Cold War Europe 1945-1989: A Political History,* Londres 1991.
ZORGBIDE, Ch., *Le monde depuis 1945,* París 1980.

B) RREVISTAS Y ANUARIOS

Actividades, Textos y documentos de la política exterior española, MAE, Madrid.
Afers Internacionals, CIDOB, Barcelona.
América Latina Internacional, Buenos Aires.
Anales de Historia Contemporánea, Universidad de Murcia.
Annuaire du Tiers Monde, París.
Anuario del Centro de Investigación para la Paz, Madrid.
Anuario Internacional CIDOB, Barcelona.
Bulletin of the School of Oriental and African Studies, Oxford.
Cahiers d'Histoire Mundiale, Nevchatel.
Cahiers du Monde Russe, París.
Chronique de Politique Etrangère, París.
Conflict Studies, París.
Contexto Internacional, Río de Janeiro.
Crónica de la ONU, Nueva York.
Current History, Filadelfia.
Documents d'Actualité Internationale. La Documentation Francaise, París.
Documentation Politique Internationale, París.
El Estado del Mundo. Anuario Económico y Geopolítico Mundial, Akal, Madrid.
Etudes Internationales, París.
Foreign Affairs, Nueva York.
International Affairs, Cambridge.
Journal of Contemporary History, SAGE, Londres.
Journal of International Affairs, Columbia University Press.
Keesing's Contemporary Archives. Record of World Events, Longman.
La Comunitá Internazionale, Roma.

Latin American Research Review, University New Mexico.
Le Monde diplomatique, París.
Nuestro Tiempo, Universidad de Navarra, Pamplona.
Nuova Storia Contemporanea, Roma.
Pacifica Review, La Trobe University.
Peace Review, San Francisco.
Política Exterior, Madrid.
Reviews in American History, John Hopkins University, Baltimore.
Revista de Estudios Internacionales, I.E.P., Madrid.
Revue Belge d'Histoire Contemporaine, Gante.
Revue des Affaires Europeennes, Gante. *Revue d'histoire moderne et contemporaine,* París.
Revue des Nations Unies, París.
Revue du Marché Commun et de l'Union Européenne, París.
Rivista Storica Italiana, Turín.
SIPRI Year Book, Oxford.
The China Quarterly, Oxford.
The Europa World Year Book, Londres.
The Journal of Modern History, University Chicago.
The Political Quarterly, Oxford.
Anuarios y Temarios (1966-1999), Difusora Internacional, Barcelona.
The World Today, Londres.
Third World Quarterly, Filadelfia.
Tiempo de Paz, Madrid.
World Policy Journal, Nueva York.
World Politics: A Quarterly Journal of International Relations, Princeton.
Yearbook of the United Nations, Nueva York.

Tercera parte
LA GUERRA FRÍA

PLANTEAMIENTO

Esta parte comprende los capítulos dedicados a la Segunda Guerra Mundial, la formación de los Bloques y el proceso descolonizador, tres momentos históricos vinculados, pues tanto la división bipolar como el fin de los Imperios coloniales son en buena medida consecuencias del gran conflicto bélico.

La Segunda Guerra Mundial ofrece dos fases claramente diferenciadas; la etapa europea y la propiamente mundial tras la implicación de la URSS y de los EEUU en las hostilidades. Fue también una época profundamente ideologizada y junto al choque de los intereses nacionales y las rivalidades de poder, se enfrentaron al fascismo, el nazismo, el comunismo y el liberalismo democrático.

El sistema internacional establecido por los vencedores pretende instaurar un Directorio, como se ilustra por la creación del Consejo de Seguridad de las Naciones Unidas, pero la supremacía de soviéticos y norteamericanos, la transformación de China y la pérdida de poder de las potencias europeas convierten el precario equilibrio entre los Cinco Grandes en un orden bipolar, que presenta como telón de fondo la ampliación del sistema por la incorporación de los países descolonizados. La división del mundo durante los primeros años de la postguerra recuerda la Bula *Intercoetera* de Alejandro VI, repartiendo las nuevas tierras ultramarinas entre España y Portugal.

No es un corte simbólico, sino geográficamente tangible. Estados Unidos y la Unión Soviética van a ejercer una especie de Gran Consulado, desde Berlín, centro del reparto, hasta sus confines fronterizos en las Aleutianas.

La imagen de la partición tiene en Alemania su primer y máximo ejemplo, pero se agrandará pronto a toda Europa y al resto del planeta. Incluso países tan alejados como Corea, Indochina, China o la India británica, serán también divididos en dos o más estados.

La fractura geográfica ofrece una primera escisión Este-Oeste, que se conocerá por Guerra Fría y es en parte continuación no armada de la conflagración mundial, y muestra otro segundo rompimiento, esta vez entre el Norte desarrollado y el Sur atrasado, que comprende a la mayoría de los pueblos descolonizados. Estos estados emergentes intentarán escapar a la dialéctica maniquea de Washington y Moscú, buscando su propia vía que denominarán no-alineamiento o neutralismo positivo.

La postguerra constituye una etapa de procesos opuestos, de intentos integradores, como el sistema onusiano o los progresos tecnológicos y científicos, los intercambios culturales y las mejoras en las condiciones de vida o el reconocimiento de los derechos humanos, pero también es una época de graves crisis, de guerras periféricas y de divergencias profundas.

BIBLIOGRAFÍA

7. LA SEGUNDA GUERRA MUNDIAL

ARTOLA, R., *La Segunda Guerra Mundial,* Madrid 1995.
ASTER, S., *1939: The Making of the Second World War,* Londres 1973.
BLINKHORN, M., *Mussolini and Fascist Italy,* Londres 1994.
BROWER, Ch. (ed), *World War II in Europe,* McMillan, Londres 1998.
BUCHANAN, A.R., *The United States and World War II,* Nueva York 1964.
CALVOCORESSI, P. y GUY, W., *Guerra Total,* Alianza, Madrid 1979.
CAMPELL, J., *La Segunda Guerra Mundial,* Madrid 1993.
CARR, E.M., *International Relations between the Two World Wars,* McMillan, Londres 1983.
CHURCHILL, W.S., *The Second World War,* (12 vol), Cassell, Londres 1964.
CEBRIÁN, J.L. (dir), *La Segunda Guerra Mundial. 50 años después,* (2 vol), Madrid 1989-1990.
CUENCA TORIBIO, J.M., *Historia de la Segunda Guerra Mundial,* Madrid 1989.
DAHMS, H.G., *La Segunda Guerra Mundial,* Bruguera, Barcelona 1967.
DE GAULLE, Ch., *Memorias de guerra,* (3 vol), Barcelona 1968.
DE LA CIERVA, R., *Franco,* Barcelona 1986.
DOUGLAS, R., *From War to Cold War 1942-1948,* Londres 1981.
EISENHOWER, D.K., *Cruzada en Europa,* Barcelona 1985.
FORSTMEIER, F. y WOLKMANN, (eds), *Kriegswirts chaft und Rüstung 1939-1945,* Düsseldorf 1977.
GARCÍA DELGADO, J.L. (ed), *El primer franquismo. España durante la Segunda Guerra Mundial,* Madrid 1989.
GARDNER, L.C., *Spheres of Influence. The partition of Europe, from Munich to Yalta,* Londres 1993.
GILPIN, R., *War and Change in World Politics,* Cambridge 1981.
HART, L., *Historia de la Segunda Guerra Mundial,* (2 vol), Caralt, Barcelona 1998.
HEINZ, M. y MULLER, A., *El Tercer Reich,* (2 vol), Plaza Janés, Barcelona 1967.
HENRI, M., *La Seconde Guerre Mondiale,* PUF, París 1968.
HILLGRUBER, A., *La Segunda Guerra Mundial,* Madrid 1995.

KERSHAW, I., *Hitler,* (2 vol), Península, Barcelona 2000.
KESSERLING, *Reflexiones sobre la Segunda Guerra Mundial,* Barcelona 1957.
LAQUEUR, W. (ed), *The Second World War. New Essays in Political and Military History,* Sage, Londres 1982.
LATREILLE, A., *La Seconde Guerre Mondiale,* París 1969.
LIDDELL MART, B. (dir), *Así fue la Segunda Guerra Mundial,* (6 tomos), Noguer-Rizzoli-Purnell, Barcelona 1972.
MICHEL, M., *La Segunda Guerra Mundial,* tomos I y II, Madrid 1990.
—, *Los movimientos clandestinos en Europa (1938-1945),* Oikos Tau, Barcelona 1971.
MILWARD, A., *La Segunda Guerra Mundial, 1939-1945,* Crítica, Barcelona 1986.
MOSLEY, L., *II Guerra Mundial y Japón,* Prentice Hall, Londres 1961.
NOLTE, E., *El fascismo en su época,* Península, Barcelona 1967.
PARKER, R.A.C., *Europe 1919-1945,* Londres 1969.
PAYNE, S.G. (dir), *España y la Segunda Guerra Mundial,* Madrid 1996.
PRESTON, J., *Franco, «Caudillo de España»,* Barcelona 1994.
REDONDO, G., *Las libertades y las Democracias,* (tomo XIII de la Historia Universal), EUNSA, Pamplona 1979.
RODRÍGUEZ GONZÁLEZ, A., *La Segunda Guerra Mundial,* (2 vols.), Madrid 1955.
SEATON, A., *The German Army. 1933-1945,* Londres 1982.
SERRANO SUÑER, *Entre Hendaya y Gibraltar,* Ed. y Public. Españolas, Madrid 1947.
SPAMPANATO, B., *El último Mussolini,* Barcelona 1957.
STETTINIUS, E., *Roosevelt and the Russians,* Doubleday, Nueva York 1949.
SUÁREZ FERNÁNDEZ, L., *España, Franco y la Segunda Guerra Mundial,* Madrid 1996.
SWEETS, J.F., *Choices in Vichy France. The French Under Nazi Occupation,* Oxford 1994.
TAYLOR, A.J.P., *The origins of the Second World War,* Londres 1961.
THAMER, H.U., *Il Terzo Reich. La Germania dal 1933 al 1945,* Bolonia 1993.
TOYNBEE, A.J., *La Europe de Hitler,* Madrid 1985.
TUSELL, J., *España, Franco y la Segunda Guerra Mundial,* Madrid 1996.
WEINBERG, G., *Un mundo en armas: la segunda guerra mundial: una visión de conjunto,* Grijalbo, Barcelona 1995.
WERTH, A., *Russia at War 1941-1945,* Londres 1963.
WISKEMANN, E., *La Europa de los dictadores, 1919-1945,* Siglo XXI, Madrid 1979.

8. UN MUNDO DIVIDIDO

ADAMA, G., *The Iron Triangle,* Nueva York 1981.
ACHESON, D., *Present at the Creation,* Nueva York 1969.
ANDERSON, T.H., *The United States, Great Britain aut the Cold War 1944-1947,* Columbia 1981.
ARMERO, J.M., *La política exterior del Régimen de Franco,* Planeta, Madrid 1978.
ASH, T.G., *In Europe's Name: Germany and the Divided Continent,* Londres 1993.
BARCHA, C., *Equilibrio político y bipolaridad en el mundo postbélico,* Esc. Diplomática, Madrid 1961.
BARK, D. y GRESS, D., *A History of West Germany,* (2 vol), Oxford 1993.

BARTLETT, C.J., *A History of Postwar Britain 1945-1974,* Londres 1977.
BELOFF, M., *Soviet policy in the far East 1944-1951,* Oxford University Press, 1953.
BORKENAN, F., *World Communist: A history of the Communist International,* University Press, Michigan 1962.
BOTTOME, E., *The Balance of the Terror,* Boston 1986.
BOYLE, P.G., *American-Soviet Relations,* Nueva York 1993.
BRZEZINSKI, Z.K., *The Soviet Bloc: Unity and Conflict,* Cambridge Mass, 1967.
CERE, R., *Entre la guerre et la paix 1944-1949,* PUF, París 1949.
CHABOD, F., *Historia de la idea de Europa,* Ed. Norte y Sur, Madrid 1967.
—, *L'Italie contemporaine,* Hachette, París 1960.
CHARVIN, R., *Les Etats socialitees Europeens,* Ed. Dalloz, 1975.
CONTE, A., *L'après Yalta,* Plon, París 1982.
DEIGHTON, A., *Building Postwar Europe 1948-1963,* Basingstoke 1995.
DE PORTE, A., *Europe Between the Superpowers,* New Haven, Connecticut 1987.
DROZ, J., *L'Europe Centrale,* Payot, París 1960.
ELLEINSTEIN, J., *La Pax froide. Les relations Etat Unis / URSS depuis 1950,* París 1988.
ESPADAS, M., *Franquismo y política exterior,* Rialp, Madrid 1987.
FAUVET, J., *La IV République,* Fayard, París 1960.
FETJO, F., *Historia de las democracias populares,* Martínez Roca, Barcelona 1971.
—, *Le coup de Prague, 1948,* París 1966.
FONTAINE, A., *Historia de la guerra fría,* (2 vol), Caralt, Barcelona 1970.
FONTANA, J. (ed), *España bajo el franquismo,* Barcelona 1986.
FREYMONT, J., *De Roosevelt à Eisenhower,* Droz, Ginebra 1953.
GADDIS, J.L., *We now: Rethinking cold war history,* Oxford University Press, 1997.
—, *Strategy of Containment,* Nueva York 1982.
—, *The Long Peace. Inquiries into the History of the Cold War,* Oxford University Press, 1987.
GOLDMAN, E., *The crucial Decade: América 1945-1955,* Nueva York 1956.
GORMLY, J.L., *From Potsdam to the Cold War. Big Tree Diplomacy 1945-1947,* Londres 1990.
GRAEBNER, N.A., *The Cold War, ideological conflict or power struggle?,* Heat. Co., Lexington 1963.
GROSSER, A., *Les Occidentaux. Le pays d'Europe et les États-Unis depuis la guerre,* Fayard, París 1978.
HALLE, L., *The Cold War as History,* Nueva York 1967.
HALLIDAY, J. y CUMINGS, B., *Korea: The unknown War,* Londres 1988.
HOFFMAN, G.W., *Regional Development Strategy in Southeast Europe,* Praeger, Nueva York 1973.
HOGAN, M.J., *The Marshall Plan: America, Britain and the Reconstruction of Western Europé 1947-1952,* Cambridge University Press, 1987.
HOLLWAY, D., *The Soviet Union and the Arms race,* New Haven 1984 (2.ª ed.).
HUBATSCG, W. y otros, *La cuestión alemana,* Herder, Barcelona 1965.
ISMAY, *NATO. The First Five Years 1949-1954,* Utrecht 1954.
JULLIARD, J., *Dix Ans d'histoire du monde 1944-1954,* La Nef, París 1954.
—, *La IV République (1947-1958),* Calmas Levy, París 1968.
KAPLAN, M.A., *The Many Faces of Communism,* Free Press, Nueva York 1978.

KASTERS, H.J., *Les fondaments de la Communauté économique européenne*, París 1990.
LASZLO, N., *Democracias Populares*, AYMA, Barcelona 1968.
LALOY, J., *Entre Guerres et Paix 1945-1965*, Plon, Meaux 1961.
LEFEBER, W., *America, Russia, and the Cold War 1945-1975*, Nueva York 1976.
LIPGENS, W., *Die Anfänge der europäischen Einigungspolitik. 1945-1950*, Stuttgart 1977.
LIPPMAN, W., *The Cold War*, Londres 1997.
LOTH, W., *The Division of the World. 1941-1955*, Londres 1988 (2.ª ed.).
MADDOX, R.J., *From War to Cold War*, Westview Press, Londres 1988.
MALER, Ch., *The Origin of the Cold War and Contemporary Europe*, New Viempoints, Nueva York 1978.
MARCOU, L., *La Kominform*, Madrid 1978.
MCMAULEX, M., *The origens of the Cold War*, Londres 1983.
MCCULLOUGH, D., *Truman*, Simon-Schuster, Nueva York, Londres 1992.
MILWARD, A., *The Reconstruction of Western Europe 1945-51*, Londres 1984.
NOACK, P., *Deutsche Au Benpolitik seit 1945*, Kohlhammes, Stuttgart 1972.
PATTERSON, J., *Grand Expectations: The United States 1945-1974*, Oxford 1996.
PEREIRA, J.C., *Introducción al estudio de la política exterior española*, Akal, Madrid 1987.
—, *Historia y presente de la Guerra Fría*, Madrid 1989.
PRICE, H.B., *The Marshall Plan and his meanings Ithaca*, Cornell University Press, 1955.
RIOUX, J.P., *The Fourth Republic 1944-1958*, Cambridge 1987.
ROTHWELL, V., *Britain and the Cold War 1941-1947*, Londres 1982.
RUSINOW, P., *The Yugoslav experiment under Tito 1948-1974*, Royal Institute of International Affairs, Londres 1977.
SALOM, J., *La Guerra Fría*, Barcelona 1975.
SCHAPIRO, L., *The Communist Party of the Soviet Union*, Londres 1970 (2.ª ed).
STAAR, R.F., *Communist Regimes in Eastern Europe*, Stanford University, 1982 (4.ª ed).
TATU, M., *Eux at Nous. Les relations Est-Ouest entre deux détentes*, París 1985.
ULAM, A., *The Rivals: America and Russia since World War II*, Nueva York 1972.
URWIN, D., *Western Europe since 1945*, Londres 1989.
VV.AA., *Las Relaciones Internacionales en la era de la Guerra Fría*, I.E.P., Madrid 1962.
VAÏSE, M., *Les relations internationales despuis 1945*, París 1990.
WALKER, M., *The Cold War*, Londres 1993.
WALTON, R.J., *La Guerra Fría*, Ed. Letras, México 1971.
WEGS, J.R., *Europe since 1945*, Nueva York 1989.
YOUNG, J.W., *Cold War Europe 1945-1989*, A Political History, Londres 1991.
ZORGBIDE, Ch., *La construction politique de l'Europe 1946-1976*, PUF, París 1978.

9. LA EMERGENCIA DEL TERCER MUNDO

AHMAD, F., *The Making of Modern Turkey*, Londres 1993.
AGERON, Ch.R., *L'Histoire de l'Algerie Contemporaine*, PUF, París 1979.
ALBERTINI, R. von, *Decolonization*, Nueva York 1971.
ALEM, J.P., *Le Proche Orient arabe*, París 1982.
—, *Judíos y Arabes (3.000 años de Historia)*, Península, Barcelona 1970.

ALI, Ch.M., *The emergence of Pakistan,* Columbia Unversity Press, Nueva York 1967.
ALLEN, R., *Malaysa. Prospect/Retrospect,* Oxford Unversity Press, Londres 1968.
ANSPRENGER, P., *Auflüsung des Kolonialreichs,* Munich 1966.
ANSÓN, L.M., *La Negritud,* Revista Occidente, Madrid 1971.
ASHE, J., *Gandhi. A Study in Revolution,* Bombay/Londres 1968.
ATKISON, *La economía de la desigualdad,* Crítica, Barcelona 1981.
BAR-ZOHAR, M., *Israel: el nacimiento de una nación. Ben Gurion.* Cid, Madrid 1967.
BASTIN, J. y BENDA, M.J., *A History of Modern South East Asia,* Englewood Cliffs, Nueva Jersey 1968.
BENOT, I., *Las ideologías de las independencias africanas,* DOPESA, Barcelona 1973.
BERTEIN, S., *La décolonisation et ses problèmes,* Colin, París 1969.
BETTELHEIM, Ch., *La India Independiente,* Madrid 1965.
BIRMINGHAM, D., *The descolonization of Africa,* Londres 1995.
BOUTROS GHALI, y DREYFUS, S., *Le mouvement afro-asiatique,* PUF, París 1969.
BRAILLARD, Ph., y DJAILILI, M.R., *The Third World and International Relations,* Frances Pinter, Londres 1986.
BROWN, J.M., *India. The Origins of an Asia democracy,* Oxford 1994 (2.ª ed.).
BUCHMANN, J., *L'Afrique Noire indépendante,* Lib. Générale de Droit, París 1962.
CAIRUS, J.F., *The Eagle and the lotus. Western intervention on Vietnam, 1847-1971,* Melbourne 1971.
CARRINGTON, C.E., *The liquidation of the British Empire,* Londres 1961.
CHANTEBOUT, B., *Le Tiers Monde,* París 1986.
CH'EN, J., *Mao y la Revolución china,* Oikos-Tau, Barcelona 1966.
CORDERO TORRES, J.M., *Emancipación de los pueblos coloniales,* I.E.P., Madrid 1962.
— *La descolonización,* I.E.P., Madrid 1967.
CORNEVIN, M., *Histoire de l'Afrique Contemporaine de la Deuxième Guerre Mondiale à nos jours,* París 1978.
COURRIERE, Y., *La guerre d'Algérie,* París 1968-1971 (4 vols).
CUMINGS, B., *The Origins of the Korean War,* Princeton University Press, 1981.
DECRAENE, P., *Le Panafircanisme,* París 1959.
DESCHAARPS, M., *La fin des empires coloniaux,* PUF, París 1963.
DEVILLER, Ph. y LACOUTURE, J., *La fin d'une guerre: Indochine 1954,* París 1960.
DROZ, B. y LEVER, E., *Histoire de la guerre d'Algerie 1954-1962,* Ed. du Sevil, París 1982.
EDEN, A., *Memorias 1945-1957. De la guerra de Corea al conflicto de Suez,* Barcelona 1960.
GRIMAL, H., *Historia de las descolonizaciones del siglo XX,* Madrid 1989.
GUITARD, O., *Bandung et le réveil des peuples colonisés,* París 1965.
HAIM, S.G., *Arab Nationalism,* University Press, California 1962.
HATCH, J., *Africa emergent,* Lecker and Warbur, Londres 1974.
HELLER, F.H., *The Korean War: A 25 Year Perspective,* Lawrence Kan, 1977.
HOLLAND, R.F., *European Decolonization 1918-1981: An introductory survey,* Basingstoke 1985.
INIESTA, F., *L'univers Africain. Approche historique des cultures noires,* L'Harmattan, París 1995.
JANDWITE, M., *The military in the Political Development of New Nation,* University of Chicago Press, 1964.

JANSEN, G.H., *Afro-Asia and Non-Alignment,* Londres 1966.
KALISKI, R., *Le Monde arabe,* Marabout Université, París 1968.
KASDAN, A.R., *The third World,* General Learning Press, Londres 1973.
KEDOURIE, E., *Nationalism in Asia and Africa,* Frank Cass, Londres 1977.
KIRK, D., *Wider Was; the struggle for Cambodia, Thailandia and Laos,* Pall Mall Press, 1979.
KOHN y SOKOLSKY, *El nacionalismo africano en el siglo XX,* Paidós, Buenos Aires 1968.
LANIEL, J., *Le drame indochinois. De Dien-Bien-Phu au pari de Genève,* París 1957.
LECKIE, R., *La Guerre de Corée,* Laffont, París 1963.
LEFEVER, E., *Crisis in the Congo. A U.N. Force in Action,* Londres 1965.
LEVY, R., *La Chine,* PUF, París 1964.
—, *La révolte de l'Asie,* PUF, París 1965.
LORCH, N., *Las guerras de Israel. Árabes contra judíos desde 1920,* Plaza y Janés, Esplugues de Llobregat 1979.
MABILEAU, A. y MEYRIAT, J., *Décolonisation et régimen politiques in Afrique Noire,* Colin, París 1967.
MAIR, L., *New Nations,* Weidenfeld & Nicolson, Londres 1967.
MAO-TSE-TUNG, *Obras Escogidas,* (3 vol), Fundamentos, Madrid 1974.
MARTIN, L.W., (ed), *Neutralism and Nonalignment: The New States in World Affairs,* Praeger, Nueva York 1962.
MARTÍNEZ CARRERAS, J.U., *Historia de la descolonización 1919-1986, Las independencias de Asia y África,* Madrid 1987.
—, *África subsahariana. 1985-1990, del colonialismo a la descolonización,* Madrid 1993.
MCINTYRE, W.D., *British Decolonisation, 1946-1997,* McMillan, Londres 1998.
MORENO GARCÍA, J., *El Extremo Oriente,* Siglo XX, Madrid 1992.
NAFI, B.M., *Arabis, Islamism and the Palestine Question, 1908-1941,* Ithaca Press, 1999.
PAIGE, G., *The Korean Decision,* Free Press, New York 1992.
ROBINSON, F.C.R. (comp), *The Cambridge Encyclopaedia of India, Pakistán, Bangladesh, Sri Lanka,* Cambridge 1995.
ROTHERMUND, D., *The Phases of Indian Nationalism,* Bombay/Londres 1968.
ROTHSTEIN, R.L., *The weak in the world of the strong. The developing countries in the International System,* I.W.P.S. Columbia University Press, 1977.
RYAN, D. y PUNGONG, V., *The Unitel States and Decolonization,* MacMillan, Londres 2000.
SEDILLOT, R., *La chute des empires, 1945-1991,* París 1992.
STUECK, W., *The Korean War: An International History,* Princeton 1995.
TAYLOR, D., *The years of Challenge: The Commonwealth and the British Empire 1945-1958,* Hale, Londres 1959.
UL HAQ, M., *The Poverty Curtain,* University of Columbia Press, 1976.
WILLETTS, P., *The Non-Aligned Movement,* Pinter, Londres 1978.
YAPP, M., *The Near East since the First World War,* Londres 1991.
YONOSUKE, N. y AKIRA, I., *The Origins of the Cold War in Asia,* Columbia University Press, 1977.
YOUNG, C., *The African Colonial State in Comparative Perspective,* New Haven 1994.

Capítulo VII
LA SEGUNDA GUERRA MUNDIAL

7.1. Estructura y proceso

Las consecuencias de una conflagración en la que tomaron parte 59 naciones, que duró cerca de seis años (del 1 de septiembre de 1939 al 2 de septiembre de 1945), en la que murieron unos 50 millones de personas entre combatientes y civiles, y en la cual las operaciones abarcaron tanto los frentes como la retaguardia, movilizándose todos los recursos económicos y sociales de los contendientes y en los que la pasión ideológica animó el enfrentamiento, han tenido que marcar forzosamente las décadas posteriores.

En efecto, puede afirmarse que aún estamos inmersos en un mundo condicionado en gran medida por las consecuencias de la guerra: la división Este-Oeste, la pérdida del eurocentrismo histórico, la descolonización, la desaparición de algunos países, la división de otros, la carrera de armamentos, el establecimiento de un entramado de relaciones más denso e interdependiente, son consecuencias directas de la II GM. Esta etapa durará prácticamente hasta los años noventa, con el fin de la URSS. De aquí la importancia de su estudio.

La coalición antifascista llegó a integrar 51 Estados de los cinco continentes. Los aliados, a partir del 1 de enero de 1942, se denominan las Naciones Unidas.

El Eje lo formaron Alemania (que había incorporado Austria y parte de Checoslovaquia), Italia y Japón, sumándose al mismo Eslovaquia, Hungría y Rumanía (desde noviembre de 1940), Bulgaria (desde marzo de 1941) y Finlandia (desde junio de 1941).

La URSS, que inició el conflicto entendiéndose con Alemania, fue a su vez atacada por ésta en 1941. Italia rompió con el III Reich en 1943.

España, Irlanda, Liechtenstein, Portugal, Suecia, Suiza y Turquía fueron los Estados europeos neutrales. El Gobierno de Madrid adoptó al principio la fórmula de «no beligerancia» y llegó a enviar una División de voluntarios al frente ruso. Turquía entró en el bando aliado en 1945.

Las Repúblicas hispanoamericanas, que se declararon neutrales según la Declaración de Panamá del 3 de octubre de 1939, tras la entrada en guerra de los EEUU romperán sus relaciones con el Eje en 1942. En la II Reunión de Consulta de los Ministros de Asuntos Exteriores de las Repúblicas Americanas, el 28 de enero de 1942, en Río de Janeiro, se decidió este cambio de actitud.

Tras la ruptura de relaciones, la mayoría de los países americanos acabarán por declarar la guerra al Eje. Así lo hicieron Argentina (1945), Bolivia (1943), Colombia (1944), Costa Rica (1941), Cuba (1941), Chile (1945), República Dominicana (1941), Ecuador (1945), El Salvador (1941), Guatemala (1941), Haití (1941), Honduras (1941), México (1942), Panamá (1942), Paraguay (1945), Perú (1945), Uruguay (1945) y Venezuela (1945). De todos ellos, Brasil fue el único que llegó a enviar un cuerpo expedicionario al frente, concretamente a Italia.

Se cifra en 1.700.000 personas el número de la población implicada en el conflicto y en 110.000.000 los soldados movilizados. La guerra tuvo lugar en el suelo de 40 países y prácticamente en todos los mares. Aunque los números varíen según los autores, parece que los muertos en combate se elevaron a 20 millones y a 30 millones las víctimas civiles, principalmente a causa de los bombardeos, la represión y los campos de concentración.

7.1.1. *Variables*

La evolución experimentada en la década anterior al estallido de la contienda debe tenerse presente a la hora de analizar ésta.

a) *Espacio geográfico y estructura social*

— La I GM rompió el ya inestable equilibrio territorial al pulverizar los Imperios de Austria-Hungría y otomano, creando una serie de Estados débiles y enemistados. Alemania, vencida pero no derrotada, inició pronto sus protestas contra las mutilaciones impuestas. Austria, reducida a su mínima expresión, se sentía, en parte, atraída hacia su hermana germánica. El «cinturón sanitario» para frenar a la Rusia bolchevique era obviamente ridículo. El aumento de los Imperios ultramarinos de Francia e Inglaterra despertó el descontento de Italia y Japón. Los Estados Unidos se habían comprometido fuera del Continente y su retorno al aislacionismo no era coherente con la posición geopolítica cobrada. Japón continuaba gradualmente extendiéndose por el Pacífico y el continente asiático.

— Las pasiones sociales se habían desatado tras la «Gran Depresión» favoreciendo los regímenes autoritarios. El nacionalismo se conjugaba así con las urgencias de control, empleo e integración social.

b) *El tiempo histórico y el universo cultural*

— La URRS y los EEUU emergían, junto con Japón, como las nuevas naciones con aspiraciones hegemónicas, aunque no fueran expresamente manifiestas. Italia y Alemania, otros dos países forjados como estados en la segunda mitad del XIX, habían alterado el mapa de Europa. Todos ellos obedecían a tradiciones propias o «heredadas» y contaban con filosofías políticas opuestas y radicalizadas: capitalismo liberal, comunismo, fascismo y nazismo. El culto a la Raza, a la Clase, al Estado, a la Democracia incluso, habían roto la aparente homogeneidad precedente. Puede decirse simbólicamente que se volvía «a las guerras de religión» sin dejar de servir al interés nacional.

c) *Seguridad nacional y necesidades colectivas*

— El sistema apuntado por la Sociedad de Naciones era insuficiente y pobre. Los diversos intentos de alianzas y contraalianzas no sirvieron para garantizar la estabilidad. La ruptura del «Pacto de Stressa» y el acercamiento Roma-Berlín-Tokio, contrario a la familia anglosajona, a la seguridad de la URSS y a Francia, no fue contrarrestado hasta última hora —y en el caso americano hasta empezada la guerra— por otra coalición.

El pacto germano-ruso en vísperas del ataque a Polonia dejaría a Hitler con las manos libres para atacar.

Los regímenes autoritarios no podían defraudar a sus masas. Había que mantener «la tensión». Por añadidura, las exigencias de la situación económica reclamaban nuevos mercados y fuerte dirigismo.

d) *El aparato tecnológico y la interacción de los actores*

— Los progresos científicos habían encontrado rápida aplicación en la industria. Las posibilidades operativas se agrandaron en todos los terrenos, desde la propaganda al armamento pasando por los transportes y el consumo. La creciente vinculación hacía que la repercusión de los problemas se multiplicase.

Es un período de hombres fuertes y populares, de partidos seguros de su misión, de grupos que presionan con fuerza, de pueblos que son fácilmente manipulados.

7.1.2. *Actores*

Junto a las potencias juegan otros estados de tipo medio como Austria, Checoslovaquia, Hungría, Polonia, Noruega, Finlandia o Grecia; los neutrales, como España o Suecia, e incluso territorios tan diversos como China, India, Oriente Medio, Australia o Sudáfrica. Sin embargo, las decisiones clave fueron tomadas por Alemania, Italia, Japón, Francia, Gran Bretaña, URSS y EEUU.

— Alemania, resentida por la paz de Versalles, encontró en el nazismo un aglutinante a su frustración. En 1934, Hitler consolida su posición y emprende una política irredentista y de reconstrucción interior, unida a métodos totalitarios. El control de la economía, el desarrollo industrial, la disciplina social, el antisemitismo y el rearme para conseguir los objetivos gradualmente propuestos galvanizan el país.

En 1933 abandona la Sociedad de Naciones (S. de N.) y la Conferencia de Desarme, estableciendo el servicio militar obligatorio en marzo de 1935 y en junio el acuerdo naval con Gran Bretaña. La remilitarización de Renania (1936) y la fortificación de la «Línea Sigfrido» señalan claramente su voluntad revisionista que, conjugada con las demás medidas de relanzamiento y los enfervorizados discursos en actos de masas, comienza a preocupar seriamente en las Cancillerías europeas.

— Italia también ha consolidado el fascismo. El *Duce* reunía prácticamente todos los poderes y las organizaciones del Partido se sobreponían al sistema institucional. La economía no sufrió cambios profundos, pero sí se disciplinó el trabajo y por medio del corporativismo se intentaba vertebrar un orden social nuevo. El crecimiento demográfico y el orgullo nacional alentaron los planes imperialistas. El acuerdo de Letrán (11-II-29) normalizó la situación con el Vaticano. El 3-X-35 se inicia la conquista de Abisinia, cuya ocupación supuso para Italia la censura de la S. de N. El 7-IV-39 Albania es también anexionada. Con anterioridad, Mussolini apoyó a Franco en la guerra civil española. Pese al triunfalismo oficial y a una política militar y diplomática de Gran Potencia, Italia no contaba realmente con los medios necesarios para ello y tampoco había resuelto todos los problemas internos de un país en parte atrasado.

— Japón había experimentado un espectacular desarrollo desde las transformaciones del período Meiji que lo situaban entre las naciones más industrializadas del mundo, pero carente de materias primas. Tras la victoria en 1905 sobre Rusia y la adquisición de las colonias alemanas después de la I GM, los intereses nipones llegaban a Corea, Manchuria y Formosa. En julio de 1937 se desencadenan operaciones en gran escala contra China, comienzo adelantado de la II GM en Asia.

— Gran Bretaña supera la crisis de 1929 y domina un extenso Imperio pero carece de una fuerza militar metropolitana suficiente, confiada en la superioridad de su marina. Se aprecian síntomas de un ligero declinar industrial y comercial comparado con los progresos de EEUU, Alemania y Japón. El problema irlandés culmina con el reconocimiento del Estado independiente del Eire (1937). El Estatuto de Westminster (11-XII-31) daba una estructura más liberal al Imperio, a la vez que se advierte una mayor inquietud independentista en las colonias. Las reformas implantadas en la India (Constitución de 1935) se estiman insuficientes. En Oriente Medio conserva, más aminorado, su control.

— Francia atraviesa un período de crisis internas, económicas, políticas y sociales. La población envejece desproporcionadamente. La inestabilidad institucional debilita al Estado, mientras aumenta la influencia de los partidos de izquierda y se forman grupos ultraderechistas que simpatizan con los modelos fascistas. Militarmente se encuentra despreocupada y se confía en la inexpugnabilidad de la «línea Maginot» para el caso de una impensada guerra. Ni siquiera diplomáticamente se han asegurado firmemente las alianzas.

— La Unión Soviética, superadas las convulsiones de la revolución y la guerra civil, está sometida a una férrea dictadura que va imponiendo profundos cambios estructurales y sociales. Su economía planificada alcanza metas que sitúan a Rusia entre las potencias industriales. Los costos sociales son muy altos y se conjugan con la represión política. El medio rural experimenta también hondas transformaciones (*koljoses* y *sovjoses*) y desplazamientos de población. La concentración de poder en el *Politburó* pasa a las manos de Stalin tras la eliminación de los principales dirigentes que sucedieron a Lenin (Trotsky, Zinoviev, Kamenev, Bujarin, Rykov, Tomsky...) y las purgas de los «grandes procesos» de 1936 a 1939 que también diezman el mando militar (mariscal Tujachevsky, comandante de los principales distritos...).

En política exterior se contaba con la III Internacional para el objetivo de extender la revolución proletaria. Los fracasos en Alemania (1923), Hungría (1919), Bulgaria (1922) y Estonia (1924) aconsejaron consolidar primero «el socialismo en un solo país» —la URSS— y esperar que las condiciones objetivas permitiesen su «exportación». En 1933, los EEUU reconocen a Moscú y en 1934, la URSS ingresa en la S. de N. Al fracasar los intentos de una coalición con Gran Bretaña y Francia contra el nazismo, Molotov sustituyó a Litvinov (pro-occidental) y se invierte la estrategia: Moscú se entiende con Berlín.

— Los Estados Unidos hacen frente a la «Gran Depresión» con el dirigismo del *New Deal* de Roosevelt —influido por Keynes— que, si ciertamente dinamiza la economía, no supera por completo los desajustes. En 1939 todavía hay 10 millones de parados. Como señala H.C. Allen «lo que en última instancia salvó efectivamente la economía norteamericana fue la guerra».

Los problemas sociales y políticos tienden a potenciar la acción del ejecutivo, que también encontrará en la guerra la coyuntura más oportuna para afianzar su crecimiento. En 1940, la segunda reelección del Presidente rompía una tradición institucional, justo cuando los EEUU se debaten entre el aislacionismo o la intervención. Washington está seriamente preocupado por la situación en China, por el predominio del Eje en Europa y por asegurarse el control de Latinoamérica. Pero las «leyes de neutralidad» —1935, 1936 y 1937— estimularon el expansionismo de Alemania y Japón.

7.1.3. La «Audiencia»

— La década de los años treinta conoce una serie de alteraciones en las que se debe enraizar la II GM. El «frente aliado» que surgió de la I GM se rompe. Mientras los EEUU retornan a su aislamiento y la URSS queda marginada, Italia y Japón se van acercando a Alemania, al no prosperar los intentos de aproximación entre Roma, París, Londres y Berlín. El anticomunismo y la similitud de regímenes políticos favorecieron la gestación del Eje (I-XI-36). En el mismo mes Alemania, y Japón firman el Pacto anti-*Komintern*, al que se adhieren Italia y Hungría en 1937 y la España de Franco en 1938. También en 1938 Mussolini transige con los planes alemanes sobre Austria, molesto por la oposición anglofrancesa a su política colonial. El fracaso de la S. de N. para evitar los diversos conflictos que se producen en este período se une a su debilitamiento por la retirada de Japón y Alemania en 1933 y de Italia en 1937. Recordemos que EEUU no pertenecía a la organización y que la URSS se incorporó tardíamente, en 1934. Puede afirmarse, por lo tanto, que falló el «medio de comunicación internacional» que era tan necesario para encauzar el diálogo entre las potencias, justo cuando éstas retornan a una táctica de cuño nacionalista y que recuerda la primera pre-guerra mundial.

— Frente a la política audaz del Eje, París y Londres actúan a la defensiva, recurriendo a una diplomacia de concesiones, cuando sus ideologías e intereses auguran un previsible choque. La táctica de apaciguamiento, en lugar de favorecer la distensión, envalentonó al Eje, proporcionándole además sustanciosas mejoras en su oposición. A esta actitud obedeció la tolerancia del rearme alemán y la falta de energía ante las agresiones de Italia y Japón o la anexión de Austria por el Reich, el *Anschluss*. La misma política de «no intervención» en España —que nadie respetó— es otro ejemplo de esta inoperancia.

— El caso más flagrante fue el reparto de Checoslovaquia tras la reunión de Munich (29-IX-38) de Hitler, Mussolini, Chamberlain y Daladier. Sin estar presentes los checoslovacos, se toleró la ocupación alemana de los Sudetes. Con ello Berlín, esgrimiendo la causa de la protección a las minorías, continuaba alterando las fronteras señaladas en Versalles. Tanto el dominio de Austria como el de Checoslovaquia (el país se divide en 1939 entre el Protectorado de Bohemia y Moravia, los Sudetes incorporados a Alemania y Eslovaquia) daban al Reich una situación estratégica muy valiosa para controlar el área balcánica, Polonia e incluso amenazar a la URSS.

— El sentimiento pacifista, el temor al comunismo ruso —para el cual los regímenes autoritarios y concretamente el nazismo parecían un freno aprovechable—, las divisiones políticas de las potencias democráticas, la inhibición de EEUU y la necesidad de ganar tiempo para preparar militarmente la guerra, además de la indiferencia de la opinión ante causas ajenas —«*mourir pour Dantzing? No...*»—, se argumentan por la historiografía para explicar los hechos.

— Munich demostró que los pactos de no agresión entre Francia y la URSS y la alianza checoslovaco-soviética (1935) no sirvieron de nada. Polonia y Rumanía no autorizaban el paso a los rusos. Tampoco condujeron a nada las negociaciones anglo-franco-soviéticas iniciadas en abril de 1939 y sorprendentemente el 23 de agosto se anunciaba el pacto Ribbentrop-Molotov de no agresión. El 22 de mayo se había firmado el Pacto de Acero, comprometiéndose Italia a apoyar a Berlín (pero en 1943).

— Alemania había planteado a los polacos con anterioridad dos reclamaciones: la reanexión de la ciudad de Dantzing y la autorización para construir una línea férrea y una autopista, con derecho de extraterritorialidad, a través del corredor polaco que separaba Prusia del resto de Alemania. Varsovia, confiando en su alianza con Londres y París, rechazó las peticiones.

— No deja de resultar irónico que efectivamente se acabase «muriendo por Dantzing», cuando no se había hecho ni por Austria ni por Checoslovaquia. Las reclamaciones a Polonia eran posiblemente las más razonables que hizo Berlín y el reparto territorial que en esa zona se acordó tras la I GM, una solución, cuanto menos, arriesgada y polémica. Polonia se había aprovechado además, del «reparto checo». Francia era la única Potencia capaz de ayudar con un mínimo de rapidez a Polonia, tras el Pacto germano-ruso y, sin embargo, una vez declaradas las hostilidades, tanto por Londres como por París, ni se socorrió por mar a Polonia, ni se atacó a Alemania, ni siquiera se lanzó una ofensiva en el oeste, para crear dos frentes.

— Las fulgurantes victorias alemanas en Bélgica, Holanda y Francia, unidas a los ataques italianos a Egipto, Somalia y Sudán, mientras se lanzan oleadas de bombardeos contra las islas británicas, ponen al Japón ante una tentación irresistible. El descalabro de las metrópolis causa lógicamente un gran desprestigio de los europeos en el Sudeste asiático, zona rica en las materias primas que los japoneses necesitan y más ahora, cuando Roosevelt ha prohibido las exportaciones vitales para Tokio. Tras encontradas opciones, se impone el criterio de atacar. Pero para que la operación sea factible, es preciso dominar el Pacífico, es decir, eliminar la escuadra americana.

— Sin embargo, una de las razones que ilustran el fracaso del Eje Roma-Berlín-Tokio fue la absoluta falta de coordinación a lo largo de la guerra. ¿Por qué? Posiblemente porque Tokio no deseaba enfrentarse con la URSS al mismo tiempo que con los EEUU. Argumento que curiosamente puede valer para explicar las prisas de Hitler en volverse contra Rusia, sin esperar siquiera a la capitulación inglesa, pero entendido al revés: Alemania no quería ser atacada por los EEUU sin haber antes eliminado a la URSS. Y era obvio para todos que Norteamérica, si Gran Bretaña seguía resistiendo, iba a acabar entrando en la guerra.

7.2. La guerra europea

Para describir gráficamente el desarrollo de las operaciones en Europa se puede seguir nítidamente la evolución de una gran espiral que va girando sobre sí misma. Se inicia con la ocupación del Ruhr, la intervención en España, el *Anschluss* y la crisis de los Sudetes. Sigue con el ataque a Polonia —comienzo oficial de la II GM—, la conquista de Dinamarca y Noruega, la invasión de Holanda, Bélgica y Francia, los bombardeos contra Gran Bretaña, pasaron por la ocupación de Yugoslavia, Grecia y el control de los Balcanes, para cerrarse en la «operación Barbarroja», donde se detiene el proceso, que de resultar progresivo como los anteriores hubiera revertido nuevamente contra las islas británicas. Pero tanto la invasión de Rusia como el desarrollo de las campañas en África iban a frenar la expansión, darle una dimensión extra-europea y hacer que la guerra cambiase de signo y la espiral se invirtiera hasta estrangular al Eje.

7.2.1. *Las ofensivas del Eje*

— A las 4,45 de la madrugada del 1-IX-1939, la Luftwaffe iniciaba sus ataques en Polonia contra los aeropuertos, nudos de comunicaciones, concentraciones de tropas de reserva y puestos de mando. Una hora después, columnas blindadas atravesaban las fronteras polacas en una operación de convergencia. Desde Silesia, Pomerania y Prusia oriental, se esbozaba una amenazadora tenaza, mientras desde el Sur se abría otra cuña hacia Varsovia. El 5 se entra en el «corredor» y tiende a unirse la tenaza interior. Del 6 al 10 se abren las cuñas germanas en varias flechas que también buscan converger. La contraofensiva polaca contra el eje del despliegue alemán en Bzura es neutralizada. Brest-Litovs cae el 14 y, tres días más tarde, contingentes rusos irrumpen por la espalda del dispositivo polaco.

Tras el bombardeo masivo de Varsovia, la capital capitula el 27. Los últimos combates, una vez alcanzada la costa, finalizan el 6 de octubre.

— La fulminante ofensiva alemana no tuvo una contrapartida en el oeste por parte de Francia. Los aliados se encontraban aún vacilantes y carentes de iniciativa. El Reich tampoco había atacado en este frente, en parte por razones militares y en parte por motivos políticos: alcanzar un acuerdo al caer Polonia. Se había evitado la pesadilla de combatir en dos frentes.

— La URSS continúa su agresión, con la connivencia alemana. Fracasadas las conversaciones ruso-finesas al estimar Helsinki que las demandas de modificación fronteriza eran incompatibles con su soberanía y neutralidad, los rusos invaden el país. La evidente desproporción de fuerzas engaña a combatientes y observadores. Las dificultades del terreno y la tenacidad de resistencia hacen muy dura la lucha.

— Rusia es expulsada de la Sociedad de Naciones y los aliados van a socorrer a Finlandia, pero Suecia y Noruega les niegan el derecho de paso. Este hecho tuvo decisivas consecuencias. De haber sucedido lo contrario, los anglofranceses hubieran consolidado la entente germano-rusa en su perjuicio. Las hostilidades en Finlandia duran del 30 de noviembre al 13 de marzo.

— La URSS consigue de Estonia, Lituania y Letonia tratados que la autorizan a establecer bases que le dan el dominio del área báltica. Rusia impone también a Rumanía la cesión de Besarabia y Bucovina. Moscú pretende a la vez aprovecharse de su acuerdo con Berlín para ampliar su dominio y de esta manera asegurarse una línea defensiva-ofensiva.

— En el frente del oeste se viven siete meses de sorprendente calma. Una «extraña guerra» en la que se hacen planes y reorganizan las fuerzas. Tan sólo se registran incidentes —como la lejana batalla del Mar de Plata— y bombardeos de «octavillas». Esta misteriosa espera va a romperse con una serie de operaciones no menos chocantes. Los alemanes se adelantarán por muy poco a los ingleses que albergan los mismos proyectos: el control del área nórdica es clave para el enfrentamiento anglo-germano. Tras un llamamiento a los neutrales, Londres ordena minar las aguas noruegas, pero Hitler ya ha dispuesto la ejecución del «Ejercicio Weser»: hacerse con Escandinavia.

— El 9-IV-40 Dinamarca es ocupada sin resistencia y sirve de plataforma al ataque. Seis puertos noruegos, de Oslo a Narvick, son simultáneamente tomados. La tardía respuesta de la marina británica acabará en una derrota. El 10 de mayo, Alemania se vuelve contra el oeste y superada la batalla de Narvick, Noruega se rinde el 10 de junio.

— Se ha asegurado Alemania los vitales suministros de Suecia, diez millones de toneladas de minerales, evitando que Inglaterra colgase una verdadera «espada de Damocles» sobre Europa Central si llega a tomarle la delantera y, además, dispone de bases aeronavales para amenazar las islas británicas e incluso lanzar incursiones en dirección al Atlántico Norte. Posiciones que a lo largo de la contienda demostrarán su operatividad.

— En el frente occidental la inversión del plan Schlieffen —que se fundaba en una ruptura por Bélgica central para desviarse hacia el sur— por el dispositivo ideado por Manstein, atacar entre Namur y Sedán, alcanzando luego la costa con el fin de crear una enorme bolsa, sintetiza el acierto de la estrategia. El 10 de mayo Alemania invade Bélgica, Luxemburgo y Francia.

En efecto, los aliados, «atraídos por la muleta del torero», una vez que Holanda ha caído en seis días, quedan sorprendidos por la irrupción alemana que burlando la línea Maginot alcanza el Atlántico el día 20. Ocho días más tarde capitulan los belgas y se pone en marcha la «operación Dynamo» para retirar al cuerpo expedicionario de Dunkerque.

— La desmoralización francesa aumentó con el reembarco británico, tomado por algunos sectores como un abandono. Weygand propugna una resistencia en profundidad que ya es inútil. El 14 de junio, la Wehrmacht entra en París. Cuatro días antes, Italia declara la guerra, mientras los blindados germanos se descuelgan desde Bretaña a Lyon.

— El armisticio del 22 de junio, firmado en el mismo vagón de tren en el que se efectuó la rendición alemana en la I GM, era benévolo para Francia, que conservaba un Gobierno y una zona libre, sus colonias y su flota. La Wehrmacht ocupaba el norte y la costa hasta Hendaya para facilitar las previsibles operaciones contra Inglaterra. Nadie sabía en aquellos momentos qué pensaba realmente Hitler.

— La decisión francesa —muy discutida— tenía su lógica. Resistir en África no era una alternativa fácil. Los recursos militares con que allí se contaba eran mediocres. Quedaba el problema de evacuar las tropas metropolitanas, lo cual tampoco era viable con seguridad, ante el riesgo de la marina italiana. También se especuló con una entrada de España en la guerra al lado del Eje.

Los EEUU se inhibieron ante las llamadas de socorro. Las promesas inglesas, en aquellas circunstancias, tampoco parecían suficientes. Pero el gobierno pro-alemán de Vichy, presidido por Petain, tendrá el juicio negativo de la Historia.

7.2.2. *Gran Bretaña resiste con el apoyo de los EEUU*

— La derrota de Francia eliminaba la única fuerza militar de envergadura capaz de oponerse al Reich en el continente. ¿Resistiría Inglaterra? Hitler confiaba en llegar a un entendimiento y no faltaron insinuaciones y contactos en este sentido, pero se equivocaba. Londres estaba dispuesto a combatir. Primero se piensa en el desembarco, solución compleja habida cuenta de la inferioridad naval alemana. Se escoge entonces el arma aérea para doblegar a los británicos. Es la «batalla de Inglaterra» que tampoco consigue su objetivo. Sólo queda el camino del bloqueo, aislando la isla. De aquí la revalorización del escenario mediterráneo, para lo cual conviene contar con España y con Turquía. Ambas gestiones fracasan. Francia tampoco se suma al plan. No haberlo conseguido —como el no lanzarse de inmediato sobre Malta— entorpecerá los proyectos de Berlín.

— La llamada de De Gaulle desde la BBC y el ataque inglés a la flota de Vichy en Mers-el-Kebir y Orán, además de la tentativa de ocupar Dakar enfrentan a Londres con la Francia colaboracionista. Aplazada la «operación León Marino», la Luftwaffe ataca desde sus bases nórdicas y atlánticas. El 13 de agosto, los alemanes desencadenan su plan, con 1.483 vuelos. La prioridad de los objetivos se fue trasladando gradualmente de los típicamente militares a los civiles, pero el resultado fue contrario al que se deseaba. La RAF defendió el país y la moral se creció.

— A finales de octubre, las elevadas pérdidas aconsejan a los alemanes limitarse a los *raids* nocturnos como el de Coventry el 15-XI-40. Durante la Batalla derriban los ingleses 2.375 aparatos alemanes. El 10-V-41 tiene lugar el último bombardeo de envergadura sobre Londres. Paralelamente se intensifican la guerra naval y el empleo de los submarinos. El hundimiento del *Bismarck* señala un cierto retroceso en las incursiones de los navíos de superficie alemanes. Por primera vez, aparatos ingleses alcanzan territorio alemán.

— La «Batalla del Atlántico» es inseparable de la actitud que están adoptando los Estados Unidos, gradualmente inclinados hacia Londres. Iniciada en otoño de 1940, alcanza su apogeo en la primavera del año siguiente con 412 buques hundidos. El 3 de septiembre, el Gobierno americano anuncia la concesión a Gran Bretaña de 50 destructores y el 11 de marzo de 1941 votará el Congreso la célebre Ley de Préstamos y Arriendos en favor de aquellos estados cuya defensa se considera nada menos que «vital para la seguridad de los EEUU». Poco después los americanos extienden su «zona de seguridad» de Groenlandia a las Azores y, en mayo, la marina recibe orden de proteger los convoyes con destino a Inglaterra.

— Las conversaciones de Washington con Brasil, Uruguay y Portugal se inscriben en esta vasta estrategia de irse asegurando el control del Atlántico y prevenir una acción del Eje en Sudamérica. Por último, el Congreso vota el 16-V-41 créditos para equipar militarmente a Norteamérica. Estos hechos, junto con la entrevista de Churchill con Roosevelt el 14 de agosto —Carta del Atlántico— deben relacionarse con la situación en el Pacífico y las relaciones de Washington con una China que se encuentra en guerra con los japoneses.

La Carta, firmada a bordo del acorazado *Príncipe de Gales* condenaba la ideología totalitaria y los objetivos bélicos del Eje, proponiendo unos principios que servirán de base para la Declaración de las Naciones Unidas que se firmará en Washington en 1942 por 25 estados y a la que posteriormente se irán adhiriendo los demás países que se integrarán en el bando de los Aliados.

Los puntos de la Carta del Atlántico, fueron:

Primero: Sus países no buscan expansión territorial o de cualquier otra índole.

Segundo: No desean modificación alguna que no esté de acuerdo con los deseos libremente expresados de los pueblos aceptados.

Tercero: Respetan el derecho de los pueblos a elegir la forma de gobierno bajo la cual desean vivir y anhelan que se restablezcan los derechos soberanos y la autonomía a aquellos Gobiernos que mediante la fuerza han sido privados de los mismos.

Cuarto: Harán todo lo posible, respetando debidamente sus obligaciones existentes, para que todos los Estados, grandes o pequeños, vencedores o vencidos, tengan igual acceso al comercio, a las materias primas del mundo, necesarias para su prosperidad económica.

Quinto: Desean promover la más estrecha colaboración entre las naciones en el campo económico, con el objeto de asegurar para todos el mejoramiento de los niveles de trabajo, el progreso económico y la seguridad social.

Sexto: Después de la destrucción final de la tiranía nazi, desean ver restablecida una paz que proporcione a todas las naciones los medios necesarios para vivir con seguridad dentro de sus propias fronteras, lo cual afianzará la seguridad de que todos los hombres en todos los países puedan vivir libres del temor y de la necesidad.

Séptimo: Esta paz permitirá la libre navegación por todos los mares y océanos sin limitación alguna.

Octavo: Confían en que todas las naciones del mundo, tanto por motivos espirituales como realistas, convendrán en el abandono del uso de la fuerza. Como ninguna paz futura podrá mantenerse si las naciones que amenazan o puedan amenazar con agresión a otros países continúan empleando armas terrestres, navales, aéreas creen, confiando en un sistema de seguridad general más amplio y duradero, que resulta imprescindible el desarme de dichas naciones.

De la misma manera apoyarán y fomentarán toda medida que contribuya a aliviar a los pueblos amantes de la paz, de la carga abrumadora que significan los armamentos.

La URSS se adhirió a este documento el 24-IX-1941.

— Italia se encontraba también en guerra con Inglaterra y había invadido la Somalia británica, mientras se van concentrando refuerzos de distintos países de la Commonwealth en Egipto. El 13 de septiembre los italianos penetran en el Sudán, pero resulta evidente que en lugar de ser Italia quien atenace a las posesiones inglesas, serán los británicos, que cuentan con una abrumadora superioridad en África y reciben tropas desde la India y Australia, quienes acaben imponiéndose. El 25-II-41 fuerzas nigerianas ocuparán Mogadiscio. Addis Abeba capituló también.

7.2.3. *África, el Mediterráneo y los Balcanes*

— El frente mediterráneo había sido abierto en realidad mucho antes, con la conquista italiana de Albania en abril de 1939, y cobra una gran relevancia a lo largo de la contienda. Se vincula con las operaciones en Somalia y Abisinia y abarca finalmente tres zonas distintas: África del Norte, Oriente Medio y los Balcanes, con el canal de Suez como eje.

Sin embargo, el genio estratégico demostrado por Berlín al hacerse con Escandinavia no supo valorar en su justo significado esta zona, dejando a Inglaterra una serie de bases —Gibraltar, Malta, Chipre— realmente clave. De nuevo hay que recordar el inconveniente que suponía para el Eje no haber arrastrado a España, Francia y Turquía a la lucha.

— Italia, pese a sus dificultades logísticas e inferioridad de material, lanza su ofensiva en Cirenaica el 14 de septiembre contra Egipto hasta llegar a Sidi-el-Berrani. La inteligente contraofensiva de Wawell impone el repliegue italiano y Mussolini se ve forzado a aceptar la presencia del Afrika Korps en su ayuda. En realidad la guerra del desierto sólo podía ganarse por mar — como escribe Dahms— pues «el que dominara el Mediterráneo se encontraba en condiciones de compensar una derrota de sus fuerzas terrestres suministrando nuevo material y, por otro lado, obstaculizando el abastecimiento del adversario».

— Seguro de una fácil victoria, Mussolini invade Grecia el 28-X-40 tras rechazar Atenas un ultimátum inaceptable, pero encuentra una enconada resistencia. Inglaterra envía algunas unidades en apoyo de Grecia y bombardea a la armada italiana en Tarento. Hitler se encuentra molesto por esta «guerra paralela» de su aliado, aunque está muy interesado en asegurarse el control de los Balcanes por motivos económicos y defensivos y se decide a intervenir.

— El 2 de mayo, la Wehrmacht entra en Bulgaria y siete días más tarde envía un ultimátum a Yugoslavia para que este país se sume al Pacto Tripartito. Belgrado acepta, pero un golpe sorpresa derriba al Gobierno enfureciendo a Hitler, que adivina una maniobra rusa. El 6 de abril se firma un pacto de no agresión de Yugoslavia con la URSS y el mismo día los *stukas* bombardean Belgrado, iniciándose simultáneamente una ofensiva contra Grecia al atacar la línea Metaxas y bombardear El Pireo. En cierto modo, el Reich ha heredado las constantes históricas del Imperio de los Habsburgo y ahora sí que es posible un conflicto con Rusia. Los Balcanes han sido el prólogo.

— En efecto, Stalin no puede ver con tranquilidad el cerco al que se está viendo sometido por el Eje. Italianos y húngaros terminan la ocupación de Yugoslavia, mientras después de reñidos combates cae Atenas el 27 del mismo mes y en mayo se produce el espectacular ataque a Creta con tropas aerotransportadas. El éxito se pagó caro y es posible que aconsejara no repetir acciones parecidas sobre las otras islas que controlaba Inglaterra. Lo cierto es que Creta se ocupó para evitar su empleo contra los pozos de petróleo rumanos y no dentro de un contexto de avance sobre Suez.

— Gran Bretaña conservaba el derecho de mantener en Irak dos bases aéreas y la de tránsito en caso de guerra, pero las intrigas alemanas y el sentimiento antibritánico favorecieron el golpe de Rashid Alí en abril de 1941 contra los ingleses, que respondieron con rapidez y energía. Tropas *gurkhas* ocupan Mossul y Rashid Alí será derrocado. Junto a estos combates hay que situar las luchas en Siria y Líbano, donde los franceses de Vichy se defendieron duramente de los ataques ingleses, hasta ser derrotados.

7.3. La Guerra Mundial

«En junio de 1941 —escribe Renouvin— los designios de hegemonía anunciados por "Mein Kampf" están en camino de realizarse: Alemania, con la ayuda de Italia, domina todo el continente europeo, excepto la URSS y la Península Ibérica; anuncia un «nuevo orden» y prevé la formación de una «unidad europea», dirigida por ella. La ejecución de estos planes se ve obstaculizada, sin embargo, por la política económica alemana y por las reacciones nacionales en los países ocupados. ¿Cómo conseguir entregas de productos alimenticios y cómo reclutar mano de obra a la industria sin recurrir a la fuerza? ¿Cómo evitar que el régimen de ocupación choque, a cada instante, con los sentimientos nacionales? Si concediera a las regiones ocupadas un régimen relativamente liberal, Alemania vería cómo era aprovechado, por la mayor parte de las poblaciones para levantarse contra ella. Ribbentrop no se hace muchas ilusiones al respecto. Es evidente el antagonismo entre los rigores de la política de guerra y las concesiones que implicaría la preparación de una unidad europea. Para el nuevo orden parece ser una amenaza a largo plazo. Pero, en un futuro inmediato, no hay fuerza que parezca capaz de quebrantar la victoria de Alemania.

»Y sin embargo, todas las perspectivas se transforman en seis meses, cuando entran en guerra la URSS, el Japón y los Estados Unidos».

7.3.1. *Invasión de Rusia. Las victorias japonesas*

— El 22-VI-41, aniversario del armisticio de Compiegne, adelantándose en un día a la fecha en que Napoleón cruzó el Niemen en 1812, tres gigantescos Grupos de Ejércitos penetran en territorio soviético en dirección a Leningrado, Moscú y Kiev. Los progresos en el norte y en el centro son muy rápidos, encontrándose mayor resistencia en el sur. El 9 de julio se captura la gran bolsa de Minsk y el 15 cae Smolensko en poder de los alemanes. El 3 de agosto se cierra la bolsa de Umán. Estas maniobras envolventes aíslan a cuatro ejércitos rusos. Se calcula que para finales de septiembre dos tercios del potencial soviético del comienzo de la guerra han sido anulados.

Mientras continúa el avance en Ucrania, Hitler detiene la marcha en el sector central, relegando la toma de Moscú al dominio de Kiev. Simultáneamente se completa el cerco de Leningrado. La reconquista rusa de Rostov y el temible invierno que se presenta evidencian que pese a los éxitos iniciales del Eje, la URSS no ha sido vencida y la campaña del Este no ha hecho sino comenzar.

— La «Operación Barbarroja», nombre clave de la invasión a Rusia, distrae valiosos efectivos de los otros escenarios bélicos. ¿Se pretendía bloquear a Gran Bretaña «por tierra» mediante el dominio de la URSS? ¿Fue una campaña preventiva ante un esperado ataque ruso? ¿Motivos económicos para asegurar el grano de Ucrania y el petróleo ruso? ¿Búsqueda del famoso «espacio vital» apoderándose del Este? ¿Era un modo de caer sobre la India avanzando desde Libia, el Cáucaso y Birmania? Nada de ello se logró y las líneas de los múltiples frentes se agrandaron de forma casi incontrolable.

— Alemania jugó las cartas de la sorpresa y la superioridad inicial. ¿Confiaba en el levantamiento de la población contra el régimen de Stalin? Si así era no se supo plantear con inteligencia. Al contrario, Stalin galvanizó a los rusos invocando el sentimiento patriótico. ¿Deseaba Hitler vencer a Rusia antes de la previsible intervención de los EEUU a favor de Inglaterra? En todos estos interrogantes hay una cuestión clara: la falta de coordinación del Eje y el deseo japonés de asegurarse que Rusia no le atacaría «por la espalda» durante su batalla en el Pacífico.

— Contrarrestado el peligrosísimo pero débil intento del Eje en Irak y Siria, la invasión de Rusia revalorizó la posición de Persia, país neutral. Rusos y británicos colaboraron para asegurarse su control y en agosto de 1941 violan esa neutralidad y en septiembre ocupan Teherán. Se ha asegurado la vía entre Suez y la India y un acceso para aprovisionar a los rusos por el sur, complementario de las rutas marítimas.

— Es difícil calificar la política seguida mientras tanto por EEUU. Historiadores como Beard, Tansill, Langer y Gleason hablan de «guerra no declarada». La ayuda americana a Gran Bretaña coincide con la gradual enemistad entre Washington y Tokio.

En el verano de 1941 se afianzan las relaciones con Gran Bretaña y China. El ataque a Rusia terminó de convencer a la reacia opinión pública americana del peligro que suponía la victoria del Eje. Washington apoyará ahora también a la URSS, pese al malestar que tal medida causó en ciertos sectores.

— Al obligar Tokio a Gran Bretaña a cerrar la ruta de Birmania —impidiendo los suministros americanos a China— y obtener concesiones en Indochina por parte de Vichy, Washington empezó a jugar fuerte y, pese a los intentos de Konoye por llegar a un entendimiento, Roosevelt prohibió las exportaciones esenciales para el Japón, que así se veía forzado a pensar en adueñarse de Indonesia. La guerra aparecía como inevitable.

— El 23 de noviembre, la flota japonesa inició, desde las Kuriles, una extraña singladura que terminaría frente a las Hawaii. El 1 de diciembre se confirmaba la orden. Nagumo izó la bandera que el Japón lució en la batalla de Tsushima en 1905 —contra los rusos— y la primera oleada de aparatos cayó sobre Pearl Harbor a las 7,50 del domingo día 7. La flota americana del Pacífico, con excepción de dos portaviones, quedó fuera de combate.

— Cuatro horas más tarde, los japoneses atacan Hong-Kong. Ocupan Kuala Lumpur el 11 de enero y el 7 de febrero invaden Singapur que está en su poder el día 15. Dueños del aire y del mar y conocedores del difícil terreno, los japoneses se hacen en corto tiempo con el Sudeste asiático, toman Filipinas y amenazan directamente a Australia al caer sobre Post Moresby, en Nueva Guinea.

— El ataque a la URSS ha supuesto un respiro para los ingleses, que reorganizan sus efectivos en África y hacen replegarse a Rommel, aunque refuerzos enviados de Italia vuelven a invertir el curso de las operaciones, los italo-germanos lanzan su contraataque en enero de 1942, que alcanza en junio el Alamein, a las puertas de Alejandría. Son unos meses cruciales en todos los escenarios de la guerra. Los rusos fijaron anteriormente el frente, pero son nuevamente desbordados. A mediados de 1942 tienen también lugar las batallas del mar del Coral y de Midway, que señalan el inicio de la reacción norteamericana en el Pacífico.

— El primero de septiembre de 1941 comenzaba el asedio de Leningrado, que duraría 900 días. La ofensiva rusa de invierno hizo a los alemanes detenerse aunque vuelven a contraatacar en primavera, rompen el frente de Crimea y llegan al Cáucaso en el verano, alargando arriesgadamente sus líneas, mientras el 6º Ejército se dirigía a Stalingrado.

— La batalla por Stalingrado acabará convirtiéndose en una trampa y la rendición de Von Paulus con sus 330.000 hombres, el 2-II-43, conmueve al mundo. El Reich no es invencible. Los rusos recuperarán 650 km en tres meses, pero Alemania vuelve a reaccionar y el amplio frente ruso aún conocerá grandes batallas.

7.3.2. *El principio del fin*

— El problema de la protección de los convoyes o el de su destrucción, el control de las vías de abastecimiento, la necesidad de una retaguardia que reponga un inaudito desgaste de hombres y material, la política de bombardear los centros de producción y minar la moral de las poblaciones enemigas mediante ataques directos, se convierten en objetivos prioritarios. Los americanos desembarcan en agosto de 1942 en Guadalcanal, recobrando la iniciativa en el Pacífico y mientras se combate por el Alamein, el 8-XI-42 también desembarcan en el África del Norte francesa. Rommel queda entre dos fuegos. Adueñarse del Mediterráneo es el principio del fin. Tras la entrevista de Hitler con Laval, fuerzas del Eje desembarcan en Túnez.

Los aliados habían planeado una posible invasión alternativa del Marruecos español en 1943 mediante la denominada operación *Backbone II*. Se preveía la intervención de 5 portaviones, 240 cazas y más de 100.000 hombres mandados por el general Mark Clark. Ya en 1942 se había barajado una opción parecida. Ambos planes fueron desechados.

— La batalla por África del Norte es decisiva para la seguridad de Italia, pero Alemania se ve simultáneamente presionada en el Este con la coordinada ofensiva rusa de noviembre. Sólo falta a los aliados abrir el tan conocido frente en Francia para que el Eje se encuentre estratégicamente rodeado. Esta operación, minuciosamente preparada, aún tardará en llevarse a cabo. No se quiere dar un paso en falso.

— En enero de 1943, los rusos rompen el bloqueo de Leningrado y las columnas de Montgomery se unen con las de Leclerc, procedente del Fezzán, ocupando Trípoli. Las contraofensivas alemanas en el Dnieper y el Donetz, tras la pérdida de Stalingrado, son un respiro momentáneo. El 10 de julio, una vez tomado Túnez en mayo, los aliados desembarcan en Sicilia.

— Italia vive momentos dramáticos. Desea llegar a un acuerdo con los aliados, pero tiene a los alemanes en su territorio. Las negociaciones secretas, una vez destituido Mussolini el 25 de julio, son mal conducidas y el país, aunque cambiará oficialmente pronto de bando, no se libra de ser escenario de cruentas luchas. En el mismo mes de julio tiene lugar la impresionante batalla de Kursk en el frente ruso, el encuentro más imponente conocido de unidades blindadas. El ala sur alemana se ve seriamente amenazada, mientras los rusos también se imponen en el norte.

— No haber sabido aprovechar a fondo la defección italiana, por torpezas compartidas por Roma y los aliados, unidos a las indudables dificultades del caso, hace perder a éstos la oportunidad de liberar los Balcanes adelantándose a los rusos, como Churchill pretendía. Hay que entender seguramente también en este sentido las continuas protestas de Stalin reclamando el ataque en Francia, que obviamente alejaba a los aliados de su zona de influencia. Por añadidura, los éxitos militares rusos dan otra posición a Stalin, que negocia con más fuerza. El fantasma de una paz por separado preocupa a unos y a otros, aunque en abril de 1944 tal cosa deja de tener sentido para los intereses soviéticos.

— La deserción de los países balcánicos satélite del Eje tras la defección de Italia y las victorias rusas es comprensible en parte por imperativos geográficos, del mismo modo que antes lo fue su incorporación al Eje cuando, como señala Renouvin, «prefirieron el vasallaje a la destrucción».

— En febrero, tras durísimos combates, los aliados toman Monte Cassino y, al mes siguiente, los rusos penetran en los Cárpatos, liberando Ucrania meridional y alcanzando la frontera rumana. Los alemanes han ocupado Hungría y estudian un repliegue de sus líneas. Roma es liberada el 4 de junio y Florencia el 4 de agosto, cuando ya se ha producido la invasión de Francia.

— La «Operación Overlord», el desembarco en Normandía, cristalizó tras los proyectos «Sledgehammer» y «Roundup», mientras que los desembarcos en la Francia mediterránea, operaciones «Torch», «Husky» y «Avalanches», culminaron en otras acciones en la zona; «Anvil» y «Dragon», según las decisiones tomadas en las Conferencias de Teherán y El Cairo. El ataque en Normandía, el 6-VI-44, precede por escasos días a la batalla por las Marianas (19-21 de junio) que descubre la flecha de avance americano contra el mismo Japón. La enorme superioridad militar de los aliados, especialmente de los EEUU, queda así patente.

7.3.3. Capitulación sin condiciones

— Alemania se encuentra aislada entre varios frentes que gradualmente van reduciendo su glacis, mientras afluyen nuevos contingentes humanos y de material a las líneas aliadas. Era el momento de aceptar la realidad y salvar la integridad de la nación, pero las duras condiciones impuestas en Casablanca exigiendo una rendición incondicional y la negativa de Hitler a transigir lo impidieron. La moral y la calidad de las tropas alemanas no era ya la misma. Incluso se atentó, sin éxito, contra la vida del Führer. El Reich iba a combatir hasta el fin, en una absurda y costosa lucha.

La guerra del Pacífico tenía otras características. Cierto que Japón, al perder el dominio aeronaval, disminuía sus abastecimientos, pero al menos continuaba dominando vastísimos territorios. Fue un cálculo errado de Tokio pues la batalla era por mar, única «frontera» real del archipiélago y así lo comprendieron los americanos, salvo su directo interés en Filipinas, cuestión de honor para Mac Arthur.

— El 25-VIII-44, la columna Leclerc —en la que se encuadraban exiliados españoles— libera París, seguida por la cuarta división norteamericana. De Gaulle arengó a sus compatriotas. Todo ello tenía escasa relevancia militar, pero importaba políticamente. Se disolvieron las unidades armadas de la resistencia, frenándose las ambiciones de la izquierda, dominada por los comunistas.

En el Este, la presencia de los rusos en el Vístula alentó la rebelión de Varsovia, sofocada por los alemanes ante la inacción soviética. La expulsión de Alemania de los países bálticos implicaba el acceso a Polonia por Rusia Blanca, y Berlín hizo lo posible para evitar el cerco, resistiendo hasta noviembre. Finlandia tuvo, por su parte, que aceptar las condiciones de paz de la URSS.

— Rotas las defensas del Eje, el 26 de agosto el rey Miguel de Rumanía destituye a Antonescu, declarando tres días más tarde la guerra a Berlín. También se produce el levantamiento de Eslovaquia. El 2 de septiembre alcanzan los rusos la frontera búlgara y, aunque Sofía declara la guerra a Alemania, invaden el país. El 19 de octubre, las fuerzas alemanas salen de Belgrado, e inician el abandono de Grecia, donde prudentemente desembarcan los ingleses que toman Atenas para impedir que los partisanos comunistas se hagan con el país. La nueva línea de resistencia alemana corre de la frontera húngara hasta Vukovar, en Yugoslavia, siguiendo el curso del Drina.

— Los aliados liberan Bruselas y entran en Alemania por Tréveris, en septiembre, continuando la ofensiva de otoño en el sector de Alsacia-Lorena, hasta que el 16 de diciembre la Wehrmacht lanza su último contraataque en las Ardenas, pretendiendo repetir la sorpresa de 1940. El riesgo fue grande, pero la superioridad del adversario se impuso. Los primeros meses de 1945, que serán los últimos de la contienda, registran los avances aliados en el interior del Reich, mientras los rusos llegan a Austria y amenazan directamente Berlín. El 25 de abril, americanos y soviéticos se dan la mano en Torgau.

— Las tropas alemanas en Italia capitulan el 28 de abril; dos días después se suicida Hitler, los partisanos de Tito ocupan Trieste y Berlín se rinde el 2 de mayo. Los ejércitos alemanes situados en Dinamarca, Noruega, Holanda y el noroeste y sudeste de Alemania capitulan el 4, Praga se subleva y por último el 7, en Reims, se rinde Keitel ante Eisenhower y el 8 se repite la ceremonia en Berlín, en presencia de Jukov.

— El 2 de setiembre, en el acorazado Missouri, anclado en la rada de la bahía de Tokio, Japón firmaba su capitulación, que ya había anunciado el 14 de agosto. La II GM había terminado. Mac Arthur estrechó las manos de Shigematsu, Ministro del Exterior y de Yashiro Umezu, jefe del Estado Mayor. Los hechos se habían acelerado tras la batalla de Leyte, que puso prácticamente fuera de combate a la armada japonesa, once meses antes. Manila se reconquista en marzo de 1945 y Rangún en mayo. Los encarnizados combates en Iwo Jima y Okinawa ponen a finales de junio a Japón al alcance de los americanos.

— La derrota alemana aconsejaba a Tokio rendirse. Algunos autores explican la tenaz resistencia nipona, no por la conservación de sus dominios en China y el Sudeste, desde donde podían plantear una guerra casi interminable, sino en el deseo de aceptar el riesgo de un difícil desembarco americano, para rechazarlo y entonces poder pedir una paz con honor. Japón intentó la mediación de Rusia para llegar a un acuerdo de paz con EEUU, pero Moscú rechazó la gestión.

El alto mando americano estudiaba la posible invasión del Japón para el 1 de noviembre de 1945, pero las bombas atómicas sobre Hiroshima y Nagasaki, el 6 y el 9 de agosto, unidas a la declaración de guerra de la URSS el día 8 invadiendo Manchuria obligan a la rendición.

Pero todo no es optimismo en la Gran Coalición; Winston Churchill condena en un discurso ante los Comunes, el 16 de este mismo mes, las maniobras de Stalin para implantar regímenes comunistas en Europa del Este. Eliminado el enemigo común ¿continuará esta «forzosa Alianza»?

7.3.4. *La neutralidad española*

El 4-IX-39 España reitera su neutralidad en el conflicto, que ya había proclamado con anterioridad al mismo. Franco cambiará los titulares de Exteriores según vayan evolucionando las operaciones bélicas y procurará mantenerse al margen de la guerra, sin ocultar tampoco la simpatía del régimen hacia el Eje, hasta que la evidencia de la derrota alemana aconsejen incrementar la estrategia de neutralidad y una cierta aproximación a los vencedores.

Jordana es sustituido por Beigbeder, que tenía fama de anglófilo, pero sólo permanece un año al frente del Ministerio de Exteriores. El 12-VI-40, coincidiendo con la caída de Francia y la entrada en guerra de Italia, España sustituye la neutralidad por la fórmula más equívoca de «no beligerancia». España procedió a ocupar el día 14 la ciudad internacionalizada de Tánger. El nuevo ministro será Serraño Súñer, cuñado de Franco. Este período coincidió con los momentos de mayor acercamiento al Eje —entrevistas de Franco con Hitler en Hendaya y Mussolini en Bordighera, envío de la División Azul al frente ruso—, pero retrasando hábilmente la entrada de España en la guerra.

Jordana vuelve a ocupar Exteriores cuando el retroceso del Eje es manifiesto e inicia una política de distanciamiento de Alemania, comerciando a la vez con los alemanes y los aliados, a quienes suministra también materiales estratégicos como el wolframio.

El desembarco aliado en el Norte de África constituyó un momento álgido y Roosevelt escribió a Franco para garantizarle el respeto a las fronteras españolas.

El 12-X-43 se retiraban los últimos efectivos de la División Azul y en su lugar quedaron unidades menores y una escuadrilla aérea. Tras la declaración de guerra del Gobierno de Badoglio a Alemania, España optó por pasar de la no beligerancia a la neutralidad.

Al igual que los alemanes habían preparado su «operación Félix» para entrar en la Península, se ha conocido posteriormente que los aliados también estudiaron una eventual acción en España.

En la convicción por parte de Franco de no entrar en el conflicto pesaron mucho los consejos de Carrero Blanco, todavía un joven oficial de operaciones de la Armada, preocupado por la defensa de Canarias y del litoral cantábrico. La muerte por enfermedad de Jordana obligó a nombrar otro ministro, esta vez sin demasiado acierto, pues Lequerica —que fue el elegido— había sido embajador en Vichy.

Churchill reconoce en sus *Memorias* la importancia que tuvo para la causa aliada la neutralidad española, máxime si se tenía en cuenta la ayuda que Franco había recibido de Roma y Berlín durante la guerra civil.

7.4. La estrategia diplomática

— Los objetivos políticos que se persiguen a lo largo de la II GM descubren las bases estructurales de la contienda y las fuerzas decisorias que van a configurar la inmediata posguerra. Mediante el seguimiento de las declaraciones solemnes, los contactos diplomáticos, las reuniones de alto nivel y los aspectos globales que las grandes operaciones militares evidencian, puede contemplarse el esquema guía que busca animar la «audiencia», una vez se alcance la victoria.

La mayor parte de las negociaciones se centran en cuestiones bélicas, pero también se detectan, desde un principio, las ideas que cada protagonista defiende como meta del esfuerzo militar, hasta desembocar en las «cumbres» de Yalta y Potsdam, esencialmente políticas.

7.4.1. *Objetivos confusos*

— Conforme indicábamos al principio, son múltiples los factores que desencadenan la II GM y se argumentan también como objetivos concretos del conflicto. Recordaremos que, junto a la confrontación ideológica entre democracia y fascismo figura la extraña alianza del comunismo con el nazismo hasta la invasión de Rusia y la posterior coalición de los soviéticos con los anglosajones, revelando el peso que tienen en la estructura de la guerra otros motivos más permanentes, como los intentos hegemónicos, las relaciones históricas o el puro mecanismo de los intereses. Convergen simultáneamente la pasión nacionalista, las rivalidades económicas y coloniales y problemas de minorías étnicas y litigios fronterizos.

— El Eje asume el carácter de Imperio terrestre, opuesto al Imperio marítimo de las Naciones Unidas, que buscan en el entendimiento con Rusia un contrapeso continental según los principios más clásicos del equilibrio. Japón obra obligado por la cuestión china. Las mismas necesidades bélicas descubren las carencias del país y reclaman asegurarse mediante el dominio del Sudeste asiático los suministros y la posición adecuada para vencer, lo cual implica agravar al máximo la tensión con los EEUU en el Pacífico, según ya se apuntó.

— Tanto el «nuevo orden europeo» al servicio de la demencial superioridad de la raza aria como la «esfera de co-prosperidad» que el Japón predica en Asia, no poseen ni el atractivo ni la habilidad práctica mínimas para que se acepten de buen grado por los demás pueblos. Ni siquiera la «cruzada antibolchevique» logró galvanizar Europa en torno a Berlín. Si ciertamente las contradicciones creadas por la ocupación o la satelitización actúan a la contra, tampoco se creó un proyecto sugestivo y compartido para justificar estos hechos.

— Por el contrario, el movimiento comunista, el ideal democrático y el afán liberador y nacionalista supieron ser a la vez que más atrayentes, más eficaces. En este sentido la Declaración de las Naciones Unidas suscrita por 26 gobiernos el 1-I-42 especifica los motivos por los que combaten los aliados y aumenta las simpatías de otros pueblos —incluso colonizados por ellos— hacia su causa.

— Mantener la Gran Coalición —como la denominó Churchill— constituye un objetivo en sí mismo. ¿Por qué no se formó antes? ¿Por qué se consolida? Los objetivos de guerra no se plantean de modo coordinado hasta el final. Existe un «plan angloamericano» y otro soviético, e incluso en el Pacífico Washington apenas toma en cuenta a sus aliados. El problema crucial fue la fijación y apertura del «segundo frente», que sin duda favorecía a la URSS y entrañaba consecuencias para la paz en función de cómo quedasen las posiciones a la hora de la rendición alemana. Junto a esta cuestión aletea el mutuo temor a una paz por separado. ¿Era justificado este miedo? ¿Por qué no intervinieron los anglosajones para derribar a Hitler y hacer la paz salvando la integridad de Alemania?

— No existe una concordancia absoluta en la Gran Alianza. El derecho de los pueblos a disponer de sí mismos, la renuncia a ganancias territoriales, la actitud con respecto a los aliados de Berlín e incluso el mismo futuro de Alemania planteaban serios reparos a los intereses de la URSS y de Gran Bretaña. ¿Por qué se obró tan torpemente ante la defección italiana?

7.4.2. *Acumulación de errores*

La desproporción entre los objetivos y los medios y la falta de coordinación entre las campañas militares y las gestiones diplomáticas es patente en el Eje. Alemania, que inicia la guerra con movimientos muy medidos, acaba viéndose envuelta en un torbellino imposible de controlar. Italia obra por su cuenta y de forma imprudente. Japón se ve debilitado precisamente por las dimensiones de sus éxitos que le crean, de inmediato, irresolubles problemas de defensas, comunicaciones y abastecimiento.

— La historiografía se inclina a pensar que Hitler no esperaba la fulminante reacción de Gran Bretaña y Francia ante el ataque a Polonia. Su veloz campaña le hace nuevamente concebir la esperanza de un arreglo, esperanza que renace tras la caída de Francia. Es difícil entender que ante el giro de los acontecimientos se planteara la lucha en el Mediterráneo sin haberse ganado a España y Turquía para la causa del Eje. Las negociaciones fracasaron pero también fue un error no adueñarse de Malta, desencadenar una gran operación contra Suez o intentar el levantamiento de los árabes contra Gran Bretaña como lo hicieron en la I GM contra los otomanos.

— El conflicto entre Alemania y la URSS plantea también muchos interrogantes, algunos de los cuales ya hemos señalado. ¿Se hicieron suficientes promesas a Moscú respecto a los Estrechos? ¿No interesaba fortalecer más a la URSS? El control alemán de los Balcanes tenía que alarmar necesariamente a los rusos. ¿Se ofrecieron garantías? ¿Daba Rusia sensación de debilidad tras sus conflictos con Finlandia, sus concesiones y sus contradicciones internas? ¿Hubiera, en verdad, capitulado Inglaterra si la URSS solicita el armisticio?

— La posibilidad de una derrota rusa a quien más preocupaba era a los EEUU por las consecuencias beneficiosas que tal hecho hubiera tenido para el Japón. Es curioso comparar en este sentido la cronología de los hechos políticos y militares. Washington contaba con el freno de un Congreso y una opinión poco decidida a la guerra, pero sus intereses estaban muy directamente vinculados con los de Londres, y con los de China. ¿Necesitaba EEUU entrar en la guerra? ¿Se obligó a Tokio a un ataque preventivo?

— Tras el derrumbamiento italiano, la crisis subsiguiente en los Balcanes y los retrocesos en el Este, sin olvidar la contraofensiva americana en el Pacífico, Alemania estaba derrotada sobre el papel. ¿Por qué seguir luchando y no procurar diplomáticamente un arreglo? ¿Por qué tampoco lo hicieron los anglosajones? ¿Fue un grave error exigir una capitulación sin condiciones? ¿Creía Hitler que sus «armas secretas» eran tan poderosas o fue una postura de absurdo fanatismo la que lo animaba?

— Aunque se llevaron a cabo contactos a través de países neutrales y de personajes que sirvieron de intermediarios, no puede hablarse de auténticas negociaciones entre los bandos adversarios. Por el contrario, fueron muchas las entrevistas de Hitler con sus aliados o simpatizantes y muchas más las de los aliados en las Naciones Unidas que recordar: la mantenida por Roosevelt y Churchill el 14-VIII-41 en la bahía de Argentia; las tres conferencias de Washington (22-XII-41 a 1-I-42, 25/27-VI-42, 11/27-V-43); la de Casablanca, donde se fijan los planes para la invasión de Sicilia y de Francia y se hace pública la exigencia de una rendición incondicional (14/23-I-43); la de Quebec (14/24-VIII-43); la de Moscú (19/30-X-43); El Cairo, donde asiste Chiang Kaishek por tratarse temas del futuro de Asia (22/26-XI-43); Teherán, en la que participa Stalin (28/XI-1-XII-43); Bretton Woods, donde toman parte 44 naciones y se determinan los acuerdos sobre el Fondo Monetario Internacional y el Fondo Internacional para la reconstrucción y el desarrollo (1,15-V-44); y Dumbarton Oaks que pone los cimientos de la ONU (21-VIII/29-IX-44).

7.4.3. *Las grandes conferencias*

— Del 4 al 11 de febrero de 1945 se reúnen en la península de Crimea Roosevelt, Churchill y Stalin con sus consejeros respectivos. El lugar fue impuesto por los rusos, alegando que Stalin no podía abandonar la URSS en las circunstancias presentes. Churchill protestó: «nos hubiéramos pasado diez años buscando, no habríamos podido encontrar en todo el mundo un lugar peor que Yalta. Sólo es bueno para el tifus y, allá, los piojos mortíferos medran en todas partes». Tras un breve contacto en Malta, donde el Premier inglés intentó alertar a Roosevelt sin lograrlo, los dos estadistas llegaron a Yalta, tras hacer desde el aeropuerto un viaje de seis horas por una carretera destrozada. Roosevelt y Hopkins llegaron deshechos, «parecían dos moribundos». En efecto, el Presidente americano moriría poco después, el 12 de abril de 1945.

— Se utilizaron para la reunión los únicos palacios que quedaban en pie: Livadia, Yusupowsky y Varentsov, trasplantándose algunos árboles para animar el siniestro escenario, destrozado por la guerra. Stalin deseaba impresionar a sus huéspedes y demostrar los sufrimientos de la URSS a causa del conflicto. Roosevelt fue alojado a unos 30 km de la residencia de Churchill y más próximo a la de Stalin.

— En la Conferencia se adoptaron las medidas finales para vencer al Reich, acordándose convocar para el 25-V-1945 una magna reunión en San Francisco con el objeto de «crear una organización internacional para mantener la paz y la seguridad». Las principales Declaraciones se refieren a Alemania (ocupada y dividida); a la Europa liberada (debería reconstruirse conforme a los principios democráticos); al futuro de Polonia como país igualmente democrático y de Yugoslavia; la Declaración final sobre la Paz y el Acuerdo sobre el Extremo Oriente, que implicaba el compromiso ruso de intervención. También se decidió mantener contactos regulares entre los tres Ministros de Asuntos Exteriores «sobre los más importantes problemas internacionales».

— La «cumbre» de Potsdam llamada también de Berlín se celebró entre el 17 de julio y el 2 de agosto del mismo año, en el palacio Cecilienhof, con participación de Truman, Stalin y Churchill, sustituido por Attlee desde el día 28. Estos cambios influyen lógicamente en la capacidad negociadora de los occidentales. Esencialmente se tomaron acuerdos respecto a Alemania, desarrollando las estipulaciones de Yalta. También se aprobó someter a juicio a los «criminales de guerra», alcanzándose un entendimiento respecto al tema de las reparaciones e indemnizaciones, las fronteras polacas y el reconocimiento del Gobierno provisional de Unión Nacional y el traslado de las minorías. Se conminó a Tokio a una rendición incondicional y se aprueba institucionalizar las conferencias de Ministros de Asuntos Exteriores de los Grandes.

— La Conferencia de las Naciones Unidas en San Francisco (25-IV/26-VI-1945) funda la ONU, cuya Carta entrará en vigor el 24-X-45, culminando un proceso iniciado por la Carta del Atlántico y la Declaración de las Naciones Unidas. EEUU, URSS, Gran Bretaña y China fueron las Potencias «invitantes» —no así Francia— participando, además de representantes de 46 países, las Repúblicas Soviéticas de Ucrania y Bielorrusia, siendo también invitados posteriormente Argentina y Dinamarca.

— El total de personas participantes, junto con los funcionarios, fue de 3.200. Los trabajos se desarrollaron en cuatro comisiones, coordinadas por un Comité Ejecutivo integrado por los Cinco Grandes y Australia, Canadá, Checoslovaquia, Chile, Irán, México y Yugoslavia. Las decisiones finales las tomó la Asamblea de los presidentes de las distintas Delegaciones. Alger Hiss actuó de Secretario General y E.R. Stettinius de Presidente. Ambos eran americanos.

— Los 51 países que acabaron firmando en un principio la Carta —miembros originarios— fueron: África del Sur, Arabia Saudí, Argentina, Australia, Bélgica, Bielorrusia, Bolivia, Brasil, Canadá, Colombia, Costa Rica, Cuba, Checoslovaquia, Chile, China, Dinamarca, República Dominicana, Egipto, El Salvador, Ecuador, EEUU, Etiopía, Filipinas, Francia, Grecia, Guatemala, Haití, Holanda, Honduras, India, Irak, Irán, Líbano, Liberia, Luxemburgo, México, Nicaragua, Noruega, Nueva Zelanda, Panamá, Perú, Polonia, Reino Unido de Gran Bretaña e Irlanda del Norte, Siria, Turquía, Ucrania, URSS, Uruguay, Venezuela y Yugoslavia.

— Yalta, Potsdam y San Francisco, junto a las Conferencias y reuniones antes reseñadas y otras «cumbres» como la Interamericana habida en México (21-II/8-III-45) constituyen la base conformadora del nuevo sistema internacional que la victoria aliada pretende implantar, sistema que se desea tenga una estructura democrática igualitaria y universal, pero que tanto el carácter «directorial» con que se elabora como los enfrentamientos de la posguerra, tiende velozmente a dislocarse en varios subsistemas regionales, tenuemente vinculados por su común pertenencia a la ONU, que de una función «informadora» se limita mayoritariamente a operar como simple medio «comunicativo».

7.5. LA HERENCIA DE LA GUERRA

— La I GM —«la Gran Guerra»— con sus 8 millones de víctimas, infligió una ancha herida en el corazón de Europa. Las operaciones se desarrollaron principalmente en una franja muy reducida y hubo países como Francia que sufrieron probablemente más que en la II GM. Tuvo aún cierto halo romántico y heroico, del que careció la II GM, pero causó enormes perjuicios a Europa, que inicia la pérdida de su hegemonía mundial. El ascenso de los EEUU y del Japón, hasta entonces Potencias respetadas pero lejanas, y el hundimiento de Turquía y el Imperio austro-húngaro, cargados de historia, sintetizan la trascendencia del cambio. Ni la creación de la Sociedad de Naciones ni la multiplicación de nuevos Estados en Europa Central y Oriental hacen retornar aquel dorado «Concierto europeo» que las convulsiones de mediados del siglo XIX habían arruinado.

— La II GM va a limitarse en buena parte a completar la obra comenzada en 1914 y ello resulta cada vez más claro, conforme cobramos mayor perspectiva para contemplar los resultados concatenados de ambas conflagraciones. Por algo se había dicho en 1919 por Foch que aquello no era una paz «sino un armisticio por veinte años».

— Pocas páginas de la Historia humana ofrecen rasgos tan lúgubres y espeluznantes como las atrocidades cometidas por el régimen nazi, como el holocausto judío, la represión indiscriminada contra la resistencia —recuérdense las absurdas matanzas de Lídice y Oradpur—, las operaciones de exterminio ordenadas bajo la siniestra clave de *Nacht und Neble* (Noche y Niebla) y otras barbaridades semejantes.

También es tristemente famosa esta guerra, desarrollada paradójicamente entre los países más civilizados, por los continuos bombardeos contra objetivos civiles, los ataques a buques mercantes, las incursiones contra ciudades de retaguardia, el desprecio hacia las normas y leyes del derecho humanitario bélico y el lanzamiento, no fácil de justificar, de las bombas atómicas contra un Japón agotado por la guerra.

7.5.1. *Las consecuencias*

— La I GM tuvo ya un carácter mundial. Fue protagonizada por Alemania en su primera fase y por EEUU en su segunda. Descubre caracteres de «guerra total» al afectar muy directamente a la vida de retaguardia, tender rápidamente a depender de la capacidad productiva de los países ante la tecnificación gradual de las operaciones, sin olvidar que anima los movimientos de emancipación colonial y convierte a Rusia en la URSS.

China despierta justo en este período —la dinastía manchú cae en 1911— y los pueblos árabes se libran del dominio otomano, mientras Lord Balfourd promete a los judíos Palestina.

— Veamos por qué las consecuencias de la II GM multiplican los efectos de la I GM:

a) Se hunde el eurocentrismo histórico.

b) Los EEUU se erigen como la mayor Potencia mundial.

c) La Sociedad de Naciones es «corregida y aumentada» por la ONU, iniciándose un prolífico proceso de organizaciones regionales e internacionales.

d) La URSS confirma su capitanía al frente de la «revolución» proletaria» y sateliza ocho países del Este Europeo.

e) China culmina su evolución revolucionaria y tiende a erigirse en modelo de los pueblos afroasiáticos.

f) Japón, tras un corto período de retroceso y vasallaje y su reforma democrática, recobra su puesto de Potencia, especialmente económica.

g) La guerra se hace tan «total» con la escalada atómica que acaba por convertirse en un instrumento inadecuado para una política mínimamente civilizada. Como alternativa resurgen las modalidades más primitivas de lucha: el terrorismo, la guerrilla y la intriga.

h) El nacionalismo se agranda hasta forjar Bloques de alianzas multilaterales y multicontinentales, además de contagiarse a los pueblos descolonizados de Asia y África.

i) Los tímidos cambios sociales de la I GM se consolidan (la mujer se incorpora al trabajo y la vida política, se tiende a la igualdad racial y de clases, emergen nuevos grupos de presión y centros de poder basados en el control económico, tecnológico e informativo, aumenta el consumo, el bienestar, el deseo de libertad... y, paralelamente, las frustraciones y las rebeliones marginales).

j) La Europa dividida encuentra en el relanzamiento de una Alemania democrática y su entendimiento con Francia e Italia el núcleo carolingio de su identidad. Es como volver a Roma tras derribarse los Imperios interpuestos y diadocos de Hasburgos, Hohenzollerns y Bonaparte.

k) Los judíos restauran Israel y los árabes se debaten por hacerlo con el Islam, una vez eliminado el también Imperio diadoco de Turquía, heredero de Bizancio.

— Sin embargo, las consecuencias inmediatas son más simples y a la par más fáciles de demostrar. El vacío de poder creado por el hundimiento del III Reich afecta a todo el Continente, destrozado por la contienda. EEUU y la URSS pugnan por afianzar sus respectivas zonas de influencia, el primero con la colaboración de Gran Bretaña, que ve en la restauración de Francia, Italia y Alemania un medio de salvar lo salvable de su añorado ideal del equilibrio europeo. La evolución de la Alemania repartida, ocupada y resucitada en dos Estados, es símbolo del proceso que sigue toda Europa. Ello ocasiona fuertes tensiones controladas —la guerra fría— que la descolonización amplía a Asia, donde la guerra de Corea significa el punto álgido del conflicto. Simultáneamente, surgen otros focos de enfrentamiento, en parte conectados con la pugna Este-Oeste, como el de Indochina y en parte nuevos, como las disputas entre los pueblos que acceden a la independencia, disputas que tienen frecuentemente su anclaje en la situación colonial precedente.

7.5.2. La «Guerra total»

— La II GM fue total en el más amplio sentido de la palabra (abarcó directa o indirectamente a todos los Continentes y mares, se luchó en los frentes y en la retaguardia, contra objetivos militares y contra objetivos civiles, con exigencias de una rendición sin condiciones y con enfrentamientos ideológicos incompatibles).

— Se registró un extraordinario desarrollo científico, técnico e industrial que posibilitó sustanciales innovaciones en la logística y la producción de armas modificando tanto la estructura de los ejércitos como las concepciones estratégicas y tácticas. Innovaciones que también repercutirán en la vida civil.

— Los efectivos humanos y de material alcanzaron enormes proporciones. Se impuso la motorización de la infantería y de la artillería, desapareciendo la caballería tradicional, sustituida por divisiones acorazadas. Se perfeccionan armas o se inventan otras (radar, proyectiles autopropulsados, bazocas, armas automáticas, bombas atómicas...).

— Se revaloriza la función del Estado Mayor, de los servicios de información y de planificación, síntoma del impulso que en el desarrollo de la no muy lejana sociedad postindustrial van a tener los factores de gestión y decisión.

— Se daba por supuesta una larga guerra de desgaste tras la experiencia de la I GM, y el Mando se resiste en un principio a emplear ataques masivos ante el poder destructor de las nuevas armas. Las operaciones se estudian con rigor para obtener triunfos rápidos y eficaces. El esfuerzo para asegurar (o destruir) los suministros fue decisivo. La superioridad de los aliados en material, técnica, centros industriales, medios de transporte y equipos de investigación, especialmente en Estados Unidos, influirá en el desarrollo de la contienda.

— Si las reuniones de «alto nivel» tienen lugar en puntos tan dispares como Ottawa, El Cairo, Moscú o San Francisco y afectan directa o indirectamente a la mayor parte de los Estados soberanos, en una impresionante red de negociaciones diplomáticas directas y multilaterales que acaban generando el areópago mundial de las Naciones Unidas, los hombres-clave que dirigen todo el proceso son pocos. Tanto en uno como en otro bando los estadistas poseen todavía una capacidad de acción que recuerda al «despotismo ilustrado».

— Las grandes batallas reflejan el volumen gigantesco que han cobrado las operaciones gracias a la capacidad de producción, movilización y organización de los Estados industriales. La «operación Barbarroja» se lanzó con 179 divisiones o brigadas, en gran parte motorizadas, y 3 Ejércitos del Aire. Las «bolsas» de prisioneros en el Este comprendían cientos de miles de hombres.

La «Operación Overlord» en Normandía presenta las siguientes cifras: 50.000 hombres pertenecientes a cinco divisiones para el ataque inicial; más de 2.000.000 de hombres, que luego serían transportados a Francia y que constituían un total de 39 divisiones; 138 grandes buques de guerra utilizados en el ataque, con otras 221 unidades menores; más de 1.000 dragaminas y unidades auxiliares; 4.000 buques o embarcaciones de desembarco; 805 mercantes, 59 buques para formar escolleras; 300 pequeñas embarcaciones de varios tipos; 11.000 aviones, incluyendo cazas, bombarderos, aviones de transporte y planeadores. Los partisanos que colaboraron se cifran en unos 100.000 hombres.

7.5.3. *«Otro Mundo» en gestación*

— El coste económico de la II GM se calculó en 1.380 millones de dólares. Tal cifra tenía que afectar a la situación de la economía mundial y causar una serie de hondas consecuencias, derivadas en buena parte del dirigismo estatal y la política de pleno empleo de hombres y recursos para ganar la guerra, con una movilización general de las economías nacionales.

— Se pierden o trastocan los mercados coloniales y los mercados de la preguerra. Las hostilidades reducen al mínimo el comercio internacional e incluso los neutrales sufrieron inspecciones y cortapisas (*navicert*). Se modificaron las rutas comerciales y las preferencias en los intercambios, en favor de los artículos con destino bélico.

— Europa quedó sometida a una especie de colonización interna en favor del Reich, que controló los bancos, reservas y producción de los países afectados. Hubo grandes trasvases de mano de obra y deportaciones. El alistamiento de los hombres útiles incorporó a los hombres maduros, las mujeres y los adolescentes a puestos de trabajo. Los aliados, a su vez, contrajeron unas elevadas deudas con Estados Unidos, que inició su postura dominante en la economía.

— Se favoreció el crecimiento y la concentración de las grandes empresas y mientras se restringía el consumo, con crisis en los sectores agrícolas, ganaderos y comerciales, se potenció la industria de base. En 1944, Alemania logró obtener 25 millones de toneladas de acero, pero sólo los Estados Unidos produjeron 89 millones.

— En el capítulo de víctimas, las más grandes pérdidas, según Osmańczyk, las sufrió Polonia (22% de su población, ó 6.028.000 hab.); después de la URSS (11% de su población, ó 20 millones de hab.); y Yugoslavia (11% de su población ó 1.700.000 de hab.); Francia (1,5% ó 653.000); Reino Unido (0,8% ó 375.000) y Estados Unidos (0,14% ó 405.000). También las mayores pérdidas materiales las sufrió la URSS, 128 millones de dólares; Polonia 16,8 millones de dólares y Yugoslavia 9,1 millones de dólares.

— Estados Unidos fue el verdadero «arsenal de la democracia» y su capacidad productiva sintetiza el carácter de «guerra industrial» que ha adquirido todo esfuerzo bélico de envergadura. El volumen de material suministrado para sus necesidades y la de los aliados fue formidable: «casi 300.000 aviones, 85.000 tanques, más de 8 millones de toneladas de desplazamiento en barcos de guerra y 55 millones de toneladas de desplazamientos en barcos mercantes, por enumerar sólo los capítulos más descollantes... El producto nacional bruto ascendió desde 91.000 millones de dólares en 1939 hasta 166.000 millones en 1945» (H. Nicholas).

— Las consecuencias de esta importancia del poder tecnológico para conseguir el poder militar coinciden con otros datos conexos: que sin poder económico es muy difícil lograr esa capacidad productiva y que el empleo de tales medios bélicos iba unido a la capacidad paralela de movilizar millones de personas, tanto en los frentes de lucha como en la retaguardia. Se culmina así el proceso de consolidación de los «nuevos Imperios», que marginan a los Estados «medios» y «pequeños» y se culmina también el proceso de centralización de recursos y decisiones iniciado en el Renacimiento al afianzarse las primeras monarquías nacionales.

— Es «otro mundo» el que emerge en el horizonte histórico. Una sociedad dominada por «grandes espacios de poder» que anuncian la urgencia de agrupar los países, justo cuando se desencadena el troceamiento de los Imperios «clásicos» y el nacionalismo se recrudece. Las dimensiones de acción de los «medios» va concentrando, no menos paradójicamente, los centros de toma de decisiones. Mientras en los estados más avanzados se alcanza un alto grado de nivelación y participación social, aumenta el desfase y las diferencias entre los pueblos más atrasados y se agudizan las tensiones internas en los más desarrollados. Un doble conflicto estructural convulsiona así a «grandes» y «pequeños», precisamente en una época en que la interdependencia de las relaciones hace a todos los países «elementos» de un sólo «complejo relacional».

La II GM supone una gran lección para Europa que pronto comprenderá cómo su futuro está en la unión de sus pueblos.

Como escribe Hugh Thomas: «La II Guerra Mundial debe contemplarse hoy no sólo como la culminación del nacionalismo europeo, ni siquiera como la segunda oleada de una guerra civil europea que comenzó en 1914 (aunque fue ambas cosas), sino como una demostración más de lo fácil que resulta unir Europa por la fuerza y de lo deseable que es procurar unirla en paz y en democracia si se quiere evitar otra prueba de fuerza».

Europa en 1914

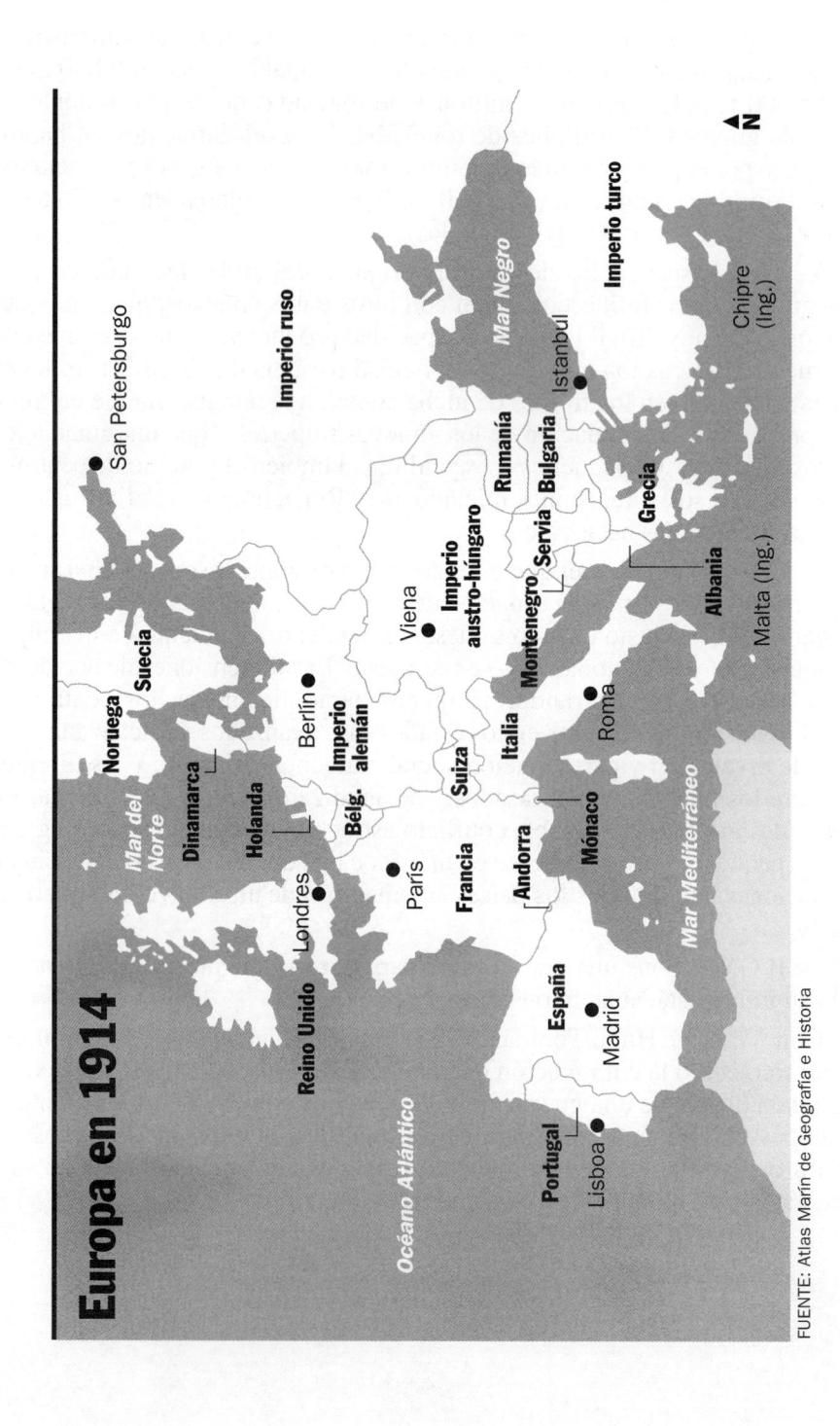

FUENTE: Atlas Marín de Geografía e Historia

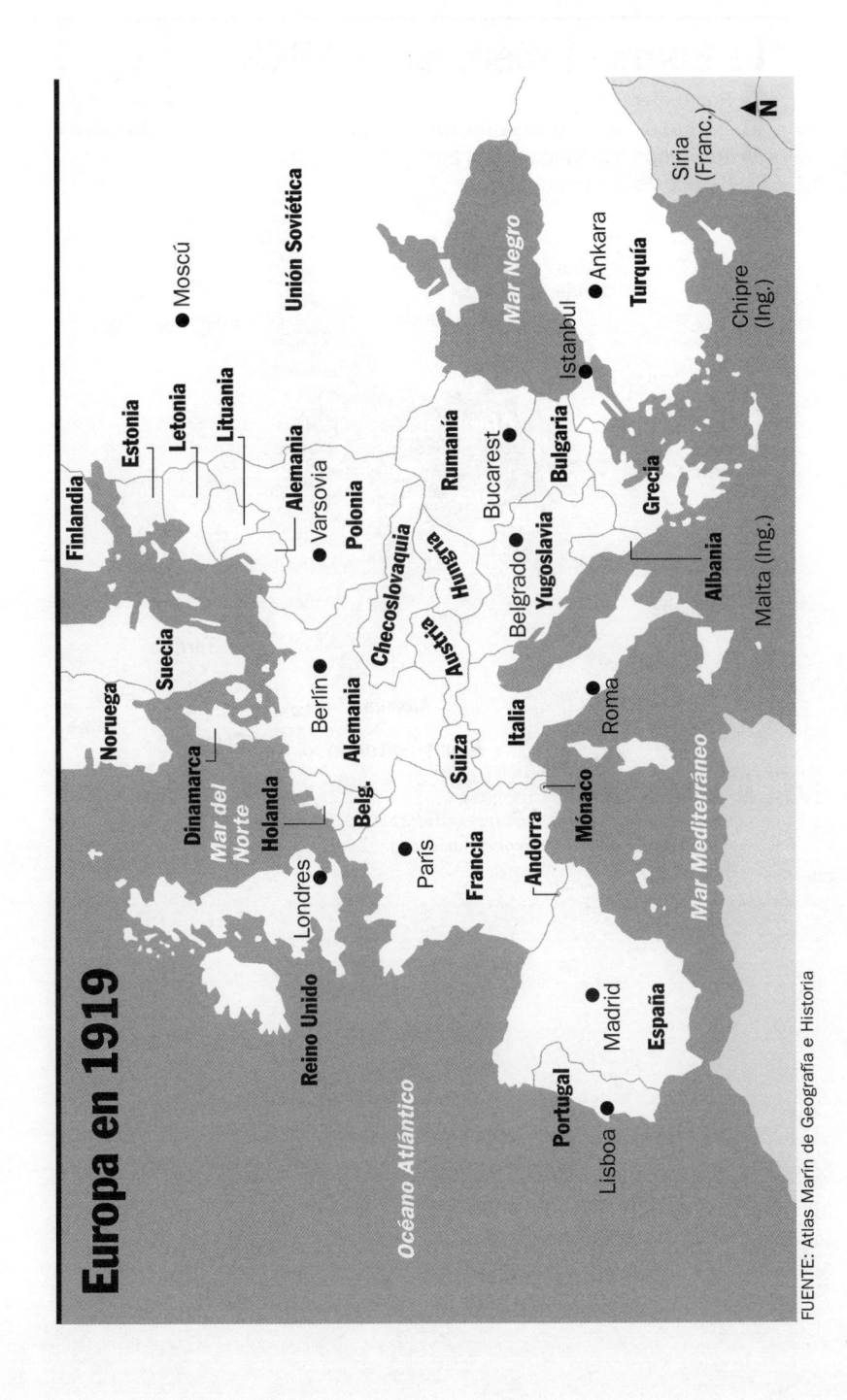

LA SEGUNDA GUERRA MUNDIAL

Europa en 1919

FUENTE: Atlas Marín de Geografía e Historia

La Europa Hitleriana de 1942

- Reich alemán
- Territorios bajo administración alemana
- Territorios ocupados por el Eje
- Estados satélites del Eje

FUENTE: The Dorling Kindersley, History of the World

LA SEGUNDA GUERRA MUNDIAL

La ofensiva japonesa de 1941-42

■ Zona controlada por Japón en 1942
⋯⋯ Extensión de la invasión japonesa

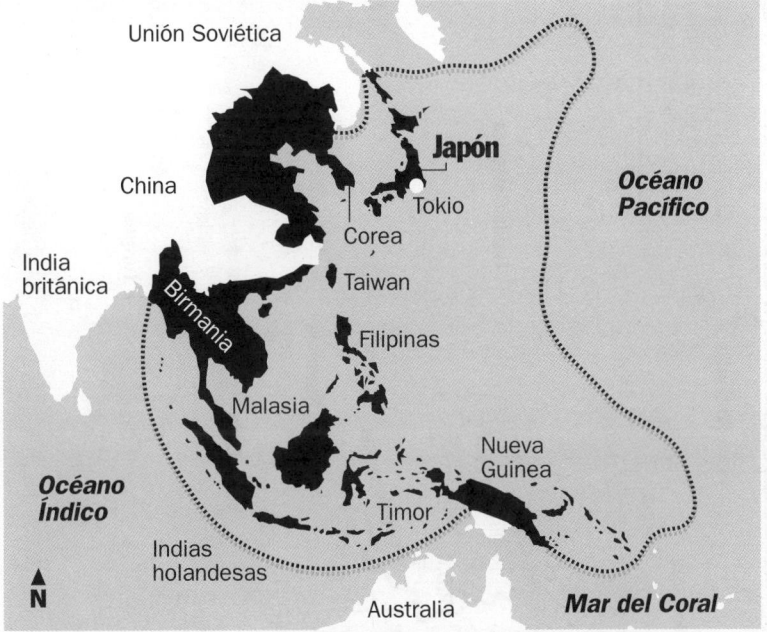

FUENTE: Atlas Histórico Mundial, H. Kinder; History of the World; Dorling Kindersley

LA GUERRA FRÍA

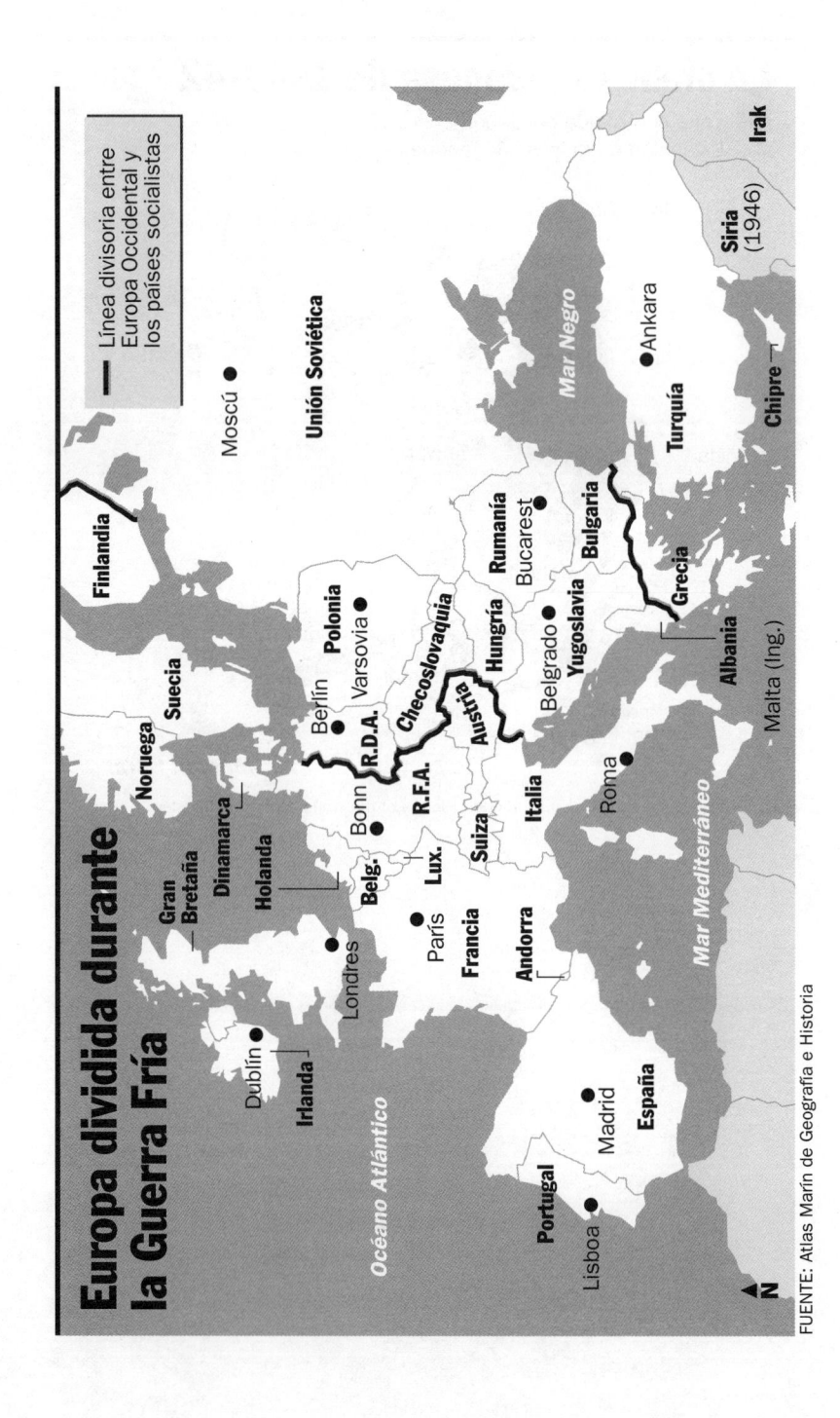

Europa dividida durante la Guerra Fría

— Línea divisoria entre Europa Occidental y los países socialistas

Moscú •

Unión Soviética

Finlandia

Suecia

Noruega

Dinamarca

Gran Bretaña

Holanda

Londres

Dublín •

Irlanda

Océano Atlántico

Portugal

Lisboa •

Madrid •

España

Andorra

París •

Francia

Belg.

Lux.

Suiza

Bonn •

R.F.A.

Berlín •

R.D.A.

Varsovia •

Polonia

Checoslovaquia

Austria

Hungría

Italia

Rumanía

Bucarest •

Belgrado •

Yugoslavia

Bulgaria

Albania

Grecia

Rona •

Mar Mediterráneo

Malta (Ing.)

Mar Negro

Ankara •

Turquía

Chipre

Siria (1946)

Irak

FUENTE: Atlas Marín de Geografía e Historia

Capítulo VIII
UN MUNDO DIVIDIDO

8.1. Estructura y proceso

El resultado de la II GM alteró profundamente el sistema internacional precedente, produciendo una serie de situaciones que van a condicionar todo el período de la posguerra y llegar a nuestros días. Conviene analizar estas nuevas fuerzas que animan los *mensajes*, la posición de los *actores* principales, los *medios* empleados y la consiguiente transformación de la *audiencia*.

La derrota alemana pone fin al poderío germano generado desde el auge de Prusia en el siglo anterior y deja Europa central y oriental en manos de la potencia rusa. Al Bloque del Este se va a contraponer otro en el Oeste, integrado por los países occidentales y los EEUU, que renuncia a su aislacionismo y se lanza a una política intervencionista a escala mundial. La división de Alemania en dos simboliza esta ruptura bipolar de Europa y, en gran medida de todo el mundo.

El proceso de descolonización y el triunfo comunista en China alterarán en los años cincuenta el esquema anterior hasta crear diversos focos de poder y de conflictividad multipolar. El llamado «Tercer Mundo» intentará escapar y mediar en la pugna Este-Oeste.

Siguiendo el modelo onusiano van a proliferar numerosas organizaciones internacionales, que además servirán de paradigma a los movimientos de integración regional, como el de la CE.

8.1.1. *Variables*

a) *Espacio geográfico y estructura social*

— El anterior sistema de distribución espacial del poder quedó sustituido por la formación de los nuevos espacios de influencia, que darán origen a los llamados Bloques del Este y del Oeste. Europa sufre especialmente esta bipolarización que también afectará progresivamente al resto del mundo.

La otra alteración sustancial es la pulverización de los Imperios coloniales, la emergencia de los nuevos estados fruto de la descolonización y el planteamiento de conflictos «periféricos» como las guerras de Corea, Indochina y Oriente Medio, además de los litigios derivados del proceso descolonizador.

Todos estos hechos modificaron fuertemente la estructura social de Europa y de las zonas ultramarinas, con traslados de población a veces masivos, relevos generacionales, establecimientos de nuevas elites dirigentes, conflictos de clase y problemas étnicos y tribales.

b) *Tiempo histórico y universo cultural*

— El peso de lo ocurrido va a marcar no sólo a los individuos sino también a los pueblos, generando rivalidades, mitos, tópicos y actitudes maniqueas. Por otra parte, se aprecia un resurgir de ciertas constantes históricas, como la expansión rusa hacia Europa Central y Oriental, el fallido intento de Gran Bretaña por restaurar la *«balance of power»*, la solidaridad atlántica y especialmente la vieja idea de oposición Este-Oeste, que con diversos altibajos ha surgido varias veces en el mundo desde las guerras médicas.

— La derrota del nazismo y el fascismo conllevó un descrédito de las ideas y posturas conservadoras y «derechistas». Caen varias monarquías en Europa y en 1949 se proclama la República Popular China, ampliando a Asia el fenómeno de la expansión de los Regímenes comunistas. La oposición entre el comunismo y el liberalismo se radicaliza al conjugarse con intereses nacionales contrapuestos, dando origen a la Guerra Fría. Esta dicotomía se reflejará en muy diversas manifestaciones sociales. Conforme cristaliza el *status quo* en Europa, los estados recobran lentamente su identidad tradicional. Se advierte una marcha rápida hacia el ideal de la unidad europea y el aire de «cruzada» que adquiere en ambos bloques la rivalidad hace situarse en primer plano la temática cultural. También se invoca sonoramente, por unos y por otros, el ideal de la paz y la democracia. Pero el hecho claro es el renacimiento solapado de los nacionalismos.

c) *Seguridad nacional y necesidades colectivas*

— Los cambios en la mentalidad de los pueblos y sus dirigentes se encasillan y endurecen en un momento de pretendida solidaridad universal —realización de la ONU proyectando hacia las instituciones internacionales creadas las tensiones nacionales y de Bloque.

— La posesión de la bomba atómica crea una tajante división entre las potencias y obliga a buscar en los sistemas de alianzas la seguridad que proporciona la «sombrilla nuclear». Esta política implica la adquisición de compromisos no siempre acordes con el verdadero interés nacional. Las alianzas responsabilizan aún más a los grandes en su tarea «policial», arrastrándolos incluso a conflictos que en principio poseen escasa entidad. Esta política llega a considerarse arriesgada y será una de las razones que en años venideros aconseje adoptar una línea más elástica evitando «choques directos» provocados por conflictos periféricos. La carrera de armamentos será otra de las características del período.

Con respecto a las necesidades, se aprecia un buen resultado de la reconstrucción. Europa inicia su despegue económico y EEUU multiplica su producción y su mercado. En el Este, la economía se pone también al servicio de la reconstrucción, pero beneficiando en primer lugar a la URSS, lanzada a un gran esfuerzo de industrialización.

d) *Aparato tecnológico e interacción de actores*

La II GM contribuyó sustancialmente al progreso del «aparato instrumental» y este proceso continuará avanzando con espectaculares innovaciones tecnológicas en campos tan variados como la informática, la biología, la física, la química o los medios de transporte y comunicación social. El «equilibrio del terror» será la coronación armamentística de la bipolaridad de la Guerra Fría.

El apoyo estatal y privado a la investigación produce muy buenos resultados, habida cuenta del volumen de las inversiones y la inmediata aplicación práctica de los descubrimientos científicos.

Se afianza el fenómeno ya reseñado de una creciente interdependencia de los pueblos y se aprecia una cierta tendencia hacia la homogeneidad en las modas y costumbres, en parte fomentadas por el cine, los viajes y las ventas de productos en serie.

8.1.2. *Actores*

a) *Estados Unidos y Unión Soviética*

Como escriben Palmer y Colton, aunque el Consejo de Seguridad preveía escaños permanentes para cinco potencias, la guerra, en realidad, sólo dejó dos Grandes Potencias con una fuerza permanente, los Estados Unidos y la Unión Soviética. Desde el siglo XVII, el mundo ha acostumbrado tener alrededor de media docena de Grandes Potencias. Que en 1945 sólo hubiera dos, suponía una gran diferencia. Además, las dos eran superpotencias, gigantescos países continentales, dueños de unos recursos y de una fuerza militar enormes, que eclipsaban a todos los demás Estados, incluidas las potencias europeas que, durante largo tiempo, habían dominado los acontecimientos en los siglos modernos. La característica de un sistema de dos Estados, que no se encuentra en un sistema de múltiples Estados, es la de que cada superpotencia sabe de antemano cuál puede ser su único enemigo peligroso. En tal situación, la habilidad diplomática desaparece. Las medidas que cualquiera de las dos potencias adopta para su propia seguridad son consideradas como provocaciones por la otra. Después de la guerra, los Estados Unidos y la URSS cayeron en esta incómoda relación recíproca. Desde 1945 en adelante, se implantó un antagonismo diplomático e ideológico de intereses y de ideas, que se conoció como la Guerra Fría.

Europa es el principal escenario de esta «bipolarización», formándose los dos Bloques del Este y del Oeste en torno a Moscú y Washington como centros hegemónicos.

Otras zonas del mundo, especialmente tras la puesta en marcha del proceso descolonizador, van a entrar paulatinamente en esta misma dinámica de bipolarización.

Tanto la URSS como los EEUU se encontraron en 1945 convertidas en potencias del Pacífico. Los rusos, que en el siglo anterior habían cometido el error de desprenderse de Alaska, recuperaron al menos lo perdido ante Japón en 1905 y además controlaron Corea del Norte, antesala del archipiélago nipón.

Los americanos, que desde su presencia en Hawai y especialmente tras ocupar las Filipinas, habían desvelado su voluntad expansionista en la zona, salieron de la II GM como potencia hegemónica del océano. Su ocupación de Japón y Corea del Sur, su alianza con otros países amigos plasmada en la SEATO y su vinculación con la China nacionalista, hacen de los EEUU no sólo una potencia marítima, sino en parte asiática, como se confirmará años después en el conflicto vietnamita.

b) *Europa*

La ruina de Europa no se cifraba sólo en la destrucción de vías de comunicación, fábricas o ciudades, en la pérdida de mercados exteriores o de capacidad productiva. Lo más dramático eran las pérdidas humanas.

Wilfried Loth escribe que, en este aspecto, «las pérdidas de la guerra habían alcanzado unas proporciones hasta entonces desconocidas. Después de la Unión Soviética (que había soportado el peso mayor de la guerra en el continente con 20 millones de muertos), la región oriental y sudoriental de Europa fue la que mayor número de víctimas tuvo que lamentar: 7,5 millones de muertos, de ellos 4 millones de judíos exterminados, lo que suponía en total casi el 9% de la población. Alemania (calculando según las fronteras de 1937) perdió 5,5 millones de personas, aproximadamente el 8% de su población.

»Los restantes países europeos, menos afectados por las acciones bélicas, sumaron otros 4 millones de muertos. Las pérdidas de vidas humanas se elevaron, en total, a una cifra entre tres y cuatro veces superior a la de las víctimas de la I GM. Cerca de 50 millones de personas habían perdido en la Europa continental, de forma transitoria o para siempre, su tierra: soldados, prisioneros de guerra, víctimas de la "política de depuración" nacional-socialista en Europa oriental, Lorena y Tirol meridional (2,8 millones), evacuados (sólo en Alemania 6,2 millones), fugitivos y desplazados al final de la guerra de los asentamientos alemanes situados al este de la línea Oder-Neisse y en Checoslovaquia (12 millones de los cuales llegarían a las cuatro zonas alemanas de ocupación), fugitivos y deportados de los países bálticos, y polacos emigrados de los territorios que hasta ese momento habían pertenecido al Reich (2 millones). Ninguna estadística contabilizó, sin embargo, las pérdidas relativas a las relaciones humanas y a las formas sociales de comunidad».

— El sistema de Estados europeos, que desde Westfalia fue forjando —con distintas alteraciones como la sacudida del Imperio napoleónico— el equilibrio continental y que ya había recibido un serio golpe tras la I GM, queda ahora pulverizado. Francia y Alemania dejan de ser potencias de primer orden, aunque París conserve al menos la función de tal y Gran Bretaña, que pronto perderá también su Imperio ultramarino, no puede desempeñar el papel de árbitro de Europa.

La potencia rusa no encuentra contrapeso en el continente, hasta que se forma la OTAN, que vincula a la seguridad europea EEUU y Canadá. Al terminar la II GM la mayor parte de Europa estaba devastada. Como señalan Palmer y Colton: «... En la Primera Guerra Mundial, la guerra de trincheras había destruido totalmente las regiones fronterizas. En la Segunda, la lucha por tierra había convertido en ruinas a Rusia occidental, y los bombardeos aéreos habían reducido a montones de escombros ciudades enteras, especialmente en Alemania. Los llamados bombardeos estratégicos de los aliados habían destruido la industria productiva y los medios de transporte del Continente. Los artículos aun en el caso de que se produjesen no podían transportarse; millones de refugiados que huían de las ciudades bombardeadas o de regímenes políticos hostiles buscaban desesperadamente un albergue. La guerra había asolado una de las áreas industriales más importantes del mundo y hundido su sistema económico».

El problema económico se reflejaba también en el sector exterior. Era impensable un comercio entre las dos Europas surgidas de la contienda y tampoco se contaba aún con capacidad suficiente como para comerciar con los mercados ultramarinos, incluyendo las mismas zonas coloniales, que habían empezado a industrializarse o al menos a tener una cierta vida económica propia. Como escriben los autores antes citados: «El Continente estaba en la misma situación en que la Primera Guerra Mundial había dejado a Viena. Europa era una metrópoli mundial, una especie de gigantesca ciudad continental, separada de las áreas con las que había mantenido su comercio».

— Los estadistas de uno y otro Bloque eran conscientes de que Europa se había convertido no sólo en un espacio de rivalidad, sino también en un espacio que reconstruir y relanzar. Sin Europa, resultaba difícil imaginarse el mundo.

Pero los europeos, aunque aceptaron con resignación la ayuda americana y con fatalismo la dominación soviética en el Este, no perdían la esperanza de revitalizar su ser y encontrar un camino propio de libertad y renacimiento. Estos sentimientos, muy fuertes en la Europa Occidental, hallaron en el marco democrático de sus instituciones la vía de su autonomía y progreso.

Si bien amplios sectores de la población votaban a los comunistas en Italia o Francia, estos partidos fueron perdiendo apoyo paulatinamente. El ejemplo de lo que ocurría en la Europa Oriental no beneficiaba a los comunistas de esta otra Europa, pese a la simpatía que en círculos intelectuales o sindicales podía despertar el marxismo.

— Europa Occidental, que ya se vio afectada en su poderío tras la II GM, ve hundirse en pocos años su señorío ultramarino y emprenderá, en la búsqueda de su cooperación, el camino de responder al desafío de sobrevivir como «complejo continental». Los destrozos de la II GM son enormes. Su endeudamiento alarmante, su crisis de identidad, profunda.

Gran Bretaña, gobernada por los laboristas, inicia la transformación del Imperio seguida por las demás potencias. En todos los países se tiende al recurso de las nacionalizaciones, sin abandonarse la economía social de mercado ni las instituciones democráticas. Al agravarse la Guerra Fría, los partidos comunistas son apartados de las coaliciones en el poder. Gran Bretaña colabora en la potenciación de Francia y de Italia para contrarrestar de algún modo la pérdida del equilibrio continental.

El Mediterráneo recobra su importancia ante las pretensiones rusas sobre Turquía e Irán y los sucesos en los Balcanes, con el conflicto de Grecia, mientras la España de Franco es marginada, considerada un Estado con perfiles fascistas.

El Benelux se erige en núcleo del proceso «europeísta», mientras los países nórdicos mantienen una línea neutralista en política exterior.

Hay que destacar el papel de los nuevos dirigentes, en parte surgidos de la resistencia, y el desempeñado por partidos como la democracia cristiana, la socialdemocracia y los liberales.

En los años cincuenta, las potencias europeas experimentan un «giro a la derecha». Los conservadores y la democracia cristiana predominan en Gran Bretaña, Italia y la RFA, mientras Francia sufre la inestabilidad crónica de la IV República.

Si la I GM supuso el fin de los Imperios europeos y la caída de dinastías seculares, la II GM derribó de sus tronos a los monarcas balcánicos Pedro II de Yugoslavia, Miguel I de Rumanía y Simeón II de Bulgaria. Pierde también la corona, que ya le había sido arrebatada por los invasores italianos, Zogú I de Albania. El rey de Italia y emperador de Abisinia, Víctor Manuel III, abdicó en su hijo Humberto, pero en Italia también se acaba proclamando la República. Sí se salvó la monarquía en Bélgica, gracias a ceder sus derechos Leopoldo III a su hijo Balduino.

Haile Selassie recobró el trono de Etiopía, que será derribado en 1974. Otro de los monarcas supervivientes, el último gran protagonista de la época de la II GM, que llegó hasta el final de los años ochenta, fue el emperador japonés. Los americanos tuvieron el acierto de conservarlo en el trono y su figura contribuyó a la integridad y al resurgir del Japón. Hiro-Hito morirá el 7 de enero de 1989.

c) *El sistema onusiano*

La ONU apenas sufrió modificaciones en estos años álgidos de la Guerra Fría. Desde 1945 a 1955 únicamente fueron admitidos 5 países: Afganistán (1946), Islandia (1946), Israel (1949), Pakistán (1947) y Yemen del Norte (1947). En 1955, ya en el comienzo de la coexistencia y con el proceso descolonizador en marcha, entrarán a formar parte de la organización 18 naciones, entre ellas España.

EEUU mantenía una clara supremacía en el sistema onusiano y la URSS optó por la política del *niet*, bloqueando las decisiones del Consejo de Seguridad que no le agradaban En los diez años citados, los rusos utilizaron el veto 75 veces, mientras los americanos lo hicieron en 3 ocasiones.

Como expone Roberto Mesa, «casi sincrónicamente con el fin de la Segunda Guerra Mundial, nace a la vida internacional una constelación de instituciones o de organizaciones internacionales, de carácter regional, delimitadas en un ámbito geográfico particular, que también viene a confirmar una tendencia de la sociedad internacional ya iniciada en el siglo XIX. La orientación grupal, sin embargo, puede ser contemplada desde una doble perspectiva: por una parte, situándose desde la sombrilla protectora de las Naciones Unidas, puede entenderse que aspiran a completar su funcionamiento; pero desde otro ángulo, también puede entenderse, y a veces así ocurre, que pretenden articular vías paralelas a las que la organización mundial para eludir material y formalmente su control.

»La realidad es que hoy día la sociedad internacional se fundamenta en estos dos niveles organizativos: (el universal y el regional), y que salvo, figuras anacrónicas, el complejo relacional está sumamente multeralizado».

8.1.3. *La audiencia*

a) El fin de la guerra no trajo realmente la paz deseada, sino una situación novedosa de tensiones y hostilidades no bélicas, que fue bautizada con un nombre que hizo fortuna: la «Guerra Fría».

Ni siquiera se llegó a firmar un tratado general similar al de Versalles. En Potsdam se había acordado que los Ministros de Asuntos Exteriores de los Grandes se reuniesen para elaborar los Tratados de Paz. Sin embargo, las reuniones que se celebraron en París (1946), Moscú y Londres (1947), quedaron en punto muerto en lo referente a los tratados con Alemania y Austria, aunque se avanzó en otros temas como la retirada de las tropas rusas y americanas de China o la nueva ordenación de Corea.

El 10-II-47 se firmaron en París los Tratados con Bulgaria, Finlandia, Hungría e Italia; y, en San Francisco, el 8-IX-51, EEUU lo hizo con Japón. Los proyectos rusos de Tratado con Alemania —unida en 1950 y representada por los dos Estados alemanes en 1959— no prosperaron al ser rechazados ambos por las Potencias occidentales.

El problema alemán se ha ido resolviendo en forma de acuerdos, tratados o declaraciones de las Potencias sobre el conjunto de Alemania y con las dos Repúblicas germanas.

Con Austria se llegó el 15-V-55 al llamado Tratado de Estado que reconocía la independencia y soberanía plena del país, firmándose el protocolo en Viena por las Potencias aliadas y asociadas.

También habría que mencionar los acuerdos entre la República Federal de Alemania y Polonia de 18-XI-70 reconociendo la frontera germano-polaca en el Oder-Neisse. Y, sobre todo, la Conferencia sobre la Seguridad y la Cooperación en Europa de Helsinki (3-VII-73 a 1-VIII-75) en cuya Acta Final se aceptó expresamente la inviolabilidad de las fronteras europeas existentes.

En efecto, esta decisión de considerar inviolables las fronteras europeas, acompañada del acuerdo de respetar la integridad territorial de los Estados, ha venido en cierto modo a suplir el vacío creado por la no existencia de un Tratado general de paz tras la II GM.

b) A la vista de lo ocurrido en Rumanía, Roosevelt, poco antes de morir, telegrafió a Churchill señalándole el riesgo de considerar el acuerdo de Yalta como un fracaso. El estadista inglés se mostraba aún más pesimista y pronto afirmará rotundamente que «una cortina de acero divide a Europa». La emergencia de esta situación de bipolaridad y enemistad también se advirtió desde Moscú y a ello obedece la teoría de Zdanov sobre los «dos mundos».

— El proceso puede seguirse con nitidez en el primer bienio. La URSS se erige en campeona del «paneslavismo» y la «revolución», mientras los EEUU adoptan una política paralela de contención y homogeneización de los países donde establece su colaboración.

— El discurso de Churchill en Fulton (Missouri) el 5-III-46 reiteraba su denuncia del «telón de acero», y fue repetido el 10 ante el Alto Mando americano, siendo calificado por *Pravda* como ejemplo de la «incomprensión total de un viejo reaccionario». Churchill coronó su denuncia con una posterior llamada a la unidad europea, en Zurich, el 19-IX-1946, ilustrando el nuevo clima de «escisión y agrupamiento» por el que se caminaba.

— El recrudecimiento de la guerra civil griega, la aprobación de la doctrina Truman y el coordinado lanzamiento del «Plan Marshall» termina por acelerar el proceso de división. Los países que adoptan el «plan» entran en la órbita de Washington, mientras que aquellos que lo rechazan —incluso *malgré lui* como Checoslovaquia— lo hacen en la órbita de Moscú.

— Esta «alineación» hace forzar también los pasos en el Este, al acelerar Stalin su «satelización», sustituyendo por un control férreo su anterior planteamiento de unas Democracias Populares dominadas por los comunistas, pero salvaguardando algunos aspectos formales de los regímenes liberales. Stalin, que había suprimido en 1943 la III Internacional o Komintern, reinventa ahora la Kominform.

— En este marco se comprende el fracaso de la Conferencia de Ministros prevista en Londres. El proceso de homogeneización en el Este culmina con el «Golpe de Praga» que asegura el dominio ruso sobre «el cuchillo checoslovaco» y el menos afortunado bloqueo de Berlín, donde EEUU respondió automáticamente con el «puente aéreo» y se vivieron unos momentos realmente cruciales.

— La formación de las dos Repúblicas alemanas cierran el crecimiento de la bipolarización. En el segundo bienio de la posguerra, justo cuando el proceso descolonizador está en marcha, Mao Zedong entra en Pekín y Ben Gurion proclama el Estado de Israel.

En pocas palabras pueden resumirse los cambios más significativos que se operan en los años siguientes en el escenario internacional: estructuración de los Bloques y ensanchamiento de las tensiones a todo el mundo.

— La firma del Pacto de Bruselas (17-II-48) que unía dos pactos precedentes, el anglofrancés de 1947 y el del Benelux, supone ya una alianza defensiva de la Europa Occidental.

— El fin del «aislamiento americano» se confirma al aprobar el Senado, con sólo cuatro votos en contra, la «resolución Vanderberg», autorizando al Presidente a establecer la alianza Atlántica. Tras una serie de negociaciones con Canadá y las potencias europeas, que coinciden con las elecciones en EEUU, se llega a la firma del Tratado del Atlántico Norte, en Washington, por representantes de 12 naciones.

— El proceso descolonizador corre desde el subcontinente indio y el Sudeste asiático hasta el Medio Oriente, para propagarse poco más tarde al África del Norte y por último al África Subsahariana, no sin generar una serie de zonas de tensión muy fuertes, como Indochina, el conflicto indo-pakistaní, la rivalidad malayo-indonesia o el enfrentamiento árabe-israelí.

— A los pocos meses de implantarse la República Popular China estalla la guerra de Corea, punto de inflexión de la Guerra Fría. En este contexto hay que situar también el relanzamiento del Japón y su intento con EEUU.

— El auge de los medios de comunicación, la instantaneidad del conocimiento y difusión de las noticias gracias a las grandes redes informativas tendidas por las agencias con proyección internacional, la importancia del cine como vehículo propagandístico y el empleo de la radio (especialmente en los países subdesarrollados, para hacer llegar a las masas las consignas de los líderes), dan a estos años un peculiar carácter de «competencia ideológica» que se transmite a las décadas posteriores.

8.1.4. *El Proceso de Nuremberg*

Cumpliendo los acuerdos fijados entre los aliados a partir de la reunión de Teherán, se creó un Tribunal Militar Internacional para juzgar a los criminales de guerra.

Los juicios tuvieron lugar en Nuremberg, ciudad elegida por haber sido una especie de capital ideológica del nazismo, donde se habían celebrado grandes desfiles y congresos del partido. Desde el 20 de noviembre de 1945 hasta el primero de octubre de 1946 hubo 402 sesiones.

Se adoptó como base jurídica de actuación el llamado «Estatuto de Londres», que hablaba de los crímenes contra la paz, de los crímenes de guerra, y de los crímenes contra la humanidad. Se decía que constituían crímenes de guerra los perpetrados contra el Derecho Internacional y contra las leyes tradicionales de guerra. Además debería tenerse en cuenta el planteamiento, la preparación y el desencadenamiento de tales actos. Entre los crímenes contra la humanidad se mencionaban: exterminio, asesinato, esclavitud, deportación, persecución por motivos religiosos, políticos y sociales.

Estos principios jurídicos se concretaron en el documento conocido como «Carta de Nuremberg».

Se inculpó no sólo a individuos sino también a órganos del régimen nazi como el Gabinete del Reich, las Secciones de Asalto (SA), la Gestapo, el Estado Mayor General, el Alto Mando de las Fuerzas Armadas (OKW), etc. Se podía, por tanto, inculpar a quienes hubieran pertenecido a esas entidades.

El tribunal estuvo integrado por cuatro jueces, nombrados por EEUU, URSS, Gran Bretaña y Francia.

De los 185 acusados, 35 fueron absueltos. De los 150 restantes, se condenó a 12 a morir en la horca, 3 a cadena perpetua, 2 a veinte años de prisión y a los demás a penas menores de prisión. El 31-I-1951 el Alto Comisario de EEUU en la RFA amnistió a quienes quedaban en la cárcel por penas menores.

Entre los principales acusados figuraron Göring (que se suicidó), Frank, Rosenberg, Seyss-Inquart y Kaltenbrunner, además de militares como Keitel, Jodl, Donitz y Raeder, o diplomáticos como Von Papen, Von Ribbentrop y Von Neurath. Rudolf Hess, que también fue condenado en Nuremberg, fue el último penado nazi, ya que permaneció en la carcel de Spandau hasta su suicidio el 17-VIII-1987, en condiciones poco claras todavía. Contaba 93 años de edad.

En Tokio se estableció igualmente un Tribunal Militar Internacional para juzgar a dirigentes japoneses acusados de ser también criminales de guerra. El Tribunal se creó el 19-I-46 y dictó sus sentencias en noviembre de 1948 para 25 acusados, dictando 7 penas de muerte —entre ellas, condenas para Tojo, Dohiana, Matsui, Kimura e Hirota—, 16 cadenas perpetuas —entre otros fueron condenados Kido, Umezo, Shingentaro Shimada, Koiso, Araki y Oshima—. Por decisión expresa de los EEUU, no fue llevado al banquillo de los acusados el emperador Hiro-Hito.

La represión contra los nazis y los colaboracionistas con el III Reich se extendió a todos los países implicados. Entre los dirigentes más importantes que fueron ejecutados figuraron Laval, jefe de Gobierno de Vichy, y Vidkum Quisling, jefe del Gobierno de Noruega durante la ocupación alemana. El mariscal Pétain, fue también condenado a la pena capital, pero le fue conmutada la condena.

8.1.5. *La Guerra Fría*

— «El término "guerra fría" —dice H. Lades— es un producto casual de la prensa política, es decir, que no constituye un concepto definido por el Derecho Internacional, ni un término utilizado inequívocamente en el lenguaje diplomático».

Aunque la divulgación del concepto se atribuye a Richard Baruch, que fue consejero de cuatro presidentes norteamericanos, él mismo ha escrito posteriormente que la acuñó Herbert Bayard Swope. Pero fue el periodista Walter Lippman quien más contribuyó a popularizarlo al recopilar una serie de artículos bajo el título de *The Cold War*.

Hemos venido haciendo referencia a este término con ocasión de los hechos analizados durante el proceso de la división y el enfrentamiento Este-Oeste en el cuatrienio que sigue al fin de la II GM. Sin embargo, esta idea va a seguir manejándose durante la década de los cincuenta e incluso en los años sesenta, cuando el término «coexistencia» acaba predominando para definir la nueva situación internacional.

Por otra parte, es curioso hacer constar que el concepto de *guerra fría* se encuentra ya nada menos que en el cap. LXXXIX del *Libro de los Estados*, escrito por el infante Juan Manuel, en el siglo XIV. En dicho texto se lee: «ca la guerra muy fuerte et muy caliente aquella se acaba aína o por muerte o por paz, mas la guerra fria nin trae paz ni honrra al que la face».

— Eisenhower define la Guerra Fría como la «paz incómoda». La frase es muy sugerente para comprender las circunstancias del mundo en la posguerra. Truman, en sus memorias, afirma que la Guerra Fría es un concepto inexacto e incorrecto. Lukacs considera que «ha sido una consecuencia directa de la II GM, exactamente lo mismo que la segunda guerra mundial constituyó la consecuencia directa de la primera. A Foster Dulles debemos una definición pesimista y nítida: todo lo que no es guerra caliente es guerra fría».

— Se pretende abarcar con este término el conjunto de relaciones de tensión, de enfrentamientos no armados, que por medio de acciones o palabras busquen el desprestigio o desgaste del adversario y el interés propio.

— Tampoco resulta cómodo fechar el origen concreto de este «estado de cosas». Walt W. Rostow se remonta nada menos que hasta la batalla de Stalingrado, pero la mayoría de los autores se fijan en el resquebrajamiento de la Gran Coalición, es decir, en las rivalidades surgidas en el bienio 1945-1947, alargándose su vida hasta fechas igualmente imprecisas, que tan pronto se vinculan a los primeros pasos para la coexistencia tras la muerte de Stalin, como se retrasan a los viajes de Richard Nixon a Pekín y Moscú, a la conferencia de Helsinki de 1975 e incluso al hundimiento de la URSS en 1991. Los antagonismos ideológicos y las rivalidades de intereses entre los vencedores y sobre todo entre la URSS y EEUU quedaron de manifiesto muy pronto. Ya durante las principales conferencias para preparar el orden de la posguerra, las desavenencias de Churchill con Stalin resultaron patentes, pero Roosevelt fue más contemporizador. La muerte del mandatario norteamericano y su sustitución por Truman, persona mucho menos proclive a entenderse con los rusos, aceleró el fin de la «luna de miel» de los coaligados contra el Eje.

— Se acostumbra a afirmar que la Guerra Fría comenzó en 1947, al salir a la luz las disensiones existentes y plasmarse en varios hechos decisivos, como la llamada «Doctrina Truman» o la aceptación o rechazo del «Plan Marshall» por los países europeos. Sin embargo, ya a finales de 1945 y a lo largo de 1946 se dan situaciones de tensión y menudean los puntos de fricción, como se ve en los casos de Polonia y Hungría o en las desavenencias que afloran en la administración de la Alemania ocupada, sin olvidar las presiones rusas sobre Turquía o la crispación en Grecia.

— Relevado ya de su cargo de Primer Ministro, Churchill pronunciará el 5-III-46, en el transcurso de una conferencia en Fulton una frase que hará historia: «... Desde Stettin en el Báltico hasta Trieste en el Adriático ha caído un telón de acero sobre el continente. Al otro lado se encuentran capitales de Estados del centro y el este europeos, como Varsovia, Berlín, Praga, Viena, Budapest, Belgrado y Sofía, así como otras nobles ciudades, que han caído bajo la esfera de influencia soviética, y que de una u otra forma están sometidas a la presión que estos ejercen, siendo controladas por las medidas acordadas en Moscú».

— La Guerra Fría empalma con el «equilibrio del terror» por un lado y con los nuevos campos de competencia que genera el haberse hecho el mundo más plural, heterogéneo e interdependiente.

También es claro que si hasta la muerte de Stalin puede aplicarse el concepto de modo general a todo el período, en los años sucesivos resulta excesivo y sólo debe utilizarse para aquellos momentos de tensión grave que vuelven a plantearse, no sólo en las relaciones entre EEUU y la URSS, sino entre los demás actores de la vida política internacional.

— El enfrentamiento responde, según se ha visto, a múltiples factores: oposición ideológica entre comunismo y liberalismo, ruptura del equilibrio europeo, crisis sociales internas, hundimiento de la economía y medidas de reconstrucción coordinadas entre los estados, resurrección de clásicos antagonismos, como la rivalidad de la potencia marítima y la potencia terrestre, choque de los nacionalismos y extensión a escala universal de todos estos problemas, comenzando por Asia y Oriente Medio...

Los contenidos ideológicos ofrecen la característica de vincularse al sentimiento nacional y ser simultáneamente internacionalistas. El ritmo de encastillamiento maniqueo hace difuminarse a las opciones intermedias, al menos por el momento, e incluso conlleva una «guerra paralela interna» para defender las respectivas «ortodoxias» —«caza de brujas», purgas, etc.— y la calificación de clientelas de estados, hechas siguiendo más el principio de oposición al adversario que de estricta homogeneidad con el régimen propio. Todo ello se refleja en muy distintos medios de acción, no sólo económicos y militares, sino también propagandísticos y culturales.

8.1.6. El «equilibrio del terror»

— La sicología reinante de los años álgidos de la Guerra Fría es resumida por Spaak con una sola palabra: miedo. «La URSS tiene miedo de nosotros, nos atribuye los más sombríos designios, pero nosotros aún tenemos más miedo de ella y por esta razón adoptamos medidas defensivas, las cuales ella toma como amenazas y gestos agresivos». No se trata sólo de un «miedo» inconcreto, sino de una actitud real que se expresa con el constante incremento de los arsenales militares, en la búsqueda de armas cada vez más sofisticadas, en la creciente vinculación de los países mediante el establecimiento de alianzas y bases. Incluso acaba afectando a las situaciones internas, dado el peso económico de la industria militar —«Pentagonismo»— y la trascendencia que tiene la toma de decisiones en estos campos, decisiones tomadas poco menos que en reducidos cenáculos de expertos, con obvio deterioro de una administración que se dice democrática.

— Blarkett consideró que el lanzamiento de las bombas atómicas contra el Japón «no era el último acto militar de la segunda guerra mundial, sino el primer acto de la guerra fría contra Rusia». La afirmación es posiblemente exagerada, pero su valoración con una perspectiva de los años cincuenta no es absurda.

La bomba atómica cambiaba las coordenadas vigentes. Al día siguiente de la explosión de Hiroshima, un editorial del *New York Times* advertía que la civilización y la humanidad no podrán sobrevivir desde ahora, si no se produce una revolución en el pensamiento político de los hombres. Es pronto para ello. De momento el problema es para Washington mantener la supremacía o lograr al menos el empate, desde la óptica soviética.

— A la estructuración de la posguerra le faltaba esa «legitimidad» que Metternich invocaba en Viena. Al carecer de un ideal compartido, la Pentarquía —que es Diarquía— degenera en un equilibrio pragmático, mecanicista, de puro poder, vacío de exigencias éticas que se respeten sinceramente en conjunto. De aquí la importancia que la carrera de armamentos cobra. La estructura política está en función de la estructura militar. De aquí también, la repetida «Pactomanía».

— El fenómeno, aunque sea característico de esta década, la rebasa y llega hasta la actualidad. La evolución del armamento es imparable y sólo una triple exigencia contribuirá a atemperarla: la saturación de capacidad destructiva, el costo de los presupuestos de defensa y el riesgo de su proliferación.

Mientras los americanos cifraban su superioridad en la posesión de la bomba atómica y en sus fuerzas aeronavales, los soviéticos prácticamente no desmovilizaron y conservaron una patente capacidad militar mayor en el despliegue terrestre europeo.

En los años cincuenta, rusos y americanos hicieron explosionar sendas bombas termonucleares o de hidrógeno (los EEUU en noviembre de 1952 y la URSS nueve meses más tarde). La carrera de armamentos no sólo se mantenía sino que se disparaba, como se confirmará en las décadas siguientes.

8.1.7. *Las Superpotencias*

a) *Los Estados Unidos*

Los Estados Unidos emergen de la II GM convertidos en la primera Potencia mundial, revalidando su posición hegemónica, apenas contrapesada por la también victoriosa Unión Soviética.

Los costos de esta supremacía son además muy cortos, pues la guerra no afectó al territorio americano pese a enviar sus tropas a Europa, Norte de África y Asia.

Al convertirse en arsenal de la democracia, relanzó su economía a unos niveles de gran desarrollo y se erige también en acreedor de todos sus aliados. El declive del Imperio Británico y la obvia debilidad del Reino Unido hacen de los EEUU herederos del predominio anglosajón, pronto acrecentado ante el proceso descolonizador que va a eliminar los restos del poderío europeo en ultramar.

Las ventajas de EEUU al comenzar la Guerra Fría se consolidan en parte durante este período. Alfredo Traversoni traza el siguiente esquema que sintetiza esta situación:

«*El prestigio mundial* no sólo por poderosa y vencedora de la guerra, sino como potencia representativa de un régimen y de un nivel de vida mirado por muchos como una meta a alcanzar.

»*La superioridad industrial y financiera* le permitía abastecer de mercaderías y capitales a gran parte del mundo, creando relaciones o lazos de dependencia que se podían traducir políticamente en alianzas o, por lo menos, en una disposición favorable de parte de los países a ella vinculados. Estaba en condiciones de prestar asistencia (*Plan Marshall*) a los países que, destrozada su economía por la guerra, clamaban por ayuda.

»*La superioridad en armamentos y transportes*, directa consecuencia de su potencialidad industrial no afectada, sino todo lo contrario, por la Segunda Guerra Mundial, que no tocó el territorio norteamericano y devastó el de la URSS.

»*La posesión de la bomba atómica*, de la cual los EEUU tuvieron el monopolio hasta 1949. Y aún después de esta fecha, disponiendo también la URSS de la bomba atómica, seguía siendo su territorio el vulnerable y no el norteamericano. Los EEUU estaban en condiciones de lanzar esas bombas por la proximidad de sus bases con respecto al territorio soviético (Turquía, Noruega, Islandia, Japón, Irán, España, Italia); el territorio norteamericano estaba al abrigo de esa posibilidad por la protección que le daba la distancia.

»*El dominio de los océanos Pacífico y Atlántico*, que daba a EEUU un cinturón de seguridad. El dominio del Atlántico era compartido con los aliados europeos; en el Pacífico, su dominio era exclusivo y se manifestaba desde la posesión de las islas de más valor estratégico (Hawai, Marianas, Marshall, Carolinas y Okinawa) hasta la ocupación militar de todo el territorio del Japón.

»*El voto mayoritario en la ONU*. Con el voto de sus aliados o amigos, los EEUU estaban en condiciones de obtener para su política exterior, y fundamentalmente en su pleito con la URSS, el respaldo mayoritario, tanto en el Consejo de Seguridad como en la Asamblea General.

»*El cerco estratégico de la URSS*. Mediante su participación en un sistema de alianzas americanas y asiáticas, los EEUU pudieron cercar a la URSS, agregando a su poderío la suma de fuerzas de sus aliados. En América contaba con el respaldo de la OEA; en Europa de la OTAN; en Asia, de la organización del pacto de Bagdad y la SEATO. Una de las manifestaciones prácticas de este sistema de alianzas fue la concesión de bases aéreas, con las que los norteamericanos establecieron un verdadero anillo en torno a la URSS».

La política exterior de los EEUU fue radicalmente opuesta a la seguida después de la I GM. Si entonces se volvió al aislacionismo e incluso este país norteamericano no formó parte de la Sociedad de Naciones, en 1945 se confirma la estrategia de estar presentes en todos aquellos lugares donde la responsabilidad de ser una Gran Potencia lo requiera, hasta el punto de acusarse a Washington de un excesivo intervencionismo. El hecho de que las Naciones Unidas tengan su sede en Nueva York ilustra nítidamente este giro político del aislacionismo a la asunción de responsabilidades prácticamente universales.

Como señala Snyder: «En los cinco años siguientes a 1945, los EEUU duplicaron su producción industrial, triplicaron la cantidad de dinero en circulación en su territorio y cuadruplicaron su ahorro. Los temores a que una rápida desmovilización condujese a un período de paro resultaron infundados...».

El Presidente Roosevelt murió el 12-IV-45, en vísperas del fin de la guerra en Europa. El nuevo mandatario norteamericano, Harry S. Truman, tuvo por lo tanto como primer objetivo concluir la guerra en Europa y en el Pacífico, como así ocurrió en breve tiempo, tras la capitulación alemana y japonesa.

Durante estos primeros meses del mandato de Truman ocurren otros acontecimientos importantes ya conocidos, como la Conferencia de San Francisco, que termina con la aprobación de la Carta de las Naciones Unidas y la Conferencia de Potsdam.

Decisión importante que tuvo que tomar el nuevo Presidente fue el lanzamiento de la bomba atómica contra Hiroshima y Nagasaki.

La guerra había potenciado la economía americana haciendo desaparecer los restos de la *Gran Depresión* y se presentaba ahora el reto de reconvertir ese esfuerzo bélico en una empresa de paz y reconstrucción, proyectada además sobre los aliados e incluso sobre los vencidos.

Se procedió a una rápida desmovilización de las tropas terrestres, pero en menor medida en marina y aviación. De los 12.000.000 de hombres movilizados durante la guerra, a finales de 1946 quedaban 1.500.000 en el Ejército y 700.000 en la Marina. La posesión del arma nuclear permitió estas reducciones.

No hubo paro ni tampoco depresión, salvo algunos problemas laborales menores y la producción industrial no decayó al generarse una sociedad de consumo.

Para favorecer el restablecimiento del mercado libre, Truman impulsó el llamado *Fair Deal* para procurar el pleno empleo y elevar además el nivel de vida. Los expertos estiman que estas medidas lograron triplicar la renta nacional, en una época en la que los EEUU se situaron como la primera potencia económica.

Para remediar el riesgo del paro y satisfacer las demandas de los sindicatos, que habían promovido varias huelgas, se aprobó la ley Taft-Hartley reglamentando el derecho a la huelga y la mediación en los conflictos laborales.

— La nueva estrategia americana de *estar presentes donde la libertad fuera amenazada*, frenando el manifiesto expansionismo soviético que amenazaba desbordar las zonas de influencia más o menos establecidas en la reunión de Moscú y las Conferencias de Yalta y Potsdam, será conocida por *containment Policy* y se formulará con ocasión de las crisis de Turquía y Grecia.

La declaración del Presidente norteamericano ante el Congreso señalando que consideraba un deber «respaldar a los países democráticos que luchan contra la agresión interna y externa», conocida como *Doctrina Truman*, inicia oficialmente para la mayoría de los autores e historiadores esta nueva etapa de la política americana.

— En junio de 1946, EEUU propuso en la Comisión de energía de la ONU el llamado *Plan Baruch* que conllevaba la destrucción de las armas atómicas y un control internacional de la energía nuclear.

Los soviéticos, que temían verse en inferioridad de condiciones si no llegaban a desarrollar su propia bomba atómica, se opusieron al proyecto de control internacional y pidieron a los americanos que destruyeran unilateralmente su armamento nuclear.

En las elecciones de 1948, Truman se impuso a los republicanos y poco después Acheson sustituyó a Marshall al frente de la diplomacia americana, que dedicó sus esfuerzos al reforzamiento de la seguridad occidental propiciando la OTAN.

— Al finalizar la década, los EEUU vivieron con preocupación generalizada una especie de síndrome de espionaje. En efecto, varios casos de espionaje, aireados por la prensa, como los de Alger Hiss o el matrimonio Rosenberg —que sería ejecutado—, contribuyeron aún más a apasionar a las gentes. En este clima de hostilidad y recelo surgió la campaña anticomunista del senador Mc Carthy, que desencadenó una ola persecutoria poco menos que inquisitorial contra todas las personas tenidas por simpatizantes del comunismo.

A lo largo de los cuatro años que duró la campaña (1950-54), el sistema represivo llegó hasta el Capitolio con leyes tajantes como la Nixon-Mac Carran que Truman se negó a sancionar, la ley Feinberg, la *International Security Act* y la *Mac Carran Walter Inmigration Act*. Esta última con duras medidas para prohibir la entrada en el país de las personas sospechosas de militar en movimientos izquierdistas y normas para velar por la integridad *americanista* de profesores, maestros y funcionarios públicos.

Fueron además víctimas del «*mackartismo*» intelectuales, artistas, escritores, y hasta actores, guionistas y directores de Hollywood.

— El Presidente Truman ordenó el 31 de enero de 1950 la producción de la bomba de hidrógeno, confirmando así la existencia de una auténtica carrera de armamentos, incluso nucleares, entre las dos superpotencias.

El estallido del conflicto coreano contribuyó aún más a la rigidez de las relaciones Este-Oeste y al auge del intervencionismo norteamericano, viéndose envuelto el país en la guerra.

El 4-XI-52, Eisenhower, candidato republicano que contaba con la aureola de sus victorias en la II GM, ganó las elecciones a Stevenson. Sucedía así a Truman en la presidencia norteamericana, y ponía como vicepresidente a Richard Nixon.

b) *La Unión Soviética*

El otro gran vencedor del Eje fue la Unión de Repúblicas Socialistas Soviéticas que, al contrario de lo ocurrido con los EEUU, sufrió, y en gran medida, las consecuencias de la conflagración en su propio territorio.

La URSS perdió el 10% de su población, aproximadamente 13 millones de combatientes militares y 7 de civiles. Los gastos militares se elevaron a 150.000.000 de dólares, que vienen a equivaler al 13% de los gastos totales de la guerra mundial. Se afirma que más de la mitad de los centros industriales fueron destruidos, y se arruinaron unos 76.000 pueblos y ciudades.

— Cuando los Tres Grandes se reunieron en Yalta, las tropas soviéticas se encontraban ya en Polonia, Rumanía y Bulgaria, habían entrado en Budapest y se aproximaban a Viena.

Stalin tenía un especial y comprensible interés en rodear a la URSS de un glacis protector de territorios sometidos que le sirvieran de parapeto ante futuras veleidades invasoras desde Alemania o Europa Occidental. Hay que recordar cómo Rusia había sido atacada en cuatro ocasiones en poco más de cien años: la campaña napoleónica (1812), la guerra de Crimea (1854) y las dos guerras mundiales (1914 y 1941).

Esta amplia zona de influencia soviética acabaría cristalizando en la erección de ocho Repúblicas Populares, vinculadas entre sí y con Moscú por diversos pactos y alianzas.

En Asia también se estableció la República Popular de Mongolia Exterior bajo la órbita rusa; y aunque sin conexión con Moscú, pero sí con el sistema comunista, China y Corea del Norte se establecieron igualmente como Repúblicas Populares.

Convertida en superpotencia terrestre, la URSS se anexionó además 490.000 km² de territorio que incluyó dentro de sus fronteras.

— La URSS contaba también con el apoyo de los partidos comunistas que iban extendiéndose en muy distintas áreas del mundo. La fundación del Kominform se encargaría de coordinar estas relaciones.

— Tanto la resistencia ofrecida al invasor alemán como la contribución decisiva a la victoria aumentaron el prestigio moral y militar de Rusia. Incluso la colaboración que la guerra trajo entre comunistas y demócratas no podía deshacerse de la noche a la mañana y en muchos lugares esta circunstancia favoreció los planes de Stalin.

Aunque la URSS estaba en inferioridad en la ONU, logró tener una representación triple en la Asamblea General pues además de la delegación soviética propiamente dicha, estaban representadas con voz y voto separado, Bielorrusia y Ucrania. Tampoco hay que olvidar que su capacidad de veto en el Consejo de Seguridad —que ha ejercido frecuentemente— le permite neutralizar aquellas decisiones que estime desfavorables para sus intereses.

— José Stalin ha pasado a la historia como modelo de dictadores. La guerra contribuyó a aumentar sus poderes y el autócrata ruso salió del conflicto fortalecido para continuar con su dominio personal y despótico hasta su muerte. Dirigió personalmente la marcha del conflicto, incluso decidiendo las principales operaciones bélicas, y llevó de manera igualmente directa las negociaciones para organizar el mundo de la posguerra.

Antes y después de la II GM se realizaron *purgas* masivas que afectaron a civiles, políticos y militares. Se conocen mejor todas estas medidas tras la etapa de la *desestalinización* iniciada por Kruschev.

Las purgas de la posguerra se extendieron también a los países sovietizados, donde miles de personas fueron acusadas de colaboracionismo con los nazis o de oponerse a la URSS.

Stalin tenía en sus manos todas las llaves del poder soviético, pues era Primer Secretario del Partido, Presidente del Consejo de Ministros, Comandante en Jefe de las Fuerzas Armadas y, además, ostentó el título de mariscal.

Las medidas para restaurar las heridas de la guerra, reconstruir el país y relanzarlo a niveles económicos de Gran Potencia fueron uno de los principales objetivos del Kremlin, elaborando drásticos planes y propiciando especialmente el desarrollo de la industria pesada.

Son innegables los procesos logrados, aunque fuera en detrimento de otros sectores que se vinculan más directamente con el nivel de vida de la población, como los bienes de consumo.

— El 24-VIII-49 la URSS hizo explosionar su primera bomba atómica y desde ese momento se ha venido manteniendo una espectacular carrera armamentística con los EEUU, según ya se ha mencionado.

— En política exterior, Moscú afianzó su control sobre la Europa Oriental e intentó influir sobre Grecia y Turquía. Las presiones sobre este último país se iniciaron con la reclamación territorial de los distritos de Kars y Ardahan.

Además de esta reclamación, la URSS propuso un proyecto de acuerdo encaminado a revisar los Acuerdos de Montreux sobre el régimen de los Estrechos (20-VII-36) y permitir el tránsito libre por los mismos a todos los países ribereños del Mar Negro, que casualmente eran todos comunistas, con excepción de Turquía.

Estas reclamaciones crearon una situación tensa, pero el Gobierno turco, sintiéndose apoyado por Washington y Londres, rechazó las propuestas rusas.

A lo largo de los años 1946 y 1947 se confirmó el enfrentamiento de la URSS con los occidentales, revalidado tras la crisis de Berlín de 1948.

Proclamada la República Popular China, Moscú estableció relaciones privilegiadas con este país (Pacto de asistencia mutua de 1950) e igualmente ayudó a la reconstrucción de Corea del Norte.

Stalin falleció el 5-III-53, siendo embalsamados sus restos y depositados cerca de los de Lenin en el mausoleo de la Plaza Roja.

8.2. Formación del Bloque del Este

La implantación del comunismo en la mayor parte de Europa Central y Oriental es inseparable de la ocupación soviética de Alemania del Este, de parte de Austria y del anterior avance arrollador del Ejército ruso en este espacio, contribuyendo a la derrota del Eje.

La presencia rusa, además de obedecer a *la fuerza de los hechos*, culminaba una constante histórica de penetración en los Balcanes y la Europa Oriental y respondía a los acuerdos de reparto de zonas de influencia efectuados entre los grandes antes de terminar la II GM.

Los antecedentes más conocidos se remontan al encuentro que mantuvieron Churchill y Stalin en Moscú, del 9 al 20 de octubre de 1944, donde se fijaron las respectivas zonas de influencia de la siguiente manera:

— En Grecia: occidentales 90%, soviéticos 10%.

— En Rumanía: 90% soviéticos, 10% occidentales.

— En Hungría y Yugoslavia: 50% para ambos.

A este plan hay que sumar el reparto de Alemania y Austria. Churchill, que se había opuesto en Teherán a tratar del futuro polaco, aceptó las nuevas fronteras fijadas para Polonia.

Cuando los Tres Grandes se reúnen en Yalta, las fuerzas soviéticas dominan ya Polonia, Bulgaria y Rumanía, se acercaban a Viena y pronto estarían en Berlín, por lo cual resultan bastante comprensibles las concesiones que los occidentales hicieron a Stalin.

La ruptura del consenso entre la Gran Coalición contribuyó a la formación rápida del Bloque, que abarcó a ocho nuevos países comunistas, con una superficie de más de un millón de kilómetros cuadrados y con más de cien millones de habitantes.

8.2.1. *Gestación de las Repúblicas Populares*

Como escribe Laszlo Nagy, «en el momento de la liberación había en la región que nos ocupa diferentes clases de países: "vencedores independientes" (Albania y Yugoslavia), quienes consiguieron liberarse solos o casi solos; simples "vencedores", muy teóricos por cierto (Polonia y Checoslovaquia), "ex satélites nazis" (Bulgaria, Rumanía y Hungría); la gran vencida, Alemania; y en fin, los dos casos especiales de Austria y Finlandia, que a pesar de haberse encontrado dentro de la zona del Bloque soviético en gestación, supieron escapar del dominio comunista».

— En 1844 el checo Karel Havlicok ya había advertido que «los rusos quieren llamar a todo lo ruso, eslavo, para llamar más tarde a todo lo eslavo, ruso».

En efecto, con la instauración de las Repúblicas Populares culmina el proceso de rusificación de un espacio multinacional y heterogéneo que anteriormente estuvo en su mayor parte sometido al Imperio Austro-Húngaro o al Imperio Otomano. Las tentativas de ordenación de ese espacio en las paces de Versalles, Trianon y St. Germain, en la cumbre de Munich, en lugar de estabilizar el área, la trocearon más.

Con razón había dicho Lord Palmerston a mediados del XIX que si Austria no existiera, habría que inventarla. Y ahora no sólo habían desaparecido Austria y Turquía, sino también Alemania. El nuevo Imperio «zarista» —la URSS— no tenía el menor contrapeso a su «paneslavismo».

— Los países que van a convertirse en «satélites de la URSS», por emplear el término típico de la Guerra Fría, ofrecen una serie de características comunes, aunque también de diferencias. Como indica Traversoni: «habían tenido los regímenes políticos, económicos y sociales más atrasados de la Europa de la preguerra: monarquías decadentes, gran problema agrario, débil industrialización, grandes desigualdades sociales y altos índices de analfabetismo. El anticomunismo en lo interno y el antisovietismo en lo externo habían sido rasgos marcados de su política». A este esquema negativo hay que enfrentar los casos de Alemania y Checoslovaquia, Estados industrializados y de alto nivel cultural y social.

Albania apenas había salido de la Edad Media, mientras Checoslovaquia constituía una de las democracias más ejemplares de los años treinta. Como explica Nagy, «entre esos dos extremos encontramos de todo: países pequeños y grandes, con poblaciones homogéneas, países binacionales, países multinacionales; repúblicas de reciente creación y reinos milenarios; eslavos, latinos, alemanes, fino-ugrios y turcos eslavizados; naciones civilizadas por Occidente e indisolublemente unidas a él; otras influidas por Bizancio, ignorantes de las tradiciones nacionales católicas y protestantes, que no se volvieron hacia Occidente hasta el siglo XIX...».

Las relaciones de estos países con Rusia también habían sido diversas, predominando las de recelo y enemistad en Polonia, Alemania, Rumanía y Hungría o de simpatía en Checoslovaquia y Bulgaria.

— Las rivalidades fronterizas y la existencia de sentimientos de irredentismo afectaban a varios de estos países, forjados en el avispero de la Europa

Oriental y las enemistades entre los Imperios del área. Las rectificaciones tras la I GM y las modificaciones que la política hitleriana contagió a la zona no ayudaron precisamente a resolver estos problemas.

Las fronteras fijadas tras la II GM tampoco han logrado acabar con estas tensiones, acalladas por el dominio soviético y la solidaridad socialista. Los antagonismos nacionalistas y las reivindicaciones territoriales son comunes a todos y cada uno de estos Estados, incluyendo reclamaciones frente a la misma URSS.

Pirenne destaca el peso de las especiales circunstancias económicas del área, que favorecieron la implantación del socialismo. Enumera concretamente las confiscaciones llevadas a cabo por Alemania, la ausencia de clases medias con peso, la eliminación de los judíos, la escasez de capitales, el dirigismo que acarreó la guerra y la expropiación de bienes, primero extranjeros y luego alemanes.

La derrota de Hitler hizo pasar a manos de la URSS, o de los respectivos gobiernos populares, parte de importantes sectores de la economía. Hay que sumar además las reparticiones de guerra, los desmantelamientos, las nacionalizaciones y las progresivas reformas agrarias. Los rusos favorecieron también la creación de «sociedades mixtas» a su servicio.

— El regreso de los exiliados —la mayoría procedentes de la Unión Soviética— fue seguido de purgas contra los grupos sociales tachados de *colaboracionistas* y *fascistas*, acusaciones que pronto se generalizaron y hasta confundieron con los conceptos de conservadores y derechistas.

Se formaron enseguida Frentes Populares o Coaliciones Democráticas dominadas por los comunistas. En los Gobiernos que se hacen cargo del poder en estos estados, fue una regla prácticamente general que las carteras de Interior y Justicia se reservaran para comunistas, lo cual les permitió controlar la policía y las depuraciones, acciones que se armonizaron con manifestaciones masivas y protestas revolucionarias, todo ello bajo la mirada atenta de las tropas de ocupación rusas.

La gradual reducción de derechos y libertades hizo inevitable el choque con la Iglesia Católica.

— Mientras en 1945 todavía se mantienen las formas de cierta colaboración democrática, a partir de 1946 el proceso de instauración de los regímenes socialistas es manifiesto, coincidiendo con el deterioro global de las relaciones ruso-americanas: guerra civil griega, donde intervienen contingentes británicos y asesores norteamericanos; proclamación de la «Doctrina Truman» en marzo y aprobación del «Plan Marshall» en mayo del mismo año, 1947.

— Mientras en Polonia y Yugoslavia existió una resistencia activa e importante, en los otros países de la zona controlados por Hitler, las clases dirigentes, especialmente la aristocracia terrateniente y algunos partidos políticos derechistas se habían comprometido con el nazismo. La derrota del Eje ocasionó en estos casos un verdadero vacío de autoridad que los comunistas se apresuraron en ocupar.

— Los cambios territoriales y demográficos fueron importantes en Europa del Este. Los movimientos de población se organizaron para intentar eliminar el problema de la convivencia de minorías nacionales, tan frecuente en el área. Millones de alemanes fueron expulsados de Polonia, Checoslovaquia, Hungría y Rumanía. También hubo rectificaciones fronterizas entre las mismas Repúblicas Populares.

— La sovietización de la política exterior de los países del Este —rechazo del Plan Marshall— coincide con una serie de medidas claramente socializadoras: redistribución de tierras, confiscación de bienes a los condenados políticos, fijación de topes a la propiedad de bienes raíces, control del sector financiero, nacionalización de empresas y minas, planificación de la economía mediante planes quinquenales y, por último, formación de gobiernos dominados por el Partido Comunista.

— La creación del *Kominform* o Internacional Comunista de Información (Varsovia 22 a 27 de septiembre de 1947) vino a sustituir al *Komintern*, que Stalin había disuelto en 1943. A las reuniones del castillo de Szeklerska Poreba asistieron los dirigentes de los partidos comunistas de la URSS, Yugoslavia, Polonia, Bulgaria, Checoslovaquia, Rumanía, Hungría, Francia e Italia. Tras reafirmarse la coordinación entre los comunistas, se criticó abiertamente al imperialismo «y su potencia directiva, Estados Unidos», además de criticarse a los socialistas occidentales tachados de colaboracionistas del capitalismo.

Al final de la conferencia, Zdánov proclamó: «En el mundo se han formado dos campos: por un lado, el campo imperialista y antidemocrático que como objetivo esencial pretende la dominación mundial por parte del imperialismo norteamericano, así como el aplastamiento de la democracia; por el otro lado, el campo anti-imperialista y democrático, cuyo fin esencial consiste en minar el imperialismo, fortalecer la democracia y liquidar los restos del fascismo».

— Una vez establecidas las Repúblicas Populares y como respuesta soviética al Plan Marshall, el Bloque oriental institucionalizó su área económica mediante la creación del COMECON o Consejo de Ayuda Económica Mutua, también conocido por CAEM y en las siglas rusas, SEV.

Se estableció en Moscú en enero de 1949 y durante la época stalinista apenas vio desarrollarse su estructura, que ha ido concretándose y mejorando años después. Se disolvería al desaparecer el Bloque del Este.

8.2.2. Los Estados de Europa Oriental

a) *Polonia*

La firma del pacto germano-soviético de no agresión (23-VIII-39) que facilitaba la invasión de Polonia, venía a constituir el preludio de un nuevo reparto del país entre rusos y alemanes. En efecto, Polonia ya había sido *repartida* en tres ocasiones (1772, 1793, 1795) entre Prusia, Rusia y Austria e incluso después de la derrota napoleónica, el país, que se constituye en su mayor parte como territorio dependiente del Zar, también entregó otras regiones a Prusia y Austria.

Este destino trágico de los polacos, aprisionados entre las rivalidades y ambiciones de sus vecinos, vuelve a repetirse en la II GM, tras la derrota del Eje al incorporar la URSS territorios polacos, compensados con el adelanto de la frontera occidental al Oder-Neisse.

Polonia, que contaba con garantías de ayuda por parte de Inglaterra y Francia, se negó a las demandas de Hitler sobre Danzig y el corredor polaco, por lo que fue invadida por el Reich.

El entonces Presidente polaco Mosciski se refugió en Rumanía renunciando al cargo y designando sucesor a Raczkiewicz quien se trasladó a París, donde formó un Gobierno en el exilio. Derrotada Francia, Raczkiewicz escapó a Londres. Al ser atacada la URSS, se inició un acercamiento de Polonia a los soviéticos, formándose un Ejército con los prisioneros de guerra, al mando de Vladislav Anders. Estas tropas, junto con las integradas por los aliados en la *Legión Polaca*, se trasladaron a Oriente Medio y combatieron luego en el frente europeo.

Las buenas relaciones con Moscú se interrumpieron tras el hallazgo de la fosa de Katyn, donde los alemanes descubrieron a 4.133 oficiales polacos asesinados, según ellos, por los rusos. Estos acusaron de la matanza a los alemanes. El hecho fue que el Gobierno Polaco de Londres rompe relaciones con Moscú en abril de 1943.

Al cruzar las tropas soviéticas la línea Curzon se estableció un *Comité de Liberación Nacional* que, presidido por Eduardo Osubska-Moravski, se instauró en Lublín.

El Comité hizo público un manifiesto arrogándose la legitimidad de representar al pueblo polaco, tachando al Gobierno exiliado en Londres de «usurpador» y llamando a la colaboración con los aliados rusos.

El 1-VIII-44 tuvo lugar el levantamiento de Varsovia, dirigido desde Londres, por lo que el Ejército rojo no prestó apoyo a los sublevados, que acabaron rindiéndose.

Pese a los intentos de Churchill por evitar la satelización de Polonia, la fuerza de los hechos entregó el país a las tropas rusas, y los aliados presionados por Stalin, tuvieron que reconocer al *Comité de Lublín*. A cambio de ello, Churchill consiguió en Yalta que se formara un nuevo Gobierno de Unión Nacional —que se formaría el 25-VI-45— con políticos demócratas del interior y del exterior.

Este Gobierno estuvo presidido por Bierut (comunista) y por Mikolajezyk (del grupo exiliado en Londres) como vicepresidente. De los 21 miembros del Gabinete, 16 procedían de Lublín y ocuparon los puestos clave.

El Gobierno de Unión Nacional se integraba por dos bloques de partidos. Uno pro-soviético, formado por el Partido Polaco de los Trabajadores, el Partido Socialista y el Partido Democrático, y otro, encabezado por Mikolajezyk, prooccidental denominado Partido Democrático y Campesino. En las elecciones legislativas Mikolajezyk fue ampliamente superado por la coalición de izquierdas y en febrero se elegía Presidente a Bierut y Jefe de Gobierno al socialista Cyrankoewicz.

Mikolajezyk, tachado de colaborar con organizaciones ilegales, huyó a Londres, lo que hizo que se desencadenara pronto una lucha intestina entre los partidos del bloque, entre los que se impuso el Partido obrero Polaco, comunista, encabezado por Gomulka.

Sin embargo, Gomulka desaprobó la condena de Tito y se opuso a Stalin, deseoso de una línea más autónoma del comunismo polaco, hasta que fue excluido del partido y encarcelado.

La Iglesia Católica, que tenía gran influencia en un país eminentemente religioso, chocó con el régimen y el primado, cardenal Wiszynski, fue encarcelado.

Después de lo acordado en Potsdam, Polonia incorporó 100.000 km² de territorios que fueron de Alemania (Silesia, Pomerania oriental, parte de Brandeburgo y de Prusia oriental), pero cedió a la URSS 170.000 km² (Galicia oriental, Volhynia y las zonas de Pinsk, Grodno y Brest-Litovsk).

b) *Bulgaria*

Al figurar junto a los Imperios Centrales y debido al Tratado de Neuilly (27-IX-19), Bulgaria vio reducido su territorio volviendo a las fronteras que tuvo tras la segunda guerra balcánica y perdió además la línea costera del Egeo en favor de Grecia.

Con el fin de recuperar los territorios perdidos, Boris III se acercó en 1941 al Eje, con la firma del Pacto Antikomintern. Sin embargo, aunque declaró la guerra a EEUU y Gran Bretaña, se abstuvo prudentemente de declarársela a Rusia.

El monarca murió en circunstancias no aclaradas cuando regresaba de visitar a Hitler y fue sustituido por su hijo Simeón II, de seis años. El Consejo de Regencia se declaró oficialmente neutral en la guerra con la URSS, pero las tropas rusas entraron en el país tras el derrumbamiento del frente alemán.

El partido comunista que operaba activamente en la clandestinidad —dirigido por Jorge Dimitrov— junto con otras fuerzas agrarias, socialdemócratas e independientes formó el *Frente de la Patria*, promovió una insurrección general y derribó al Gobierno. Georghiev se hizo con el poder, mientras los comunistas detentaron las carteras de Justicia e Interior.

Bulgaria solicitó la paz, firmando un armisticio que restituyó a Grecia y Yugoslavia zonas que había tomado y se obligó a luchar contra Alemania.

En las elecciones legislativas de noviembre de 1945 triunfó el *Frente de la Patria*, controlado por los comunistas. Se tomaron medidas socializadoras y se convocó un plebiscito que arrojó una mayoría del 92% en favor de la República (9-IX-46). Fue nombrado Presidente Vasil Kolarov que tuvo como Primer Ministro a Domitrov.

Bulgaria firmó el Tratado de Paz con los Aliados (10-II-47) y promulgó una Constitución calcada de la rusa. Los opositores al nuevo régimen fueron eliminados (ejecuciones de Petkov, Stanchev y Kortov entre otros). Las tropas soviéticas abandonaron el país que firmó una serie de acuerdos con Moscú y las otras Repúblicas Populares que la integraron en el Bloque del Este.

c) *Rumanía*

Carol II intentó resistir las presiones alemanas para unirlas al Eje —que necesitaba del petróleo rumano— y declaró la neutralidad del país. Tras la derrota francesa, la URSS ocupó Besarabia y Berlín obligó a Bucarest a devolver a los húngaros media Transilvania. El rey dimitió en su hijo Miguel pero el poder cayó realmente en el general Juan Antonescu, que formó un Gobierno pronazi con el apoyo de la *Guardia de Hierro*.

Como aliada del Eje, Rumanía invadió la URSS. Sus tropas corrieron la misma suerte que las alemanas.

Frente al régimen de Antonescu se formó un *Frente Nacional Democrático* que agrupó a partidos de izquierda con agrarios y liberales presididos por Petru Groza. Al invadir las tropas soviéticas el país, el propio monarca dio un golpe de Estado y Antonescu fue detenido; se formó entonces un Gobierno de Unión Nacional con participación comunista. Rumanía declaró la guerra a su antiguo aliado, Alemania.

El 12-IX-44 se firmó en Moscú el armisticio, pero las fuerzas rusas continuaron en el país, y obligaron al rey a sustituir a Radescu por Groza.

El nuevo gabinete incorporó ministros de varios partidos, entre ellos a la comunista Ana Pauker, nacionalizada rusa y que llegó a coronel del ejército soviético. El gobierno desencadenó una amplia represión, especialmente contra anticomunistas.

Rumanía firmó el Tratado de Paz con los Aliados (10-II-47) y de inmediato inició el proceso para instaurar abiertamente el comunismo. El nuevo Primer Ministro George Gheorghiu-Dej, secretario del Partido obrero, aceleró el cambio. Se declaró ilegal al Partido Nacional Campesino y el Socialdemócrata fue fusionado con el Partido obrero (comunista). Ana Pauker reemplazó al titular de Exteriores y el rey Miguel, que se oponía a este proceso, fue despojado de sus prerrogativas y marchó al exilio.

Proclamada la República, se celebraron elecciones constituyentes, en las que obtuvo la mayoría de los votos el Frente Democrático controlado por los comunistas. La Asamblea aprobó una nueva Constitución de inspiración soviética y drásticas medidas que nacionalizaron las principales industrias, minas, seguros, bancos y transportes. El primer Presidente de la República rumana fue Constantino Parhon.

d) *Hungría*

Hungría ya había constituido una República Soviética en 1919, encabezada por Béla Kun, tras el fracaso del Gobierno del conde Károlyi, quien estableció la República al caer los Habsburgo, rompiendo su unión con Austria.

El Gobierno revolucionario de Kun nacionalizó la industria de la minería y de la banca, además de los latifundios, pero el régimen acabaría siendo derrotado por la intervención armada de checos y rumanos.

La derrota de Kun trajo la dictadura del almirante Horthy, en calidad de regente imperial, aunque nunca se llegó realmente a instaurar la monarquía. El Tratado de Trianon delimitó las nuevas fronteras en perjuicio de los húngaros e hizo concesiones a sus vecinos.

Carlos I intentó por dos veces hacerse con el trono, pero fracasó, principalmente por la oposición checa. Horthy adoptó una política de acercamiento a la Italia fascista, firmando ya en 1927 un pacto de amistad. Desde 1935 se vincula también a Alemania. En el interior se organizaron los *Flechas Cruzadas* típicamente fascistas.

Tras el acuerdo de Munich, Hungría se hizo con Rutenia, territorio de Checoslovaquia. Se adhirió a los Pactos Antikomintern y Tripartito, declarando en 1941 la guerra a la URSS y a los aliados.

Sin embargo, el nuevo Primer Ministro Miklós Kallay intentó en 1943 desligarse del Eje y acercarse a los aliados, ocasionando los recelos de Alemania que invade el país en marzo de 1944.

Horthy pidió a los rusos el armisticio, pero los *Flechas Cruzadas* se hicieron con el poder, y llevaron a Alemania al dictador. Simultáneamente, se constituyó en la clandestinidad el *Frente Antifascista de Liberación Nacional*. En diciembre se estableció en Debrecen, zona ya tomada por las tropas soviéticas, un Gobierno provisional presidido por Miklós. Este Gobierno declaró la guerra a Alemania y firmó el 20-I-45 el armisticio con los aliados, aunque Budapest no sería liberado hasta el 13 de febrero.

En las primeras elecciones obtuvo la victoria el Partido de los Pequeños Propietarios, mientras los comunistas lograron sólo el 17%, formando Gobierno Zoltan Tildy.

El 1 de febrero de 1946 se proclama la República, con Tildy de Presidente y Nagy como Jefe de Gobierno. Además, se situó como Vicepresidente del Consejo a Matyas Rakosi y como titular de Interior a Laslo Rajk, ambos comunistas.

Rajk acusó al secretario general del Partido de Tildy de espionaje, siendo condenado y deportado a la URSS. También fue acusado Imre Nagy, que se encontraba en Suiza, desde donde dimitió. Tras estas y otras depuraciones, la estrategia de los comunistas les llevó a convocar elecciones y obtener la mayoría en el Parlamento y el control del gobierno, en 1947.

Hay que recordar que las tropas soviéticas continuaban en el país y además, en el Tratado de Paz con los aliados, que restableció las fronteras de 1938, los rusos conservaron un derecho de paso y tropas para mantener su presencia en Austria, como país ocupado.

Desde 1945 se habían ido adoptando medidas socializadoras, repartiéndose tierras incluso antes de terminar el conflicto. En estos años de transición se llevaron a cabo diversas nacionalizaciones de minas, industrias y bancos principales. En agosto de 1947 se puso en marcha un plan trienal para ordenar la economía.

En 1948, los partidos comunistas y socialdemócratas se fusionaron en el Partido de los Trabajadores de Hungría. En las elecciones ganó el bloque formado por socialistas, comunistas y agrarios. En el nuevo gabinete, los comunistas detentaron ya cinco carteras, incluida Asuntos Exteriores.

El proceso de dominación por parte de los comunistas era ya imparable. A las nacionalizaciones citadas se unieron otras medidas. La Iglesia, además de ver expropiadas sus propiedades, perdió hasta el control de las escuelas parroquiales. El cardenal Mindszenty, debido a sus protestas, fue llevado a los tribunales, donde se le juzgó y condenó a muerte, aunque la pena le fue conmutada. En 1950 la mayoría de las órdenes religiosas fueron disueltas.

Los campesinos, tenidos por elementos anticomunistas, también fueron perseguidos, estableciéndose granjas colectivas y un mayor reparto de las tierras.

En agosto de 1949 se aprobó una nueva Constitución de clara inspiración soviética, por la que se establecía la República Popular. En 1950, Szakasits fue sustituido en la presidencia por Sandor Ronai y en 1952, se hizo con el cargo Istvan Dobi.

Otro rasgo de estos años de implantación del régimen comunista en Hungría fueron las divisiones y enfrentamientos internos. Así Laslo Rajk, figura de la resistencia y que fue titular de Interior y de Exteriores, resultó acusado de *titoísmo* y ejecutado. Otro importante dirigente *purgado* fue Janos Kadar, igualmente tachado de *titoísmo* y recluido en un campo de concentración hasta la muerte de Stalin.

Por último, Imre Nagy, que había ocupado cargos tan relevantes como el de Primer Ministro, sería expulsado del partido en 1956 y rehabilitado tras el levantamiento de Budapest, aunque la derrota de la sublevación implicaría también la posterior ejecución de Nagy (17-VI-58).

e) *Checoslovaquia*

Al acabar la I GM se proclamó en un lugar tan alejado del corazón de Europa como Washington, la República checoslovaca (18-X-18) y un año después lo haría en Praga el *Comité Nacional Checoslovaco*. Mientras, había venido funcionando en París un Gobierno presidido por Tomás Masaryk, con Eduardo Benes como Primer Ministro.

El nuevo Estado, que agrupaba territorios del pulverizado Imperio Austro-Húngaro, se componía de una llamativa diversidad de minorías étnicas: germanos, húngaros, polacos, eslovacos, ucranianos y judíos, además de los checos que eran la mitad de la población. Esta complejidad étnica iba a ser un problema serio en el período anterior a la II GM y ocasión para los planes de Hitler.

Los alemanes de los Sudetes, que no habían conseguido ser anexionados a Austria, al impedir los aliados que la población se pronunciara, constituyeron un claro objetivo del revisionismo nazi. En efecto, como ya se ha expuesto, el Reich se hizo con este territorio por el acuerdo de Munich. Por su parte, los polacos ocuparon el distrito de Teschen (antiguo ducado de Silesia).

No terminan aquí las alteraciones de la compleja República, pues, por presión alemana, los eslovacos logran su proyecto de autonomía, paso previo para la separación. En efecto, Mons. Tiso, Jefe del Partido de Unión Nacional, es nombrado Presidente de Eslovaquia. Unos meses más tarde, el 15-III-39, tropas alemanas entran en el país y ocupan Praga. Hitler proclamó el Protectorado de Bohemia y Moravia. Figuró de Presidente Emil Hacha y además se nombró *Protector* a Von Neurath.

Durante la II GM la ocupación alemana fue muy dura, se licenció al Ejército checo y parte de la población fue llevada a trabajar a Alemania. El levantamiento eslovaco en Banska Bystrica, en agosto de 1944, fue sofocado por los nazis ante la pasividad de las cercanas tropas rusas.

Benes, exiliado en EEUU, regresó a Inglaterra, y formó con Jan Masaryk y otros exiliados un Gobierno provisional que fue reconocido por Londres y Moscú. Benes era consciente de la hegemonía que alcanzaría la URSS en Europa central y desde el primer momento procuró entenderse con Stalin para salvar la causa de su país.

En 1944 los rusos entran en Rutenia, y llegan a Bratislava y Praga en la primavera de 1945. Benes regresa al país vía Moscú formando un Gobierno de coalición incluyendo ministros comunistas.

Liberada Checoslovaquia, se convocan elecciones en las que el *Frente Nacional*, controlado por los comunistas, logra la mayoría del Parlamento. Benes, ya Presidente, forma Gobierno con Gottwald (stalinista). Gradualmente, el país irá cayendo en la órbita rusa, pese a los intentos de Benes de mantener la República en una línea independiente, como *puente* entre la URSS y los occidentales. La estratégica posición del país que dividía en dos la zona europea que Stalin estaba intentando controlar sentenciaba la suerte de Checoslovaquia.

A lo largo del bienio 1946-1948 el comunismo acabará por hacerse con el poder. El rechazo de la ayuda del Plan Marshall, que Benes quería aceptar pero el Kremlin obligó a rechazar, sella el destino del país hacia la influencia soviética.

Nosck, titular de Interior, reorganizó la policía a su gusto, provocó la dimisión de los ministros no comunistas. Gottwald presentó la lista del nuevo Gabinete, con las carteras clave en manos de los comunistas, salvo Exteriores que quedaba para Jan Masaryk, hijo del fundador de la República. El malestar iba creciendo en parte del país y menudearon las manifestaciones, los incidentes y la represión.

En febrero de 1948 van a producirse una serie de acontecimientos de creciente gravedad que culminarán con la renuncia de Benes. Las algaradas y manifestaciones estudiantiles iban a más, así como las detenciones policiales de figuras no comunistas, incluyendo a gente del partido de Benes. El 23 de febrero la policía disparó contra los manifestantes y se llegó al borde de la guerra civil. El nuevo Gobierno no ocultó ya sus objetivos. Drtina, ex-ministro de Justicia, se tiró por una ventana, aunque fue rescatado y encarcelado. El 10 de marzo, se encontró el cadáver de Jan Masaryk, que al parecer también se había tirado por otra ventana aunque hay fundadas sospechas de su asesinato.

El Gobierno manejado por Gottwald convocó elecciones que tuvieron lista única, patrocinada por los comunistas. Aunque los votos en blanco fueron expresivos, la lista única obtuvo el 89,3% de los votos. La Asamblea aprobó una nueva Constitución de tipo socialista que Benes rechazó, y optó por dimitir. El político checoslovaco apenas sobrevivió a estos sucesos (murió el 3 de septiembre).

Gottwald se hizo cargo de la presidencia y nombró jefe del Gobierno a Zapotocky, para iniciar una política socializadora y de persecución a quienes no participaban de sus ideas. El choque con la Iglesia resultó inevitable y el arzobispo Beran, expulsado de su diócesis, fue internado. También hubo luchas intestinas en el seno del Partido, los acusados de *titoísmo* y desviaciones resultaron expulsados y hasta se ejecutó a varios dirigentes como Slansky y Clementis.

Gottwald murió al regreso de Moscú, donde había asistido a los funerales de Stalin, y fue sustituido por Zapatozky.

f) *Yugoslavia*

Pocos Estados del complejo balcánico eran tan heterogéneos como Yugoslavia. La República Federativa Socialista constaba de seis Repúblicas y dos provincias autónomas, tenía como idiomas oficiales el esloveno, el serbocroata y el macedonio. Además, el espacio del complicado país había sufrido la influencia de Roma, Bizancio, el Islam y el Imperio Habsburgo, entre otras.

A lo largo del XIX, tras la independencia de Serbia, se pone en marcha el proceso de formación de este mosaico, que culmina el 1-XII-1928 con la proclamación del Reino de los Serbios, Croatas y Eslovenos.

Su primer monarca, Alejandro I Karageorgevich, fue asesinado en Marsella por nacionalistas croatas (*ustachis*), siendo nombrado heredero el príncipe Pedro, bajo la regencia de su tío Pablo. Antes de la II GM Croacia, que alienta sentimientos separatistas, recibe un estatus de autonomía.

Al estallar la guerra el país se declara neutral, aunque el Gobierno firma el Pacto Tripartito, hecho que llevó a un golpe de Estado encabezado por el general Simovitch que entregó el poder a Pedro II (27-III-41), recibiendo el apoyo de los países democráticos. Alemania reaccionó de inmediato y el 6 de abril invadía Yugoslavia, cuyo ejército capituló a las dos semanas. Croacia se declaró reino independiente y fue designado rey el duque de Spoleto, Aimón Roberto Federico de Saboya, que adoptó el nombre de Tomislaw II, aunque no llegó a pisar el país. El poder, realmente, fue ejercido por Ante Pavelich y sus ustachis fascistas. Pedro II se refugió en Londres, formando un Gobierno en el exilio.

La resistencia contra alemanes e italianos se organizó desde el primer momento, formándose dos movimientos distintos, uno de obediencia al Gobierno refugiado en Londres y otro, de inspiración comunista, seguidor de Josep Broz, Tito.

Tito, que curiosamente era croata, había luchado ya en España contra Franco y aunque empezó combatiendo junto a los monárquicos de Mijailovich, terminará por obrar por su cuenta.

La falta de entendimiento entre los *chetniks* (monárquicos) y los partisanos comunistas llegó hasta el enfrentamiento armado, con tanta o mayor hostilidad que la presentada a los nazis.

Stalin, que mantenía una actitud prudente para granjearse la simpatía de los anglosajones, recomendó calma a Tito y no apoyó demasiado el modo independiente de actuar del líder yugoslavo, que, en cambio, recibió cuantiosas ayudas aliadas hasta la liberación de Belgrado en octubre de 1944.

Pese a las reticencias británicas, Tito fue reconocido como el verdadero dirigente del país y Pedro II tuvo que negociar con él, formándose un Gobierno de coalición presidido por Tito y con el titular de Exteriores —Subasich—, monárquico.

La convocatoria de elecciones terminó por dividir al Gobierno de coalición y a los exiliados en Londres. Los comicios, preparados por el Frente Popular, se celebraron en noviembre de 1945. Los candidatos de la oposición se negaron a participar en él. El Frente logró el 90% de los sufragios, y dimitieron del Gobierno los ministros monárquicos.

La Asamblea Constituyente decidió abolir la monarquía, instaurando la República Federal Popular se nombró Presidente a Tito. Esta misma Asamblea elaboró la Constitución, de corte socialista y basada en el modelo ruso.

Tito mantuvo una clara colaboración con Stalin hasta afianzar su poder personal, pero las divergencias entre ambos dirigentes surgieron de inmediato y el yugoslavo inició una línea de actuación propia.

El Gobierno de Tito logró el reconocimiento de los aliados e inició una política exterior e interior muy dinámica. En mayo de 1945, tropas yugoslavas entraron en Trieste, ciudad que era también reclamada por Italia, dueña de la misma y de su territorio desde 1919. En virtud del Tratado de Paz de 1947 se puso la zona bajo la administración de la ONU. Años más tarde, en 1954, Roma y Belgrado llegaron al acuerdo de que la ciudad sería italiana y el territorio sur yugoslavo.

Tito propiciaba la formación de una Federación Danubiana con Bulgaria y Albania, hecho que naturalmente chocaba con el expansionismo soviético.

Yugoslavia ayudó a los comunistas griegos en la guerra civil helena, estrategia que tampoco apoyó Stalin.

Otra fuente de conflictos fue la relación con la Iglesia, tras el procesamiento del cardenal Stepinac. El gobierno nacionalizó las principales industrias, bancos, seguros y comercios. Así también impulsó la reforma agraria.

El rompimiento definitivo entre Tito y Stalin se puede seguir, aparte de las causas citadas, desde la constitución del Kominform, a la que Tito no asistió para mantener su línea más independiente, aunque envió representantes. Tampoco asistió Tito a la conferencia de Moscú de febrero del año siguiente sobre las relaciones soviético-búlgaras-yugoslavas. Finalmente, en la reunión del Kominform en Bucarest (29-VI-48) se expulsó al Partido Comunista Yugoslavo.

Esta medida contribuyó a fortalecer la figura de Tito, apoyado por su pueblo, y acrecentó su línea nacionalista y una política independiente de Moscú.

Las Repúblicas Populares rompieron con Belgrado y Moscú ejerció un boicot económico contra Yugoslavia, todo lo cual hizo simpática a los occidentales la figura de Tito, que empezó a recibir ayuda de los EEUU y de Gran Bretaña, que contribuyó a levantar económicamente al país.

No se ha aclarado del todo la actitud paciente de Stalin, tal vez temeroso del demostrado patriotismo y capacidad de resistencia de los yugoslavos.

El carácter marítimo y periférico de Yugoslavia ayudó a esta estrategia independiente de Tito, que además vinculará su política al movimiento neutralista y no alineado, ya en los años cincuenta.

g) *Albania*

Este pequeño país —la antigua Iliria— perteneció al Imperio Otomano hasta 1912 y después de la I GM se convirtió en República, aunque curiosamente terminó transformándose en Monarquía al coronarse Ahmed Zogú como Zogú I en 1928.

Poco antes de la II GM fue invadida por los italianos (7-IV-39) y el rey de Italia, Víctor Manuel III, se tituló también soberano albanés, refugiándose Zogú I en Londres.

Durante el conflicto mundial se organizó la resistencia contra el Eje, constituyéndose el *Frente Nacional*. También existía el *Partido Legal*, integrado por partidarios del depuesto rey.

Una vez atacada la URSS por el Eje, los comunistas se sumaron a la resistencia, apoyados por los vecinos partisanos de Tito. Se formó así el *Movimiento de Liberación Nacional* dirigido por los comunistas, que recibió también la ayuda aliada.

Enver Hodja fue nombrado Presidente del *Comité Antifascista de Revolución Nacional* y una vez derrotados los alemanes se negó a colaborar con los anglosajones, proclamando a su Gobierno como el único legal y estableciéndose la República Popular y asumiendo su presidencia (11-I-46).

Hodja adoptó igualmente una línea independiente de Moscú y su partido no tomó parte en las reuniones constitutivas del Kominform, lo cual no significa que apoyara a Tito, pues aunque el dirigente yugoslavo le ayudó en su momento, ahora se opuso a su política y Albania quedó en un extraño aislamiento, incluso en relación con los propios países de régimen comunista. Sin embargo, en 1955 se integrará en el Pacto de Varsovia.

8.3. El problema alemán

8.3.1. *Las zonas de ocupación*

Djilas transcribe esta rotunda frase de Stalin sobre el destino del Reich: «ellos, las potencias occidentales, harán de Alemania del Oeste un país propio y nosotros lo haremos con la Alemania del Este. Esto es inevitable».

El 23 de mayo, con la detención en Flensburgo del almirante Doenitz y la disolución de su Gobierno, deja de existir un poder central alemán. El 5 de junio, mediante la llamada «Declaración de Berlín», las Cuatro Potencias asumen la Suprema Autoridad sobre el país.

El destino inmediato de Alemania queda establecido durante la Conferencia de Potsdam (del 17 de julio al 2 de agosto) que lleva a cabo lo estipulado anteriormente en Yalta, salvo la desmembración alemana. En su lugar entregan a Polonia los territorios situados al oeste de la línea Oder-Neisse y a la URSS la ciudad de Köenigsberg y el norte de Prusia Oriental.

El Consejo de Control Aliado deberá procurar el desarme definitivo alemán —cláusula que pronto se incumplirá al permitirse la remilitarización en la RFA y la RDA—, la desnazificación, la democratización y la vigilancia para evitar la concentración del poder económico, suprimiéndose *cartels* y *trusts*.

La delimitación de las zonas de ocupación, realizada con posterioridad a la «Declaración de Berlín», se fechó también de modo retroactivo el 5 de junio.

La normalización de la vida civil y el relanzamiento de la actividad administrativa se fueron haciendo gradualmente y de abajo a arriba. El proceso, sin embargo, fue distinto según los Gobiernos Militares que dirigían cada una de las Zonas.

—En la americana se confiaron muy pronto funciones administrativas a organismos alemanes locales, sin dejar por ello de intervenir activamente la autoridad militar. El primer Gobierno de un *Land* se instituyó en Baviera el 28-V-45. El mando americano estableció en septiembre los *Länder* de Baviera, Wurtemberg-Baden y Hesse. Más tarde se establecería el de Bremen.

Las primeras elecciones municipales rurales se tuvieron en Hesse (20-I-46) y a los pocos días en los demás. En abril y mayo se celebraron las provinciales y urbanas. A finales de 1946 y principios de 1947 se aprobaron las constituciones de los Länder y en consecuencia hubo elecciones para esos parlamentos, constituyéndose seguidamente los Gobiernos.

—En la Zona británica también se inició la normalización en la esfera municipal, pero con un mayor control militar, pues los ingleses designaron los burgomaestres. Se disolvió el Estado de Prusia, y se crearon los Länder de Schleswig-Holstein, Baja Sajonia y Renania del Norte-Westfalia. De igual modo obtuvo la categoría de Land la ciudad de Hamburgo. Las primeras elecciones municipales se tuvieron el 15-IX-46 y para los Länder a lo largo de 1947.

—En la francesa se formaron a mediados de 1946 los Länder de Renania-Palatinado, Baden y Wurtemberg-Hohenzollern. Al igual que en las Zonas precedentes, la vida administrativa se recuperó de abajo a arriba, formándose tras las elecciones municipales Asambleas constituyentes. El 18-V-47 se realizaron plebiscitos para adoptar las Constituciones de los Länder, eligiéndose a la vez sus Parlamentos respectivos.

—En la Zona soviética, entre 1946 y 1947 se forman los cinco Länder de Turingia, Sajonia, Sajonia-Anhalt, Brandeburgo y Mecklenburgo. Aunque existía la impresión de que el proceso de reanudación administrativa y política iba a semejarse al existente en las Zonas occidentales, pronto se vio que no era así.

Las Constituciones de los Lander, que prácticamente tenían más carácter de circunscripciones administrativas que de verdaderos Estados, se redactaron sobre el proyecto del Partido Socialista Unificado.

Las autoridades militares soviéticas adoptaron medidas socializadoras y controlaron la reanudación de la vida económica y social.

—La ciudad de Berlín, según lo acordado en Yalta, debería recibir el estatus de «región especial», con una *Komandatura* integrada por cuatro comandantes nombrados por las potencias. Esta autoridad conjunta empezó a funcionar el 30-VII-45.

La capital alemana quedó dividida en la siguiente forma:

a) El sector oriental (403 km^2) confiado a la URSS.

b) Los tres sectores occidentales (481 km^2 en conjunto) los administraron EEUU, Gran Bretaña y Francia.

La extraña situación de Berlín como territorio subdividido y ubicado dentro de la Zona de ocupación soviética no auguraba precisamente un futuro tranquilo.

— Durante estos primeros meses de administración militar no se planteó la creación de organismos centrales, ni siquiera *zonales*. El primer paso se dio en la Zona Británica al establecerse en marzo de 1946 un *Consejo Consultivo de la Zona*, ubicado en Hamburgo, con representantes de los partidos, los sindicatos y los Länder. Su función era asesorar al Gobierno militar. Seguidamente se constituyeron una especie de Departamentos centrales con atribuciones parecidas a las de ministerios.

En la Zona americana, que tuvo desde el principio un carácter federal, se crearon instituciones de mera coordinación, como un *Consejo de los Primeros Ministros* y otro de los Länder.

En la Zona francesa la evolución fue más lenta y hasta 1947 no se establecieron Direcciones Generales centralizadas y además sólo para ciertas actividades.

— Como advierte Calvocoressi, «en los tres años siguientes a la Conferencia de Potsdam, los ocupantes, sin haber logrado realizar una política alemana coherente, pasaron de la noción de Alemania como país que había que reprimir a la noción de Alemania como país que había que conseguir, de una postura de eminente colaboración a otra eminentemente competitiva. Ninguna de las dos conferencias de Ministros de Asuntos Exteriores celebradas en 1947 —en Moscú en marzo y en Londres en noviembre— consiguieron elaborar el trabajo de paz que se suponía que debía salir de ellas».

8.3.2. *La Bizona*

La situación económica de Alemania resultaba excesivamente complicada y los anglosajones deseaban el relanzamiento del país, pues su reconstrucción era básica para la estabilidad continental, evitando a la vez que una situación prolongada de crisis favoreciera a los sectores más radicales. Francia, sin embargo, no acababa de vencer su recelo ante una Alemania renacida, como tampoco los soviéticos.

EEUU propuso tratar a las cuatro Zonas como una sola unidad económica. La propuesta se atenía a lo estipulado en Potsdam donde se señaló textualmente que «durante el período de ocupación, Alemania habrá de ser considerada como una unidad económica». La URSS y Francia rechazaron la iniciativa, lo que llevó a la publicación, por parte de los Gobiernos Militares de las Zonas americana y británica, de un acuerdo para crear un Consejo Económico para el *Territorio Económico Unido* (29-V-47). A la vez se coordinó la administración de ambas Zonas, formándose la *Bizona*.

Este Consejo Económico tuvo su sede en Frankfurt. También se puso en marcha un *Parlamento Económico*, cuyos miembros eran elegidos por los Länder de la Bizona y un Consejo de Estado o Länderrat. Además se crearon cinco Departamentos económicos, encargándose de su coordinación un *Di-*

rector General. Como resulta claro, se trataba de un ensayo práctico del sistema institucional que acabará por tener la RFA.

Este sistema, que estaba por otra parte todavía sometido al control de la autoridad militar, llegó a promulgar 150 leyes hasta que se creó la RFA.

La reforma monetaria propuesta por Ludwig Erhard, entonces alto funcionario económico de la Bizona, consistía en sustituir al Reichsmark por el nuevo Deutschemark, con un valor de 1/10 de aquél. Este cambio iba a traer consecuencias políticas, pues los rusos sospechaban que tal moneda, con el lógico respaldo americano, podía acabar convirtiéndose en una moneda de toda Alemania, en detrimento de sus intereses. El tema era especialmente grave en Berlín, ciudad de complejísima vida administrativa.

En la reunión celebrada para tratar el tema de la reforma monetaria, los rusos insistieron en su postura de que circulase en la ciudad la misma moneda que en la Zona soviética.

Los occidentales declararon nula una decisión rusa en ese sentido y se implantó en Berlín Oeste, el 24 de junio, el marco occidental como medio legal de pago. El tema era muy grave, pues como dijo el alcalde Reuter: «quien tenga el dinero tendrá el poder».

La respuesta de los soviéticos fue cortar las comunicaciones por carretera y ferrocarril con Berlín el mismo 24 de junio. Comenzaba así el célebre Bloqueo, que será expuesto en otro epígrafe de este mismo tema.

La creación de la Bizona había iniciado un innegable proceso de reunificación parcial de Alemania, que culminaría en 1949 con la instauración de la República Federal.

La tensión surgida en Berlín también influye en este proceso, pues el primero de julio acaba la administración cuatripartita de la ciudad. Los soviéticos terminarán por establecer una municipalidad diferenciada en su zona (30-XI-48).

El Gobierno francés cedió a la insistencia de los anglosajones y aceptó la posibilidad de fusionar su Zona, formando la *Trizona*.

8.3.3. *La República Federal de Alemania*

El 1-VII-48 los Gobernadores Militares de las tres zonas aliadas presentaron a los Jefes de los once Länder de su jurisdicción un texto conocido como los tres «Documentos de Frankfurt» y que se basaba en las resoluciones adoptadas en Londres el 2 de junio.

El primer Documento propugna la convocatoria de una Asamblea Constituyente para antes del 1 de septiembre de 1948, el segundo Documento incluye propuestas para determinadas modificaciones fronterizas entre los Länder y, finalmente, el tercer Documento señala las directrices para la fórmula, previsiblemente transitoria, de un estatuto de ocupación que habrían de establecer las Tres Potencias.

En el texto citado se indicaba expresamente la elaboración de una Constitución democrática «que cree una forma federal de Gobierno para los Länder participantes y sea la más adecuada para restablecer la unidad alemana, actualmente rota y que proteja los derechos de los Länder respectivos, que cree una autoridad central adecuada y que garantice los derechos y libertades individuales...».

Durante el mes de julio se celebraron diversos encuentros, y se llegó a un acuerdo de principio para la fusión de los Länder de la Trizona. Se nombró una Comisión para preparar el texto constitucional, que se reunió en la isla del Lago Herrenchiem (Baviera) en agosto.

El texto redactado por los expertos sirvió de base para los trabajos de un *Consejo Parlamentario* integrado por 65 diputados (más 5 representates de Berlín Oeste, con voz, pero sin voto) que habían sido designados por los once Länder. El Consejo se reunió en Bonn el primero de septiembre, eligiendo presidente a Konrad Adenauer.

Las deliberaciones duraron hasta la promulgación el 8 de mayo de 1949 de la *Ley Fundamental de la República Federal de Alemania*, que entró en vigor el 23 del mismo mes, tras su aprobación por los Gobernadores y los Länder. El 14-VIII-49 se eligió a los componentes del Parlamento alemán o *Bundestag*. Un mes más tarde eligieron al Presidente Federal (Theodor Heuss) y al Canciller Federal (Adenauer). También se creó el *Bundesrat* o Cámara representativa de los Länder.

Las potencias aliadas conservaron todavía el control de la zona del Ruhr y de asuntos como la desmilitarización y la política exterior.

Otro paso importante fue la entrada en vigor (21-IX-49) del *Estatuto de Ocupación*, fijándose las relaciones entre la RFA y las Potencias, representadas ahora por *Altos Comisarios*. El Estatuto fue revisado reduciendo las atribuciones de los aliados y se culminó el proceso con el Tratado sobre las relaciones de la República Federal de Alemania con las Tres Potencias, documento que se conoce de modo más abreviado por *Tratado de Alemania*, fechado el 26-V-52 y con el *Protocolo sobre la conclusión del régimen de ocupación en la República Federal de Alemania*, firmado en París el 23 de octubre de 1954.

Con estos documentos quedaba prácticamente sin vigor el régimen de ocupación, aunque las potencias manifestaron expresamente su compromiso de permanecer en Berlín «todo el tiempo que sus responsabilidades lo exijan».

La conferencia de los aliados occidentales con la URSS, celebrada en Berlín del 25 de enero al 18 de febrero de 1954 sobre la reunificación alemana, fracasó en su intento. El Estatuto fue derogado finalmente el 5-V-55, sustituyéndose la Alta Comisión por las correspondientes embajadas. Respecto al Sarre, que había sido ocupado por Francia, recibió una constitución autónoma en 1947 y en 1954 un estatuto europeo, y desde 1959 entró a formar parte plenamente de la RFA.

8.3.4. *La República Democrática Alemana*

En la Zona soviética se establecieron en principio cuatro partidos: el Partido Comunista de Alemania (KPD), el Partido Socialdemócrata de Alemania (SPD), la Unión Cristiano-Demócrata (CDU) y el Partido Demócrata Liberal (LDP).

Los dirigentes del KPD eran básicamente refugiados que habían estado exiliados en la URSS, como Pieck y Ulbricht, que incluso llegaron a tener nacionalidad soviética. Ulbricht era un comunista de la primera hora que militó ya en la Liga Espartaquista y combatió en España.

Para las primeras elecciones de 1946 acababan de fusionarse el KPD y el SPD, pasando a denominarse la nueva agrupación Partido Socialista Unificado de Alemania (SED). Los otros partidos van perdiendo paulatinamente importancia e incluso sus dirigentes fueron vetados por los rusos, como en los casos de Hermes, Kaiser y Lemmer.

Para mantener la sensación de pluralismo se fundaron otros dos partidos, el Nacionaldemócrata (NDPA) y el Democrático Campesino (DBD), controlados por comunistas o simpatizantes. Además se dio un estatuto similar a los partidos a las llamadas «organizaciones antifascistas y democráticas de masas».

En las elecciones municipales de 1946 ganó el SED. Para las elecciones a los Parlamentos provinciales y pese a presiones en su favor, el SED logró una media de 47,5%.

Además de las nacionalizaciones, también se emprendió una reforma agraria, aunque la colectivización de la agricultura progresó con cierta lentitud.

La estrategia para hacerse con el control del poder se modificó, y se creó por iniciativa del SED el llamado *Congreso Popular Alemán*, que se volvió a reunir eligiendo un *Consejo Popular* integrado por 400 representantes que elaboró una Constitución «para toda Alemania». Este texto se aprobó los días 18 y 19 de marzo de 1949.

El paso siguiente fue convocar elecciones mediante la nueva fórmula del Congreso Popular Alemán que presentó una candidatura única. Este Tercer Congreso Popular fue el encargado de aprobar el 30-V-49 por 2.087 votos el texto definitivo de la Constitución de la República Democrática Alemana.

Pieck fue elegido Presidente de la RDA, mientras Ulbricht era vicepresidente primero y secretario del Partido.

La plena soberanía de la RDA será reconocida por la URSS en 1954.

La frontera Oder-Neisse fue aceptada por la RDA mediante el Tratado germano-polaco del 6-VII-50. Por su parte, la RFA no admitirá esos límites hasta la época de la Ostpolitik (18-XI-70). En un gesto de buena voluntad la URSS redujo la deuda que la RDA mantenía en concepto de reparaciones desde el fin de la guerra y sólo pagaría la mitad de lo que adeudaba en 1951.

8.3.5. *Berlín*

Al terminar los combates en el propio Berlín, el 2-V-45, las ruinas de la capital ascendían a la sexta parte del total de las demás ciudades alemanas. Sus escombros superaban la cifra de 80 millones de m². Del 1.500.000 de viviendas existentes en 1939, habían desparecido 650.000.

Durante los dos meses que duró la presencia soviética en toda la ciudad, hasta que el 4-VII-45 las tropas americanas y británicas se hicieron cargo de sus respectivos sectores (los franceses entraron el 12), la vida económica estuvo prácticamente congelada.

Según fuentes posteriores de la RFA, «en el verano de 1945 se había desmantelado el 80% de la capacidad económica de Berlín, cuyo valor equivalía a 3.500 ó 4.000 millones de marcos. Los institutos de crédito y los bancos fueron cerrados y los fondos públicos secuestrados como botín de guerra. Todos los habitantes de la ciudad se encontraban ante la nada. En el campo en ruinas languidecían de hambre más de tres millones de personas».

— Como ya se ha dicho, Berlín y su zona circundante (el Gran Berlín) iba a recibir un estatus diferenciado de la Zona de ocupación rusa, siendo administrado conjuntamente por las Cuatro Potencias.

Una vez efectuada la partición y ocupación cuatripartita, empezó a funcionar la Komandatura aliada, formada por los cuatro comandantes. El carácter jurídico propio de la situación berlinesa se confirmó nuevamente en distintos acuerdos, como el del 20 de junio de 1949 o durante la conferencia cuatripartita del 23 de julio de 1955, donde las potencias expresaron «su responsabilidad común en relación con el arreglo de la cuestión alemana».

En Berlín se ubicó el Consejo Aliado de Control, órgano supremo conjunto para Alemania como un todo, del que dependía la citada Komandatura.

El 20-X-46 se celebraron las primeras elecciones. Estaban autorizados como Partidos antifascistas: el Partido Socialdemócrata, la Unión Cristiano-Demócrata, el Partido Liberal Demócrata y el Partido Socialista Unificado, éste último fundado en el sector soviético de la ciudad y en la Zona de ocupación soviética. En Berlín, el SED, siglas del citado Partido Socialista Unificado, sólo obtuvo 26 puestos de 130. El funcionamiento del Consejo de Control y de la Komandatura dejaba mucho que desear, pues frente a la obvia mayoría de los occidentales, los rusos respondían con el uso sistemático del veto.

— Como ya se ha indicado anteriormente, la discrepancia entre los aliados occidentales y la postura rusa de que fuera la moneda de la Zona soviética la que circulase en Berlín, culminaron en la crisis monetaria, al declarar los rusos el 23 el marco oriental como único medio de pago y el 24 hacer lo mismo los occidentales con el otro tipo de marco.

El bloqueo comenzó el 24-VI-48 y duró hasta el 12-V-49, aunque los vuelos de suministro americanos se mantuvieron hasta el 6-X-49.

A las seis de la madrugada del citado día 24, los rusos paralizaron el tránsito ferroviario alegando «dificultades técnicas». También se interrumpió la navegación fluvial hacia la ciudad y se cortó el tráfico rodado, mientras las centrales eléctricas, controladas por los rusos, cesaron su suministro a las otras zonas y Radio-Berlín amenazaba con suspender igualmente el suministro de agua.

La respuesta americana fue establecer un *puente aéreo*, única vía que los rusos no podían interrumpir por estar ya concertados los aspectos técnicos de uso del espacio aéreo. Veinticuatro horas más tarde de empezar el bloqueo, aterrizaba en el aeropuerto de Tempelhof el primer aparato americano cargado de víveres.

Según ha sintetizado R. Cartier, el puente aéreo «funcionó durante 318 días, en el trascurso de los cuales se transportaron 1.583.686 toneladas (el equivalente a 15.000 trenes de mercancías), en 195.530 vuelos, 63.612 de los cuales fueron británicos y 131.918 americanos. La distancia recorrida por los aviones equivalió a 3.000 veces la circunferencia de la tierra o también a 16 viajes de ida y vuelta a la Luna».

Según otras fuentes, el número de vuelos llegó a 277.728 y las toneladas transportadas a 2.110.235.

— El 6-IX-48 un grupo de manifestantes ocuparon el Ayuntamiento, que estaba situado en la zona rusa, y los concejales que no estaban dispuestos a tolerar este hecho se trasladaron a Berlín Oeste. El 30 del mismo mes, se nombró en Berlín Este un Ayuntamiento nuevo dominado por los comunistas. En la zona occidental, los concejales elegidos —ya sin ser miembros del SED— se establecieron en el edificio del Ayuntamiento de Schneberg, en Berlín-Oeste.

Al instaurarse esta doble municipalidad, la división de la antigua capital del Reich en dos partes fue una realidad, con dos ciudades separadas por 115 km de frontera interzonal y 46 km de frontera entre los sectores.

8.3.6. *Los «casos especiales» de Austria y Finlandia*

Recordemos que el 12-III-38 las tropas alemanas entraron en Austria proclamándose su unión con el Reich (*Anschluss*), tomando así parte en la II GM en el Eje.

En la Declaración de Moscú (1-XI-43) los Tres Grandes denunciaron la situación austriaca, considerando inexistente la anexión y expresando textualmente que «Austria, primer país libre que cayó víctima del hitlerismo, será liberado de la dominación alemana».

Las tropas soviéticas entraron en Austria el 29-III-45 y el 13 de abril ocupaban Viena. El 30 de abril penetraban en el país los norteamericanos. Según lo estipulado, el territorio fue dividido en cuatro zonas de ocupación y Viena en cinco sectores, cuatro para las potencias y otro bajo administración internacional.

Ya en 1945 se estableció un Gobierno provisional, celebrándose elecciones en noviembre de este año. El grupo mayoritario en la nueva Asamblea fue el Partido Popular, de tendencia social-cristiana. Se formó un Gabinete de coalición presidido por Leopold Figl y en diciembre se eligió presidente del país a Karl Renner.

Unas elecciones posteriores (1949) confirmaron el predominio de los socialcristianos, obteniendo escasos votos los comunistas. En los comicios de 1951 el Partido Popular logró 74 escaños, 73 los socialistas, 14 la Unión Independiente y 4 los comunistas. El nuevo Gobierno se formó entre populares y socialistas, encabezado por Julius Raab.

El 15-V-55 Austria recuperó su plena soberanía.

La URSS no insistió en conservar un papel preponderante en el país, tanto por la manifiesta voluntad austriaca de mantener su identidad de nación libre, como por la escasa fuerza popular de los comunistas.

Por otra parte, Austria se obligó a una neutralidad perpetua.

Finlandia, que había estado sometida a Rusia como *Gran Ducado* desde 1809 hasta 1917, va a conseguir librarse de la dependencia de Moscú tras la II GM, pese a su situación vecina a la URSS y al proceso de dominación de la Europa Oriental que Stalin puso en marcha. El hecho es todavía más llamativo si se recuerda que el país había estado en guerra con los rusos durante la contienda.

En 1939 la URSS exigió revisar la frontera en Carelia y al fracasar las conversaciones invadió Finlandia. La paz firmada en Moscú impuso unas fronteras similares a las establecidas tras la paz de Nystad (1721).

El ataque alemán a la URSS volvió a encender la guerra y los finlandeses intentaron recuperar lo cedido. En junio de 1944 se impuso la contraofensiva rusa y el Gobierno se dispuso a entenderse con Moscú. Aunque existía un compromiso con Alemania de no firmar la paz por separado, dimitió el firmante, Ryti, nombrándose presidente al mariscal Mannerheim, que precisamente había dirigido las operaciones contra los rusos. El 19-IX-44 se firmó en Moscú un armisticio y, en 1947 se restablecieron las fronteras de 1940 por el tratado de Paz de París. La URSS exigió además el pago de 300 millones de dólares en oro.

Finlandia ha mantenido desde el principio de la posguerra un curioso equilibrio entre una política exterior neutralista y prácticamente pro-soviética, y una política interior democrática de corte occidental.

8.4. Formación del bloque occidental

Aunque la división de Alemania sea el paradigma de la bipolaridad, este hecho debe contemplarse en el contexto más amplio de la formación de los Bloques del Este y del Oeste. Ya se ha considerado la creación de la primera de estas áreas de influencia; la otra zona, la occidental, se forma como respuesta de EEUU y sus aliados al expansionismo soviético en el Este.

Si Moscú consigue imponerse en la Europa central y *pontobáltica* como potencia terrestre, Washington, cabeza de la potencia marítima, se impondrá en la Europa atlántica y en la mediterránea.

La guerra civil griega, la Doctrina Truman, el Plan Marshall y la institucionalización de un generalizado sistema de alianzas en torno al Bloque Comunista, serán los puntos más significativos del proceso formativo del Bloque Occidental.

8.4.1. *La guerra civil griega*

— El conflicto griego, como ocurrirá con otros más de la posguerra, es el origen de una guerra civil surgida de la resistencia contra la ocupación durante la II GM, que al evolucionar adquiere implicaciones internacionales y se transforma en un foco de tensión entre los Bloques. La intervención británica se remonta a la lucha contra el Eje. Junto a los principales protagonistas hay que incluir a partidos políticos y fuerzas guerrilleras.

La acción diplomática va muy unida a la militar y ésta a la coyuntura socioeconómica. El conflicto tuvo también interés por desarrollar una «guerra de guerrillas» que será imitada en otros escenarios, al igual que la táctica contrainsurgente que se adopta para combatirla. Las ayudas de Yugoslavia, Bulgaria y Albania, así como la enemistad entre Moscú y Belgrado, inciden decisivamente en la lucha. En Grecia, como volverá a ocurrir en otras guerras civiles, la estrategia norteamericana se apoyó en su dominio del mar, y la comunista en su respaldo terrestre continental.

La valiosa ubicación geopolítica de la península helénica hace su alineación en uno u otro bloque, factor clave para la distribución del poder en la zona balcánica y mediterránea, justo en el flanco suroccidental de la URSS y muy cerca del no menos valioso Oriente Medio. La categoría de enfrentamiento Este-Oeste que acaba cobrando la guerra, le da unas dimensiones propagandísticas y simbólicas que lo agravan.

La invasión italiana y la subsiguiente ocupación del país por la Wehrmacht hace refugiarse en Londres y posteriormente en El Cairo al Gobierno de Jorge II. La organización más fuerte de la resistencia (EAM) está controlada por los comunistas (ELAS, rama militar), y entre las otras destaca el EDES, de tendencia monárquica. Es característico que estas organizaciones luchen con más frecuencia entre ellas que contra las tropas de ocupación.

Los ingleses liberan Atenas en diciembre de 1944 y los partisanos intentan atentar contra Churchill, que ha ido a la capital para lograr la aceptación del cargo de regente por parte del arzobispo Damaskinos. Los enfrentamientos continúan hasta febrero (acuerdos de Varkza). Disuelto el ELAS, unos 4.000 guerrilleros se refugian en Yugoslavia y Bulgaria, donde se reagrupan para reanudar las hostilidades en la primavera de 1946.

El 1-IX-46 se celebra un referéndum favorable al regreso del rey, mientras el Gobierno griego denuncia en la ONU la actividad guerrillera. En octubre las hostilidades desembocan en la renovación de la guerra civil.

La presencia de efectivos británicos contribuye a sostener la monarquía, pero las dificultades financieras que atraviesa Gran Bretaña y sus compromisos en varias zonas conflictivas del mundo le obligan a retirarse. Además, el Gobierno laborista recibió críticas por apoyar a un régimen que se enfrentaba a un conflicto civil.

Atenas recurrió entonces al apoyo de los EEUU y Truman respondió enviando una escuadra a las aguas helénicas y solicitando una ayuda especial al Congreso (Doctrina Truman).

Grecia recibe 300 millones de dólares, armas y asesores militares. El líder comunista Markos forma en Albania un Gobierno en el exilio que luego se trasladará al monte Grammos (1947). Los guerrilleros controlaban la zona norte y parte de los macizos del Pindo y el Olimpo.

En abril de 1947 murió el rey Jorge y como no tenía hijos le sucedió su hermano Pablo I.

La ruptura de Stalin con Tito —valedor de Markos— y el giro experimentado por las operaciones militares, al plantear los comunistas una lucha de corte regular que les resulta desfavorable, ponen en difícil situación a los comunistas. El ejército griego, apoyado por los americanos, inició una vasta operación de limpieza de abajo a arriba para eliminar los focos guerrilleros. A finales de agosto se toma el monte Grammos.

Las hostilidades acaban oficialmente el 16-X-49. Se calcula que entre 1946 y 1949 se causaron 44.000 muertos.

Grecia recibe también la ayuda económica del «Plan Marshall» y paulatinamente ira incorporándose a las diversas organizaciones regionales de seguridad y de cooperación que se crean en Europa Occidental, sin perder del todo sus intereses balcánicos. El problema de Chipre acabará creando fuertes tensiones con Turquía, según veremos.

8.4.2. *La Doctrina Truman*

— Los avances del comunismo en Europa del Este, el peso de los partidos comunistas en Francia e Italia, la guerra civil griega y las pretensiones rusas con respecto a Irán y Turquía, son citadas por los autores para explicar esta decisión de contenido y tradición «monroísta». «Los ideales y tradiciones de nuestro país —afirmó Truman— exigen que ayudemos a Grecia y Turquía y que notifiquemos a los demás del mundo que será nuestra política ayudar a la causa de la libertad donde quiera que esté amenazada».

La Doctrina Truman, según Besson, «eliminó el principio de la no intervención fuera del hemisferio americano, formulado antiguamente por el presidente Monroe. De este modo se dio el primer paso por un camino en cuyo final se encontró la fundación de la OTAN. Entre el 12 de marzo de 1947 y el 4 de abril de 1949 se completó la nueva orientación dada a la política exterior norteamericana, que ya no se retiraba a una cómoda posición de aislacionismo».

En su discurso al Congreso, el 12-III-1947, indicaba el Presidente que la mejor manera de ayudar a la libertad sería ofrecer un auxilio económico, tan esencial para lograr la estabilidad social y mantener el orden político. Truman añadió que si no se actuaba así, se arriesgaba no sólo la paz de los otros pueblos, sino el bienestar y la seguridad norteamericanos.

La concesión de 400 millones de dólares destinados a la ayuda militar a Grecia y Turquía, aprobada en el Senado por 67 votos contra 23 y en la Cámara de Representantes por 277 contra 107, inicia la larga andadura del intervencionismo de EEUU en el exterior tras la II GM, confirmando la realidad del enfrentamiento Este-Oeste y tendrá varios «corolarios» en las décadas siguientes.

No faltaron reticencias ante esta postura. El entonces senador demócrata Lyndon B. Johnson consideraba que la doctrina Truman «era prácticamente una declaración de guerra a la Unión Soviética» y el ex-vicepresidente Henry Wallace alertó acerca de los riesgos futuros que entrañaba, como el previsible apoyo norteamericano a regímenes no estrictamente democráticos, todo lo cual podía llevar «a unir el mundo contra nosotros y dividir contra sí mismo a los Estados Unidos».

La Doctrina se atribuye al experto George F. Kennan y es coherente, tanto con las advertencias hechas reiteradamente con anterioridad por Winston Churchill y otros hombres públicos, como con la línea de liderazgo que la II GM había dado al ejercicio de la Presidencia, línea que acabará desembocando décadas después en la llamada «Presidencia Imperial».

Truman, en su discurso, dijo tajantemente: «Últimamente, y en una serie de países, se han instaurado regímenes totalitarios en contra de la voluntad de sus respectivos pueblos. El Gobierno de los Estados Unidos viene protestando continuamente contra estos actos de fuerza e intimidación, que vulneran los acuerdos tomados en Yalta, relativos entre otros a Polonia, Rumanía y Bulgaria. También se ha producido idéntica situación en una serie de naciones. En la fase actual de la historia del mundo, cada país debe elegir entre dos modos fundamentalmente opuestos de encauzar su vida oficial y privada.

»Una de estas formas se basa en la voluntad de la mayoría, y se distingue por sus instituciones y garantías personales de libertad de expresión y religiosa. La otra se basa en el poder de una minoría que domina por la fuerza a la mayoría. Para ello se apoya en el terror y en la opresión; controla la prensa y la radio, e incluso avasalla las libertades personales del individuo.

»Estoy convencido de que los pueblos libres debemos acudir en ayuda de los sojuzgados, a fin de que ellos puedan ejercer su derecho soberano de elegir su propia forma de gobierno...».

8.4.3. *El «Plan Marshall»*

Complemento lógico de la Doctrina Truman, el «Plan» es igualmente heredero de la política de ayuda económica establecido durante la II GM (Ley de Préstamos y Arriendos) que había dejado de estar vigente al terminar las hostilidades. Obedecía también a las llamadas de los países europeos. Se cita la cantidad de quince billones de dólares para globalizar la ayuda prestada por los EEUU para rehacer la desmantelada Europa, antes de ponerse en marcha el «Plan Marshall». Fue propuesto por el general G.C. Marshall en la Universidad de Harvard el 5-VI-47, con la denominación de «Plan para la reconstrucción de Europa» y consistía en el suministro masivo de créditos y mercancías concedidos conforme señaló luego la Foreing Assistance Acta.

El Plan estimaba que los problemas europeos deberían resolverse como una unidad y con la participación activa de los interesados, con el fin de sentar las bases de una cooperación conjunta. Se dijo que no iba dirigido contra ningún poder concreto, sino contra el hambre y la miseria. Algunos países ya estaban recibiendo cuantiosas ayudas, como Gran Bretaña —préstamo de 3.750 millones de dólares en diciembre de 1945— y se le anuló la deuda de la guerra.

La «cumbre europea» de París (23-VI al 3-VII-1947) provocó la escisión entre los países que aceptaban o rechazaban el proyecto americano, como la URSS y sus satélites. España fue dejada al margen, como una medida más de la «cuarentena» impuesta al Gobierno del general Franco.

Molotov rechazó el Plan alegando que suponía una injerencia inadmisible de los EEUU en los asuntos internos de las naciones y proponía como alternativa una serie de planes nacionales. El 12-VII-47 volvían a reunirse 16 países occidentales que aceptaron el Plan. Checoslovaquia estuvo a punto de hacerlo también, pero las presiones rusas se lo impidieron.

Los países participantes formularon conjuntamente sus necesidades, pidiendo 30.000 millones en cuatro años. Tres comisiones americanas estudiaron la propuesta, que se rebajó sustancialmente, creándose dos organismos para administrar el Plan: la OECE (Organización Europea de Cooperación Económica) y el ECA (Administración de Cooperación Económica). Aprobado por el Congreso, se inició el funcionamiento del Plan mediante el suministro suficiente de capitales para adquirir los bienes y alimentos (esencialmente americanos).

Las ayudas se otorgaron como préstamos en un 20% y a fondo perdido en el 80% restante. Durante los dos primeros años el valor de créditos y mercancías superó los 8.000 millones de dólares. Lo mismo se calcula respecto al bienio siguiente, pero la creciente tensión militar obligó a traspasar parte de la ayuda al terreno de la defensa. ECA se convierte en una Administración para la Seguridad Mutua, que ya incluye también al sudeste asiático. Por su parte, la OECE evolucionará igualmente hasta transformarse en la OECDE tras servir de fundamento al proceso de cooperación económica europea.

Se calcula que entre 1946 y 1956 los EEUU concedieron a Europa una ayuda económica de 24.000 millones de dólares en donaciones y préstamos y unos 11.000 millones en ayuda militar.

Sin negar el impacto decisivo que el plan tuvo para el relanzamiento de la economía europea, es igualmente cierto que contribuyó a aliviar los excedentes americanos y dar salida a su pujante economía productiva, además de vincular estrechamente a los países recipiendiarios entre sí y con los EEUU, lo cual repercutió en el contexto político internacional. Por último, junto al objetivo económico, el Plan perseguía elevar el nivel de vida, remediar el paro y crear un marco social lo suficientemente estable como para evitar graves descontentos que favoreciesen el éxito de los movimientos izquierdistas.

Los frutos del Plan Marshall se vieron muy pronto y además contribuyeron decisivamente al proceso de reconstrucción y cooperación europea. Palmer y Colton señalan que «en la Europa occidental, la producción subió espectacularmente. En 1950, sólo dos años después de la iniciación del Plan, la producción industrial en la Alemania Occidental alcanzaba y superaba los niveles de antes de la guerra, y continuaba subiendo; a comienzos de la década de 1950, el *boom* se extendía a Francia e Italia, y, aunque en menor grado, a Inglaterra. Los europeos occidentales comenzaban a disfrutar de una notable prosperidad; sus economías se desarrollaron a unos ritmos sin precedentes, y sus niveles de vida y de consumo se elevaban sorprendentemente, aunque no con la rapidez suficiente para satisfacer todas las expectativas despertadas. Durante unos veinte años, este crecimiento económico y esta prosperidad continuaron sin interrupción grave».

W.W. Rostow ha escrito que «el Plan Marshall tiene tres dimensiones cuyo significado crece a medida que pasa el tiempo. La primera es el papel que desempeñó en la creación de una economía global que evitaría los problemas que atosigaron a Occidente entre las dos guerras mundiales, incluidos los que condujeron a la *gran depresión*. (...) La segunda es que el Plan Marshall contribuyó a dar forma a los acontecimientos militares y políticos de finales de los años cuarenta y principios de los cincuenta, y a su vez fue modelado por ellos. (...) El aspecto final es el papel desempeñado por el Plan Marshall en la promoción de la unidad europea».

8.4.4. *Los Estados de Europa Occidental*

a) *Gran Bretaña*

En las elecciones del 5-VII-45 el Partido Laborista consiguió 393 de los 640 escaños de la Cámara de los Comunes, frente a los 198 de los conservadores. El Gabinete de Clement Attlee (1945-51) emprendió una serie de fuertes medidas económicas: nacionalizaciones, reformas sociales, devaluación de la libra y política de austeridad, logrando estabilizar al país, mejorar su nivel de vida y remontar la crisis.

Tuvieron que realizarse grandes esfuerzos para mantener el equilibrio de la balanza de pagos con los EEUU, que colaboraron generosamente con Londres.

En política exterior, Gran Bretaña actuó como potencia de primer rango, pero sin la capacidad económica y militar necesaria. Presidió el proceso descolonizador con habilidad y supo transformar la Commonwealth, aunque tuvo problemas serios en Oriente Medio, como la situación en Palestina. Los conservadores tendrán ocasión de volver al poder tras las elecciones de 1951 y gobernarán hasta 1964.

Churchill, que ya tenía 77 años, adoptó una serie de medidas que mejoraron la situación económica y el prestigio exterior. Dimitió en abril de 1955, siendo sustituido por el titular del Foreing Office, Anthony Eden.

b) *Francia*

El Gobierno Provisional presidido por De Gaulle tuvo una corta vida (21-X-45 al 20-I-46). El general propiciaba un régimen fuerte, pero la población recelaba de todo autoritarismo. Tanto en las elecciones municipales como en los comicios para la Asamblea Constituyente, triunfaron las «izquierdas». De Gaulle dimitió, pero la Cámara lo reeligió por unanimidad, aunque volvió a renunciar al no entenderse con los comunistas para organizar su Gobierno.

Se formaron desde entonces varios gobiernos de coalición tripartitos, presididos por Gouin y Bidault, hasta que se presentó y aprobó el proyecto de una nueva Constitución (13-X-46). La inestabilidad política fue uno de los rasgos más típicos de este período que va a durar hasta el regreso de De Gaulle en 1958. Sólo entre 1945 y 1954 hubo 19 gobiernos, de los cuales ninguno duró más de 13 meses.

El país se enfrentaba a numerosos problemas económicos y sus compromisos exteriores como Potencia se complicaron con las crisis del proceso descolonizador que implicó a Francia en varias guerras ultramarinas.

Entre los numerosos políticos que ejercieron el poder cabe recordar a Blum, Ramadier y Mollet (socialistas), a Faure, Mayer, Mendes-France y Gaillard (radicales), a Bidault, Schuman y Pflimlin del MRP, a Pinay y Laniel (independientes) y al centrista Pleven. Fueron Presidentes de la IV República Vincent Auriol y René Coty.

c) *Italia*

Al siguiente día de la destitución y arresto de Mussolini, Víctor Manuel III encargó al mariscal Pietro Badoglio que formase un Gobierno militar sin contar con los fascistas.

Las negociaciones con los aliados se mantuvieron en Lisboa de forma secreta, mientras los alemanes reforzaron sus posiciones en el país. El 3 de septiembre de 1943 se firmó un *armisticio secreto* entre los aliados e Italia. Mussolini fue liberado en un audaz golpe de Otto Skorzeni y estableció en el norte del país la República Social Italiana, llamada República de Saló.

A partir de estos hechos Italia sufre una auténtica guerra civil entre los fascistas y los resistentes, que bajo inspiración comunista forman el *Comité de Liberación Nacional* y el *Partido de Acción*, sector demócrata con apoyo aliado.

El Gobierno de Badoglio no sólo rompió con Berlín sino que llegó a declarar la guerra a Alemania (13-X-43).

Los principales partidos antifascistas se decidieron a colaborar y aplazar hasta después de la guerra la decisión sobre el futuro de la Casa de Saboya. Los líderes más importantes eran Palmiro Togliatti (comunista), Croce (liberal), De Gasperi (democristiano), Nenni y Saragat (socialistas). Badoglio formó un gabinete de coalición con seis fuerzas antifascistas, rechazándose la petición de establecer un gobierno prácticamente revolucionario y antifascista.

Entre tanto, la guerra continuaba, entrando los aliados en Roma y avanzando hacia el centro del país. Badoglio dimitió y le sustituyó Bonomi, que volvió a formar un Gabinete de coalición.

Mussolini fue capturado y ejecutado por partisanos (28-IV-45) y al día siguiente se firmaba la rendición incondicional de los ejércitos alemanes en Italia.

Tras la dimisión de Bonomi y el breve mandato de Ferruccio Parri, accede al Gobierno un hombre que va a protagonizar en gran medida todo el período de la reconstrucción italiana en la posguerra: Alcide De Gasperi.

El político democristiano formó otro Gobierno plural con hombres destacados como Nenni y Togliatti.

El 5-VI-44 Víctor Manuel III ya había nombrado a su hijo Humberto *lugarteniente general del reino*, traspasándole el poder y conservando él todavía el título de rey. Con el mismo objetivo de salvar la monarquía, el 9 de mayo de 1946 abdicó en favor del Príncipe, ahora Humberto II, que sería rey únicamente durante 25 días. En efecto, se convocó el referéndum anunciado por el Gobierno provisional, con resultado contrario a los Saboyas. El rey se exilió en Portugal.

Simultáneamente al referéndum, se eligió a los miembros de una Asamblea Constituyente.

La República fue proclamada oficialmente en 18-VI-46, siendo su primer magistrado el liberal independiente Enrico De Nicola.

La Asamblea votó una *Ley Fundamental de Estado* o Constitución que entraría en vigor el 1-I-48.

A pesar de su *cambio de bando*, Italia tuvo que resignarse a firmar el Tratado de Paz de París (10-IX-47). Su ratificación fue muy discutida en la Asamblea e implicaba las siguientes modificaciones: a) Albania recuperaba su soberanía y la isla de Sereno; b) Grecia recibía el Dodecaneso, Yugoslavia obtenía Zara, isla de Pelagora e Istria, con excepción de la ciudad de Trieste, a Francia se le cedió el Alto valle del Roia, rectificándose la frontera en varios puntos y China obtuvo la concesión de Tientsin; c) Italia tuvo además que renunciar a todas sus colonias africanas, suprimir su flota de guerra, ver limitadas sus fuerzas militares y pagar a los vencedores una deuda de 360 millones de dólares.

Posiblemente se actuó con excesivo rigor frente a un país que vivió la guerra de modo mucho menos *convencido* que Alemania y además contribuyó a la causa aliada desde finales de 1943. En el ámbito de la política interior, De Gasperi formó los sucesivos gobiernos que se crearon hasta julio de 1953, con un total de ocho. El líder democristiano moriría en agosto de 1954.

Italia a lo largo de estos años emprendió un claro alineamiento con los demás países europeos democráticos. Contó con los créditos del Plan Marshall y, pese a la fuerza que poseían los comunistas, se adhirió al Pacto del Atlántico. También fue miembro fundador del Consejo de Europa y apoyó decididamente el Plan Schuman y el proceso europeísta.

Italia había solicitado de la ONU —donde no fue admitida hasta 1955— el mandato de fideicomiso sobre sus antiguas colonias de Somalia, Eritrea y Tripolitania. Se le otorgó únicamente el primero, durante diez años.

d) *Bélgica*

Aunque el rey Leopoldo III había proclamado la neutralidad belga, las fuerzas alemanas invadieron el país sin previa declaración de guerra ni ultimátum. En cumplimiento de su compromiso con la defensa de la violada neutralidad, unidades anglofrancesas entraron igualmente en Bélgica. Los fulgurantes avances germanos que culminaron en la Bolsa de Dunkerque, hicieron dueños del territorio a los alemanes.

El rey, alegando la inutilidad de continuar luchando, capituló rindiéndose incondicionalmente (27/28-V-40). En lugar de huir del país, como le aconsejaron sus ministros, Leopoldo permaneció en Bélgica y los alemanes lo recluyeron en el castillo de Laeken.

El gobierno, encabezado por Pierlot, escapó a Francia e incluso se llegó a reunir el Parlamento en Limoges. Posteriormente, Pierlot se estableció en Londres. Aunque el rey había capitulado, el gobierno declaró su voluntad de proseguir la lucha.

Liberado el país por los aliados, Pierlot retornó a Bélgica estableciendo el gobierno en Bruselas, mientras el rey era llevado a Alemania. Una vez convocado el Parlamento se nombró regente al conde de Flandes, el príncipe Carlos, hermano de Leopoldo, mientras el heredero del trono, Balduino, fue menor de edad.

Sin embargo, al ser liberado Leopoldo por los americanos, regresó a Laeken y desoyendo los consejos del nuevo Primer Ministro, Van Acker, emitió un comunicado respondiendo a las críticas que se le habían hecho por su actuación durante la guerra; añadía que la situación de la monarquía dependía de la voluntad del pueblo. Los belgas se dividieron así entre «leopoldistas» y «antileopoldistas».

El 12-III-50 se llevó a cabo un referéndum, obteniendo Leopoldo en su favor el 57,68% de los votos. En la renovación del Parlamento triunfaron los socialcristianos, y el nuevo Jefe de Gobierno, Jean Duvieusart, anunció el fin de la regencia de Carlos y el regreso al trono del rey.

Leopoldo volvió a Bruselas, pero ante las continuas protestas y manifestaciones, que culminaron en una huelga general, el monarca decidió abdicar en su hijo, para pacificar el país (13-VIII-50).

Balduino no fue coronado hasta el 17-VII-51, ejerciendo entre tanto la regencia otra vez el príncipe Carlos.

Además de esta polémica *Question royale*, la política interior belga se centró en la reconstrucción del país y en el problema étnico-lingüístico de la convivencia entre valones y flamencos.

Bélgica fue también uno de los centros activos del movimiento europeísta y tomó parte muy activa en todo el proceso institucional de la integración europea.

e) *Holanda*

Aunque la lucha en Holanda fue todavía más breve que en Bélgica ante la aplastante superioridad de los invasores alemanes, la reina Guillermina, la familia real y el gobierno, escaparon a Londres, continuando la guerra junto a los aliados.

El 4-V-45 regresaba el gobierno del exilio, pero el Primer Ministro Pieter S. Gerbrandy estimó oportuno dimitir ante las críticas que recibió, siendo sustituido por Guillermo Schermerhorn que encontró una nación destrozada —e inundada por los mismos holandeses para obstaculizar la acción alemana— que además tuvo que hacer frente al independentismo indonesio.

En las primeras elecciones, ya en 1946, triunfaron católicos y socialdemócratas, obteniendo los comunistas únicamente 10 escaños.

La soberana holandesa, al cumplir cincuenta años de reinado, decidió abdicar en su hija Juliana. Guillermina contaba ya con 68 años. Juliana se convirtió en reina el 4-IX-48.

La ayuda del Plan Marshall, las acertadas medidas económicas del Gobierno y la activa participación holandesa en el proceso europeísta, devolvieron al país su alto nivel de vida y su estabilidad.

Tras un largo forcejeo con los nacionalistas que encabezaba Sukarno, Holanda acabó reconociendo la independiencia de Indonesia.

f) *Luxemburgo*

Al igual que había ocurrido en la I GM y pese a su estatus de neutralidad fijado por la Conferencia de Londres de 1867, el Gran Ducado de Luxemburgo fue ocupado por los alemanes. La Gran Duquesa Carlota y su Gobierno se refugiaron en Londres, mientras el territorio era anexionado al Reich.

Tras la derrota alemana, la Gran Duquesa y el Gobierno regresaron al país.

Luxemburgo ha cambiado su anterior política de neutralidad por una decidida incorporación al proceso europeísta, comenzando por su integración en el Benelux.

g) *España*

España, que no se había dejado arrastrar a la II GM pese a las presiones del Eje, volvió a declararse neutral, en lugar de la equívoca situación de no beligerancia, coincidiendo con el alineamiento del Gobierno Badoglio junto a los aliados, en octubre de 1943.

Sin embargo, aunque los anglosajones reconocieron lo útil que había sido para la causa aliada la posición española, Stalin, que sufrió el envío de la División Azul al frente ruso y apoyó más directamente al bando republicano contra Franco, insistió ya durante las cumbres de Yalta y Potsdam sobre la necesidad de derribar al régimen «fascista» de España.

El 9-II-46 se planteó abiertamente en la ONU «la cuestión de España», para estudiar las medidas que debían aplicarse contra el régimen. El gobierno republicano en el exilio influyó activamente para que esas medidas fueran *drásticas*. Franco había llevado a cabo algunas modificaciones para *mejorar* la fachada institucional del régimen —las Cortes, el Fuero de los Españoles, la Ley de Referéndum— pero no logró la integración de España en el nuevo sistema de las Naciones Unidas y el riesgo de una intervención militar en apoyo del *maquis* no podía descartarse.

En Potsdam se redactó un texto de *discreta* condena a la situación española y se advertía que las Tres Potencias no apoyarían la candidatura de España a la ONU.

Los debates acerca de la «cuestión española» se prolongaron hasta que el 12-X-46 por la Resolución 39/I se adoptaron medidas concretas. En el texto se recordaba la ayuda del Eje a Franco, el carácter *fascista* del régimen, el envío de la División Azul contra Rusia, la ocupación de Tánger y se pedía la exclusión de España de «los organismos internacionales establecidos por las Naciones Unidas o que tengan nexos con ellas y de la participación en conferencias u otras actividades que puedan ser emprendidas por las Naciones Unidas o por estos organismos, hasta que se instaure en España un gobierno nuevo y aceptable».

Se recomendaba también que si no se producía un cambio democrático, fuera el Consejo de Seguridad quien estudiase las medidas a tomar, exponiéndose finalmente a todos los miembros de la ONU la recomendación de retirar sus embajadores de Madrid.

El aislamiento en que quedó España fue casi total. La primera ayuda llegó de Argentina, firmándose el 30-X-46 un acuerdo otorgando créditos a Madrid, antes por lo tanto de la decisión de la ONU, a la que se opusieron, además de Argentina, Costa Rica, El Salvador, Perú, Ecuador y la República Dominicana.

La diplomacia española apenas tuvo espacio para moverse, estableciendo vínculos con los países citados y también con el *mundo árabe*, pero el agravamiento de la Guerra Fría iba a favorecer a Franco.

En efecto, las tensiones en Europa y más todavía el estallido del conflicto coreano hicieron cambiar de criterio a los EEUU y todavía estando Truman en el poder se iniciaron algunos discretos contactos con España.

Franco había puesto al frente de Exteriores a un hombre de conocida filiación social-cristiana, Alberto Martín Artajo, que permanecerá en el cargo de 1945 a 1957, siendo además sustituido por otro diplomático de igual extracción, Fernando Castiella.

Los círculos católicos y anticomunistas de Washington *presionaron* a su gobierno y fruto de todo ello serán las negociaciones para un tratado de alianza y el regreso de los embajadores.

España había sido excluido del Plan Marshall y de la OTAN, pero sería incorporada al sistema defensivo occidental mediante el acuerdo bilateral con EEUU.

Franco continuó con su *reconversión del régimen*, constituyéndose en Reino, tras aprobarse por referéndum la Ley de Sucesión, aunque manteniendo a don Juan de Borbón alejado del país. El 4-XI-50 se votaba en la ONU el levantamiento de las sanciones a España y la autorización a los miembros del organismo internacional para enviar embajadores a Madrid. El mismo mes, los EEUU comunicaban a España su deseo de enviar un embajador. Seguidamente lo fueron haciendo los demás países y también progresivamente España se fue incorporando a organizaciones del sistema onusiano, comenzando por la FAO.

La firma del Concordato con la Santa Sede (27-VIII-52) y de los Pactos con EEUU (26-IX-53) revalidaron el fin del aislamiento español y su vinculación, aunque fuera de modo bilateral, al Bloque Occidental.

España ingresó en la ONU el 15-XII-55, junto con otros 17 Estados.

8.5. Proliferación de las alianzas

El sistema de «Seguridad Colectiva» que la creación de las Naciones Unidas pretende ofrecer como alternativa al «anarquismo» de los nacionalismos en pugna se revela insuficiente y en virtud de lo dispuesto en la propia Carta que permite establecer organizaciones de ámbito regional, se teje toda una compleja red de pactos, alianzas y organismos de carácter político o económico que tienden a reestructurar la sociedad internacional mediante la institucionalización de verdaderos «Subsistemas del poder».

Los planes de establecer alianzas permanentes entre los países que habían combatido contra Alemania tuvieron en su origen un doble objetivo: evitar la recuperación del poderío militar germano y poner un freno disuasorio al expansionismo soviético, que ya estaba creando en la Europa del Este una red de pactos militares con las nacientes Repúblicas Populares.

8.5.1. *El Pacto de Dunquerque*

Francia y Gran Bretaña habían mantenido una eficaz alianza durante las dos guerras mundiales, fruto de un entendimiento que debe remontarse hasta 1904, cuando los dos Estados acordaron solucionar sus diferencias coloniales. Comenzaba así una *Entente cordiale* que tras la II GM iba a renovarse.

Así fue y el 4-III-47 los dos países firmaban en Dunquerque un nuevo tratado de amistad y alianza, con el objetivo expreso de oponerse a una renovación de una política alemana de agresión.

8.5.2. *El Pacto de Bruselas y la Unión Europea Occidental*

Tras el golpe de Praga (25-II-48) y antes de producirse el bloqueo de Berlín (24-VI-48), Gran Bretaña, Francia y los países del Benelux celebran una conferencia del 4 al 12 de marzo llegando al acuerdo de establecer el *Pacto de Bruselas*, que se firmará el día 17 del mismo mes.

Se trataba de comprometerse a una colaboración económica, social, cultural y militar por un plazo de cincuenta años y entre todos los Estados firmantes. En el texto todavía se citaba expresamente a Alemania como país potencialmente agresor.

El 20-XII-50, el Pacto de Bruselas fue integrado como institución autónoma en la OTAN.

Al establecerse la RFA y admitirse la remilitarización alemana se añadió un Protocolo (23-X-54) que sumó a Alemania e Italia a la organización, que además pasó a denominarse Unión Europea Occidental (UEO).

8.5.3. *La Organización del Atlántico Norte (OTAN)*

En diciembre de 1948 se inician conversaciones entre los integrantes del Pacto de Bruselas y los EEUU para incorporar a los americanos de forma estable a la defensa europea. Las negociaciones durarán varios meses y hará falta la reelección de Truman y la aprobación de la llamada *Resolución Vandenberg*, en el Senado, dando un nuevo giro a la política exterior norteamericana y recomendando a los EEUU favorecer las alianzas colectivas regionales, hecho que levantaba la norma de no vincularse el país en alianzas permanentes.

El Tratado lo firmaron en Washington el 4 de abril de 1949 los representantes de Canadá, Estados Unidos, Noruega, Gran Bretaña, Holanda, Bélgica, Luxemburgo, Francia, Dinamarca, Islandia, Italia y Portugal.

Turquía y Grecia se adhirieron el 8-II-52 y el 8-V-55 fue aceptada la República Federal Alemana, hecho discutible pues contradice lo estipulado en Potsdam.

La URSS reaccionó protestando por la erección de esta organización, que tachó de agresiva, aunque en 1954 sugirió su incorporación al Pacto, siendo rechazada la propuesta.

España se incorporará, tras la transición democrática, en 1982, aunque el nuevo gobierno socialista cuestionará esa integración y propondrá otra fórmula de unión, aprobada por referéndum en 1986.

La OTAN viene a culminar el proceso iniciado por la Doctrina Truman y el Plan Marshall. Va más allá en los compromisos americanos de la posguerra, pero además consagra una permanencia que por añadidura tendrá otras realizaciones paralelas en otras alianzas militares de distintas zonas del mundo y que influirá en el fortalecimiento e influencia del complejo militar industrial dentro de los propios EEUU.

Según Nicholas, «la fundación de la OTAN, pese a su extraordinario alcance, en esencia no consistió sino en brindar el apoyo y la garantía de los

EEUU a una Europa que ya había tomado la decisión básica en favor de la resistencia colectiva. Sin embargo, para EEUU la OTAN encerraba un significado que la Ayuda Marshall no tenía. Por vez primera en tiempo de paz, Estados Unidos aceptaba el compromiso de defender las fronteras de Europa; entraba, para un período indefinido, en una de aquellas intrincadas alianzas que los Padres Fundadores habían deplorado siempre.

»Esta adhesión a la estrategia a largo plazo de la guerra fría, trajo consigo una expansión y un refuerzo, sin precedentes en tiempo de paz, de la institución militar norteamericana».

8.5.4. *La Comunidad Europea de Defensa*

Hemos visto cómo al golpe de Estado de Praga se respondió firmando el Pacto de Bruselas y cómo se advierte igualmente una relación entre el bloqueo de Berlín, en junio del mismo año, y la creación unos meses más tarde de la Alianza Atlántica.

En junio de 1950 la invasión de Corea del Sur por fuerzas comunistas del Norte suscitó un estado de alarma en otras zonas del mundo y por supuesto en Europa, donde el tema de la defensa colectiva se planteó en el seno del Consejo de Europa.

Paul Reynaud propuso la creación de un ministerio de Defensa europeo y Churchill logró que se aprobara una moción relativa a la «creación de un ejército europeo, bajo la autoridad de un ministro europeo de Defensa, sometido a un control democrático europeo y actuando en cooperación con los Estados Unidos y el Canadá».

La moción no fue llevada a la práctica, pero sí contribuyó al reforzamiento del interés por la OTAN. Al plantear los EEUU la necesidad de rearmar a Alemania y unirla a la defensa europea, los franceses, todavía recelosos del *militarismo* prusiano, vieron como única salvación al tema la integración de las nuevas fuerzas alemanas en un ejército bajo control internacional.

El proyecto conocido como *Plan Pleven* se presentó el 24-X-50, propugnando la formación de un ejército europeo vinculado a la OTAN.

Alemania todavía no había recuperado su soberanía plena y no deja de ser *demasiada casualidad* que los Tres aliados occidentales, al día siguiente de la firma del Tratado de la CED (Comunidad Europea de Defensa), entregasen a Bonn los acuerdos que devolvían a la RFA su autonomía política.

Tampoco fue otra *casualidad* que los países integrantes de la CED fueran los mismos que habían puesto en marcha dos meses antes la Comunidad Europea del Carbón y del Acero (CECA). Al igual que la citada organización, la CED «estaba abierta a otros Estados europeos». Otro dato significativo era que tanto la denominación como el organigrama institucional de la Comunidad defensiva resultaban *calcados* de la CECA, hasta el punto de proponerse que la Asamblea y el Tribunal de Justicia fueran comunes.

El Tratado para formar esta Comunidad Europea de Defensa lo firmarán el 27-V-52 Bélgica, Francia, Holanda, Luxemburgo, Italia y la República Federal Alemana.

El Tratado debía ratificarse en los respectivos parlamentos, pero pasado el plazo que se había señalado, ni Francia ni Italia lo habían hecho. Tras un largo período de discusiones políticas, el 30-VIII-54, la Asamblea Francesa rechazó el proyecto por 319 votos contra 264.

La formación de un ejército europeo resultaba, por lo menos, prematura.

La no ratificación de la Asamblea Francesa al Tratado suponía un frenazo al proceso de integración europea, que una vez afianzado tras el éxito de la CECA y estudiando los pasos siguientes para aumentar esta cooperación a los otros sectores económicos, quedó interrumpido en su camino hacia la integración política por este retroceso en el campo militar.

No dejaba de ser paradójico que habiendo sido un estadista francés el que propusiera la idea de la CED, fuera ahora la Asamblea de este país quien echara abajo el plan.

Los anglosajones optaron por negociar directamente con la RFA y con una carambola no menos paradójica propusieron a los alemanes su incorporación a la UEO, que según ya se ha expuesto nació, en cierto modo, como una organización preventiva ante un *rechazable* rearme alemán, que se completaría con la unión de los dos ex enemigos en miembros de la OTAN.

El 23-X-54 se firmaba en París el Protocolo poniendo fin al régimen de ocupación, entrando la RFA a formar parte de la OTAN. Italia ya pertenecía a la alianza como miembro fundador.

8.5.5. *Otras alianzas multilaterales*

Si la guerra de Corea había trasladado al Extremo Oriente la hostilidad entre las superpotencias y el triunfo de Mao Zedong amenazaba con repetir en Asia el proceso expansionista del comunismo, los EEUU respondieron estableciendo otra serie de alianzas multilaterales que cerraron el cinturón de seguridad alrededor del mundo comunista.

El 1-IX-51 se firma el ANZUS entre Australia, Nueva Zelanda y EEUU. Este tratado expresa el «relevo» americano al poderío británico en el Pacífico. El 8-IX-54 se suscribe el Tratado de Defensa Colectiva del Sudeste de Asia (SEATO), alianza defensiva que también contempla los casos de «subversión interna». Lo integran, además de los tres miembros del ANZUS, Francia, Gran

Bretaña, Filipinas, Thailandia y Pakistán. Por último, en febrero de 1955 se instituye el Pacto de Bagdad, suscrito por Irak y Turquía, al que se suman Gran Bretaña, Irán y Pakistán. En 1957 se inicia la participación de los delegados americanos. Al retirarse Irak tras la revolución de 1958, el Pacto pasó a denominarse CENTO (*Central Treaty Organization*).

Los EEUU mantienen además su presencia dominante en la OEA y firman una larga serie de acuerdos bilaterales con otros países —como España— que completan su impresionante conjunto de bases militares y compromisos diplomáticos.

8.5.6. *El Pacto de Varsovia*

Como respuesta a la incorporación de la República Federal de Alemania a la OTAN, los países del Este constituyeron una organización militar permanente, conocida por *Pacto de Varsovia*, por haberse firmado el 14-V-55 en la capital polaca.

Este «Tratado de amistad, cooperación y asistencia mutua» integra a la URSS, República Democrática Alemana, Bulgaria, Rumanía, Polonia, Checoslovaquia, Hungría y Albania. En 1959 se incorporará Mongolia; Cuba, Vietnam del Norte y Corea del Norte enviarán posteriormente *observadores*.

El Pacto, al igual que la OTAN, se apoya en el art. 51 de la Carta de las Naciones Unidas que establece el principio del derecho a la legítima defensa colectiva. La estructura institucional de la organización se ha ido desarrollando progresivamente.

8.6. Europa Occidental en busca de su unidad

— La amenaza que una Europa del Este vinculada a Rusia supone para Europa Occidental se conjuga con la presión norteamericana en favor de superar las viejas rivalidades intestinas para dar origen al desarrollo del movimiento de cooperación e integración europea, antigua aspiración que los federalistas del XIX y los pacifistas del XX habían alentado con un cierto romanticismo poco práctico. Ahora se desea justamente lo contrario: comenzar por cuestiones concretas e intereses pragmáticos para ir remontando un camino con otros horizontes más políticos y culturales. El móvil del capitalismo de la posguerra o las vinculaciones de los grandes partidos conexionados, como la democracia cristiana y los socialistas, tienen un papel relevante en el proceso.

8.6.1. *La llamada de Churchill en Zurich*

Winston Churchill pronunció un discurso europeísta el 19-IX-46 en la Universidad de Zurich que es obligado citar al hablar del comienzo de esta *larga marcha* de la construcción europea, dicho precisamente en unos momentos en que todavía Europa se encontraba abatida por la desolación de la guerra y dividida en zonas rivales.

«Deseo hablarles hoy —dijo el estadista británico— sobre la tragedia de Europa. Este noble continente, que abarca las regiones más privilegiadas y cultivadas de la tierra, que disfruta de un clima benigno y uniforme, es el seno de todas las razas originarias del mundo. Es la cuna de la fe y la ética cristianas. Es el origen de casi todas las culturas, artes, filosofías y ciencias, tanto de los tiempos modernos como de los antiguos. Si Europa se uniera compartiendo su herencia común, la felicidad, prosperidad y gloria que disfrutarían sus trescientos o cuatrocientos millones de habitantes no tendría límites».

Churchill hizo además una profética observación y un vibrante llamamiento: «... debemos crear un germen de Estados Unidos de Europa. Quiero deciros algo que os sorprenderá: el primer paso debe ser una asociación entre Francia y Alemania... Por ello yo os digo: ¡De pie, Europa!».

8.6.2. *Primeros intentos de cooperación*

La creación de la Unión Aduanera del Benelux es el primer intento de cooperación económica en la Europa de la posguerra.

El Benelux (Bélgica, Holanda, Luxemburgo) contaba con el precedente de la Unión Económica Belgo-luxemburguesa, establecida en 1921.

Durante la guerra se suscribieron un convenio monetario para mantener la paridad fija entre el franco belga y el florín holandés y un convenio aduanero. Concluida la guerra, los tres Gobiernos se comprometen en La Haya (18-IV-46) a seguir adelante con el proyecto de Unión Aduanera. Un año más tarde se establecen ya las instituciones del Benelux, que posteriormente se han ido desarrollando y perfeccionando. En cierto modo, el Benelux ha sido el núcleo y el paradigma de la unificación europea.

La OECE, como ya se ha indicado anteriormente al hablar del Plan Marshall, fue la primera organización de integración de Europa Occidental. El 22-IX-47, los Gobiernos de Austria, Bélgica, Dinamarca, Francia, Grecia, Holanda, Irlanda, Islandia, Italia, Luxemburgo, Noruega, Portugal, Reino Unido, Suecia, Suiza y Turquía, así como los Comandantes en Jefe de las Zonas de ocupación de Alemania Occidental, comenzaron las gestiones para crear esta entidad.

El acuerdo se firmó en París el 16-V-48. Nuevos países se han ido incorporando a la OECE; Alemania en 1949 y España en 1959.

Más tarde (14-XII-60) se transformará en la OCDE (organización de Cooperación y Desarrollo Económicos).

Ya desde la creación de la OECE existía el proyecto de establecer una Unión Aduanera para toda su área, pero las realizaciones que cuajaron fueron más bien modestas, bilaterales o trilaterales.

Así se instituyen proyectos de asociación como FRANCITAL (Francia e Italia), FINEBEL (Francia, Italia y el Benelux) también llamado FRITALUX. Gran Bretaña y los países nórdicos formaron el UNISCAN y hubo otro proyecto similar entre Noruega, Suecia y Dinamarca.

Había que superar una política comercial nacionalista fundada en la discriminación y protección de los productos según convenios bilaterales, cupos y contingentes. La OECE buscó la liberación progresiva del intercambio de pagos y mercancías sobre bases multilaterales.

Se ha estimado que, ya en 1952, la producción industrial de los países de la OECE era superior en un 39% a la de 1948. Los intercambios aumentaron de forma igualmente espectacular, pues entre 1948 y 1955 crecieron en un 182%.

Este aumento de los intercambios y la urgencia de superar el férreo bilateralismo monetario aconsejaban establecer un sistema multilateral de pagos. El paso decisivo se dará el 7-VII-50 en que los países de la OECE crean la Unión Europea de Pagos (UEP). Con un capital inicial de 350 millones de dólares —cedido por los EEUU— se buscaban dos objetivos: la compensación multilateral de los saldos comerciales entre los países miembros y un sistema de crédito que facilitase las liquidaciones.

Un Banco de Pagos Internacionales empezó a funcionar como cámara de compensación.

8.6.3. *El Consejo de Europa*

Paralelamente a estas primeras organizaciones de cooperación económica, se volvió a desarrollar en Europa el sentimiento europeísta que ya había surgido en el período de entreguerras y se remontaba a pensadores románticos y utópicos de otros tiempos.

Entre los movimientos intelectuales y asociativos más interesantes hay que citar el *United Europe Commitee*, fundado en Londres, la Liga Independiente de Cooperación Europea y la Unión Europea, de carácter federalista.

En 1947 se sustituye en París el comité de Coordinación de los Movimientos a favor de una Europa Unida que dará origen en octubre de 1948 al

Movimiento Europeo, que ya había organizado en La Haya el Congreso Europeo con asistencia de figuras como Adenauer y Churchill. El eco de este Congreso llegó a la UEO, que se propuso estudiar el tema de la unión europea, y en gran medida de aquí surgirá también el Consejo de Europa.

En efecto, en enero de 1949, los Ministros de Exteriores de los países firmantes del Tratado de Bruselas acordaron establecer un Comité de Ministros y una Asamblea y por fin el 5-V-49 se firmaba en Londres el tratado que constituía el Consejo de Europa.

Los países fundadores fueron: Bélgica, Dinamarca, Francia, Holanda, Italia, Irlanda, Luxemburgo, Noruega, Suecia y Reino Unido.

8.6.4. *La Comunidad Europea del Carbón y del Acero*

El acierto de la Comunidad Europea del Carbón y del Acero (CECA) será poner en común el mineral de Lorena y el carbón del Ruhr. El plan ofrecía dos ventajas: iniciaba una colaboración entre Alemania y Francia y además se fundaba en un acuerdo sectorial: el carbón y el acero. Si la experiencia salía bien, podía ampliarse tanto a otros estados como a otros sectores económicos.

La propuesta para crear esta Comunidad la hizo el 9-V-50 el titular de Exteriores francés Robert Schuman, pero había sido concebida por el entonces Alto Comisario del Plan, Jean Monnet.

En este discurso hay una afirmación clave para entender todo el proceso europeísta posterior: «Europa no se hará de una vez, ni en una construcción de conjuntos: se hará mediante realizaciones concretas, creando para ello una solidaridad de hecho».

En junio se celebra ya una conferencia con asistencia de los Seis (Francia, Alemania Federal, Italia, Bélgica, Holanda y Luxemburgo) y el 19-III-51 se firmará el Tratado de París, luego ratificado por los parlamentos respectivos, y que entrará en vigor el 29-VII-52.

La Comunidad Europea del Carbón y del Acero posee ya unas instituciones que serán modelo para futuras organizaciones: Consejo de Ministros, Asamblea Parlamentaria, Alta Autoridad y Tribunal de Justicia.

El Reino Unido se mantuvo al margen de este proceso y no formará parte de la CECA, manteniendo su tesis de crear una zona de librecambio (que acabará plasmándose en la EFTA).

La excelente marcha de las actividades de la CECA convencerán a los estadistas europeos de la viabilidad del proyecto comunitario, y los representantes del Benelux promoverán la idea de generalizar la cooperación a los restantes sectores económicos hasta crear un Mercado Común.

El *Plan Pleven* y el *Memorándum del Benelux* serán así los antecedentes inmediatos de las Conferencias de Messina, Bruselas y Venecia que culminarán el 25-III-57 en Roma con la creación del EURATOM y la Comunidad Económica Europea.

Capítulo IX
LA EMERGENCIA DEL TERCER MUNDO

9.1. La estructura y proceso

Se puede considerar la descolonización como un fenómeno histórico global, pero resulta más exacto ver una serie de movimientos paralelos y escalonados, que en ocasiones ofrecen conexiones y en otras se manifiestan ajenos unos de otros. Tampoco hay que olvidar los precedentes emancipadores de siglos anteriores, especialmente el corto período de las independencias americanas (1767-1830) y el fenómeno no menos universal de las transformaciones territoriales de los estados y la desarticulación de los Imperios.

La novedad principal radica en que no se pretenden redistribuciones territoriales ni revisión o ampliación del reparto colonial, sino la concesión de la independencia, es decir, el fin del propio sistema.

Se trata generalmente de pueblos primitivos o culturas poco evolucionadas (África subsahariana, Pacífico) o de civilizaciones históricas de gran antigüedad (India, Sudeste de Asia, Islam) que temporalmente cayeron bajo la soberanía europea. Son también zonas subdesarrolladas en su mayoría y pobladas por razas de color. La colonización —entre otras aportaciones positivas— contribuyó a forjar el sentido de la nacionalidad, creando Estados donde antes no hubo sino principados feudales o clases de tribus ambulantes. La misma lucha contra el colonizador fue una causa de unión y de concienciación para sentar las bases de los nuevos países.

Pueden seguirse tres fases cronológicamente muy claras en el proceso. Entre 1945-1950 acceden a la independencia el subcontinente indio, parte del Sudeste Asiático y el Oriente Medio. En la etapa siguiente el fenómeno se traslada al Norte de África (1953-1962) para descender seguidamente hacia el resto del continente e ir luego volviendo hacia los territorios que aún quedan sometidos en las áreas precedentes o en América y Oceanía.

En unos territorios existía una tradición de autogobierno, que permitió la formación de élites dirigentes y hábitos democráticos, facilitando la estabilidad del tránsito a la independencia. En este sentido los británicos fueron maestros; a la vez consiguieron posibilitar que el proceso descolonizador no implicara una ruptura radical, gracias a la institución cada vez más elástica de la Commonwealth. En otros lugares, la situación era muy distinta e incluso hubo graves conflictos (Congo, Argelia), en parte debidos a la postura adoptada por las minorías de origen europeo o a los enfrentamientos tribales.

La artificiosidad del reparto colonial tendrá secuelas en el período de la descolonización y en los años subsiguientes de afirmación nacional, originándose problemas por razones étnicas, geográficas, fronterizas y de otros géneros, como la pervivencia de intereses económicos o intereses estratégicos de las Superpotencias.

La descolonización no implicaba ni mucho menos una emancipación absoluta, sentándose así las bases para el neocolonialismo cultural, económico, político y en general para la continuidad de nuevas formas de dependencia.

En la revolución china, en el *nasserismo* egipcio, en otros muchos movimientos se da la unión entre «lo revolucionario» y lo «nacionalista». No siempre es lo revolucionario de inspiración fielmente marxista —baste de muestra el propio nasserismo— pero sí existe un mínimo de convergencia con los planteamientos socialistas y, por supuesto, la idea «anti-imperialista» se confunde con la oposición a «lo occidental» y al capitalismo.

a) *Causas precipitantes*

— Las dos guerras mundiales, y con mayor amplitud la última, causaron un fuerte impacto en los Imperios coloniales. El hecho tampoco es realmente nuevo. Numerosos cambios en ultramar se dilucidaron en conflictos habidos entre las metrópolis a lo largo de los siglos XVII y XVIII. La novedad radica en la participación de nativos en los ejércitos y en las transformaciones de hecho causadas por la guerra.

En Asia las victorias japonesas tuvieron especial trascendencia al barrer el dominio europeo, acabando con el mito de la superioridad del hombre blanco y favorecer los movimientos nacionalistas. Las potencias coloniales hicieron, por añadidura, promesas de liberalización y autonomía. La reacción contra Japón favoreció también a los grupos de resistencia de inspiración comunista.

Los aliados propugnaban con su victoria el triunfo de los ideales democráticos, que en buena parte ya habían sido asimilados por las minorías intelectuales de los pueblos dependientes.

En la Carta del Atlántico se había expresado cómo ningún cambio territorial debía realizarse si no estaba conforme «con las aspiraciones libremente expresadas de los pueblos interesados» y además se defendía el derecho de «todos los pueblos a elegir la forma de gobierno bajo la cual quieran vivir y aspiran a que aquellos que están privados por la fuerza de esta libertad recuperen el derecho a la soberanía y al autogobierno».

La Carta de las Naciones Unidas señala que las naciones deben basar sus relaciones en la igualdad de derechos y en la libre determinación de los pueblos (arts. 1, 2 y 55), aunque no desarrolla de modo dispositivo el principio, en contraste con la minuciosa articulación del régimen de fideicomisos.

El principio de la libre determinación podía chocar con otros como la soberanía estatal, la no injerencia en asuntos internos o la integridad territorial, pero la evolución del proceso descolonizador, salvo excepciones, apenas planteó esta colisión de derechos y favoreció la implantación del principio de autodeterminación. Cabe destacar en este sentido la célebre resolución 1514 (XV) del 14 de diciembre de 1960, calificada de Carta Magna de la Descolonización, y otras posteriores como las Res. 1654 (XVI) de 27-XII-61, la Res. 2621 (XXV) de 12-X-70 y la Res. 35/118 del 11-XII-80.

En la parte dispositiva de la Resolución 1514 (XV) se establece, en los tres primeros puntos, que:

1. La sujeción de pueblos a una dominación y explotación extranjeras constituye una denegación de los derechos humanos y fundamentales, es contraria a la Carta de las Naciones Unidas y compromete la causa de la paz y de la cooperación mundiales.

2. Todos los pueblos tienen el derecho de libre determinación; en virtud de este derecho determinan libremente su condición política y persiguen libremente su desarrollo económico, social y cultural.

3. La falta de preparación en el orden político, económico, social o educativo no deberá servir nunca de pretexto para retrasar la independencia.

Acotar límites a este principio, incluso en los propios territorios afectados por la descolonización, fue objetivo pronto expresado al señalar que la determinación era de aplicación «respecto de un territorio que está separado geográficamente del país que lo administra y es distinto de éste en sus aspectos étnicos y culturales».

También se admiten para ser descolonizado, además de alcanzar la independencia, otras dos opciones: la asociación y la integración con un Estado independiente. En el seno de las Naciones Unidas se creó un Comité especial para el seguimiento del proceso emancipador, conocido por Comité de los Veinticuatro.

— Tanto los Estados Unidos como la Unión Soviética, pese a haberse formado a lo largo del siglo anterior como grandes espacios a costa de extenderse en su entorno geográfico, se mostraron abiertamente contrarias al colonialismo. También deben tenerse en cuenta los cambios registrados en las antiguas potencias coloniales, donde los Gobiernos, la oposición y la opinión pública, se expresaron predominantemente en contra de la continuidad del sistema. Si Europa experimenta una crisis de identidad mientras el mundo afroasiático potencia el nacionalismo, no hay que desdeñar la influencia que en la actitud de las metrópolis tiene su situación de deterioro moral y económico y militar, que repercute en los territorios de ultramar. Incluso medidas más o menos fulminantes como las de Francia en Indochina y Holanda en Indonesia se resienten del desgaste causado por la contienda mundial. La extrategia china para intentar erigirse en cabeza de los pueblos «explotados y de color» es otro factor a tener presente, sin olvidar que el recelo frente a los chinos —tradicional en Asia— frena en parte este proceso, sin dejar por ello China Popular de ser un modelo para muchos líderes revolucionarios por las características peculiares de su Revolución, tenida por más ejemplar que la rusa. La URSS, no conviene olvidarlo, es para los afroasiáticos una potencia «europea».

b) *Consecuencias*

— Son distintas las consecuencias según las diversas áreas, aunque puedan enumerarse algunos elementos compartidos. La marcha de los europeos deja un «vacío de poder», ocupado normalmente por élites no siempre bien acogidas, especialmente una vez pasada la euforia independentista. Desde un enfoque global, Estados Unidos y en menor medida la URSS y China Popular intentan relevar a las potencias europeas, empleando medios de dominación indirectos. En poco tiempo es apreciable un cierto retorno a reestablecer los vínculos con Europa. (Vinculación del África francófona con la CEE, por ejemplo).

La rivalidad Este-Oeste se contagia a todo orden y los países emergentes desean escapar al dilema buscando la «tercera vía» del neutralismo y de la no-alineación, empeño no siempre factible.

— La situación de subdesarrollo agrupa unos problemas estructurales básicos que favorecen necesariamente el neocolonialismo y la infiltración comunista. El mal llamado «Tercer Mundo» impresiona por su población y extensión, pero es extremadamente heterogéneo, económicamente débil, estructuralmente contradictorio y militarmente impotente. La utilización por los árabes del petróleo como arma de presión señala el camino para revalorizar la posición de ingentes riquezas en materias primas, creando de esta manera una respuesta eficaz a su desigualdad en el mercado mundial. También se aprecia una tendencia a establecer agrupaciones regionales más coherentes que el deseado «Bloque no alineado», aunque ello no supone la eliminación de tensiones intrasistemáticas.

Otro problema fundamental estriba en el hecho de alcanzar estos países su independencia, e incluso personalidad como naciones, en una coyuntura internacional fuertemente intervinculada, donde ni siquiera las grandes potencias pueden desenvolverse con una autarquía bastante y es perfectamente discutible el verdadero contenido del mismo concepto de soberanía nacional. Cuando se insiste en los riesgos de la «neocolonización» hay que recordar que este mismo fenómeno, en cierto modo, estaba sucediendo en el Viejo Mundo.

— Colonialismo e imperialismo tienden a confundirse y convertirse en tabúes y su condena se proyecta hacia el pasado.

Se acusa al colonialismo de acabar con la personalidad indígena en sus principales manifestaciones e imponer un patrón común. Sin negar sus aspectos negativos hay que admitir que el colonialismo ha contribuido a incorporar al concierto de las naciones a pueblos marginados y que su contribución al desarrollo de comunidades primitivas es defendible.

La descolonización provocó una búsqueda de enraizamientos y de identidad nacional, con el propósito de asentar los nuevos Estados en realidades históricas precedentes, auténticas o supervaloradas (Benín, Ghana) además de conllevar un retorno indigenista que se ha reflejado en la toponimia (Zaire por Congo, Zimbabwe por Rhodesia), en las costumbres, modas, folklore y literatura.

c) *Asia, Oriente Medio y África*

— Veamos los rasgos del proceso descolonizador en las tres grandes áreas geográficas que principalmente lo viven: Asia, Oriente Medio y África. América se descolonizó mayoritariamente en el XIX pero cuenta aún con pequeños territorios dependientes.

La II GM precipitó los acontecimientos en Asia de tal forma que todo el continente y en especial su zona oriental y meridional experimenta, en muy pocos años, una alteración de su ritmo histórico que difícilmente encuentra parangón con otros cambios rápidos sufridos por la humanidad. El hecho se agiganta ante el volumen de población que lo protagoniza, las dimensiones de los escenarios geográficos del proceso y el «quietismo milenario» de su historia anterior.

— El conflicto de Oriente Medio y sus protagonistas hunde sus raíces en lo más hondo de la historia. Esta zona ha sido cuna de religiones y culturas decisivas para la evolución de la Humanidad y su ubicación geográfica como «gozne» de África, Europa y Asia, lo convirtió en todas las épocas en «frontera imperial».

— África, el último continente descolonizado, fue también el último «descubrimiento». Esta afirmación sólo es cierta si se prescinde del África del Norte, unida al Mediterráneo y, por lo tanto, a la historia europea desde la época fenicia y faraónica. La conquista romana —respuesta a la acción cartaginesa—, es decir, africana, debe incluirse en puridad como una obra colonizadora, al igual que el esfuerzo bizantino o la posterior cabalgada expansionista del Islam.

Conviene por ello distinguir entre los contactos continuos habidos en la cuenca mediterránea y la incomunicación sufrida por la mayor parte del resto del continente, primero utilizado como simple «escala» en la navegación hacia Asia y más tarde ocupada. Es más correcto hablar, por lo tanto, de «las Áfricas de África».

9.1.1. *Variables*

a) *Espacio geográfico y estructura social*

No es fácil trazar los límites de Asia. Incluso Europa no deja de ser, en realidad y geográficamente hablando, otra cosa que la península más occidental de ese gran conjunto terrestre. Su mismo nombre tuvo un origen más modesto, para referirse a la orilla oriental del Bósforo y el Helesponto.

Asia consta de una gran masa continental, ocupada básicamente por la URSS y China, que se abre en una serie de penínsulas periféricas: Kamchatka, Corea, Indochina, India, Arabia y Anatolia, y está rodeada por una guirnalda de archipiélagos: Kuriles, Japón, Formosa, Filipinas, Malasia, Indonesia, Ceilán, etc.

Asia, que se une a África en Suez, se rompe en los territorios «anfibios» de Oceanía y limita con América en las Aleutianas.

Respecto a Oriente Medio, como escribe Pirenne, «Vuelve a revelarse hoy, en esta zona, la misma antinomia de la antigüedad entre las naciones interiores del continente asiático y aquellas otras, que por estar situadas en el litoral, miran hacia el mar». En efecto, la Turquía moderna, Líbano, Israel, Jordania y Egipto e incluso de modo más «anfibio» Siria e Irak, son claramente «países del Mediterráneo» y lo fueron ya cuando los valles del Eufrates, el Tigris y el Nilo tejieron la amalgama del «Creciente Fértil».

Oriente Medio ha conservado e incluso acrecentado desde siglos tanto su valor estratégico y «comunicador» como las demás características que el desierto, la costa o el valle le dieron.

El factor demográfico está también presente en la formación y desarrollo armónico y conflictivo de estos pueblos. Las migraciones, traslados de población, éxodos y reagrupamiento de refugiados que mantienen su identidad hasta reclamar el derecho a constituir una nación —como ocurre con los judíos y los palestinos— están en la base del problema. Y curiosamente árabes y judíos son pueblos extendidos por otras muchas latitudes y que han convivido entre ellos. Mientras Israel tiende a ser una sociedad occidental con predominio de la clase media, los pueblos árabes sufren aún hondas diferencias, y si los estados más desarrollados políticamente han emprendido una tarea de modernización, otros continúan manteniendo estructuras anquilosadas.

El desierto del Sahara «convierte» en cierto modo a África en una «isla». Sus costas arenosas o abruptas eran poco adecuadas para la navegación. De sus grandes ríos, sólo el Congo tiene un estuario de aguas profundas. Una meseta firme, con ríos que forman rápidos en su recorrido final y otros que vierten en lagos interiores, ocupa la mayor parte del suelo. Desiertos, selvas, bosques tropicales, grandes sabanas o tierras deprimidas y macizos montañosos, se unen a climas difíciles para entorpecer el acceso al interior.

Las fronteras de los nuevos estados han respetado, en general, el trazado de las divisiones coloniales precedentes, no siempre acordes con su distribución natural. Lo mismo cabe decir con respecto a las fronteras étnicas. Su población es relativamente escasa y desigualmente distribuida. La estructura social es complejísima: debido al tribalismo y a un pasado de movimientos nómadas que no creó sociedades estables. Los europeos favorecieron el nacimiento de oligarquías fieles y cuadros dirigentes, pero los pueblos emancipados no contaban con hondos sentimientos nacionales ni con una estratificación social asentada.

b) *Tiempo histórico y universo cultural*

La colonización falseó la imagen de Asia, que poseía unas culturas y civilizaciones comparables, e incluso en varios aspectos superiores, a las de Occidente. Sus creencias, ideas, técnicas y artes se remontan a milenios y constituyen ese «otro mundo» que según Kipling hace que Oriente y Occidente sean dos realidades autónomas o al menos inconfundibles. Los contactos entre ambos mundos son anteriores a la Edad Moderna, aunque según nuestra actual perspectiva, el impacto de Occidente ha alterado profundamente instituciones, técnicas y costumbres tradicionales sin sufrir una influencia oriental equivalente. El dato cierto es que estos «nuevos estados» no son casi nunca «nuevos pueblos» y el peso de su historia y cultura los diferencian mucho más de Europa que en el caso de América y África, donde los estados independientes son herencia de la acción europea.

Árabes y judíos poseen suficiente entidad y tradición como para no ser encuadrados ligeramente entre el heterogéneo conjunto de los «pueblos emergentes».

Mientras los israelitas, a partir de la destrucción del templo por Tito encontraron la conservación de su ser propio en la adversidad y ésta les ha permitido mantenerse sin ser diluidos entre los pueblos con los que convivieron, el Islam obró de aglutinante, no sólo para los árabes sino también para otros muchos africanos y asiáticos que por obra de la guerra y el comercio se integraron en la superior comunidad de los «musulmanes».

Religión, idioma, arte, ciencia, leyes y costumbres han consolidado para árabes y judíos su personalidad y su diferenciación.

Escasamente investigada, poco se conoce de la historia africana. Únicamente los árabes habían recorrido zonas de la costa o del interior antes de los viajes emprendidos en el siglo XV por los portugueses, pronto imitados por otros europeos. Parte de la dificultad para estudiar el pasado de África se debe al carácter «no territorial» de la autoridad. Anarquías, jefaturas y hegemonías fueron organizaciones generalmente movedizas.

La independencia provocó un retorno romántico hacia lo autóctono, especialmente en la toponomía y el folclore, pero lo cierto es que la historia que ha conformado los nuevos estados empieza casi siempre con la presencia de los europeos y que su religión, idioma oficial e instituciones de hoy son obra principalmente de los colonizadores, musulmanes o cristianos.

c) *Seguridad nacional y necesidades colectivas*

La descolonización de Asia coincide con la Guerra Fría y se ve influida por ella. A la pugna entre Washington y Moscú hay que sumar la presencia de Pekín y los intereses que todavía pretenden conservar estados que encuentran en su mismo origen tensiones de todo tipo, incluidas las fronterizas con sus vecinos. La estrategia de los bloques traslada a Asia la idea de la seguridad regional, máxime con la guerra de Corea, y toda la urdimbre de vinculaciones políticas, militares y económicas que conlleva.

El mismo hecho de la independencia acarrea el planteamiento de un heterogéneo marco de necesidades que cubrir, entre ellas la defensa y la institucionalización de las nuevas autoridades. Junto al objetivo de combatir el colonialismo está el de emprender la vía de desarrollo y la modernización, además del difícil empeño de consolidar un neutralismo político y compartido, y reclamar la ayuda de los países desarrollados con los que se desea romper.

Israel se ve obligada a vivir «en pie de guerra», condición que si es positiva para fomentar el sentimiento nacional, puede ser negativa para su economía y deteriorar la evolución social. Cuenta con un flujo decisivo de ayudas desde el exterior y en cierto modo, pese a sus llamativos progresos de todo orden, es simultáneamente un país «dependiente» de los judíos que no habitan en su suelo y un país acorralado por sus vecinos.

El «mundo árabe» comprende estados de muy diversas estructuras económicas y en los que predominan las variables típicas del subdesarrollo. Sin embargo, la explotación del petróleo y la solidaridad islámica tienden a su fortalecimiento, pese a las pertinaces rivalidades intestinas. Sufren también la carga de altos presupuestos militares y los inconvenientes de un medio natural predominantemente desértico.

En África la proclamación de la independencia fue una explosión de nacionalismo «a la europea». Las estructuras impuestas por los colonizadores fueron mantenidas y resultaron decisivas para el desarrollo del sentimiento patriótico, el auge de élites locales educadas en el liberalismo e incluso la formación de los ejércitos o los movimientos revolucionarios. El militarismo es uno de los problemas de África, que en esto recuerda a Latinoamérica. Los nuevos estados mantienen fuerzas desproporcionadas y el continente ha sido escenario de duros combates, tras la marcha de los europeos. Otro dato interesante es la superposición a este nacionalismo del fenómeno panafricano.

Aunque el continente posee grandes recursos en materias primas, la situación más generalizada es la de un profundo subdesarrollo. Su bajo índice de alfabetización, la carencia de infraestructuras, la rigidez del comercio exterior, la descapitalización o la falta de cuadros técnicos y bienes de equipo hacen coincidir la necesidad de edificar las sociedades nacionales con la puesta en marcha de sus economías.

d) *Aparato instrumental e interacción de actores*

El «milagro japonés» demostró que un pueblo asiático con organización, voluntad y técnica podía no sólo alcanzar, sino superar a las potencias colonizadoras. Como acaba de apuntarse, «la modernización» constituye un objetivo tan vital como la independencia. De aquí el esfuerzo que reclama la educación y todo el sector de infraestructuras básicas. La mayor parte de los nuevos estados tienen que asimilar las pautas que permiten el desarrollo sin renunciar a su identidad cultural y hacerlo simultáneamente con otros retos no menos fundamentales: edificar la unidad nacional y levantar una administración adecuada, armonizando autonomías y peculiaridades muy marcadas, encaminar la economía hacia la propia comunidad y no sólo hacia la explotación monoproductiva, y lograr todo ello mientras se intenta implantar una democracia real y no simples oligarquías de uno u otro signo.

Esta urgencia de hacerse con un «aparato instrumental» que ha tendido múltiples objetivos conjugando tan variadas fuerzas profundas y actores «informativos», se ve obstaculizada por tendencias conservadoras, carencias, desfases e intereses neocoloniales de dominación.

La dependencia del exterior es patente en estas comunidades, que se esfuerzan por lograr un mínimo de autonomía con respecto a medios instrumentales suficientes de todo orden que les permita modernizarse a fondo. En este sentido, es superior el desfase musulmán, que precisa vencer mayores tabúes y tradiciones para conseguir sus objetivos. Políticamente, no hay otro protagonismo que el de las fuerzas en el poder o los grupos revolucionarios en la oposición, sin olvidar los intereses de las multinacionales y las grandes potencias.

En África, siendo tan acuciantes las necesidades colectivas, apenas se posee un aparato instrumental propio, capaz de resolver las carencias, por lo que se impone la dependencia del exterior, fundamento del neocolonialismo. El exceso de los gastos militares y suntuarios, unido a cierta «fuga de cerebros» entorpece aún más la situación. África vive —con varias excepciones— un nivel tecnológico importado que se superpone a las técnicas artesanas primitivas. Sin embargo, los recursos de que se dispone hacen confiar en que, en un cierto plazo y en gran medida en función del desarrollo educativo y financiero alcanzado, consiga este «objetivo».

La complejidad de sus sociedades, la convergencia de intereses ajenos, cierto nepotismo y sentido de «clan» en sus sectores dirigentes, la acción enfrentada de las potencias y sus influencias, los recelos tribales y nacionalistas y el resurgir de fobias en un período en que se alumbran las luchas sociales, hacen de África un espacio conflictivo futuro que esconde sus tensiones bajo una aparente «normalidad».

9.1.2. *Actores*

— La URSS se consolida a lo largo del siglo XIX como potencia asiática hasta llegar a amenazar la India y enfrentarse al Japón. Tras su victoria en la II GM confirma y amplía su dominio. Por un lado se anexiona Sajalín y las Kuriles y por otro ayuda a los movimientos comunistas que, siguiendo el ejemplo chino, van extendiéndose por el Sudeste.

Sin embargo, Rusia es considerada por los asiáticos como una potencia europea e incluso «expansionista» y las antiguas rivalidades entre chinos y rusos volverán a resurgir, agravadas por el carácter de «cisma ideológico» que el conflicto tiene.

Los EEUU, potencia del Pacífico desde la incorporación de California, Alaska y las Hawai, controla el Canal de Panamá y se ha constituido, tras sus victorias sobre España (1898) y Japón (1945) en el Imperio marítimo de Asia, justo cuando el poderío británico se cuartea y China se debate en busca de su afirmación revolucionaria.

Si Occidente asegura la dependencia de su glacis continental (Latinoamérica) y extiende hasta Berlín la presencia de sus intereses y soldados, en

Oriente hace del Japón un aliado fiel y desencadena una comprometida estrategia de «contención preventiva» que llevó a sus fuerzas a Formosa, Corea y Vietnam.

Gran Bretaña, Francia y Holanda ven llegada la hora del «repliegue» y lo hacen, muy a su pesar, retardando mediante la acción diplomática, militar y económica el abandono de sus dominios.

Los ingleses procuran salvar parte de sus intereses mediante la integración de los estados independientes de la Commonwealth o dando paso a fórmulas complejas, como las de Malasia y Singapur que faciliten su permanencia indirecta. El problema de Hong-Kong acabará encarrilándose en 1984, mediante acuerdo con Pekín.

París recurre a una fórmula inspirada en el ejemplo británico —La Unión francesa— que da muy escasos resultados, viéndose envuelto en el interminable conflicto indochino, hasta la Conferencia de Ginebra (1954).

Holanda intenta hacer viable la Unión Holando-Indonesia, pero tras una larga serie de peripecias, Indonesia acabará por establecer su propia vida al margen de la ex-metrópoli.

Además de las principales potencias, intervienen en el proceso descolonizador otros «actores», como las Naciones Unidas, que han emprendido una política favorable al derecho de los pueblos a decidir su destino, como son los diversos movimientos de liberación nacional, unos inclinados por la lucha legal y parlamentaria —Partido del Congreso en la India— y otros por la guerrilla abierta. Estos grupos de resistencia surgieron frecuentemente bajo la dominación japonesa e incluso en el período anterior, y entre los mismos predominaron como más disciplinados y activos los de inspiración de tipo comunista. Citaremos al Viet-Minh, los Huks filipinos, el MPAJA malayo o el AFPFL birmano.

Junto a estos movimientos hay que situar la acción de los intelectuales y los cuadros dirigentes que han asimilado las ideas democráticas y nacionalistas de los colonizadores. Por último debe señalarse la talla de los líderes más influyentes, hombres como Gandhi, Jinah, Nehru, Ho-Chi-Min, Sukarno o Suvana Fuma.

En Oriente Medio, Gran Bretaña, seguida de Francia, releva a Turquía en el control del Medio Oriente, pero las demás potencias evidencian desde un principio su interés por vincularse a la zona. Esta «interferencia» de los centros de poder externos va a continuar operando, bajo diversas modalidades, hasta el presente, lo cual es explicable por la decisiva ubicación geoestratégica y las reservas petrolíferas del conjunto árabe.

Junto a las potencias intervienen otros «actores internacionales» de muy distinta naturaleza, como las iglesias cristianas, el sentimiento panislámico, el sionismo, las grandes compañías multinacionales y varias organizaciones internacionales, gubernamentales y no gubernamentales.

El sionismo merece destacarse especialmente por ayudar a entender cómo el problema de Israel posee ramificaciones que implican a otros pueblos donde los judíos sufrieron marginación o en los que ejerce una influencia pública importante. Sin las persecuciones sufridas por el pueblo judío y su increíble capacidad de mantener lazos solidarios a lo largo del tiempo y del espacio, no cabe entender el problema.

Otro dato a tener en cuenta es el hecho de que el Estado de Israel, que aspira a terminar con el éxodo judío, desencadena otra situación muy paralela: el éxodo de los palestinos. También converge aquí un fenómeno de solidaridad internacional, al hacer los estados árabes suya la causa palestina.

Otros «actores» decisivos son los distintos líderes políticos que influyen en el desarrollo de los acontecimientos —muchos de ellos, estadistas y caudillos de indudable talla— ciegamente seguidos por las masas. Junto a los dirigentes hay que citar a las organizaciones nacionalistas, revolucionarias e incluso terroristas que han desempeñado y siguen desempeñando un papel decisivo en el área. Si Israel nació entre atentados, represalias y luchas, la misma táctica va a ser empleada por la guerrilla palestina. Tampoco se puede seguir la evolución de los hechos en los estados árabes sin tener muy presente la acción de sus movimientos patrióticos y fundamentalistas.

El proceso descolonizador africano debe incardinarse en el contexto más amplio de la descolonización a escala mundial, ya que cuenta con antecedentes en el período de «entreguerras». Así había que repetir lo dicho con respecto a la actitud liberadora de los EEUU, URSS, los Gobiernos europeos que en esos años se encuentran en el poder y la política adoptada por Naciones Unidas.

Junto a estos «actores», deben tenerse presentes otros que pudiéramos calificar de «indígenas», como los movimientos patrióticos africanos, más o menos revolucionarios y la decidida actuación de una serie de líderes como Leopoldo Sedar Senghor, Ferhat Abbas, Burguiba, Jomo Kenyatta, León Mba, Awowolo, Nkrumah, Houphouset-Boigny, Apithy, Lumumba, Kasavubu, Azikiwe, J. Nierere, S. Toure, etc.

Indirectamente actúan los movimientos de «jóvenes marroquíes», «jóvenes argelinos» o «jóvenes egipcios», obviamente inspirados en los «jóvenes turcos». Nasser e incluso Gadafi siguieron (en parte) el ejemplo de Kemal Ataturk. La evolución de los países asiáticos sometidos a los europeos —especialmente el conflicto indochino en el caso del África francófona— y el todavía más próximo de Oriente Medio, son hechos que lógicamente contribuyeron a favorecer el proceso colonizador y nacionalista africano.

El principio de solidaridad jugó desde un primer momento —ya en 1919 Du Bois organizará un Congreso Panafricano— para dar a estos movimientos un carácter continental y supranacional. Esto explica que, al irse produciendo las independencias se planteen varias conferencias, organizaciones regionales e incluso una entidad a escala global como la Organización para la Unidad Africana.

Problema compartido en la mayoría de los nuevos estados y con mayor virulencia en Argelia, Sudáfrica, Rhodesia y el Congo, fue la pervivencia de la sociedad «superpuesta» de los colonos blancos, afincados desde generaciones en África o vinculados con fuertes intereses económicos multinacionales. Otra fuerza convergente debe rastrearse en la lucha a escala mundial del replanteamiento de un equilibrio de influencias entre las grandes potencias, influencia que no sólo hay que limitar a los países occidentales, sino también a la URSS, China Popular y Cuba.

9.1.3. *La audiencia*

— Los nuevos estados asiáticos acceden a la independencia en difíciles condiciones internas. La Unión India ofrece en este sentido un ejemplo admirable. Antes de 1947 había en el territorio 600 principados semiautónomos que se entendían directamente con la Corona británica. Este hecho, unido a las divisiones étnicas, religiosas y sociales, hacía prever una terrible «balcanización» del Subcontinente, que afortunadamente se evitó pese a la escisión del Pakistán y a ciertos focos de conflictos que se dejaban abiertos para el futuro: Cachemira y Bengala. La complejidad racial es factor que se repite en todos los estados. En la naciente Federación de Malasia el Partido de la Alianza adoptó el criterio de que «la nacionalidad debe darse en relación al territorio y no con el de origen». Por el contrario, los partidos Magara y la Liga Islámica estimaban que la nacionalidad sólo debería concederse a los miembros de la raza malaya.

El carácter insular de parte de estos nuevos países era otro elemento perturbador. Indonesia cuenta con cerca de 3.000 islas, entre ellas Java, Sumatra, Borneo y Célebes, las mayores y más importantes.

Se comprende que la fuerza de los particularismos locales, los recelos frente al centralismo, las dificultades de comunicación y la infinidad de dialectos suman una serie de obstáculos que frenan aquí y en otras repúblicas vecinas la construcción del Estado.

Hay que reconocer el buen sentido de mantener, casi siempre, unos espacios de poder amplios y viables. No deja de ser positivo comparar el volumen de población, la extensión territorial y los recursos potenciales que ofrecen los nuevos estados asiáticos, en contraste con la proliferación de Repúblicas minúsculas que bien pronto van a surgir en África o que ya existían en el Caribe.

Tal hecho dará un peso en la vida internacional a los estados asiáticos del que carecerán la mayor parte de los africanos y América Central.

La evolución política en Asia está condicionada por una serie de coordenadas cuyo seguimiento es sencillo. La presencia de China —y detrás de ésta la de la URSS— influirá en la conservación de la unidad india. Las dos penínsulas —Corea e Indochina— sufren los efectos del clima de bipolarización, mientras que los archipiélagos —y el primero de todos, Japón— quedan más inclinados hacia la potencia marítima del Pacífico, que según se dijo, son los EEUU.

Tampoco hay que olvidar las otras dos zonas de flanqueo del continente: el mundo árabe con Turquía y Australia, país occidental. Por estos motivos, Asia se «africaniza» desde el océano Indico y se «americaniza» en Oceanía. También hay que insistir en el carácter de subdesarrollo que padecen buena parte de los pueblos, y en su afán de escapar de la política de bloques constituyendo un frente de países «no-alineados».

El «imperialismo» encuentra en Oriente Medio su último espacio de acción, gracias a una triple circunstancia: la derrota otomana, la revolución bolchevique —que paraliza a Rusia— y el levantamiento de los pueblos árabes que reciben a las fuerzas de la Entente como libertadoras.

Otro factor viene a sumarse a los «atractivos» geopolíticos del área: el petróleo. Controlar su extracción, industrialización y comercialización se convierte en objetivo para las potencias, y en concreto para Gran Bretaña, que carecía de petróleo en su territorio metropolitano y lo precisaba para su marina e industria. Francia y EEUU se hicieron con territorios o concesiones e incluso Grecia e Italia ocupan puntos costeros que Turquía recuperará pronto.

Londres alentó los sueños árabes de constituir un gran Estado y Faisal, el hijo del emir de Hadjaz, entró triunfante en Damasco, proclamándose más tarde rey de Siria. En San Remo, por otra parte, Francia y Gran Bretaña se repartían amigablemente la región en zonas de influencia. Londres, que señoreaba de hecho Egipto desde 1882 y en 1917 estableció de forma oficial su protectorado, ahora amplía sus miras hacia Palestina y Mesopotamia. París tenía sus intereses en Líbano y Siria.

Gran Bretaña retardaba la puesta en práctica de los acuerdos Sykes-Picot, mientras fracasaban las primeras buenas relaciones entre Faisal y los judíos.

En Palestina, Gran Bretaña actuaba simplemente de potencia administradora y no podía adoptar decisiones comprometidas. En julio de 1920 se designó Alto Comisario a Sir Herbert Samuel —judío— que estableció una fórmula de administración civil hasta que el 24-VII-22 se confiere el Mandato. En el texto se alude tanto a los lazos históricos judíos como al respeto a las otras comunidades.

Las visicitudes que experimenta Oriente Medio, hasta el fin de la II GM, se concretan en el nacimiento de sucesivos Estados árabes, y a partir del 14-V-48, de Israel. Este hecho desencadena automáticamente la primera guerra de una larga serie de combates, hostilidades y tensiones que no han concluido todavía. Gran Bretaña fue disminuyendo poco a poco su poderío hasta el descalabro de Suez en 1957.

Los nuevos estados se esfuerzan por preservar su autonomía y libertad de maniobra, dando prioridad al sentimiento patriótico y al panarabismo, evitando que sus vínculos con la URSS supongan una alineación con el Bloque comunista. En este sentido, el profundo sentir religioso árabe ha supuesto un freno a los planes de infiltración comunista.

Tras la revolución egipcia, comienza en el conjunto árabe un proceso de escisiones que agrupa por un lado a los regímenes «conservadores» —más unidos con EEUU— y por otro a los «progresistas».

Pese a varios intentos unificadores para hacer realidad la «teoría de los tres círculos», propugnada por Nasser, la solidaridad árabe en estos años es muy circunstancial y retórica.

El 6 de marzo de 1957 la Corona inglesa reconoce la independencia de Costa de Oro, que toma el nombre de un legendario imperio medieval centroafricano: Ghana. Comenzaba así el amplio y veloz proceso descolonizador del África subsahariana, haciendo la salvedad de que Sudáfrica consiguió ya su independencia en 1910.

La casi totalidad de estos nuevos estados entran a formar parte de la sociedad internacional en el corto período que va desde 1957 a 1963. El año más prolífico fue 1960, en el que se crean 16 países. El proceso se prolonga hasta la década de los setenta. Djibuti obtiene su independencia en 1977, coronando prácticamente el ciclo descolonizador.

África es por muchos motivos un continente de contrastes. Si la mayor parte de sus Estados cuentan con pocos años de vida propia y soberana, en África se ubican culturas tan antiguas como Egipto, Etiopía, Libia o el reino Kuch. La conquista árabe y la subsiguiente expansión de la influencia musulmana contribuyen a «aislar» de Europa al África subsahariana. El deseo de llegar a las Indias flanqueando la barrera del Islam llevará a los portugueses a rodear el Continente fundando los primeros asentamientos costeros. África interesó, sobre todo, como escala de navegación y territorio suministrador de esclavos. En este sentido puede afirmarse que se colonizó secundariamente, bajo el impulso de las empresas de Asia y América.

Reinos como los de Ghana, Malí, Songhai, Tombuctú, Sosoos, Mossis, Bambaras, Yorubas, Benín, Nupe, Hausas, Peules, Tekruris, Nobatia, Dongola, Fung, Zendj y creaciones políticas menores como las de los lubas, lundas, zulúes, masais o el famoso Monomatapa, demuestran la existencia de una vida política y un cierto reparto de poder en África, del que conocemos muy poco y que apenas ha tenido relevancia en el resto del mundo, debido probablemente al carácter «local» de estos dominios. La presencia europea se consolida tras los acuerdos del Congreso de Berlín de 1885, que exigen para el reconocimiento internacional de la posesión un control efectivo del territorio y su notificación. Es la época del apogeo del imperialismo europeo. Francia e Inglaterra ocupan la mayor parte de África, mientras España, Portugal, Alemania e Italia conservan o se hacen con el resto. También desempeñaron un papel importante otros «actores», como los emigrantes holandeses (*Boers*), los negros «repatriados» de EEUU para fundar Liberia y exploradores financieros de la talla de Stanley, Cecil Rhodes o Leopoldo de Bélgica, además de misioneros y científicos.

Tras la independencia, o mejor dicho, tras la formación de los estados africanos, el continente se ofrece como una de las zonas del planeta que «está más por hacer».

9.2. La independencia del Indostán y el Sudeste asiático

La India, que iba a recibir la partición y la independencia el 15 agosto de 1947, contaba con 410 millones de habitantes, 281 de ellos hinduistas, 115 musulmanes, 7 cristianos y 6 sijs, además de 150.000 británicos. Los hinduistas se dividían a su vez en 300 castas y subcastas.

El territorio administrado directamente por Londres abarcaba dos tercios del total. Coexistían, además, 565 estados principescos con 100 millones de habitantes que hablaban 15 idiomas y 845 dialectos, pero era analfabeta el 85% de la población.

Tras la partición, el 78% de la población del Antiguo Imperio pasó a englobar la Unión India, compuesta por 328 millones de habitantes —33 de ellos musulmanes— mientras en Pakistán se englobaron 82 millones de personas, 30 de ellos en la zona oriental, futura Bangla-Desh.

Junto a estos dos grandes estados recibirán la independencia o cambiarán de estatus, Ceilán, Birmania y los pequeños territorios asentados en la frontera con China junto al Himalaya. Todo un subcontinente con una historia milenaria y una cultura brillante que el «Raj británico» —como dice Toynbee— unificó y salvó para la posteridad.

9.2.1. *La «Unión India»*

El significativo hecho de continuar como Gobernador General el anterior virrey —Lord Mountbatten, un estadista de talla— y seguir como capital

Nueva Delhi, ciudad que fue sede del Imperio Mongol y los británicos reinstauraron como capital en 1911, ilustra el acierto del proceso descolonizador que, si bien fue ensombrecido por las sangrientas luchas que siguieron a la partición, merece calificarse de ejemplar.

India constituía la «joya» más esplendorosa del dominio británico y su emancipación tuvo, junto al hecho en sí, el simbolismo histórico que todo acontecimiento entrañaba para el resto del mundo y, en especial, para los pueblos sometidos todavía a la Corona inglesa.

La fundación en 1885 del I Congreso Nacional Hindú fue vista con simpatía por los británicos, pero al incrementarse el nacionalismo y acceder a la vida pública nuevas generaciones, Londres temió que pudiera convertirse en un nuevo peligro para sus intereses. Las reformas introducidas tras la I GM no fueron del todo satisfactorias y del Congreso nacieron tendencias más radicales.

Este clima se fue complicando en los años que precedieron a la II GM y durante el desarrollo del conflicto. Las posturas de resistencia pasiva preconizadas por Gandhi, cuyas extravagancias y heroicidades ejemplares se conocieron en todo el mundo; los éxitos del ejército hindú que combatió destacadamente bajo la bandera inglesa e incluso la protección nipona al gobierno rebelde de Chandra Bose forzaron las promesas de Londres para alcanzar la autonomía una vez conseguida la victoria.

Los planes propuestos por la misión Cripps preveían un estatuto especial para las zonas no hindúes que desearan no integrarse en el Dominio. El Congreso se opuso entendiendo que tal proyecto facilitaría la división de la India entre Estados rivales.

La derrota nipona planteó nuevamente el dilema de independizar al enorme país y hacerlo sin agravar los antagonismos. Wavell reunió a los responsables de las diversas tendencias para lograr una fórmula de acuerdo. El objetivo era difícil ante la intransigencia de las posturas. Las elecciones confirmaron la dualidad y el reparto de poder entre la Liga y el Congreso. La formación de un Gobierno Central y una Asamblea Constituyente fue la etapa que ahora había que cubrir, mientras menudearon los actos de violencia que confirmaron la hondura de la crisis política. El peligro de guerra civil era patente. Los musulmanes paralizaron la acción del Gobierno provisional. Londres comunicó el 20-II-47 que pondría fin al dominio británico lo más tarde en junio de 1948 y se encomendó a Lord Mountbatten la misión de administrar el delicado proceso. El virrey quiso adelantarse a los hechos y anunció la independencia para el 15 de agosto del año en curso.

El 3-VI-1947 Mountbatten presentó un plan de participación. En Bengala y Penjab deberían decidirse sobre la unidad o la división. Jinnah, líder de los musulmanes, esperaba más, pero acabó aceptando lo mismo que el

Congreso. Bengala y Penjab se inclinaron por la división. También fracasó la idea de un Estado Pathan autónomo, que era bien visto por Afganistán con la esperanza de lograr anexionarse al «Pashtunistán», heredando del Pakistán una causa de enemistad con Kabul que desencadenaría posteriormente tensiones.

En julio, en el Parlamento británico, se vota la *Indian Independence Bill*.

9.2.2. *Pakistán*

Dos comisiones trazaron los límites divisorios, que no se dieron a conocer hasta el día de la Independencia, causando gravísimos disturbios al separar comunidades étnicas y religiosas, propiedades, centros de vida económica y comarcas naturales. El mismo día 15, se iniciaba una espantosa matanza en Penjab. Fanáticos sijs, musulmanes desesperados, hindúes acorralados comenzaron un entrecruzado éxodo que frecuentemente acababa en trágicos aniquilamientos. Se ha reprochado que no se hubiera tomado la zona conflictiva con fuerzas suficientes, pero resultaba imposible en aquellas circunstancias. Los británicos procuraban mantenerse al margen y los nuevos dirigentes no contaban con la autoridad suficiente ni con los medios para impedir la matanza.

En Bengala, durante 1947, gracias a la presencia de Gandhi, la tranquilidad fue mayor. Enemigo acérrimo de la división, la libertad por la que tanto luchó le dejaba ahora una amarga diferencia. Inició una huelga de hambre en favor de los musulmanes para obligar al gobierno a cumplir sus obligaciones de reparto de los fondos estatales con el Pakistán. Estos hechos altruistas soliviantaron a los fanáticos hindúes que el 30-I-48 asesinaron a Gandhi. La emoción que el hecho causó en todo el mundo coincide con el fin de las matanzas.

La separación definitiva entre India y Pakistán se completa el 31-III-48. En el intervalo, el poder fue ostentado por dos Gobernadores generales y dos Gobiernos Provisionales. Jinnah, el padre de Pakistán, murió cuando su país empezaba a vivir. Sin embargo, el primer promotor de la existencia de este país fue Rahmat Alí que concibió por vez primera el nombre de Pakistán uniendo las iniciales de los territorios musulmanes. Las letras corresponden a Punjab (P), Afganin (A), Cachemira (K), Islam (I), Sind (S), y (TA) de Baluchistan.

9.2.3. *Ceilán y los Estados del Himalaya*

En 1802 se separa Ceilán de la India, al ser cedido por los holandeses mediante el Tratado de Amiens, situación ratificada en 1815. A lo largo del siglo XX los cingaleses fueron incorporados a las tareas administrativas y en 1931 se instauraba un Consejo de Estado, formado en gran parte por miembros electivos. En 1946 se establece una Constitución reintegrando al país su autonomía, que tras las reformas necesarias hace de Ceilán en 1948 un miembro más de la Comunidad Británica de Naciones. En 1972 Ceilán cambió su nombre por Sri Lanka.

Si Ceilán completa al subcontinente indio por el mar, junto con otra serie de pequeños conjuntos de islas que todavía permanecen sujetos al dominio extranjero, otros pequeños Estados, fronterizos con China (como Nepal, Sikkim y Bután), tampoco entran a formar parte de la «Unión India», aunque mantienen estrechas relaciones con Nueva Delhi.

9.2.4. *Los archipiélagos*

Los movimientos de emancipación nacionalista no están dispuestos a presenciar impasibles el retorno de los europeos. Esta oposición reviste distintas modalidades según los lugares en que se plantea y según la actitud adoptada por las Potencias. Además, unos movimientos son predominantemente patrióticos y otros persiguen simultáneamente objetivos revolucionarios de inspiración comunista. Los factores socioeconómicos, religiosos y raciales inciden en el proceso diversificándolo, al igual que las tendencias centrífugas o centrípetas favorecen o impiden la conservación de las fronteras heredadas de la administración colonial.

Filipinas es el primer país que accede a la independencia. Los americanos, una vez liberado el archipiélago de la ocupación japonesa, advierten el peligro huk y desean establecer un régimen aliado y viable. La concesión de la independencia tuvo un alto precio: las ostensibles ventajas militares y económicas reconocidas a los Estados Unidos, como las señaladas en la *Bell Trade Act*. El 4-IV-46 se proclamaba la República.

Las desproporcionadas concesiones exigidas implicaban la subordinación del nuevo Estado a Washington.

Indonesia recibió en 1942, de los japoneses, el autogobierno, que consolidó su sentimiento nacional. Antes, los musulmanes de la «Serikat Islam» y los comunistas ya habían desencadenado la lucha contra Holanda y Sukarno fundado el Partido Nacionalista de Indonesia. El 17-VIII-45, tres días después de la capitulación nipona, Sukarno proclama la independencia. Holanda, presionada por los anglosajones, se aviene a negociar y por el acuerdo de Linggayati (15-XI-46) reconoce de hecho la soberanía indonesia sobre Java y Sumatra, comprometiéndose los nacionalistas a colaborar en el proyecto de una Unión holando-indonesia.

Holanda maniobra para agudizar las divisiones étnicas, religiosas y geográficas y continuar controlando el archipiélago. En una serie de conferencias (Malino, Denpassar) se va imponiendo al criterio federativo. En Borneo y las islas orientales se forman «Estados autónomos».

El 20-VII-47 unidades holandesas desencadenan una «operación policial», alegando que se ha incumplido lo acordado en Linggayati y toman los puntos claves de Java y Sumatra. El Consejo de Seguridad de la ONU decide intervenir, evidenciando así su política descolonizadora. Se envía una Comisión, ordenándose el alto el fuego.

La situación fue deteriorándose hasta el levantamiento de matiz comunista en Surakarta y Madiun que acabó con un segundo fracaso. Holanda vuelve a reanudar su política intervencionista y detiene a Sukarno y parte del gabinete, provocando protestas en la ONU. La guerrilla consigue rehacerse y las clases dirigentes acaban decidiéndose a no colaborar con la actitud holandesa en favor del federalismo. Por último, los EEUU preferían el triunfo nacionalista al de la guerrilla y optaron por favorecer a Sukarno. (Se llegó incluso a amenazar a Holanda con suspender la ayuda del Plan Marshall).

El 23-VIII-49 dio comienzo en La Haya la conferencia de donde salieron los documentos que reconocían definitivamente la independencia indonesia. La ceremonia oficial se celebró el 27-XII-49 en Yakarta. Se dejaba en suspenso el problema de Irian Oriental (Nueva Guinea). Junto a la República pervivían aún 15 territorios y a lo largo del nuevo año fue imponiéndose la idea unitaria. Tras diversas vicisitudes, el 17-VIII-50 la República unitaria sustituye a la federal. Cuatro años más tarde, Yakarta denunció la unión holando-indonesia, pero todavía quedaban algunos temas pendientes, como Irian y el separatismo moluqueño.

Malasia fue el último país del Sudeste asiático en acceder a la independencia. Razones económicas y militares influyen en esta ocasión. La privilegiada posición de Malasia en la ruta de Australia, su cercanía de Indochina y el valor de sus reservas en caucho y estaño, que producen a Gran Bretaña sustanciosos ingresos gracias al suministro de estos productos para la guerra de Corea, entorpecen la evolución emancipadora. Además hay otras causas, como la falta de sentimiento unitario, la división étnica y la independencia de Singapur con respecto a los gastos ingleses en la base naval.

Londres se apoyó en el particularismo local, conservando una triple administración para los Establecimientos de los Estrechos (Singapur, Malaca, Penang). Los Estados Federados (Perak, Selangor, Negri Sembilan y Pahang) y los Estados no Federados como Kedah, Perlis, Kelantan, Trengganu y Johore. Londres había favorecido por añadidura la masiva emigración de chinos para explotar las plantaciones de caucho. Los chinos llegaron a alcanzar el 44 por ciento de la población y en Singapur, el 90 por ciento.

Las condiciones para adquirir la nacionalidad federal se hicieron muy estrictas. El malestar creció entre los chinos y comunistas que desencadenaron disturbios y actos terroristas. Se implantó el estado de excepción —que duraría doce años— ante el riesgo de ver convertida Malasia en otra Indochina. El 1-II-49 se forma el Ejército de Liberación de las razas malayas, pero la antipatía de los indígenas contra los chinos restó fuerza al movimiento. Gran Bretaña empleó grandes contingentes militares y una táctica adecuada de contraguerrilla.

En 1952, la rebelión parecía sofocada y las elecciones las ganaron los sectores moderados, solicitándose la independencia dentro de la Commonwealth. La evolución en Indochina influye en la Conferencia de Londres de 1956, y el 31-VIII-57 reconoce la independencia de la Federación, con Tunku Abdul Rahman como primer ministro, el malayo como lengua oficial y el islam como culto nacional.

Singapur continuó todavía bajo control británico y hasta 1955 no se implantan medidas reformistas, como la creación de una Asamblea Legislativa y un Consejo de Ministros, conservando los ingleses el derecho de veto. En marzo de 1957 se logra un entendimiento con Londres que reconoce la autonomía del territorio, aunque el nacionalismo árabe también ha eliminado a los ingleses del Canal de Suez. Sin embargo, se mantiene la base militar, que por cierto constituye uno de los pilares de la economía de Singapur.

9.2.5. *Tailandia y Birmania*

— Tailandia consiguió mantenerse independiente gracias a su posición estratégica como «estado tapón» entre los dominios ingleses y los franceses. Contaba además con una secular tradición y una monarquía —el Reino de Siam— «constitucionalizada» a partir de 1932.

Durante la II GM, Tailandia simpatizó con el Japón, pero supo oportunamente crear un movimiento de resistencia e invertir sus alianzas sin mayores dificultades una vez derrotado Tokio. Posteriormente, tras diversas vicisitudes de orden interior, acaba vinculándose estrechamente a la política de Washington.

En Birmania se recibió a los japoneses como liberadores. Quince meses más tarde de la victoria japonesa, Tokio proclamaba la independencia de Birmania el 1-VIII-43, que en realidad quedó en nada ante la absoluta sumisión del país al control japonés, hasta el extremo de que U Nu y Than Tun, miembros del Gobierno, organizan en la clandestinidad, en colaboración con los comunistas, la Liga Antifascista para la Libertad del Pueblo. Al cambiar el sesgo de las hostilidades, la Liga que se había ampliado para acoger a otros movimientos nacionalistas provocó el 27-III-45 un levantamiento general, coordinado con los británicos, que expulsa a los japoneses.

Londres intenta restablecer la situación anterior, pero encontró una fuerte oposición en la Liga y en acciones de masas, lo que obliga al Gabinete Attlee a cambiar de postura a mediados de 1946. La proximidad de la India influye también en la progresión del movimiento emancipador.

El 27-I-47 se firma en Londres el primer documento que reconoce la independencia de Birmania.

La Constitución se vota el 24-IX-47 e incluye fórmulas autonómicas y una Cámara de las Nacionalidades junto a la de Diputados. La Asamblea decide romper los lazos de Birmania con Londres y el 17-X-47 se separa de la Commonwealth, proclamándose oficialmente la independencia el 4-I-48.

9.3. El comunismo se extiende en Asia

9.3.1. *China se convierte en República Popular*

La proclamación oficial de la República Popular China (1-X-49) culminaba un proceso revolucionario que debe retrotraerse hasta la caída de la dinastía manchú (1911) y la instauración de la República con Sun Yatsen como Presidente (1912).

El período que media entre ambos acontecimientos está marcado por diversos conflictos civiles e internacionales, destacando el ascenso del Kuomintang o partido nacionalista que acabará liderando el general Chiang Kaishek y el afianzamiento del partido comunista que encabeza Mao Zedong.

Las dificultades internas de China se complicaron por la intromisión del imperialismo japonés que ocupó Manchuria y, a principios de 1932, creaba el estado títere de Manchukuo poniendo al frente del mismo al último emperador manchú, Pu Yi. La Sociedad de Naciones condenó al Japón que respondió abandonando el organismo ginebrino. Tokio prosiguió su política expansionista y sus tropas entraron en Mongolia interior y las provincias chinas nororientales. En 1936 los nacionalistas y los comunistas acordaron una tregua en sus rivalidades y se decidieron por la colaboración contra los invasores nipones.

a) Mientras se desencadena la guerra chino-japonesa, los soviéticos, continuando la tradición zarista de dominación asiática, afianzaron su influencia en Mongolia. El país se había declarado independiente del Imperio chino al caer la dinastía, estableciéndose un régimen teocrático bajo el gobierno del Buda Viviente. En 1924, con el apoyo de los rusos, Mongolia se transforma en República Popular y su capital adoptó el significativo nombre de Ulan Bator, o Gigante Rojo. Paralelamente, los japoneses instalaron en Mongolia interior al príncipe Tek.

La influencia rusa también aumentó en la estratégica región de Sin-kiang, zona de enlace entre Extremo Oriente y Asia Central que vivía prácticamente de un modo autónomo y desde hacía siglos había sido islamizada y se convirtió en cruce de las civilizaciones árabe, hindú, iraní y china. La URSS estableció bases militares y aeropuertos.

Desde Sin-kiang los soviéticos extendieron su influencia hacia el fronterizo Tibet.

La entrada en guerra contra el Japón permitió además a los rusos invadir Manchuria y Corea.

b) La rendición de las tropas japonesas en China tuvo lugar en Nankín el 9-IX-45 y en un principio nacionalistas y comunistas colaboraron para desarmar a los vencidos. El Gobierno de Chungking (nacionalista) aceptó, a cambio de la salida de los rusos de Manchuria, la independencia de Mongolia exterior, la creación de una base chino-soviética en Port Arthur, la de un puerto franco en Dairén y la explotación de los ferrocarriles manchúes, durante un plazo de ocho años por una sociedad mixta chino-soviética. Los rusos tardaron meses en evacuar Manchuria y además desmantelaron parte de su industria.

Antes de evacuar Manchuria, los soviéticos ayudaron a las tropas comunistas a situarse en la zona y, al salir los rusos, quedaron prácticamente dueños de la situación los partidarios de Mao Zedong.

En vísperas de reanudarse la guerra civil, China, que estaba maltrecha y exhausta por tantos años de revoluciones, conflictos internos y la propia conflagración mundial, había dejado de ser un país semicolonial para erigirse en una de las grandes potencias aliadas.

En efecto, salvo Hong Kong, Macao y Port Arthur, que eran los únicos enclaves extranjeros, las demás *concesiones* habían desaparecido. Formosa —tomada por Japón en 1895— se reincorporaba a China, que era miembro fundador de la ONU y tenía asiento en el Consejo de Seguridad con derecho a veto. Incluso formaba parte del Consejo de Tutela de Corea y sus tropas ocupaban el norte de Indochina.

El país estaba, sin embargo, sumido en el caos, la corrupción y la desorganización. El mismo Kuomintang estaba dividido en facciones rivales y los generales competían entre sí por el poder local. Hasta los comunistas se hallaban divididos en grupos opuestos (Li Li San, Kang Chin y Mao).

Mientras el Gobierno nacionalista inició un proceso de reformas, los comunistas pusieron en marcha, en las zonas que dominaban, otras medidas más radicales, como el reparto de tierra, ganándose así para su causa a buena parte del campesinado.

c) La guerra civil puede analizarse distinguiéndose dos fases, la primera (1946-47), con cierta superioridad militar por parte de los nacionalistas y la segunda (1947-48), que contempla el progresivo éxito del comunismo.

Al reanudarse el conflicto, la superioridad militar del Gobierno de Chiang Kaishek era obvia. Poseía más y mejor armamento, controlaba los puertos principales, las grandes ciudades, los bienes chinos en el exterior y contaba con el apoyo de las potencias y especialmente Washington. El Gobierno nacionalista atravesaba, sin embargo, graves dificultades económicas.

Los comunistas poseían una organización más autónoma, modesta y dependiente de su ubicación, cuidaban principalmente la agricultura y hasta los soldados ayudaban a los trabajos del campo.

Mientras las fuerzas nacionalistas se cifraban en 2.500.000 soldados, los comunistas contaban únicamente con 300.000 hombres, armados básicamente con material arrebatado a los japoneses y carecían de aviación.

d) Chiang Kaishek, una vez recuperada la capital de Manchuria con ayuda americana, ofreció el fin de las hostilidades y la formación de una Asamblea Nacional en Nankín, negándose los comunistas a ello.

La Asamblea se reunió sin la presencia de los comunistas y el 25-XII-46 adoptaba la Constitución propuesta por Chiang Kaishek, fijándose la convocatoria de elecciones para finales de 1947.

El general Marshall, que había sido enviado por Truman para acercar las posiciones entre comunistas y nacionalistas regresó a los EEUU sin lograr ningún acuerdo. En vista de la grave situación, y con la excusa de desarmar a los japoneses que aún se podían hallar en China, permanecieron algunas unidades norteamericanas en el país.

Paralelamente, la URSS inició una ayuda abierta a Mao Zedong. En junio de 1947, el comité central del partido comunista denunció los acuerdos que se habían firmado anteriormente con los nacionalistas, lo cual equivalía a la ruptura de hostilidades.

Mao controlaba el Chensi y el norte de Manchuria, como zonas básicas y gracias al enrolamiento de los campesinos pudo contar pronto con unos efectivos superiores al millón de hombres, que si ciertamente eran inferiores a las tropas nacionalistas tenían la ventaja de su concentración.

Al principio, como ya se ha señalado, los nacionalistas mantuvieron la iniciativa y llegaron a ocupar Yenan, la capital comunista, pero a finales de 1947 la situación empezó a estabilizarse e igualarse, proliferando movimientos revolucionarios en muy distintas zonas del país.

Paulatinamente, los nacionalistas se fueron concentrando en la defensa de las ciudades y abandonando el campo a Mao. Además, la ineficacia administrativa y política de Chiang Kaishek acabó exasperando a Truman que tuvo que admitir la conveniencia de cortar su ayuda a los nacionalistas. Incluso buena parte del material que los americanos enviaban para las tropas nacionalistas acababa en poder de los comunistas y en la etapa final hubo unidades enteras de Chiang que se pasaron al enemigo.

Desde Shantung y Manchuria las operaciones alcanzaron China central. Pekín y Tien Tsin quedaron aisladas, coronándose los reveses nacionalistas con la derrota de Houchow, donde 375.000 soldados de Chiang fueron hechos prisioneros.

Los comunistas eran dueños de China hasta los límites del río Yang-Tse. Chiang Kaishek, que además veía agravarse día a día su difícil situación económica, trató de lograr la ayuda de la ONU, sin éxito.

El 1-IX-48 Mao Zedong estableció ya un Gobierno Popular de la China del norte. Chiang intentó reagrupar sus fuerzas, pero el desastre era ya insalvable. Al perder Pekín, Chiang dimitió, intentando así una solución negociada que Mao negó. Mientras el nuevo Gobierno nacionalista se retiraba a Cantón, Chiang pasó a Formosa. En abril entraban los comunistas en Nankín y poco más tarde lo hacían en Shanghai. En un último esfuerzo, Chiang volvió a tomar las riendas del gobierno, pero la derrota era inevitable y tras la pérdida de Cantón, los nacionalistas trasladaron su gobierno a Formosa.

e) El triunfo comunista en China coincidía con otros sucesos clave de la guerra fría, como la constitución de la OTAN, el fin del bloqueo de Berlín, la derrota de los comunistas griegos o la formación de las dos Repúblicas alemanas. El año 1949 fue en este sentido uno de los más grávidos de acontecimientos.

La conversión del inmenso y superpoblado país en otra República Popular contribuyó a alarmar todavía más a quienes veían en el comunismo un nuevo e imparable imperialismo que ahora, lógicamente y coincidiendo con el proceso descolonizador, pretendería extenderse por el mundo asiático y probablemente también africano.

Bastaba mirar el mapa del mundo y compararlo con el precedente a la II GM y eran innegables los progresos comunistas. Esta presencia roja en Asia iba además a culminar en un conflicto armado que convertirá la tensión Este-Oeste en una guerra auténtica.

9.3.2. *El resurgimiento japonés*

Hiro Hito, ciento veinticuatro descendiente directo del legendario primer emperador japonés, Jimmu Tenno, permaneció en el trono, tras la capitulación del país, pero el sistema político, económico, social y cultural de Japón fue sometido a una radical transformación.

El Comandante en Jefe aliado, Douglas MacArthur se convirtió en una especie de virrey e inició una rápida democratización, reformas sociales e institucionales y profundas transformaciones de todo orden.

El Japón no fue dividido ni ocupado por otras fuerzas que no fueran las americanas, circunstancia que también contribuyó, junto con el mantenimiento de la dinastía y el patriotismo y pragmatismo de los japoneses, a preservar la unidad del Estado nipón.

El 3-XI-46 se aprobaba ya la nueva Constitución, que reducía los poderes del emperador a los habituales en las monarquías democráticas y parlamentarias, que fue el tipo de régimen establecido, pasando el poder a una Dieta elegida por sufragio y al Gabinete, cuyo titular es designado por la Cámara. Todos los ministros deben ser civiles.

La rápida asimilación por parte de los japoneses de los cambios religiosos, políticos y económicos facilitaron las cosas, contribuyendo además a mejorar las relaciones con los EEUU, el triunfo comunista en China y la guerra fría de Corea.

Como en Alemania —dice Calvocoressi— los americanos pasaron de exigir reparaciones a ser ellos quienes reparasen la economía japonesa, primero en el contexto general del anticomunismo de la guerra fría y luego, más específicamente y mucho más enérgicamente, a causa de la guerra de Corea. Especialmente las guerras en Asia —la guerra de Corea y más tarde la de Vietnam— dieron a Japón la oportunidad y el impulso que iba a cambiar su suerte en un período de tiempo asombrosamente corto. Al igual que los Estados Unidos durante la Segunda Guerra Mundial, Japón se convirtió en un arsenal de guerra con una economía alimentada por la guerra, con la ventaja adicional de que el propio país no era beligerante.

Las primeras elecciones (1946) las ganaron los conservadores, grupo político que se fusionaría en la década de los cincuenta con el Partido Liberal democrático. Es la fuerza mayoritaria y gobernó el país hasta 1970. La oposición la representan principalmente los socialistas, siendo otras agrupaciones menores el Komeito, los comunistas y sectores radicales de derecha.

Shigeru Yoshida dirigió prácticamente la política japonesa desde 1946 hasta 1954.

El 8-IX-51, el Japón firmaba en San Francisco un tratado de paz con los EEUU y otros 48 Estados, mientras que la URSS rehusó hacerlo, aunque se beneficiaba de lo acordado.

Según este tratado, Japón renunciaba a Corea (que había dominado desde 1910), Taiwan (que poseía desde 1897) y las islas Pescadores (igualmente japonesas hacía medio siglo). Las Kuriles septentrionales, Sajalín meridional (cedido todo ella a la URSS) y las islas bajo su mandato en el Pacífico, adquiridas de Alemania (que a su vez compró parte a España) tras la I GM.

Los EEUU ocuparon además, hasta 1972, Okinawa y el resto de las Ryukyu.

El mismo día, los EEUU y Japón firmaban un tratado paralelo de seguridad. La ocupación americana finalizó oficialmente en abril de 1952 y Japón ingresaría en la ONU en 1956.

9.3.3. *La Guerra de Corea*

En la mañana del domingo 25 de junio de 1950 unidades militares norcoreanas invadieron Corea del Sur, cruzando la arbitraria frontera establecida en el paralelo 38.

EEUU pidió una reunión urgente del Consejo de Seguridad, invitando a que se prestara ayuda a Seúl para rechazar la agresión. La medida fue aprobada al no asistir la URSS a la sesión, ya que se había negado con anterioridad a ocupar su puesto como protesta por la no admisión de China Popular en el Consejo en sustitución de China nacionalista.

La fuerza internacional, mayoritariamente norteamericana, contaba con efectivos de quince países. Se puso al frente de la operación al legendario general MacArthur, entonces en Japón.

El destino de Corea se había decidido en la Conferencia de Teherán (1943), como país independiente. Sin embargo, al ser derrotados los japoneses, Corea se dividió en dos zonas de ocupación: el Norte bajo control soviético y el Sur norteamericano, fracasando el intento auspiciado por la ONU de unas elecciones generales (1947).

Sí hubo comicios en el Sur, eligiéndose Presidente a Syngman Rhee, quien proclamaría la República (19-VII-48). En la zona Norte se eligió una Asamblea constituyente, creándose igualmente otra República el 2-IX-48. Su primer Presidente fue Kim Il-Sung, ex-combatiente de Stalingrado.

Hubo un intento fracasado de realizarse unas elecciones conjuntas y en 1949 las tropas rusas y americanas se retiraron de la península.

Ha desatado fuertes controversias la oportunidad de las declaraciones del Secretario de Estado, Dean Acheson (12-I-55), afirmando que la línea defensiva de los EEUU iba solamente desde las Aleutianas al Japón y desde Ryukyu a las Filipinas, añadiendo que «en lo concerniente a las otras zonas del Pacífico es imposible garantizarlas contra una agresión». En vista de la inoperancia de los EEUU ante el triunfo de Mao, se confirmaba que en Corea tampoco intervendrían.

Había un claro error de cálculo. Corea era la antesala del Japón y los EEUU ya habían comenzado a preparar todo el dispositivo nipón de defensa. La península era tanto una cabeza de puente en el continente —que amenaza a la URSS— como la llave del Mar de la China. Las dificultades internas de Corea del Sur y la impopularidad del Gobierno fueron otro precipitante de la guerra.

El desarrollo de las hostilidades ofrece una primera campaña de avances norcoreanos que alcanzan Seúl. El nombramiento de MacArthur al frente de las fuerzas de la ONU, en unos momentos militarmente serios a la vista del retroceso ante la ofensiva comunista, dio un nuevo giro a la guerra. El contraataque se inicia con el desembarco en Inchon, en la costa occidental. En octubre se alcanza nuevamente el paralelo 38.

Una vez rechazada la invasión se replanteó la estrategia: ¿era suficiente con restablecer la situación de partida? ¿Había que atacar Corea del Norte? Los debates en el seno del Consejo de Seguridad fueron muy violentos —la URSS había vuelto a ocupar su escaño— y al fin se decide cruzar el paralelo (7-X-50). China advirtió que intervendría y Truman ordenó a MacArthur en la reunión celebrada en Wake que no atacase objetivos en territorio chino.

Cuando parecía definitiva la derrota norcoreana se produjo una intervención masiva de tropas chinas (3-XI-50) que en una rápida acción consiguieron romper las líneas de las fuerzas de la ONU invirtiendo el proceso del conflicto.

«Es casi seguro —escribe Calvocoressi— que esta maniobra china tenía por objeto anticiparse a un posible ataque sobre China. Los chinos, que recordaban el ataque japonés sobre su país vía Corea en 1931, tenían razones para sospechar que la nueva potencia americana en Japón estaba a punto de repetir esa actuación. Una serie de factores —la ayuda americana a Chiang de acuerdo con el Acta de Ayuda a China, la visita del general MacArthur a Chiang en Formosa poco después del estallido de la guerra de Corea, el paso de los americanos al otro lado del paralelo 38 en octubre y su aproximación al río Yalu, el debate abierto sobre los intereses estratégicos americanos en las islas del Pacífico y, sobre todo, la posibilidad de regreso de Chiang al continente— se combinaron para alertar al nuevo régimen de Pekín y convencerle de que los americanos querían emprender una campaña anticomunista similar a las intervenciones anticomunistas que habían llevado a cabo sin éxito en Rusia después de la revolución de 1917. De modo que los chinos atacaron primero».

La guerra de Corea cambió de sesgo y corría el riesgo de transformarse en un conflicto chino-norteamericano, por no decir en una conflagración entre comunismo y anticomunismo. La perspectiva de una larga guerra contra la inmensa China alarmó a Washington. Los aliados se preocuparon todavía más e incluso Attlee voló a los EEUU para prevenir al Presidente del riesgo de enfrentarse a China y la inconveniencia de recurrir al arma atómica.

MacArthur intentó sin éxito entrevistarse con el Comandante en jefe chino y tampoco fue autorizado por Truman para bombardear las bases de partida, ni destruir los puentes sobre el Yalu en la orilla china. MacArthur llegó a proponer el empleo del arma atómica, pero ante el riesgo de una Tercera Guerra Mundial, Truman negó a MacArthur sus peticiones y además optó por su destitución.

El nuevo comandante en jefe de la ONU, general Ridgway, mantuvo una guerra de hostigamiento pero el frente terminó por estabilizarse en las líneas que más o menos tuvo en su origen: el paralelo 38.

El conflicto coreano era muy debatido en la ONU y los rusos llevaron la propuesta de poner fin a las hostilidades, comenzando las negociaciones en Kaesong (10-VII-51) y luego en Panmunjon, durante las conversaciones dos años.

La firma del armisticio tuvo lugar el 27-VII-53, siendo ya Presidente Eisenhower. Las cosas quedaron prácticamente como antes de iniciarse la guerra, señalándose la evacuación de las tropas extranjeras.

Las negociaciones llevadas a cabo en Ginebra para la reunificación pacífica del país terminaron sin éxito.

La guerra de Corea, el conflicto *caliente* de la *Guerra Fría* confirmó, entre otras cosas, lo arriesgado que resultaba el recurso a la bomba atómica como arma práctica, la extensión de la rivalidad Este-Oeste a todo el mundo y la necesidad de llegar a algún tipo de coexistencia entre los bloques.

9.3.4. *La Península Indochina*

La estratégica situación de Indochina, tanto como península unida a la gran masa del Continente como territorio que domina los accesos a los archipiélagos y, en consecuencia, las rutas que relacionan la India con Australia y con China, la hicieron a lo largo de la historia un área privilegiada y disputada.

Los mismos vietnamitas sufrieron las invasiones de sus poderosos vecinos del Norte y hasta nuestros días ha quedado cierto recelo independentista que mira con suspicacia a Pekín.

Tras varios contactos comerciales, la presencia europea se consolida a mediados del siglo XIX, al emprenderse una expedición conjunta hispano-francesa apoyada desde Filipinas, como operación de castigo por el asesinato de misioneros, entre ellos el obispo de Platea, Monseñor Díaz Sanjurjo. Pese a la activa participación que en la operación desempeñaron las fuerzas españolas, Madrid optó por retirarse, cediendo a París el control de la zona.

En mayo de 1941 nace el Viet-Minh (Liga por la Independiencia del Viet-nam) como un movimiento de convergencia para oponerse al colonialismo francés y a la ocupación japonesa. Además implicaba un programa de objetivos políticos, sociales y económicos para atraerse a las masas campesinas y obreras, sin asustar a la pequeña burguesía. Siguiendo las instrucciones de Nguyen Ai Quoc, que ahora se denomina Ho-Chi-Minh, se forma un ejército de liberación bajo el mando de Giap, que inicia una activa lucha. Los japoneses eliminan los restos de la Administración francesa, facilitando los planes del Viet-Minh, que el 19-VIII-45 se hace con el poder en Hanoi.

El desprestigio del Gobierno colaboracionista de Hue, que pierde su escasa fuerza con la capitulación nipona, el vacío de autoridad creado con la supresión del poder colonial y la ausencia de otras organizaciones equiparables, permiten que la audacia del Viet-Minh obtenga un rotundo éxito y el 2-IX-45 proclama la independencia de la nueva República.

La recuperación de Saigón por los franceses en el mismo mes evidencia que París no está dispuesto a transigir, aunque las posiciones dominadas por Ho-Chi-Minh recomiendan negociar. Por la convención del 6-III-46 se reconoce al Vietnam como Estado libre en el marco de la Unión Francesa, pero simultáneamente los franceses se dedicaron a obstaculizar los planes unificadores. Un accidente aduanero en Haifón provoca el bombardeo naval del puerto, generalizándose el conflicto. Con anterioridad, Leclerc obligó a los chinos nacionalistas —que junto con los británicos habían entrado en el país conforme a lo ordenado en Potsdam— a replegarse a sus líneas.

Leclerc aconsejó a su gobierno negociar para obtener una fórmula aceptable, pero París espera que una victoria rápida le devuelva el control del territorio. Aunque la superioridad de los franceses es obvia, las sucesivas etapas que va cubriendo la táctica guerrillera de Ho-Chi-Minh acabará por aislar al enemigo en sus bases y ciudades y entregar campo a los rebeldes, que tras el triunfo de Mao Zedong en China contarán con su ayuda gracias a la continuidad de su frontera norte.

El retorno del impopular Bao-Dai y la corrupción de los grupos semifeudales en que se apoya Francia va agravando el abismo entre el pueblo vietnamita y París, todo lo cual beneficia la tarea de Ho-Chi-Minh.

El estallido de la guerra de Corea y la agudización del enfrentamiento bipolar incide desde el primer momento en la situación indochina, convertida ahora en una de las «fronteras interpuestas» de la pugna Este-Oeste. En marzo de 1951 se crea el bloque de alianza de los pueblos del Vietnam, del país Khmer y del Path Lao expresándolo el carácter «peninsular» de la ofensiva revolucionaria.

Los continuos reveses militares de las unidades francesas culminan en la célebre batalla de Dien-Bien-Fu, que dura 55 días, de marzo a mayo de 1954. Los franceses se hicieron fuertes en este punto para evitar una penetración envolvente desde Laos, dentro de las operaciones desencadenadas por el «Plan

Navarre», financiado por 385 millones de dólares americanos. Dien-Bien-Fu atrajo a las tropas francesas de élite a una trampa. El cerco de la posición, que capitulaba el día 7 de mayo, se convirtió en el «Waterloo» asiático para los franceses, que tuvieron 16.000 bajas. La guerra estaba decidida y el 21-VII-54 se proclamaba el alto el fuego en virtud de los acuerdos de Ginebra.

En Camboya el rey Norodom Sihanuk proclama la independencia el 12-II-45 y en Laos, el 1-IX-45, el príncipe Peetsarah hace lo mismo, aunque la evolución de los acontecimientos será distinta en ambos países.

La actividad de los khmers libres y el apoyo desde el vecino Vietnam mantienen una resistencia interna, que Norodom Shihanuk supo neutralizar hábilmente. En 1946 vence el Partido Demócrata, votándose una Constitución de corte parlamentario. Francia reconoce por el Tratado de 8-XI-49 la independencia camboyana dentro de la Unión Francesa, completada por los acuerdos de Pau del 24-XII-50.

Dos años más tarde, Norodom disuelve la Asamblea y refuerza su poder ante el desarrollo del conflicto en Vietnam, al desguarnecer los franceses Camboya por evacuar la mayoría de sus fuerzas al teatro de operaciones vietnamita. Tras una serie de acuerdos, que van transfiriendo gradualmente importantes competencias a Camboya, el 9-XI-53 se produce la retirada oficial de Francia.

En Laos se forma el 12-X-45 el Gobierno provisional de Phatet Lao que promulga una Constitución, abdicando el soberano. En la primavera de 1946, los franceses vuelven a dominar el país y restauran la monarquía, refugiándose los rebeldes en Siam, desde donde mantienen la resistencia. El 19-VII-49 se establece la independiencia de Laos, en el seno de la Unión Francesa, lo que causa una escisión en el movimiento «Lao Issara». El sector mayoritario sigue a Suvana Fuma a Vientiane y logra un nuevo acuerdo de independencia el 22-X-53, mientras el minoritario, capitaneado por Sufanuvong, hermanastro del otro príncipe, continúa la lucha de resistencia.

En 1950 se funda el Frente Nacional Unificado o «Neo-Lao Issara» que con el apoyo de Vietnam del Norte domina una amplia zona de unos cien mil kilómetros cuadrados. Los acuerdos de Ginebra no traen la paz al país, que sólo se alcanza, dos años más tarde, tras unas laboriosas negociaciones que culminan con un documento común de ambos príncipes propugnando una política de paz y neutralidad.

9.3.5. *La Conferencia de Ginebra*

Del 26-IV al 21-VII-54 se celebra la Conferencia de Ginebra sobre Corea e Indochina, fracasando las negociaciones para lograr algún acuerdo estable sobre Corea, pero consiguiéndose importantes decisiones con respecto a Indochina. Tomaron parte los ministros de Asuntos Exteriores de las cinco potencias —incluida China Popular— y también los de Camboya, Laos, República Democrática del Vietnam y Vietnam del Sur. La Conferencia fue entorpecida por los americanos con el ánimo de prolongar la presencia francesa. Tras la derrota de Dien-Bien-Fu, Francia firmó el armisticio.

La familia de los Ngo Deinh —apoyada por EEUU— consideraba que tratar con los comunistas era una traición. Poco antes de firmarse el Acuerdo de Ginebra, esta familia se hacía con el poder en Saigón.

Los padrinos de la negociación fueron soviéticos e ingleses. Malenkov acababa de instaurar la «coexistencia pacífica». El tema no era sólo Vietnam sino toda Indochina y realmente todo el Sudeste Asiático.

Los efectivos del Vietminh controlaban de hecho las tres cuartas partes del territorio. Ho-Chi-Minh está conforme con la partición y se firman los acuerdos que pueden resumirse así:

a) Partición provisional del país por el paralelo 17, creándose al Norte la República Democrática del Vietnam y al Sur el Estado de Vietnam.

b) Evacuación de las tropas francesas establecidas en el norte antes del mes de octubre.

c) Ninguna de las zonas podrá reforzar sus efectivos militares.

d) Celebración de un referéndum para antes del 20-VII-56 para la reunificación de Vietnam, eligiéndose el régimen que libremente se adoptase.

Doce fueron el total de acuerdos adoptados, que comprendían también el cese de las operaciones bélicas en Laos y Camboya. Se establecieron tres comisiones internacionales de control para Vietnam y los otros dos Estados indochinos.

Ni Estados Unidos ni Saigón habían firmado los acuerdos de Ginebra. Ya en junio de 1954 se anunció el envío a Vietnam de 35 asesores. En la sucesiva «americanización» cabe señalar las siguientes etapas: declaración el 7 de abril de 1954 por Eisenhower de la «teoría de las fichas de dominó» y de Nixon, el día 16 del mismo mes, explicando que si los franceses se retiran, los EEUU se verán obligados a enviar sus tropas. Eisenhower ofrece ayuda económica a Vietnam del Sur y acepta el compromiso de entrenar las tropas de Saigón.

9.3.6. *La Conferencia de Bandung*

La toma de conciencia de los pueblos afroasiáticos, una vez rotos los primeros lazos con Europa, en unas circunstancias de polarización del sistema mundial, les llevó a intentar la búsqueda de su autonomía con respecto a la estrategia política global y procurar aunar sus esfuerzos para obtener más fuerza.

Estas ideas cristalizaron en la Conferencia de Colombo —28 del IV al 2 del V de 1954-, en la cual Nehru (India), Sastroadmijo (Indonesia), Kotewala (Ceilán), Mohamed Alí (Pakistán) y U Nu (Birmania) acordaron invitar a los principales dirigentes afroasiáticos a una gran Asamblea a la vez que lanzaban la idea del «neutralismo positivo» y la condena del colonialismo. Los «Cinco de Colombo» vuelven a reunirse en la ciudad indonesia de Bongor, formalizando ya su plan. No se invitó ni a Sudáfrica ni a Israel —para evitar que los árabes no asistieran—, pero sí a Turquía. La inclusión de China Popular planteó controversias, pero ante la postura birmana de marginarse en caso de que Pekín no fuera invitado se accedió a la presencia de los chinos. En Occidente se recibió la iniciativa con indiferencia dada la heterogeneidad de sus previstos participantes. Sólo declinó asistir la Federación de África Central, formada por las dos Rhodesias y Niasalandia. En total formaron parte 29 países que aun representando el 60% de la humanidad sólo poseían el 30% de la renta mundial.

Las sesiones duraron desde el 18 al 24 de abril de 1955. Se pudieron diferenciar tres grandes tendencias: los declaradamente neutralistas, como los citados «cinco de Colombo» y los países árabes; los de tendencia comunista, como Vietnam del Norte; y por último los de tendencia prooccidental. Entre los asistentes los había comprometidos con la SEATO e incluso con la OTAN (Turquía). La presencia de Japón también era discutible pues ni había sido colonizado ni era subdesarrollado.

A la vista de este mosaico de intereses se comprende que los resultados fueran muy generales e incluso se tachara a la URSS de colonialista. La Conferencia se declaró incompetente con respecto a Indochina. En la declaración común se recogieron diez puntos recomendables para la convivencia pacífica de los pueblos, entre ellos el respeto de los derechos humanos, la Carta de la ONU, la igualdad, soberanía e integridad de los Estados, la no injerencia en los asuntos internos, la igualdad de las razas, la supresión de las amenazas y uso de la fuerza, la solución pacífica de los conflictos y el desarrollo del espíritu de cooperación. También se apoyó la causa árabe de Palestina y se condenaron varios casos de colonialismo como el francés en el Magreb.

Las repercusiones de Bandung deben proyectarse hacia el largo y complejo proceso de formación del llamado «Tercer Mundo». A la vez que ciertamente constituyó un hito histórico, reveló las contradicciones de esta amalgama de los pueblos. Es curioso que algunos de los participantes en Bandung se descuelguen del Bloque, como China, Japón o Turquía, y en cambio incorpore a Repúblicas Latinoamericanas y estados europeos como Chipre o Yugoslavia.

Se detecta hasta en este proceso el dilema entre dos patrones: el étnico geográfico (pueblos afroasiáticos) y el político (neutralista) que amplía el marco. Si se añade a estos criterios el de la valoración económica, se introduce un nuevo elemento de división, pues no resulta fácil unir en el mismo cesto a los árabes poseedores del petróleo y a los países más depauperados de la tierra.

La idea de no-alineamiento que aflora ya en Bandung será concretada e impulsada más tarde por obra de hombres como Nehru, Nasser y Tito, hasta erigirse en una de las banderas del llamado «Tercer Mundo».

El no-alineamiento pretende superar el maniqueísmo de la bipolaridad Este-Oeste y encontrar una tercera vía propia e independiente para los países descolonizados; la idea no es aplicable sólo a los pueblos afroasiáticos pues pronto se extenderá también a otras zonas del mundo, como Latinoamérica y hasta Europa (Yugoslavia y movimientos neutralistas en países occidentales).

Este intento de escapar a la dialéctica de los Bloques no deja de tener algo de paradójico pues pretende a su vez crear otro modo de alineamiento.

Conviene diferenciar conceptos que a veces son coincidentes pero que en otros casos no lo son, como los de países descolonizados, pueblos afroasiáticos, estados neutralistas y países subdesarrollados. En la mayor parte de los casos se dan todos esos supuestos, pero en otros muchos no y además las diferencias políticas y económicas entre los estados no-alineados son a veces enormes.

Jean Ziegler prefiere hablar de «pueblos periféricos con independencia limitada» y Pierre Moussa se refiere a «naciones proletarias» recordando la idea planteada ya por Toynbee al mencionar el «proletariado exterior de Occidente».

La evolución de las principales Conferencias y Cumbres que ha venido celebrando desde Bandung el movimiento no-alineado —y su misma sede respectiva— ayudan a comprobar su evolución y la heterogeneidad de sus integrantes.

En efecto, en Belgrado (1961) se reúnen 25 Estados incluyendo ya a Cuba y Yugoslavia más tres observadores sudamericanos. En Lusaka (1970) asisten 53 estados más 10 observadores y 2 invitados (Austria y Finlandia). Tras las cumbres de El Cairo, Argel y Colombo, la de La Habana (la primera habida en América), congregó a 92 miembros más 12 observadores y 9 invitados (entre ellos España y Suiza). Las últimas cumbres, las de Nueva Delhi (1983) y Harare (1986) confirman este proceso de crecimiento y heterogeneidad, que en cierto modo ilustra la pérdida de coherencia del movimiento, que se acentuará más en el periodo postsoviético de los años veinte.

9.4. La formación de los estados árabes y de Israel

La firma del armisticio de Mudros (28-X-1918) inicia el proceso de transformación de Oriente Medio, espacio hasta entonces sometido en su mayor parte al dominio otomano. La disolución de este secular Imperio, heredero de Bizancio, dará lugar al nacimiento de los diversos estados árabes y a Israel, tras un período de control anglo-francés de la zona, mediante el sistema de Mandatos establecido por la Sociedad de Naciones.

La I GM fue una gran oportunidad para la consecución de los objetivos encontrados del sionismo y del nacionalismo árabe, pero también será el comienzo de un conflicto que todavía no ha sido resuelto.

Las contradicciones básicas que se incuban a lo largo de la I GM y que van a aflorar durante la Conferencia de Paz son las siguientes: a) las promesas de independencia hechas a los árabes, b) la promesa formulada a los judíos de instaurar un *Hogar Nacional* en Palestina y c) la política de reparto de zonas de influencia entre las Potencias, principalmente entre Francia y Gran Bretaña, establecidas por los llamados acuerdos Sykes-Picot.

9.4.1. *Consecuencias de la Primera Guerra Mundial*

La derrota otomana costó el trono al Sultán, derrocado por Kemal «Ataturk» que reavivó el nacionalismo turco, rechazó el Tratado de Sèvres y logró revisar la situación en el nuevo acuerdo de Lausana (24-VII-1923). El nuevo Tratado devolvía a Turquía la soberanía sobre el total de Anatolia, Constantinopla y Tracia hasta Maritza y sobre las islas de Imbros y Tenedos, que controlan en el Egeo la entrada a los Dardanelos.

En Lausana quedó también regulado el régimen de los estrechos turcos.

El antiguo Imperio iniciaba una vía de modernización y occidentalización y Ataturk acabará convirtiéndose en modelo para otros dirigentes nacionalistas de Oriente Medio.

a) En Egipto, que de hecho estaba sometido a Inglaterra desde 1882, al morir en 1917 el jedive Hussein Kamil, se estableció oficialmente el protectorado británico. El sucesor, Fuad, tomó el título de Sultán y reclamó la independencia, mientras se producían disturbios promovidos por el partido nacionalista Wafd.

Londres adoptó una política conciliadora y prudente, renunciando en 1922 al Protectorado, aunque reservándose atribuciones en el terreno de la defensa, la seguridad del Canal de Suez y sus derechos en Sudán, que teóricamente era un *Condominio* anglo-egipcio.

Fuad recibió el título real y en 1923 Egipto tuvo, por inspiración inglesa, una Constitución liberal.

En Arabia se desarrolló una lucha entre los dos reinos musulmanes más importantes: Hedjaz y Nedj. Hussein, rey del primer territorio, había sido importante aliado de Gran Bretaña. En Nedj reinaba Ibn Saud que contaba con el apoyo de los wahhabíes, secta puritana.

La guerra fue favorable a los seguidores de Ibn Saud y en 1925 el Hedjaz fue anexionado, pasando a denominarse el nuevo Estado Arabia Saudí.

Los compromisos de los emiratos árabes de la costa con Londres les salvó de ser anexionados al nuevo reino.

Ibn Saud entró en contacto con técnicos norteamericanos, que investigaban posibles yacimientos petrolíferos, llegando a un acuerdo con ellos a quienes consideraba más ajenos al colonialismo.

Comenzó así una excelente relación entre Arabia y los EEUU, instalándose las compañías americanas en los territorios del golfo, destacando la ARAMCO.

Arabia intentó desde un principio erigirse en otro foco de atracción para el panarabismo, chocando en esta política con Egipto.

Irak constituía una zona estratégica por su control de Mesopotamia y de los yacimientos petrolíferos de Mosul.

Londres toleró la instauración de una Asamblea Constituyente, que logró que los iraquíes reclamasen la independencia.

El emir Faisal, de la casa hachemí, fue elevado al trono en 1921, aunque el país no recibirá la plena independencia hasta 1932.

Para evitar que las rivalidades existentes en Palestina se extendieran más allá del Jordán, Gran Bretaña dividió la zona en dos, estableciendo al oeste del río un nuevo reino poblado por tribus beduinas.

Recibe el nombre oficial de *Emirato de Transjordania* (que en 1950 cambiará por el de *Reino Hachemí de Jordania*) y al frente del gobierno se puso al segundo hijo del rey Hussein del Hedjaz, Abdullah Ibn Hussein.

El país no recibirá la independencia completa hasta 1946.

Francia se propuso dar una estructura federal para todo su Mandato, incluyendo Siria, Líbano, los dominios alauíes y Alepo.

Mosul fue cedido al Irak y Cilicia devuelta a Turquía. En 1922 se añadirán los territorios drusos.

En 1926 se crea la República del Gran Líbano, que contaba con la mitad de la población cristiana, aunque el país ofrece un complejo sistema de comunidades religiosas.

La situación en Siria resultaba más levantisca, produciéndose sublevaciones, como las revueltas de 1936.

Como ya se ha indicado, Faysal había establecido un reino árabe en Siria, pero Francia hizo que se cumplieran los acuerdos internacionales y ocupó el territorio.

París prometió la independiencia para 1939, año en el que los franceses entregaron a Turquía el sanjacato de Alejandreta.

La II GM alteró los planes en Líbano y Siria, que quedaron momentáneamente sometidos a la autoridad del Gobierno de Vichy.

En Irán los ingleses, preocupados por proteger los flancos de la India y frenar la influencia rusa, habían sometido a Persia, después de la I GM, a un protectorado solapado.

El nacionalismo era avivado por rusos y turcos. Los soviéticos llegaron a amenazar Teherán y los persas, ayudados por Londres, formaron un Ejército capitaneado por Reza Khan Pahlevi, que tras liberar la capital se hizo con el poder proclamándose Sha en 1925.

Persia cambió su nombre por el de Irán y el sha comenzó a mostrarse contrario a los británicos denunciando el tratado de 1921.

b) La I GM paralizó en parte las actividades del movimiento sionista en la Europa central, pero las aceleró en los países anglosajones, enemigos de Turquía.

Algunos jefes sionistas, entre los que destacó el profesor Chaim Weizmann, se pusieron en contacto con el Gobierno británico para estudiar el futuro de Palestina, una vez derrotados los turcos.

Las conversaciones se concentraron en la llamada Declaración Balfour, nombre del titular inglés de Exteriores, quien el 2-XI-17 escribió a Lord Rothschild, destacada figura judía, una carta señalando que el Gobierno británico veía con buenos ojos la creación de «un hogar nacional para el pueblo judío en Palestina». En el escrito también alude a «los derechos religiosos y civiles de las comunidades no judías».

Los Gobiernos de Francia e Italia no dieron su adhesión a esta Declaración hasta 1918, incluyéndose el texto tras los acuerdos de San Remo y del artículo 9 del Tratado de Sèvres.

Aunque las primeras reacciones árabes fueron discretamente recelosas, pronto cobraron mayor dureza y el conflicto se hizo inevitable.

El 24-VII-22 se concede por fin el Mandato de Palestina a Gran Bretaña, que ya venía administrando de hecho la zona.

El continuo y llamativo incremento de la emigración judía y el malestar árabe hizo adoptar a Londres ciertas medidas de contención de un proceso de poblamiento judío ya irreversible.

9.4.2. El nacimiento de Israel

La Segunda Guerra Mundial afectó menos que la conflagración anterior a la zona del Medio Oriente, aunque también ocurrieron importantes acontecimientos.

Siria y el Líbano continuaban dependiendo de la Francia de Vichy y los británicos, apoyados por unidades seguidoras del general De Gaulle, ocuparon ambos territorios tras breve resistencia. Tanto Siria como el Líbano serán oficialmente independientes, aunque París no retiró sus tropas hasta 1946.

Irak ya era independiente desde 1932, aunque volverá a ser ocupado por los ingleses durante la contienda. Palestina continúa bajo el Mandato británico, hasta 1948, mientras en Transjordania la presencia inglesa termina ya en 1946. Abdullah tomará el título de rey.

La posguerra traerá así la independencia completa para los estados árabes, aunque Gran Bretaña intenta mantener su influencia mediante una especie de «dominio por delegación» gracias a contar en los distintos tronos con dinastías *fieles* y firmar ventajosos tratados de alianza.

Con la victoria aliada, surgió pronto un nuevo problema: la penetración soviética. Los acontecimientos de Grecia e Irán y las miras rusas sobre Tripolitania y los Estrechos convencieron a Washington de la necesidad de contar en Oriente Medio con una base fiel, como posiblemente lo sería el propuesto Estado judío. Controlar los suministros petrolíferos y conservar las concesiones de prospección —Estados Unidos tenía la mitad de las reservas de la zona— era otro factor muy digno de tenerse en cuenta.

Gran Bretaña tuvo además que enfrentarse ante la inminente avalancha de judíos expulsados de Centroeuropa, que los sionistas presionaban para atraer a Palestina.

Al conocerse los datos del holocausto causado por los nazis, la causa judía obtuvo la simpatía de todos los países y distintos gobiernos, especialmente el norteamericano, se dirigieron a Londres defendiendo las tesis sionistas.

La situación de los británicos era delicada, pues no deseaban enemistarse con los países árabes.

En Palestina surgió un nuevo problema: el terrorismo judío. Las organizaciones *Irgun* y *Stern* no sólo actuaban contra los árabes para hacerlos abandonar su tierra, sino también contra las autoridades inglesas.

La voladura de un ala entera del hotel Rey David (22-VII-46) sede del Estado Mayor británico, fue uno de los golpes terroristas más sangrientos y llamativos.

El 17-II-47, el Gobierno inglés anunció su propósito de poner fin al Mandato sobre Palestina, devolviendo el tema a las Naciones Unidas.

Las sesiones de la ONU se iniciaron el 28 de abril y una de las medidas adoptadas fue crear un Comité Especial de las Naciones Unidas para Palestina (UNSCOP) encargado de estudiar el problema sobre el terreno, como así hizo, redactando dos informes, uno propugnando la partición en dos estados y otro aconsejando una fórmula federal.

En una primera votación, la Asamblea General aprobó el plan de partición, que sin embargo no obtuvo la mayoría necesaria de dos tercios. Por fin, tras varias sesiones polémicas, el 29 de noviembre se acordó la partición por 33 votos a favor — entre ellos EEUU y la URSS—, 13 en contra (de los países árabes básicamente) y 10 abstenciones, entre ellas la de Gran Bretaña. Se fijaba el 1-VIII-48 como fecha tope para la salida de los ingleses.

El Estado judío comprendería Galilea oriental, una zona costera de Acre a Askelon y la mayor parte del Neguev. El Estado árabe se integraba con Galilea occidental, Samaria, Judea y la zona costera de Gaza. Jerusalén y Belén, internacionalizados, quedaban bajo la administración de la ONU. Los dos estados estaban compuestos de tres partes que se tocaban entre sí y económicamente formarían una Unión Aduanera. Deberían comenzar a existir dos meses más tarde de la marcha de las tropas inglesas. También se creaba una Comisión Internacional de cinco miembros para resolver las medidas transitorias. Ambos países serían democráticos.

La decisión de la ONU entregaba a los judíos el 56% del territorio, 14.500 km^2. A los árabes se les adjudicaba el 44%, con 11.383 km^2.

Nada más conocerse el resultado de la votación en la ONU, la actividad terrorista aumentó. Nombres como Dyr Yassein, Monte Escopus, Jaffa, etc. ilustran lo dramático de la lucha, prácticamente ya una verdadera guerra que los ingleses apenas intentan siquiera reducir. El Irgun y el Haganah desencadenan una campaña de violencias con el objetivo de atemorizar y expulsar a los árabes. Se da la cifra de más de 150.000 palestinos huidos en los primeros meses. La misma denuncia oficial de los gobiernos árabes del acuerdo de la ONU y su promesa de atacar a Israel fue paradójicamente otro factor que multiplicó la salida de los palestinos, que estimaban más prudente marcharse ahora para regresar muy pronto detrás de los victoriosos soldados árabes.

El nuevo Estado judío fue proclamado la víspera de la salida oficial de los ingleses, en Tel Aviv, leyendo la solemne declaración David Ben Gurión.

EEUU y la URSS reconocieron de inmediato a Israel.

9.4.3. *La Primera Guerra Árabe-Israelí*

El 15 de mayo, mientras el rey Abdullah disparaba en Jericó un cañonazo que iniciaba la «guerra santa» y Cuningham embarcaba rumbo a Inglaterra, tropas de Egipto, Transjordania, Siria, Líbano, Arabia Saudita, Yemen e Irak entraban en combate con excesiva confíanza en su superioridad. Sólo se enviaron al frente el 30% de los efectivos totales.

Israel, que ya esperaba el ataque, hizo salir de la clandestinidad a sus fuerzas. Los cuadros de Haganah habían servido en la II GM. Todos los hombres entre 20 y 40 años quedaron movilizados y parte de las mujeres, sin interrumpirse la vida de «retaguardia». Los kibbutzs se transforman en auténticos fortines o bases estratégicamente situados. Se calcula que Israel puso en pie de guerra a 70.000 personas. También afluyeron voluntarios extranjeros.

El conflicto iba a ser largo y desigual, destacando la superioridad de la Legión Árabe, mandada por el inglés Glubb Pachá, y la tenacidad y moral de los judíos. Los israelíes tuvieron que abandonar Jerusalén y otras posiciones, pero resistieron la invasión. La tregua —propuesta por la ONU— benefició a los judíos que pudieron recibir abundante material checo vía Yugoslavia y Grecia. Gran Bretaña retiró sus oficiales de la Legión Árabe, unidad que en el resto de la guerra mantendría una actitud defensiva, posiblemente por indicación de Abdullah, que esperaba anexionarse —como hizo— la Cisjordania.

Las hostilidades se reanudaron el 9 de julio, llevando la iniciativa los judíos, que toman Nazaret y amplían el pasillo hacia Jerusalén. Los egipcios soportan ahora el peso de la lucha. Se llega incluso a bombardear Ammán y Damasco ante el estupor árabe que tenían entendido, por las triunfalistas versiones oficiales, que los judíos estaban a punto de ser arrojados al mar. Los combates vuelven a cesar el 19 de julio, señalándose que la tregua debía ser respetada, pero la ONU carece de medios para imponerse, mientras se aprecia un incremento de consejeros norteamericanos. Riley sustituye a Landstrom (sueco) y cuando Bernardotte es asesinado por terroristas judíos vestidos con antiguos uniformes del Afrika Korps el 17 de septiembre, lo reemplaza como mediador el norteamericano Ralph Bunche.

Los judíos, que habían roto unilateralmente la tregua, prosiguen avanzando en todos los frentes gracias a la descoordinación y enemistad de los mandos árabes. El Consejo de Seguridad insiste en convertir la inexistente tregua en un armisticio el 16 de noviembre. El día 30 los comandantes judío y jordano firman el alto el fuego en Jerusalén. El Neguev es conquistado, derrumbándose el frente egipcio. El 24 de febrero de 1949 se firma en Rodas el armisticio con Egipto. Al mes siguiente lo hace con el Líbano y en abril con Transjordania que ya se titula «reino Hachemí de Jordania», lo que implicaba el reconocimiento de su anexión a territorio en principio atribuido a los palestinos. Siria fue el último país en firmar, el 20 de julio.

La guerra no había resuelto nada, salvo afianzar el nacimiento del nuevo Estado judío que, de esta manera, añade a sus argumentos históricos y jurídicos el hecho consumado de su victoria militar. Israel se hace con el 77% de Palestina y conserva la ciudad nueva de Jerusalén.

La otra cara dramática de esta guerra es el comienzo del éxodo palestino y el nacimiento de los campos de refugiados.

9.4.4. *Agitación en los países árabes y en Irán*

El fracaso árabe en la guerra de 1948 se vuelve ahora contra los dirigentes responsables de la derrota y genera un proceso de renovación nacionalista y panislámico.

La guerra evidenció la rivalidad entre Irak y Jordania por un lado y la de Egipto, Siria y Arabia Saudí por otro. La Liga Árabe estaba gravemente afectada y entró en crisis. El descontento general se hizo más patente entre los intelectuales y los jóvenes oficiales, irritados por la ineptitud de sus Gobiernos.

Las relaciones en el área se vieron perturbadas por la política de cerco de Israel. Irak cortó el oleoducto que transportaba su petróleo hasta Haifa, y Egipto el tráfico ferroviario que enlazaba por el litoral El Cairo con Estambul, eliminando también la línea de navegación Alejandría-Haifa-Beirut. Estos hechos y el continuo hostigamiento en las sinuosas fronteras, afectaron a la vida social y económica de Oriente Medio.

En Siria, terminada la guerra, el general Zaim, que mandaba las tropas, detiene al jefe del Estado Mayor y a otros dirigentes del Gobierno, iniciando así en el país un largo período de convulsiones. Al-Zaim fue elegido Presidente por una mayoría aplastante. Su política propugnaba la modernización apoyándose en un partido nacionalista y revolucionario. Al-Zaim buscó el entendimiento con Francia y Arabia, autorizando la realización de un oleoducto que llevase el petróleo saudí al Mediterráneo, lo cual ponía en evidencia la hegemonía inglesa en la zona y los intereses de la *Anglo-Iranian* (compañía petrolífera). Una conspiración militar acabó con la vida del Presidente al poco tiempo y el nuevo líder, coronel Hinnawi, se inclinó hacia la influencia inglesa, paralizándose el proyecto del oleoducto.

El momento fue aprovechado por Londres para resucitar su plan de unir a Siria, Irak y Jordania en una federación bajo la fiel dinastía hachemí. La Liga Árabe no apoyó la idea —mal vista por Arabia y Egipto—. Cuando volvió a resurgir el proyecto, limitado ahora a Irak y Siria, cayó Hinnawi y tomó el poder Shiskakli, hombre proamericano que inmediatamente autorizó el oleoducto y renunció a la unidad con Irak. El oleoducto, de casi dos mil kilómetros, llegó a Sayda en noviembre de 1950.

En Irán, el 7 de marzo de 1951, fue asesinado el jefe de gobierno, el general Alí Razmara, sustituyéndolo el doctor Musaddaq. Su política fue opuesta a la precedente. Hizo dictar al Parlamento una disposición que llegó a enfrentar al Gobierno con el Sha.

La posición inglesa era difícil, pues el gabinete laborista de Attlee había nacionalizado las minas de hulla y la siderurgia y no parecía coherente que se opusiera a la nacionalización del petróleo iraní. Inglaterra llevó el caso al Tribunal Internacional. Los Estados Unidos enviaron a Harriman como mediador, mientras buques ingleses de guerra fondeaban frente a la refinería de Abadán, que había paralizado sus actividades.

La retirada de los técnicos ingleses y la presión internacional puso en un trance complicado a Irán, que se mostraba incapaz de sacar rendimiento al petróleo equiparable al que antes obtenía. La economía del país atravesó una grave crisis. Musaddaq expuso el problema en la ONU e intentó una ayuda del Banco Internacional de Reconstrucción, sin resultado.

Tras cerrar los consulados ingleses, Musaddaq reivindicó la soberanía persa sobre las islas Bahrayn.

Elegido nuevo Parlamento, Musaddaq presentó la dimisión al negarse el Sha a nombrarle Ministro de Guerra. Como el descontento arreciaba, el Sha cedió y Musaddaq recobró el poder, afianzado al declararse incompetente el Tribunal Internacional de Justicia en el caso de la nacionalización de la *Anglo-Iranian*.

Ante la catastrófica situación económica, Musaddaq recurrió a medidas socializantes y elevó los impuestos, con el fin de llevar adelante la reforma agraria y otros grandes cambios sociales. El Sha salió del país «para reponer su salud» y Musaddaq actuó como un auténtico dictador, mientras el Parlamento conseguía que el Sha anulase su viaje. Pronto estalló el conflicto de poderes entre el monarca y el ministro. El Parlamento acabó siendo eliminado y en un referéndum se aprobó la disolución, que el Sha se negó a aceptar, llamando al general Zahedi para relevar a Musaddaq. Tras unos graves choques, el Ejército se hizo con el poder, juzgando a Musaddaq como traidor y condenándolo a muerte. El Sha conmutó la pena.

Los Estados Unidos respaldaron el nuevo Gobierno con créditos y éste se dispuso a reestudiar el tema de la *Anglo-Iranian*. Las negociaciones acabaron con el acuerdo, que fijaba la formación de dos compañías mixtas entre el Irán y el consorcio petrolero angloamericano.

9.4.5. *La Revolución Egipcia*

Una serie de profundos cambios alteran en un breve espacio de tiempo la situación en Oriente Medio, desencadenando una general inquietud. Los acontecimientos del Irán fueron, en cierto modo, el precipitante de estas transformaciones.

El 16 de julio de 1951 es asesinado el monarca jordano Abdullah y le sucede Talal, declaradamente antibritánico, que inmediatamente inició contactos con Ibn Saud para replantear la política de Jordania. Sin embargo, el rey saudí no le apoyó y tras la destitución de Glubb Pachá, el Parlamento jordano lo declaró incapacitado, entronizando a su hijo Hussein que entonces estudiaba en Inglaterra.

En Siria Shishakli dio un golpe de Estado el 29 de noviembre de 1951, también de corte nacionalista. En Egipto, las elecciones de enero de 1950 habían supuesto un triunfo para el partido Wafd que reclamaba la salida definitiva de los ingleses y la unidad del valle del Nilo. La tensión aumentó ante la negativa egipcia de permitir el paso por el canal a navíos que llevasen carga a puertos de Israel. El Consejo de Seguridad intervino invitando al levantamiento de la prohibición. Nahas Bajá, nuevo Primer Ministro, no hizo caso y amenazó a Gran Bretaña con romper el tratado de 1936.

Faruk se tituló rey de Sudán, mientras en este país se protestaba la medida. Los ingleses, en lugar de evacuar el Canal, enviaron más tropas, con lo cual se produjeron incidentes y manifestaciones. Los disturbios alcanzaron carácter de verdadera revolución en Ismailía y El Cairo. El rey destituyó a Nahas Bajá. Tras varios ministerios fugaces que evidenciaron la ruptura entre la Corona y los grupos nacionalistas, el 21 de julio de 1952, el ejército ocupó la capital, proclamándose el general Naguib comandante en jefe. Hilaly, nuevo Primer Ministro, dimitió y Faruk llamó a Alí Naher. El 26 de julio, las tropas rodearon el palacio de Alejandría y ante el ultimátum abdicó Faruk en su hijo de pocos meses, Ahmed Faud. Bajo una regencia establecida por Abdul Mucin, primo del rey, Naguib formó el nuevo Gobierno.

— En septiembre se declaró la reorganización de los partidos políticos, controlados por el Estado, y una reforma agraria. En diciembre, Naguib anuló la constitución, encomendando a una comisión que redactase un nuevo texto. En enero de 1953 se suprimen los partidos y Naguib anunció su propósito de asumir todos los poderes. El 5 de mayo la comisión constitucional adoptó las instituciones republicanas y el 18 de junio se proclama el nuevo Régimen. Naguib asumió la Presidencia y el cargo de Primer Ministro, pero las rivalidades intestinas y la decepción de los radicales minaban su prestigio, hasta enfrentarlo con el Consejo de la Revolución.

En marzo, Naguib era destituido, pero las protestas callejeras aconsejaron a Nasser —el nuevo líder revolucionario— ponerlo como Presidente de la República con una función simbólica. Naguib decidió contraatacar apoyándose en los «hermanos musulmanes». Un atentado de esta secta contra Nasser facilitó la acusación de traición contra Naguib, detenido el 15 de noviembre de 1954.

En octubre de 1954, poco antes de la destitución de Naguib, Londres se comprometió con Nasser a retirar las guarniciones británicas de Suez en el plazo de veinte meses. La medida se tomó por consejo de Washington que temía un giro hacia la izquierda en Egipto y un acercamiento a Moscú.

Este acuerdo supuso el espaldarazo para Nasser que vio elevada su popularidad. Egipto se comprometía a mantener el Canal en buenas condiciones, defender la libertad de navegación y permitir el regreso de los ingleses en caso de un ataque contra Turquía o la Liga Árabe.

Irak y Jordania, a la vista del nuevo acuerdo angloegipcio del 21 de octubre de 1954, deseaban revisar los suyos. Bagdad pedía la retirada de las tropas británicas, autorizando su regreso sólo en caso de guerra y aunque Hussein no llegó a tanto —posiblemente por miedo a los israelitas y en bien de su propia seguridad— exigió un precio por la utilización de las bases.

Mientras van afianzándose los Estados árabes e Israel, en un clima de hostilidad y de conflictos interiores, Gran Bretaña se resiste a renunciar a la influencia que había venido ejerciendo en la zona. EEUU se dispone a «heredar» aquí —como en otras partes— la misión europea, no sólo por razones estratégicas, sino también económicas. Por su parte, la URSS, que en principio no simpatizaba con unos regímenes árabes pro-occidentales, ve en el conflicto de éstos con Israel y en los movimientos nacionalistas un medio de reemplazar el control de los occidentales y hacer realidad otro de los viejos sueños del zarismo: acceder al Mediterráneo, neutralizando a Turquía. En suma, sobre Oriente Medio vuelven a cruzarse las grandes corrientes de la dinámica del poder mundial, internacionalizando un área «crítica» en sí misma, lo cual agrava la situación y traslada a ella las tensiones del enfrentamiento Este-Oeste.

9.5. Las «Áfricas» de África

La II GM afectó también al continente africano y, en especial, a los territorios mediterráneos. Las operaciones en Libia, Egipto, Marruecos y Túnez fueron escenario importante del desarrollo bélico. Estos hechos no podían dejar de alentar los sentimientos emancipadores. El carácter islámico de sus poblaciones ve, por añadidura, «la delantera» que han adquirido en el proceso de liberación sus hermanos musulmanes del Medio Oriente, Indonesia o Pakistán. La reticencia europea se explica también por la proximidad geográfica, los fuertes intereses económicos y la activa presencia de «colonos europeos» que se consideran coherentemente unidos a esta tierra en que han nacido y donde trabajan, incluso desde varias generaciones.

9.5.1. El África Mediterránea

Después de la II GM, Cineraica y Tripolitania quedaron momentáneamente bajo administración británica y Fezzán bajo la francesa. La URSS intentó tomar parte en esta operación de relevar a los italianos, pero sin éxito. La ONU tuvo precisamente en Libia una intervención en favor de la descolonización, precedente de su posterior política descolonizadora.

Se reconoce al emir Mohamed Idris el Mahdí el Sanusi como señor de Cirenaica, quien promulga una constitución de corte liberal. Tras un período de transición, Libia obtiene la independencia el 24-XII-51.

Túnez —la antigua Cartago— contaba con un grupo independentista, Dastur, y a lo largo de la guerra había sido fiel a la Francia de Vichy, por lo cual, París destituyó al rey Munsif. Los intereses metropolitanos en el país estaban especialmente entre las clases dirigentes, muy vinculadas a Francia. Era además lógico que la actitud de París debía ser semejante con respecto a todos sus territorios en África, calculando un inevitable «efecto multiplicador» ante la posible concesión de la independencia completa.

Tras varios movimientos cada vez más radicalizados en pro de romper los lazos con Francia y una serie de negociaciones mantenidas con los principales responsables, como Burguiba, se da una mayor autonomía a Túnez en 1951, que preparan el tránsito a la independencia en 1957, conservando los franceses unos derechos militares, lo cual ocasionó violentos enfrentamientos viéndose obligada Francia a ceder sus bases, excepto Bizerta, que no abandona hasta 1961.

Marruecos, el país del «Extremo Occidente», está muy vinculado a lo largo de su historia con la Península Ibérica, tanto en la época anterior a la invasión árabe de España como después de la Reconquista. Ceuta es tomada por los portugueses en 1415 y Melilla por los castellanos, cuatro años más tarde que Granada, en 1496. El Tratado de Tetuán (1860) y la Conferencia de Algeciras (1906) determinan los límites de los Protectorados de España y Francia. Tánger queda bajo control internacional. Marruecos mantuvo frecuentes luchas contra los europeos, que se acentúan con el levantamiento de Abd el-Krim (1919-25). Al terminar la II GM, el mismo sultán Mohamed V apoyó el movimiento independentista, siendo enviado al exilio por París.

La unidad del Imperio no se vio afectada por su doble sumisión. Además, las dos potencias obraron de común acuerdo en la mayoría de los casos. El proceso de concesión de la independencia pudo elaborarse con cierta calma, debido al convencimiento por ambas partes de que no cabía otra solución. Otros datos favorables a este hecho fueron el interés de EEUU en contar con un gobierno pro-occidental en Marruecos y la simpatía que el general Franco sentía por el país. Los marroquíes habían combatido en favor de Franco durante la guerra española y también lo hicieron por De Gaulle de modo relevante en la II GM.

Tras diversas vicisitudes, el 2-III-56 Marruecos obtiene su total soberanía y Mohamed V es repuesto en el trono. La presencia española en Ifni se mantiene y la «retrocesión» no tendrá lugar hasta 1969. Quedaba también pendiente el problema del Sahara español que no sólo va a afectar a Rabat, sino a Argel, Mauritania, y los propios saharahuis, siendo todavía un problema abierto en el año 2000.

La República islámica de Mauritania debe enfocarse también en el contexto marroquí, aunque su independencia preceda en poco tiempo a la argelina. Mauritania nace el 28-II-60. Su amplio territorio era en parte prolongación del Senegal y Marruecos.

La evolución de los hechos en Argelia tuvo otras características más complejas y unas repercusiones mayores, afectando a la propia estabilidad de la metrópoli. Del 7 al 18 de marzo de 1962, en la villa de Evian, representantes del FLN y del Gobierno francés llegaron al acuerdo que posibilitó la independencia alcanzada el 3-VII-62, tras 8 años de guerra y un conato de guerra civil que acabó con la IV República.

La colonización francesa —y antes la presencia irregular de España— dio a Argelia una amplia minoría europea. En 1848, París ya declaró que el país formaba parte de Francia, aunque la ciudadanía no se logra hasta después de la II GM. Los descendientes de europeos —los *pieds noirs*— daban al problema argelino una dimensión distinta, pues defendieron, incluso por las armas, la solución de una «Argelia francesa».

Los nacionalistas partidarios de la «Argelia argelina» dieron lugar al FLN. Algunos de sus cuadros habían luchado en el ejército francés en Indochina y asimilado la táctica del Viet-Minh.

En el seno del ejército francés surgió un ala radical, encabezada por los generales Salan y Jouhaud, que apoyando a los colonos se rebeló contra la actitud del Gobierno de París. Los *pieds noirs* dieron origen a un movimiento terrorista —la OAS— que llegó a atentar incluso contra la vida de De Gaulle. Los contingentes militares franceses llegaron a sumar 500.000 hombres. El conflicto tuvo hondas repercusiones en la opinión internacional, debatiéndose en la ONU y provocando la animadversión contra Francia de los pueblos árabes y africanos.

El comienzo de la lucha puede situarse en el 1 de noviembre de 1954. Una primera fase del conflicto podría abarcar desde el comienzo hasta el alzamiento del general Salan que gritó «¡Viva Argelia Francesa!» el 13-V-58. Sus partidarios pidieron la intervención de De Gaulle, a quien suponían favorable a su tesis. En esta fase tuvo lugar el secuestro por militares franceses del líder nacionalista Ben Bella, a quien de esta manera se convirtió en un mártir, y que permaneció preso en Francia durante 6 años.

Un período importante de esta fase comenzó cuando el FLN trasladó su cuartel general a Argel, desarrollando su lucha en el centro de la capital.

De Gaulle fue elegido presidente de la V República el 8 de enero de 1959. No tenía respecto al conflicto la idea que imaginaban Salan y sus compañeros, que se rebelaron contra él. Sin embargo, la mayoría de los oficiales franceses en Argelia eran fieles a De Gaulle.

Tras un amplio referéndum el 3-VII-1962, De Gaulle proclamó la independencia argelina.

9.5.2. *El África británica*

Los británicos gozaban de prestigio como descolonizadores eficaces, recientemente demostrado en el proceso emancipador de sus territorios asiáticos.

La incorporación de los indígenas a los Consejos y Asambleas y la paulatina democratización y potenciación de estas instituciones eran la piedra angular del desarrollo hacia la independencia, que por añadidura se procuraba no implicase una ruptura total, sino el mantenimiento de una serie de lazos e intereses compartidos.

Los territorios bajo dominio británico obtienen su independencia con cierta coherencia y rapidez, exceptuando algunos casos más conflictivos como Kenia.

La Constitución otorgada en 1946 a Costa de Oro no satisfizo a todos los sectores, por favorecer los intereses tradicionales. La oposición acaba siendo dirigida por Kwame Nkrumah, que había tomado parte con Du Bois en el V Congreso Panafricano, iniciándose un período de agitaciones que culminaron en el envío de una Comisión Investigadora, cuyo informe señaló los errores cometidos por la Administración colonial.

Se nombró entonces un Comité con representación africana para elaborar un nuevo proyecto, presidido por Sir Henley Coussey que propugnó un sistema similar al británico, mientras Nkrumah seguía reivindicando la autonomía inmediata. Aumentaron los disturbios y Nkrumah fue detenido. Londres aceptó las propuestas del Comité Coussey y se convocaron elecciones para febrero de 1957, elecciones que ganó el partido de Nkrumah, a quien se confió en marzo el puesto de Premier.

En 1954 se vota una nueva Constitución y el 6 de marzo de 1957 se alcanzaba la plena independencia. El país, que cambió su nombre por el de Ghana, se transforma en República el 1-VII-60.

Nigeria presentaba mayores problemas. Era cuatro veces mayor que Ghana y contaba con 36 millones de habitantes con fuertes diferencias tribales y escaso sentimiento nacional. El Norte (haussas y peules) era musulmán, conservaba instituciones casi feudales y albergaba a más de la mitad de la población. El Este, Sur y Oeste, contaban con instituciones parlamentarias propias (yorubas e ibos predominaban en estas zonas).

Benjamin Nnamdi Axikiwé —un ibo— es el líder político equivalente a Nkrumah, hasta que el yoruba Obafemi Awolowo le hace sombra, mientras en la zona Norte pervive el dominio de los emires, satisfechos con el dominio inglés. En 1946, el Gobernador promulga una Constitución que no gustó, desencadenando un período de agitación hasta que en 1951 se establece otra de corte federalista, que también fue mal recibida. Se puso en marcha un nuevo proyecto y la Reina visita el país oficialmente, calmándose los ánimos y colaborando las diversas facciones en acelerar el autogobierno. La independencia de la Federación Nigeriana se proclama el 1-X-60, convirtiéndose tres años más tarde la Federación en República de Nigeria. El país había superado sus problemas aparentemente, pero la evolución de los hechos iba a demostrar pronto lo contrario, provocando una terrible guerra.

Con Sierra Leona no hubo dificultad alguna. En 1958 se constituye el primer Gobierno con Milton Margai, que dos años más tarde viaja a Londres para concretar las condiciones de emancipación, donde encontró toda clase de facilidades. La independencia se proclama el 27-IV-61.

Stanley quedó impresionado en 1875 por las instituciones de Uganda, reflejo del parlamentarismo. Poco después, aprovechando rivalidades de tipo religioso, Gran Bretaña establece su protectorado sobre el reino de Buganda y otros vecinos, que conservaron sus dinastías e instituciones, mostrándose opuestos a federarse. Las valiosas cosechas de algodón y café permitieron la creación de sectores sociales nuevos y el establecimiento de numerosos comerciantes indios, en perjuicio de las aristocracias locales. Londres creó un Consejo Legislativo Federal.

En 1949 Mutesa II, educado en Cambridge, accede al trono y ante la idea de una Federación africana oriental, proclama su deseo de dar libertad a su reino (1953) lo que hubiera supuesto un desastre para los pequeños territorios vecinos. Mutesa fue exiliado por el Gobernador, lo cual tuvo un efecto inesperado: aglutinó a los ugandeses, y, en octubre de 1954, Mutesa retornó al país, llegándose en 1955 a un compromiso mediante el cual Buganda conservaba su Monarquía, pero integrada en el Estado Unitario y Democrático de Uganda, cuyo jefe era la Reina de Inglaterra.

Uganda recibe la independencia el 9-X-62 y un año más tarde, Mutesa II se convierte en el Presidente de la Nueva República.

Kenia planteó, en la década de los cincuenta, una de las situaciones más difíciles y explosivas a las autoridades británicas en su política de emancipación africana. En Kenia, los colonos blancos habían encontrado una zona favorable para su establecimiento. Las condiciones del clima y los rendimientos de las plantaciones agrícolas permitieron el desarrollo de una sociedad superpuesta que explotaba unos 40.000 kilómetros cuadrados reivindicados ahora por la etnia Kikuyu.

La construcción del ferrocarril de Uganda facilitó el asentamiento de los plantadores y la vinculación entre ambos territorios. Kenia fue dividida en dos zonas administrativas. Tras diversas medidas reformistas que no satisficieron a la población, el movimiento de oposición africana cristalizó en torno a Jomo Kenyatta, dando origen a la secta secreta del «Mau-Mau», que desató una violenta campaña terrorista.

La revuelta de 1949-1954 causó numerosas víctimas entre civiles y miembros del «Mau-Mau». Sin embargo, la evolución posterior ha hecho de Kenia uno de los territorios más estables de África.

La distribución del número de escaños fue tema polémico, no sólo por el predominio de los blancos, sino también por las divisiones de los otros sectores de la población. En las elecciones de febrero de 1961, el partido Kanu salió vencedor y Tom Mboya reclamó la liberación de Jomo Kenyatta y su incorporación al Gobierno, como acabó haciéndose, hasta que el 12 de diciembre de 1963 Kenia obtiene su completa independencia.

Tanzania es resultado de la unión entre Tanganika y Zanzíbar el 26 de abril de 1964. La parte continental obtuvo su independencia el 9 de diciembre de 1963. Esta unión fue resultado de un plan más ambicioso propiciado por Londres y Julius Nyerere que no pudo cuajar.

En 1958 se implanta un original sistema electoral, mediante el cual cada elector tenía tres votos: uno para un africano; otro, para un europeo y otro, para un asiático. El partido Tanu presentó candidatos por las tres razas obteniendo la totalidad de los escaños. Su líder Julius Nyerere supo llevar al país a una evolución sin traumas. Colaboraba para conseguir sacar adelante la proyectada Federación Africana Oriental, que debía englobar a Tanganika, Kenia, Uganda, Zanzíbar y Nyassalandia. El plan era lógico, pues ninguno de dichos territorios parecía tener un porvenir viable económicamente y contaban con organismos y necesidades compartidas. La idea no prosperó, pues si los colonos blancos de Kenia tenían su absorción en un conjunto dominado por africanos, Uganda aducía los temores contrarios y recelaba de la influencia blanca.

Tampoco consiguió imponerse otro proyecto de federación entre las dos Rhodesias y Nyassalandia, territorios que posteriormente se denominarán Rhodesia, Zambia y Malawi. En 1951 se presenta el plan de Federación centroafricana, que Londres aprobó en 1953, suscitando la oposición de los negros. Tras varios períodos de turbulencias, Nyassalandia se transforma en Malawi, alcanzando la independencia el 6-VII-64 y Rhodesia del Norte, dirigida por Kenneth Kaunda, también abandona la Federación y nace como Zambia el 20-XII-64.

La evolución en Rhodesia del Sur se vio muy afectada por los sucesos del Congo Belga y por la permanencia del dominio portugués en Mozambique. En este contexto de influencias también hay que tener presente la presión de Sudáfrica, que contaba con un Gobierno igualmente controlado por blancos. Fracasado el intento de la Federación —que sin duda beneficiaba a los rhodesianos— y viendo que Londres no apoyaba su política segregacionista para no enemistarse con los demás países de color, acabará proclamando unilateralmente —y en rebeldía— su independencia en 1965.

9.5.3. *El África francófona*

A principios de 1944 se organiza en Brazzaville una conferencia en la que toman parte, junto a 20 gobernadores, destacadas personalidades africanas con el fin de estudiar una reforma del sistema colonial. La ciudad fue escogida, como indica De Gaulle en sus Memorias, por «haber servido de refugio a la soberanía de Francia, en los peores años». Los resultados fueron, sin embargo, muy «conservadores» y se rechazó toda idea de una revolución al margen de París.

En la Asamblea Constituyente de 1945, 63 de los 522 miembros, fueron elegidos por los territorios de ultramar. De ellos, 9 eran africanos de color y formaron un grupo parlamentario. En mayo de 1946, por la ley Lamine-Gueye se concedía la ciudadanía francesa a quienes hasta entonces sólo habían sido súbditos, pero el hecho no conllevó de inmediato la igualdad de derechos.

Según el título VIII de la Constitución de la República se creaba la Unión Francesa «formada por una parte, por la República Francesa, que comprende la Francia Metropolitana y los Departamentos y territorios de Ultramar y, por otra parte, por los territorios y Estados asociados». En consecuencia unas zonas de África quedaban integradas en la República —una e indivisible— mientras otras podían seguir el camino de la emancipación.

Nuevos hechos influyeron en alterar la situación: el veloz desarrollo del proceso descolonizador, la guerra de Indochina, el triunfo de los independentistas en África del Norte y el proceso de integración europea. Léopold S. Senghor, diputado por Senegal, explicó en 1953 claramente que Francia tendría que escoger entre Europa y África y que acabaría inclinándose hacia Europa.

La Conferencia Afroasiática de Bandung, la rebelión de Argelia y la proliferación de movimientos independentistas en todo el continente, que tachan de tibios y traidores a los dirigentes que defienden el mantenimiento de los lazos con París, aconsejan ir pensando en cambiar de actitud.

El 4-IX-58 se publica el texto legal de lo que será la V República. Los electores de Francia y de Ultramar tendrán que pronunciarse el 28 del mismo mes. De Gaulle realiza una gira por Madagascar y el África francesa para exponer el alcance de la reforma. Ya no se habla de «Unión» sino de «Comunidad». Quienes voten no, quedarán excluidos de la nueva estructura, que ofrece la fórmula de reconocerlos como Estados.

La rigidez de la alternativa se suaviza tras la conversación del General con Boganda, Presidente del Gran Consejo del África Ecuatorial Francesa, aceptando De Gaulle que en el futuro, aunque se diga sí, un estado podría alcanzar la total independencia.

El 28 de octubre, Guinea fue el único territorio que vota no y de forma aplastante (1.200.000 votos negativos contra 57.000 síes). Seku Turé telegrafió a De Gaulle manifestando su voluntad de mantener «la colaboración fraterna», pero París rompió prácticamente sus relaciones, mientras 60 Estados van a reconocer a Guinea y ésta entra en la ONU.

Al igual que ocurrió con Ghana respecto al África sometida a Londres, la independencia de Guinea fue un ejemplo contagioso para el África francófona y pronto comenzaron las negociaciones para que todos alcanzasen la independencia plena.

Entre el 24 de noviembre y el 4 de diciembre de 1958 los once territorios, junto con Madagascar, escogen la fórmula prevista en el artículo 76 de la Constitución: ser estados dentro de la Comunidad y proclamar Repúblicas con Constituciones propias. Automáticamente dejan de enviarse senadores y diputados, aunque hasta fines de 1960 De Gaulle mantuvo en su gabinete a 4 Ministros Consejeros africanos. La disolución de las antiguas grandes circunscripciones del África Oriental Francesa y del África Ecuatorial Francesa llevó a una cierta «balcanización» tras varios intentos de formular uniones de diverso tipo, que no acabaron de cuajar.

Las Repúblicas del África francófona alcanzaron su plena independencia y soberanía en un período muy corto de tiempo. El hecho es prácticamente simultáneo e incluso la mayor parte de ellas lo conmemoran el mismo mes. Alto Volta, luego Burkina Fasso (5-III-60), Camerún (1-1-60), República Centroafricana (3-VIII-60), Congo (15-VIII-60), Costa de Marfil (7-VIII-60), Chad (2-VIII-60), Dahomey, que desde enero de 1976 se denominará República Popular de Benín (I-VIII-60), Gabón (17-VIII-60), Madagascar, luego República Malgache (26-VI-60), Níger (3-VIII-60), Senegal (20-VI-60) y Togo (27-IV-60).

Francia conserva todavía bajo su soberanía zonas de escaso tamaño, pero de indudable importancia: las islas Comores, las islas Reunión y la Somalia francesa o Djibuti.

9.5.4. Los Territorios belgas

El África oriental y austral tuvo desde siglos una especial importancia por su ubicación en las vías comerciales inter-continentales. Desde los tiempos bíblicos y faraónicos se conocen intercambios en las zonas que baña el Indico y en ellas mantuvieron una presencia regular los pueblos islamizados.

También ofrece características propias el llamado «cono sur», en parte por predominar regímenes dominados por blancos —Sudáfrica— o quedar todavía en manos coloniales —Angola y Mozambique—. Sus recursos económicos, especialmente mineros, y su control de las rutas, que bordeando El Cabo enlazan Europa con Asia y Oceanía, dan al área un indudable valor económico y estratégico.

El Congo era tenido por una colonia modélica, estable y sin graves problemas en su horizonte, pero tras su acelerada independencia, se convirtió en zona de choque para fuerzas e intereses opuestos que provocarán uno de los episodios más violentos de la descolonización africana y la intervención de contingentes militares enviados por las Naciones Unidas.

El actual Congo, antes Zaire, había sido colonia del Estado belga y dominio personal de Leopoldo II, hecho realmente insólito en la historia del colonialismo que, si ciertamente contó con poderosos dominios en manos de grandes compañías, posteriormente trasvasados a sus respectivos gobiernos, no registra otro caso de posesión personal de semejante envergadura.

La presencia europea era mínima, en su mayoría funcionarios y empleados, para un territorio de 2.500.000 kilómetros cuadrados, poblado por 14 millones de bantúes. Las explotaciones mineras, especialmente en Katanga, suponían la mitad de la producción mundial de uranio, además de otros importantes metales y de diamantes.

El movimiento abako era el principal grupo de tendencia autonómica. Lumumba tomó parte por este grupo en la I Conferencia Panafricana de Accra (1958). A su regreso se produjeron alborotos, siendo Kasavubu deportado a Bélgica, pero el rey Balduino anunció que la independencia sería concedida tras cubrirse las etapas que preparasen a los congoleños para el autogobierno.

La situación era más compleja de lo que se pensaba. Sus habitantes se agrupaban en 70 etnias y se hablaban 400 dialectos. Al aumentar los disturbios, los belgas decidieron adelantar los acontecimientos, citando en Bruselas a los principales dirigentes. Se fijó como fecha para la independencia el 30-VI-60.

En seis meses era imposible llevar a cabo los cambios necesarios. Sin embargo, en la fecha prevista se proclamaba por el rey, trasladado al Congo, la independencia. Kasavubu era el nuevo Presidente de la República y Lumumba, el jefe de Gobierno, con el apoyo de Ileo. El partido de Tshombe obtuvo un sólo ministerio y el de Kalonji, ninguno.

Pocos días más tarde, los soldados africanos se sublevaron contra la oficialidad belga, comenzando el pánico entre los europeos y las violencias callejeras. Bélgica envió fuerzas paracaidistas y Lumumba condenó el hecho acusándolo de maniobra anticolonialista, pidiendo ayuda a la ONU. Tshombe proclama la secesión de Katanga.

La ONU envió fuerzas internacionales. Katanga era la zona rica, donde los intereses belgas y extranjeros resultaban patentes. Lumumba llegó a invocar la ayuda soviética, pero Kasavubu lo destituyó, siendo a su vez destituido por aquél. El ejército, por su parte, detuvo a los dirigentes formando el coronel Mobutu un Colegio de Altos Comisarios.

Mientras Lumumba muere asesinado, la guerra continuó. Se acusaba a las fuerzas de la ONU de parciales. En la primavera de 1961, el Secretario General, Dag Hammarskjold se estrellaba en su avión. Por un momento se temió que el Congo se convirtiera en otra Corea, al coexistir tres gobiernos: el separatista katangueño; el de Gizenga, heredero de Lumumba, en Stanleyville; y el de Mobutu en Léopoldville. El caos aumentó al proclamar Kalonji el Estado de Kasai. Las tropas de la ONU, tras diversas vicisitudes dominan en diciembre de 1962 la sección katangueña. Kasavubu, que ha recuperado el poder, nombra a Tshombe jefe de Gobierno con el fin de acabar con los lumumbistas.

Burundi y Ruanda son los otros dos Estados africanos que reciben la independencia tras el dominio belga. El primero nace como Monarquía constitucional el 1-VII-1962 (será República desde el 28-XI-1966) y el segundo, el mismo día, como República presidencialista, tras un período de inestabilidad que acaba con el dominio de la aristocracia tutsi. Ambos territorios cuentan con problemas tribales y su pequeña extensión les crea dificultades económicas. Fueron anteriormente colonias alemanas.

9.5.5. *Sudáfrica*

Independiente desde mayo de 1910, la Unión Sudafricana se transforma en República parlamentaria el 6 de octubre de 1960, abarcando los territorios de El Cabo, Natal, Orange y Transvaal. El país, que desempeñó cierto papel en la II GM es miembro fundador de las Naciones Unidas, pero su política racista le ha creado graves problemas internos y la enemistad de la mayor parte de los Estados. Su enorme riqueza minera y la importantísima posición geográfica que ocupa hacen, sin embargo, de Sudáfrica un lugar muy valioso.

La historia sudafricana es sumamente compleja desde que en abril de 1652 Jan Van Riebeeck, navegante holandés, establece el enclave de El Cabo, que avituallaba la ruta de las Indias. Los portugueses ya habían doblado con anterioridad este famoso «Cabo de las Tormentas». El establecimiento se convirtió en refugio de hugonotes franceses y calvinistas holandeses, gente emprendedora que fueron extendiéndose hacia el interior, prácticamente deshabitado.

En el siglo XVIII las luchas con los hotentotes, bosquimanos y cafres se agravan. Los *bóers* mantienen la tesis de que ellos son los auténticos pobladores del país y que buena parte de la población de color «llegó después» atraída por la obra de los blancos. Gran Bretaña ocupa El Cabo durante las guerras napoleónicas y el Congreso de Viena ratifica esta posesión. La presencia inglesa inicia la marcha de los bóers hacia el interior (el «gran Treck») un proceso que a lo largo del siglo XIX guarda cierto paralelismo con la conquista del Oeste americano.

Se fundan sucesivas Repúblicas bóers donde el descubrimiento de valiosos minerales y de diamantes aumenta las ambiciones inglesas, justo cuando Londres acaricia la idea del ferrocarril El Cairo-El Cabo. La aparición de oro en Transvaal precipita la guerra (1899-1902). Aunque los *afrikaners* son vencidos, se ganan el respeto de la Corona. En 1910 forman la Unión, que es reconocida como Dominio autónomo de la Commonwealth. Los Primeros Ministros —hasta 1948— fueron generales bóers de la talla de Botha, Smuts y Herzog.

Tras la trágica matanza de Sharpeville de 1960 se acelera la ruptura completa con respecto a Londres, que, al igual que ocurre con el caso rhodesiano, se enfrenta con un difícil dilema: perder la simpatía de los Estados africanos de color o enfrentarse con los colonos blancos. Tras la proclamación de la República, al año siguiente, Sudáfrica se retira de la Commomwealth.

El *apartheid* es definido por sus propugnadores como «desarrollo separado de las comunidades diferenciadas», pero la Asamblea General de la ONU en la resolución 2189 lo califica de «crimen contra la humanidad» y en la resolución 2202, de «grave amenaza a la paz y a la seguridad internacionales». El hecho concreto es que si bien los negros sudafricanos disfrutan de unos ingresos y una renta superior a los demás del Continente, el régimen del *apartheid* es indefendible y merece la repulsa de todos los pueblos.

Sudáfrica ejerce además en este período un colonialismo local sobre Namibia —antigua posesión alemana—, que se confirió a la Unión como Mandato de la Sociedad de Naciones.

Lesotho y Malawi. El primero es un enclave que se salvó de los «afrikanders» por sus relaciones con Gran Bretaña y es independiente desde el 4-X-1966, mientras el segundo lo es desde el 6-VII-64.

9.5.6. *Otros territorios*

En esta «gran oleada» de las independencias africanas no se incluyeron todos los territorios. Unos por haber obtenido la independencia con anterioridad o gozar de plena soberanía —Egipto, Sudán, Etiopía o Liberia— y otros, por continuar todavía con una situación de dependencia, como era el caso de las llamadas Provincias ultramarinas portuguesas y españolas —Sahara, Guinea Española, Guinea-Bissau, Angola, Cabo Verde y Mozambique— o pequeñas posesiones francesas o inglesas. Los dominios ibéricos no obtienen la independencia en el período que estudiamos, sino años más tarde, en 1968, 1974 y 1975.

Liberia es un curioso fenómeno de «colonialismo inverso». En 1816, el Congreso de los EEUU autorizó a la *American Colonisation Society* para enviar a la costa occidental africana a los negros emancipados que decidiesen abandonar Norteamérica. Esta idea «altruista» pretendía simultáneamente reducir el volumen de población de color en los EEUU y servirse de ellos para instaurar una original presencia colonial americana en África.

El «retorno» no era por lo visto muy atractivo y la inmigración nunca alcanzó cifras de importancia. Los *american negroes* o *freemen* se instalaron en el país, ejerciendo a su vez un dominio sobre los nativos. En 1841 se nombra el primer Gobernador negro —Joseph Roberts— que será el primer Presidente de la nueva República, proclamando la independencia el 26-VII-1847.

La II GM y concretamente la extensión de las explotaciones de caucho restauran los vínculos nunca rotos con Washington. En 1942 se firma un tratado autorizando a los EEUU a desembarcar tropas y en 1944 se les concede tener bases navales y militares permanentes.

Etiopía o Abisinia recobró su independencia tras la derrota italiana, obteniendo desde 1952 el dominio sobre Eritrea, que facilitaba una salida al mar. Es monarquía constitucional desde 1955, pues la reforma de 1931 no llegó a entrar en vigor. En 1960 se registra un golpe de Estado del General Menguistu, de acuerdo con el príncipe heredero Asfa Wassan, que fue sofocado, pero evidenció que la autoridad del todopoderoso Negus no era tan sólida.

El país tiene problemas fronterizos con Somalia —independiente desde 1960— y mantiene una estructura interior medieval. Eritrea, donde se creó la guerrilla de liberación nacional, surgida en los años sesenta, es otro foco de inquietudes. El Negus mantiene en estos años un papel de protagonista entre los Jefes de Estado africanos y la OUA establece su sede en Addis Abeba. La posterior evolución de los hechos acabará costando el trono a Haile Selassie, 225 descendiente de la bíblica reina de Saba.

La monarquía será abolida en 1975.

ISRAEL

1947
El plan de la ONU

- Zona judía
- Zona árabe
- Jerusalén: Internacional

Siria
Egipto
Jordania
Arabia Saudí

FUENTE: Atlas Marín de Geografía e Historia; Enciclopedia Monitor

ISRAEL

1949
Acuerdo de armisticio

- Israel
- Jerusalén: Dividida

Siria
Mar Mediterráneo
Egipto
Jordania
Arabia Saudí

FUENTE: Atlas Marín de Geografía e Historia; Enciclopedia Monitor

La Guerra de Corea (1950-53)

En 1950, la ONU envía tropas en ayuda de Corea del Sur; al mismo tiempo, China colabora en el conflicto en ayuda del Norte estabilizándo el frente en el paralelo 38

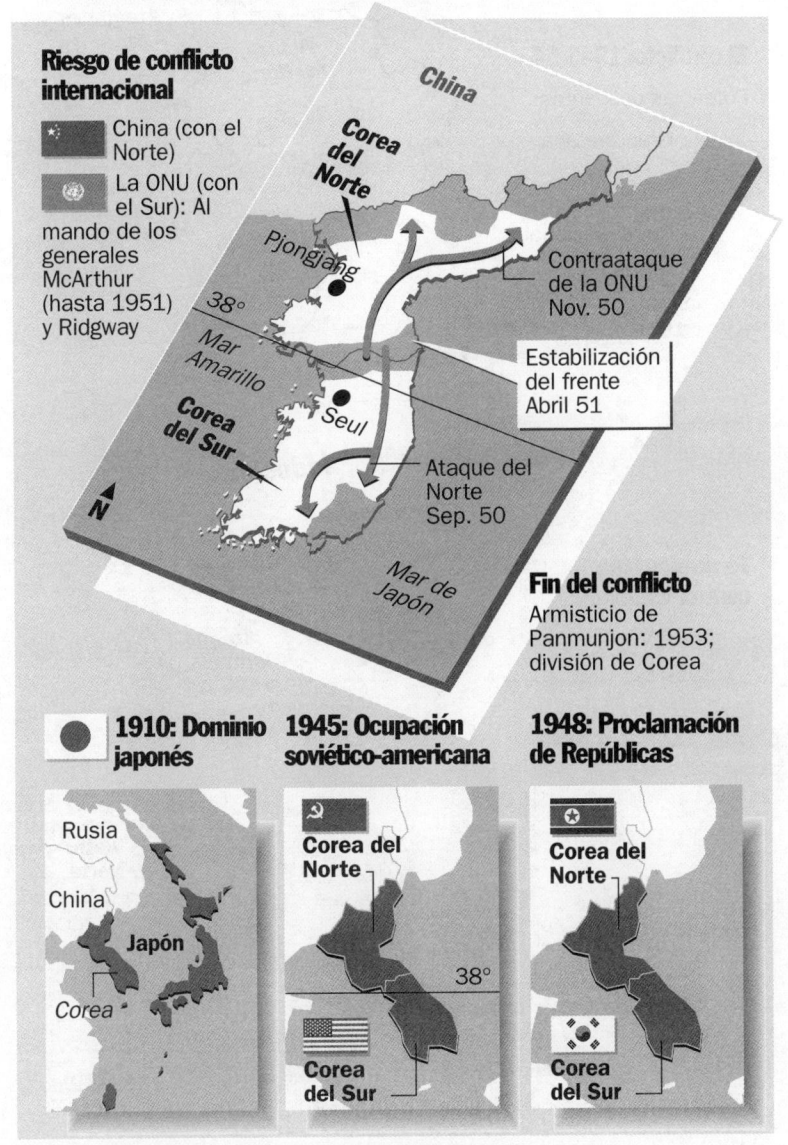

Riesgo de conflicto internacional

- China (con el Norte)
- La ONU (con el Sur): Al mando de los generales McArthur (hasta 1951) y Ridgway

Contraataque de la ONU Nov. 50

Estabilización del frente Abril 51

Ataque del Norte Sep. 50

Fin del conflicto
Armisticio de Panmunjon: 1953; división de Corea

1910: Dominio japonés

1945: Ocupación soviético-americana

1948: Proclamación de Repúblicas

FUENTE: Atlas Histórico Mundial, H. Kinder; Atlas of the World, Dorling K.

La Guerra de Indochina

Del Imperio francés de Indochina surgirán Vietnam, Laos y Camboya; una zona conflictiva debido a la rivalidad entre los bloques comunista y occidental

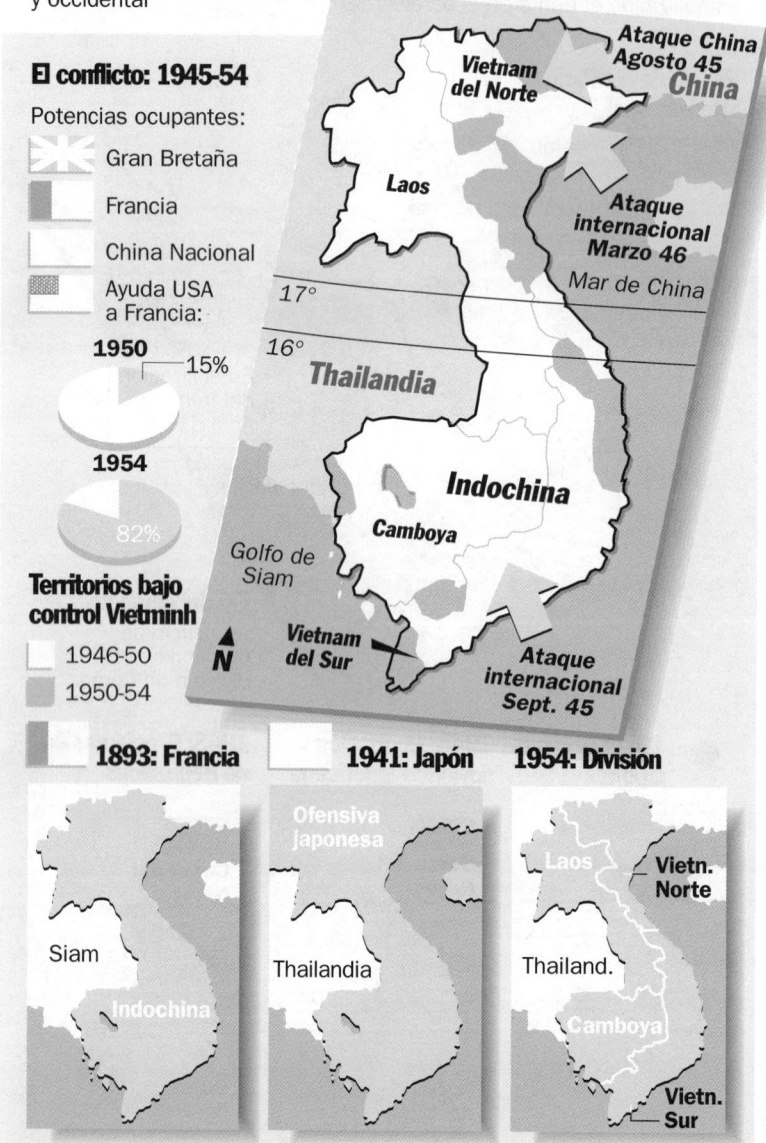

El conflicto: 1945-54

Potencias ocupantes:
- Gran Bretaña
- Francia
- China Nacional
- Ayuda USA a Francia:
  - 1950: 15%
  - 1954: 82%

Territorios bajo control Vietminh
- 1946-50
- 1950-54

Ataque China Agosto 45
Vietnam del Norte
China
Laos
Ataque internacional Marzo 46
Mar de China
Thailandia
Indochina
Camboya
Golfo de Siam
Vietnam del Sur
Ataque internacional Sept. 45

1893: Francia — Siam / Indochina

1941: Japón — Ofensiva japonesa / Thailandia

1954: División — Laos / Vietn. Norte / Thailand. / Camboya / Vietn. Sur

FUENTE: Atlas Histórico Mundial, H. Kinder; Atlas of the World, Dorling K.

Cuarta parte
LA COEXISTENCIA

PLANTEAMIENTO

La posguerra no trajo la deseada estabilidad al sistema internacional y la primera década, o fase más enconada de la Guerra Fría, prolonga la crispación en el complejo relacional internacional.

Sin embargo, a partir del fin de la Guerra de Corea, el relevo de dirigentes en varias de las potencias más influyentes, el proceso de integración europea y un optimismo algo idealizado en los nuevos países emergentes, van transformando el panorama mundial hacia un clima más sosegado y de mayor cooperación. Esta nueva etapa, que practicamente llegará hasta los últimos años ochenta, se conocerá como el período de la coexistencia.

No se trata de un cambio radical, sino de la acomodación de los principales actores, y por ello del resto de sujetos del complejo, a una pragmatismo que arranca del hecho de haberse consolidado las respectivas posiciones y alcanzarse el mutuo convencimiento de que un conflicto armado a gran escala supondría tal catástrofe que no cabe otra alternativa que convivir, sin renunciar por ello, cada cual, a sus ideologías e intereses.

Aunque no faltan acontecimientos tan graves como la construcción del muro berlinés, las guerras de Oriente Medio y Vietnam o la crisis de los misiles en Cuba, además de otros enfrentamientos más excéntricos, se advierten progresos en otros muchos ámbitos y el clima general es de un mayor entendimiento. La misma reanudación de las cumbres entre los primeros estadistas es un buen síntoma de ese otro escenario más dialogante.

Se ha consolidado el orden bipolar, pero simultáneamente se van flexibilizando las relaciones y cobrando más influencia los actores periféricos y los no estatales, empezando por las organizaciones regionales e incluso no gubernamentales.

El desarrollo económico se extiende a más países, al igual que el sistema democrático y va imponiéndose el respeto hacia un orden jurídico internacional más universalizado. De todos los avances, son sin duda los tecnológicos los más espectaculares, como se ilustra en ámbitos tan variados como la medicina, los transportes, las telecomunicaciones, la biología, la astronáutica y otros campos de la ciencia aplicada. Los espectaculares logros en la aventura espacial ilustran este progreso histórico. La humanidad toma además conciencia de vivir en una sola tierra y se va apreciando una nueva sensibilidad hacia la conservación y protección del medio ambiente y una mayor influencia de la opinión pública en los principales foros de decisión, tanto políticos como económicos y culturales.

BIBLIOGRAFÍA

10. UN MUNDO INTERDEPENDIENTE

ARBATOW, G., *The system: an insider's life in Soviet politics,* Times Books, Nueva York 1992.
ARON, R., *La República Imperial,* Alianza, Madrid 1976.
ASPATURIAN, V., *Process and Power in Soviet Foreing Policy,* Boston 1971.
BAUDRILLARD, J., *La sociedad de consumo. Sus mitos, sus estructuras,* Plaza y Janés, Barcelona 1974.
BETTATI, M., *Le conflict sino-soviétique,* (2 vols), Armand Colin, París 1971.
BISCHOF, G. y DOCKRILL, S., *Cold War Respite. The Geneva Summit of 1955,* Louisiana State University Press, 1999.
BOSCH, J., *El Pentagonismo,* Guadiana, Madrid 1968.
BOUILLIN, J., *Le Monde contemporain,* Bordas, París 1966.
BREMEN, *Die Eisenhower administration und die zweite Berlín-Krise 1958-1961,* Berlín 1998.
BUCHABN, A., *The End of the Postwar Era. A New Balance of World Power,* Weidenfelk and Nicolson, Londres 1974.
CALCHI NOVATI, B., *La revolución del África Negra,* Bruguera, Barcelona 1970.
CAMPS, M., *Britain and the European Community,* Princeton 1964.
CARTIER, R., *Historia mundial de la post-guerra (1945-1969),* (2 vol), Mar-Ivars, Barcelona 1971.
CHAFE, W., *The Unfinished Century: America since World War II,* Nueva York 1991.
CLAUDIN, F., *La crisis del movimiento comunista. De la Komintern al Kominform,* Ruedo Ibérico, París 1970.
COATES, P., *The Labour Party and the Struggle for Socialism,* Cambridge 1975.
CORDERO TORRES, J.M., *El Impacto de los Pueblos Nuevos en el Mundo Actual,* I.E.P., Madrid 1965.
COXALL, B., *British Politics since the War,* MacMillan, Londres 1997.
DELORS, J., *El nuevo concierto europeo,* Acento, Madrid 1993.
DEUTSCHER, I., *La década de Jruschov,* Madrid 1971.
DEIGHTON, A., *Building Postwar Europe 1948-1963,* Basingstoke 1995.

EISENHOWER, D.D., *Mis años en la Casa Blanca. Primer mandato 1952-1956 - Segundo mandato 1956-1961,* Barcelona 1966.
EMMANUEL, A., *El intercambio desigual,* Siglo XXI, Madrid 1973.
FARMER, K.C., *The soviet administrative elite,* Praeger, Nueva York 1992.
FREEDMAN, L., *The Evolution of Nuclear Strategy,* Londres 1989.
GAPTHOFF, R., *Detente and confrontation,* Washington 1994.
GEORGE, P., *Panorama du Monde actuel,* PUF, París 1965.
HALLE, L., *The Cold War as History,* Nueva York 1967.
HALLIDAY, F., *The Making of the Second Cold War,* Londres 1983.
HISCOCKS, R., *The Adenauer Era,* Filadelfia 1966.
IRIYE, A., *Power and Culture,* Cambridge Mass, 1981.
—, *China and Japan in the Global Context,* Cambridge Mass, 1992.
KISSINGER, H.A., *Política exterior americana,* Plaza-Janés, Barcelona 1976.
KUHN, T.S., *La estructura de las revoluciones científicas.* Fondo de Cultura Económica, México 1975.
LANDES, D., *Progreso tecnológico y revolución industrial,* Tecnos, Madrid 1979.
LEFÈBVRE, H., *La vida cotidiana en el mundo moderno,* Alianza, Madrid 1972.
LEON, P., *Historia económica y social del mundo. VI: El nuevo siglo XX. De 1947 a nuestros días,* Zero-ZYX y Encuentro, Madrid 1979.
LOTH, W., *The Division of the World, 1941-1955,* Londres 1988.
MARCOU, L., *La Kominform,* Ed. Villalar, Madrid 1978.
MARTIN, L., *Neutralism and Nonaligment: The new States in World Affairs,* Nueva York 1962.
MASSIP, R., *De Gaulle et l'Europe,* París 1963.
MATTHEWS, M., *Clases y sociedad en la Unión Soviética,* Alianza, Madrid 1977.
MERTON, R.K., *Técnica y civilización,* Alianza, Madrid 1977.
MILWARD, A.S., *The Reconstruction of Western Europe 1945-1952,* Londres 1984.
MOUSSA, P., *Les nations prolétaires,* PUF, París 1963.
MUMFORD, L., *Técnica y civilización,* Alianza, Madrid 1979.
NIEBUHR, R., *The Foreign Policy of American Conservatism and Liberalism,* Nueva York 1953.
PARMET, H.S., *Eisenhower and the American Crusades,* Transaction, New Jersey 1998.
PISCITELLI, E., *Da Parri a De Gasperi, Storia del dopoguerra, 1945-1948,* Milán 1975.
PFLIMLIM, P., *Mémoires d'un européen de la IV a la V Republique,* Fayard, París 1995.
REYNAUD, P., *La politique étrangère du gaullisme,* París 1964.
RIOUX, J.P., *The Fourth Republic, 1944-1958,* Cambridge 1987.
ROSTOW, *Los Estados Unidos en la palestra mundial,* Tecnos, Madrid 1963.
ROVERTE, R. y SCHLESINGER, A., *General MacArthur and President Truman,* Transaction, New Jersey 1992.
SCHELLENGER, H.K., *The Spd in the Bonn Republic. A Socialist Party Modernizes,* La Haya 1968.
SCHELINGER, A.M., *Los mil días de Kennedy,* Barcelona 1966.
—, *La Presidencia Imperial,* DOPESA, Barcelona 1974.
SORENSEN, T.C., *Kennedy,* Bruguera, Barcelona 1970.

SNYDER, A., *Warriors of Disinformation: American Propaganda, Soviet lies, and the Winning of the Cold War: An Insider's Account,* Arcade, 1995.
STAAR, R. ed), *Public diplomacy: USA versus USSR,* Stanford University, 1986.
SWAIN, G. y N., *Eastern Europe since 1945,* MacMillan, Londres 1998.
TEODORI, M., *Storia delle nuove sinistre in Europa 1956-1976,* Bolonia 1976.
THOMAS, H., *The Suez Affairs,* Londres 1966.
TOMPSON, W.J., *Krushchev: A Political Life,* Londres 1995.
TORRE GÓMEZ, H. de la, *El Portugal de Salazar,* Madrid 1997.
ULAM, A., *The Rivals: America and Russia since World War II,* Nueva York 1972.
VV.AA., *Los Documentos del Pentágono,* Plaza y Janés, Barcelona 1971.
WALKER, M., *The Cold War,* Londres 1993.
WILSON, H., *The New Britain,* Hardmondsworth 1964.
YERGIN, D., *Shattered Peace: The Origins of the Cold War and the National Security State,* Boston 1977.

11. LOS RETOS Y RIESGOS CALCULADOS

ALLISON, G.T., *Essence of Decision: Explaining the Cuban Missile Crisis,* Little Brown, Boston 1988.
AMIN, S., *La nation árabe,* Minuit, París 1976.
AUSLAND, J.C., *Kennedy, Krushchev and the Berlin-Cuba Crisis (1961-1964),* Scandinavian University Press, 1995.
BAIROCH, P., *El Tercer Mundo en la encrucijada,* Alianza, Madrid 1973.
BELL, M.J.V., *Army and Nation in South-Saharian Africa,* Londres 1965.
BERG, E., *Non alignement et nouvel ordre mundial,* PUF, París 1980.
BERMEJO, R., *Vers un nouvel ordre economique international. Estude Centreé sur les aspects juridiques,* Friburgo 1982.
BESCHLOSS, M.R., *The Crisis Years. Kennedy and Khruschev, 1960-1963,* Nueva York 1991.
BRANCH, T., *Parting the Waters: America in the King Years 1954-1963,* Nueva York 1988.
BRANDT, W., *Memorias políticas. 1960-1975,* (2 vols), Barcelona 1976.
CAMILLERI, J., *Chinese Foreign Policy: The Maoist Era and its Aftermath,* Seattle 1980.
CHALLAND, G., *L'enjeu africain. Géostrategies des Puissances,* Ed. du Sevil, París 1980.
CHILCOTE, R., *Portuguese Africa,* Pretice Hall 1967.
CLAUDÍN, F., *La crisis del movimiento comunista,* Ruedo Ibérico, París 1970.
COBBAN, H., *The Palestinian Liberation Organisation,* Londres 1984.
COLLISON, R.L., *Uganda,* Clio Press, Oxford 1982.
—, *Kenya,* Clio Press, Oxford 1982.
COULAND, J., *Israël et le Proche-Orient arabe,* París 1969.
COUVE DE MOURVILE, M., *Une politique étrangere. 1958-1969,* París 1972.
DEUTSCHER, J., *La Década de Krushchov,* Madrid 1971.
DUBARBIER, *La China del Siglo XX,* Alianza, Madrid 1967.
DUMONT, R. y MOTTIN, M.F., *L'Afrique Etranglée,* Ed. du Sevil, París 1980.
EURON, Y., *The Middle East: Nations, super-powers and wars,* Elek Books, Londres 1973.
FENET, A., *Peuples et Etats du Tiers Monde face a l'ordre international,* PUF, París 1978.

FRANK, A.G., *La crisis mundial,* (2 vol), Bruguera, Barcelona 1980.
—, *Acumulación dependiente y subdesarrollo,* Era, México 1979.
GADDIS, J., *Strategies of Containment: A Critical Appraisal of Postwar American National Security Policy,* Nueva York 1982.
GANGULY, S., *The Crisis in Kashmir,* Cambridge University Press, 1999.
GANN, L.H. y DUIGNAM, P., *Africa south of the Sahara,* Clio Press, Londres 1981.
GARTHOFF, R., *Detente and Confrontation: American-Soviet Relations from Nixon to Reagan,* Washington 1994.
GARRUCCIO, L., *La Era Kissinger,* Guadarrama, Madrid 1977.
GHEBALI, V.Y., *La diplomatie de la détente: la CSCE 1973-1989,* Bruylant, Bruselas 1989.
HERRING, G., *America's Longest War: The United States and Vietnam,* Filadelfia 1986 (2.ª ed.).
HERZOG, J., *Las guerras árabe-israelíes,* Jerusalén 1987.
HOLEINDRE, R., *L'Asie en marche,* Laffont, París 1983.
HOSMER, S.T. y WOLFE, T.W., *Soviet Policy and Practice Toward Third World Conflicts,* Gowes, Aldeshot 1983.
ISNARD, H., *El Magreb,* Ariel, Barcelona 1980.
JALEE, P., *El Tercer Mundo en la economía mundial,* Siglo XXI, México 1971.
JOHNSON, L.B., *Memorias de un Presidente, 1963-1969,* Dopesa, Barcelona 1971.
JOYAUX, F., *La politique extérieure de la Chine populaire,* PUF, París 1983.
KABIN, G. y LEWIS, J., *The United States in Vietnam,* Nueva York 1967.
KATTENBURG, P.M., *The Vietnam Trauma in American Foreign Policy, 1945-75,* Transaction, New Jersey 1982.
KENNEDY, R.F., *Trece días (La crisis de Cuba),* Plaza y Janés, Barcelona 1969.
KERR, M., *The Arab Cold War 1958-1967: A Study of Ideology in Politics,* Londres 1967 (2.ª ed.).
KISSINGER, H.A., *Mis Memorias,* Ed. Cosmos, Madrid 1980 (4.ª ed.).
KOLKD, G., *Vietnam: Anatomy of a War 1940-1975,* Allen-Unwin, Londres 1986.
KREISBERG, P.M., *India and Pakistan. The First Fifty Years,* Cambridge University Press, 1999.
KRUSCHEV, N., *Kruschef recuerda,* Madrid 1970.
—, *Khrushchev on Khushchev: An Inside Account of the Man and his Era,* Boston 1990.
KYLE, K., *Suez,* Londres 1990.
LACOUR, P., *De l'Océanie au Pacifique.*
—, *Histoire et enjeux,* París 1987.
LANCEL, F., *Valery Giscard d'Estaing: de Chamaliers à l'Elisée,* París 1974.
LAPIDUS, I., *A History of Islamic Societies,* Cambridge 1988.
MACCIOCHI, M.A., *Gramsci y la revolución de Occidente,* Siglo XXI, Madrid 1975.
MAGID FARID, A., *Nasser. The Final Years,* Ithaca Press, 1996.
MAYALL, J., *Africa: the cold war and after,* Elek Books, Londres 1973.
MEISSNER, B., *Die Deutsche Ostpolitik 1961-1970. Kontinuitat und Wandel,* Dokumentation, Colonia 1970.
MENDE, T., *China y su sombra,* Cid, Madrid 1961.
MENON, K., *Soviet Power and the Third World,* Heinemann, Londres 1979.
MORTIMER, R.A., *The Third World Coalition in International Politics,* Nueva York 1980.
MUELLER, P.G. y DOUGLAS, A.R., *China und Japan. Emergency Global Powers,* Praeger, Nueva York 1975.

PACAUT, M. y BONJOO, P., *Le Monde Contemporain (1945-1968),* Coliu, París 1980 (2.ª ed.).
PORTER, G., *A Peace Denied: the United States, Vietnam and the Paris Agreement,* Bloomington 1976.
PRINGLE, R., *Indonesia and the Philippines,* Columbia University Press, 1980.
RAPOPORT, A., *The Big Two. Soviet-American Perceptions of Foreign Policy,* Pegasus, Nueva York 1971.
REED, J., *Diez días que estremecieron al mundo,* Akal, Madrid 1974.
REJWAN, N., *Nasserist Ideology. Its Exponents and Crisis,* Nueva York 1971.
ROBERTS, A. y KINGSVURY, B., *United Nations, Divides World,* Clarendon, Oxford 1993 (2.ª ed.).
ROTHSTEIN, R.L., *The Weak in the World of the Strong: The Developing Countries in the International System,* Nueva York 1977.
SAFRAN, N., *From War to War. The Arab-Israeli Confrontation 1948-1967,* Pegasus, Nueva York 1960.
SCALPINO, R.A. (ed), *The Foreign Policy of Modern Japan,* Berkeley 1977.
SCHWARTZ, B., *China Under Mao: Politics Takes Command,* Cambridge Mass, 1966.
TERRILL, R., *Mao. A Biography,* Cambridge University Press, 2000.
TOMPSON, W.J., *Kruschev: A Political Life,* Londres 1995.
VV.AA., *Historia común de Iberoamérica,* Edaf, Madrid 2000.
—, *ONU Año XX,* Tecnos, Madrid 1966.
WHITE, M., *Misiles in Cuba,* Rowman and Littlefield, Maryland 1998.
WOLFE, Th.W., *La Unión Soviética. Cincuenta años de comunismo,* Ed. Monte Ávila, Caracas 1969.

12. DISTENSIÓN Y CRISIS

AMIN, S., *L'Avenir du maoisme,* París 1981.
ARON, R., *La révolution introuvable,* París 1968.
AROSTEGUI, J., *La Transición (1975-1982),* Acento, Madrid 2000.
BARBER, J. y BARRATT, J., *South Africa's Policy: The Search for Status and Security 1945-1988,* Ciudad del Cabo.
BARDAJI, R., *La guerra de las galaxias,* Madrid 1986.
BARDAVÍO, J. y SINOVA, J., *Todo Franco,* Plaza Janés, Barcelona 2000.
BAXTER, C., *Bangladesh: A New Nation in an Old Setting,* Boulder, Colorado, 1984.
BAYART, F., *The State in Africa: The Politics of the Belly,* Londres 1993.
BELL, D., *El advenimiento de la sociedad postindustrial. Un intento de prognosis social,* Madrid 1976.
BERGER, P., *La revolución capitalista,* Barcelona 1989.
BIARNES, P., *L'Afrique aux Africains,* Colin, París 1980.
BLINKENBERG, L., *India-Pakistan. The History of Unsolved Conflicts,* Munksgaard, Copenhague 1972.
BRZEZINSKI, Z., *La era tecnotrónica,* Paidós, Buenos Aires 1973.
CARRILLO, S., *Eurocomunismo y Estado,* Barcelona 1977.
CEPEDA ULLOA, F., *Democracia y desarrollo en América Latina,* Buenos Aires 1985.

Chomsky, N., *La Segunda Guerra Fría*, Madrid 1989.
Debray, R., *Revolution in the Revolution? Armed Struggle and Political Struggle in Latin America*, Nueva York/Londres 1967.
De Porte, A.W., *Europe between the two Superpowers: The Enduring Balance*, New Haven 1979.
Dumazedier, J., *Hacia una civilización del ocio,* Estela, Barcelona 1971.
Fischer, M.J., *Iran from Religious Dispute to Revolution,* Cambridge Mass, 1980.
Foley, C. y Scobie, W., *The Struggle for Cyprus,* Stanford 1973.
Galbraith, J.K., *La sociedad opulenta,* Barcelona 1985.
Garthoff, R., *The Great transition: American Soviet Relations and the End of the Cold War,* Washington 1994.
Heikal, M., *The Sphinx and the Commissar: the Rise and Fall of Soviet Influence in the Arab World,* Nueva York 1979.
Hermann, K., *Die Revolte der Studente,* Hamburgo/Milán 1968.
Hopkin, J., *Party Formation and Democratic Transition in Spain,* MacMillan, Londres 1999.
Horowitz, D. y Moshe, L., *Trouble in Utopia: The Overburdened Polity of Israel,* Albany, N.Y. 1989.
Hutber, P., *What's wrong with Britain,* Londres 1978.
Kabunda Badi, M., *La integración africana. Problemas y perspectivas,* A.E.C.I., Madrid 1993.
Kennan, G., *The Nuclear Delusion, Soviet-American Relations in the Atomic age,* Nueva York 1982.
Kimche, J., *El segundo despertar árabe,* Bruguera, Barcelona 1971.
King, R. y Efraim, K., *La Guerra Irán-Iraq,* Madrid 1988.
Kitzwger, V., *Diplomacy and Persuasion,* Londres 1973.
Kriegel, A., *Un autre communisme,* París 1977.
Lipset. S.M., *La sociedad postindustrial,* Buenos Aires 1983.
Lukaszewski, E., *Las Democracias Populares después de Praga,* Madrid 1973.
Macridis, R., *French Politics in Transition. The Years after De Gaulle,* Cambridge 1975.
Mac STiofain, *Revolutionary in Ireland,* Londres 1975.
Mailer, P., *Portugal, the Imposible Revolution,* Londres 1977.
Malamud, L., *América Latina, siglo XX. La búsqueda de la democracia,* Madrid 1992.
Maravall, J.M., *La política de la transición,* Madrid 1982.
Marcuse, H., *El final de la utopía,* Ariel, Barcelona 1968.
Martín, R.M. y Pérez, G.A., *La Europa del Este de 1945 a nuestros días,* Madrid 1995.
McLaurw, R.D., *The Middle Eastin Soviet Policy,* Lexington Books, Lexington 1975.
Medvedev, Z., *Andropov,* Londres 1989.
Mesa Garrido, R., *Democracia y política exterior en España,* EUDEMA, Madrid 1988.
Moreira Alves, M., *La revolución de los militares portugueses,* Euros, Barcelona 1976.
Musiker, R., *South Africa,* Clio Press, Oxford 1980.
Payne, S.G., *El Régimen de Franco, 1936-1975,* Madrid 1987.
Pelissier, R., *Les Territoires espagnoles d'Afrique,* París 1963.
Poulantzas, N., *La crisis de las dictaduras, Portugal, Grecia, España,* Siglo XXI, Madrid 1976.
Rama, G. y Faletto, E., *Transición estructural y procesos políticos sociales en América Latina. 1950-1980,* (2 vols), CEPAL, Quito 1984.

RIADO, P., *L'Amérique latine de 1945 à nous jours,* París 1992.
ROBIN LETWIN, S., *The Anatomy of Thatcherism,* Transaction, New Jersey 1993.
ROSENAU, *Postmodernism and the Social Sciences: Insights, Inrodds and Inscusions,* Princeton University Press, Princeton 1997.
RUBIO GARCÍA, L., *De un mundo bipolar a un mundo policéntrico,* Zaragoza 1966.
RUIZ GARCÍA, J., *La era Carter,* Alianza, Madrid 1978.
SEGURA I MAS, A., *El Magreg, del colonialismo al islamismo,* Barcelona 1994.
SMITH, H., CLYMER, A., LINDSY, R., SILK, L. y BURT, R., *La revolución Reagan,* Planeta, Barcelona 1981.
STOESSINGER, J.G., *El poderío de las naciones: Política mundial de nuestro tiempo,* Ed. Gernika, México 1980.
TATU, M., *La bataille des euromissiles,* Sevil, París 1983.
THOMAS, H., *Historia contemporánea de Cuba. De Batista a nuestros días,* Barcelona 1982.
TOURAINE, A., *América Latina. Política y sociedad,* Madrid 1989.
—, *El postmodernismo,* Barcelona 1982.
—, *La sociedad postindustrial,* Barcelona 1979.
VV.AA., *Strategies for menaging nuclear proliferation,* Lexington Books, 1984.
VILAR, J.B., *El Sahara español. Historia de una aventura colonial,* Sedmay, Madrid 1977.
WERBNER, R. y TERENCE, R. (comp), *Postcolonial Identities in Africa,* Londres 1996.
WILLIAMS, Ph., *The nuclear Debate,* Routledge and Kegan, Londres 1984.
WINDSOR, P. y ROBERTS, E., *Czechoslovakia 1968,* Nueva York 1969.
ZEMAN, Z.A.B., *Prague Spring,* Nueva York 1969.

CAPÍTULO X

UN MUNDO INTERDEPENDIENTE

10.1. Estructura y proceso

La misma Guerra Fría ya fue un modo de coexistencia. Precisamente, el fundamento de todas las relaciones internacionales radica en el hecho de coincidir una serie de *actores* en un tiempo y un espacio compartido que enmarca —*comunica*— sus mensajes informativos.

Un complejo relacional no prejuzga la tipología de sus contenidos. Se ha dicho con humor que la relación social más *próxima* es la lucha. Lo que resulta obvio es que sin *coexistencia* no hay relaciones internacionales, sino mutuo desconocimiento, como les ocurria, por ejemplo, entre sí, a las jefaturas africanas, los feudos medievales y los indios precolombinos.

El dato específico, la actitud que se detecta a partir de la década de los cincuenta, es que los elementos antagónicos que integran el sistema internacional, sin dejar de ser lo que son, hacen un esfuerzo por reanudar el *diálogo comunicativo*. No desaparecerán los conflictos, algunos de ellos muy graves, pero el nuevo marco global permite hablar de estos enfrentamientos como de *riesgos calculados*.

Este nuevo período de la coexistencia recibirá también otro nombre: «Deshielo», tomado de una novela de Ilia Ehrenburg.

10.1.1. *Variables*

a) *Espacio geográfico y estructura social*

Las distancias se han reducido aún más gracias a la técnica y a la información. En verdad, nadie es ya *extranjero en la tierra*. En una década en que se pone en órbita un satélite artificial como el Sputnik (1957), el acortamiento del espacio no permite ni el aislacionismo ni la mutua ignorancia.

Hay también un cambio generacional en los dirigentes y en las poblaciones. Desaparecen de la rectoría política hombres como Stalin o Truman, entre otros muchos estadistas, y aunque retornen Bulganin, Churchill, De Gaulle o Eisenhower lo hacen con otro talante y con otros equipos que sitúan de protagonistas, muy pronto, a hombres nuevos. También *aumenta* el elenco de dirigentes con la descolonización. Hay otros intereses y los pueblos que han superado las estrecheces de la posguerra desean una vida más segura y más confortable.

b) *Tiempo histórico y universo cultural*

La consolidación de las respectivas zonas de influencia va relegando —en parte— la *pugna ideológica* a segundo plano para dar prioridad a las exigencias del *interés nacional*, apuntalado en motivaciones históricas, geográficas, económicas e incluso religiosas. Fijadas los nuevos límites y posiciones, *el complejo* recupera en buena medida su mecánica de poder.

Se ha resaltado ya la importancia que los factores históricos y culturales cobran con la descolonización. Lo mismo ocurre en las potencias de Occidente y en el Este. El hecho va ligado al renacer nacionalista que, sin embargo, debido al afán de superar las causas que engendraron la II GM, convive con un claro fenómeno de cosmopolitismo, aperturismo, tolerancia y búsqueda de ideales más universales, al menos entre los círculos impulsores del pensamiento o el arte, conviviendo con muestras subculturales alienantes.

c) *Seguridad nacional y necesidades colectivas*

Las alianzas multilaterales han cuajado y se respira un cierto aire de confianza en que *nadie se va a atrever* a un choque directo. La carrera de los armamentos y su creciente sofisticación corrobora esta sensación hasta acabar siendo un elemento coadyuvante de la coexistencia. Si la guerra es *imposible* hay que entenderse y reducir gastos. Por el contrario, en Asia, África y Latinoamérica se viven años de violencias y esfuerzos de militarización: conflicto de Oriente Medio, Vietnam, Cuba, golpismo, represión...

Se quiere *disfrutar de la vida*. Todavía es sólo un deseo y el nivel es muy inferior al grado que se alcanzará en las décadas siguientes. La sociedad de consumo da sus primeros pasos, mientras el *Tercer Mundo* descubre que la independencia política no es nada si continúa su situación de subdesarrollo profundo, de desorganización, de desfase. Se aviva la sensibilidad social ante las injusticias y Europa y Latinoamérica ven surgir movimientos contestatarios juveniles frente a los sectores más *conservadores* que marcan el estilo de vida.

d) *Aparato tecnológico e interacción de actores*

El progreso tecnológico, como ya ha sido advertido, continúa desarrollándose. No sólo se perfeccionan las aportaciones de los años cuarenta sino que nacen campos nuevos, como la astronáutica o la informática. Los logros en medicina, bioquímica e ingeniería son también notables. Paulatinamente, se va imponiendo la idea de que el anterior criterio de una escisión irreconciliable entre Bloques o Estados de ideologías opuestas queda compensada por la común ubicación en el mismo horizonte tecnológico. El aumento de los *protagonistas* favorece la sospecha de irse hacia un moderado policentrismo, hecho que también contribuye al acercamiento de las Superpotencias a nivel de equilibrio mundial y a una pérdida del encastillamiento en el clima interno de cada pueblo.

10.1.2. *Actores*

En el Este europeo, la URSS, tras el período estalinista consolida la coherencia de su *Imperio,* como reacción a las siguientes fuerzas: a) el proceso de apertura al Oeste implica un control interior firme, que la política *desestalinizadora* puede poner en peligro si se aflojan en exceso los vínculos, con el riesgo de fomentar las *vías nacionales al socialismo*. De aquí los conflictos internos en toda el área. b) El auge de China y de todo el *Tercer Mundo* ejerce el mismo tipo de presión. c) El movimiento europeísta es el otro reto que necesita contrapeso.

En Europa Occidental, empiezan a dar sus frutos la solidaridad política y el despegue económico.

La buena marcha de las primeras andanzas de la CEE devuelve la confianza perdida a los europeos, tendiendo a recobrar parte de su orgullo maltrecho. Francia marca en esta etapa el camino a seguir, con el ideal gaullista de la *Europa de las Patrias.*

Eisenhower toma posesión de la presidencia de los EEUU el 20-I-53 (Stalin morirá el 5-III-53) y descarga buena parte de la política exterior en John Foster Dulles, el hombre de la *pactomanía*. La Administración de *Ike* consigue el armisticio en Corea, reanuda las *Cumbres* con sus aliados y con los rusos, pero carece de verdadera capacidad creadora. Eisenhower no podía ser designado para un tercer mandato y en 1960 es elegido el joven J.F. Kennedy que emprende una estrategia más dinámica y dialogante, pero *desde po-*

siciones de fuerza, afirmando la potencia militar, económica, tecnológica e incluso ideológica de los EEUU y procurando replantear las relaciones con Latinoamérica. Durante la *era Johnson* (1963-1969), bajo el lema de la *Gran Sociedad,* el país se enfrentó con crisis internas y el grave conflicto del Vietnam, aunque se progresa en el entendimiento con Moscú.

China entre en un serio enfrentamiento heterodoxo con la URSS (1959) tras sus cambios de la etapa de las *Cien Flores* (1956-1958), iniciando el fracasado *Gran Salto Adelante* (1958-1961) y el afianzamiento de Mao que elimina a sus opositores.

La famosa *Revolución Cultural* es el hecho más destacable en la evolución interior durante los años sesenta. Mientras, China apoya la causa vietnamieta y pretende erigirse en cabeza del *Tercer Mundo,* manteniendo simultáneamente un acercamiento a Europa y una acción diplomática para conseguir entrar en la ONU y dar el *golpe de gracia* al régimen de Formosa. El estallido de la bomba atómica china (16-X-1964) aumenta la importancia del país como *Grande.*

Mientras, Japón recobra su plena soberanía y entra en la órbita de los EEUU, desplegando una inteligente política de expansión económica que lo acabará convirtiendo en una de las Grandes Potencias Industriales. Los *países emergentes* que obtienen la independencia en estos años se debaten pronto con las frustraciones de su subdesarrollo y procuran compensar su inferioridad recurriendo a movimientos de cooperación regional. Por su parte, las Repúblicas latinoamericanas siguen inmersas en sus contradicciones estructurales. Menudea el *golpismo,* fracasa el experimento peronista y, paralelamente, al auge de Brasil, Cuba se convierte en el primer Estado socialista del continente, alterando no sólo el equilibrio del área, sino las relaciones Este-Oeste.

Importantes políticos van a dirigir estos años los destinos del mundo: Kruschev, Kennedy, De Gaulle, Willy Brandt, Nixon, Kissinger y los líderes árabes y afroasiáticos: Nasser, Ho-Chi-Minh, Nkrumah, Kenyata, Ben Bella, Nyerere, etc.

La distensión facilita la ampliación del bipolarismo y nuevos centros de poder cobran mayor influencia en el conjunto mundial, siendo el hecho más llamativo la incorporación de la China Popular al directorio de los Grandes.

10.1.3. *La audiencia*

Tras la experiencia de la guerra de Corea, surgen una serie de objetivos que van a ir cobrando en esta década y en las siguientes una importancia cada vez mayor: localizar los conflictos, aislarlos, no perder posiciones ni prestigio y mantener las relaciones.

El mismo Stalin, en octubre del año anterior a su muerte, daba a entender que «la inevitable victoria comunista determinada por la evolución histórica» no implicaba forzosamente una guerra mundial.

Aunque antes de ponerse fin a la guerra de Corea se había experimentado la bomba de Hidrógeno (1-X-1952), las dudas acerca de la operatividad práctica del armamento nuclear aconsejaron potenciar el sistema militar convencional, y es en este sentido donde debe encajarse el rearme alemán, la incorporación a la OTAN de la República Federal y la idea de una Comunidad Europea de Defensa, tesis que no prosperará. Moscú cambia de táctica y desempolva un plan que recuerda mucho al de Bynes y Marshall para reunificar y neutralizar Alemania, plan que Washington ahora rechaza, una vez comprobada la ventaja de sumar a Bonn al Bloque Occidental.

No faltan *situaciones límite*, como el conflicto de Suez, la simultánea rebelión húngara, la construcción del *muro* en Berlín o la todavía más álgida *crisis de los misiles* de Cuba, sin olvidar la interminable guerra del Vietnam, que acaba convirtiéndose en una verdadera pesadilla para los EEUU, erosionando su imagen en todo el mundo.

Son años en que, superada la formación de unos *núcleos* que sustenten los diversos Subsistemas, hay que atraerse *nuevas clientelas* y procurar *desatar* las contrarias. El hecho debe relacionarse con la proliferación de organizaciones regionales y con una política de ayudas e intercambios económicos.

Sin renunciar del todo a la *pugna ideológica*, hay como un retorno al pragmatismo y a la valoración del recién estrenado interés regional.

El auge de la guerrilla y la pervivencia de conflictos convencionales influyen en el replanteamiento del pensamiento estratégico, propugnándose fórmulas de alternancia y escalada en vez del anterior *todo o nada*.

El conflicto de Oriente Medio, la nueva estrategia en Asia tras el entendimiento Washington-Pekín y el impacto pacificador que la *Ostpolitik* aporta al clima centroeuropeo, sirven de marco a la reanudación de los *encuentros cumbre,* no sólo entre los Grandes, sino también entre los estadistas de otros muchos países. El auge de la diplomacia viajera distingue estos años de diálogo, en los que, sin embargo, no faltan crisis y guerras.

Otro cambio importante que se aprecia en el espacio político mundial entendido como «audiencia» comunicativa del cruce de mensajes que van conformando el complejo relacional internacional es el afianzamiento del Tercer Mundo, de ese conjunto de Países Emergentes surgidos de la Descolonización.

En este espacio es más hetetogéneo e inestable de lo que en un principio, en el momento auroral y optimista de Bandung, parecía. Las tensiones Este-Oeste inciden sobre él y a ellas se suman los problemas de subdesarrollo, las nuevas rivalidades nacionalistas, los conflictos étnicos y tribales y todas las carencias y demandas de organización e institucionalización de unos Estados de límites artificiales, objetivos difusos, poblaciones sin coherencia e infraestructuras mínimas.

Sin embargo, en estas décadas de la coexistencia, los temas afroasiáticos son *periféricos,* salvo las guerras que pueden alterar el reparto de influencias entre las Superpotencias y habrá que esperar todavía para que los países desarrollados cobren conciencia de la gravedad del problema Norte-Sur.

Como escriben W. Benz y H. Grasul: «Es significativo que hubiera de pasar algún tiempo antes de que se impusiera el concepto de "Tercer Mundo". La reivindicación que hicieron y siguen haciendo los Estados del "Tercer Mundo" de un trato equitativo como socios aún no ha sido atendida ni por las naciones del bloque occidental ni por las del bloque oriental. En cuanto a la llamada "ayuda para el desarrollo", apenas ha supuesto hasta hoy más que una pequeña fracción del plusvalor extraído por las naciones industriales, otorgada además siguiendo principios de puro oportunismo político.

»La primera fase del desarrollo de este "nuevo mundo" del siglo XX puede contemplarse hoy con una panorámica histórica. Aquí y allá pueden distinguirse tendencias a más largo plazo, y van destacándose cada vez con más claridad los rasgos definitorios de las relaciones entre ese "nuevo mundo" y aquellos imperios de los cuales se ha desgajado. Por otra parte, aunque lentamente, crece la impresión en las naciones industriales de que la equidad de trato que reclaman los Estados "tercermundistas" tendrá finalmente que concederse, si quieren evitarse crisis en el "Tercer Mundo" y entre éste y el mundo industrializado, que muy bien podrían acabar en catástrofes políticas a escala global».

10.2. Evolución en el Bloque del Este

El 5 de marzo de 1953, muere Stalin. La noticia no se difunde por Radio Moscú hasta las seis de la mañana del día 6. La desaparición de Stalin supondrá pronto un importante cambio en las relaciones internacionales, debido al proceso de coexistencia que la *desestalinización* posibilita. Mes y medio antes Eisenhower había jurado su cargo de Presidente de los EEUU. Los cambios repercutirán en las Repúblicas Populares, donde los estalinistas serán marginados para dar paso a una generación de dirigentes más avanzados, en un contexto de tensiones que convulsionan el Bloque, hasta ser controladas.

El nuevo equipo dirigente soviético reconocía la posibilidad de un *modus vivendi* con los países capitalistas. Nace así la doctrina de la *coexistencia*, que en el periodo de Kruschev se entenderá también como otra vía de competencia entre el Este y el Oeste, pero de un modo pacífico. El viejo principio de la inevitabilidad del conflicto entre comunismo y capitalismo quedaba arrumbado.

Por su parte, Washington responderá lenta pero coherentemente al nuevo planteamiento y la rígida política de contención precedente se irá flexibilizando.

10.2.1. El «Bienio» de Malenkov

El nuevo hombre fuerte del Kremlin, Malenkov, se acompañó de cuatro vicepresidentes: Beria, Molotov, Kaganovich y el mariscal Bulganin. La secretaría del PCUS fue ocupada por Kruschev.

Los dos años del *período Malenkov* encuadran las luchas intestinas entre *blandos* y *duros* que derivan en las purgas contra los más rígidos estalinistas, la eliminación de Beria, una política económica que procura mejorar el nivel de vida y una política exterior que da los pasos necesarios para entablar nuevamente el diálogo con el Oeste. Aunque se conceden anmistías de presos políticos y se liberaliza en parte el arte y la literatura, los cambios internos son mucho más lentos que el giro dado a las relaciones diplomáticas.

China preocupa a la URSS, aunque todavía se mantiene la *entente* anterior para asegurar con más tranquilidad su posición y dominar los *excesos revisionistas* de su *glacis*, que ha evidenciado el levantamiento obrero en la RDA en 1953.

La aceleración del cambio es llamativa: en un mismo mes, mayo de 1953, la URSS renuncia a toda reivindicación sobre Turquía; se pone fin al control interzonal en Austria; se restablecen las relaciones con Yugoslavia y con Israel. Moscú propugna además un Pacto Europeo de Seguridad Colectiva. En este contexto se firmará el armisticio de Corea.

También se reúne en Berlín la primera reunión de Ministros de Exteriores de las Cuatro Potencias, tras cinco años sin diálogo entre los antiguos aliados.

Del 26-IV-54 al 21-VII-54 se celebra la Conferencia de Ginebra sobre Indochina con los resultados ya conocidos. El 2-X-54, las fuerzas rusas evacuan Port-Arthur y el 26-I-55 se proclama el fin del *estado de guerra* con Alemania.

Las Potencias del Oeste no acaban de creerse que la URSS ha adoptado seriamente una estrategia de *deshielo* y les cuesta ir respondiendo de modo paralelo. El 8-II-55, el Mariscal Bulganin —es decir el ejército— sustituye a Malenkov, pero se advierte muy pronto que el Secretario del Partido, Nikita Kruschev, es el verdadero dueño de los resortes del poder. El nuevo ministro de Defensa será Zukov, el conquistador de Berlín.

En Hungría, Matyas Rakosi fue sustituido por Imre Nagy, que anunció reformas profundas y una mayor tolerancia. Sin embargo, Rakosi continúa en el partido, creándose una opuesta situación. Vorochilov fue enviado por Moscú para reconciliar ambas tendencias. Nagy se impone, pero al morir Malenkov, retorna el control a los rokosistas, que expulsan del Politburó a Nagy.

En Albania, Hoxah vio con temor el acercamiento entre Moscú y Belgrado, aunque todavía conservó su línea estalinista. En Rumanía, Georghiu-Dej sigue el ejemplo ruso y establece una *dirección colegiada*. Ejecutó al ex-ministro Patrascanu, promulgándose en 1952 una nueva Constitución en la que se concedía la autonomía a las minorías magiares. Por el contrario, en Bulgaria, Vulko Chervenkov no introdujo ningún cambio.

La prensa checoslovaca comentó elogiosamente la apertura húngara. Gottwald —estalinista— murió poco después de haberlo hecho el dictador ruso, siendo relevado por Zapotocky, Siroki y Novotny. En Polonia, Bierut dominaba la situación y aunque introdujo cambios económicos, mantuvo la represión política —arresto de Monseñor Wyszinski, fusilamiento de 19 generales— pero en el Congreso del partido (marzo de 1954) Bierut hizo su autocrítica y se suprime el ministerio de Seguridad. La nueva situación aconsejaba devolver la libertad a Gomulka, como se hizo.

10.2.2. *La condena de Stalin*

Destituido Malenkov y asentado en el poder el nuevo equipo, se reanuda la *ofensiva del deshielo*. El 13-II-55, la URSS propone una conferencia de 10 países sobre Formosa y cinco días más tarde otra sobre el desarme. El canciller Raab es invitado a Moscú firmándose el día 15-IV-55 el Tratado de Estado con Austria, que pone fin al régimen de posguerra. Adenauer es también invitado a Moscú y desde noviembre se restablecerán las relaciones diplomáticas entre la RFA y la URSS. En agosto, se llevan a cabo sensibles reducciones de efectivos militares y se repatría a 9.000 prisioneros alemanes.

No terminan aquí los gestos de buena voluntad. El 19-XI-55 Rusia devuelve a Finlandia los territorios de Porkkala y los dirigentes del Kremlin inician una serie de viajes a Belgrado, Ginebra, Birmania, India, Afganistán, Gran Bretaña y otros lugares.

La firma de la alianza militar del Pacto de Varsovia el 14-V-55 no supuso una marcha atrás en esta nueva estrategia de distensión. En realidad daba forma a una colaboración militar que ya existía entre los países vinculados a Moscú y se consideró como una respuesta a la entrada de la RFA en la OTAN tras el fracaso de la Comunidad Europea de Defensa.

El reencuentro de los máximos mandatarios de las Cuatro Potencias en Ginebra en julio de 1955 confirmará de un modo patente la reanudación de diálogo Este-Oeste.

Pero el hecho más llamativo de este intenso periodo de transformaciones en el interior del mundo comunista y en el contexto internacional fue la condena de Stalin por boca del nuevo dirigente soviético Nikita Kruschev.

Kruschev, de 55 años al ser elegido Primer Secretario del PCUS, era ucraniano y tenía un aspecto simpático y campechano, muy distinto del perfil autoritario de Stalin.

El XX Congreso del PCUS, en el que tomaron parte 1.600 delegados, se desarrolló en dos fases: la primera, pública, del 14 al 24 de febrero de 1956; la segunda, en principio secreta, aunque hubo una filtración a la CIA el día 25, sesión en la que Kruschev dio lectura a su largo informe sobre los crímenes de Stalin, denunciando a la vez el culto a la personalidad.

En la primera parte del Congreso, Kruschev explicó su filosofía de la coexistencia pacífica, que coincidía con el fin del cerco capitalista y del socialismo en un solo país para dar paso a la creación de un «sistema socialista mundial». El mundo ya no estaba dividido en dos campos irreconciliables sino en una «vasta área de paz», en la que también se incluía a los países no alineados.

La verdadera novedad del Congreso no fue este planteamiento más o menos ya conocido, sino la dura condena del estalinismo, expresada de forma furibunda por un Kruschev acusador ante una atónita asamblea que no salía de su asombro.

El Secretario General criticó y condenó la figura y la obra del hasta entonces heróico y modélico Stalin. Salieron a relucir las purgas, los crímenes, los errores, las deportaciones en masa y el despotismo personal del antes sacralizado dictador.

A consecuencia de esta condena, el cadáver de Stalin fue sacado del mausoleo de la Plaza Roja donde estaba junto a los restos de Lenin.

Aprovechando el impacto del discurso, Kruschev se deshizo de sus rivales y del llamado grupo «anti-partido».

El proceso *desestalinizador* hizo desaparecer a muchos dirigentes de todo el Bloque, mientras Kruschev afianzará un monopolio de poder, una vez que sea relevado Bulganin de la Presidencia del Consejo de Ministros y cesados Molotov y Kaganovich. Se emprende una política interior que atiende preferentemente al sector primario —la cosecha se incrementa en un 25%—, el aumento de los salarios, de viviendas y del consumo.

El nuevo estilo soviético dio alas a los sectores revisionistas de los países satélites, esperanzados en encontrar en este talante más abierto una posibilidad de reformas. Sin embargo, la reacción de Moscú va a ser contraria y el control del Bloque seguirá siendo rígido, aunque haya relevo de dirigentes relegándose a la vieja guardia estalinista.

Si las protestas y conflictos alcanzaron gravedad en Pilsen en Checoslovaquia y en Berlín, ocurridos antes del XX Congreso, mayor trascendencia van a tener ahora las manifestaciones y revueltas de Polonia y los sucesos de Hungría.

Otro dato que había «dado alas» a los reformistas fue la reconciliación entre Moscú y Belgrado pues el titismo, con su *vía nacional* y *peculiar* socialista era un modelo tentador para los otros partidos de las Repúblicas Populares. La visita de Bulgarin y Kruschev a Yugoslavia en mayo de 1955 confirmó esta nueva etapa en las relaciones entre ambos países.

También influyeron todos estos cambios en las relaciones chino-soviéticas, al ser los chinos más fieles al estalinismo y recelar del nuevo estilo del Kremlin.

Otra consecuencia fue la mayor autonomía que fueron adoptando los partidos comunistas occidentales, primer germen del futuro «eurocomunismo».

10.2.3. *El levantamiento húngaro*

En Polonia se conjugaron los sentimientos nacionalistas, la resistencia alentada por el catolicismo de sus habitantes y la oportunidad de intentar reformas, con un malestar creciente.

Gomulka fue excarcelado y el aparato del partido se mostraba partidario de hacer concesiones cuando estallaron los graves incidentes de Poznan.

La unidad que, en cierto modo, se dio entre el pueblo polaco y los dirigentes del partido, eligiéndose a Gomulka para sustituir al fallecido Bierut convencieron a los rusos a no forzar más las cosas.

El nuevo Gobierno hizo unas cuantas concesiones —como la liberación del cardenal Wyszynski— y adoptó una política más tolerante con los sectores de oposición.

En Hungría, la situación iba a evolucionar de un modo diferente, no sólo por la mayor virulencia de la revuelta y la gravedad con que evolucionaron los hechos sino, también, por el divorcio entre el partido y la población.

Las evocaciones históricas al pasado y los homenajes a patriotas húngaros realizados por el llamado *círculo Petofi* se unieron al descontento reinante.

El homenaje de los intelectuales a Laslo Rajk, un anticomunista muerto en 1949, desató la violenta reacción del gobierno de Rakosi, pero los dirigentes soviéticos que fueron a Budapest para evitar que surgiera un nuevo conflicto *a la polaca* destituyeron a Rakosi, reemplazado por Gero, quien hizo unas concesiones meramente formales que no satisficieron a los húngaros enfrascados ya en una estrategia reformista.

Se pedía el nombramiento de Nagy y así acabó haciéndose, pero ya era tarde y el país vivía un momento revolucionario. Gero fue sustituido por Kadar como secretario del partido.

Volvió la calma y todo parecía resuelto cuando el 30-X-56 se formó un nuevo Gobierno presidido por Nagy y la participación de personalidades no comunistas lo cual dio alas a los partidarios del cambio, los reformistas proclamaban una revisión de las relaciones con la URSS, libertad de prensa y pluralidad de partidos.

El día anterior cesaron los disturbios en Budapest y los rusos retiraron las tropas allí estacionadas.

Imre Nagy anuncia por radio que negociará con los rusos las medidas reclamadas, otorgará amnistía y autorizará la formación de comisiones obreras y ciudadanas. También se pide orden y tranquilidad, se prometen elecciones y pluralismo de partidos. El 31 se adopta una medida aún más grave: abandonar el Pacto de Varsovia, apelándose a la ONU para que garantice la neutralidad del país, dejándose en libertad al cardenal Mindszenty, recibido clamorosamente por el pueblo.

Entre el 1 y el 3 de noviembre, elevados contingentes de fuerzas soviéticas y de otros estados del Pacto de Varsovia entran en Hungría, tomándose el aeropuerto por unidades aerotransportadas. El 4 se lanza un ataque en toda regla con carros de combate contra Budapest y otros centros urbanos. 2.500 tanques y diez divisiones efectúan la operación. Nagy es derribado y en la ciudad de Szolnok se instala el Gobierno *marioneta* de Kadar.

La tenaz resistencia húngara asombra al mundo. Las radios piden insistentemente socorro a Occidente y a la ONU, preocupada justo en esos momentos por la crisis de Suez. Hacia el día 10 la revolución ha sido si no sofocada, contenida. Al día siguiente Kadar anuncia varias reformas y se intenta suavizar la tensión con actitudes conciliadoras que no pueden ocultar las deportaciones y fusilamientos. Nagy, refugiado en la embajada yugoslava, acabará siendo ejecutado en junio de 1958.

Lukacs escribió que la revolución húngara «fue democrática y popular, una de las pocas de la historia en el sentido literal de este último adjetivo: espontánea, frecuentemente heroica, sin contención posible y casi sin dirección (...). Según lo estimaban Dulles y Eisenhower, Suez era más importante que la Europa Oriental».

10.3. Evolución en Europa Occidental

Europa continúa siendo el centro de la rivalidad Este-Oeste y más en concreto lo son Alemania y Berlín. El esfuerzo de los «Seis» por crear el germen de otro gran espacio del Poder, solapa las transformaciones en el Mediterráneo, donde Gran Bretaña se resiste a abandonar por completo su presencia y hacen aparición las flotas de la URSS y de los EEUU, mientras la Europa nórdica conserva su estabilidad defendida tras un «pseudoneutralismo» que simultáneamente satisface y aleja a soviéticos y americanos.

10.3.1. *Consolidación europea*

La evolución del *conjunto* es inseparable de la que experimentan los distintos países que lo componen. Precisamente, una de las características de este período en esta zona es la coherencia entre las transformaciones nacionales y los cambios experimentados por todo el Subsistema europeo que, por otra parte, vive una etapa difícil de comprender si no es debidamente *contextualizado* a su vez en la evolución de todo el *conjunto mundial*.

A) En Gran Bretaña, tras la etapa laborista capitaneada por Clement Attlee (1945-1951), los conservadores vuelven a ocupar Downing Street 10 y lo harán durante trece años. Churchill se retirará por edad en 1955 y tendrá como sucesores a Eden, Mac Millan y Home.

La política de los conservadores no se diferenció sustancial mente de la anterior realizada por los laboristas, tanto por contar con una escasa mayoría parlamentaria como por exigencias pragmáticas en temas como la descolonización, el control económico, las prestaciones sociales o la política europea.

Churchill propició una mejora de las relaciones con Moscú, no demasiado bien vista por Washington, y tanto él como los otros dirigentes conservadores mantuvieron el proceso descolonizador, salvo el grave error del conflicto de Suez, que le costaría el cargo a Eden en 1956.

La política de tira y afloja respecto a la CEE evidenció la imposibilidad para Gran Bretaña de poder vivir al margen de la nueva Europa unida y aconsejó cambiar de estrategia. Pese a las reticencias de amplios sectores de los dos partidos, se presentó la solicitud de admisión en 1961, que por cierto recibirá, tras dos años de espera y por presión francesa, una respuesta negativa.

Estas frustraciones y el escándalo Profumo llevaron a la sustitución de MacMillan por Douglas Home.

Las elecciones de 1964 darán el triunfo a los laboristas que permanecerán en el Gobierno hasta 1970. Ejercerán una política todavía más pragmática y desideologizada, propiciando el nuevo Premier, Harold Wilson, una línea de austeridad y continuismo.

La segunda solicitud de adhesión a la CEE fue otra vez rechazada por Bruselas en 1967, en el difícil contexto internacional del conflicto de Oriente Medio.

La tradición británica de alternar a los partidos en el Gobierno puede ser una explicación del inesperado triunfo de los conservadores en las elecciones de 1970. También obedecía a un talante general en Europa de reacción a los sucesos de 1968.

Heat, el nuevo Premier, inició una política más liberal y favorecedora de la iniciativa privada, sin abandonar tampoco el marco del *Welfare State*.

Un logro importante fue la admisión —a la tercera va la vencida— de Gran Bretaña en la CEE en 1973. Lamentablemente, este hecho no mejoró una situación complicada por la crisis económica internacional generada por la subida de precios del petróleo y por los problemas sociales internos, como la huelga de los mineros. Heat disolvió las Cámaras y aunque ninguno de los partidarios obtuvo mayoría absoluta, el laborista Wilson sería encargado de formar un Gobierno minoritario.

La política exterior británica, aun manteniendo su estrecha relación con Washington y las demás potencias occidentales, intenta ejercer un cierto papel *puente* con la URSS, sin olvidar sus propios intereses. Así, vemos que la Commonwealth experimenta hondas transformaciones, sustituyéndose la expresión *Dominions* por la de *Members of the Commonwealth*. Aunque los lazos se aflojan, sigue siendo una importante Comunidad de pueblos intervinculada a escala mundial, en la que, paulatinamente, van cobrando peso los pueblos de color.

Londres reconoció a Pekín en 1960, pero mantuvo una política de *contención* anticomunista en Asia, formando parte de las EATO y en Medio Oriente (Pacto de Bagdad), intentando mantener su influjo en el conjunto árabe, influjo que día a día se deteriora hasta la crisis de Suez.

En Europa, se inicia un acercamiento a la CEE, una vez que la EFTA no ofrece los resultados que se esperaban, encontrándo se con la oposición de Francia. Gran Bretaña, que entra a formar parte del *Club atómico* en 1952, ha sufrido conflictos periféricos, como el de Chipre, y una progresiva conflictividad interior, preferentemente económica, además de la cuestión irlandesa, que en los años setenta se agravará especialmente.

B) Francia conoce veinte Gobiernos entre 1945 y 1958, culminando la crisis de la IV República con el problema argelino y la llamada al regreso del General De Gaulle. Junto a la inestabilidad interior, el país se ve afectado por sus compromisos coloniales en Indochina y África del Norte, mientras se adopta una política de reconciliación con Alemania, clave de la cooperación europea.

La Constitución de la V República fue aprobada por gran mayoría el 28-IX-58 mediante referéndum. Dos meses más tarde se celebraron las legislativas. De Gaulle sería el nuevo Presidente y tomó posesión en enero de 1958.

El proceso de su llegada al poder fue brevísimo una vez que el 1-VI-58 la Asamblea Nacional de la IV República le confiara la Jefatura del Gobierno y recibiera plenos poderes, incluido el de preparar un nuevo texto constitucional. Estos hechos fueron la última consecuencia del *putsch* de Argel del 13-V-58.

Se iniciaba así el *renacimiento* del gaullismo, tras su primera etapa anterior encabezando la resistencia frente a la ocupación alemana en la Segunda Guerra Mundial y el breve mandato del General tras la victoria. De Gaulle está, por lo tanto, presente en el principio y en el fin de la IV República.

De Gaulle sustituyó a René Coty y nombra Jefe del Gobierno a Michel Debré, que por cierto era el principal redactor del nuevo texto Constitucional.

El grave problema argelino durará todavía tres años hasta solventarse en los acuerdos de Evian que reconocen la independencia del país norteafricano, pero el terrorismo de la OAS continúa e incluso se llegó a intentar atentar contra el mismo De Gaulle.

Francia, que ya había hecho explotar su primera bomba nuclear en 1960 inicia una etapa de política exterior de prestigio bautizada como «La Grandeur» y que caracterizará el mandato del General. Esta política nacionalista desenganchará un tanto a París de Washington y se centra en una línea de acción más independiente. El entendimiento franco-alemán y la consecución de una posición dirigente en la CEE con su lema de la «Europa de las Patrias», el cambio de *status* respecto a la OTAN con la salida del aparato militar, el reconocimiento de la República Popular China, una cierta entente con Rusia y el relanzamiento de la Francofonía en África y el Canadá, además de una búsqueda de influencia en América Latina son los ejes de esta estrategia.

De Gaulle reelegido en 1965 lo fue de un modo muy reñido respecto al candidato socialista Mitterrand y aunque en las legislativas de 1967 el gaullismo se mantiene, la oposición, incluida la de los Republicanos Independientes, se fortalece.

Después de la retirada de De Gaulle, tuvieron lugar en junio de 1969 las elecciones presidenciales que ganó con amplia mayoría George Pompidou frente a Poher, quien inicia un período que se acostumbra a definir como «gaullismo sin De Gaulle».

El General fallecería en 1970 en su retiro de Colombey-les-deux-Églises. Pompidou gobernó primero con Chaban Delmas y luego con Messmer. Propuso reformar la Constitución para reducir el mandato presidencial de 7 a 5 años, pero en abril de 1974 falleció. Esta reducción del mandato se volverá a plantear el año 2000.

Valery Giscard D'Estaing venció por una apretadísima mayoría en las elecciones presidenciales —obtuvo el 50,71 por ciento frente al 49,29 de Miterrand—. Propuso gobernar en coalición pero los socialistas no aceptaron. Las dificultades económicas y los problemas europeos se sumaron a esta problemática institucional que llevaron a la ruptura del propio centro-derecha al crear Chirac un partido nuevo, el RPR, ahondándose las diferencias entre el Presidente y el Jefe del Gobierno. Barre fue el nuevo Primer Ministro, obteniendo Chirac la alcaldía de París frente al candidato giscardiano.

C) Tras el largo mandato del carismático Alcide De Gasperi (1945-1953), se inicia en Italia un largo período de inestabilidad, aunque la Democracia Cristiana sigue siendo el partido hegemónico, que mantiene alianzas con otros partidos menores.

Durante una década, en la que ejercen la Presidencia de la República Einaudi, Gronchi y Segni, se logra una acertada política interior con desarrollo económico, auge industrial, reforma agraria y habilidad en la convivencia política.

A partir de 1963, Italia vivirá la nueva experiencia de la «apertura a sinistra», basada en el entendimiento con los socialistas. Esta estrategia durará hasta 1968 y no resultó todo lo satisfactoria que se esperaba. Al final de esta fórmula aparecerá reforzado el partido comunista en detrimento de los socialistas. Durante este período accede a la Jefatura del Estado el primer socialista, Saragat.

Entre 1968 y 1976, en Italia, al no funcionar como se esperaba la anterior estrategia de «apertura a sinistra» y entrar en crisis el partido socialista, los nuevos Gobiernos vuelven a sucederse en un marco de inestabilidad y precariedad. Los debates sobre el divorcio y el aborto se suman a los temas habituales del deterioro económico y las rivalidades políticas.

Fiel aliada de los EEUU, toma parte muy activa en el proceso de unificación europea, desarrollando una inteligente política exterior que hace de Italia una Potencia influyente. Por su parte, los países del BENELUX también se benefician del clima europeísta y de su progreso socioeconómico. Superados los problemas coloniales que entorpecían la *imagen* de Holanda y de Bélgica, siguen colaborando con EEUU y crecen en importancia, tanto por su pujanza económica como por su papel decisivo en la construcción europea.

D) En la República Federal de Alemania Konrad Adenauer que había sido elegido primer Canciller el 13-VIII-49 continuará dirigiendo la política germana hasta 1963. Si al acceder al cargo contaba ya con 73 años, al dejarlo tenía 87.

Adenauer fue el líder incuestionado del resurgir alemán, una de las figuras clave de la época en toda Europa.

La institucionalización del nuevo sistema ya había cuajado en los primeros años cincuenta y de igual modo se afianzará la política de reconstrucción económica —el «milagro alemán»— y las políticas exteriores de europeísmo, atlantismo y anticomunismo.

Si la Democracia Cristiana era el partido dominante, el socialismo tras el Congreso de Bad Godesber inició una profunda reforma con planteamientos favorables a la libre empresa, la libre competencia, una planificación moderada y una política exterior europeísta y pro-americana.

Al entrar en vigor el Tratado de París del 5-V-55 quedó derogado el Estatuto de Ocupación y Alemania recuperó su soberanía plena. La RFA, integrada en la OTAN, sería miembro fundador de la CECA y de la CEE.

En las elecciones de 1957, la CDU logrará mayoría absoluta, que sin embargo perderá en noviembre de 1961, en parte por la crisis del muro de Berlín y la sensación de que la división alemana era poco menos que irreversible. Tras varios problemas internos —divergencias con Erhard, escándalo del «Spiegel»— Adenauer dimitirá el 10-X-63. En esta etapa final se advierte ya la necesidad de una renovación en el Estado y en el partido. Adenauer era un hombre muy vinculado a los momentos de la Guerra Fría y la reconstrucción y los nuevos vientos de la coexistencia aconsejaban el relevo. El anciano Canciller se retirará a Colonia donde morirá en 1967.

Ludwig Erhard, el hombre del milagro económico, será el nuevo Canciller y gracias a su alianza con los liberales continuará en el puesto tras las elecciones de 1965 aunque por poco tiempo pues el continuismo de su política y la pérdida del apoyo liberal por la subida de los impuestos le llevarán a dimitir (30-XI-66).

La crisis se solventará por la formación de la llamada «Gran Coalición» integrada por democristianos y socialistas. Esta colaboración CDU-SPD sólo durará tres años pero inicia un giro importante en la política alemana y da los primeros pasos de la Ostpolitik.

Tras las elecciones de 1969 y aunque la CDU obtuvo más escaños, la alianza entre SPD y FDP llevó al Gobierno a los socialistas, siendo Willy Brandt el nuevo Canciller. El acercamiento al Este, el acuerdo con Polonia y el entendimiento inter-alemán, sin alterar por ello la vinculación de la RFA con EEUU y sus aliados europeos definirán este mandato que dura hasta mayo de 1974 cuando Brandt se vio obligado a dimitir tras un escándalo de espionaje (Guillaume).

E) Como ya se ha expuesto, España logra mejorar su situación internacional en los primeros años cincuenta, al levantar la ONU sus sanciones, volver los embajadores, firmarse los Pactos con los americanos e ingresar en las Naciones Unidas, mediada ya la década, en el período de la coexistencia (15-XII-55). Termina así la etapa de *aislamiento* y se entra en un proceso, aún incompleto, de normalización de relaciones (1953-1975).

El reconocimiento de la independencia de Marruecos el 7-IV-56 iniciaba la política descolonizadora, que culminará con la salida del Sahara apenas muerto Franco.

Momento difícil fue la crisis de Sidi Ifni donde se llegó a enfrentamientos armados en toda regla, con el envío de fuerzas desde la Península y contando con un decidido apoyo logístico por parte de Francia. El conflicto duró del 23-XI-57 al 24-II-58. El contencioso no se arreglaría hasta el Tratado de Fez de 1969 por el que España admitió la «retrocesión» de Ifni a Marruecos.

El nuevo titular de Exteriores, Castiella, incorporó España a los foros económicos internacionales como la OECE, el FMI y el BIRF. En el interior, la llegada al poder del equipo más aperturista conocido como los tecnócratas impulsó primero un Plan de Estabilización y después un Plan de Desarrollo que pusieron las bases para una España distinta, más moderna, liberal y dinámica.

La apertura de contactos con la CEE se hizo ya en esta etapa y continuará durante los últimos años del franquismo. La carta solicitando la apertura de negociaciones es del 9-II-62, que apenas tuvo eco, y hay que esperar al segundo intento en 1964 para la iniciación de contactos. Estos cuajarán en la firma de un Acuerdo Preferencial (29-VI-70). Ullastres fue el hombre clave de la negociación.

La independencia se concederá a Guinea Ecuatorial el 12-X-68, siendo su primer Presidente Francisco Macías Nguema.

La reivindicación de Gibraltar será una constante del régimen y objetivo prioritario de Castiella, que logró el posicionamiento favorable a las tesis españolas del Comité de los Veinticuatro (16-X-64), fundamento para la resolución 2070 (XX) de la Asamblea General del 16-XII-65. Así se llegó a la apertura de negociaciones directas entre Londres y Madrid.

La celebración de un referéndum, que fue rechazado por la ONU (Res. 2353/XXII) confirmó el deseo de los gibraltareños de continuar sus vínculos con Gran Bretaña. España, que también rechazó la validez y oportunidad de la consulta, respondió con el cierre total de fronteras con Gibraltar (8-VI-69).

Como explica Calduch: «En el terreno diplomático, el Palacio de Santa Cruz desarrolló una estrategia basada en la defensa *del principio de integridad territorial en el marco general del derecho a la descolonización, ya que se consideraba a Gibraltar como un residuo colonial.* En este marco se proclamaba una negociación, directa y bilateral entre España y el Reino Unido como única fórmula adecuada para la resolución del contencioso. *El Gobier-*

no de Madrid rechazaba, por tanto, la aplicación del principio de autodeterminación a la población gibraltareña y su participación en las negociaciones diplomáticas.

Por su parte, la posición británica, admitiendo el carácter colonial de Gibraltar, *sostenía el derecho de autodeterminación* de la población gibraltareña como condición previa para determinar su futuro. Este principio intentó reforzarlo alegando el carácter dictatorial del régimen político imperante en España, frente a la democracia del sistema británico que Londres trataba de proyectar sobre las instituciones locales gibraltareñas.

10.3.2. La Larga Marcha hacia la unidad

Se ha planteado ya el origen del movimiento europeísta en los primeros años de la posguerra, adelantándose parte del proceso posterior que culmina con el Tratado de Roma el 25-II-57.

Además de los datos ya aducidos, en el período de los años cincuenta y sesenta, Europa vive un clima de mayor optimismo, con cierta homogeneidad en sus instituciones y corrientes políticas, unido a un espectacular crecimiento económico y consecuentemente de su nivel de vida, que la diplomacia de la *coexistencia* y la seguridad de la protección militar de los EEUU apuntalan.

El 22-VI-52 entra en vigor el Tratado de la CECA, que en febrero del año siguiente hace realidad un mercado común de hierro, acero y carbón entre los firmantes. El 14 de este mismo mes, Holanda propone la formación de un Mercado Común Europeo para los Seis, reuniéndose delegados de estos países en Roma para estudiar la idea. En mayo de 1955, tras otras consultas como la enviada al Consejo de Europa, la CECA se adhiere a la propuesta, todo lo cual cuaja en la Conferencia de Mesina (1 al 3 de junio de 1955) donde se trazan las líneas generales del plan.

El 18-1-56, los delegados de los Seis crean en Bruselas cuatro grupos de trabajo para estudiar la constitución del MEC. En mayo se llega a otra decisiva reunión en Venecia y al mes siguiente en Bruselas. Mientras, continúan estas y otras gestiones. Gran Bretaña propugna la creación de una Zona de Libre Cambio, que en París estudian los ministros de la OECE.

Por último, entre el 17 y el 20 de febrero de 1957, los Seis reunidos en París, adoptan el texto del Tratado para crear la CEE y el EURATOM, que culmina con el solemne acto de la firma el 25 de marzo, en el Salón de los Horacios y los Curiacios del Capitolio en Roma. Sucesivamente, se ratifica por los Parlamentos nacionales.

Entre los promotores de la idea europeísta figuraron los titulares de Exteriores de Bélgica (Henri Spaak), Italia (Gaetano Martino) y Alemania Federal

(Walter Hallstein) a quienes hay que sumar la decisiva contribución del francés Jean Monnet, del alemán Konrad Adenauer y del italiano Alcide De Gasperi. Otro nombre inseparable de la construcción europea es Robert Schuman.

Es significativo que Bruselas sea elegida como sede de las Comunidades y que la buena marcha de las reducciones arancelarias y la superación de las dificultades iniciales, en unos momentos de patente solidaridad, confirmen lo acertado de la iniciativa y su eficacia para coadyuvar al fortalecimiento del proceso de pacificación y cooperación inter-europea.

El organigrama estructural de las Comunidades se compone originariamente del Parlamento Europeo, el Consejo, la Comisión, el Tribunal de Justicia y el Tribunal de Cuentas.

Hasta julio de 1967, las tres Comunidades tenían Comisiones ejecutivas distintas (en la CECA se denominaba Alta Autoridad) y Consejos de Ministros independientes. El Parlamento Europeo y el Tribunal de Justicia, sin embargo, eran comunes para las tres Comunidades. Desde 1967 existen una Comisión única y un Consejo único que ejercen las atribuciones anteriormente encomendadas a las antiguas instituciones, en las mismas condiciones y según las mismas reglas estipuladas en los Tratados comunitarios.

El Parlamento Europeo en un principio se denominó Asamblea de las Comunidades Europeas y sus miembros eran delegados por los Parlamentarios Nacionales; así, en marzo de 1958 eran 142 diputados los que se reunieron por primera vez en Estrasburgo.

En junio de 1979, el Parlamento será elegido por primera vez por sufragio universal entre los ciudadanos de los, entonces, nueve países comunitarios.

Las posteriores ampliaciones de las Comunidades —adhesiones de Dinamarca, Irlanda y el Reino Unido, el 1 de enero de 1973; de Grecia, el 1 de enero de 1981; y de España y Portugal, el 1 de enero de 1986— no afectarán a la estructura y competencias de las instituciones comunitarias. Estas ampliaciones sólo supondrán modificaciones en su composición.

El Consejo reúne a los representantes de los Gobiernos de los Estados miembros. Cada Gobierno delega a uno de sus miembros para el Consejo. La composición del Consejo puede variar en función de los temas tratados: agricultura, economía, transportes, educación, etc.

Los ministros de Asuntos Exteriores están considerados como representantes «principales» de cada país en el Consejo.

El sistema de votación es por voto ponderado y mayoría cualificada. La presidencia del Consejo, rotativa cada seis meses.

El Consejo estaba auxiliado por un *Comité de Representantes Permanentes* (CORREPER) y por numerosos grupos de trabajo. Formado por los representantes (embajadores) de los Estados miembros ante las Comunidades, el Comité ha tenido un importante papel desde 1958. En principio, el CORREPER no estaba previsto en los Tratados, pero el Tratado de fusión ratificó su existencia.

La Comisión estaba integrada en su origen por nueve miembros designados por común acuerdo de los Gobiernos. Durante su mandato (cuatro años) debe obrar con total independencia del Consejo y de sus países de origen.

El Tribunal de Justicia contaba con siete jueces nombrados por seis años y el Tribunal de Cuentas no entró en funciones hasta 1972.

10.3.3. *Evolución de la CEE y la EFTA*

La CEE ampliaba a todos los bienes industriales y agrícolas la liberalización que la CECA preveía para los productos siderúrgicos y el carbón. Se establecía un calendario de reducción de impuestos y de contingentes hasta su abolición final para antes de 1969, manteniéndose las tarifas aduaneras comunes hacia el exterior.

El comienzo del proceso de liberalización se fijó para el 1 de enero de 1959, con un primer recorte del 10% en los impuestos y del 20% en los contingentes.

Se establecía el objetivo de la libre circulación de bienes, mano de obra, capitales y de servicios, la creación de una legislación comunitaria y la adopción de políticas comunes en sectores como la agricultura, los transportes y la formación profesional. La consecuencia de estos objetivos implicaba armonización de leyes y reglamentos y la creación de una serie de organismos, como el Fondo Social Europeo, el Comité Económico Social, el Banco Europeo para las Inversiones, el Comité para los Transportes y el Fondo para el Desarrollo.

Gran Bretaña capitaneó un proyecto alternativo que implicó a siete países. El 4-I-1960, por el Convenio de Estocolmo, nacía la EFTA (*European Free Trade Association*) integrada, además de los ingleses, por Austria, Suiza, Suecia, Noruega, Dinamarca y Portugal. De esta forma, se planteaban dos proyectos de cooperación económica en Europa, pero uno más ambicioso que el otro, la CEE, que acabará por imponerse pocos años más tarde hasta crearse ya en los años noventa el Espacio Económico Europeo, preludio de la incorporación de los antiguos miembros de la EFTA a la Comunidad Europea, excepto Suiza.

Como señala Mammarella, «el Mercado Común, al menos en el plano económico, muy pronto se revelaría un éxito superior a las expectativas de sus más optimistas valedores. A finales de 1960, las reducciones tarifarias se habían aplicado sin dificultades y más bien con una rapidez superior a la programada: a los tres años de la entrada en vigor del tratado de Roma, eran de un 30%, con un año de anticipación sobre los programas, mientras que a fines de 1961 hubo otra aceleración. En 1960, los intercambios comerciales entre los seis países ya habían aumentado en un 30%, mientras que dentro de la EFTA sólo habían crecido el 17%. El Mercado Común empezó a atraer capitales estadounidenses en cantidades crecientes y esto perjudicaba a Gran Bretaña, hacia la cual, hasta entonces, se habían orientado la mayor parte de las inversiones europeas de Estados Unidos. También el Gobierno estadounidense, que hasta 1959 había sostenido el MEC por sus potencialidades políticas, empezó a evaluar las dificultades que podrían derivarse para su comercio, sobre todo frente al déficit de su propia balanza de pagos».

Para intentar arbitrar el desacuerdo que ya se manifestaba entre la CEE y la EFTA, y para seguir más de cerca la evolución de la política comunitaria con el fin de proteger el comercio estadounidense contra eventuales políticas discriminatorias, el Gobierno de Washington propuso, a comienzos de 1960, una reforma de la OECE y su transformación en un nuevo organismo, la OCDE (Organización para la Cooperación y el Desarrollo Económico). Era tarea de la OCDE, que nació el 14 de diciembre de 1960, coordinar las políticas comerciales de los países miembros, así como crear programas de asistencia para los países en desarrollo. En realidad, la OCDE no era sino la antigua OECE ampliada para abarcar, además de los países miembros de la CEE y de la EFTA, también a Canadá y a Estados Unidos. El objetivo de esta operación era, pues, «atlantizar» la OECE; con lo cual Estados Unidos ocuparía una posición desde la cual poder intervenir en el gran proceso de liberalización que se estaba desarrollando en Europa, pudiendo así dirigirlo y orientarlo según sus propios objetivos, que ya se perfilaban bastante claramente: el primero era el de facilitar el acercamiento y la fusión de la CEE y de la EFTA, el otro era el de crear el oasis necesario para un gran acuerdo comercial entre los países del Mercado Común y Estados Unidos.

La evolución del panorama económico y político aconsejó en el verano de 1961 al gobierno de MacMillan, a solicitar el ingreso en la CEE, pero la respuesta fue negativa.

El *no* para Londres es uno de los momentos de tensión, en febrero de 1963, debido a los recelos franceses. De Gaulle estima que Inglaterra es una especie de *caballo de Troya* de los EEUU. Sin negar esta posibilidad, en el trasfondo de la negativa de París, se advierte el deseo francés de construir una Europa que señoree. Precisamente en este mismo año se firma la *Convención de Yaundé*, por la que se asocian a la CEE 18 Estados africanos francófonos.

En abril de 1965, se firma en Bruselas la fusión de los ejecutivos de las tres Comunidades.

10.4. El «Imperio» americano

Claude Julien, entre otros autores, lanzó la idea del «Imperio Americano», concepto de algún modo vinculado a otro que también ha hecho fortuna refiriéndose al ejecutivo de ese país: la Presidencia Imperial.

Las dos guerras mundiales y sus respectivas posguerras han contribuido al afianzamiento del poderío americano en el mundo.

La primera nación americana independiente nace también con un cierto mimetismo romano que irá acrecentándose. Cuenta con un Senado, su principal edificio público será el Capitolio y su escudo volverá a ser un águila —aunque no bicéfala— que sujeta en las garras los rayos jupiterinos.

Los Estados Unidos pueden definirse como el Imperio de la frontera: primero avanzando dentro de su propio espacio terrestre, hasta llegar a la costa del Pacífico; luego del espacio marítimo, controlando las aguas circundantes; y por último, del aire, pues su influencia neoimperialista cobrará unas dimensiones mundiales y unas características difícilmente mensurables.

Desde la profética reflexión de De Tocqueville en 1835, se ha escrito mucho resaltando el curioso paralelismo que ofrece el proceso de formación, crecimiento y expansión de Estados Unidos y Rusia.

Si Rusia presenta un continuo avance sobre sus bordes bálticos, continentales y pónticos, conjugando con su marcha sobre Asia Central hasta alcanzar el Pacífico y erigir allí la ciudad de Vladivostok o «Soberano del Este», los Estados Unidos, tras la compra de Florida y de Lousiana se hacen con el amplio territorio norteamericano al que además sumarán, tras su guerra con México, buena parte de lo que fue el Virreinato de Nueva España.

Desde Poltava (1709) hasta Tsushima (1905), la potencia rusa no deja de aumentar. Ya con la derrota napoleónica y la entrada de tropas rusas en París, Europa confirmó con temor el auge del Imperio zarista. Buena parte de la labor diplomática que sigue al Congreso de Viena consistirá precisamente en frenar a Moscú.

Lo mismo es predicable de los norteamericanos, que además no sufren un revés como el de los rusos frente al Japón.

La guerra de España en 1898 no sólo confirma el control estadounidense de América Central, cuyo corolario es la construcción del Canal de Panamá, sino que además entrega a Washington las Filipinas y otras islas de Pacífico.

Este conflicto con España confirma, en mi opinión, las tesis de que son los Estados Unidos quienes acaban heredando el Imperio del mar y el Imperio de Occidente. En efecto, la victoria de 1898 tiene algo de emblemática y culmina el proceso de sucesión del dominio hispánico en América del Norte y el Pacífico.

Es el principio de la impresionante ascensión imperial de los norteamericanos, ilustrada no sólo por su victoria en las dos guerras mundiales, sino además, por acabar sucediendo no sólo al poderío español, y también, en buena parte, a las responsabilidades del Imperio británico (Grecia, Oriente Medio, Australasia) y hasta de Francia (Indochina).

Se cumplirá así, en los años de la Guerra Fría y la política de contención universal al comunismo, el «Destino Manifiesto» de convertir a Washington en cabeza de un Imperio de Occidente, que más que romano es universal.

Rusia, tras su metamorfosis en la Revolución bolchevique de 1917 retorna ahora también bajo una denominación federal y con siglas —la URSS— a su política expansiva, que además incorpora un mensaje revolucionario e internacional. En cierto modo será la heredera del Imperio de Bizancio.

Lo característico del Imperio americano es su simbiosis con el liberalismo y el sistema democrático. Como señala Julien: «el imperialismo americano ha sido nutrido por el idealismo americano. El fenómeno no es nuevo, ya que toda potencia colonial ha exaltado en una u otra forma su «misión civilizadora», consistente en aportar a otros pueblos la cultura occidental, los progresos de la higiene, las maravillas de la técnica moderna y la paz entre poblaciones hostiles».

Gordon Levin recuerda que: «Para Wilson, los valores nacionales americanos se identifican con los valores universales del progresismo liberal y una América investida de una misión excepcional debía conducir a la humanidad hacia el orden internacional del mañana». El mismo autor hace observar que «para Wilson, el interés nacional se confundía con la ideología liberal de tal modo que podía actuar simultáneamente como el campeón del nacionalismo y del anti-imperialismo».

Este mismo discurso, con algunos matices menos se vuelve a escuchar en los presidentes posteriores, incluso en Truman, Eisenhower y Kennedy.

10.4.1. *Cinco Presidentes*

A) *Eisenhower*

En las elecciones presidenciales de 1952, retirado Truman, el candidato republicano Dwight Eisenhower, con Nixon como vicepresidente se impuso al demócrata Stevenson. También contaba con una ligera mayoría en la Cámara de Representantes.

El nuevo Presidente era un prestigioso militar, que había sido el Comandante en Jefe de la invasión de Normandía y ya en la paz ocupó la jefatura de las fuerzas de la OTAN. Era un político moderado. Utilizó el slogan «I Like Ike», que fue todo un éxito.

Eisenhower ocupó la presidencia entre el 20-I-53 y el 20-I-61. En el primer mandato se superaron los temores de la Guerra Fría y mejoró la situación interior y económica, además de iniciarse la coexistencia.

Este período terminó con una etapa más crítica coincidiendo con los episodios de Hungría y Suez.

El segundo mandato fue menos afortunado y su popularidad declinó. Se apreció en lo económico la competencia naciente de Japón y Alemania, en una etapa compleja de la superproducción agrícola y el exceso de gastos originados por la creciente implicación norteamericana en los temas exteriores. Los éxitos soviéticos en la carrera espacial, el incidente del U-2 y el fracaso de la Conferencia de París se unieron a momentos de crisis en cuestiones internas como la discriminación racial, con graves incidentes como los de Little Rock.

B) *Kennedy*

John Fitzgerald Kennedy (20-I-61 a 22-XI-63) fue el primer Presidente católico de la historia norteamericana. De origen irlandés y aspecto atractivo, joven (43 años), gozó de enorme popularidad y dio junto con su mujer Jackeline Bouvier un nuevo aire a la Casa Blanca.

Su victoria sobre el republicano Nixon fue por muy escaso margen, por 120.000 de los 69 millones de votos populares, resultando decisivos los debates en televisión.

Su programa político bautizado *Nueva Frontera* pretendía devolver a los EEUU un mayor dinamismo y autoconfianza. En lo interior se enfrentó al tema racial y combatió las desigualdades, y en lo exterior emprendió una estrategia para lograr un prestigio internacional unido a una línea más liberal y solidaria, pero desde posiciones de firmeza.

Se consiguió una mayor expansión económica, un renacimiento de la moral americana y una acción exterior más coherente, junto a logros en el desarrollo de los derechos civiles.

Si la llegada a la luna fue su gran éxito propagandístico, el fracaso de bahía de Cochinos o la implicación en Vietnam fueron sus acciones más discutidas. Para Hispanoamérica desarrolló la *Alianza para el Progreso*. En Europa, adoptó una línea continuista, como se vio en la crisis de Berlín. Su asesinato en Dallas quedó como un misterio que aún no ha sido desvelado por completo.

C) *Johnson*

El mandato de Lyndon B. Johnson fue uno de los más difíciles de estas décadas de la posguerra, tanto por los problemas exteriores como por las dificultades nacionales.

Era Vicepresidente y juró el cargo en el mismo avión que le transportaba de Dallas, donde Kennedy había sido asesinado. Contó, en un principio, con un apoyo muy generalizado, que fue perdiendo posteriormente.

En las elecciones de 1964, Johnson venció claramente a Goldwater con más de 15 millones de votos populares que éste. Sus primeros éxitos en política social, sanitaria y educativa y los avances en la carrera espacial dieron un esperanzador comienzo a su mandato, que la escala en Vietnam, la Guerra de los Seis Días o el deterioro de las relaciones con la URSS tras la invasión de Checoslovaquia arruinaron.

Además, la tensión racial empeoró con el asesinato de Martin Luther King, la economía se deterioró por el exceso en los gastos sociales y por los militares generados por el conflicto vietnamita, ocasionando un déficit en la balanza de pagos e inflación. Johnson no se presentó a las elecciones de 1968.

D) *Nixon y Ford*

El trágico *fatum* de los Kennedy volvió a estar presente en las elecciones de 1968. Robert Kennedy, el más valorado de los candidatos demócratas, que acababa de ganar las primarias de California, fue asesinado el 5 de junio en Los Angeles. El nuevo candidato demócrata, Humphrey fue derrotado por Nixon por 301 contra 191 votos electorales.

El nuevo Presidente tuvo que enfrentarse en el exterior con la necesidad de poner término al conflicto vietnamita y en el interior con un clima de violencia y deterioro económico agudizado por la crisis del petróleo de 1973. Las tensiones raciales también se encontraban en un momento difícil.

Los éxitos de la política exterior de Nixon en Vietnam, China y Oriente Medio y el relanzamiento de la distensión con la URSS —acuerdos SALT 1— sitúan al Presidente en su momento cumbre que le permite una aplastante mayoría sobre su rival McGovern en las presidenciales de 1972. Consiguió el 96,8% de los votos electorales.

Este segundo mandato que empieza con nuevos aciertos en las relaciones exteriores —Vietnam, Oriente Medio— y una política interior de contención de un gasto que obligó a devaluar el dólar, terminará de un modo no menos espectacular: la crisis del Watergate.

Nixon fue destituido el 9-VIII-74.

Un año antes había tenido que dimitir el vicepresidente Agnew, por prevaricación. Nixon será sustituido por Gerald Ford que, curiosamente, había accedido a la Vicepresidencia al haberse aplicado por primera vez la Enmienda 25. Por esta misma fórmula legal, Ford, presidente desde la dimisión de Nixon, nombró vicepresidente a Rockefeller.

Uno de los primeros actos del nuevo presidente fue el perdón a Nixon, que levantó bastantes protestas.

El mandato de Ford (9-VIII-74 a 20-I-77) fue bastante gris en política exterior, aunque más acertado en cuestiones internas donde logró contener el gasto público y reducir la inflación, revitalizando el dinamismo del sector privado.

10.5. Se reanudan las Cumbres

Ya en 1950, Winston Churchill había lanzado una invitación a reanudar el diálogo Este-Oeste: «debemos hacer un esfuerzo supremo para tender un puente entre dos mundos, de modo que cada uno de ellos pueda vivir su vida, si no en amistad, al menos sin las maniobras de la Guerra Fría».

Aunque el conflicto coreano retrasó la concreción de este deseo, que también se deduce de las declaraciones de otros estadistas e incluso de las palabras de Stalin en octubre de 1952 acerca de la posibilidad de coexistencia entre capitalismo y socialismo, el guante estaba echado. La Conferencia de Ginebra sobre Corea e Indochina en 1954 constituye el prólogo de las próximas reuniones a *alto nivel*, siguiendo el ejemplo que dan *los pueblos emergentes* en Bandung.

A) *La Conferencia de Ginebra*

En efecto, no deja de ser significativo que el reencuentro de los Grandes de Ginebra, justo a los diez años de Potsdam, tenga lugar año y pico después de la Conferencia de Bandung y al mes de la reunión europea en Messina, que sienta las bases del cercano Tratado de Roma. Hay signos suficientes para comprender el lento *desenganche* de las anteriormente *fieles clientelas* y cómo las Superpotencias inician su no menos larga andadura para cooperar de algún modo y preservar, mediante este entendimiento, su *doble hegemonía*.

Del 18 al 23 de julio de 1955 tiene lugar la primera *cumbre* después de la Segunda Guerra Mundial. Se da la circunstancia —que no se repetirá con éxito— de que se reúnen los *Cuatro* en lugar de dos o tres. Participan Eisenhower con John Foster por EEUU, Nicolai Bulganin con Nikita Kruschev por la URSS y Anthony Eden y Edgard Faure por Gran Bretaña y Francia.

Un sentido *realista* preside los debates, que sirven para que cada uno de los interlocutores sepa dónde están *situados* los demás y se enumeran los temas que a todos afectan y cómo son enfocados. «La táctica de Bulganin fue clara: diferir problemas de primer orden como la reunificación alemana y distraer la atención llevando a primer plano cuestiones cuya realización dependía precisamente de aquellas que él había querido diferir: así, por ejemplo, el Pacto de Seguridad Europea, que estaba lógicamente condicionado a la estabilidad de Centroeuropa por vía de la unificación de Alemania. En suma, quedaron contrapuestas las tesis que el Dr. alemán Joahnnes Danzebrink calificaba como del *acto* —las soviéticas— frente a las del *pacto* —las occidentales—. Dicho de otro modo, la repetición de la política de hechos consumados frente a la esgrima de los derechos que deberían ser reconocidos», según cita Irazazábal.

Los temas fundamentales se ordenaron así: 1) seguridad europea y Alemania, 2) desarme, 3) relaciones Este-Oeste, describiéndose con el habitual lenguaje ambiguo de la diplomacia sus contenidos, para acabar señalándose seis puntos de acuerdo que en síntesis suponían trabajar juntos en el seno de la Subcomisión de Desarme de la ONU, desarrollar los contactos entre el Este y el Oeste y tender a eliminar barreras para fomentar el intercambio, además de encomendar a una próxima reunión de Ministros el estudio detallado de los temas, incluyendo su deseo de acceder a un plan de seguridad europeo.

Los rusos rechazaron el plan americano de *cielo abierto* para lograr un eficaz control del desarme atómico, por entender que atentaba a la soberanía nacional.

Aunque no se logró ningún acuerdo concreto se había reanudado el diálogo y los participantes expresaron su voluntad de continuar negociando.

B) *De Camp David a París*

Roosevelt había viajado a la URSS para asistir a la conferencia de Yalta, pero ningún mandatario soviético había viajado a EEUU. Eisenhower propuso a Kruschev que visitara Norteamérica y éste aceptó. Desde la reunión de Ginebra la distensión era ya un hecho tras la campaña de acercamiento que la condena del estalinismo implicó, pero resulta igualmente claro que Washington y Moscú no renunciaban a sus criterios ni intereses y tampoco faltaban focos de tensión ni ocasiones de rivalidad que revelaron graves riesgos.

La amenaza rusa de firmar por separado un acuerdo de paz y amistad con la República Democrática Alemana, si en el plazo de seis meses no se hallaba una solución para el problema alemán, tuvo el efecto de volver a reunir a los Grandes en Ginebra. Ahora eran los ministros de Asuntos Exteriores los que se reunían en una conferencia de la que no salió ninguna respuesta, aunque se relajó la tensión, en parte, posiblemente, por la muerte de Foster Dulles.

La reunión de Ginebra había sido en realidad una exploración para intentar nuevos encuentros de los respectivos dirigentes. De aquí, la invitación de Eisenhower a Kruschev, quien recorrió Norteamérica, en un viaje de lo más espectacular y cuyos resultados prácticos sólo pueden calificarse de mínimos.

Para evitar suspicacias, *Ike* visitó previamente a sus principales aliados: Adenauer, De Gaulle, el jefe del Gobierno italiano, Mac Millan. En Londres, se entrevistó también con el ministro español Castiella.

Kruschev, llegó a la base de Andrews el 15-IX-59 a bordo de un RU-104. Su recorrido fue extenso y estuvo salpicado de anécdotas curiosas.

Expuso ante la Asamblea de la ONU su plan de desarme total y tras nuevas giras por diversas ciudades de los EEUU, Kruschev se reunió con Eisenhower en el refugio presidencial de los montes de Cacoctin, al que *Ike* ha rebautizado con el nombre de su hijo David. Asistieron también Gromyko y Herter y se emitió un comunicado insulso. Posteriormente, el Presidente americano manifestó en una rueda de prensa que «sus» opiniones eran diametralmente opuestas sobre casi todos los puntos. Se acordó que *Ike* devolviera la visita en la primavera de 1960, cosa que no pudo realizarse tras el incidente del U-2. En junio de 1973, Breznev volvería a hospedarse en este mismo lugar de Camp David, que años después se hará célebre por el acuerdo que en este sitio lograrán egipcios e israelíes.

A finales de 1959, los Gobiernos de los Tres Grandes sugirieron la conveniencia de volver a reunirse con los rusos. En efecto, el 14-V-60 acuden a la capital francesa Eisenhower, Mac Millan y Kruschev. Sin embargo, un caso de espionaje aéreo enturbió la atmósfera. El día 5 Kruschev había revelado que un avión espía norteamericano U-2 había sido abatido sobre Sverlokds, antigua Ekaterimburgo. Se trataba de un aparato fabricado por la Lockeed, capaz de volar a 2.000 km por hora a 300.000 metros de altura y obtener fotografías. Washington negó el hecho, pero el día siete los rusos advirtieron que habían capturado al piloto, Gary Powers.

Eisenhower tuvo que retractarse de lo dicho y admitir que él mismo había ordenado el vuelo nuevo Pearl Harbor.

Pese al incidente, la convocatoria de la reunión se mantuvo e incluso el mismo Kruschev hizo unas declaraciones a favor del diálogo. El día 15, el dirigente ruso se entrevistó con De Gaulle y por la tarde, con Mac Millan. Por su parte, *Ike* se reunió con Adenauer y los estadistas francés e inglés. El 16, Eisenhower desayunó con Mac Millan y, luego, Kruschev se reunió por separado con De Gaulle y el Premier británico. Todo daba a entender que *Ike* y Kruschev se esquivaban y que tampoco se celebraría la reunión conjunta.

En efecto, las diez de la mañana era la hora fijada para la conferencia; Mac Millan llegó puntual al Elíseo, Kruschev a las once y Eisenhower poco más tarde. Después de tres horas de reunión, se acabó la *cumbre*. A las cuatro de la tarde, Kruschev dio un comunicado y quince minutos después lo hizo *Ike*. De Gaulle propuso un aplazamiento de 24 horas y Mac Millan intentó mediar. Todo fue inútil. El día 18, Kruschev ofreció una caótica rueda de prensa donde vertió toda clase de amenazas. La imagen de Eisenhower quedó deteriorada y Kennedy, que encabezaba la oposición demócrata, acabaría capitalizando este fracaso tras pronunciar un discurso en el Senado sobre la política exterior que debería adoptar EEUU.

C) *Viena*

La nueva cumbre entre rusos y americanos se celebrará en otra de las ciudades emblemáticas de la diplomacia y que por las circunstancias de la posguerra es capital de un Estado que puede definirse como *neutralizado*: Viena.

Si Kruschev continúa al frente de la URSS, en Estados Unidos hay un nuevo Presidente que quiere dar nuevamente a su país un papel más hegemónico y dinámico en la vida internacional.

El nuevo Presidente no era sólo joven, sino enérgico, dispuesto a mantener posturas de firmeza. Además, el dirigente americano no ocultaba su deseo de entrevistarse con el soviético.

La reunión tuvo lugar ahora en un marco de brillante tradición diplomática entre el 4 y el 5 de junio de 1961. No hubo agenda formal, hablándose de temas generales unas veces y de puntos muy concretos otras. Kruschev manifestó su postura de continuar el diálogo y Kennedy llegó a proponer que colaborasen en la *carrera espacial*, entonces en una fase muy competitiva ante la opinión pública internacional.

Kruschev, que reiteró al Presidente la invitación para visitar la URSS, tuvo frases de antipatía hacia Nixon y de simpatía para Eisenhower. Aunque fue una *toma de contacto* y un *mutuo explorarse las intenciones*, se habló en exceso y vagamente, planteándose los problemas bajo el prisma ideológico preferentemente, lo cual siempre es un inconveniente desde un punto de vista práctico.

Los temas más relevantes fueron:

— Acuerdo para la neutralización de Laos.

— Desarme y prohibición de pruebas nucleares. Mientras los soviéticos mantienen su tesis del desarme total, los americanos insisten en la necesidad de las inspecciones, que son rechazadas por considerarse una intromisión equivalente al espionaje.

— Las discusiones más duras se centraron sobre la cuestión alemana y Berlín, manteniendo cada parte su postura, amenazando Kruschev con firmar un acuerdo por separado con los germanos.

También se decide establecer el *teléfono rojo* (que era un teletipo) para estar en comunicación directa los máximos responsables de la URSS y EEUU.

Este dato era aún más significativo al coincidir con la mutua estrategia de n*egociar desde posiciones de fuerza*. Los Grandes, sin renunciar a sus postulados e intereses reconocen, en parte forzados por los cambios habidos a escala mundial, que deben *comunicarse*. Y esto es ya bastante más que *coexistir*. Es, lógicamente, la constatación de su *mutua información*.

10.6. Hispanoamérica en busca de sí misma

Después de la guerra hispano-norteamericana, los EEUU iniciaron de modo ostensible una política de hegemonía continental que ya había sido inaugurada con la declaración de Monroe. La política del *Gran Bastón* y el incremento de las inversiones en Hispanoamérica se afianza tras la victoria de los EEUU en la II GM, contienda en que también acabaron participando simbólicamente la mayor parte de los Estados latinoamericanos.

El inmediato equilibrio *bipolar* constató la inclusión de toda América en el área de influencia norteamericana.

Sin embargo, aunque, salvo varias excepciones, los Gobiernos latinoamericanos soportan la situación, se advierte un gradual malestar y una escalada en la impopularidad de Norteamérica; unidos al auge del nacionalismo y del sentimiento hispanoamericano, encuentran en la revolución cubana no sólo un espectacular cambio, sino también el riesgo de ver trasladarse al hemisferio de tensiones Este-Oeste.

10.6.1. *Inestabilidad institucional*

Una de las muchas paradojas de Latinoamérica se encuentra en el escaso peso que ha venido desempeñando en el conjunto de las relaciones *políticas* internacionales, mientras que su presencia en otro tipo de relaciones culturales, deportivas, económicas o sociales va en aumento. El hecho parece explicarse tanto por un cierto *aislamiento* como por su dependencia en este terreno de la estrategia diplomática norteamericana. Incluso en las Naciones Unidas, donde, por ejemplo, los pueblos afroasiáticos han encontrado un marco de actuación innegable, la acción hispanoamericana ha ido preferentemente a remolque de Washington.

La independencia de la América española se produce a principios del siglo XIX, cuando se está librando en la Península la guerra de la Independencia española frente a las tropas napoleónicas, y el posterior conflicto entre liberales y absolutistas.

Durante el siglo XIX, la mayoría de las naciones latinoamericanas eligen el modelo de *república* y viven al margen de la política internacional.

A fines del siglo XIX y principios del XX se intenta introducir los sistemas democráticos en el ámbito político, la revolución industrial y el libre comercio, pero no se supo acertar ni con el ritmo ni con las fórmulas concretas, en la mayoría de los casos.

Perduran, como lastres del XIX en muchos casos, la dependencia económica del exterior y las exportaciones centradas en unos pocos productos o materias primas. Quedan así como problemas pendientes que llegan hasta la actualidad: la modernización, la democratización y reformas económicas y sociales urgentes.

La inestabilidad política —el golpismo y el caudillismo— la ingerencia exterior, sobre todo norteamericana, el agravamiento de las dificultades económicas y las injusticias sociales, el atraso cultural y el desarrollo industrial, crean un clima propicio para los conflictos civiles y la guerrilla, que produce a su vez otro tipo de caudillismo y militarismo de signo revolucionario.

Como cita Belmonte, a todos alcanza aquella tremenda y palpitante predicción de Bolívar ante el Congreso de Angostura: «Desgraciado el pueblo que tuviese que gobernarse por caudillos militares».

10.6.2. *México*

El antiguo Virreynato de Nueva España, que incluía la Capitanía General de Guatemala y que abarcaba una gran extensión que llegaba al sur de los actuales EEUU y América Central, va a romperse en los primeros años de la independencia. México tras fracasar el Imperio de Iturbide pierde el control del istmo que si en un primer momento mantiene su unidad al cercarse las Provincias Unidas de Centro América (1823), las divisiones internas y rivalidades caudillistas de los dirigentes acabarán por trocear el territorio en las actuales Repúblicas.

La historia mexicana a lo largo del XIX y primeros años del XX es muy agitada, con etapas como el mandato de Benito Juárez y la Reforma, la guerra con EEUU, el intento de establecer el Imperio de Maximiliano, la larga etapa del Porifirismo (1876-1910) y el encrespado período de la Revolución, con figuras como Zapata y Villa. Durante la guerra con los EEUU, México perderá por el tratado de Guadalupe-Hidalgo (1848) los territorios situados al norte de Río Grande, es decir: Texas, Alta California, Nevada, Utah, Arizona y parte de Nuevo México.

Tras los mandatos de Obregón, Calles, Ortiz Rubio y Cárdenas, se consolida como fuerza hegemónica el Partido Revolucionario Institucional (PRI) que gobernará el país desde la Segunda Guerra Mundial hasta la actualidad. México entra así en una etapa de estabilidad constitucional y modernización.

Hay que citar los mandatos presidenciales de Alemán (1946-1952), Ruiz Cortínez (1952-1958), López Mateos (1958-1964), Díaz Ordaz (1964-1970) y Luis Echeverría (1970-1976).

En política exterior, ha ido creciendo la presencia de México en los foros internacionales y su papel de mediador en el área centroamericana debe destacarse. Con Echeverría, se dio un cierto acercamiento diplomático a la URSS, China y países del Tercer Mundo sin interrumpir sus buenas relaciones con EEUU. México también ha llevado una política de entendimiento, sobre todo comercial, con la Cuba de Castro.

10.6.3. *América Central*

Si al hablar de América es obligado aludir al símil del mosaico, pues, como se ha dicho, no debe concebirse como un continente, sino como un archipiélago, Centroamérica acrecienta estos rasgos y hace del mosaico un rompecabezas y del archipiélago un microcosmos caleidoscópico.

Centroamérica y el área del Caribe constituyen una de las zonas *sensibles* del globo. Frontera imperial en frase del dominicano Juan Bosch, une las dos partes del Continente Americano y los dos grandes Océanos: el Atlántico y el Pacífico. Tierra volcánica, su historia es, también, bastante convulsa.

Como escribe Marcela Pizarro: «si miramos un mapa del continente Americano veremos que la magnitud del territorio de Centroamérica impresiona poco o nada; representa apenas un 2% de la superficie total de América Latina. Esos 419.000 km^2 constituyen un área menor que la de España o Suecia, y apenas la mitad de la superficie total de Venezuela. Supera, en todo caso, la extensión del Japón y de Paraguay. Diríamos que es como el hilo tenso de un equilibrista».

Individualmente, se trata de países pequeños. El Salvador tiene una extensión similar a la de Israel; Costa Rica resulta ser algo más extensa que Dinamarca, mientras que Nicaragua —el país más grande del istmo— tiene el mismo tamaño que Checoslovaquia en conjunto.

Los recursos dicen, por cierto, más que la superficie territorial. La población actual, algo mayor de 21 millones de habitantes, representa un 6% del total de la población de América Latina. Y esa proporción ha variado. Hacia finales del siglo XVIII, Centroamérica poseía casi un millón de habitantes sobre 19 millones en el subcontinente.

La pobreza del conjunto no puede ser disimulada por los éxitos moderados observables en Costa Rica. El ingreso per cápita de la región representaba en 1958 apenas un 10% del de Estados Unidos. En 1975, la situación era similar. Desde 1950 hasta la fecha, sólo el ingreso per cápita de Costa Rica ha logrado superar levemente al conjunto de América Latina. Ello es suficiente para clasificar al istmo como una de las regiones más pobres y atrasadas del subcontinente.

Al este del Continente se encuentra el archipiélago de las Antillas, cuyas islas describen un arco que se extiende desde la península de Florida hasta las costas venezolanas. Forman dos cadenas de islas, las Grandes Antillas y las Antillas Menores.

Los Estados Unidos, desde que invadieron en 1810 la Florida, —comprada luego a España— no han ocultado su voluntad de señorear la zona, obviamente vital para sus intereses. Nicholas Spykman definió a Centroamérica y el Caribe como «el blando» bajo vientre de la geopolítica norteamericana y el Presidente Buchanan, en otros tiempos más descaradamente colonialistas, advirtió, refiriéndose a esta zona, que «por la natural gravitación» de las cosas deberá caer, un día no lejano, bajo la jurisdicción de los Estados Unidos.

En estas Repúblicas se acentúan todavía más los rasgos de dominio oligárquico y depedencia exterior, la influencia de las grandes compañías norteamericanas y la presencia de verdaderas sagas dinásticas de dictadores, con algunas ejemplares experiencias de etapas democráticas. Incluso la revolución cubana que tantas esperanzas despertó en su momento ha acabado por convertirse en otra dictadura más, aunque de signo distinto.

Nicaragua, desde 1945 hasta 1980, está directamente en manos de la familia Somoza. Como escribe Calvocoressi: «Nicaragua» era el elemento central para Washington en Centroamérica, había albergado de 1912 a 1933 tropas americanas que al final de ese período ayudaron a sofocar la insurrección del Coronel Augusto César Sandino, asesinado al año siguiente de la retirada de las tropas americanas. Durante casi medio siglo a partir de ese momento, Nicaragua fue gobernada por Anastasio Somoza García (1936-56), su hijo Luis (1956-63) y Anastasio II (1976-79). Su gobierno se hizo progresivamente más duro, más corrupto y por ello finalmente inseguro, pero mientras duró Washington utilizó el territorio o el ejército de Nicaragua contra Guatemala en 1954, Cuba en 1961, y la República Dominicana en 1965.

Sin embargo, será precisamente en Nicaragua donde en los años ochenta se imponga un régimen revolucionario que recuperará el nombre sandinista y establecerá un Gobierno próximo al castrismo.

En El Salvador se logra una cierta estabilidad en los años sesenta al fundarse el Partido de Conciliación Nacional apoyado por sectores militares y terratenientes. Todos los Presidentes hasta 1972 serán de este partido, pero en la segunda parte de esta década el conflicto civil será un hecho que se prolongará en los años ochenta.

Guatemala, considerada poco menos que un feudo de la *United Fruit*, es gobernada por hombres como Arbenz, Castillo Armas y Fuentes. Salvo el breve período de 1966 a 1970, el país ha estado en manos de los militares. El triunfo de los sandinistas en Nicaragua incidirá en agravar los conflictos internos en El Salvador y en Guatemala.

Honduras también estuvo gobernada por militares desde 1963 hasta 1981, salvo un gobierno civil en 1971-72. Lo más llamativo de este período fue la llamada guerra del fútbol entre Honduras y El Salvador en 1969 que sólo la mediación de la OEA logró interrumpir, llegándose al acuerdo de Costa Rica.

Panamá se separó de Colombia con el apoyo de los EEUU que veían más fácil hacerse con el control de esa zona y del canal que en ella pensaban construir, en 1903. Washington ejercerá su jurisdicción en el territorio adyacente al Canal, la *Zona*. Aunque no hubo traspaso de soberanía, en la práctica los americanos han actuado como si así fuera. Esta situación ha generado en muchas ocasiones situaciones conflictivas, alborotos e intervenciones. El Canal empezó a explotarse en 1914. Desde su existencia como Estado independiente, Panamá ha tenido diversos presidentes destacando entre otros Arnulfo Arias, Díaz Arosamena, Chiari y Robles.

Costa Rica es el país centroamericano que cuenta con mayor estabilidad. A partir del gobierno de Figueres (1953), se superó la etapa de intervenciones militares e incluso se disolvió el Ejército. Los dos partidos más importantes son el PUN y el PLN.

10.6.4. *El Caribe*

A) Cuba ocupa una posición geoestratégica privilegiada en el Caribe, frente a las costas de Florida y de América Central. Durante el poderío español fue la base principal de las expediciones de la Conquista y el último bastión del Imperio.

Tras la guerra hispano-americana de 1898, Cuba obtiene su independencia pero queda sometida a la influencia e intereses de los EEUU. La enmienda Platt reservaba a Washington el derecho de intervención en caso de conflicto civil o exterior y Cuba cedía también la base naval de Guantánamo.

La isla, que gozaba de un nivel de vida superior al de su entorno, no tuvo en cambio Gobiernos adecuados y su historia hasta la revolución castrista arroja un triste balance con personajes como el dictador Gerardo Machado. Fulgencio Batista, que había participado en un golpe militar y luego gobernó entre 1940 y 1944, volvió a hacerse con el poder en 1952 declarándose dictador perpetuo, e instaurando un régimen opresivo, con la tolerancia de EEUU.

Fidel Castro organiza ya en 1953 un golpe para intentar derrocar a Batista, el asalto a los cuarteles de Moncada el día 26 de julio, fecha que dará al movimiento revolucionario. El intento fracasó.

Castro estuvo en prisión dieciocho meses y luego viaja a México donde conoce a Ernesto Guevara —«Che Guevara»— agitador comunista de nacionalidad argentina que se une a Castro para organizar la guerrilla. En 1956, con un grupo de sólo 84 hombres se hace un nuevo intento en Cuba que también fracasa, pero los 12 supervivientes se refugian en la cercana Sierra Maestra. Desde aquí ponen en marcha una lucha guerrillera, que pronto consigue aumentar sus efectivos humanos y sus golpes de mano hasta desencadenar una batalla frontal a Batista. Tras dos años de lucha, el dictador huye del país el 1-I-59 y Castro entra en La Habana.

Como escribe Calvocoressi: «En el plazo de un año se hizo evidente que la victoria de Castro era un suceso revolucionario diferente del modo habitual de las revoluciones de América Latina. En primer lugar, el celo reformador del nuevo gobierno era poderoso e ilimitado. En segundo lugar, estaba pensado para ser exportado. En tercer lugar, el castrismo se alió con el comunismo cubano, y en cuarto lugar, Cuba entró en alianza con la URSS. Esta evolución llevó a los Estados Unidos a implicarse en una contrarrevolución y una invasión de Cuba en 1961, y un año más tarde, a una directa y abierta confrontación entre los Estados Unidos y la URSS».

En un primer momento Fidel no ocupa ningún cargo relevante y son hombres del sector moderado como Manuel Urrutia —designado Presidente pero que renunció a los pocos meses—, Oswaldo Dorticos —nuevo Presidente—, y José Miró Cardona, que también dimitió enseguida, como jefe del Gobierno. Por fin será Castro quien se haga con las riendas del poder figurando como líder del Gobierno y de acuerdo con Guevara y los sectores más radicales ponga en marcha un auténtico proceso revolucionario.

Las medidas socializadoras chocan con los intereses norteamericanos que además se ven con el peligro añadido del proyecto expansionista del castrismo hacia los países vecinos.

La necesidad cubana de recibir créditos y apoyos exteriores a su política fue aprovechada por la URSS que vio en la revolución cubana un regalo inesperado para su pugna con los EEUU y un medio utilísimo para propagar el marxismo en América Latina. Ya en febrero de 1960, Mikoyan viaja a La Habana y firma un tratado que entre otras ventajas proporciona petróleo ruso a Cuba. Moscú pronto facilitará también armas a Castro.

Aunque Washington estuvo al principio expectante, acabó por suspender sus compras de azúcar cubano. Castro respondió nacionalizando las propiedades norteamericanas en la isla y los EEUU, tras imponer un boicot comercial, romperán en 1961 las relaciones diplomáticas con Cuba. Era el principio de un largo contencioso, de una hostilidad que ha llegado hasta el presente, mediados los años noventa.

Las maniobras norteamericanas van alejando a Cuba de los demás Estados del Continente y en 1962, el país es expulsado de la OEA, tras haber logrado rechazar Castro la fallida intentona de Cochinos, tramada por la CIA. La enemistad abierta de EEUU terminará por incluir a La Habana en la órbita soviética. En octubre se desencadenaría *la crisis de los misiles*.

En enero de 1966, se celebró en La Habana la Conferencia de Solidaridad de los pueblos de Asia, África e Iberoamérica, que congregó a representantes de los partidos de tendencia comunista en su mayoría, condenando el *imperialismo* americano. Aquí nació la OLAS (Organización Latino Americana de Solidaridad) que tuvo mucha influencia en la coordinación de los movimientos filocastristas en el resto de Hispanoamérica.

B) Desde los tiempos de los filibusteros, Inglaterra también había estado presente en el Caribe. Jamaica fue su colonia más importante desde que España reconoció la usurpación en 1680, en época de Cromwell. En 1958 junto con otros territorios insulares de dominación británica, se asocia en la Federación de las Indias Occidentales. Esta entidad no cuajó, según unos por las diferencias entre sus componentes, zonas distintas y separadas, y en opinión de otros, porque Londres retrasó la formación por el temor a que sus dirigentes pudieran ser izquierdistas.

La Federación tuvo la capital en Puerto España —¡ironías de la historia!— en la isla de Trinidad. Jamaica se retiró en 1961. Un año más tarde proclama su soberanía dentro de la Commonwealth y ha mantenido una evolución posterior estable y bipartidista.

Otros nuevos territorios serán Trinidad-Tobago (1962), Antigua y Barbuda (1981), Granada (1974), Dominica (1978), Santa Lucía (1979), San Vicente y Granadinas (1979) y St. Kitts y Nevis (1983) del que se separó en 1980 Anguila.

Gran Bretaña conservó cuatro colonias en el área, Montserrat, las islas Vírgenes británicas, las islas Turks y Caicos y las islas Caimán. En el istmo, la Honduras británica se convirtió en Belice en 1973, independizándose contra las protestas y reivindicaciones territoriales de la vecina Guatemala.

En 1973, Jamaica, Barbados, Trinidad-Tobago y Guyana formaron la Comunidad Económica denominada CARICOM.

C) La antigua isla de *La Española*, descubierta por Colón ya en 1492, ha dado origen a dos Repúblicas: Haití y la Dominicana.

Haití tiene unos orígenes vinculados a la piratería y el tráfico de esclavos. La parte oriental siguió siendo española, pero la occidental sirve de refugio a los bucaneros, especialmente franceses.

Las continuas hostilidades de Francia e Inglatera contra España a lo largo del siglo XVII están en el origen de Haití y de otros territorios del Caribe.

Francia se había hecho con San Cristóbal y Guadalupe; también se interesa por esta zona de La Española. Tras diversas visicitudes y combates, España reconoce el dominio francés por los Tratados de Rijswijk (1697) y Basilea (1705).

Es también curioso recordar que en los años de su independencia, Haití, que será el segundo país en descolonizarse de América, después de los EEUU, se convertirá por dos veces en Imperio, emulando a Napoleón. Su historia es bastante agitada y en el siglo XX, dramática.

Haití es el único Estado con predominio absoluto de la raza negra de América. Sus circunstancias son lamentables, teniendo unos índices de subdesarrollo increíbles. El *amo* del país fue el tristemente célebre *Papá Doc*, quien apoyado en sus *Tonton Macutes* en marzo de 1964 se hizo proclamar Presidente vitalicio. Desde la caída de Trujillo se han registrado momentos de tensión con el vecino Santo Domingo.

La tiranía de François Duvalier —establecida en 1957— será continuada por su hijo Jean-Claude.

En la otra mitad de la isla, donde se formó la República Dominicana, el dictador Rafael Trujillo, que venía gobernando desde hacía 30 años, fue asesinado en 1961. En su primera etapa de mando (1930-1947), figuró como Presidente y, posteriormente, controló el poder por medio de mandatarios que utilizó como testaferros, como su hermano Héctor (1947-1960) o Balaguer, que dimitió en 1962.

La elección de Bosch, candidato de centro-izquierda, quebró el proceso. La sombra del *caso Fidel* no puede olvidarse al contemplar los sucesos de este otro país. Bosch se encontró con una difícil encrucijada, acusado por la izquierda de moderado y por la derecha de coquetear con Cuba, hasta incitarle a dimitir en 1963. El poder pasa a un triunvirato civil que suspendió la Constitución.

El 25 de abril de 1965, la Junta es derrocada por un grupo de partidarios de Bosch, mandados por el coronel Caamaño. La marina se opuso al levantamiento, junto con la aviación. El brigadier Wessin encabezaba este otro sector, estallando una lucha abierta.

Caamaño consigue jurar como Presidente provisional, mientras el general Imbert formaba un Gobierno opuesto. Una fuerza internacional de la OEA, integrada en su mayor parte por tropas estadounidenses se encargó de mantener la paz. Por fin, se firmó un Acta de Conciliación y queda como Presidente Godoy, antiguo ministro de Bosch.

Se reanuda la lucha pero por poco tiempo, celebrándose en 1966 elecciones, en las que resulta elegido Joaquín Balaguer, del Partido Reformista que volverá a ganarlas en 1970.

Puerto Rico, cedido por España a EEUU en 1898, tiene la categoría de Estado Libre Asociado, viviendo sus habitantes la situación de ciudadanos de segunda clase con respecto a los otros estadounidenses. En el país, que por cierto tiene una enorme corriente emigratoria hacia Nueva York, existen diversas tendencias: unas, partidarias de la separación completa de Washington; otras, de su unión en igualdad; y otras, en mantener la actual situación con ciertas modificaciones.

10.7. CAMBIOS EN AMÉRICA DEL SUR

Si Centroamérica y el Caribe ofrecen un mapa troceado y balcanizado, Sudamérica tiene una ordenación más estable y lógica, de alguna manera articulada por la misma estructura geográfica.

De todas formas, buena parte de las carencias y problemas que se han considerado en la introducción al capítulo anterior, también son predicables de las Repúblicas situadas en la parte sur del Continente americano.

Aunque los territorios polares de la Antártida constituyen una entidad geográfica diferenciada, desde un análisis histórico y político se encuentran en cierto modo relacionados con América del Sur. Muchos países como Argentina y Chile reivindican amplios territorios en esa zona, sobre la cual prolongan y proyectan su propio espacio.

A) *Brasil*

Brasil es el cuarto país más grande del mundo, tiene fronteras con todos los Estados sudamericanos excepto Ecuador y Chile, estando a la vez estratégicamente situado frente a África. Cuenta con enormes recursos naturales y 150 millones de habitantes, datos que auguran para esta nación un papel de Gran Potencia en el hemisferio Sur.

Brasil se independizó sin traumas de la Metrópoli e incluso fue una monarquía regida por los Braganza hasta 1889 en que se proclama la República tras un golpe militar.

Entre los sucesivos mandatarios del país destaca desde el período previo a la Segunda Guerra Mundial Getulio Vargas, que continuará como Presidente tras un golpe de Estado hasta ser destituido por los militares en 1945. Volverá al poder en 1951 pero por poco tiempo pues se suicida en 1954.

La historia contemporánea institucional no es demasiado alentadora, con problemas económicos, sociales y políticos, intentonas castrenses y Presidentes *vigilados*.

Destacan los mandatos de Juscelino Kubitschek, fundador de Brasilia, la nueva capital (1960), Janio Quadros; y Goulart; que, tachado de izquierdista, tendrá que abandonar el país.

El poder caerá en manos del Ejército y militares como Castelo Branco, Costa e Silva, Garrastazu Medici, Geisel y Figueiredo, que al menos mejoraron, aunque momentáneamente, la situación económica. El Gobierno tuvo veleidades para conseguir un poder nuclear que levantó algunos recelos, incluso en Washington.

B) *Argentina y Chile*

Argentina y Chile son los otros dos grandes Estados del Cono Sur y también poseen buenos recursos económicos, población cualificada, mayoritariamente de origen europeo, y alto nivel cultural. La independencia del antiguo Virreinato de la Plata dio origen a las Repúblicas de Argentina, Uruguay, Paraguay y Bolivia, pero el territorio dependiente de Buenos Aires, pese a esta división, siguió siendo enorme, el segundo en extensión del Continente, y su riqueza y posibilidades de colonización atrajeron a lo largo del siglo XIX y del presente a millones de emigrantes, especialmente italianos y españoles.

El Gobierno estuvo en poder de sectores conservadores, despegando económicamente Argentina de forma espectacular en la época de la Primera Guerra Mundial, gracias a sus exportaciones de carne. La crisis del 1929 le afectó pero más todavía la segunda posguerra. Al crecer la capital como gran ciudad y crearse otros focos urbanos e industriales, nació una clase trabajadora y una fuerza sindical.

En el período de la Segunda Guerra Mundial, Ramón Castillo mantuvo una presidencia ultraconservadora e incluso simpatizante con el Eje. El Ejército se hará con el poder en 1943 y un año más tarde el país declara la guerra, más bien simbólicamente, a Alemania y Japón. Durante esta etapa, un oficial, Juan Domingo Perón, acabará convirtiéndose en persona clave e incluso contará con el apoyo popular y, en 1946, será elegido Presidente.

El *peronismo* nace como el gran partido argentino, combinando elementos dispares que unas veces recuerdan al fascismo y otras al sindicalismo de masas —los *descamisados*—. Fue un partido nacionalista, popular, que contó además de Perón con el liderazgo tanto o más carismático de su mujer Evita.

Sin embargo, los nuevos años en que Perón permanece en el poder llevaron a Argentina a la ruina, y al régimen a un enfrentamiento con la Iglesia y con sectores diversos como intelectuales y empresarios, hasta llegarse a una crisis general y una situación insostenible. En política exterior, Perón optó por una línea nacionalista. El choque con la oligarquía y hasta con el Ejército causó su destitución de Presidente en septiembre de 1955 y su exilio en España, país con el que mantuvo excelentes relaciones durante su Gobierno.

Tras los mandatos militares de Leonardi y Aramburu, fue elegido democráticamente Arturo Frondizi, pero el problema peronista volvió a surgir y la fuerza de sus seguidores era evidente y puso en crisis al Gobierno creando disensiones entre los militares que terminaron por colocar como Jefe del Estado a Arturo Ilía. Este permaneció en el poder sólo 3 años y figurarán como nuevos mandatarios los también militares Juan Onganía (1966), Roberto Levingston (1970) y Alejandro Lanusse (1971), sin que ninguno de estos Gobiernos fuera capaz de solucionar la grave crisis del país en todos los campos. Además aumenta el malestar y se multiplican las acciones terroristas de los *Montoneros*. Se convocaron elecciones en 1972 y Perón regresó a Argentina para apoyar la candidatura de Héctor Cámpora, quien ganó los comicios con un 49,6% de los sufragios que le otorgaba el control de las Cámaras y veinte de los veintidós gobernadores. El Frente Justicialista, que era el nuevo nombre de los peronistas, no pudo tampoco hacerse con la situación por rencillas internas, sobre todo del ala más radical y revolucionaria hasta que el mismo Perón que regresa ya definitivamente de Madrid accede a la presidencia por renuncia de Cámpora, logrando el 61,8% en la nueva votación. Perón hizo figurar como vicepresidente a su nueva esposa, Isabel Martínez.

El breve mandato de Perón, que muere en julio de 1974, apenas logró encauzar la situación. Isabel se convierte en Presidente, resurgiendo las divisiones en el partido, sin conseguirse tampoco reducir la inflación, sanear la economía y resolver el grave deterioro del orden público.

Dos años más tarde será derrocada por un nuevo golpe militar que encabeza el general Videla.

Chile fue desde su independencia una de las Repúblicas más estables, democráticas y cultas de Hispanoamérica, obrando también con una mayor autonomía respecto a los EEUU. En sus dos guerras con Perú y Bolivia, había resultado victorioso y únicamente atravesó momentos difíciles en 1891, durante su conflicto civil. Sus recursos minerales, como el nitrato y el cobre, son importantísimos, aunque a principios de este siglo comienzan a observarse retrocesos en su economía.

En 1964, contendieron por la presidencia dos candidatos demócratas, Eduardo Frei del partido Demócrata Cristiano y Salvador Allende, respaldado por un Frente Popular de izquierdas. Venció Frei, que en su mandato consiguió mejoras en campos como la educación, la sanidad, la industria y la fiscalidad, pero sin lograr dominar la inflación, mejorar los salarios ni la condición del campesinado.

A las nuevas elecciones de 1970 concurrieron Rodomiro Tomic, democristiano, Alessandri, que ya había sido Presidente antes que Frei y representaba a los conservadores y el socialista Allende, quien, de un modo que fue calificado de sorpresivo, ganó la votación, aunque sin conseguir la mayoría absoluta.

El nuevo Gobierno, que en la campaña electoral contó con la declarada amistad de Castro, empezó su tarea nacionalizando el cobre, los nitratos y otros recursos minerales, además de los bancos más importantes y ampliar la reforma agrícola iniciada ya por Frei. Estas medidas chocaban con los intereses americanos y de las clases altas, pero también con los pequeños propietarios y sectores medios. El precio del cobre cayó y la inflación se disparó.

El 11-IX-73 el general Augusto Pinochet, que mandaba las Fuerzas Armadas, encabeza un golpe de Estado en complicidad con la CIA. Allende, refugiado en el palacio de La Moneda, muere durante el asalto, al parecer suicidándose. El nuevo régimen dictatorial que se implantó se gana la unánime repulsa de la opinión internacional.

Entre Argentina y Chile se había planteado un contencioso territorial que, en la época en que ambos países se encontraban bajo dictaduras militares, empeoró. Se trataba del conflicto por el canal de Beagle que comunica en el extremo sur el Atlántico con el Pacífico y a unas islas situadas en la zona. En 1977, una sentencia arbitral atribuía las islas a Chile; Argentina no acató la decisión. Tras unas mutuas demostraciones de fuerza, ambos estados acordaron someter el pleito a la mediación del Vaticano. El tema no se resolvería hasta 1984.

C) *Uruguay y Paraguay*

Uruguay y Paraguay nacieron con cierta vocación de Estados— tapones entre Brasil, Argentina y Bolivia.

En Uruguay, conocido como la Suiza de América, venían turnándose en el poder los Blancos y los Colorados. Estos últimos gobiernan hasta 1950 relevados por el otro partido en 1963. Durante el mandato de Pacheco Areco tienen lugar las primeras acciones guerrilleras de los *Tupamaros*, grupo revolucionario que altera el sistema, coincidiendo con un empeoramiento de la situación económica y social. En 1972, es proclamado presidente Bordaberry que será destituido por un golpe. Los militares detentarán el poder durante los doce años siguientes, hasta que en 1985, un civil, Julio Sanguinetti, sea elegido para la Jefatura del Estado.

Paraguay, que en el pasado tuvo que superar conflictos armados con sus vecinos, como la guerra contra la Triple Alianza y la del Chaco, y sufrió períodos de aislamiento y dictaduras como la del Dr. Francia, vivió una etapa de reconstrucción y cierto talante democrático con los partidos liberal y colorado. Esta etapa que ocupa las primeras décadas del siglo termina con la subida al poder del general Alfredo Stroessner (15-VIII-54), que se sucederá a sí mismo en los mandatos siguientes hasta que la ola democratizadora que en los años ochenta cambia el panorama político latinoamericano ponga fin a su *reinado*.

D) *Ecuador, Bolivia y Perú*

Los países andinos de Ecuador, Bolivia y Perú ofrecen una ejecutoria no menos dramática, con golpes continuos, inestabilidad, conflictos étnicos, sociales y políticos. El control de estos países por oligarquías que se asentaba sobre poblaciones con fuerte componente indígena viviendo en difíciles condiciones económicas y con las deficiencias del subdesarrollo es su tónica común que institucionalmente culminaba en Gobiernos autoritarios.

En Perú, surge en los años veinte un partido de inspiración socialista, el APRA, que en los años cuarenta llegó a gobernar hasta el golpe del general Odria (1948). Tras los mandatos de civiles como Prado y Belaúnde Terry y con una situación económica y social deteriorada, los militares vuelven al poder con Velasco Alvarado, quien inicia una política de nacionalizaciones y reformas sociales.

Este experimento de un *régimen* militar-reformista parecía atrayente e incluso los EEUU, tal vez por temor a un giro del Perú hacia la URSS, se mantuvieron tolerantes, pero a los pocos años el descontento social y de las clases dirigentes —unos frustrados en sus esperanzas y otros recelosos— acabaron debilitando al régimen, y un incruento golpe de Estado conservador derrocó a Alvarado y puso en su lugar a su primer ministro el general Morales Bermúdez. Los militares terminarían por cansarse de su implicación en la política y en 1980 se convocaron elecciones que ganó el antes derrocado Belaúnde.

En Bolivia, que está considerado el país más golpista de América, no se interrumpe esta triste *tradición* en los años que aquí se consideran. En 1943, Víctor Paz Estensoro intentó hacerse con el poder sin conseguirlo, pero sí lo logra en 1952, en una sublevación que cuenta con el amplio apoyo de diversos sectores de izquierda, incluidos los comunistas. Se nacionalizaron las minas de estaño y se dividieron los grandes latifundios, pero éstas y otras medidas acabaron creando problemas al régimen que además encontró nuevas dificultades económicas.

Estensoro fue relevado por Siles Zuazu y regresó a la presidencia, pero un golpe militar de Ovando Cadía lo derrocó en 1964.

La actividad guerrillera cobró especial dinamismo en Bolivia y además participaron en ella dos personajes de relieve: el escritor francés Regis Debray (condenado a treinta años de prisión) y el mítico Che Guevara, que moriría violentamente el 8-X-1967.

En 1969, tras la muerte de Barrientos, Ovando tomó el poder e instauró un régimen inspirado en el populismo militar peruano. Dos golpes de signo opuesto —Torres y Banzer— volvieron a alterar la situación. Banzer convocó, de un modo inesperado, elecciones en 1978, y Siles Zuazu derrotó al candidato oficial Pereda Absun. Los militares no respetaron el resultado creándose una situación caótica. En los nuevos comicios celebrados pocos meses después, Siles volvió a ganar pero tampoco pudo tomar posesión. El intento del coronel Natusch también fracasó y Bolivia tendrá por vez primera al frente del Estado a una mujer, Lidia Gueler.

En Ecuador, los militares también intervienen en varias ocasiones para hacerse con el poder del Estado, pero en un clima más estable que el boliviano y con mayor presencia de los sectores civiles. Aunque en 1976 están en el poder los militares, en 1979 se permite el traspaso del Gobierno a una coalición dirigida por Jaime Roldós Aguilera.

E) *Colombia y Venezuela*

En el norte de Sudamérica se ubican Colombia y Venezuela. En el primer momento de la independencia, ambos países formaron, junto con Ecuador, la Gran Colombia, que lamentablemente duró poco tiempo poniendo fin al sueño unionista de Bolívar.

Tanto Colombia como Venezuela son países de un tamaño superior al de los Estados europeos, cuentan con recursos naturales y gozan de cierta estabilidad. Venezuela posee, además, ricos yacimientos petrolíferos.

En Colombia venía funcionando el sistema bipartidista liberal-conservador, salvo algunos períodos de presencia militar. Después de la Segunda Guerra Mundial gobernaron hombres como Lleras Camargo, Ospina y Laureano Gómez, hasta que en 1953 el general Rojas Pinilla aprovechando una situación de crisis política se hizo con la Presidencia.

El nuevo régimen restauró el orden e incluso agrupó a políticos de la anterior oposición en una asamblea que designó presidente a Rojas hasta 1958.

Al cumplirse este plazo, Rojas Pinilla pretendió continuar en el cargo. Los ex-presidentes Lleras y Gómez se reunieron en España, en las ciudades de Sitges y Benidorm, firmando un pacto entre los partidos liberal y conservador para oponerse a Rojas. Un movimiento popular obligó al general a dimitir y entregar el poder a una Junta Militar que convocaría elecciones. Se reformó la Constitución y de acuerdo con lo pactado en España se turnaron liberales y conservadores en el Gobierno.

Los sucesivos Presidentes fueron Lleras Camargo, León Valencia, Pastrana, Turbay Ayala y Betancourt.

En Venezuela, ya en los años de la posguerra, gobierna el partido Acción Democrática unido a sectores militares bajo la presidencia de una Junta encabezada por Betancourt. Tras una breve contrarrevolución y unas elecciones que gana la Unión Republicana Democrática, que no respetó el Ejército, sube al poder Pérez Jiménez (1952-1958). Los mismos militares depusieron a Pérez Jiménez y una nueva Junta encabezada por Larrazábal y el civil Sanabria toma el mando y convoca elecciones que gana Betancourt.

Le suceden Leoni, de AD, y Caldera.

Se habían puesto esperanzas renovadoras en el democristiano Caldera que no acabó de satisfacer. El momento fue aprovechado por sectores radicalizados que ayudados desde Cuba por Castro e ilusionados por el ejemplo castrista, forman movimientos guerrilleros que, sin embargo, no terminaban de entenderse. Al acabar en 1973 el mandato de Caldera ganó el candidato de AD. En las celebradas en 1978, perdió AD y resultó triunfador el Partido Cristiano Social COPEI, dirigido por Herrera Campins.

F) *Las Guayanas, Malvinas y otras islas*

En 1966, la colonia inglesa de Guyana accedió a la independencia como Guayana. La Guayana Holandesa o Surinam alcanzó la independencia con posterioridad, en el año 1975, mientras la Guayana Francesa era desde 1947 un Departamento francés de Ultramar. Continuaban como territorios independientes las Malvinas (GB), las Antillas Holandesas y Aruba.

10.7.1. *El Panamericanismo*

Desde la época de la Independencia, las Repúblicas hispanoamericanas intentaron compensar e incluso superar el rompimiento del espacio hispánico que suponía su propia existencia como naciones soberanas, posiblemente por el doble motivo del ejemplo de los Estados Unidos y de la convicción de tener en común todas ellas lazos históricos, religiosos, culturales, económicos e idiomáticos manifiestos.

Los orígenes de este movimiento se acostumbra remontarlos hasta la Carta de Jamaica de Simón Bolívar (1815) y el Congreso de Panamá (1826). Su propósito era reunir a los nuevos Estados hispanoamericanos con alguna fórmula de tipo federal.

Posteriormente, ha habido otros intentos fallidos y diversos Congresos y reuniones internacionales que perseguían el mismo objetivo. Pero el término *panamericanismo* es más reciente y se suele fechar en 1889. También hay que situar entre los precedentes a la Doctrina Monroe (1823) que expone la idea de no permitir la ingerencia de las potencias europeas en América una vez independizados los territorios antes españoles, idea que en el fondo esconde el afán hegemónico norteamericano en el Continente.

A lo largo del XIX hubo diversas reuniones como el Congreso de Tacubaya, de Lima, de Santiago de Chile y de Caracas hasta la I Conferencia Panamericana celebrada en Washington entre 1889 y 1890, a la que siguieron otros encuentros.

Ya en la segunda posguerra el hecho más importante fue la IX Conferencia Panamericana celebrada en Bogotá en 1948, que había sido precedida por el Pacto de Petrópolis. Aquí se aprobó la Carta de la Organización de Estados Americanos (OEA).

Como señala Manuel Medina: «Los *propósitos* y *principios* de la OEA siguen en gran medida a los de la ONU, aunque en la organización americana se subrayan especialmente los derechos de igualdad e independencia de los Estados, sin duda como garantía frente al expansionismo norteamericano. Así, después de afirmar el principio de igualdad de los Estados (art. 9) se declara que la existencia política del Estado es independiente de su reconocimiento (art. 12). Se prohíbe la intervención (art. 18), la aplicación de medidas coercitivas (art. 19) y la ocupación militar u otras medidas de fuerza (art. 20). El artículo 21 prohíbe en forma general, al igual que el artículo 2º-4 de la Carta de las Naciones Unidas, el empleo de la fuerza en las relaciones internacionales.

También las funciones de la OEA tienden a reproducir, a escala regional, las de la ONU: mantenimiento de la paz y de la seguridad internacionales, fomento de la cooperación económica y social, cooperación cultural, etc. Tradicionalmente, la actividad más importante de la OEA se ha concentrado en la *solución pacífica de conflictos*».

La Carta de la OEA prevé igualmente un mecanismo de seguridad colectiva frente a cualquier situación «que pueda poner en peligro la paz de América». El Pacto de Río de 1947 está en la base de este acuerdo, que en un principio reclama la solidaridad continental frente a ataques de cualquier Estado no americano.

10.8. LA AVENTURA ESPACIAL

El lanzamiento del primer satélite artificial, el Sputnik, por los soviéticos, el 4-X-57, desde el cosmódromo de Baikonur en Kazakstán, es el comienzo de una nueva rivalidad internacional, de un nuevo componente en la competición Este-Oeste, que será pronto bautizada como *carrera espacial*.

Esta *carrera* adquirirá un desarrollo espectacular, repercutirá en la opinión pública mundial como un elemento de propaganda política e incidirá en sectores tan diversos como el desarrollo tecnológico, la investigación científica, la industria aeronáutica, la biología, la medicina, la astronáutica, el armamento y la estrategia militar. La llegada del hombre a la luna, el 21-VII-69, fue comparada con el descubrimiento de América y millones de personas pudieron ver por televisión los primeros pasos de los norteamericanos Neil

Armstrong y Edwin Aldring, mientras Michael Collins se mantenía en la nave.

10.8.1. *Comienzos de la Astronáutica*

A) Los chinos pasan por ser los inventores del cohete hace 2.000 años. Europa tiene noticia de este ingenio en el siglo XIII (*Liber Ignium*) y su posterior aplicación con fines espectaculares y *festivos* no encuentra hasta los intentos de sir William Congreve una aplicación militar. Durante *la epóca napoleónica* se llegan a usar cohetes de combustible sólido (ataque a Copenhague en 1807), con tan escaso éxito como los proyectos de la naciente *aeronáutica* militar mediante el empleo de los *globos* para observación, bombardeo y transporte.

Se cita a Ciolkovskij, Goddar, Esnaul-Pelterie, Oberth y Hermann Gansqindt como investigadores modernos de la astronáutica. Tampoco hay que olvidar que el hombre junto a su *afán por volar*, soñó recorrer el universo y así lo hizo, al menos, gracias a la *fantasía* de los escritores. Entre el «De República» de Cicerón, hasta el «Viaje a la Luna» de Julio Verne, pasando por Luciano de Samosata y «Las aventuras de Cyrano» o del Barón Munchausen, no han faltado narraciones extraordinarias en que los hombres cruzaban el espacio. Los trabajos de Copérnico, Galileo, Newton y otros científicos suman sus investigaciones a la posibilidad de hacer ese sueño de los poetas (que el cine, apenas nacido, también recoge) una realidad viable.

La II GM, que tanto contribuyó al desarrollo del *arma aérea* y de la *balística*, abre la etapa propiamente «histórica» de la conquista del espacio, con los experimentos de *Peenemünde* (V-2).

Los americanos acogieron a importantes expertos alemanes con el fin de impulsar sus conocimientos en cohetería. El primer proyectil norteamericano (WAC Corporal) se lanza ya en *1949*. Se inician otros proyectos, obteniendo éxitos como los del *Viking* y el *Hermes*. La URSS, paralelamente, hacía lo mismo y para 1957 los cohetes permitían el lanzamiento del *Sputnik I*.

El impacto del triunfo soviétivo alarmó a Washington, decidido a recuperar el tiempo perdido, centralizándose en un solo organismo, la *NASA*, la investigación en la materia.

La «conquista del espacio» nacía, por lo tanto, unida al clima de rivalidad entre Washington y Moscú por asegurar su hegemonía y adquiere, desde el principio, un talante político y propagandístico que resulta inseparable en sus aspectos propiamente científicos. Sin embargo, toda la Humanidad se sintió de alguna manera protagonista y, en verdad, el desarrollo de la aventura espacial ofrece muchos aspectos de colaboración internacional.

El 31-I-58 lanzan los americanos el Explorer I, seguido al mes (próximo) por el *Vanguard I*. Intentar resumir las etapas más destacables de la carrera espacial no es tarea sencilla habida cuenta de la cantidad de experiencias y lanzamientos efectuados.

Veamos una simple enumeración de los primeros logros en esta *carrera espacial*. La primera cápsula habitada por un ser vivo —la perra Laika— se lanza por los rusos el 3-XI-57; el primer laboratorio espacial, también ruso, se envía el 15-V-58. Pero son los americanos, concretamente un saludo grabado de Eisenhower, quienes mandan el primer mensaje hablado desde el espacio (18-XII-58). La primera sonda que consigue escapar de la gravitación terrestre fue soviética Lunik 1 (2-I-59) y las primeras fotografías de la capa de nubes transmitidas por televisión se mandan por el Vanguard 2. El primer impacto en la luna se hace por el Lunik 2 el 12-IX-59 y el primer vuelo circunlunar y primeras fotografías de la cara oculta de nuestro satélite lo hace el Lunik 3 lanzado el 4-X-59.

Otros logros de estos años pioneros fueron el primer satélite metereológico, el Tiros 1 americano (1-IV-60), y poderse recobrar la primera cápsula orbital, Discover 13 el 14-XI-60. El primer lanzamiento de un vehículo espacial desde otro colocado en órbita se consiguió por los soviéticos (12-II-61), que también logran el primer vuelo orbital tripulado con el cosmonauta Yuri Gagarin (12-IV-61). Los americanos hacen lo propio el 5-V-61 con Alan Shepard, seguido el 20-II-62 por John Glenn.

El primer satélite internacional fue el Ariel (26-IV-62) y el primero privado para el enlace transatlántico de señales de televisión el Telstar 1 (10-VII-62). Si los primeros datos sobre Venus se envían desde la sonda Mariner 2, será una rusa, Valentina Tereshkova, la primera mujer en tripular un vuelo orbital, el de la nave Vostok 6 lanzada el 16-VI-63.

El San Marco fue el primer satélite italiano enviado con un portador americano, y el primero totalmente francés el Asterix, lanzados en 1964 y 1965, respectivamente.

Las primeras fotos de Marte se lograron por el Mariner 4 y la primera caminata espacial la dio el ruso Leonov (18-III-65). El Lunik 10 fue la primera nave en órbita lunar (1966) y el primer acoplamiento espacial de naves no tripuladas el de las rusas Kosmos 186/88 en 1967. El acoplamiento con traslado de tripulantes se hará también por los rusos en naves Soyuz en 1969.

El primer satélite de cooperación europea, el ESRO, se lanzó el 16-V-68 y, como ya se ha dicho, el 21-VII-69 los americanos alcanzaron la luna, permaneciendo en suelo lunar 21 horas y 22 minutos.

C) Los principales Programas y Proyectos espaciales abarcan diversos experimentos. Citaremos los lanzamientos del programa «Mariner» estadounidense y «Mars» soviético, dirigidos a Venus y Marte, el «Venera» los Proyectos «Mercuri» y «Geminis», el «Apolo», los vuelos tripulados soviéticos «Vostok» y «Voshod» y los «Soyuz», que por cierto se iniciaron con el trágico accidente de I.V. Komarov; el Programa «Skylab» de laboratorios espaciales y el Programa conjunto soviético-estadounidense «Apolo-Soyuz», resultado de la visita de Nixon a Moscú en 1972.

Los europeos se han incorporado también a la aventura espacial, agrupados en la *ESRO*, que colabora con la NASA. Entre sus Programas destacan el «Spacelab» y «Marots».

España ha contribuido al proceso a través de las importantes estaciones de Robledo de Chavela y Canarias, que tienen una función esencial en las operaciones de control, seguimiento y recepción.

Otros hitos de la aventura espacial durante los años setenta fueron el primer aterrizaje en Venus de la sonda espacial soviética del mismo nombre (15-XII-70); lanzamiento de la primera sonda orbital, la Soyuz rusa (19-IV-71); lanzamiento de la sonda americana Pioner (3-III-72); puesta en órbita del primer satélite espacial para el estudio de la tierra, por los americanos (23-VII-72); transmisión de las primeras imágenes del planeta Mercurio por el Mariner 10, de EEUU (29-III-74); primer módulo soviético posado sobre la superficie de Venus que transmitió imágenes (22-X-75); aterrizaje en Marte del laboratorio americano Viking, que analizó rocas del planeta (20-VII-76) y primera puesta en órbita alrededor de Venus del vehículo americano Pioner (4-XII-78).

10.8.2. *Satélites, vehículos, sondas y estaciones*

El campo de los «*lanzadores*» se desarrolló de modo prioritario por ser a la vez objeto de investigaciones en la aeronáutica y en la balística militar. Una vez obtenida la bomba atómica, era inevitable hacerse con «vehículos» veloces, autónomos y de largo alcance, para «transportar» la bomba hasta los enemigos. Además, los progresos en la cohetería iban emparejados con los logros en las técnicas de la aviación mediante «retropropulsión», con fines civiles y militares.

Para conseguir cohetes capaces de alcanzar enormes alturas, se arbitró la fórmula de construirlos por fases, con el fin de dotarlos de una gran potencia de despegue e ir disminuyendo posteriormente su *peso*, hasta superar la fuerza de gravitación terrestre y su puesta en *órbita* o navegación interplanetaria.

También se planteaban problemas de combustible, de espacio y de costo, entre otros, que fueron venciéndose. El mantenimiento del «control» a distancia y de las comunicaciones fue otro de los temas clave.

Los satélites artificiales son campo distinto, pero conexo. Se les define como cuerpos fabricados por el hombre y colocados en órbita alrededor de la Tierra o de otro astro. En su movimiento describen órbitas elípticas y se conoce por «período» el tiempo en que tardan en dar la vuelta completa. Una vez «colocado», la «fricción» con la atmósfera es su mayor limitación.

Si los «lanzadores» han servido también para potenciar la carrera armamentística, centrada en la competencia de los «misiles», los satélites tienen múltiples aplicaciones que sin duda contribuyen al progreso humano en numerosos campos, como las telecomunicaciones, la meteorología, la enseñanza, la navegación y otros.

Las sondas son otro tipo de ingenios que lanzados al espacio son instrumentos de medición y radiocomunicación, sirven para misiones de exploración. Pueden emitir imgenes, ser de «vuelo abierto» o estar previstas para posarse en el lugar designado, tanto por descenso como por impacto.

Los vuelos tripulados alcanzaron otra etapa más sofisticada al conseguir incorporar al hombre, lo que implica no sólo problemas tecnológicos, sino biológicos, dando origen a la *bioastronáutica*, que se interesa por las condiciones en que se encuentran los «tripulantes». Hay que recordar temas como la ingravidez, la nutrición, la «vestimenta», la higiene, las reacciones psicológicas e incluso el regreso al ambiente humano.

El último «eslabón» en esta «escalada espacial» es la construcción, lanzamiento y utilización de los laboratorios y las operaciones de acoplamiento entre una *estación* no tripulada y un vehículo tripulado con el fin de constituir una «estación orbital» de cierta capacidad, como es el caso de la *«Operación Salyut»* y del Programa *«Skylab»*.

Los intentos para conseguir «vuelos tripulados» serán una fase previa al posible *«desembarco»* del hombre en otros astros, como se logró hacer en *la Luna*. También permitía la realización de *«paseos espaciales»*, que entre otros objetivos, permitían efectuar reparaciones en el exterior de las naves.

10.8.3. *Múltiples aplicaciones*

Los experimentos y logros astronáuticos ofrecen un rico conjunto de posibilidades. Al igual que ocurrió con otras empresas descubridoras, la «conquista del espacio» conlleva un elemento ideológico-político, con unos móviles económicos, unos elementos técnicos y un aspecto militar.

La perspectiva de utilizar los recursos que puedan encontrarse fuera de nuestro planeta y la misma industria espacial son aspectos de claro interés económico.

Junto a los descubrimientos que han aumentado nuestros conocimientos geográficos, climatológicos y astrofísicos, hay que situar las aportaciones en la biología, la química y el campo de la telecomunicación.

Su interés militar no es menos manifiesto. Además de su contribución al progreso de la balística, los satélites pueden cumplir no sólo misiones de comunicación y espionaje, sino servir como vehículos para *bombardeos orbilates* (F.O.B.S.). El 17-X-63 la Asamblea General de la ONU aprobó la Res 1884/XVIII instando a los Estados a no poner en órbita armas nucleares. La Res 1962/XVIII también es importante, como el Tratado de 1967 sobre el Espacio Ultraterrestre, la Conferencia de Viena (1968) y otros acuerdos, compromisos y declaraciones internacionales posteriores encaminados a la «desnuclearización» del espacio y a la no utilización de los astros como bases militares.

Los éxitos espaciales constituyen sin duda, un arma propagandística de primer orden. Se comprende que el impacto de semejantes ingenios en la opinión pública internacional haya sido enorme, y aunque se aprecia una cierta «erosión» desde un planteamiento del «interés», sigue resultando incuestionable que las dos Superpotencias han aumentado con sus brillantes realizaciones la distancia que las separa de los demás Estados.

Una consecuencia positiva de la astronáutica para el mejoramiento de las relaciones internacionales ha sido el hecho de haber contribuido a fomentar el sentimiento de común pertenencia a un mismo «espacio», a una Comunidad social que vista «desde fuera» es un pequeño planeta poco menos que perdido en la inmensidad extra-terrestre.

Capítulo XI
LOS «RETOS Y RIESGOS CALCULADOS»

11.1. El inestable equilibrio de la coexistencia

Reconocer que se *co-existe* no supone forzosamente que las cosas hayan mejorado sustancialmente, salvo que los problemas de fondo, los contenidos que se *comunican*, vayan experimentando una capacidad *informativa* más adecuada, acorde con las necesidades históricas.

Por esto, es perfectamente comprensible que pervivan crisis, que surjan nuevos focos de rivalidad y enfrentamiento y que procurar mantener la paz siga siendo un esforzado empeño.

Otro dato destacable en esta tesitura es la exigencia para los *actores* de adoptar posturas aparentemente *duras* —que luego se reblandecen— con el lógico objetivo de conservar sujetas a sus *clientelas* y poder dialogar, y hasta ceder, sin que ello acarree desprestigios irreparables.

11.1.1. *Un período de riesgos calculados*

La reunión de Camp David entre Kruschev y Eisenhower, que se considera como el primer paso para la *coexistencia*, una vez cuajado el proceso precedente de mutuo acercamiento, coincide con el triunfo de la revolución castrista en Cuba, un hecho que en su origen no parecía que fuera a acabar alcanzando las consecuencias que pronto tendrá, pero que una vez superada la gravísima crisis de los misiles (1962), entra en una especie de *enfriamiento*.

Las relaciones Este-Oeste a partir del fracaso de la Conferencia de París retornan a una situación difícil, posiblemente *desactivada* por el conflicto chino-soviético y por la actitud de la Administración norteamericana (Kennedy).

La *troika* Breznev-Kosygin-Podgorny sucede a Kruschev, y aunque el conflicto vietnamita entorpece las buenas relaciones, éstas no se interrumpen, y cada *Grande* opera *libremente* en su zona de influencia —desembarco americano en Santo Domingo (1965), invasión rusa en Checoslovaquia (1968)—. En estos años, será el problema de Oriente Medio el que causa más desavenencias, como queda patente en el *desacuerdo* de Glassboro entre Johnson y Kosyigin, tras la guerra de *Los Seis Días*.

La nueva Administración norteamericana (Nixon, 1969) supone en las relaciones Este-Oeste pasar «de la confrontación al diálogo», como queda patente en el plan de la desescalada en Vietnam, el inicio de las conversaciones SALT para la limitación de las armas estratégicas y el viaje de Nixon a Rumanía, primera visita de un mandatario norteamericano al Este europeo desde Yalta (1945). Berlín y otras zonas de tensión se beneficiarán de estas mejoras.

La evolución Este-Oeste debe vincularse a los restantes cambios. En el Tercer Mundo se vive un período que combina el optimismo de unos países que *estrenan* su independencia y el pesimismo de atravesar una difícil etapa para conquistar un despegue económico y social que haga *real* la descolonización política. Son los años de las *cumbres* afroasiáticas y neutralistas, como las celebradas en El Cairo (1957), la de Belgrado (1961), otra de El Cairo (1964) y la de Lusaka (1970), en las cuales los países participantes expresan su condena a todo tipo de colonialismo, su preocupación por el desarme, el racismo y la autodeterminación de los pueblos.

11.1.2. *Los retos de Berlín y Cuba*

Los conflictos creados en Cuba y Berlín, sin olvidar el creciente compromiso norteamericano en Vietnam y la penetración soviética en el Mediterráneo escudándose en su apoyo a la *causa árabe*, confirman que si ciertamente las tensiones se han *universalizado*, Alemania, junto con la carrera de armamentos, sigue siendo el eje de la rivalidad Este-Oeste. Tampoco es ya ésta la única gran *corriente* operante y debe combinarse con otras de carácter múltiple que parecen ilustrar la posibilidad de estar gestándose un tímido equilibrio *multipolar*.

Kruschev hizo pública su iniciativa de facilitar el fin del régimen de ocupación de Berlín y la reunificación alemana y en caso de no lograrse este proyecto convertir Berlín en una ciudad «libre y desmilitarizada». Si tampoco se aceptaba esta idea, la URSS transferiría a la RDA el control sobre Berlín y sus accesos.

El verdadero objetivo soviético era modificar el estatuto de Berlín y en lo posible neutralizar a toda Alemania.

Mediante una nota conjunta del Consejo de la OTAN, los aliados rechazaron las propuestas soviéticas, pero se ofrecía la posibilidad de negociar el problema alemán y berlinés en el marco más amplio de la seguridad europea. Otra cuestión vinculada era el reconocimiento por los occidentales de la RDA.

El encuentro de Kruschev con Eisenhower en septiembre de 1959 en los EEUU y la fallida conferencia de París de mayo culminaron en una nueva crisis, que además se complica con la tensión generada por la situación cubana.

El tema de Berlín que parecía olvidado vuelve a surgir con más fuerza y se plantea nuevamente en el encuentro de Kruschev con Kennedy en Viena, en junio de 1961.

La Administración Kennedy adopta una postura de fuerza, lo que implica: a) devolver a su país la confianza en sí mismo; b) crear una potencia disuasoria; c) recobrar la iniciativa en la *carrera espacial*; d) superar los recelos y divergencias de sus aliados; e) contener la influencia comunista en Latinoamérica y los pueblos afroasiáticos; f) mantener una estrategia global de *riesgos calculados* con la URSS y China.

En la Conferencia de Viena, Kennedy rechazó la idea de Kruschev de transformar Berlín-Oeste en una *ciudad libre* y firmar la paz con las dos Alemanias y este desacuerdo cristalizó en la crisis berlinesa.

El éxodo de berlineses orientales iba en aumento. Se calcula que desde 1949 hasta agosto de 1961, cerca de tres millones de alemanes habían huido por Berlín, lo cual creaba problemas no sólo a la RDA, sino a todo el Bloque.

Sin embargo, la aceleración de esta segunda crisis de Berlín no dejó de ser una sorpresa para todos y un grave riesgo para la paz mundial.

El 13 de agosto de 1961, en Berlín, la RDA hizo levantar *de la noche a la mañana* una verdadera muralla en el límite de las dos zonas, incluyendo fosos y alambradas. La *frontera* era de 45 kilómetros. Semejante hecho afectaba los compromisos sobre libertad de tránsito. El secretario de Estado norteamericano calificó el muro de «flagrante violación del Estatuto de las Cuatro Potencias». Se volvía a los difíciles tiempos del *puente aéreo*, aunque en el *interim* no habían faltado otros momentos de tensión, especialmente en 1953, 1955 y 1957. El Este se desprestigiaba con el muro.

Kennedy ordenó que fuerzas acorazadas norteamericanas se movieran por los accesos a la capital, mientras Kruschev dispuso la reanudación de las pruebas nucleares, que habían sido suspendidas.

El vicepresidente Johnson realizó de inmediato una visita a la ciudad para proclamar ante el Ayuntamiento y la Cámara de Diputados el compromiso de los EEUU. Kennedy también visitaría Berlín dos años más tarde, en 1963, con gran influencia en la opinión pública mundial. Fue entonces cuando se aireó la polémica frase del Presidente: «Yo soy berlinés».

Esta crisis parece que es inseparable de la cubana. Se especula con que Kruschev fomentó la enemistad entre La Habana y Washington con el propósito de ofrecer a Kennedy un trueque: EEUU abandonaba Berlín y la URSS se desentendía de Cuba.

Las relaciones cubano-norteamericanas venían deteriorándose desde el mandato de Eisenhower. En efecto, en mayo de 1960 los EEUU suspendieron su ayuda a la isla y Cuba firmó acuerdos comerciales con la URSS, China y otros países del Este. El 9 de julio, *Ike* advirtió que no toleraría un régimen comunista en América, y Kruschev respondió que estaba dispuesto a apoyar a Castro.

El 31-I-61, EEUU rompió sus relaciones diplomáticas con Cuba y el 20 de febrero fracasó un intento de desembarco, como vuelve a fracasar en abril el nuevo ataque en playa Girón (Cochinos), que compromete a Kennedy.

Por presiones norteamericanas, Cuba fue expulsada de la OEA, y el régimen de Castro se encontró cada vez más vinculado a Moscú. Con el argumento de defenderse de una posible invasión americana, Cuba solicitó de Moscú la instalación de misiles. La colocación de estas armas, que además superaban ampliamente su función meramente defensiva para constituirse en una amenaza directa al suelo norteamericano, volvió a desencadenar otra grave crisis, seguramente la más seria de todo el período de la coexistencia.

Kennedy decidió aceptar el reto y tras denunciar la ubicación de los misiles como una amenaza para la seguridad de los EEUU pidió su desmantelamiento, ordenando el bloqueo naval de la isla.

Continúan las tensiones y el 22-X-62 los EEUU denuncian la existencia en la isla de cohetes que pueden hacer peligrar la seguridad estadounidense. ¿Atacarían Cuba los norteamericanos? ¿Soportarían esta humillación? La respuesta fue el bloqueo de Cuba.

Se vivieron unas horas realmente dramáticas, que fueron calificadas como las «más álgidas de toda la Guerra Fría, en plena coexistencia». Ante la firmeza de Kennedy, la URSS cedió y retiró las rampas de lanzamiento de los cohetes. Por su parte, los EEUU retiraron armas de Turquía.

El Presidente estadounidense moriría asesinado el 22-XI-63 y parte de su política quedó truncada, entrándose en un período de objetivos de menor alcance, que al menos conservaron el *statu quo*.

11.1.3. *La Primavera de Praga y el Mayo francés*

Mammarella escribe que: «Mil novecientos sesenta y ocho será para Europa el *año de dos revoluciones fallidas: en Occidente, la del "mayo francés" y en Europa oriental, la de la "primavera de Praga"*. Dos episodios que tienen orígenes y nacen de fuerzas y situaciones *diferentes* pero que representan, ambos, la *reacción a dos formas* de autoritarismo: el signo más *existencial* que político expresado por una sociedad tecnológicamente avanzada en la cual las libertades formalmente garantizadas están de hecho limitadas por un sistema de *organización de trabajo tendencialmente represivo*, y el que nace de un régimen donde toda manifestación de democracia está negada por *la falta de pluralismo político y por la burocratización* de la clase dirigente».

Mientras que los sucesos checoslovacos representan un *episodio en el proceso de desestalinización* que, iniciado quince años antes, se había desarrollado en medidas y según modalidades diferentes en los países del área comunista, la evolución del mayo parisiense es la expresión más cabal de una fuerza política emergente convencionalmente indicada como *«nueva izquierda»*.

Desde un punto de vista político, los sucesos del mayo francés fueron una especie de autocrítica y un cierto revulsivo que hizo reaccionar al Gobierno ante la presión popular estudiantil que proponía valores libertarios e incluso utópicos.

De Gaulle acabará saliendo fortalecido del envite, como se demostró por la gran manifestación de apoyo en París y otras ciudades y su victoria abrumadora en las elecciones que expresamente convocó a finales de junio.

Sin embargo, en menos de un año la situación cambia y De Gaulle, al perder un referéndum sobre el proyecto de descentralización administrativa regional, dimitirá y esta vez de forma definitiva, en abril de 1969. Le sustituirá el también gaullista Pompidou.

En el Bloque comunista, la destitución de Kruschev, cuatro días después del brillante éxito ruso al poner tres astronautas en órbita dentro de una nave espacial el 15-X-64, sorprendió al mundo. Se han argumentado varios motivos del hecho: su fracaso para resolver el desarrollo económico de la sociedad soviética y sus desaciertos en política exterior, concretamente en Cuba y en el contencioso con China.

La nueva *dirección colegiada* de Breznev, Kosygin y Podgorny procura mejorar las relaciones con Pekín obteniendo escasos frutos, pese a su común interés en apoyar a Vietnam del Norte, y con otros centros de poder como Francia (visita de De Gaulle a Rusia en julio de 1966), India (acuerdo de Tashkent, enero de 1966) y la Iglesia Católica (audiencia de Pablo VI a Podgorny, enero de 1957).

Breznev ocupa la Secretaría del Partido, Kosygin la Presidencia del Consejo de Ministros y Podgorny reemplaza a Mikoyan al frente del Presidium del Soviet Supremo.

El período del mandato de Leonidas Breznev es largo, de 1964 hasta 1982, y pronto ejercerá un control personal del poder en la *troika*, aunque hasta 1977 no asume la Jefatura del Estado.

Había encontrado una situación difícil, con la economía maltrecha, unas relaciones exteriores deterioradas y un cierto desenganche del Bloque del Este.

A su muerte, la crisis del sistema soviético es manifiesta, aumentada por el burocratismo, la corrupción de la *nomenklatura* y el crecimiento de los gastos militares. La URSS, además, se veía desbordada por la amplitud de sus compromisos e implicaciones internacionales, especialmente en áreas conflictivas del Tercer Mundo.

Las relaciones con el propio Bloque vuelven a cobrar especial interés en los últimos años sesenta. La URSS continúa manteniendo su presencia militar, además del control político de los partidos *amigos* y la coordinación económica gracias al COMECON, con saldo lógicamente favorable a la URSS.

Barak (checoslovaco), Tchervenkov (búlgaro) y Kadar (húngaro), entre otros dirigentes, fueron depuestos o criticados por su *dudoso* desviacionismo, mientras el desprestigio de la *imagen comunista* iba en aumento en sectores intelectuales que antes apoyaron la causa.

El conflicto más serio se produjo esta vez en Checoslovaquia, país de un nivel de vida más alto y que conservaba, tanto por su historia como por su ubicación geográfica, un mayor peso de las ideas y costumbres de talante liberal.

Ya en 1963, Novotny había iniciado una cierta liberalización y poco después los ex-estalinistas acaban perdiendo su influencia en favor de los renovadores.

Las medidas *aperturistas* de Svoboda, Cormik y Smorkovsky, como la supresión de la censura y el reconocimiento de los derechos de reunión y expresión, aseguran el éxito de otras previsibles reformas democráticas encaminadas a conseguir «un socialismo con rostro humano», lo que no deja de inquietar a Moscú. Dubcek se perfila como el nuevo líder.

Varias reuniones de dirigentes comunistas del Este no consiguen llegar a un acuerdo y el 18-VII-68 se reunió el Comité Central del PC que acabó admitiendo la necesidad de una intervención militar.

Los distintos gobiernos comunistas, y más en concreto los de Polonia y Hungría tenían un contagio de este proceso reformista que se empezó a conocer por «la primavera de Praga». En la RDA estos recelos aumentaron ante el impacto de la Ostpolitik en sus propios ciudadanos.

En la noche del 20 al 21 de agosto, unidades de la URSS, Polonia y Hungría, Alemania y Bulgaria (600.000 hombres) invadieron el país y tomaron Praga, donde la población manifestó su malestar, mientras los dirigentes, con Dubcek a la cabeza, se encontraban en Moscú. Los rumanos se negaron a intervenir.

La actitud de la población evitó otro choque violento como el ocurrido anteriormente en Hungría, pero tampoco se consiguió fácilmente montar otro gobierno *títere*, ya que el PC sigue aceptando la línea de Dubcek. Tras varias negociaciones se llegó a un *modus vivendi* con los rusos (27-VIII-68) que, si da paso a la reacción *ortodoxa* de Gustav Husak, no resuelve el problema.

La prensa y la televisión se hicieron eco de las dramáticas jornadas de Praga con fotos espectaculares. La opinión pública internacional condenó los hechos con una grave pérdida de prestigio por parte de los soviéticos. Muchos intelectuales de Occidente rompieron sus carnés del PC y, en general, toda la izquierda europea, que había sido sacudida por el mayo francés, protestó por la invasión.

Los intentos *autonomistas* del rumano Ceaucescu y la nueva postura de los partidos de la Europa Occidental que pergeñan la nueva estrategia *eurocomunista*, junto con la forzosa tolerancia de Moscú con Yugoslavia, confirmaron que el Bloque estaba necesariamente cambiando y la URSS necesitaba conservar su supremacía militar y su función de Gran Potencia mundial si deseaba continuar *controlando* su *glacis*.

La invasión de Checoslovaquia era un ejemplo de cómo entendía el Kremlin la anunciada doctrina de Breznev sobre «la soberanía limitada».

11.2. La Guerra de Vietnam

La península indochina vive en conflicto, prácticamente de un modo continuo, desde la Segunda Guerra Mundial, tanto en el espacio al afectar las hostilidades a los distintos territorios que la integran, como en el tiempo, especialmente en Vietnam, el país más implicado y afectado por esta especie de «Guerra de los 30 años» asiática.

La Conferencia de Ginebra de 1954 puso fin a la *etapa francesa* del conflicto, pero pocos años más tarde vuelve a reproducirse la guerra, esta vez con la intervención directa de los EEUU por lo que cabe hablar de una nueva etapa, *americana*, que sería la tercera de este largo proceso bélico.

La guerra del Vietnam tiene un múltiple carácter según desde donde se mire. Para el Norte, es una guerra de liberación nacional, contra el Gobierno despótico del Sur, por la unidad nacional y contra el *imperialismo* americano. Para el Sur, es una guerra contra la agresión del Norte. Para EEUU es una guerra para frenar el avance comunista en Asia.

11.2.1. *Un conflicto impopular y significativo*

En el acuerdo de alto el fuego donde se reconocía la independencia de Laos y Camboya dividiéndose Vietnam en dos Estados separados por el paralelo 17, se vinculaba esta división a la convocatoria de elecciones conjuntas por parte de los Gobiernos de Hanoi y Saigón antes de dos años.

Recordaremos que tanto Washington como Saigón no sancionaron el acuerdo de Ginebra limitándose a darse por enterados y que en Hanoi predominaba el sentimiento de insatisfacción y de no renunciar a la idea de reunificar Indochina.

La preocupación de los EEUU por frenar la expansión comunista en Asia se ilustraba por la formación de la SEATO, especie de OTAN de la zona.

El emperador Bao Dai continuó al frente de Vietnam del Sur, con Ngo Dinh Diem como primer ministro, pero la impopularidad del *camaleónico* emperador y las ambiciones de Diem culminaron en la proclamación de la República el 26-X-55, que presidió de modo autoritario Diem.

Estos problemas internos y la actividad de los comunistas en las zonas rurales fueron esgrimidas por Saigón para no convocar las elecciones acordadas en Ginebra. Washington apoyó a Diem, quien se limitó a celebrar unos comicios para Vietnam del Sur ratificando así la división del país. Hanoi inició un apoyo abierto a los guerrilleros del recién creado Frente de Liberación Nacional (FLN) y cuyo núcleo era el Vietcong que recibió un continuo flujo de voluntarios norvietnamitas.

La guerra vietnamita se desarrolló en medio de múltiples políticas, derivadas de los errores cometidos por los sucesivos Gobiernos del Sur, que nunca supieron dar respuestas adecuadas a la situación.

Tuvo tres protagonistas principales. Por un lado, el Vietcong, guerrilla comunista, que nace del antiguo Viet-minh. Por otro lado, el Ejército de Vietnam del Sur, mal preparado y afectado por divisiones internas, y el Ejército de los EEUU, cuyos efectivos aumentaron poco a poco hasta desempeñar un papel esencial, que luego quedó disminuido en la fase de *vietnamización* promovida por Nixon.

El Vietcong actuó con las armas propias de la lucha de guerrillas. La entrega casi fanática de cada uno de sus hombres fue el arma principal. Contó con materiales procedentes de China, URSS, Checoslovaquia y RDA.

Los EEUU aportaron toda clase de armas para uso propio y del Ejército del Sur. Contra la guerrilla utilizaron exhaustivamente los helicópteros, que permiten rápidos movimientos sobre el terreno, facilitando el transporte de tropas a puntos muy concretos y, en su caso, la pronta evacuación de los heridos. Los cazabombarderos tuvieron gran importancia también, tanto para atacar objetivos militares como para hostigar las vías de aprovisionamiento.

En Vietnam se utilizaron además otras armas: el napalm, la defoliación con agentes químicos, bombas con rayos infrarrojos, etc.

El conflicto vietnamita alcanzó una resonancia mundial, ocupando la atención de todos los países. Detrás de él había un *tour de force* entre China y la URSS, por un lado, y EEUU por otro, donde se consideraba que si caía Vietnam pronto lo haría el resto del Sudeste asiático, que permanecía en estado de ebullición (Laos, Camboya, etc.).

Esta idea fue expresada ya por Eisenhower en una conferencia de prensa en 1954 como «teoría del dominó». *Ike* dijo: «si ponen ustedes una serie de fichas de dominó en fila y empujan la primera, muy pronto acaba cayendo hasta la última. Dicho de otra manera: si se permite que los comunistas conquisten Vietnam se corre el riesgo de que se produzca una reacción en cadena y todos los Estados de Asia sudoriental se vuelvan comunistas uno tras otro».

En EEUU la guerra del Vietnam fue caballo de batalla y polémica en todos los estamentos políticos y sociales, dando lugar en más de una ocasión a serias revueltas, sobre todo estudiantiles.

Este conflicto dañó también la imagen americana en el mundo, tachándose a Washington de *neocolonialismo* e *imperialismo* por amplios sectores de la opinión pública Occidental. La guerra de Vietnam fue un tema permanente de los medios de comunicación, especialmente de la televisión y posteriormente del cine.

Washington argumentaba para explicar su intervención que se trataba de defender a un país «de una infame agresión contra derecho» por parte de otro Estado, aunque el objetivo último resultaba obvio; frenar al comunismo en Asia.

El objetivo de frenar la expansión comunista en el Sudeste asiático, zona vital tan cercana al Extremo Oriente y al mundo del Pacífico, que no hay que olvidar, era ya una zona *sensible*, casi *doméstica* para los intereses norteamericanos, constituía sin duda el fin primero del compromiso de Washington en esta guerra.

Muchos autores así lo señalan. Hans Walter Berg escribe que: «Cuando los Estados Unidos, que ya habían financiado la mitad de los costes de la guerra colonial francesa, emprendieron la lucha contra la ulterior expansión comunista una vez que se retiraron los franceses, lo hicieron únicamente bajo la perspectiva de la "política de contención" ideada por el secretario de Estado americano John Foster Dulles. En aquella aventura estaba totalmente ausente la fuerza impulsora del afán de lucro económico. Antes bien, exigió grandes sacrificios financieros a los Estados Unidos».

De alguna manera, Vietnam, que no debe olvidarse, forma parte de la península de Indochina, repite el conflicto geopolítico de Corea, otra península que planteaba la rivalidad entre la Potencia terrestre, China, y la Potencia marítima, los EEUU. Una vez más, la clásica oposición entre «*el elefante y la ballena*».

11.2.2. *La escalada americana*

La situación interna de Vietnam del Sur tras los acuerdos de Ginebra de 1954 era inestable. Ngo Dinh Diem encabezaba un Gobierno impopular, sustentado por la minoría *occidentalizada*, frente a un 90% de población budista.

En 1959, Hanoi declara oficialmente la reactivación de la lucha revolucionaria. En 1960, se crea el FLN. En 1961, la guerra civil es un hecho. La Administración Kennedy envía *consejeros* y soldados. El descontento interno contra Diem va en aumento. Se enfrentan con él las más poderosas sectas. Los budistas organizan manifestaciones y algunos monjes se queman vivos en las calles conmoviendo a la opinión mundial. En el Ejército, una acción golpista cobra adeptos. El 1 de noviembre de 1963, Diem es derrocado y muerto. Ventiún días después es asesinado Kennedy en Dallas.

Se calcula que al terminar 1963 hay destinados en Vietnam del Sur 16.000 norteamericanos. El 30-I-64, Nguyen derriba a la Junta militar, pero tampoco es bien recibido. El 3 de agosto se produce el incidente del golfo de Tonkín, cuando lanchas torpederas comunistas atacan a los destructores Maddox y Turner Joy, iniciando los EEUU, con su bombardero naval de represalia a Vietnam del Norte, la fase propiamente *americana* de la guerra.

El 7-II-65, bombarderos norteamericanos inician los ataques contra Vietnam del Norte. En junio desembarcan los *marines* en Da Nang y al mes siguiente la SEATO aprueba una declaración contra Hanoi. Ha comenzado la *escalada*.

Nguyen Kao Ky preside el nuevo Consejo Ejecutivo, alcanzando los efectivos americanos, a fin de año, un número de 200.000. Washington emprende paralelamente una diplomacia negociadora en 1966 y se reúne el Consejo de Seguridad, pero Ho-Chi-Ming se opone a toda *intromisión* de la ONU. En febrero tiene lugar la Conferencia de Honolulu.

El conflicto vietnamita es inseparable de la evolución de los acontecimientos en los países vecinos. Así, Laos se debate en un difícil neutralismo. En 1961, tropas del Viet-minh ocupan parte del país, pero la presión de los Grandes de Ginebra lleva a la formación de un Gobierno de concentración con participación de Pathet Lao.

Agente de la penetración china fue el príncipe Suphanavong, hermanastro del neutralista Suvanna Phuma, frente a los derechistas de Phumi Nosavan. La llanura *de los Jarros* fue el escenario de los enfrentamientos más duros.

La estratégica situación de Camboya también hace a este país sufrir parte de las consecuencias de la guerra. En 1955, Sihanuk abdica a favor de su padre, pero en 1960 es nuevamente elegido por referéndum popular para dirigir al país iniciando una línea pro-china que le enfrenta con Washington.

En 1967, al aumentar la acción de las guerrillas comunistas, Camboya restablece sus contactos con los EEUU, y Norodom se refugia en Pekín, contra el que se produce un golpe pro-americano el 18-III-70, primer hecho de un proceso que conducirá a la intervención directa en el país.

11.2.3. *De la ofensiva del Tet a la vietnamización*

El conflicto va a experimentar en los últimos años de la década de los sesenta y los primeros de los setenta hasta que se termine la guerra, una doble acción. En lo militar, un claro *endurecimiento*, que en el período de Nixon acabará girando hacia la *vietnamización*, es decir, hacia la creciente responsabilización de los propios vietnamitas en las operaciones de guerra. En lo diplomático, el comienzo de las conversaciones de París (mayo de 1968) que, con muy diversos altibajos, acabarán por envolver el acuerdo de alto el fuego, anunciado públicamente el 24-I-73.

Mientras la *escalada* de los bombardeos sobre Vietnam del Norte continúa, el último día de 1968 los comunistas lanzan la llamada *ofensiva del Tet*, atacando las principales ciudades del Sur, prácticamente ocupadas durante algunos días. La lucha resultó terrible, pero acaban siendo rechazados, en parte por no lograr el apoyo civil necesario.

La principal vía de penetración de guerrilleros y de aprovisionamientos para el Vietcong fue bautizada como «Minh». Aunque la acción militar americana sobre Vietnam del Norte por medio de los bombardeos fue durísima, no se llevó a cabo una intervención paralela de tropas terrestres. El recuerdo de la guerra de Corea y el temor a una entrada de tropas chinas con la que se pudiera llegar a un enfrentamiento directo, así lo aconsejaban, pese a los deseos y peticiones de los militares sudvietnamitas.

Tras la subida al poder en Saigón de Cao Ky y de Thieu —verano de 1965— se produce una cierta estabilidad política, que durará hasta la capitulación de 1975, con una primera etapa dominada por Cao Ky y una segunda, con *fachada más democrática*, una vez sustituida la Junta Militar, por Thieu.

El 10-V-68 comenzaron en París los contactos negociados entre americanos y norvietnamitas. La cuestión clave era ver si se ampliaba el diálogo a los representantes de Saigón y del FLN.

Moscú también apoyó la vía diplomática, mientras Pekín se mostraba más reticente.

Johnson, *gastado*, no se presenta a la reelección y Nixon, apenas consigue la presidencia, anuncia que su propósito es conseguir acabar honorablemente el conflicto. El plan que presenta el 14-V-69 en París el nuevo representante norteamericano, Cabot Lodge, es bastante convergente con el del FLN, pero tras la declaración de Guam (8-VI-69). Nixon explica que la retirada progresiva de los efectivos norteamericanos se compensará con la *vietnamización* de las operaciones. Al reducir la lista de bajas norteamericanas, el Presidente pretende atajar el movimiento pacifista en el país.

Simultáneamente con esta estrategia, Nixon encomienda a Kissinger la difícil misión de llegar a un acuerdo con los comunistas, lo que sin duda implica, en el fondo, obtener primero el *deshielo* de las relaciones entre EEUU y China Popular.

Kissinger, en efecto, se reúne secretamente con Xuan Thuy e inicia la aproximación a Pekín, mientras se invade Camboya (30-IV-70) y crece la represión contra los pacifistas en el territorio norteamericano.

El 19-VII-72 comienzan las negociaciones secretas de Kissinger con Le Duc Tho, representante norvietnamita, que tras numerosas reuniones culminarán en un primer acuerdo, que no llegó a *cuajar* y al que se opuso Saigón.

Cuando Nixon accede a la presidencia inicia una doble estrategia: reanudar los bombardeos y las negociaciones a la vez que se intenta encuadrar la política vietnamita en un marco más amplio de distensión entre Washington y Pekín. Los norvietnamitas accedieron volver a negociar si se suspendían los bombardeos y así se hizo por ambas partes. Tras un nuevo diálogo, se logró finalmente el acuerdo de alto el fuego el 23-I-73, que fue firmado por los titulares de Exteriores de EEUU, Vietnam del Norte, Vietnam del Sur y Gobierno Revolucionario Provisional.

El texto del acuerdo era bastante ambiguo y complejo pero sirvió para la suspensión de hostilidades.

11.2.4. *El derrumbamiento de Vietnam del Sur*

Salvo en la retirada de las fuerzas norteamericanas y la liberación de los prisioneros apenas se pudieron cumplimentar los acuerdos de París.

El previsto Consejo Nacional de Reconciliación y Concordia no pudo funcionar, las conversaciones se convirtieron en un diálogo de sordos, volvieron los incidentes y las violaciones del alto el fuego y se hizo evidente la imposibilidad de llegar a un entendimiento.

Thieu, libre de las presiones americanas, convirtió su régimen en una dictadura, y Hanoi no disimuló su tesis de que la única solución era la reunificación. La apatía y el desinterés de la opinión internacional, y el distanciamiento de los EEUU inmersos en la crisis del Watergate, terminaron por llevar a la reanudación del conflicto.

Aunque el ejército del Sur era numeroso y estaba bien pertrechado, la corrupción de sus mandos y la falta de moral de sus componentes lo convirtió en inoperante. Los comunistas se hicieron con el control del país sin apenas resistencia, Thieu dimitió en un gesto ya inútil y Saigón, que sería rebautizada como ciudad Ho-Chi-Minh, capitulaba el 30-IV-75.

Ante la indiferencia de la sociedad internacional y de la ONU, la reunificación de Vietnam se lograba *manu militari*, aunque se guardaron algunas formas como la celebración de unas negociaciones entre los representantes comunistas de ambos Vietnams. El 25-IV-76 hubo elecciones para la Asamblea Nacional Constituyente que en su sesión inaugural del 25-VI-76 proclamó la unificación del país y la disolución del Gobierno Revolucionario Provisional que en realidad nunca llegó a gobernar.

El conflicto vietnamita, iniciado en rigor en la II GM y prolongado hasta 1976, vino a ser un reflejo de las tensiones que durante todo este amplio período vive el mundo, y reúne simultáneamente los caracteres de lucha civil, guerra colonial y de interferencia internacional.

11.3. Explosivo Oriente Medio

Señala Erdmute Heller que: «El Oriente arabe-islámico es, la forma en que hoy lo conocemos, un producto de la Primera Guerra Mundial, es decir, del reparto del último imperio universal oriental, la Turquía otomana, por las potencias occidentales. Los países surgidos después como Estados árabes de Occidente (Magreb) y de Oriente (Mashrek) en el norte de África y en el "Creciente Fértil" se crearon en aquella fase del reparto como resultado de la política de intereses occidentales. El período que va desde la Primera Guerra Mundial hasta nuestros días se caracteriza por violentos movimientos árabes de independencia. Estos movimientos de independencia se han dirigido sobre todo contra aquellos países que no cumplieron las promesas hechas durante la Primera Guerra Mundial a sus aliados árabes o que despreciaron la estatalidad formal de estos países a fin de mantenerlos en una relación de dependencia política y económica».

En efecto, el peso del legado histórico es muy activo en esta zona del mundo, como también lo son otros factores como las religiones y creencias, la economía y los intereses estratégicos y geográficos, es decir, la geopolítica.

La existencia cada vez más asentada del Estado de Israel y el crecimiento expansivo del nacionalismo árabe, que se convierte en un instrumento revolucionario en mano de los jóvenes oficiales que se han hecho con el poder en varios de estos estados y especialmente del Egipto nasserista, van a resultar una combinación explosiva e incompatible. A estas circunstancias vienen a sumarse otras dos líneas de fuerza: el proceso descolonizador que ha entrado en una nueva fase al institucionalizarse como un movimiento afroasiático de no alineamiento y la tensión Este-Oeste que también se hace sentir en los nuevos escenarios del Tercer Mundo y, en concreto, del Oriente Medio.

11.3.1. *El Pacto de Bagdad*

Irak y Jordania, a la vista del nuevo acuerdo anglo-egipcio, deseaban revisar los suyos. Inglaterra obraba en aquellos momentos bajo la triple amenaza de la influencia rusa, del nacionalismo árabe y de los intereses de los Estados Unidos, que poco a poco iban construyendo un cinturón de pactos y alianzas en todas las zonas claves del globo.

La estrategia disuasoria de Foster Dulles implicaba crear un auténtico anillo militar en torno al Bloque soviético. Hacía falta, por lo tanto, crear un eslabón militar que uniera a la OTAN con la SEATO, justamente en el Medio Oriente. Dulles realizó un viaje por la zona, en la primavera de 1954, para estudiar el plan.

El 24-II-55, los gobiernos de Irak y Turquía firmaban un pacto de cooperación mutua en materia de defensa. El tratado recibió el nombre de Pacto de Bagdad y quedó abierto a la adhesión de cualquier otro Estado de la Liga Arabe o que estuviera afectado.

Turquía era miembro de la OTAN y, por tanto, vinculaba a esta organización con el nuevo Pacto. En este mismo año se unieron a la SEATO Pakistán, Irán y Gran Bretaña. En 1958, se añadían los Estados Unidos, pero se descolgaría Irak tras el cambio de régimen.

La organización cambiará su sede de Bagdad a Ankara; pasa a denominarse CENTO.

El rey Hussein optó por incorporar a su país al Pacto de Bagdad, pero la reacción contraria, que suscitó en las masas esta medida, que además contaron con el apoyo callejero de los refugiados palestinos, hizo desistir al monarca de esta idea.

11.3.2. *Nasser pretende el liderazgo árabe*

Como sintetiza Martínez Carreras: «La revolución egipcia marca el punto de partida de una serie de acontecimientos que entrañan profundas transformaciones en la situación de la región y que alcanzan proyección internacional: un recrudecimiento del conflicto árabe-israelí, la expansión del sentimiento nacionalista revolucionario y popular entre los pueblos árabes, la liquidación de la influencia franco-británica sobre estos países árabes, la sustitución de Gran Bretaña por los Estados Unidos como potencia occidental dominante en la región y la aproximación entre algunos de estos países árabes y la URSS».

Nasser impulsó el sentimiento panárabe y además el movimiento islámico, extendiendo su influjo no sólo en los países del Medio Oriente, sino también en el norte de África y en la África subsahariana. Al propiciar una estrategia no alineada respecto a las superpotencias, Nasser apoyó los planes de Nehru y otros dirigentes asiáticos en el sentido de establecer un amplio movimiento neutralista que cuajaría en la Conferencia de Bandung.

El 16-I-56 se promulgó la nueva Constitución Egipcia, de corte nacionalista y autoritario, con una figura presidencial y un sistema legislativo unicameral. La religión islámica es la oficial del Estado, pero se reconoce la libertad de cultos.

Dos grandes líneas trazaron desde un principio el programa político de Nasser: por lo que respecta al interior, reformas radicales en la estructura y en la renovación social del país. Su política exterior, en tanto, iba encaminada a conseguir la jefatura del mundo árabe para luchar contra Israel. En su libro «Filosofía de la Revolución», expresa concretamente sus objetivos políticos. Buscó el papel que Egipto podría desarrollar dentro de su contexto geopolítico, y de ahí nació su Teoría de los Tres Círculos.

El primero, y el que más directamente les afecta, es el círculo árabe: «...Formamos un grupo de naciones vecinas, unidas en un todo único y homogéneo por todos los lazos morales y materiales imaginables, que hacen de nuestros países un grupo indivisible de naciones. Por otra parte, nuestros pueblos poseen peculiaridades, posibilidades y una civilización común...

»El segundo círculo encuadra todo el continente africano, que es, según Nasser "actualmente testigo y escena de una lucha terrible por su porvenir...". No olvidemos que somos los guardianes de la puerta Norte del continente y que constituimos el eslabón que una a dicho continente con el resto del mundo».

El Tercer círculo es el musulmán, «ligado por la fe religiosa y por la Historia».

11.3.3. *La crisis de Suez*

Nasser mantenía una política de cierto entendimiento con los occidentales hasta la firma del Pacto de Bagdad, que molestó a Egipto, excluido del mismo.

Pocos meses más tarde se celebraba en Bandung la primera Conferencia de los países afroasiáticos, donde Nasser desempeñó un papel clave al formar parte de los promotores del bloque no alineado.

Sin embargo, el detonante de la crisis será la negativa del Banco Mundial y de los Gobiernos occidentales, especialmente de Washington, para apoyar la financiación de la ambiciosa presa de Assuán.

El proyecto de la presa databa de 1952 y pretendía regular las crecidas del Nilo y aumentar la superficie cultivable, principalmente para el algodón y también para una mayor fuente de energía eléctrica. Su costo se fijaba en 1.500 millones de dólares.

El Banco Mundial tardó dos años en responder a la solicitud egipcia de créditos, concediendo sólo 270 millones. Egipto decidió pedir colaboración económica y técnica de la URSS. En consecuencia, los anglosajones comunicaron su negativa a subvencionar la presa.

Precisamente con el objetivo de obtener unos ingresos capaces de hacer frente a la construcción de Assuán, Nasser decidió nacionalizar la Compañía del Canal de Suez y lo hizo el 26 de julio, cuarto aniversario de la revolución egipcia.

La medida causó sorpresa y malestar en todas las capitales occidentales, desencadenando negociaciones múltiples con Estados Unidos, Inglaterra y Francia, el recurso ante el Consejo de Seguridad y el recurso ante el Tribunal Internacional de Justicia de La Haya. Egipto reafirmó su soberanía, conforme al reciente acuerdo anglo-egipcio de 1954, y aseguró mantener las garantías fijadas en 1881, además de proponer una conferencia al efecto.

La precipitación egipcia sólo es explicable o por su necesidad de beneficiarse de los ingresos que el Canal proporcionaba para financiar Assuán, o por razones de prestigio internacional y afianzamiento del régimen. Fue una carta osada, especialmente si se recuerda que tras las negociaciones ya celebradas tan sólo faltaban dos años para que el Canal pasara a manos de El Cairo.

No conviene tampoco desligar del conflicto el deseo francés de asestar un golpe indirecto a los rebeldes argelinos, humillando a los egipcios, ni la oportunidad presentada a los israelíes para mejorar sus fronteras en 1948, prácticamente indefendibles ante una ataque masivo y coordinado de los Estados Unidos.

El Consejo de Seguridad propuso una solución viable que conjuraba la soberanía egipcia con la libertad de tráfico, la búsqueda de un acuerdo entre las partes y su remisión a un procedimiento arbitral. Egipcio estaba conforme con el arbitraje.

Entre tanto, los gobiernos de Londres y París llevaron a cabo una política alarmista, con reuniones militares de alto nivel.

El plan anglo-francés acordado con Israel comprendía una primera actuación judía contra Egipto y la posterior intervención de Francia e Inglaterra como «fuerzas pacificadoras» que además, tomarían el Canal para asegurar el tráfico internacional. Las circunstancias parecían favorables al plan, pues EEUU se encontraba inmerso en las elecciones presidenciales y la URSS enfrentaba la crisis húngara.

La campaña militar se inició el 29-X-56 con la invasión del Sinaí por las tropas judías y el lanzamiento de paracaidistas. Al día siguiente, los anglo-franceses presentaron su ultimátum pidiendo el cese de las hostilidades y se reunió el Consejo de Seguridad. Mientras, los israelíes continuaban su avance, se acercaban al Canal y entraban en Gaza en una de sus típicas operaciones relámpago. Los paracaidistas tomaban Chram Cheik.

El día 4 intervinieron las unidades anglo-francesas tras intensos bombardeos en la zona del Canal y, en dos días, ocuparon sus objetivos militares.

Cuando todo parecía confirmar la victoria de los atacantes, la amenaza de intervención de la URSS y el acuerdo de la ONU —inspirado por los EEUU— pidiendo la retirada de las fuerzas, convirtió la operación en un fracaso.

La ONU acordó también el envío de una fuerza internacional que será conocida por el color de sus cascos como *cascos azules*, cuyos efectivos llegaron a sumar 6.000 hombres.

Si Francia y Gran Bretaña sufrieron un descalabro irremediable y casi todos los Estados árabes rompieron con ellas, Israel revalidó su aureola militar, destruyó parte del material egipcio y obtuvo, gracias a la presencia de las tropas de la ONU, una barrera ante las incursiones de los *fedayines,* sin olvidar que el control de Akaba por los cascos azules permitían su uso por Israel.

Valorando las consecuencias de la crisis de Suez, Derriennic dice que fue un fracaso para Gran Bretaña y Francia; y un éxito total para Egipto al quedarse con el Canal y alcanzar Nasser un gran prestigio. Para Israel supone lograr sus objetivos en la zona. Añade que, para EEUU, constituye un planteamiento de una reconciliación política que se expresará en la Doctrina Eisenhower en 1957 de intervención y ayuda; y para la URSS representa aparecer como defensora de las naciones agredidas, como Egipto, a las que prestará su apoyo.

Nasser salió de la crisis convertido en el líder carismático de todo el conjunto árabe, confirmando además su prestigio en los pueblos afroasiáticos.

La oportunidad era excelente y el Rais impulsó una vez más el proyecto de la unidad árabe Al tener que renunciar al plan de anexionarse Sudán, Nasser instituyó la República Árabe Unida e invitó a Siria a sumarse a ella.

La idea dio resultado y un referéndum en ambos países, en 1958, otorgó la presidencia de la RAU a Nasser.

Como respuesta de la RAU, los monarcas de Irak y Jordania, ambos hachemíes, establecieron la Unión Árabe organizada bajo la autoridad de Faisal y, cuando éste muriese, bajo la de Hussein.

11.3.4. *La revolución iraquí*

En Irak, el 14-VII-58 un complot de oficiales nacionalistas, imitadores de Nasser, dieron un golpe de Estado para derrocar al rey. Los insurrectos se apoderaron del palacio y dieron muerte al joven Faisal II y al ex-regente, su tío Abdul-Ilah. El primer Ministro Nuri al-Said, que había sido descubierto pese a disfrazarse de mujer, se suicidió. Irak empieza así una etapa muy distinta bajo el mandato del general Abdel Karim Kassem que rompió con los oficiales pro-nasseristas e implantó su dictadura.

En vez de alinearse con la RAU, Kassem se erigió en una especie de rival de Nasser. Irak inició un discreto acercamiento a la URSS. Esta postura independiente de Irak influyó en Siria, donde no acababa de imponerse el proyecto de la RAU y en septiembre de 1961, Damasco terminó por separarse de El Cairo.

En febrero de 1963, el coronel Aref encabezó una rebelión contra Kassem en la que fue detenido y ejecutado. Aref, que era jefe del partido socialista árabe Baas, se convirtió en presidente del país. Aref mantuvo una línea de acercamiento a Nasser.

El éxito del Baas en Irak animó a los militantes del mismo partido en Siria a seguir el ejemplo iraquí y, mediante otro golpe de Estado, se hicieron con el poder en Damasco.

El partido Baas había nacido en los años treinta como un movimiento ideológico de renovación que proclama un arabismo socialista y, en cierto modo, laicista. El sistematizador del baasismo fue Michel Afla, que quería unir a la dispersa familia árabe, combatir el colonialismo, fomentar el nacionalismo y modernizar a estos pueblos.

La acción expansionista de Nasser se trasladó ahora a la península arábiga. En 1960, ya había establecido una federación con el Yemen, apoyando a los republicanos contra el rey Ahmed que fue destronado, comenzando una difícil contienda civil que será muy larga, detrás de la cual operaban Nasser y el rey Ibn Saud.

11.3.5. *Crispación en el Líbano*

Pese a la complejidad libanesa, el país ofrecía una imagen de estabilidad y progreso hasta el punto de ser conocido por la «Suiza de Oriente Medio».

Durante los años 40 y la mayor parte de la década siguiente el país se convirtió en centro de atracción turística y lugar de importantes actividades financieras.

La proximidad a Israel hacía inevitable el contagio del conflicto, y el difícil equilibrio entre las distintas comunidades libanesas será alterado por las simpatías y las fobias, por el exilio y las represalias judías.

Eisenhower, tras la crisis de Suez, formuló una especie de «corolario» a la Doctrina Truman pero, destinada al Oriente Medio. En síntesis, se advertía que las fuerzas de los EEUU podían intervenir en la zona «para asegurar y proteger la integridad territorial y la independencia política de aquellas naciones que lo solicitasen contra una agresión armada abierta de cualquier nación controlada por el comunismo internacional», también se habla de ayudar económicamente al Oriente Medio y suministrarle ayuda militar si lo solicita.

La revolución iraquí «puso a prueba» la «Doctrina Eisenhower», que sí será aplicada en la siguiente crisis: la libanesa.

Coincidiendo con los sucesos de Irak, grupos musulmanes del Líbano se sublevaron pidiendo la incorporación del país a Siria.

El presidente libanés, Camille Chamún, maronita y opuesto a la política de Nasser, había planteado anteriormente la incorporación del país al Pacto de Bagdad.

En este clima tenso, Chamún anunció su deseo de adherirse a la Doctrina Eisenhower, hecho que fue considerado por los musulmanes como una provocación y además una violación del Pacto Nacional.

Las revueltas adquirieron rasgos de verdadera guerra civil y el representante libanés ante la ONU denunció la ayuda Siria a esta rebelión y pidió la reunión urgente del Consejo de Seguridad.

La comisión de la ONU emitió un informe ambiguo y entonces Chamún solicitó directamente la ayuda americana.

El 15-VIII-58, y posiblemente por la coincidencia de estos sucesos con los de Irak, tropas norteamericanas desembarcaron en el Líbano.

Paralelamente, paracaidistas británicos llegaron a Jordania para proteger a Hussein.

En el Líbano, se estableció un Gobierno con los líderes más representativos como los cristianos Gemayel y Eddé y los musulmanes Karame y Tueni.

11.4. La Guerra de los Seis Días

El 23-V-67 los egipcios cierran a Israel la vía marítima de Eilat que Tel Aviv consideraba vital para su seguridad. Es una vuelta de tornillo más de la peligrosa escalada conflictiva en la zona donde todo hace prever el estallido de una nueva guerra. En efecto, el 5-VI-67 Israel ataca simultáneamente a los Estados árabes vecinos y en especial a Egipto, más temible en lo militar.

Durante los meses anteriores, la propaganda árabe lanzaba campañas amenazando a los judíos con el exterminio de Israel. Las radios empleaban un lenguaje digno de calificarse como una «agresión ideológica». Desde las alturas de Galilea, dominadas por Siria, los campamentos del Líbano, el Jordán o el desierto egipcio, el hostigamiento era continuo. Israel atravesaba un momento de depresión económica y Nasser deseaba un triunfo militar con doble objetivo: sojuzgar a Tel Aviv y erigirse así en cabeza del Islam. La tensión iba creciendo día a día y una serie de hechos pusieron a Oriente Medio al borde de la guerra.

11.4.1. *Causas precipitaciones*

Si está comprobado que el ataque militar lo desencadenó Israel y además con una contundencia fulminante, es evidente que hubo una serie de acontecimientos previos claramente belicosos y que suponían graves problemas para la seguridad judía. El 7 de abril de 1967 se estima como fecha desencadenante de la crisis, al bombardear la artillería siria a los campesinos judíos. La aviación judía contraatacó e incluso amenazó simbólicamente a Damasco. Ante estos hechos, Nasser propuso la estrecha cooperación sirio-egipcia. En mayo, Al Fatáh prosiguió sus atentados. Pronto se admitió que los judíos se preparaban militarmente para alguna ofensiva de envergadura. Los recelos mutuos aumentaron.

El 15 de mayo, unidades egipcias ocuparon posiciones en el Sinaí. Al día siguiente se comunicaba a la ONU que Egipto estaba dispuesto a repeler la agresión judía, pidiendo que los contingentes internacionales se retirasen. Mientras los egipcios avanzaban, las fuerzas de la ONU se retiraron y el Secretario General, U Thant, las mandó concentrar en Gaza. La medida fue muy discutida pero legalmente, sin el consentimiento egipcio, la ONU no podía contener allí sus destacamentos. El 22 de mayo, Eshkol anunciaba en el Parlamento israelí que había autorizado un llamamiento parcial a los reservistas.

El cierre del estrecho de Tirán a los barcos del pabellón judío, mientras U Thant viajaba a El Cairo, agravó aún más la situación. La mayor parte de los estados árabes lanzaban invitaciones a la guerra. Argelia proclamó el Estado de excepción. La URSS aconsejó a ambos bandos que no emprendieran la lucha, pero los egipcios recibían ya los primeros cuerpos expedicionarios de sus aliados. Jordania anunció haber recibido tropas iraquíes y saudíes. El súbito viaje de Hussein a El Cairo para firmar un acuerdo defensivo con Nasser terminó por alertar a Israel.

La coordinación militar sirio-jordana-egipcia era un hecho. Mientras continuaban las negociaciones diplomáticas acerca de la medida egipcia de bloquear el estrecho de Tirán, las pasiones bullían y los preparativos aumentaban. Sin embargo, Nasser se encontraba indeciso.

Había prometido a Washington y a Moscú no atacar el primero. Israel, en cambio, sabía que su única posibilidad era un ataque por sorpresa y el mantenimiento de la iniciativa militar para lograr un éxito rápido que desarticulase la coalición. Los preparativos secretos de Israel contrastaban con los alardes de publicidad de sus adversarios. El 4 de junio, Libia anunciaba que también mandaría tropas. Entre tanto, el Gabinete israelí votaba secretamente, por quince votos contra dos, la guerra inmediata.

El recurso al símil de comparar a David con Goliat fue empleado por la mayoría de los periódicos occidentales. Dos millones de judíos se iban a enfrentar con ochenta millones de árabes. Los gráficos y datos estadísticos sobre los respectivos efectivos militares resultaban aplastantemente desproporcionados. Si los judíos contaban con un perfecto sistema de movilización, unas fuerzas disciplinadas y pertrechadas y un mando de calidad, los árabes también disponían de moderno material y una incuestionable superioridad estratégica.

11.4.2. *Las operaciones bélicas*

A las cuatro de la madrugada del día 5 de junio de 1967 se inicia el ataque israelí con una operación aérea. La guerra estaba decidida para el mediodía, Israel lanzó 300 de sus 450 aviones contra 25 bases aéreas árabes, destruyendo sobre el terreno 350 aparatos enemigos. Cogidos por sorpresa, los pilotos egipcios apenas tuvieron tiempo de poner en marcha los motores de sus aviones, los cuales constituyeron un blanco perfecto para los proyectiles aire-tierra. Las sirenas de alarma sonaron en Israel casi al mismo tiempo y las columnas blindadas egipcias se encontraban en movimiento a las ocho de la mañana. El conflicto duró seis días más y costó millares de víctimas.

Israel no se podía permitir el lujo de combatir en una guerra planteada según una estrategia defensiva. Controlar el espacio aéreo resultaba vital para poder contener una previsible invasión por tierra siguiendo frentes diversos. Tel Aviv quedaba a cuatro minutos y medio de vuelo de la base egipcia de El Arish y a 25 minutos de El Cairo. La fuerza aérea israelí entró en acción a las ocho menos cuarto (nueve menos cuarto hora egipcia). El mariscal Amer y el general Sidky, dos de los mandos egipcios más importantes, se encontraban volando al comenzar el ataque. Fueron noventa minutos vitales en los que no pudieron dar órdenes coordinadas.

En el Sinaí, los israelíes atacaron formando tres columnas motorizadas. La del Norte, mandada por el general Israel Tal entró por Khan Yunis, rodeó al Ejército Palestino de Liberación en la franja de Gaza y continuó por la costa hasta alcanzar El Arish el lunes por la noche. En el Centro, una columna al mando del general Abraham Joffe avanzó a través del desierto para cortar la retirada a los blindados egipcios. Por el Sur, un pequeño contingente israelí cruzó desde Eilat hasta atacar El Kuntilla.

Los combates terrestres se desarrollaron en el pasillo de Gaza, Jerusalén y Galilea, entre otros puntos secundarios. Los judíos cortaron la penetración en Gaza y avanzaron por el norte, mientras los paracaidistas descendían sobre Sharmel Seik, en el mar Rojo.

El día 6, los soldados israelíes se acercaban a Ismailía. Otra columna desciende en dirección sur para establecer contacto con los paracaidistas. Aunque buques egipcios bombardean la costa y los sirios descienden sobre Galilea, los judíos neutralizan el frente jordano y Jerusalén. Nasser acusa a los anglo-americanos de apoyar a Israel, la URSS exige la retirada judía y el Consejo de Seguridad de la ONU reclama, por unanimidad, el cese de las hostilidades.

Los combates, sin embargo, continúan. Los israelíes se dirigen al paso de Mittla, en el sur, y abren con unidades anfibias el golfo de Akaba. Se rechaza a los sirios en Galilea y se ocupa Cisjordania. Mientras Egipto rechaza el alto el fuego, Israel y Jordania lo aceptan. La mayoría de los Estados árabes rompen sus relaciones con los Estados Unidos e incluso Irak y Kuwait suspenden los suministros de petróleo, no sólo a los norteamericanos, sino también a los ingleses.

El día 8 los judíos atacan por error al buque norteamericano *Liberty*. Avanzadillas israelíes alcanzan el Canal, produciéndose una gran batalla de carros en la región de Bir Gifgaga. Ese mismo día, Egipto y Siria acaban cediendo a las peticiones de la ONU. El día 9 los judíos irrumpen en las colonias del Golán, a la vez que la desbandada egipcia en el Sinaí cobra caracteres dramáticos y Nasser anuncia públicamente su dimisión, lo que, paradójicamente, produce un auge de la popularidad del Rais.

La URSS rompe sus relaciones diplomáticas con Tel Aviv el sábado y, ese mismo día, con el cese del fuego en el frente sirio, la guerra puede darse por terminada.

Privados de la protección aérea, las fuerzas árabes tenían perdida la lucha y la contraofensiva egipcia en el Sinaí se convirtió en un desastre. Cientos de máquinas de guerra se acumulaban a lo largo de las pistas convertidas en chatarra humeante, mientras interminables filas de soldados sedientos iban en busca de las unidades judías para entregarse o regresar a sus bases de partida.

Los combates cuerpo a cuerpo por Jerusalén y los asaltos en el Golán fueron los encuentros más encarnizados, donde también acabaron imponiéndose las tropas judías, poseedoras de una obvia moral de triunfo.

11.4.3. *Israel, de oprimido a opresor*

En poco más de sesenta horas, Israel aumentó más de cuatro veces su territorio, ocupando la franja de Gaza, la península del Sinaí, Cisjordania, los Altos del Golán y la ciudad de Jerusalén.

El prestigio de Nasser se ve afectado y se impone un período de revisión en Egipto y, en cierto modo, en todo el conjunto de los países árabes, apresurándose la URSS a sacar el máximo provecho a la indignación que anima al Islam, convencido de la ayuda anglosajona a Israel.

Por tercera vez consecutiva, los judíos han ganado la guerra sin conseguir la paz. La admiración que despierta su victoria va a convertirse en los siguientes meses en un cierto recelo que pronto se concretará en acusaciones de imperialismo, intolerancia, explotación y opresión.

Los palestinos, decepcionados por la acción de los ejércitos árabes, incrementan la lucha guerrillera.

La visita de Podgorny a Egipto el 21 de junio sirve para confirmar el interés soviético en apoyar la causa árabe. El 11 de julio, egipcios y judíos aceptan de nuevo la presencia de observadores de la ONU en las zonas clave. Al finalizar el mes, Tel Aviv anuncia claramente que no piensa retirarse de los territorios ocupados sin firmar previamente un tratado de paz con los Estados árabes.

En agosto, Nasser propone a Faisal de Arabia un alto el fuego en Yemen y parte de los árabes comienzan el retorno a sus tierras, ocupadas ahora por Israel. Un signo del cambio interno se aprecia en el fracasado complot contra Nasser. El mariscal Amer y otros altos oficiales serán detenidos, a la par que retornan los incidentes, como el hundimiento del destructor judío *Eliaht* y el bombardeo israelí contra las instalaciones petrolíferas de Suez.

En el espacio diplomático, la célebre resolución 242, que exige la retirada israelí de los territorios conquistados, será el apoyo moral y legal de la ONU a las reivindicaciones árabes. Un problema nuevo que iba a crearse con la ocupación de los territorios conquistados es el de la convivencia con mayor número de habitantes árabes y la política de asentamiento de colonos judíos. Este asunto se convertirá en un tema conflictivo al impulsar Tel Aviv la ubicación de poblados y granjas de israelíes en territorio árabe.

11.4.4. *El problema de los palestinos*

Verdadera espina, en la ya de por sí complicada situación en Oriente Medio, son los palestinos refugiados en las zonas árabes, que han sido desplazados por las sucesivas ocupaciones judías. El movimiento emigratorio se inicia con el siglo, pero sus etapas más agudas suceden a los éxitos israelíes de 1948 y 1967.

Los países vecinos, por lo general subdesarrollados, encuentran dificultades en adaptarlos. La ONU crea una organización especial para ellos y da ayudas para los campos de refugiados. Se calcula en más de dos millones su número.

La nueva generación de palestinos sustituirá el terror pasivo de la anterior por la guerrilla. Los *fedayin* constituirán la fuerza moralmente más dura y fanática contra Israel.

Las organizaciones palestinas más conocidas son las siguientes: Al Saika, comandada por Hayata; Frente Popular de Liberación de Palestina, encabezado por Georges Habbash; Frente Popular Democrático de Liberación de Palestina, dirigida por Nayed Hawatmeh; y la Organización para la Liberación de Palestina financiada por la Liga Árabe.

La Organización para la Liberación de Palestina (OLP) se funda en 1964 en El Cairo bajo los auspicios de Nasser, y tiene como primer jefe a Ahmed El Chukeiri. Hasta la elección de Yasser Arafat como presidente en 1969, la OLP es teledirigida por Nasser, y a partir de este relevo y del nuevo contexto internacional, especialmente tras la muerte del Rais, va cobrando mayor autonomía y personalidad propiamente palestina.

La escala de las acciones terroristas de los palestinos preocupa no sólo a Israel, sino en medida casi similar a los regímenes de Jordania y Líbano, países en los que la OLP funciona prácticamente como un Estado dentro de otro Estado. La continua tensión acabará por estallar en Jordania, donde el Ejército Regular, controlado por los beduinos fieles a Hussein, se enfrentará a los palestinos dando lugar a la dura represión conocida por *Septiembre Negro* (1970).

Arafat había pertenecido anteriormente a otra organización de cierta orientación marxista: Al Fatáh (La conquista). En el Congreso Palestino que reunió en Jerusalén a 424 representantes de los distintos grupos de resistentes palestinos y en el cual se fundó la OLP, se rechazó en la Carta Fundacional la existencia del Estado de Israel, afirmándose que «Palestina es la patria del pueblo árabe palestino».

La Guerra de los Seis Días, que si es cierto fue un brillante éxito militar israelí y frenó el expansionismo del nacionalismo nasserista, resultó también, por paradójico que suene, una oportunidad nueva para la causa palestina, que en cierto modo fue «descubierta» por la opinión pública occidental.

Como dice Heller: «De esta guerra, que llevó a la destrucción de los ejércitos árabes, salieron vencedores, paradójicamente, los palestinos, si no militar al menos políticamente. Con la conquista del resto de Palestina el mundo volvió a tomar conciencia de la vieja cuestión palestina, encubierta por el concepto generalizador del «conflicto del Oriente Próximo». Se hizo así evidente que *sin una solución del problema* de Palestina no era posible poner fin al conflicto árabe-israelí. El pasado no ha podido ser desplazado ni enterrado, al no haber sido superado políticamente.

11.4.5. *Los países del Golfo*

La península arábiga está ocupada en su mayor parte por Arabia Saudí, monarquía constituida tras la unión de los reinos de Hedjaz, Néyed y Asir, como ya se ha visto.

Bordeando el contorno peninsular existían una serie de emiratos y pequeños territorios que recibieron históricamente las invasiones de distintos conquistadores y mantuvieron contactos con el África Oriental y el mundo del Índico. Los europeos, principalmente portugueses y británicos, se interesaron también por estas costas, punto de enlace para la ruta de la India.

Los emiratos firmaron diversos acuerdos con Gran Bretaña, la cual mantuvo su protectorado en la zona hasta los años sesenta, mucho después de que nacieran los otros estados árabes. Los intereses petrolíferos e incluso de las propias oligarquías allí establecidas retrasaron esta emancipación.

Los países del Golfo volverán a tomar cierto protagonismo unos años más tarde, no sólo por su situación estratégica y su riqueza petrolífera, sino también por el riesgo de contagio de la revolución iraní y la guerra entre Irán e Irak.

A) *Arabia Saudí*

En 1964 abdicó Saud, siendo reemplazado por su hermano Faisal, tras una serie de conflictos palaciegos. El nuevo rey apoyó a los monárquicos del Yemen, volviendo a enemistarse con El Cairo. Arabia acabará reconociendo en 1970 al gobierno yemení.

En política exterior, Riad mantiene una estrecha relación con los EEUU, salvo en el tema de Israel, donde lógicamente sostiene la causa palestina.

B) *Kuwait*

Los límites entre Kuwait e Irak se delimitaron en 1962, estando ambos territorios bajo administración británica. A fines de 1961, Kuwait deja de ser protectorado de Londres y nace como Estado soberano, aunque aliado con Gran Bretaña, incorporándose pronto a la Liga Arabe y a la ONU.

Bagdad nunca ha terminado por aceptar del todo la existencia de este país y, en 1973, se registraron incidentes fronterizos. Kuwait cuenta con el apoyo de Riad y su posición estratégica se une con su enorme riqueza petrolífera para hacer de Kuwait una zona clave.

C) *Bahrayn*

En 1861, el jeque de Bahrayn, que ya había mantenido relaciones con los portugueses en los siglos XVI y XVII, aceptó el protectorado británico hasta el año 1971.

Bahrayn tampoco se integró en la Federación de Emiratos Árabes declarándose independiente e ingresando en la ONU y la Liga Árabe. En 1973 se establece una nueva Constitución.

D) *Yemen*

La Arabia Feliz o Yemen cuenta con una posición geográfica clave en la desembocadura del mar Rojo, y por ello ha sido objeto de numerosas ocupaciones: abisinios, persas, árabes y otomanos.

Ya en el siglo XX tuvo que negociar con Arabia Saudí y con los británicos. Tras el despótico reinado de Yahya, que mantuvo al Yemen aislado del mundo, hubo un período de revueltas que culminaron con la muerte del imán.

Años más tarde, Yemen se incorpora a la RAU (marzo de 1958). El nuevo imán tuvo que someter a un grupo de oficiales que intentaron instaurar la República, apoyados por Nasser. El imán fue ayudado por los saudíes. La presencia de soldados egipcios fue numerosa y las hostilidades se alargaron con distintos altibajos y treguas hasta el acuerdo de Yidda (1970). Dos años más tarde, se promulgó una nueva Constitución. Ese mismo año, comenzaron los enfrentamientos con Yemen del Sur. La mediación de la Liga Árabe logró el alto el fuego y además la unión de los dos Yemen, aunque este plan topó con muchas dificultades y la oposición de Arabia.

E) *Yemen del Sur*

El principal núcleo de esta zona es Adén, puerto estratégico en el que los ingleses se instalaron ya en 1839 como enclave para sus comunicaciones con la India.

El proyecto de crear una Federación de Arabia del Sur propiciado por Londres no acabó de cuajar por las rivalidades entre tres grupos: el conservador, integrado por los distintos emires; el pro-egipcio (Frente para la Liberación de Yemen el Sur), y el pro-comunista (Frente de Liberación Nacional). En 1967, Adén y el resto del territorio conocido como Protectorado de Arabia del Sur se independizan, adoptando el nombre de República Popular de Yemen del Sur, con gobierno de izquierdas dominado por el FLN.

En 1970, el país toma el nombre de República Democrática Popular y emprende una política anti-Occidental de nacionalización de las empresas extranjeras, reforma agraria y acercamiento al bloque socialista. Las diferencias ideológicas con sus vecinos son fuertes y ello crea una situación tensa.

F) *Emiratos Árabes Unidos*

El 18 de julio de 1971, seis principados del Golfo Pérsico se agruparon en un Estado federal bajo la denominación de Emiratos Árabes Unidos. Integraban el conjunto Abu Dhabi, Ajman, Sharjahl, Umm al-Qaiwain y Fujairah. Después se les unió Rasal-Khaimah, proclamándose oficialmente la Federación el 2 de diciembre. El sistema de gobierno es peculiar, pues hay un Consejo Supremo presidido por el emir de Abu Dhabi e integrado por todos los demás emires.

La economía del país, que posee uno de los ingresos per cápita más altos del mundo, depende de la explotación petrolífera. Este territorio había sido conocido anteriormente por Costa de los Piratas y Costa de la Tregua. Los ingleses están presentes en la zona desde principios del siglo XIX, y en 1892 se establece su protectorado hasta 1971 en que Gran Bretaña retira sus tropas.

G) *Omán*

Los portugueses ya establecieron contacto con Omán y los británicos lo hacen en el siglo XIX. Omán fue también invadido por los wahabíes. El levantamiento de los ibadíes dividió el país en dos zonas: Mascate y Omán. En 1955 y con el apoyo inglés, Mascate se hizo con Omán, expulsando al imán, que con el apoyo saudí prosiguió la resistencia. Este conflicto se debía más a una pugna entre intereses petrolíferos que a una rivalidad nacional.

El sultán Said mantenía al país en una situación prácticamente medieval. Sus habitantes no podían salir al extranjero, ni vestir a la europea o usar automóviles. El 24 de junio de 1970 Said fue derribado y sustituido por su hijo Sayed, el cual inició la modernización de Omán, ingresando en la ONU y en la Liga Árabe.

En el Dhofar existió un movimiento guerrillero, inspirado por Adén.

H) *Qatar*

Coincidiendo con un conflicto con Bahrayn, Qatar se puso bajo la protección británica en 1869, aunque en 1871 el jeque reconoció la autoridad del sultán otomano, volviendo a la órbita británica en la I GM. En 1971, Londres canceló su situación con todos los emiratos de la llamada Costa de la Tregua.

Qatar, pese a sus negociaciones para integrarse en la Federación de Emiratos, se mantuvo al margen e ingresa en la ONU como país independiente.

Aprovechando que el emir estaba en Irán participando en una cacería, su primo, Ibh Hamad al-Thani, lo depuso. El nuevo mandatario inició una política de modernización.

11.4.6. *El 2.500 aniversario del Imperio Persa*

Un acontecimiento fastuoso que llamó la atención de todos los medios informativos fue la celebración del 2.500 aniversario del Imperio Persa en la ciudad de Persépolis, en octubre de 1970. El Sha y la emperatriz Farah Diba organizaron un asombroso programa de festejos en un lujoso marco montado como por arte de magia en pleno desierto, con un estilo que la prensa calificó de «show hollywoodiense» y «Camping de Oro».

Junto a las ruinas de Persépolis se montaron 50 tiendas suntuosas para los invitados llegados de los principales países. Pero este fasto no logró ocultar la situación peligrosa de un pueblo sojuzgado y atrasado, dominado por una oligarquía occidentalizada que cada vez se separaba más de la población musulmana y de sus principios de vida.

La celebración que el Sha quiso orquestar para enlazar su situación de advenedizo con la milenaria dinastía de los Aqueménidas no dejó de ser un espectáculo arriesgado y vano, que tenía más de fasto personalista que de efemérides de una nación. Era una nación cohesionada y en vías de lograr un desarrollo político y social ejemplar para la zona, como predicaba el estilo de «despotismo ilustrado» que el régimen defendía con su tesis de «Revolución Blanca».

11.5. El Imperio olvidado, China

El período que va desde la proclamación de la República Popular en 1949 hasta el fin del conflicto coreano es una etapa de institucionalización del régimen que culmina en la promulgación de la Constitución de 1954.

Mao Zedong ostenta la presidencia del Partido y controla los recursos del poder hasta su fallecimiento en 1976, pero el Gobierno Provisional lo encabeza Zhou-Enlai. Un Consejo Consultivo Político Popular actúa como Asamblea constituyente.

Las medidas para reformar la agricultura «aboliendo la explotación feudal» son complementadas con colectivizaciones en la industria y el comercio, pero de modo pragmático y sin excesos.

Se adoptan también otras medidas sociales, familiares y culturales para *reeducar* a la sociedad china y mejorar la Administración.

Con la URSS se firma en febrero de 1950 un Tratado de Amistad y Cooperación, iniciándose paulatinamente una política exterior de influencia en los países descolonizados.

El 9-IX-54 se promulga la Constitución. El máximo órgano de poder es el Congreso Nacional del Pueblo que nombra a Mao Zedong presidente de la República y a Zhou-Enlai al frente del Gobierno o Consejo de Estado, donde permanecerá hasta su muerte, el 8-I-76. Para presidir el Comité Permanente del Congreso Nacional se designa a Liu-Shaoquí.

El primer Plan de Desarrollo fomenta la socialización del sector industrial y artesanal, la extensión educativa y el cooperativismo agrario.

11.5.1. *La «Campaña de las Cien Flores» y «El Gran Salto Adelante»*

Coincidiendo con la apertura soviética tras la crítica al estalinismo en el XX Congreso del PCUS, China emprende una campaña liberalizadora que fomenta aires pluralistas como se expresa poéticamente con la denominación de «Campaña de las Cien Flores».

El riesgo de desbordamiento que esta campaña provoca, aconseja poner fin al experimento y en su lugar se emprende una nueva campaña, esta vez de rectificación para reinstaurar la disciplina y la omnipresencia del Partido.

El tercer movimiento recibirá igualmente un bautismo sonoro: «El Gran Salto Adelante» con el objetivo de lograr la colectivización total y el crecimiento económico. El intento terminó en otro fracaso y además fue un elemento clave en el proceso de distanciamiento entre China y la URSS.

El Gran Salto Adelante se fundaba entre instrumentos y objetivos: *comunas,* trabajo de las masas y avance «sobre los dos pies». Como resume Gómez Antón: «Las medidas estratégicas fundamentales serán por eso tres: transformar las cooperativas avanzadas en *comunas*; movilizar el *"trabajo de las masas"*, que para Mao son el principal recurso del país y *"caminar sobre los dos pies"*, es decir, impulsar a la vez la agricultura y la industria, abandonando el modelo importado de la URSS».

Efectivamente, las 740.000 «cooperativas avanzadas» pasan a ser «brigadas de producción» articuladas en *24.000 comunas*. La colectivización alcanza en ellas casi todas las facetas de la vida; el Estado fija sus cuotas de producción, y se les asignan responsabilidades tales como la de producir sus propias herramientas y la de garantizar la educación básica. Después, se les asignará además la función de autodefensa en caso de conflicto con el exterior.

Mediante el *trabajo de las masas* se trata de suplir con recursos humanos el déficit de capital y de instrumentos modernos, y ello en beneficio de «ambos pies». Las *campañas de movilización* fueron variadas: contra los gorriones, devoradores de grano; contra los mosquitos, difusores de plagas; de impulsión de la cría de cerdos, productores baratos de proteína y grasas; de producción de acero, en «hornos populares»; de creación artesanal de «ferrocarriles populares»; etc. Desde el punto de vista económico, estas campañas resultaron tan *ineficaces* como absurdas. Pero, indudablemente, sirvieron para reforzar la *disciplina* y atenuar las resistencias afincadas en la *mentalidad* «conservadora» y «crítica».

El deterioro de las relaciones con la URSS tiene como consecuencia indirecta la necesidad de aumentar el poder militar y en concreto, el nuclear. Lin-Biao sería el responsable de esta política de rearme.

Las tensiones intestinas empezaron a aflorar y el régimen se resintió por las divergencias entre los partidarios de conseguir la bomba, al precio que fuese, y sus detractores. Liu-Shaoquí fue nombrado Presidente de la República —Mao no se presentó— y Deng-Xiaoping, que ya había accedido en 1956 a la Secretaría del Partido, se alineó con Liu-Shaoquí.

El Comité Central seguirá apoyando a Mao, que continúa como Presidente del Partido e inicia un proceso de purgas y reeducación entre los cuadros dirigentes, preludio de la Revolución Cultural.

El 16-X-64 China hace estallar su primera boma atómica en la región de Sin-Kiang.

Las disensiones aumentaron y Mao Zedong, contando con la aquiescencia del Ejército y apoyado en los llamados Guardias Rojos, desencadenó la Revolución Cultural.

11.5.2. *La Revolución Cultural*

Se trataba de remodelar por completo todo el aparato estatal y burocrático, el Partido, los centros educativos, los centros de trabajo y de convivencia. Toda la estructura social china iba a ser purificada, vuelta de arriba a abajo.

Se calcula que fueron ejecutados unos tres millones de personas y las purgas afectaron a millones de ciudadanos de toda condición. Los protagonistas de la Revolución fueron los jóvenes maoístas conocidos como Guardias Rojos, unos veinte millones, que contaron con la pasividad consciente del Ejército. China quedó aislada del exterior e incluso se hizo salir del país a los diplomáticos extranjeros y regresar a los representantes chinos. Todas las instituciones fueron sustituidas por Comités Revolucionarios y el caos más absoluto reinó en China nada menos que durante tres años.

La mayor parte de los dirigentes fueron removidos. El proceso revolucionario comenzó en mayo de 1966 con la destitución del alcalde de Pekín y poco después eran derribados Deng-Xiaoping y Liu-Shaoquí. La Secretaría del Partido no volverá a ser ocupada por nadie hasta 1980, una vez muerto Mao y la Presidencia de la República vacante, será abolida en las Constituciones de 1975 y 1978. No se reinstaura hasta el nuevo texto constitucional de 1982.

Mao Zedong salió fortalecido de esta auténtica conmoción política, cultural, social y económica. El país fue volviendo paulatinamente a la normalidad tras el IX Congreso del Partido que proclamó el triunfo de la Revolución.

El nuevo equipo dirigente, un Politburó nombrado por el Congreso, estaba integrado como personajes clave por Mao Zedong, Presidente del Partido; Zhau-Enlau, Presidente del Consejo de Estado; Lin-Piao, Ministro de Defensa; Cheng-Po-Ta, responsable de la Propaganda; y Kang-Seng, Jefe de la policía secreta. Reanudar las relaciones exteriores y reestablecer la normalidad institucional y administrativa fueron los primeros objetivos que se consiguieron en esta nueva etapa de Gobierno. Sin embargo, los ecos de la Revolución Cultural se prolongaron hasta el fin de la vida de Mao.

El Partido fue recuperando su poder y disolviendo los Comités Revolucionarios. También los Guardias Rojos, que desde 1968 habían perdido su dinámica, quedaron prácticamente disueltos.

China, tras su entendimiento con los EEUU, ingresa en la ONU en 1971 y se incorpora al Directorio de las Potencias como miembro con veto del Consejo de Seguridad.

Volvieron a resurgir las divergencias dentro del Partido y las luchas intestinas, aumentadas por los distintos puntos de vista acerca de las relaciones chino-americanas y chino-soviéticas. Lin-Piao que al parecer huía de la URSS, sospechoso de haber conspirado contra Mao, murió al estrellarse su avión en Mongolia. También fue purgado Cheng-Po-Ta.

En 1975, se promulgó la segunda Constitución de la República Popular.

Al morir en enero de 1976 Zhou-Enlai, fue sustituido por otro hombre fiel a Mao Zedong, Hua-Guofeng. Otro personaje recuperado fue el depurado Deng-Xiaoping, ahora vicepresidente del Consejo de Estado. Mao Zedong muere el 9-IX-76.

«El desarrollo político interno de la RP China —dice Domes y Näth— se presenta al observador, desde finales de la década de 1950, esencialmente como una sucesión de períodos cada vez más cortos de crisis y conflictos internos del partido. La mayoría de los comentaristas políticos y de los sinólogos asiáticos interpretan estas crisis y conflictos como luchas por el poder. A ellos se oponen un gran grupo de sociólogos occidentales especializados en cuestiones chinas que en su análisis subrayan el aspecto de la dirección política de los conflictos intraelitistas de China, esto es, la lucha por unos programas objetivos. En realidad, en todos los casos de ruptura de la unidad de la dirección comunista china, se ha tratado tanto de luchas por el poder como de luchas por el rumbo político. Se ha tratado siempre de la cuestión de la distribución de las posiciones personales de poder y, al mimo tiempo, de la cuestión de qué medidas políticas debían imponerse desde esas posiciones de poder».

11.5.3. *El conflicto entre China y la URSS*

Razones históricas, geográficas, ideológicas, económicas y militares y de rivalidad de intereses hegemónicos hicieron del conflicto entre la URSS y China Popular un tema rico de análisis.

Hay que remontarse hasta los tiempos históricos de las invasiones procedentes del Asia Central, del mismo origen de la civilización rusa y de las expediciones enviadas por los Zares a Siberia, para situar en sus orígenes esta relación entre los dos grandes espacios de poder que se rigen desde Moscú y desde Pekín.

La expedición del cosaco Yermak Timofeyevich que partiendo de los Urales en 1581 atravesó Siberia, iniciando un proceso colonizador que ha llegado hasta nuestros días, fue la respuesta a las anteriores invasiones asiáticas de mongoles y tártaros, seguidores de Gengis Khan y las distintas *hordas* que avasallaron la naciente Rusia hasta que Iván el Terrible logró invertir el curso de los acontecimientos. La marcha rusa hacia el Este les llevó a cruzar el estrecho de Bering, ocupar Alaska e incluso conectar con las avanzadillas españolas que subían de California por la costa. Fue toda una conquista de un inmenso espacio paralela a la colonización del Oeste norteamericano.

A) *Los tratados desiguales*

En 1689 se firma el primer tratado entre ambos Imperios, comenzando unas relaciones *desiguales* que van a durar hasta el siglo XX, cuando dos revoluciones acaban con la dinastía Romanof y la dinastía Manchú.

Por el Tratado de 1689, China admite la presencia rusa en Siberia Oriental, y el río Amur se constituye en la frontera natural que separa los dos grandes países. Pekín reacciona a principios del XVIII con el Tratado de Nerchinsk, que cierra el paso a la penetración rusa. Jabarovsk, en la confluencia del Amur con el Usuri, será la ciudad tapón entre Rusia y China.

Un siglo más tarde, China vuelve a sufrir el imperialismo ruso. El acuerdo de Aigun permitía a Rusia alcanzar la orilla izquierda del Amur y el Tratado de Pekín de 1860 entrega a los rusos la margen derecha del mismo río. Gracias a ello, los rusos prolongan hastas las costas del Pacífico sus dominios en Siberia, ocupando las llamadas Provincias Marítimas del Extremo Oriente.

En virtud del acuerdo de 1873, los rusos se hacen con parte de la región de Ili, consolidándose ese tratado en 1881 en San Petersburgo, que confirma la presencia rusa en Ili y mantiene el derecho de comercializar con el Turquestán Oriental y Mongolia sin pagar derechos de aduana. Todos estos hechos responden al *frenazo* ruso tras la guerra de Crimea, que busca en el Este la compensación a su difícil expansión por el Oeste y los Balcanes. En el mismo período, China, dividida y débil, apenas puede librarse de la acción conjunta de las potencias mundiales.

B) *Renacen las tensiones*

El triunfo comunista en ambos países produjo un lógico acercamiento y un clima de entendimiento. La común oposición a la política de Washington fue otro factor de cooperación activa. China necesita ayuda económica, militar y política y los rusos se la proporcionan, aunque no con toda la intensidad deseada por Pekín. En 1950, se firma el Tratado de amistad con la Unión Soviética, que garantiza la colaboración rusa para la reconstrucción china.

La URSS, enfrentada con las tensiones de la *guerra fría* ve con buenos ojos la ascensión china, pero los pasos hacia la distensión que siguen a la muerte de Stalin y la línea independiente e incluso contrapuesta que va adoptando China Popular, comienzan a inquietar al Kremlin que, secretamente, teme un resurgir del *peligro amarillo*.

China todavía apoya firmemente a la URSS en el Congreso Mundial de Partidos Comunistas (1957), seguramente ante las promesas rusas de técnica nuclear, que Moscú no cumplirá.

En 1958, se inicia el *Gran Salto Adelante*, acogido por los rusos como una lectura, además de agravarse el conflicto con Formosa. El viaje de Kruschev para aconsejar un cambio en estos planes «que pretenden ir más lejos que la URSS en la construcción del socialismo» es mal recibido por Mao-Zedong. El 20 de julio de 1959 los rusos niegan taxativamente a China la bomba atómica. Se responde dando prioridad al programa nuclear que llevará al lanzamiento de la primera bomba china.

Ya desde la condena del estalinismo en el XX Congreso del PCUS se abrió la brecha del mutuo recelo entre Moscú y Pekín, pues este último Gobierno era más partidario de la política de enfrentamiento y contención con el capitalismo que de la nueva estrategia de la coexistencia.

Sin embargo, en el aspecto interno, la doctrina maoísta de las «Cien Flores» imprimió un giro renovador al pueblo chino mucho más liberal que el soviético. El fracaso de esta experiencia volvió a endurecer la política china y Mao Zedong expuso su doctrina del «Tigre de papel» contra el capitalismo y los EEUU, que chocaba frontalmente con la tesis de la coexistencia. Era evidente que se estaba ante una división en el mundo marxista, ante un enfrentamiento ideológico entre el comunismo chino y el ruso, que si bien se iniciaba en la política exterior iba afectando a toda la vida política.

Al proclamar Mao la nueva doctrina del *Gran Salto Adelante* en el VIII Congreso del PCCH —mayo 1958— se atacó explícitamente a la política de Kruschev.

Otro factor que debe también tomarse en cuenta es la creciente rivalidad chino-rusa en el ámbito poscolonial, en la acción sobre el Tercer Mundo.

Desde que Moscú reanudó sus lazos con Yugoslavia, se aprecia un acercamiento soviético al Movimiento de los No Alineados como se confirmó por los viajes de dirigentes soviéticos a países como la India, Birmania y Afganistán, o la manifiesta política intervencionista rusa en el área del Medio Oriente con su apoyo al nasserismo.

Por su parte, Pekín seguía considerándose modelo para los pueblos descolonizados y su acción en Asia y África era igualmente patente y a veces competitiva con la rusa.

El fracaso del *Gran Salto* es aprovechado por Kruschev para desprestigiar a Mao. El estallido del conflicto chino-indio confirma la ruptura al mostrar Moscú sus simpatías por Nueva Delhi. Parece ser que este año ya se registran incidentes armados fronterizos que no se divulgan.

El primer estallido del conflicto ideológico se hace público en el XXII Congreso del Partido Comunista Soviético (1961). Kruschev provoca la retirada de los representantes chinos tras su ataque a Albania, que no había sido invitada. Además, se conocen ya otros enfrentamientos fronterizos, aunque de escasa entidad. En 1962, Rusia incitará los levantamientos de la provincia china de Sinkiang, mientras en el Diario del Pueblo de Pekín se escribe que China se reserva el derecho de plantear, en el momento oportuno, la revisión de los *tratados desiguales*.

C) *La urdimbre del conflicto*

Las luchas fronterizas adquieren carácter oficial en 1963 y los medios de comunicación de todo el mundo dan cuenta de ello. Mao reclama los territorios arrebatados por el *imperialismo ruso,* con el objetivo de fortalecer el sentimiento nacional y desprestigiar a Moscú ante los pueblos que luchan contra el colonialismo. El desencadenamiento, en 1966, de la *Revolución Cultural* termina por crear un abismo insalvable entre los planteamientos rusos y chinos en la consecución del socialismo.

El 2 de marzo de 1969 se produce el sangriento enfrentamiento en el río Usuri y el 15 del mismo mes el de la isla de Damanski. Ambos países se acusan de agresión. En Pekín se airean pancartas exigiendo que se ahorque a los dirigentes rusos. El espectro de una guerra entre los dos colosos del comunismo se presenta como una amenaza para el mundo entero. Moscú busca el apoyo de sus aliados del Pacto de Varsovia, pero no logra una respuesta satisfactoria. La postura de Ceaucescu es en este caso clave. En abril, los soviéticos no son invitados al IX Congreso del Partido Comunista Chino, ni siquiera en calidad de observadores. La URSS acusa a Pekín de querer crear una Internacional maoísta para dividir al socialismo mundial.

Los incidentes fronterizos no disminuyen. En julio se consiguen llevar a efecto unas negociaciones en Javarovsk. Nuevas reuniones logran al menos disminuir las hostilidades. Cada parte mantiene en esencia sus posturas, pero al menos se aleja el fantasma de la guerra. Chinos y rusos se disputan la influencia sobre los grupos comunistas y nacionalistas del *Tercer Mundo,* justo cuando Cuba intenta una vía propia y los riesgos *revisionistas* en Europa se acrecientan.

En el conflicto ruso-chino se puede detectar una serie de causas concatenadas que ayudan a su interpretación. El peso de la historia es patente así como el de las variables geográficas, coincidiendo estos elementos con una rivalidad típica entre potencias vecinas que actúan según su interés nacional. El problema se agrava al intervenir en él tensiones de raíz ideológica, que además no provienen de la defensa de concepciones opuestas, como la existente entre las filosofías del Este y del Oeste, sino de una contraria interpretación de una misma idea: el marxismo-leninismo.

11.6. Las áreas periféricas del Sistema Mundial

Asia y África viven estos años de la *coexistencia* bajo las secuelas del proceso descolonizador y del mismo modo que las tensiones de la *guerra fría* interfirieron de modo conflictivo en esas zonas —guerras de Corea y Vietnam especialmente—, los nuevos aires del *deshielo* facilitaron un contexto internacional menos convulso, que coincide con un cierto retorno a los problemas internos y regionales.

Pasados los momentos de la independencia llega la hora de atender a las demandas colectivas y las necesidades, planteándose toda la amplia y cruda problemática del subdesarrollo en buena parte de los nuevos estados, que además ofrecen carencias de infraestructura, no tienen cuadros sociales ni técnicos suficientes y donde los conflictos tribales, la ausencia del sentido nacional, la acción negativa de las oligarquías, la inestabilidad y el monopolio del poder por partidos autocráticos genera un panorama más bien sombrío, sobre todo en África. Algunos países se llegarán a convertir en República Popular con regímenes socialistas.

En Asia, pronto van a cambiar las cosas, especialmente tras el entendimiento chino-americano, propiciándose un horizonte muy distinto que posibilitará el despegue económico del Sudeste asiático. El área del Pacífico será la última zona a considerar, donde restañadas las heridas de la II GM se aprecia su entrada en un proceso de estabilidad política y desarrollo económico.

11.6.1. *El complejo mosaico africano*

Las «Áfricas de África» ofrecen rasgos comunes y otros muy diversos en estos años setenta que siguen a la instauración de los nuevos estados descolonizados, estados que congelan en general sus problemas fronterizos y conviven en los espacios ordenados antes por el reparto colonial e incluso paulatinamente intentan recuperar sus lazos con las Metrópolis.

A) En el África árabe y mediterránea se reflejan las tensiones de Oriente Medio y los cambios del ancho mundo islámico. En cierto modo el Egipto nasserista ejerce un papel hegemónico, o al menos modélico, que si en unos casos influye en la llegada al poder de jóvenes oficiales —Gaddafi en Libia o Numeiry en Sudán— en otros, como Marruecos, despierta recelos.

A la muerte de Mohamed V accede al trono marroquí su hijo Hassan II, que plantea la estrategia del Gran Marruecos, ambicioso plan que intenta controlar los territorios bajo autoridad española, como el Sahara Occidental o regiones del sureste argelino, Mauritania y Malí. En 1963, se llegará al conflicto armado con Argelia. No faltaron tampoco problemas internos donde el rey tuvo que hacer frente a dos intentos de golpe de Estado (1971-1972) y al oscuro asunto Ben Barka.

En Túnez, Burguiba sigue al frente de la República y el neo-Destur se reconstruye con una ideología más socialista. Los franceses evacuan Bizerta en 1964.

En Argelia, el FLN establece un sistema de partido único y Ben Bella impulsa planes socializadores. La nueva Constitución de 1963 establece el presidencialismo. Dos años más tarde se traspasa el poder a un Consejo que domina Houari Boumedienne, que aparece como el nuevo hombre fuerte. Argelia desarrolla una activa política exterior, especialmente en el movimiento de los no-alineados y de oposición a Marruecos como se ve en su apoyo al Polisario.

Gaddafi, que se había hecho con el poder en Libia tras el derrocamiento del rey Idris en 1969, inició un régimen nacionalista e islámico que brindó su apoyo a los movimientos izquierdistas, revolucionarios y árabes y en especial a los palestinos.

También impulsó una serie de proyectos de unión árabe a cual más efímeros con Egipto y Sudán (1969), ampliada a Siria en 1970, otra vez con Egipto y Siria en 1971 y 1972, con Túnez (1974). Poco después sus planes se inclinarían hacia la anexión del vecino Chad, lo cual crearía un conflicto de más envergadura.

En Sudán, la política de islamización del Gobierno chocó con los sectores cristianizados y animistas del sur. Tras diversas vicisitudes y problemas con el vecino Egipto, en 1969 un grupo de oficiales encabezados por el general Numeiry dio un golpe de tendencia pro-nasserista. Se formó un cierto espacio influido por El Cairo que abarcaba Libia, Sudán, Somalia y Yemen, además de Siria, pero el ambicioso plan no acabará de consolidarse.

B) El África francófona atravesó un período de rediseño, fracasando los distintos planes integradores, como la federación de Malí, el Consejo de la Entente, el proyecto de aunar a Gabón, Chad, Centroáfrica y Congo-Brazzaville o la asociación de los Estados del Río Senegal. Las independencias, como ya se ha expuesto anteriormente, trocearon más el amplio ámbito del África Occidental.

Rasgo bastante generalizado en el África independiente fue su sometimiento a Gobiernos militares o a regímenes de partido único. En este sentido, se empezó a hablar de «un golpismo africano».

Como señala Paul Johnson: «Los años culminantes de 1959-1960, que derivaron en la prolongada crisis congoleña, a la cual las Naciones Unidas realizaron un aporte tan desastroso, probablemente destruyeron la perspectiva, por remota que fuese, de que el constitucionalismo se convirtiese en la norma de los nuevos estados africanos. Se había depositado un caudal excesivo de esperanzas en la nueva clase de políticos profesionales. Pero estos no podían cumplir la tarea. Se quebraron, o los quebraron bajo la tensión. Los *militares* se hicieron cargo del poder. Lo mismo había sucedido en el primer continente «liberado», es decir América Latina, durante las primeras décadas del siglo XIX: a la generación de *Bolívar*, el Libertador, siguió la primera generación de caudillos. El fenómeno se repitió en el mundo árabe, donde los militares, encabezados por el coronel Nasser y sus colegas, comenzaron a imponerse a partir de 1952. En el África negra, el primer golpe militar con éxito sobrevino en Togo en el mes de enero de 1963, cuando asesinaron a Sylvanus Olympio. Seis meses más tarde, Fulbert Youlou fue derrocado en Brazzaville. Dos meses después, Hubert Maga fue separado del poder en Cotonou. Hubo motines en Kenia, Uganda y Tanzania en enero de 1964; y el mes siguiente sobrevino el derrocamiento de Leon Mba en Gabón (los paracaidistas de De Gaulle restablecieron la situación). En noviembre de 1965 siguió el golpe de Mobutu en Zaire (actual República democrática del Congo), y después se sucedieron rápidamente dos movimientos en Dahomey (actual Benín), y hubo golpes en la República Africana Central (actual República Centroafricana), en el Alto Volta (actual Burkina Faso) durante el mes siguiente de enero, y en Ghana el mes de febrero. El primer golpe en Togo concitó una publicidad inmensa, de carácter mundial; cuando se repitió exactamente cinco años después, fuera del país nadie prestó atención. Enero de 1968, el África negra había asistido a sesenta y cuatro golpes militares, intentos de golpe y amotinamientos. A fines de los años 60, la década de la independencia, Dahomey ya había presenciado seis golpes. Nigeria y Sierra Leona tres cada uno, y hubo dos movimientos en cada una de las siguientes áreas: Ghana, Congo-Brazzaville, Togo, Alto Volta y Zaire. En muchos otros lugares existió por lo menos una asonada. En efecto, durante los años 70 el *putsch* militar se convirtió en el medio principal de modificar la orientación política por parte del personal de las élites en el África negra; y hacia 1975, veinte de los cuarenta y un estados ya estaban gobernados por juntas militares o civicomilitares».

Mientras en Senegal Léopold Sédar Senghor consiguió hacer funcionar el sistema parlamentario, en Benín, tras varios golpes militares se acabará por establecer en 1975 un régimen marxista cambiando su nombre por el de República Popular de Benín.

En el Chad gobierna François Tombalbaye, pero en 1966 la guerrilla musulmana FROLINAT empieza una confrontación que obliga al Gobierno a pedir la ayuda francesa. En 1975, una Junta Militar sube al poder encabezada por Malloun.

Otro golpe militar fue el protagonizado en la República Centroafricana por Bokassa en 1965. Tras derogar la Constitución y disolver la Asamblea, Bokassa es designado Presidente Vitalicio en 1972. Unos años más tarde, en 1976 convirtió el país en un Imperio de opereta, coronándose como Bokassa I.

En el Congo francés se instalará también un régimen socialista, tras el golpe del Movimiento Nacional Revolucionario. Su sucesor, el Partido Congolés del Trabajo, liderado por el capitán Ngovabi cambiará en 1970 la Constitución convirtiendo el país en República Popular.

C) En el África de colonización británica hay que separar la zona centroecuatorial de la vecina al Índico y al espacio sudafricano.

En Ghana un golpe militar derribó en 1966 a Nkrumah e instauró a Ankrah, aunque en 1969 se restableció el parlamentarismo, que durará poco, al dar otro golpe en 1972 el general Acheampong.

También en Sierra Leona, tras el mandato de Mergai se sucederán desde 1917 Gobiernos civiles y militares.

Donde va a surgir uno de los conflictos más sangrientos complejos de África es en una de las ex-colonias británicas más pujantes económicamente: Nigeria.

La guerra de Biafra fue uno de los conflictos más dramáticos del período colonial. Nigeria, como ya se ha visto, era uno de los Estados mayores del continente con cerca del millón de km^2 y una población de 66 millones de habitantes (1970), que además era uno de los más ricos: estaba entre los seis primeros países productores de petróleo en la década de los setenta. Tenía en cambio un serio problema de divisiones étnicas y geográficas.

Fruto de la política colonial quedaron agrupados los yorubas, ibos, fulani y hausa, de diversas organizaciones culturales, sociológicas y religiosas. En los primeros años del nuevo país se logró una cierta colaboración por obra de los respectivos dirigentes: Abubakr Tafewa Balewa —líder norteño— Namdi Azikiwe —jefe oriental— y Abafemi Owolowo, dirigente occidental.

En 1966, se produjo un intento de golpe por un grupo de oficiales que evidenció las tensiones existentes. Fueron asesinados Abubakr Balewa, Sokoto y Akintola. El general Ironsi fue proclamado Jefe del Estado tras sofocarse el golpe, pero su plan de establecer una constitución unitaria fracasó. Ironsi, un ibo, fue asesinado y sustituido por Yakubo Gowon, cristiano norteño. Este fue el prólogo de la guerra que estalló al proclamar el también militar Odumegwu Ojukwu la independencia de la región de Biafra, de mayoría ibo (mayo 1967). Los intentos de mediación fracasaron y se entabló una feroz guerra; sus escenas atroces fueron servidas puntualmente por los medios de comunicación audiovisuales a la opinión pública mundial. Además, las potencias europeas se implicaron indirectamente al apoyar Inglaterra al Gobierno central y Francia al secesionista. En enero de 1970, Biafra sucumbió ante la superioridad nigeriana. Gowon acertó impulsando una política de reconciliación, reanudándose el auge económico de todo el país. Aunque se había anunciado un retorno al mandato civil, Gowon continuó en el poder hasta su destitución en 1975, acusado de corrupción.

En el resto del África ex-inglesa las cosas discurrieron mejor, aunque no faltaron problemas. En Somalia, donde se reunieron los territorios que antes fueron de Inglaterra e Italia, en 1969 un golpe militar dirigido por Siad Barre establece un régimen que pronto da muestras de inclinarse hacia la órbita soviética.

Tanzania, que en 1964 había agrupado a Tanganika y Zanzíbar, también inicia una política ideológicamente socialista a través del partido único TANU.

En Uganda, Milton Obote se hace con el poder en 1966 hasta ser derrocado en 1971 por Idi Amín, estableciendo un régimen que degenerará en una de las peores dictaduras africanas.

Otra región donde también se producen unos problemas territoriales de difícil arreglo es la conocida por el Cuerno de África, donde se plantean contenciosos fronterizos entre Somalia, Etiopía, Eritrea y Kenia. Al igual que había varias Guineas dependientes de Potencias europeas lo mismo ocurrió con Somalia, repartida entre Italia, Inglaterra y Francia. Otra zona polémica es el Ogadén que ya fue utilizado por los italianos para invadir Etiopía.

En 1963, se llegó al enfrentamiento armado entre Somalia y Etiopía. Los somalíes que deseaban una Gran Somalia unida habían puesto también sus ojos en la parte incorporada por Kenia y la situación se hizo muy grave. Desde estos años, la zona continuará siendo una región convulsa durante mucho tiempo, viéndose además interferida por la influencia extranjera: EEUU apoyarán a Etiopía, y la URSS a Somalia, hasta que el cambio de régimen en Etiopía modifique esta situación.

El África Oriental se resentía de los rompimientos que los nuevos trazados fronterizos suponían para unos espacios que antes estaban organizados política y económicamente como zonas interdependientes al servicio de la Potencia colonial.

D) En África Central, la zona más conflictiva era, desde su turbulenta independencia en 1960, el Congo Belga.

Tras la salida de las tropas de la ONU volvió a desencadenarse el conflicto civil. El Gobierno de Adula fue pronto sustituido por Tshombé, que intentó apoyarse en un régimen de coalición, sin lograrlo. Los líderes políticos y la población estaba dividida. Tshombé, que nunca consiguió ser popular y estuvo acusado de servir los intereses europeos, ganó las elecciones de 1965, pero el presidente Kasavubu lo destituyó. Tampoco se pudo formar un nuevo Gobierno y esta situación de crisis fue aprovechada por el General Mobutu para hacerse con el poder.

Mobutu emprendió un amplio plan de reformas administrativas y económicas, neutralizó a sus rivales, dio al país un cierto protagonismo en la política interafricana y a partir de 1970 se convirtió en Presidente por un mandato de siete años, que le permitirá posteriormente continuar en el poder.

Los otros dos países de menos tamaño que estuvieron bajo la soberanía belga, Ruanda y Burundi, no logran solucionar sus problemas étnicos que años más tarde, ya en los años noventa, degenerarán en trágicos genocidios.

En Ruanda, en 1973, un golpe puso en el poder al general Habyarimana, que suspendió el parlamentarismo pero fomentó una política de pacificación entre hutus y tutsis.

También en Ruanda volvieron las luchas étnicas. Ntare V fue depuesto del trono (1966) por el general Micombero y proclamó la República, reprimió a los hutus, rebelados en 1972, e implantó como partido único la Unión para el Progreso Nacional, de mayoría tutsi.

E) Sudáfrica, que tuvo un papel destacado en la Segunda Guerra Mundial en apoyo de Gran Bretaña, afianzó tras la contienda su sistema segregacionista con los Gobiernos de Mala, Strijdom y Verwoerd del partido nacional. En 1960, se prohibió la acción opositora del Congreso Nacional Africano.

En 1961, la Unión se convirtió en República, lo cual, unido a la política del *apartheid* y al contencioso respecto a Basuto, Swazi y Bachuana llevó a la salida del país de la Commonwealth. Paralelamente, aumentó la oposición internacional a Sudáfrica y las reiteradas condenas de la ONU a partir de 1966.

De acuerdo con la polémica ley de los bantustanes se crearon Venda, Transkei, Bophutatswana y Ciskei. Los continuos incidentes raciales y la política represiva, que causaba situaciones tan flagrantes como Sharpeville, multiplicaron las protestas de la opinión pública internacional contra el Gobierno de Pretoria. Los principales dirigentes de la oposición de color eran Albert Luthuli, Nelson Mandela y Walter Sisulu.

El territorio de Namibia, antigua colonia alemana ocupada por Sudáfrica tras la Primera Guerra Mundial y administrada luego como Mandato de la Sociedad de Naciones, fue indebidamente anexionada en 1966, pese a la condena de la ONU, mientras la Organización Popular del África del Sudoeste (SWAPO) iniciaba la lucha armada. Su líder era Sam Nujoma.

F) En África merididonal ex-británica, Nyassa se convirtió en 1964 en Malawi, gobernado de modo muy personal por Kamuzu Banda. Mientras, Rhodesia del Norte se transformaba en 1964 en la República de Zambia gobernando Kaunda con el partido UNIP.

Más compleja fue la evolución en Rhodesia del Sur, donde la minoría blanca dirigida por Ian Smith declaró unilateralmente la independencia en 1965 abandonando la Commonwealth.

La oposición de color se aglutinaba por la Unión Popular Africana de Zimbabwe (ZAPU) de Joshua Nkomo y la Unión Nacional Africana de Zimbabwe (ZANU) de Robert Mugabe.

En el África portuguesa también surgieron movimientos independentistas como el Partido Africano para la Independencia de Guinea y Cabo Verde (PAIGC) fundado ya en 1956 por Anibal Cabral, el Movimiento para la Liberación de Santo Tomé y Príncipe, el Frente para la liberación Nacional de Mozambique (FRELIMO) fundado en 1962 por Samora Machel, el Movimiento para la Liberación de Angola (MPLA) dirigido por Agostinho Neto, el Frente Nacional por la Liberación de Angola (FNLA) de Holden Roberto y la Unión Nacional para la Independencia Total de Angola (UNITA) de Jonás Savimbi.

En el África española, como ya se ha estudiado, una vez finalizado el protectorado marroquí, se mantuvo el dominio sobre el Sahara Occidental, convertido en Provincia, mientras Sidi-Ifni se retrocedió a Marruecos en 1969 y Guinea Ecuatorial se independiza en 1968. España conservó las plazas de soberanía de Ceuta y Melilla.

11.6.2. *El renacer de Asia*

El inmenso continente asiático que se había visto envuelto directamente en la Segunda Guerra Mundial y afectado, como dice Paul Kennedy, en la «escalada *lateral* de la guerra fría» va a mejorar su contexto relacional en los años de la distensión, especialmente tras el final del conflicto vietnamita.

A) La India supo mantener una política exterior independiente de su antigua Metrópoli e incluso liderar el movimiento de los no-alineados, sin enemistarse por ello con Occidente. También propició una política de buena vecindad —pero nada más— con la URSS.

Los principales problemas del enorme país en estas décadas fueron de orden interno dada la heterogeneidad de sus factores componentes aunque no faltaron varios choques externos e incluso enfrentamientos armados.

Como escribe Millán Chivite: «Para dirigir la mayor democracia del mundo, la India tuvo la fortuna de contar con buenos gobernantes: Nehru (1947-1966), Indira Gandhi (1966-1985), que fueron superando los graves problemas de un Estado tan extenso e imponiendo un orden a lo que parecía un caos (centenares de principados, diferencias de castas, pandemias crónicas de hambrunas y enfermedades, desplazamientos millonarios entre los dos países musulmán-hindú). Para ello, se desarrolló un programa muy popular y radical que, en muchos aspectos, rayaba el socialismo (reforma agraria, planes quinquenales, industrialización estatal, control bancario) y que originó la escisión del Partido del Congreso formando su ala más conservadora un nuevo partido, básicamente de propietarios, llamado *Swatantra*, que significaba libertad. En este ambiente de medidas radicales, se consolidó otro partido de tendencia netamente conservadora, el *Janata*, que logró derrotar a Indira Gandhi en las elecciones (1977) formando gobierno Morarji Desai (1977-1980)».

La elección de la hija del Pandhi Nehru, Indira, había devuelto al poder a una saga familiar, que por cierto tendrá continuidad ya en los años ochenta con el hijo de Indira, Rajiv.

Los últimos restos de pasado colonial se superaron con la cesión por Francia de sus territorios de Chandernagore (1951) y Pondichery (1954), mientras Portugal tuvo que hacerlo tras una acción de fuerza de Nueva Delhi sobre Goa, en 1961.

Cachemira volvió a enfrentar a India y Pakistán, tras el conflicto de 1947-48, en 1965 por Rann-Kutch y en 1971 tras la sublevación bengalí.

Los Estados tapones del espacio Himalaya, Nepal, Bután y Sikkim además de la cuestión de Tibet creaban una zona de fricción entre India y China que degeneró en la breve guerra de 1961. Aunque en 1954 se había logrado un acuerdo entre los dos colosos asiáticos revalidado por la filosofía del Pancha Sila, es decir, los cinco principios orientales de: respeto a la soberanía y a la integridad territorial mutuas, no agresión, no ingerencia, igualdad y beneficio mutuos y coexistencia, el conflicto volvió a estallar. La incorporación del Tibet a China era el preludio de nuevas rivalidades y tensiones en la extensa y disputada frontera que llevó a incidentes armados aislados primero y a un conflicto abierto después, que terminó tanto por la mejor fortuna de las armas chinas como por la mediación de países neutrales. La crisis más que finalizar por el triunfo de uno u otro contendiente quedó congelada y postergada, prudentemente.

En el tercer conflicto con Pakistán, los éxitos militares indios fueron muy superiores y restauraron la imagen militar de la India, deteriorada tras los combates con China. La intervención pacificadora de la URSS —reunión de Tashkent— fue también significativa de los nuevos intereses de Moscú en Asia.

Pakistán, tras la pronta muerte de Jinna, fue gobernada casi siempre por militares como Ayub Khan y Yahya Khan, hasta que Zulfikar Alí Bhutto consigue el poder civil. En el Pakistán Oriental triunfan los separatistas de la Liga Awami liderados por Mujibur, que logran la independencia del territorio con el nombre de Bangla Desh.

D) En el entorno indostánico, en Ceilán, que se había convertido en Sri Lanka en 1972, tras el asesinato de Salomón Bandaranaike en 1959, se hará cargo del Gobierno su viuda.

Birmania mantuvo un cierto aislamiento y una política de acercamiento a Pekín, rompiendo sus anteriores lazos con Gran Bretaña. Estuvo bajo gobierno militar, destacando la figura del general Newin (1962-1981) que impone un socialismo nacionalista.

En el Sudeste asiático, Singapur, cuya población era china en sus tres cuartas partes, logra la independencia en 1959 pero los británicos conservaron todavía sus derechos en la base naval.

En 1963, pese a las protestas de Filipinas, Sarawak, Borneo del Norte, Malaya y Singapur se unieron formando la Federación de Malasia, mientras Brunei se mantuvo al margen.

En Indonesia, la reivindicación de Irian Occidental durará hasta 1962, cuando Holanda opta por abandonar el territorio.

Sukarno fue depuesto por el ejército, en 1965, en un contragolpe tras el fracaso de una intentona revolucionaria de inspiración comunista. Su sucesor será, el también militar, Suharto.

El reino de Tailandia, que mantenía una difícil posición estratégica en la frontera indochina será gobernada por militares, hasta 1973, con un breve intervalo civil (1944-1946).

Por último, en Filipinas, donde la guerrilla no acababa de ser sofocada pero tampoco progresaba, el presidente Diosdado Macapagal será sucedido en 1966 por Ferdinand Marcos. En 1973, mediante referéndum, intentó legitimar su continuidad anticonstitucional al frente del país, que en buena medida era todavía un *protectorado* norteamericano.

C) Taiwan, la isla Formosa descubierta para Europa por los portugueses, tiene forma de hoja de tabaco, una extensión de 35.854 km^2 y es desde la instalación en su territorio del Gobierno nacionalista sede de la República China. La isla se vincula al continente chino desde las dinastías Tang y Ming. En 1640, es ocupada por los holandeses, por breve tiempo. También hubo un periodo de presencia española. Desde 1863 hasta 1886 aunque recuperada por China, vivió un tanto autónomamente, considerada «área fronteriza». Tras la primera guerra chino-japonesa, Taiwan se cedió a Tokio por el Tratado de Shimonoseki, en 1895. Tras la derrota japonesa, China recupera la isla en 1945.

Taiwan sirve de refugio a los nacionalistas desde 1949 y aquí se erige, bajo la protección de la flota norteamericana, el Gobierno de Chiang-Kai-Shek. Mientras la República Popular china permanece bastante marginada internacionalmente hasta su entrada en la ONU en 1971, Taiwan ocupa de un modo bastante ficticio un escaño en el Consejo de Seguridad como uno de los Cinco Grandes.

El régimen nacionalista, formalmente democrático, funcionó en realidad como un sistema monopartidista controlado por el Kuomintang y presidido por el general Chiang-Kai-Sheck, que será reelegido sucesivamente. Aunque Taiwan vive los años de la guerra fría y la coexistencia en *pie de guerra* —incluso hay incidentes en el estrecho que la separa de China y combates por pequeñas islas como Quemoy y Matsu— consigue erigirse en un país pujante y con un alto desarrollo económico.

11.6.3. *Oceanía y el ámbito del Pacífico*

El ex-secretario de Estado norteamericano John Hay ha manifestado que si el Mediterráneo fue el mar del pasado y el Atlántico es el océano del presente, el Pacífico es el océano del porvenir.

A) En la comparación hay que tener en cuenta las dimensiones descomunales de este nuevo *mare nostrum* y de los estados ribereños. Sus aguas, que suponen la más amplia división de la hidrosfera, comunican las costas de los nuevos Imperios de Oriente y Occidente: la Unión Soviética, China, Japón, Australia y Estados Unidos, enlazando por añadidura con el espacio atlántico, índico y austral.

Es el camino para las rutas marítimas, pero lo es también para las navegaciones aéreas y las telecomunicaciones intercontinentales. Su importancia militar es obvia, especialmente en las formaciones archipiélágicas que cuelgan del Sudeste asiático y en esta especie de «puente levadizo» entre Siberia y Alaska que es el estrecho de Bering.

La sensación que causa el estudio de un espacio tan complejo puede sintetizarse en una sola palabra: contraste.

En efecto, conviven estados semi-continentales con otros que se reducen a unas pocas islas o a una ciudad. Los hay peninsulares y archipielágicos, de reciente bautismo en el concierto de las naciones y con una historia varias veces milenaria.

Los datos confirman este horizonte paradójico. Mientras Indonesia es un sorprendente Estado compuesto por 13.700 islas y habitado por 300 etnias que conservan sus lenguas peculiares, Tuvalu, que se independizará en 1978, se reduce a 26 kilómetros cuadrados, donde viven 8.000 personas.

Si la densidad de población alcanza los 4.000 habitantes por km² en Singapur, Australia, que tiene una extensión comparable a la de Estados Unidos, apenas sobrepasa los 15 millones de ciudadanos.

Predominan los estados formados por infinidad de islas, pero Borneo ofrece el ejemplo opuesto. Está dividido entre Malasia e Indonesia y además aloja al minúsculo sultanato de Brunei.

Si Hong Kong, Singapur y otros micro-estados reinventan la aventura de las *polis* griegas o la Liga Hanseática, Japón evoca una fácil comparación con Gran Bretaña, a la vez que las particiones de China, Corea e Indochina, reviven el bipolarismo posbélico, transplantado de Europa a Asia.

Al intentar una comprensión de este universo, entre caleidoscópico y mastodóntico, se tiene el complejo de verse como Gulliver, entre enanos y gigantes.

B) «Nuestra tierra es el mar», dice una canción polinesia. Oceanía es un inmenso espacio, tan extenso como Asia que, sin embargo, cuenta con la masa continental más pequeña, contradictoria y dispersa.

Agrupado en algunas grandes islas y roto luego en una inabarcable galaxia de archipiélagos y atolones, el continente «acuático» se resiste a sujetarse en límites definidos. De los 8.939.690 km² que ocupan las tierras de Oceanía, el 85% pertenece a Australia, el 13% a Nueva Guinea y Nueva Zelanda, y el resto se reparte en un esparcido polvo insular.

Si el Pacífico es nombre español, también lucen bautismo castellano muchos archipiélagos, islas y estrechos, como las Filipinas, Marianas, Carolinas o Salomón.

La aceleración del «tempo histórico» es otro de los datos sugestivos de esta zona, que ha visto transformarse, en el paso de una generación, lugares estancados en el Neolítico en escenarios de batallas aeronavales y bancos de pruebas para los ensayos atómicos.

El mar es el gran elemento de unión entre tierras tan distantes ubicadas en su mayoría en el hemisferio austral, salvo unas pocas, por debajo de la línea del Ecuador.

Apartando al archipiélago malayo, se tiende a agrupar las islas en tres grandes racimos, además de Australasia: Melanesia, Micronesia y Polinesia.

Poco más de 23 millones de personas viven en este mundo caleidoscópico, lo que representa una densidad de 2,7 hab./km², sólo superior a la zona antártida.

C) También existen diferencias en la distribución política. A grandes rasgos, la división de Oceanía se sintetiza en varias zonas dependientes de EEUU, Gran Bretaña y Francia, y de otras en condominio e incluso de territorios vinculados a Australia y Nueva Zelanda, Potencias del área, además de los pequeños estados recientemente independizados.

A Gran Bretaña pertenecen, con diversos «status» las Salomón, Gilbert, Ellice, Pitcairn y parte de las Espóradas Ecuatoriales, con el gran atolón de las Christmas. En condominio con Estados Unidos posee Gran Bretaña las Islas Canton y Enderbury, y con Francia, Nuevas Hébridas.

Las posesiones francesas comprenden Nueva Caledonia, Walis y Fortuna, y en la Polinesia, las Islas Sociedad, Marquesas y otras menores, formando en total tres territorios de ultramar.

Los Estados Unidos, además de las Hawai, que constituyen un Estado de la Unión, integran territorios dotados de diverso régimen: unos en administración fiduciaria y otros como territorios no incorporados. Su principal valor es estratégico, y destacan Guam, las Midway, Samoa, Wake, Marianas, Marshall y los polígonos atómicos de Bikini y Eniwetok.

Australia controla parte de las islas del Mar del Coral, las Cocos, Christmas del Índico, Norfolk, etc.

La Oceanía neozelandesa es menor, siendo reseñables las Cook y las Tokelau.

Los nuevos microestados, que siguen de algún modo vinculados a la Commonwealth, son Nauru, Samoa Occidental, el Reino de Tonga y las Fidji.

Por otra parte, está la Isla de Pascua, agregada a la provincia chilena de Valparaíso, Irian Occidental, que fue colonia holandesa, y que se disputan Indonesia y Papuasia-Nueva Guinea.

D) Australia con sus 7.686.849 km^2, forma una Commonwealth que tiene seis Estados y dos Territorios. Nació como colonia penal con la llegada de 736 convictos, en once navíos mandados por el capitán Arthur Philip, a lo que hoy es Sidney, en 1781.

Empezaba así la historia moderna de este extenso país —la isla continente mayor del mundo— que ya fue avistado por Magallanes, Quirós y Torres en el siglo XVI y luego por marinos holandeses, aunque sería James Cook en 1770 quien pisara la tierra firme de Botany Bay.

Conocida como la Nueva Britania, experimenta un claro proceso de americanización. Su situación de aislamiento y su ubicación como zona antipódica no han impedido el afianzamiento de una nación radicalmente Occidental, de avanzada tecnología y democráticas instituciones, mientras va ubicándose entre las naciones económicamente desarrolladas.

Australia participó activamente en la Segunda Guerra Mundial enviando tropas expedicionarias al Pacífico, Oriente Medio y Mediterráneo.

El Partido Laborista, que se había escindido en dos, perdió las elecciones de 1949 logrando el poder Robert Menzies con el apoyo de liberales y agrarios. Se mantendrá en él al frente del Gobierno durante 16 años, hasta 1966. La coalición continuó en el poder en los años siguientes.

El gran país ha adoptado una política exterior activa y vinculada a los EEUU, como se ve por su incorporación a organizaciones como la SEATO y el ANZUS. También mantiene sus lazos con Gran Bretaña y la Soberana inglesa es su Jefe de Estado.

11.7. El Gran Giro

Dos palabras del lenguaje diplomático simbolizan el espectacular giro que a principios de los años setenta experimentan las relaciones internacionales, una es alemana; *Ostpolitik*; y otra china, *ping-pong*.

El diálogo que se va abrir entre las dos Alemanias, entre la República Federal y el Bloque del Este y entre EEUU y China Popular, culmina el proceso de distensión que años antes se había iniciado entre Washington y Moscú.

El ejemplo es imitado. Los países «marginados» por una u otra razón se incorporan al sistema con las excepciones de Israel, Rhodesia y Sudáfrica, cuya «cuarentena», por árabes y africanos respectivamente, aumenta.

Se incrementan preferentemente los intercambios culturales y económicos. Los medios de comunicación, el cine, el deporte, el turismo, el consumo se «internacionalizan», ensanchando e intensificando el marco de un nivel de vida en auge, preocupado por su «calidad», por su medio ambiente y hasta por sus aspectos «underground» y «contra-culturales», en una curiosa capacidad de ingestión, diversificación y readaptación.

Las Naciones Unidas cumplen un cuarto de siglo. Si ciertamente no ha sido esa especie de «panacea universal» que algunos soñaron, al menos están sirviendo para reunir a los más diversos pueblos y ser «caja de resonancia» de los problemas.

El aumento de sus miembros ha desnivelado la proporción de influencias, y el control de los EEUU se ha debilitado. Ahora son los países «tercermundistas» quienes pueden tener la mayoría si operan unidos, cosa que hacen con cierta coordinación.

Los estados «pequeños» encuentran en el «altavoz» de la ONU un excelente medio para demostrar su fuerza como subsistema.

Junto a la ONU, siguen proliferando y afianzándose otras muchas organizaciones internacionales, gubernamentales y no gubernamentales. Su labor contribuye eficazmente a canalizar la ayuda económica, tecnológica y cultural, a corregir desfases y desigualdades, e ir cimentando una urdimbre «transnacional» de intereses funcionales y regionales que se sobreponen a las tradicionales relaciones de base geográfica y estatista.

A la par que se asiste a una veloz «unificación» de conocimientos, normas e instrumentos, este mismo estrechamiento comunicativo hace aflorar una mayor riqueza y pluralidad de ideas, usos y necesidades.

Como todo período de «apertura» y «reflexión» simultáneas, el hombre y la sociedad «exploran» nuevos horizontes. Si los rusos y los chinos y los americanos y los polacos y los alemanes empiezan a tratarse con un mínimo de respeto y curiosidad, paralelamente se avanza en los descubrimientos del cosmos lejano y del microcosmos cercanísimo. La misma Tierra va dejando de tener secretos y con el incipiente policentrismo, zonas tan opuestas como el Pacífico, los emiratos árabes, el Sahara o las plataformas submarinas, entran en escena, lo cual acabará, lógicamente, ensanchando los campos de colaboración y de conflicto.

11.7.1. La «Ostpolitik»

El proceso de normalización de las relaciones inter-alemanas y de la RFA con el conjunto de las Repúblicas Populares era un tema central de la política de Bonn y de la estrategia diplomática europea general que, además de resolverse, repercutiría favorablemente en la distensión de todo el *complejo relacional*.

Para llevar adelante este cambio, Bonn necesitaba contar con el beneplácito de Washington, de sus aliados europeos y, por otro lado, de Moscú, que como se esperaba iba a poner algunas condiciones para dar su «visto bueno».

La «Ostpolitik» posee, por lo tanto, una estrategia envolvente, que parece empujar dos posturas contrarias, describiendo círculos concéntricos.

El término fue utilizado ya por los estadistas alemanes para referirse a sus relaciones con los pueblos del Este durante el siglo XIX, y cuenta con precedentes como el viaje de Adenauer a Moscú en setiembre de 1955 y el establecimiento de relaciones diplomáticas entre la URSS y la RFA.

En 1965, se inicia lo que pudiera calificarse de «Ostpolitik» comercial, al establecerse relaciones económicas con polacos, húngaros, búlgaros y rumanos. Un año después, el gabinete Erhard afirma el deseo alemán de arreglar con el Este los «problemas pendientes». Kissinger propondrá una común renuncia a la violencia. La «escalada comercial» se eleva a diplomática: embajada en Bucarest, misión en Praga, relaciones con Yugoslavia.

La actitud rusa es prudente. Advierte a Bonn el 23 de enero de 1967 que «no puede autodenominarse como el único representante del pueblo alemán» y especifica, pocos meses después, que debe renunciar a las armas atómicas y reconocer a la RDA.

La elección del socialdemócrata Willy Brandt facilitará la realización de esta política. Su pasado antifascista, su ejecutoria como alcalde de Berlín y su reciente actividad como titular de exterior y líder del SPD le otorgaban una buena imagen para pilotar la «Ostpolitik».

Bonn empezó reconociendo la necesidad de aceptar los cambios fronterizos generados por la II GM, el reconocimiento de la RDA y el entendimiento con Moscú en algunas cuestiones conexas, como la firma por parte de la RFA del Tratado de No Proliferación Nuclear. El acuerdo con Moscú se concretó el 12-VIII-70 firmándose un tratado alemán-soviético en favor de la paz y la distensión, reconocimiento de las fronteras europeas, incluida la polaca del Oder-Neisse, y la confirmación del derecho de ocupación de Berlín por las Cuatro Potencias. También en 1970 se llegó al acuerdo alemán-polaco. El tratado entre Bonn y Varsovia ponía fin a treinta y ocho años de enemistad. Constaba de cinco artículos, además de preámbulo con la exposición de motivos, y, en síntesis, suponía el reconocimiento de la línea Oder-Neisse como frontera occidental de Polonia, la renuncia al uso de la fuerza, el respeto de la integridad territorial de ambos Estados, la posibilidad de ulteriores contactos de normalización y cooperación en distintos campos, la no anulación de otros acuerdos anteriores, es decir, que los derechos de los aliados no se ven afectados por este tratado.

Mientras el Gobierno habla de «hechos consumados», la oposición le acusa de «abandonismo» y «entreguismo». Brandt había hablado ya de «dos Estados alemanes en una misma nación» y así se abría el tercero de los círculos de esta compleja negociación, el círculo del entendimiento inter-alemán.

Aprovechando una oportuna «escala técnica», Walter Schell charla con Wladimir Semionov y un mes más tarde, el 19 de marzo de 1970, Willy Brandt y Willly Stoph inauguran en Erfurt la larga andadura del entendimiento inter-alemán.

No es cuestión de enumerar las frecuentes conversaciones múltiples que se llevan a cabo hasta que se llega al mencionado acuerdo germano-polaco de noviembre de 1970. La RDA comunica su deseo de reanudar las negociaciones de Erfurt y Kassel, que se habían abierto en primavera entre los dos «W» y se ven acelerados al removerse el obstáculo de los acuerdos con Polonia.

No fueron fáciles las conversaciones entre las dos representaciones alemanas, especialmente por la rigidez de las exigencias de la RDA y el espinoso tema de Berlín y de la mejora de los accesos a la antigua capital, con el corolario de más facilidades para las relaciones personales y familiares.

Un acuerdo cuatripartito sobre Berlín, que contaba con la expresa declaración soviética de no obstaculizar la circulación de personas y cosas entre los sectores, desbloqueó las negociaciones.

Además, aunque Berlín Occidental no se reconocía como parte de la RFA, sí se admitía que sus habitantes pudieran viajar con pasaporte de Bonn.

Los dos Gobiernos alemanes firmaron el 21-XII-72 un Tratado Fundamental que normalizaba las relaciones entre ambas Alemanias, aunque en vez de embajadores se decidió intercambiar «representantes permanentes» para contentar a Bonn. La RFA tuvo que renunciar a introducir en el texto referencias a la existencia de una sola nación alemana. Pronto se vieron los frutos de la Ostpolitik. Los Estados Occidentales reconocieron a la RDA y ambas Repúblicas germanas fueron admitidas en la ONU.

Como se preveía, la distensión mejoró en todo el espacio centroeuropeo, influyendo además positivamente en la mejora de las relaciones internas de cada Bloque y en las relaciones globales entre el Este y el Oeste. Por otra parte, esta política de diálogo se imitaría en otras zonas conflictivas del mundo, como Oriente Medio y Asia.

11.7.2. *El acercamiento Washington-Pekín*

«En contraste con la variable historia de la política interior china, la política exterior de la RP China se distingue especialmente por su constancia. En sus treinta años de historia, sólo hubo tres decisiones fundamentales que produjeron fisuras claras, aunque motivaron cambios más radicales que las luchas por el poder y por el rumbo político dentro de un sistema socialista que ha permanecido indiscutido en su orden fundamental. Las razones de la continuidad relativamente grande del desarrollo político exterior son evidentes.

»La política exterior no es *a priori* una esfera del poder de decisión soberano de un Gobierno. Aquí hay que tener en cuenta las circunstancias y los imperativos externos o bien las consecuencias imprevisibles de no tomarlos en consideración».

Estas frases de Domes y Näth explican muy bien que triunfase en el complejo entramado de las relaciones chino-americanas la tesis de Kissinger, fundada en la más clásica «Realpolitik».

El estadista, que recordemos era de origen alemán, escribió su tesis doctoral sobre el Congreso de Viena y era partidario de restaurar en el mundo de hoy la vieja tesis del equilibrio de las Potencias del Directorio, que en el caso de China suponía su reconocimiento a cambio de la *integración* del enorme país en *el sistema* internacional, lo cual daría a éste una *estabilidad* muy deseable.

A) *La diplomacia del ping-pong*

La estrategia chino-americana fue convergente y hasta encontró un nombre propio y adecuado: la *diplomacia del ping-pong*. Esta denominación se debía a que un equipo de ping-pong chino y otro norteamericano habían tenido que jugar unos partidos y poco después Zou-Enlai recibió a los deportistas y tuvo palabras de simpatía hacia los EEUU. Ambos equipos se obsequiaron y los chinos también fueron instados a viajar a Norteamérica.

Comentando estos sucesos, Kissinger escribió en sus *Memorias*:

«Toda la empresa fue típica de Zou Enlai. Como todos los movimientos chinos, tenía tantas capas de significado, que la brillantemente pintada superficie era la parte menos significativa. Como es muy obvio, la invitación a los jóvenes norteamericanos simbolizaba el compromiso de China para mejorar las relaciones con los Estados Unidos y en un nivel más profundo daba la seguridad —más que ninguna comunicación diplomática a través de cualquier canal— de que el emisario que sería ahora seguramente invitado pisaría tierra amiga. Era una señal para la Casa Blanca de que nuestras iniciativas habían sido tenidas en cuenta. El hecho de que los jugadores no podían de ninguna manera representar una particular tendencia política se unió al atractivo de la maniobra desde la perspectiva china. China podría marcar su tanto sin posibilidad de un desagradable comentario norteamericano. Zou-Enlai también sabía hacer gestos que no pudieran rechazarse».

La revista norteamericana *Time* comparaba en febrero de 1972 el viaje del presidente Nixon a Pekín con el lanzamiento del Apolo II, al considerar tanto la *lejanía* de China como lo *histórico* del hecho. En efecto, el anuncio hecho en julio del año anterior en Los Angeles, durante una rueda de prensa, sorprendió al mundo: «Mao-Ze-Dong ha invitado a Nixon a visitarle el próximo año».

Recordemos que veintitrés años separan el nacimiento de la República Popular de este acontecimiento diplomático. Un período de tensiones e intereses opuestos, una *muralla* de mutua incomprensión, una *larga marcha* de pacientes contactos que al fin abren las puertas de la *Ciudad Prohibida* al Presidente norteamericano, y las del rascacielos de cristal de la ONU a los representantes de Pekín.

Formosa, Corea e Indochina, sintetizan el carácter conflictivo de las relaciones chino-norteamericanas hasta los años setenta. No faltan en estos años alusiones suavizantes. Zhou-Enlai señalaba en la Conferencia de Bandung que «el pueblo chino es amigo del pueblo norteamericano y no quiere la guerra con él. China está dispuesta a discutir con EEUU las tensiones políticas de Extremo Oriente y en especial de Formosa».

Un año antes, en Ginebra, Zhou manifestó su deseo de llegar a un pacto colectivo que evitase enfrentamientos en Asia.

El 1 de agosto de 1955 se inician discretas conversaciones chino-norteamericanas en Suiza, a través de sus respectivos embajadores. China libera a los prisioneros norteamericanos de la guerra de Corea. Las negociaciones se interrumpen para reanudarse en Varsovia en 1958. Los incidentes en Quemoy y Matsu y la visita de Eisenhower a Taipeh vuelven a enfriar estos contactos.

El mandato de Johnson es poco propicio para mejorar el *clima*, a causa de la escalada en Vietnam, aunque se ha sabido que las reuniones secretas no se interrumpieron por completo.

En 1969, se decretan una serie de medidas de liberalización que mejoran las relaciones comerciales y turísticas. 1971 será el año decisivo. Por primera vez en los discursos del Presidente se deja de hablar de «China comunista» para hacerlo de la «República Popular China». En abril, el equipo de ping-pong estadounidense es invitado a jugar en Pekín e incluso es recibido por Mao.

Desde 1950, con excepción de 1964, China Popular venía intentando su admisión en la ONU. Los resultados de las votaciones experimentan un favorable incremento, paralelo al proceso de reconocimiento diplomático del régimen comunista por los demás Estados soberanos. En 1970, por vez primera, la propuesta para el ingreso de China en la ONU obtuvo una mayoría simple: 51 votos contra 49 y 25 abstenciones. Problema clave de este asunto es Formosa. La tesis de *las dos Chinas* es tajantemente rechazada por Mao-Ze-Dong, como se ha hecho constar con precisión a la hora del establecimiento de relaciones diplomáticas.

La entrada en la ONU planteaba unas cuantas cuestiones jurídicas y políticas, como valorar si existían o no contradicciones entre la universalidad de la Organización y la fidelidad a los principios de la Carta respecto a la admisión de nuevos miembros (artículo 4, capítulo II), la expulsión de un miembro originario (artículo 3, capítulo II; artículo 23, capítulo V), la posibilidad y legalidad del recurso al veto por parte de China nacionalista, la compra de votos flotantes, o el creciente predominio de los votos afroasiáticos.

El proyecto presentado por EEUU trataba de salvar a Formosa y conceder a Pekín simultáneamente el ingreso, que sólo sustituiría a Taipeh en el Consejo de Seguridad. «Esta resolución se basa en la realidad política y en la equidad fundamental» (dijo Rogers). La propuesta de Albania exigía expulsar a Formosa. En la votación para saber si el tema era *cuestión importante* se adelantó el resultado final, al ser ganada por los albaneses. Pekín fue admitido por 76 votos contra 35 y 17 abstenciones (entre ellas España), el 25 de octubre de 1971.

B) *El viaje de Nixon*

El 22 de febrero de 1972, aniversario del nacimiento de George Washington, el presidente Nixon acompañado de su esposa y de su séquito de diplomáticos, expertos y periodistas, tomó tierra en el aeropuerto del Puente del Arco Iris de Shanghai. El recibimiento fue correcto pero frío. Esta *cumbre* no era sólo *bilateral* sino más bien insólita, al estar ausentes, por igual, los rusos y los europeos.

El viaje culminaba cerca de tres años de contactos secretos, en los que desempeñó un importante papel el dirigente rumano, Ceaucescu, y el consejero presidencial, Henry Kissinger.

Antes del viaje, Nixon advirtió en su mensaje al Congreso sobre «la naciente estructura de la paz», que emprendía el vuelo por siete razones:

1. Una China pacífica y próspera es importante para los intereses norteamericanos.

2. Los logros del pueblo chino deben ser objeto de una reflexión adecuada en los asuntos mundiales.

3. Para conseguir una paz asegurada y completa en Asia, se necesita la positiva contribución de la República Popular China.

4. Construir una relación permanente con China, dando pruebas de confianza en las relaciones con todos los países aliados o no.

5. La República Popular, al igual que los EEUU, no sacrifica sus principios.

6. El supuesto de una corriente hacia EEUU por parte de China es recíproca a la corriente que se quiere establecer desde Washington.

7. Hay que buscar nuevas fórmulas de participación en Asia, tarea en la que URSS, China y Japón deben desempeñar un papel importante.

Nixon se reunió con Mao y también con Zhou-Enlai y los demás dirigentes chinos en la Gran Casa del Pueblo. En los siguientes días de la visita, junto a actos culturales y sociales, volvieron a mantenerse varias entrevistas. En el brindis de Zhou en la cena de gala, tras recordar que ambos países tenían sistemas sociales distintos y que existen grandes diferencias, enumeró cinco principios para el entendimiento: respeto mutuo para la soberanía e integridad territorial, no agresión mutua, no injerencia en los asuntos internos del otro, equidad y beneficios respectivos y coexistencia pacífica.

El viaje tuvo, además, su vertiente *electoralista* que no debe marginarse, y supuso un alza de la imagen de Nixon ante el pueblo americano. La sombra del Watergate empañaría muy pronto estos indiscutibles éxitos diplomáticos.

C) *Hacia un nuevo equilibrio en Asia*

Tras la visita de Nixon y la retirada americana del Vietnam, China Popular se erige en la principal potencia asiática. Para contrarrestar esta posición, se emprenden dos acciones diversas pero conexionadas: la «regionalización del poder y el mutuo acercamiento para consolidar el equilibrio».

Esta estrategia implica revalorizar a la India, a Pakistán, a Irán, a Japón, a Filipinas, a Indonesia, a Australia..., es todo un recomponer el mapa geopolítico de Asia, buscando su *mayoría de edad*.

Estados Unidos tiende a desligarse de sus compromisos, pero evitando crear un vacío de poder. La clave está en consolidar estos estados. Justo la alternativa opuesta a la *pactomanía*.

El aspecto conlleva, con la incorporación de China —y de los demás— a la tarea de *estructurar la paz*, un cierto conservadurismo o al menos un giro desde posturas revolucionarias a otras más integradoras que están conformes en apuntalar el equilibrio.

Todo esto sólo es posible admitiendo la realidad de las cosas. Y la primera realidad es la importancia de China. El japonés Tanaka viajó a Pekín cuando aún se comentaba la visita del norteamericano.

Pronto le seguirán otros muchos estadistas asiáticos y occidentales. Incluso el Gobierno de Franco establecerá relaciones diplomáticas con Pekín.

Ha nacido un nuevo clima de distensión, sin que ello signifique una alteración en profundidad de las posturas de las partes que sostienen el conjunto relacional. Pekín ha aumentado su apoyo a la causa europea, como lo ha hecho a los países afroasiáticos, con el tradicional objetivo de ir debilitando alianzas para romper el bipolarismo de la posguerra. El viaje confirma el fracaso de la política asiática de los EEUU, o al menos su inoperancia en la nueva década. El hecho, lógicamente, despierta recelos no sólo en los aliados orientales, sino también en los occidentales.

No se trata tampoco de un nuevo pacto germano-soviético, como algún comentarista apuntó. No se va a cambiar un dualismo por otro. Simplemente ocurre que está cambiando la figura geométrica del equilibrio mundial.

El nuevo giro en las relaciones exteriores tendrá consecuencias más o menos discretas en la situación interior. Como todo lo que ocurre en Oriente, será éste también un proceso lento —y más aún en la lentísima China—, pero dinámico a largo plazo.

El entendimiento chino-norteamericano podía alarmar a Moscú. Por ello, Nixon se apresuró a visitar la capital soviética y expresar ante el mundo que la *monarquía dual* no se había resquebrajado.

11.7.3. *Universalización y regionalización*

La década de los setenta confirma la convivencia de todos los actores y mensajes del sistema internacional en una incipiente *audiencia* global, que a la vez se articula en distintos subsistemas *funcionales* y *espaciales*, es decir, en *audiencias regionales*.

A) Este doble proceso no es contradictorio sino complementario y se ilustra claramente en el incremento y desarrollo de las organizaciones regionales.

Las Naciones Unidas ofrecen el siguiente cuadro respecto al número de sus Estados miembros y el porcentaje de *presencia* de los distintos continentes.

	Europa	*América*	*Asia*	*África*	*Oceanía*	*NN.UU.*
1945	14 (27%)	22 (43%)	9 (18%)	4 (8%)	2 (4%)	51
1955	26 (34%)	22 (29%)	21 (28%)	5 (7%)	2 (3%)	76
1965	28 (24%)	24 (20%)	27 (23%)	37 (32%)	2 (2%)	118
1975	30 (21%)	30 (21%)	34 (24%)	46 (32%)	4 (3%)	144

Salta a la vista la estabilidad de la participación europea y americana y el aumento de los países afroasiáticos. El total de miembros pasa a ser el triple, prácticamente, en el período considerado.

Las Naciones Unidas que nacieron como una alianza frente al Eje se transforman a lo largo de estas décadas en una verdadera organización mundial, que si en parte recibió críticas por su inoperancia, debido, en especial, a las tensiones ruso-americanas, también lleva a cabo una innegable tarea.

Su contribución en temas como la descolonización, la cooperación internacional para el desarrollo, difusión y protección de los Derechos Humanos, los esfuerzos e intervenciones para el mantenimiento de la paz, las misiones humanitarias, la gestión y realización de actividades técnicas especialmente a través de los Organismos y Agencias Especializadas, el apoyo y respeto hacia el derecho internacional y la solución pacífica de controversias es innegable.

Además cumple una importante misión como foro de encuentro y diálogo entre los Estados, incluso entre los que no mantenían relaciones directas. También merecen destacarse sus esfuezos en pro del desarme, de la cultura, de la igualdad y de la solidaridad entre los pueblos.

Como sintetiza Michel Virally las actividades de progreso de la ONU se pueden enmarcar en un tríptico operativo: como instrumento de universalización, como instrumento de pacificación y como instrumento de desarrollo.

B) Además de los procesos de construcción de los Bloques europeos, —Consejo de Europa, CEE, OTAN, Pacto de Varsovia, COMECON, etc.— y de los más tímidos progresos en Oriente Medio —Liga Arabe— y América —OEA, Pacto Andino, ALALC, ODECA, etc.—, también se institucionalizan organizaciones y pactos militares en África y el área del Sudeste asiático y el Pacífico.

En África, paralelamente a la consecución de la independencia, los nuevos estados procuran establecer lazos regionales e incluso continentales, hasta producirse una excesiva multiplicación y hasta entrecruzamiento de organizaciones.

La *Organización de la Unidad Africana* es la más importante. Los inspiradores principales fueron Nkrumah, presidente de Ghana, y el egipcio Nasser. Establecida en Addis Abeba el 25 de mayo de 1963, limita sus *miembros* a los países del continente e islas que lo rodean. Ni Rhodesia ni África del Sur fueron miembros de la organización, como tampoco ninguna de las potencias coloniales aunque mantuvieran territorios en África.

La OUA promueve la unidad y solidaridad de los Estados africanos, su soberanía y su independencia así como su integridad territorial, y erradicar el colonialismo. Se propone, además, coordinar y promover la cooperación entre los estados africanos.

También la OUA desempeña un papel muy importante en la *solución pacífica de conflictos*. Citaremos, entre otros, Marruecos y Argelia (1963 y 64), Etiopía, Kenia y Somalia (1960-67), Ghana y Alto Volta (1963), pero en cambio en el tema del Sahara español, la división entre sus miembros y la postura marroquí no ha permitido a la OUA lograr una acción eficaz.

La organización también ha mediado entre otros litigios fronterizos, conflictos internos y subversivos.

También se crean numerosas organizaciones regionales, pero se enumeraron ya en el Capítulo III.

En Asia, en 1954, por el Pacto de Manila, se estableció la *Organización del Tratado del Sudeste Asiático*, que como escribe Medina: «se proponía actuar como elemento de contención frente al peligro de expansión comunista en Indochina. La actividad principal de esta Organización (SEATO, según las siglas inglesas) se dirigía a reforzar los gobiernos anticomunistas o no comunistas de Indochina, y sirvió de pantalla para la intervención norteamericana en Indochina. Sin embargo, tras el hundimiento de los gobiernos pro-americanos de Camboya y Vietnam del Sur, los Estados miembros han decidido proceder a la disolución de la Organización. En 1951, los Estados Unidos, Australia y Nueva Zelanda habían establecido el Consejo ANZUS para la cooperación militar entre los países; este Consejo sigue subsistiendo aún después del acuerdo de disolución de la SEATO».

En 1967, se estableció la *Asociación de naciones del Sudeste Asiático* (ASEAN, según las siglas en inglés) formada por Thailandia, Malasia, Singapur, Indonesia y Filipinas, para promover la cooperación sobre todo en materia económica.

La Commonwealth permanece como el gran foro de reunión de los países que estuvieron sometidos a Londres pero gracias a una elástica metamorfosis. Pierde su calificación de Británica e incluso admite que en su seno coexistan Repúblicas como la Unión India, quedando relegada la función de la Corona a una presidencia poco más que honorífica. Además, parte de sus Estados miembros tienen un papel muy activo en el movimiento de los países no alineados, mientras Canadá pertenece a la OTAN, Australia al ANZUS o Gran Bretaña acaba por integrarse en la CEE.

11.7.4. *El movimiento de los no-alineados*

El movimiento de los no-alineados, en frase de Berg, «constituyó en estos años, después de las Naciones Unidas, cuya vocación de universalidad es natural, la más vasta reunión de estados del mundo».

Aunque en la Conferencia de Bandung se pone en marcha la incorporación de los países afro-asiáticos al sistema internacional como un grupo de estados con peso específico, el movimiento no-alineado no se institucionaliza como tal hasta 1961, en la Cumbre de Belgrado.

El hecho clave fue la adopción de una estrategia política de signo activo y positivo, el *no-alineamiento*, en lugar de una interpretación pasiva de la neutralidad al estilo clásico. Otro dato es la ampliación del espacio de sus componentes hacia Iberoamérica, el África Subsahariana e incluso Europa, al incorporarse con gran protagonismo Yugoslavia.

La Conferencia de los Jefes de Estado o de Gobierno de estos países se celebró en Belgrado (1 y 6 de septiembre de 1961) por la iniciativa del presidente de Yugoslavia, Tito; el de la RAU, Nasser; el de Indonesia, Sukarno, y el primer ministro de la India, Nehru. Asisten 25 países como miembros de pleno derecho, tres como observadores y 27 comités de liberalización nacional de los territorios dependientes. La conferencia hizo un llamamiento en favor de la paz y se dirigió a los gobernantes de Estados Unidos y de la URSS en favor de una política de coexistencia pacífica y de paz mundial.

El eco de esta reunión fue mundial y puso en evidencia la voluntad de afianzamiento de un Tercer Mundo que superase la escisión de la Bipolaridad.

La II Cumbre se celebró entre el 5 y el 10 de octubre de 1964 en El Cairo, con participación de 47 países, 10 observadores y 30 representantes de comités de liberación.

La conferencia además de elaborar un «Programa por la paz y la colaboración internacional» redactó los «principios de coexistencia pacífica», condenando el imperialismo, el colonialismo y el neocolonialismo como principales causas de las tensiones y conflictos internacionales.

La III Conferencia fue en Lusaka del 8 al 10 de septiembre de 1970 con participación de 54 países, ocho observadores y representantes de comités de movimientos de liberación, adoptando dos declaraciones «sobre la paz, la independencia, el desarrollo, la cooperación y la democratización de las relaciones internacionales» y otra sobre «la no alineación y el progreso económico».

La IV Cumbre se celebró en Argel entre los días 5 y 9 de septiembre de 1973, con asistencia de 75 países miembros, siete observadores, tres invitados y 12 representantes de movimientos de liberación. Presentó una «Declaración política» coherente con las de conferencias anteriores.

En esta etapa, que va de 1961 a 1973, se aprecia la confirmación de un movimiento intercontinental que toma postura frente al sistema bipolar y pretende escapar a su maniqueísmo.

También se evidencia que la heterogeneidad y divergencias internas entre los miembros del movimiento van en aumento a la vez que crece su número.

Después de la Cumbre de Argel empieza a hablarse del «espíritu del Argel» que viene a sustituir al ingenuo optimismo del «espíritu de Bandung».

Se acostumbra a sintetizar los objetivos del movimiento como la estrategia de las «5-D» que se corresponden a:

— Descolonización política
— Desarrollo económico
— Desarme general
— Derechos del Hombre
— Distensión entre todos los estados.

Junto a estos objetivos se sitúan la lucha contra el racismo y la oposición al neo-colonialismo, el impulso a la coexistencia pacífica y la concepción activa del neutralismo. Sin embargo, la tendencia anti-occidental de muchos dirigentes y estados y la entrada en el grupo de movimientos de liberación simpatizantes del marxismo, van a ir escorando todo el conjunto hacia posiciones que de algún modo, aunque sea indirectamente, por oponerse a los intereses americanos y europeos, favorecen a la estrategia de la URSS.

11.7.5. *La guerra del Yom Kippur*

La cuarta guerra árabe-israelí, o guerra del Yom Kippur (*Día del Perdón*) por la fecha religiosa judía en que se inició, no tuvo un vencedor claro, realmente puede decirse que terminó *en tablas*.

Israel perdió su aureola de invencible, sufriendo fuertes bajas, destrucción de material y retroceso en su frente. Egipto, que contó con la ventaja de la sorpresa y sigue valorando este conflicto como una guerra victoriosa, también tuvo fuertes bajas, pérdidas de material e infiltraciones judías en sus líneas.

Siria, que comenzó invadiendo Israel, tuvo que replegarse y ver en peligro su misma capital. Los otros estados árabes tuvieron una participación menor en el conflicto, que desde su iniciación fue vigilado muy de cerca por los rusos y americanos, interviniendo para aconsejar la paz en el momento que estimaron más práctico.

Los preparativos militares egipcios previos no dejaron de suscitar recelos en Tel Aviv, pero como diría Moshe Dayan «no es posible desencadenar una guerra preventiva cada vez que los árabes se movilizan».

Según otras interpretaciones, Washington había exigido a Israel no dar el primer paso y aguantar el ataque árabe, posiblemente para no incidir en su mala imagen de agresor, y poder, en cambio, aparecer como víctima.

Lo cierto es que coincidiendo con una jornada de fiesta israelita, unidades de elite egipcias y sirias atacaron simultáneamente en el Golán y el Canal de Suez, el 6 de octubre de 1973.

Los efectivos sirios, que sumaban 40.000 hombres y 800 carros desbordaron las defensas judías, tomaron Kenitra y amenazaron la orilla del Jordán hasta ser detenidos el día 8 y entablarse una guerra de posiciones el día 9.

Tropas escogidas de comandos egipcios cruzaron el Canal por los puntos más estrechos, apoderándose de la otra orilla y tendiendo once puentes que luego serían cruzados por las columnas de blindados bajo protección aérea y artillera.

Los egipcios, al mando del general Saad ed-Dine Chazli, emprenden un avance espectacular; tres cuerpos de ejército penetran conjuntamente sobre El Kantara, Ismailía y Suez. Esta vez las tropas de Sadat van perfectamente equipadas y adiestradas. Los misiles soviéticos SAM 2, 3 y 6 defendieron el espacio tomado y causaron graves pérdidas a la aviación israelí. Los egipcios contaban también con eficaces proyectiles anti-tanques autodirigidos.

La primera fase de la contienda dura hasta el día 10, cuando la contraofensiva israelí se afianza, haciendo retroceder a los sirios y consolidando posiciones en el Sinaí.

La aviación egipcia bombardea los pozos de petróleo explotados por Israel en el Sinaí, mientras grupos de comandos judíos inician un ataque hacia el sur del Canal.

Las tropas jordanas, concentradas en la frontera, distraen fuerzas israelíes, pero se mantienen a la defensiva. En el sur libanés, los palestinos también se despliegan, pero no progresan.

En el Sinaí, donde egipcios e israelíes mantienen sus líneas, se preludia una guerra de desgaste o con maniobras sorpresivas que no acaban de descartarse. El 14 hay una fuerte ofensiva egipcia que termina por ser contenida. Los israelíes llevan mejor suerte en el frente sirio y llegan a 30 km de Damasco. La URSS advierte a Israel que no permitirá la toma de la capital siria.

Las pérdidas de material por ambos bandos es enorme y tanto la URSS como los EEUU se prestan a reponerlo y mantienen un aprovisamiento continuado.

Los iraquíes apoyan a Siria y Arabia Saudí también envía algunos contingentes simbólicos, aunque su mayor apoyo será financiero.

El 17 de octubre, unidades israelíes consiguen establecer una cabeza de puente en la orilla izquierda del Canal, en la retaguardia egipcia.

En el mismo día, se abre un nuevo frente de incalculables consecuencias económicas para los países industriales: los árabes deciden emplear el petróleo como arma política. Libia suspende el envío de petróleo a EEUU, y todos los demás acuerdan disminuir su producción y subir los precios un 17%.

Mientras en el Sinaí se enfrentan en grandes batallas los blindados egipcios e israelíes, el Secretario de Estado norteamericano, Henry Kissinger, vuela a Moscú, a petición de los soviéticos, para lograr imponer el alto el fuego.

Kissinger y Kosygin piden la reunión urgente del Consejo de Seguridad de la ONU, que el día 22 aprueba una resolución pidiendo el alto el fuego sobre las posiciones alcanzadas.

Israel y Egipto aceptan a las pocas horas el llamamiento del Consejo y Siria un poco más tarde. El conflicto terminará el 25 de octubre.

Fuerzas de la ONU se trasladaron a las zonas de combate para supervisar el alto el fuego. La maniobra de los israelíes en la orilla del Canal, al norte de los Lagos Amargos había dejado aislado al III Ejército egipcio. También los judíos se encuentran en posiciones difíciles de sostener. Sin embargo, el nuevo clima de distensión hace que los israelíes, presionados por la ONU, permitan el paso de los convoyes egipcios de aprovisionamiento.

Ha llegado el momento de las negociaciones tras una guerra que no ofrece una situación militar clara y que fue interrumpida por ambos contendientes con gusto y bajo la presión de las Superpotencias. También en Oriente Medio va a iniciarse, aunque más lentamente «el Gran Giro».

11.7.6. *Apertura, Distensión y Multipolaridad*

A mediados de la década de los setenta, una vez superadas las secuelas de la crisis del petróleo generada por la guerra del Yom Kippur, el sistema internacional camina hacia un horizonte de apertura y distensión.

A) La consolidación del entendimiento entre los EEUU y la URSS, es decir, el mantenimiento de esta especie de no confesado *Gran Consulado* se ilustra una vez más con la visita de Nixon a la Unión Soviética. El viaje tuvo lugar en mayo de 1972.

El presidente Roosevelt ya había visitado la URSS para asistir a la Conferencia de Yalta y Nixon también había estado en Moscú dos veces, aunque no en calidad de primer magistrado norteamericano. Por lo tanto, con esta visita era la primera vez que un presidente de EEUU llegaba a la capital soviética.

La reunión con los dirigentes del Kremlim iba precedida por su reciente estancia en China y por acontecimientos más próximos y tampoco muy adecuados para la ocasión. El 8 de mayo, Nixon había mandado minar y bloquear los puertos de Vietnam del Norte. Esta vez no hubo gesto de rechazo como el de Kruschev a Eisenhower en París a causa del incidente del U-2.

Breznev no se encontraba en el aeropuerto para recibir a Nixon ni asistió a los primeros actos oficiales en el Kremlin, pero se incorporó antes de la protocolaria cena de gala y sostuvo con el Presidente americano una entrevista durante hora y media, que no figuraba en la agenda oficial. Se alegaron motivos de precedencia, pues el Presidente del Soviet Supremo era Podgorny, que, acompañado de Kosygin, fue el encargado de saludar a Nixon en el aeropuerto.

Se mantuvieron siete reuniones de trabajo y, frente a la *troika* rusa, acompañaban a Nixon, Henry Kissinger y Williams Rogers.

Hubo resultados positivos en el terreno de la limitación de las armas nucleares, en la colaboración espacial, la cooperación para proteger el medio ambiente, el incremento de los intercambios económicos y culturales.

Nixon citó que ambos países nunca habían estado en guerra en el pasado y en cambio colaboraron en la II GM, *Pravda* calificó la cumbre como «las conversaciones más importantes desde la II GM», con obvia exageración, aunque es cierto que el acuerdo acerca de la limitación de armas estratégicas —culminación de las laboriosas gestiones en Viena y Helsinki— constituía, sin duda, un gran paso.

Breznev devolvería la visita viajando a EEUU en 1973.

B) De un modo paralelo a todos estos procesos, en las zonas periféricas e incluso en los Estados más próximos a las regiones conflictivas, se detecta un cierto «desenganche» y una mayor autonomía.

Rasgo muy extendido ahora va a ser la ampliación de contactos entre estados que antes se ignoraban y la imitación de las diplomacias de la *Ostpolitik* y del *ping-pong* por otros autores. El caso más llamativo será el acercamiento entre Egipto e Israel —Acuerdo de Camp David— que por cierto incluirá la visita del presidente egipcio Sadat a Jerusalén, en un gesto que recuerda el viaje de Nixon a Pekín.

En Europa Occidental el *nuevo clima* repercute favorablemente en los procesos europeístas y en la situación interior de los países.

España, que va a atravesar los últimos años del régimen surgido de la guerra civil (1936-1939), vive en esta etapa calificada de *tardofranquismo*, un período de desarrollo económico y anquilosamiento político, mientras las distintas fuerzas democráticas operan con más dinámica en la clandestinidad.

En política exterior, el nuevo titular del ministerio, López Bravo impulsó una *Ostpolitik a la española*, es decir, la apertura de relaciones comerciales y diplomáticas con las Repúblicas Populares.

Como escribe Calduch: «Durante la época de Castiella se habían establecido relaciones comerciales y consulares con Polonia y Rumanía. En Diciembre de 1969, el Embajador español en París firmaba una nota con su homólogo húngaro para el establecimiento de relaciones consulares entre ambos Estados. En los meses siguientes las relaciones consulares se ampliaron a Bulgaria y Checoslovaquia y, en 1972, también a Yugoslavia.

»No obstante, el verdadero avance cualitativo se produjo tras la "escala técnica" del Ministro de Asuntos Exteriores español en Moscú y su entrevista con el Viceministro de Asuntos Exteriores soviético, Kovaleev, en 1970. Esta iniciativa que encontraría su continuidad ese mismo año en el encuentro, mantenido en la sede de la ONU, entre López Bravo y Andrei Gromyko. Con estas reuniones se sentaron las bases de una negociación, tan discreta como intensa, culminada con la firma, el 15 de Septiembre de 1972, de un Tratado Comercial entre España y la URSS que constituyó el punto de partida de la posterior normalización de relaciones diplomáticas entre ambos países. No menos espectacular fue el proceso gradual por el que se llegó al reconocimiento del Gobierno de Pekín, como el único representante del Estado chino y, por tanto, con el único que cabía mantener relaciones diplomáticas plenas, en el marco político de entendimiento entre Pekín y Washington».

España también reconocerá a la República Democrática Alemana. El acercamiento a Europa —revisión en 1973 del Acuerdo con la CEE—, el contencioso de Gibraltar y el recrudecimiento de las reclamaciones marroquíes sobre el Sahara Occidental serán los otros temas principales de esos años.

Precisamente, la crisis del Sahara estallará pronto, convirtiéndose en un gravísimo problema que además va a coincidir con el final del régimen franquista y de la misma existencia del General.

El régimen había endurecido su política tras el asesinato del almirante Carrero Blanco el 20-XII-73 que frustró toda posibilidad continuista. El nuevo Gobierno adoptó una línea represiva e intransigente que tendrá repercusión desfavorable en el ámbito de las relaciones internacionales.

C) La rigidez bipolar de los años *duros* de la *guerra fría* y el deshielo de los años de la *Coexistencia*, pese a la irrupción de nuevos focos de tensión y la presencia de crisis y riesgos serios, desembocan en esta otra etapa de fluidez y diálogo que se conocerá como *Distensión*.

La Conferencia de Seguridad y Cooperación en Europa de Helsinki (1973-1975) es el hecho simbólico de este gran giro histórico, que de algún modo augura la superación del Orden de Yalta y el todavía tímido caminar hacia la construcción de otro Sistema Internacional.

La dialéctica entre la bipolaridad militar y el policentrismo político y económico es, en síntesis, el juego de ideas-fuerza, de mensajes y de situaciones que articulan ahora la *audiencia del complejo relacional*.

ISRAEL

1967
Guerra de los Seis Días

- Ocupado por Israel
- Altos del Golán
- Cisjordania
- Gaza
- Península del Sinaí
- Jordania
- Siria
- Arabia Saudí
- Egipto

FUENTE: Atlas Marín de Geografía e Historia; Enciclopedia Monitor

La Guerra de Vietnam (1957-75)

En 1961, Estados Unidos empieza a mandar soldados a Vietnam para detener el avance comunista; en 1975 se unifican los dos países bajo control comunista

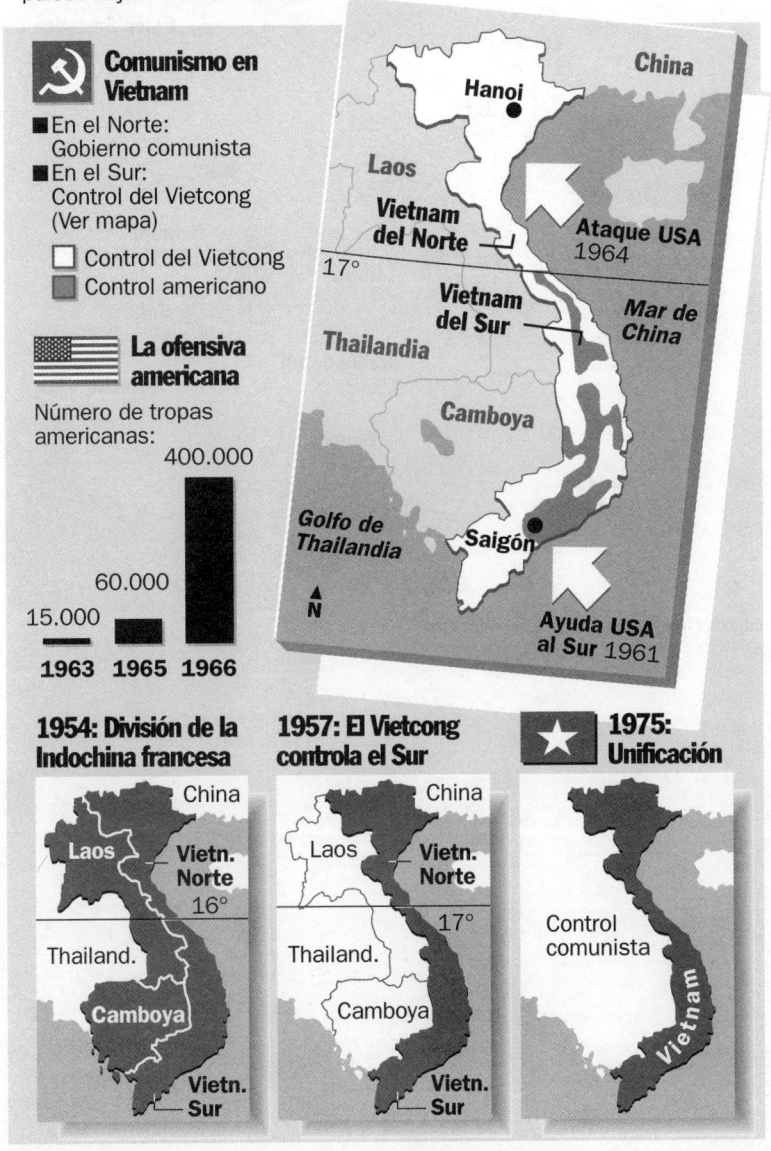

Comunismo en Vietnam

- En el Norte: Gobierno comunista
- En el Sur: Control del Vietcong (Ver mapa)
  - Control del Vietcong
  - Control americano

La ofensiva americana

Número de tropas americanas:
- 1963: 15.000
- 1965: 60.000
- 1966: 400.000

Ataque USA 1964

Ayuda USA al Sur 1961

1954: División de la Indochina francesa

1957: El Vietcong controla el Sur

1975: Unificación

FUENTE: Atlas Histórico Mundial, H. Kinder; Atlas of the World, Dorling K.

Los estados de Oriente Medio
Fechas de su independencia:

- Turquía 1923
- Líbano 1946
- Chipre 1960
- Siria 1946
- Israel 1948
- Irak 1932
- Jordania 1946
- Kwait
- Irán
- Bahrein 1971
- Qatar 1971
- Egipto República en 1953
- Arabia Saudí 1932
- Omán 1971
- Sudán República en 1956
- Yemen 1918
- Yemen del Sur 1967
- Etiopía
- Unión Soviética
- Mar Caspio
- Mar Mediterráneo
- Mar Rojo
- Mar Arábigo

FUENTE: Atlas Marín de Geografía e Historia

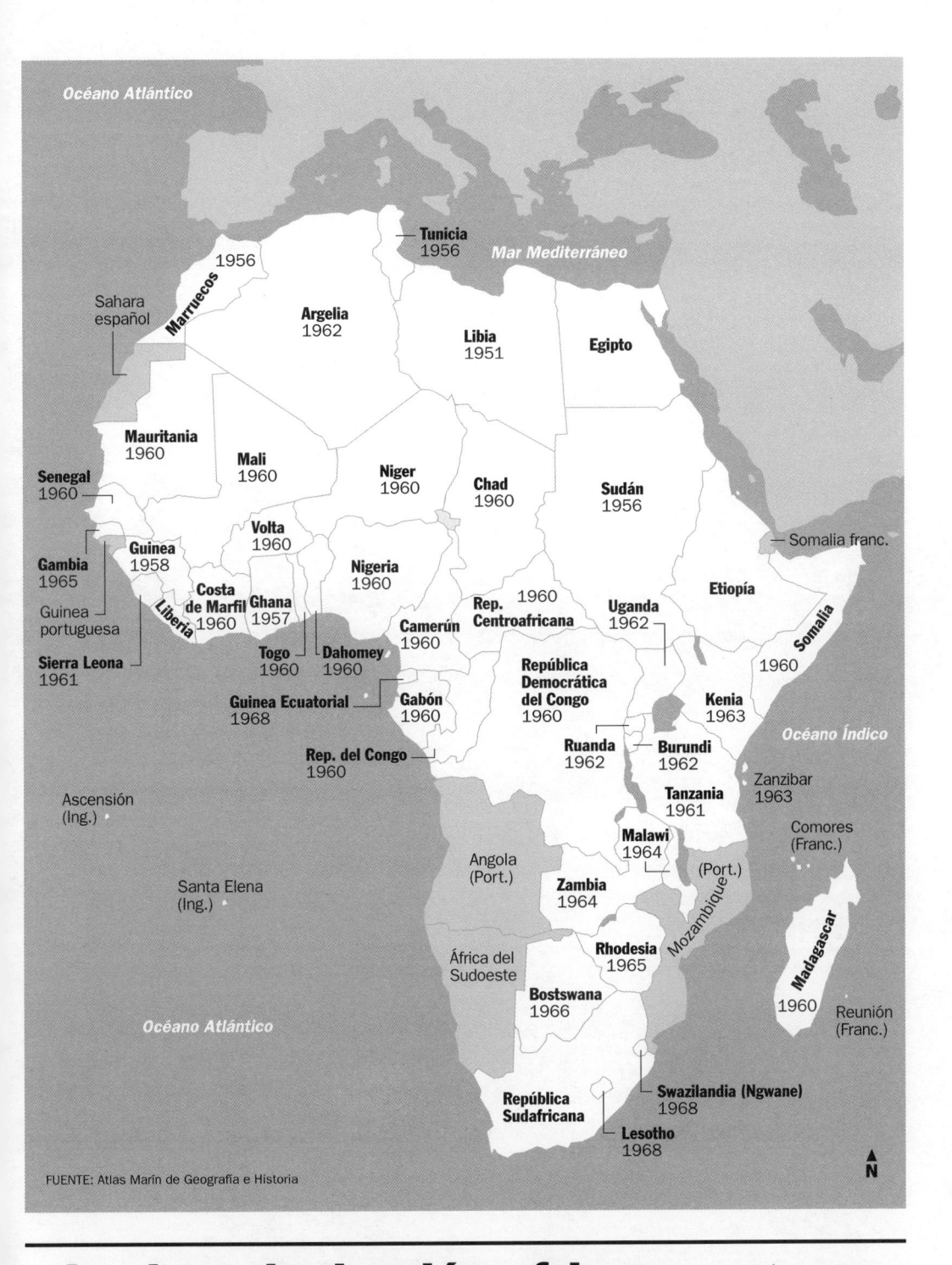

La descolonización africana 1955-1969

Desde 1955 hasta finales de 1969, 38 Estados nuevos habían surgido de las ruinas del imperialismo europeo en el "continente negro". En el mapa aparecen con las fechas respectivas de su independencia.

FUENTE: Atlas Marín de Geografía e Historia

Capítulo XII

DISTENSIÓN Y CAMBIO

12.1. Estructura y proceso

El período que va desde el fin de la Conferencia sobre la Seguridad y Cooperación en Europa en Helsinki (1975) y la llegada de Gorbachov al poder en la URSS (1985) abarca una breve década, aparentemente de transición que, sin embargo, ahora vemos grávida de consecuencias. Contempla las últimas hostilidades de un cierto renacer de la guerra fría, en el marco de la distensión generada por el afianzamiento de la coexistencia, y los primeros hechos de una nueva situación internacional todavía imprecisa, que va a cambiar el rumbo de la Historia.

Perviven rivalidades y conflictos, mayoritariamente internos y periféricos, que, conforme avanzan los años ochenta, vuelven a cobrar un alarmante peso en el proceso internacional, amenazado de involucionismo.

En efecto, mientras el 18-VII-75 se dan la mano en el espacio los astronautas Stanfford y Leonov, rizando el rizo de la entente ruso-americana, el 6-IX-83 finalizaba en Madrid la Conferencia sobre la Seguridad y la Cooperación en Europa, en un ambiente de frustración que pocas semanas más tarde se confirmaría con la instalación de los primeros *euromisiles* Pershing 2 y con la retirada de los representantes soviéticos de los principales foros del desarme.

Tras el mandato conciliador de Carter, los años ochenta ofrecen una especie de «retroceso» en el proceso de entendimiento internacional.

«Carrera armamentista, golpe militar en Polonia, desequilibrio en Oriente Próximo, inestabilidad en Centroamérica, crisis económica internacional, *impasse* en el diálogo Norte-Sur. Nunca, desde la "crisis de los misiles" de 1962, había vivido el mundo una tensión Este-Oeste como la de

1981, dos años después de la intervención soviética en Afganistán», dice Xavier Batalla.

Es difícil encontrar las palabras que sinteticen estos años llenos de contradicciones, cambios, reformas y muestras de autocrítica.

Colard escribe que la simplicidad del mundo de la posguerra con su bipolaridad expresada en la política de Bloques y el enfrentamiento ruso-americano ha sido sustituida por un sistema internacional complejo y en mutación. Señala cinco factores como elementos claves de esta nueva situación: a) la descolonización, b) la unificación del campo diplomático, c) la revolución nuclear y espacial, d) la revolución científica y técnica y e) la emergencia del Tercer Mundo.

En la misma línea, Kissinger destaca como rasgos de la nueva época el aumento de actores y su diversificación, el aumento de sus medios de acción e influencia recíproca y el ensanchamiento del campo de acción de sus objetivos.

La mayoría de los estudiosos y expertos coinciden en reconocer como dato más evidente el paso de la *bipolaridad* a la *multipolaridad* en las relaciones políticas, económicas y culturales, pero sin detrimento de la pervivencia de la bipolaridad militar por el predominio del poder nuclear de las dos superpotencias.

Este nuevo horizonte, más complejo, heterogéneo y fluido, genera un sistema internacional que se caracteriza por su inestabilidad, por las zonas periféricas de sombra que escapan al control de los Grandes, por la emergencia de poderes autónomos y por sus crisis múltiples. Todo ello convive en un marco estratégico rígido con unos procesos tecnológicos de cambio espectaculares.

La intensificación de los intercambios y de las relaciones en un ecosistema comunicativo, cada vez más rico y activo, genera, progresivamente, una audiencia más densa, pero a la vez más asimétrica, polivalente y desajustada, que las relaciones inter-estatales son contrapesadas y, a veces, superadas por las relaciones transnacionales.

La imagen del cubo de Rubik, bien pudo simbolizar estos años de inestabilidad y reajustes continuos del poder internacional.

Dos tesis se oponen a la hora del análisis crisiológico. La tesis de la crisis global e indivisible, con su alternativa de una coexistencia igualmente ligada a un entendimiento generalizado y la de la fragmentación y disección de los fenómenos críticos, lo cual permite una estrategia más flexible de pequeños pasos, de acuerdos concretos, de aislamiento y de congelación de las tensiones.

Si esta segunda opción se detecta en el espíritu del proceso de distensión que caracterizó los años setenta, la primera postura, la del *linkage* o vinculación de las crisis, tesis que da mayor rigidez a la maniobrabilidad deseable en todas las relaciones internacionales, predomina en los primeros años ochenta.

12.1.1. *Variables*

A) *Espacio geográfico y estructura social*

La descolonización del África portuguesa y española, el acceso a la independencia de pequeños territorios insulares en Oceanía y en el Caribe, la retirada del dispositivo estratégico estadounidense al *arco del Pacífico*, la revalorización del Índico y el Pérsico tras la crisis energética y el resurgir islámico y el creciente interés por los espacios marítimos (II conferencia de las Naciones Unidas sobre el Derecho del Mar), son las novedades más destacadas del mapa geopolítico.

Obtienen en 1975 la independencia: Mozambique, Cabo Verde, Angola, Las Comores, Surinam, Sao Tomé y Príncipe y Papuasia-Nueva Guinea; España se retira del Sahara y provoca la aparición de una nueva zona conflictiva, aún no resuelta.

Al año siguiente se independizan las islas Seychelles, y en 1977 el enclave de Djibuti. Las Salomón, Tuvalu y Dominica lo hacen en 1978, y en 1979 culmina el proceso Santa Lucía, San Vicente y las Granadinas, Kiribati y parte de Micronesia (las Marianas se convierten en territorio asociado a los EEUU).

En 1980, las Nuevas Hébridas obtienen la independencia de Francia y del Reino Unido, adopta el nombre de Vanuatu. Rhodesia, que pone fin a un largo y contencioso descolonizador y accede *oficialmente* a la independencia con la denominación autóctona de Zimbabwe.

Antigua y Barbuda alcanzan la independencia en 1981, al igual que el territorio de Belice, reclamado por Guatemala, y en 1983 lo hace el micro-Estado de San Cristóbal y Nevis, también en el Caribe.

Hay que citar además que cambia, al menos *formalmente*, el *status* de Namibia y nacen como Estados varios bantustanes sudafricanos, como Transkei, Bophutatswana y Venda.

La reapertura del Canal de Suez, tras ocho años de paralización, los problemas de contaminación —recordemos accidentes tan llamativos como el del *Amoco Cádiz*— unidos al afán de investigar y explorar los subsuelos terrestres y marítimos, son datos que se deben combinar con el auge del ecologismo y de la preocupación por la naturaleza.

En el año 1984 se abrieron decididamente las puertas de la CEE para su ampliación a los países ibéricos. Tras una larga serie de negociaciones, la cumbre europea en Fontainebleau, que se celebró del 25 al 26 de junio, desbloqueó el tema y confirmó la voluntad de llegar a la Europa de los Doce. Pese a la gravedad de la crisis económica y a las diferencias entre los distintos miembros, al año siguiente, en 1985, tendrá lugar la firma de los tratados de adhesión, el 12 de junio, en Lisboa y en Madrid.

Superados los desajustes de poder en Asia (tras la guerra del Vietnam y la incorporación de China —e India en menor grado— como los centros decisorios del sistema), el continente milenario ve surgir en muy pocos años un prodigioso desarrollo en los llamados «Nuevos Países Industriales», integrados por esa guirnalda de islas y penínsulas que de Corea y Japón llega hasta Singapur y conecta, a través de Indonesia y Malasia, con Australia, la Potencia emergente de la zona austral.

Existen angustiosas desigualdades y gravísimos problemas en Asia, pero también es observable que se establece un cierto *statu quo*, que propicia una situación pacífica y productiva. No cabe decir lo mismo de África. En este continente, tras las luchas por la independencia y la posterior formación de los nuevos estados, han surgido dificultades económicas y rivalidades tribales y fronterizas de lenta resolución. Apenas se han conseguido afianzar regímenes democráticos y son dictaduras de diverso signo los Gobiernos predominantes. Quedan varios contenciosos por resolver, como Namibia, el Sahara Occidental, el Ogadén o el fin del *apartheid* sudafricano, entre otros.

Iberoamérica es la otra zona del mundo donde, con mayor lentitud y contradicciones, se producen cambios. La influencia estadounidense encuentra en la revolución cubana un contagioso revulsivo y bajo la acción castrista surgen en esta parte, antes marginal, tensiones que recuerdan la etapa de la guerra fría. Será especialmente la audiencia del Caribe y del istmo centroamericano, la más compleja, por su misma estructura diversa y las injustas situaciones sociales y políticas, que generan la reacción subversiva.

El subcontinente americano, tras unas décadas llamativamente autoritarias, parece reconducirse por cauces democráticos, siguiendo de alguna manera el ejemplo español, exceptuando la continuidad del régimen militar chileno.

Si ciertamente el sistema se incardina en un espacio cerrado, y ya no resulta posible desplazar las tensiones hacia regiones *ultramarinas* o *salvajes,* todavía quedan tres áreas para la aventura humana: el espacio exterior, las profundidades oceánicas y las zonas polares, especialmente la Antártida.

En efecto, sobre estos tres medios recaerá parte de la acción de los estados y otros actores influyentes, hasta el punto de plantearse ya en el ordenamiento jurídico internacional la salvaguardia del derecho en esas regiones.

Los cambios sociales también aparecen contradictorios. Aumenta el paro, la inseguridad, la inflación y el deseo de consumo.

Institucional y jurídicamente mejoran los derechos y libertades de los grupos y las personas en varios países, retrocediendo en otros. Latinoamérica es un buen ejemplo de este *vaivén*. Las diferencias entre los estados se agravan, en lugar de remitir, y apuntan algunos signos de mayor insolidaridad internacional.

B) *Tiempo histórico y universo cultural*

Tras el escándalo del Watergate, los EEUU entran en una etapa *reflexiva*, que encuentra en el idealismo de Carter un retorno a la moral tradicional americana. Algo parecido, pero con distinto contenido, ocurre en el Islam que mira al pasado, y en otros países *tercermundistas*. Incluso la nueva España democrática viste a la escolta real con uniformes inspirados en los de Alfonso XIII.

Este *estilo nostálgico* se contrapesa por modas vanguardistas y reformas profundas. La URSS, la China Popular y España, por citar sólo países más destacados, cambian de Constitución y mientras que Europa Occidental *gira a la derecha*, en los últimos años setenta y a la izquierda en los ochenta, caen en África tres dictadores y se *retorna a la ciudadanía* en varias Repúblicas latinoamericanas.

Estamos en unos años, históricamente hablando, de *reformas interiores*, más que de grandes alteraciones del conjunto sistémico, pero precisamente por ese carácter independiente del complejo internacional, éste queda afectado.

La tendencia a recuperar formas y actitudes del pasado se aprecia, en otra dirección en los primeros años ochenta, latiendo en este *revival* un angustioso complejo de retorno a la guerra fría, bien sea por la política nuevamente intervencionista norteamericana, como por el endurecimiento soviético.

Desaparecen figuras destacadas de la cultura y del arte, que sería prolijo enumerar aquí. Se despiden las modas y los sentimientos heredados de la posguerra, pero la confianza en el progreso o la extensión de las libertades se ve frenada por la violencia, los temores energéticos, la crisis económica y por la falta de autoridad.

Aumenta el consumo de drogas, la pornografía, la apatía y el sentimiento de frustración. El desencanto y el pasotismo serán otros síntomas del espíritu de autocrítica.

La extensión de la plaga del SIDA, verdadera maldición bíblica del momento, y el aumento de la drogadicción y otros aspectos denigrantes de una decadencia moral, se combinan en los países más avanzados con espectaculares mejoras en la calidad de vida o el incremento de la preocupación por los Derechos Humanos o la protección del medio ambiente.

Se siguen buscando nuevos estilos y normas, ideas renovadoras y técnicas más eficaces, pero el hombre, a la par que adquiere una visión más universal, siente cierta atracción por lo autóctono y lo natural.

Otro de los rasgos detectables en estos años es el auge de la literatura y del cine de ciencia-ficción y de fantasías inspiradas en mundos entre oníricos e infantiles.

Por ejemplo, 1984, fue un año marcado por la *mítica orwelliana*, por el recuerdo y por la búsqueda de similitudes entre la realidad y la ficción de su célebre novela, de su crítica de los totalitarismos y de su curiosa geopolítica de reparto de poder en el mundo de hoy.

Se difuminan, en cierto modo, las aristas entre las ideologías y los partidos de derecha e izquierda y se asiste a un cierto trasvase o al menos intercambio de posturas y de criterios. Se aparcan un tanto los principios y se actúa sobre los intereses y las soluciones prácticas. En este clima, se asiste a experimentos como el pentapartido italiano, la cohabitación francesa o el consenso entre las fuerzas políticas españolas sobre los temas clave de la transición democrática y el apoyo al régimen de la monarquía parlamentaria.

El fenómeno del *eurocomunismo*, que se impone en todos los Partidos Comunistas de Europa Occidental, obedece a este mismo estilo de adaptación, de diálogo y de democratización.

El contraste lo ofrece el afianzamiento y la expansión de otro fenómeno opuesto, que tiene implicación en los ámbitos religioso, político, cultural y social: el fundamentalismo islámico.

La revolución iraní y el triunfo de los seguidores del ayatolláh Jomeini será su hecho más espectacular en este período.

C) *Seguridad nacional y necesidades colectivas*

El terrorismo, la inseguridad ciudadana y la sensación de una especie de *desgobierno* generalizado contrasta con el fortalecimiento de los aparatos estatales y sus medios de control, con la carrera de un armamento cada vez más sofisticado y con el aumento de poder.

Se asaltan, poco menos que impunemente, Embajadas de las Potencias que poseen una impresionante capacidad militar y que tienen que permanecer de *brazos cruzados*.

El Pacto de Varsovia y la OTAN continúan con su recelosa política de vecindad armada. Aparecen nuevos ingenios, como la bomba de neutrones o se perfecciona aún más la panoplia de misiles. Un dato positivo es la reanudación de las SALT y el Acuerdo de Viena de 1979.

Este horizonte optimista se quiebra con la invasión soviética de Afganistán, con el agravamiento del conflicto libanés, con la crisis de Centroamérica y con el ataque ruso al Jumbo surcoreano que coincidió con el final de la CSCE en Madrid.

La sociedad de consumo se pone en entredicho y el alza de los precios del petróleo desestabiliza las economías de los países desarrollados al tiempo que ensombrece el horizonte de los subdesarrollados. En 1974, apenas iniciada la crisis, el precio de 12 dólares por barril de crudo fue considerado una provocación. En la reunión de la OPEP celebrada en Caracas en diciembre de 1979, se acepta como norma para el año entrante el precio de 42 dólares por barril. Esta espiral genera una inestabilidad monetaria generalizada: el oro sube y se desvaloriza el dólar.

La necesidad de sanear los presupuestos y equilibrar las balanzas de comercio internacional lleva a una difícil lucha por aumentar las exportaciones, reducir las importaciones, limitar el gasto público y por fomentar una inversión que apenas encuentra alicientes. El nivel de vida de muchos países no sólo se estanca, sino que disminuye.

El endeudamiento de los países subdesarrollados crece en progresión geométrica, dándose situaciones realmente graves en México, Brasil, Argentina y otros estados. La continua alza del dólar en los años ochenta afecta al conjunto monetario, resintiéndose las monedas europeas. Esta subida de la divisa norteamericana anulará en la práctica la desaceleración del precio de los crudos.

Como fue denunciada en la VII Cumbre de los No Alineados, «desde 1979 se registran cuatro años consecutivos de estancamiento o de deterioro de la economía mundial. La producción disminuyó el 1,2% en 1981, el desempleo de los países subdesarrollados supera los 30 millones de personas». Para los países subdesarrollados «la situación es particularmente desoladora. Desde 1979, los déficit de la balanza corriente de pagos y la carga de su deuda se duplicaron hasta alcanzar los cien mil millones y los seiscientos mil millones de dólares respectivamente».

A estos datos hay que añadir la reducción y el encarecimiento de los préstamos a medio y largo plazo, la disminución en cuarenta mil millones de dólares de los ingresos de los países en vías de desarrollo, en concepto de exportaciones tan sólo en los dos últimos años, a la vez que «se derrumbaron los precios de los productos básicos».

La deuda de los países del Tercer Mundo agravó seriamente la crisis del sistema financiero mundial, lo que obligó a renegociar el pago de los vencimientos y a solicitar moratorias a los Bancos y a los países acreedores.

A tenor del informe de la OCDE para 1983, la suma total de este endeudamiento ascendía aproximadamente a 722.000 millones de dólares, de los cuales 310.000 millones correspondían a Latinoamérica. Brasil, México, Argentina y Corea del Sur encabezaban la lista de los países más endeudados. El primero (85.000 millones de dólares de deuda) inició una política de austeridad, imitada por Brasil, que con sus 100.000 millones, encabezaba la lista.

La deuda argentina (40.000 millones de dólares) fue otra de las causas precipitantes de la caída de la Junta Militar.

Si la situación económica no parece muy alentadora en los países en vías de desarrollo, tampoco ofrece buenas perspectivas en los más adelantados. Estos países estaban sumidos en crisis de producción, falta o encarecimiento energético, retornan a prácticas proteccionistas y a otros síntomas pesimistas, aunque cabe recordar, como medida positiva, la reducción del precio de los crudos por la OPEP en su reunión de marzo de 1983: el precio pasó de 34 dólares a 29.

La coincidencia de las altas tasas de inflación y de paro (la *stagflación*) con la generalización de nuevas tecnologías y nuevos procesos de producción genera una serie de tensiones económicas de envergadura: se encarecieron los costes del capital y del trabajo, aumentó el déficit público en los principales Estados —destaca el de los EEUU— y resurgió un cierto proteccionismo comercial. Se impusieron ajustes estabilizadores, con vaivenes entre políticas intervencionistas y neoliberales.

Oriente Medio y especialmente el atormentado Líbano, la extraña guerra de las Malvinas y la explosiva situación centroamericana destacan entre una serie de conflictos menores y zonas de tensión internacional, peligrosamente multiplicadas durante estos primeros años ochenta.

La internacionalización de estos conflictos periféricos amenazó seriamente la estabilidad mundial y contribuyó a enfriar la coexistencia y a agravar las hostilidades Este-Oeste.

Luces y sombras dejó en 1985 el paso temido del cometa Halley, que los augures aventuraron con alarma como un factor negativo. Pero junto a las catástrofes —terremoto de México, accidente de la central nuclear rusa de Chernobyl, estallido del transbordador espacial *Challenger* apenas lanzado— también hubo logros, éxitos y avances en la búsqueda de la paz y en el progreso humano.

D) *Aparato tecnológico e interacción de actores*

Los últimos años setenta confirmaron la realidad de un hecho cuyas consecuencias son todavía difíciles de valorar: el surgimiento de la *sociedad cableada*, dominada por los ordenadores de todos los tipos y tamaños y entramada de circuitos comunicativos, que no sólo suponen otra etapa distinta en la revolución industrial sino que revelan el fenómeno de una sociedad concebida como estructura informativa. La *Galaxia Mc Luhan* deja de ser una utopía.

Los peligros de la energía atómica —como el accidente de la Isla de las Tres Millas en Harisburg, Pennsilvania— desencadenaron amplias campañas antinucleares, a la vez que se investigan otras fuentes posibles de energía, como la solar.

Los estudios de la ingeniería genética —y sus aplicaciones no siempre éticas— fueron la punta de lanza de la investigación científica, junto con la continua mejora de la panoplia telemática.

Respecto a la integración de actores, el proceso se intensifica tanto por la citada mejora de los canales técnicos de comunicación y el mayor número de sujetos de las relaciones, como por las repercusiones que los acontecimientos más aparentemente ajenos acaban teniendo entre sí. Como advirtió poéticamente Indira Ghandi, en su discurso de apertura de la VII Cumbre de Países no Alineados en Nueva Delhi, «en el mundo interdependiente de hoy en día, no se puede agitar una rosa sin perturbar una estrella». La sociedad mundial ve crecer la fuerza y el número de los actores transnacionales, proliferar los micro-estados de esta oleada final del proceso descolonizador, a la vez que asiste, con un talante de patente frustración, a la manifiesta impotencia de las Organizaciones Internacionales.

El Tercer Mundo atraviesa un período de mayor desencanto, si cabe, que en la etapa anterior. El *sueño de Bandung* parece lejano y rebrotan los nacionalismos y las rivalidades étnicas y religiosas.

Las Organizaciones Internacionales afroasiáticas comparten el descrédito que sufren todas las instituciones similares, empezando por la propia ONU, gravemente *tocada* ante su inoperancia en las graves crisis del Líbano, Afganistán o las Malvinas.

La OUA no es capaz de superar los conflictos endémicos del tablero africano: Sahara Occidental, Chad, Eritea, Namibia, Angola, y se resiente de las enemistades entre sus miembros, casi con la misma sensación de inutilidad con que los latinoamericanos contemplan a la OEA o los palestinos a las diversas organizaciones árabes.

La profunda crisis de la CEE, evidenciada en la reunión europea de Atenas (5-XII-1983), y el anuncio de la retirada estadounidense de la UNESCO, forman parte de esta misma línea de pérdida de crédito y de pujanza de las OIG. La Comunidad Europea supera este *europesimismo* y con su ampliación siguiente recuperará su dinámica constructiva.

La aventura espacial también obtuvo nuevos hitos en este período. Cabe recordar el doble paseo espacial de Robert Stewart y Bruce Mc Canless, al conseguir, por primera vez en la historia, que dos seres humanos se movieran libremente en el espacio a una distancia de 280 km de la Tierra y a una velocidad inercial de 30.000 km, sin cordón umbilical que los uniera a la nave y, además, durante cinco horas, gracias al uso de una especie de *mochila espacial* que les otorgó tal autonomía. El vuelo del Challenger duró ocho días.

Ya en 1976, la nave Vikingo I llegó a Marte, y en 1978 los soviéticos alcanzaron Venus. El Pioner I logra salir fuera del Sistema Solar en 1982 y los EEUU lanzan la nave Columbia.

Por su parte, la URSS dio su réplica con la astronauta Svetlana Savitskaia, que permaneció nueve días en la estación Salyut VII y once en el cosmos. Batieron el récord de permanencia en el espacio otros soviéticos: Leonid Kizim, Vladimir Soloviov y Oleg Atcov, que estuvieron 238 días en el complejo Salyut VII-Soyuz T-II. Svetlana fue la primera mujer en salir al espacio exterior.

12.1.2. *Actores*

En 1979 termina una década protagonizada por personajes, que en su mayor parte desaparecen ahora del escenario político. El relevo de Nixon no fue el único llamativo. Mueren o abandonan sus cargos Haile Selassie, Golda Meir, Franco, Makarios, Caetano, Spínola, Heat, Lon Nol, Van Thieu, Mujibur Rahmán, Faysal, Ford, Alí Bhutto, Pablo VI, Jomo Kenyatta, Boumedian, Aldo Moro, María Estela Perón, Idi Amín, Bokassa y Mohamed Reza Pahleví.

En un corto período de tiempo mueren cuatro históricos personajes chinos: Chiang-Kai-Shek (5-IV-75), Zou-Enlai (8-I-75), Chu Teh (6-VII-76) y Mao-Zedong (9-IX-76).

Los años ochenta traen una renovación de estadistas, especialmente en los países que recobran el sistema democrático, como España. Destacan Mitterrand, Margaret Thatcher, Reagan, Andropov, Juan Carlos I, Walesa, y Betancourt. Fueron asesinados en atentados Anwar el-Sadat, Alí Rajavi y Javed Bahonar, y fallecieron por enfermedad Tito, Ohira, Kosiguin, Suslov y Breznev.

Estos años sitúan en la primera página de la actualidad a personajes de Oriente Medio y América Central, dos zonas *goznes* del período. Cabe señalar a Moubarak, Gemayel, Arafat, Jomeini, Edén Pastora, Omar Torrijos, Ríos Mont...

Junto a los estadistas actúan los grandes partidos, cada vez más internacionalmente interrelacionados, las fuerzas sindicales, las grandes multinacionales —recordemos el escándalo de la Lockheed— y han surgido movimientos contestatarios y feministas, además de grupos ecologistas y sectas pseudorreligiosas, como los Moon, *Peoples*, *Temple* o Sendero Luminoso.

La Iglesia Católica ha experimentado momentos de revisión y reafirmación bajo tres pontificados: Pablo VI, Juan Pablo I y Juan Pablo II, el papa *que vino del Este*, que en un corto período de tiempo impresiona al mundo por su entereza y solidez de doctrina. El nuevo papa se muestra como un incansable viajero y un hombre ecuménico.

También se advierten signos de revitalización y cambio en otras confesiones, destacando las inquietudes del Islam.

Las Naciones Unidas ven crecer su número de miembros hasta 157, que confirma el dato del predominio de los *países tercermundistas*.

El aumento de Estados incrementa su heterogeneidad y su distinto grado de poder, pues las cifras más expresivas, como el PNB, la renta per cápita, la fuerza militar o la influencia cultural, reflejan la diversidad de peso que unos y otros tienen.

Son años de *cumbres*, generadoras de una especie de torbellino de reuniones y más reuniones.

Destacan los grandes encuentros de Helsinki (1975), Belgrado (1977) y Madrid (1980-1983), la II Conferencia del Mar, las reuniones de SALT II, las Conferencias Norte-Sur, las de países árabes, africanos y asiáticos, las del grupo de los no-alineados, desde Colombo a Nueva Delhi, dos cónclaves para elecciones papales en el mismo año (1978), las negociaciones de Camp David y sus prolegómenos y consecuencias, además de las habituales y numerosas de las Organizaciones Internacionales. Una diplomacia viajera, incansable, directa y pululante, a todos los niveles, cubre las relaciones internacionales de una red de pactos, acuerdos y desacuerdos.

Respecto a las Superpotencias, los hechos más relevantes de la evolución interna de la URSS son la aprobación de la IV Constitución, el X Plan Quinquenal puesto en marcha en 1976, el predominio de la figura de Leónidas Breznev y el problema de los disidentes, entre otros.

La gerontocracia soviética se mantiene a la muerte de Breznev, sustituido por Jury Andropov, personaje que pronto evidencia signos de escasa salud.

Por su parte, los EEUU asisten al relevo de Gerald Ford por Jimmy Carter, cuyas primeras acciones en el área internacional, en defensa de los derechos humanos, contrastaron con la *realpolitik* de Kissinger.

Esta política cambiará bajo el mandato de Ronald Reagan, promotor de un talante más bronco, directo y firme, tanto en las medidas interiores como exteriores. El retorno a una política activa y hegemónica que devolvió a Washington la iniciativa y el protagonismo en las relaciones internacionales, caracterizó a la nueva Administración.

Los años ochenta representan un giro a la derecha en varios países europeos, consecuencia en parte de la crisis económica precedente. Así, además de los conservadores ingleses, cuya *premier* Margaret Thatcher se erigirá como el prototipo de esta derecha, —junto con Reagan a lo largo de la nueva década, y que estará en el poder desde 1979 a 1990—, aparecen otros líderes como Helmut Kohl.

En Alemania, los socialdemócratas son relevados en 1982 por los cristianodemócratas. En Dinamarca, los conservadores llegan al Gobierno también en 1982 por primera vez en el siglo y lo mismo pasa en Suecia, y en Noruega donde los socialistas pierden su monopolio.

La izquierda, en cambio, se afianza en los países mediterráneos; en Francia (1981) con el acceso de Miterrand al Elíseo, en 1982 con la llegada al poder en España de los socialistas liderados por Felipe González.

12.1.3. *La audiencia*

El escenario internacional se va haciendo más complejo y troceado, animándose, además, por una dinámica de cambio más acusada tendente a incitar alternancias que oscilan entre los síntomas de la *anarquía* y los riesgos de los nuevos *hegemonismos*.

La sensación de un cierto *aislacionismo idealista* en el mandato de Carter coincide con gestos osados y espectaculares en países revolucionarios, como Irán o Libia, imitados pronto por otros estados. La guerra de las Malvinas o el caso libanés son claros ejemplos de este proceso de degradación del sistema que llevó a un autor como Milza a hablar del «nuevo desorden mundial».

El desquiciamiento del orden establecido en Yalta y remodelado tras el proceso descolonizador por la entente de la coexistencia, conlleva un planteamiento divergente: o bien la superación del mismo o bien el retorno de los maniqueísmos de la bipolaridad.

Junto a la obsolescencia y fórmulas propuestas para la etapa anterior y el desencanto perceptible en el Este y en el Oeste, los países descolonizados, superados ya los años ilusionados de la independencia, se enfrentan a la dura realidad de su subdesarrollo e incapacidad. Todo ello contribuye al clima de frustración del período, al aumento de los recelos mutuos y a la desconfianza ante los foros internacionales.

A la primera sensación de indiferencia y de debilidad de las Potencias ante la rebelión de centros de decisión marginales, se respondió, en los primeros años ochenta, con un giro intervencionista y belicista preocupante.

Las *rencillas menores* se fueron multiplicando de tal forma que se puso en peligro la credibilidad del «Gran Consulado» entre EEUU y la URSS.

Las etapas del proceso son fácilmente diferenciables: guerra del Yom Kippur y crisis petrolera; síndrome *vietnamita* en los EEUU, que actúan con obvia dejación de autoridad en las situaciones del momento, como el escándalo de los rehenes en Teherán; agravamiento de la crisis económica, aumento de la tensión en Centroamérica; reacciones violentas de Moscú en Polonia y Afganistán; inversión de los planteamientos norteamericanos en el mandato de Reagan y riesgo generalizado de involución.

China, descrita como una *Potencia por anticipación* por Joyaux, experimenta una etapa *post-maoísta* con prudentes reajustes internos y una política internacional aún discreta, todo ello dentro de una manifiesta estrategia de modernización.

Tanto en América Central como en América del Sur ocurren también en este período importantes novedades de distinto signo, que revelan la persistencia de los males endémicos del golpismo, la injusticia social y la injerencia extranjera.

Junto a estas cuestiones globales, se detectan otras líneas conflictivas más localizadas. Destaca el futuro de la Unión Soviética como Imperio *plurinacional* y *multiétnico,* además de observar su capacidad de cambio dentro o contra el sistema comunista, difícilmente adaptable, a una sociedad presumiblemente más desarrollada y pujante.

También resulta preocupante el ajuste entre los países industrializados y los cada vez más atrasados pueblos subdesarrollados, asunto que reclama respuestas drásticas y generosas.

12.2. Años de autocrítica

La cumbre de Helsinki señala un momento histórico en el conjunto de los cambios que articulan la transición desde un sistema internacional todavía estructurado por las consecuencias de la II GM y el orden de Yalta hacia otro distinto, todavía sin perfilar.

A partir de 1976 se aprecia un talante más libre y dialogante con patentes progresos del modelo democrático. Los EEUU de Carter parecen iniciar un retorno a los ideales americanos originarios y replantearse una política exterior más ética. La China Popular emprendía en el posmaoísmo una política internacional más pragmática y estabilizadora a la vez que abría sus mercados al exterior. En Eu:opa: Portugal, España y Grecia recuperan la democracia y se incorporan paulatinamente al sistema occidental. Mientras tanto los partidos socialistas moderados gobernaban en Alemania, Gran Bretaña, Austria, Holanda, Suecia, Noruega y Dinamarca.

Estos años ofrecen un mundo más troceado y complejo en el que las potencias se encuentran un tanto perplejas y dubitativas, sobre todo los EEUU, e incluso, valga la paradoja, impotentes. Hofmann ilustró esta situación comparando Norteamérica con un Gulliver prisionero y maniatado por los liliputienses. Afloran en estos años conflictos periféricos y poscoloniales poco controlados.

La URSS se ve incapaz de frenar los sentimientos autonomistas de sus países satélites europeos, especialmente de Polonia, donde el sindicato *Solidaridad* actúa con una fuerza incontrastada.

Toda Europa empieza a expresar su deseo de vivir otro clima más dialogante al ir cuajando los acuerdos y compromisos de Helsinki.

Pero al final de la década y principios de los ochenta las cosas van a cambiar y el sistema internacional entra en otra fase de turbulencias y crispación.

Jesús Longares contrapone el anquilosamiento del período de Breznez en la URSS con el fenómeno de «marxistización» en otras zonas del mundo y que «no fue realidad, otra cosa que un período de generalizado izquierdismo democrático» y que se genera desde posiciones filantrópicas, estructuralistas, igualitarias y de ética social a las que se suma la revitalización del recurrente tema del *imperialismo*.

La tensión norte/sur que lleva a un cierto enfrentamiento entre el Tercer Mundo y los países desarrollados y democráticos beneficia indirectamente a la URSS y fomenta el antiamericanismo.

Proliferan también movimientos contestatarios y de *protesta* que sensibilizan a sectores intelectuales, universitarios y obreros a lo largo de toda la década de los setenta en los países occidentales.

En un curioso proceso dialéctico a esta *protesta de izquierdas* se opone en los países marxistas el fenómeno de los *disidentes* y las demandas de *liberalización*.

Manifestación ideológicamente revisionista de este período es el *eurocomunismo* que replantea las tácticas marxistas en las sociedades democráticas.

Otro rasgo importante de este período fue la carrera armamentista y concretamente la instalación de los *euromisiles*.

El misil soviético SS-20 comenzó a desplegarse en 1977 para sustituir los ya superados SS-4 y SS-5. Tenía un alcance máximo de 5.500 km, utilizaba combustible sólido y era desplazable, aunque con la servidumbre de tener que dispararse desde silos fijos. Constaba de tres cabezas nucleares orientables a objetivos diversos con un poder de 150 kilotoneladas por cabeza.

En 1979, la OTAN decidió responder a los SS-20 con la instalación de misiles de alcance intermedio, los Pershing II y los Cruise. Los primeros eran balísticos, con gran precisión de tiro, una cabeza nuclear entre 5 y 50 kilotoneladas, combustible sólido y lanzamiento desde plataformas con un sofisticado sistema de guía que incluía cambios de trayectoria.

Los Cruise o misiles de crucero eran una nueva versión del Tomahawk de la Armada, eran muy versátiles, de velocidad subsónica y adaptabilidad a cualquier circunstancia de terreno y clima.

Por los acuerdos SALT II (1979), EEUU y la URSS se comprometieron a no sobrepasar la cifra de 2.250 misiles nucleares intercontinentales. Este límite, que ya era en sí más que suficiente para autodestruirse, no contemplaba armas nuevas tan importantes como el Backfire o el misil crucero norteamericano. Los recelos del Senado estadounidense y la dificultad de verificar el cumplimiento del acuerdo ensombrecieron el optimismo inicial y el proceso se bloqueará.

12.2.1. El «Congreso de Helsinki»

La Conferencia sobre la Seguridad y la Cooperación en Europa (CSCE) se inauguró en Helsinki el 3-VII-73 y reunió a representantes de 35 países, pertenecientes a los dos grandes pactos de la posguerra, la OTAN y el Pacto de Varsovia, más Estados neutrales e incluso micro-Estados como la Santa Sede, San Marino, Monaco y Malta. EEUU y Canadá, por su implicación en la seguridad del continente, también tomaron parte, al igual que la URSS. Albania fue el único ausente.

La CSCE se convertirá desde entonces en el foro de diálogo de los países europeos, especialmente entre los Estados del Este y el Oeste. Como instrumento negociador ha reflejado los altibajos de las relaciones intereuropeas, pero consolidándose con el paso del tiempo en el lugar de encuentro eficaz e insustituible.

No se había celebrado una cumbre europea tan numerosa desde los grandes congresos de Westfalia (1648) y Viena (1815). Varios autores estiman que al no haberse celebrado tras la II GM una gran reunión parecida a la de Versalles de 1919, este encuentro de Helsinki puede considerarse como su homólogo.

Tanto por ser resultado de una serie de iniciativas previas como por haber continuado en nuevas cumbres europeas, Helsinki es más bien un gran proceso de encuentro diplomático que una reunión aislada.

Respecto a los antecedentes del Congreso hay que señalar que la iniciativa fue soviética; Moscú estaba deseoso de obtener un reconocimiento internacional y jurídico de las fronteras surgidas tras la II GM. Se empezó ya a hablar de este tema después de la muerte de Stalin. Rumanía será otro de los promotores de la idea, con el objetivo de fomentar una mayor flexibilidad en el sistema bipolar europeo.

A mediados de los años sesenta volvió a tomarse el plan —Declaración de Bucarest— que encontró mejor acogida en Occidente —Informe Harmel—, pero la OTAN vinculaba la convocatoria a otras cuestiones conexas relacionadas con Alemania y la seguridad. La mejora en las relaciones Este-Oeste, la Ostpolitik y los progresos en las conversaciones de limitación de armamentos (MBFR) y SALT, unido todo ello al entendimiento ruso-americano en los primeros años sesenta, facilitará la convocatoria.

Las conversaciones preliminares se iniciaron en noviembre de 1972 y culminaron en la citada apertura de julio, un año más tarde. Aunque, según se ha dicho, la CSCE ha continuado hasta hoy día, cabe señalar varias fases en su desarrollo. Entre 1973 y 1975 se fecha la primera cumbre, que a su vez tendrá varias etapas en la capital finlandesa y en Ginebra, clausurándose el 1-VIII-75. Las reuniones posteriores serán Belgrado (1977-1978), Madrid (1980-1983), Viena (1986-1989) y Helsinki. A estas cumbres habrá que sumar, en 1990, la reunión europea de París.

El Secretario General de la ONU se dirigió a los reunidos, tanto en la sesión de apertura como en la de clausura. Durante la segunda fase de la Conferencia, participaron representantes de Israel y los Estados Árabes (Argelia, Egipto, Túnez, Siria y Marruecos), al tratarse la problemática del Mediterráneo.

En síntesis, se consagró el *statu quo* surgido en la II GM, al confirmarse las fronteras establecidas —España hizo una reserva con relación a Gibraltar—, principio que interesaba especialmente a la diplomacia soviética, y, en contrapartida, el Oeste introdujo el texto sobre el respeto a los Derechos Humanos y a las libertades fundamentales.

En el Acta Final se enumeraron los principios que debían regir las relaciones entre los Estados participantes: igualdad, respeto a la soberanía; abstención de recurrir a la amenaza y al uso de la fuerza; inviolabilidad de las fronteras; integridad territorial; arreglo de las controversias por medios pacíficos; no injerencia en los asuntos internos; respeto a los derechos humanos y libertades fundamentales; libre determinación de los pueblos y cooperación entre los estados.

También se incluyeron varios documentos importantes que pormenorizaban las medidas destinadas a fomentar la mutua confianza, proyectos de interés común, ciertos aspectos del desarme y la cooperación en todos los campos, como la economía, la ciencia y tecnología, la educación y la información, el medioambiente, el intercambio comercial y turístico, etc.

Otro punto destacable es la declaración de voluntad de dar continuidad a la conferencia y al proceso multilateral de entendimiento. Todos estos acuerdos se agruparon en tres grandes «cestos» según la terminología que se empleó: seguridad, cooperación económica y ámbito humanitario.

Para analizar cómo se iba cumpliendo lo acordado, se celebró en 1977 la reunión de Belgrado de los MAE, que arrojó un balance más bien decepcionante, en vista, sobre todo, al escaso respeto demostrado por la URSS en lo concerniente a los derechos y a las libertades.

12.2.2. *Estados Unidos: mandatos de Carter y Reagan*

Escribió Hugh Thomas que «en 1975 los Estados Unidos estaban de capa caída: la guerra de Vietnam y el escándalo Watergate habían minado su autoestima de forma comparable a la crisis moral que sufrió España tras el "desastre del 98"».

Durante este período que analizamos, Norteamérica vive dos etapas distintas, con ritmo y contenido diverso, con *mensajes* casi contrapuestos y una presencia en la arena internacional no menos contradictoria: son los mandatos de Carter y de Reagan.

A) *Jimmy Carter*

El mandato de Jimmy Carter como Presidente de los EEUU (20-I-77 a 20-I-81) ha sido valorado negativamente por la mayor parte de los analistas políticos, pero nadie puede negarle su altruismo, honradez y sentido ético.

La crisis petrolífera internacional y una serie de acontecimientos externos como el empeoramiento de las relaciones con la URSS, el fundamentalismo iraní o la situación en América Central, hicieron más difícil una gestión que intentaba dar un tono de mayor sinceridad democrática a la política norteamericana.

Su gran éxito internacional fueron los acuerdos de Camp David, pero pronto se oscureció por el secuestro de los diplomáticos americanos en Teherán.

Las relaciones con Moscú, que habían mejorado con la reanudación de las conversaciones SALT, se enfriaron alarmantemente por la invasión soviética de Afganistán. También se apreció un cierto distanciamiento con Taiwan, por haberse establecido relaciones diplomáticas con Pekín en 1979.

La revisión del Tratado del Canal de Panamá en 1977, que entró en vigor en octubre de 1979, mantenía la representación mayoritaria americana en la Comisión del Canal sólo hasta 1989 y se puso como fecha límite para el mantenimiento de tropas americanas en la zona el año 1990. Estas importantes concesiones fueron mal recibidas por la opinión pública norteamericana.

El triunfo de la revolución sandinista en Nicaragua, que contó en un primer momento con la tolerancia de Carter, fue otra de las críticas que se hicieron a su mandato y que influyó en su derrota frente a Reagan en 1980.

En política interior, Carter tampoco supo acertar: terminó su etapa con un desempleo del 7,4% y una inflación del 12%.

Hernández Sánchez-Barba escribe que para Carter este retorno al ideal americano hacía coherente la política americana, fundada en su fidelidad al legado democrático: «"Lo mismo que Wilson antes que él, Carter creía en la existencia de una relación fundamental entre los valores domésticos y la política exterior". Además, unos ciento cincuenta años antes John Quincy Adams había expresado un punto de vista similar: "Estados Unidos, con la misma voz con que proclamó su existencia como Nación, proclamó a la humanidad los derechos inextinguibles de la naturaleza humana y las legítimas bases del gobierno". En su primer comunicado al país, Carter se refería al mismo asunto con una dureza algo mayor: "Porque somos libres no podemos quedarnos indiferentes ante el hecho de la libertad en cualquier parte del mundo". Continúa diciendo que mientras él fuera presidente, "tanto en el interior como en todo el mundo, el ejemplo de Estados Unidos y su influencia estarán dirigidos a hacer progresar la causa de los Derechos Humanos. Para establecer estos valores, hace dos siglos una intrépida generación de estadounidenses arriesgó sus propiedades, su posición y hasta la propia vida. Nosotros somos sus herederos"».

Si todo esto es verdad, tampoco puede negarse el crecimiento que en estos años tuvo el número de estados con Gobiernos de inspiración marxista.

Entre 1975 y 1979, siete partidos comunistas o pro-soviéticos se hacen con el poder en otros tantos países: Vietnam del Sur, Laos, Camboya, Angola, Etiopía, Afganistán y Yemen del Sur.

Disminuye, por el contrario, la influencia rusa en Egipto, Sudán y en Somalia.

B) *Ronald Reagan*

Ronald W. Reagan ocupó la presidencia norteamericana durante casi toda la década de los ochenta (20-I-81 a 20-I-89) y por lo tanto coincidió con los últimos años de la confrontación Este-Oeste y con el principio del derrumbamiento del Imperio soviético. Debe reconocerse por ello que su largo mandato fue histórico. Su figura como estadista gozó de gran popularidad en su país, aunque en el exterior fue tachado de excesivamente conservador por los sectores liberales.

Como resume Gómez Antón: «Reagan obtuvo nada menos que el 90,9% de los votos electorales, e incluso la mayoría en el Senado, aunque no en la

Cámara de Representantes. Su evidente *popularidad* se vio robustecida tras el atentado que sufrió a los dos meses de su acceso al cargo, fue en aumento a lo largo de su primer mandato, le permitió batir su propio récord en las elecciones de 1984 al obtener el 97,6% de los votos electorales, y se mantuvo incólume durante los cuatro años siguientes.

»Cuando llegó a la Presidencia tenía 70 años. Durante 20, había sido actor. Militó en el partido demócrata hasta 1962, aunque en 1960 no votó a Kennedy sino a su oponente Nixon. En 1966 fue elegido gobernador de California, y ganó la reelección en 1970. Tras dos intentos fallidos, fue designado candidato oficial republicano para las elecciones de 1980 en las que, como vimos, obtuvo sobre Carter un éxito aplastante».

Los cinco primeros años del mandato Reagan devolvieron a EEUU la confianza en sí mismos y la hegemonía mundial. «Estados Unidos debe ser el país más grande y más fuerte del mundo» había sido el mensaje electoral de Reagan y, en efecto, cuando termine sus dos etapas presidenciales, coincidiendo con el desplome del comunismo, lo conseguirá.

Había que superar el síndrome de Vietnam, las humillaciones al orgullo nacional que supusieron el Watergate, la dimisión de Nixon y las debilidades de la era Carter.

En política interior adoptó medidas para reducir el gasto público federal, salvo en defensa, incrementar la inversión privada y disminuir la presión fiscal, que arrojaron buenos resultados. Al finalizar su primer mandato, logró reducir el paro y la inflación, con un PIB que crecía al 6,8%. La segunda etapa de Reagan terminó peor, con un déficit público crónico y una balanza exterior descompensada que llevó en 1987 al hundimiento de la bolsa de Nueva York.

La política exterior norteamericana fue firmemente anticomunista e intervencionista, abandonándose al idealismo del período anterior. Este continuo pulso con una URSS que ya no podía ocultar su crisis interna fue una de las causas que contribuyeron al hundimiento del Bloque del Este.

Reagan inició su mandato con buen pie al liberar Jomeini a los rehenes americanos en Teherán el día mismo de su toma de posesión como Presidente.

Las acciones militares en el Líbano y Granada confirmaron el nuevo giro de firmeza de la administración americana.

Los contundentes ataques aéreos contra Trípoli y Bengasi en la madrugada del 15-IV-86 advirtieron a Libia y a todo el mundo que los EEUU volvían a tomar la iniciativa y que además estaban dispuestos a volver a usar la fuerza.

El pulso que la Administración Reagan lanza a Moscú se articula en tres retos principales: el rearme, la Iniciativa de Defensa Estratégica y la llamada

Doctrina Reagan. No se trataba únicamente de un planteamiento militar: las implicaciones políticas, ideológicas y económicas no eran menos importantes.

Si por un lado los americanos se embarcan en la costosa y sofisticada carrera de la *Guerra de las Galaxias* que hará «inútiles y obsoletas las armas nucleares», por otro apoyan abiertamente a los guerrilleros anticomunistas que luchan contra regímenes marxistas en lugares tan distantes como Afganistán, Angola, Nicaragua o Camboya.

Paralelamente, Washington deja de sostener a los dictadores *menos presentables*, como Ferdinand Marcos o Duvalier, emprendiendo una política sincera de ayuda a los procesos democratizadores y de los derechos humanos, cuyos primeros frutos se verán en Hispanoamérica y, al final del mandato, en Europa del Este o incluso en África.

La nueva política americana inicia un cierto hostigamiento a los intereses soviéticos, no sólo en el espacio tradicional de rivalidad entre ambas Superpotencias, las relaciones Este-Oeste, sino en la periferia del Tercer Mundo, zona en la que los rusos habían alargado tal vez demasiado su influencia, y sus compromisos, y tienen que ponerse un tanto «a la defensiva».

El cambio que supone en la URSS la llegada de Gorbachov al poder va a transformar esta situación, al emprender los soviéticos una diplomacia de diálogo, desarme y conciliación. El tema más espinoso para Reagan fue la oposición al sandinismo y su ayuda a la «Contra» que terminaría con el escandaloso asunto del Irangate.

El problema más serio que heredará el nuevo presidente americano, Bush, es el económico, con un déficit presupuestario de 200.000 millones, un dólar sobrevalorado y un déficit comercial cifrado en 150.000 millones, que sitúa a EEUU como país deudor neto.

12.2.3. *La Unión de Repúblicas Socialistas Soviéticas*

La Unión de Repúblicas Socialistas Soviéticas (Soyuz Sovetskyj Sotsialisticheskij Republik) era uno de los conglomerados humanos, geográficos y políticos más complejos y extensos del mundo. Una federación de quince Repúblicas, la mayor de las cuales era la rusa.

A) Con 22,4 millones de km^2 (45 veces la superficie de España) ocupaba la sexta parte de la superficie terrestre y era el país más grande del mundo, extendiéndose desde el Pacífico hasta Europa Oriental. Contaba con 287 millones de habitantes, que pertenecían a unas cien etnias distintas.

Si en un principio los rusos constituían el grupo más numeroso de población, la disminución de natalidad en esta etnia y el aumento en otras, especialmente en las Repúblicas musulmanas, hace reducir ostensiblemente el número de habitantes rusos. Otros pueblos eslavos son los ucranianos y los bielorrusos.

El ruso era el idioma oficial predominante, pero se hablaban también un centenar de lenguas diferentes.

Las quince Repúblicas eran Letonia, Lituania, Estonia, Rusia, Ucrania, Bielorrusia, Moldavia, Armenia, Georgia, Azerbaiyán, Turkmenistán, Kirguisistán, Tadsikistán, Uzbekistán y Kazakstán.

La expansión del Imperio zarista y su estrategia casi obsesiva por contar con un *glacis* de fronteras seguras llevó a Moscú a integrar en su órbita a pueblos muy distintos. Se ha dicho —y con razón— que la Unión Soviética era el último Imperio que quedaba por descolonizar.

Lenin confesó sin rubor que el Imperio zarista «era una gran cárcel de pueblos» y por ello proclamó el principio de autodeterminación, lo cual no dejaba de ser una falacia en un momento en que las masas, campesinas en su mayoría, protagonizaban con entusiasmo la revolución, y lógicamente iban a aceptar con igual fe el nuevo orden soviético. Sin embargo, las cosas fueron más allá de lo previsto y el Gran Ducado de Finlandia proclamó su independencia. Otras provincias siguieron su ejemplo aprovechando la confusión reinante durante la guerra civil, pero una vez consolidado el bolchevismo, Lenin encargó a Stalin *reconducir* este problema. Así, a la vez que se hacían retóricas declaraciones de libertad y autodeterminación, Stalin se encargó de acusar de contrarrevolucionarios y burgueses a los nacionalistas.

Este proceso se incrementó todavía más tras la II GM acusándose a muchos opositores de *colaboracionistas* con los nazis.

Tras la victoria sobre el Eje, la URSS aumentó su territorio nacional en 475.000 km^2, por la incorporación a sus fronteras de una pequeña parte de Finlandia, las tres Repúblicas bálticas y diversos territorios de Prusia, Polonia, Checoslovaquia y Rumanía, además de ejercer un férreo control sobre las nuevas Repúblicas Populares, casi cien millones de habitantes y 1.019.200 km^2 de espacio.

B) En este inmenso país —la distancia de este a oeste era de unos 10.000 km y de norte a sur de 5.000— podían diferenciarse cuatro áreas básicas; la llanura rusa, las regiones del Cáucaso, el Asia Central, con sus estepas, y Siberia. La cordillera de los Urales separa la zona europea de la asiática. Posee más de 150.000 ríos y, consecuentemente, sus recursos hidroeléctricos son de primera magnitud, aunque parte de esa red fluvial está helada.

La URSS era víctima de su propia continentalidad al tener prácticamente cerrados sus accesos a «mareas libres» y sufre los inconvenientes de unos climas extremos. La mayor parte del territorio estaba sujeto al duro invierno continental y sólo un 10,3% era cultivable. El 16% eran pastos y los bosques —la mayor reserva maderera mundial— cubrían el 40,6% del territorio.

La densidad de población, por lo demás étnicamente compleja, era desigual y baja (12 hab./km^2).

La URSS poseía un sistema económico socialista, organizado según el principio del centralismo democrático.

La agricultura ocupaba al 20% de la población activa y aunque se clasificaba en muchos productos en los primeros lugares, en otras ocasiones se sitúa entre los cinco primeros, resulta insuficiente y la URSS se vio obligada a importar alimentos, especialmente cereales. La diferencia de climas permitía gran diversidad de cultivos.

La URSS tenía un subsuelo especialmente rico, con grandes recursos que la colocaban en el primer puesto minero mundial.

La industria representaba el 60% de la renta nacional y ocupaba la mitad de la población activa, correspondiendo el 30% restante al sector servicios, que era el más desatendido.

La distribución de actividades, a grandes rasgos, situó en Moscú los sectores textil, químico y mecánico; en Leningrado la electricidad y el naval; en Ucrania la industria pesada, y en los Urales y el Cáucaso la metalurgia y petroquímica.

El comercio interior era débil y la red de transportes, pese al esfuerzo realizado, insuficiente, dadas las dimensiones del país. El comercio exterior era más bien discreto, significando sólo el 6,5% del PNB. Tenía una estructura fundada en la exportación de materias primas, como petróleo, madera y minería, importando maquinaria y productos alimenticios. Este perfil de intercambio no deja de ser paradójico para la segunda potencia del mundo, pues tiene los rasgos típicos de las zonas subdesarrolladas.

C) La URSS, tras su victoria sobre el III Reich, se convierte en la mayor potencia militar de Europa y únicamente es contrapesada en el mundo por los EEUU. Sus logros en el desarrollo del armamento nuclear y en la carrera espacial la confirman como la segunda Superpotencia de la Tierra.

Sin embargo, este esfuerzo militar será uno de los lastres que obligará a la reforma radical del sistema, juntamente con el colapso de su economía tras la parálisis burocrática de la época de Breznev, el ansia de libertades tras la firma del Acta de Helsinki y el rebrotar de los nacionalismos.

D) El sistema soviético estructuraba el país como una gran pirámide de poder con su base en los soviets locales y culminando en el Soviet Supremo, especie de Parlamento compuesto por el Soviet de la Unión y el Soviet de las Nacionalidades. El Soviet Supremo elegía al Consejo de Ministros, que contaba con más de cien miembros, delegando la coordinación de los asuntos gubernamentales en el Presidium del Consejo de Ministros. Igualmente, el Soviet Supremo se coronaba por el Presidium, autoridad máxima del Estado.

Junto a este aparato institucional actuaba el Partido Comunista, que era quien poseía y detentaba la autoridad política. Su máximo órgano era el Politburó, encabezado por el Secretario General. Técnicamente, el Politburó era un subcomité del Comité Central del PCUS, pero en él recaía el poder real.

Pese a sus riquezas en materias primas o sus logros en determinados campos de la industria y la ciencia, como se evidenció en la «carrera espacial», las tasas de crecimiento económico eran muy lentas y hasta recesivas y el nivel de la población muy inferior al de otros países industrializados. Sin embargo, la URSS no dejaba de ser una Gran Potencia y, aunque con un desarrollo inferior a los Estados capitalistas de primer orden, su PNB venía a ser aproximadamente la décima parte del total mundial.

El *Imperio Soviético* extendía además su influencia al conjunto de las Repúblicas Populares del Este europeo y en menor medida a los demás estados con regímenes más o menos filocomunistas.

12.2.4. *Los mandatos de Breznev, Andropov y Chernenko*

A) *Breznev*

El largo mandato de Breznev (1964-1982) proporcionó a la URSS una cierta época de estabilidad que por la esclerosis del aparato burocrático llegó a confundirse con el estancamiento. En este período se aprobó una nueva Constitución (1977) con reformas formales para adecuarse al acuerdo de Helsinki y que reemplazaba a la de Stalin, de 1936.

Otros rasgos negativos de esta etapa son el atraso tecnológico, el despilfarro, la desorganización, la desidia administrativa, la falta de rentabilidad de las inversiones, la ineficacia del sistema económico y la corrupción de la *nomenklatura*.

Como ya se ha indicado, con la caída de Kruschev se estableció una *troika* o gobierno colegiado. Kosyguin ocupó la Presidencia del Consejo de Ministros, Podgorny el Presidium del Soviet Supremo y Breznev la Secretaría del PCUS. Hay que esperar trece años, hasta 1977, para que Breznev asuma el

Presidium —es decir, la Jefatura del Estado— conservando la Secretaría. Tijonov había sustituido a Kosyguin.

Los 18 años de *reinado* de Breznev supusieron un patente retroceso en todos los órdenes y la instauración de una gerontocracia que impregnaba todo el inmenso país y sus estructuras. Como señala Eguiagaray «no parecía sino que la vejez y la corrupción física de los dirigentes fueran un símbolo de la vejez y podredumbre de todo el sistema».

Longares escribe que Suslov consideró que Breznev era un leninista ortodoxo, y quizá Breznev no era sino un político conservador, que realizará una interpretación conservadora de la herencia de Stalin, como Kruschev había hecho una interpretación progresista. En sus discursos, cuando utiliza la expresión «socialismo real» lo hace para indicar el socialismo existente, la realidad palpable, en clara alusión crítica al «aventurerismo» de Kruschev.

En el vocabulario de Breznev, «bienestar» significaba mantener la planificación; dado que se había mostrado eficaz, no había por qué cambiarla. Así mismo, para Breznev «igualdad» significaba mantener la estructura del Estado: dado que se había mostrado eficaz, no había por qué cambiarla. No había nuevas metas comunistas por descubrir o inventar; todo era más simple: lo que se tenía se gestionaba bien. No se pretendía una sociedad utópica, sino una sociedad bien administrada.

Nace así con Breznev lo que se ha dado en llamar la *nomenklatura*, entendiendo por tal una estructura de administradores fieles. Breznev otorgó a este grupo pequeños privilegios económicos y de estatus, pero le otorgó sobre todo seguridad de futuro, alejamiento de veleidades aventureras. Ciertamente, esto produjo una burocratización y una gerontocracia que va a empezar a ser criticada desde 1975, pero también dotará al PCUS de una unidad y monolitismo hasta entonces nunca conocido.

Paradójicamente, este «universo parado» de Breznev coincidió en la práctica con la mayor extensión histórica de ideal marxista entre los pueblos del mundo. Esto se debió a lo que se ha llamado la «marxistización» de Occidente, cuyos motivantes son en buena medida ajenos a Breznev y a la Unión Soviética.

El fenómeno de los disidentes en la URSS y otros países del Este, que tendrá su expresión en nombres como Plintch, Sharausky, Mevedev, Amalrik, Brukousky y los Premios Nobel Andrei Sajarov y Alexander Solzhenitsyn, y la famosa *Carta de los 77* firmada por intelectuales checoslovacos, reflejan el ansia de reformas democráticas y liberalizadoras, en buena parte impulsadas por los compromisos adquiridos en Helsinki sobre la implantación de los Derechos Humanos.

Así se señaló expresamente en el texto firmado por los 250 intelectuales, artistas y políticos checoslovacos, al decir que están unidos «por el deseo de trabajar individual y colectivamente por el respeto a los derechos humanos y civiles expuestos en los pactos internacionales, en el Acta Final de la Conferencia de Helsinki y en otros muchos documentos internacionales contra las guerras, la violencia y la opresión social y mental».

En cuanto a la economía, Longares señala que a partir de 1975 el crecimiento económico de la Unión Soviética sufre una desaceleración. En alguna medida *es fruto del peso del Imperio*, algo que ya habían experimentado los EEUU en los años 60, pero que es lógico pensar que en la Unión Soviética se produjera más tardío y más leve, dada la distinta relación económica que Rusia practicaba con su Imperio.

La crisis económica rusa de los 70 fue imputada al *Gosplan*. Sin embargo, los jerarcas rusos mantenían una fidelidad absoluta al régimen y a Leonid Breznev que, al cumplir los setenta años, recibió los máximos honores: la Orden de Lenin y la medalla de oro de Héroe de la Unión Soviética.

En política exterior contrastan los brotes de malestar en el Bloque del Este, donde se impone tajantemente la doctrina brezneviana de la soberanía limitada, con la extensión de la influencia comunista en África. Esta presencia soviética se hizo patente en las antiguas colonias portuguesas de Angola y Mozambique, con la presencia masiva de soldados cubanos, en Somalia, donde se enviaron armas en apoyo de sus reclamaciones sobre Affar-Issas obteniendo bases militares en Berbería, en Etiopía, Guinea y Zaire.

Esta acción africana arraigó en una estrategia anterior a esta década. Como expone Calvocoressi:

«Al finalizar la II GM, Stalin intentó conseguir una participación en las colonias arrebatadas a Italia, pero su tentativa fracasó. En los años cincuenta, se produjo una expansión de los estudios africanos, se fundó en Moscú (1959) un Instituto de África bajo la dirección de un eminente historiador, I.I. Potenkhin y la URSS comenzó a enviar representantes a las conferencias afroasiáticas. En 1960, fue fundada en Moscú la Universidad de la Amistad entre los Pueblos que más tarde cambió su nombre por el de Universidad Lumumba.

Los dirigentes africanos eran por definición anti-colonialistas y por tanto anti-occidentales. La mayor parte de ellos se declaraban además socialistas. Para Moscú era una perspectiva prometedora pero los frutos resultaron ser menores de lo que se esperaba, por una serie de razones: la lucha anti-colonial fue inesperadamente corta y pacífica; los dirigentes africanos, comenzando por Nkrumah, se manifestaron partidarios de la no alineación; los caminos hacia Londres y París, que ya se conocían y resultaban familiares, permanecieron accesibles y libres de obstáculos; la ayuda soviética nunca pudo igualar a la occidental. Ni siquiera el socialismo africano estableció vínculos estrechos con la Meca socialista. Se trataba de un concepto vago que debía por lo menos tanto al socialismo occidental como al comunismo soviético».

Pero el agravamiento de la tensión ruso-americana se deberá al empeoramiento de la situación en Polonia, con la represión contra el pujante sindicato Solidaridad y la invasión de Afganistán. Esta operación armada era la primera intervención soviética directa, fuera del espacio del Pacto de Varsovia, desde el final de la II GM.

B) *Andropov*

Muerto Suslov y caído en desgracia Kirilenko todo hacía prever que el sustituto de Breznev, fallecido el 10-XI-82, sería Chernenko su colaborador más inmediato. Sorpresivamente y por un solo voto de diferencia, el Politburó eligió como sucesor a Yuri Andropov.

Como escribe Longares: «Desde principios de los 80, un grupo de altos políticos soviéticos acepta los análisis realizados por el eurocomunismo y los economistas de la Academia de Ciencias de la URSS. En último extremo, ambos análisis eran coincidentes; una cierta desburocratización del Estado y una cierta desplanificación económica harían salir a Rusia de la desaceleración de crecimiento en que se encontraba.

Tal grupo tenía como cabeza el Jefe del KGB, Yuri Andropov, y entre tal grupo comienza a circular la palabra reestructuración (*perestroika*) como símbolo de sus afanes. *Perestroika* es, dirá algo más tarde uno de los firmantes del grupo (Gorbachov), "una vuelta a Lenin, un recuperar todo el aliento democrático del partido, y todo el dinamismo económico de la revolución"».

«Al fallecer Breznev en octubre de 1982, Yuri Andropov será nombrado Secretario General del PCUS. Con él entrará su grupo.

El nuevo Secretario del PCUS, en junio de 1983, asumirá la presidencia del Presidium del Soviet Supremo e intentará llevar adelante una política para sanear la economía y la Administración. Su programa de reformas, sin embargo, resultará fallido».

Si la situación interna es grave y regresiva, la sangría de los gastos militares amenaza acrecentarse ante el reto que supone para la URSS el nuevo pulso que Reagan plantea con su Iniciativa de Defensa Estratégica. El contexto internacional atraviesa un duro retorno a momentos que evocan la *guerra fría* como se confirma con la instalación de los *euromisiles*.

Un punto crítico en el mandato de Andropov es su decisión de retirarse de las negociaciones de Ginebra sobre armas estratégicas (START) y de medio alcance (INF). Unos meses antes los rusos habían derribado un avión surcoreano en las cercanías de la península de Kamchatka.

C) *Chernenko*

Andropov, que no gozaba de buena salud, muere el 9-II-84 a los 69 años de edad, y esta vez sí es sucedido por Constantin Chernenko. Su mandato, sin embargo, será todavía más corto, el más breve de la historia soviética, once meses.

Lo más destacado de este efímero período es el acceso de un equipo de jóvenes tecnócratas a las esferas del poder, entre los que se encuentra Mijaíl Gorbachov. La etapa de Chernenko retornó al país al inmovilismo brezneviano mientras la situación internacional empeoraba por momentos.

12.2.5. *La Conferencia Europea de Madrid*

Tras años de debates, aplazamientos y negociaciones paralelas dan a la Conferencia de Madrid sobre la Seguridad y la Cooperación en Europa una cierta función de termómetro de cuáles fueron los altibajos de las relaciones internacionales en este período.

El calendario de reuniones se extendió desde el 11 de noviembre de 1980 hasta el 9 de septiembre de 1983. Participaron los 35 Estados asistentes de las anteriores cumbres de Helsinki y de Belgrado, presentando también contribuciones los representantes de la Comisión Económica de las Naciones Unidas de Europa y de la UNESCO. Además hicieron llegar sus informes, en calidad de países mediterráneos, Argelia, Egipto, Israel, Marruecos y Túnez.

La Conferencia se inició con los peores augurios, ya que en la noche de su inauguración los participantes recurrieron a la ficción de parar sus relojes para alcanzar el consenso acerca de la agenda de trabajo, dentro del plazo fijado.

La clausura estuvo amenazada por el grave incidente del Boeing surcoreano derribado por los rusos y por la insistencia de la representación maltesa, que se negaba a firmar el Documento Final si no se convocaba una reunión expresamente dedicada a la seguridad en el Mediterráneo.

Como se ha indicado, el desarrollo de las reuniones reflejó la crisis del trienio e incluso las propias peripecias del país anfitrión, que tuvo tres gobiernos en este período. La celebración de los Mundiales de Fútbol en España también influyó, suspendiéndose las sesiones durante estas semanas.

Los principales puntos de fricción se generaron por la distinta interpretación de temas claves en las relaciones Este-Oeste, como el respeto a los derechos humanos, el desarme, la libertad de expresión, los disidentes o la situación de los judíos que deseaban salir de la URSS. Por si fuera poco, todo ello se agravó por las tensiones en Afganistán, Polonia, Oriente Medio, etc.

La atmósfera de *guerra fría* llegó a suspender los trabajos por ocho meses consecutivos, aunque el documento marco estuvo prácticamente listo a finales de 1981.

Fue la mediación de los países neutrales y no-alineados —conocidos como el grupo NNA—, es decir, Austria, Suecia, Suiza, Finlandia, San Marino, Liechtenstein, Yugoslavia, Chipre y Malta, a quienes hay que añadir la decisiva intervención española al propiciar una postura *puente,* quienes salvaron la reunión.

Este grupo redactó un texto conocido como Documento RM/39 en el que enumeraban las propuestas cronológicamente y con una redacción que seguía fielmente el Acta de Helsinki, con ligeros retoques.

Sin embargo, las 14 enmiendas presentadas por los occidentales al proyecto de Documento Final fueron clasificadas por los representantes del Este de *inaceptables*.

Las gestiones de los diplomáticos no alineados, especialmente el suizo Brunner y el austríaco Ceska, lograron relanzar el clima de diálogo, pese a las posturas más rígidas del estadounidense Max Kampelman y los soviéticos Ilichev y Kovaliov.

La delegación española tuvo un papel muy activo, especialmente en la etapa final de la conferencia. Con Javier Rupérez como encargado de la representación, se mantuvo una posición nítidamente atlantista, que evoluciona hacia su línea mediadora con el nuevo representante, Juan Luis Pan De Soraluce, diplomático avezado que ya estuvo presente en las reuniones de Helsinki y Belgrado.

El propio Presidente del Gobierno se entrevistó con los principales negociadores. El Ministro de Exteriores, Fernando Morán, propugnó una fórmula de arreglo que fue aceptada por las distintas Delegaciones el 15 de julio, salvo Malta, que accedió en el último momento.

El Documento Final constaba de 33 folios, se profundizó lo estipulado en Helsinki, como la condena del terrorismo, las medidas de cooperación económica, tecnológica y en defensa del medio ambiente, la convocatoria de una inmediata conferencia de Desarme, compromisos para ampliar los contactos entre las personas y la reunificación de familias separadas, una mayor fluidez en el intercambio informativo, con más facilidades para el trabajo de los periodistas y otras medidas de colaboración cultural y educativa.

Los países firmantes «deploran el deterioro de la situación internacional» y piden esfuerzos renovados mediante acciones concretas, «a fin de restablecer en los estados participantes una credibilidad y una confianza que permitieran una mejora sustancial de sus relaciones mutuas».

La continuidad de la Conferencia se confirmó al fijarse la fecha del 14 de noviembre de 1986, en Viena, para la próxima cumbre europea. También se aprobó un calendario de reuniones específicas: sobre Desarme en Estocolmo (17-I-84), Cooperación Científica y Técnica en el Mediterráneo en Venecia (16-X-84), sobre Derechos Humanos en Berna (15-IV-86) y una especial conmemorativa del décimo aniversario de Helsinki, en 1985.

12.2.6. *Rearme en Europa*

A) El desarme constituyó en los años ochenta uno de los temas constantes en los foros internacionales, en las reuniones de los estadistas, en los comentarios de prensa e incluso en las manifestaciones callejeras.

El nuevo clima de recelo existente, la postura de volver a negociar desde situaciones de fuerza y los progresos tecnológicos introducidos por la carrera armamentística no han sido, precisamente, el marco más adecuado para el deseado e imprescindible progreso en este campo de la reducción y del control de armas.

El punto más llamativo del debate se situó en el proyecto primero y realidad después, de instalar una red de *euromisiles* capaces de contrastar los misiles soviéticos ya instalados.

La crisis de los misiles, que culminará con la retirada de los representantes soviéticos en las conversaciones de Ginebra el 23-XI-83 tiene una evolución nítida.

Comienza con el despliegue en Europa del Este de los nuevos cohetes rusos SS-20 a un ritmo semanal. Como respuesta, la OTAN acuerda instalar 108 misiles Persing II y 464 Cruise en el período 1983-1986.

En 1980, coincidiendo con una visita del entonces canciller alemán Schmidt a Moscú, la URSS accede a entablar negociaciones en Ginebra sobre armas de medio alcance, sin exigir la contrapartida de que la OTAN renuncie a instalar sus misiles. En octubre se ponen en marcha las conversaciones entre rusos y norteamericanos.

Paralelamente, aumentaban las movilizaciones pacifistas contrarias a la instalación de los misiles en los países de Europa Occidental. Reagan cambió de actitud y ofreció a Moscú negociar la propuesta llamada «opción cero», que implicaba la suspensión del despliegue de los euromisiles si los soviéticos desmantelaban los suyos. La propuesta americana era astuta pues al menos hizo ver a la opinión pública que los misiles rusos ya estaban instalados y que los de la OTAN se iban a instalar.

Las negociaciones se reanudaron coincidiendo casi en el calendario con el golpe militar polaco.

Asunto no desdeñable de los debates, como insistía *Pravda*, era la no inclusión de los bombardeos y submarinos atómicos y el armamento nuclear de Francia y Gran Bretaña.

La carrera de armamentos llevó a construir armas cada vez más diversificadas, más pequeñas, más rápidas y más exactas, que posibilitaban un empleo más controlado y específico, dándoles una utilidad táctica nueva.

No hay que menospreciar los progresos conseguidos en el terreno de las armas más convencionales, como quedó de manifiesto en la guerra de las Malvinas.

Destacan las llamadas *armas inteligentes*, pertenecientes a la familia de armas ET (*Emergency Technologies*), entre las que figuran unos treinta modelos, mayoritariamente electrónicos, guiados con enorme precisión, empleo de rayos láser, etc.

Como especie de contrapunto a la carrera armamentística, se apreció un notable incremento de las acciones pacifistas. Estos grupos reaccionaron con grandes manifestaciones en los países europeos.

Los grupos *verdes* ecologistas, que en Alemania Federal cuentan con un peso parlamentario, también contribuyeron a estas campañas, que sin dejar de tener una raíz de honesta motivación antibelicista, favorecían según otras versiones, los intereses soviéticos.

12.3. Europa, del desasosiego a la esperanza

La recesión económica que sorprende a una Europa próspera, coincide con la aparición de brotes de desencanto político, crisis ideológica, inseguridad social y descrédito institucional. Si militarmente los europeos dependen de los EEUU en su parte occidental y de la URSS en la oriental, económicamente necesitan de los otros continentes y en especial del petróleo árabe.

Un cierto auge de los movimientos regionalistas coincide con el relanzamiento del ideal paneuropeo tras el debate abierto para la ampliación de la Comunidad.

Europa sigue siendo, sin embargo, el mercado productor y consumidor más importante del mundo y se encuentra en primera fila en los campos de la creatividad cultural y en la capacidad tecnológica.

El período de la Distensión que sucede a la *guerra fría* encarna ese malabarismo de competir y colaborar, en gran parte forzado por la paulatina independización y regionalización de nuevos centros de poder.

Si los nuevos países tienden a escapar de la bipolaridad fomentando la vía del no-alineamiento, Europa busca también fórmulas que le devuelven su autoridad y poder. Una serie de entidades supranacionales e internacionales como el Consejo de Europa, la EFTA o las Comunidades Europeas institucionalizan este movimiento a la par que se mantiene la doble división de Alemania, símbolo de la escisión continental.

La crisis económica también afectó a la Comunidad Económica Europea. El Consejo Europeo de 1981, celebrado en Londres, terminó sin acuerdo sobre las cuestiones que desde 1979 dividen a la CEE: las reformas de la política agraria y del presupuesto.

La cumbre evidenció la ausencia de una voluntad política comunitaria que permitiera superar a corto plazo los problemas.

12.3.1. *Democracia en Portugal*

La revolución portuguesa, dirigida y controlada por el Movimiento de las Fuerzas Armadas, describe, desde el 25 de abril de 1974, un proceso fácilmente detectable en su seguimiento, a través de unos períodos de radicalización y moderación, que van asentando el nuevo régimen.

Ante la inclinación izquierdista del Gobieno de Vasco Gonzalves, el general Spínola intenta hacerse con el poder, pero fracasó en el intento (el 2 de marzo de 1975) y, tras refugiarse en España, se exilia al Brasil.

Las discrepancias entre los distintos grupos no disminuyen, sino que aumentan, especialmente entre los comunistas de Cunhal y los socialistas de Soares. El fracaso de la intentona de Tancos (25-XI-75), protagonizada por paracaidistas de izquierda, obligó a apartar del mando afectado a oficiales tan significativos como Fabiao o Saraiva de Carvalho. Quedan así debilitadas la derecha y la izquierda, en beneficio del centrismo que encabeza, entre otros, Pinheiro de Azevedo.

En junio de 1976, Ramalho Eanes gana las elecciones para la presidencia de la República. El general encarga formar gobierno, al mes siguiente, a Mario Soares, al dominar los socialistas los comicios celebrados en abril. Mientras tanto, Lisboa ha concedido la independencia a sus territorios africanos.

En 1978, Portugal ofrece una cierta inestabilidad gubernamental con los sucesivos gobiernos de Soares, Norbe da Costa y Mota Pinto, sin que por ello se resuelvan los graves problemas socioeconómicos que atraviesa el país.

Eanes es criticado por su indefinición política y, tras el breve mandato del gobierno de María Lourdes Pintassilgo, las elecciones del 2 de diciembre dan el triunfo al centro derecha de Sa Carneiro.

Las divergencias entre el presidente Eanes y Sa Carneiro afloraron en varias ocasiones. Eanes logró ser elegido para un nuevo mandato en 1980. Portugal siguió dividido entre sus fuerzas políticas; en 1983, Soares obtiene nuevamente la Presidencia del Gobierno gracias al apoyo de los socialdemócratas. Al romperse la coalición en 1985 Soares dimitió.

12.3.2. *La transición española*

El 6-XII-78, con una participación cercana al 70%, se aprobó en referéndum la nueva Constitución que instauraba en España la Monarquía parlamentaria.

Desde el 20-XI-75, fecha en que murió Franco, el país vive la transición de un sistema autoritario a otro plenamente democrático.

Dos días después de la muerte de Franco, Juan Carlos de Borbón es proclamado rey por las Cortes. Había sido designado sucesor por el anterior Jefe del Estado y en su persona recaen los derechos dinásticos que todavía ostentaba Don Juan (la renuncia se hará el 14-V-77). A la solemne ceremonia en San Jerónimo el Real asisten, significativamente, el Vicepresidente norteamericano Nelson Rockefeller, el Presidente francés Valery Giscard d'Estaing, el Presidente de la RFA Walter Scheel, el Príncipe Felipe de Edimburgo en nombre de Isabel de Inglaterra, y otras altas representaciones. El nuevo rey proclamó ante las Cortes la voluntad española de convivir en paz con todos los pueblos, destacando la vocación europea de España y sus especiales lazos con Hispanoamérica.

Hasta el mes de julio de 1976, en que el rey nombra a Adolfo Suárez —un hombre casi desconocido— como Jefe de Gobierno, continúa como Presidente Carlos Arias Navarro, que encarga la cartera de exteriores a José M.ª de Areilza.

El mandato de Arias no logró apenas ninguno de sus objetivos exteriores: ni la homologación de España por los países comunitarios ni el aumento de su protagonismo exterior.

Las ambigüedades de la reforma propugnada por Arias, típico hombre del franquismo, son sustituidas por un calendario preciso de cambios, expuestos por Suárez apenas formado su Gobierno. A partir de ahora sí se asiste a un proceso de cambio llamativo.

En septiembre, el nuevo ministro de Asuntos Exteriores, Marcelino Oreja, firma en la ONU los Pactos de Derechos Humanos y en diciembre se plantean las conversaciones con la CEE.

El año termina con la aprobación el 15-XII-76, en referéndum, de la ley de Reforma Política. El texto de esta ley había sido aprobado por gran mayoría y significativos votos en contra por las Cortes, todavía integradas por la clase política franquista, el 18 de noviembre. Ya en este mismo año, Juan Carlos inicia su diplomacia viajera, visitando los EEUU, pero con la importante escala previa en tierras hispanas (Santo Domingo, 31-V-76). A lo largo del nuevo año son muy frecuentes las visitas de estadistas a Madrid.

Fernando Morán comenta que «el hecho esencial del año 1977 en el plano internacional fue para España la normalización formal de sus relaciones diplomáticas»: Rumanía, Bulgaria, Yugoslavia, Polonia, Checoslovaquia, Hungría, la Unión Soviética; y el 28 de marzo de 1977 se ponía punto final a un viejo contencioso con el establecimiento de relaciones diplomáticas entre España y México.

Roberto Mesa añade que: «era innegable que el Gobierno de la Monarquía recibía el beneplácito de toda la Comunidad internacional, tanto de los Estados capitalistas como de los Estados socialistas. Sólo quedaba la anécdota de Albania y el hecho más importante de la negativa española al reconocimiento del Estado de Israel.

»Junto al capítulo del establecimiento de relaciones diplomáticas debe también reseñarse en el plano de los logros internacionales la incorporación de España, a finales de 1977, al Consejo de Europa. Y la participación, por primera vez, en la Conferencia Anual de la Organización Internacional del Trabajo, de miembros de las centrales sindicales españolas, especialmente Comisiones Obreras y la Unión General de Trabajadores».

Los cambios en el interior permiten convocar una cumbre eurocomunista en Madrid en el mes de marzo, legalizándose el PCE, seis días antes de anunciarse las elecciones legislativas para el 15 de junio, donde se elegirán 350 diputados y 267 senadores.

El 28 de julio, Oreja presenta la solicitud de adhesión española a las Comunidades Europeas, petición que será aceptada por unanimidad el 20 de septiembre. El 16-XI-77, el Congreso aprueba la adhesión de España al Estatuto del Consejo de Europa y pide al Gobierno que suscriba y ratifique la Convención Europea de los Derechos del Hombre y la Carta Social Europea. El 24 de noviembre, España ingresa como miembro número 20 en el Consejo de Europa.

La crisis económica y la inseguridad ciudadana por la acción terrorista ensombrecen el proceso de transición. Junto a las dos formaciones mayoritarias —UCD y PSOE— vuelven a figurar en cabeza en las elecciones legislativas municipales, convocadas tras la puesta en marcha de la Constitución.

Nacen también una derecha conservadora —CD—, y un Partido Comunista posibilista, además de grupos radicales de izquierda y partidos nacionalistas.

La organización territorial del Estado se modificó estableciéndose 17 Autonomías con sus correspondientes Parlamentos y Gobiernos, aunque las competencias transferidas variarán de unas Autonomías a otras.

En 1979 se sometieron a referéndum los estatutos catalán y vasco, que fueron aprobados, a pesar de la gran abstención. En estas Comunidades ganarán las elecciones sucesivamente, con diversas mayorías, los partidos nacionalistas como el PNV en Euskadi y Convergencia i Unió en Cataluña.

La política exterior española, además de su vinculación al Bloque Occidental, inicia un cierto entendimiento con los países no alineados.

Como señala Francisco Aldecoa, se da una íntima relación entre la Transición política española y la política exterior democrática, en un momento, por cierto, de distensión internacional.

Como principios generales de este proceso, Aldecoa menciona: a) la participación activa en las relaciones internacionales, b) la universalización de estas relaciones, c) la opción europea, d) el *occidentalismo* se transforma en *Atlantismo*, e) relaciones especiales con Hispanoamérica y el mundo árabe, ya del todo clarificadas, f) sigue pendiente la reforma de la administración exterior y g) las cuestiones territoriales (Gibraltar, Ceuta, Melilla) siguen invariables.

«Durante la transición no solamente se redefinen los rasgos básicos de la política exterior, sino que se "Constitucionalizan" de tal manera esos rasgos que van a remodelar de forma definitiva a todo el período posterior hasta nuestros días. A esa influencia profunda es a la que llamamos la herencia de la transición en materia de política exterior», añade Aldecoa.

La situación interna de España, en lugar de consolidar el sistema, se caracteriza esta última etapa de mandato de Suárez por continuas crisis que deterioran el conglomerado que forma la UCD y llevan al país a momentos serios con un Gobierno impotente ante el progresivo deterioro político, social y económico. El 27-I-81 Suárez presentó su dimisión al rey.

Pocos días transcurren hasta que en la tarde del 23 de febrero, mientras las Cortes celebraban la sesión para elegir al sucesor de Suárez, el teniente coronel de la Guardia Civil Antonio Tejero, al mando de un centenar de hombres, asaltaba el edificio y retenía a los parlamentarios.

El intento de golpe de Estado sumió al país en la incertidumbre por unas horas hasta que la decisiva intervención del rey y el no respaldo por parte de la mayoría de los mandos militares a la intentona, la hicieron fracasar.

El nuevo Jefe de Gobierno, Calvo Sotelo, también de UCD, mantuvo una política exterior continuista pero más vinculada a los EEUU, como se concretó con la incorporación de España a la OTAN (5-VI-81), que será contestada por la oposición y una vez los socialistas en el poder, tras las elecciones del 28-X-82, congelada.

Felipe González, tras obtener diez millones de votos y la mayoría absoluta en el Parlamento, formó el primer gabinete socialista en España tras casi medio siglo. Fraga, de Alianza Popular, encabezaba la oposición. El nuevo titular de Exteriores, Fernando Morán, dio prioridad al tema de la incorporación española a la CEE, planteándose la posibilidad de un referéndum para concretar la aportación del país a la defensa occidental. También se potenciaron las relaciones con Hispanoamérica.

Otras cuestiones importantes eran la renegociación de los pactos con los EEUU, la postura a adoptar ante el tema del Sahara Occidental, las relaciones con el mundo árabe, el reconocimiento de Israel, la cuestión no menos enconada de las negociaciones sobre Gibraltar, la redefinición de las relaciones con la Santa Sede al haber dejado de ser España un Estado confesional y la estrategia a seguir para incorporar el país a todos los foros internacionales, «poniendo a España en su sitio» en frase de Morán.

Respecto al contencioso con Gibraltar, el conflicto de las Malvinas aplazó las negociaciones previstas. El nuevo gabinete socialista decidió unilateralmente la apertura de la verja el 15-XII-82, pero la situación no se alteró por parte británica.

Con la llegada del PSOE al poder se iban consolidando las instituciones democráticas y para algunos autores se podía decir que la transición estaba conseguida.

12.3.3. *Reino Unido: «el thatcherismo»*

Los laboristas acceden al poder en Gran Bretaña y se mantienen en el Gobierno hasta el final de los setenta, pero en difíciles condiciones y gracias a una política de consenso.

Las nuevas elecciones convocadas por Wilson en 1974 otorgaron al partido solamente un escaño más, que daba una situación precaria al Gabinete. Wilson dimitió en 1976 y fue relevado por Callaghan que se apoyó en una coalición con los liberales. Como ambos partidos tuvieron que hacer cambios en sus programas acabaron perdiendo posiciones en su electorado y las elecciones de 1979 dieron la victoria a los conservadores.

Wilson convocó en junio de 1975 un referéndum sobre la permanencia en la CEE, que resultó favorable a los europeístas.

En 1979, llegó al poder una mujer, Margaret Thatcher, que conservará el cargo hasta 1990 y se convirtió en una de las figuras clave de este período, no sólo en la vida británica sino en todo el ámbito internacional. Será conocida por «La Dama de Hierro» y pondrá en marcha una política de firmeza definida como el «thatcherismo», anclada en los postulados liberales.

Sus actuaciones en el campo económico favorecieron la privatización de importantes empresas públicas (telégrafos, gas, construcción naval, líneas aéreas, Rolls Royce, etc.) y el fomento del capitalismo popular. Se recortaron los presupuestos, se combatió la ineficacia del sector público incentivándose la iniciativa privada. El enfrentamiento con los sindicatos más importantes fue el aspecto más duro de esta etapa.

En 1982, se añadió a los aciertos en el campo económico su éxito militar en la guerra de las Malvinas. Mientras, los laboristas se resentían de tensiones internas que incluso llevaron a la escisión de un sector que fundó el nuevo partido Social-Demócrata. Thatcher aprovechó la oportunidad y adelantó la elecciones que ganó, obteniendo los laboristas su mayor derrota desde 1918.

El Gobierno volvió a enfrentarse con los sindicatos y las huelgas que afectaron especialmente al sector minero, pero la Primera Ministra acabó ganando el pulso. Volvió a adelantar los comicios que se celebraron en junio de 1987, logrando otra vez una amplia mayoría.

En 1984, durante el Congreso conservador en Brighton, Thatcher salió ilesa de un atentado del IRA. Los terroristas irlandeses habían matado con anterioridad, en 1979, al miembro de la familia real Lord Mountbatten, último virrey de la India.

La Dama de Hierro mantuvo también una intensa actividad en el ámbito de la política exterior, afianzando Gran Bretaña su puesto entre las Potencias rectoras del sistema. Thatcher se entendía con el también conservador Reagan y apoyó los cambios impulsados por Gorbachov con su *perestroika*. En el marco comunitario adoptó una línea excesivamente nacionalista que chocaba con los postulados más integradores.

12.3.4. *Francia, de Giscard a Mitterrand*

El justísimo triunfo electoral de Giscard D'Estaing en 1974 y la ruptura del centro-derecha al crear Chirac el nuevo partido, el RPR, daban un fundamento muy débil al Gobierno, que además tenía que enfrentarse a una compleja situación económica y a los avatares de las tensiones de la CEE.

Era previsible que en las legislativas de 1978 los socialistas pudieran resultar vencedores, pero no fue así pues Chirac volvió a coaligarse con la UDF mientras la Unión de Izquierdas se rompió en 1977. Los comicios dieron la victoria a la coalición UDF-RPR que logró 278 escaños de los 491 de la Asamblea Nacional.

Giscard adoptó una política de concesiones a los socialistas sin apuntalar por ello su situación, perdiendo el apoyo del RPR, que repercutió desvaforablemente en las presidenciales de 1981. En estas elecciones ganó Francois Mitterrand, que consiguió así acceder al Elíseo tras sus derrotas en 1965 y 1974.

Fue el primer mandatario socialista después de Auriol, que había sido Presidente entre 1947 y 1954.

Giscard fue vencido en la segunda vuelta al retirarle su apoyo Chirac, mientras el abanico de izquierdas, incluidos los comunistas de Marchais, pidieron su voto para Mitterrand que logró el 51,76% de los sufragios.

La primera disposición del nuevo Presidente fue disolver la Asamblea logrando en las elecciones los socialistas la mayoría absoluta. Mauroy, nombrado Primer Ministro, incluyó a los comunistas en el Gobierno e inicia una política radical, con nacionalizaciones, autogestión empresarial, incremento de los impuestos, fomento del empleo y reformas laborales.

Esta primera etapa de los socialistas en el poder se saldó con fracasos, empeoró la situación económica y se produjo el enfrentamiento con los comunistas por las medidas de austeridad que no tuvo otra alternativa que imponer el Gobierno.

La reconversión del sector siderúrgico creó más malestar que se reflejó en 1984 en las elecciones locales y la renovación de un tercio del Senado. Los malos resultados obtenidos en las elecciones para el Parlamento Europeo llevaron a la dimisión de Mauroy. Mitterrand cambia de táctica y nombra nuevo Jefe del Gobierno a Laurent Fabius que replanteó la política francesa en término muchos más moderados. Los comunistas ya no participaron en el nuevo Gobierno.

Fabius retiró la ley que reformaba la enseñanza privada, redujo el gasto público e intensificó la reconversión industrial. Otra innovación fue la reforma de la ley electoral que implantó el sistema de representación proporcional y aumentó el número de escaños en la Asamblea a 577.

12.3.5. *En Alemania la CDU releva en el poder al SPD*

El titular de Finanzas, Schmidt, fue el nuevo Canciller socialdemócrata. Dedicó más atención a las cuestiones internas y a la situación económica, y encargó la política exterior al liberal Genscher.

El mantenimiento de la alianza entre el SPD y el FDP dio continuidad al Gobierno tras las elecciones de 1976 y 1980, mientras las disensiones entre CDU y los bávaros del CSU aumentaban. En esta última etapa, la RFA tuvo que enfrentarse a problemas derivados del aumento de la tensión Este-Oeste en Europa, como la crisis de los misiles que influyeron negativamente en el mantenimiento de la coalición gobernante.

Las disensiones internas culminan, tras el planteamiento por dos veces del voto de censura, con la caída del Gabinete. Automáticamente, ocupa la Cancillería Helmut Kohl, y el CDU recupera el poder.

Para despejar el confuso panorama político, Kohl convocó elecciones anticipadas —marzo de 1983— y logró mayoría clara, reanudando la alianza con los liberales. La novedad más llamativa de estos comicios fue la entrada de los Verdes en el Bundestag con 27 escaños.

El nuevo Gobierno se propuso sanear y relanzar la economía, influir en la mejora de la tensión internacional y fomentar el europeísmo. Los llamativos cambios que van a ocurrir en la URSS y el Este de Europa a finales de la década supondrán una oportunidad de oro para Alemania, que terminará por conseguir su antes impensable reunificación. Todas estas circunstancias favorecerán la permanencia de Kohl al frente de la Cancillería.

12.3.6. *La endémica inestabilidad italiana*

El auge del Partido Comunista que inicia una inteligente línea modernizadora —el *eurocomunismo*— contrasta con el descenso de los democristianos y el hundimiento socialista. También crecen otros partidos como los neofascistas. Entre los políticos de la situación destacan Andreotti, Rumor, Moro.

En las elecciones de 1976, el PCI logró su mayor éxito: consiguieron 228 escaños en la Cámara de Diputados. Su política conocida como «compromiso histórico» le llevó a alejarse de Moscú e incluso apoyar la permanencia de Italia en la OTAN.

La posibilidad del acceso del PCI al poder fue señalada como un grave riesgo por los aliados occidentales. La DC formó Gobiernos monocolores de breve duración y es en este contexto de deterioro social, con una activa presencia del terrorismo de las Brigadas Rojas, cuando tiene lugar el asesinato de Aldo Moro (marzo, 1978). Tras la dimisión de Leone como Presidente del país ocupó esta alta magistratura Pertini, el primer socialista que accede a la presidencia de la República. Ante la efímera vida del tercer Gobierno Andreotti —diez días— se disuelven las Cámaras y convocan elecciones. Un cierto retroceso comunista posibilitó la vuelta al entendimiento entre la DC y los socialistas (PSI). Como políticos claves de estos años hay que citar a Cossiga, Forlani, Spadolini y Fanfani.

En abril de 1983 terminó esta agitada legislatura. El nuevo Gobierno salido de las elecciones recurrió a la compleja fórmula del pentapartidismo (DC-PSI-PSDI-PRI-PLI) que tuvo como Presidente al socialista Bettino Craxi, que, pese a su compleja base, durará hasta 1987. En este cuatrienio se dieron altibajos e incluso Craxi dimitió en junio de 1986 para volver a hacerse cargo del Gobierno al mes siguiente tras el fracaso de Andreotti. Este segundo mandato duró sólo 8 meses, y Craxi dimitió definitivamente.

En política exterior, Italia continuó, a lo largo de todos estos años, alineado con los EEUU y con los otros países miembros de la CEE, así como con los de la OTAN.

12.3.7. El «eurocomunismo»

Un nuevo fenómeno ideológico-político cuaja en este período: el «eurocomunismo», un replanteamiento del marxismo desde una óptica más democrática que, en cierto modo, hay que remontar a la fallida «primavera de Praga» de 1968.

El *eurocomunismo* fue aceptado como fórmula más oportuna por los partidos marxistas europeos. El XXII Congreso del PC francés declaró abolida la noción de «dictadura del proletariado» y tanto los partidos de España e Italia como sus líderes Santiago Carrillo y E. Berlinguer apoyaron a Georges Marchais, y protestaron por el trato que se daba en la URSS y en los países del Este a los disidentes.

Esta reforma que intentaba dar un giro democrático y pluralista al comunismo respondía a una lógica que actualizase la táctica de estos partidos en el clima de la Europa democrática, incluyendo la nueva España parlamentaria.

Elliot y Schlesinger han explicado el contradictorio origen de este vocablo —*eurocomunismo*— que cuajará en esta segunda parte de los años setenta.

Como recuerda Alvaro Ferrary, «este término, originalmente acuñado por el periodista yugoslavo F. Barbieri, para advertir a la opinión pública del mundo occidental del peligro de sovietización de todo el continente que planteaba la posible llegada de los comunistas al poder, acabó por convertirse en el obligado punto de referencia conceptual de todas las manifestaciones de independencia política y de liberalismo integral que, por entonces, monopolizaron el discurso político de los más influyentes partidos comunistas occidentales. Así pues, Barbieri inventó el término que dio nombre a un fenómeno con la intención declarada de negar precisamente el fenómeno al que contribuyó como nadie a dar nombre».

Si Berlinguer empleó el término en la Conferencia del PC italiano (1976), Carrillo escribió unos años después su libro *Eurocomunismo y Estado*.

Ferrary enumera como rasgos principales programáticos del *eurocomunismo* que se trata de un comunismo nacional, liberal y democrático; seguidor de la praxis del modelo italiano y que tiene sus fundamentos doctrinales en el revisionismo gramsciano, anteponiendo la táctica a la estrategia.

Este autor añade que «El resultado fue que, en vez de exportar a los restantes partidos políticos y organizaciones sociales el modo de ser comunista, para de este modo sustituir pacíficamente el pluralismo social existente por un consenso unitario de signo marxista, se preocuparon preferentemente por importar los más relevantes elementos programáticos de sus oponentes en la elaboración de los respectivos programas electorales.

«Indirectamente, contribuyeron, pues, a dar la razón especialmente a los partidos socialdemócratas, cuando proclamaban que el fenómeno eurocomunista no era más que la consecuencia de la inexorable pérdida de vigencia histórica del discurso comunista».

12.3.8. *Agitación en el Mediterráneo oriental: Chipre*

La común pertenencia a la OTAN de Grecia y Turquía evitó más de un probable enfrentamiento armado entre ambos países, históricamente rivales, pero sí ha habido momentos difíciles y de tensión entre Ankara y Atenas. Uno de los motivos de esta rivalidad lo constituye la isla de Chipre.

A) Grecia, tras el mando de Karamanlis, en los años sesenta mantuvo el sistema democrático con la participación de varios partidos. En 1963 ganó las elecciones Papandreu.

El 21-IV-67 el coronel Patakos encabezó un golpe militar y un mes más tarde, al fracasar un contragolpe, el rey Constantino tuvo que marchar al exilio. El régimen de los coroneles, de inspiración derechista, duró hasta 1974.

Karamanlis fue invitado a formar un Gobierno de Salvación Nacional y se restablecieron las libertades democráticas. Un referéndum acerca del retorno de la monarquía se inclinó por el mantenimiento de la República, y se aprobó la nueva Constitución en 1975.

Como principales líderes políticos de los años siguientes hay que citar a Karamanlis, Rallis, Papandreu y Sarzetakis.

En 1981, los socialistas del PSOK ganaron las elecciones y Andreas Papandreu fue el primer socialista que ocupó el poder en Grecia. Pese a sus anteriores críticas antiamericanas al llegar al Gobierno llevó a cabo una política más pragmática, continuó en la OTAN e ingresa en la CEE.

Los principales militares golpistas, Patakos, Papadopoulus y Ioannides fueron juzgados por sus actuaciones represivas en la época de su mandato.

B) Turquía, que había sido neutral en la II GM, sí se vio afectada por los equilibrios de la *guerra fría* dada su valiosa situación fronteriza con la URSS y su histórica rivalidad con los rusos. En 1951, ingresó en la OTAN y mantuvo un régimen democrático que fue alterado en 1960 por un golpe militar dirigido por el general Gürsel. Los años siguientes fueron políticamente inestables aunque retornaron al poder los civiles como Suleyman Demirel.

Las visicitudes del contencioso chipriota repercutieron muy directamente en Turquía. Los últimos años setenta registraron un aumento de la inestabilidad política y social, y se incrementó también de forma alarmante, la violencia callejera.

El 12-IX-80 las Fuerzas Armadas se hicieron nuevamente con el control del país, se formó un Consejo Nacional de Seguridad, se declaró la ley marcial en todo el territorio y se recuperó al menos la paz social, pero a costa de las libertades políticas.

Turquía fue excluida del Consejo de Europa y la OTAN aconsejó el restablecimiento de la democracia lo antes posible. En 1981, se estableció una Asamblea Consultiva para redactar una nueva Constitución, que se aprobó mediante referéndum en noviembre de 1982, pese a algunos aspectos discutibles. Temporalmente se nombró al general Evren como Presidente por un plazo de siete años.

En mayo de 1973, volvieron a la actividad los partidos políticos y se convocaron elecciones, aunque no todas las fuerzas políticas fueron autorizadas a presentarse en esta etapa de «democracia vigilada».

En las elecciones generales del 6-XI-83, el Partido de la Madre Patria obtuvo 211 escaños de los 400 de la Asamblea Nacional, su líder Turgut Ozal será nombrado Primer Ministro.

C) Chipre, la isla de Afrodita, alcanzó la plena independencia en 1960, pero la nueva República nacía con un grave problema sin resolver, las relaciones entre las dos comunidades que habitaban el territorio: los greco-chipriotas (mayoría, con un 80%) y los turco-chipriotas. La Presidencia del Estado recayó en el arzobispo Makarios, que anteriormente había sido partidario de la Enosis o anexión a Grecia.

La isla, estratégicamente ubicada en el Mediterráneo oriental, había sido en sus orígenes griega, dominada por los romanos, los bizantinos y los cruzados, la dinastía de Lusignan y los venecianos (1849 a 1571), cayó en poder de los turcos hasta que en 1878, tras la apertura del canal de Suez, los ingleses lograron su cesión por el sultán con ciertas condiciones.

Durante la I GM Londres anexionó por completo la isla, donde en la posguerra surgió un movimiento independentista partidario de unirse a Grecia. Iniciada la guerra civil entre los partidarios de la Enosis, mandados por Grivas, el conflicto no terminará hasta la independencia.

Sin embargo, la rivalidad entre las dos comunidades se reabrió en 1964 y la ONU tuvo que enviar un cuerpo expedicionario de cascos azules. Al abandonar Makarios la tesis de la Enosis e imponerse la idea de un Chipre autónomo, se logró cierta estabilidad. En 1968, Makarios fue reelegido Presidente.

Grivas, que había regresado a Chipre para relanzar las acciones terroristas de la EOKA en favor de la unión con Grecia, falleció en 1974.

Un golpe dirigido por oficiales griegos de la Guardia Nacional derribó a Makarios el 15-VII-74. Nikos Sampsons, greco-chipriota fue el nuevo Presidente. Makarios se refugió en Londres.

Aprovechando estos incidentes, el Ejército turco intervino en la isla a petición de Denktas, el líder de los turco-chipriotas. Fue un gesto que si tenía como argumento la protección de este grupo, significaba a la vez la voluntad turca de no dejar la isla en manos griegas. Las tropas turcas ocuparon el tercio norte de Chipre, y quedó dividido el territorio por la llamada línea Atila, que iba desde Merphou hasta Nicosia pasando por Famagusta.

El mismo día que se derrumbaba el régimen militar griego en Atenas dimitió Sampson, sustituido por Klerides, Presidente del Congreso.

Makarios regresó a Chipre volviendo a ocupar la presidencia del país, mientras los turcos establecieron un Gobierno de *facto* en la zona que controlaban, y en 1975 se proclamó el Estado Turco de Chipre Federado.

Makarios murió en agosto de 1977. Le sucedió el titular de la cartera de exteriores Spyres Kyprianou.

Respecto al recurrente tema del conflicto entre las dos comunidades, en 1980 se reanudaron las conversaciones auspiciadas por la ONU. Los planteamientos divergían, pues mientras los turco-chipriotas pretendían un mismo *status* para ambas comunidades e igual representación institucional, los greco-chipriotas deseaban un Gobierno central fuerte y consideraban desproporcionada la idea turca de una representación igual, al constituir menos de la cuarta parte de la población.

El 15-XI-83 los turco-chipriotas declararon unilateralmente la independencia. Proclamaron la República Turca del Norte de Chipre, que tan sólo fue reconocida por Ankara, y recibieron la reprobación de las naciones Unidas.

D) Otra isla, pero esta vez situada en la vecindad de Italia, Malta, también se convierte en un micro-Estado en 1961. Había sido ocupada por los distintos pueblos navegantes y conquistadores del Mediterráneo, incluidos los árabes, hasta que los normandos se hacen con ella, uniendo sus historias a la de Sicilia hasta 1530.

Carlos I de España la cedió como feudo a la Orden de Hospitalarios de San Juan de Jerusalén, que habían perdido Rodas, y cambió su nombre por el de Orden de Malta. En 1798, Napoleón la ocupó, pero tras el tratado de Amiens (1801) recobró la independencia por poco tiempo ya que los ingleses se hicieron con Malta en 1814 como valiosa escala en su estrategia de implantación mediterránea. Durante la II GM constituyó una pieza clave para las operaciones en el Norte de África y resistió los intentos italianos para conquistarla.

Independiente dentro de la Commonwealth, tras el mandato de Borg Olivier llegó al Gobierno el laborista Dom Mintoff (1971) quien, sabedor de la importancia militar de la isla, obtuvo unas buenas compensaciones por arrendar bases a la OTAN tras unos devaneos de tendencia neutralista. Mintoff continuó en el Gobierno.

12.3.9. *La Europa de los Doce*

Europa se enfrenta a los años ochenta con el reto de varios problemas ineludibles. Destaca, además de las ya citadas dependencias energética y militar, el temor a la recesión demográfica, las consecuencias sociales de los adelantos tecnológicos, una política agrícola adecuada, la búsqueda de un reencaje de los nacionalismos y la institucionalización de una Comunidad ampliada.

Aunque el clima de crisis económica que atenazaba a todo el sistema internacional incide en el proceso de unificación europeo, estos últimos años setenta y primeros ochenta ven el relanzamiento del proceso, que se ilustra con la ampliación de la Comunidad a Doce.

En marzo de 1979 entra en funcionamiento el Sistema Monetario Europeo (SMI) y la experiencia práctica del ECU, intento tímido de pre-moneda comunitaria.

En 1983 nace la Europa Azul, la de la Política pesquera, mientras la PAC se desborda por su misma dinámica y el volumen de excedentes agrícolas. Otro paso significativo son los primeros avances en la consecución de una política tecnológica con programas como ESPRIT o FAST.

A partir de 1977 la CE está presente como tal en las cumbres de los países más industrializados (*los 7*).

Por otra parte, se perfila una política mediterránea, se renueva el Convenio de Lomé y se relanza con mayor empuje el diálogo con Hispanoamérica, en parte por la incorporación española a la CE.

Una reforma significativa en el ámbito institucional fue la decisión de elegir por voto directo y universal a los eurodiputados, sin que por ello se dote de más atribuciones a un Parlamento que posee una función poco más que representativa. Las primeras elecciones directas se celebraron en 1979. Los partidos de centro-derecha se hicieron con 233 de los 410 escaños. El Parlamento tuvo como presidente a una mujer: Simone Weil.

En 1975, Grecia solicitó formalmente su adhesión a la CEE. Se firmó el tratado en 1979, y se convirtió el país heleno en miembro de pleno derecho en 1981.

El primero de enero de 1986 tiene lugar la tercera ampliación de la CEE, con el ingreso de España y Portugal, tras siete años de negociaciones desde que, oficialmente, se dio luz verde a la adhesión de ambos países, una vez implantada la democracia en la Península Ibérica.

La madrugada del 30 de marzo del año anterior concluyeron las negociaciones y el 12 de junio se procedió a la firma solemne del acta de adhesión, en Lisboa y Madrid.

La Comunidad de *los Doce* tiene una población de 320 millones de personas y una superficie de 2.255.000 km^2.

El nuevo cuadro institucional supone 17 miembros de la Comisión Europea: 2 alemanes, 2 franceses, 2 italianos, 2 británicos, 2 españoles, 1 portugués y un miembro también por los otros Estados. Respecto al Consejo de Ministros, todos los Estados tienen su representante, pero con valor distinto de voto en las votaciones que requieran mayoría cualificada (54 sobre un total de 76). España dispone de 8 votos, Portugal de 5, como Grecia, Bélgica y Holanda. Alemania, Francia, Italia y Gran Bretaña cuentan con 10, Dinamarca e Irlanda con 3 y Luxemburgo con 2.

El Parlamento Europeo quedaba ahora integrado por 518 miembros pues se han añadido a los 434 diputados anteriores, 60 españoles y 24 portugueses (Alemania, Italia, Francia y Gran Bretaña tienen 81 cada uno; Países Bajos, 25, Bélgica y Grecia, 24 cada uno; Dinamarca, 16; Irlanda, 15; y Luxemburgo, 6).

En el Comité Económico y Social hay 21 españoles y 12 portugueses, de sus 189 miembros, y en el Tribunal de Justicia hay un juez por cada país y uno más rotativo.

12.3.10. *La pesadilla polaca*

A) Los acontecimientos en Polonia sirvieron para romper otro *molde* en las concepciones ortodoxas del comunismo: la posibilidad de un golpe militar en un país marxista. En efecto, el general Jaruzelski, que ya el 16 de octubre de 1981 había sucedido a Kania al frente del POUP, hizo sacar los tanques a la calle el 13 de diciembre de 1981 y declarar la ley marcial.

La acción del Ejército fue la respuesta al continuo deterioro del poder establecido, ante la pleamar de la protesta sindical encarnada en el sindicato *Solidaridad* y en su líder Lech Walesa.

El golpe puso fin a 500 días de tolerancia, posiblemente inspirados los militares polacos por las palabras atribuidas al Mariscal Koulikov, jefe de las fuerzas del Pacto de Varsovia: «Si no lo hacéis vosotros, lo haremos nosotros».

Sin embargo, la convergencia sobre la crisis polaca de una serie de elementos decisivos dio un peculiar giro a unos acontecimientos de desenlace imprevisible.

Polonia constituía una pieza nuclear del sistema del Este y cualquier alteración desequilibraría no sólo el Bloque, sino a Europa. Un cambio democrático afectaría además a la estabilidad de las otras Repúblicas Populares e incluso de la misma URSS, como se verá al final de la *década*.

Los polacos lograron despertar la simpatía a su causa fuera de sus fronteras e incluso el hecho de ser polaco el nuevo papa, contribuyó a favorecer unas actitudes prudentes por todas las fuerzas implicadas en el problema.

Pese a las alternativas que la crisis fue ofreciendo: huelgas, detenciones, manifestaciones, prohibiciones y nuevas concesiones del poder, la polémica continuó. La misma concesión del Premio Nobel de la Paz (1983) a Walesa confirmaba la persistencia de la rebelión y del respaldo internacional de Solidaridad.

Habían pasado dieciséis meses después de la firma de los históricos acuerdos de Gdansk, en los que el régimen comunista polaco reconoció el derecho de los trabajadores a organizar libremente sus sindicatos.

Los antecedentes de este proceso hay que situarlos en 1956, cuando se dieron ya brotes de insurgencia coincidiendo con cierta complicidad por parte del Gobierno de Gomulka.

En 1981, el sindicato Solidaridad contaba con 10 millones de afiliados y era conocido el clima de diálogo entre Walesa, Jaruzelski y el cardenal Glemp. La presión de Solidaridad había costado el cargo a dos Secretarios Generales del POUP, Edward Gierek y Stanislaw Kania. El sindicato se había erigido en un verdadero contrapoder en Polonia.

El carácter político de Solidaridad quedó patente en las 21 exigencias presentadas el 16 de agosto de 1980 cuando, entre otras cuestiones, reclamó el derecho a la huelga y el respeto a la libertad de expresión. Un año después, durante la primera parte del I Congreso Nacional de Solidaridad, se pidieron reformas económicas y laborales.

Poco antes del golpe militar, Solidaridad reclamaba la convocatoria de un referéndum para decidir el futuro político de Polonia.

La crisis política e institucional venía a coincidir con una grave situación de deterioro económico que hacía difícil la vida ordinaria y la convivencia diaria.

También quedó evidente el fracaso del Partido Comunista y el descrédito de los dirigentes del país.

B) La muerte de Tito en mayo de 1980 abrió un foco de posible crisis en una zona tan neurálgica como la *marca balcánica*, amenazando el difícil *statu quo* europeo. La desaparición de este hábil tejedor de intereses contrapuestos no sólo afectaba al escenario europeo, sino al mundial, al ser Tito uno de los inspiradores del ideario no alineado.

Los funerales habidos en Belgrado dieron ocasión para una informal *cumbre* de estadistas y la prudencia política logró el mantenimiento de la *entente,* conservando Yugoslavia su línea autónoma anterior. 115 Estados estuvieron representados en las honras fúnebres.

Tito supo mantener unido al mosaico yugoslavo desde su victoria sobre el Eje, y sus sucesores intentarán, mediante un complejo sistema rotatorio institucional, conservar esa unidad entre las seis repúblicas.

Sin embargo, las ambiciones serbias se erigen en el centro hegemónico y las hondas diversidades religiosas, étnicas, económicas y lingüísticas hacían ya prever el estallido de una gravísima crisis que bien podía desestabilizar los Balcanes.

12.4. El resurgir del Islam

El Cercano Oriente adquiere en estos años una importancia y un protagonismo aún mayor, que le es consustancial por su situación geopolítica y su historia. La preeminencia deriva de su riqueza petrolífera y de un cierto *renacimiento islámico* que se contagia al Norte de África y a otros países musulmanes de Asia.

Las Grandes Potencias tienen que revisar su estrategia en la zona, a la par que los árabes descubren el poder que les dio usar, desde 1975, el petróleo como arma política.

Este renacer islámico se afianzará más en la década de los ochenta y emerge como una *tercera vía* en el cauce de influencias y de intereses que se extienden por todo el extenso ámbito musulmán, especialmente tras aflorar la crisis del comunismo y, por lo tanto, de la ideología marxista.

Escribe Erdmute Heller que «La región árabe-islámica se ha convertido en los últimos años en un factor nuevo; aunque no unitario, de la política mundial. Los estados islámicos se esfuerzan cada vez más por presentar un frente político común y por deslindarse, como bloque cerrado, como una unidad regional-cultural, tanto del Este como del Oeste. La independencia plena, conquistada en las décadas de 1950 y 1960 por la mayoría de los países árabes islámicos, no ha hecho sino reforzar esta tendencia. La posesión de petróleo y el consiguiente poder financiero de algunos países árabes ha contribuido esencialmente a crear una nueva conciencia en el mundo árabe. Si en las décadas de 1950 y 1960 el Islam era sobre todo un baluarte contra el nacionalismo de los distintos países árabes, la revitalización efectuada a lo largo de la década de 1970 es más bien una forma de autodefinición musulmana y una nueva imagen de sí mismos que sustituye el arabismo de los últimos decenios...».

«Su población es demasiado heterogénea, las agrupaciones religiosas son demasiado diversas (pues, además de las escuelas principales del shiísmo y el sunnismo, se descomponen en numerosas sectas y subsectas) y los diferentes regímenes políticos son demasiado dispares. Sobre todo Siria y el Irak, que tienen que vérselas con diferentes fuerzas religiosas en sus países, han de jugar, con vistas a su propia conservación, a la carta del nacionalismo árabe con el fin de controlar las distintas corrientes islámicas que, a su vez, están vinculadas a distintos grupos sociales y ambiciones políticas. La irrupción del Islam como ideología política del mundo árabe creará grandes problemas en un futuro próximo, sobre todo a los regímenes que han iniciado su desarrollo político y material bajo el signo del nacionalismo».

12.4.1. *Musulmanes y árabes*

El Islam, como señala Braudel, «es un inmenso complejo cultural que corresponde a una vieja civilización, orgullosa, compleja, tan batalladora, por lo menos, como la de Europa, basada, al igual que ésta, en grandes conquistas, que le permitieron ejercer a través de todo el espesor del Viejo Mundo una larga preponderancia». Siguiendo a este autor, entendemos que el Islam es la nueva forma del Cercano Oriente, es un espacio donde se asentaron grandes culturas e Imperios, cruce de influencias y caminos que la civilización musulmana heredó y sustituyó. Los califas son continuadores de los faraones egipcios, los reyes asirios y persas, los basileos bizantinos...

Los sultanes otomanos, rectores del moderno poderío musulmán, se asentaron simbólicamente en Constantinopla, capital del Imperio de Oriente.

La conjugación de la fe islámica con el pueblo árabe está en la raíz del proceso creador de esta gran construcción histórica, que, desde el corazón de Arabia, llegará como las ondas sísmicas de una gran conmoción, hasta las orillas del Atlántico y los confines de Asia.

El Islam cuenta con unos 1.000 millones de fieles, siendo la mayoría de ellos no árabes. 100 millones en Bangladesh, 142 millones en Indonesia, 99 millones en Pakistán, 97 millones en la India; además de los millones de musulmanes de color del África subsahariana y los 49 millones de iraníes. También hay que tener en cuenta a unos 30 millones de musulmanes que viven en las Repúblicas asiáticas de la ex-URSS.

Sin embargo, el centro de esta compleja civilización siguen siendo los pueblos árabes y la ciudad santa de La Meca.

Como señala Martínez Carreras, «el Islam, como religión y como sistema de vida, tiene una relación particularmente estrecha con los árabes, siendo éstos su núcleo y su agente difusor y creador; pero el Islam al difundirse por inmensas y variadas zonas geográficas y entre muy diferentes pueblos deja de ser un sistema exclusivo de los árabes. De esta manera, en la historia y en la actualidad, pueblos no árabes asumen y representan, en un primer plano, la defensa del Islam, con el que se han identificado totalmente; fue el caso del Imperio Otomano, entre otros. En la actualidad, se encuentran en Oriente Medio, diferenciados del conjunto árabe, varios y singularizados pueblos islámicos no árabes».

El mundo islámico se extiende principalmente por la mitad superior de África, Oriente Medio y el sur de Asia, hasta alcanzar los archipiélagos que enlazan con Oceanía, además de otros grupos en la Europa balcánica y hasta en América. El núcleo de este amplio conjunto de pueblos son los árabes, ubicados precisamente en el centro del sistema.

Cabe diferenciar, por lo tanto, los siguientes *subsistemas* como partes de ese gran conjunto islámico:

a) Los países de Oriente Medio o Próximo, que desde la Península Arábiga se extienden por el Creciente Fértil hasta el Mediterráneo, países mayoritariamente árabes y cuya lengua es también el árabe: Arabia Saudí, Yemen, Emiratos Árabes Unidos, Bahrain, Kuwait, Omán, Qatar, Irak, Jordania, Siria, Líbano. En este espacio coherente se encuentra el enclave no árabe y no islámico de Israel, que, por otra parte, alberga población palestina árabe. Líbano, que sí es mayoritariamente árabe, no es mayoritariamente musulmán, pues cuenta con importantes grupos cristianos.

b) Los países islámicos no árabes de Oriente Medio: Turquía, Irán, Afganistán y Pakistán.

c) Los países árabes del norte de África: Egipto, Sudán (en gran parte), Libia, Túnez, Argelia, Marruecos y Mauritania, además del Sahara ex-español. A este grupo habría que incorporar Somalia, con mayoría de población árabe pero situado en el Índico.

d) Los países musulmanes no árabes se extienden por Asia: Pakistán, Bangladesh, Malasia e Indonesia, además de grupos importantes en la India, la antigua Unión Soviética, China y Filipinas.

En África, cuentan con mayoría musulmana: Senegal, Malí, Chad, Gambia, Guinea, Níger, Nigeria; además de Sierra Leona, Burkina Faso, Ghana, Benín, Costa de Marfil, Camerún, Etiopía, Tanzania y Mozambique que tienen un alto porcentaje de población musulmana.

e) En la Europa balcánica hay grupos musulmanes en Bosnia, Bulgaria y Albania, además de Chipre. Y en la Europa comunitaria también va a más la presencia de emigrantes musulmanes, mayormente magrebíes.

12.4.2. *La religión musulmana*

«¿Cuál hubiera sido el destino del mundo sin el Islam?» —se pregunta Orlandis— y tras añadir que las respuestas pueden ser distintas, dice que «lo que nadie pondrá en duda es que el pasado de la humanidad registra pocos fenómenos que afloren de modo más inesperado y, que por otra parte, hayan ejercido una influencia más considerable sobre la marcha de la historia».

Como señala Daniel Pipes: «Los acontecimientos de los últimos años han puesto de manifiesto el extraordinario papel del Islam en la política mundial. Cuando los musulmanes alcanzaron importancia internacional en estados como Pakistán e Irán, se hizo necesario tratar de entender el Islam a fin de poder interpretar sus objetivos y su ideología. El Islam servía de guía a los gobiernos de Arabia Saudí y Libia, influía en la política electoral de democracias como Turquía, la India, Malasia e Indonesia, y suponía una importante amenaza para los regímenes comunistas de Yugoslavia y Afganistán.

El Islam aumentó las tensiones internas en Nigeria, Sudán, Egipto, Siria, Irak y Birmania, y fue el determinante de las rebeliones contra el gobierno central en Chad, Etiopía, Chipre, Líbano, Tailandia y Filipinas. Avivó conflictos internacionales entre turcos y griegos, árabes e israelíes, paquistaníes e indios, y entre etíopes y somalíes. En la disputa árabe-israelí, por ejemplo, el Islam ayudaba a explicar la naturaleza de la resistencia árabe a la existencia de Israel, la intensa participación de países tan distantes como Irak y Libia, y el significado de la llamada, en la Carta Nacional Palestina, al establecimiento de un estado "laico y democrático", en Palestina».

Hay que empezar diciendo que el Islam —una de las más grandes y venerables religiones—, no es un bloque monolítico como pudiera suponerse. Coexisten diversas sectas, algunas subdivididas a su vez en grupos menores, pero casi siempre, unos y otros defienden la unidad entre la ley coránica y la ley civil, en mayor o menor grado de identificación.

Como sintetiza Fraguas de Pablo: «Islam significa sumisión al único Dios, Alá. La sumisión a Dios implica que la divinidad, no el hombre, ocupa el centro del universo. Supone también que toda la vida ha de girar en torno a Él, que es quien la concede o la arrebata. Su voluntad, en el Islam, es insondable, lo mismo que sus designios. Sin embargo, la razón, de la que el hombre y la mujer están dotados, permite discernir al creyente la vía de la perfección y el camino hacia Dios, el error y el extravío. Los hombres y las mujeres son, para el Islam, iguales ante la divinidad. Toda la naturaleza, animada e inanimada, pertenece a Dios.

«Los seguidores del Islam son denominados musulmanes. Su conjunto constituye la "Umma" o comunidad islámica universal. Su doctrina posee elementos procedentes de las tradiciones religiosas judía y cristiana. Ellos mantienen que sus creencias culminan y resumen en un todo armonioso —y superior— las religiones proféticas. Las religiones proféticas son para ellos las que están dotadas de un Libro Sagrado, como la Biblia».

La mayor parte de los musulmanes son sunníes, así llamados porque se consideran seguidores fieles a la tradición (*sunna* en árabe). Esta tradición habría sido transmitida por hombres designados por Dios para esta misión.

Entre estos musulmanes hay dignatarios, jurisconsultos, jueces y agentes de culto; pero no tienen clérigos ni pontífice, aunque sí hombres religiosos.

El sunnismo se considera como el Islam ortodoxo y alcanza geográficamente a casi todos los países donde hay musulmanes.

También entre ellos han surgido corrientes *fundamentalistas* que pretenden restaurar la pureza islámica. Cabe citar a los *Hermanos musulmanes*, fundados en Egipto en 1934 por Hassan El Barna. Admiten la democracia pero reislamizando la legislación, la enseñanza y las instituciones políticas, aunque estaban en parte influidos por las ideas totalitarias imperantes entonces en Europa.

Otro grupo lo forman los Taujid libaneses y ciertos sectores marroquíes y tunecinos.

En el seno del sunnismo han surgido en otras épocas órdenes místicas de estructura militar como los senussis de Libia, los wahabitas de Arabia, los murabitones del Magreb y los mahdistas sudaneses.

Una secta minoritaria opuesta son los jariyíes. Predican la igualdad absoluta y una moral rígida. Expulsados de Arabia, se extendieron por el Norte de África y Omán.

El chiísmo es el nombre más conocido de la secta (la palabra árabe *shía* significa secta) más importante del Islam.

Al principio era la comunidad de los creyentes la que designaba a los sucesores de Mahoma (los califas). Pero en el año 661, durante el reinado del califa Alí, se jerarquizó la elección porque «sólo en él y en sus doce descendientes pervive la sangre del Profeta».

La diferencia específica del chiísmo es la introducción de una jerarquía. Los jefes religiosos responsables se llaman *ayatollahs,* en Irán, y los que están encargados de las mezquitas, *mollahs*.

Hay que diferenciar a los ismaelitas, seguidores de un hijo del Imán Chafar y fundadores del califato fatimí, de donde proceden los drusos. Los alauitas de Siria son del mismo origen. Su jefe religioso es el Aga Khan.

Un núcleo muy importante, especialmente en el Irán, son los *duodecimanos,* que creen en los doce imanes, el último de los cuales, Mahamad, el imán oculto, desapareció en el año 873 y tiene que reaparecer.

También hay que mencionar a los zaidíes, y a grupos fundamentalistas como los libaneses de Hussein Mussawi escindidos en el movimiento pro sirio Amal, de Nabih Berry y Hezbollah o partido de Dios, de Hussein Fadlallah.

Los movimientos islámicos pretenden la instauración de Estados regidos por la aplicación de preceptos coránicos.

Con planteamientos más moderados, otros sectores, como el Consejo Islámico Mundial, propugnan, con flexibilidad y oponiéndose a la violencia, la revitalización de la *sharia* o ley coránica y la solidaridad musulmana.

La vinculación entre religión y poder político está muy extendida. Además de la República islámica iraní, el Islam es religión oficial por mandato constitucional en Pakistán, vertebra la Libia de Gadafi, se invoca por partidos tan distintos como el *Bangladesh islamic janata*, la coalición indonesia del *Persatuán Pembangunán*, los monarcas de Arabia Saudí y Marruecos o los emires del Golfo.

12.4.3. *El mundo musulmán*

Podemos señalar cuatro etapas distintas en el proceso de formación y evolución de la civilización musulmana: a) génesis y desarrollo del Califato, b) expansión y división del Islam, c) el Imperio Otomano, d) los Estados musulmanes actuales.

A) *El Califato*

La unidad de la península arábiga no se logra hasta la época de Abu Bakr, sucesor de Mahoma (632-634). Su heredero, Omar, iniciará la ola expansiva sobre los pueblos vecinos, sometidos a Persia o a Bizancio, ambos debilitados por una guerra que acababan de sostener. Las persecuciones y divisiones religiosas ayudaron también a la causa musulmana que, por añadidura, predicaba una fe compatible con el monofisismo predominante en la zona. Omar ocupó Persia y, en breve plazo, se hizo con Siria, Palestina y Egipto.

En Jerusalén, los judíos perseguidos desde el reinado de Heraclio recibieron a los árabes como libertadores. Entre los años 628 y 643, Medina, una ciudad apenas conocida, se transformó en capital de un Imperio que se extendía del mar Caspio a Cirenaica.

Como señala Bosch Vilá: «las nuevas poblaciones que se integraron en el sistema islámico colaboraron o prosiguieron, bajo la dirección árabe, la expansión: los sirio-egipcios hacia el Norte de África, sometiendo a los bereberes (643-710), quienes, a su vez, extendieron el Islam a España (711-715), a parte del reino de los francos (717-759) y a Sicilia (827); los iranios hacia el Asia Central, territorios turcos y parte del valle del Indo».

En la última etapa del Califato Omeya (657) se produce la primera división relevante entre los creyentes: los ortodoxos o *sunníes*, seguidores del primer Omeya, Muawiya, y los *chiíes*, partidarios de Alí, yerno de Mahoma y, por último, los *jarichíes*.

La capital fue trasladada de Medina a Damasco, en Siria y la nueva dinastía, los Abbasíes, la llevaron a Bagdad, en el actual Irak. Durante el califato abbasí (750-1258) los iranios fueron progresivamente suplantando a los árabes. En este período se iniciaron las primeras escisiones políticas y el surgimiento de dinastías autónomas.

Así aparecen los *omeyas* en España, los *idrisíes* en Fez, los *rustumíes, aglabíes, tahiríes, saffaríes* y *samaníes*. El elemento turco cobra también importancia y se hace con el poder en Egipto donde gobiernan de modo independiente los *fatimíes*. Incluso en España, surgieron distintos reinos, llamados *taifas,* lo cual facilitó la reconquista cristiana.

B) *Ruptura y expansión del Islam*

Roto el imperio califal, distintas dinastías se reparten el espacio islámico, que va extendiéndose por Asia Central, India y hasta China. Otros movimientos políticos y dinásticos importantes como el de los *cármatas* y los *ayyubíes* coinciden con las Cruzadas, que contribuyen a unir momentáneamente a los musulmanes ante la amenaza, al menos en el terreno de la ortodoxia religiosa.

Especial importancia cobra Saladino, que impuso una dinastía de origen kurdo, y la irrupción de los turcos *selyúcidas*, que señorearon Persia e Irak. Otros grupos poderosos fueron los almohades y almorávides. El Islam tuvo que hacer frente a las oleadas mongolas, que fueron detenidas por los mamelucos en 1260 y, posteriormente, islamizados.

Ya en la Baja Edad Media, los turcos otomanos iniciaron su dominio sobre Anatolia, y comenzó, así, un proceso expansivo que terminó haciéndolos los dueños de Oriente Medio y los Balcanes. A fines del siglo XV, Tamerlán se extiende desde Kazakstán y Uzbekistán hasta la India, mientras que en el otro extremo islámico se descompone el Imperio almohade y los cristianos progresan en la Península Ibérica.

Turcos y mongoles fueron desplazando a los árabes del dominio en Oriente. Los *safawíes* en Persia, el Gran Mogol en la India y los otomanos construyeron los tres grandes Imperios musulmanes.

Con anterioridad llegaron musulmanes hasta la isla de la Sonda (a Sumatra en el siglo XIII) y continúa la expansión islámica en esa zona hasta el siglo XVIII. No deja de ser curioso que el Islam vuelva a chocar con los españoles en el otro extremo del mundo: en las Filipinas. La fe musulmana se extendió también por África, llegando a las zonas ecuatoriales y orientales en un largo proceso que se remonta al siglo XI y alcanza nuestros días.

C) *El Imperio Otomano*

El Imperio Otomano volvió a dar unidad política a buena parte del conglomerado islámico y a representar una potencia excéntrica, pero muy relacionada con el sistema europeo.

La conquista de Constantinopla (1453) auguraba un destino similar al del resto de los Balcanes. En efecto, en 1456 cayó el Peloponeso, en 1470 Albania, Crimea en 1474 y Moldavia en 1478. Selim I se hace con Asia sudoriental y el norte de África, pero fue en el reinado de Solimán II cuando la cristiandad volvió a sentirse amenazada. En 1521 toma Belgrado y, un año después, Rodas. La batalla de Mohacs en 1526 sentenció Hungría. Habrá que esperar a la derrota ante Viena (1529) y a Lepanto (1571) para ver que los turcos no son invencibles.

La rivalidad entre La Puerta, Austria y Rusia fue desde entonces una constante que llegará hasta la I GM.

El proceso de involución puede fecharse en la paz de Carlowitz (1699), mediante la cual Austria obtuvo Hungría, Transilvania y Croacia-Eslovenia; Venecia, el Peloponeso y Dalmacia; Polonia, Polodia y parte de Ucrania; y Rusia, en 1702, Azov.

Otras guerras y paces sucesivas irán marcando el declive turco: Passarowitz (1718), Kuchuk-Kainardji (1774) y Jassy.

12.4.4. *El nacionalismo árabe*

Los movimientos de concienciación árabe ya se detectan bajo la decadencia turca y afloran con la insurrección capitaneada por Lawrance. Defraudados en el período de entreguerras por la actitud de las Potencias europeas, recobran su auge tras la II GM. El fenómeno está íntimamente unido al sentimiento musulmán que en Pakistán e Indonesia ya se ha enfrentado con los europeos y los pueblos de otros credos y estallará en el Norte de África, fundido con la lucha anticolonialista.

Es interesante comprobar que estas aspiraciones, durante el corto período en que los europeos mantienen en el poder a regímenes independientes, pero pro-occidentales, se transforman, a la vez, en movimientos revolucionarios que simultáneamente buscan la destrucción de Israel, el derrocamiento de los Gobiernos establecidos (no siempre) y acabar con la influencia occidental.

A) *El renacimiento cultural árabe*

El nacionalismo árabe, según Martínez Carreras, se configura lentamente desde mediados del siglo XIX al reencontrarse en la ideología colectiva social elementos étnicos: el pueblo árabe; y religiosos: el Islam; con una cultura y expresión común: la lengua; así como con la conciencia de una gloriosa historia de unidad, que constituye el andamiaje del nuevo nacionalismo árabe.

Al igual que ocurre con los nacionalismos europeos, apoyados en la recuperación del pasado, el culto a la propia identidad y a la conciencia de hacer de cada pueblo un Estado, los árabes o, mejor dicho, minorías ilustradas árabes se plantean estas mismas aspiraciones, que, por afectar a un gran espacio cultural, se manifiestan, casi desde su origen, como un nacionalismo y como un *panismo*: el panarabismo en lo étnico y el islamismo en lo religioso. El renacimiento cultural y lingüístico suele preceder a la concienciación política en todos los nacionalismos y así ocurre en el caso árabe.

Existe una situación de dependencia distinta, al darse un sometimiento a un poder ajeno: los otomanos que, sin embargo, son musulmanes. La creciente hostilidad hacia el poder turco favorecerá la semilla nacionalista.

Como hitos del desarrollo nacionalista se acostumbran a citar la obra de Abd el Rahman El-Kawakibi titulada *La madre de las ciudades*, sobre La Meca, publicada en 1901; las iniciativas del palestino Nayib Azuri, que fundó en París la *Liga de la Patria Árabe* (1904) y la revista *L'Independence Árabe*.

La organización más radical fue *Fatat,* fundada en 1911 y que ya exigía la independencia para los pueblos árabes. Este movimiento organizó, junto con otras sociedades más o menos secretas, en París y en 1913, un Congreso Nacional Árabe que, sin embargo, no obtuvo resultados importantes.

Independientemente de este nacionalismo de grupos minoritarios, de intelectuales y de exiliados, la idea de la independencia árabe es vista con simpatía por círculos oligárquicos, por sectores conservadores que estiman compatible estos planteamientos con el mantenimiento o incluso la potenciación de las sagas feudales y los grupos de poder locales.

Esta dicotomía pervivirá incluso después de la independencia y cabe así hablar de un nacionalismo más o menos conservador, tradicional, oligárquico, en gran medida vinculado con los intereses occidentales y un nacionalismo más radical y revolucionario que se fundirá con otros movimientos populares y de reivindicación social.

B) *Panarabismo y panislamismo*

El tema del panarabismo y del panislamismo surge de modo prácticamente paralelo al nacionalismo, ya que éste no responde a un sentimiento unido a un territorio delimitado (los estados árabes se concretarán realmente después) sino vinculado a una raza, una cultura y una fe. El arabismo es, por lo tanto, un nacionalismo y un panismo, lo cual no quiere decir que no hubiera en origen o haya hoy nacionalismos más delimitados.

El sueño de una nación árabe, en el primer caso, es todavía más ambicioso en el segundo panismo, que busca la refundición de todo el Islam en un cuerpo político.

Después de la I GM, cuajarán los distintos territorios árabes y hay que esperar hasta 1945 para encontrar en la Liga Arabe la primera institución (decepcionante, por cierto) de panarabismo.

La teoría de los *Tres Círculos* de Nasser volverá a impulsar el panismo árabe, como se ilustra por la nueva denominación oficial que recibirá al Estado egipcio: *República Árabe Unida*, abierta a posibles ampliaciones, y las sucesivas «cumbres» árabes.

Respecto al islamismo, para Butros Ghali, sus dos principales teóricos fueron Jamal El-Dine El-Afghani (1839-97), que expuso las bases de la *Alianza Islámica,* y Abdel Rahman El-Kawakibi (1849-1903) autor de *Om el Koura* y de un proyecto de *Organización internacional islámica*.

Sin embargo, será tras la suspensión del Califato y el fin del dominio otomano cuando se convoquen los primeros congresos islámicos: El Cairo (1926), La Meca (1926) y Jerusalén (1931).

12.4.5. *El petróleo como arma de presión política*

La creciente importancia del petróleo árabe será otro factor clave en la crisis de Oriente Medio. El interés de los occidentales por esta fuente de energía se remonta a los años anteriores a la I GM como ya se ha indicado.

Tras las Conferencias preparatorias de Bagdad (1960) y Caracas (1961), por iniciativa de Irak y Venezuela se crea la Organización de Países Exportadores de Petróleo (OPEP), integrada por Arabia Saudí, Irán, Irak, Kuwait y Venezuela, y a los que sucesivamente se irán incorporando Qatar, Libia, Indonesia, Abu Dhabi, Argelia, Nigeria, Ecuador y Gabón.

La sede de su secretario permanente está en Viena. La OPEP contribuirá a cambiar las bases del mercado mundial del petróleo, extendiendo poco a poco a los Estados productores su control sobre las actividades de promoción, bien mediante nacionalizaciones o por altas participaciones en las compañías explotadoras. También existe la OPAEP (Organización de los Países Arabes Exportadores de Petróleo) fundada en 1968 en Beirut. Sus miembros están, casi todos, también en la OPEP.

El aumento de la demanda mundial coincide en los años setenta con el recrudecimiento del conflicto árabe-israelí y tras la guerra del Yom Kippur, el alza de precios como arma política repercutirá de forma espectacular en las economías industrializadas.

La utilización del petróleo como arma resulta de todas formas de «doble filo», pues supone para los países productores su principal fuente de ingresos.

Los Estados desarrollados se mostraron muy vulnerables a las restricciones, cortes de suministros y subida de precios, aunque este último aspecto preocupaba menos, sobre todo a las multinacionales del petróleo.

Durante el Yom Kippur, los productores del Golfo Pérsico elevaron sus precios un 70% y la OPEP amenazó con reducir los suministros en un 5% mensual hasta que Israel evacuase los territorios ocupados. El país más castigado fue Holanda. Por contrastre aumentó la demanda de otras zonas como Irán, Nigeria o Venezuela.

Escribe Calvocoressi que «la utilidad de la estrategia había quedado claramente aprobada. Un viejo y principal factor de la política internacional se había quebrantado. Los productores de materias primas ya no serían por más tiempo los explotados sino que, si existía cooperación y escasez del producto, podrían llevar la voz cantante y utilizar su fuerza económica con fines políticos. La transformación operada fue tan asombrosa para la opinión pública del mundo industrializado que fue recibida con acusaciones de chantaje. Para Oriente Medio en concreto, este cambio significaba que, si había una crisis energética, no se podría jugar con los árabes sino que, por el contrario, habría que tomarlos muy en serio».

Aunque el proceso de tira y afloja entre los niveles de demanda, producción y precios parece haberse reducido hacia situaciones menos desestabilizadoras, los países productores han visto relanzarse sus economías y su influencia política. Este hecho es aplicable al mismo escenario de Oriente Medio, donde los países pro-occidentales del Golfo, encabezados por Arabia Saudí, cobrarán un papel predominante.

El conflicto Irán-Irak y la revolución islámica en el primer país repercutirán seriamente en el funcionamiento de la OPEP y en el enfrentamiento entre los mismos países productores de la zona.

5. Guerra y paz en Oriente Medio

12.5.1. *Paz entre Egipto e Israel*

El histórico gesto de Anwar El Sadat viajando a Jerusalén el 19 de noviembre de 1977 inaugura espectacularmente el nuevo giro del conflicto con Israel. Se inicia así una larga andadura de reuniones y negociaciones, cuyos antecedentes hay que buscarlos en la diplomacia de Kissinger, y que culminarán con la mediación y el patrocinio de Carter en el acuerdo-marco de Camp-David el 17 de septiembre de 1978 y la aceptación de un Tratado de Paz el 26 de marzo de 1979. Si ciertamente han mejorado las relaciones egipcio-israelíes, no lo es menos que este cambio aglutina a los otros estados árabes en «el frente del rechazo».

La sorprendente visita de Sadat coincidió con la fiesta del Sacrificio (Id Aladh), día importante en el calendario musulmán y en el judío donde se conmemora el sacrificio de Abraham. Y en efecto, el viaje del Presidente egipcio tuvo mucho de entrega personal como la del Patriarca hebreo. No fue casualidad que los actos celebrados tuvieran un tono de reconciliación milenaria e incluyeran actos expresamente religiosos, con oraciones en común.

Kissinger escribió sobre este viaje de Sadat que «demostró a nuestro país, obsesionado por lo tangible, la trascendencia de la nobleza... Entendió que un gesto heroico puede crear una realidad».

En este nuevo horizonte, Carter, que no había conseguido reactivar la conferencia de Ginebra sobre el tema de Oriente Medio, jugó la carta de acercar a Sadat y al nuevo dirigente israelí Begin. Si se lograba el acuerdo entre El Cairo y Tel Aviv se habría dado el primer paso para el arreglo en la zona, un hecho que bien pudiera ampliarse a los demás vecinos de Israel. De esta estrategia surgió la reunión de Camp David, la residencia del Presidente norteamericano en los montes Cacoctin.

Los acuerdos de Camp David fueron el resultado de las reuniones celebradas del 4 al 17 de septiembre de 1978. Carter recordó que al recluirse los tres líderes había pedido que se rezase por el éxito de la cumbre: «Estas oraciones han tenido una respuesta que va más allá de lo que se esperaba», dijo el Presidente norteamericano, añadiendo que los acuerdos eran un logro «significativo por la causa de la paz, que era impensable hace un año, ni siquiera hace un mes, y que refleja el valor y la sabiduría de estos dos líderes».

Los acuerdos son, sin duda, un paso importante para llegar a la solución del problema de Oriente Medio, pero esconden ambigüedades, dejan pendientes problemas importantes, ofrecen contradicciones y marginan temas graves.

Tanto el anuncio de la convocatoria de la conferencia como su desarrollo y final estuvieron acompañados de emocionadas declaraciones y solemnes votos de optimismo, teniendo como contrapunto la oposición abierta de los estados árabes integrados en el llamado Frente de Rechazo y el silencio de Jordania y Arabia.

Lo más destacado del acuerdo es que Egipto recupera toda la península del Sinaí, reconquistando el honor y el territorio perdidos en 1967; que Cisjordania y Gaza podrán tener un Gobierno autónomo; y que los palestinos serán tenidos en cuenta.

También se reconoce por ambas partes que la resolución 242 del Consejo de Seguridad es la base para la solución del conflicto entre Israel y sus vecinos. Se establecen plazos para la progresiva retirada militar israelí y para poner en marcha los acuerdos, haciéndose una invitación a los otros Estados árabes, especialmente a Jordania, para sumarse al proceso de reorganización y de paz.

Israel obtuvo el derecho de libre paso por el Canal, los estrechos del Tirán y el Golfo de Akaba, y ambas partes se comprometieron a firmar un Tratado de Paz en un plazo de tres meses y reanudar sus relaciones diplomáticas.

El Tratado de Paz puso fin a treinta años de hostilidades. Consta de un preámbulo y nueve artículos, además de tres anexos y otros documentos.

En respuesta al acuerdo egipcio-israelí, los países árabes se reunieron en Fez en una Conferencia Islámica, dos meses más tarde, para condenar la postura egipcia.

Los EEUU colaboraron económicamente en la recuperación de Egipto e Israel tras su acuerdo de paz. El Cairo iba a recibir 8.000 millones de dólares y luego otros 3.000. El presidente Carter visitó ambos Estados, y el primer ministro judío, Begin, devolvió la visita de Sadat. La foto del líder judío ante las pirámides se publicó en casi todo el mundo como símbolo de la nueva situación del entendimiento egipcio-israelí.

Washington se había comprometido también a pagar a Israel 10.000 millones en cinco años y otros 4.000 para la construcción de dos bases en el Neguev, a cambio de las abandonadas en el Sinaí.

A Begin y Sadat —como a Kissinger y a Le Duc Tho en 1973 se les concedió el Premio Nobel de la Paz. Precisamente, en 1994 también lo recibirán Yaser Arafat e Isaac Rabin, junto con Simón Peres.

Una vez conseguido el acuerdo-marco de Camp David, la reacción no se hace esperar y Arafat, Gadafi y Hussein manifiestan su oposición. Sin embargo, el 12-X-78 se inician en el mismo lugar de los EEUU las conversaciones tripartitas para acceder a la paz. La condena de la Liga Árabe implica la salida de Egipto de la Organización.

Mientras tanto, Isaac Navon ha sido designado por el Parlamento como Presidente de Israel. Se trata del primer mandatario nacido en Palestina y de origen sefardí.

En abril, la conferencia árabe de Bagdad acordó un boicot político, económico y petrolífero contra Egipto.

La oposición israelí a reconocer un Estado palestino, devolver la parte oriental de Jerusalén y no aceptar la presencia de la OLP en las negociaciones será motivo de que no fructifique más esta política de entendimiento. Otra consecuencia positiva de estos cambios es la reapertura del Canal de Suez.

El 5 de junio de 1975, en una ceremonia presidida por Sadat, volvió a abrirse al tráfico internacional el Canal de Suez, cerrado desde el comienzo de la Guerra de los Seis Días, en 1967. La reapertura constituyó, además, un símbolo del nuevo clima de entendimiento que se auguraba en las relaciones egipcio-israelíes.

Si para Israel, EEUU y los países occidentales Sadat fue un hombre valeroso y oportuno en su entendimiento con Tel Aviv y supo defender los intereses egipcios, para la mayor parte de la opinión pública árabe y de sus dirigentes políticos fue un «traidor» a la causa árabe.

Los fundamentalistas no perdonarían este hecho y el Presidente egipcio morirá asesinado el 6-X-81 mientras asistía al desfile conmemorativo de la guerra del Yom Kippur.

Estadistas de ochenta estados comparecieron a las ceremonias fúnebres. Aunque no fue Reagan, asistió un triunvirato de ex-Presidentes: Nixon, Ford y Carter.

Sadat fue enterrado donde no quería, en una cripta cercana al monumento al Soldado Desconocido, bajo una lápida de mármol negro en la que podía leerse una *sura* de El Corán y una frase que sí había dictado él: «Vivió en la paz y murió por sus principios».

Había expresado su voluntad de ser sepultado en el Sinaí, el desierto que supo reconquistar y del que las tropas israelíes saldrán en su repliegue final, en abril de 1982.

12.5.2. *El laberinto libanés*

A) En la primavera de 1975 la guerra civil desgarra el Líbano y destroza su capital: Beirut. Las treguas y los momentos de alto el fuego que periódicamente se negocian vuelven a ser inoperantes con la misma reincidencia. La coexistencia multiconfesional, la tolerancia que caracterizaba a los libaneses, se han volatilizado.

Cuando el país alcanzó la independencia, esta coexistencia cuajó en un pacto nacional tácito que ordenó la influencia de las diferentes comunidades en el Estado e institucionalizó la diversidad confesional.

Esta convivencia nunca significó la integración real de la población ni se impuso un sentimiento nacional universalmente aceptado.

Todo está, en el fondo, con alfileres y mediante pactos tácitos e intereses que bien podían romperse.

La entrada en el Líbano de numerosos refugiados palestinos tuvo dos consecuencias graves: desequilibrar la población en perjuicio de los cristianos maronitas, y convertir a determinadas zonas libanesas en objetivo de las represalias judías.

Los musulmanes comenzaron a valorar como anacrónicas y desfasadas ciertas prerrogativas constitucionales en favor de los maronitas y otros grupos. Los cristianos conservaban la presidencia de la República, la mayoría en la Cámara y los mandos clave del Ejército. Además de estar mejor situados en el mundo de los negocios y de la cultura.

Se acusaba a los maronitas de ser una oligarquía plutocrática y de controlar las finanzas, la vida económica y la educación, situando a los musulmanes en una posición más débil.

La tensión fue creciendo en los años setenta y a partir de 1975 los hechos se agravaron. Las revueltas en Trípoli y Zaghorta ocasionaron muertos, heridos y desmanes de todo tipo, siendo necesaria la intervención del ejército.

El Primer Ministro, Taschid Karame, logró una precaria tregua con Yaser Arafat, pues los enfrentamientos volvieron a repetirse en septiembre en el mismo Beirut. La ciudad, dividida en barrios y comunidades, vivió una auténtica guerra civil, con destrozos en edificios, hoteles y zonas turísticas. Los intentos de pacificación del Gobierno, Arafat e incluso la mediación siria no pasaban de lograr cortos apaciguamientos.

B) Paul-Marc Henry define al Líbano como el paraíso perdido que constituye «un microcosmos, tanto en su ecología como en su humanidad». También lo califica de «hijo legítimo de Occidente, pero miembro de Oriente».

Los maronitas supieron hacer de Beirut uno de los más importantes centros comerciales y financieros de Oriente Medio. Influidos por las ideas e instituciones europeas, contribuyeron, junto con inteligentes dirigentes de otros grupos, a formar un Estado plural y democrático, pero que nunca ha acabado de identificarse con sus propios objetivos por la pervivencia de intereses, enfrentamientos y carencias mucho más primitivas y centrífugas.

C) Lamartine escribió que «el Líbano refleja la diversidad de la creación y la bondad del Creador». En efecto, el país disfruta del clima mediterráneo a lo largo de una fértil llanura que se extiende entre la costa y el espinazo de las cordilleras nevadas.

Detrás del núcleo montañoso y los bosques de cedros, se abre la llanura más seca de la Bekaa y el contrafuerte del Antilíbano, que lo separa de Siria.

Ciudades portuarias como Tiro, Biblos y Sidón, que guardan cierta semejanza con las polis helénicas, o comunidades refugiadas en las montañas del interior para preservar su identidad en el torbellino de las luchas bizantinas y musulmanas, ilustran la pluralidad de un país incapaz de ser un Estado.

La convivencia de comunidades dispares y el mantenimiento de una compacta población de fidelidad cristiana y raza predominantemente árabe van dando al país una entidad original.

Sin embargo, esa misma personalidad le impide el establecimiento de un poder nacional respetado, y la convivencia es posible por el sometimiento a dominaciones extranjeras, más o menos paternales.

El mosaico religioso libanés agrupa cristianos y musulmanes. Al primero pertenecen católicos y ortodoxos. Unos y otros practican distintos ritos.

Cabe señalar como sectores más importantes de los católicos a los maronitas, melkitas, armenios y sirio-caldeos, y entre los musulmanes a los sunníes, chiíes y drusos.

El mosaico político repite en buena medida este tratamiento religioso. Con reservas se puede señalar que el bando cristiano es, en cierto modo, proisraelí; mientras que el bando musulmán o progresista ha defendido la resistencia palestina.

El bando cristiano cuenta como principal fuerza político-militar al Frente Libanés, formado por las Falanges Libanesas de la familia Gemayel, y por el Partido Nacional Libanés, que dirige la familia Chamoun. En ocasiones, según los intereses, se suman a sus filas miembros del Ejército de Liberación de Zaghorta de la familia Frangieh, del Ejército del Líbano Cristiano Independiente que capitaneó el mayor Haddad y de las Milicias Armadas de la Comunidad Armenia.

El bando musulmán, en cambio, integra bajo un difuso Movimiento Nacional Libanés a socialistas, comunistas, chiíes, baasíes y nasseríes, cuyo fin es «defender la unidad del Líbano y su arabismo». Entre sus grupos destacan el Partido Socialista Popular de las familias drusa Yumblatt; el Partido Comunista Libanés; la Organización Libanesa de Acción Comunista, marxista radical; el Partido Sirio Nacional Socialista; el Movimiento Nasserí Independiente; los Partidos Baasíes pro-iraquí y pro-sirio; y el Movimiento Chií Amal, llamado también «de los desheredados» por su aislamiento ideológico.

Desde un punto de vista de «arqueología religiosa», la mayoría de las comunidades cristianas se han conservado casi desde los tiempos «postapostólicos» como fósiles valiosos vencedores de oleajes de exilios y guerras.

D) Al constituirse como Estado independiente y soberano, el Líbano —único país árabe que posee por mandato constitucional un Presidente cristiano— sigue manteniendo su imagen de plural tolerancia.

Esta peculiar situación, que en momentos de prosperidad fue comparada con la suiza, aunque el trasfondo era más evocador de la Europa balcánica que el de la alpina, hubiera podido continuar e incluso consolidarse, si el contexto interior y exterior hubiera sido pacífico, pero las circunstancias fueron exactamente las contrarias.

El inestable equilibrio interior se rompió básicamente por dos causas: la instalación de los campos de refugiados palestinos y la disminución de natalidad entre los cristianos libaneses.

Israel es otro de los protagonistas de la crisis por sus incursiones de represalia contra los refugiados palestinos y por sus operaciones políticas y militares para apoyar a los sectores cristianos que pudieran crear un Estado, si no amigo, al menos neutral.

Tampoco hay que olvidar a Siria. Este país ambiciona desde siempre el territorio, especie de «Portugal» para Damasco. Sus tropas entraron en el Líbano como unidades pacificadoras enviadas por el conjunto de Estados árabes, pero realmente para compensar la pérdida de los montes del Golán y asegurarse el correspondiente «glacis» en una operación opuesta a la planeada por Israel.

El cuadro no queda completo sin aludir a las Potencias, especialmente a Francia, Estados Unidos y la Unión Soviética.

Para París, el tema libanés resulta poco menos que nacional, dados los lazos históricos, económicos y culturales que unen a ambos países.

Washington y Moscú destacaron importantes efectivos navales en el área y recelan mutuamente de una alteración del equilibrio de poder. Si los EEUU coinciden en parte con la causa falangista y la estrategia israelí, la URSS favorece la causa de Siria, país al que le unen muy estrechos lazos en este período.

E) Los incidentes entre palestinos y libaneses cristianos empezaron en 1975 tras un enfrentamiento entre pescadores. La refriega se complicó, cayó el Gobierno y se iniciaron los enfrentamientos entre los sectores más radicales de las distintas comunidades.

Siria vio en el conflicto una oportunidad para intervenir pero no quería levantar suspicacias en los otros Estados árabes. La fórmula fue vincular la acción siria con una misión panárabe. Damasco, en lugar de proteger directamente a los drusos y grupos de izquierda, se inclinó por mantener el sistema e incluso la mayoría maronita. De esta situación salió beneficiada Siria y su presidente Assad.

Se cifran en 40.000 las víctimas de la guerra hasta final de 1976 y la OLP vio frenada su influencia precisamente para evitar una acción más contundente de Tel Aviv. El nuevo presidente libanés fue Elias Sarki.

La zona sur, fronteriza con Israel, escapó al control sirio y en ella, con ayuda directa de los judíos, el mayor Saad Haddad creó un semi-independiente Estado cristiano.

La paz no se asentó y volvieron los combates entre las facciones guerreras, que llegaron a sumar cuarenta grupos armados diferenciados.

En 1980, los partidarios de Gemayel se impusieron a los seguidores de Chamoun y ello perjudicó aún más a la OLP.

El 6-VI-82 Israel inició una invasión en toda regla del Líbano con el aparente objetivo de echar a los palestinos del sur, pero su meta era más ambiciosa y llegaron a las puertas de Beirut. Un año antes, Menahem Begin había ganado las elecciones y formó un Gobierno de talante más sionista. Incluso se llegó a bombardear una instalación nuclear cerca de Bagdad por la aviación israelí.

Al apoderarse los maronitas de Beirut y agravarse las disensiones en la OLP, los palestinos fueron evacuados por mar en julio. Dos meses más tarde fue asesinado el presidente Gemayel y le sucedió su hermano Amín. Israel atacó también Beirut-Oeste. El momento más trágico fue la matanza de refugiados palestinos en los campos de Sabra y Chatila, por falangistas radicales, ante la inoperancia de las tropas israelíes que no hicieron nada para impedir esta condenable acción. El comportamiento judío fue más tarde objeto de una investigación oficial que censuró la actuación de sus responsables.

Se envió al país una fuerza multinacional de mantenimiento de paz complicando todavía más las cosas al intervenir soldados franceses, italianos y norteamericanos. Su actuación fue mínima y acabó retirándose. En este breve tiempo, los marines americanos sufrieron un brutal atentado por un ataque suicida que costó la vida a 239 de ellos.

Otro hecho llamativo de este período fue el secuestro del transatlántico italiano Achille Lauro por terroristas palestinos.

La situación en el Líbano, lejos de mejorar empeoraba, Israel optó por replegar sus tropas y, aunque no logró establecer un Estado satélite, disminuyó la capacidad de acción de la OLP en la zona.

12.5.3. *La revolución iraní*

A) El 30 de marzo de 1979, el pueblo iraní aprobó mediante referéndum la implantación en el país de la llamada República Islámica, se ponía fin al régimen del Sha e instaura una especie de teocracia dominada por los fundamentalistas, seguidores del Ayatolláh Jomeini.

Un cambio tan radical en el país que había sido considerado durante años como el gendarme americano en Oriente Medio, no dejó de sorprender y alarmar a los expertos y a los estadistas.

Irán, estratégicamente situado en las orillas del golfo Pérsico, con una extensa frontera con la URSS, se había convertido en pieza clave para la estrategia americana en la zona. El ejército del Sha (medio millón de hombres) contaba con un moderno armamento, en el que se había gastado 18.000 millones de dólares en los últimos veinte años. La aviación poseía 600 aparatos.

Irán, segundo productor de petróleo de Oriente Medio —recibía anualmente 25.000 millones de dólares por sus exportaciones—, se enfrentaba, sin embargo, a una profunda crisis social al estar regido por una minoría occidentalizada y corrupta a los ojos musulmanes, mientras la mayor parte de la población permanecía sumida en costumbres medievales. El régimen se convirtió en una dictadura personal del Sha.

Ya en abril de 1975, el Sha había prohibido todas las fuerzas políticas, excepto el Partido Único, iniciando una política de censura y represión contra quienes se oponían a su «despotismo ilustrado» para hacer del país una potencia, por obra de la «Revolución Blanca».

Esta modernización compuesta —y autoritaria— chocó no sólo con los sectores liberales o izquierdistas, sino también con los sentimientos religiosos. Las grandes manifestaciones populares contra el régimen fueron cada vez más numerosas y frecuentes y fueron alentadas por los dirigentes religiosos.

B) Irán está ubicado en una zona clave, que ha marcado su Historia. Es la puerta de Asia, como comprendió Alejandro Magno. Fue el único poder que supo frenar a Roma en Oriente. Gracias a su conquista, los musulmanes se aseguraron el control de las rutas caravaneras, y una vez abiertos los caminos del mar en el Renacimiento, se revalorizó como vía terrestre hacia la India y flanco de Rusia, ventaja que se convierte en servidumbre en las dos guerras mundiales y que le hizo sufrir la doble ocupación de rusos y de ingleses.

Mohamed Reza Pahleví, amigo de exhibir brillantes uniformes, organizar suntuosas ceremonias, habitar en lujosos palacios, aludir al glorioso pasado de los aqueménidas y ser tenido poco menos que por descendiente directo de Ciro el Grande, era hijo de un soldado de fortuna.

Reza Jan fue un oficial de cosacos que gracias a su osadía —y a los ingleses— se convirtió en un «pequeño Bonaparte», aprovechando la oportunidad que le brindaba el violento período que siguió a la I GM y la Revolución bolchevique, cuando Gran Bretaña intentaba controlar el país y los revolucionarios radicales veían un modelo en los acontecimientos de Rusia.

Al fracasar el golpe de Estado de Sayyid Ziya ad-Din y el plan inglés de un Gobierno títere, Londres encuentra en el ambicioso Reza Jan su hombre de repuesto. En efecto, Reza ocupa Teherán, es nombrado Ministro de la Guerra, luego Presidente del Consejo y por último, tras derrocar al sha Qayar, en 1925, se proclama cabeza de una nueva dinastía.

Emprende la modernización del país, lleva a cabo grandes reformas, satisface a los campesinos y se apoya en una burguesía y una burocracia que comienzan a dar cierta conciencia nacional al país. Pero coquetea con Hitler; y los ingleses, igual que lo habían «propiciado», lo derriban, obligándolo a exiliarse en 1941.

C) Le sucede Mohamed Reza Pahleví, su hijo, que logra superar los difíciles años de la posguerra, evitar la división del país y los planes anexionistas de Moscú sobre su zona fronteriza y remonta la grave crisis desencadenada por las reformas de Musaddaq, tiene que huir, pero regresa victorioso tras el golpe del general Zahedi apoyado por la CIA. Inicia una etapa más personalista, nombrando desde entonces a más de diez Gobiernos; persiguiendo a sus opositores, encarcelando a jefes políticos y religiosos, a comunistas y liberales.

Paralelamente, emprende un vasto plan de industrialización y occidentalización del país, unido a reformas agrarias, educativas y sociales, que se conoce bajo la rúbrica de la «revolución blanca».

Pero estos espectaculares cambios tienen su contrapartida en hondos desajustes, que van forzando los entresijos sociológicos del país propiciando recelos, descontentos, temores, esperanzas y peligrosos desequilibrios, no fáciles de domeñar. La reacción más violenta va a venir así, no por las fuerzas que propugnan una mayor apertura democrática o una vía socialista, sino por los sectores «antiguos»: la secta chií y los comerciantes tradicionales que controlan el bazar. Es decir, el experimento tecnocrático no acertó con el «ritmo» de las reformas que «chocan» simultáneamente con el sentimiento religioso, la situación socio-económica, los afanes liberalizadores e incluso posiblemente con los intereses de las potencias.

D) Como ha escrito Luis Foix, «imponer una revolución de naturaleza religiosa en el último tramo del siglo XX es un éxito lo suficientemente raro como para llamar la atención del mundo. Y si esta revolución es preparada, alentada y sostenida por un hombre de 85 años, místico, antinorteamericano y antisoviético, frágil y austero, el acontecimiento adquiere una dimensión casi incomprensible».

El 1-II-79, tras catorce años de exilio, Ruholla Jomeini regresó a Irán, recibido por multitudes entusiastas. Culminaba así una larga lucha contra el régimen del Sha y se inauguraba la República Islámica.

Jomeini, «El Alma de Dios», como le llaman sus partidarios más cercanos, nació en mayo de 1900 en la ciudad iraní de Khomein. El más joven de seis hermanos, adoptó en 1930 su actual nombre, aludiendo al lugar de su nacimiento. A finales de 1950 obtuvo el grado de Ayatolláh. Diez años más tarde añadió el título de Al-Ozam o Gran Ayatolláh que lo elevó a máximo dirigente chií.

Era huérfano de padre y fue educado por un tío de carácter e ideas muy rígidas, quien le inculcó la idea de dedicarse al Islam y combatir a sus enemigos.

Estudió en las escuelas islámicas locales hasta que a los quince años, muertos su madre y su tío, se fue a vivir a la ciudad de Arak, donde fue discípulo de Abdul Karm Haeri, hombre carismático. En 1922, fundó con su maestro el Instituto Musulmán de Qom para recuperar las tradiciones islámicas.

En 1941, tras publicar un libro en el que atacaba al régimen de Reza Pahleví, logró ya cierta popularidad, pero será más tarde, ya en la década de los sesenta, cuando se erija en una de las figuras de oposición al nuevo Sha. Detenido en 1963, es deportado a Turquía en 1964, trasladándose en 1970 a Irak, donde publicó varias obras políticas con el título de *El Gobierno Islámico* y expuso sus ideas sobre la implantación de la República Islámica.

Un hijo suyo, Mustafá, fue asesinado en 1977 por la temida Savak, la policía secreta del Sha. Jomeini reaccionó con un llamamiento a la rebelión general. Este cambio hacia una actitud de abierta beligerancia le costó la expulsión de Irak y la búsqueda de refugio en Francia.

Durante su estancia en la pequeña localidad de Neauphale Chateau, arreció su campaña contra el Sha y obtuvo gran eco en la prensa europea. El éxito de la insurrección le hará volver a Irán como un héroe y un caudillo sagrado.

El proceso revolucionario estalla en agosto de 1978. Hubo manifestaciones masivas en las principales ciudades, y varios centenares de personas perdieron la vida por disparos de las fuerzas de orden.

El 4-IX-72, en el centro de Teherán, más de medio millón de personas se manifestaron pidiendo la dimisión del Sha. Desde su exilio en París, Jomeini hacía continuos llamamientos al pueblo y al ejército para «liberar el país del yugo de sus opresores». El día 7, los manifestantes sumaron el millón y medio. Al día siguiente se proclamó la ley marcial y, al producirse nuevas manifestaciones, las tropas hicieron fuego creándose en Teherán una situación revolucionaria con dramáticas matanzas como la ocurrida en la plaza Jaled. No es fácil calcular las víctimas de esta luctuosa jornada conocida como «viernes negro», pero se cifra en unos 3.000 muertos.

Después de casi un año de manifestaciones, algaradas y represiones, el Sha optó por llamar al Gobierno a los militares, en un intento de salvar su trono. Fue designado Primer Ministro el general Gholan Reza Azjari.

E) El nuevo Gobierno militar apenas duró en el poder. Reza Azjari dimitió impotente, en un clima de continuas huelgas, manifestaciones, represiones, mítines religiosos y algaradas callejeras. El nuevo año de 1979 comenzó con el nombramiento de Shapur Baktiar, político moderado y liberal, como jefe de Gobierno, nombramiento contestado desde el exilio por un Consejo de la Revolución Islámica formado por Jomeini. El Sha, en vista del caos reinante y presumiblemente aconsejado por la Casa Blanca, salió del país el 16 de enero de 1979. Jomeini, tras postergar varias veces su viaje, regresó el 1 de febrero, nombrando pocos días más tarde a Bazargán responsable del Gobierno provisional, opuesto al ya fantasmal gabinete Baktiar. El 12 de febrero de 1979 se consumó el triunfo de la revolución.

La nueva Constitución otorgó a Jomeini un poder carismático convirtiéndole en guía espiritual de la República.

Su talante mesiánico le llevó a proclamar la misión expansiva de la Revolución Islámica y su tarea de unificar el mundo musulmán, despertando el recelo de los Estados vecinos, singularmente los más conservadores, como Arabia Saudí.

Mohamed Reza llevó un exilio deambulante y acabó por ser hospitalizado en Nueva York, arreciando las críticas contra los EEUU. La ocupación de la embajada estadounidense en Teherán, con la toma de rehenes el 4 de noviembre de 1979, abrió un capítulo muy grave, no sólo en las relaciones entre ambos países, sino en el contexto mundial.

Un intento de intervención militar mediante un golpe de efecto para rescatar a los rehenes americanos terminó en un rotundo fracaso. La operación la llevó a efecto un grupo de tropas aerotransportadas hasta el desierto de Kabir-e-Lut, cerca de Tebas; pero fue interrumpida al averiarse dos helicópteros. En la retirada chocaron otro helicóptero y un avión de transporte.

Carter intentó justificar la fallida operación y asumió toda la responsabilidad, entre las protestas de los aliados y de la URSS. El Secretario de Estado, Vance, había dimitido al conocer el descabellado plan.

El secuestro duró hasta que se eligió en EEUU el nuevo presidente Ronald Reagan. El ex-Sha murió el 27 de julio de 1980 en su exilio egipcio.

12.5.4. *La guerra Irak-Irán*

El asesinato del rey Faisal (25-III-75) por su sobrino Ben Musaed, que posteriormente fue decapitado, no tuvo prácticamente consecuencias. El hecho, que se prestó a numerosas especulaciones, no aparece claro del todo. Algo parecido cabe decir del asalto a la mezquita de La Meca, a finales del revuelto mes de noviembre de 1979. Entre ambos acontecimientos se mantiene firme el régimen, así como los de sus vecinos, con excepción destacada del conflicto del Yemen.

A) Los Estados del Golfo habían recuperado su soberanía al principio de la década o anteriormente, pero la influencia Occidental continuaba a causa de las vinculaciones petrolíferas.

En esta zona yace el 57% de las reservas mundiales de petróleo y la guerra de 1973 había potenciado la importancia de todo el conglomerado geopolítico de la península arábiga. El Reino Saudí tenía la cuarta parte de las reservas conocidas de petróleo del mundo.

La permanencia de los rusos en Adén y la costa africana originaba un cierto reflejo de la rivalidad Este-Oeste, que además se completaba con la influencia soviética en Siria.

La retirada inglesa en esta área había creado un vacío que todavía los EEUU no acababan de sustituir, pero ya se advertía la creciente complejidad y conflictividad de la zona del golfo Pérsico.

Irak desempeñó el papel clave en esta nueva etapa. Mesopotamia, que quiere decir «entre ríos» fue el nombre sonoro con que se conocía en la Antigüedad al territorio en el que actualmente se asienta Irak. La denominación, como griega, era lógica, pues el país se extiende en su mayor parte entre el Eufrates y el Tigris, en cuya confluencia se forma precisamente el disputado estuario de Chatt al-Arab, objeto ya casi olvidado de esta guerra.

En el otro extremo del golfo Pérsico, dando paso al mar de Omán, que se integra en el Índico, está el *cuello de botella* del estrecho de Ormuz, con sus 30 millas de anchura máxima y 23 de mínima.

Si se tiene en cuenta el volumen del tráfico petrolero que discurre por Ormuz y el porcentaje que ello supone para el suministro de los países industrializados, se comprenden los recelos que las potencias manifiestan ante cualquier riesgo de interrupción del tráfico por estas aguas.

La extensión del mar territorial a doce millas supuso que varios de los estrechos utilizados para la navegación internacional, hasta entonces atravesados por un corredor central con régimen de alta mar, queden ocupados por los estados ribereños. La gravedad de este asunto llevó a una fórmula de transacción en la Convención de las Naciones Unidas sobre el Derecho del Mar, firmada en Jamaica el 10 de diciembre de 1982.

La solución acordada consagraba la ampliación de las doce millas, pero conserva por otra parte un llamado «derecho de paso equivalente a la navegación de alta mar».

Tanto Irán como Irak han firmado la Convención, haciendo Teherán la reserva de requerir autorización previa a los buques de guerra para ejercer su derecho a paso.

Dadas las dimensiones del Golfo, con una anchura máxima de 180 millas, ningún Estado tiene acceso a grandes dimensiones de aguas jurisdiccionales. Irak sólo posee escasos km de costa, absolutamente vitales, frente a los 990 de Irán. Arabia Saudí dispone de una doble fachada, al Pérsico y al mar Rojo, con una longitud total de 1.316 km. El resto del litoral pertenece a los pequeños estados de los jeques del petróleo, como los Emiratos Arabes Unidos y Omán, que comparten con Irán el control de Ormuz.

Las dos zonas conflictivas son, por lo tanto, el estuario de Chatt al-Arab, al fondo del Pérsico y el estrecho de Ormuz, en su gran final.

Por cierto, Ormuz es el nombre que en la mitología persa de Zoroastro simboliza al dios del Bien, frente a Ahrimán, el dios del Mal.

B) Irak estaba gobernada por Saddam Hussein y el partido Baas. El baasismo cobró fuerza en Irak a mediados de los años cincuenta, logró el poder el 8 de febrero de 1963, aunque a los nueve meses tiene que pasar a la clandestinidad. Finalmente, el 17 de julio de 1968 fue derrocado el presidente Aref y el Baas retornó al poder.

Saddam Hussein, como tantos militares nacionalistas árabes, nació en el seno de una familia campesina modesta, en abril de 1937. Apodado como «el joven lobo», fue influido por el patriotismo de Khairallah Talfah, opuesto a la presencia de los británicos.

Hussein ingresó en 1957 en el Partido Baas y formó parte del comando que atentó contra el presidente Kassem, por lo que tuvo que huir a Siria y Egipto, donde estudió leyes.

Al regresar a su país fue ganando influencia dentro del Baas y tuvo un papel decisivo en la caída de Aref, logrando ser el número dos del régimen de Hassan al-Bakr. Fue en julio de 1979 cuando alcanzó el grado de Comandante del Consejo de la Revolución.

C) Los acuerdos firmados en Argel en 1975 entre el Sha Reza Pahleví y el general iraquí al-Barj fijaban la frontera fluvial entre ambos países desde el inicio de Chatt el-Arab hasta el mar, mediante la llamada línea de Thalweg, que constituye la bisectriz entre las dos orillas del principal canal navegable del estuario.

El Chatt el-Arab tiene unos 200 km y es el estuario formado por la confluencia del Tigris y el Eufrates. Constituye la única salida al mar de Irak, un espacio estratégico indispensable para el tráfico que parte del puerto de Basora. Irak reclamaba la total soberanía del estuario, pero Irán estimaba que se trataba de un río fronterizo —que llama Arvan Rud—. En la reunión de Teherán y bajo los auspicios de Boumedianne, se dio la razón a los iraníes.

Este contencioso entre Bagdad y Teherán ya había creado problemas desde que en 1969 Irán denunció los anteriores acuerdos de 1937 —por cierto, similares a los de Argel— y dos años más tarde, en 1971, los iraníes se apoderaron de tres islas en el estrecho de Ormuz.

El triunfo de la revolución islámica y la rivalidad entre este sistema y el régimen, en parte laico, de Sadam Hussein empeoraron la situación. Irán pidió modificar los acuerdos de Argel, e Irak exigió la retirada de las tres islas. El 22 de septiembre las fuerzas iraquíes cruzaron el estrecho y comenzaron las hostilidades.

La guerra Irán-Irak constituyó un extraño conflicto entre dos países musulmanes que amenazó, en un principio, en incendiar toda la zona, interrumpir el suministro de petróleo y crear una gravísima situación internacional, pero que después, conforme fueron evolucionando las operaciones, quedó en parte limitado al escenario fronterizo entre ambos contendientes y sus consecuencias se fueron reduciendo y controlando.

La guerra, que todos los observadores pronosticaron que iba a ser corta por el riesgo de contagio que la crisis tenía, se fue desactivando a la vez que alargando, hasta que el 17 de julio de 1988 Irán reconoció la resolución 598 de la ONU y se llegó a un alto el fuego.

Esta resolución imponía el cese de los combates y la retirada mutua de las fronteras reconocidas internacionalmente.

Sin embargo, la paz no llegó hasta el 15 de agosto de 1990, cuando Bagdad, tras llevar a cabo una sorprendente maniobra para garantizarse la neutralidad iraní en el conflicto del Golfo, aceptó el acuerdo fronterizo de Argel, la evacuación de las tropas iraquíes del territorio ocupado y la liberación unilateral de los prisioneros de guerra.

El desarrollo de la guerra fue poco brillante, con escenarios de operaciones muy limitados que casi hicieron recordar las batallas de trincheras de la I GM. También hubo ataques a poblaciones y bombardeos esporádicos de las capitales. El suministro de armas a los contendientes se convirtió en un buen negocio y tanto Occidente como los países árabes conservadores apoyaron la causa iraquí como un medio de frenar el fundamentalismo de Irán. La URSS coincidía con estos intereses. El mayor riesgo fue el colapso del tráfico petrolero por el estrecho de Ormuz y los ataques, prácticamente indiscriminados, contra petroleros neutrales que navegaban por la zona de guerra o se encaminaban hacia ella.

Durante los ocho años de guerra, hasta 1988, se calcula que los muertos en los campos de batalla sumaron un millón de personas. Aunque los avances y retrocesos no fueron demasiado significativos, el empleo de armas químicas por Irak fue uno de los aspectos dramáticos de la guerra.

Todas las terminales de carga de crudo y algunas refinerías sufrieron destrozos importantes, y fueron más de 500 los barcos atacados.

EEUU y otros países enviaron una fuerza naval para proteger el tráfico de los petroleros, y se produjeron varios incidentes. Se puede destacar el derribo de un avión civil iraquí, por error, por un misil norteamericano.

El 20-XII-87, el Consejo de Seguridad de la ONU aprobó la citada resolución 598, que fue un texto de referencia para cualquier arreglo. También hubo gestiones de mediación por parte de Estados y organizaciones musulmanas.

El nombramiento de Rafsanjani como comandante de las fuerzas iraníes mejoró la situación y propició el diálogo que culminará en el alto el fuego, pero no en la paz.

Se ha calificado a este conflicto de «guerra dramáticamente inútil» y, en efecto, tras el gesto iraquí de agosto de 1990 de renunciar a sus pretensiones, las cosas volvieron a estar donde estaban.

La ocupación de Kuwait daba otra salida al mar mucho mayor para Irak y además era imprescindible evitar que, aprovechando el conflicto con los aliados, Irán atacase a Irak. Este ataque, en efecto, no se produjo, pero Bagdad, tras la ofensiva de EEUU y demás fuerzas de la coalición tuvo que abandonar Kuwait y renunciar a su salida al mar, contentándose con la situación precedente, es decir, la línea Thalweg, según se verá en el capítulo XIV.

12.6. El despertar de Asia

Asia cobra un nuevo protagonismo en el sistema mundial al estabilizar su audiencia gracias al fin de la guerra vietnamita y al entendimiento entre Washington y Pekín.

Aunque sobreviven algunos temas conflictivos o aparecen nuevos focos de tensión, el clima general es de equilibrio, consolidación y desarrollo, como se ilustra por el auge de los llamados NIC o «Nuevos Países Industrializados».

China Popular supera la fase posmaoísta, Japón se afianza como actor importante del complejo internacional y la India, que atraviesa serias dificultades internas de índole religiosa y étnica, también consigue afirmar su entidad como Potencia.

Este relanzamiento del papel de Asia en el concierto de las naciones se vio en la celebración de dos Cumbres de los Países no Alineados en capitales asiáticas, en Colombo en 1976 y en Nueva Delhi en 1983.

En la reunión de Colombo, capital de Sri Lanka, se dieron cita representantes de 85 países y quedó de manifiesto el peso y la pujanza de los pueblos asiáticos en el conjunto de los no-alineados y en todo el complejo mundial.

En la cumbre de Nueva Delhi hubo 100 Estados, la OLP, 10 observadores, 9 invitados y diversas Organizaciones Internacionales, que constituyeron una de las reuniones más significativas del movimiento, que posiblemente vivió aquí uno de sus momentos emblemáticos.

12.6.1. *La península indostánica*

Los dos grandes Estados que compartían la península indostánica —India y Pakistán— juntamente con otros menores como Bangla Desh, Sri Lanka y los territorios del Himalaya consiguieron afianzar su identidad y pese a sus problemas étnicos, religiosos, económicos, culturales y políticos lograron una cierta estabilidad.

Militarmente, son también importantes, y la India se convirtió en potencia nuclear en 1974. Bhutto intentó llevar también a Pakistán por el mismo camino, pese a las reticencias de Washington.

A) *La Unión India*

La India es todo un mundo de complejos elementos. El mismo Pandit Nehru ya advirtió en una ocasión: «No cometan ustedes el error de tratar de comprender a la India».

Es obligado recurrir a las cifras para dar una idea de las dimensiones desorbitadas en todos los aspectos de este universo humano y geográfico.

La población supera los 750 millones y se espera que alcance los 1.000 millones para el año 2000. La extensión del país, que desciende desde los macizos del Himalaya hasta la punta de Kerala, formando un enorme triángulo flanqueado por la lágrima insular de Sri Lanka (Ceilán), es de 3.287.590 km^2 (seis veces y media la superficie de España). Bajo la vigencia oficial del inglés y otras catorce lenguas, conviven 1.500 dialectos, pero la tasa de analfabetismo alcanza el 65% de sus habitantes.

El ejército indio recibe un 3,5% del PNB. Es más poderoso que el chino, en estos años, según los expertos, y cuatro veces superior al de Pakistán.

El país es el primer productor de té en el mundo, el segundo de arroz y mica, el tercero en tabaco, el cuarto de azúcar, algodón y trigo, y el quinto en magnesio y hierro. La India disputa la primacía de la industria cinematográfica a Hollywood y oscila entre el primero y el segundo puesto mundial como productor de filmes, que exporta al mercado asiático.

Pese a estas cifras y al dato de figurar entre los países industrializados, la India mantiene su imagen famélica, con gentes que mueren de hambre en sus calles, con aldeas míseras y rebaños sacralizados. Siempre el contraste hasta extremos inauditos, como en los tiempos no tan lejanos de los fastuosos maharajás que habitaban palacios de mármol y montaban elefantes enjoyados.

Las contradicciones y paradojas afectan también a las actitudes mentales, a las ideologías y movimientos religiosos y culturales, mezcla de resignación, atavismos, fatalismos y voluntad de cambio.

B) *Un joven Estado para un pueblo milenario*

La Unión India, la mayor democracia del mundo, nació al filo de la medianoche del 15 de agosto de 1947, pero ya se han encontrado vestigios humanos en su territorio que se fechan en el segundo período interglacial (de 400.000 a 200.000 años a.C.). La historia de este verdadero enjambre de pueblos y culturas es rica y larga.

Son varios los momentos estelares en que se impuso una voluntad de dominio sobre la gran península. El sueño de Alejandro Magno, los primeros logros bajo Chandra Gupta, el esplendor del emperador Asoka, las dinastías que se van sucediendo con el auge del budismo, el hinduismo y el brahmanismo, hasta la irrupción islámica del siglo XIII.

Los mongoles reunificaron el disperso subcontinente, que en 1498 vio arribar las naves de Vasco de Gama. Es el comienzo de la presencia europea.

Portugueses, holandeses, franceses e ingleses rivalizaron por colonizar el inmenso conglomerado hindú, que, en su mayor parte y tras diversas peripecias, cayó bajo la dependencia de la *East India Company* primero y de la Corona británica después.

Como ha escrito Julián Marías, «los ingleses fueron los visigodos de la India; le dieron la organización, las instituciones, la unidad política —aunque no fuese auténtica— que hicieron viable la India independiente; sin ellos, el sueño de Gandhi no se hubiera realizado, quizás hubiese resultado una pesadilla».

Desparecido Gandhi, por obra de fanáticos hindúes, Nehru y el Partido del Congreso trazaron las grandes líneas de organización para el país, que en gran parte siguen vigentes. Hay un común propósito de lograr una sociedad democrática, moderna y, en lo posible, socialmente igualitaria.

Las tensiones regionales, los riesgos separatistas y localistas, la oposición entre grupos religiosos, étnicos, castas y clases se sobrepusieron a las citadas diferencias lingüísticas y culturales.

Un cierto socialismo, más teórico que real, animó estos objetivos oficiales: planificación económica, nacionalizaciones, reforma agraria, prioridad hacia la industria pesada y una política exterior neutralista, levemente simpatizante con Moscú sin olvidar las raíces anglosajonas.

C) Indira Gandhi, hija de Nehru y casada con un sobrino del legendario Gandhi, accedió al poder ya en 1966 y su vida pública será inseparable de la evolución del enorme país.

En 1975, Indira fue acusada de corrupción por un juez estimando que era culpable de fraude en las elecciones de 1971. La crisis llevó a la proclamación del estado de emergencia.

La oposición se aglutinó en un nuevo partido, el *Janata*. Poco después Jagjivan Ram, ministro del gabinete de Indira y líder de los 85 millones de parias o «intocables», se pasó a la oposición. El país se dividió en dos bloques enfrentados por su apoyo o enemistad a la poderosa hija de Nehru. Pero Indira perdió en favor del sector más tradicional de los Narayan, Ram y Dasai.

No durará mucho el «exilio interior» de Indira. Reapareció con un programa simple: ley, orden, lucha contra la inflación y gobierno fuerte. A los dos años de su caída, su victoria fue aplastante en las elecciones de 1980.

Su muerte fue un impacto violento y sorprendente. El 31-X-84 fue asesinada por soldados sijs de su escolta. Los sijs deseaban una mayor autonomía para el Punjab y la incorporación de Chandigarh.

El problema sij no era nuevo. Mezclaba lo religioso con el separatismo y encontró una firme oposición por parte del Gobierno que dirigía Indira.

Los sijs y su líder Sant Bindranwale ocuparon cuarenta santuarios, incluido el famoso Templo Dorado de Amristar. Indira ordenó al Ejército desalojarlos y así se hizo causándose casi mil muertos entre los que se encontraba Bindranwale.

Miles de collares de flores fueron depositados junto a la pira funeraria de Indira, instalada en *Shanti Van*, que viene a significar «bosque de la paz». Más de cien dignatarios llegados de todo el mundo asistieron a las ceremonias. Las cenizas fueron aventadas sobre el Himalaya, desde una altura de 8.000 metros.

Vencedora de nuevo tras su muerte, su hijo Rajiv recibió la confianza masiva del pueblo hindú.

En las elecciones para renovar el Parlamento, el Partido del Congreso, liderado por Rajiv, obtuvo 398 de los 504 escaños escrutados.

D) En política exterior, la India es el país que desde sus orígenes encabeza el movimiento de los no-alineados.

Situada en un espacio estratégico muy valioso y sirviendo en cierto sentido de contrapeso al magma chino, la India ha procurado defender una línea ambigua de entendimiento con Moscú sin romper sus lazos con Occidente.

La tradicional tensión con Pakistán y con China ha ido adoptando nuevas formas al extenderse a otros territorios como Nepal, Bután o Sri Lanka, recelosos del papel de gendarme que la India se atribuye en el área. El ejemplo de lo ocurrido con Sikkim, antes reino independiente y ahora vigésimo segundo Estado de la Unión, aviva estos temores.

12.6.2. *Pakistán, Bangla Desh y Sri Lanka*

El cinco de julio de 1977, el general Zia, en un golpe incruento, destituyó de su cargo de primer ministro y virtual jefe del Estado pakistaní a Alí Bhutto.

El motivo aducido fue que el político destituido, de tendencia socializante, había falseado las elecciones últimas, que dieron un abrumador triunfo al Partido del Pueblo pero crearon un clima de descontento y violencia social.

Los militares volvían al poder tras seis años de Gobierno civil. Zia Ui Haq declaró que su misión sólo era pacificadora y destinada a facilitar las próximas elecciones.

El nuevo dirigente continuó con el programa nuclear, sacó a Pakistán de la ineficaz alianza CENTO y vinculó al país con el movimiento no-alineado, pero sin romper del todo sus buenas relaciones con los EEUU.

El conflicto de Afganistán afectó en menor medida de lo que se auguraba a Pakistán, aunque en su territorio se organizaron campos de refugiados y se suministraron armas a los mujaidines.

A finales de 1984, organizó un referéndum para ratificar su poder, su política islámica y su permanencia por otros cinco años, que ganó por amplio consenso. El regreso en 1985 de Benzir Bhutto, hija y heredera política del derrocado Presidente, demostró que contaba con numerosos partidarios, creándose un clima de inestabilidad e incertidumbre en el país.

En Bangla Desh se produce un golpe de Estado, en agosto de 1975, y se hace con el poder Khandakar Moustapha Ahmed que era el ministro de comercio exterior. Tanto Mujibur Rahman como el primer ministro Mansoor Alí mueren asesinados.

En Sri Lanka, la Sra. Bandaranaike levantó en 1977 el estado de emergencia que había implantado en el país en 1971. Resultó derrotada en las elecciones por el PNU que dirigía Jayawardene, convertido en nuevo primer ministro y en Presidente de la República en 1978, hecho que suponía un viraje hacia la derecha.

Al principio de los años ochenta Sri Lanka, que intentaba alinearse con los países *desarrollistas* del Sudeste asiático, vio consolidada su estabilidad por la revuelta de la minoría tamil.

12.6.3. *Los rusos en Afganistán*

El rey de Afganistán, Zahir sha, había sido depuesto en 1973 por un golpe palaciego —mientras se encontraba en Italia—, encabezado por su primo el príncipe Sardar Muhamad Daud, que se erigió en Presidente de la República.

En 1978, Sardar fue derribado y asesinado. Le sustituyó Nur Muhamad Taraki, jefe del hasta entonces prohibido Partido Democrático Popular de Afganistán. El país se transformó en República Popular, prohibiéndose todos los partidos excepto el PDPA, pero un año más tarde, Hafizullah Amín derribó a Taraki. El nuevo régimen, excesivamente radical, resultó impopular y los mismos soviéticos apoyaron un golpe para propiciar un comunismo más abierto.

El conflicto entre los mujaidines, islamistas duros, y el Gobierno marxista se había iniciado ya después del golpe, pero aumentó tras la intervención militar soviética. La invasión comenzó el 27 de diciembre de 1979 mediante un puente aéreo y el envío de fuerzas aerotransportadas y terrestres, Amín resultó muerto. El nuevo hombre fuerte, impuesto por Moscú, fue Babrak Karmal, viceprimer ministro con Taraki.

Repitiendo los mismos argumentos que se esgrimieron en 1968 para justificar la intervención rusa en Checoslovaquia, las fuerzas soviéticas toman el aeropuerto y las principales zonas estratégicas del país y de su capital y vigilan el cambio producido en el Gobierno de Kabul.

La reacción internacional fue unánime en contra de la invasión rusa de Afganistán, salvo en los países de la órbita soviética, pues se producía fuera del glacis otorgado a Moscú y en un Estado tenido por soberano e independiente.

Este nuevo avance soviético supuso un nuevo revés para la Administración Carter, tachada de débil y condescendiente. Washington calificó el ataque de «violación de las normas internacionalmente aceptadas», retiró a su embajador de Moscú, suspendió las exportaciones de grano a la URSS, congeló el debate senatorial sobre las conversaciones SALT-II y propugnó el boicot internacional a los Juegos Olímpicos de Moscú.

Los soviéticos avanzaron sus posiciones en dos frentes muy claros: la prevención sobre la eclosión del fundamentalismo islámico con epicentro en Teherán y que podía llegar a afectar a los millones de musulmanes habitantes de la URSS; y un acercamiento más directo a la zona del Golfo, para el suministro petrolífero a Occidente.

La Conferencia Islámica condenó la invasión, Jomeini calificó a los soviéticos de *satánicos*, equiparándolos a los norteamericanos.

La acción rusa fue también criticada por Pekín, que vio confirmados sus recelos frente al expansionismo de Moscú.

Los soviéticos permanecieron en Afganistán hasta octubre de 1986. Ya en época de Gorbachov.

12.6.4. *Los jemeres rojos y la guerra de Kampuchea*

En la península Indochina los acontecimientos más importantes fueron la toma del poder en Camboya por los jemeres rojos y el conflicto con Vietnam.

El 17-IV-75, los jemeres rojos se apoderaron de Phnom Penh y durante cuatro años van a establecer en toda Camboya uno de los regímenes más despóticos y sanguinarios de los que se tiene noticia.

El país fue sometido a programas de cambios radicales, incluyendo traslados masivos de la población en las zonas rurales.

El príncipe Sihanouk volvió a Camboya en septiembre pero dimitirá muy pronto, y se proclamó el nuevo régimen que incluso cambia el nombre del país, ahora Kampuchea Democrática. La Asamblea de los Representantes del Pueblo, de 250 miembros, eligió como Jefe del Estado a Khiev Samphan y el nuevo Primer Ministro será Pol Pot, cuyo verdadero nombre era Saloth Sar. También se hizo cargo en 1977 de la Secretaría General del Partido Comunista de Kampuchea (CPK) verdadero dueño de la situación.

Kampuchea mejoró sus relaciones con Pekín pero las deterioró con Hanoi, hasta el punto de que en 1978, tras dos años de incidentes fronterizos, el Ejército de Vietnam lanzó un ataque en toda regla.

En diciembre se anunció en Hanoi el establecimiento del Frente Unido Nacional de Kampuchea para la Salvación Nacional (KNUFNS), denominado Frente Unido de Kampuchea para la Construcción y Defensa Nacional (KUFNCD) en diciembre de 1981, y Frente Unido para la Construcción y Defensa de la Tierra de los Padres de Kampuchea (UFCDKF), en 1989, movimiento liderado por comunistas opuestos a Pol Pot y sostenido por Vietnam.

El 7 de enero de 1979, Phnom-Penh fue capturado por las fuerzas vietnamitas y tres días más tarde se proclamó la República Popular de Kampuchea. Se estableció un Consejo Revolucionario Popular con Heng Samrim, líder de los KNUFNS, como Presidente. Se restauraron las libertades de movimiento, asociación, de religión y unidad familiar. El CPK, partido gobernante, fue reemplazado por el Partido Revolucionario Popular. Las fuerzas del Jmer rojo, sin embargo, permanecieron activas en las provincias del oeste, cerca de la frontera con Thailandia y organizaron guerrillas esporádicas en el resto del país.

Se calcula que en estos cuatro años murieron más de tres millones de personas.

En febrero de 1979, China protestó por la invasión vietnamita a Camboya e incluso sus tropas cruzaron la frontera del Vietnam, mientras la URSS vetaba en las Naciones Unidas el acuerdo exigiendo la retirada de las fuezas de Hanoi. Nunca se había sido testigo de un enfrentamiento tan grave entre estados con regímenes comunistas.

Según un portavoz de Pekín, esta guerra de castigo se hizo «contra la política provocadora de Hanoi y contra la estrategia mundial de la URSS».

Durante los primeros años del régimen, Vietnam lanzó ofensivas regulares en la frontera Thai-Kampucheana contra los ejércitos unidos de la democrática Kampuchea, y la coalición gobernante en el exilio de la resistencia antivietnamita formada en junio de 1982. Como resultado de los combates y del predominio de la pobreza y enfermedades, miles de refugiados camboyanos cruzaron la frontera hacia el interior de Thailandia, mientras ciudadanos vietnamitas se establecieron en territorio kampucheano. La coalición gobernante en el exilio, de la cual el príncipe Sihanouk llegó a ser Presidente, Khieu Samphan (Jmer rojo), Vice Presidente y Son Sann (KPLNF) Primer Ministro, recibió el apoyo de la República Popular China y de los Estados miembros de la Asociación de Naciones del Sur-Este Asiático (ASEAN), mientras retenía el escaño kampucheano en la Asamblea General de Naciones Unidas.

12.6.5. *El proceso reformista de Deng-Xiao Ping en China*

Tras la muerte de Mao Zedong (9-V-76) se llegó a un entendimiento pragmático entre el sector continuista que encabezaba Hua-Guofeng y el reformista Deng-Xiaoping, en perjuicio del grupo más radical liderado por Jiang-Quing, la viuda de Mao.

En una primera etapa, Hua ocupó la Presidencia del Partido y ejerció el mando militar, destituyendo a Deng, que sin embargo, al contar con el respaldo del XI Congreso, recuperó su influencia y en 1977 se hizo con la Vicepresidencia del Partido.

En marzo de 1978, se promulgó otra Constitución —la número tres del régimen maoísta—. El Congreso Nacional del Pueblo restituyó a Deng la Vicepresidencia del Consejo de Estado que vio así apoyada su línea reformista.

El entendimiento entre Hua y Deng llevó a la eliminación de los seguidores de Kiang-Quing, apodados «la banda de los 4» que a finales de 1980 fueron juzgados y condenados.

Deng continuó aumentando su poder, criticó a Hua e incluso llevó a cabo ataques contra la memoria de Mao a quien tachó de personalismo y de traicionar su propia ideología.

Hua tuvo que dimitir sustituido por el moderado Zhao-Ziyang, perdiendo pronto la presidencia del Partido que recaerá en Hua-Yaobang. En 1982, Hua fue expulsado del Politburó.

Dueño de la situación, aunque formalmente compartía los altos cargos con otros líderes, Deng emprendió su política de cambios, se hizo con el Ejército y preparó un nuevo texto constitucional.

El XII Congreso potenció la Secretaría General y suprimió otros cargos. Al entorno de Deng pertenecen los nuevos dirigentes como Hu-Yaobang, Zhao-Ziyang, Ye-Jianying, Chen-Yun y Li-Xianian.

Este Congreso aprobó la nueva Constitución —la cuarta—, que entre otras reformas restablecía la presidencia de la República, cargo que ocupó Li-Xiannian desde 1983.

Paralelamente, Deng fue eliminando a los antiguos maoístas y colocando a sus partidarios.

La estructura del Estado se articula en el Congreso Nacional del Pueblo (legislativo), el Consejo de Estado (ejecutivo) y los tribunales (judicial). El Presidente de la República es elegido por el Congreso. También hay autoridades territoriales de ámbito regional, provincial y municipal, con gobierno y competencias.

El Congreso Nacional está integrado por unos 3.000 diputados y se renueva cada cinco años por elección indirecta. El sufragio directo sólo se ejerce en las comunidades base. Las Fuerzas Armadas y los Congresos de las provincias son electores del Congreso Nacional que cuenta con un Comité Permanente formado por unos 130 miembros.

Las reformas económicas cobran especial importancia. En 1986 se establecieron en las zonas costeras 14 *Zonas Especiales* en las que se permitieron las leyes del mercado capitalista y se formaron empresas mixtas o «joint-venture».

En el resto del país se fueron liberalizando gradualmente precios y salarios.

En política exterior, China va situándose como una nueva Potencia que si bien mantiene una línea de alguna manera aislacionista, está presente en el Consejo de Seguridad y es pieza clave de la situación en Asia.

12.6.6. *Hong-Kong y Taiwán*

A) Fecha importante para las relaciones de China con Occidente fue el acuerdo suscrito entre Londres y Pekín el 26-IX-84 por el que Gran Bretaña se comprometió a devolver Hong Kong a China en 1997, a la vez que Pekín toleraba la conservación del sistema capitalista estratégico del enclave. El acuerdo sobre la última colonia británica en Asia se consideró por los expertos como una llamada de cooperación a Taiwán, habida cuenta de la fórmula de mantener dos sistemas distintos en una misma China. El acuerdo confirmó también el ritmo de cambio ideológico, cultural y económico que estaba emprendiendo el inmenso país.

Tras la nueva situación jurídica, la ciudad conservará, a partir de las doce de la noche del 30 de junio de 1997, su sistema legal, financiero, educativo e institucional. Sus habitantes podrán viajar libremente, aunque Pekín se reserva la defensa y las relaciones exteriores. Sin embargo, no dejaron de plantearse incógnitas y recelos sobre el futuro de este puerto.

La situación de Hong Kong, como eslabón privilegiado en la «cadena imperial», puerta de China y escala en la ruta hacia los estrechos malayos y Japón, explica el auge de esta pequeña isla, el antiguo «Puerto Fragante» de los cantoneses, cedida a perpetuidad a Londres, tras la Guerra del Opio.

El primer Gobernador de la colonia, Henry Pottinger, seducido por la belleza de la bahía, predijo que aquel lugar sería «un vasto emporio de comercio y bienestar». En efecto, en los años ochenta se conviritió en un centro financiero y fabril de primer orden, figurando entre los primeros 18 territorios del mundo por su volumen de intercambios.

Más de cinco millones de habitantes —el 98% chinos— se apiñan en los 1.065 km^2 que abarca el conjunto del territorio.

Se cifra en un millón el número de emigrantes clandestinos llegados desde China y en más de 70.000 el de personas que forman, en el sentido literal del término, la «población flotante». Se comprende que el precio del metro cuadrado en los barrios céntricos supere al de Manhattan.

Al espacio de la isla ocupado por el capitán Elliot, se añadieron en 1860 Kowloon y Stonecutter, pero fue en 1898, con el arriendo temporal de los Nuevos Territorios, cuando la colonia alcanzó el límite actual. Esta servidumbre de estar «en terreno alquilado y con tiempo prestado», se agravó con la implantación comunista en China y así, Patrick Sabatier pudo escribir gráficamente que Hong Kong era «el crepúsculo de un milagro, entre un dragón que gruñe y un viejo león que se calla».

La China continental es la primera interesada en que la situación no se altere demasiado. Hong Kong le proporciona la tercera parte de sus divisas extranjeras.

Pekín es «socio imprescindible» del desarrollo del enclave. Posee cadenas de supermercados, navieras, factorías textiles, periódicos, compañías de seguros y hasta bancos como el poderoso *Bank of China*. Por otra parte, la colonia depende de los territorios vecinos, de los que recibe agua, electricidad, petróleo, alimentos y toda suerte de materias primas.

Siguiendo el antecedente de Hong Kong, el 13-IV-87, la República Popular China y Portugal firmaron un acuerdo según el cual Pekín recuperará en 1999 la soberanía sobre Macao.

B) Taiwán. En la isla *Hermosa* (Formosa) se refugió Chiang Kai Chek con sus seguidores en 1949.

La agricultura era la base de la economía de esta provincia insular, pero un asombroso esfuerzo de supervivencia ha hecho que en la década de los 80, más de la mitad de la renta nacional provenga del sector industrial.

Paradójicamente, a la vez que Formosa se transformaba en una pujante economía, la mayor parte de los países rompían sus relaciones diplomáticas —pero no comerciales— con Taipeh. Incluso tras la diplomacia del ping-pong, en enero de 1979, Washington tuvo que retirar su Embajada, pero no sus inversiones.

Si la nueva situación diplomática reduce a veintitantos el número de Estados que reconocen al Gobierno de la China nacionalista, 150 países mantienen fructíferas relaciones económicas con la isla.

La economía de Taiwán ha conseguido situarse en primera línea en campos como la industria química y electrónica, los aparatos de precisión, el textil y la artesanía, alcanzando un ritmo de crecimiento muy rápido.

En 1973, el Gobierno de Taiwán rechazó una oferta de la República Popular para mantener conversaciones secretas sobre la reunificación de China, y su política se reafirmó en consecuencia. En octubre de 1981, Taiwán rehusó las sugerencias de China de reunificación, por las que Taiwán se hubiera convertido en una «región administrativa especial» y tendría un grado sustancial de autonomía, incluyendo la retención de sus fuerzas armadas.

En 1983, China renovó su oferta, incluyendo una garantía para mantener el estatus en Taiwán durante 100 años, si la provincia accedía a la reunificación.

El Gobierno de Taiwán no parece interesado en aceptar estas propuestas mientras China continental continúe como un Estado comunista.

12.6.7. *Los «nuevos dragones» asiáticos*

En los últimos años setenta y la década de los ochenta, el área del Sudeste asiático, del Extremo Oriente y del Pacífico experimentó una serie de importantes cambios geopolíticos y económicos que le situaron entre las *audien-*

cias más sugestivas del planeta, hasta el punto de empezar a hablarse del «milagro oriental».

El asombroso despegue económico del área, su originalidad y esa sugestiva mezcla de exotismo y modernidad, hacen de la zona un objetivo histórico.

El comercio transpacífico se dobló durante los años 80. Los intercambios comerciales de los Estados Unidos con los países de la cuenca del Pacífico superaron los efectuados con los del otro lado del Atlántico. Para 1982 las cifras de transferencias resultaron bien explícitas: 121.000 millones de dólares frente a 115.800 millones.

Este conjunto de países, algunos de ellos ciudades-Estado, pueden calificarse de «anfibios» por ser insulares, archipielágicos o peninsulares.

A) Cuenta Roger Holeindre que los primeros occidentales, concretamente los de un navío portugués que arribó a la isla de Tanega en 1543, causaron honda impresión en Japón. El choque psicológico fue grande —dice— no sólo por el aspecto de los europeos, sino por la eficacia de las armas de fuego que los samurais veían por primera vez y que bien pronto los fundidores de Kagoshima aprendieron a imitar, fabricando arcabuces.

La anécdota ilustra una apreciación hoy muy generalizada: los japoneses han sido maestros en asimilar y mejorar las técnicas occidentales sin renunciar a su identidad.

A cierta distancia, pero siguiendo el paradigma japonés, otras naciones asiáticas y del Pacífico están arrumbando con su crecimiento económico y destreza laboral, todos los tópicos sobre la «endemia del tercermundismo». Son los llamados NIC (*Newly Industrializad Countries*), por haber pasado de unas sociedades agrarias, de corte colonial o feudal, a una fase de impresionante despegue industrial. Son esos mismos países que articulan la guirnalda del Extremo Oriente: Corea del Sur, Taiwán, Hong Kong, Singapur y algo menos pujantes como Filipinas, Indonesia o Malasia.

Si bien es cierto que las condiciones laborales y sindicales no son equiparables a las de los países industrializados europeos, tampoco es exacto que toda la mano de obra viva en un nivel de explotación. Sin embargo, el grado de democratización de estos pueblos, con la excepción del Japón, dejaba todavía mucho que desear en estos años.

El secreto de su éxito económico se basa en su capacidad de productividad y competitividad.

Si Taiwán ha conseguido que en los años 80 más de la mitad de su renta nacional provenga de la industria avanzada, Singapur se ha convertido en el centro financiero del mercado de «asiadólares», con un volumen de activos en sus bancos cifrado en más de 54.000 millones de dólares.

Desde 1978, el comercio estadounidense ha crecido más del 75% con los países bañados por el Pacífico y las inversiones crecen aquí más que en ninguna otra parte, calculándose que han alcanzado los 30 billones de dólares. Incluso el intercambio entre China Popular y Estados Unidos sigue aumentando —se mencionan 5 billones y medio de dólares en 1981— mientras 13 firmas norteamericanas colaboran en las prospecciones petrolíferas chinas.

Esta «marcha hacia el Oeste» de Estados Unidos se aprecia en el propio país. Como resume Antonio Rubio, «asistimos a un desplazamiento de los centros de poder del Este a California, donde viven un americano de cada diez. California es la avanzada de las nuevas tecnologías, sobre todo en el campo de la informática con la ya mítica zona de *Sillicon Valley*».

Precisamente, fue el Gobernador de California quien acuñó la frase de que «económicamente, el sol nace ahora por el Oeste».

B) *Japón*

El ritmo y la intensidad del cambio histórico experimentado por esta nación, incorporada al concierto de las Potencias tras vencer a Rusia en 1905 y a Alemania en 1918, sólo es comparable a su esfuerzo de recuperación y democratización tras la derrota de 1945.

Japón ha sabido lograr la simbiosis entre la tradición y la modernidad, la sensibilidad oriental y la alta tecnología, el pasado y el futuro.

Con un espacio limitado y atormentado por montes y volcanes y una población que lo sitúa en el séptimo puesto del mundo, sin apenas recursos propios —sólo un 12% de la tierra es cultivable— y pobre de subsuelo es, en estos años, la economía con mayor crecimiento, y lo mantiene desde 1960, generando el 10% del valor añadido mundial.

Primer productor mundial de automóviles y buques y el segundo de fibras sintéticas, papel, cemento, acero y resinas, ocupa también el primer puesto por sus capturas de pesca, aunque sea el sector servicios y la electrónica donde sus progresos han sido más espectaculares.

La solidez de sus instituciones y su alto nivel cultural son la mejor garantía de continuidad como potencia económica internacional.

Tras los mandatos de Eisaku Sato (1962-72) y Tanaka (1974) otros políticos destacados del período que llega hasta mediados de los ochenta, son Takeo Miki, Takeo Fukuda, Mayagoshi Ohira, Tenko Suzuki, Yasuhiro Nakasone y el citado Tanaka.

Hubo varios casos de corrupción y escándalos políticos. Los partidos más importantes serán el LDP, el Partido Socialista, el Kumeito o Partido del Gobierno Limpio, el PSD, los comunistas y el NLC. En 1983, se llevó a cabo una reforma electoral que benefició a los pequeños partidos. En esta época se aprecia un progresivo incremento del papel japonés en los asuntos internacionales, además de ser una de las grandes Potencias económicas y continuar sus estrechas relaciones con los EEUU.

C) *Filipinas*

Más de 7.000 islas integran esta nación que durante siglos fue un exótico florón de la Corona española, y tras el posterior proconsulado americano, accedió a la independencia.

El 95% de la población se concentra en las 11 islas principales.

Ferdinand Marcos, que ocupaba la presidencia desde 1966, convocó elecciones en 1973, lo que le permitió legitimar su irregular situación tras haber declarado la ley marcial el año anterior. Esta ley fue anulada en 1981 y Marcos volvió a ganar unas elecciones viciadas.

El líder de la oposición, Benigno Aquino, fue autorizado a regresar de un exilio en los EEUU, pero el 21-III-83 fue asesinado en el aeropuerto de Manila, ante miles de seguidores que esperaban su regreso. La muerte de Aquino cuestionó la posibilidad de una transición democrática y pacífica en Filipinas.

El país vivió meses de inestabilidad, con una serie de acontecimientos que acabaron por convencer a Washington de la necesidad de terminar con su apoyo a Marcos. El Presidente convocó unas elecciones cuyo resultado, manipulado, creó un clima de insurrección generalizada. La Iglesia se enfrenta abiertamente al régimen y los generales Ramos y Ponce Enrile se oponen proclamando presidente a Corazón Aquino, que además recibe el respaldo del enviado norteamericano, Philip Habib. Marcos, ante la desobediencia militar y las manifestaciones populares decide abandonar y huye a la base de Clark Field y de aquí a Hawai.

Filipinas comienza una nueva etapa democrática, no exenta de dificultades e incluso de intentos desestabilizadores.

D) *Malasia*

Verdadero rompecabezas de 332.633 km^2, compuesto por 13 Estados repartidos desde el extremo de la península de Kra a Borneo, Malasia es el primer productor de estaño, caucho y aceite de palma.

El *Yang di-Pertuan* o Supremo Soberano es elegido cada cinco años entre los distintos sultanes de la Federación, que cuenta con esta curiosa Conferencia de Príncipes y un parlamento bicameral y democrático. Los distintos Estados —Johore, Kedah, Kelatan, Malaca, Negri Sembilan, Perak, Sabah,

Trengganu, Pahang, Sarawak, Penang, Perlis y Selangor— también cuentan con sus propias instituciones representativas.

La población es mayoritariamente islámica, pero conviven otros grupos, budistas, hindúes y cristianos que reflejan la complejidad étnica cultural de Malasia, siendo en parte legado de la formación histórica del país, precipitado por influencias tamiles, muslimes, chinas, europeas y malayas.

Sus variados territorios tuvieron enclaves portugueses y holandeses pero fue Gran Bretaña quien a lo largo del siglo XIX aglutinó este espacio como Federación de Protectorados.

El rajá de Sarawak, Sir Charles Brooke, cedió en 1946 al Gobierno inglés este territorio que su familia había poseído desde 1841. También pasó a convertirse en colonia de la Corona Borneo del Norte, mientras Brunei recuperaba su *status* de protectorado. Este último territorio no se unió luego a la nueva Federación y se independizará en 1984.

E) *Singapur*

La «ciudad del león», que esto significa su nombre, es el país con mayor crecimiento del Producto Nacional Bruto de Asia. Considerado ya como el segundo puerto del mundo, sus habitantes poseen la renta per cápita más alta del continente, después de los japoneses.

Una hábil política ha hecho de Singapur uno de los centros financieros del globo. Limitado a 616 km^2 —la mitad que Hong Kong— supo vencer la tentación de conservar un sistema de economía portuaria, impulsando la diversificación en los sectores bancarios y exportadores. Cuenta con delegaciones de los principales bancos y compañías de seguros. No menos llamativa ha sido su irrupción comercial, gracias al crecimiento de una competitiva industria manufacturera.

Singapur fue comprado en 1824 al sultán de Johore por 33.200 dólares y en 1867 se transformó en colonia al pasar a la Corona. La apertura del canal de Suez fue decisiva para su desarrollo como puerto clave en las comunicaciones hacia el Extremo Oriente.

Gobernada desde hace 25 años por el partido de Acción Popular que encabezaba Lee Kuan Yew, se rige por la Constitución de 1958, modificada tras la separación de esta ciudad de la Federación malaya en 1965.

Las tres cuartas partes de sus dos millones y medio de habitantes son chinos, siguiéndoles los malayos e indios, entre otros grupos étnicos.

Singapur, cuyo aeropuerto tiene un alto volumen de tráfico, se está erigiendo en el centro informático del Pacífico y es, sin duda, la urbe más cuidada de Asia, siendo los controles sanitarios muy severos.

Constituye un lugar insólito y diferenciado de su entorno. Como ha escrito Lau Peik Soon, «Singapur, sacudido por la agitación comunista en los años 50, no debía ser una segunda Cuba; situado entre dos Estados musulmanes, Malasia e Indonesia, no debía tampoco ser un segundo Israel; poblado por una mayoría de chinos, no debe convertirse en una *tercera China*».

F) *Indonesia*

Estado disperso y complejo como pocos, extendido de Este a Oeste a lo largo de casi 5.000 km, y abarcando otros 2.000 de Norte a Sur. Agrupación desigual de islas, flotando como enormes cetáceos en el mar, cubiertas de selvas tropicales, plantaciones y volcanes, 130 de ellos activos, con nombres que incitaron a la aventura y la codicia europea en busca de las especias: Célebes, Molucas, Java, de la Sonda...

Es el quinto país más poblado del mundo, con una variedad étnica no menos archipielágica que la territorial, pero identificada con el predominio religioso del Islam.

Conquistado por la Compañía Holandesa de las Indias Orientales en 1602, ocupado por los japoneses que le dieron la independencia, tuvo luego una larga peripecia de conflictos con Holanda y con las tendencias secesionistas, transformándose en 1950 de República Federal a Unitaria.

Sukarno, líder del movimiento independentista, gobernó el país hasta 1965, durante el cual, promocionó el no-alineamiento. Progresivamente marginado, fue sustituido por Suharto en 1968.

Indonesia es un país rico en recursos naturales. Primer productor de madera del Sudeste asiático y tercero mundial de estaño, tiene en el petróleo su baza más importante. Se calculan unas reservas que representan los dos tercios de las existentes en el área.

Aunque tiene carencias de infraestructura, alta inflación y subempleo, además de los problemas políticos de Timor y los submoluqueños. Indonesia recibe fuertes inversiones de Norteamérica y constituye un suministrador esencial de Japón. Suharto continuó en el poder con su régimen autoritario.

G) *Corea del Sur*

Corea del Sur luce en su escudo el símbolo taoísta del *ying* y el *yang* y, curiosamente, península históricamente disputada en la rivalidad chino-japonesa, se encuentra partida en dos por el paralelo 38 y el acuerdo de El Cairo de 1945.

Es pobre en recursos naturales, con un suelo accidentado y boscoso, pero ha sabido convertirse en el primer exportador mundial de contrachapado, el cuarto de pesca y situarse en cabeza de la construcción naval.

Su obligada posición fronteriza le hace destinar a defensa la cuarta parte de su presupuesto.

La autocrática presidencia del general Park Chung Hee, que venía durando desde su acceso al poder en 1961 mediante un golpe militar, terminó en 1979 con el asesinato de Park. Durante este período de casi veinte años, Corea del Sur experimentó un fuerte crecimiento económico y un estancamiento político en un severo régimen.

El nuevo presidente Chou Kyu Hwa anunció medidas democratizadoras que fueron frenadas por el sector militar encabezado por Chon Doo Hwais que se hará con la Jefatura del Estado tras las revueltas de descontento popular de 1981.

En Corea del Norte continuó gobernando todo este período de tiempo Kim Il Sung que estableció un verdadero culto a su personalidad siguiendo los modelos de Stalin y Mao Zedong.

12.7. INESTABLE ÁFRICA

El nuevo escenario de rivalidades internacionales en estos años es África, donde los países no logran superar las carencias que crearon el subdesarrollo y la descolonización apresurada, y vio agravarse sus problemas por la acción de las potencias extracontinentales.

12.7.1. *Descolonización del África portuguesa y el Sahara español*

La descolonización del África portuguesa es un hecho inseparable de la caída del salazarismo, tanto por influir en la revolución metropolitana como por verse acelerada por ésta.

En los diversos territorios ya existían movimientos nacionalistas que se enfrentaban con las armas a Lisboa y que van a asumir el poder durante la transición a la independencia. En Angola, el proceso se complicó al existir facciones rivales y mayor intervención exterior.

A) Guinea-Bissau fue el primer territorio en acceder a la independencia, en la que el PAIGC actuó como interlocutor válido. Lisboa se mostró más remisa con Cabo Verde, pero el giro del Gobierno tras la caída de Spínola facilitó las cosas y el 5-VIII-75 el PAIGV obtuvo todos los escaños de la Asamblea.

En Mozambique, el FRELIMO, dirigido por Samora Michel, asumió el control. Ya en la conferencia de Lusaka se sentaron las bases de la independencia. Durante la transición, unos 50.000 blancos abandonaron el país, que causaron un vacío de cuadros técnicos, problema al que se le unieron los vínculos existentes con Rhodesia y Sudáfrica. Mozambique alcanzó la independencia el 25-VI-75 y pocos días más tarde lo hacieron São Tomé y Príncipe.

En Angola existían tres movimientos guerrilleros principales: el MPLA (marxista), el FNLA (nacionalista) y UNITA (más moderado), cuyos líderes respectivos eran Agostinho Neto, Holden Roberto y Jonas Savimbi. Tenían, además, distinta implantación en el país, el MPLA en el centro, el FLNA en el norte y UNITA en el este. También actuaba el FLG, que reclamaba el autogobierno para el enclave de Cabinda.

Una vez fracasados los acuerdos de Alvor en que se preveía formar un Gobierno de transición y concentración, Angola sufre una auténtica guerra civil. Mientras el centro de la capital era controlado por soldados portugueses, el MPLA dominaba los barrios negros y los guerrilleros del FNLA, apoyados por el Zaire, intentaban cercar Luanda. Savimbi, que había pedido la intervención de la OUA, acabó con Holden Roberto.

El país alcanzó la independencia en la fecha prevista (2-XI-75), pero no la paz. La presencia de los cubanos en África, que se remonta al envío de instructores y consejeros a Ghana, Argelia, Congo y Conakry en los años sesenta, se hizo de forma abierta y masiva con la crisis del imperio colonial portugués.

Castro apoyó a los movimientos de liberación nacional, que sirvió como «longa manu» de los intereses rusos, especialmente al MPLA de Agostinho Neto. El compromiso militar cubano fue creciendo de modo llamativo hasta convertirse en una carga para el pueblo cubano. La independencia del África portuguesa en vez de disminuir la presencia cubana la aumentó y sus tropas regulares se convirtieron en necesarias para mantener en el poder a los nuevos dirigentes.

B) Otra descolonización conflictiva fue la del Sahara español. La posición de Madrid frente a las reivindicaciones marroquíes y mauritanas y la tesis independentista del POLISARIO resultó confusa, coincidió además la salida de los españoles con la agonía de Franco.

El problema se debatió en tres frentes: el jurídico, ante el Tribunal de La Haya; el diplomático, con reuniones en la ONU y contactos bilaterales, y el militar. En el campo jurídico, el Tribunal Internacional respondió que la condición del territorio debería determinarse mediante la autodeterminación y sin recurrir al pasado histórico.

Mientras, Rabat y Novakchott llegaron a un acuerdo sobre la explotación de los fosfatos.

Hay que recordar la célebre *marcha verde*, que invadió el 6-XI-75 una estrecha franja del Sahara, ante el despliegue del ejército español. El discutido Tratado de Madrid del 14-XI-75 entregó prácticamente el territorio a Marruecos y Mauritania, y marginó el derecho a la autodeterminación de los saharauis. España se retiró el 28 de febrero del 76 dejando el problema abierto.

El Sahara fue repartido entre Marruecos (dos tercios) y Mauritania (un tercio) pero en calidad de Potencias administradoras. Argelia, que veía frustrado su deseo de salida al Atlántico se opuso y decidió apoyar al Frente Polisario (Frente Popular para la Liberación de Saguiet el-Hamra y Río de Oro) que defendía la independencia del Sahara ex-español como un Estado propio.

En febrero de 1976, se proclamó en territorio libio la República Democrática Árabe Saharaui.

El contencioso saharaui se complicó desde sus orígenes al cruzarse en él los intereses de los vecinos africanos. Además, ofreció una oportunidad a los soviéticos para intentar influir en el área al apoyar al Polisario a través de Argelia, mientras que EEUU apoyaba a Marruecos y España hacía más indirectamente lo mismo a cambio de «congelar» las reivindicaciones de Hassan II sobre Ceuta y Melilla.

Washington, incluso antes de la cesión española del territorio, apoyó a Marruecos al entender que este país era el bastión contra la influencia comunista en el Magreb. En la misma *marcha verde* se ondearon banderas americanas junto a las marroquíes.

12.7.2. *Argelia, Chad, Libia y Sudán*

En Argelia, Chadli se afianzó como sucesor de Boumedian e intentó mejorar sus relaciones con sus vecinos lográndolo con Túnez y Mauritania, que reconoció a la República Árabe Saharaui. Gaddafi impulsó varios intentos de federación con otros Estados árabes, que resultaron efímeros: con Egipto y Sudán (1979), con Siria (1970), Egipto y Siria (1971), Túnez (1974), Siria (1980) y Chad (1981); todos resultaron fallidos en brevísimo tiempo.

En el caso de Chad, Libia se vio implicada en la guerra civil de ese país que pretendía anexionarse. Tombalbaye fue asesinado en 1975 y le sucedió Malloum. Gaddafi apoyó a Gokuni Uedei frente a su rival Hissen Habré.

El conflicto chadiano se reanuda en 1980, con el fracaso de las conversaciones de paz que se mantuvieron en Togo. La intervención militar libia al año siguiente y el anunciado proyecto de unir a ambos países despertó los recelos de Francia, que envió tropas.

También se pidió la retirada de los libios e intervino un contingente de pacificación africano (unidades del Zaire, Nigeria y Senegal) enviado por la OUA.

El presidente rechazó la resolución de la OUA y la invitó a negociar con los rebeldes y a elaborar un nuevo texto constitucional, pero en junio de 1982, las fuerzas rebeldes de Hissene Habré ocuparon la capital y le depusieron.

Gaddafi intervino indirectamente en varios Estados africanos para ir creando una amplia esfera de influencia (Guinea-Bissau, Níger, Alto Volta, Gambia) con lo que despertó los recelos de varios países centroafricanos.

Sin embargo, Libia, dice Calvocoressi, «no estaba en posición de crear un imperio. El número de sus habitantes se cifraba entre los tres y los cuatro millones y su ejército se componía de 40.000 hombres. Durante la crisis de Chad de 1980, Egipto reunió a una fuerza más del doble de grande sólo en su frontera con Libia y logró abrir en ella una brecha impunemente. Lo que Gaddafi tenía era un estilo político alarmante y petróleo. Utilizaba el petróleo para apretarle las clavijas a los clientes a los que optó por vender a mitad de precio o menos y para comprar armas soviéticas. Convirtió a Libia en la mayor *place d'armes* de procedencia rusa fuera de la URSS y Europa del este; pero la mayoría de estas armas no eran aptas para sus aventuras extranjeras o bien se guardaban en lugares donde se deterioraban rápidamente. Sus intervenciones en el Chad fueron inconsecuentes».

Gaddafi fue acusado también de apoyar a grupos terroristas anti-occidentales y en abril de 1986, EEUU desencadenó una espectacular operación de advertencia con ataques aéreos desde bases en tierra y en unidades navales bombardeando Trípoli y Bengasi. El acto, aunque fue calificado de represalia y hasta de acción de legítima defensa, constituyó una violación de las normas jurídicas internacionales.

Numeiry continuó en el poder en Sudán, pese a varios intentos para derrocarle, al parecer inspirados por Libia. En 1977, se agravó la situación con Etiopía por el apoyo sudanés a los eritreos. El régimen fue perdiendo popularidad al deteriorarse gravemente la economía, al imponerse corrientes islamistas y al revitalizarse la rebelión del sur. En abril de1985, el ejército derrocó a Numeiry —que llevaba 16 años como Presidente— para evitar que el cambio lo diesen sectores más radicales.

12.7.3. África Occidental

En África Occidenal, Alto Volta cambió en 1983 su nombre por el de Burkina Faso. El país había sufrido los golpes militares de Saye Zerbo y después de Thomas Sankara.

Francia intervino abierta o indirectamente en varios conflictos del área, en los Camerunes, Gabón y en la República Centroafricana donde contribuyó al derrocamiento de Bokassa en 1979. También en el Congo-Brazzaville hubo complicaciones internas y el país osciló entre la influencia izquierdista y el militarismo, sin lograr alcanzar una estabilidad firme tras la toma del poder por Demis Sassou-Noguesso.

Liberia, que contaba con un pasado peculiar dada su vinculación histórica con Norteamérica, sufrió en 1980 un golpe militar que derribó a la familia Tolber y al partido dominante, y se instauró en el poder Samuel Doe.

En el África ex-británica no cuajó el intento de unir Gambia y Senegal.

En Ghana se sucedieron varios dirigentes militares en los últimos años setenta como Acheampong, Akuffo y Rawlings, restaurándose la autoridad civil, pero por poco tiempo, ya que volvió al poder Rawlings en 1981.

En Nigeria, después del atentado contra Murtala Mohamed (13-II-76) y el mandato de Olusengo Obasanjo, se consiguió superar el proceso de cambio, e instaurarse el poder civil el 1-X-79, pero volvió a ser gobernada por los militares en 1984 al sustituir el general Buhari al presidente Shagari. El país estaba aquejado de graves problemas, de rivalidades étnicas y de corrupción. Buhari fue a su vez derrocado en 1986 por otro general: Ibrahim Babangida.

Otro territorio ex-español también experimentó cambios importantes, al ser derrocado el dictador Macías —posteriormente juzgado y ejecutado— en agosto de 1979, por el coronel Teodoro Obiang Nguema.

12.7.4. África Central y Oriental

Zaire estuvo a punto de ser arrastrado a un grave conflicto tras la invasión de Shaba (ex-Katanga) por guerrilleros opuestos a Mobutu, pero la rápida intervención franco-belga y el apoyo de Marruecos y otros países africanos salvó la situación, en la primavera de 1977.

Kenya progresó bajo el mandato de Kenyatta y al morir fue sustituido por el vicepresidente Daniel Moi (1978). El año anterior se unificaron Tanganyka y Zanzíbar bajo el nuevo nombre de Tanzania y la presidencia de un hombre de carácter: Nyerere, que estuvo en el cargo hasta 1985.

El país que sufrió más problemas fue Uganda, gobernada autocráticamente por Idi Amín. Su política contra la minoría asiática y el enfrentamiento declarado con Londres acabaron por causar su ruina. Mediante una intervención militar desde Tanzania con el apoyo del Ejército de Liberación Nacional Ugandés, Amín fue derrocado en 1979.

Uganda no recuperó la normalidad política durante un período de vaivenes en el que se sucedían Yusufu Lule y Binaisa hasta que a finales de 1980 volvió al poder Milton Obote por un estrecho y controvertido margen electoral. Su mandato, que duró hasta 1985, año en el que fue derribado, resultó caótico.

En Etiopía, mientras que moría en el olvido el destituido Negus (27-VIII-75) —al parecer asesinado—, la guerrilla eritrea crecía y surgían nuevos conflictos en Tigré y Ogadén, donde intervinieron abiertamente los somalíes. Las rivalidades entre Mengistu Haile Mariam y Teferi Benti se solventaron tras la muerte del segundo.

La URSS tenía en Somalia a un fiel aliado pero el derrocamiento del Negus ofreció a Moscú la oportunidad de influir también en Etiopía, hasta entonces más próxima a los EEUU.

Los soviéticos suministraron armas a Mengistu y pidieron a Castro que explicase el hecho a los somalíes y procurase un entendimiento entre ambos países. El acuerdo no se logró y Castro envió tropas en ayuda de Etiopía contra Somalia. Los refuerzos militares permitieron a los etíopes invertir la marcha del conflicto, aunque Moscú, que intervino abiertamente, frenó a Etiopía para no alarmar en exceso a Washington.

Ya en los años ochenta, el Gobierno etíope logró contener la doble acción del Frente de Liberación del Pueblo Eritreo (FLPE) y del Frente de Liberación de Somalia Occidental (FLSO). El último territorio colonial que pervivía en la zona del «Cuerno de África» era el de los Afars y los Issas, dependiente de Francia y que recibirá la independencia en 1977 con el nombre de República de Yibuti.

12.7.5. *Rhodesia y Sudáfrica*

En Rhodesia, Ian Smith mantuvo su tesis de gobierno tras el fracaso de la Conferencia de las cataratas Victoria y tampoco se llegó a un entendimiento con el político de color Nkomo. Mientras, aumentaba la acción guerrillera que contaba con Robert Mugabe como líder.

El contexto geopolítico cambió tras la desaparición del Imperio colonial portugués y la presencia cubana en esos territorios, y Rhodesia encontró únicamente apoyo en Sudáfrica, lo cual aislaba y radicalizaba más el régimen de Smith.

Washington, gracias a la postura propiciada por Kissinger que deseaba atajar el aumento de la influencia rusa en el área forzó a Sudáfrica para que a su vez presionara a Rhodesia. Smith tuvo que acabar cediendo y aceptar que en un plazo de dos años se procediese a establecer un Gobierno de mayoría con una fase de transición.

Sin embargo, Smith se resistió a cumplir lo acordado. Volvieron a fracasar las negociaciones diplomáticas y se recrudeció la lucha guerrillera. La nueva administración norteamericana (Carter) y los británicos llegaron a proponer que Londres reasumiese el control del país y convocara las elecciones.

Mediante una fórmula de «componenda», los blancos aprobaron en referéndum una nueva Constitución de Rhodesia (1979). En las elecciones subsiguientes ganó Muzorewa que se convirtió así en primer ministro.

Esta solución en cierto modo amañada fue rechazada por Londres en la Conferencia que la Commonwealth celebró en Lusaka.

El Gobierno británico (Thatcher) presentó un nuevo proyecto de Constitución, sin los cortapisas racistas que todavía tenía el texto anterior, y citó a los distintos líderes rhodesianos en Londres a finales de este mismo año.

Tanto Muzorewa como Mugabe, Nkomo y los representantes blancos acabaron por aceptar. Durante cuatro meses los británicos volvieron a hacerse cargo de la situación en el país, se convocaron unas elecciones limpias que ganó por amplia mayoría Robert Mugabe. El país pasó a denominarse Zimbabwe.

Durante este período de tiempo, Sudáfrica continuó con su política del *apartheid* que la caída del Imperio portugués no alteró, pese a aumentar el número de nuevos Estados negros a los que se acababa de sumar Rhodesia. Incluso Namibia, que estaba vinculada a Sudáfrica desde su concesión como Mandato tras la I GM, limitaba ahora con una Angola independiente que, lógicamente, ayudaría a los sectores que buscaban la liberación de este territorio. La ONU reconoció al SWAPO (Organización de los Pueblos de África del Sudoeste) como único representante del pueblo de Namibia.

En 1978, Vorster asumió la presidencia de la República y le sucedió como primer ministro P.W. Botha, impulsor de una estrategia más moderada y del sistema de desarrollo por separado mediante la formación de *homelands* o *bantustanes*, solución que a nadie contentaba. El momento más grave del país se vivió durante los disturbios de Soweto y la brutal represión policial (1976).

África no logra superar todavía sus divisiones tribales y sus rivalidades fronterizas, ni consolidar seriamente sus instituciones tras haber sufrido, en las dos décadas de su independencia, veinte guerras y cuarenta golpes de Estado.

12.8. Democratización en Iberoamérica

En 1976 había en América del Sur ocho regímenes militares y no era más alentadora la situación en América Central. Sin embargo, a lo largo del período aquí estudiado se inicia un proceso de cambio, en parte influido por la transición democrática de España y Portugal. Otro dato que debe tenerse en cuenta es el nuevo contexto internacional más distendido tras la nueva política exterior de la URSS en época de Gorbachov.

Otro cambio es el acceso a la independencia de pequeños territorios no hispánicos, cuyos votos inciden en las decisiones de la OEA (Granada, Dominica, Surinam, Trinidad-Tobago, Guyana, Barbados y Bahamas).

La celebración en La Habana en 1979 de la Conferencia de los no-alineados, ilustra el creciente peso de los pueblos de América en el conjunto mundial.

No faltaron algunos conflictos y rivalidades que provocaron cierta tensión, como las reivindicaciones fronterizas entre Perú y Chile, Ecuador y Perú, Chile y Argentina (Beagle), pero el más grave fue la guerra de las Malvinas entre el Reino Unido y Argentina.

La intervención norteamericana en Granada confirmó la nueva política de Washington y su oposición a toda veleidad filocastrista.

En los primeros años ochenta, el Cono Sur vivió un proceso de recuperación de la democracia, ilustrado por la elección a la presidencia argentina de Raúl Alfonsín en 1983, de Julio María Sanguinetti en 1984 en Uruguay, de Tancredo Neves y luego José Sarney en Brasil en 1985.

El acceso de civiles al poder en Honduras, Guatemala y El Salvador confirma la nueva estrategia americana. Ésta ha comprendido la necesidad de terminar con el apoyo que Washington daba a dictaduras corruptas y, en cambio, darlo a las fuerzas democráticas que son las únicas capaces de intentar solucionar los graves problemas políticos, económicos y sociales de los países centroamericanos.

Los nuevos Gobiernos democráticos sudamericanos se tuvieron que enfrentar a la grave herencia de una deuda externa apabullante. En Brasil, más de 100.000 millones de dólares, en Argentina 50.000 millones.

12.8.1. *México y América Central*

A) México continúa estos años gobernado por el PRI y manteniendo su política exterior de colaboración, pero a la vez, de cierta autonomía, respecto a los EEUU, especialmente hacia Cuba y América Central.

Su producción petrolífera le ayudó a mantener un buen ritmo de crecimiento y una paulatina mejora de sus variables económicas y sociales.

Tuvo como Presidentes, desde la terminación del mandato de Luis Echeverría (1970-1976) a José Luis Portillo (1976-1982) y Miguel de la Madrid (1982-1988).

B) En las pequeñas repúblicas centroamericanas del istmo, el hecho más relevante fue el fin del régimen somocista (1945-1980) en Nicaragua.

El 19 de julio de 1979 el dictador Somoza tuvo que renunciar y dar paso en el Gobierno del país a los grupos revolucionarios del Frente Sandinista de Liberación Nacional (FSLN), que tomaron su nombre de Augusto César Sandino, asesinado en 1934 en la época de Anastasio Somoza.

El país que había sido la base principal de operaciones para las intervenciones americanas en el área, se transformó en un aliado de la Cuba castrista. La Administración Carter se había encontrado con un verdadero dilema, pues si por un lado tenía que seguir su estrategia de apoyar los movimientos democratizadores en Hispanoamérica, por otro, no podía mirar con indiferencia la implantación de un nuevo régimen, presumiblemente anti-norteamericano.

Pero la coalición anti-somocista vencedora se rompió por disidencias internas y la radicalización del sector más influido por el pensamiento marxista, mientras otros grupos se inclinaban por planteamientos más próximos a la democracia liberal.

La elección de Ronald Reagan como nuevo presidente de los EEUU iba también a afectar a Nicaragua, que fue frontalmente hostigada desde Washington.

En mayo de 1984 y después de una etapa hegemónica del Frente Sandinista, se aprobó la Ley de Partidos Políticos que culminó con la convocatoria a elecciones generales. Lo que significó en un principio una apertura en el proceso nicaragüense, pronto se vio truncada.

Con una oposición al régimen sandinista, tanto de nicaragüenses exiliados en las naciones vecinas como de EEUU, en los que la administración Reagan se oponía con palabras y hechos a lo que ocurría en este pequeño país centroamericano, la Ley Electoral dejaba al margen de la elección a todas las organizaciones que no eran asimilables al FSLN.

Con unas elecciones que contaban con estas premisas, y con unos medios de comunicación mediatizados, el FSLN ganó las elecciones y Daniel Ortega fue investido como presidente de la República en noviembre de 1984.

La Revolución provocó el exilio de unas 250.000 personas de una población de 3 millones, que originó una dura oposición desde el exterior: los denominados *contras*, cuyas organizaciones se unificaron en la UNO (Unión Opositora Nacional) en 1985.

Esta oposición que contó con la ayuda prestada por EEUU con capital, material bélico y con más de 18.000 combatientes, hizo frente durante los últimos años del Gobierno de Daniel Ortega al régimen sandinista. Si bien, en los primeros meses de 1988, ambas partes del conflicto establecieron una tregua para negociar una posible solución.

La presencia de Reagan en la Casa Blanca favoreció a la derecha en El Salvador. El Gobierno impopular de Carlos Humberto Romero cayó tras un golpe militar en 1979 dispuesto a llevar a cabo reformas moderadas y algunas nacionalizaciones básicas. Las medidas resultaron insuficientes y la izquierda lo combatió, con lo que se creó un clima de confrontración. El momento más duro fue el alevoso asesinato del arzobispo monseñor Romero el 24-III-80.

También era difícil la situación que se vivía en las vecinas Guatemala y Honduras, a cuyos Gobiernos Washington proponía implicar en el apoyo al régimen de El Salvador.

Los EEUU veían además en Honduras, el territorio clave para oponerse a los sandinistas. El Salvador y Guatemala, aunque con regímenes formalmente democráticos, se encontraban controlados por el sector militar y eran declaradamente anti-comunistas. Washington entrenaba en Honduras a las fuerzas opositoras al régimen de Nicaragua y enviaba ayuda a El Salvador para frenar al movimiento revolucionario Farabundo Martí.

En las elecciones de 1982 Napoleón Duarte fue vencido en El Salvador por un candidato más derechista, Roberto D'Aubuisson, aunque Washington influyó para que le sustituyera el más moderado, Alvaro Magana. La guerra civil era un hecho en el país y la extrema derecha llevó a cabo represiones. En 1985, Duarte logró imponerse e intentó un acercamiento a los guerrilleros para lograr algún tipo de arreglo que devolviera la paz al país. José Azcona Hoyos será el nuevo Presidente civil de Honduras.

En Guatemala, Reagan reanudó la ayuda que había sido cortada por Carter por las violaciones de derechos humanos que cometía este Gobierno.

España rompió sus relaciones diplomáticas con Guatemala tras el asalto e incendio de su Embajada (31-I-80) donde se habían refugiado campesinos indios y políticos contrarios al régimen.

La situación de violencia que vivió el país lo situó dentro de los territorios atormentados por las luchas civiles. En 1982, en unas elecciones poco claras, resultó vencedor el general Aníbal Guevara, pero un movimiento militar destituyó al presidente ejerciente, Romeo Lucas García, y se hizo con el poder, anulando los comicios (23-III-82). Poco más tarde, el general Efraín Ríos Montt disolvió la Junta y se convirtió en el Presidente. Este desarrolló una política represiva que nada solucionó. En 1983, otro golpe militar encabezado por Oscar Mejía se hace con el poder. Destituyó a Ríos Montt, al parecer por *inspiración* de Washington.

Tras 15 años de Gobiernos militares se volvió al poder civil y en enero de 1986 Vinicio Cerezo tomó posesión como Presidente, esta vez democráticamente elegido.

Un acto arbitrario de los EEUU fue el minado de las aguas nicaragüenses en los puertos de ambos océanos. Se contravino el derecho internacional y mereció la reprobación del Consejo de Seguridad que fue vetada por los propios americanos. Además de las fuerzas de la contra abastecidas y preparadas en Honduras, se preparó otro grupo en Costa Rica al mando de Edén Pastora, antes conocido como *Comandante Cero*.

C) Durante la Administración Carter, los norteamericanos revisaron su política respecto al Canal de Panamá. Por medio de dos Tratados que se firmaron en 1977 y se ratificaron por el Senado un año después con cierta reticencia, Panamá recibía el control total del Canal a partir del año 2.000 con las contrapartidas de su neutralización permanente y el derecho, igualmente permanente, por parte de los EEUU de paso para todos los barcos de guerra de los EEUU.

En Panamá, la figura más destacada fue el Presidente Omar Torrijos, que accedió al cargo en 1968 y murió víctima de un accidente de aviación en 1981.

En 1983, se formó entre México, Venezuela, Colombia y Panamá el llamado «Grupo de Contadora» para lograr la pacificación de la zona centroamericana.

La diplomacia española apoyó esta línea de acción, que en síntesis propugnaba la renuncia por parte de los EEUU a toda amenaza o uso de fuerza, la reducción de efectivos militares en la zona y la declaración por parte del Gobierno sandinista de proseguir su política respetando los derechos humanos y el sistema democrático y pluralista, además del reconocimiento de todos los Gobiernos de la zona, impulsando a todas las partes implicadas hacia un esfuerzo de diálogo y conciliación.

En este clima de continuo deterioro en las pequeñas islas del Caribe, el desembarco de unidades norteamericanas —50.000 hombres con apoyo aeronaval— en la isla de Granada el 25-X-83, simbólicamente apoyadas por tropas de algunos ejércitos de la zona, constituyó a la vez un escándalo y una advertencia.

Desde marzo de 1979, el partido de la Nueva Joya, dirigido por Mauricio Bishop, inclinó a la isla de Granada hacia la órbita cubana. Una conspiración más radical, de orígenes poco claros, derribó a Bishop, que sirvió de excusa para la intervención norteamericana.

Los americanos expulsaron a los numerosos consejeros cubanos y de países europeos del Este que estaban en Granada en calidad de asesores, que construyeron, entre otras obras, un gran aeropuerto.

La intervención de Washington en un país perteneciente a la Commonwealth despertó una ola de protestas, incluida la del Gobierno de Margaret Thatcher, pero constituyó sin duda una advertencia de la Administración Reagan para frenar la expansión cubana.

Precisamente, La Habana celebraba a principios de 1984 el 25º aniversario de la revolución y la implantación del castrismo.

Pero fue el *destronamiento* de Jean-Claude Duvalier, en Haití, el cambio más llamativo en los países del Caribe. Veintinueve años de dictadura terminaron el 7 de febrero de 1986 con la salida del país de Duvalier, después de unas azarosas jornadas de rebelión. El Consejo Nacional de Gobierno, dirigido por el general Henri Namphy, se encargó de reorganizar Haití por una vía más democrática, dentro de lo posible, en el contexto de miseria y dirigismo reinante.

12.8.2. *Brasil, Argentina, Chile, Uruguay y Paraguay*

A) Brasil continúa gobernado por un régimen militar que al menos consigue en estos primeros años setenta estabilizar la economía e iniciar un crecimiento superior a todas las previsiones, gracias al aumento de sus exportaciones. Esta buena racha se frenó con la crisis generalizada del año 1974.

El nuevo presidente João Bautista Figueiredo (1979) propuso una cierta apertura del régimen, incluyendo una amnistía para presos políticos.

Un tema sensible de la estrategia brasileña era el desarrollo nuclear. El país no había firmado el Tratado de no Proliferación Nuclear, pero sí el de Tlatelolco. EEUU se negaba a colaborar en el programa brasileño de nuclearización y el Gobierno de Brasilia se dirigió entonces a Alemania Federal.

Como Argentina —que no había firmado ninguno de los dos Tratados mencionados— también había puesto en marcha su programa nuclear, el riesgo de una cierta escalada en Sudamérica, incluyendo su posible vertiente militar, no se podía descartar del todo.

En 1985, tras veintitrés años de protagonismo de los militares en la política nacional, se dio paso, nuevamente, al poder civil.

La victoria de Tancredo Neves, candidato de la Coalición Alianza Democrática, partido de la oposición, fue el resultado de una salida pactada a los Gobiernos militares vigentes desde 1964. El cercano ejemplo de la *salida a la uruguaya* influyó en Brasil y logró una solución *controlada* que cerró el paso a partidos más revolucionarios o a hombres más de izquierda como el socialista Brizola. Neves fue elegido como hombre capaz de hacer la *transición* un poco en la vía del ejemplo español, también presente en todo el proceso democratizador latinoamericano.

El nuevo mandatario, delicado de salud, murió en abril a los cuatro meses de las elecciones, y le sucedió el presidente en funciones José Sarney.

B) Tras el derrocamiento de Isabel Martínez de Perón (24-III-76) por el Ejército, Argentina vivió otra vez un régimen militar hasta el fracaso de la aventura de la guerra de las Malvinas, que devolvió la normalidad constitucional al país en 1983.

La economía en bancarrota, la corrupción, la violencia generalizada, la acción de grupos radicales opuestos como la Triple A (Alianza Anticomunista Argentina), los *Montoneros* y el Ejército Revolucionario del Pueblo (ERP) habían creado una situación insostenible.

Pero el mandato de las sucesivas Juntas Militares, presididas por Jorge Rafael Videla, Eduardo Viola y Leopoldo Galtieri no logró enderezar una situación difícil. La represión alcanzó cotas brutales, con miles de personas desaparecidas, torturadas y asesinadas. La inflación llegó a sobrepasar el índice del 250% anual y la deuda externa aumentó en diez veces.

La «huida hacia adelante» se concretó en la «guerra de las Malvinas» (*ver* apartado 8.3.) que al terminar con la rendición de las fuerzas argentinas, en lugar de justificar y consolidar al régimen militar, contribuyó decisivamente a su caída.

En efecto, el descrédito de la Junta y la gravedad de la situación económica aconsejó a los militares la devolución del poder a los civiles tras los últimos siete años de dictadura.

Galtieri dimitió y la Junta fue reemplazada; en julio de 1982 se nombró como Presidente al general retirado Reinaldo Bignone.

En agosto, se aprobó la Ley de Pacificación Nacional, que incluía cláusulas de amnistía para los miembros de las Fuerzas Armadas, para la Policía y para las personas implicadas en la situación anterior.

En febrero de 1983, se anunciaron elecciones presidenciales que se celebraron el 30 de octubre. La Unión Cívica Radical (UCR) venció al Partido Justicialista (peronista) y Raúl Alfonsín tomó posesión de su cargo el 10-XI-83.

C) El cambio argentino repercutió en el vecino Uruguay, donde la situación política, social y económica también se había deteriorado. El Gobierno propuso imponer una Constitución sin consultar a los partidos. La oposición respondió amenazando con el boicot a las futuras elecciones. Creció la tensión política y el Gobierno habló de posponer los comicios. Regresaron algunos líderes exiliados, el candidato del Partido Blanco, Aldunate. Tras varias negociaciones el Gobierno cedió y se convocaron elecciones para restaurar la democracia. Estas se celebraron en noviembre de 1984, en las que ganó el líder del Partido Colorado Julio María Sanguinetti.

En Paraguay, sin embargo, el general Alfredo Stroessner permaneció en el poder unos años más, hasta el 3-II-89, año en que será derribado tras 34 de dictadura.

En Chile continuó la dictadura del general Augusto Pinochet, que en 1980, mediante un referéndum, logró ampliar la duración de su mandato presidencial ocho años más, aunque éste debía haber terminado en 1981. Los cambios democratizadores en este país todavía tardaron unos años en realizarse, como ya se verá.

D) El contencioso de Beagle entre Chile y Argentina fue uno de los graves conflictos que logró resolverse pacíficamente mediante la negociación y el arbitraje papal.

El 18-X-84 se firmó en el Vaticano el texto del acuerdo por el que ambos países daban por finalizado el «diferendo austral» con la fórmula de «Argentina en el Atlántico y Chile en el Pacífico» o «principio bioceánico». Chile renunciaba a la boca oriental del estrecho de Magallanes, pero conservaba en su poder las islas de Picton, Nueva y Lennox.

12.8.3. *La guerra de las Malvinas*

El 2 de abril de 1982 las fuerzas argentinas desembarcaron en las islas Malvinas o Falklands, en una operación sorpresiva y sorprendente. El archipiélago constituía una justificada reivindicación histórica para Argentina, pero nadie esperaba esta acción.

Londres pidió la reunión urgente del Consejo de Seguridad de la ONU. Rompió sus relaciones con Buenos Aires y congeló los depósitos financieros argentinos en Gran Bretaña. Se inicia así un extraño conflicto que durará 74 días, hasta la rendición de los argentinos, los días 14 y 15 de junio en la isla Soledad.

La guerra tuvo un cierto talante colonial: se planteó de modo periférico, como ajena a los propios implicados, desplegándose en los frentes diplomático, económico y militar. Tuvo un ritmo desigual, con períodos de iniciación y otros de fulminantes decisiones y en su escalada ofreció un perfecto ejemplo de desarrollo, casi matemático, de las operaciones militares. La lejanía del escenario bélico, a 12.000 km de Gran Bretaña, fue compensada por los ingleses gracias a su superioridad de medios.

El conflicto evidenció el aislamiento internacional del régimen de Buenos Aires, que no consiguió el apoyo de la OEA, ni de los países no alineados.

En lugar de conseguir un triunfo para la Junta Militar, la derrota deterioró más a los gobernantes y fue un elemento precipitador para el fin de la Dictadura. En efecto, el 10 de diciembre de 1983, Raúl Alfonsín, del Partido Radical, juraba como Presidente Constitucional, democráticamente elegido.

Las gestiones del Secretario de la ONU, Pérez de Cuéllar, los buenos oficios del Secretario de Estado norteamericano Haig y otras ofertas diplomáticas, como la del Rey de España, no lograron el acuerdo. Incluso el Papa, una vez agravado el conflicto, viajó a ambas naciones en misión de paz.

Washington, tras unos primeros intentos de conciliación, se declaró abiertamente en apoyo de su fiel aliado inglés, facilitando incluso ayuda logística.

Los Estados europeos miembros de la CEE también adoptaron medidas de tipo económico contra Buenos Aires y el hecho de haber sido Argentina el país *atacante* paralizó a la OEA.

El 5 de abril partió de las costas inglesas, en un ambiente entre folclórico y victoriano, la expedición naval, integrada por 40 buques.

Londres declaró a las aguas que rodean el archipiélago como zona de guerra hasta las 200 millas.

Con la lenta marcha de la flota y la organización del dispositivo logístico con base en Gibraltar y en la Isla de Asunción, dio la sensación de querer *dar tiempo* a una fórmula diplomática.

Sin embargo, el 25 de abril, con la ocupación británica de las islas Georgias del Sur y el hundimiento del submarino *Santa Fe*, se iniciaron las operaciones propiamente dichas.

Los encuentros son primeramente aeronavales, para concluir con las acciones de tierra. El 2 de mayo, un submarino inglés de propulsión nuclear hundió, fuera de la zona de guerra, el acorazado *Belgrano*, por cierto superviviente de Pearl Harbour. Dos días más tarde, un misil Exocet hundió el navío inglés *Sheffield*.

Se entabló así un duelo entre la aviación argentina y la marina inglesa, con pérdidas para ambos. Los británicos perdieron varias fragatas, un destructor y un transporte pesado, y se demostró la eficacia de las nuevas armas teledirigidas y la vulnerabilidad de los grandes buques de superficie.

Tras el desembarco inglés, tuvieron lugar diversos enfrentamientos terrestres en Ganso Verde, Port Darwin, Monte Kent, Fitzroy y Puerto Argentino, y se demostró también la superioridad de unidades profesionales, frente a tropas bisoñas y de recluta.

Este conflicto tuvo como efecto indirecto el empeoramiento de las relaciones de EEUU con los países latinoamericanos por el apoyo declarado de

Washington a los británicos, una actitud coherente con la estrecha vinculación norteamericana con Londres, pero que también lógicamente, no fue bien recibida por la opinión pública sudamericana.

12.8.4. *Perú, Bolivia, Ecuador, Colombia y Venezuela*

Las Repúblicas andinas ofrecen su casi endémica sucesión de regímenes militares y civiles. En Perú, un golpe de Estado derribó en 1975 al general Velasco Alvarado y lo sustituyó por el también general Francisco Morales Bermúdez. Sin embargo, en 1980 se convocaron elecciones para devolver el poder a los civiles y las ganó Belaúnde Terry, que precisamente había sido derribado doce años antes.

Los dos problemas más graves que aquejaban al Perú, eran el subdesarrollo económico y social y la actividad guerrillera de Sendero Luminoso. En 1985, el APRA ganó las elecciones. El nuevo presidente, Alan García, inició una política de centro-izquierda y en el ámbito exterior se distanciaba de Washington.

En Bolivia, Lidia Guelier Tejada, que se había convertido en 1979 en la primera mujer que accedía a la presidencia de la República, duró muy poco tiempo en el ejercicio de su cargo al ser destituida por un grupo de oficiales en 1980. El nuevo Gobierno lo encabezaba Luis García Meza, pero con Celso Torrelio como Jefe del Estado. Se acusó a este grupo de vinculaciones con el narcotráfico y en 1982 se volvió al poder civil que recayó en el veterano Siles Zuazu.

En 1981 hubo un breve conflicto entre Ecuador y Perú por rivalidades fronterizas.

En Ecuador fue elegido Presidente, democráticamente, en 1978, Jaime Roldós.

En Venezuela, al finalizar el mandato de Caldera (1973), el partido Acción Democrática volvió al poder situando como Presidente a Carlos Andrés Pérez. Pero en los siguientes comicios se impuso el partido Cristiano-Social (COPEI) encabezado por Luis Herrera Campins (1978). El país ofrecía una imagen democrática pues los ingresos provenientes del petróleo contribuían a mantener un nivel de vida socialmente estabilizador, aunque precisamente estos ingresos generaron descompensaciones en la balanza de pagos, una subida de precios y corrupción política.

En este mismo período, en Colombia, Julio César Turbay Ayala, candidato liberal, venció en las elecciones presidenciales de 1974, y fue reelegido en 1978. En los siguientes comicios, cuatro años más tarde, se impuso el candidato conservador Belisario Betancourt. El momento más grave de su mandato fue la toma por el movimiento guerrillero M-19 del palacio de Justicia, que fue liberado por los militares en un asalto que costó muchas vidas.

El país tuvo que superar también la catástrofe de Armero, ocasionada por el volcán Nevado del Ruiz, que produjo gran número de muertos y heridos.

QUINTA PARTE

LA CRISIS

PLANTEAMIENTO

La década de los ochenta termina con el espectacular derrumbamiento de los regímenes comunistas del Este europeo. El 9-XI-89 se abría emotiva y simbólicamente el muro de Berlín, que de inmediato empezaría a ser demolido y toda una época histórica, precisamente la surgida tras la derrota del III Reich, se desplomaba a la vez. Un mismo marco temporal encuadra el fin de la URSS y de todo el Bloque comunista y el relanzamiento del proceso de integración de Europa, que tiene en el tratado de Maastricht un momento crucial y verá aumentar el número de miembros de la nueva Unión hasta sumar 15 Estados.

El espacio europeo remodela su sistema de seguridad, con una OTAN que incorpora a tres antiguos estados del extinguido Pacto de Varsovia, a la vez que la guerra vuelve a ensombrecer el área balcánica con el múltiple conflicto sucesorio y secesionista de Yugoslavia.

El horizonte de paz y entendimiento que en un principio todo hacía suponer imperaría en el mundo tras el fin de la Guerra Fría y de la forzada Coexistencia, desvelará pronto graves fisuras. Hay aspectos muy positivos, como el fin del *apartheid* en Sudáfrica o los avances en las negociaciones de paz en Oriente Medio tras la conferencia de Madrid que van a culminar en los acuerdos de Washington, pero la lentitud de la puesta en vigor del proceso de paz, el resurgir de los recelos entre palestinos e israelíes y las disensiones internas pondrán en riesgo de hundimiento un plan tan laboriosamente sostenido.

La Guerra del Golfo y los conflictos en diversos países de Africa e incluso de Asia, un continente que gozaba de estabilidad y ve surgir alarmantemente focos de tensión en Indonesia, Pakistán, India, Filipinas e incluso en lejanas islas del Pacífico, además del silencio de la enigmática China ilustra que el complejo internacional está todavía muy lejos de encontrar su adecuada estructuración y mensajes conformadores de una sincera convivencia.

La dialéctica entre las tendencias centrípetas y centrífugas, mundialistas, identitarias o nacionalistas llegará a expresarse en movimientos contestatarios ante cumbres como las de Seattle, Nueva York y Praga, que cuestionan los logros de la globalización.

La búsqeda de un orden internacional más justo y el rediseño de organizaciones tan importantes como las Naciones Unidas, la Unión Europea o Mercasur entre otras, las denuncias por el deterioro ambiental, las crecientes desigualdades económicas entre los pueblos, el control de la carrera de armamentos o las demandas por conseguir un orden jurídico e incluso jurisdiccional más eficaz y universal, juntamente con los temores ante la llamada *tecnocalipsis* son los principales retos e incertidumbre ante el nuevo milenio.

BIBLIOGRAFÍA

13. EL DESPLOME DEL BLOQUE DEL ESTE

AGUILERA DE PRAT, C.R., *La crisis del Estado socialista. China y la Unión Soviética durante los años ochenta,* PPU, Barcelona 1994.
AMIN, A. y THRIFT, N., *Globalization, Institutions, and Regional Development in Europe,* Oxford University Press, 1994.
BIAGINI, A. y GUIDA, F., *Medio siglo de socialismo real,* Barcelona 1996.
BOGDAN, H., *La Historia de los Países del Este,* Madrid 1991.
BROWN, A., *The Gorbachev Factor,* Oxford 1996.
CHOMSKY, N., *El nuevo orden mundial (y el viejo),* Barcelona 1996.
CLEVELAND, M., *Nacimiento de un nuevo mundo,* Madrid 1994.
D'AGOSTINO, A., *Gorbachev's Revolution, 1985-91,* MacMillan, Londres 1998.
DAHRENDORF, R., *After 1989,* MacMillan, Londres 1997.
DALLIN, A. y GAIL, L., (comp), *The Soviet System: From Crisis to Collapse,* Boulder, Colorado 1995.
DE DIEGO GARCÍA, E., *La desintegración de Yugoslavia,* Actas, Madrid 1993.
FERON, B., *Yugoslavia, orígenes de un conflicto,* Salvat Dossier, Barcelona 1995.
FETJO, F., *Le fin des Démocraties Populaires. Les chemins du post-communisme,* París 1991.
GARTHOFF, R., *Detente and confrontation: American-Soviet Relations from Nixon to Reagan,* Washington 1994.
GLAD, B. y SMIRAEV, E., *The Russian Transformation,* MacMillan, Londres 1999.
GLENNY, M., *The Fall of Yugoslavia: The Third Balkan War,* Londres 1992.
GRACHEV, A., *Final Days: The Iuside Story of the Collapse of the Soviet Union,* Boulder, Colorado 1995.
GORBACHOV, M., *Perestroika,* Ediciones B., Barcelona 1987.
—, *Memorias* (2 vol.), Plaza-Janés, Barcelona 1996.
HAIG, A., *Caveat, Realism, Reagan and Foreign Policy,* Nueva York 1984.
HELLER, M., *El 7 Secretario. Esplendor y miseria de Mijaíl Gorbachov,* Tempestad, Barcelona 1991.
HUDSON, K., *European communism since 1989,* MacMillan, Londres 2000.

KAPLAN, R.D., *Fantasmas balcánicos,* Acento, Madrid 1994.

KEMP, W., *Nationalism and Communism in Eastern Europe and the Soviet Union,* MacMillan, Londres 1999.

LAQUEUR, W., *La Europa de nuestro tiempo,* Buenos Aires 1994.

LASKY, M.J., *Voice in a Revolution. The collapse of East German Communism,* Transaction, New Jersey 1992.

LE BRETON, J.M., *L'Europe Centrale et Orientale de 1917 à 1990,* París 1994.

LOCKWOOD, D., *The Destruction of the Soviet Union,* McMillan, Londres 2000.

MARQUINA, A., *España en la política de seguridad occidental. 1939-1986,* Ediciones del Ejército, Madrid 1986.

MARTÍ FONT, J.M., *El día que acabó el siglo XX. La caída del muro de Berlín,* Anagrama, Barcelona 1999.

MARTÍN DE LA GUARDIA, R., *Crisis y desintegración: el final de la Unión Soviética,* Ariel, Barcelona 1999.

MERKL, P.H., *The Federal Republic of Germany at Fifty. At the End a Century of Turmoil.* MacMillan, Londres 1999.

MLYN, E., *The state, society and limited nuclear war,* State University of New York Press, Nueva York 1995.

MONTAGNI, G., *Effetto Gorbaciov: La politica internazionale degli anni ottanta. Storia di quatro vertici da Ginevra a Mosca,* Bari 1989.

PEÑAS ESTEBAN, F.J., *Occidentalización, fin de la Guerra Fría y Relaciones Internacionales,* Alianza, Madrid 1997.

REMNICK, D., *Lenin's Tomb: The Last Days of the Soviet Empire,* Londres 1993.

RIGBY, T.H., *The Changing Soviet System: Mono-Organizational Socialism form its Origins to Gorbachev's Restructuring,* Aldershoto 1990.

RIZOPOULOS (ed), *Sea-Changes, American Foreign Policy in a World transformed,* Council on Foreign Relations, Nueva York 1990.

RO'I, Y., *Islam in the Soviet Union. From the Second World War to Perestroika,* Hurst, Londres 2000.

ROSENFELDT, N.E. y otros, *Mechanism of Power in the Soviet Union,* MacMillan, Londres 2000.

SCHIERUP, C.U., *Scramble for the Balkans,* MacMillan, Londres 1998.

SHEEHY, G., *The Man Who Changed the World,* Perennial Lib., Nueva York 1990.

SHEPHERD, R., *Czechoslovakia,* MacMillan, Londres 2000.

SINGER, M. y WILDAUSKY, A., *The Real World Order. Zones of Peace / Zones of Turmoil,* Chatham House, Nueva Jersey 1993.

SMITH, K., *The Making of EU Foreign Policy. The Case of Eastern Europe, 1988-95.*

SUNY, R.G., *The Revenge of the Past: Nationalism, Revolution, and the Collapse of the Soviet Union,* Stanford, California 1993.

TAIBO, C., *La disolución de la URSS. Una Introducción a la crisis terminal del sistema soviético,* Ronsel, Barcelona 1994.

TARAS, R. (ed), *National identities and Ethnic Minorities in Eastern Europe,* MacMillan, Londres 1998.

TOURAINE, A., *América Latina, política y sociedad,* Espasa-Calpe, Madrid 1989.

VV.AA., *Hacia un nuevo orden internacional y europeo. Estudios en homenaje al profesor Don Manuel Díez de Velasco,* Tecnos, Madrid 1993.

WILLIAMS, H. y otros, *Political Thought and German Reunification,* MacMillan, Londres 1999.

ZELIKOW, P. y CONDOLEZZA, R., *Germany Unified and Europe Transformed: a Study in Statecraft,* Cambridge Mass, 1995.

14. LA POSTGUERRA FRÍA

ABELLAN, J.L., *El reto Europeo: Identidades culturales en el cambio de siglo,* Trotta, Madrid 1994.

AKBAR, S.A. y DONNAN, H., *Islam, Globalization and Postmodermty,* Routledge, Londres 1994.

ALLAN, P. y GOLDMAN, K., *The End of the Cold War. Evaluating Theories of International Relations,* Martinus Nijhoff, Dordrecht 1992.

AMIN, A. y THRIFT, N (eds), *Globalization, Institutions and Regional Development in Europe,* Oxford University Press, Oxford 1994.

ARENAL, C. DEL y NAJERA, A., *España e Iberoamérica. De la Hispanidad a la Comunidad Iberoamericana de Naciones,* CEDEAL, Madrid 1990.

ASH, R. y otros, *Hong Kong in transition,* MacMillan, Londres 2000.

AVILLEZ, M.J., *Mario Soares. Dictadura y Revolución,* Barcelona 1996.

BADELL, P. y otros, *Las tramas secretas de la Guerra del Golfo,* Barcelona 1990.

BARHASH, S., *The Reign of Ayatollahs,* Nueva York 1985.

BAUDRILLARD, J., *La Guerra del Golfo no ha tenido lugar,* Anagrama, Barcelona 1991.

BAYART, F., *The State in Africa: The Politics of the Billy,* Londres 1993.

BEINART, W., *Twentiethe Century South Africa,* Oxford 1994.

BERGER, M. y BORER, D., *The Rise of East Asia,* Rotledge, Londres 1997.

BORTHWICK, M., *Pacific Century. The Emergence of Modern Pacific Asia,* Westview Press, Oxford 1998.

BRASS, P.R., *The Politics of India since Independence,* Cambridge 1990.

BREMNER, I. y TARAS, R., *New States, New Politics: Building the Post-Soviet Nations,* Cambridge 1997.

BRITTAN, L., *Europe. The Europe we need,* Hamilton, Londres 1994.

BUSTELO, P. y FERNÁNDEZ LOMMEN, Y., *La economía china ante el siglo XXI. Veinte años de reforma,* Síntesis, Madrid 1996.

BUZAN, B., *People, States and Fear. An Agenda for Security Studies in the Post-Cold War Eva,* Harvester Wheastheaf, Londres 1991.

BUZAN, B. y otros, *The European Security Order Recast: Scenarios for the Post Cold War Era,* Pinter, Londres 1990.

CHABAL, P., *Power in Africa: An Essay in Political Interpretation,* Londres 1992.

CLEVELAND, H., *Nacimiento de un nuevo mundo,* El País/Aguilar, Madrid 1994.

COLOMER, J.M. (dir), *La política en Europa: introducción a las instituciones de quince países,* Ariel, Barcelona 1995.

COLTON, T. y TUCKER, R., *Patterns in Post-Soviet Leadership,* Boulder, Colorado 1995.

CORTÉS LÓPEZ, J.L., *Historia contemporánea de África: de Nkrumah a Mandela,* Madrid 1995.

DAHRENDORF, R., *Reflexiones sobre la revolución en Europa,* Barcelona 1990.

DAVEN PORT, T.R.H. y SAUNDERS, Ch., *South Africa. A Modern History,* MacMillan, Londres 2000 (5ª ed).
DENG XIAOPING, *Select Works of Deng Xiaoping (1975-1984),* Pekín 1984.
DOBSON, C. y PAYNE, R., *War without End,* Londres 1986.
DOREY, P., *The Mayor Premiership,* MacMillan, Londres 1999.
FALCOFF, M., *Modern Chile,* Transaction, Nueva Jersey 1989.
FANJUL, E., *Revolución en la revolución. China, del maoísmo a la era de la reforma,* Alianza, Madrid 1994.
GARCÍA-MARGALLO, J.M. y MÉNDEZ DE VIGO, I., *La apuesta europea: De la moneda a la Unión Política,* Biblioteca Nueva, Madrid 1999.
GARTHOFF, R., *The Great Transition: American Soviet Relations and the End of the Cold War,* Washington 1994.
GIBNEY, F., *The Pacific Century,* Nueva York 1992.
GUAZZONE, L. (ed), *The Islamist dilemma. The political role of Islamist movements in the contemporary Arab World,* Ithaca Press, Reading, 1995.
HABERMAS, J., *Identidades nacionales y postnacionales,* Tecnos, Madrid 1994.
HARRIS, N., *The End of the Third World,* Londres 1986.
HELLER, A. y FEHÉR, F., *El péndulo de la modernidad. Una lectura de la era moderna después de la caída del comunismo,* Península, Barcelona 1994.
HILL, D.M. y HERRNSON, P.S., *The Clinton Presidency. The First term 1992-96,* MacMillan, Londres 1909.
IRAZABAL, J.A., *Norte y Sur, unidos pero enfrentados. Problemas actuales del Tercer Mundo,* Mensajes, Bilbao 1993.
JALAL, A., *Democracy and Authoritarianism in South Asia. A Comparative Historical Perspective,* Cambridge 1995.
JOSEPH, J.S., *Cyprus: Ethnic Conflict and International Politics,* MacMillan, Londres 1999 (2ª ed).
KIM, Y., *The Southeast Asian Economic Miracle,* Transaction, New Jersey 1998.
KOSTECKI, W. y otros, *Transformation of Post-Communist States,* MacMillan, Londres 1999.
KRAMER, M., *Arab Awakening and Islamic Revival,* Transaction, Nueva Jersey 1996.
LA COUTURE, *Mitterrand. Une histoire de francais,* París 1998.
LASTER, M.L., *The New Pacific Community,* Westview Press, Boulder 1996.
LEIFER, M., *Dictionary of Modern Politics in Southeast Asia,* Londres 1995.
LEVEAU, R., *Le sable et le tourban: L'Avenir du Mahgreb,* París 1993.
LIPSET, S.M., *La sociedad postindustrial,* Fraterna, Buenos Aires 1983.
LUNDESTAD, G.y WESTAD, O.A. (ed), *Beyond the Cold War: New Dimensions in International Relations,* Scandinavian University Press, Oslo 1993.
MARTÍN MUÑOZ, G., *El Estado árabe. Crisis de legitimidad y contestación islamista,* Bellaterra, Barcelona 1999.
MARTÍN DE LA GUARDIA, R. y PÉREZ SÁNCHEZ, G., *El mundo en transformación: de la confrontación Este-Oeste a la nueva realidad Norte-Sur,* Akal, Madrid 1997.
MERVIN, D., *George Bush and the Guardianship Presidency,* MacMillan, Londres 1998 (2ª ed).
MESA, R., *Palestina y la paz en Oriente Medio,* Madrid 1994.
MOSHER, S.W., *The United States and the Republic of China,* Transaction, New Jersey 1999.
NAISBITT, J., y ABURDENE, P., *Megatrends 2000. Las grandes tendencias para la década de los 90,* Plaza y Janés, Barcelona 1990.

NATHAN, J. y OLIVER, J.K., *Efectos de la política exterior norteamericana en el orden mundial*, Grupo Editor Latinoamericano, Buenos Aires 1991.
NELSEN, B.F. y STUBB, A., *The European Union*, MacMilan, Londres 1998.
O'BALLANCE, E., *Civil War in Lebanon 1975-92*, MacMilan, Londres 1998.
O'NEILL, M., *The Politics of European Integration*, Routledge, Nueva York 1996.
PINKNEY, R., *Democracy in the Third World*, Lynne Rienne, Londres 1994.
RAHMAN, H., *The Making of the Gulf War*, Ithaca Press, 1997.
REYNA, J.L. (comp), *América Latina a fines de siglo*, FCE, México 1995.
ROSENAU, J.N., *Turbulence in World Politics. A theory of Change and Continuity*, Harvester Wheatsheaf, Londres 1990.
SARTORI, G., *La democracia después del comunismo*, Alianza, Madrid 1993.
SMILL, V., *China's Environmental Crisis: An Enquiry into the Limits of National Development*, Armonk, Nueva York 1993.
SNOW, D.M., *The Shape of the Future. The Post-Cold War World*, M.E. Sharpe, Nueva York 1999.
STUBBS, R. y UNDERHILL, G. (edit), *Political Economy and the Changing Global Order*, MacMillan, Londres 1994.
VV.AA., *El orden mundial tras la crisis de la Guerra del Golfo*, Alicante 1993.
—, *América Latina. De la marginalidad a la inserción internacional*, CIPIE, Santiago de Chile 1993.
—, *Politics in Western Europe*, MacMillan, Londres 1998.
—, *Veinte claves para la nueva era*, Rialp, Madrid 1992.
VASSILIEV, A., *Russian Policy in the Middle East*, Ithaca Press 1993.
VUSKOVIC, P. (coord), *América Latina hoy*, Siglo XXI, México 1990.
VOGEL, E., *The Four Little Dragons*, Cambridge Mass, 1991.
WEILER, J.M., *Europa fin de siglo*, C.E.C., Madrid 1995.
WYDRA, M., *Continuities un Poland's Permanent Transition*, MacMillan, Londres 2000.

15. AGITADO FIN DE SIGLO

ALDRED, K. y SMITH, M.A., *Superpowers in the post-cold war era*, MacMillan, Londres-Nueva York 1999.
ALEXSEEV, M.A., *Center-Periphery Conflict in Post-Soviet Russia*, MacMillan, Londres 1999.
ALONSO ZALDIVAR, C., *Variaciones sobre un mundo en cambio*, Alianza, Madrid 1996.
ALLENSWORTH, W., *The Russian Question*, Rowman and Littlefield, Maryland 1998.
ARTEAGA, F., *La identidad europea de seguridad y defensa. El pilar estratégico de la Unión*, Política Exterior-Biblioteca Nueva, Madrid 1999.
ATTALI, J., *Europá(s)*, Seix-Barral, Barcelona 1994.
BAEHR, P.R. y GORDENKER, L., *The United Nations at the End of the 1990s*, MacMillan, Londres 1999.
BARBÉ, E., *La política europea de España*, Ariel, Barcelona 1999.
BÖGH SÖRENSEN, L. y ELIASON, L.C. (eds), *Foward to the past? Continuity and change in political development in Hungary, Austria, and the Czech and Slovak Republic*, Aarhus University Press, Aarhus 1997.

BLAS, A. de, *Nacionalismos y naciones en Europa,* Alianza Universidad, Madrid 1994.
BREMNER, J. y RAY, T. (comps), *New States, New Politics: Building the Post-Soviet Nations,* Cambridge 1997.
BUGNON-MORDANT, M., *Sauver L'Europe,* Editions L'âge d'homme, Lausanne 2000.
BURWELL, F. y DAALDER. I., *The United States and Europa in the Global Arena,* MacMillan, Londres 1999.
CARACUEL RAYA, M.A., *Los cambios de la OTAN tras el fin de la guerra fría,* Tecnos, Madrid 1997.
CORDELL, K., *The Politics of Ethnicity in Central Europe,* MacMillan, Londres 2000.
CZEMPIEL, E.O. y ROSENAU, J., *Global Changes and Theoretical Challenges. Approaches to World Politics for the 1990s,* Lexington Books, Lexington 1989.
DORAN, Ch.F., *Systems in Crisis. New Imperatives of High Politics at Century's End,* Cambridge University Press, Cambridge 1991.
DORN, W., *World Order for a New Millenium,* MacMillan, Londres 1999.
DURAN, M.F. y VASCONCELOS, A. (eds), *La PESC. Ouvrir L'Europe au monde,* Presses de Sciences Po., París 1998.
FERNÁNDEZ DE CASADEVANTE, C., *La cooperación tranfronteriza en el Pirineo: su gestión por las Comunidades Autónomas,* IVAP, Oñate 1990.
FERNÁNDEZ LIESA, C., *Las bases de la Política Exterior Europea,* Tecnos, Madrid 1994.
FERRY, E. y KANET, R., *Post-Communist States in World Community,* MacMillan, Londres 1998.
FISAS, V., *El desafío de Naciones Unidas ante el mundo en crisis,* Icaria, Barcelona 1994.
FOWKES, B., *The Post-Communist Era. Change and Continuity in Eastern Europe,* MacMillan, Londres 1999.
FRY, G. y O'HAGAN, J., *Contending Images of World Politics,* MacMillan, Hampshire 2000.
GIDDENS, A., *Consecuencias de la modernidad,* Alianza, Madrid 1997.
GILLESPIE, R., *Spain and the Mediterranean,* MacMillan, Londres 1999.
GURRUCHAGA, I., *El modelo irlandés. Historia secreta de un proceso de paz,* Península, Barcelona 1998.
HEYWOOD, P., *The Government and Politics of Spain,* MacMillan, Londres 1995.
HILL, Ch. (ed), *The Changing Context of European Foreign Policy,* Routledge, Londres 2000.
HIX, S., *The Political System of the European Union,* MacMillan, Londres 1999.
HOFFMANN, S., *World Disordens. Troubled Peace in the Post-Cold War Era,* Ruwman and Littlefield, Maryland 2000.
HOLBROOKE, R., *Para acabar una guerra,* Biblioteca Nueva, Madrid 1999.
HUNTINGTON, S.P., *La tercera ola. La democraticación a finales del siglo XX,* Barcelona 1994.
HYLAND, W.G., *Clinton's World,* Praeger, Londres 1999.
KALYUZHNOVA, Y. y LYNCH, D., *The Euro-Assian World. A period of Transition,* MacMillan, Londres 2000.
KENNEDY, P., *Hacia el siglo XXI,* Plaza-Janés, Barcelona 1995.
KHADER, B. (ed), *L'Europe et la Méditerranée. Géopolitique de la proximité,* L'Harmattan-Academia, París 1994.
LAIDI, Z., *Un mundo privado de sentido,* Fayard, París 1994.

LIEVEN, A., *The Baltic Revolution: Estonia, Latvia, Lithuania and the Path to Independence,* New Haven y Londres 1993.
LWDE PANIGUA, W. (dir), *Los retos de la unión Europea ante el siglo XXI.* UNED, Madrid 1997.
LINDEN, C., *Russia and China on the Eve of a New Millenium,* Transaction, New Jersey 1996.
LUENGO, F., *La economía de los países del Este,* Síntesis, Madrid 1999.
MANGAS MARÍN, A. y LIÑAN NOGUERAS, D., *Instituciones y Derecho comunitario,* McGraw-Hill, Madrid 1996.
MARIÑO, F. (Dir), *Acción exterior europea y comunidad internacional,* Univiversidad Carlos III / BOE, Madrid 1998.
MEIER, V., *Yugoslavia: A History of its Demise,* Routledge, Londres 1999.
MERINERO, A.J., *Incertidumbres en el siglo XXI. Una mirada política,* Universidad de Extremadura, Cáceres 1998.
MORATA, F., *La Unión Europea. Procesos, actores y políticas,* Ariel, Barcelona 1998.
MOREAU, P., *Les relations internationales dans le monde d'aujourd'hui. Entre globalisation et fragmentation,* París 1992.
MORENO JUSTE, A., *España y el proceso de construcción europea,* Ariel, Barcelona 1998.
NOLTE, E., *Después del comunismo,* Barcelona 1995.
PETTIFER, J., *The New Macedonian Question,* MacMillan, Londres 1999.
PFIFFNER, G., *The Modern Providency,* MacMillan, Londres 2000.
PRAKASH, A. y HART, J.A., *Globalization and Governance,* Routledge, Londres 1999.
PRESTON, Ch., *The Enlargement and Integration of the European Union.* Routledge, Londres 1997.
RACIONERO, L., *El Progreso Decadente,* Espasa, Madrid 2000.
REMIRO, A., *Civilizados, bárbaros y salvajes en el nuevo orden internacional,* McGraw Hill, Madrid 1996.
READING, B., *The fourth Reich,* Weidenfeld, Londres 1995.
ROBINSON, N., *Institutions and Political Change in Russia,* MacMillan, Londres 2000.
ROY, O., *La nueva Asia Central o la fabricación de naciones,* Sequitur, Madrid 1999.
SAKAMOTO, Y. (ed), *Global Transformation: Challenges to the State System,* United Nations University Press, Tokio 1994.
SAKWA, R. (ed), *Contemporary Europe,* MacMillan, Londres 2000.
SKIDELSKY, R., *El mundo después del comunismo,* Ariel, Barcelona 1995.
SILBER, L. y LITLE, A., *The death of Yugoslavia,* Penguin Books, Londres 1995.
SLOMP, H., *European Politics into the Twenty-first Century,* Praeger, Londres 2000.
STACK, J.F. y HEBRON, L. (ed), *The Ethnic Entanglement. Conflict and Intervention in World Politics,* Praeger, Londres 1999.
TAIBO, C., *La Rusia de Yeltsin,* Síntesis, Madrid 1995.
—, *Miseria de las grandes potencias. Nuevo desorden, intervencionismo humanitario globalizado,* Libertarias, Madrid 1999.
—, *Para entender el conflicto de Kosovo,* Libros de la Catarata, Madrid 1999.
THOMAS, R., *Kosovo, Serbia and the West. NATO's Balkan War.* Hurst. Co., Londres 2000.
TOMASSINI, L. y otros, *La política internacional en un mundo postmoderno,* Grupo Editorial Latinoamericano, Buenos Aires 1991.
ULLMAN, R.M., *The World and Yugoslavia's Wars,* Nueva York 1996.
VEIGA, F., *La trampa balcánica,* Grijalbo, Barcelona 1995.

WAEVER, y otros, *Identity, Migration and the New Security Agenda in Europe,* Pinter, Londres 1993.
WALLERSTEIN, I., *El futuro de la civilización capitalista,* Icaria, Barcelona 1999.
WESTLAKE, M. (dir), *L'Union Européenne au-delá d'Amsterdam,* Press Interuniversitaires, Bruselas 1998.

16. ALFA Y OMEGA

AL-DEKHAYEL, A., *Kuwait: Oil State and Political Legitimation,* Ithaca Press, 1999.
ÁLVAREZ-OSORIO, I., *El proceso de paz en Oriente Medio. Historia de un desencuentro,* AECI, Madrid 1999.
ANDERSON, K. y BLACKHURST, R. (eds), *Regional Integration and the Global Trading System,* Harvester-Wheatsheaf, Londres 1993.
ATKINS, G.P., *Latin America and the Caribbean in the International System,* Westview Press, Oxford 1998 (4.ª ed.).
AYITTEX, G., *Africa in Chaos,* MacMillan, Londres 1999.
BALTA, P., *El gran Magreb. Desde su independencia hasta el año 2000,* Siglo XXI, Madrid 1999.
BARNIER, H., *Argelia, una transición violenta,* Informe CIP, Madrid 1996.
BASTENIER, M.A., *La guerra de siempre. Pasado, presente y futuro del conflicto árabe-israelí,* Península, Barcelona 1999.
BENEWICK, R. y WINGROVE, P., *China in the 1990s.*
BOTIVEAU, B., *L'État Palestinien,* Mayenne 1999.
BUCKLEY, R., *Japan Today,* Cambridge University Press, 1999 (3.ª ed.).
CASTLES, S., *The Age of Migration. International Population Movements in the Modern World,* MacMillan, Londres 1998.
CHAZAN, N. y otros, *Politics and Society in Contemporary Africa,* Lynne Rienne, Londres 1999 (3.ª ed.).
COPPER, J.F., *Taiwan. Nation-State or Province?,* Westview Press, Oxford 1999 (3.ª ed.).
CROISSANT, M.P. (ed), *Oil and Geopolitics in the Caspian Sea region,* Praeger, Londres 2000.
CURTIS, G.L., *The Logic of Japanese politics. Leaders, institutions and the limits of change,* Columbia University Press, Nueva York 1999.
DENT, D.W., *The Legacy of the Monroe Doctrine,* Greenwood Press, 1999.
DEOL, H., *Religion and Nationalism in India,* Routledge, Londres 2000.
DESCHAMPS, A., *Somalie 1993: première offensive humanitaire,* L'Harmattan, París 2000.
EKSTEROWICZ, A. (ed), *The Post-Cold War Presidency,* Rowman and Littlefield, Maryland 1999.
GONZÁLEZ, A. y NORWINE, J., *The New Third World,* Westview Press, Oxford 1998 (2.ª ed.).
GOODMAN, R. y otros, *The East Asian Welfare Moder,* Routledge, Londres 1998.
HANLON, D.L. y WHITE, G.H., *Voyaging Through the Contemporary Pacific,* Rowman and Littlefield, Maryland 2000.
HARBESON, J.W. y ROTHCHILD, D., *Africa in World Politics. Post-Cold War Challenges,* Westview Press, Oxford 1999.
HOOGVELT, A., *Globalization and the Postcolonial World,* MacMillan, Londres 2000.
HUNG-MAO TIEN y YUN-HAN-CHU, *China Under Jiang Zemin,* Lynne Rienne, Londres 1999.

JUDT, T., *A grand illusion? An essay on Europe,* Hill and Wang, Nueva York 1996.
KAUFMAN PURCELL, S. y RUBIO, L., *Mexico under Zedillo,* Lynne Rienne, Londres 1998.
KAUFMAN, S. y ROETT, R., *Brazil under Cardoso,* Lynne Rienne, Londres 1997.
KHOSROKHAVAR, F. y ROY, O., *Irán de la revolución a la reforma,* Bellaterra, Barcelona 2000.
KIM, S.S., *China and the World. Chinese Foreign Policy Faces the New Millenium,* Westview Press, Oxford 1998.
KLINGHOFFER, A.J., *The International Dimension of Genocide in Rwanda,* MacMillan, Londres 1998.
KOSTINER, J., *Middle East Monarchies: The Challenge of Modernity,* Lynne Rienne, Londres 2000.
LA ROSA, M.J. y MORA, F., *Neighborly adversaries. Readings in U.S. Latin American Relations,* Rowman and Littlefield, Maryland 1999.
LEIFER, M. (ed), *Asian Nationalism,* Routledge, Londres 2000.
LOCHERY, N., *The Difficult Road to Peace,* Ithaca Press, 1999.
MAGYAR, K.P., *United States Interests and Policies in Africa,* MacMillan, Londres 2000.
MALLAT, Ch., *The Middle East into the Twenty-First Century,* Ithaca Press 1997.
MAMDANI, M., Citizen an subject: *Contemporary Africa and the Legacy of Late Colonialism,* Londres 1996.
MOHAMED SALIM, P. y MARKAKIS, J., *Ethnicity and the State in Eastern Africa Transaction,* Nueva Jersey 1998.
MOUSSALLI, A.S., *Islamic Fundamentalism. Myths and Realities,* Ithaca Press 1999.
NEHER, C.D., *Southeast Asia in the New Internacional Era,* Westview Press, Oxford 1999 (3.ª ed.).
O'BALLANCE, E., *The Congo-Zaire Experience 1960-98,* MacMillan, Londres 1999.
PAPPE, I. (ed), *The Israel / Palestine Question,* Routledge, Londres 1999.
REYCHLER, L. y otros, *Le défi de la paix au Burundi: théorie et pratique,* L'Harmattan, París 2000.
RÍOS, X., *China ¿Superpotencia del Siglo XXI?,* Icaria, Barcelona 1997.
ROETT, R., *Mercosur: Regional Integration, World Markets,* Lynne Rienne, Londres 1999.
ROY, D., *China's Foreign Relations,* MacMillan, Londres 1998.
SAFAR, I., *L'ordre mondial et le monde arabe au tournant du millénaire,* Pubisud, París 1999.
SAINT MAURICE, T., *Sahara occidental, 1991-1999: L'enjeu du référendum d'autodétermination,* L'Harmattan, París 2000.
SALVATORE, A., *Islam and the Political Discourse of Modernity,* Ithaca Press, 1999.
SINGH, B., *Succession Politics in Indonesia,* MacMillan, Londres 1999.
SUCHLICKI, J., *México,* Transaction, New Jersey 2000.
TIBI, B., *Conflict and War in the Middle East,* MacMillan, Londres 1998 (2.ª ed.).
TORDOFF, W., *Government and Politics in Africa,* MacMillan, Londres 1997 (3.ª ed.).
TSANG, S. y HUNG-MAO TIEN, *Democratisation in Taiwan,* MacMillan, Londres 1999.
VV.AA., *Politics and Society in Contemporary Africa,* MacMillan, Londres 1999 (3.ª ed.).
—, *The Balance of Power in South Asia. The Emirates Center for Strategic Studies and Research,* Ithaca Press 1999.
—, *Conflicts en Afrique. Analyse des crises et pistes pour une prévention,* GRIP, Bruselas 1997.
—, *Asia. Escenario de los desequilibrados mundiales,* Zaragoza 2000.

VILANOVA, P., *Jerusalén. El proceso de paz en Oriente Medio,* Icaria / CIDOB, Barcelona 1999.

WAHAN PARK, T., *The U.S. and the Two Koreas: A New Triangle,* Lynne Rienne, Londres 1998.

WALDMAN, P. y REINARES, F., *Sociedades en guerra civil. Conflictos violentos de Europa y América Latina,* Paidós, Barcelona 1999.

WRIGHT, S. (ed), *Africa Foreign Policies,* Wetview Press, Oxford 1998.

Capítulo XIII
EL DESPLOME DEL BLOQUE DEL ESTE

13.1. Estructura y proceso

Ningún estadista había sido capaz de prever la amplitud, la intensidad y la rapidez del cambio histórico que iba a tener lugar. Los acontecimientos, acelerados tras el afianzamiento de la *perestroika* en la URSS, se precipitaron de tal suerte que resulta difícil encontrar un parangón para semejante metamorfosis.

Se escribió en la prensa que el comunismo había caído en Polonia en diez años, en Hungría en diez semanas, en la República Alemana en diez días y en Rumanía en un día...

El rediseño del mapa europeo, con la cuestión alemana en su centro, el replanteamiento de las relaciones Este-Oeste, por el fin de la guerra fría, y la construcción de nuevos sistemas en la ex-URSS y en todos los países que fueron Repúblicas Populares son los temas claves que lega este período.

En el breve espacio de tiempo que va desde 1985 a 1994 se produce una serie de veloces acontecimientos que van a dar un nuevo giro a este fin de siglo.

La sacudida que experimenta la Unión Soviética, por ejemplo, no es únicamente de orden estructural, afecta a todos los campos: al sistema político, al económico, al social, al militar, al cultural. El tipo de mutación que comienza es, por lo tanto, multiforme e intervinculada.

El calado de los retos, carencias, necesidades, alternativas, propuestas, riesgos y soluciones que se entremezclan es ingente. Y además, ocurre en un tejido social desequilibrado, sin tradición democrática, con escaso espíritu emprendedor, falto de capitales y con unas infraestructuras deficientes, entre otros rasgos de esta simultánea transición política del autoritarismo a la democracia y del socialismo al capitalismo.

LA CRISIS

La transformación del Este cogió a Europa Occidental con el pie cambiado, enfrentándose al reto del Mercado Único entre los recelos de los *europesimistas* y el empuje de los *europtimistas*.

Los aspectos más relevantes de este proceso pueden resumirse así:

1. Llegada de Gorbachov al poder en la URSS y puesta en práctica de su política de reformas o *perestroika*.

2. Renovación de dirigentes y estrategias políticas en algunos países del Bloque del Este siguiendo el ejemplo ruso.

3. Reformas en la URSS y reformas en la Repúblicas Populares que empiezan a poner en cuestión todo el sistema.

4. Cambian las relaciones Este-Oeste. La nueva política exterior soviética crea un clima de entendimiento con Occidente.

5. Las Repúblicas Populares dejan de ser comunistas.

6. Fin de la RDA y reunificación alemana.

7. Las reformas soviéticas encuentran serias dificultades políticas y económicas. Reaparición de los nacionalismos en la URSS.

8. Golpe de Estado del 19 de agosto en Moscú que resulta fallido. Y última etapa de Gorbachov en el poder y fin de la URSS. Nace la CEI.

9. Guerra en Yugoslavia.

10. Repercusiones de todos estos cambios en Europa Occidental.

11. Guerra del Golfo y principio de una nueva situación en Oriente Medio. Conferencia de Paz de Madrid.

12. Transformación en otras zonas del mundo, en parte por influencia del derrumbamiento del Bloque del Este.

El último tercio de los años ochenta fue un período de diálogo y distensión, de acuerdos internacionales, negociaciones de paz y encuentros amigables, lográndose también avances en el terreno de las libertades y los derechos humanos.

Este período coincide con un proceso paralelo de avances en el campo tecnológico y científico que además inciden directamente en la actividad económica, la cultura y los usos sociales. Todo un horizonte nuevo que señala el paso de la *sociedad industrial* a la *sociedad de la información*.

13.1.1. *Variables*

A) *Espacio geográfico y estructura social*

La *desaparición* de la URSS afecta al espacio geopolítico, con amplias consecuencias en su propio ámbito y en el de su zona de influencia, pero además, altera las relaciones Este-Oeste y las Norte-Sur y temas tan radicales como el desarme, las Naciones Unidas o el equilibrio mundial y regional.

La primera consecuencia es precisamente el surgimiento de la CEI, alteración radical del espacio controlado desde el Kremlin como *territorio nacional.*

La otra gran transformación en Europa Central ha sido la unificación/reunificación germana, culminada el 3 de octubre de 1990, en un plazo fulgurante.

La tercera modificación: el fin del Bloque del Este con la transformación de las Repúblicas Populares en democracias ordinarias.

En el ámbito europeo comunitario, Maastricht supondrá la culminación del gran espacio económico sin fronteras con la introducción de una moneda única y un Banco Central Europeo y la progresión en el terreno de la integración política, dándose más poder y eficacia al Parlamento, más cooperación en las políticas de exterior y de defensa, es decir, una presencia internacional más compacta, más acercamiento al ciudadano con reformas tendentes a implantar la ciudadanía europea y más solidaridad con los fondos de cohesión económica y social.

En los países más desarrollados, la sociedad posindustrial genera altas tasas de paro y fomenta unos hábitos sociales distintos con mayor tiempo de ocio. Incluso comienza a hablarse de otras modalidades de empleo parcial y más personalizado que puede realizarse desde los domicilios particulares interconectados por las redes de la telemática con los centros de trabajo.

La misma concepción y utilización del factor espacial y del factor temporal está siendo profundamente alterada por la acción tecnológica de la nueva sociedad de la información. Este fenómeno se detecta especialmente en la estrategia militar, la economía, la tecnología, la cultura y la ciencia.

Si el armamento nuclear fue «un nivelador de la geografía» en su momento, el espacio económico ha quedado igualmente pulverizado. Como señala W.B. Winston: «El mercado financiero internacional no volverá a sus viejas fronteras nacionales. Las líneas de los mapas, causa tradicional de las guerras, son ahora porosas. Dinero e ideas cruzan fronteras de una forma y a una *velocidad* antes nunca vistas. Los mercados ya no son ubicaciones geográficas, sino datos en una pantalla, que son transmitidos desde cualquier parte del mundo».

B) *Tiempo histórico y universo cultural*

En el tiempo hay una llamativa *aceleración* de la historia y en el orden *de los mensajes,* tan importante como la crisis del marxismo y del sistema comunista.

El derrumbe del imperio soviético devuelve a Europa, especialmente a la Europa Central y Oriental, a los problemas de la primera posguerra. Hundido el orden bipolar de Yalta, aflora el olvidado *desorden* creado por los tratados de paz de Versalles y Trianón.

El mundo islámico y más concretamente el conjunto árabe ve como alternativa al influjo soviético la potenciación del fundamentalismo, que es, en parte, un modo de respuesta al ateísmo marxista en descrédito y el cariz de corrupción que todo el pro-occidental suscita. Como ya ocurrió en el Egipto nasserista, al enfrentamiento entre islamismo radical y sectores *progresistas,* modernizadores a la europea o izquierdistas, se da en otros países, especialmente en Argelia.

Si la guerra fría ha terminado, las relaciones Este-Oeste tienen que enfocarse como otra situación distinta, sin el lastre de la rivalidad ideológica.

El modo de ser y de actuar de Washington se modifica. Para los EEUU se trata, como ha dicho Roy, de la desaparición de su *alter ego*. Se ha perdido el obligado centro de referencia al Kremlin y al comunismo. «Bush no llora la muerte de un enemigo sino la desaparición de un compañero de elenco de un drama representado sobre unas tablas planetarias». El comunismo era ya casi un componente, por opuesto, del americanismo.

Se ha arriado la bandera roja con la hoz y el martillo, pero el marxismo sigue inspirando aún varios regímenes en el mundo y conserva influencia en partidos, grupos sociales y círculos intelectuales. Tampoco han desaparecido muchas de las desigualdades, injusticias y explotaciones que propiciaron y seguirán generando la protesta revolucionaria.

En lo ideológico es clave que el poscomunismo avive las corrientes democráticas y supere los riesgos populistas y autoritarios, que también los hay.

Debajo de este rompecabezas chocan fuerzas integradoras y desintegradoras: nacionalismos y fundamentalismos encrespados, intereses hegemónicos rivales, crisis económicas y derrumbes éticos e ideológicos, además de un problema nuevo: la emigración y los brotes de xenofobia. Surgen nuevos miedos y nuevas utopías.

Los estados están siendo desbordados como estructuras suficientes en esta hora de soberanías y sociedades atravesadas por ideas, valores e intereses más acordes con la nueva época transnacional y de la *macroinformación* que está emergiendo.

Se habla del fin de las ideologías y del fin de la modernidad, cobrando el horizonte del pensamiento un cierto estilo agónico.

Vaclav Havel llega a escribir que «en su sentido más profundo, el fin del comunismo ha puesto fin a una importante era de la historia humana. Ha puesto fin no sólo a los siglos XIX y XX, sino a la totalidad de la Edad Moderna».

C) *Seguridad nacional y necesidades colectivas*

— El fin de la división de Europa en dos bandos antagónicos ha sido la gran consecuencia del cambio de situación, pero el hecho ya se había confirmado en octubre de 1990, con la reunión en París de 34 Jefes de Estado y de Gobierno de la Conferencia sobre la Seguridad y la Cooperación en Europa (CSCE). Poco antes, los 22 Estados miembros de la OTAN y del Pacto de Varsovia firmaron un acuerdo de desarme convencional. Esta última organización militar dejaría de existir el 25 de febrero de 1991 tras una reunión de trámite en Budapest.

Pero los gastos en armamento continuaron siendo muy elevados, pese al nuevo clima de distensión que se iba creando. En 1989, según informe de la UNESCO, se dedicaron 980.000 millones de dólares para la compra de material bélico en todo el mundo, correspondiendo 400.000 millones a países pobres.

En 1987, EEUU mantenía más de medio millón de soldados en un total de 359 bases e instalaciones militares menores en los cinco continentes. Tan espectacular despliegue ilustra la globalidad de los intereses norteamericanos en estos últimos años de la etapa de la coexistencia, en buena parte heredado del período más *duro* de la *pactonomía* de Foster Dulles.

Dicha presencia militar suponía un elevado coste, cifrado en más de 300.000 millones de dólares anuales. Por otra parte, en algunos países se registraban problemas políticos y manifestaciones pidiendo la salida de los americanos.

Junto a las tropas estacionadas en tierra y las bases aéreas había que tener también presentes las fuerzas navales, igualmente destacadas en los principales mares del Planeta.

La contribución norteamericana a la defensa de Europa Occidental es un capítulo importante de este compromiso militar. Se cifraban en unos 350.000 los hombres destinados en Europa, la mayor parte de ellos en la RFA. Pero al igual que en otras zonas de ultramar, mientras los Gobiernos europeos, desde Noruega a Turquía o desde España hasta Grecia encontraban en los americanos una garantía defensiva, amplios sectores de sus habitantes protestaban contra esa presencia. También en los propios EEUU se encontraban grupos aislacionistas e intervencionistas.

Como señala M. Castellas, «Las nuevas tecnologías están teniendo una influencia directa en la constitución de un *nuevo sistema económico mundial* y en la estructura y dinámica del mismo. Hoy día, la unidad económica real es la economía mundial, hasta el punto de que difícilmente puede hablarse de políticas económicas nacionales, sino de políticas de los Estados nacionales que toman como punto de referencia la economía internacional, en donde se entrelazan todos los intereses».

Estas tecnologías conforman la infraestructura de la nueva economía mundial y sustentan el desarrollo en todas sus facetas, alterando la producción, el empleo y el ocio.

La crisis de los regímenes comunistas se reflejó especialmente en el campo económico, fue un factor palpitante, un elemento de la *perestroika* y una situación difícil de replanteamiento tras la implantación de las economías de mercado.

Los países del Este se enfrentaban con una difícil situación económica, con fuertes deudas acumuladas, industrias obsoletas, descapitalizados, sin competitividad, peligrosas subidas de precios y alta inflación. También carecían de experiencia política democrática, cuadros dirigentes, partidos estables e instituciones afincadas. En buena medida, estas circunstancias eran también aplicables a la URSS, donde a la impaciencia de la población se unían el descontento de quienes estimaban muy lentas las reformas y aquellos que desconfiaban de un proceso que traicionaba su propia historia comunista. El encarecimiento constante de los productos alimenticios y de los bienes de consumo agravaba los problemas de índole política.

Las razones económicas fueron una de las causas de la nueva estrategia exterior de Moscú, deseoso de recortar sus gastos militares, favorecer el desarme y propiciar un clima de amplia y franca distensión.

La preocupación por el deterioro ecológico se ha generalizado y constituye otro de los grandes desafíos de la Humanidad ante su horizonte de fin de siglo. La inquietud se da tanto a niveles gubernativos y científicos como populares.

Los problemas que según los expertos hacen peligrar el medioambiente son, a grandes rasgos: 1) la acumulación de residuos tóxicos no biodegradables, 2) la lluvia ácida, 3) el deterioro de la capa de ozono y 4) el «efecto invernadero» que causa el aumento de la temperatura de la superficie terrestre. A estos fenómenos se les califica de «macrocontaminantes».

Como ha señalado Alexander King, Presidente del Club de Roma: «Desde finales del siglo XVIII, la industrialización, el crecimiento económico y la expansión del comercio mundial han propiciado unos niveles de consumo cada vez más elevados, especialmente en Europa y Norteamérica, lo que implica cantidades enormes de materias primas y de energía. Multiplicando la población del planeta por el consumo medio per cápita lograríamos una estimación aproximada de la actividad humana total, que según mis cálculos, ha aumentado unas cuarenta veces en el curso de este siglo. Antiguamente se daba por supuesto que los productos de desecho de la actividad humana e industrial podían ser absorbidos y transformados por una naturaleza benévola, que los diluiría en el aire, el agua y la tierra. Hoy en día no cabe ya confiar en ello. Por primera vez, la actividad humana está causando un impacto decisivo irreversible en la biosfera, hasta tal punto que pone en peligro la supervivencia de la economía y de la sociedad tal como las conocemos en los países industrializados».

Aumenta en este período la sensibilidad hacia la conservación del medioambiente pero no dejan de producirse algunas catástrofes y accidentes que alarman, en este sentido, a la opinión pública.

Citaremos el grave accidente producido por el superpetrolero Exxon Valdez al encallar el 29-III-89 en aguas de Alaska, en las que cayeron 240.000 barriles de petróleo, con 40 millones de toneladas de petróleo crudo, afectando a las aguas y a la vida animal y vegetal de la zona.

D) *Apartado tecnológico e interacción de actores*

Como señala Manuel Castells: «Es hoy un hecho aceptado que el último cuarto del siglo XX está marcado por una revolución tecnológica de magnitud histórica. Aunque los descubrimientos científicos y tecnológicos que se hallan en la base de esa revolución han tenido lugar en distintos momentos de las últimas décadas (el transistor en 1947, el circuito integrado en 1957, el microprocesador en 1971, la doble hélice del DNA en 1953, la técnica de separación del núcleo genético en 1973, etc.), la difusión industrial, organizativa y social de las tecnologías derivadas de dichos descubrimientos ha madurado en la década de los ochenta, constituyendo *un nuevo entorno tecnológico* que ha modificado profundamente la economía y la sociedad en todo el mundo».

Las acciones de las nuevas tecnologías que tienen su núcleo en el sector de la comunicación y genera el nuevo horizonte social, no se limita a uno o varios sectores sino al conjunto de la economía, de la sociedad y de la cultura.

La ingeniería genética y la aplicación militar de la microelectrónica, la informática o la fotónica son otros de los campos transformados por este nuevo sistema tecnológico.

Dice Walter B. Wriston que «La revolución informática está cambiando nuestra economía global, está transformando instituciones políticas nacionales e instituciones financieras y está alterando los objetivos nacionales en política exterior, así como los métodos para alcanzarlos».

Una consecuencia del *impacto* tecnológico en las relaciones internacionales se aprecia en la pérdida de soberanía de los Estados, incapaces de frenar su acción universalizadora y omnipresente. Las fronteras son cada vez más permeables en la sociedad de la información.

El pulso tecnológico y económico que supuso la política armamentista de Reagan será precisamente una de las causas de la crisis soviética.

13.1.2. *Actores*

La estructura de la sociedad internacional se ha modificado. Solamente en lo que respecta al número de *actores,* de la ex-URSS y de la ex-Yugoslavia han surgido *veinte* Estados. Como necesidades urgentes están frenar los nacionalismos exacerbados, estabilizar las zonas de contacto, apoyar los procesos de transición política y económica, facilitar los intercambios culturales y sociales, fomentar las integraciones regionales y la cooperación transnacional.

Tras el nuevo entendimiento ruso-americano-europeo, también es evidente un mayor protagonismo de las Naciones Unidas y otras organizaciones regionales.

Los miembros de la ONU pasan a sumar 159 en el año 1985 y 185 en el año 1994 y 189 en el 2000.

Otra consecuencia inmediata ha sido el debilitamiento e incluso el hundimiento de los movimientos, partidos y Gobiernos marxistas en América Latina y África (Cuba es su último y empecinado bastión en el Caribe). En Asia, por la presencia de China Popular, Corea del Norte y Vietnam, perviven los regímenes comunistas.

El auge de las organizaciones internacionales también se manifiesta en Europa donde se plantea la urgente necesidad de coordinarlas y evitar solapamientos. Se entremezclan en esta auténtica babel de siglas, la Conferencia sobre Cooperación y Seguridad en Europa (CSCE), Organización del Tratado del Atlántico Norte (OTAN), Unión Europea Occidental (UEO), Consejo de Europa, Espacio Económico Europeo (EEE), Asociación Europea de Libre Cambio (EFTA) y Comunidad de Estados Independientes (CEI).

Este histórico período de cambios combina en el protagonismo del proceso la acción de los individuos, de los grupos y de las masas.

La liberación del Este fue una consecuencia clara y directa de las reformas llevadas a cabo primero en la URSS por Mijail Gorbachov.

Junto a este hombre auténticamente decisivo hay que mencionar a otros muchos dirigentes, especialmente de los países afectados por este cambio.

Lech Walesa en Polonia, Vaclav Havel en Checoslovaquia, los húngaros Nemeth Kulcsar y Porsgay o Petre Roman en Rumanía son los impulsores del fin de las Repúblicas Populares, y Honecker, Jakes, Kadar, Yiukov o Ceaucescu, sus contrafiguras.

Esta década no puede entenderse, ni los primeros años noventa, sin Mazowiecki, Jaruzelski, Boris Yeltsin, Helmut Kohl, Hans Dietrich Genscher,

Margaret Thatcher, Ronald Reagan, George Bush, Sadam Hussein, Yaser Arafat, Simón Peres, Nelson Mandela, Frederik De Klerk, Jacques Delors, Juan Pablo II, John Major, Mitterrand, González, Menem, Deng Xiaoping, Zhao-Ziyang.

El «recambio» generacional es otra de las claves de la buena marcha de la *perestroika*. Gorbachov ha sido muy consciente de este hecho y así, en abril de 1989, consiguió la jubilación de 110 altos miembros del PCUS, entre ellos del legendario Andrei Gromiko.

Pero detrás de los líderes están los grupos políticos y sociales, como el sindicato Solidaridad en Polonia o las rivalidades tribales en África, los Partidos Comunistas en el Este, la acción de las multinacionales en el fomento de un gran mercado capitalista europeo y mundial.

Y están los pueblos. Mitterand dijo sobre este proceso de cambio que «Como en los grandes momentos de 1789, se oye el clamor popular. Es la determinación del pueblo la que gobierna los acontecimientos, la que hace que se derrumben muros y fronteras. Es el pueblo el que traza el camino por el que pasará irremediablemente el fin de siglo, por el que se comprometerán los tiempos futuros. Esta es la gran noticia. De nuevo los pueblos se movilizan y cuando lo hacen ellos son los que deciden».

Reagan puso fin en 1988 a su segundo mandato presidencial. Durante los ochos años que estuvo en la Casa Blanca, EEUU reafirmó su liderazgo, encauzó la crisis económica y la política de firmeza frente a Moscú va a coincidir con los primeros signos de cambio en el mundo comunista. El clima de la guerra fría dará paso a otra situación de mayor entendimiento y conciliación.

El 17 de agosto de 1987, el último prisionero de Spandau, superviviente de los jerarcas nazis, Rudolf Hess, puso fin a su vida —en versión no del todo clara— tras cuarenta y un años de reclusión. Con él moría el recuerdo de toda una época. Y el 6-I-89 fallecía el emperador del Japón, Hiro Hito, también superviviente de la II GM.

El protagonismo que vuelven a tomar los pueblos en el espacio soviético y ex-comunista se fundirá con los sentimientos nacionales y reivindicativos étnicos, religiosos, fronterizos, culturales y sociales.

La tragedia de la guerra en la ex-Yugoslavia y los peligros de conflictos de raíz nacionalista en otras zonas del Este confirman esta nueva presencia activa de los pueblos.

13.1.3. *La audiencia*

En diciembre de 1991, mientras en la cumbre de Maastricht los Doce de la Europa Comunitaria sentaban las bases para una mayor unión y coordinación entre ellos, en Minsk, la URSS se descomponía oficialmente. Europa Occidental consolidaba su camino integrador y Europa Oriental veía desaparecer no sólo el control soviético, sino la misma existencia de la URSS.

El hundimiento del dominio soviético sobre Europa Oriental ofrece un proceso de seguimiento claro, que comienza con los cambios iniciados en la propia URSS con la aplicación de la *perestroika,* continúa con las transiciones democráticas en las Repúblicas Populares y revierte de nuevo sobre la Unión Soviética, todavía sacudida por su hondo revisionismo.

La presión popular y de los sectores reformistas lograron desbancar el monopolio de los partidos comunistas en Polonia, Hungría, República Democrática Alemana, Checoslovaquia y Bulgaria, y además hacerlo de un modo pacífico y velocísimo, mientras que en Rumanía sí se produjeron fuertes incidentes y violencias. Yugoslavia y Albania experimentarán otra línea distinta, pero vinculada, de transformación.

Los cambios en el Este fueron recibidos en Occidente con asombro y esperanza primero y con cierta preocupación después por la alteración que han supuesto del *statu quo.* Realmente se volatilizó todo el paisaje, todo el esquema del bipolarismo, todo el orden que había fosilizado el estado *normal* de las cosas desde el fin de la II GM en Europa y en cierto modo en el mundo.

La inquietud ante la posibilidad de una rápida reunificación alemana y su lógica consecuencia del surgimiento, una vez más, de la potencia germánica como sujeto hegemónico de Europa, se convirtió en tema obligado de las discusiones políticas y hasta de las conversaciones ordinarias. Sin embargo, la eficacia, habilidad, urgencia y pragmatismo con que se llevó a cabo esa unificación, convenientemente apuntalada por reiteradas promesas de paz y cooperación con todos los vecinos, permitieron un espectacular ritmo y un ejemplar resultado.

Entre el derribo del muro de Berlín el 9 de noviembre de 1989 y la desaparición oficial de la RDA el 3 de octubre de 1990 no transcurre ni un año completo, lo que simboliza la velocidad del ritmo de transición en este asunto y en el conjunto del proceso espacial y temporal del período que analizamos.

Una imagen bien curiosa de cómo han ido cambiando las cosas en estos últimos años se encuentra en la fotografía publicada en la prensa española en octubre de 1990 con ocasión de la visita de Gorbachov a Madrid en la cual se veía ondear la bandera roja con la hoz y el martillo en el palacio de El Pardo, antigua residencia del general Franco. Si aquella imagen fue significativa todavía lo sería más ver en la misma ciudad, pero en distinto palacio, el de Oriente, en octubre de 1991, la inauguración de la Conferencia sobre Oriente Medio, que sentaba a la misma mesa a representantes árabes e israelíes.

La invasión iraquí de Kuwait el 2 de agosto de 1990 sorprendió al mundo y rompió la sensación de que el fin de la guerra fría y del contencioso

Este-Oeste iba a traer un período de paz y entendimiento generalizado. Los hechos caminaban en otra dirección y apenas saboreados esos primeros síntomas de tranquilidad universal empieza un acelerado proceso de conflictos, tanto dentro del núcleo de la tensión en Europa creado por la crisis del sistema comunista, como fuera, empezando precisamente por el cercano espacio del Islam.

El conflicto del Golfo revalorizó el papel de la ONU, que emprendió y propició una de las acciones internacionales de castigo más llamativas que se conocen, formándose una coalición de naciones bajo el *argumento* de atender la llamada del Consejo de Seguridad, aunque en realidad se trataba de una acción claramente inspirada por los EEUU.

El conflicto confirmó además del apoyo de los aliados europeos a Washington, incluida España, el fin de la rivalidad ruso-americana y su sustitución por una manifiesta colaboración que dejó las manos libres a los norteamericanos para intervenir contra Irak, hasta ese momento *protegido* de Moscú.

La OLP, que ya resultó *tocada* por el conflicto del Golfo y su apoyo a Sadam, ha tenido que revisar sus esquemas, como lo han hecho Siria entre los musulmanes y Etiopía, Angola, Mozambique y Namibia en África. La convocatoria de la Conferencia de paz de Oriente Medio también fue posible por el cambio de actitud de la URSS, cuando todavía existía. En esta área del mundo las cosas fueron para bien, y se llegó al diálogo directo entre Israel y la OLP, con esperanzadores frutos para una nueva Palestina.

Aspecto muy positivo de los nuevos tiempos, es el fin del racismo en Sudáfrica. El *apartheid* y el país han visto sus primeras elecciones multirraciales y el triunfo de Mandela como primer Presidente negro. Por otra parte, las tropas cubanas en Angola regresarán a casa.

En Hispanoamérica, la novedad ya consolidada en muchos países es el fin de las dictaduras, en parte propiciado por la ya injustificada excusa de invocar la amenaza comunista, máxime tras la derrota del sandinismo en las urnas. Son ahora el narcotráfico y las mafias de distinto signo el peligro de estos pueblos.

Una expedición ruso-americana bautizada «Puente de Bering» vino a simbolizar el nuevo clima de cooperación y «deshielo» entre las dos Superpotencias. Seis americanos y seis soviéticos realizaron la travesía del estrecho de Bering, que separa ambos países, utilizando esquíes y trineos.

Avanzados los años noventa ante la recuperación de la influencia rusa, algunos analistas replantean la tesis de la *Realpolitick* y auguran un sistema multipolar.

Lo más probable es que estemos ante el retorno a cierta multipolaridad y a las *balanzas de poder,* sobre todo en ámbitos regionales, unido todo ello a una mayor implantación de los Derechos Humanos y los regímenes democráticos. Es posible que se así inicie un sistema «direccional» con varias Potencias que actúen según el modelo del «Concierto Europeo», pero esta vez en todo el orbe y sobre cuestiones y campos de acción concretos.

13.2. Hacia la casa común europea

En su obra *Perestroika*, Gorbachov expone así su proyecto europeo: «La casa común europea será la respuesta al carácter artificial y temporal de la confrontación entre bloques y a la arcaica naturaleza del telón de acero, a través de un cierto grado de integración, aun si los estados pertenecen a sistemas sociales diferentes y a alianzas político-militares opuestas».

En cierto modo, el dirigente soviético acertará, pues si la nueva Europa que surgirá en pocos años no será el *tipo* de casa común que Gorbachov propugnaba, sí se cimentará en el fin de los Bloques y del telón de acero.

El primer síntoma del nuevo espíritu de distensión internacional fue la reanudación del diálogo directo entre los dirigentes de la URSS y los EEUU.

En los primeros encuentros no se verán todavía logros espectaculares, pero como ya había comentado en otra ocasión parecida Richard Nixon: «En la era de la paridad, cuando cada superpotencia tiene capacidad suficiente para destruir a la otra y el planeta entero, las cumbres son fundamentales para preservar al mundo la paz mundial».

Este diálogo es posible gracias al afianzamiento de la *perestroika* y frutos de ello serán también los importantes acuerdos sobre las armas nucleares de alcance intermedio (INF) en 1987 y las armas nucleares estratégicas (START) de 1991.

Europa Central y Oriental va a experimentar una especie de cataclismo político al ver hundirse los regímenes conocidos por Repúblicas Populares, mientras en Europa Occidental se contemplan los hechos entre sentimientos de asombro, temor y esperanza.

13.2.1. *Vuelven las cumbres*

El 7 de enero de 1985 se reúnen en Ginebra George Shultz, Secretario de Estado norteamericano y el titular de exteriores soviético, Andrei Gromiko, para reanudar el diálogo sobre el desarme, interrumpido hacía trece meses. Es un buen síntoma que las Superpotencias vuelvan a *comunicarse*.

La llegada de Mijail Gorbachov al poder, en marzo de este año, va a potenciar esta estrategia dialogante e incluso el nombramiento del experimentado Gromiko para «Jefe del Estado» soviético, buen conocedor de Occidente, confirma los nuevos aires de la política de la URSS.

En efecto, antes de que acabe el año, Gorbachov y Reagan se entrevistan en Ginebra —19 y 20 de noviembre— y volverán a encontrarse el año siguiente, en el mes de octubre, en Reykjavik.

Siete años habían transcurrido sin que los fotógrafos de prensa pudieran plasmar las obligadas sonrisas de los dirigentes de EEUU y de la URSS. En Ginebra volvieron a dispararse los *flashes* e incluso, recordando los tiempos de Jacqueline Kennedy, aparecieron en las ceremonias las esposas de ambos políticos.

En cinco ocasiones se reunirán Gorbachov y Reagan en estas «cumbres», expresión típica de la llamada «diplomacia directa», destacando las reuniones de Ginebra, Reykjavik y Moscú, aparte de la reunión de Washington sobre desarme.

A) *Ginebra*

El objetivo esencial de Gorbachov en la cumbre de Ginebra era paralizar el proyecto americano de la Iniciativa de Defensa Estratégica, pues si continuaba la presión de los gastos militares, las reformas económicas de la *perestroika* no podrían llevarse a cabo.

Gorbachov dijo a la revista *Time* que «A menos que los Estados Unidos detengan el programa de la guerra de las galaxias, no será posible alcanzar un acuerdo sobre limitación y reducción de armas nucleares».

Como escribió J.M. del Carro «Reagan llegó a Ginebra el sábado por la noche, alojándose en la Mansión Saussure, palacete del siglo XVIII cedido por el príncipe chií Aga Khan (cuyo hijo había dejado una nota explicando al Presidente cómo debía cuidar sus peces de colores). Gorbachov llegó el lunes por la mañana, un día antes del comienzo. Su residencia era la Embajada soviética, "para que no tuviera la tentación de desertar", según decía un chiste ginebrino. Ambos fueron recibidos por el Presidente de Suiza, Kurt Fluger, que recordó a Gorbachov la estancia de Lenin en la ciudad helvética durante su exilio. Vivió en el segundo piso del número 3 de la Rue de Plantaporrêts, donde en ese momento colgaba un cartel con la inscripción: "¡URSS fuera de Afganistán!"».

En los distintos encuentros se pasó revista a la situación mundial, evidenciándose la diferencia de puntos de vista y la persistencia de focos de rivalidad y tensión.

La relación entre ambos dirigentes todavía era de distanciamiento, pero esta cumbre, que Gorbachov llegaría a calificar de «hogareña», inició su acercamiento y mutua amistad, rompiendo recelos. Si es verdad que el encuentro arrojó escasos resultados, también se detectó que el «clima» empezaba a ser otro más cordial.

«Creo que nos hemos hecho amigos», dijo Reagan. Un funcionario de la Casa Blanca comentó: «la calidad humana del encuentro ha sido más importante que el resultado político de las discusiones».

Un hecho que contribuyó a «mejorar las cosas» fue la presencia de Nancy Reagan y Raisa Gorbachov que participaron juntas y sonrientes en varios actos sociales.

Ginebra era el primer encuentro entre Reagan y Gorbachov; pero el noveno bilateral entre los dirigentes de EEUU y la URSS desde la coexistencia: Eisenhower y Kruschev en Camp David (1959), Kennedy y Kruschev en Viena (1961), Johnson y Kossiguin en Glassboro (1967), Nixon y Breznev se reunieron en tres ocasiones en Moscú (1972), Washington (1973) y Moscú (1974); Ford y Breznev en Viena (1979).

Hasta el encuentro de Ginebra, las relaciones ruso-americanas atravesaron un nuevo intervalo de incomunicación y tensión, que ahora se intenta superar.

B) *Reykjavik*

A los diez meses de la reunión ginebrina vuelven a encontrarse Reagan y Gorbachov, esta vez en la capital de Islandia, Reykjavik. Segunda *mini cumbre* entre el 11 y el 12 de octubre en el edificio Hufdi que comparten ambos líderes.

La reunión confirma tanto el mantenimiento de sus posturas divergentes por parte de los interlocutores como su voluntad de dialogar. En la agenda de viaje se prevén dos nuevas citas en Washington y Moscú. Reagan, que no había tenido encuentros políticos con los mandatarios soviéticos durante su primera etapa presidencial, ha emprendido en esta segunda una activa tanda de reuniones.

En Reykjavik no hubo agenda de trabajo, pero el tema del desarme, de la Iniciativa de Defensa Estratégica y de los euromisiles fue lo más importante.

C) *Moscú*

La cumbre de Moscú del 29 de mayo al 2 de junio de 1988 fue el cuarto encuentro entre Reagan y Gorbachov y tuvo seguramente más significado para la política interior —y la imagen de ambos dirigentes— que para las relaciones internacionales.

Reagan culminaba con esta cumbre sus ocho años de presidencia y lo hacía con otra cara, no como un personaje duro y conservador, sino como hábil negociador y casi destacado pacifista, después de haber conseguido eliminar los euromisiles del escenario armamentístico y haber afianzado un espectacular cambio en las relaciones ruso-americanas. También era el hombre que había apoyado la *perestroika* y a su impulsor, Gorbachov, incluso reclamando la cooperación económica. Lograba además todo esto defendiendo los derechos humanos y aconsejando a los soviéticos la liberalización de su régimen.

En el programa de la visita no faltaron los paseos turísticos por Moscú, los actos oficiales ni una inesperada comida con los disidentes más destacados, en la embajada americana. Reagan visitó también el monasterio Danilov, centro espiritual de la iglesia ortodoxa. Poco antes de inaugurarse la cumbre, los soldados soviéticos habían iniciado su retirada de Afganistán.

D) *Congreso de Viena*

Otra reunión internacional importante, pero esta vez *multilateral* fue el llamado *Congreso de Viena* celebrado en la capital austríaca entre el 4-XI-86 y el 20-XI-87 por la Conferencia sobre la Seguridad en Europa.

En esta «cumbre» se confirmó la realidad esperanzadora de un diálogo a escala continental y la posibilidad de llegar seriamente a un entendimiento inter-europeo.

Si la reunión primera en Helsinki (1973-1975) fue fruto del clima de diálogo creado por la Distensión y la reunión de Madrid (1980-1983) estuvo lastrada por un trienio de «retorno a la guerra fría», esta cumbre en Viena recobra el espíritu de cooperación y entendimiento. El encuentro había sido precedido por un período en el cual se mantuvieron siete reuniones de seguimiento.

Entre los puntos acordados en Viena figuraba una Declaración sobre la Dimensión humana que hacía desaparecer las anteriores reticencias soviéticas en el tema de los derechos humanos. Ahora se reconoce que los derechos económicos y sociales del individuo son inseparables de los civiles y políticos. Viena es el triunfo del sistema democrático en la nueva Europa que se está gestando ya de forma imparable.

13.2.2. *Reformas en la URSS*

La necesidad de cambios serios, de un replanteamiento de las cosas, ya se detectaba bajo el mandato de Brezhnev y Andropov.

Hay que remontarse al período en el que Kruschev inició la *desestalinización* para situar los primeros intentos de reforma del sistema. Las estructuras económicas, las instituciones políticas y sociales, los instrumentos de gestión y dirección y el sistema comunista como tal se habían convertido en una especie de corsé que aprisionaba todo intento de avance y de reforma en una sociedad anquilosada y que necesitaba precisamente de hondas modificaciones.

Este hecho es denunciado sin paliativos por Gorbachov en el otoño de 1987, cuando publica su libro *Perestroika*.

La interdependencia de los distintos campos de acción resultaba evidente. No podía intentarse un cambio en la vida económica sin alterar el sistema político institucional o modificar éste sin que el hecho repercutiera en la actividad cultural o en las relaciones exteriores. Este carácter *globalizador* e intervinculado del proceso reformista es uno de los rasgos definitorios de la *perestroika*.

No se prentendía acabar con el sistema soviético, sino realizar una reforma. Sin embargo, el edificio estaba tan carcomido que resultó insalvable. En su discurso de despedida, Gorbachov reconoció: «Nuestro país estaba enfermo... había que cambiarlo todo... Pero el sistema se derrumbó antes de que empezara a funcionar el nuevo».

La *perestroika* económica suponía poco menos que la cuadratura del círculo. Hubo indecisiones en el grado y en el ritmo de los cambios. Y todo ello ocurría en una situación inflacionaria, con poca productividad, amenaza de paro creciente, déficit presupuestario...

La *perestroika* política, precisamente porque sí salió adelante, puso en evidencia al régimen autoritario. Se consiguió hacer la transición a la democracia y Gorbachov lo dijo también en su discurso del adiós: «Creo que es de vital importancia conservar las conquistas democráticas de los últimos años. Son fruto del sufrimiento de toda nuestra historia, de nuestra trágica experiencia».

Lo mismo es predicable de la *glasnot*. Se abrió el país a otro mundo cultural e informativo y ello repercutió negativamente en el mantenimiento del viejo orden y de su ideología omnipresente.

En política exterior la URSS pierde su *imagen negativa*, anclada en el maniqueísmo bipolar y en su lugar se reviste de un cierto prestigio ético, de una autoridad nueva que se avala con los esfuerzos en favor del desarme, la cooperación y la paz entre los pueblos.

Ferrary cita una expresiva frase de Tatiana Zashuskaya explicando la gran contradicción de la *perestroika:* «fueron unos hombres que apenas habían cambiado ellos mismos los que trataron de cambiarlo todo».

13.2.3. *Gorbachov, el hombre que presidió el fin de un Imperio*

Comparado con Churchill y con De Gaulle por presidir la caída de sus imperios cuando su talante parecía ser el opuesto, Gorbachov ha sido aplaudido por su contribución a la paz del mundo acabando con la *guerra fría* y la carrera de armamentos. En los círculos occidentales e incluso en las calles, fue un hombre respetado, querido y hasta popular.

Posiblemente quiso ser el Dubcek soviético, pero sus críticos le han tachado a él y a su obra de constituir «uno de los mayores fracasos de la historia».

Mijail Sergéievich Gorbachov nace el 2 de marzo de 1931, en el seno de una familia de campesinos, en Privolnoie, región de Stávropol, al norte del Caúcaso. Andropov había nacido en estos lugares, casi veinte años antes.

A los 15 años, el joven Mijail estudia mientras trabaja. Ingresa en 1951 en la Universidad estatal de Moscú, siendo ya miembro de las Juventudes Comunistas, y en 1955 obtiene la licenciatura en Derecho.

En este mismo año regresa a Stávropol, donde es nombrado secretario provincial de las Juventudes Comunistas. Mientras prosigue con dedicación política estudia por correspondencia los cursos de ingeniero agrónomo y accede a la titulación en 1967. Logra así su nombramiento al frente de la política agraria de Stávropol.

Cumplidos los 30 años merece la confianza de Fiodor Kulakov, un kruschoviano que luego colaborará muy estrechamente con Brezhnev. Desempeña diversos puestos de responsabilidad: secretario de la ciudad de Stávropol, secretario provincial del partido, y a los 39 años secretario regional. En 1971 pasa a formar parte del Comité Central del PCUS.

Acusado de *surfista,* saltimbanqui y equilibrista, lo cierto es que resultó sobrepasado por los acontecimientos que en gran parte él mismo generó buscando la transición del totalitarismo a la democracia.

El *carisma* de Gorbachov fue otro de los rasgos llamativos de este personaje y de todo el hecho de la *perestroika*. En efecto, como señaló *L'Express*, «jamás un líder soviético había captado, en poco tiempo, la atención y los favores del mundo entero».

Margaret Thatcher fue la primera dirigente occidental que supo describir y valorar este protagonismo del todavía apenas conocido político y soviético y tras su encuentro en Londres en 1984 no se recató en decir: «*I like Gorbachov*: me gusta Gorbachov, se pueden hacer negocios con él».

En este viaje a Gran Bretaña, Gorbachov llevó consigo a su mujer, Raisa, lo cual contribuyó aún más a dar otra imagen del dirigente ruso. Raisa Titorenko era doctora en Filosofía y profesora de la Universidad de Moscú. Su elegancia y estilo contrastaba radicalmente con las mujeres toscas, campesinas y orondas que anteriormente habían exhibido los políticos soviéticos, en las raras ocasiones en que lo hicieron. Se calificó al matrimonio, en la prensa Occidental, como «los Kennedy venidos del frío».

Aunque muere su protector, es ahora ayudado por otro hombre clave del Kremlin, Suslov. Consigue entrar entonces en el Politburó, primero como miembro suplente, y como miembro de pleno derecho en 1980. Gorbachov contaba tan sólo con 49 años, lo cual era llamativo en aquel entorno gerontocrático.

Tras la muerte de Chernenko, Gorbachov es nombrado Presidente de la comisión de las exequias fúnebres y muy pocas horas después, el pleno del Comité Central del PCUS, a propuesta de Gromiko, lo elige por unanimidad (y en un tiempo récord) Secretario General. Era el 11 de marzo de 1985.

El hecho no dejó de llamar la atención en Occidente y el *Financial Times* dijo que Gorbachov era «la ruptura del Kremlin con el pasado».

Con sus 54 años, era el benjamín del Politburó y el primer universitario que accedía a tan importante cargo.

El nuevo mandatario consolidará su poder en el XXVII Congreso, en febrero del año siguiente. Desde entonces su *estrella* ascenderá hasta el momento en que, tras haber sido uno de los dirigentes más poderosos de la tierra, se convierte en la patética figura de Presidente de un Estado que ha dejado de existir.

13.2.4. *Las «perestroikas» de la perestroika*

Algunos analistas han señalado los componentes «corporativistas y hasta fascistas» de la primera *perestroika* y así, salvando manifiestas diferencias, Brady hablará del «parentesco entre la *perestroika* y el fascismo de Mussolini». En España se le llegó a comparar con Arias Navarro, reformador insuficiente que presidió el fin del franquismo.

Podemos hablar de «las *perestroikas* de la *perestroika*», pues hay unos planes de reforma que afectan a la economía, otros al sistema político, otros al mundo de la cultura y por último a las relaciones exteriores.

A) *La reforma económica*

El dirigismo, la burocratización derivada de la propiedad estatal de los medios de producción, la artificiosidad de las leyes del mercado, la diferencia de los mecanismos de medición y fijación de precios respecto al sistema occidental y hasta las dimensiones gigantescas del conjunto de la URSS convierten su mundo económico en una pesadilla que el desfase tecnológico y el de investigación punta agrava aún más.

Los cambios necesarios tenían que afectar a la propia estructura del sistema, al personal directivo e intermedio, a los modos de gestión, a la atribución de recursos y señalamiento de prioridades, a los modos de financiación, la disciplina laboral, la productividad, a la reducción de la burocracia y la corrección de interferencias... Todo ello, sin olvidar la modernización de la tecnología, la reconversión de la industria pesada, el replanteamiento de los transportes y suministros, la política de precios o la expansión de las exportaciones, por citar sólo algunos de los datos más obvios y aireados.

En su discurso del 30 de mayo de 1989 ante el Soviet Supremo, Gorbachov enumeró las principales reformas para la «renovación radical del socialismo» y para superar «las profundas deformaciones cometidas en el pasado, romper y sustituir las viejas estructuras, liquidar los escollos de la inercia y el conservadurismo...».

Pero el objetivo de diseñar una especie de tercera vía económica, una «economía socialista de mercado», resulta tan confuso como inviable.

Las innovaciones que permitían formas de propiedad privada junto a la colectiva, estimulando el espíritu de iniciativa en las empresas, la mayor flexibilidad en la fijación de los precios, la retención de ganancias, la elección de abastecedores y otras medidas fueron bien vistas desde los países Occidentales, pero sus Gobiernos exigían mayores seguridades y cambios para invertir seriamente en la URSS y apoyar la *perestroika*.

B) *La reforma política e institucional*

Tras esa especie de 18 de Brumario que fue el 30 de septiembre de 1988, Gorbachov propugna ante el Soviet Supremo, dos meses más tarde, los cambios necesarios para relegar al Partido a una función de tutelaje ideológico y devolver el poder a los soviets. La implantación de un sistema presidencialista será la otra novedad del cambio institucional, sin olvidar la revisión del marco electoral y la presencia legal de una discreta oposición.

Las propuestas de reforma de Gorbachov fueron contundentes. Era imposible avanzar en la *perestroika* «sin la democratización de toda nuestra vida, sin el renacimiento de los soviets como órganos representativos del poder y de la autodeterminación del pueblo».

Al menos sobre el papel, la elección de los soviets se realizaba mediante sufragio universal, igual y directo, pero en la práctica se operaba con listas únicas elaboradas por el Partido comunista. Ahora, se permitía la concurrencia de candidaturas.

Sin embargo, el nuevo órgano de poder, el Congreso de los Diputados del Pueblo, está muy lejos de asimilarse a un Parlamento Occidental, pues se mantiene, por ejemplo, una especie de categoría de electores privilegiados y los miembros del Congreso son elegidos por tres procedimientos diferentes.

Lo más característico de esta reforma es que de los 2.250 representantes en el Congreso, 750 lo serán de las llamadas «organizaciones sociales», es decir, de los sindicatos, uniones de escritores y artistas, organizaciones de la mujer y de la juventud, academias científicas, etc. y la instauración de un Soviet Supremo más reducido de miembros que tiende a asemejarse más, por su estructura y funcionamiento, a los Parlamentos clásicos.

Esta potente presencia de asociaciones orgánicas recuerda, inevitablemente, al más clásico corporativismo.

Las elecciones celebradas fueron permitiendo el surgimiento de una cierta «vida política» con debates, mítines, candidaturas varias y grupos, además del afianzamiento de diversos líderes políticos, como el *ortodoxo* Yegor Ligachov, que encabezaba el ala conservadora o el *progresista* Boris Yeltsin que propicia la profundización en el cambio.

Por otra prate, Gorbachov, sin alterar el esquema institucional, es elegido Presidente del Presidium, cargo equivalente al del Jefe del Estado, y que tiene más bien una función protocolaria. El hecho, además de ser útil para facilitar la representatividad de Gorbachov en el exterior, contribuye a esa maniobra de ir asimilando, al menos formalmente, las instituciones soviéticas a las occidentales.

C) *La «glasnot»*

La *perestroika* cultural y especialmente informativa tiene su nombre propio: *glasnot*. Era tan cerrada y asfixiante la situación anterior, que apenas entreabierta la ventana, el soplo de los vientos de cambio revolucionaron el mundo de la cultura de modo espectacular.

La actividad de escritores, artistas e intelectuales mejoró de forma ostensible. Desapareció el delito de «agitación y propaganda» y hasta se inició una campaña para recuperar a los disidentes y editar obras antes malditas.

Levantar la supresión que existía para la importación de publicaciones occidentales censuradas fue otra de las medidas más esperadas. Ya no se requisan las Biblias y obras religiosas que antes no traspasaban las fronteras y pueden adquirirse obras de Solzhenitsin o Axionov. Incluso el prohibidísimo *1984* de Orwell se editó en ruso.

La prensa y demás medios de comunicación, aunque todavía conservaban su estructura precedente, van transformando sus planteamientos y se advierte otro talante a la hora de las informaciones, las entrevistas o los artículos de opinión. La *glasnot* se lanzó, precisamente, como un medio de lograr la «autocrítica socialista». Dos títulos destacan en esta línea: *Ogoniok* y *Novedades de Moscú*.

D) *Las relaciones exteriores*

La *perestroika* tiene una importante proyección en las relaciones exteriores, no sólo como *cambio de imagen* sino en manifestaciones concretas.

El Kremlin tuvo una tarea difícil en este terreno y su diplomacia se empleó a fondo para remover obstáculos y alejar recelos, utilizando una estrategia convincente.

Según Lersourne, los componentes de la Nueva Política Exterior (NPE) eran cinco:

—liquidar las aventuras exteriores, tan costosas, para preservar las posibilidades futuras del socialismo;

—instalar en el este de Europa a comunistas reformadores para consolidar el talud, reforzar el vigor económico del campo socialista y disminuir el coste de la ayuda soviética a la Europa del Este;

—obtener, mediante la negociación, una reducción concertada de los armamentos que permita limitar el porcentaje de los gastos militares en el presupuesto soviético;

—explorar toda ocasión susceptible de disociar a Europa Occidental de los Estados Unidos, con el fin de permitir a la Unión Soviética dominar militarmente el continente europeo (nada de nuevo en este componente que figura en la panoplia de la política exterior soviética desde hace cuarenta años);

—intercambiar un acercamiento entre los dos Estados alemanes por un relajamiento de los lazos entre la RFA y la OTAN, ya que la neutralización de las dos Alemanias puede relevarse mucho menos costosa y casi tan interesante como la presencia de una poderosa fuerza armada soviética en el Elba.

El *nuevo pensamiento* en política exterior necesitaba lograr un mínimo de credibilidad para ser tomado en serio por Occidente. Gorbachov lo sabía e inició una serie de espectaculares ofertas y decisiones hasta convencer al resto del mundo de la sinceridad de sus planteamientos. El relevo de Gromiko, —omnipresente artífice de la diplomacia soviética—, la retirada de Afganistán y una decidida política de desarme, son los datos innegables de este encomiable giro.

Este cambio de actitud, especialmente en lo referente a la reducción de los gastos militares y al fin de las aventuras en conflictos periféricos, se adopta no sólo por razones exteriores, sino también como factor coadyuvante para la realización global de la *perestroika*.

La rapidez con que actúa la nueva Administración rusa, contrastando con las complicadas y lentas negociaciones a que estaban acostumbrados los Occidentales, los desconcierta.

Esta política ha dado sus frutos y ha fomentado otra atmósfera más relajada en las relaciones Este-Oeste.

Como hitos más expresivos de la nueva diplomacia soviética hay que señalar los encuentros con Reagan y la continuidad de su política de entendimiento con la Casa Blanca, la aproximación a las capitales de la Europa Comunitaria y el lanzamiento de la idea de que Europa es la «Casa Común», el viaje a China para restablecer unas relaciones deterioradas hacía más de treinta años, la visita a Cuba, donde el líder soviético no pareció conectar demasiado bien con Castro y por último, las mismas estancias en los países del Este, apoyando la expansión de la nueva estrategia reformista. Incluso respecto a Oriente Medio se adopta otro estilo conciliador y un acercamiento a Israel.

13.2.5. *El fin de la guerra fría*

En la reunión mantenida en Washington entre Gorbachov y el nuevo Presidente norteamericano George Bush en 1990, el dirigente soviético dijo una de esas frases lapidarias pronunciadas para escribirse en los textos de Historia: «Los muros están cayendo y las trincheras de la guerra fría desaparecen».

Siguiendo la diplomacia de diálogo directo mantenido con Reagan, Gorbachov también se reunirá en varias ocasiones con el Presidente estadounidense. De estos encuentros, el celebrado en la isla de Malta fue el más interesante por significar en cierto modo el «adiós a la *guerra fría*», un adiós que se ratificará en la Conferencia de París en noviembre de 1990.

A) Bush y Gorbachov se entrevistaron entre el 2 y el 3 de diciembre de 1989 en la isla de Malta.

Antes de reunirse con Bush, Gorbachov, acompañado por su esposa Raisa, visitó en Roma al Papa Juan Pablo II. El hecho tuvo especial significado al ser el Pontífice polaco y confirmar el clima de reconciliación entre la Iglesia y la URSS, una vez superada la etapa anticlerical y atea de ese país.

El encuentro entre los dos mandatarios, soviético y estadounidense, tuvo lugar bajo unas condiciones metereológicas deplorables. Las reuniones se celebraron en los buques Máximo Gorki y Belknap.

Bush quería conocer directamente la marcha de las reformas en la URSS y el dirigente ruso quería afianzar con un éxito internacional sus dificultades internas, además de recibir apoyo económico. Los progresos en el campo del desarme y la seguridad eran otro objetivo compartido.

También se habló sobre Alemania, América Central y Líbano.

Seis meses más tarde se volvieron a reunir ambos estadistas en Washington.

«En estos cuatro días no resolveremos todos los problemas del mundo, pero trabajando honradamente podemos dar pasos importantes para construir un mundo mejor». Esta frase pronunciada por el Presidente Bush durante la ceremonia oficial de bienvenida a Mijail Gorbachov a la Casa Blanca, resumía el espíritu con el que EEUU y la Unión Soviética afrontaron esta cumbre. Bush y Gorbachov quisieron dejar muy claro que el mundo, y especialmente Europa, había experimentado unos cambios asombrosos en los últimos meses y que estaba en manos de las Superpotencias crear un clima de confianza y entendimiento que derive en un nuevo orden europeo.

La cumbre estuvo marcada por el problema de los nacionalismos en la URSS y por el proceso de reunificación alemana. Se firmaron varios acuerdos sobre desarme, centrados básicamente en la reducción de un 30% de armas estratégicas, un tratado relacionado con las armas químicas, una declaración programática sobre desarme convencional y dos acuerdos sobre verificación de explosiones nucleares subterráneas.

Pocos días más tarde se reunió la UEO dejando ver cierto recelo ante este diálogo directo ruso-americano y una discreta preocupación porque la URSS seguía siendo la mayor potencia militar en el continente europeo.

B) Quince años después de la firma del Acta de Helsinki se reunieron en París, del 19 al 21 de noviembre de 1990, los Jefes de Estado o de Gobierno de los 34 países que formaban parte de la Conferencia de Seguridad y Cooperación en Europa. Por parte alemana ya asistía una representación única. Todos los observadores coincidieron en calificar esta cumbre como la reunión que sellaba el fin de la guerra fría en Europa.

La Carta de París aportó como novedad la dotación a la CSCE de cuatro instituciones: un Consejo de Ministros de Asuntos Exteriores que se reuniría al menos una vez al año, una Secretaría con sede en Praga, un Centro de Prevención de Conflictos en Viena, una oficina pro Elecciones Libres en Varsovia y una Asamblea Parlamentaria.

Esta reunión en la capital francesa y el clima de entendimiento y optimismo reinante reflejaron el cambio experimentado por una Europa que superaba felizmente su división, y había avanzado desde aquel espíritu de diálogo de 1975 en Helsinki a este otro horizonte de «adiós a la *guerra fría*» y a la bipolaridad, tal vez en un ambiente excesivamente risueño y esperanzado que, sin embargo, pronto se vería, ocultaba complejos problemas y dificultades.

Si en la cumbre de la CSCE de Viena se dio el paso decisivo para la implantación del sistema democrático en todo el continente, en el documento de París se establece formalmente que la democracia «es el único sistema de Gobierno de nuestras naciones». Ya no cabe hablar de dos Europas sino de una única Europa democrática. También se expresó el compromiso y se hizo un llamamiento a todos los estados del mundo, en favor de los valores humanos fundamentales.

Por otra parte, se reafirmó la postura en favor de la reducción de los armamentos y la política de seguridad continental, fundadas ambas en la mutua confianza.

Las cuestiones de protección ambientales y de cooperación económica y cultural mantuvieron su mensaje constructivo, sin faltar tampoco un expreso apartado sobre el espacio mediterráneo.

13.2.6. *Acuerdos sobre desarme*

El diálogo entre las Superpotencias tuvo una repercusión positiva en el tema siempre difícil del desarme. Fue en este complejo ámbito donde las convivencias soviético-norteamericanas obtuvieron esperanzadores logros que si por una parte aliviaron la carga económica de los altos presupuestos militares, por otra revalidaban la autenticidad del deshielo y la distensión.

A) *Opción Global Doble Cero*

En febrero de 1987 Gorbachov desbloqueó el tema de los euromisiles al anunciar estar dispuesto a considerar de forma separada los sistemas INF de los otros, las armas estratégicas y las especiales. Los posteriores encuentros entre Shultz y Shevardnadze allanaron el camino para el acuerdo.

Con la firma en Washington, el 8 de diciembre de 1987, del acuerdo conocido como «Opción Global Doble Cero» se ponía fin a un proceso negociador iniciado en 1979.

La denominación de este acuerdo de desarme obedece a que es doble, se refiere a los misiles LRINF y SRINF, cero porque se eliminan del todo y global por no limitarse sólo al espacio europeo, sino a todo el mundo.

Ambos tipos de misiles pertenecen a las armas INF (Intermediate Nuclear Forces) por tener un alcance entre los 500 y los 5.000 km. En este grupo están tanto los norteamericanos Pershing II y Cruise como los SS-20 soviéticos.

Por este acuerdo, las dos Superpotencias se comprometen a suprimir todos los misiles nucleares de corto y medio alcance, con un total aproximado de 2.800 misiles, portadores de unas 3.000 cabezas nucleares, en un plazo de tres años. El proceso de desmantelamiento y destrucción podrá seguirse *in situ* por ambas partes.

Ya el 10-VII-87 los países de la OTAN presentaron en Viena durante la Conferencia sobre la Seguridad y Cooperación en Europa una propuesta para crear dos foros de negociación sobre armamento convencional y el día 22 Gorbachov anunció el desmantelamiento de todos los SS-20 en Asia.

Los principales recelos provenían de algunos estados europeos, temerosos de verse desprotegidos frente al arsenal ruso. Así los alemanes se oponían a que se incluyeran sus Pershing «de doble llave», cosa que exigían los soviéticos.

Los misiles nucleares de Francia y Gran Bretaña no se vieron afectados por este acuerdo de eliminación. También hay que tener en cuenta que la Opción Doble Cero contempla únicamente a misiles que se sitúan en tierra, dejando fuera los otros sistemas de lanzamiento de alcance intermedio, como aviones, barcos y submarinos.

Aunque la importancia real del acuerdo era discreta —los arsenales nucleares se cifraban todavía, en armas estratégicas, en más de 23.000 cabezas nucleares— resultaba altamente simbólico y confirmaba la autenticidad de la distensión.

El acto, protagonizado por Reagan y Gorbachov, acompañados de sus mujeres, revistió especial solemnidad y tuvo gran eco en la opinión pública.

La figura de Reagan cobró un aspecto nuevo y a su anterior imagen belicista sucedió otra más popular y pacífica. El acercamiento entre ambos mandatarios y el sonriente aspecto que ofrecían en las fotografías auguraban tiempos de *cordial entendimiento,* como efectivamente ocurrirá.

B) *El tratado START*

Después del acuerdo sobre los euromisiles (1987) y sobre las armas convencionales en Europa (1990), la firma del tratado START fue el tercer gran acuerdo en este proceso de desescalada armamentista que se consiguió desde que Gorbachov llegó al poder.

Los acuerdos precedentes acerca de armas estratégicas, aquellas armas nucleares con alcance superior a los 5.500 km, fijaron límites al aumento de los arsenales pero no reducciones reales, como ahora se hacía.

EEUU, con unas 12.000 ojivas, se comprometía a reducir su número a una cifra que puede oscilar entre las 8.000 y las 9.000 mientras la URSS que dispone de unas 11.000 las reducirá entre las 7.500 y las 8.500.

Se deduce de lo acordado que cada parte podrá desplegar un máximo de 1.600 misiles y bombarderos, con un plazo de siete años y un sistema estricto de verificación.

Se ha sustituido la filosofía del *Mutual Assured Destruction* (MAD) por la estrategia de la Disuasión Nuclear Mínima, aunque todavía ambas Superpotencias conservan suficientes armas como para destruir el mundo varias veces. La reducción afecta además a los sistemas más anticuados y no se prohíbe continuar con planes de investigación de nuevas armas, como la dichosa *guerra de las galaxias*. De todas formas, se trata del acuerdo más significativo firmado desde la II GM e ilustra que la guerra fría está tocando a su fin.

Además de estar afianzándose un nuevo clima de distensión y entendimiento entre Washington y Moscú, hay una voluntad expresa, sobre todo por parte soviética, de reducir los presupuestos militares, con el objetivo de rehacer unas economías deterioradas. Gorbachov ha sido muy claro en este sentido y pidió inversiones de capital Occidental para reconvertir numerosas fábricas del sector militar al civil.

El tratado START (*Strategic Arms Reduction Talks*) se firmó en Moscú el 31-VII-91, tras ocho años de negociaciones. Contiene una detallada referencia a tipos de armas, número, despliegue y control del plan de reducción. En total, ambas Superpotencias no podrán sobrepasar el límite de 6.000 cabezas nucleares y de 4.900 misiles balísticos. Al final del acto de la firma, el Presidente Bush dijo: «Hace cincuenta años, nos aliamos para luchar en una terrible guerra. Ahora nos volvemos a unir en busca de un nuevo mundo». Por su parte, Gorbachov respondió que «Esta cumbre supone un síntoma de la creciente irreversibilidad de los cambios fundamentales que llevarán al mundo a una mejor situación».

Una buena consecuencia del nuevo clima de entendimiento ruso-americano fue el anuncio hecho por el Secretario de Defensa comunicando el cierre de 128 instalaciones militares norteamericanas en diez países, entre ellos la de Torrejón de Ardoz, que continuará sólo como base española.

13.2.7. *Europa Occidental*

En Gran Bretaña, a finales de los años ochenta, la popularidad de la Primera Ministra empezó a disminuir e incluso en el seno del partido se llegó a cuestionar su relevo. La crisis económica se agravó y volvieron las huelgas, dimitiendo el ministro de Hacienda partidario de encuadrar la libra en el Sistema Monetario Europeo.

El primer aviso serio fue la victoria laborista en las elecciones al Parlamento europeo en 1989.

Otra medida impopular resultó la implantación en todo el país del *poll-tax*, un impuesto local que gravaba a todos los ciudadanos por igual. La dimisión forzada del titular de Comercio primero y del líder de los Comunes, Geoffrey Howe, después, evidenciaron la grave crisis del partido que tuvo que cuestionarse la continuidad de Thatcher al frente del mismo.

Se celebraron elecciones internas que dieron cierto protagonismo a Michael Heseltine, que encabezaba el sector opuesto a la Primera Ministra, quien decidió dimitir como Jefe del partido. Sin embargo, su candidato, John Major venció a Heseltine y a Douglas Hurd. Thatcher presentó a la reina su dimisión, siendo sutituida por Major.

El nuevo «Premier», que contaba con 47 años y había sido un estrecho colaborador de Margaret Thatcher, se propuso como objetivos principales sanear la economía, restablecer la unidad del Partido conservador y emprender una política europeísta más decidida, siempre dentro del talante más moderado típico de los británicos. También suprimió el polémico *poll tax* sustituyéndolo por el *council tax* que era más proporcional.

En las legislativas de 1986 en Francia, la oposición del RPR y la UDF logran más escaños que los socialistas. También llama la atención el ascenso del Frente Nacional de Le Pen con 35 escaños. Mitterrand se ve obligado a designar Jefe de Gobierno a Chirac, estableciendo así una original fórmula de compromiso que será conocida por la «cohabitación».

La divergencia de programas auguraba una etapa complicada, pero el buen sentido de ambos dirigentes consiguió un cierto equilibrio y permitió cambios de inspiración liberal.

En política exterior, Mitterrand heredó el mejor estilo gaullista, especialmente en el espacio europeo, reforzando el eje París-Bonn.

El pragmatismo demostrado por Mitterrand durante su mandato presidencial y su habilidad para presentarse a la reelección como un hombre conciliador y candidato de *unión nacional* le dio el triunfo en las elecciones de 1988. Logrando en la segunda vuelta un 54% frente al casi 46% de Chirac apoyado por Barre.

Aunque Chirac dimitió, el nuevo Jefe de Gobierno, el socialista Rocard no contaba con el apoyo de la Asamblea que fue disuelta. En las nuevas elecciones, los socialistas obtuvieron una mayoría relativa que les permitió gobernar.

El centro-derecho rehusó integrarse en el Gobierno por lo que éste nacía con una base mínima y un horizonte de inestabilidad, que en parte se compensó por la trascendencia de los cambios internacionales que se producen en estos años que aconsejaban un cierto respaldo al Gobierno.

1989 fue el año conmemorativo del bicentenario de la Revolución Francesa, ocasión aprovechada por Mitterrand para llevar a cabo una serie de obras y actividades que reforzaron su tradicional política de «grandeur». Impresionantes desfiles y espectáculos se unieron a obras como la polémica pirámide de cristal del Louvre o el Arco de la Defensa. París fue también escenario de una cumbre de representantes de los países más ricos e industrializados. De las monarquías europeas sólo estuvo presente en las ceremonias, Margaret Thatcher.

Paralelamente y también en París se reunieron representantes de los países más pobres y hasta un total de 34 Jefes de Estado y de Gobierno, principalmente de las antiguas colonias francesas en África.

En marzo de 1991, diez días después del décimo aniversario de François Mitterrand como Presidente de la República, dimitió el Primer Ministro francés, Michel Rocard y fue sustituido por la también socialista, Edith Cresson.

Aunque con un margen ligeramente inferior, los socialistas volvieron a ganar las elecciones generales en España (29-X-89). Por tercera vez consecutiva el PSOE formaría Gobierno, pero creándose una fuerte polémica sobre varios escaños que le impedían tener la mayoría absoluta. Felipe González tuvo que tomar posesión sin estar cubiertos todos los escaños por encontrarse varios de ellos pendientes de resolución acerca de a quién correspondían. Otros hechos fueron la recuperación de la derecha con un nuevo líder, José María Aznar, que logró con sus 105 escaños superar el techo anterior y el ascenso igualmente significativo de Izquierda Unida, además de confirmarse el declive del CDS y el continuismo de los partidos nacionalistas.

En cumplimiento de las promesas hechas por el Gobierno socialista al pedir el «Sí» para el ingreso de España en la OTAN, se abrieron conversaciones con los EEUU para la salida de Torrejón de Ardoz de los 72 cazabombarderos F-16 que integran el Ala Táctica 401. El 11 de enero de 1988 se logró el acuerdo y los aparatos americanos, que por cierto utilizarían esta base con ocasión del conflicto del Golfo, iniciaron la salida. Los cuatro últimos aparatos dejarán Torrejón en marzo de 1992.

España clarificó su situación respecto a la OTAN al aprobarse mediante referéndum la incorporación del país a la alianza, aunque con varias condiciones: no nuclearización del territorio español, no integración en la estructura militar y reducción de la presencia americana en España.

Respecto al tema de Gibraltar, España y Gran Bretaña habían acordado un *modus vivendi* que permite el uso conjunto del aeropuerto, estableciéndose una terminal de acceso directo a España, administrándose conjuntamente los servicios del aeropuerto. Además, Londres reconocía los argumentos españoles sobre la negociación de la soberanía del lugar. El tema del aeropuerto se estancaría.

Como reacción a este acuerdo, Joshua Hassan, dimitió de su cargo de ministro principal de Gibraltar, aunque manifestó que su decisión obedecía a otros motivos.

Las elecciones habidas en marzo de 1988 dieron la victoria al Partido Laborista que lideraba Joe Bossano, pues obtuvo el 58% de los votos, poniéndose fin a los cuarenta años de predominio de sir Joshua Hassan y su partido AACR. El nuevo Gobierno expresó su voluntad de mantener una política gibraltareña al margen del posible entendimiento hispano-británico.

La visita oficial de Isabel II de Inglaterra a España en 1988 confirma la nueva política de entendimiento entre Londres y Madrid como socios en la CEE y la OTAN, pese a la pervivencia del problema gibraltareño.

Primeramente visitó la capital española Margaret Thatcher, en septiembre, y un mes más tarde, del 17 al 24 de octubre, lo hizo la reina, que, además de los actos oficiales en Madrid visitó Barcelona, Sevilla y Mallorca. Desde que en 1623 Carlos I estuvo en la Corte española, ningún otro monarca británico había viajado a España con carácter oficial.

El 4-XII-89 los británicos retiran de Gibraltar al histórico regimiento Royal Green Jackets. La presencia militar queda reducida a algo meramente simbólico, incrementándose el regimiento local.

En Italia va a vivirse una cierta estabilidad durante la décima legislatura (1987-1992) que fue disuelta como sus predecesoras más recientes.

En las elecciones de 1987 el PCI obtuvo los peores resultados de su historia, recuperándose los democristianos y avanzando llamativamente los socialistas. También entran en el Parlamento los verdes.

El nuevo Jefe de Gobierno, Goría, formó un gabinete pentapartidista pero apenas duró ocho meses. Los nuevos dirigentes políticos del Gobierno serán De Mita, que también dimitará pronto y Andreotti que, en cambio, se mantendrá en el poder un trienio. La presidencia de la República a lo largo de estos años fue ejercida por Francisco Cossiga.

Alemania va a vivir estos años del hundimiento del Bloque del Este con especial intensidad dada su cercanía al espacio comunista y la crisis que afectará a la República Democrática Alemana.

Kohl continúa al frente de la Cancillería y los acontecimientos del Este contribuirán a afianzarlo en el poder. También se registraron en las diversas elecciones avances de los verdes.

Tras la caída del muro de Berlín los hechos se precipitarán facilitándose la posibilidad, antes impensable, de la reunificación.

Aunque el tema se expone más adelante cabe reseñar como fechas clave la firma del Tratado de Unificación Económica entre ambas Alemanias (22-VI-90), la unificación monetaria (1-VII-90), el Tratado de Unificación (31-VII-90), acuerdo de las Potencias sobre Alemania (12-IX-90) e incorporación de la extinta RDA a la República Federal (3-X-90). El Gobierno federal tuvo que comprometerse paralelamente a respetar las fronteras de la nueva Alemania con Polonia y Checoslovaquia, a reducir sus fuerzas armadas a 370.000 hombres, a contribuir financieramente a la evacuación de las tropas soviéticas de la RDA, a no extender hasta 1994 la estructura de la OTAN al territorio de la antigua República Democrática.

Según lo dispuesto en el Tratado de Unificación dejaba de existir la RDA y el Presidente Von Weizsaecker y el Canciller Helmut Kohl pasaron a serlo de toda Alemania.

Grecia también gira hacia la derecha. En las elecciones legislativas de abril de 1990, el partido conservador Nueva Democracia, encabezado por Constantino Mitsotakis, obtiene 150 escaños frente a los 123 del socialista Pasok. En el nuevo Gobierno heleno figurará como titular de Cultura, el músico Mikis Teodorakis, que había sido anteriormente comunista.

Suecia es otro país que también «cambia de modelo». En efecto, después de casi medio siglo de Gobiernos socialdemócratas, en las elecciones de 1991, los suecos eligieron a los representantes conservadores de Carl Bildt. Además, Suecia abandonará su línea discretamente neutralista para incorporarse decididamente a Europa solicitando su ingreso en la CEE.

Portugal vivió igualmente jornadas electorales en 1991, eligiendo al socialdemócrata Mario Soares Presidente de la República por un segundo mandato. El primer Ministro Cavaco Silva renovará su Gabinete liberal-conservador, dando al país luso un signo de continuismo y estabilidad.

13.2.8. *El Acta Única*

La Comunidad Europea vive estos años una importante etapa de crecimiento y reconversión. En 1985 entra en funciones la nueva Comisión que preside el francés Jacques Delors. Había sido eurodiputado, ministro de Economía y persona destacada del partido socialista.

Concluidas las negociaciones con los países ibéricos, como ya se ha indicado, la CEE se amplió el 1-I-86 a 12 miembros. También se elaboraron un Libro Blanco sobre mercado interior, un Libro Verde sobre política agrícola y un Memorándum sobre tecnología, entre otros informes destacados.

El hecho más importante de esta etapa fue la firma del Acta Única en Luxemburgo los días 17 y 18 de febrero de 1986, que fue la primera reforma de envergadura de los Tratados fundacionales.

Se consideraron temas tan variados como mercado interior, capacidad monetaria, cohesión económica y social, Parlamento Europeo, poderes de ejecución y gestión de la comisión, investigación y desarrollo tecnológico, medio ambiente, política social, Tribunal de Justicia, y cooperación europea en materias de política exterior.

Aunque las *reformas institucionales* fueron más *moderadas* de lo previsto, se reforzaron las competencias del Parlamento Europeo y de la Comisión; se incrementó el número de casos en que podrían adoptarse decisiones por mayoría cualificada; se mantuvo el principio de unanimidad y la posibilidad de recurrir al «compromiso de Luxemburgo». Se institucionalizó la «Cooperación Política» con el Consejo Europeo, según lo acordado en la Conferencia de París de 1975, y se fijó la fecha para la ultimación del mercado interior y el reforzamiento de la cohesión económica y social.

María José Canel escribe que «en las negociaciones para la firma del Acta Única se pusieron una vez más de manifiesto las tensiones entre los dos conceptos» (de Unión Europea). La controversia se centró en los recursos comunitarios. Unos países abogaron por incrementarlos, para que la Comunidad pudiera emprender nuevas políticas comunes. Otros reaccionaron en contra, alegando que el aumento de recursos incrementaría excesivamente la autonomía de decisión de las instituciones comunitarias. El resultado fue *ambiguo*. El Acta refleja el deseo de reforzar la cohesión económica y social, la investigación y la política de medio ambiente, pero apenas hace referencia al desarrollo de políticas comunes: enfatiza simplemente la realización del mercado interior, que no requiere recursos financieros propiamente comunitarios. Esta ambigüedad sembró el temor de que la Comunidad se distanciara del objetivo previsto en los Tratados fundacionales: la integración económica. El Acta Única fue por tanto un paso modesto en la modificación de las instituciones, ambiguo respecto al modelo de Europa. Pero sirvió de *punto de partida para* la consolidación de la unión y para la preparación del Tratado de Unión es decir: *el Tratado de Maastrich*.

El 14-IV-87 Turquía presentó en Bruselas su petición oficial de Adhesión a la CEE, hecho considerado aún como prematuro en los medios comunitarios, habida cuenta de los problemas de diversa índole que supondría la incorporación de este país a la Europa Comunitaria.

La CEE continuó su marcha hacia el Mercado Único previsto para el 1-I-93, acelerando decisiones y realizaciones que fueron llevando a cabo las adaptaciones necesarias para ese cambio auténticamente histórico.

Tras el semestre de presidencia española, se celebró en Madrid los días 26 y 27 de junio de 1989 la reunión prevista del Consejo Europeo, que si bien no ofreció resultados llamativos sí confirmó los progresos en varios campos, como el Sistema Monetario Europeo y la llamada Carta Social. La peseta se integró en el SME. La Primera Ministra inglesa fue quien se mostró más reticente a los cambios, especialmente de la Carta Social. La cumbre consagró una vez más el decidido propósito de que la unión económica y monetaria es objetivo irrenunciable. Por otra parte, como ya se ha apuntado, se iba cumpliendo el calendario previsto para poner en marcha las 300 directrices señaladas como metas para 1992 en el célebre Libro Blanco.

En el campo de las relaciones exteriores ha ido cobrando cada vez más interés la figura de la troika de los titulares de Exteriores, instrumento de la coordinación diplomática comunitaria. El hecho de producirse en este período y en el año siguiente importantes acontecimientos en la vida política internacional ha evidenciado la utilidad de esta institución.

También se ha ido avanzando en las relaciones establecidas con el Parlamento y la Comisión.

Por primera vez los Doce votaron a la vez para cubrir los diputados al Parlamento europeo. El jueves 15, España, Dinamarca, Holanda, Irlanda y Gran Bretaña eligieron a sus representantes y el domingo siguiente lo hicieron los otros siete Estados.

Un nuevo país va a solicitar formalmente su ingreso en la CEE, un país que ofrecía unas ciertas peculiaridades fundadas en su *status* de neutralidad: Austria. En efecto, el 17 de julio de 1989, Viena cursó la petición a Bruselas, iniciando así el presumiblemente largo proceso negociador.

Otro dato *europeo* de estos meses fue la elección del socialista español Enrique Barón como Presidente de la Cámara de Estrasburgo.

Los Jefes de Estado y de Gobierno de la CEE reunidos en Dublín aprueban, el 25-VII-90, un importante documento sobre la unión política europea, que se aplicará de modo paralelo a la unión económica a partir del primero de enero de 1993.

Tras la reunión hispano-francesa de Mérida, España decide ingresar en el llamado Grupo de Schengen, en el que participan Francia, RFA y el Benelux y propugna suprimir las fronteras en 1992, adelantándose a la entrada en vigor del mercado único.

Por otra parte, y en el mismo mes de julio de 1990, ocho países comunitarios (Francia, Reino Unido, Italia, Bélgica, Holanda, RFA, Dinamarca y Luxemburgo) ponen en marcha la primera fase de la unión económica, dando libertad a la circulación de capitales, con el único requisito de que se utilicen los bancos como intermediarios financieros.

Este ritmo *europeísta* va a verse alterado por los acontecimientos en el Este del continente. Se cambia tan radicalmente la situación que el proceso se *ralentiza*. Alemania debe dar prioridad a su nueva problemática de incorporar a la ex-RDA, y la probabilidad de un próximo intento de acercamiento de todos o parte de los países ex-comunistas a la CEE aconseja una estrategia de prudencia y comprensión.

13.2.9. *Las Repúblicas Populares en crisis*

Dos imágenes difundidas por todos los medios de comunicación ilustraron el desplome del sistema comunista en Europa Central y del Este: la fotografía de los soldados húngaros cortando las alambradas que separaban su país de Austria y el reportaje por televisión mostrando a los alemanes orientales alborazadamente encaramados sobre un muro de Berlín que empezaba a ser destruido de un modo a la vez sorprendente y festivo.

En efecto, el 2-V-89 tropas húngaras comenzaron a cortar las alambradas que señalaban físicamente la divisoria entre las dos Europas. A la vez se levantaron las minas y se desmanteló el sistema de alarma electrónica. Era el adios al *telón de acero*.

A) Herrero de Miñón ha escrito que «la liberación de los países de Europa Central y Oriental ha sido, a la vez, múltiple y única. Cada una de las hasta hace poco Democracias Populares ha recorrido su peculiar vía hacia la libertad; pero todas ellas han seguido en gran medida pautas comunes y simultáneas. La democratización política ha llevado consigo la recuperación de la identidad nacional y la liberalización económica, esto es, aspectos conexos pero distintos en su forma, contenido y ritmo y, sin embargo, integrantes todos ellos del mismo proceso».

La transición del sistema comunista a la democracia no implicó sólo cambios institucionales o políticos como pluralismo y elecciones libres. Fue todo el contexto social el que cambió, instaurándose el Estado de Derecho, el respeto a los Derechos Humanos, la economía de mercado, la libertad de expresión, el reconocimiento de las peculiaridades nacionales... Coinciden reivindicaciones sociales y políticas, demandas culturales y económicas en un mismo proceso de cambio, múltiple, heterogéneo y simultáneo.

En Polonia, fue el sindicato Solidaridad, la Iglesia católica y el conjunto del pueblo los que protagonizan el proceso de cambio. En Checoslovaquia, la acción de los intelectuales unida a la presión popular. Hungría realiza el cambio por un movimiento dirigido desde el mismo partido, que ya en la época de Kadar contaba con sectores renovadores, mientras en Bulgaria fue el «contagio» ruso el dato clave y en Rumanía, la misma *nomenklatura* comunista derribará a Ceaucescu ante manifestaciones populares de oposición al régimen.

Pero todo ello no hubiera sido posible sin la tolerancia e incluso el impulso que llegaba de Moscú, gracias a Gorbachov y a su nueva política reformista de la *perestroika*.

Como señala Bogdan, en unas Repúblicas se persigue la política de reformas (Kadar, luego Grosz en Hungría, Jaruzelski en Polonia); en otras, por el contrario, se mantuvo y hasta se endureció la línea política ya rígida (Honecker en la RDA, Husak en Checoslovaquia, Jivkov en Bulgaria, Ceaucescu en Rumanía).

El acceso de Gorbachov al poder tuvo, casi de inmediato, dos consecuencias para el Bloque, un cierto desinterés por lo que en él ocurría, habida cuenta de la prioridad del Gobierno soviético por las reformas en su propio espacio, y el clima de complicidad y casi de impulso a los partidarios de introducir reformas en todo el conjunto socialista.

Este nuevo horizonte no dejó de verse con recelos y suspicacias por los sectores conservadores (Honecker, Husak, Ceaucescu) que veían, paradójicamente, que esta vez los influjos reformadores llegaban desde el centro del Bloque: Moscú.

Las dificultades económicas, en lugar de disminuir, crecían. Cabe destacar, entre ellas, la inflación, los déficit agrícolas, el endeudamiento exterior y la dependencia de estos países respecto a la economía soviética, igualmente en crisis.

Otro factor clave en el proceso reformista fue la acción de la Iglesia católica que estaba gobernada precisamente por un papa de origen polaco, Karol Wojtila, con el nombre de Juan Pablo II.

La Iglesia había sido en todas las Repúblicas Populares el alma de la resistencia frente al materialismo comunista, impuesto durante más de 40 años. En terrenos como la educación, la acción cultural, las reinvindicaciones sindicales, la defensa de derechos como los de reunión, asociación y expresión, su contribución y ayuda fue patente. En Polonia, la acción del papa resultó decisiva.

De hecho, el primer viaje a Varsovia del papa puso en pie una movilización moral que el segundo viaje no hizo sino confirmar, al tiempo que convertía a Lech Walesa, como se ha dicho en una especie de «nuncio apostólico permanente». «El tercer viaje —cuenta Andrè Frossard— tuvo algo de provocación: *Solidarnosc*, la palabra prohibida, aparecía una y otra vez en cada uno de los discursos del papa, que se refería constantemente a los derechos del hombre, a la dignidad y libertad de las personas, hasta el punto de que el general Jaruzelski, en la entrevista con el papa en el aeropuerto se lamentó de que su país había sido tratado con mucha más dureza que cualquier otro del mundo. "No he hecho más que citar vuestra Constitución", le respondió Juan Pablo II».

El entendimiento entre el papa y Gorbachov, como quedó de manifiesto en las audiencias vaticanas al dirigente soviético, fue un elemento decisivo en este histórico período.

B) La descomposición del Bloque del Este ofrece varias facetas, todavía no aclaradas del todo. En primer lugar, hay una crisis ideológica; el hundimiento del comunismo como principio político y como sistema.

Como señaló Bronislaw Gemerek: «La crisis del comunismo se había anunciado ya muchas veces y los sabios observadores seguían los signos sucesivos de su descomposición. Pero cuando esta descomposición llegó de verdad, se recibió con sorpresa y una especie de estupor».

El hundimiento del comunismo ponía de nuevo en cuestión todas las estrategias políticas anteriores y transtornaba la rutina de las ideologías.

La causa es por lo tanto más profunda y la crisis económica o el pulso por el poderío militar, sin dejar de ser importantes, no bastan para explicar lo sucedido. «Era una crisis total de las estructuras del sistema» dice Gemerek, que añade con acierto:

«Lo esencial de la lucha contra el comunismo no ha sido por la economía de mercado, sino una cruzada por la reconquista de las libertades individuales. Los resultados de la Conferencia sobre Seguridad y Cooperación en Europa (CSCE) han sido mejores de lo que cabía esperar».

En esta misma línea coinciden varios analistas: fue la estrategia de valores y diálogo que la cumbre de Helsinki propició una de las causas del cambio. El sistema, en todo el Bloque, tuvo que readaptarse a los nuevos principios que había reconocido y tal propósito no podía llevarse a cabo sin transformar los regímenes comunistas.

Otro aspecto interesante es el talante *descolonizador* del desplome del Imperio Soviético. Como ha señalado Carmen González, la transición a la democracia en estos países ha venido precedida y acompañada por un proceso simultáneo de independización nacional respecto a la antigua URRS y, a la vez, de disolución de los lazos internacionales que les mantenían unidos entre sí. De este modo, las nuevas democracias han nacido en un ambiente regional turbulento, sin marcos de cooperación militar, política o económica, y a la vez amenazadas por su estabilidad por tensiones separatistas internas —Checoslovaquia—, o ambigüedades fronterizas —Polonia—.

En efecto, la ebullición de las tensiones nacionalistas y la reaparición de fantasmas como las reivindicaciones fronterizas o la opresión de minorías étnicas surgieron en esta etapa *descolonizadora*.

El problema de los nacionalismos en todo el amplio conjunto del Bloque del Este, incluyendo la propia Unión Soviética, que contaba con más de cien nacionalidades distintas dentro de sus fronteras, constituyó —y sigue constituyendo— uno de los aspectos claves de la situación.

Corolario de este problema era el riesgo de que al mostrarse el Estado autoritario no se disolviera el Estado mismo. Las transformaciones en Alemania Democrática, Yugoslavia y la URSS ilustran la gravedad del hecho, que lleva al fin de estas estructuras políticas.

El derrumbamiento del comunismo en Europa del Este también repercute en Occidente y los partidos marxistas inician un cierto proceso de autocrítica que viene a culminar la fase ya abierta por el *eurocomunismo*. En Italia, Achille Occhetto, secretario del histórico PC italiano, propone la reconversión del partido prescindiendo del calificativo de comunista (noviembre 1989), que pronto será imitado por los demás partidos occidentales. En España surgirá, en cierto modo, como alternativa al Partido Comunista, *Izquierda Unida*.

La condición popular de los levantamientos contra los regímenes del Este y el protagonismo de las acciones de masas son otra de las características del proceso, que se unirán a la postura de muchos *apparatchiks* y de los círculos intelectuales y estudiantiles.

C) Hungría y Polonia parecen establecer una competición, en el histórico año de 1989, para ver quién protagoniza el proceso de cambio. Si en febrero el PSOH acepta el pluripartidismo, Polonia lo hace en abril y en este mismo país se llegará a establecer el primer Gobierno no comunista en una República Popular (19-VIII-89) tras las primeras elecciones libres en junio.

En octubre, Hungría deja de ser República Popular y el 9 de noviembre se abre la frontera inter-alemana en Berlín. Al día siguiente Hungría sustituye al intocable Yivkov y a fin de mes, tras varias manifestaciones multitudinarias, será en Checoslovaquia donde se vote la abolición del papel dirigente del PC. En diciembre harán lo mismo los alemanes aceptando el pluripartidismo.

Este mes será decisivo en Checoslovaquia, donde se formará un Gobierno de *entente nacional* no comunista y en Bulgaria, al prometer Mladenov elecciones. En Rumanía, por contraste, la evolución es trágica y culminará con la ejecución de Ceaucescu.

A lo largo del año siguiente, 1990, todas las Repúblicas Populares dejarán de serlo y renovarán sus Gobiernos mediante elecciones democráticas, según se expone con más detalle seguidamente.

13.3. El fin de las Repúblicas Populares

La mutación soviética primero y de todo el sistema comunista después parecen obedecer a una crisis *metropolitana* que a su vez repercute y es afectada por modificaciones *periféricas.*

Este enorme espacio geopolítico centroeuropeo ha vivido, desde los brumosos tiempos de Bizancio, bajo estructuras imperiales: los turcos, los zares, el Imperio de los Habsburgo, la Alemania guillermina, el *Imperio soviético*, confirmado y acrecentado tras vencer en la II GM al no menos dominador III Reich. Y justamente, con la disolución de la URSS, inicia su proceso descolonizador.

Pero es a la vez una crisis de poder, de *vacío* de *poder*, que nace tras la I GM y *momentáneamente* se *congela* durante los años de influencia y control soviético.

13.3.1. *Recuerdo de Austria-Hungría*

El vacío dejado por el Imperio Austro-Húngaro en esta amplia zona no fue suficientemente compensado por las nuevas naciones diseñadas en Versalles.

A) Pocos nombres en la Historia son tan evocadores como el de Austria y su heterogéneo Imperio, un complejo edificio político y cultural de fascinante andadura y trágico fin.

«Si Austria no existiera, habría que inventarla», dijo el estadista británico lord Palmerston, comentando las dificultades internas del Imperio. «En el marco del sistema europeo sería imposible —afirmaba Palmerston— reemplazar a Austria por pequeños Estados. Y si el Imperio de los Habsburgo perdiese Hungría, ¿cómo podría sobrevivir? Los países austríacos serían pronto absorbidos por Alemania y la expansión rusa en los Balcanes no tendría contrapeso...».

Palabras proféticas que parecían dibujar los mapas de Europa tras Versalles y Yalta.

Hace dos mil años, Viena fue uno de los fuertes fronterizos de Roma en las líneas avanzadas frente a los bárbaros de las provincias de Retia, Nórica y Panonia.

Siglos después será Carlomagno quien organizará esta región como su *Marca oriental*, la *Ostmark,* que en el siglo X será rebautizada como *Osterreich* o Austria.

La vida y ejecutoria de este país van a reunirse a la de una familia, a una dinastía: los Habsburgo. Otokar de Bohemia domina el territorio en 1251 y le anexiona Carintia y Carniola, acabando por ceder todo a Rodolfo de Habsburgo, que entrega Austria, Estiria y Garniola a sus hijos, iniciando una dinastía que se prolongará hasta la I GM.

El Imperio Austro-Húngaro fue también una importante construcción cultural. En sus hermosas capitales florecieron las artes, las ciencias y las letras. Un excelso friso de nombres lo ilustra: Freud, Mahler, Schonberg, Kafka, Strauss, Klimt, Kokoschka, Wittgenstein, Stephan Zweig, Berg, Canetti...

B) Las Repúblicas Populares ocupaban el llamado «istmo pontobáltico» y participaban de los rasgos geográficos de la costa nórdica, la llanura centroeuropea y la complejidad orográfica de las regiones danubianas y balcánicas.

Formaban el «glacis» geofísico y estratégico de la URSS.

Estabilizar este espacio, dotarle de libertad, derechos y regímenes democráticos y fórmulas de cooperación transnacional sin descartar la incorporación de todos o parte de estos países a la Europa Comunitaria, sin fomentar los recelos de la nueva Rusia, es sin duda uno de los grandes retos de este fin de siglo.

A los problemas de toda transición política y económica, como lo que aquí se plantea, se unen otras cuestiones graves que conviene cuidar.

En Centroeuropa y en los Balcanes existen problemas de minorías y cuestiones étnicas y religiosas acalladas que pueden reavivarse en un futuro. Y también reivindicaciones fronterizas. Es raro el territorio de este amplio espacio que no tenga algún problema reivindicativo.

En Polonia está el problema de las tierras cedidas a la URSS y las ganadas a Alemania. Entre Hungría y Rumanía encontramos el contencioso de Transilvania (Rumanía pudiera además reclamar Moldavia y Besarabia). Macedonia está dividida entre Grecia, Yugoslavia y Bulgaria. Este último país cuenta con una fuerte minoría turca, como la hay húngara en Eslovaquia. Yugoslavia era el complejo nacional más peliagudo donde lamentablemente ha estallado la guerra. Incluso Checoslovaquia ha acabado rompiéndose en dos Repúblicas.

13.3.2. *Polonia*

Polonia era un país donde desde hacía ya años se venía combatiendo por reformas y en el cual el Ejército tuvo que hacerse con el poder en 1981 para salvar el régimen. Allí la transición se produjo con un calendario poco menos que previsto y pactado.

El motor del cambio polaco fue el sindicato Solidaridad, liderado por Lech Walesa, sin olvidar tampoco el papel decisivo de la Iglesia y del cardenal primado Glemp. Otra figura clave del proceso fue el mismo Presidente comunista, el general Jaruzelski.

Ya el papa Juan Pablo II durante la tercera visita a su tierra natal, en junio de 1987, instó a respetar los derechos humanos. No faltaron entonces enfrentamientos violentos entre policías y grupos de opositores.

En octubre, el Gobierno anunció un plan de reformas políticas y económicas que sería sometido a referéndum nacional el 29 de noviembre. Los polacos tenían que pronunciarse sobre dos proyectos de ley: la democratización de la vida política y la reforma económica. Pero la votación era a la vez una especie de plebiscito acerca del general Jaruzelski. Aunque el voto era obligatorio, solamente el 67% de los electores tomó parte en la elección; 69% de los votantes aprobaron la reforma política y 64% la económica. En relación con los inscritos, representaban el 46% y el 42%, respectivamente. El resultado del referéndum fue ambiguo. A pesar de las consignas de abstención, dos de cada tres polacos habían votado. Pero el Gobierno estaba lejos de poder cantar victoria pues ambos proyectos habían sido aprobados por menos de la mitad de los electores inscritos.

Lech Walesa señaló que «el referéndum no ha resuelto nada, lejos de ello, ha demostrado que ninguna fuerza en Polonia está en condiciones de solucionar por sí sola la crisis... Espero que el poder lo haya comprendido para el futuro».

El Gobierno presentó a la Dieta los dos textos. Tras un debate animado, los adoptó con algunas modificaciones.

En primavera se produjeron huelgas y manifestaciones por parte de los trabajadores, en demanda de mejores salarios y exigiendo la reincorporación de activistas de Solidaridad, expulsados por su participación en las protestas.

Solidaridad boicoteó los comicios locales de junio de 1988, en los cuales el descontento con la política del Gobierno se vio reflejado en la escasa participación (55%) del electorado. En verano, una nueva huelga de mineros, en demanda de la restauración legal de Solidaridad, se expandió a otros sectores. Ante la urgencia de la crisis, el Gobierno debió negociar con Lech Walesa.

En septiembre de 1988, el Gobierno de Zbigniew Messner renunció, debido a su escaso apoyo popular y a su fracaso en las reformas económicas. Mieczyslaw Rakowski fue elegido Presidente del nuevo Consejo de Ministros, designando, como sus colaboradores, a varias personas no pertenecientes al POUP y a políticos jóvenes partidarios de reformas.

A mediados de octubre comenzaron las conversaciones entre los representantes del Gobierno, de Solidaridad y de otros grupos. En noviembre se reunieron varias veces, de manera secreta, Lech Walesa y el Ministro de Asuntos Internos con el objeto de llegar a una reconciliación, y el Gobierno se mostró dispuesto a negociar acerca del carácter legal de Solidaridad. Las autoridades aceptaron a Solidaridad como movimiento nacional con la condición de que sus miembros apoyaran el plan de reformas políticas y económicas. Se propuso, también, establecer una segunda Cámara legislativa y la creación de una presidencia ejecutiva. El futuro Presidente de Polonia, investido de todos los poderes, no sería, en adelante, necesariamente el Primer Secretario del POUP.

A mediados de abril, Solidaridad fue legalizada.

Las elecciones para la nueva Asamblea Nacional bicameral se realizaron en dos vueltas, los días 4 y 18 de junio de 1989, participando un 62% del electorado en la primera y sólo un 25% en la segunda.

El Comité de Ciudadanos Solidarios obtuvo 99 de los 100 escaños en el Senado, recientemente creado.

En las elecciones del *Sejm*, el POUP sufrió una grave humillación de parte del electorado al ser rechazados, inesperadamente, 33 de los 35 candidatos presentados en las listas nacionales, entre ellos Mieczyslaw Rakowski, Presidente del Consejo. Los candidatos debieron retirarse a la vez que se tomaban las medidas electorales para rectificar, rápidamente, en una segunda vuelta, los lugares desocupados. El POUP ganó 173 escaños, mientras que el ZSL 76, el SD 27 y los miembros de las organizaciones católicas 23. Los 161 escaños restantes fueron obtenidos por los candidatos del CCS.

Solidaridad no aceptó la propuesta de Jaruzelski de formar un Gobierno de coalición con el POUP.

Lech Walesa propuso formar una coalición gubernamental entre Solidaridad, el ZSL y el SD, que fue aceptada por el Presidente Jaruzelski, quien nombró a Tadeusz Mazowiecki (periodista y miembro de Solidaridad), Presidente del Consejo de Ministros. Se ponía así fin a casi 45 años de Gobierno comunista.

Símbolo de esta estrategia de moderación y entendimiento fue la designación —por un solo voto de diferencia— del general Jaruzelski como Presidente de la República. Por cierto, el general dimitió de su cargo de Secretario del PC para poder ser «Presidente de todos los polacos».

La designación de Mazowiecki, un hombre de Solidaridad, como Jefe del Gobierno logró algo que antes parecía imposible: un Gobierno no comunista en un Estado que todavía se mantenía como República Popular con todas sus consecuencias. Los Ministerios económicos recayeron en hombres de Solidaridad, mientras Interior y Defensa lo hacían en personas de confianza de Jaruzelski. Terminaba así el régimen de monopolio del comunismo en Polonia, pero comenzaba una difícil etapa de reformas y cambios, especialmente económicos.

El 17 de julio de 1989, tras cincuenta años de ruptura, Polonia restablece las relaciones diplomáticas con la Santa Sede.

Polonia recibió el nuevo año 1990 no como República Popular, sino, sencillamente, como República de Polonia. La corona volvía a situarse sobre el escudo nacional. Se introdujeron enmiendas esenciales a la Constitución y 11 leyes económicas que transformarán el sistema comunista en una economía de mercado.

A todo ello se llega con el esfuerzo de un Parlamento preocupado por actualizar un sistema legal obsoleto. Todos los grupos parlamentarios (comunistas incluidos) respaldan las nuevas leyes. Se piensa elaborar una nueva Constitución, y para ello se crea una comisión parlamentaria que se encargará de redactarlos. Se pretende posibilitar el funcionamiento del Estado en el período de transición.

Algunos de esos cambios inmediatos en esta etapa de transición fueron: eliminar el preámbulo constitucional que sienta las bases del sistema político y económico de un Estado socialista; la definición de país socialista se sustituye por la de un Estado democrático de derecho, que realiza los principios de la justicia social; la nación ejerce el poder mediante sus representantes en la Dieta, el Senado y los Consejos Nacionales; el Partido Comunista pierde constitucionalmente su papel rector de la sociedad; además hay un largo etcétera de leyes económicas concretas que preparan la economía libre de mercado.

En enero de 1990, el Partido Obrero Unificado de Polonia, órgano de los comunistas polacos, acuerda su transformación en un partido de tendencia socialdemócrata denominándose ahora Partido Socialdemócrata de la República de Polonia (PSRP). Su dirigente es Mieczyslaw Rakowski.

Los comicios locales, en mayo, fueron las primeras elecciones libres en 50 años. El CCS ganó más del 41% de los escaños, con un éxito notable en la mayoría de las ciudades. Candidatos independientes aseguraron el 38% de los escaños.

A mediados de año comenzaron las primeras divisiones internas dentro de Solidaridad debido al modo de realizar las reformas y, también, acerca de la futura dirección del movimiento. Lech Walesa era partidario de acelerar el proceso de reformas mientras que el Primer Ministro prefería mayor moderación. Las disidencias entre los miembros se hicieron evidentes cuando Zbigniew Bujak, Wladyslaw Frasyniuk y otros importantes activistas fundaron el Movimiento de Acción Democrática, cuyo objetivo era el de apoyar el Gobierno de Mazowiecki. El nuevo movimiento se enfrentó con la Unión Central, que se había formado en su mayor parte por miembros partidarios de Lech Walesa.

Durante la visita del Presidente Jaruzelski a Moscú, en abril de 1990, las autoridades soviéticas admitieron su responsabilidad en la matanza de Katyn, en 1940, en la que 15.000 soldados polacos fueron asesinados.

En septiembre de 1988, Polonia ya había establecido relaciones diplomáticas con la CEE y en enero de 1990 solicitó su admisión al Consejo de Europa.

En septiembre, el Presidente Jaruzelski decidió renunciar como Jefe de Estado, antes de concluir su mandato de 6 años y programó elecciones presidenciales directas para finales del año 1990.

La primera vuelta se realizó el 25 de noviembre en un clima de huelgas de transportes y otros sectores. Entre los seis candidatos se destacaban Lech Walesa, Tedeusz Mazowiecki y un desconocido hombre de negocios llamado Stanislaw Tyminski. Mazowiecki fue derrotado al ser votado por una minoría considerable en comparación con los otros dos candidatos, lo que significó que presentara su dimisión como Presidente del Consejo de Ministros. Walesa y Tymisnki se enfrentaron en una segunda vuelta el 9 de diciembre, en la que el líder de Solidaridad ganó con el 74,3% de los votos, asumiendo su cargo como Presidente de Polonia los últimos días del mes de diciembre. El nuevo Consejo de Ministros, formado por miembros no pertenecientes a Solidaridad, asumió sus funciones en enero de 1991.

13.3.3. *Hungría*

Las elecciones legislativas de junio de 1985 fueron las primeras en realizarse según la ley electoral reformada con el sistema de nominaciones múltiples. La Asamblea Nacional eligió nuevamente a Pal Losonczi Presidente del Consejo Presidencial.

En junio de 1987, Losonczi fue reemplazado por Nemeth y, en diciembre de ese año, el Consejo de Ministros fue reorganizado.

En marzo de 1988, durante el 140º Aniversario de la Revolución húngara de 1848 contra el Gobierno austríaco, 10.000 personas tomaron parte en una marcha por las calles de Budapest, demandando libertad de prensa, de asociación y la introducción de auténticas reformas.

En abril de 1988, hombres importantes del Partido Socialista Obrero Húngaro (PSOH), conocidos por la defensa de las reformas políticas y económicas radicales, fueron destituidos del partido y relacionados con el grupo no-oficial Foro Democrático Húngaro (formalmente establecido más tarde en 1988). En una conferencia del PSOH, se aprobaron mayores cambios en los cargos y en la política del partido. Janos Kadar fue reemplazado, como Secretario General del Comité Central, por Karoly Grosz, hasta entonces Presidente del Consejo de Ministros. Alrededor de un tercio de los miembros del Comité Central fueron reemplazados por políticos más jóvenes. El nuevo Politburó incluyó a Irme Pozsgay (Secretario General del Frente Patriótico Popular), defensor de la política pluralista, y a Rezso Nyers, responsable de las reformas iniciadas en 1986. Grosz encargó reformas políticas y económicas.

En noviembre de 1988, Miklos Nemeth reemplazó a Grosz como Presidente del Consejo de Ministros. Más tarde, Grosz sería elegido Presidente del PSOH.

Durante julio de 1988, el Comité Central del PSOH votó abrumadoramente en favor de un programa económico, para revitalizar la economía en 10 años.

A principios de 1989 fue legalizado el derecho de huelga. La Asamblea nacional levantó todos los obstáculos que impedían las libertades de asociación, de manifestación y la creación de partidos políticos independientes del PSOH. En febrero, el Comité Central del PSOH, en sesión especial, acordó apoyar la transición hacia un sistema pluralista. Se decide derogar el artículo de la Constitución que garantizaba el papel protagonista del PSOH en la sociedad.

El Gobierno anunció que el aniversario de la Revolución Rusa de 1917 no sería considerado como fiesta oficial en Hungría. En el futuro sería celebrado el 15 de marzo en conmemoración de la Revolución de 1848. Este día, decenas de miles de manifestantes recorrieron las calles de la capital en una pacífica marcha contra el Gobierno. Los discursos de los líderes de varios de los nuevos grupos de la oposición exigían un sistema democrático, elecciones libres, la retirada de las tropas soviéticas de Hungría y la conmemoración oficial del levantamiento de 1956. En junio de 1989 Imre Nagy, símbolo de la «contra-revolución», fue oficialmente rehabilitado.

Durante 1989 aumentó la disensión, dentro del PSOH, entre conservadores y reformistas.

En sesión del Comité Central, Grosz fue reelegido Secretario General. Todos los miembros del politburó renunciaron y fueron reemplazados por un cuerpo menor. «El 24 de Junio, el Comité Central establecía una nueva estructura en cúpula, con la creación de una dirección colegiada de cuatro miembros, presidida por Rezso Nyers, asistido por dos reformadores, Imre Pozsgay y el Primer Ministro Nemeth, siendo el cuarto Karoly Grosz, Secretario General del PSOH, que desde entonces aparecía como "conservador". El Comité Central anunció la reunión de un Congreso extraordinario del Partido para el 6 de octubre siguiente».

Miklos Nemeth declaró ante un periodista de *Le Figaro*, en junio de 1989, que aunque la reforma de la Unión Soviética se bloqueara «ello no podría bloquear la de Hungría. En Hungría ya no puede hacerse otra cosa». Esta reforma, sin embargo, podía ser fatal para el poder comunista. Se hizo evidente en las elecciones de varias provincias en las que hubo un crecimiento de las fuezas opositoras; la unión de tres de los principales grupos opositores (FDH, ALD, FJD), derrotaron al candidato del PSOH, convirtiéndose, de este modo, en la primera oposición, desde 1947, que ganaba la representación en la Asamblea Nacional.

En agosto, se produjo una huelga en protesta contra el aumento de precios. Grosz declaró sus intenciones de renunciar como Secretario General después de la celebración del Congreso del PSOH.

Del 6 al 10 de octubre tuvo lugar el XIV Congreso del PSOH, llamado el Congreso de la Reforma. Durante las sesiones 1.059 delegados votaron, el 7 de octubre, la disolución del PSOH y su reemplazo por el Partido Socialista Húngaro.

Nyers era electo Presidente del PSH, acompañado por una Junta comprendida, en su mayoría, por reformadores.

El 23 de octubre de 1989 (aniversario del levantamiento de 1956), una vez reformada la Constitución, fue proclamada la «República de Hungría». El país ya no era «República Popular». Se aprobó, además, una nueva ley electoral que determinaba como fecha límite para las elecciones de la Asamblea Nacional el 3 de junio de 1990.

Fue así como las primeras elecciones libres en Hungría, desde 1945, se realizaron, en dos vueltas, el 25 de marzo y el 8 de abril de 1990. Se llevaron a cabo bajo el sistema mixto de representación directa y participaron un total de 28 partidos. El Foro Democrático ganó la mayoría de los votos (42,7%), obteniendo 165 escaños en la Asamblea Nacional. El PSI y el Partido Demócrata Cristiano (PDC) disputaron la segunda vuelta, en alianza con el FDH, obteniendo 43 y 21 escaños respectivamente. La ADL con el 23,8% de los votos pasó a ocupar 92 escaños en la Asamblea. El FJD 21 bancas, el PSH 33 con el 8,5% y el PSOH no obtuvo el 4% necesario para su presencia en la Cámara.

A mediados de 1990 se formó una nueva coalición gobernante comprendida por miembros del FDH, el PDC y tres grupos independientes. Jozsef Antall, Presidente del FDH, fue elegido para dirigir el nuevo Consejo de Ministros. Entre los objetivos declarados por este nuevo Gobierno figuraban la retirada de Hungría del Pacto de Varsovia, ampliar los contactos con la CEE y realizar la transición hacia una economía de mercado.

Los partidos de la coalición gobernante sufrieron un serio revés, en los meses de septiembre y de octubre, durante las elecciones generales destinadas a reemplazar el sistema soviético de juntas, por sistemas de Gobiernos autónomos locales.

La política exterior de Hungría se modificó según las reformas que afectaban a la vida política del país.

En octubre de 1987, Karoly Grosz visitó la RFA; en 1988, como Secretario General del PSOH, visitó el Reino Unido, EEUU, Canadá, la URSS, Austria, España y Francia. En 1988 se establecieron las relaciones diplomáticas con Corea del Sur, siendo Hungría el primer país del Este en entablarlas. Al año siguiente fueron restauradas las relaciones con Israel, Chile y Guatemala.

En noviembre de 1990 ingresó en el Consejo de Europa; otra vez Hungría llevaría la delantera respecto de los demás países del bloque Oriental.

Por otro lado, se distanció del Pacto de Varsovia, entonces todavía vigente, y reemplazó el Consejo del CAEM por una organización cooperativa económica con Checoslovaquia y Polonia.

13.3.4. *Checoslovaquia*

En mayo de 1957, Gustavo Husak había sido elegido Presidente de la República mientras aún seguía en los cargos de Presidente del Frente Nacional y Secretario General del Partido Comunista. Fue reelegido en los años 1976, 1981 y 1986.

En abril de 1987, Mijail Gorbachov realizó una visita de tres días a Checoslovaquia; muchos observadores vieron en ella como un intento del dirigente ruso de persuadir al Gobierno checo para adoptar la política de cambios soviética.

Los contratiempos en la economía checa hacían necesario un cambio del sistema. Husak anunció un nuevo plan de reformas económicas, el mismo que en 1986 había iniciado el Gobierno de Dubcek.

En diciembre, Husak renunció a su cargo de Secretario General del Partido y fue reemplazado por Milos Jakes, economista y miembro del Comité Central. Husak retendría el título de Presidente de la República. Jakes procuró un nuevo programa de reestructuración económica.

Durante 1988, numerosos cambios se realizaron en la cúpula del Partido, a la vez que diversos movimientos opositores organizaban manifestaciones. Desde el manifiesto de 1977, conocido como «Carta 77», las protestas contra las violaciones a los derechos humanos se habían hecho oír por intelectuales, artistas y científicos checos, a las que el Gobierno respondía con la represión y los arrestos.

El año había comenzado con una ola de protestas, comenzadas el 15 de enero con la iniciativa de los estudiantes y jóvenes de la oposición de honrar la memoria del estudiante Jan Palach. Este, se había inmolado «a lo bonzo» en protesta contra la entrada en Checoslovaquia de las tropas del Pacto de Varsovia.

Durante esas manifestaciones se detuvo a cientos de opositores, entre ellos al dramaturgo Vaclav Havel. El 21 de febrero, Havel era condenado a nueve meses de prisión por «incitación a cometer un acto ilegal» y por «obstaculizar la acción de los agentes de la fuerza pública». Esta condena provocó una ola de protestas y la indignación de los delegados de CSCE. Vaclav fue finalmente liberado en mayo.

Sin embargo, la oposición no cejó, enviando a los dirigentes del país un escrito firmado por 1.800 escritores, artistas y universitarios. Los firmantes reclamaban la liberación de todos los presos políticos, el derecho de asociación, el fin de las persecuciones contra los opositores, el levantamiento de todas las trabas a la aparición de nuevos movimientos cívicos, de sindicatos independientes, de uniones y asociaciones, la libertad de expresión y el fin de la censura.

El Gobierno replicó haciendo detener a cierto número de opositores la víspera del aniversario de los acontecimientos del 21 de agosto de 1968. Mientras, se ponía en guardia a la población sobre cualquier intento de revuelta. Ello no impidió que se congregaran varios miles de personas en la plaza de

San Wenceslao, en el centro de Praga, a pesar de un impresionante dispositivo policial. Se arrestó a cientos de manifestantes, muchos de ellos polacos de Solidaridad y húngaros, miembros de grupos de la oposición.

La evolución de los acontecimientos en Hungría, junto con el problema de los refugiados de Alemania del Este, incitó al poder a dar muestras de mayor firmeza. Con motivo del septuagésimo aniversario de la Independencia, los movimientos de oposición convocaron al pueblo a una manifestación. El 28 de octubre más de diez mil personas invadieron la plaza de San Wenceslao reclamando libertad y pidiendo la dimisión de Jakes.

El 17 de noviembre, la represión de una manifestación de 30.000 presonas en las calles de Praga movilizó a la opinión pública contra el régimen. Por iniciativa del Forum Cívico (grupo recientemente establecido que reunía a toda la oposición), se realizaron cada tres días manifestaciones que congregaban a crecientes multitudes. El antiguo líder Alejandro Dubcek pronunció un discurso. El Buró del partido dimitió en pleno. Karel Urbanik reemplazó a Milos Jakes a la cabeza del partido. Mientras tanto, Adamec (Primer Ministro) se había puesto en contacto con el Forum Cívico con miras a una eventual participación de personalidades no comunistas en su Gobierno. Renovar la dirección no arregló la crisis. Las tumultuosas manifestaciones del 25 y 26 de noviembre fueron seguidas el 27 por una huelga de dos horas, que paralizó en todo el país a millones de trabajadores.

El Gobierno reconoció oficialmente al Forum Cívico. Por unanimidad, los diputados decidieron el 29 de noviembre abolir el papel dirigente del Partido Comunista, lo que implicaba el reconocimiento del multipartidismo. También, entre los cambios de este proceso de reformas, se anunció el fin del sistema de autorizaciones de salida de viajes a Occidente y la agilización de los trámites para el otorgamiento de pasaportes.

A la vez, se efectuaron nuevos contactos entre Adamec y el Forum Cívico para formar otro gabinete más representativo. El rechazo también de las propuestas del poder, juzgadas insuficientes, provocó el 7 de diciembre la dimisión de Adamec y la designación del eslovaco «reformador» Marian Calfa para reemplazarlo. En las semanas siguientes se formó un nuevo Gobierno Federal con mayoría de miembros no comunistas. Fue el último acto político de Husak, pues esa misma tarde renunció a su cargo de Presidente de la República y fue reemplazado por Vaclav Havel. En un Congreso de emergencia del Partido Comunista, Urbanek dimitió de su cargo de Secretario General del Comité Central. Ladislav Adamec fue elegido como nuevo jefe del Partido.

En enero de 1990, los representantes de la mayoría de los partidos resolvieron celebrar elecciones para la Asamblea Nacional. Decidieron, además, reducir el número de representantes del Partido Comunista en la Legislatura. De 350 escaños pasarían a ocupar 183. A principios de 1990, Richard Sacher, recientemente nombrado Ministro Federal del Interior, anunció la desmantelación del servicio de seguridad del Estado (STB).

Las primeras elecciones libres, desde 1946, tuvieron lugar los días 8 y 9 de junio. Se celebraron simultáneamente en la parte checa y en Eslovaquia, con la presentación de 27 partidos, que fueron votados por el 97% del electorado.

El 46% de los votos los obtuvo el Forum Cívico en Chequia y el PCV (Partido contra la violencia), en Eslovaquia.

El Partido Comunista obtuvo la segunda representación en la Asamblea, más de lo que se esperaba.

La Nueva Asamblea gobernará durante dos años hasta la celebración de las nuevas elecciones legislativas. Antes de ese tiempo debería redactar una nueva Constitución Federal y elegir un nuevo Presidente.

Alexander Dubcek fue reelegido Presidente de la Asamblea Federal. Mientras tanto el Forum Cívico y el PCV iniciaron negociaciones con otros partidos destinadas a formar una coalición gubernamental.

Durante el año 1990 los nuevos partidos y grupos, principalmente los pertencecientes al Partido Nacional Eslovaco (PNE), empezaron a manifestarse, en Eslovaquia, a favor de una mayor autonomía. En un intento de aplacar las tensiones étnicas en el país eslovaco, representantes de ambos Gobiernos se reunieron con el fin de tratar la posible transferencia de poderes del Gobierno Federal a los Gobiernos de las dos Repúblicas. Se pusieron de acuerdo en la necesidad de comenzar con la redacción de una ley constitucional sobre la división de poderes.

El 12 de diciembre la Asamblea Federal votó (237 votos contra 24), en favor de transferir amplios poderes fiscales a los Gobiernos checos y eslovacos, mientras que el Gobierno Federal mantendría su jurisdicción en los temas de defensa, política exterior, economía, petróleo y gas.

Después de la «revolución de terciopelo», Checoslovaquia intensificó sus relaciones con otros países.

Durante 1990 restableció relaciones diplomáticas con Israel, Chile y Corea. Ese mismo año anunció su retirada del Pacto de Varsovia y del COMECON reemplazándolo por una organización cooperativa con los principales mercados del Este.

En enero de 1990, el Gobierno ruso prometió retirar sus 73.500 soldados de Checoslovaquia. A mediados de ese año más de la mitad de las tropas soviéticas ya habían abandonado el suelo checo.

13.3.5. Rumanía

El Presidente Ceaucescu ejercía desde 1965 un poder absoluto sobre la República Socialista de Rumanía. Acumulaba las funciones de Jefe de Estado, Secretario General del Partido Comunista y Comandante en Jefe de las fuerzas armadas. Trece miembros de su familia (entre ellos su esposa, Elena) ocupaban los puestos claves del Estado.

El 15 de noviembre de 1987 se produjo una gran manifestación en Brasov, después de que el Gobierno anunciara nuevas restricciones en la calefacción y la electricidad. Más de 20.000 obreros protestaron contra la austeridad y la reducción de sus salarios. La manifestación terminó en motín. La sede local del Partido fue incendiada. Otras protestas se produjeron en Timisoara y en Arad. Se efectuaron centenares de detenciones.

Ceaucescu anunció mejoras en el abastecimiento de alimentos y aumento de los salarios. Durante la celebración de su 70 cumpleaños, en enero de 1988, concedió la amnistía a determinados presos.

Por otra parte, las relaciones con Hungría continuaban siendo tensas, debido al no reconocimiento de los derechos étnicos y culturales de la minoría húngara ubicada en la región de Transilvania.

Ceaucescu había anunciado un programa de urbanización rural. El plan suponía la demolición de más de 8.000 villas rumanas localizadas en la zona de Transilvania y el restablecimiento de los residentes (de mayoría húngara) en apartamentos de varios pisos que a su vez formarían parte de un nuevo centro agro-industrial. El programa fue mal recibido.

En agosto se reunieron el Presidente Ceaucescu y el líder húngaro Grosz para tratar de dar una solución al problema. Ante la falta de entendimiento, una delegación de las Naciones Unidas, pertenecientes a la Comisión de Refugiados, viajó a Budapest para ayudar a las autoridades húngaras en la tarea de asistir a los 25.000 refugiados rumanos.

La visita de Gorbachov a Rumanía, en el mes de mayo de 1987, despertó esperanzas en la población. El líder de la *perestroika* se refirió a las dificultades de los rumanos en su vida diaria, lo que no agradó a Ceaucescu, que prohibió, desde ese momento, la prensa de los países socialistas, incluido el Pravda.

En el Partido Comunista rumano, algunos de sus propios dirigentes habían tomado distancia de Ceaucescu. En marzo de 1989, seis ex-altos funcionarios del Estado dirigieron a la prensa Occidental una «carta abierta» denunciando los desastrosos efectos de la política seguida por el Presidente. La casi totalidad de los países denunciaron la situación rumana en la Conferencia sobre los Derechos Humanos en junio de 1989. Mientras tanto, Ceaucescu se preparaba para celebrar el XIV Congreso del Partido. En él fue reelegido para el cargo de Secretario General del Partido por un plazo de 5 años. Un mes más tarde el régimen se desmoronaría después de cruentos enfrentamientos.

El principio del fin fueron los disturbios en torno al sacerdote Laszlo Tokes, quien no dudaba en denunciar públicamente los abusos de las autoridades. El 16 de diciembre, en Timisoara, la policía intentó detenerlo. Sus fieles lo impidieron enfrentando a la policía y organizando una manifestación por el centro de la ciudad en la que más de 100.000 personas atacaron los edificios públicos, la sede del Partido y quemaron retratos de Ceaucescu. Comenzó así la revolución que trajo consigo la represión con tanques del ejército, unidades especiales que hicieron fuego contra la multitud ocasionando varias decenas de muertos, heridos y numerosos arrestos. Ese mismo día se realizaron protestas en otras ciudades.

El 21 de diciembre, después de su regreso de Irán, Ceaucescu organizó una manifestación oficial de apoyo en el centro de Bucarest. Su discurso fue interrumpido por los gritos hostiles de la multitud que emprendían contra los símbolos del régimen. Las fuerzas no vacilaban en lanzar contra ella sus tanques y arrojar granadas desde los helicópteros, causando numerosas víctimas. Toda la noche se combatió en la ciudad de Bucarest. Ceaucescu, al día siguiente, declaró el estado de sitio. Más tarde se conoció la noticia del suicidio del Ministro de Defensa Vasile Milea. Pronto se difundió que un miembro de la *securitate* lo había asesinado por negarse a abrir fuego contra los manifestantes. El ejército, desconcertado, apoyó a los nuevos dirigentes.

Los revolucionarios asaltaron y tomaron el control de las estaciones de radio y televisión. El 22 de diciembre se supo que Ceaucescu y su mujer habían abandonado el poder, escapando en helicóptero para intentar huir al extranjero. Interceptados, fueron detenidos por militares adeptos a la revolución. Ese mismo día surgió el Frente de Salvación Nacional (FSN), que se arrogó la dirección del país.

El 25 de diciembre un tribunal militar encontró a Ceaucescu y a su esposa culpables por los cargos de genocidio, corrupción y destrucción de la economía del país. Ambos fueron ejecutados.

El FSN nombró un Gobierno Provisional presidido por Petre Roman. Ion Ilirdcu, anterior Secretario del Comité del PC, fue nombrado Presidente interino.

Entre las primeras medidas tomadas por el Gobierno se destacaban la abolición del papel protagonista del PCR, la derogación del plan de sistematización del territorio, la abolición de la pena de muerte y la organización de elecciones libres en abril de 1990 sobre la base del multipartidismo. El país dejó de ser República Socialista.

Sin embargo, pronto se creó un clima de desconfianza. Muchos ciudadanos creyeron que los principales dirigentes del FNS eran comunistas, cómplices durante mucho tiempo de Ceaucescu. Las protestas comenzaron de nuevo a hacerse sentir en las calles. Los estudiantes exigían la renuncia de los miembros del FNS y su reemplazo por un cuerpo neutral. Miles de manifestaciones abogaban por la caída de Iliescu.

En las elecciones legislativas, el FSN ganó de manera abrumadora con el 85,07% de los votos. Sin embargo, observadores internacionales denunciaron irregularidades durante las elecciones. Los disturbios continuaban a mediados de junio. Los estudiantes habían ocupado la Universidad siete semanas atrás. La policía, mediante el uso de la fuerza, entró en la Universidad donde realizó numerosos arrestos. Iliescu convocó un llamamiento en su apoyo, en el que se enfrentaron fuerzas opuestas dejando un saldo de numerosos muertos y heridos.

La situación económica gravemente deteriorada contribuyó, también, a que aumentasen las manifestaciones populares. En Bucarest, más de 100.000 opositores tomaron parte en una marcha, organizada por la Alianza Cívica (grupo opositor).

A comienzos de 1990 empezaron los juicios a las personas relacionadas con Ceaucescu. Tribunales militares especiales fueron establecidos por dicho propósito. Varios oficiales relacionados con la represión de Timisoara y Bucarest fueron sentenciados a cadena perpetua y a trabajos forzados. Agentes de la *securitate* sufrieron el mismo destino. El hermano de Ceaucescu, y su hijo Nie, fueron encontrados culpables de varios asesinatos y condenados a 15 y 20 años de prisión respectivamente.

13.3.6. *Bulgaria*

Bulgaria parecía ser el aliado incondicional de la URSS. A diferencia de las otras Democracias Populares, existe en la población búlgara un sentimiento favorable a Rusia, explicado por la ayuda rusa en el siglo XIX, cuando los búlgaros luchaban por su independencia. El Secretario General del PC búlgaro, Teodor Zhivkov, llevaba en el cargo desde 1956.

Después de la llegada de Gorbachov, se instauró una *perestroika* limitada únicamente al sector ecónomico. Tras el Congreso del Partido, en julio de 1987, se agilizó el sistema de planificación, se dio mayor autonomía a la dirección de las empresas, se modificó el sistema de remuneraciones favoreciendo a los trabajadores con mayor rendimiento. Pero ningún cambio mayor se efectúo en el ámbito, salvo una ligera ampliación del papel de la Asamblea Nacional.

Durante la Conferencia del partido, celebrada en junio de 1988, fueron aprobadas medidas para disminuir el tiempo de mandato de los altos dirigentes del PC, hubo elecciones locales, en las que las autoridades permitieron, por primera vez, la presentación de candidatos independientes del PC, que representados en organizaciones públicas independientes y en colectividades de trabajadores, obtuvieron una cuarta parte de los votos.

Un problema específico de Bulgaria era la situación de las minorías turcas.

Ya en 1985 Bulgaria había iniciado una campaña forzando la asimilación de los turcos (que constituían aproximadamente el 10% de la población búlgara), obligándoles a adoptar nombres eslavos para el próximo censo y se les amonestaba por practicar la religión musulmana. Las autoridades búlgaras negaron dicha coerción. Después de realizado el censo el Gobierno turco condenó a Bulgaria por «pretender eliminar toda evidencia de poblaciones turcas».

En 1986, el Gobierno de Bulgaria continuó negando las denuncias, esta vez hechas por Amnistía Internacional.

En febrero de 1988, en vísperas de la conferencia de los Ministros de Asuntos Exteriores de las naciones de los Balcanes, Bulgaria y Turquía firmaron un protocolo para entablar relaciones económicas y sociales. Sin embargo, la situación empeoró gravemente en mayo de 1989 con la represión violenta de las milicias búlgaras contra manifestantes turcos opuestos al plan de asimilación.

Más de 200 turcos activistas de los derechos de las minorías fueron deportados a Turquía después de los disturbios. En junio, más de 80.000 turcos fueron expulsados de Bulgaria, aunque las autoridades búlgaras argumentaron que fue un acto voluntario al no exigir el visado correspondiente. En respuesta, el Gobierno turco abrió las fronteras y aceptó todos los refugiados turcos provenientes de Bulgaria. Como consecuencia, a mediados de agosto, 310.000 búlgaros-turcos habían entrado en Turquía. Alarmados por el continuo flujo de refugiados, el Gobierno turco cerró las fronteras a fines de agosto, imponiendo el visado expedido por el Consulado turco en Bulgaria como condición para cruzar la frontera.

Durante los meses siguientes, hasta febrero de 1990, más de 100.000 refugiados regresaron a Bulgaria desilusionados por la situación en Turquía.

Representantes de ambos Gobiernos se reunieron para llegar a una solución, y Bulgaria aprobó una legislación por la que permitía a los turcos utilizar sus nombres islámicos originales, pero los disturbios continuaron durante todo ese año, en especial en la región de Kurazhali.

Por otra parte, grupos de opositores surgieron pidiendo la liberalización del régimen. En octubre de 1989, decenas de manifestantes se expresaron en contra del Gobierno, durante la realización del Foro Internacional Ambiental, organizado por la CSDE, en Sofía.

El 10 de noviembre, en sesión plenaria del Comité Central del Partido, Zhivkov fue depuesto de sus cargos de Secretario General del Partido (en el que había permanecido 35 años). Fue reemplazado por Petur Mladenov, conocido por sus tendencias liberales. Mladenov se comprometió a introducir reformas políticas y económicas. Invitó, también, a reintegrar a 11 brillantes intelectuales expulsados del Partido por sus duras críticas al Gobierno de Zhivkov. Más tarde, la Asamblea votó por la abolición del artículo del Código Penal que prohibía la «propaganda contra el Estado».

Se produjo, en Sofía, una manifestación en la que 100.000 personas exigían al Gobierno reformas democráticas y la realización de elecciones libres. En diciembre, la Asamblea llevó a cabo reformas en la Constitución y adoptó una nueva ley electoral que permitía efectuar elecciones libres y democráticas.

Miembros del Partido Comunista acusaron a Zhivkov de corrupción, lo que provocó su renuncia al Partido. En enero de 1990, la Asamblea votó mayoritariamente en favor de la anulación del artículo constitucional que garantizaba el papel dirigente del Partido en la sociedad. Se aprobó, también, la formación de grupos independientes. En un Congreso extraordinario, los nuevos delegados proclamaron un manifiesto comprometiéndose a acelerar las reformas, separar el Partido del Estado e introducir el sistema multipartidario. Alexander Lilov fue elegido Presidente del Consejo Supremo.

A comienzos de abril, la Asamblea Nacional adoptó tres leyes: una electoral, una de reforma constitucional y una de partidos políticos.

El Partido pasó a denominarse Partido Socialista de Bulgaria simbolizando el fin de la dictadura.

Después de varios disturbios y manifestaciones, las elecciones para la Asamblea Nacional se realizaron en dos vueltas los días 10 y 17 de junio de 1990. El Partido Socialista obtuvo 211 escaños, adjudicándose, de este modo, la mayoría absoluta en la legislatura, victoria atribuida a su firme campaña electoral en las zonas rurales. El UDF, que ganó principalmente en las zonas urbanas, obtuvo un total de 144 escaños.

Los disturbios irrumpieron nuevamente en los meses de junio y julio de 1990. Esta vez los estudiantes iniciaron huelgas demandando la renuncia de Mladenov como Presidente, que la terminó presentando. Zhelyu, Presidente del UDF, le sustituyó.

Para evitar el colapso económico, Lukanov propuso que la Gran Asamblea Nacional aprobara un programa de drásticas reformas, incluyendo la privatización de pequeñas y medianas empresas, la reestructuración del sistema bancario y la liberalización del control sobre los precios. Amenazó, también, con renunciar si su programa no recibiera los dos tercios necesarios de la Asamblea. El UDF (que tenía más de un tercio de los escaños) se negó a aceptar el plan de reformas, aunque propuso formar una coalición gubernamental.

El 29 de noviembre, después de cuatro días de huelgas generales, Lukanov anunció su renuncia, dimitiendo, al día siguiente, todo el gabinete. Ante este hecho, representantes de todas las fuerzas políticas iniciaron conversaciones, en la Asamblea Nacional, con el propósito de formar un nuevo Gobierno de unión. Dimitur Popov, abogado y sin afiliación política, fue elegido Presidente del Consejo de Ministros, gobernando hasta las elecciones legislativas señaladas para mayo de 1991.

En noviembre de 1990, la Asamblea Nacional votó el nuevo nombre del país; la República Popular pasaría a llamarse República de Bulgaria.

13.3.7. *Albania*

El 11-IV-85 murió Enver Hoxha, que había ejercido un poder absoluto en Albania durante 41 años, país que constituía un caso aparte dentro del campo socialista. Era el último resto de la ortodoxia estalinista. Para Hoxha, Albania era el único país donde el marxismo no había sido traicionado. Tras romper sucesivamente con Tito en 1948, con su aliada la URSS, en 1961, y con su nueva aliada China, en 1978, Hoxha aisló totalmente a Albania.

Su sucesor, Ramiz Alia, mantuvo en sus grandes líneas la orientación seguida hasta entonces: rigurosa ortodoxia política y desarrollo económico centralizado. Fue reelegido como Primer Secretario en el IX Congreso del Partido celebrado en noviembre de 1986. Después de las elecciones de la Asamblea Popular, en febrero de 1987, fue nuevamente elegido junto con Adil Carcani, designado Presidente del Consejo de Ministros.

Un cierto signo de posible evolución fue que durante la conmemoración del 45º aniversario de la liberalización de Albania de la ocupación nazi, en noviembre de 1989, el Gobierno concedió la amnistía a determinados presos políticos.

En diciembre de 1989, Yugoslavia denunció que las manifestaciones antigubernamentales en la albanesa Shkoder, habían sido brutalmente reprimidas.

A principios de 1990 fuentes yugoslavas informaron que habían tenido lugar en Shkoder ahorcamientos públicos. Ese mismo mes siete mil manifestantes se levantaron en una protesta contra las autoridades, en la que se llevaron a cabo numerosos arrestos.

El Gobierno de Ramiz Alia negaba, firmemente, estas violaciones y anunció su propósito de realizar reformas políticas y económicas. La posibilidad de elegir entre varios candidatos sería uno de estos cambios, aunque el papel dirigente del PLA no desaparecería.

La visita del Secretario General de la ONU, Javier Pérez de Cuéllar, a Tirana, obligó a la Asamblea General a aprobar cambios en el sistema judicial: fueron concedidos visados para viajar al exterior, se redujo la pena por intentar huir del país y se concedió mayor libertad religiosa.

Estas medidas no evitaron nuevos disturbios. Las calles fueron escenario de manifestaciones anti-gubernamentales. La represión obligó a grupos de opositores a buscar asilo político en la embajada de Alemania Federal. Cientos de ciudadanos fueron perseguidos mientras otros se refugiaban en las embajadas europeas. A pesar de las denuncias efectuadas, los refugiados albaneses no obtuvieron el permiso para dejar el país. Una operación multinacional conjunta, coordinada por la ONU, facilitó la evacuación de los albaneses, que en su mayoría se dirigieron a la RFA.

Durante la crisis de los refugiados fueron reemplazados el Consejo de Ministros y el Politburó.

Ramiz Alia, forzado por sus opositores, anunció nuevas reformas entre las que se incluía otro procedimiento electoral. También expresó su voluntad de restablecer conversaciones con la URSS y EEUU reabriendo las respectivas embajadas.

Albania ya había empezado con anterioridad a salir de su aislamiento y a mejorar sus relaciones con las naciones de Europa Occidental. En septiembre de 1986 fueron restablecidas las relaciones con España y un año después con Canadá y con ambas Alemanias.

La visita a Tirana del Ministro de Estado griego tuvo como resultado varios acuerdos de cooperación mutua. En agosto de 1987, ambos países pusieron formalmente fin al «estado de guerra», existente desde 1945. Las relaciones con Grecia continuaron mejorando en 1987. Sin embargo, el problema sobre las condiciones de vida de las minorías griegas en Albania, estimadas entre 200.000 y 400.000, continuó siendo un asunto muy delicado. Lo mismo ocurría con los 2.000 albaneses residentes en Yugoslavia.

En marzo de 1989, el Ministro de exteriores albanés realizó una visita oficial a la República Popular de China, avanzando así en su apertura al exterior.

Albania no estuvo representada en la CSCE de 1984, pero participó en la de París, en calidad de observador, en 1990.

Las elecciones se retrasaron hasta el 31-III-91, dentro de un pluralismo no del todo claro.

13.3.8. *Los pretendientes reales*

Otra consecuencia curiosa que ha tenido el desplome de los regímenes comunistas ha sido la «reaparición» de candidatos a los antiguos tronos de esos países, personajes vinculados a las familias reales que anteriormente gobernaron dichas naciones, algunos de ellos además exiliados ahora o en períodos anteriores en España.

Citaremos a Otto de Habsburgo, jefe de la Casa Real de Hungría e hijo del último emperador de Austria; Simeón de Bulgaria, que llegó a ocupar el trono durante cuatro años, exilándose en 1946, Alejandro de Yugoslavia; Miguel de Rumanía, que ya gobernó en su país durante la II GM y abdicó por la fuerza en 1947, Leka de Albania; y Wladimiro de Rusia, emparentado con el último Zar.

Además existen otros pretendientes como Jorge Bragation en Georgia, y entre los príncipes germanos cabe destacar a Luis Fernando de Prusia, nieto del kaiser Guillermo II, que aun siendo octogenario no ha renunciado a sus derechos y tiene como descendientes a su nieto Jorge Federico, heredero por tanto de los Hohenzollern.

13.3.9. *Extinción del Pacto de Varsovia*

La estructura militar del Pacto de Varsovia quedó disuelta en la reunión celebrada en Budapest el 25 de febrero de 1991 por los ministros de Exteriores y de Defensa de los seis países que lo integraban. El protocolo preveía el fin de la alianza con efectos del 31 del mes de marzo. Igualmente se anularon todos los acuerdos secretos que habían sido suscritos desde que se fundó el Pacto en 1955.

El acto fue presidido por el titular húngaro de Exteriores Geza Jeszensky, asistiendo, además de los representantes de Checoslovaquia, Polonia, Bulgaria, Rumanía y la URSS, el general Vladimir Lobow, Comandante en Jefe de las fuerzas de la Organización. Albania se había retirado en 1968 y la República Democrática Alemana en 1990.

Como dijo en su discurso el ministro húngaro, cada país tendrá desde ahora el derecho a «establecer sus propias estructuras de seguridad, ya sean neutrales o en el marco de un tratado». El Pacto continuó vigente como una estructura político-consultiva hasta la firma, en París, del tratado de la Conferencia para la Seguridad y la Cooperación en Europa.

La retirada de los efectivos soviéticos todavía estacionados en los países firmantes se efectuaría gradualmente.

El fin del sistema militar del Bloque del Este se veía venir desde que se iniciaron los cambios en las Repúblicas Populares y en este sentido se habían manifestado ya varios de los Gobiernos. En 1990, Checoslovaquia y Hungría acordaron con Moscú la salida de las unidades soviéticas y se cuestiona la pervivencia del Pacto. También fue otro paso decisivo la firma en París, el 19 de noviembre, de la declaración de que la OTAN y el Pacto dejan de considerarse enemigos.

Los Parlamentos de Hungría, Checoslovaquia y Bulgaria expresaron su deseo de abandonar la alianza y el mismo Gorbachov lo propuso a su colega checoslovaco Havel el día 11 de febrero, confirmándoselo por carta al Primer Ministro húngaro, Antall.

El Pacto de Varsovia, fundado el 14 de mayo de 1955 como respuesta al ingreso de la RFA en la OTAN, constituyó la alianza oficial del Bloque del Este y el símbolo de la llamada «Doctrina Breznev» de la soberanía limitada.

13.4. DE LA URSS A LA CEI

La Unión de Repúblicas Socialistas Soviéticas constituía la máxima realización del imperialismo ruso y culminaba un largo camino de crecimiento de poder en el enorme espacio euroasiático iniciado en plena Edad Media.

El fin del Imperio de Oriente, de Bizancio, en la noche del 28 al 29 de mayo de 1453 al entrar los turcos en Constantinopla, precede en sólo treinta y nueve años al descubrimiento de América y en un plazo aún más corto a la victoria del príncipe de Moscú sobre los tártaros y otros territorios rusos. Iván III, que se casa en 1472 con una sobrina del último emperador bizantino, asumirá el título de Zar, considerándose sucesor de los Césares.

Gastón Zeller escribe con acierto que «puede decirse que los occidentales aprenden a conocer a los rusos y a Rusia en el mismo momento en que acaban de entrar en relaciones con América. El descubrimiento del imperio de los zares es, en cierto modo, contemporáneo del de los imperios de los aztecas y de los incas».

Los rusos cuentan desde la caída de Bizancio con la rivalidad del Imperio Otomano, que igualmente heredó —sobre todo en el espacio geográfico—, el dominio oriental. El Sultán será inequívoco sucesor de los Basileus. Iván añadió el águila bicéfala a las armas rusas.

Esta rivalidad ruso-turca se evidenciará en varias guerras, con un progresivo retroceso otomano que culminará en la derrota de la Sublime Puerta en la I GM.

Ya se ha comentado en este mismo texto el paralelismo entre la formación de los EEUU y de Rusia. Este proceso tuvo en la venta de Alaska en 1867 por 7.200.000 dólares su momento más *coincidente*. Ambas Superpotencias serán *doblemente fronterizas* a escala mundial tras la ocupación de Berlín en 1945, pues sus líneas de demarcación coincidirán en Europa en la capital alemana y en el estrecho de Bering, que separa Asia de América. Precisamente la línea internacional de cambio de fecha pasa entre la pequeña Dionedes (estadounidense) y la gran Dionedes (rusa), islas de dicho estrecho.

La política exterior soviética heredará las constantes geopolíticas del zarismo en su expansión fronteriza hacia los movedizos límites del Báltico, el Mar Negro, Europa Oriental, Oriente Medio, Asia Central y Extremo Oriente. Este crecimiento y articulación en sucesivos círculos concéntricos desde el Gran Ducado de Moscovia, Kiev y Novgorod ha llevado las fronteras hasta sus límites máximos en la época de la *bipolaridad* y la guerra fría, con la consecuencia de borrar los límites entre política exterior y política interior. Por este mismo motivo, los cambios en el sistema soviético alternarán el régimen, el conjunto de la URSS y todo el espacio de influencia directa e indirecta del Kremlim.

El mismo Karl Marx ya escribió con agudeza en un artículo publicado en abril de 1883 en el *New York Daily Tribune* estas frases: «¿Dónde se detendrá el Imperio ruso? Su frontera occidental está mal definida. Sobrevendrán en ella modificaciones y un día se extenderá desde Stetin hasta Trieste...».

Parece que estuviéramos escuchando el discurso de Churchill en Fulton, cuando advertía del surgimiento del *telón de acero*.

Hemos señalado que el hundimiento del Bloque del Este fue en buena parte un fenómeno de descolonización. También se va a vivir este proceso en la misma URSS, que no sólo cambia de régimen político, sistema institucional y marco socioeconómico, sino que también altera su composición desapareciendo como tal entidad, la URSS, para transformarse en otra mucho más evanescente: la CEI o Comunidad de Estados Independientes, cuyo núcleo, sin embargo, continúa siendo «la Santa Rusia».

13.4.1. *Un proceso de cambio sin alternancia*

Se ha escrito que en los últimos tres siglos el territorio dominado por Moscú ha pasado por cuatro grandes y dramáticos ciclos de cambio y modernización, que además ofrecen algunos paralelismos. El primero fue el intento ilustrado de los Romanof, que empieza con Pedro el Grande y culmina con Alejandro, el vencedor de Bonaparte. Rusia se convierte a principios del siglo XIX en una Gran Potencia, pero los problemas y lastres internos y el desastre de la guerra de Crimea demostrarán que Rusia «se había quedado atrás y necesitaba ponerse al día».

En la época de Alejandro II se intenta reconstruir nuevamente el país hacia la modernización, pero al igual que fracasaron los decembristas, tampoco cuajará la reforma, ni se afianzará la revolución industrial, ni en 1905 la opción liberal.

Será la revolución bolchevique el gran intento renovador a partir de 1917 y es con Gorbachov, al confirmarse la crisis del sistema comunista y el riesgo de hundimiento del régimen, cuando se da el nuevo intento modernizador.

El empeño revisionista de Gorbachov «se le irá de las manos» posiblemente por la imposibilidad intrínseca del comunismo para evolucionar en democracia y en un mercado libre.

Si en la época de Alejandro II se habló de la *Zakonnost* (legalidad) y se chocó con el problema de la revolución polaca (1863) que provocó una reacción autoritaria, Gorbachov, que trajo su *perestroika,* encontró la *explosión* ideológica y nacionalista no sólo en Polonia, sino en los países bálticos, en los territorios eslavos y asiáticos de la URSS y en todo el *glacis* de las Repúblicas Populares.

Dentro de la URSS, los problemas nacionalistas venían de antiguo y, aunque acallados, estaban sin resolver. Los acontecimientos se dispararon en el enclave de mayoría armenia y cristiana de Novorno-Karabaj, situado en Azerbaiyán, de mayoría musulmana. A partir de entonces, empezó el *contagio* al amplio espacio del Imperio soviético.

Gorbachov quería reformar la estructura brezneviana. La *perestroika* se origina ya, en cierto modo, en la etapa breve e inconclusa de Andropov.

En el proceso de cambio se combinan elementos positivos y negativos que ayudan a su éxito y que a la vez preludian el hundimiento del sistema. Este doble carácter del período de Gorbachov lo convierte en *un* momento histórico fascinante por su destino inevitablemente dramático.

El cambio generacional es una de las claves, como ocurre muchas veces en la Historia y ya fue advertido por Ortega y Gasset.

La generación de Gorbachov estaba integrada por políticos jóvenes, mejor informados de la situación exterior y más educados en el sistema interno que la gerontocracia de Breznev.

El pulso de la carrera militar con los EEUU es otro dato decisivo. La carrera armamentística y la recién comenzada *guerra de las galaxias* se convertía en una pesadilla. El precio de mantener un imperio estable y bien situado en la escena internacional empezaba a ser costosísimo. En el inicio de los 80, ya se intuía que la carrera armamentística iba a tener como perdedor a la URSS.

La reforma institucional es otra fase igualmente importante. Gorbachov quería cambiar las cosas, y para ello debía destruir primero parte del aparato existente. Comenzó por instaurar el Congreso de los Diputados, iniciando así el debilitamiento del PCUS y el impulso para acceder al pluripartidismo. Es aquí, en la desorganización del *aparato,* donde logra su mayor éxito, que le permitirá continuar con las reformas.

Sin embargo, no supo crear una alternativa. Gorbachov verá, especialmente tras el golpe de agosto de 1991, que ha desmontado un sistema sin haber logrado sustituirlo por otro y, sobre todo, sin contar con un grupo político propio fuerte.

Ya nada podrá ser igual desde entonces. El colapso de las instituciones básicas del poder soviético es manifiesto. La disolución del régimen es tan clamorosa como vertiginosa.

13.4.2. *El mandato de Gorbachov*

Se pueden señalar tres etapas en el período de tiempo que dura el mandato de Gorbachov, ciclo por cierto más bien corto (1985-1991) para la cantidad de hechos que abarca y la trascendencia de estos. *La primera fase*, de encumbramiento y éxito, se corona con la concesión del Premio Nobel y su confirmación como Secretario General del PCUS (1990). *La segunda crisis* se inicia con el agravamiento de las reivindicaciones nacionalistas, sigue con la guerra del Golfo y culmina con el fallido intento de golpe de Estado en agosto de 1991. Y, finalmente, *la caída* de Gorbachov y de sus proyectos, etapa que termina con la dimisión del líder soviético el día de Navidad de ese mismo año, 1991.

A) En la primera etapa destaca en política exterior el fin de la *guerra fría*, el entendimiento con los occidentales y los progresos en el campo del desarme. En la política interior, la afirmación del liderazgo de Gorbachov y la puesta en marcha de sus sucesivas reformas económicas, políticas e institucionales, que le convierten en Presidente de la URSS, y Secretario General del Partido, mientras se celebran elecciones de talante democrático y se admite el pluripartidismo.

En el XXVII Congreso del PCUS, la renovación política propiciada por Gorbachov es aceptada por el Partido y se ponen en marcha las reformas de la *perestroika*.

El anuncio de la retirada de Afganistán confirma el nuevo talante de la política exterior (8-X-86).

El año 1987 ilustra el afianzamiento de los «nuevos aires» al rehabilitarse la figura de Boris Pasternak y aceptarse por primera vez candidatos alternativos, que aun sin estar oficialmente inscritos se presentan para competir con los comunistas en las elecciones parciales a los *soviets* locales.

El fallecimiento de Andrei Gromiko vino a simbolizar, sin pretenderlo, el cambio generacional y de ideas en la URSS. Gromiko había sido titular de Exteriores durante veintiocho años y Jefe de Estado, más bien honorífico, entre

1985 y 1988. Representaba como pocos dirigentes la política soviética en los años de tensión Este-Oeste y la distensión moderada después del estalinismo.

Gorbachov, como señala Gómez Antón «tendrá que batallar en serio para sobreponerse a sus opositores y lograr cuanto poder precisa para llevar a cabo la transformación que pretende. Por eso, intentará *reducir los poderes del Soviet Supremo* en que los inmovilistas están afincados; implantar el *pluralismo político* y poner fin a la hegemonía del Partido Comunista si no logra dominarlo; *robustecer su propia posición* recabando poderes excepcionales o, mejor aún, implantando un sistema presidencial fuerte; y *potenciar los soviets* de todos los niveles, para catalizar las energías del país y amainar las reivindicaciones separatistas ya incipientes».

La clave está en potenciar la instauración de un Congreso democráticamente elegido y fortalecer la presidencia. Gorbachov se hace con la Jefatura del Estado (Presidente del Presidium del Soviet Supremo) en octubre de 1988.

B) El año de los grandes cambios en la URSS, como en todo el Bloque del Este, será 1989.

Que las reformas impulsadas por la *perestroika* iban en serio se confirmó el 26-III-89 al convocarse a los ciudadanos soviéticos a las urnas con el fin de elegir un nuevo Parlamento, el Congreso de los Diputados Populares. Después de setenta años, las candidaturas fueron plurales en muchos distritos y al conocerse los resultados se vio que los candidatos *oficiales* fueron derrotados en muchas circunscripciones, algo impensable anteriormente.

En Moscú votó el 83% de la población y destacó entre los elegidos el «desterrado» Boris Yeltsin, que en su día se enfrentó abiertamente al ortodoxo Ligachov.

La campaña electoral fue muy activa y abierta. El alcalde de la capital rusa tampoco obtuvo el apoyo necesario para formar parte del Congreso, mientras que sí figuró entre los nuevos representantes el célebre disidente Sajárov.

En mayo, los miembros del nuevo Parlamento, de acuerdo con las reformas introducidas, eligieron por votación a los 442 miembros del Soviet Supremo, que quedaba compuesto a partes iguales por el Soviet de la Unión y el Soviet de las Nacionalidades.

El hecho clave fue la elección de los diputados populares y el subsiguiente Congreso renovado que ofreció una vida política inusitada en la URSS, con corrientes doctrinales opuestas, líderes distintos, debates abiertos y, en fin, todas las características del sistema parlamentario.

Las mismas elecciones, realizadas ya conforme a la nueva normativa, tuvieron ese talante democrático, surgiendo agrupaciones, clubes y movimientos de opinión que se concretaron en mítines, campañas y manifestaciones. El fracaso de muchas de las candidaturas oficiales no sólo evidenció la crisis del sistema y el descrédito del PCUS sino el deseo de ir hacia cambios más radicales y decididos.

La reunión del Congreso de los Diputados Populares expresó justamente esta situación insatisfactoria, capitaneada por hombres como Andrei Sajárov, Yuri Afanasiev y Boris Yeltsin.

Es cierto que la reforma resultaba evidente, con debates televisados, disparidad de opiniones, libertad de crítica... pero los resultados a la hora de tomarse decisiones eran en gran medida frenados por el propio aparato, la burocracia o los sectores ortodoxos.

El nuevo Soviet Supremo que surgió de este Congreso, aunque realizó una labor importante, no acababa de llenar las esperanzas de los sectores más osados e innovadores. El malestar se trasladó a la calle y una serie de huelgas, como la de los mineros, alertaron de los riesgos sociales que podían generarse.

Este malestar coincidió con brotes autonomistas que pedían mayores cotas de Gobierno y hasta con demandas claramente separatistas que recordaron al mundo la heterogeneidad del inmenso Imperio ruso.

Los cambios en la política exterior fueron espectaculares. El acercamiento ruso-americano devolvió la tranquilidad al mundo y puso casi un feliz *The End* a la tensión Este-Oeste. Sus mejores ejemplos se vieron con la política de reducción de armamentos y de tolerancia hacia el desenganche de los países del Este de la órbita soviética.

El 15-II-89 concluye la retirada soviética de Afganistán al salir las últimas unidades blindadas del país. Los rusos cruzaron el río Amu Darya que separa ambos estados por el llamado «puente de la amistad».

El espacio soviético donde se desataron los intentos separatistas fue el de los países bálticos, mientras los problemas étnicos se recrudecían con la zona del Cáucaso.

Coincidiendo con el cincuenta aniversario del pacto Hitler-Stalin que entregó las Repúblicas bálticas a Moscú, se formó el 23-VIII-89 una impresionante cadena humana con más de un millón y medio de personas, a lo largo de 600 km uniendo las ciudades de Tallin, Riga y Vilna, capitales de Estonia, Letonia y Lituania. Los manifestantes reivindicaban así su perdida independencia.

Un cambio importante fue la admisión del pluripartidismo, al aprobarse la supresión del artículo sexto de la Constitución de la URSS.

C) El nuevo año de 1990 se inicia con el agravamiento de la crisis en el área báltica, interviniendo fuerzas especiales, que no impiden la primera declaración de independencia de la URSS por parte de Lituania (11-III-90).

El Soviet Supremo aprueba las «Bases de la legislación de la URSS y las Repúblicas Soviéticas sobre la tierra», eje de las medidas de cambio económico, poniéndose fin a la colectivización forzosa de la tierra. Se autoriza así la propiedad privada y la herencia, pero no se permitirá venderla, cederla o hipotecarla. Además, se mantiene la posibilidad de las granjas colectivas y las cooperativas campesinas.

El Soviet Supremo reformó la Constitución en febrero para crear la figura del Presidente de la URSS, llamada sin duda a dejar en segundo plano al Secretario del PCUS y dar una imagen institucional más homologable con los modelos de poder occidentales. Mijail Gorbachov fue elegido Presidente el 15-III-90, coronando así el proceso de reforma. Sin embargo continuó con su cargo al frente del PCUS en un difícil equilibrio de propiciar desde las mismas estructuras a renovar.

En las elecciones celebradas en las distintas Repúblicas, hay un claro retroceso de los conservadores y un avance de lo reformistas, especialmente en Rusia, Ucrania y Bielorrusia que representan el 70% del electorado soviético.

El 12 de junio Boris Yeltsin es elegido Presidente de Rusia y empieza a erigirse como alternativa más radical a Gorbachov.

Boris Yeltsin se consolida como alternativa a Gorbachov al ser elegido Presidente de Rusia en junio, sobre cinco adversarios, entre ellos Nikolai Ryzkov, ex Primer Ministro de la URSS, que contaba con el respaldo de los comunistas.

Gorbachov considera nulas, por ir contra la legalidad constitucional, las decisiones separatistas de los Parlamentos de las Repúblicas de Estonia y Letonia en el mes de mayo.

El 12-VI-90, el Parlamento ruso proclama su soberanía y la supremacía de sus leyes sobre las del poder central de la URSS.

Siguiendo esta misma actitud, el Parlamento de Moldavia declara también la primacía de sus leyes respecto a las soviéticas.

Mijaíl Gorbachov es reelegido Secretario General del PCUS en el XXVIII Congreso del Partido. La elección fue reñida hasta cierto punto, pues obtuvo 3.411 votos a favor y 1.116 en contra, confirmándose las disensiones existentes en el seno del PCUS y el nuevo clima de distensión y libertad.

Avanzando en el proceso de reformas, el Parlamento soviético aprueba el 25-IX-90 la Ley de Libertad de Conciencia y de Organizaciones Religiosas y, en el ámbito de las relaciones exteriores, la URSS e Israel reanudan sus relaciones diplomáticas.

En las Repúblicas del Asia Central también se registran actitudes separatistas o al menos se proclama la primacía de las leyes locales sobre las procedentes de Moscú. Así ocurre en Armenia y Azerbaiyán.

Una jornada significativa de la caída del sistema comunista se produce el 28 de agosto de 1990 en Tbilisi, capital de Georgia. Se calcula en unas 30.000 las personas que presenciaron la caída de la gigantesca estatua de Lenin, de 20 m de altura, que presidía una de las plazas de la ciudad. La efigie había sido quemada anteriormente y cuando se intentó su restauración se vino abajo. La muchedumbre aprovechó la ocasión para destrozar la estatua caída y con cinceles y martillos, hacerla pedazos.

D) Aunque esta etapa de *auge* culminará con la concesión del Premio Nobel en octubre de 1990, las reivindicaciones nacionalistas —una de las claves de la crisis— continúan creciendo.

En efecto, a los conflictos de Novorno-Karabaj y los enfrentamientos en Armenia, Azerbaiyán y Georgia, además de las declaraciones unilaterales de independencia por parte de las Repúblicas bálticas, se añaden las declaraciones de su soberanía por parte de Rusia, Ucrania y Bielorrusia en el verano de 1990. Gorbachov tiene que proponer la negociación de un nuevo tratado de la Unión.

En esta segunda fase de crisis, se agudizan también las divisiones entre los políticos, y aunque Gorbachov consigue del Soviet Supremo plenos poderes en noviembre, la dimisión de Sheverdnadze advirtiendo el riesgo de una dictadura, demuestra que la crisis está abierta.

En octubre, Gorbachov realizó una gira europea para solicitar ayuda económica para su país. Visita España del 26 al 28. La popularidad del líder soviético en España se hizo patente en los distintos actos programados.

Dada la grave situación de la URSS y la crisis del sistema, Gorbachov optó por someter al Congreso un proyecto de Tratado de la Unión que sustituyera, con una fórmula más flexible, el orden soviético.

Con este fin se convocó un referéndum para marzo de 1991, mientras seis Repúblicas se opusieron al mismo. No participaron Armenia, Georgia y Moldavia, que en su lugar sometieron a referéndum su propuesta de independencia, mayoritariamente aceptada. Poco después hará lo mismo Ucrania. El resto de territorios soviéticos se inclinaron por el sí. La autoridad de Gorbachov resultó muy debilitada. La respuesta a esta crisis fue el intento de golpe de Estado del mes de agosto.

E) A las siete de la mañana del día 19 un comité para el Estado de Emergencia se hace con el poder en Moscú y destituye a Gorbachov que se encontraba descansando en Crimea. El Comité lo encabezaba el vicepresidente Yanayev.

Mientras columnas de blindados ocupaban las principales calles de Moscú y otras ciudades, la agencia Tass distribuye un comunicado notificando la incapacitación de Gorbachov y la asunción de poderes por el citado Comité de Emergencia. Juntamente con Yanayev firman el comunicado el Presidente del Consejo de Ministros Pavlov, y el vicepresidente del Consejo de Defensa Baklanov.

Boris Yeltsin se niega a acatar *el golpe* y encabeza la resistencia haciendo un llamamiento a la población civil y al Ejército.

El intento fracasó y puso de manifiesto que no lo respaldaban ni los militares ni las fuerzas de seguridad. El protagonista de la resistencia a los golpistas fue *Yeltsin* que luchó para evitar la involución del proceso «democratizador» de la URSS. Acusó de traición al Comité; alentó la reacción ciudadana, que no se enfrentó a la huelga general, y fue rápidamente secundado por las autoridades locales de las Repúblicas; y, sobre todo, consiguió que los tanques estacionados frente al Soviet Supremo y parte del ejército se pusieran de su lado, al llamar a la obediencia a las fuerzas de seguridad de la URSS en la Federación Rusa.

El fracaso del golpe, que devuelve a Moscú un Gorbachov visiblemente afectado, supone el triunfo de Yeltsin que se erige en el nuevo *hombre fuerte*. Gorbachov es repuesto en sus cargos, pero ha perdido su carisma y su fuerza. Incluso se rumorea su complicidad con los golpistas.

Cien mil moscovitas celebran en las calles el fracaso de los golpistas y la estatua de Félix Dzerjinski, fundador del KGB, es derrumbada. El Ministro del Interior, Boris Pugo, se suicida y Yeltsin suspende la publicación del diario *Pravda*.

Para el jefe de la diplomacia española, Fernández Ordoñez, el golpe de Estado de agosto «no fue sólo la crisis de un sistema. Fue en realidad un cambio de época. La *perestroika* que iniciara su andadura como voluntad de reforma, estaba caminando últimamente por una vía de ruptura, aunque quizá de una ruptura vergonzante, que no se decidía del todo a romper con el pasado. Aún así su ritmo implacable estaba desmantelando de hecho el sistema. El golpe, que significó el punto álgido de la lucha entre los sectores conservadores y los reformistas, fue la desgraciada expresión de esa reacción. Pero su fracaso, en el que fue decisiva la intervención del pueblo soviético, y su transformación hasta entonces dirigida desde abajo hacia arriba, derivó en un desbordamiento por la vía de hecho de la *perestroika* hacia una fase plenamente rupturista y revolucionaria».

F) En esta última etapa los sucesos cobran una aceleración vertiginosa mientras se derriban las colosales estatuas de Lenin y se van reconociendo y proclamando independientes las distintas Repúblicas.

Yeltsin ordena la investigación judicial del Partido comunista ruso y suspende todas sus actividades. Gorbachov dimite de la Secretaría del P.C. de la

URSS, que igualmente es sometido a investigación judicial al tiempo que se congelan sus cuentas y se suspenden sus actividades en todo el territorio nacional.

Se le retiran a Gorbachov sus poderes especiales y se crea un Consejo de Estado con los dirigentes de las Repúblicas. En septiembre es ya un hecho la disolución de la URSS, aunque todavía se discute su nuevo diseño.

Hélène Carrère d'Encausse escribió entonces que «la soberanía de la RSFSR se hace cada día más real, y el creciente peso de Rusia, frente a la URSS, es al menos tan evidente como la rivalidad personal entre Gorbachov y Yeltsin. Yeltsin, adalid del derecho de las naciones a la autodeterminación y de una concepción *confederal* de la Unión entre los pueblos que deseen, al abandonar el Imperio, encontrar otras formas de vida en común, logra con este programa una popularidad que traspasa las fronteras de Rusia y de las posibilidades reales de imponerse. Logra, también, añadir una nueva dimensión a la rivalidad personal, la de la *amistad de los pueblos* enfrentados a un Imperio que se mantiene por voluntad del poder central».

13.4.3. *La disolución de la URSS*

A) El 6 de septiembre, el Consejo de Estado soviético aprobó la independencia de las tres Repúblicas bálticas: Letonia, Estonia y Lituania. Habían sido un foco de conflicto en los últimos meses. Las tres habían visto actuar a las tropas especiales del KGB y habían proclamado su independencia, que las Potencias extranjeras, temerosas de molestar a Moscú, no reconocieron. El nuevo talante político tras el fracaso del golpe benefició a los independientes, convirtiéndose el separatismo en una especie de «epidemia».

Algunas repúblicas temían el expansionismo de Rusia. Yeltsin anunciaba que quería revisar algunas fronteras con sus vecinos.

A comienzos de diciembre, un portavoz del Ministerio de Exteriores, Vitaly Churkin, declaró: «Como todos hemos visto, la desintegración es una enfermedad contagiosa. La situación es bastante mala. El país está al borde de una fractura. Yo estoy muy preocupado por la posibilidad de un Chernobyl político».

Veinticuatro horas antes, el propio Gorbachov había escrito a los parlamentarios de las Repúblicas diciendo que la división podría llevarles a la guerra civil y al caos.

Gorbachov intenta sustituir a la URSS por la Unión de Estados Soberanos (14-XI-91), sin lograr afianzar su proyecto.

El 7 de noviembre, fecha en que tradicionalmente se venía conmemorando la Revolución de Octubre, no se celebró ningún acto oficial por primera vez en la historia de la URSS. El mismo día Leningrado recuperó su anterior nombre de San Petesburgo.

B) El nuevo *movimiento* de respuesta fue todavía más contundente: las Repúblicas eslavas anunciaban al mismo tiempo el fin de la URSS y el surgimiento de otra Unión, aunque más reducida, que se oponía al resto de los territorios antes integrantes del ámbito soviético.

El acuerdo se tomó en Minsk el 8 de diciembre y se rubricó por Boris Yeltsin (Rusia), Leonid Kravchuk (Ucrania) y Stalislav Chuchkevich (Bielorrusia). Terminaba así su historia el Estado soviético creado por Lenin en 1917.

De este encuentro surgió el proyecto de crear una Confederación de Estados Independientes entre las Repúblicas eslavas, propuesta que se hace como alternativa al plan de Mijaíl Gorbachov de crear una especie de Estado Confederal que «salvara lo salvable» de la ruina soviética.

En el texto del Preámbulo del Tratado se dice literalmente:

«Nosotras las repúblicas de Bielorrusia, la Federación Rusa y Ucrania, como Estados fundadores de la Unión Soviética y confirmantes del Tratado de la Unión de 1992, declaramos que la Unión de Repúblicas Socialistas Soviéticas ha dejado de existir como sujeto de derecho internacional y como realidad geopolítica (...). Nuestro acuerdo está abierto a todos los miembros de la antigua Unión Soviética y a otros Estados que compartan los objetivos y principios de la Comunidad».

«Hoy, nuevamente, al igual que en 1922, tres repúblicas —Rusia, Bielorrusia y Ucrania— se convierten en los miembros primarios de una nueva unión», dijo el Ministro de Relaciones Exteriores ucraniano, Vitold Fokin.

Al día siguiente, Yeltsin se reunió con Gorbachov en el Kremlim y le comunicó oficialmente que la Unión Soviética había muerto. El país «como sujeto de derecho internacional y de una realidad geopolítica, dejó de existir», le informó. Pero Gorbachov continuará todavía más semanas en el poder, como Jefe de un Estado fantasmagórico y convirtiéndose en uno de esos «héroes de la retirada» que definió Enzersberger.

Unos días más tarde, el Secretario de Estado norteamericano, James Baker, viajó a Moscú para conocer la nueva realidad y asegurarse de que el armamento nuclear repartido en el vasto territorio quedaba bajo un único mando.

Tras varias reuniones, Gorbachov y Yeltsin acuerdan el día 17 que la URSS dejará de existir oficialmente el 31 de diciembre y desaparecerán todas sus instituciones, incluida la Presidencia.

C) El 21 de diciembre, en la capital de Kazakstán, Alma Ata, los máximos dirigentes políticos de las once Repúblicas de la ex-URSS, encabezados por el ruso Boris Yeltsin, constituyeron la Comunidad de Estados Independientes, como nuevo espacio para su organización política. Se sumaban así los territorios no eslavos a la CEI.

La Comunidad se denominaba en ruso *Sodurujestvo Nesavisimij Gosudarstv,* la SNG.

Con carácter provisional, las once Repúblicas —Rusia, Ucrania, Bielorrusia, Kazakstán, Turkmenistán, Kirguizistain, Uzbekistán, Tadjikistán, Moldavia, Armenia y Azerbaiyán— acordaron mantener en su puesto al Ministro de Defensa de la URSS, Mariscal Evgeni Shapochnikov, como jefe de un ejército unificado. Máximos órganos de la Comunidad serán el Consejo de los Presidentes de cada uno de los Estados miembros y el Consejo de los Jefes de Gobierno.

Georgia no se adhirió a la CEI porque ponía por condición que los Once reconocieran su independencia.

La Comunidad no será un Estado y no tendrá una ciudadanía ni un presupuesto común. Sus fronteras interiores serán abiertas. Rusia ocupará el lugar de la URSS en el Consejo de Seguridad de la ONU y creará con los otros miembros una comisión para estudiar el reparto de las representaciones diplomáticas y propiedades de la URSS en el extranjero.

El destino de las 6.500 cabezas nucleares desplegadas fuera de Rusia, en los territorios de Ucrania (4.356), Bielorrusia (1.222) y Kazakstán (1690), fue regulado en un documento especial.

D) En la tarde del día de Navidad, Gorbachov se dirigió al país desde la televisión anunciando su renuncia y despidiéndose emocionado de sus conciudadanos:

«Dada la situación creada con la formación de la Comunidad de Estados Independientes, ceso en mi actividad como Presidente de la Unión Soviética. Tomo esta decisión por consideraciones de principio (...). Se ha impuesto la línea de desmembramiento del país y desunión del Estado, lo cual no puedo aceptar (...). Además, estoy convencido de que resoluciones de tal envergadura deberían haberse tomado basándose en la voluntad expresa del pueblo (es decir, un referéndum). No obstante, haré todo lo que pueda para que los acuerdos allí firmados (Alma Ata) conduzcan a una verdadera armonía en la sociedad (..). El destino quiso que cuando me vi al frente del Estado ya estuviera claro que nuestro país estaba enfermo. (...) Había que cambiarlo todo. (...) Hoy estoy convencido de la razón histórica de los cambios iniciados en 1985. (...) Hemos acabado con la guerra fría, se ha detenido la carrera armamentista y la demente militarización del país que había deformado nuestra economía, nuestra conciencia social y nuestra moral. Se acabó la amenaza de una guerra nuclear. (...) Nos abrimos al mundo y nos han respondido con confianza, solidaridad y respeto. Pero el antiguo sistema se derrumbó antes de que empezara a funcionar el nuevo. (...) El golpe de agosto llevó la crisis a su límite máximo. Lo más funesto en esta crisis es la desintegración del Estado. (...) Creo que es de vital importancia conservar las conquistas democráticas de los últimos años. Son fruto del sufrimiento de toda nuestra historia, de nuestra trágica experiencia. (...) Hoy quiero expresar mi agradecimiento a todos los ciudadanos que apoyaron la política de renovación del país. (..) Dejo mi puesto con preocupación pero también con esperanza, con fe en vosotros, en vuestra sabiduría y en vuestra fortaleza de espíritu (...)».

Una última anécdota ilustra las ironías del destino. Gorbachov, en el momento de ir a firmar el decreto de su dimisión, se encontró con que no funcionaba su estilográfica y tuvo que pedírsela prestada a quien tenía más cerca, Tom Johnson, de la cadena norteamericana de televisión CNN. Una pluma estilográfica yanqui servía para ratificar el fin de la URSS.

La bandera roja será arriada en el Kremlim e izada la tricolor de la Rusia zarista.

Al día siguiente el Parlamento soviético reconoció la disolución de la URSS y de sí mismo. El acto tuvo lugar en una sesión del Soviet de las Repúblicas o Cámara Alta, única que continuaba funcionando, pues la Cámara Baja había dejado de hacerlo el lunes anterior. No hubo *quorum,* pues únicamente asistieron a la sesión dos docenas de diputados.

13.5. LA REUNIFICACIÓN ALEMANA

La división de Europa en dos bloques ocultaba en su mismo centro la falacia del escamoteo del verdadero tamaño del espacio germano. Bastó que el viento de la *perestroika* animase a revisar los petrificados sistemas comunistas del Este, para que el problema alemán emergiese en el corazón de Europa, causando una sorpresa parecida a la que hubiera creado la erupción de un volcán.

13.5.1. *Una nación de fronteras cambiantes*

Basta hacer un breve repaso a la historia de Alemania para confirmar que este país nunca ha tenido unos límites claros, ni una forma constitucional permanente, siendo por el contrario el paradigma de la transmutación.

Dice André Maurois que escribir la historia de Alemania es empresa difícil, y se explica así: «Alemania nunca ha tenido fronteras fijas, un centro estable. Durante mucho tiempo tribus errantes flotaron allí sobre una franja incierta. Tan pronto una parte de Italia es parte del Sacro Imperio, que ante todo es germánico, como figuran en el mapa de Alemania los Países Bajos, al igual que Austria y Suiza. Se sabe también que España, durante algún tiempo, tuvo por rey al príncipe que en calidad de emperador reinaba sobre los países germánicos. La historia de la antigua Roma había sido la historia de territorios dominados por una única ciudad. Alemania tuvo capitales móviles: Aix-la-Chapelle, capital más bien carolingia que germánica, Viena, Berlín, Bonn. Praga fue también una ciudad alemana en la que incluso residía el emperador; después se convirtió, como Viena, en la capital de un Estado extranjero...».

Esta característica de su fluidez territorial se une a la complejidad de su estructura política. La mayor parte de su historia, Alemania ha sido un asombroso rompecabezas, un enjambre de territorios semifeudales, ciudades libres e imperiales, señoríos episcopales y diversos reinos expansivos que han disputado alternativamente el dominio del conjunto, hasta que la rivalidad austro-prusiana se decantó en favor de los Hohenzollern.

Tras la paz de Westfalia, 1648, que pone fin a la Guerra de los Treinta años, la disgregación del espacio germánico alcanza una cifra clamorosa: 350 estados o señoríos.

En contrapunto a esta atomización, la otra fuerza operante sobre Alemania ha sido la idea imperial, la idea del *Reich*, término que proviene de una doble raíz, del celta *rix* y del latino *rex*. El origen de esta otra constante del acontecer germano nos lleva a Carlomagno y al tratado de Verdún (843) cuando se ratifica la entrega a Luis el Germánico de los territorios situados al este del Rhin.

El Sacro Imperio Romano Germánico que durará hasta 1806 al renunciar Francisco II al título y asumir el de Emperador de Austria, justo dos años después que Napoleón se proclamase Emperador de los franceses —fue instaurado en Aquisgrán el 2 de febrero del año 962, al ungir y coronar el papa a Otón I el Grande, de la Casa de Sajonia—.

El II Reich será obra de Bismarck, tras vencer Prusia a Austria en 1866 (Sadowa) y a Francia en 1870 (Sedán). La unificación alemana durará hasta la derrota de 1945, cuando los aliados dividen el país en cuatro zonas de ocupación.

Otra forma política que ha adoptado el complejo estado germánico ha sido la confederal. Así, bajo los auspicios de Bonaparte se fundó en 1806 la Confederación del Rhin o *Rheinbund*, que borró del mapa más de cien pequeños estados. Tras el Congreso de Viena, en 1815, se crea la Confederación Germánica, con 39 estados.

La constitución de Zollverein (1818-1830) suprimió las barreras aduaneras entre 25 estados y preparó el terreno para la formación, bajo la égida prusiana, de la Confederación de Alemania del Norte en 1866.

El nacionalismo alemán tuvo en la lengua y en la cultura uno de sus elementos emblemáticos, como puso en evidencia Fichte en su famoso discurso a la Nación Alemana. Otros protagonistas de este suceso fueron los movimientos liberales y democráticos, que si fracasaron en sus intentos, como la primera Asamblea Nacional en Frankfurt en mayo de 1848, continuaron en su empeño, al que pronto se sumarán los intereses de la burguesía aupada por la industrialización.

Y para complicar este intrincado cuadro estructural, tres experiencias republicanas: Weimar, tras la caída del Kaiser, y las dos Repúblicas de la posguerra: la RDA y la RFA.

13.5.2. *La crisis del régimen en la RDA*

Se puede calificar el proceso de cambio en la RDA como una transición en contra del Gobierno. La agitación popular que minó los fundamentos de la RDA fue, sin duda alguna, consecuencia de la resistencia oficial a los nuevos tiempos de la renovación gorbachoviana.

El Estado germano-oriental (la más importante nación industrial del mundo comunista, después de la URSS) no pudo resolver los problemas relacionados con las aspiraciones de sus ciudadanos a una mejora del nivel de vida y, sobre todo, a una sociedad en la que esté asegurada la libertad de las personas, hasta hace un tiempo sometida a controles y restricciones por un Estado autoritario, teniendo además tan presente y tan cercana la pujante realidad de la RFA. Desde el principio, los dirigentes de la RDA manifestaron su preocupación, y hasta su hostilidad, hacia los cambios en curso en Polonia y en Hungría. Para ellos la RDA debía ser el bastión del socialismo ante la anarquía.

En agosto de 1989 se cierra la embajada alemana en Budapest, después de que miles de refugiados de la RDA hubieran solicitado salida de la RFA. Hungría suprime las instalaciones fronterizas del telón de acero: el éxodo masivo de refugiados a través de la frontera abierta comienza. Mientras tanto en la RDA se expresa el malestar en demostraciones masivas.

La situación se tornó particularmente explosiva cuando Mijaíl Gorbachov viajó a este país para participar en Berlín de las ceremonias del cuadragésimo aniversario de la fundación de la RDA. Tras el desfile militar del 6 de octubre presidido por Erich Honecker, tuvieron lugar prolongadas conversaciones entre los dirigentes de Alemania del Este y el Secretario del PCUS soviético. Al mismo tiempo en Berlín, y en otras principales ciudades sobre todo en Leipzig, miles de manifestantes se congregaban en las calles para expresar su hostilidad a Honecker, al grito de «Gorby», «Libertad». En la tarde de este día conmemorativo Gorbachov tomaba la palabra en el Palacio de la República ante los militantes y dirigentes del Partido de la RDA. Hizo alusión a las dificultades encontradas por sus huéspedes: «La RDA, como cualquier otro país, tiene problemas de evolución que requieren ser analizados y solucionados». Añadió que había que tener en cuenta «el proceso general de modernización y de renovación que se desarrolla actualmente en todo el grupo socialista... La elección de las formas de evolución es una decisión soberana de cada pueblo...». Honecker no parecía impresionado por esas observaciones.

Se produjo un aumento de las manifestaciones populares, agrupando cada vez multitudes más y más numerosas, más y más decididas, que lo hicieran dar marcha atrás.

En Leipzig —como ocurría todos los lunes desde principios de septiembre— se realizó una manifestación de más de cien mil personas que reclamaban libertad de prensa, elecciones libres, derecho de viajar hacia Occidente. Esa manifestación fue la más importante en toda la historia del país desde la rebelión de Berlín del Este el 17 de junio de 1953.

En los siguientes días hubo manifestaciones en Berlín sin que interviniese la policía. El 18 de octubre de 1989, el pueblo lograba su primera victoria: Erich Honecker abandonaba todas sus funciones al frente del Estado, del Partido y del Ejército.

Fue reemplazado en la dirección del Partido por su segundo, Egon Krentz. Este nombramiento, considerado como una provocación, lejos de apaciguar los ánimos dio mayor impulso a la protesta. Las manifestaciones de los lunes por la tarde reunieron en Leipzig a más de trescientos mil participantes. Lo mismo ocurrió en Berlín. En todas partes, la multitud reclamaba el alejamiento de Krentz, la disolución de la policía política (STASI) y la abolición del monoplio del Partido Comunista.

Las manifestaciones alcanzaron su punto culminante en Berlín el 4 de noviembre. Más de un millón de alemanes del Este provenientes de todas las regiones, exigieron la aplicación de verdaderas reformas.

Mientras tanto, Egon Krentz viajó a Moscú a entrevistarse con Gorbachov. A su regreso, el Comité Central anunció la dimisión del Gobierno dirigido por Willy Stoph y la de todos los miembros del Buró político. Se nombró jefe del Gobierno al responsable del Partido en la ciudad de Dresde, Hans Modrow, un reformador. Para calmar los ánimos, el Gobierno anunció inmediatamente la apertura de la frontera con la RFA a partir del 9 de noviembre.

13.5.3. *La caída del muro de Berlín*

Dieciocho años después de su construcción, el jueves 9-XI-89, el muro de Berlín, símbolo obsesivo de la división alemana y europea, comenzó a ser derribado.

Ese mismo día por la tarde el Gobierno de la RDA anunció a sus ciudadanos que eran libres de viajar a Occidente, poniendo fin así al éxodo iniciado tras los cambios en Hungría. La frontera estaba abierta como por un milagro y miles de personas la cruzaron aunque sólo fuera por vivir esa sensación y poder pasearse por la otra zona de Berlín. Bastaba un simple visado que extendían los mismos policías de fronteras.

La antigua capital alemana se transformó en una ciudad en fiesta. Berlineses de uno y otro lado se abrazaban en las calles y bebían juntos botellas de champán. El muro se convertía en una especie de reliquia ya inútil y grupos de jóvenes se encaramaron sobre él bailando y alborotando. Luego, de modo espontáneo, llegaron grupos con picos y martillos y empezaron a llevarse trozos del muro como recuerdo. Los policías de uno y otro lado se cruzaban de brazos y lo que parecía impensable se hacía realidad: el temible muro estaba siendo demolido poco a poco, entre el júbilo de las gentes y ante las cámaras de televisión. El estupor era general. Posteriormente, se ha sabido que estuvo a punto de ordenarse la intervención militar por parte del todavía régimen comunista de la RDA, pero acabó imponiéndose el buen sentido y Berlín no se convirtió en otro trágico Tiananmen.

El 11 y 12 de noviembre, dos millones de alemanes del Este conocieron la parte hasta entonces vedada de Berlín: fueron tres millones el fin de semana siguiente.

El 17 de noviembre se formaba el Gobierno de Modrow. Sin embargo, la crisis no estaba conjurada. Permanecían las viejas estructuras. El 20 de noviembre, la manifestación del lunes en Leipzig reunió una vez más a 200.000 personas que reclamaban elecciones libres y la reunificación de Alemania.

En la RFA empezaba a hablarse con seriedad de la posible reunificación. El canciller Kohl expuso ante el Bundestag un plan de 10 puntos, inspirándose en otro vigente anteriormente a la unificación de 1871. El proyecto no fue muy bien recibido en la RDA.

El 2 de diciembre dimitieron los 160 miembros del Comité Central del P.C. alemán y el ex-dirigente de la RDA, Erich Honecker, junto a otros altos cargos, fue expulsado del partido y confinado en arresto domiciliario.

Al día siguiente, el Comité Central y el Buró político del SED anunciaron su disolución. Tres días más tarde Egon Krentz abandonaba la dirección del Partido. El 9 de diciembre, un abogado considerado como simpatizante de los «reformadores», Gregos Gysi, lo reemplazaba en el Secretariado General de un Partido al que, semanas antes, el Parlamento había retirado el papel dirigente al admitir el multipartidismo. Al término de una mesa redonda que reunió a todos los partidos políticos (es decir el SED y las formaciones que lo apoyaban) y a los representantes de los movimientos de la oposición, se anunció que se realizarían elecciones libres el 6 de mayo de 1990 para designar un nuevo Parlamento. La población, por su parte, era consciente de que el poder comunista no se rendía y de que nada estaba ganado todavía. Para los alemanes del Este, aparte de la posibilidad de viajar libremente a la RFA, en el fondo nada había cambiado.

El día 20 Helmut Kohl y Hans Modrow, primeros ministros de ambas Alemanias, se reunieron en Dresde para dar impulso al proceso de entendimiento inter-alemán. Se firmaron dos tratados, uno económico y otro cultural, procediéndose también a la devaluación del marco oriental. La última decisión fue abrir la puerta de Brandenburgo para las cercanas fiestas de Navidad.

13.5.4. *El fin de la República Democrática Alemana*

Las manifestaciones, menos numerosas a fines de diciembre, se reanudaron los primeros días de enero de 1990. Por su parte, la oposición, muy dividida, tomó conciencia de su debilidad. Donde aparecían las diferencias era en el problema de la reunificación de Alemania. Algunos, como los Verdes y la Izquierda Unida, preconizaban el mantenimiento de un Estado alemán del Este independiente y soberano. Otros, en cambio, como Despertar Democrático, eran favorables a una reunificación por etapas de ambos Estados alemanes. Los partidos aliados del SED trataban de recuperar una autonomía creíble con la ayuda de sus homólogos y homónimos de la RFA.

El pueblo, en su mayoría, rechazaba a los comunistas, pero esperaba la realidad del cambio. Mientras no comprobara que el cambio era real e irreversible, se mantendría movilizado. Lo demostró, claramente, el 15 de enero de 1990. Ese día, en Berlín Oriental, decenas de miles de manifestantes tomaron por asalto y saquearon el edificio de la sede central de la STASI. Luego invadieron las calles gritando eslóganes favorables a la reunificación y hostiles al Gobierno de Modrow.

Las primeras elecciones libres al Parlamento de la RDA se celebraron el 18-III-90, con un resultado sorprendente. Votó el 93% de los 12 millones largos con capacidad de votación. El SED, que durante décadas había ostentado el monopolio de poder y que había cambiado su denominación por la de Partido del Socialismo Democrático, obtuvo un 16,3% de los votos, pasando por tanto a la oposición. El gran vencedor, con el 40,6% de los sufragios fue la Unión Cristiano Democrática, seguida por el Partido Socialdemócrata, que las encuestas habían dado como favorito, pero que se tuvo que contentar con un 21,8%. Se formó un Gobierno de coalición, salvo los ex-comunistas y los verdes, presidido por el cristianodemócrata Lothar de Maizière.

El 5 de abril, fecha de constitución de la nueva Asamblea Popular, simbolizó el nacimiento de un verdadero parlamentarismo en la RDA. Las decisiones más importantes fueron la eliminación del principio constitucional que afirmaba el papel dirigente del SED y la promulgación de una ley liberal en materia de viajes y desplazamientos al extranjero.

El Gobierno contaba con la ventaja de que se basaba en la amplia plataforma de una gran coalición, constituida por los partidos de la Alianza (CDU, Unión Social Alemana, Despertar Democrático), el SPD y los liberales, disponiendo, por lo tanto, de la mayoría parlamentaria necesaria para la revisión de la Constitución.

El nuevo Gobierno —y en buena medida los resultados electorales— tuvo un carácter de transición en espera de que pudieran llegarse a celebrar elecciones para la esperada Alemania unida. El paso clave fue la firma del Tratado sobre la Unión Económica, Monetaria y Social, firmado en Bonn el 18-V-90, que introducía la economía social de mercado en la RDA.

Otro paso importante fue la sustitución del ya inútil marco de la RDA por el de la RFA. El 1º de julio se produjo la unificación monetaria, desde ese día hubo un único marco alemán.

El Banco Federal Alemán de Frankfurt se hizo prácticamente cargo de la política monetaria de la RDA y puso a su disposición 25.000 millones de marcos para facilitar el cambio del dinero en circulación. También se tomaron otras medidas como la adopción del fondo especial conocido por «Unidad Alemana» financiado mediante empréstitos y que debería ascender, en 1994, hasta 115 millones de marcos. El Gobierno del Este procuró también descentralizar la administración y dar auténtico carácter federal a los *länder* de Sajonia, Turingia, Sajonia-Anhalt, Brandenburgo y Mecklemburgo.

Los problemas económicos y sociales eran ingentes, superiores a los políticos. El desfase industrial, las deficiencias de los servicios, el contraste de nivel de vida, las diferencias en la misma seguridad social, auguraban una fase de transición muy dura.

Si desde el punto de vista de la política interior apenas se vislumbraban escollos, no podía decirse lo mismo de la exterior. El nacimiento, de nuevo, de una potencia germana desequilibraba Europa, afectaba a la estabilidad de la CEE, a las relaciones de distensión EEUU-URSS y hasta a cuestiones concretas en el área como la frontera Oder-Neisse con Polonia. La permanencia o no del estado alemán unificado a la OTAN constituía otro tema complejo, que los Occidentales insistieron en calificar de vital, señalando que Alemania debería continuar en la Alianza.

Este tema tan espinoso recibió por fin el visto bueno soviético tras el viaje del Canciller Kohl a Moscú y la promesa de no estacionar tropas OTAN en la RDA, donde curiosamente iban a permanecer durante cierto tiempo tropas rusas.

También se formalizó con Polonia una garantía acerca de las fronteras, mediante declaraciones oficiales de un reconocimiento de las actuales por ambos Parlamentos germanos.

La organización de una mesa de negociación para tratar todos los temas de la unificación —Conferencia 2+4, habida el 5-VI-90— concretó estos extremos. Participaron las cuatro Potencias vencedoras de la II GM y los dos estados alemanes.

El titular de Exteriores soviético declaró luego ante el XXVIII Congreso del PCUS que la división alemana durante cuarenta años había sido «artificial y antinatural» y que la unificación de ambos estados era «inevitable».

La coexistencia y más todavía la unificación de dos estados económicamente tan desnivelados creaba enormes y variados problemas que resolver. Uno de ellos había sido el monetario. Dos tesis se propugnaban para dar respuesta al reto, una gradual, de progresivo y vigilado acercamiento, y otra de *shock* fundada en una rápida unión monetaria; como sugirió Kohl es como hemos visto se hizo.

Otro tema fue el tipo de cambio para esta reconversión, cuestión clave de todo el proyecto y que topaba con el inconveniente del carácter ficticio del cambio del marco oriental, como en general ocurría con todas las monedas del Este. Cuestiones tan básicas como la proporción entre el dinero en circulación y la renta nacional de la RDA o cuál sería la respuesta de los alemanes orientales al uso de sus nuevos marcos ante el dilema ahorro-consumo, resultaban cruciales.

No hubo un crecimiento excesivo del consumo, pero sí una previsible ampliación del paro, hecho éste que no era atribuible sólo al cambio de marco sino a la misma estructura tan deficiente de la economía oriental.

La saludable situación económica de la RFA y el apoyo de la CEE fueron factores importantes en esta operación unificadora que se resolvió en brevísimos meses y constituía el requisito básico para el paso siguiente: la unión de ambas Repúblicas alemanas.

13.5.5. *La Reunificación*

A) La posibilidad de plantearse la reunificación alemana (*Wiedervereiningung*), un asunto paradigmáticamente tabú hasta la caída del muro, implicaba de modo automático una serie de consecuencias que alterarían el espacio alemán, las relaciones de éste con ambas Europas, Oriental y Occidental, e incluso el mismo equilibrio mundial.

El Acta final de Helsinki (1975), al tratar el espinoso asunto de las fronteras establecidas en la posguerra, eligió el concepto de *inviolabilidad* de las mismas, en lugar del término *intangibilidad*, propuesto por Polonia y la URSS. Este detalle lingüístico resulta ahora de sumo interés, pues si bien es verdad que Helsinki confirmaba el mapa surgido de la guerra mundial, dejaba abierta la posibilidad del cambio, siempre que éste no se hiciera por la fuerza. Las fronteras no pueden *violarse*, pero sí *alternarse* pacíficamente.

En primer lugar, está el cambio interior. Las diferencias entre las dos Alemanias eran grandes.

Por ejemplo, la población era casi cuatro veces superior en la RFA, y el volumen de producción, nueve veces mayor. El nivel de riqueza por habitante era superior al doble en la Alemania Federal.

Este es, por lo tanto, el primer desequilibrio que había que corregir: el desfase interalemán. En caso de que se consiguiera ese objetivo en un plazo breve, Alemania emergería como la Primera Potencia europea, con 80 millones de habitantes y un puesto puntero en lo económico a escala mundial e incluso, por qué no decirlo, en lo militar.

Si la Alemania unificada se mantiene en la CEE y en la OTAN, su predominio en el área sería manifiesto y el peso de este conjunto en Europa, decisivo, ejerciendo una atracción sobre los demás pueblos europeos.

Si, por el contrario, Alemania se desgajase de la CEE y de la OTAN, el proceso de finlandización de Europa se haría casi irreversible y la crisis de ambas organizaciones internacionales irremediable.

B) Con todos estos interrogantes todavía abiertos, se llevó a cabo el proceso reunificador.

La firma del tratado de unión entre las dos Repúblicas alemanas se hizo en Berlín el 31-VIII-90. Por la RFA lo suscribe Wolfgang Schäuble, Ministro del Interior, y por la RDA Günter Krause, Ministro de la Presidencia. El tratado será ratificado en septiembre por los respectivos Parlamentos.

La firma de un tratado de amistad y cooperación entre Alemania y la URSS, que tiene lugar en Moscú el 13 de septiembre, constituye otra de las piezas maestras del proceso de cambio en el orden europeo.

A las cero horas del día 3 de octubre deja de existir la República Democráctica Alemana, culminando así el proceso de unificación/reunificación de Alemania que ahora se encarna en la República Federal. El acontecimiento tiene lugar cuando aún no han pasado once meses de la caída del muro de Berlín.

Diez días después de la unificación de Alemania, unos 20 millones de alemanes votan para elegir los cinco nuevos Parlamentos regionales de la ex-RDA y de Baviera, en lo que parece como un ensayo general antes de las elecciones legislativas de diciembre. Los resultados arrojaron el triunfo del CDU en los nuevos Estados germanos excepto en Brandenburgo. En éste ganó el partido Social Democrático sin llegar a la mayoría absoluta, con un 38% de los votos. Los ex-comunistas sufrieron gravísimas pérdidas, con resultados que oscilaron entre el 8,9% y el 13,6% de los votos en los cinco Estados.

El tratado germano-polaco estableciendo como definitiva la frontera del Oder-Neisse es firmado el 14-XI-90 por los titulares de Exteriores de ambos países, Krysztof Skubiszewki y Hans Dietrich Genscher, en Varsovia.

El 2 de diciembre se realizaron las primeras elecciones en la Alemania unificada. El Canciller Helmut Kohl se impuso con más del 44% de los sufragios, lo que le asignaba 316 escaños en el Parlamento Federal. Los social-demócratas, liderados por Oscar Lafontaine, obtenían el 33,1%, con 239 escaños y con el peor resultado legislativo desde 1961. El partido Demócrata Libre, del Ministro de Relaciones Exteriores, Genscher, aliado a Kohl, obtuvo el 11% de los votos (79 escaños), con lo cual la agrupación podría tener más fuerza en la alianza que encabezaba el actual Canciller.

Los Verdes reciben 7 escaños, gracias en buena parte al voto de la ex-RDA.

A mediados de Enero, Helmut Kohl era reelegido Canciller Federal, formando, inmediatamente, un nuevo Gobierno Federal, quedando Hans Dietrich Genscher en su cargo de Ministro de Relaciones Exteriores.

C) La reunificación se llevó así a cabo gracias al acuerdo con los antiguos ocupantes y en especial con la URSS.

La nueva Alemania permanecerá en la Comunidad Europea y en la Alianza Atlántica, potenciando ambas organizaciones, mientras la crisis del Bloque del Este lleva a la disolución de este.

Es todo el mapa Europeo el que está alterándose y, en consecuencia, el equilibrio mundial.

13.6. Yugoslavia en guerra

El apelativo *balcánico* es sinónimo de complicación. Se habla del *avispero balcánico* y cuando una zona del mundo se encuentra troceada y ofrece antagonismos fronterizos poco claros, se dice que está *balcanizada*. En efecto, calificar algo de balcánico es equipararlo a desorden y conflicto.

Estos planteamientos no son de ahora, vienen de antiguo, hunden sus raíces en el *humus* histórico de esta península atormentada que, sin embargo, para Bismarck «no valía la vida de un ganadero de Pomerania».

El fantasma del atentado contra el heredero del Imperio Austro-húngaro, el archiduque Francisco Fernando y sus trágicas consecuencias, parecía retornar de las tinieblas del tiempo, a la vista de los acontecimientos que iban a producirse en Yugoslavia.

13.6.1. *El mosaico balcánico*

Si los Balcanes son un mosaico, dentro del entramado de este espacio-oriental, su núcleo más embrollado es precisamente Yugoslavia.

Pocos años de vida ha tenido este país, nacido en 1918, tras los acuerdos de paz de Versalles, pero las *piezas* que lo integraban sí eran seculares y en buena medida rivales y hostiles: los eslavos del sur llegan a estos lugares en el siglo VI.

Misha Glemy ha escrito que «a los directores de los periódicos no les gusta Yugoslavia porque es demasiado complicada». Y realmente pocos estados ha habido en el mundo tan enrevesados como éste.

Yugoslavia tenía dos etnias, eslava y albanesa, tres religiones, católica, ortodoxa y musulmana, dos alfabetos, latino y cirílico, cinco lenguas habladas al menos por un millón de habitantes, serbio y croata, esloveno, macedonio y albanés, además de medio millón que hablaba húngaro y doce idiomas más de diversas minorías.

Si las fronteras interiores entre sus seis Repúblicas y dos territorios autónomos ya tenían tramos discutibles por las movedizas ubicaciones de las diversas minorías de unos grupos de población en zonas mayoritarias de otros, tampoco eran del todo nítidos parte de los límites extra-estatales, con Italia, Albania, Grecia, Bulgaria, Rumanía, Hungría y Austria.

Era importante la presencia de minorías de población ligadas a otras Repúblicas en casi todos los territorios, destacando el número de serbios que vivían fuera de los límites originarios de Serbia.

Las diferencias económicas y sociales, como pasa en todas partes, también se daban en Yugoslavia, con ventaja para la zona norte.

Cuatro etapas distintas cabe señalar en esos 73 años de corta vida del Estado yugoslavo: la monarquía de los Karageorgevic, la ocupación y división durante la II GM, el régimen comunista de Tito y la etapa de disolución actual.

El comunismo era el cordón que ataba el paquete y al soltarse aquél, se rompió éste.

13.6.2. *Las piezas del «puzzle»*

El río Drina no separa simplemente a dos pueblos, sino a dos mundos, Occidente y Oriente. Aquí, a la muerte del Emperador Teodosio, en el año 394, quedó definitivamente dividido el Imperio Romano entre Honorio y Arcadio, y su límite discurrió para siempre por este río.

El Imperio ya había sufrido con anterioridad repartos y divisiones, y tuvo que ser precisamente un dálmata, Diocleciano, quien establecería en el 293 la Tetrarquía, con un Gobierno de dos Augustos asistidos por dos Césares.

Los sucesivos poderes que van a disputarse los Balcanes heredan esa divisoria romana, y junto a sus rivalidades políticas y militares traerán diferencias religiosas, étnicas y culturales. Bizancio, los Otomanos, los Habsburgo y hasta la Rusia zarista y su continuador, el comunismo soviético, dejarán su impronta en esta disputada tierra.

Si el peso de la historia es clave para intentar comprender la crisis yugoslava, hay también otros elementos igualmente esclarecedores, como la geografía, la religión o la demografía.

A) Antón Wurster escribió que «uno de los factores primordiales que intervinieron en la plasmación del mundo balcánico es la configuración del terreno».

Y añadía: «Los sistemas de altas montañas que se empinan sobre una gran parte del territorio crearon con su impenetrabilidad una serie de "compartimientos estancos", que además de ser difícilmente accesibles desde fuera, están también aislados entre sí. Existe una única crencha transversal que atraviesa toda la península: es el camino de la antigua *via militaris* romana, que penetraba de la Panonia por los valles del Morava, Nisava y Maritza hasta el Mar Negro, con una desviación por los valles de Morava del sur y Vadar hasta Salónica. Después fue por ahí la carretera imperial turca y hoy la línea del *Orient-Express*. La parte continental no tiene ningún otro enlace con Europa. Las orillas del mar no son siempre igualmente sinuosas y aptas para puertos, lo cual priva a una parte considerable de la península del más natural enlace con el resto del mundo».

Esta geografía invita al estancamiento de estados pequeños y aislados y así ha sido, con el añadido de que buena parte de su convivencia fue impuesta por su sometimiento a centros de dominio externos, como Bizancio, Estambul o Viena.

«Los Balcanes son, por su naturaleza, una región de fronteras. Aquí se hallan las puertas de Asia más cercanas a los centros históricos europeos; por aquí va la más breve y única vía terrestre hacia el corazón de Europa. Por eso en este espacio está condensada la tragedia de aquel antagonismo fatal entre el Oriente y el Occidente, que se hace sentir furiosamente a lo largo de toda la línea que va desde el Báltico al Mediterráneo».

En esta península, la más oriental y maciza de las tres de la Europa del sur, situada entre los mares Adriático, Jónico, Egeo y Negro, debajo de la línea que va desde Trieste a la desembocadura del Danubio, está Yugoslavia. Los Balcanes ocupan 468.000 km², de ellos, 255.804 corresponden a Yugoslavia.

Yugoslavia tiene forma de un cuadrilátero irregular, está cruzado por cadenas y macizos montañosos, y sus costas, especialmente la dálmata, son altas y llenas de escollos. Las Repúblicas no tienen límites geográficamente claros ni coinciden con los espacios naturales.

Desde el punto de vista físico, las regiones principales son la masa dinárica central, el surco Morava-Vadar, la Panonia danubiana, distinguiéndose la Voivodina y las llanuras croata y eslovena, los Alpes de Eslovenia y la fachada adriática, con abundantísimos canales e islas.

B) La composición étnica de todo el espacio balcánico es la más compleja y entremezclada de Europa, agudizándose el hecho en Yugoslavia. En toda la península cinco unidades estatales agrupan a griegos, búlgaros, serbios, croatas, turcos, eslovenos, albaneses, macedonios, alemanes, húngaros, rumanos, gitanos, judíos, armenios cherqueses, italianos, kutzo-valacos o aramunes y hasta tártaros.

El mosaico étnico se agrava porque no se trata de núcleos cerrados y claramente diferenciados, sino que en buena medida son conglomerados que apenas coinciden con las regiones geográficas o políticas. Eslovenia es casi la única República con población homogénea, Croacia tenía una bolsa de 600.000 serbios, y la misma Serbia cuenta con húngaros en Vojvodina y albaneses en Kosovo.

Los serbios eran mayoría (36,2%), seguidos de los croatas (19,7%) y los musulmanes bosnios (9,8%). Los restantes grupos se distribuyen así: eslovenos (7,4%), albaneses (9,2%), macedonios (5,8%), montenegrinos (2,3%), húngaros (1,6%) y otras minorías (3%).

La distribución por Repúblicas daba 9.791.475 habitantes a Serbia, 2.012.517 a Vojvodina, 1.954.747 a Kosovo, 4.769.344 a Croacia, 1.962.606 a Eslovenia, 4.364.574 a Bosnia-Herzegovina, 2.033.964 a Macedonia y 615.267 a Montenegro, con un total para el conjunto Yugoslavo de 23.528.230 habitantes.

C) El emperador Heraclio sellará definitivamente el futuro de la península, en el siglo VII, una vez concluidas, en general, las grandes migraciones. El *limes,* como ya hemos dicho, corre por el río Drina para salir cerca de Scutari y viene a coincidir con las fronteras étnicas entre serbios y croatas. Esta misma divisoria vendrá a reiterarse con las zonas de influencia de la Iglesia católica romana y la Iglesia ortodoxa griega. El factor histórico y el factor religioso se confunden así y vuelven a mezclarse al introducirse el Islam tras los guerreros turcos.

Los pueblos que van a integrar Yugoslavia tienen un pasado en parte común y en parte distintos, que se remonta a la época tardorromana y los albores medievales.

Los eslovenos, que se convierten al cristianismo al relacionarse con el Imperio carolingio, formarán parte, desde el siglo XIII, de los dominios austríacos, sin poseer autonomía propia.

Los croatas serán evangelizados desde la vecina Italia y crearán un reino independiente durante los siglos IX al XII. Fue ya en el año 925 cuando Tomislav ceñirá la corona croata. La dinastía nacional se extingue en el siglo XI y los croatas se vincularán con los húngaros mediante una Unión Personal, conservando su identidad. A la muerte de Ludovico II, los croatas, que vienen desempeñando el duro destino de vigilar la frontera frente a las embestidas orientales, eligen como nuevo señor a Fernando de Habsburgo, quedando ligados a esta dinastía hasta 1918.

Durante todos estos siglos y especialmente en la época de los enfrentamientos con los otomanos, llegan a los territorios originalmente croatas, como Bosnia, muchos refugiados de otras etnias, sobre todo serbios, que acabarán estableciéndose en zonas de población mezclada.

Croacia, aunque sufrió presiones de germanización y magiarización durante su dependencia de los Habsburgo, conservó sus instituciones y cultura. Esta autonomía se plasmó en el convenio de Nagoda (1868).

Como anécdota cabe recordar que la corbata es de origen croata —de aquí su nombre— y se divulgó en Europa como prenda del uniforme de un contingente militar al servicio de Francia en el siglo XVII.

Según Olábarri, «también la costa dálmata estuvo siempre relacionada con Occidente: disputada entre húngaros-croatas y venecianos entre los siglos X y XV, fue Venecia quien la controló hasta finales del siglo XVIII, y Austria hasta 1918. Después, la unidad de croatas y dálmatas no ha sido discutida por nadie».

Menos claros son los antecedentes históricos de Bosnia-Herzegovina, cuyos límites no han estado bien definidos, estando sus pobladores, generalmente, subordinados a otros, como los turcos, desde el siglo XV.

El éxito otomano y la conversión de los habitantes de la zona al Islam parece atribuirse a la extensión en Bosnia de la herejía de los bogomilos, que era perseguida tanto por católicos como por ortodoxos. Austria-Hungría se hizo con el control de esta región en 1878, que aún conservó nominalmente su dependencia de la Sublime Puerta. Viena anexionó Bosnia-Herzegovina en 1908.

Los serbios se instalaron en Moesia y Panonia, todavía bajo autoridad romana, creando su propio reino en el siglo IX. Fueron cristianizados por Cirilo y Metodio y resistieron las presiones de búlgaros y bizantinos, pero perdiendo parte de sus tierras. La historia de Serbia ofrece diversas modificaciones en sus límites y alterna períodos de libertad con otros de vasallaje especialmente con Bizancio, hasta 1165 cuando se establece la dinastía autónoma de Nemanjic.

El mayor esplendor corresponde al reinado de Dusan el Grande en la primera mitad del siglo XIV, pero el reino se desmembraría con su hijo Esteban y sucumbiría ante las armas turcas en las batallas de Maritza (1371) y Kosovo (1389).

Durante este período independiente, los serbios mantuvieron su obediencia a la Iglesia ortodoxa oriental, que en buena parte se respetaría por los nuevos dominadores otomanos. Luego, los turcos invadirán Bosnia, Herzegovina, Albania y Hungría.

En el siglo XVIII, los serbios, decepcionados del fracaso austríaco por expulsar a los turcos de los Balcanes, vuelven sus ojos a Rusia y comienza así una relación de *fraternidad eslava* que durará hasta la actualidad. Será Catalina II, en el tratado de Kurchuk-Kainarzhi quien reivindicará la protección rusa sobre los ortodoxos, pero hay que esperar hasta el primer tercio del siglo XIX, cuando el Imperio otomano inicia su crisis, para ver a los serbios libres. El jefe de los independentistas, Petrovic, fue llamado Karageorges por los turcos, que lo vencerían. El nuevo líder fue Milos Obrenovic, que lograría el reconocimiento de la semi-independencia serbia por La Puerta.

Ya plenamente independiente el país, los Obrenovic serán sustituidos por los Karageorgevic. En el tratado de San Estéfano (1878) se reconocen a Serbia nuevos territorios como Nis y Pirot. El reino no oculta su política de convertirse en una especie de Piamonte de los Balcanes, chocando por lo tanto con Austria.

Las guerras balcánicas dieron a Serbia nuevas fronteras, incorporando Kosovo, de población mayoritariamente albanesa, y Macedonia, con parte de sus habitantes pro-búlgaros. En 1918 también se hace con Vojvodina, que tiene fuertes minorías húngara, alemana y croata.

Otro territorio que consiguió no ser dominado por los turcos fue el pequeño reino de Montenegro. Independiente de Serbia desde 1354 —anteriormente se le denominaba Zeta— puso en el trono a la familia Basildas. A lo largo de su historia sufrieron los montenegrinos pérdidas de territorio en la llanura, pero conservaron sus montañas inaccesibles. No presenta, ni étnica ni religiosamente, diferencias con Serbia.

Durante los cuatro siglos de dominación otomana en la mayor parte de los Balcanes, los pueblos sometidos quedan aislados y escapan a la influencia Occidental. No viven los grandes cambios que supusieron el Renacimiento, la Reforma, el Barroco, la Ilustración o el Liberalismo. Los turcos establecieron modificaciones de tipo administrativo, fomentaron cierta nivelación social, disminuyó la población y aumentaron las migraciones internas. A lo largo del siglo XIX irán recobrando su independencia todos los pueblos sometidos y nacen los nuevos Estados de Grecia (1828), Serbia (1831), Bulgaria (1888) y Albania (1912).

La rivalidad austro-rusa por hacerse con la herencia otomana será una de las constantes de estos años y desembocará en la I GM. Los pueblos balcánicos de raza eslava y religión ortodoxa pivotarán hacia San Petersburgo. Ya en 1882, el general ruso Suvaroz advirtió que la próxima guerra europea estallaría en los Balcanes.

D) Con estos antecedentes históricos y religiosos y los condicionantes étnicos y geográficos mencionados, se comprende que resulte innecesario hablar de la prácticamente inexistencia de un factor cultural o político yugoslavo. Ambos fueron impuestos desde el Gobierno de Belgrado, pero sin lograr ni una cultura común que suplantara a las locales ni tampoco instituciones realmente apoyadas por los diversos pueblos. Sólo el carisma de Tito y la uniformidad que imponía su régimen lograron, efímeramente, dar cierto aire de unidad al conglomerado yugoslavo.

La transición a la democracia, en todo el Bloque del Este, trajo un virulento rebrotar de los nacionalismos y el hundimiento en Yugoslavia de los sentimientos y organismos que representaban un poder central nacional más o menos tachado de artificial e impuesto.

13.6.3. *Un estado artificial*

La formación de Yugoslavia se encuadra en el proyecto de rediseño de la Europa Central y Oriental. Se ha escrito que el estado yugoslavo se crea para formar un baluarte que sustente el orden de Versalles en el Sureste del continente. Lo cierto es que su erección supone un éxito para la causa del paneslavismo, y Serbia se convierte en núcleo de este proceso.

A) Mientras hay quien sostiene la tesis de la anexión de Croacia y Eslovenia por Serbia, otros análisis históricos dicen que fue a iniciativa de croatas y eslovenos como se llega a la creación del nuevo estado.

En este último sentido, dice Sain-Bar que «de hecho fueron croatas y eslovenos quienes en 1915, en medio de la Primera Guerra Mundial, contactaron con el Gobierno serbio y comenzaron las negociaciones con el propósito de organizar un nuevo Estado Eslavo Sureño (Yugoslavia). Croatas y eslovenos estaban preocupados, con mucha razón, de que gran parte de su territorio fuera cedido a Italia de acuerdo con el tratado secreto firmado en Londres en abril de 1915 como gratificación a Italia por haberse unido a los aliados durante la Primera Guerra Mundial. A Italia se le prometió una gran parte de la costa croata y parte del este de Eslovenia. Croatas y eslovenos, por razones de interés propio, buscaban el apoyo de los serbios, sus hermanos sureños eslavos, para defenderse de este destino.

Las negociaciones comenzaron cuando el líder esloveno Antono Korochets salió a favor de un Estado yugoslavo seguido por el líder croata Stefan Radich. A continuación vino la famosa declaración de Corfú, el 20 de julio de 1917, que proclamaba la creación de un nuevo Estado yugoslavo. Nicolás Pachitch firmó por los serbios; Antic Trombitch, por los croatas; y Franco Supilo, por los dálmatas».

Los historiadores reconocen que eslovenos, montenegrinos y bosnios querían la unión con Serbia, mientras la opinión se encontraba más dividida entre los croatas. A las minorías no serbias de Vojvodina, albaneses y macedonios no se les tuvo en cuenta.

Los hechos confirman que en octubre de 1918, en el Parlamento croata, los representantes de Croacia, Eslovenia, Dalmacia y Krajina votaron su independencia de Austria, proclamando el Estado de serbios, croatas y eslovenos. Por otra parte, Bosnia-Herzegovina y Montenegro optaron por unirse a Serbia, rechazando también los montenegrinos, mediante plebiscito, la dinastía Petrovic y aceptando a los Karageorgevic. Otra votación posterior en Zagreb decidió formar un único Estado que adoptó el nombre de Reino de los serbios, croatas y eslovenos, monarquía constitucional que fue solemnemente proclamada por el príncipe Alejandro I de Serbia el 1 de diciembre de 1918. Pocos años más tarde, en 1929, cambiaría su denominación por la de Yugoslavia.

B) Como escribe Olábarri, «en principio, el régimen monárquico contaba con muchos factores favorables: la acción de las minorías cultas que por efecto del movimiento romántico, buscaban desde comienzos del XIX la unión de los eslavos del Sur; el rígido centralismo del Imperio austro-húngaro, que le enajenaba las simpatías de sus minorías eslavas; los éxitos políticos y militares de la Monarquía serbia desde la sublevación de 1803-1817 hasta las guerras balcánicas de 1912-13; el comportamiento, para muchos heroico, del Ejército serbio durante la Gran Guerra».

Esta impresión optimista no duraría demasiado. La Constitución de 1921 configuraba un Estado de corte unitario, consagrando el predominio serbio. Rusinov señala que «los croatas, los eslovenos y otros grupos no serbios del norte y del sur, que constituían la mayoría de la población, se encontraron a sí mismos viviendo en lo que era realmente una Gran Serbia, con un rey serbio, una capital serbia, primeros ministros serbios durante todo el período de entreguerras (excepto durante algunos meses en 1928) y el dominio serbio del cuerpo de oficiales de las Fuerzas Armadas y de la burocracia».

La dictadura implantada por el mismo monarca intentó fomentar un nacionalismo yugoslavo y reducir las tendencias centrífugas, sin conseguirlo. Moriría asesinado en Marsella el 9 de octubre de 1934 por un terrorista macedonio utilizado por nacionalistas radicales croatas que dirigía Ante Pavelic.

Como el heredero del trono, Pedro II, tenía 11 años, se hizo cargo de la regencia el príncipe Pablo, que adoptó una política más autonomista para Croacia, concretada en el acuerdo de autogobierno de agosto de 1939, que sin embargo no satisfacía los deseos de los más separatistas, cada vez más relacionados con la Italia fascista.

El predominio serbio en el conjunto yugoslavo era innegable. En los veintitrés años de vida del reino sólo se había registrado un período de cinco meses en que el primer ministro no fuera un serbio. «Los croatas y los eslovenos —añade Palmer— se creían más civilizados y cultos que los serbios y soportaban a disgusto el predominio de estos».

C) Mientras el regente Pablo, educado en Inglaterra y casado con una hermana de Marina de Kent, era aliadófilo, la situación geopolítica del país lo vinculaba dramáticamente con el Eje.

Hitler presionó con fuerza a Belgrado para que firmase el Pacto Tripartito. Bulgaria, Rumanía y Hungría ya se habían vinculado a Berlín y los italianos que ocupaban Albania, invadieron Grecia. Aunque Yugoslavia se resistía acabó por hacerlo el 25 de marzo de 1941. Sin embargo, un golpe militar dirigido por el general Simovich derriba al Gobierno el día 27. La reacción de Hitler fue fulminante y ordenó «proceder a todos los preparativos para la destrucción de Yugoslavia, militarmente y como unidad nacional».

El 6 de abril los *stuka* bombardean Belgrado iniciando un ataque al que pocos días más tarde se sumarán tropas húngaras e italianas. El Ejército yugoslavo capitula el día 17.

Apenas iniciadas las operaciones, los *ustachi* de Pavelic proclamaban, el día 10, por radio Zagreb la formación de una Croacia «libre e independiente». Terminadas las hostilidades, Hungría incorporó el triángulo entre el Danubio y el Tisza, Bulgaria se hizo con la mayor parte de Macedonia, Italia anexionó la Eslovenia meridional, la costa dálmata al sur de Split, Montenegro y la parte macedonia de Kosovo. Alemania, por último, incorporó la Eslovenia septentrional, ocupando el resto de Yugoslavia, estableciendo un Gobierno satélite en Belgrado encabezado por el general Nedic.

El Gobierno legítimo se trasladó a El Cairo y desde aquí se exilió en Londres.

Antes de terminar este mes de abril, tras la rendición de las tropas griegas el día 24, todos los Balcanes quedaban bajo el dominio del Eje.

El 18 de mayo de 1942 Aimón de Saboya Aosta, duque de Spoleto, fue proclamado rey de Croacia, que en realidad sería gobernada por Pavelic. El nuevo monarca ni siquiera se trasladó a vivir a su reino.

La II GM constituirá un capítulo trágico y heroico de la historia yugoslava. Con sus pueblos divididos, ocupados y hasta enfrentados, con una resistencia tenaz e indomable y una represión despiadada.

Las crueldades de los *ustachi* mancharon el nombre de la Croacia independiente. Los sectores moderados del Dr. Macek y la jerarquía católica, encabezada por monseñor Stepinac, arzobispo de Zagreb, rechazaron tal actitud y también hubo grupos que se incorporaron a la lucha partisana. El mismo Tito era croata.

Otro dirigente fue el serbio Mihajlovic, jefe de los *chetniks*, en principio monárquicos, opuestos a los *ustachis,* pero también a los comunistas. Su actitud acabó siendo tachada de ambigua y hasta colaboracionista.

D) Los comunistas, tras la invasión alemana de la URSS, se lanzan a una guerrilla activa contra los ocupantes, y gradualmente acaban erigiéndose en protagonistas de la resistencia, recibiendo el apoyo de los aliados. Josip Broz —que recibió su apodo de Tito en la guerra civil española— se convirtió en el líder carsimático del país.

«El prestigio logrado por su éxitos durante la guerra, el casi absoluto dominio de los dirigentes comunistas y el prácticamente nulo predicamento de los Karageorgevic fuera de Serbia permitieron que el "Frente Popular" organizado y controlado por los comunistas ganara por amplísima mayoría las elecciones de noviembre de 1945 para la formación de un Parlamento Constituyente. El nuevo Parlamento abolió la Monarquía, proclamó la "República Popular Federal de Yugoslavia" y aprobó la nueva Constitución de 1946. Desde entonces, y hasta 1989, el Partido Comunista Yugoslavo —Liga Comunista desde 1957— controló todos los aspectos de la vida del país».

La Constitución de 1946 insistirá en el principio federalista, pero el monopolio del ejercicio del poder, en todos los campos, por la Liga Comunista, contrarrestaba obviamente todo intento realmente descentralizador.

La sorprendente ruptura con Stalin en 1948 y la implantación del modelo económico autogestionario ayudaron a ofrecer una imagen más atractiva de Yugoslavia en el exterior y facilitó una organización más flexible.

La Ley Constitucional de 1953 y las sucesivas Constituciones de 1963 y 1964 aumentaron las competencias de las Repúblicas y entes locales y su participación en las instituciones federales.

Durante toda la etapa del titismo se buscó un equilibrio no fácil entre la consecución de una solidaridad yugoslava y socialista y el mantenimiento de las diferencias de las nacionalidades federadas.

Cuando el régimen empieza a entrar en crisis, incluso antes de morir Tito, se advierte una cierta relación entre las divergencias de origen económico —defensores de la planificación central o partidarios de la liberalización— y las tesis más o menos centralistas y autonomistas. Los dirigentes de los territorios más desarrollados, Eslovenia, Croacia, Vojvodina se inclinaban por las posturas aperturistas en lo ecónomico y lo político, y los otros, al contrario. De esta forma, se empieza a identificar la centralización económica con la política y las tesis panserbias.

A causa de estas tensiones fue destituido en 1966 el vicepresidente Rankovic, tenido por *delfín* de Tito.

Nuevos conflictos empiezan a emerger con la Declaración firmada de 130 intelectuales croatas en defensa del uso y enseñanza de su idioma, constatada por otro escrito de intelectuales serbios pidiendo que la minoría serbia de Croacia fuera educada en serbio.

La masiva manifestación habida en Kosovo en noviembre de 1968, coincidiendo con el Día Nacional de Albania, confirmaba que el régimen comunista no había logrado acabar con las tendencias nacionalistas, y en 1970 se reconocerá explícitamente la soberanía de las Repúblicas e incluso se replanteará en sentido más federal la estructura del propio partido.

13.6.4. *Estalla la guerra*

Tras la muerte de Tito se mantiene el sistema por cierto tiempo pero afloran cada vez con menos cortapisas los viejos problemas de los conflictos nacionalistas, la falta de un líder capaz de encarnar al Estado, las rivalidades y recelos entre los distintos personajes políticos, el hundimiento económico y el agresivo impacto de un nacionalismo serbio que no sólo sirve de contrapeso a los separatismos periféricos sino que actúa como motor de la *cuestión serbia*, es decir, del propósito de extender su control hasta donde viven comunidades serbias. La presidencia colectiva y rotativa de la República será otro factor desestabilizado.

Los primeros años 80, que ya conocen incidentes y síntomas preocupantes, como la crisis de Kosovo, van a dar paso a una situación abiertamente conflictiva de la década, coincidiendo con el desplome del Bloque del Este, que altera el contexto internacional de todo el espacio centro-europeo.

Coforme se va agravando la situación es más patente la timidez, indecisión, vacilación y recelo de las Potencias en tomar partido. EEUU se mantiene conscientemente alejado del *avispero* y tampoco interviene activamente Rusia que por tantos lazos pudiera sentirse tentada.

En el acta de Helsinki había quedado claro que las fronteras surgidas de la II GM eran inviolables y no podían alterarse por la fuerza.

La estrategia comunitaria era contraria, con cierta lógica a la difusión de los micronacionalismos en Europa, sin embargo la fuerza de los hechos, la razón de croatas y eslovenos y la presión alemana acabará por imponer el reconocimiento de los nuevos Estados.

La cuestión clave radica en cómo garantizar los derechos de las diversas minorías en los Estados que pudieran independizarse.

Había 600.000 serbios viviendo en Croacia y casi un millón y medio en Bosnia, que servían de excusa para la expansión Serbia.

Las elecciones libres celebradas en 1990 habían consagrado el fin del período comunista. En Eslovenia triunfó la coalición DEMOS liderada por M. Kucan, en Croacia la Unión Democrática Croata de F. Tudjman y en Bosnia, una coalición serbo-croata-musulmana encabezada por Alija Ilzetbegovic. En Serbia, por el contrario, se mantuvieron en el poder los comunistas, con S. Milosevic.

A) La revuelta de Kosovo y su represión por Serbia alarmó a los habitantes de las otras Repúblicas.

El acceso del croata Stepe Mesic a la Presidencia, previsto para el 15 de mayo de 1991, desencadenó el conflicto. Serbia temía que Mesic, nombrado por un parlamento croata mayoritariamente separatista favoreciera el rompimiento de Yugoslavia y bloqueó su entrada en el cargo, que formalmente necesitaba ser votado.

Croacia y Eslovenia —que hasta ese momento hubieran aceptado alguna fórmula confederal que mantuviera órganos centrales— entendieron que la única salida era la secesión. La Presidencia colectiva era un órgano bloqueado pues los cuatro votos del bloque serbio (Serbia, Montenegro, Kosovo y Vojvodina) se oponía a los del bloque secesionista (Croacia, Eslovenia, Bosnia-Herzegovina y Macedonia). Tras unos meses con escaramuzas entre el ejército federal y las guardias nacionales, Croacia y Eslovenia proclamaron su independencia el 25 de junio.

El Ejército federal —mayoritariamente serbio— inició la guerra contra Eslovenia, que logra resistir. Pronto se llegó a un alto el fuego al ser Mesic nombrado Presidente. Eslovenia, una República exterior, que solamente tenía fronteras con la también secesionista Croacia, no constituía realmente un problema.

Los enfrentamientos más dramáticos tendrán lugar ahora, entre serbios y croatas, llegando a asolarse pueblos donde ambos habían convivido de forma pacífica.

Croacia reclamaba que sus fronteras internacionales fueran las de la República; Serbia alegaba que esos eran límites administrativos y que las nuevas fronteras debían dejar en el interior de su república poblaciones mayoritariamente serbias.

La Guardia Nacional Croata, el Ejército Federal Yugoslavo y las guerrillas serbias de *chetniks*, que constituyeron el elemento más difícil de controlar eran las fuerzas combatientes.

B) Durante el otoño de 1991, nombres como Osijek, Dubronick, Vukovar, Rijeka o Zagreb ilustraron una lucha trágica. La guerra se centró principalmente en Eslavonia, la zona de Croacia con mayor presencia de serbios, aunque el bombardeo de Dubronik, la histórica ciudad portuaria, fue lo más aireado por los medios de comunicación.

En 1991, Yugoslavia se desintegró. Su deuda externa se acercaba a los 18.000 millones de dólares; una economía en quiebra y un equipo productivo atrasado ponían el contrapunto a la guerra.

En Dubrovnik, antigua fortaleza medieval declarada monumento Patrimonio Cultural de la Humanidad por la UNESCO, más de 50.000 personas soportaron un asedio de ochenta días. Vukovar caería en manos serbias que así encontraban el camino libre hacia Osijek, centro administrativo de Eslavonia. Para Navidades, casi un tercio de Croacia estaba en poder de Serbia.

La Comisión de expertos enviada por la CEE no supo o no pudo resolver la crisis. Tampoco Lord Carrington ni el enviado especial de la ONU, Cyrus Vance, consiguieron que se respetaran los numerosos acuerdos del alto el fuego sistemáticamente violados.

La Conferencia de Paz celebrada en La Haya no sirvió para nada eficaz.

La presencia de contingentes de *cascos azules* tampoco sirvió entonces para mucho, salvo en misiones de interposición, que en cierto modo ratifican las adquisiciones por la fuerza, y tareas de escolta a convoyes humanitarios. Por cierto, no dejaba de ser sorprendente ver soldados pakistaníes, egipcios y nigerianos *poniendo orden* en Europa.

El 15 de enero de 1992 los países de la CEE reconocieron a las Repúblicas independientes de Croacia y Eslovenia, que además entraron a formar parte de la ONU. No ocurrió todavía lo mismo con Macedonia, por la oposición de Grecia a la existencia de un Estado con ese nombre, que considera propio.

C) La nueva zona conflictiva será ahora Bosnia-Herzegovina, donde en marzo hubo un referéndum boicoteado por los serbios, votando musulmanes y croatas en favor de la independencia (65%). La guerra ofrecerá aquí tintes todavía más dramáticos por encontrarse las etnias mezcladas y resultar más difícil su adscripción territorial.

Los combates los van ganando los serbios especialmente a expensas de los musulmanes, habiendo ocupado dos tercios de Bosnia, mientras Sarajevo permanece cercado. Los croatas también controlan parte del territorio.

Uno de los rostros más lacerantes de la guerra yugoslava es el problema de los refugiados, en buena parte incitados por el eufemismo de la «limpieza étnica».

En noviembre de 1992 se cifraban en 650.000 el número de personas huidas a Croacia, de ellos 332.000 procedentes de Bosnia, 274.000 de las áreas croatas dominadas por los serbios y 36.000 llegados directamente de Serbia.

Capítulo XIV
LA POSTGUERRA FRÍA

1. Otro hábitat

«La guerra fría —dice Schlesinger—, a pesar de su amenaza, tenía una elegante sencillez. Había una claridad esencial en cuanto a los adversarios, los elementos básicos no cambiaron durante largos períodos. Por consiguiente fue posible unir al pueblo norteamericano en apoyo de una política exterior durante muchos decenios. Por el contrario el orden mundial alterado es más fluido, más amorfo, más ambiguo».

Vaclav Havel dice en un escrito que «La caída del comunismo puede considerarse como señal de que el pensamiento moderno —basado en la premisa de que el mundo es objetivamente cognoscible y de que el conocimiento así obtenido puede generalizarse absolutamente— ha llegado a una crisis final.

«Esta era ha creado la primera civilización técnica mundial o planetaria, pero ha llegado al límite de su potencial, al punto más allá del cual comienza el abismo. El fin del comunismo es una grave advertencia a toda la Humanidad. Es una señal de que la era de la razón arrogante y absolutista está llegando a su fin y de que es ya tiempo de extraer conclusiones de este hecho».

«El comunismo no fue derrotado por la fuerza militar, sino por la vida, por el espíritu humano, por la conciencia, por la resistencia del Ser y del hombre a la manipulación. Fue derrotado por una rebelión del color, de la autenticidad, de la historia en toda su variedad e individualidad humanas contra el aprisionamiento dentro de una ideología uniforme».

El sistema que nos rodea presenta también *líneas de fractura* como la degradación moral, la amenaza nuclear, la insolidaridad entre los pueblos, la brecha entre el Norte rico y el Sur pobre, el deterioro ecológico. El peligro del hambre, los irracionalismos exacerbados, las tensiones periféricas, el vaciamiento ético de los centros de decisión...

Alain de Marolles señala la paradoja de estar ante un mundo que se debate entre la lógica *globalista* y la lógica *particularista:*

«Asistimos hoy al nacimiento de un nuevo universo, en el curso de un enfrentamiento entre fuerzas animadas por la lógica *globalista* de extender la interdependencia en el marco de una economía de mercado planetaria, que sólo puede funcionar en un nuevo orden internacional, y fuerzas que sostienen, por el contrario, la lógica egocéntrica de los particularismos y de los nacionalismos políticos, económicos, sociales, étnicos, religiosos y culturales, que conducen al mantenimiento de un mundo fragmentado en una infinidad de centros de decisión. La fragmentación del mundo moderno frente a la interdependencia de las naciones, he aquí la crisis del cambio de civilización que está en curso».

La desaparición del sistema bipolar —del Gran Consulado entre los EEUU y la URSS— puede acabar dejando paso a un sistema multipolar —el Directorio Mundial— en el que coexisten grandes conjuntos geopolíticos y geoeconómicos. Si es cierto que EEUU sigue siendo primera Superpotencia a la vez política, económica y, militar, también es detectable la instauración de otros centros diversos de poder. El modelo más adecuado para el horizonte histórico que se avecina es el Directorio de Viena de 1815, pero a escala mundial.

Estas interpretaciones del sistema mundial como un conjunto de áreas espaciales, bien sean estados, mercados económicos o áreas de civilización, no deja de ser algo *antigua* por estar enraizada en un basamento eminentemente *terrestre*, casi agrícola, cuando estamos ya implicándonos en la sociedad de la información, en la cual, el espacio es función del interés informativo.

La nueva concepción del espacio es consecuencia de la capacidad de redimensionamiento del medio por la *telemática* y de su rediseño por obra del *interés* de los actores del proceso comunicativo. El espacio económico y el espacio estratégico lo ilustran con bastante claridad.

Daniel Bell escribe que el contexto de la nueva economía global obliga a la reorganización de todas las estructuras económicas y cambia la naturaleza de los mercados. Estos solían ser lugares en que confluían caminos o ríos, donde los agricultores traían sus productos y los artesanos exhibían sus habilidades. Ahora ya no son lugares, sino redes que ensanchan el campo dentro del cual acontecen las transacciones, multiplicando la velocidad y efectuándose en tiempo real.

Este mismo fenómeno es detectable en la política exterior, canalizada por las llamadas diplomacia *directa* y diplomacia *pública* y en el campo militar, donde las armas inteligentes, la capacidad operativa de las armas más sofisticadas o las acciones programadas por ordenador han alterado los parámetros tradicionales de la táctica y la estrategia.

Estamos, por lo tanto, ante la emergencia de un sistema internacional estructurado en audiencias comunicativas intervinculadas, de distinto ámbito, alcance, contenido y temática informadora. Es el nuevo *hábitat* en el que los actores —y especialmente los estados— tendrán que convivir.

14.1.2. *Los Estados Unidos y Canadá*

Los EEUU contemplan con cierto estupor el derrumbamiento de la Unión Soviética, hasta ese momento poderoso rival, o tal vez compañero, en la arena internacional.

Tres Presidentes viven este proceso: Reagan, Bush y Clinton. Las responsabilidades de Washington aumentan ante esta situación que otorga a los EEUU una clara supremacía mundial, aunque pronto se advierte que ni siquiera ellos desean controlar este nuevo orden en solitario y cooperación de sus aliados e incluso de la antes denostada Rusia, para intentar apuntalar el *complejo relacional*.

A) *George Bush*

Con una asistencia inferior a la mitad del censo, el 8-XI-88, los norteamericanos eligieron como nuevo Presidente a George Bush, que se enfrentaba al demócrata Michael Dukakis (426 votos electorales de 40 estados frente a 112 votos electorales de 10 estados).

Bush tomará posesión el 20 de enero del año siguiente, será el Presidente número 41 de los EEUU. De Vicepresidente ejercerá Dan Quayle.

En las elecciones para la renovación de las Cámaras y gobernadores, los demócratas, en cambio, mejoraron sus posiciones. En la Cámara de representantes: 262 demócratas y 173 republicanos. En el Senado: 55 demócratas contra 45 republicanos. Además, los demócratas contaban ahora con 28 gobernadores frente a 22 republicanos.

George Bush (20-I-89 a 20-I-93) accedió a la presidencia «prohijado» por Reagan de quien había sido Vicepresidente y mantuvo una línea continuista en su gestión.

En política interior, la gravedad de la situación económica va a constituir el problema central de todo el período. El déficit fiscal y el desequilibrio de la balanza exterior eran dramáticos. Las promesas de Bush de no aumentar los impuestos y en cambio atender cuestiones sociales como la educación, el medioambiente, la lucha contra la droga y la delincuencia, le crean un dilema insalvable, que en parte estabiliza al poder reducir los gastos militares por la mejora de la tensión internacional. El fracaso de sus medidas económicas será una de las claves de su derrota frente a Clinton.

El desempleo llegó a acercarse a los 10.000.000 de trabajadores y el déficit público se cifraba en casi 400.000 millones de dólares.

En política exterior, el panorama resultó inverso. El hundimiento de la URSS y de su entorno otorgó a los EEUU un papel hegemónico indiscutido. La guerra del Golfo será el acontecimiento más llamativo de este mandato.

La firma en Moscú, el 3-I-93, del acuerdo START II fue uno de los últimos gestos de George Bush como Presidente de los EEUU.

Según el documento aprobado, para el 1 de enero del año 2003 Rusia solamente mantendrá 3.000 cabezas estratégicas y los EEUU 3.500, lo que implica unos niveles comparables a los de hace 25 años atrás.

B) *Bill Clinton*

Los republicanos llevaban doce años en el poder, tres mandatos, y tanto la nueva situación internacional más tranquila como la desalentadora situación interior, auguraban el relevo por parte de los demócratas. La aparición de un tercer candidato, el empresario Ross Perot, complicó el panorama de los comicios.

Esta vez hubo una gran afluencia a las urnas (55% de los censados). Clinton ganó, sin embargo, por una diferencia poco espectacular: 43% de los votos populares frente al 38% de Bush y el llamativo 20% obtenido por Perot. Sería el tercer Presidente más joven de EEUU, después de Theodore Roosevelt y J.F. Kennedy.

El nuevo Presidente basó buena parte de su campaña en temas de política interior y la promesa de dar prioridad a los urgentes problemas domésticos, como la recuperación económica.

El día de su toma de posesión (20-I-93), Clinton pronunció un magnífico discurso en un estilo que hizo recordar el de Kennedy. Dijo entre otras cosas que «Nuestra mayor fuerza es el poder de nuestras ideas... Nuestras esperanzas, nuestros corazones y nuestras manos están con aquellos que construyen la democracia y la libertad en cualquier continente».

La tesis central de su intervención fue el mensaje de renovar América: «Esta ceremonia se celebra en las profundidades del invierno. Pero, por nuestras palabras y por los rostros que mostramos al mundo, traemos la primavera. Una primavera que renace en la democracia más antigua del mundo, que trae consigo la visión y el coraje de reinventar América.

«Cuando los padres fundadores declararon abiertamente al mundo de la independencia de EEUU y nuestros proyectos al Todopoderoso, sabían que para que este país perdurase, tendría que cambiar. Y no por el mero hecho del cambio, sino para preservar los ideales de EEUU: vida, libertad, la búsqueda de la felicidad».

La presencia de su mujer Hillary contribuía también a evocar la imagen de Kennedy. Por primera vez la ceremonia de toma de posesión fue retransmitida en directo por televisión a Rusia.

Además de los problemas internos, Clinton heredaba temas «calientes» tan graves como los conflictos de Irak, Somalia y Bosnia, que se unen a la compleja situación rusa, a la remodelación europea, a las conversaciones de paz entre Israel y los países árabes, y a temas más próximos como Haití y Cuba.

Durante 1993, Clinton se centró en la resolución de los problemas domésticos con asuntos tan llamativos como la reforma sanitaria. Se ha mostrado como un hombre dinámico y capaz. Clinton ha ofrecido también una imagen de político contradictorio y torpe para resolver ciertos retos y elegir a sus colaboradores.

Un avance político fue que la economía del país ha salido enérgicamente de la crisis.

Pero la confianza del electorado se puso en cuestión a los dos años de mandato al conseguir la oposición republicana un triunfo histórico tras hacerse, por primera vez en casi medio siglo, con el control de ambas cámaras del Congreso.

El 8-XI-94 los demócratas se quedaron con 47 senadores y 199 miembros de la Cámara de Representantes, mientras que la oposición conservadora llegó a 53 senadores y 227 escaños en la Cámara baja.

El fracaso se atribuyó a la imagen dubitativa y contradictoria de Clinton y a una serie de medidas que se han valorado como errores o al menos como riesgos ante la opinión americana.

Los republicanos dirigidos por Newt Gingrich, el nuevo Presidente de la Cámara de Representantes, consiguieron presentar una imagen de renovación y de firmeza de criterios. Fuertes reducciones de impuestos y alto a los políticos tradicionales son temas que se sustentan en el programa de la oposición, conocido por «Contrato con América».

C) *Puerto Rico*

En diciembre de 1991 se celebró un referéndum en Puerto Rico acerca de su situación. El resultado se inclinó mayoritariamente por mantener la vinculación con los EEUU.

El *no*, respaldado por el 52% de los votantes, está defendido por el Partido Nuevo Progresista; el *sí* obtuvo cerca del 45%, contaba con el apoyo del Partido Independentista y el autonomista Partido Popular Democrático, en el poder.

El triunfo del *sí* habría significado que, si bien los puertorriqueños deseaban mantener la ciudadanía norteamericana, también querían tener derecho a escoger su propio estatuto político, sin subordinación colonial ni territorial a los poderes plenarios del Congreso de la Unión.

Asímismo, se reclamaba el derecho a votar en un eventual referéndum entre estas tres alternativas: continuar como Estado libre asociado, unirse a Estados Unidos como el Estado número 51 y la independencia. Exigían, además, que la fórmula elegida tenía que superar la mitad de los votos emitidos.

Según el Partido Nuevo Progresista, la victoria del *sí* habría supuesto el alejamiento de Estados Unidos, que ya había visto con reticencia la adopción del español como idioma oficial, así como la posibilidad de perder ayudas federales.

D) *Canadá*

Canadá, segundo país del mundo por su extensión —casi 10 millones de km^2— y fiel aliado político y militar de Washington y de todo el conjunto Occidental tiene en el contencioso de Quebec un problema serio.

Las elecciones habidas en 1993 crearon una compleja y peligrosa situación política.

Ganaron las elecciones los liberales, pero tienen que gobernar con un parlamento en el que el primer partido de oposición, el Bloc Québècois —que venció en el Canadá francófono— está a favor de la separación de Quebec, y el segundo, el Partido de la Reforma —que lo hizo en las provincias occidentales— está radicalmente en contra de cualquier concesión al separatismo. Jean Chretien se encontró así con un esquema político arduo de manejar.

El año anterior se había convocado en Canadá un referéndum para la reforma constitucional. El resultado, un 54% de votos negativos, frente a un 45,1% de votos positivos, evitó la concesión de mayor autonomía a Quebec, pero a la vez devolvió a los independentistas la posibilidad de seguir en su empeño al haber perdido también los federalistas. Los sectores más moderados prefieren hablar de *soberanía* en lugar de hacerlo de *independencia*.

Desde la derrota de los franceses en las «Llanuras de Abraham», reinando Luis XV, que confirmó la soberanía británica, hasta el «¡Viva Quebec Libre!» del general De Gaulle, la Constitución canadiense del 82 y el Acuerdo de Meech Lake, de 1987, el proceso de crecimiento del independentismo no ha retrocedido, sino al revés, ha ido a más, aunque los aspectos económicos del problema ayuden a frenarlo.

Se manejan diversas fórmulas de compromiso para el futuro, como organizar nuevas relaciones económicas y políticas entre las actuales provincias en un marco confederal.

Otro curioso y ejemplar acuerdo fue alcanzado en diciembre de 1991 por el Gobierno canadiense con los esquimales. En él se garantiza a los 17.500 esquimales que todavía viven en la zona el control político sobre 1.300.000 km², es decir, una quinta parte del país.

Se estableció también una nueva subdivision política de Canadá, que se denominará Nanavut, un término esquimal cuyo significado es Nuestra Tierra.

Para los esquimales, el acuerdo señala la culminación de una batalla por sus derechos políticos y económicos. Como señaló uno de los negociadores «Este acuerdo convertirá al pueblo Inuit de Nanavut en los principales propietarios de tierra en América del Norte».

E) *El tratado de Librecambio entre EEUU, Canadá y México*

El 6-X-92 se alcanzaba el compromiso —y se firmaba el protocolo— para crear el Tratado de Librecambio entre EEUU, Canadá y México. Este nuevo espacio económico no constituye todavía un mercado común, ni por supuesto algo comparable a la CEE, pero es un histórico paso adelante para la cooperación en la *audiencia* norteamericana e incluso preludio de futuras incorporaciones de otros Estados del continente. Es también el primer compromiso alcanzado entre países muy desarrollados y otro todavía en fase de despegue como zona de desarrollo.

La ratificación del TLC o NAFTA no culminó hasta noviembre de 1993; entrando en vigor en 1994, con un período de quince años para el acomodo arancelario por parte mexicana.

Es una visión ampliada del Acuerdo de Librecambio entre los EEUU y Canadá de 1988. Prevé la eliminación progresiva de los aranceles entre los países firmantes en un período de diez años, extendiéndolo a quince para algunos productos sensibles.

También se eliminan las barreras no arancelarias y las medidas de restricción cuantitativas, fomentándose la inversión entre los tres países. Dice Teófilo Etayo que con este Tratado se pretende elevar el nivel mexicano, frenar su emigración y convertirlo en polo de desarrollo y atracción para el área centroamericana.

14.1.3. *La Comunidad de Estados Independientes*

A) La Comunidad de Estados Independientes (CEI) vive en estos años un lento período de estructuración. Las reuniones en la cumbre habidas el 24-

XII-93 en Achjabad y el 15-IV-94 en Moscú confirman la entrada de la organización en una fase más operativa.

La CEI está integrada por las antiguas Repúblicas Soviéticas con excepción de los países bálticos.

Los Estatutos de la Comunidad fueron aprobados en una reunión en Minsk en enero de 1992, tras un año de existencia real. El texto fue firmado por siete de los Presidentes de los estados miembros y quedó abierto el plazo de firma.

En la reunión de Achjabad se estableció el cargo de Presidente de la Comunidad, con carácter honorífico, eligiéndose para desempeñarlo al Presidente ruso Boris Yeltsin. También se firmó un reglamento previo para la creación de una Unión Económica. Se ha adoptado una bandera que recuerda la de la ONU.

En enero de 1994, Andrei Kozírev, Ministro ruso de Asuntos Exteriores, consideraba el éxito de la organización como la conclusión de un proceso histórico que había llevado a las Repúblicas ex-soviéticas a un «divorcio civilizado», primera etapa de un «nuevo nivel de integración».

Las Repúblicas de mayoría musulmana no han pivotado hacia Irán o Turquía y parece que desean mantenerse en el espacio de influencia de Moscú. Lo mismo es patente en Bielorrusia y con mayor autonomía, por Ucrania. La zona más conflictiva está resultando el Cáucaso, con los problemas existentes entre georgianos, abjasios, aceríes y armenios, que parecen haber entrado en una vía de arreglo, máxime tras la gravedad de los acontecimientos en Chechenia.

Como ha escrito Eguiagaray, «queda siempre el problema Báltico. Pero ése es por desgracia insoluble, pues ni Rusia puede renunciar allí a intereses realmente vitales, ni los propios bálticos parecen saber muy bien cuál de sus tradiciones históricas, desde la germano-hanseática a la sueca, les conviene».

Respecto a la situación de estos Estados en la ONU, Rusia sustituyó a la URSS en el Consejo de Seguridad y Bielorrusia y Ucrania continúan como Estados miembros. Estonia, Letonia y Lituania fueron admitidos ya el 17-IX-91.

El 2-III-92 la Asamblea General de la ONU aprobó por aclamación el ingreso de ocho Repúblicas ex soviéticas: Moldavia, Kazakstán, Kirguisistán, Uzbekistán, Armenia, Tadjikistán, Turkmenistán y Azerbaiyán.

Sin embargo, como resume Charles Uvjewicz, «La CEI no ha conseguido zanjar los conflictos armados heredados de la Unión y que enfrentan entre sí a sus estados miembros, e incluso a diferentes pueblos dentro de ellos. En el Alto Karabaj (Azerbaiyán), los altos el fuego se han sucedido sin llegar a ningún resultado. En Abjazia, la presencia de tropas de interposición de la CEI no lleva trazas de resolver la triste cuestión de los 200.000 refugiados georgianos víctimas de una purificación étnica en octubre de 1993... Ausente en el tenso enfrentamiento entre Rusia y Ucrania, no parece que la CEI vaya a poder influir en un litigio con inquietantes repercusiones: el reparto de la flota de guerra del mar Negro, o la cuestión de las armas estratégicas, ya que el estatuto de la República Autónoma de Crimea depende de tratados exclusivamente bilaterales. El "mando militar común" previsto por la CEI en su carta fundacional no ha sobrevivido a la creación de ejércitos nacionales formados mediante un apresurado reparto de los despojos del Ejército Rojo.

«Desprovista de medios y errática en su funcionamiento, a pesar del activismo de las autoridades rusas, la CEI se ha evidenciado en la mayoría de los casos como un instrumento ruso inscrito en un proyecto de reconstitución del espacio imperial».

B) *Los Países Bálticos*

Los Países Bálticos, que habían accedido a la independencia de la URSS en 1990, han tenido una transición relativamente normal a la nueva situación, aunque continúen pendientes algunos problemas territoriales y fronterizos, además de la cuestión de las minorías rusófonas.

En Estonia, el Jefe del Estado será Lennart Mery y el de Gobierno Mart Laar, en Letonia Guntis Ulmanis y Andrei Kranstins y en Lituania Algirdas Brazauskas y Adolfas Slezevicius.

Los tres estados han entrado en la Asociación por la Paz, han formado un acuerdo de libre comercio e iniciado un acercamiento a la Unión Europa Occidental como «miembros asociados». Pertenecen al Consejo de Europa.

Aunque Lituania tiene menos problema con la población rusófona o de origen polaco y se han retirado las tropas acantonadas, sigue con la servidumbre de tránsito por su territorio de los militares del enclave ruso de Kaliningrado, donde hay una importantísima base con 150.000 hombres.

C) *Bielorrusia*

Bielorrusia va girando paulatinamente hacia Moscú. En 1994 fue destituido Stanislas Shushkevich, que fue uno de los tres firmantes del acuerdo que ponía fin a la URSS. El nuevo Primer Ministro, Vecheslav Kebich, será favorable a un mayor entendimiento con Rusia y ha negociado un acuerdo de unión monetaria con este país.

En las elecciones de la primavera de 1994, los «demócratas independentistas» (S. Shushkevich), al igual que los «moderados» (V. Kebich), fueron derrotados por el candidato «socialista» Aleksander Kukashenko, partidario de una reunificación de las tres Repúblicas eslavas de la CEI. Es el nuevo Presidente bielorruso.

D) *Ucrania*

También en Ucrania Kravtchuk fue sustituido por Leonid Kutchma al frente de la República. La situación en esta ex-República soviética es difícil, especialmente por problemas económicos y por sus tensiones con Rusia a causa de la flota del mar Negro y la pertenencia de Crimea.

El país ha renunciado a las armas nucleares coincidiendo con una visita de Clinton, y Moscú canceló por ello una deuda muy elevada.

El problema secesionista de Crimea se agravó al ser elegido Presidente del territorio Yuri Mechkov, partidario del entendimiento con Rusia y de una doble nacionalidad ucraniana y crimea.

Otra cuestión polémica es la situación de la minoría tártara en esta península.

En abril de 1994, Ucrania cedió a Rusia gran parte de los buques que le habían correspondido de la flota del mar Negro y 42 bombarderos estratégicos. La base de Sebastopol está prácticamente en manos del Estado Mayor ruso, mediante la fórmula de un arriendo.

Ucrania se enfrenta, por añadidura, con problemas centrífugos, al ganar en unas regiones los partidarios de vincularse a Moscú y en otras los decididos a romper esos lazos.

E) *Rusia*

Desde el 25-XII-91 la República Soviética Federativa y Socialista de Rusia se convirtió en la Federación Rusa o simplemente Rusia. El nuevo Estado ocupa la mayor parte de la antigua y también desaparecida Unión Soviética, constituyendo el 76% de su área y alrededor del 51% de su población en 1990.

La Federación Rusa está integrada por 89 regiones, territorios y Repúblicas. Las 21 Repúblicas son: Daguestán, Ingushetia, Chechenia, Osetia del Norte, Kabardino-Balkaria, Karachayevo-Cherkesia, Calmucos, Adiguey, Chuvashia, Mordvinia, Tartaria, Mari, Udmurtia, Bashkiria, Komi, Carelia, Gorno-Altai, Jakasia, Tuva, Buriatos y Yakutia.

La extensión total de Rusia es de 17.075.400 km^2, estimándose su población en 148.485.000 habitantes.

A) Rusia se enfrentaba, desde el fin de la URSS a un proceso tan complejo de reformas, tan heterogéneo y además necesitado de llevarse a cabo velozmente, que resulta difícil buscar un parangón a este hecho. La extensión del enorme país, su mosaico étnico, la interdependencia de las reformas, la coincidencia del cambio con un relevo de dirigentes en todos los niveles son algunos de los rasgos de análisis.

El proceso de reformas radicales emprendido por Yeltsin y su equipo desde 1992 ha tenido distintas etapas y generado tanto reticencias como acelerones y retrocesos, en un marco de disolución de un Estado totalitario como el soviético y de formación de otro distinto que debía construirse de forma no siempre coincidente para las enfrentadas fuerzas políticas.

La tendencia paralela de formación de nuevos estados en el seno de la CEI y de potenciar los regímenes en los territorios y Repúblicas de la Federación Rusa, que en algunos lugares supuso graves luchas intestinas, complican todavía más este panorama.

Como etapas más relevantes desde el punto de vista interno de esta etapa cabe señalar los cambios institucionales económicos y sociales; el enfrentamiento entre Yeltsin y el Parlamento, que culminó con su disolución, resistencia e intervención militar contra los parlamentarios, la redacción y aprobación de una nueva Constitución, y la celebración de elecciones generales.

Un signo de cómo están cambiando las cosas en Rusia es la celebración solemne de la Navidad, que estuvo proscrita durante siete décadas. Elevada a la categoría de festividad nacional según el calendario ortodoxo, contó ya en 1992 con la presencia de Yeltsin en la misa oficiada por el patriarca de Moscú.

Rusia, o mejor dicho la *audiencia rusa,* es uno de los grandes desafíos del nuevo siglo. Como ha escrito Müller: «la suerte de Rusia es la gran incógnita. La inestabilidad de su sistema político y su debilidad económica la han convertido en tierra abonada para los fenómenos más insólitos. Podría decirse que su destino preocupa tanto a las cancillerías europeas como hace 100 años».

B) Un tema de fondo era saber quién encarnaba la legitimidad del Estado ruso. ¿El Soviet Supremo y el Congreso de los Diputados del Pueblo, elegidos según una normativa democrática incompleta y cuando aún existía la URSS o Boris Yeltsin designado por sufragio universal Presidente ruso?

Posiblemente, el conflicto no se hubiera desatado si ambas instituciones del Estado hubieran funcionado de modo armónico, pero ocurría todo lo contrario.

El Presidente Yeltsin consigue en el referéndum convocado el 25 de abril de 1993 un respaldo para su persona y su política. La primera pregunta (¿Confía vd. en su Presidente?) fue respondida de modo afirmativo por el 58% de los electores. También fue aprobada la pregunta acerca de la política económica.

El Parlamento, sin embargo, continuó hostigando a Yeltsin y bloqueando sus decisiones. Amparado en esa victoria política, el Presidente convocó una Asamblea Constituyente: los representantes de todas las regiones fueron invitados a elaborar un nuevo proyecto. Se trataba también de crear un Consejo de la Federación que permitiese a las entidades del Estado Federal «hablar con una sola voz».

El antiguo Partido Comunista de la Unión Soviética (PCUS) había celebrado en marzo su XXIX Congreso, cambiando su nombre por el de Unión de Partidos Comunistas (UPC), y pidió la devolución de los bienes incautados tras el fallido golpe de agosto de 1991. Se eligió secretario a Oleg Shinin, uno de los implicados en la intentona.

Con motivo de la fiesta del 1º de mayo hubo manifestaciones alentadas por los conservadores, es decir, pro-comunistas, que degeneraron en enfrentamientos. Durante el verano, Yeltsin sustituyó como Vicepresidente a Rutskoi por Yegor Gaidar, figura ultraliberal, partidario de reformas económicas drásticas. El Parlamento votó, a finales de julio, un presupuesto que preveía un déficit equivalente al 25% del producto interior bruto, lo que suponía un desafío abierto a la política del Gobierno. Y cuando pareció que la necesidad de elecciones generales y presidenciales anticipadas se imponía como una evidencia a todo el espectro político, las polémicas sobre su simultaneidad o no y sobre el calendario empeorarán todavía más las cosas.

Yeltsin disolvió por decreto el Congreso de los Diputados y el Soviet Supremo el 21 de septiembre, incumpliendo el art. 121 de la Constitución vigente. El Presidente deseaba acabar con estas instituciones heredadas del período de Gorbachov.

Pocas horas después, el Soviet Supremo vota a favor de la entrega de poderes presidenciales al ex-Vicepresidente Alexander Rutskoi. Mientras, el Tribunal Constitucional ruso declara ilegal el decreto de disolución.

Sin embargo, un número de diputados decidió permanecer en el edificio. La lucha desencadenada entre el legislativo y el ejecutivo no era un conflicto de poderes en el sentido clásico, sino un enfrentamiento abierto de tipo personal e institucional para el control del Estado ruso.

Como ha escrito Carmen Claudine, «los problemas realmente en juego eran el papel del Estado en la vida social —especialmente en la actividad económica—, la definición de los intereses del mismo en política exterior —en particular, frente al "exterior cercano", término con el que se designaba en Rusia a los estados ex-soviéticos, así como respecto a las importantísimas minorías rusas que seguían en estos— y, finalmente, la articulación federal del estado, tema pendiente desde la caída de la Unión Soviética».

La oposición al Presidente estaba encabezada por Alexander Rutskoi y por el Presidente del Parlamento Ruslan Jasbulator.

La sede del Soviet Supremo —apodada la Casa Blanca—, ocupada por los diputados de la oposición y privada de electricidad y de teléfono, fue cercada por tropas de élite. Los asediados se lanzaron el 3 de octubre al asalto del Ayuntamiento y de la torre de televisión de Ostankino, bajo el mando de A. Rutskoi, quien incluso incitó a la toma del Kremlim.

Se proclamó el estado de emergencia, y tras una noche y una jornada de motines, se rindieron los ocupantes de la Casa Blanca y se detuvo a los líderes principales. El edificio fue bombardeado, y la televisión se encargó de difundir el hecho a todo el país y a todo el mundo. Se apuntó la cifra de 500 muertos, pero el Gobierno sólo reconoció 147.

C) El poder ejecutivo, viviendo una situación constitucional confusa y sin el contrapeso de un legislativo disuelto, se propuso acelerar el proceso de cambio y toma importantes medidas por decreto.

Fueron suspendidos en sus funciones los soviets locales y municipales y se autorizaron la privatización de la tierra y el desmantelamiento de los koljoses. Hasta se suprimió el relevo de la guardia ante el mausoleo de Lenin.

Tras una campaña electoral apresurada, seguida con cierta apatía, el pueblo ruso fue convocado a las urnas el 12-XII-93 para aprobar el texto de la nueva Constitución, de carácter presidencialista, y elegir a los representantes para la Asamblea Federal.

No se permitió la participación en los comicios de los movimientos más radicales, a los que se culpaba de la rebelión de octubre. La Comisión Electoral dejó en 13 las fuerzas presentadas, desde movimientos de extrema derecha a comunistas moderados pasando por otros grupos conservadores y numerosos reformistas encabezados por los hombres del Presidente.

Se esperaba con estas elecciones imponer una democracia renovada y una economía de libre mercado, eliminando todos los restos del período soviético. Más de 800 observadores internacionales verificarán el desarrollo de la jornada.

En la Federación Rusa existen once usos horarios, lo que daba un extraño ritmo al conocimiento de los datos electorales, siendo los primeros en llegar los del Extremo Oriente, cuyo resultado en favor de Zhirinouski sorprendieron a todos.

Los resultados fueron un verdadero «revés» para el Kremlim: si bien la Constitución quedó aprobada, lo fue por muy escasa mayoría; la participación fue muy baja (oficialmente, un 53%), y el éxito del partido ultranacionalista de Vladimir Zhirinouski (casi un 23% de los sufragios emitidos en el escrutinio proporcional), junto con los escaños obtenidos por los conservadores (comunistas), desbordaron cualquier previsión. De un total de 450 escaños, comunistas y agrarios sacaron 135 y los ultranacionalistas, 70. Los «reformadores» se vieron en minoría y Yeltsin en difícil equilibrio.

Elegido para presidir la Asamblea o Duma Ivan Ribkin, del sector comunista, propuso la amnistía para los golpistas de 1991 y los insurrectos de 1993.

D) La Constitución de la Federación Rusa entró en vigor el 12-XII-93 y sustituyó a la Constitución de 1978.

Rusia se define como un estado democrático y federal de carácter republicano.

Los tres poderes (ejecutivo, legislativo y judicial) son independientes entre sí. La pluralidad ideológica y el pluripartidismo están reconocidos. La Federación Rusa se presenta como un estado secular, en la que las asociaciones religiosas están reconocidas y son iguales ante la ley. Todas las leyes actúan en concordancia con los principios universales y con las leyes internacionales.

El texto establece un sistema amplio de libertades y derechos humanos y civiles, incluidos la propiedad privada. La Federación Rusa está formada por 89 unidades federales territoriales, la lengua estatal (oficial) es el ruso, pero todos los ciudadanos tienen derecho a preservar su lengua nativa.

El Presidente es elegido para cuatro años mediante sufragio universal y directo. No puede ser reelegido más de dos veces consecutivas. Nombra al Jefe de Gobierno, previa aprobación de la Duma. Tiene la facultad de disolver a la Duma, vetar las propuestas legislativas y promulgar las leyes federales. El Presidente es responsable de la política exterior y el Jefe de las fuerzas armadas. Puede declarar también la ley marcial y el estado de excepción.

El Presidente sólo puede ser destituido por el Consejo de la Federación (Cámara Alta), bajo previa aprobación de la Duma.

La Asamblea Federal es el cuerpo legislativo y representativo más importante y está formado por la Duma (Cámara baja) y el Consejo de la Federación. El Consejo está formado por dos representantes de cada territorio federal (representando el cuerpo ejecutivo y representativo, respectivamente) con un total de 178 miembros.

La Duma está formada por 450 representantes y es elegida por cuatro años. Ambas Cámaras adoptan sus decisiones mediante la mayoría de los votos del número total de miembros. Todas las leyes federales y constitucionales son aprobados por la Duma, previo consentimiento del Consejo Federal y del Presidente, respectivamente. Si estos no lo aprueban, la propuesta de ley vuelve al arbitraje de uno o de ambos Presidentes de las Cámaras, para su revisión.

La autoridad ejecutiva está en manos del Gobierno (Primer Ministro, Presidentes de los diputados y Ministros federales).

El poder judicial es independiente. Hay un Tribunal Consitucional y un Tribunal Supremo.

También hay Gobiernos locales con responsabilidad en su área. Desaparece la figura del Vicepresidente y también desaparece la soberanía de las Repúblicas de la Federación.

Todos los ciudadanos de los distintos pueblos de Rusia sólo ostentarán una misma nacionalidad.

E) Rusia va recuperando su influencia sobre las antiguas Repúblicas soviéticas y replanteándose las relaciones con zonas vecinas. Contando con la aquiescencia de los EEUU y las potencias europeas, e incluso la ONU, Rusia intervino en el Cáucaso para intentar estabilizar nuevamente la zona.

Las tropas rusas actuaron como de interposición entre los separatistas de Abjasia y Georgia, logrando además que ésta retornase a la CEI. También actuaron los rusos en el Tayikistán y el Gobierno de Duchanbé es sostenido por Moscú. Con ocasión de plantearse el tema de las minorías rusófonas fuera de Rusia, especialmente en los países bálticos, volvió a hablarse de «esferas de influencia rusa» y la nueva doctrina militar autorizó el estacionamiento de unidades rusas fuera de sus fronteras para misiones de interposición en el área CEI. Cerca de 30 bases militares se establecieron en 1994 en estos países. Esta estrategia intervencionista se aprecia también en el terreno económico, en cuestiones de tipo monetario, energético y comercial especialmente. En 1993, a finales, se creó ya una zona del rublo entre Rusia, Bielorrusia, Uzbekistán, Kazakstán, Armenia y Tadjikistán.

El contencioso con Japón acerca de las islas Kuriles, ocupadas por Rusia tras la II GM sigue sin solventarse. Yeltsin visitó Tokio en octubre de 1993, donde se entrevistó con el emperador nipón y con el nuevo Primer Ministro Hosokawa, expresando su propósito de devolver el archipiélago cuando ambos países firman un Tratado de Paz todavía pendiente. En el fondo hay una negociación de carácter económico para que Japón ayude a la economía rusa.

En la crisis yugoslava Moscú se había mantenido oficialmente poco activo, pero actuando en la sombra, hasta aparecer como mediador en el ultimátum que dio la OTAN a Serbia en febrero de 1994.

F) En Georgia, el Presidente Gamsajurdia salió del país en enero de 1992, tras su fallido intento de resistencia, refugiándose en Armenia. Un Consejo Militar se hizo provisionalmente con el poder.

En octubre, fue elegido Presidente del Parlamento de Georgia el antiguo Ministro soviético de Exteriores Eduard Shevardnadze, que ocupaba también el cargo de Presidente del Consejo de Estado. Tanto en Osetia del Sur como en zonas de Abjasia, las elecciones fueron boicoteadas.

La situación vuelve a complicarse en 1993 con la secesión de hecho de Abjasia, que contaba con el beneplácito ruso, hasta que el retorno de Georgia a la CEI (1-III-94) influyó para amainar la crisis. La muerte de Gamsajurdia reforzará también a Shevardnadze.

Moldavia, que cuenta con el problema de las reivindicaciones rumanas, se mantiene independiente, tras ingresar en la CEI en octubre de 1993. Su Presidente es Mircea Bon Snegur. Otro contencioso territorial, esta vez con los rusos, es el del Transdniester.

La situación más grave estalló en Chechenia, en el Cáucaso. La República secesionista, presidida por Dudayev, que se había declarado independiente de forma unilateral en 1991, se convirtió en diciembre de 1994 en el escenario de la mayor intervención militar de Moscú desde la invasión de Afganistán. El Presidente Yeltsin decidió así afirmar la unidad del complejo Estado ruso y evitar un «efecto de contagio» en otros territorios del espacio de la Federación.

Las fuerzas rusas han sido muy numerosas y los combates muy violentos, resistiendo la capital chechena, Grozni, un largo asedio.

14.1.4. *La CSCE se convierte en la OSCE*

En diciembre de 1994 se reunió en Budapest la Conferencia sobre la Seguridad y la Cooperación en Europa que, por cierto, a partir de ahora ha cambiado su denominación por la de Organización.

De los 35 estados miembros en 1975 ha pasado a englobar a 53. Es el único organismo europeo que, pese a los cambios políticos del último lustro, ha conseguido agrupar a todo el continente. La organización ha sabido adaptarse a hechos como la desaparición de la Unión Soviética, la disgregación de Yugoslavia y Checoslovaquia o la reunificación alemana.

La CSCE acogió en junio de 1991 a Albania y el 10 de septiembre de ese año a las tres primeras naciones desgajadas de la antigua URSS: Estonia, Letonia y Lituania. El 30 de enero de 1992 fue también una jornada histórica con la admisión de diez estados nacidos de la extinción de la Unión Soviética: Armenia, Azerbaiyán, Bielorrusia, Kazakstán, Kirguisistán, Moldavia, Tadjikistán, Turkmenistán, Ucrania y Uzbekistán. Buena parte de ellos están situados en Asia y no en Europa.

Otro de los países surgidos tras el fin de la URSS, Georgia, llevó a cabo su adhesión el 24 de marzo de 1992, al igual que Croacia y Eslovenia, Repúblicas independizadas de Yugoslavia.

Bosnia-Herzegovina, admitida el 30 de abril de 1992, también procede de la guerra de Yugoslavia. Esta guerra es el motivo de que la actual Yugoslavia, reducida a Serbia y Montenegro, esté suspendida en la CSCE desde el 8 de julio de 1992, por haber violado los principios que rigen la entidad.

La reunión de Budapest se mostró impotente a la hora de enfrentarse a la crisis balcánica, y en el transcurso de las sesiones se produjo una cierta tensión entre los EEUU y Rusia por los puntos de vista enfrentados que sus máximos dirigentes expresaron acerca de la posible ampliación de la OTAN.

Clinton abogó por «una OTAN fuerte» y capaz de adaptarse a los «nuevos desafíos» como «el fundamento de la seguridad en Europa». También añadió que la OTAN «no excluirá automáticamente a ningún país» y que tampoco se permitiría «que ningún país ajeno vete su posible expansión».

Yeltsin respondió que «los planes de expansión de la OTAN contradicen toda lógica» y que «oímos que se explica esa "expansión de la estabilidad" en previsión de que ocurran en Rusia acontecimientos no deseados».

El Presidente ruso señaló que no debe permitirse que la vieja *guerra fría* se vea sustituida por «una paz fría». Tras recordar que en 1995 se cumplieron 50 años del final de la II GM, Yeltsin hizo hincapié en la necesidad de una «reconciliación histórica» en Europa para que no vuelva a haber «vencedores ni vencidos».

14.1.4. *Otra vez las Reuniones Internacionales*

A) La llamada «Cumbre de la Tierra» reunió entre el 3 y el 14 de junio de 1992 en Río de Janeiro a la mayor concentración de dirigentes de toda la historia. En efecto, se dieron cita en la ciudad brasileña 103 Jefes de Estado y de Gobierno, 6.500 delegados oficiales de 178 países y unos 15.000 representantes de ONG.

Los resultados del encuentro fueron mucho menos espectaculares, pero al menos pusieron en el primer plano de las preocupaciones de la Humanidad la conservación y cuidado de un medioambiente cada vez más deteriorado.

En Río se reunieron a la vez dos conferencias, separadas sus sedes por 30 km: La Conferencia de las Naciones Unidas sobre Medio Ambiente y Desarrollo (CNUMAD) y el Foro Global de las ONG.

La CNUMAD debatió la relación entre el medio ambiente y el desarrollo y aprobó cuatro documentos: la Agencia XXI, los Convenios sobre Diversidad Biológica y Cambio Climático y la Declaración de Principios Forestales. El Foro Global organizó actos muy distintos: seminarios, conferencias, exposiciones, simposios, demostraciones y manifestaciones.

Dato anecdótico de la cumbre fue que por primera vez el Presidente de los Estados Unidos, George Bush, y el de Cuba, Fidel Castro, participaron en una misma reunión, escucharon sus discursos respectivos y posaron para una fotografía junto con el resto de mandatarios asistentes. El tema más polémico fue el Convenio sobre Biodiversidad que los norteamericanos no suscribieron.

Entre los temas tratados se acordó establecer para el Tercer Mundo una vía principal de financiación externa a través de la Ayuda Oficial al Desarrollo (AOD). El Norte reafirmó su compromiso de llegar a disponer del 0,7% de su producto nacional bruto para la AOD y aumentar sus programas de asistencia, pero sin concretarse un calendario.

En el texto conjunto se establece que la humanidad afronta un momento crucial de su historia que ningún país actuando individualmente podrá superar, pero que es posible hacerlo si se unen todos en una asociación global para el desarrollo sostenible.

Las ONG inauguraron un monumento en forma de reloj de arena, con tierra mezclada de muchos países, figurando en su exterior la expresión «Paz Mundial» en 28 idiomas, con la frase: «La Tierra es un solo país y los seres humanos sus ciudadanos».

B) El 30-XI-92 la Asamblea General de las Naciones Unidas aprobó la convención sobre la prohibición total de las armas químicas, que había sido ya acordada en la Conferencia de Desarme de Ginebra en septiembre pasado, después de 24 años de complejas negociaciones.

El texto prohíbe la fabricación, almacenamiento y uso de este tipo de armas y pide la destrucción de las reservas existentes.

Pocos meses más tarde, en enero del año siguiente, 125 estados firman en París un Tratado sobre la prohibición de armas químicas. El acto tuvo lugar en la sede de la UNESCO.

Tanto Irak como Corea del Norte reclinaron asistir a la reunión.

Uno de los problemas de aplicación del Tratado es el de la eliminación de las reservas, tanto por su coste económico como ecológico. Destruir este tipo de armas cuesta casi como producirlas y los riesgos de contaminación en los procesos de destrucción son otros graves problemas. Los árabes adujeron que firmarían el Tratado cuando Israel se adhiera al Tratado de No Proliferación de Armas Nucleares.

C) Tras siete años de negociaciones, el 15-IV-94 se firmaba en Marrakech el acuerdo que ponía fin a la llamada Ronda Uruguay liberalizando el comercio mundial. Se esperaba que el nuevo marco inyectaría 235.000 millones de dólares a la renta mundial a partir del año 2002.

Otra medida histórica fue la sustitución del GATT (Acuerdo General sobre Aranceles Aduaneros y Comercio) por la OMC (Organización Mundial del Comercio), volviendo de algún modo a los orígenes del plan de ordenar el comercio internacional según se concibió en 1948 en la conferencia de La Habana. Entonces la OMC resultó inviable y se puso en marcha como alternativa provisional el GATT. La OMC iniciará sus actividades en enero de 1995 y cooperará con el Fondo Monetario Internacional y el Banco Mundial para coordinar las políticas comerciales, monetarias y financieras.

La liberación acordada prevé un recorte medio en los aranceles del 40% y se calcula que incrementará el PIB mundial hasta un 4,5% en el próximo decenio.

El acuerdo se firmó por representantes de 124 países además de la Unión Europea. China ha sido el único gran Estado que se ha mantenido al margen del proceso.

Entre otras cuestiones, el acuerdo contempla reducción de aranceles, nuevas normas sobre servicios, derechos de propiedad intelectual, retorno de los textiles al ámbito regulado, prácticas *antidumping*, salvaguardias, temas agrícolas. No ha habido consenso en el sector audiovisual que ha quedado excluido.

La estrategia de fomentar un mercado mundial sin trabas debe plantear paralelamente una regulación de aspectos colaterales de tipo monetario, financiero y laboral, tiene en este sentido especial importancia la construcción de un marco de relaciones laborales más justo y extendido que evite el llamado *dumping social* en el Tercer Mundo.

Al fracasar en 1948 el intento de crear la OMC se estableció el GATT que era tan sólo un acuerdo comercial entre los países firmantes basado en el principio de no discriminación y de extensión de la cláusula de nación más favorecida, con el objetivo de reducir las barreras arancelarias y no arancelarias.

La posterior celebración de negociaciones multilaterales sin plazo fijo se denominaron Rondas y tomaban el nombre del lugar donde se concretaron las reuniones o Rondas, como Torqueay, Anecy, Ginebra. La sexta fue llamada Kennedy, la séptima Tokyo y la última, por tener lugar en Punta del Este, Uruguray.

C) La Conferencia sobre Población y Desarrollo reunió en El Cairo, en septiembre de 1994, a representantes de 182 países. Las sesiones reflejaron la gran diferencia entre concepciones políticas, culturales y religiosas, destacando la firmeza de la posición de la Santa Sede en defensa de la vida y en contra del aborto.

También se aprobó un Plan de Acción que demandará un presupuesto de 17.000 millones de dólares. Paralelamente, hubo otro encuentro de cerca de dos mil Organizaciones No Gubernamentales.

14.1.5. *Cincuenta años de la ONU*

A) Fernández Flores ha señalado que «la ONU es una estructura que se ha visto desbordada por los acontecimientos». Nació para un mundo distinto, surgido de la II GM y roto de inmediato por el enfrentamiento de la *guerra fría*, ahora que va cumplir 50 años y el panorama internacional es otro, debe plantearse con rigor su reforma.

Butros Gali, Secretario en este momento, manifestó que «la preservación de la autoridad mundial de las Naciones Unidas requiere (...) el compromiso de todos los Estados, grandes y pequeños. Esto es, a su vez necesita la autorización de las gentes en la sociedad civil y una expresión de sus voluntades en todos los niveles de la sociedad internacional y de las instituciones».

Son varias las cuestiones importantes que este cincuenta aniversario suscita y no faltan numerosos testimonios y opiniones que coinciden en señalar algunas de ellas.

La reforma del Consejo de Seguridad es un asunto prioritario. La ampliación del mismo, con la inclusión, entre otros Estados, de Alemania y Japón, está muy extendida, a la vez que se cuestiona el derecho de veto o se pide una representación más coherente con las distintas regiones del mundo.

La democratización de todo el sistema onusiano es otra demanda, así como su mayor autonomía respecto a los Estados miembros. Otros autores se inclinan por una representación más proporcional, que tenga en cuenta la población o el tamaño de los países.

Los problemas de financiación y de personal son también aspectos de importancia.

Potenciar la Asamblea General, descentralización, inclusión de representaciones no solamente estatales, sino de otros actores, como las Organizaciones No Gubernamentales, mayor implicación en temas como el desarrollo o la protección del medioambiente, son otros aspectos a considerar.

B) *Operación de mantenimiento de la paz e injerencia humanitaria*

Cuestión central de las actuaciones de las Naciones Unidas en este período que sigue a la caída del muro de Berlín, es el uso de la fuerza por la Organización Internacional y más en concreto las llamadas intervenciones humanitarias.

Desde 1948 a 1994 la ONU ha mantenido 31 operaciones de paz. Según un informe de la misma ONU, los 15 lugares donde se mantenían en 1993 efectivos de cascos azules eran: Fronteras de Israel (1.269 hombres), Líbano (5.216), Irak y Kuwait (1.187), Georgia (20), India y Pakistán (39), Cambodia (38), Somalia (22.289), Mozambique (6.754), Angola (81), Ruanda (2.206), Liberia (374), Sahara Occidental (336), El Salvador (310), Haití (1.267), ex-Yugoslavia (30.500) y Chipre (1.235).

El uso de la fuerza militar bajo bandera de la ONU para regular los conflictos y las acciones humanitarias, empleándose a veces el término bastante *duro* de *injerencia* humanitaria se está convirtiendo en una cuestión clave del mundo multipolar en la actualidad.

Evitar que este tipo de iniciativas no encubra la defensa de intereses puramente nacionales de los países fuertes frente a los débiles es otro de los aspectos obvios de este asunto.

14.2. LA CONSTRUCCIÓN EUROPEA

«Europa, si bien se mira, no existe. No es un continente, ni una cultura, ni un pueblo, ni tampoco una historia. No está definida por una única frontera, ni por un único destino o un sueño común. Existen, en cambio, Europas, que se difuminan cuando se intenta captar sus contornos con demasiada precisión».

Esta brillante frase de Jacques Attali dibuja con acierto el ser y el existir de Europa, esa península de Asia que creó su propia vida.

Península de penínsulas, Europa es una tierra entreverada de agua. Desde el istmo pontobáltico hasta el estrecho de Gibraltar, desde Escandinavia hasta Creta, el conjunto europeo es un atormentado torso de golfos, fiordos, cabos, islas, bahías y estrangulaciones donde se entrelazan tierras y mares.

Europa recuerda, de algún modo y a otra escala, a Grecia, con sus distintas *polis*, sus islas y sus valles. Este carácter marinero —sus costas, desarrolladas, tienen una longitud superior a las de África— ha incidido esencialmente en su vocación navegante.

Primeramente, facilitando el comercio y el intercambio de ideas y de gentes entre sus mismas tierras, y después, con el resto del mundo. Ubicada en el centro de los continentes y en un medio natural favorable para el asentamiento humano, en la franja templada del hemisferio septentrional, Europa, que carece de grandes desiertos y barreras naturales, con un sabio equilibrio de paisajes, cultivos y ciudades, ofrece una alta concentración de la actividad humana y, por lo tanto, de formas y obras culturales.

Si el ensamblaje de tierras y mares da a Europa ese rasgo de unidad en la variedad y de destino abierto, el entresijo es aún mayor si atendemos a las razas y las lenguas.

Voyenne ha escrito sobre este hecho que el hombre europeo no se define ni por la raza ni por la lengua. «La raza es una palabra que carece aquí de sentido, aquí donde los más sorprendentes entrecruzamientos de pueblos se inician anteriormente a toda memoria, y no cesan de producirse... Lo que explica al europeo es cierta fiebre espiritual, una pasión por la aventura y la organización, una curiosidad, una inquietud... La incesante, la insaciable persecución de su unidad de vocación a través de las dolorosas fragmentaciones de su destino: ésta es la historia de Europa».

14.2.1. *Europa, una idea*

Es muy difícil trazar los límites, las fronteras de Europa. Sus verdaderos confines, por culturales, se han fundido con el destino de nuevos pueblos, en cierto modo *nuevas Europas* de allende los mares, en las Américas, en el Pacífico, incluso en Australia. Si el mundo mediterráneo es una unidad que enlaza lo europeo con el Oriente Medio y el norte africano, lo mismo cabe afirmar ahora del Atlántico, renovado *Mare Nostrum* de la cultura Occidental, de la cutura con raíz en Europa.

Y así topamos con el otro aspecto del mito: el rapto de Europa.

Luis Díez del Corral ha tratado precisamente este tema del rapto, aunque ampliándolo a dos situaciones: el rapto como «expropiación a favor de otras áreas geográficas del legado cultural acumulado a lo largo de los siglos» y del rapto «hacia dentro, como pérdida de sentido, esto es, como enajenación mental que ha desarticulado la estructura tensa y bipolar —campo y ciudad, idealismo y realismo artísticos, simplismo técnico y complejidad espiritual, civitas terrestre y celestial— que constituía la esencia europea».

A) La construcción histórica de Europa es una dialéctica entre dos fuerzas constantes: la idea del Imperio y la idea del equilibrio.

Sobre la dispersión mediterránea y la herencia helénica, Roma levanta en Europa el Imperio, un logro real que se prolongará como reto, como ideal, como mito, hasta nuestros días. No hay que olvidar que el Tratado que da origen a las Comunidades europeas lleva el apelativo de *Tratado de Roma*.

Y la inconfesada sugestión de Roma está nuevamente presente en Bruselas, ciudad vecina a Aquisgrán, capital del segundo intento imperial: el carolingio. ¿No existe una clara relación entre el núcleo de «los Seis» y la Europa carolingia?

Y en contraposición, el otro principio del hacer europeo, que apenas ha conocido períodos de anarquía, el principio del equilibrio, de la *balanza de poder*, de la unidad en la pluralidad.

Ambas tendencias: hegemónica o la fórmula del equilibrio obedecen a un mismo ímpetu racional e interior de crear un orden de paz y a un mismo reto exterior de responder a una amenaza. Ello se aprecia claramente en la Europa altomedieval que sigue a los reinos bárbaros y ante la presión musulmana.

La superación del mosaico feudal fue en gran medida posible por la común pertenencia a la conciencia supranacional del cristianismo. Sin él, posiblemente, tampoco habría Europa.

Pero es a partir del Renacimiento, con el diseño del ámbito europeo con un sistema de Estados soberanos, cuando el continente se afianza y se diferencia como espacio político.

B) Mientras los políticos, los guerreros y los reyes levantan una Europa de estados sólidos como logaritmos, los poetas y los filósofos sueñan con otro mundo, con un espacio fraterno, unido y pacífico: La Europa de la Utopía.

Pierre Dubois es el primer *moderno* en el declinar de la Edad Media y propugna una especie de Concilio laico entre los príncipes cristianos.

El proyecto de Podiebrand es otra curiosa aportación que, con el argumento de una alianza contra los turcos, intenta fundar una Dieta de los reyes y señores europeos.

Las obras de Tomás Moro, Hall, Bacon, Campanella y Harrington describen Repúblicas perfectas y paradisíacas.

Es casi un siglo más tarde, cuando Emérico Crucé escribe su *Noveau Cynée,* coalición permanente de estados dotada de instituciones propias y con sede en Venecia.

Otro plan notable, atribuido a Enrique IV y redactado por su Ministro Sully, procura la ordenación de Europa, incluyendo la formación de un ejército internacional destinado a combatir a los infieles.

A William Penn, cuáquero inglés emigrado a América, se debe la obra *Ensayo para la Paz presente y futura de Europa.*

Con la Ilustración continúan los proyectos para organizar más racionalmente el llamado *Concierto de las Naciones* y lograr la felicidad y la paz para sus pueblos. Así cabe recordar los escritos de Leibnitz, el abate de Saint-Pierre, Voltaire, Rousseau y Montesquieu, sin olvidar a Jeremías Bentham a Kant y a la célebre *Paneuropa* del conde Coudenhove-Kalerosi.

De todos estos planes y memorándums proponiendo variadas formas de *Senados europeos,* alianzas, paces e instituciones cosmopolitas, observa Chabot que «salía con contornos cada vez más netos la imagen de Europa como un cuerpo político unitario con ciertos principios políticos comunes, aunque dividido en varios organismos estatales: un cuerpo de muchas almas».

C) El espacio político europeo está, justamente ahora, experimentando una metamorfosis radical que presagia la emergencia de una nueva forma de estructuración política de los pueblos europeos, y no deja de ser significativo que este proceso de formación de la Comunidad Europea, nacido de intereses económicos y políticos, es decir prácticos, consiga hacer realidad los ideales unitarios de poetas y filósofos.

Europa es también —dice Michel Foucher— un conjunto territorial en mutación, formado por más de cuarenta y cinco estados, antiguos o muy recientes, nacidos estos últimos de la emancipación de los componentes nacionales de las tres antiguas federaciones de la Europa Oriental (la URSS, Yugoslavia y Checoslovaquia). Es con toda evidencia un espacio discontinuo atravesado por múltiples brechas y, por ende, sacudido por numerosas tensiones. No obstante, el continente está tramado mediante una red de instituciones multiestatales e interdependientes: Consejo de Europa; Unión Europea (UE); Conferencia sobre la Seguridad y Cooperación en Europa (CSCE); Unión de Europa Occidental (UEO), y Organización del Tratado del Atlántico Norte (OTAN).

Y añade Foucher que «El continente europeo contaba en 1989 con unos 26.000 km de fronteras. En 1994, se enumeran 14.200 más, que son otros tantos frentes reales o virtuales y otras tantas fronteras de alarma. Los divorcios, a veces, se han negociado (Eslovaquia, o la mayoría de los estados sucesores de la URSS), y otras veces han originado conflictos con enfrentamientos (espacio ex-yugoslavo, Moldavia y Cáucaso)...».

El hundimiento del Bloque del Este devuelve el espacio europeo desde el sistema bipolar al multipolar. Otra vez parece emerger la fórmula posnapoleónica del Directorio de las Potencias. Entonces cayó el Imperio francés, ahora ha sido el ruso. El equilibrio se logró en 1815 recuperando a Francia en el Concierto de las Naciones, ahora hay que hacerlo con Rusia y con la nueva Alemania, sin olvidar a los otros estados menores.

Hay que tener en cuenta, por otra parte, la dinámica integradora que también sacude al continente. Como escribe Fernando Morán, «la inercia del Estado-Nación es enorme. Pero empieza a actuar también la inercia comunitaria».

14.2.2. *Europa Occidental*

A) *Reino Unido*

En Gran Bretaña se vivió la transición de la era Thatcher, que había gobernado el país durante tres legislaturas, sustituida en 1990 por John Major, de su mismo partido, como ya se ha indicado.

Major supo ganar las elecciones de 1992 pese a las disensiones que existían entre los conservadores por el asunto de Maastricht. Aunque se consiguió cierta recuperación económica, también han surgido casos de escándalo y corrupción, pese al intento de los *tories* de volver a los verdaderos valores («back to basics»).

Un aspecto positivo de esta etapa fueron los avances para arreglar el espinoso problema del Ulster.

El 15 de diciembre de 1993, Major firmaba con el Jefe del Gobierno de Irlanda del Norte, Albert Reynolds, la «Declaración de Downing Street», que constituía un llamamiento al cese de hostilidades y una invitación a entablar una verdadera negociación tras un período de prueba de tres años sin violencia.

Si la población se inclinaba por la unión con la República de Irlanda, Gran Bretaña estaría dispuesta a admitirlo, aunque el peso de los protestantes «unionistas» seguramente inclinaría el resultado por la continuidad de la vinculación con Londres.

Ian Paisley denunció lo que considera «un acto de traición»; James Molyneux, jefe del Partido Unionista, más moderado, adoptó una actitud expectativa y conciliadora. El Sinn Fein y el Ejército Republicano Irlandés (IRA) entendían que la postura era aún ambigua.

Tras un período de acciones contradictorias y en el cual intervino indirectamente Washington, el 31-VIII-94 Jerry Adams, como jefe de su rama política, anunciaba un «alto el fuego permanente», tras veinticinco años de atentados y conflictos. Mientras Adams realizaba una gira por los EEUU, Major reconoció que podía llegarse a establecer un diálogo con el Sinn Fein.

El 13 de octubre, las dos principales organizaciones paramilitares unionistas anunciaban a su vez un alto el fuego, calificado de permanente e incondicional.

El problema de Irlanda del Norte, que todavía sigue siendo muy complejo, parecía haber entrado en vías de solución.

B) *Francia*

En las elecciones de marzo de 1993, los socialistas pierden el poder tras once años de Gobierno de izquierdas, salvo el breve período de la cohabitación de la derecha con la presidencia de Mitterrand (1986-88).

El malestar de la opinión pública, los escándalos y casos de corrupción que se unen al desencanto de los sectores populares y el aumento del paro se refleja en las urnas: 480 escaños obtienen los gaullistas de la Agrupación para la República, los giscardianos de la Unión para la Democracia Francesa y los centristas del Centro de Demócratas Sociales, frente a los 90 del Partido Socialista Francés (PS) y Partido Comunista de Francia.

Un hecho dramático que sigue a la derrota socialista fue el suicidio del ya ex-Primer Ministro Pierre Bérégovoy.

El nuevo Jefe del Gobierno será el liberal gaullista Edouard Balladur.

Por su parte, las elecciones al Parlamento Europeo, el 12 de junio de 1994, pusieron de relieve la extraordinaria diversificación del voto. El Partido Socialista confirmó su descalabro, su nuevo líder Michel Rocard fue sustituido por Henri Emmanuelli. Tampoco logró buen resultado la derecha, encabezada por D. Baudis, subiendo los otros partidos menores.

Ante la cercanía de las presidenciales, previstas para 1995, se desató la rivalidad entre Chirac (RPR) y Balladur, al haber renunciado Delors.

Si la incorporación de España a las instituciones europeas hizo por fin realidad la frase atribuida a Luis XIV de que «ya no hay Pirineos», la inauguración del túnel bajo el canal de la Mancha entre Francia e Inglaterra el 6-V-94 derribó otra de las históricas barreras geográficas europeas.

Isabel II y François Mitterrand presidieron la ceremonia. El eurotúnel une las localidades de Folkestone en el Reino Unido con Coquelle en Francia, con una longitud total de 50,5 km.

Las obras que tardaron 6 años en completarse y tuvieron un costo final de dos billones de pesetas constan de tres túneles. Por dos de ellos circulan los trenes lanzaderas Le Suttle que unen ambas orillas del Canal en 35 minutos. El tercer túnel queda para servicios de emergencia. Además, los trenes *Eurostar* de alta velocidad unirán tres de las principales capitales europeas, Londres, París y Bruselas en tres horas.

C) *Alemania*

Alemania ha superado la difícil fase de su reunificación y paulatinamente van consiguiéndose los objetivos económicos y sociales para asumir la incorporación de la antigua RDA. Los problemas económicos que han afectado en estos años a Europa también incidieron en el país que ha salido del trance con su capacidad demostrada y una moneda cada vez más fuerte.

Las elecciones europeas de 1994 confirmaron la estabilidad de los partidos tradicionales. La posterior campaña para renovar la Presidencia de la República supuso un traspiés para Kohl, pues su candidato Steffen Heitmann, que fue disidente del régimen anterior en la otra Alemania, tuvo que renunciar a su pretensión al ser considerado demasiado *nacionalista*. Le sustituyó Román Herzog que ganará las elecciones y será el nuevo Presidente federal desde el 23-V-94.

Los comicios de octubre revalidaron a Kohl como Canciller, aunque perdiendo 10 escaños en el Parlamento. Los socialdemócratas, que han visto subir su apoyo, cuentan a Rudolph Scharping como líder. Por otra parte, el Tribunal Constitucional de Karlsruhe sentenció que el tratado de Maastricht sobre la Unión Europea era compatible con la Ley Fundamental, lo cual ha permitido finalmente a Alemania depositar los instrumentos de ratificación de ese tratado.

También se aprobó que una intervención del ejército alemán fuera de la zona OTAN no requeriría una enmienda de la Constitución. Y el 14 de julio, el Eurocuerpo —con soldados alemanes— participará, por invitación del Presidente francés François Mitterrand, en el desfile militar conmemorativo de la fiesta nacional francesa.

Por primera vez desde la II GM tropas alemanas intervinieron fuera de su territorio. Se trataba de un contingente formado por 1.700 hombres que actuó en la misión de paz de la ONU en Somalia.

D) *Italia*

En las elecciones legislativas italianas de abril de 1992 se apreció un llamativo descenso de los grandes partidos tradicionales y la subida de la Liga Norte de Umberto Bossi. La caída más espectacular la sufre el Partido Comunista, ahora rebautizado como Partido Democrático de la Izquierda. También experimentó un serio retroceso la Democracia Cristiana.

Pocos días después de los comicios dimitió el Presidente de la República Francisco Cossiga «para que un Gobierno fuerte y un Presidente fuerte puedan sacar al país de la crisis».

Le sucederá Oscar Luigi Scalfaro, elegido por la Cámara el 25 de mayo. El asesinato del juez antimafia Falcone contribuyó a que los políticos aparcaran sus diferencias y optaran por apuntalar, en lo posible, la situación.

Pero las cosas apenas mejoran. Bettino Craxi dimitirá como Secretario General del partido socialista, a primeros de 1993, al verse implicado en un cobro de comisiones ilegales. Craxi se refugiará en Túnez.

Este proceso de «saneamiento» va a afectar a los principales partidos, incluida la todopoderosa Democracia Cristiana que había gobernado Italia desde la posguerra y ahora también se hunde a la vez que la I República.

En 1994 se intentó construir un nuevo sistema, que a la vista de su evolución tampoco ha cuajado. En la primera nacía, con estas elecciones, la II República. Los italianos votaron por primera vez, los días 27 y 28 de marzo, con arreglo a un modo de escrutinio mayoritario a una sola vuelta. Silvio Berlusconi, patrón de Fininvest, propietario de tres cadenas privadas de televisión, se situó en cabeza al frente de un partido de nuevo cuño, Forza Italia. Más aún logró forzar una coalición con los federalistas de la Liga Norte (que preside Umberto Bossi) y los neofascistas de Alianza Nacional (a cuyo frente está Gianfranco Fini).

La Democracia Cristiana y el Partido Socialista fueron «barridos». El anterior Jefe de Gobierno, C.A. Ciampi, cumplió su encargo de dirigir la transición, solicitando en enero la disolución de las Cámaras. Berlusconi, que empezó con ilusión y revalidó su triunfo en las europeas, acabará perdiendo en pocos meses el poder de modo tan fulgurante como lo ocupó.

Surgieron divergencias en el seno de la coalición y él mismo, que había prometido luchar contra la corrupción, se convirtió en objetivo de los jueces de Manos Limpias. El Tribunal Constitucional le dio la puntilla al considerar inconstitucional la ley por la que obtuvieron la concesión de los tres canales de televisión cuya utilización hizo posible, en parte, su victoria electoral.

E) *España*

Coincidiendo con las conmemoraciones del V Centenario del Descubrimiento de América, España ocupó las primeras páginas de la actualidad en 1992. En efecto, se celebraron en Barcelona los Juegos Olímpicos y en Sevilla la Exposición Universal, correspondiendo a Madrid la capitalidad cultural europea, situación rotatoria.

También en este año, el 10 de octubre, se lanzó desde la base de la Administración Europea del Espacio en Kourou el primer satélite español de comunicaciones, el Hispasat I.

La participación de un numeroso contingente militar español en el conflicto de Bosnia-Herzegovina, además del envío de la aviación y la participación de buques de la Armada en el bloqueo del Adriático, confirmó la presencia mucho más activa de España en la política internacional.

También se ha incorporado España al Euroejército. El 14 de julio de 1994 desfilaron por primera vez tropas españolas junto a francesas, alemanas y belgas, en París. Desde unos días antes se había decidido la incorporación de una división mecanizada al Euroejército que en mayo de 1992 habían decidido formar Alemania y Francia tras una reunión de Kohl y Mitterrand en La Rochelle.

El Partido Socialista Obrero Español (PSOE) gana por cuarta vez consecutiva las elecciones legislativas. Los comicios se celebraron el domingo 6 de junio de 1993.

El PSOE obtuvo el 38,68% de los votos emitidos, que le dieron 159 escaños, mientras que el PP logró el 34,82%, consiguiendo 141 escaños. Felipe González, pese a vencer, tendrá que pactar el apoyo de otras fuerzas políticas (los nacionalistas catalanes de modo directo y los nacionalistas vascos de forma más indirecta). Venía gobernando desde octubre de 1982.

Los partidos nacionalistas mantuvieron sus reivindicaciones de un mayor autogobierno, especialmente en Euskadi, donde hay grupos políticos que reclaman la autodeterminación.

Pero un año más tarde, con ocasión de las elecciones europeas, los socialistas perdieron, obteniendo mejores resultados el Partido Popular, liderado por José María Aznar.

Los escandalosos casos de corrupción en que se vieron implicados altos cargos de la Administración, incluyendo el Director del Banco de España y el Director de la Guardia Civil, dañaron seriamente la imagen de González y del PSOE.

La crisis económica se traduce en una importante destrucción de puestos de trabajo, hasta haberse situado la tasa de paro en un 20% de la población potencialmente activa.

Las acciones violentas de ETA también continuaron durante este período.

El nuevo escándalo de los GAL y otros juicios contra banqueros y políticos hicieron pedir reiteradamente a la oposición y a amplios sectores de la opinión pública la convocatoria de elecciones anticipadas. El empeoramiento de la situación económica y el excesivo gasto público, unidos a la caída de la peseta, se han sumado a esta etapa de problemas.

F) *Benelux*

En Bélgica, cambia el titular de la Corona al fallecer el rey Balduino, el 31-VII-93, en la localidad española de Motril, donde solía veranear.

A las honras fúnebres celebradas en Bruselas, presididas por la reina Fabiola, vestida de blanco por deseo expreso del fallecido Balduino, asistieron un emperador, 15 reyes, dos príncipes y decenas de representaciones oficiales de alto nivel.

El nuevo monarca belga será Alberto de Sajonia-Coburgo, príncipe de Lieja, hermano del rey difunto. El 9 de agosto prestó juramento ante el Parlamento en tres idiomas: francés, neerlandés y alemán. Será el sexto rey de los belgas con el nombre de Alberto II.

Desde marzo de 1992 ejerce como Primer Ministro Jean-Luc Dehaene. El problema más vivo que sigue teniendo el país es la división entre valones y flamencos. El hecho de ser sede de las principales instituciones europeas contribuye a la estabilidad belga y a dotar a Bruselas de una importante función en el escenario internacional.

En Holanda, el llamado *Gobierno de la gran coalición,* que venía dirigiendo los Países Bajos desde 1989, se vio perjudicado por el deterioro de la situación económica que ha dañado a los socialistas primero y a los cristianodemócratas después.

Las elecciones de mayo de 1994 supusieron un duro retroceso para la coalición y poco más tarde se retiraba el veterano político Ruud Lubbers, que llevaba en el poder desde 1982. El nuevo gabinete será presidido por Wim Kek.

Desde 1980, la reina Beatriz continúa al frente del Estado.

En Luxemburgo ejercía el poder Jacques Santer desde 1984 pero en 1994 fue elegido Presidente de la Comisión Europea en sustitución de Jacques Delors.

G) *Andorra*

El 14-III-93 el micro-estado de Andorra votó en referéndum su nuevo sistema político que ponía fin a setecientos años de historia feudal. La Constitución que se aprobaba tenía todos los rasgos de los regímenes democráticos, con su apartado reconociendo los derechos y libertades de los andorranos y su capítulo institucional que igualmente adoptaba el modelo constitucional moderno, con algunas peculiaridades.

El proceso de cambio se inició en 1990, pero se venía hablando ya desde la década de los setenta de la necesidad de la reforma, tanto para poner al día y clarificar el sistema institucional como para alinearse con el entorno democrático Occidental, atendiendo la invitación que en este sentido hizo el Consejo de Europa mediante la resolución 946 (1990).

Las negociaciones duraron dos años, desde principios de 1991 hasta el 19-XII-92. El texto acordado se aprobó por el Consell General el 2 de febrero y también el pueblo andorrano se pronunció de forma abrumadora por el cambio en el referéndum de marzo. Los copríncipes (Mitterrand, Presidente francés, y Monseñor Alamis, obispo de la Seu d'Urgel), firmaron la nueva Constitución con el Sindic General, Jordi Farrás.

La nota más característica de la Constitución andorrana y que supone una ruptura radical con el pasado del país es la de conferir la soberanía al pueblo y no a los copríncipes, quienes la ostentaban desde la Edad Media.

El 28 de julio Andorra se convertía en el miembro 184 de las Naciones Unidas, normalizándose así la situación del Principado en el contexto internacional, una vez entró en vigor, de forma provisional, el *Tratado Trilateral* por el que Francia y España reconocían el nuevo estatus que ponía fin a su tutela en el ámbito de las relaciones exteriores.

Andorra tiene una extensión de 468 km^2 y una población de 62.000 habitantes. Su idioma oficial es el catalán.

14.2.3. *El Espacio Económico Europeo*

El mercado único más grande del mundo se creó el 23-X-91 al llegarse a un acuerdo entre la CE y la EFTA, tras dos años de negociaciones. Según lo aprobado, el denominado «espacio económico europeo» englobará a cerca de 400 millones de personas, que concentran un 42% del comercio mundial y suman un 7% de la población.

El acuerdo supone que entre los 19 países involucrados circularán con escasas restricciones personas, bienes, capitales y servicios. Los siete países de la EFTA, Austria, Suiza, Noruega, Finlandia, Suecia, Islandia y Liechtenstein, tuvieron que incluir en su legislación nacional 10.000 páginas de normas comunitarias relativas al mercado único.

Los dos bloques tuvieron que superar disputas en materia de pesca y comercio tránsito de camiones comunitarios por territorio alpino, y las cifras y modalidades de la aportación financiera de la EFTA a la CE.

La EFTA despositará en cinco años 2.000 millones de ecus (unos 260.000 millones de pesetas).

El verdadero logro de este acuerdo fue que los países de la EFTA se integraron en el mercado interior previsto por la Comunidad, pero sin participar ni en la estructura política, ni en la institucional. Obviamente —como se ha visto— se trataba del primer paso para una incorporación de estos estados a la Europa Comunitaria.

El EEE entró en vigor el 1-I-94, sin la participación de Suiza que acabó rechazando su entrada en un referéndum celebrado en diciembre de 1992. Por este motivo, Liechtenstein, relacionado con Suiza por una Unión Aduanera, tendrá que revisar este compromiso para integrarse en el EEE.

Según manifestaron fuentes comunitarias, el EEE puede convertirse en la puerta abierta para poder estrechar relaciones con otros países del Viejo continente sin que por ello estos tengan que pertenecer a la UE. «Sería la aplicación del concepto de geometría variable a la construcción europea».

14.2.4. *El Tratado de Maastricht*

Con el telón de fondo de una Europa convulsionada por la caída del muro de Berlín, los Doce se reúnen en Dublín el 28 de abril de 1990 y deciden poner manos a la obra en la creación del que sería Tratado de Maastricht. Las negociaciones para redactar la nueva Carta Magna comenzaron el 15-XII-90 en Roma: se abría un período que resultó más complejo de lo esperado, tanto por reticencias nacionales como por las crisis de un panorama internacional que vio desaparecer la URSS y estallar la guerra del Golfo y que terminaría, con varios meses de retraso que prolongaron la entrada en vigor del Tratado, presentado en diciembre de 1991, hasta el primero de enero de 1993.

A) En la cumbre europea de Maastricht como dijo Felipe González «se ha dado el salto más trascendente» desde el nacimiento de la Comunidad. En efecto, se tomaron una serie de medidas que acelerarán el proceso de construcción de esa Europa nueva.

Nació la Unión Europea, que contaría en 1993 con un mercado único, una moneda común, como muy tarde para 1999, una voz igualmente coordinada en la política exterior, una cooperación militar, una política de redistribución y de solidaridad y una ciudadanía europea. El acuerdo sobre la moneda única constituyó uno de los logros más importantes. El ECU entrará en vigor como moneda efectiva comunitaria el 1-I-97 si una mayoría de estados miembros cumple los requisitos exigidos y una mayoría cualificada decide hacerlo y en caso de no ser así, de modo automático e irreversible, el 1-I-99. A Gran Bretaña se le permite decidir más tarde, en 1996 o antes de 1999 si se une o se desengancha del proyecto.

A partir de 1994 se prevé la creación de un Instituto Monetario Europeo, precursor, coincidiendo con la moneda única, del Sistema Europeo de Bancos Centrales, integrado por los distintos Bancos Centrales y el Banco Central Europeo.

Otros campos en que aumentará la colaboración serán el medio ambiente, las comunicaciones y transportes, la salud pública, la investigación y el desarrollo.

Un aspecto igualmente clave fue la aceptación de la propuesta española en favor de una política de cohesión económica y social, que beneficiará a los países menos desarrollados del conjunto, llegándose a establecer un Fondo de Cohesión para financiar determinados proyectos. El Acuerdo fue incorporado al Protocolo del Tratado de la Unión. También se llegó a un compromiso para revisar el funcionamiento de los fondos estructurales que tenga más en cuenta las diferencias entre los estados.

La aceptación de una «ciudadanía europea» suponía un *plus* para los ciudadanos de cada estado. Se establecía así la libertad de residencia y de circulación, el derecho a votar y a ser elegido en las elecciones municipales y europeas —medida que implica cambios constitucionales en varios estados, incluido España—. También se creará la figura de un Defensor del Pueblo comunitario, entre otros aspectos.

El segundo «cesto» de temas se refería a la política exterior y de seguridad común, propugnándose no sólo alcanzar posiciones compartidas, sino también «acciones comunes», aunque se establece un sistema decisorio bastante complejo.

Se insistió en que con el tiempo debe llegarse a una política común de defensa, potenciándose la olvidada Unión Europea Occidental, que se «resucitó» durante la crisis del Golfo y estudiándose su relación con la OTAN, pues esta política sería «compatible y complementaria» con la nueva OTAN.

Un tercer «cesto» o «paquete» se constituyó con los temas de cooperación en materia judicial y de interior, inmigración, asilo y visados, creándose

Europol, una agencia de información de la policía. El narcotráfico y el crimen organizado serán también preocupación de esta colaboración.

Si bien el Parlamento Europeo no ha visto la potenciación que pedía de sus atribuciones, mejoraron algunas de ellas, como la codecisión o veto para algunas materias. La ampliación a más miembros y la misma revisión del número de diputados de la Alemania ampliada son cuestiones serias que estaban en el horizonte de las reformas parlamentarias.

También se adoptó el principio de que «todo estado europeo cuyo sistema de Gobierno se base en el principio de la democracia puede presentar su candidatura para hacerse miembro de la Unión».

Aspecto novedoso y pragmático de esta cumbre fue la adopción del criterio de distintas velocidades para el cumplimiento de los acuerdos, tesis que se aplicó a Gran Bretaña no sólo en el tema monetario, sino también en el social que Londres no suscribió.

El federalismo era uno de los objetivos expresamente invocado que, sin embargo, acabó «aparcándose» —también por exigencia inglesa—, siendo sustituido por la expresión «una unión cada vez más estrecha entre los pueblos de Europa».

B) Maastricht supone, a los 35 años del Tratado de Roma que creaba la Comunidad Económica Europea, un importante hito en el largo proceso de integración del continente. Veamos con más detalle algunos de los puntos del acuerdo.

a) El texto reforma oficialmente la denominación de la Comunidad Europea, a la que retira el calificativo de «económica» pasando además a llamarse Unión Europea. Esta Unión respeta la identidad nacional de cada estado miembro, así como los derechos humanos.

b) El Parlamento obtendrá nuevas prerrogativas, pero seguirá lejos de ese «poder legislativo» que sus homólogos representan. Tendrá la facultad de «codecisión», para rechazar definitivamente una norma cuando considere que no se han tomado en cuenta sus aportaciones en el ámbito de la cooperación. Entre los poderes adicionales figuran también la facultad de constituir comisiones temporales de investigación sobre eventuales casos de mala administración en la Comunidad o los derechos a recibir peticiones y nombrar mediadores en asuntos comunitarios. También será preciso el dictamen favorable del Parlamento Europeo en el nombramiento del Presidente y los miembros de la Comisión.

c) Mediante la coordinación de sus políticas económicas, los Doce llegarán, como muy tarde en 1999, a utilizar una moneda única y regirse por un Banco Central Europeo. En el camino se han previsto tres etapas: acercamiento (que comenzó el 1 de julio de 1990), convergencia (desde el 1 de enero de 1994) y fase final (a partir de 1997 ó de 1999). El Reino Unido y Dinamarca se reservaron la opción a quedarse fuera de este proyecto.

En el tránsito hacia la moneda única y el Banco Central Europeo, los Estados miembros deberán llegar a cumplir estos requisitos: que la deuda pública no supere el 60% del Producto Interior Bruto; que el déficit de las Administraciones Públicas no rebase el 3% del PIB; que la tasa de inflación no sea más de un punto y medio superior a la media de los tres países de mejor comportamiento; estabilidad monetaria, medida en términos de permanencia durante dos años en la banda estrecha de fluctuación del mecanismo de cambio del Sistema Monetario Europeo, y que la diferencia en el precio del dinero respecto a los países más austeros no exceda de dos puntos.

El Banco Central Europeo —que se espera crear antes del otoño de 1998— tendrá limitadas sus competencias a la política monetaria, mientras que la política económica seguirá decidida por los Ministros de Economía de los Doce. Este banco determinará la evolución del precio del dinero y actuará sobre los tipos de cambio, si bien la decisión final continuará reservada al poder político.

d) En el apartado social y laboral se produjeron pocos avances y el Reino Unido se excluyó voluntariamente de este capítulo. Los aspectos más importantes, como el salario mínimo, el derecho de huelga, el derecho sindical y el «lock-out» deberán ser decididos por unanimidad de los Once. Se contempla la creación de sindicatos europeos y patronales europeas.

También se incluyen cuestiones sobre representación laboral colectiva, seguridad social, condiciones de empleo para trabajadores no comunitarios, mejoras en el medio de trabajo y asegurar la igualdad entre hombres y mujeres, prestaciones para el desempleo e inversiones para crear empleo.

e) El gran objetivo de la convergencia es reducir las diferencias existentes entre los países miembros y para ello se prevén ayudas mediante los fondos estructurales y de cohesión. Los primeros son dotaciones de recursos para las regiones menos desarrolladas (o que padecen las consecuencias de la crisis industrial), mientras que el fondo de cohesión estaría destinado a la inversión en infraestructuras del transporte y la protección del medio ambiente.

f) Todos los ciudadanos de la Unión tendrán derecho a la libre circulación y establecimiento en el territorio de los Doce. Además podrán votar y ser elegidos en las elecciones municipales y al Parlamento Europeo tanto en su país de origen como en otro cualquiera de los Doce donde se hayan establecido. Por otra parte, los naturales de países de la CE que se encuentren en dificultades en un país exterior podrán acudir en demanda de ayuda a los consulados y embajadas de los demás estados miembros.

g) Respecto al tema de las regiones, el Tratado crea un comité consultivo integrado por 189 representantes de los entes territoriales que, en el caso de España, incorporará 19 miembros por las autonomías y corporaciones locales. El Comité de Regiones tendrá voz en cuestiones relativas a la educación, la cultura, la salud pública, las redes europeas del transporte, la cohesión económica y social. Tras la ampliación a 15, España cuenta con 21 representantes.

h) Para desarrollar las redes europeas de transportes, la Comunidad identificará los proyectos de interés común y contribuirá a su financiación. También se adoptarán las medidas necesarias para adecuar las tecnologías y facilitar los enlaces, potenciándose todas las modalidades de transporte y procurando una rebaja de las tarifas.

Igualmente se habla de redes transeuropeas de telecomunicaciones y energía.

i) Los ciudadanos de la CE contarán con un Defensor del Pueblo, que será nombrado por el Parlamento Europeo, al que podrán dirigir sus quejas en caso de mala administración por parte de las instituciones comunitarias.

j) Para los temas de policía, inmigración y seguridad se crean una Oficina Europea de Cooperación Policial (Europol) y un sistema de intercambio de información entre las Administraciones nacionales.

k) Las competencias del Tribunal europeo se extienden a los actos del Parlamento Europeo, del Banco Central Europeo y del Banco Europeo de Inversiones. Pero no abarcan el control de las decisiones del Consejo Europeo.

l) El objetivo de una defensa común europea no tiene fecha fija en el tratado. Se abre la posibilidad a la formulación de unas fuerzas armadas europeas bajo mando de la UEO, que se espera convertir en parte integrante de la Unión Europea. En 1996 se estudiará si se puede pasar ya en esa fecha de una «política de defensa común» a una «defensa común».

La UEO pondrá en marcha las decisiones de la Unión en materia de defensa, que habrán de ser adoptadas por unanimidad. En ausencia de decisión, los países conservan su libertad de maniobra.

En esta misma línea queda abierta la puerta para la formación de unidades militares plurinacionales.

ll) En política exterior los avances han sido escasos pero significativos. Los Doce podrán emprender *acciones comunes* que vayan más allá de las puras declaraciones y tomas de posición. Las acciones comunes ven limitado su terreno, por ahora, al ámbito de Europa del Este y del Mediterráneo, pero se prevé una futura ampliación. Las decisiones se tomarán por unanimidad de los estados miembros.

m) Otras medidas específicas se refieren a la agricultura, a la protección de los consumidores, conservación del patrimonio cultural, fomento de los intercambios y de la creación artística, una política educativa más dinámica, se permiten ayudas para ciertas empresas industriales comunitarias con el fin de modernizarlas y hacerlas más competitivas respecto al exterior.

También se prevén medidas para ayudar a la investigación y a la política medioambiental y visados de entrada a la Unión.

C) El Tratado de Maastricht entró en vigor diez meses más tarde de lo previsto, debido al retraso en su ratificación por parte de Alemania, Reino Unido y Dinamarca.

El 2-VI-92 los daneses rechazaron en referéndum la ratificación del Tratado, contradiciendo con su voto la postura expresada por los distintos partidos políticos en el Parlamento. Habrá que esperar hasta mayo del año siguiente para que Dinamarca vote a favor de la ratificación, en un segundo referéndum.

En Irlanda, el referéndum, que se celebró pocos días más tarde, arrojó, en cambio, un resultado favorable a la ratificación, devolviendo la esperanza a los partidarios de sacar adelante la Unión Europea.

Por otra parte, la Asamblea Nacional y el Senado de Francia aprobaron en sesión conjunta la reforma constitucional necesaria para la ratificación de Maastricht.

Francia sometió también a referéndum la ratificación del Tratado, que se aprobó por el electorado francés por un estrecho pero suficiente margen en septiembre. En julio ya lo habían ratificado los Parlamentos de Bélgica y Luxemburgo. En España, donde hubo que realizar una mínima modificación del apartado 2 del artículo 13 de la Constitución, el Congreso de los Diputados lo aprobó el 29-X-92. Alemania y Portugal lo harán en diciembre.

La Cámara de los Comunes británica aprobará el Tratado, en tercera lectura, el 20-V-93, pocos días después del *sí* danés.

14.2.5. *Europa Central y Balcánica*

En Bulgaria, Jelie Jelev, elegido Presidente de la República en 1990 por el Parlamento, fue designado por sufragio popular dos años más tarde, contando con Berov como Primer Ministro hasta su sustitución a finales de 1994.

Los principales puestos de la Administración quedaron en manos de los anteriores miembros de la *nomenklatura*. La situación económica es difícil, con unos parámetros generados por la transición al capitalismo.

Ion Iliescu fue también reelegido Presidente de Rumanía en 1992, aunque tendrá problemas para gobernar con holgura por carecer de suficiente mayoría absoluta. El país fue admitido en el Consejo de Europa en 1993 y fue el primero de los antiguos estados socialistas en adherirse a la Asociación por la paz propugnada por la OTAN.

Eslovenia va normalizando su situación tras haberse separado de la antigua Yugoslavia intenta acercarse a la Unión Europea pero todavía parecen resultar prematuros estos contactos, hasta que se pacifique el conjunto del área balcánica. Su Presidente sigue siendo Milan Kuka.

En Croacia también continúa al frente del Estado Franjo Tudjman y se ve implicada, aunque con una táctica prudente, en el conflicto de Bosnia, apoyando la formación de una Herzeg Bosnia en Herzegovina Occidental, territorio de mayoría croata.

Los croatas, que antes habían ayudado a los bosnio-croatas, adoptaron esta postura más transaccionista, creándose una grave escisión en el partido en el poder (Comunidad Democrática Croata).

La mayor parte del país fue recuperando la normalidad, pero una cuarta parte del territorio seguía ocupado por las fuerzas serbias de la República Autónoma (autoproclamada) de Krajina, donde están estacionados unos 14.000 «cascos azules». Unos 250.000 refugiados croatas no habían podido regresar a sus hogares; las negociaciones en Zagreb y Krajina apenas avanzan.

En Serbia, el Presidente Slobodan Milosevic siguió manteniendo su política pan-serbia y apoyando a los serbio-bosnios, exigiendo el fin de las sanciones de la ONU como condición para cualquier cambio. En las elecciones de 1993 los ex-comunistas ahora rebautizados socialistas ganaron ampliamente. Aunque formalmente Serbia admita negociar un plan de paz, los hechos, lo desmienten; Montenegro permanece unida a Serbia y formando, desde el 27-IV-92, la nueva Yugoslavia que no ha sido reconocida por la ONU.

Macedonia logró proclamarse independiente en septiembre de 1991, aunque tardó en recibir el reconocimiento exterior por presiones de Grecia, y no entró en la ONU hasta 1993. Atenas continuó entorpeciendo la existencia de este Estado al que consideraba usurpador de nombre y símbolos que le pertenecen.

En Albania sigue en el poder el partido Democrático Albanés y su Jefe de Estado es Sali Berisha; pese al complejo entorno en que está ubicada, Albania ha conseguido evitar verse envuelta en la guerra.

La República checoeslovaca se escindió en dos Estados a partir del primero de enero de 1993. Vaclav Havel volvió a ocupar la Presidencia de la República Checa y el país camina hacia su estabilización política y económica. Tiene cierto problema de identidad, pues se considera estado de checos, moravios y silesios. Praga ha reiterado su deseo y esperanza de incorporarse a las organizaciones de Europa Occidental. Pertenece ya al Consejo de Europa.

Eslovaquia, con menos recursos económicos y menor tamaño, parece encontrar dificultades para salir adelante como país realmente soberano. El Jefe del Estado es Michael Kevak y el Jefe de Gobierno, Vladimir Meciar. También cuenta con ciertas diferencias entre las fuerzas políticas. La minoría húngara es otro tema que ha de resolver.

En Hungría volvieron a gobernar en 1994 los ex-comunistas del Partido Socialista de Hungría, en contraste con la aplastante victoria del Foro Democrático en 1990. La crisis económica y cierto desencanto colectivo se argumentaron como explicación de este involucionismo. Sin embargo, el Gobierno no ha puesto en marcha reformas radicales sino, al contrario, se mueve en el espacio liberal. El nuevo Primer Ministro será Gyula Horn, mientras continúa como Jefe del Estado, desde 1990, Arpac Göncz.

En Política exterior Hungría se ha acercado a la OTAN y la Comunidad Europea, ingresando en el Consejo de Europa y firmando la Asociación para la Paz.

Un problema pendiente en el área son las reivindicaciones de las minorías magiares en los países vecinos.

Igual que había ocurrido en Lituania, los polacos eligieron en las legislativas de 19 de septiembre de 1993 a una mayoría de candidatos de los dos partidos herederos del sistema anterior: el SDRP (Partido Social Demócrata de Polonia, reconversión del antiguo Partido Obrero Unificado), y el PSL (Partido Campesino de Polonia, procedente del antiguo Partido Campesino Unificado). También recibieron el apoyo de la Unión del Trabajo, relacionado con Solidaridad.

Tanto Tadeusz Masowiecki como la Primera Ministra saliente, Hanna Suchocka, perdieron el apoyo popular. También perdió terreno el llamado Bloque de los Cien Partidos que respaldaba al Presidente de la República, Lech Walesa.

El nuevo Primer Ministro, Valdemar Pawlak, emprendió una política todavía poco clara y en parte continuista. Polonia también ha expresado su voluntad europeísta y de acercamiento a la OTAN, firmando la Asociación por la Paz. Pertenece al Consejo de Europa.

14.2.6. *La guerra de Bosnia-Herzegovina*

«La guerra de la ex Yugoslavia, —dice Alonso Baquer—, no se deja reducir a una guerra entre nuevos estados, o guerra interestatal, ni a una guerra civil dentro de un Estado. De hecho, ha arrancado con un gigantesco interrogante que pone sobre el tapete una cuestión semántica. ¿Se trata de una guerra de sucesión o de una guerra de secesión? Sólo al final de las hostilidades lo sabremos resolver de manera históricamente definitiva, porque poner su nombre a las guerras suele ser un privilegio del vencedor.

«Lo probable es que estemos viviendo una guerra múltiple de secesión y que los defensores de la Gran Serbia, replegados sobre unas fronteras no deseadas por los serbios, hayan de resignarse a la derrota en una guerra de sucesión. La guerra por la sucesión de Tito, es decir, la *guerra de sucesión de Yugoslavia*, se habrá convertido en los libros de historia en la *guerra de secesión de Yugoslavia*».

Y añade el mismo autor que el objetivo final de esta guerra de secesión radical es convertir a Yugoslavia «en todo lo contrario de lo que quiso ser, en un archipiélago artificial sin aguas territoriales».

De todo el complejo entramado de este conflicto, la guerra de Bosnia-Herzegovina es el más enrevesado de todo el espacio yugoslavo. Formó parte del Imperio Otomano durante casi 400 años antes de su anexión al Imperio Austro-Húngaro en 1878. Su población estaba compuesta de una mezcla étnica de serbios ortodoxos, croatas católicos romanos y musulmanes (principalmente los eslavos bosnios que habían sido convertidos al Islam).

Hacia el final del año 1990, las lealtades étnicas ejercieron una fuerte influencia sobre el electorado en las elecciones de la República. Hubo tres rondas de elecciones, en noviembre y diciembre, para una Asamblea reorganizada. La Liga de los Comunistas perdió y los nuevos partidos que surgieron eran nacionalistas.

Destacan el PAD musulmán el Partido Democrático de los Serbios (PDS), y la Unión Democrática Croata de Bosnia y Herzegovina (UDC-BH —socio del partido gobernante de Croacia—). El riesgo de un enfrentamiento entre las tres comunidades era patente e irremediable, como sucederá, aunque por el momento se repartieron los cargos. Alija Izetbegovic (PAD) sería el Presidente.

El desarrollo del conflicto en el resto del espacio ex-yugoslavo va a influir en Bosnia-Herzegovina, donde unos sectores todavía quieren mantener un Estado plurinacional independiente y otros pivotan hacia Croacia y Serbia, es decir, al reparto.

Así los serbio-bosnios liderados por Karadzic no ocultaron su intención de unirse a la Gran Serbia o seguir manteniendo los vínculos con Belgrado. Los serbios de Bosnia, en Krajina, proclamarán su unificación con la Krajina serbia de Croacia. Se desencadena así un proceso de formación de áreas autónomas distintas.

El Consejo de Seguridad aprueba el 21-II-92 la Res. 743 por la que se crea una fuerza de paz para Yugoslavia (UNPROFOR), unos 35.000 hombres, de los que 25.000 no se situarán en Bosnia. La primera intervención será ya en abril.

Mientras los serbobosnios se oponían, los otros grupos proclamaron la independencia de Bosnia-Herzegovina como República separada. Un referéndum ratificó la decisión en marzo de 1992.

Tras la declaración de la independencia, se reanudó la tensión entre los serbios y los musulmanes y se llegó a enfrentamientos en Sarajevo y en otros sitios. El 18 de marzo, gracias a la mediación de la UE, los líderes de las comunidades de los serbios, croatas y musulmanes de Bosnia-Herzegovina firmaron un acuerdo en el cual la República se dividía en tres unidades autónomas.

Sin embargo, una semana más tarde, Izetbegovic apeló a todos los ciudadanos para que rechazaran la división étnica propuesta, alegando que él había firmado el acuerdo solamente porque era una precondición para obtener el reconocimiento diplomático. El 7 de abril, la independencia de Bosnia y Herzegovina fue reconocida por la UE y los EEUU. El 27-IV-92 nace también la nueva Yugoslavia formada por Serbia y Montenegro, pero sin reconocimiento internacional. El 27 de marzo, los serbios anunciaron la formación de una «República Serbia de Bosnia-Herzegovina», que agrupaba las áreas de la República bajo la ocupación de Serbia (alrededor del 65% del total del territorio), incluyendo las RAS (Regiones Autónomas Serbias), y que iba a ser encabezada por el Dr. Karadzic. Inmediatamente, el Gobierno bosnio declaró ilegal esta República secesionista con sede en Banja Luka. El 30 de mayo el Consejo de Seguridad (Res. 758) ordena el embargo contra Serbia y Montenegro.

La guerra era un hecho. Los anteriores esfuerzos de mediación realizados por la UE y la ONU no tuvieron éxito.

El Presidente Izetbegovic solicitó la intervención militar extranjera. Y la ONU despliega 14.000 hombres de la Fuerza de Protección de las Naciones Unidas en Yugoslavia (UNPROFOR) en Croacia y pide el cese de la guerra y la retirada de las tropas yugoslavas y croatas del territorio de Bosnia y Herzegovina.

Las cifras que se iban conociendo sobre las víctimas de la guerra eran muy elevadas, con casos, además, de *limpieza étnica* y el establecimiento de campos de concentración.

A principio de junio, en un esfuerzo aparente de apaciguar a la ONU, los líderes serbios en Belgrado ordenaron a los serbobosnios que terminaran el cerco de Sarajevo y que pusieran bajo el control de la ONU el aeropuerto de Sarajevo. El Consejo de Seguridad de la ONU acordó ampliar el mandato y la fuerza de las tropas de UNPROFOR en Sarajevo, para que pudieran dar la protección a los convoyes que transportaban ayudas humanitarias dentro de Bosnia-Herzegovina.

Entre el 26 y 27 de agosto se celebró una reunión en Londres sobre Yugoslavia y por primera vez los líderes de las seis Repúblicas, incluida Serbia, reconocen la soberanía de Bosnia.

Entre los países que enviaron tropas para integrar los *cascos azules* estaba España. El primer contingente, bajo la denominación de Agrupación *Málaga,* llegó en octubre de 1992.

En febrero de 1993, y por primera vez en su historia, el Consejo de Seguridad aprobó por unanimidad la creación de un Tribunal Internacional de Crímenes de Guerra para la antigua Yugoslavia (Res. 808) y un mes más tarde se aprueba el uso de la fuerza para hacer respetar la zona de exclusión aérea.

En este contexto, el 12 de abril la OTAN inicia la operación «Cielos cerrados» de vigilancia de esa zona de exclusión. Será la primera misión de la Alianza desde su fundación en 1949. El primer combate propiamente dicho tendrá lugar el 28-II-94 al derribar dos aparatos norteamericanos cuatro aviones serbios sobre la zona prohibida de Bosnia.

El 18 de marzo croatas y musulmanes firman en Washington la constitución de una federación de ambas comunidades que vuelve a dividir Bosnia entre el este y el oeste como en el siglo IV.

Poco más tarde, se creó en Londres el llamado Grupo de Contacto para seguir las vicisitudes del conflicto y su posible arreglo.

Mientras tanto, el ejército serbio atacó los importantes enclaves musulmanes de Srebrenica, Zepa y Gorazde, en Bosnia Oriental. A su vez, en la Bosnia Central, el ejército bosnio ha reducido al Consejo de Defensa Croata (HVO) a que controle solamente algunos enclaves aislados. Por lo general, parecía haberse establecido cierto equilibrio de fuerzas.

A mediados de 1994, la guerra arrojaba ya la cifra de más de 150.000 muertos y dos millones de personas desplazadas, entre ellas 1.200.000 refugiados fuera de Bosnia-Herzegovina.

La retirada de las armas pesadas, impuesta por la OTAN alrededor de Sarajevo el 21-II-94, dio cierto respiro a la martirizada ciudad.

La comunidad musulmana atravesó también divisiones internas por rivalidades entre sus dirigentes como Abdic y Silajdzic. Igualmente, surgieron problemas entre la comunidad croata y Croacia, pues tras la destitución de Mate Boban, Zagreb aceptó la constitución de una Federación croata-musulmana en Bosnia-Herzegovina.

Sin embargo, las reivindicaciones territoriales de estas mini-Repúblicas no son coincidentes, sino que se solapan, ya que la autoproclamada República Serbia reivindica por lo menos el 51% del territorio bosnio.

Estas diferencias sobre la redistribución del territorio explican que hayan fracasado los planes Owen-Vance (enero de 1993), Owen-Soltenberg (septiembre de 1993) y Juppé-Kindel (abril de 1994) de reparto de Bosnia-Herzegovina. Y que el conflicto, algo más mitigado, continúe abierto.

Como protagonistas de este conflicto hay que citar a los negociadores occidentales, Lord Owen, sucesor de Lord Carrington y del portugués José Cutilheiro y Cyrus Vance, copresidentes ambos de la Conferencia Internacional sobre la antigua Yugoslavia, el noruego Thorvald Stoltenberg y el japonés Yasushi Akashi, mediadores de la ONU.

Recordaremos que en ese periodo Alia Izetbegovic es el Presidente de Bosnia; Radovan Karadzic el líder de la República Serbia de Bosnia-Herzegovia; Kresimir Zubak, que ha sustituido a Mate Boban, es el líder de la República Croata de Bosnia-Herzegovina; Franjo Tudjman es el Presidente croata.

El Presidente y el Primer Ministro de la nueva Yugoslavia serán Zoran Lilic y Rodoje Kontic, que han sustituido a Dobrica Cosic y Milan Panic.

14.2.7. *La Europa de Quince Estados*

Maurice Duverger ha escrito que «El Acta Única y el Tratado de Maastricht han dotado a la Comunidad de sus principales órganos esenciales. Pero aún siguen, en gran medida, inacabados, ineficaces, inutilizables y petrificados. Una nueva fase de la metamorfosis ha empezado: la de la crisálida».

Las modificaciones institucionales, la ampliación a Quince y las previsibles relaciones para futuras incorporaciones con los países de Europa Central que antes fueron Repúblicas Populares e incluso con el resto de Estados europeos constituye el horizonte de la Unión.

A) Ya en la Cumbre de Edimburgo, celebrada en diciembre de 1992, se adoptaron medidas de importancia, como la modificación del número de diputados en el Parlamento europeo, sedes de instituciones, aceptación de exigencias pedidas por Dinamarca e insistir en los principios de *subsidiaridad* y de *transparencia*.

El cambio más llamativo fue el aumento de los diputados hasta 567 en lugar de los 518 anteriores. Alemania fue el país que recibió más escaños (99). Reino Unido, Francia e Italia consiguieron 6 más y España 4. Los otros miembros no vieron modificada su representación.

Con la incorporación de Austria, Finlandia y Suecia, la Unión Europea extiende sus fronteras desde el Mediterráneo y el Atlántico hasta el Ártico y los límites de Rusia. La Comunidad que comenzó en los años cincuenta con seis miembros se compone desde el 1 de enero de 1995 de 15 estados.

En el camino de la ampliación se quedó Noruega, por ahora, tras decidir sus ciudadanos en referéndum permanecer al margen de la integración continental. Esta será la cuarta ampliación de la UE y la primera que se produce desde que en 1986 ingresaran España y Portugal.

El problema pesquero fue el principal, pero no el único obstáculo para la incorporación de Noruega. El referéndum, celebrado el 28-XI-94, arrojó un porcentaje de 52,2% de votos negativos frente a un 47,8% positivos.

Con el ingreso de los tres nuevos miembros, la población de la UE aumentará de 349 a 370 millones de personas, mientras que la superficie del territorio se incrementará en más de un tercio. Asimismo el Producto Interior Bruto de los Quince sube un 7%, a 5,9 billones de ecus (unos siete billones de dólares) con lo que se sitúa con un 10% por encima de los Estados Unidos y un 64% sobre Japón.

A finales de este siglo se espera que la UE continúe expandiéndose hacia la Europa Central y Oriental. Se calcula que en algo más de cinco años el número de países miembros de la UE puede ascender a más de 25.

Esta ampliación implica también algunas contradicciones. Ninguno de los nuevos miembros son parte de la UEO ni de la OTAN y poseen una larga tradición neutralista. Por contraste, Noruega, que rechazó la integración, sí pertenece a la Alianza Atlántica.

La EFTA se ha convertido en una organización prácticamente fantasmal. La EFTA se integró en 1992 en el Espacio Económico Europeo (EEE), y en ella sólo quedan Noruega, Islandia y Liechtenstein (en proceso de incorporación), al haber votado los suizos en contra. El EEE seguirá existiendo formalmente y además servirá de *enlace* con Noruega y posiblemente de puerta de entrada a países como los bálticos e incluso a algunas ex-Repúblicas Populares.

Como se expresó por la prensa, «la ampliación de la UE ha ganado la partida a la profundización».

También parecen acertar quienes propugnan una Europa de varias *velocidades, menús* o *cartas* en torno a un *núcleo* más cohesionado.

Los nuevos miembros tendrán un representante cada uno en la Comisión y los siguientes diputados: Suecia 22, Austria 21 y Finlandia 16. También se han modificado los votos en el Congreso de Ministros y la «minoría de bloqueo». El Parlamento tendrá ahora un total de 626 diputados.

Los votos del Consejo de Ministros se ponderarán del modo siguiente: Bélgica 5, Dinamarca 3, Alemania 10, Grecia 5, España 8, Francia 10, Irlanda 3, Italia 10, Luxemburgo 2, Países Bajos 5, Austria 4, Portugal 5, Finlandia 3, Suecia 4 y Reino Unido 10.

La antigua mayoría cualificada en el Consejo de Ministros era de 54 votos sobre 76 y la minoría de bloqueo era de 23 votos. Tras la última ampliación la mayoría cualificada es de 62 votos sobre 87 y la minoría de bloqueo es de 26 votos.

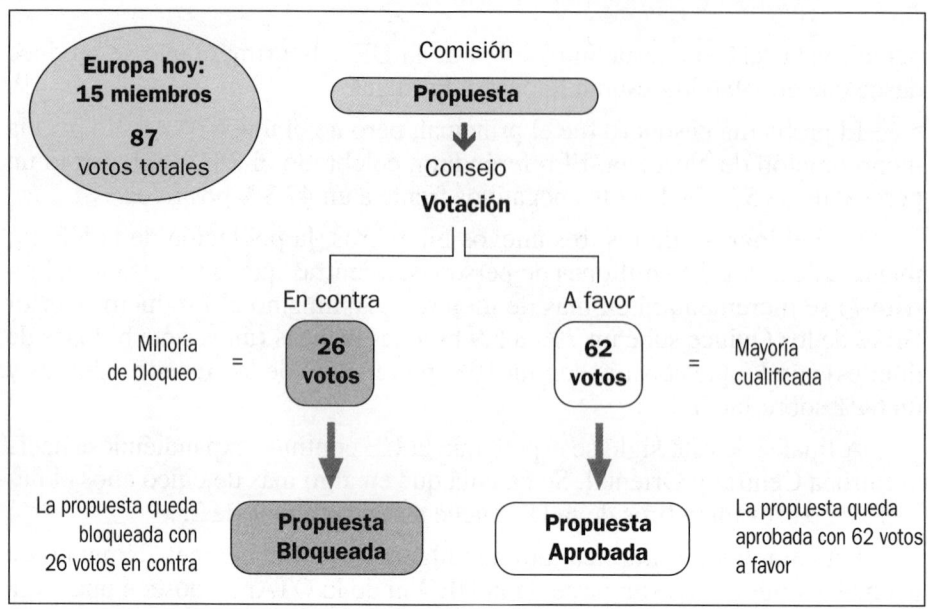

**Europa hoy:
15 miembros
87 votos totales**

Comisión → **Propuesta** → Consejo **Votación**

- **En contra**: **26 votos** = Minoría de bloqueo → **Propuesta Bloqueada**. La propuesta queda bloqueada con 26 votos en contra.
- **A favor**: **62 votos** = Mayoría cualificada → **Propuesta Aprobada**. La propuesta queda aprobada con 62 votos a favor.

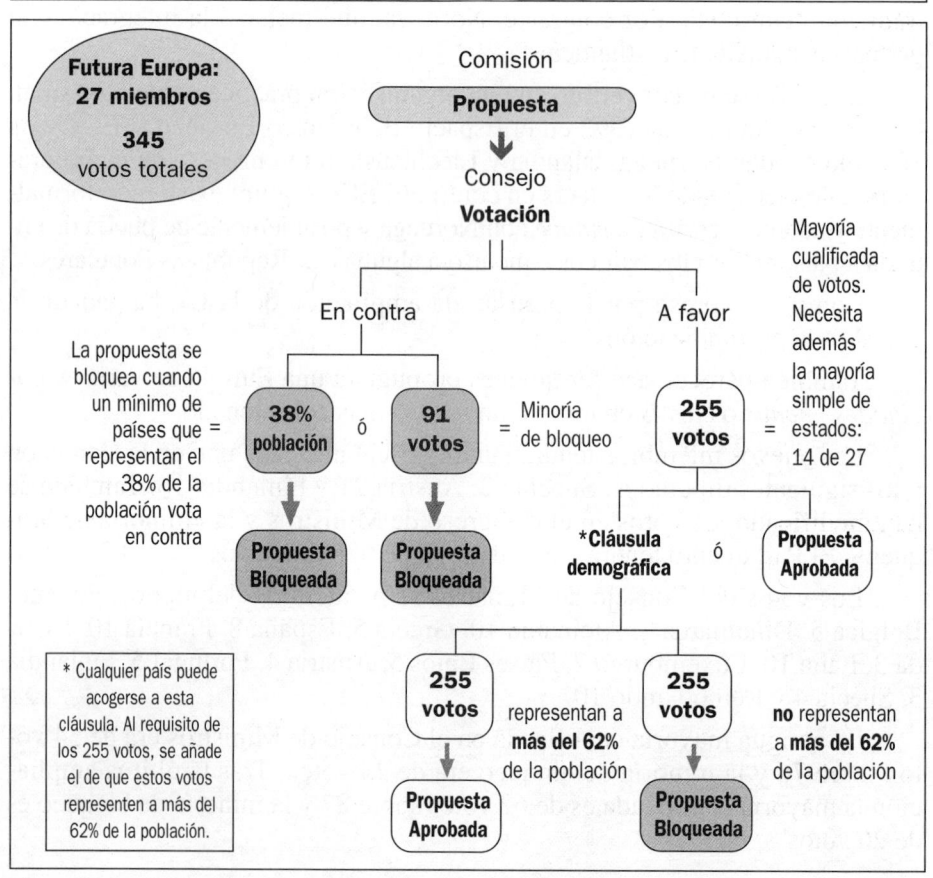

**Futura Europa:
27 miembros
345 votos totales**

Comisión → **Propuesta** → Consejo **Votación**

- **En contra**: **38% población** ó **91 votos** = Minoría de bloqueo → **Propuesta Bloqueada**. La propuesta se bloquea cuando un mínimo de países que representan el 38% de la población vota en contra.
- **A favor**: **255 votos** = Mayoría cualificada de votos. Necesita además la mayoría simple de estados: 14 de 27.
  - ***Cláusula demográfica**:
    - **255 votos** representan a **más del 62%** de la población → **Propuesta Aprobada**
    - **255 votos** **no** representan a **más del 62%** de la población → **Propuesta Bloqueada**
  - ó → **Propuesta Aprobada**

* Cualquier país puede acogerse a esta cláusula. Al requisito de los 255 votos, se añade el de que estos votos representen a más del 62% de la población.

El Consejo de Ministros tras la Cumbre de Niza

	Votos UE actual	Votos UE futura	Habitantes	% Población	Población por voto (en mill.)
Alemania	10	29	82.038.000	17,05	2,83
R. Unido	10	29	59.247.000	12,31	2,04
Francia	10	29	59.966.000	12,25	2,03
Italia	10	29	57.612.000	11,97	1,99
España	8	27	39.394.000	8,18	1,46
Polonia		27	38.667.000	8,03	1,43
Rumanía		14	22.489.000	4,67	1,61
Holanda	5	13	15.760.000	3,27	1,21
Grecia	5	12	10.533.000	2,18	0,88
R. Checa		12	10.290.000	2,13	0,86
Bélgica	5	12	10.213.000	2,12	0,85
Hungría		12	10.092.000	2,09	0,84
Portugal	5	12	9.980.000	2,07	0,83
Suecia	4	10	8.854.000	1,83	0,89
Bulgaria		10	8.230.000	1,71	0,82
Austria	4	10	8.082.000	1,67	0,81
Eslovaquia		7	5.393.000	1,12	0,77
Dinamarca	3	7	5.313.000	1,10	0,76
Finlandia	3	7	5.160.000	1,07	0,74
Irlanda	3	7	3.744.000	0,77	0,53
Lituania		7	3.701.000	0,76	0,53
Letonia		4	2.439.000	0,50	0,61
Eslovenia		4	1.978.000	0,41	0,49
Estonia		4	1.446.000	0,30	0,36
Chipre		4	752.000	0,15	0,19
Luxemburgo	2	4	429.000	0,08	0,11
Malta		3	379.000	0,07	0,12
TOTAL	87	345	481.181.000	100,00	

En negrita los quince miembros actuales.

14.3. Un nuevo Oriente Medio

La guerra del Golfo sirvió para frenar, ya que no eliminar, el aventurismo de Sadam Hussein, recuperar Kuwait, fortalecer a los países árabes conservadores y pro-Occidentales, atraer a Siria al campo aliado alterándose las combinaciones políticas de la zona, facilitar la asistencia de Israel a la Conferencia sobre Oriente Medio que al fin será convocada en octubre de 1991 y convertir a EEUU en nueva Potencia arbitral del área.

Esta región seguía siendo un área conflictiva, permaneciendo como problema central el contencioso entre Israel y los Estados árabes, aunque también coexisten otros problemas graves de índole fronteriza, étnica, religiosa y económica.

El hundimiento de la Unión Soviética y el nuevo clima generado por este hecho en el complejo relacional afectan de modo directo al Medio Oriente, donde la desaparición del influjo de la tensión Este-Oeste va a contribuir a facilitar la vía de la negociación.

Ya durante el mandato de Gorbachov se apreciaron los nuevos aires soviéticos hacia la región. La guerra del Golfo y la convocatoria de la Conferencia de Madrid lo confirmaron.

La reunión de octubre de 1991 en la capital española reanudaba el proceso negociador que había obtenido su primer logro en los acuerdos de Camp David de 1978 y en el tratado de paz entre Israel y Egipto en 1979.

A Madrid van a seguir una serie de complejas negociaciones bilaterales y multilaterales que cuajarán en el acuerdo de Washington del 13-IX-93 al firmarse la llamada Declaración de Principios Israel-Palestina y el acuerdo sobre el orden del día para negociaciones de paz entre Israel y Jordania, también firmado al día siguiente, 14 de septiembre, y que llevará a la Declaración de Washington el 25-VII-94 sellando la reconciliación entre Israel y Jordania. Este proceso culminará, por ahora, con el establecimiento de la autoridad palestina en Jericó y Gaza y con la firma del tratado de paz entre Israel y Jordania el 27 de octubre de 1994 en el desierto de Aravá.

14.3.1. *La intifada y el problema kurdo*

El 9-XII-87, en el campamento de refugiados de Jebalia, comenzó lo que es conocido como la *intifada* —entiéndase levantamiento palestino—.

No es esta la primera *intifada*, pero sí la que se ha desarrollado con más fuerza. En 1980, los palestinos se lanzaron a las calles contra los acuerdos de Camp David, en los que se contemplaba la aplicación de un estatuto de autonomía restringida. En 1982, la causa fueron los planes israelí-jordanos relativos a las mejoras de las condiciones de vida de la población de Cisjordania.

Antes se ha hecho referencia a los veinte años de ocupación militar judía en los territorios palestinos, pues difícilmente se puede hablar de la *intifada* sin hacer hincapié en ello.

Los lemas que se originan como baluartes de la *intifada* son el derecho a la autodeterminación que tiene el pueblo palestino, la creación de un estatuto palestino independiente y el reconocimiento de la OLP (Organización para la Liberación de Palestina) como representante palestino en el proceso que lleve el arreglo del conflicto israelí-palestino. Algunas de estas reivindicaciones se identifican con las resoluciones de la ONU referentes al conflicto de Oriente Medio y a los avances que se van a conseguir en las reuniones de Madrid y Washington.

A) *La OLP acepta las resoluciones de la ONU y proclama el Estado Palestino*

A finales de 1988 se reunió en Argel el Consejo Nacional Palestino. Yasser Arafat, el 15 de noviembre, en su intervención, aceptó las propuestas de la ONU, lo que significaba reconocer implícitamente el Estado de Israel y proclamó el nacimiento, todavía teórico, del Estado de Palestina.

Hasta ahora el Derecho Internacional contemplaba la figura de los Gobiernos en el exilio, constituyendo por lo tanto una novedad esta proclamación que, en cierto modo, significaba la existencia simbólica de «un Estado en el exilio».

La aceptación de las resoluciones 242 y 338 de la ONU quedó aprobada por 253 votos contra 46 y 10 abstenciones. La OLP adoptaba así una política pragmática, seguramente inspirada por los consejos de Gorbachov a Arafat. La postura contraria se defendió por George Habash.

En marzo de 1989, Arafat será proclamado, por el Comité Central de la OLP, Presidente de Palestina.

B) *El problema kurdo*

Para entender el problema kurdo hay que situarse en la época en la que se firmó el Tratado de Sèvres (1920) para decidir el destino del derrotado Imperio Otomano. Los kurdos verían reconocidos sus derechos al formar una sola nación, pero al no lograrse la aceptación turca al Tratado, que llevará a las nuevas negociaciones que culminarán en el Tratado de Lausana, un año más tarde, estas expectativas se verán frustradas.

El Kurdistán —o tierra de los kurdos como hemos dicho— se encuentra dividido entre la provincia iraní del Kurdistán occidental, el SO de Turquía, las provincias iraquíes de Mosul, Arbiil y Kirkuk, además de otras zonas menores en el NE de Siria y la Armenia soviética. Es un territorio muy montañoso y duro, abarcando también la cuenca del Tigris y el Éufrates. El descubrimiento de yacimientos petrolíferos en el Kurdistán iraquí ha contribuido a hacer aún más difícil la existencia de un estado kurdo separado.

Ya en 1921, Feisal, recién nombrado por los británicos rey de Irak, se anexiona la zona de Mosul. Los kurdos serán igualmente perseguidos por Turquía.

En 1933, Mullah Mustafá Barzani encabeza el movimiento de los *peshmergas* (guerrilleros), reaccionando Turquía, Irán e Irak con el pacto de Saasabad para frenar a Barzani.

Durante la II GM, al ocupar el norte de Irán los soviéticos, se proclama la República Kurda —bajo la Presidencia de Barzani—, pero al retirarse los rusos, los kurdos son perseguidos y Barzani se refugia en la URSS.

Al caer la monarquía en Irak, el general Kassen inicia un acercamiento a los kurdos. Depuesto Kassen por Aref, se mantiene la política de tolerancia e incluso se reconoce un régimen de autonomía para la población kurda, pero la lucha no termina hasta 1970, reanudándose posteriormente.

En 1974, el Presidente iraquí Ahmed Hasan el Bakr introduce una modificación en la constitución para reconocer la autonomía kurda, pero el problema no se arregla. Un año más tarde, en marzo, el Sha de Irán y el Vicepresidente iraquí reestablecen sus buenas relaciones y los iraquíes acuerdan no ayudar a Barzani a sus guerrilleros, que contaban con su apoyo. Al intensificarse las operaciones militares, Barzani escapó a EEUU, que indirectamente —al igual que Israel— suministraba ayuda a la causa kurda.

La rebelión kurda queda congelada en 1975, por el momento, aunque un año más tarde se reemprende la guerrilla y aparece la Unión Patriótica del Kurdistán (UPK), dirigida por Jalai Talabani.

Al comenzar la década de los ochenta, la UPK y el Partido Demócrata del Kurdistán, que lidera el hijo del histórico Barzani, se unen formando el Frente Kurdo.

Durante la guerra Irán-Irak, los kurdos apoyaron en general a Teherán, en contra de Sadam Hussein.

La represión iraquí contra los kurdos fue muy dura, destacando el bombardeo de Halabja con bombas de gas mostaza en marzo de 1988, causando la muerte de 5.000 personas.

Aprovechando el alto el fuego con Irán, los iraquíes aumentan sus acciones contra los kurdos, utilizando masivamente armas químicas, hecho condenado por la opinión pública mundial. La guerrilla decide abandonar la lucha y se calcula en 200.000 el número de kurdos que se refugian en Turquía y en Irán.

El problema kurdo volverá a resurgir con la derrota de Sadam Hussein contra la coalición que liberó Kuwait. Aprovechando la presencia de los aliados, los kurdos volvieron a lanzarse, confiando en la ayuda Occidental, levantamiento al que además se sumó la rebelión chií en el sur. Sin embargo, los aliados no intervinieron y Sadam pudo reagrupar sus tropas, defender Bagdad y atacar a los kurdos, que emprendieron nuevamente el camino del exilio de forma masiva, atravesando las zonas montañosas camino de Turquía.

Ankara ve con recelo esta entrada de kurdos que se suman al ya alto porcentaje de ellos que viven dentro de las fronteras turcas. Las Naciones Unidas y otras organizaciones hicieron un llamamiento en favor de la ayuda internacional, especialmente sanitaria, para socorrer el lastimoso estado de los miles de refugiados.

Ante la reacción mundial, Turgut Ozal, Presidente turco, tuvo que abrir las fronteras y, además, adoptar medidas más tolerantes para los kurdos que viven en su territorio, incluyendo el uso de la lengua kurda, antes restringido.

La ayuda humanitaria fue canalizada por la ONU, y tropas de la coalición, incluyendo paracaidistas españoles, fueron enviados a la zona del conflicto para proteger y ayudar a los kurdos.

La guerrilla kurda, que había logrado hacerse con varias localidades y zonas como Arbil, Zajo, Suleimaniya y Kirkuk, será finalmente detenida por los iraquíes, que una vez dominada la rebelión chií, se volcaron con el resto del armamento que todavía conservaban y lograron recuperar el control de la zona norte, empleando a fondo la aviación y la artillería.

EEUU no ha querido favorecer la división de Irak, que beneficiaría al fundamentalismo iraní, ni tampoco apoyar a ultranza la causa de los kurdos, que obviamente no es bien vista por Turquía, aliada fiel de Washington en Oriente Medio.

C) *Muerte de Jomeini*

El imán Ruhollah Mussavi Jomeini, guía de la revolución islámica, murió a los 89 años de edad el 3 de junio de 1989. El ayatolláh gobernaba Irán desde febrero de 1979 y a sus honras fúnebres se calcula que se sumaron tres millones de iraníes.

La guerra contra Irak fue una de las razones que provocaron su declive físico, junto con un cáncer.

Su sucesor Hachemi Rafsanyani inició una fase más moderada dentro del mismo ideario. Como líder religioso, Jomeini fue sucedido por Alí Jamenei.

Una reforma constitucional elimina la figura del Primer Ministro y refuerza la del Presidente de la República. El hayatoleslam Rafsanyani, que venía ostentando la Presidencia del Parlamento, es elegido nuevo Jefe de Estado el 28 de julio de 1989.

14.3.2. *La guerra del Golfo*

A) *Iraq invade Kuwait*

La invasión iraquí de Kuwait el 2 de agosto de 1990 puso en marcha un conflicto que culminó tras una fase de acciones diplomáticas y de presión económica y comercial, en una guerra que concentró el mayor contingente de fuerzas militares reunido desde la II GM.

Pueden diferenciarse tres etapas en este conflicto. La primera, desde que el Consejo de Seguridad de la ONU condena la invasión, pide la retirada «inmediata e incondicional» el mismo día 2 y, poco más tarde, el 6, ordena el embargo comercial, financiero y militar contra Irak, hasta el comienzo de las operaciones bélicas en la noche del día 16 al 17 de enero de 1991. La segunda etapa corresponde a la guerra aérea, es decir, a los bombardeos contra Irak que van a mantenerse hasta el comienzo de la invasión terrestre, el 24 de febrero. Y la tercera, brevísima, los combates para liberar Kuwait, que duran hasta el 28 de este mismo mes.

Los *raids* aéreos duraron por lo tanto 39 días sobre un total de 42 días de guerra, calculándose en 100 horas de tiempo las operaciones terrestres.

Aunque el grueso del esfuerzo se llevó a cabo por tropas y material norteamericanos, se cifra en más de medio millón el número de combatientes, pertenecientes a 23 países, incluyendo a quienes enviaron fuerzas al frente o contribuyeron solamente al bloqueo naval. España mandó varias flotillas al mar Rojo y al golfo Pérsico, además de tener un activo papel logístico y colaborar con sus bases aéreas, que fueron utilizadas para las operaciones de bombardeo y transporte de gran alcance.

Los países que más contribuyeron a la coalición, después de EEUU, fueron Inglaterra, Francia, Egipto, Arabia Saudí y los emiratos del Golfo. Japón y Alemania, entre otros, entregaron sumas importantes de dinero para financiar el costo de la guerra.

El bloqueo naval contó con unidades procedentes de muy distintos países, como Argentina, Holanda o Canadá, y entre los aliados figuraron, además de Australia o Nigeria, países que todavía eran considerados del Este europeo, como Checoslovaquia y Polonia.

La Unión Soviética, que no intervino, condenó la postura de Bagdad, medió diplomáticamente para evitar la guerra, sin lograrlo, y facilitó con su postura la acción aliada, votando las resoluciones del Consejo de Seguridad. También adoptó esta postura no obstruccionista la República Popular China.

El Comandante en Jefe fue el norteamericano Norman Schwarzkopf, y los nombres en clave de las operaciones fueron «Escudo del desierto», mientras se procedió a desplegar las fuerzas que defendían Arabia, y «Tormenta del Desierto», una vez iniciadas las hostilidades.

Aunque las cifras sobre bajas son todavía discutibles, se calcula que en las operaciones bélicas murieron más de 100.000 iraquíes y sólo 200 soldados aliados.

Las Naciones Unidas emitieron 12 resoluciones hasta el fin de la guerra.

El conflicto causó una grave crisis económica mundial, con fuertes caídas en las principales bolsas, hasta que, una vez derrotado Sadam, el panorama volvió a recuperarse. También hubo importantes daños en el ecosistema del área, con acciones tan condenables como el vertido de petróleo al mar, o el incendio de unos 7.000 pozos por las tropas iraquíes en retirada.

B) *Las operaciones bélicas*

El 29 de noviembre de 1990 el Consejo de Seguridad aprueba la Resolución 678, autorizando la utilización de todos los medios necesarios para la expulsión de los invasores de Kuwait, señalando además un plazo: el 15 del próximo enero.

Los expertos han hablado de cuatro etapas en esta gran ofensiva aérea: *estratégica,* para destruir los centros de mando, control, comunicaciones, fábrica de armas, centrales nucleares e instalaciones militares; de *supresión*, para inutilizar aeródromos, radares, misiles, búnkeres, etc.; de *interdicción*, para demoler y devastar puentes, vías de suministro, depósitos de municiones, alimentos y combustible; y, por último, fase de *apoyo*, contra las unidades militares situadas en Kuwait, su artillería, blindados, tropas, como táctica precursora al inminente ataque terrestre, cuyo único episodio había sido la batalla por Al Jafyl.

En esta etapa de guerra aérea hay que incluir los ataques de los misiles *scud* contra Tel Aviv y varias ciudades de Arabia, interceptados casi siempre por los eficaces *patriot*.

Los ataques iraquíes contra Israel —que no formaba parte de la coalición— no fueron respondidos por consejo de Washington, con el objetivo de no romper el bloque aliado que incluía varios países árabes.

La fase propiamente terrestre de la guerra se esperaba como resultado de un ataque anfibio para desembarcar en Kuwait y así lo indicaba la concentración naval frente a sus costas, pero una brillante maniobra en el desierto, que en principio se tomó por distracción, se convirtió en el eje del ataque. Se trataba de una operación de tenaza de corte clásico apoyada por un avance de flanco que progresó por la retaguardia iraquí sin encontrar apenas resistencia, formando una enorme bolsa en Kuwait City. Las columnas de blindados de la división francesa Daguet protagonizaron esta fase de la maniobra, mientras los saudíes y egipcios sostenían la frontera y los *marines* se hacían con la isla de Fallaka.

La desorganizada retirada de los iraquíes constituyó poco menos que un ejercicio de tiro al blanco por la aviación aliada, pero cuando se esperaba un avance de los carros sobre Bagdad, la marcha fue detenida por orden expresa del Presidente Bush, una vez que Irak anunció su voluntad de cumplir las Resoluciones de la ONU.

C) *Claves e interrogantes*

Si bien Sadam fue derrotado, razones políticas y de prudencia aconsejaron no rebasar el mandato de Naciones Unidas, no romper la unidad iraquí para evitar nuevos conflictos interiores y fronterizos, además de no ir más lejos en la humillación a un país árabe, todo lo cual aconsejó el alto el fuego. Sadam conservó buena parte de su ejército, incluyendo algunas divisiones de élite y de la aviación, como los helicópteros que pronto utilizaría contra kurdos y chiíes, sublevados contra el régimen.

La derrota iraquí constituyó a la vez un desprestigio para el armamento soviético que empleaban estas tropas, mientras se demostraba la superioridad y sofisticación de la tecnología militar norteamericana, que envió sus misiles y bombarderos desde lugares tan distantes como España, Turquía, el Mediterráneo y el Pérsico, con una asombrosa precisión en el alcance de sus objetivos, precisión calificada significativamente de «quirúrgica». Otra novedad del conflicto fue la contención israelí y el hecho casi paradójico de ver luchar contra Irak a tropas árabes como saudíes, egipcias y sirias. Esta alteración de las alianzas facilitará plantear un nuevo orden para la zona, como se empezará a ilustrar con la Conferencia de Madrid.

La opinión pública oscilaba entre la condena del *aventurismo* de Sadam y las protestas por la acción aliada, especialmente contra los bombardeos que en ocasiones causaron daños a la población civil. Estas manifestaciones pacifistas y antiamericanas también se dieron en España. Cuando en enero se desencadenan los ataques aéreos y menudean las protestas contra ellos, apenas se acuerda ya nadie de la agresión iraquí del verano. Especialmente en los países musulmanes aumentaron las manifestaciones populares contra la intervención aliada, y no faltaron voces llamando a la *Guerra Santa* contra los infieles. Estas algaradas tuvieron gran eco en la zona del Magreb, y se propiciaron por sectores fundamentalistas.

El episodio del Golfo tuvo un extenso período de preparación de una extraña guerra indirecta protagonizada primero por fuerzas navales —bloqueo—, y luego aérea —bombardeos— para culminar en una corta operación terrestre. Casi se tiene la sensación de que se ha pasado de la preguerra a la poscrisis sin tener una fase realmente dura de enfrentamientos. No resulta, por tanto, absurdo hablar, como ha hecho ingeniosamente Braulliard, de que la guerra del Golfo no ha tenido lugar, o como otros observadores señalaron que tan sólo fue «un serial de televisión».

Como datos curiosos cabe recordar que Sadam, considerado uno de los dirigentes árabes más «laicistas» o al menos tolerante con las otras religiones, iniciado el conflicto invocó la *Guerra Santa* y bautizó a dos de las divisiones acorazadas de su Guardia Republicana con las denominaciones de «Alá es Grande» y «Saladino», el vencedor de los cruzados. Tampoco deben extrañar mucho estas invocaciones semánticas. Los americanos llamaron «Apache» a uno de los modelos de sus helicópteros y al misil de crucero, «Tomahawk», el hacha de los pieles rojas. Los británicos, por su parte, mandaron a las «ratas del desierto», herederos de los vencedores de Rommel, y entre los franceses no podía faltar la mítica Legión Extranjera. Incluso las fragatas españolas lucieron nombres tan evocadores como «Santa María» y «Numancia».

14.3.3. *Conferencia de paz de Madrid sobre Oriente Medio*

A) *Convocatoria y desarrollo de la primera fase*

El 30 de octubre de 1991 comenzó en el Palacio Real de Madrid la primera fase de la Conferencia de Paz para Oriente Medio, coauspiciada por los Gobiernos de Washington y Moscú, siendo España el país anfitrión.

Las reuniones duraron hasta el 4 de noviembre, reanudándose en la capital norteamericana en el mes siguiente. Asistieron delegaciones de Israel, Siria, Egipto, Líbano y Jordania, incorporándose a esta última representantes palestinos. Las sesiones se celebraron en torno a una mesa en forma de T y en el Salón de Columnas del citado Palacio de Oriente. También se habían previsto otros edificios nobles para la continuación de las reuniones, que sin embargo se trasladaron, como ya se ha dicho, a Washington y Moscú.

La guerra del Golfo trajo como consecuencia directa la celebración de esta reunión, que curiosamente era una de las peticiones del derrotado Sadam, cuando defendía que los conflictos de Oriente Medio estaban todos interrelacionados.

Terminada la guerra, Estados Unidos, aprovechando su función arbitral y hegemónica, inició una campaña para convencer a sus aliados árabes y a Israel de la conveniencia de sentarse juntos a negociar. El Secretario de Estado,

James Baker realizó hasta ocho giras por las capitales de la zona para convencer a los distintos dirigentes de la necesidad y de la urgencia de celebrar esa «cumbre».

Egipto y otros países moderados apoyaron la tesis americana que encontraba mayor resistencia en Israel y Siria, estando los palestinos divididos.

La elección de Madrid se hizo, como dijo Baker, «por historia y por las buenas relaciones de España con las dos partes». Otro dato a tener en cuenta es la actitud adoptada por el Gobierno de González durante la crisis del Golfo, que satisfizo a los EEUU y no levantó excesivas reticencias entre los árabes.

Por primera vez desde que se inició el contencioso entre Israel y sus vecinos, se lograba sentar alrededor de una misma mesa de conferencias a representantes de las partes implicadas.

El 28-IX-91, el Consejo Nacional Palestino señaló 6 objetivos para la paz y la OLP aceptó participar en la Conferencia de Paz formando parte de una delegación mixta.

La importancia de la Conferencia se subrayó por la presencia en Madrid de los primeros mandatarios de la URSS y EEUU que, juntamente con el rey de España y Felipe González, presidieron la inauguración de las sesiones.

Las posiciones de partida en esta primera fase de la negociación fueron maximalistas y cada delegación reiteró sus conocidos argumentos. Los israelíes rechazaron, en principio, hablar del intercambio de tierra por paz, idea palestina que Washington apoyaba. Los palestinos adoptaron una estrategia conciliadora, siendo los sirios los representantes árabes más duros.

Entre los asistentes cabe destacar al líder ultraconservador judío Isaac Shamir, a los elocuentes y diplomáticos palestinos Faisal Huseini y Hanan Ashravi, que contrastaron con los modales ácidos del sirio Faruk al-Shara, quien llegó a mostrar ante las cámaras una foto de Shamir en sus tiempos de terrorista buscado por las autoridades británicas.

Tras la exposición de las respectivas posturas, la Conferencia decayó al centrarse en cuestiones de procedimiento relativamente baladíes, como decidir la sede más adecuada para la continuación de las reuniones, si éstas se debían hacer juntas o por separado, las fechas del calendario, la composición de las delegaciones, etc.

B) *Etapas de negociación*

La Conferencia de Madrid iba a abrir dos canales de negociación, uno bilateral y otro multilateral.

Las negociaciones bilaterales tienen como fin resolver los conflictos históricos. Las conversaciones directas entre Israel y Siria, Líbano, Jordania y los palestinos, comenzaron el 3 de noviembre de 1991, inmediatamente a continuación de la Conferencia de Madrid. Son, de hecho, cuatro foros distintos de negociaciones bilaterales. Desde el punto de vista israelí, «las conversaciones con los tres estados árabes están dirigidas a la consecución de tratados de paz, mientras las conversaciones con los palestinos se basan en una fórmula de dos etapas. En la primera etapa las conversaciones israelo-palestinas están dirigidas a llegar a la firma de un acuerdo por 5 años que trata de un autogobierno interino. En la segunda fase, las negociaciones se centrarán en los asuntos relativos al estatus permanente». Se llevaron a cabo en Washington con el Departamento de los EEUU como anfitrión. Paralelamente, se realizaron en la región conversaciones entre Israel y los palestinos, y entre Israel y Jordania.

Las negociaciones multilaterales pretenden diseñar el Oriente Medio del futuro. Estas conversaciones, que se iniciarán en Moscú, en enero de 1992, incluyen cinco foros separados, a los que asistirán delegaciones de los países de la región, así como representantes de la comunidad internacional. Se centran en temas clave que afectan a todo Oriente Medio: recursos hidráulicos, medio ambiente, control de armamentos, refugiados y desarrollo económico. Las conversaciones se han llevado a cabo en sesiones de trabajo que se reunirán periódicamente en diferentes lugares del mundo y recientemente en el mismo Oriente Medio.

14.3.4. *El Acuerdo de Paz entre Israel y la OLP*

A) *De Oslo a Washington*

El 20 de enero de 1993, en una casona decimonónica situada en Borregaard, a 80 kilómetros de Oslo, se reúnen una delegación de la OLP y representantes del Gobierno laborista israelí. La reunión, celebrada en el mayor de los secretos, durará hasta el día 22 y marcará el inicio de siete meses de negociaciones.

Esta primera reunión fue posible por varios motivos. En el lado palestino, la penuria económica (fruto de su apoyo a Irak durante la guerra del Golfo) y el comienzo del deterioro de la OLP en los territorios ocupados en favor, sobre todo, de Hamás urgían a un acuerdo con Israel.

En el Estado hebreo, la victoria de los laboristas en las elecciones generales de junio de 1992 fue posible, en parte, gracias a un programa orientado hacia la firma de la paz con los árabes. Desde la primavera de ese año, en círculos académicos israelíes surge la idea de un «canal secreto» de negociaciones para que éstas sean, en realidad, efectivas. Así mismo, la *intifada* palestina ponía en la picota el carácter democrático del estado de Israel y muchos de sus ciudadanos comenzaban a desear la paz.

Todo este panorama favoreció el inicio de las conversaciones directas entre la OLP e Israel, celebradas en un absoluto hermetismo por sus participantes, el anfitrión noruego y los EEUU informado directamente de este proceso desde 1992.

El acuerdo se cerró el 20 de agosto en Oslo, después de siete meses de duras negociaciones. El texto no es más que una declaración de intenciones redactado con una ambigüedad constructiva con el fin de que posteriores reuniones hagan posible la concreción de las intenciones. En él, se concede la autonomía a Gaza y Jericó y se abre una vía para las negociaciones sobre el resto de Cisjordania.

Nada más conocerse el acuerdo, Siria, Líbano, Irán e Irak se manifestaron en contra. Por parte Palestina, se declararon firmes enemigos del Acuerdo los movimientos fundamentalistas Hamás, Hezbolláh y la Yihad Islámica así como tres fracciones de la OLP. A saber: Frente Popular para la Liberación de Palestino-Mando General (FPLP-MG), Frente Democrático para la liberación de Palestina (FDLP) y el Frente Popular para la Liberación de Palestina (FPLP). Todos estos grupos anunciaron acciones violentas.

Dentro de Israel, los principales enemigos del proceso de paz fueron la extrema derecha y los ultra-religiosos, con amplio eco entre los colonos y partidarios de la violencia.

El acuerdo de Paz se firmó el 13 de septiembre de 1993 en los jardines de la Casa Blanca. Bajo la mirada de Bill Clinton, rubricaron el texto Simón Peres, Ministro israelí de Asuntos Exteriores, y Mahmud Abbas (también llamado Abu Mazen) encargado de Asuntos Exteriores en la OLP.

La concreción del Acuerdo implica un considerable número de riesgos y dificultades por ambas partes.

B) *La Declaración de Principios*

La Declaración de Principios firmada por la OLP e Israel contiene una serie de principios generales, con respecto al período de 5 años de autogobierno palestino interino. Como tal, postergando los temas del estatus permanente a las negociaciones, que comenzarán lo más tarde en el tercer año del período interino.

La Declaración incluye un acuerdo en principio con respecto a la transferencia de poderes y responsabilidades a los palestinos en la Margen Occidental y Gaza, para que puedan tener control sobre sus propios asuntos.

Durante el período interino Israel continuará siendo la responsable por la seguridad a lo largo de las fronteras internacionales y de los puntos de cruce con Egipto y Jordania.

C) *El acuerdo Gaza-Jericó del 4-V-94*

Tras siete meses de debates que se desarrollaron en El Cairo y París se llegó al acuerdo entre ambas partes el 4 de mayo de 1994 y se aplica a la franja de Gaza y a un área de unos 65 km^2, que incluye a Jericó y sus alrededores. La Declaración es un documento breve, unas 20 páginas, pero el Acuerdo Gaza-Jericó tiene unas 300 páginas (el acuerdo en sí y cuatro anexos) con seis mapas adjuntos y trata de cuatro temas: ajustes de seguridad, asuntos civiles, cuestiones legales y relaciones económicas.

Otros aspectos significativos del entendimiento entre Israel y la OLP afectan a cuestiones muy variadas:

• La nueva autonomía emitirá sus propios sellos de correo, documentos de viaje y probablemente tendrá un código telefónico, todos símbolos importantes de un Estado.

• Se prevé la celebración de elecciones antes de un año para el Concejo Autonómico que gobernará la región. El Concejo tendrá 24 representantes, la mitad provenientes de los territorios ocupados y el resto miembros de la OLP en el exilio.

• La Policía palestina, la mayoría antiguos miembros del Ejército de Liberación de Palestina, tendrá 8.000 efectivos y estará equipada con armas cortas, dos helicópteros, un pequeño avión y algunos vehículos todo-terreno. Su autoridad se extiende a todo el área de la autonomía, excepto los israelíes y sus pertenencias.

• Como gesto de buena voluntad, Israel accedió a liberar a 5.000 prisioneros palestinos.

La puesta en marcha efectiva del proceso de autonomía palestina comenzó a confirmarse en El Cairo con el citado acuerdo en que se concentraban todos los extremos de este complejo asunto. Una vez más Rabin y Arafat ponían su firma bajo un documento de pacificación. También estuvieron presentes Hosmi Mubarak, Presidente egipcio, el ruso Andrei Kózirev y Warren Christopher, Secretario de Estado norteamericano, además de 40 delegaciones extranjeras, incluyendo la española encabezada por Javier Solana, titular de Exteriores.

Algunos aspectos de este acuerdo empezaron pronto a aplicarse, como la liberación de presos, la retirada militar israelí, la formación del Gobierno autónomo palestino e incluso el regreso de Arafat a Gaza, que tuvo lugar el día 1.

La instauración de una autoridad palestina en tierras ocupadas hace 27 años por Israel era ya una realidad. El estatuto final para toda la zona palestina bajo administración israelí se esperaba normalizar para mayo o junio de 1996.

LA CRISIS

El retorno de Arafat a Gaza constituyó un auténtico «baño de multitudes», una jornada emocionante e histórica, no exenta de frases reivindicativas.

Tras años de guerras y exilio, Yaser Arafat tenía los ojos humedecidos por las lágrimas cuando se arrollidó, besó su tierra y oró brevemente ante la multitud. Ya en Gaza, y ante decenas de miles de enfervorizados seguidores, dijo: «De Gaza iremos a Hebrón y a Nablús y a Tulkarm, y a Beit Jalla, y a Beit Sahour, y, por fin, a Jerusalén».

14.3.5. *Tratado de Paz entre Israel y Jordania*

Las conversaciones bilaterales, iniciadas en la Conferencia de Madrid, continuaron durante casi dos años en Washington hasta la firma de una *Agenda Común* israelí-jordana el 14 de septiembre de 1993. Esta *Agenda Común* constituyó, en realidad, un anteproyecto del tratado de paz.

A) El primer encuentro en la región de la delegación bilateral israelo-jordana tuvo lugar los día 18-19 de julio de 1994 en Ein Avrona, ubicada en la zona fronteriza de Akaba y Eilat. En ese encuentro, las delegaciones confirmaron las sub-agendas firmadas en Washington el día 7 de junio.

Teniendo al Presidente norteamericano Clinton como testigo, estas negociaciones culminarán en el primer encuentro público entre el Rey Hussein y el Primer Ministro Rabin, en Washington, el 25 de julio de 1994. De este encuentro surgió la *Declaración Washington*, firmada por el Primer Ministro Rabin y el Rey Hussein.

Los puntos básicos de este texto señalaban:

— El Estado de beligerancia entre Israel y Jordania ha terminado.

— Ambos Estados han acordado buscar una justa, duradera y comprensiva paz basada en las resoluciones 242 y 338 de las Naciones Unidas.

— Israel respetará el especial rol que tiene el reino Hashemí sobre los lugares sagrados musulmanes en Jerusalén.

También había cuestiones acerca del establecimiento de líneas telefónicas directas, líneas eléctricas conjuntas, nuevos puntos fronterizos de cruce, libre acceso de turistas de terceros países y cooperación entre las fuerzas policiales.

En octubre de 1993 se formó una Comisión Económica Trilateral que mantendrá en julio de 1994 una importante reunión en un hotel situado en el mar Muerto. Asistieron el Primer Ministro de Jordania, Madjali; el Secretario de Estado de los EEUU Christopher; y el Ministro de Relaciones Exteriores de Israel, Peres. Fue la primera reunión pública de líderes israelíes y jordanos en la región.

El 25 de julio de 1994 se firmó en los jardines de la Casa Blanca una Declaración que venía a poner fin a 46 años de enfrentamientos entre Israel y Jordania. Lo suscribieron el rey Hussein y el Primer Ministro Yitzhak Rabin ante la presencia de Bill Clinton.

«Esta declaración es lo más semejante a un tratado de paz. Espero que dentro de poco volvamos para firmar un tratado de paz final y permanente», afirmó el Primer Ministro israelí, Yitzhak Rabin, en los discursos que siguieron a la firma del documento.

Al darse la mano, Rabin dijo al monarca jordano: «Majestad, es todo el Estado de Israel el que está estrechando su mano».

La declaración de Washington anula el estado de guerra entre Jordania e Israel y proclama la renuncia a los métodos violentos para solventar los conflictos pendientes sobre fronteras, uso del agua y tránsito entre los dos estados.

La declaración fue suscrita en la misma mesa que emplearon Yitzhak Rabin y Yasser Arafat en septiembre de 1993.

Desde Gaza, el líder palestino expresó su deseo de que Israel firme pronto acuerdos similares con Siria y Líbano «para llegar así a una paz global duradera en Oriente Medio».

«Estamos a punto de completar el sueño de dejar a las generaciones venideras de nuestra región un legado de esperanza y apertura», dijo el rey Hussein. «En este momento, en Jerusalén y en Ammán, quizá en todo Oriente Próximo, una nueva era está naciendo», declaró Rabin.

B) El 17-X-94 Israel y Jordania firmaron un tratado de Paz formal, el primero desde la cumbre de Madrid entre dos Estados de la zona y el segundo firmado por el Estado judío con un Estado árabe después del egipcio-israelí de 1979. El texto se firmó con iniciales por Rabin y Salam Mayali, Primer Ministro jordano en presencia de Hussein en el Palacio de Hashemiya, a 8 km de Ammán.

«Creo que se abre una era de cooperación en la región, en la vía hacia la paz global», dijo Rabin, aludiendo indirectamente al deseo de llegar igualmente a un entendimiento con Siria.

A este primer acto siguió otro protocolariamente más espectacular en el desierto de Arava diez días después.

El Presidente norteamericano y su esposa Hillary asistieron a la solemne ceremonia y aprovecharon este hecho para visitar otros países de la zona: Egipto, Jordania, Israel, Kuwait y Siria.

Desde el aeropuerto de Akaba, donde Clinton aterrizó a las 11,30 de la mañana, el Presidente se desplazó al Palacio de Invierno de los monarcas jordanos, donde le aguardaban el rey Hussein y el Jefe del Gobierno de Israel.

Una hora más tarde, los dignatarios se trasladaron en coche al lugar de la ceremonia, donde se había levantado una gran tienda beduina de color negro.

El acto comenzó a la una de la tarde, hora local, con las bandas militares de ambos países interpretando los himnos patrios y con los cañones disparando las 21 salvas de honor.

Después se guardó un minuto de silencio en memoria de los caídos en las guerras. El «imán» de la casa real jordana y el rabino del puerto de Haifa recitaron pasajes del Corán y de Eclesiastés, alusivos a la paz.

Dos niñas, cuyos abuelos jordano e israelí murieron en la guerra de 1967, obsequiaron a Hussein y a Rabin con ramos de flores. A las 14.30, Isaac Rabin y Abdel Salim Majali firmaban los documentos y mapas que conforman el acuerdo de paz.

Bill Clinton lo hizo en calidad de testigo.

Miles de globos con los colores de Jordania e Israel volaron en dirección al mar Rojo.

El texto del acuerdo consta de dos apartados de 15 capítulos cada uno y de un legajo de siete mapas.

En el preámbulo se mencionan las Resoluciones 242 y 238 del Consejo de Seguridad de la ONU como las claves para la solución del contencioso de Oriente Medio.

El documento establece que la frontera entre ambos países coincidirá con el límite trazado por el Mandato Británico, en 1932, para separar lo que entonces figuraba como «Palestina-Israel», de «Transjordania».

Israel debe ceder a su vecino un área de 350 km^2 en Wadi Aravá. Jordania, por su parte, acepta que los agricultores judíos sigan explotando esas tierras, sin ningún límite de tiempo.

También alusivo a Wadi Aravá, el capítulo 7 establece que Israel y Jordania edificarán una «riviera» turística al sur del mar Muerto y otra a orillas del mar Rojo.

La misma cláusula contiene la excavación de un canal entre el Mediterráneo y el mar Muerto, a fin de producir energía eléctrica. El capítulo número 6 determina que Israel trasvasará a Jordania 50 millones de litros cúbicos de agua cada año.

El texto promueve la lucha antiterrorista y aboga por la creación de un organismo de arbitraje para los pleitos de Oriente Medio.

En otro artículo se habla de los refugiados palestinos que habitan en Jordania y cómo ambas partes y la Autoridad Palestina deben involucrarse junto con otros Estados de la zona y los organismos internacionales para resolver «este drama humano».

El capítulo 9 asegura los derechos de la dinastía hachemí en los santuarios islámicos de Jerusalén.

El acuerdo no fue bien recibido por Siria ni por Libia y tampoco contó con la aquiescencia de la OLP, organizándose protestas por los radicales de Hamás. Irak era igualmente contrario a este entendimiento e incluso Arabia Saudí no está conforme con los derechos atribuidos a los jordanos en los Santos Lugares musulmanes.

La mayoría de las críticas argumentaban que Hussein ha roto el concepto de la paz global, por el cual los Estados árabes habían de firmar la paz en bloque, dando así más vigor a sus exigencias.

14.3.6. *Un proceso difícil en marcha*

A) *Hacer Palestina*

La puesta en marcha sobre el propio terreno palestino del proceso de paz y de construcción de una nueva etapa que lleve a la terminación del contencioso entre Israel y sus vecinos árabes no va a ser fácil y desde su mismo origen está plagado de dificultades y problemas.

Los retrasos en el cumplimiento del calendario, la oposición manifiesta de los sectores más radicales, incluyendo actos terroristas, los retos que debe afrontar la Autoridad Palestina para desempeñar las tareas administrativas en la zona, las tensiones políticas internas, las rivalidades personales e incluso el mismo proceso interno ante todos estos temas en los dirigentes y grupos políticos implicados son factores que deben tenerse en cuenta para valorar la evolución futura de este espinoso conflicto. Sobresaltos como el atentado cometido por el colono judío que masacró a 30 palestinos en la mezquita de Hebrón, los enfrentamientos entre Hamás y la policía de Arafat y las voladuras de vehículos en Israel causando también numerosas víctimas confirman la gravedad del desafío pacificador.

Las discusiones en torno al proceso electoral, así como la sensible cuestión del repliegue del Ejército israelí de las ciudades árabes de Cisjordania, son temas pendientes de resolución.

B) *Siria a la espera*

Por último queda aún sin haberse conseguido de un modo eficaz el paralelo proceso de negociación para la paz con Siria.

A partir de la Conferencia de Madrid, se han estado llevando a cabo en Washington conversaciones entre Israel y Siria, dentro del marco de la fórmula de negociaciones bilaterales. La diplomacia americana ha asistido los contactos entre Israel y Siria.

La delegación de Israel ha declarado estar dispuesta a considerar una retirada en los Altos del Golán, en el contexto de un arreglo de paz que trate simultáneamente del territorio, de los acuerdos de seguridad y de la normalización de las relaciones.

Siria exige la retirada israelí como condición imprescindible. Aunque el tema es arduo caben fórmulas de cooperación y transacción, como en todo proceso negociador.

C) *Conferencia Económica sobre el Oriente Medio y África del Norte en Casablanca*

Fruto del nuevo clima de diálogo que se vive en Oriente Medio fue la celebración en la ciudad de Casablanca de una Conferencia Económica sobre esta región y África del Norte. La cumbre se clausuró el 2-XI-94 y durante 3 días reunió a representantes de 60 Gobiernos y más de 1.000 empresarios de todo el mundo.

La Conferencia sentó las bases de una futura comunidad económica regional, ha abierto la perspectiva de que la Liga Árabe levante próximamente el boicot impuesto a Israel en 1951 y supone un paso adelante para consolidar el proceso de paz abierto entre árabes e israelíes.

La reunión contaba con el patrocinio de EEUU y Rusia, siendo el monarca marroquí el anfitrión de la cumbre.

El proyecto más ambicioso estudiado fue el de crear una futura comunidad económica en la región que permita la libre circulación de bienes, personas, capitales y mercancías.

También se llegó a acuerdos más concretos como la creación de una cámara de comercio y una oficina de turismo regionales. Se pretende crear una red de relaciones comerciales de Turquía a Marruecos.

Por otra parte, se acordó que un comité de expertos estudie el proyecto estadounidense de crear un banco de desarrollo regional.

Como dato de que la situación ha cambiado, el titular de Exteriores judío, Simón Peres inauguró una oficina israelí que si todavía no implica el establecimiento de relaciones diplomáticas, es un paso hacia esa normalización.

Siria y Líbano no asistieron a la cumbre.

También fue importante el anuncio hecho por el príncipe heredero hachemí Hassan Ibn Talal en una rueda de prensa de que la custodia de los Santos Lugares musulmanes de Jerusalén pasará a manos de la Autoridad Nacional Palestina.

Según dijo el príncipe jordano, la transferencia de la tutela de los Santos Lugares del Islam se hará efectiva cuando se llegue a un acuerdo sobre el estatuto definitivo de Jerusalén, que empezará a negociarse en 1996, tal como recoge el acuerdo de paz israelí-palestino firmado en Washington el 13 de septiembre de 1993.

Con esta declaración se esperaba poner fin a la polémica jordano-palestina sobre este tema.

D) *El Nobel de la Paz y el Príncipe de Asturias*

La concesión del *Nobel de la Paz* de 1994 a Yaser Arafat, líder de la OLP y a los dirigentes judíos Isaac Rabin, Primer Ministro de Israel y a su Ministro de Exteriores, Simón Peres, resultó polémica e incluso uno de los cinco miembros del Comité Nobel dimitió.

Según la justificación que leyó el Presidente del Comité, Francis Sejersted, los tres políticos merecen el premio por «sus esfuerzos para crear la paz en Oriente Medio», en un conflicto que «durante décadas ha sido el más irreconciliable y amenazante» en la política internacional.

Se da la circunstancia de que Rabin fue el General Jefe del Estado Mayor israelí en la guerra-relámpago de 1967 y políticamente se había alineado con los sectores duros del laborismo.

Yaser Arafat, por su parte, ha sido el líder más relevante de los Palestinos, vinculado desde su fundación a la organización Al Fatáh y a la OLP.

También Isaac Rabin y Yaser Arafat recibieron en noviembre otro importante galardón: el *Príncipe de Asturias*. Como señaló el dirigente palestino: «la decisión de otorgarnos al señor Rabin y a mí el Premio de Cooperación 1994 refleja el interés y la decisión del Reino de España, este país amigo, de reforzar las oportunidades para la paz mundial y no es casual que el proceso empezara en Madrid».

14.4. Asia a la espera

Asia es la *audiencia* de los máximos. Constituye el mayor de los continentes y alberga a más de la mitad de la humanidad. Ocupa la tercera parte de las tierras emergidas. Existen más chinos que europeos y más indios que americanos.

En Asia está la mayor llanura del mundo, Siberia; la meseta más alta y amplia, el Tibet; la cadena montañosa con cumbres más elevadas, el Himalaya; las más amplias penínsulas, como Arabia e Indostán; islas tan extensas como Borneo o Sumatra, y el conjunto de sus desiertos supera al del Sahara. Posee el mayor número de grandes y caudalosos ríos.

Aquí están los países más poblados del Globo. En los valles de los ríos chinos y en los arrozales del Sudeste, junto con las aglomeraciones de la India, coexisten los grandes «hormigueros humanos». Entre las urbes superpobladas de Asia citaremos a Tokyo, Shanghai, Seúl, Bangkok o Bombay con muchos millones de habitantes.

También Asia tiene una presencia constante en el tiempo y su pasado histórico se enraiza en las grandes culturas antiguas. Si EEUU ha «resucitado» en cierto modo el Imperio de Occidente, y Rusia recupera el sueño bizantino, China Popular es el único gran Imperio actual que no ha roto su continuidad espacial con el pasado. China es China desde la Edad de Hierro.

Su asombrosa permanencia es superior a otras peripecias paralelas de continuismo como Irán, Egipto o la India. Japón en una dimensión más modesta ofrece también una singular personalidad cultural y geográfica, en gran parte explicable por su condición insular.

Asia ya había entrado en un período de cierta estabilidad en los años de distensión que siguieron al fin del conflicto vietnamita, y el hundimiento del Imperio soviético apenas le va a afectar. Es sin duda el espacio menos alterado por este hecho e incluso aquí se mantienen todavía estados comunistas de la importancia de China, Corea del Norte o Vietnam, pero ello no implica una seria disonancia con el proceso histórico general. En espera de ver cómo van a evolucionar los acontecimientos en esos países aún marxistas, Asia continúa siendo en este período una zona más bien estabilizada.

Junto a la gran masa terrestre, Asia es también el Extremo Oriente y el puente sobre la «audiencia» no menos grande del Pacífico, un espacio que día a día va cobrando más importancia, especialmente en las relaciones económicas.

Como señala Eduardo Aznar, «Hoy la cuenca del Pacífico ha superado ya a la atlántica en términos de comercio bilateral y flujo de capitales y personas. Un solo dato es de por sí revelador: en 1991 el comercio entre EEUU y los países del Pacífico ascendió a 316.000 millones de dólares frente a los 221.000 millones de sus intercambios con Europa. Ahora bien, a diferencia de la Comunidad Europea y de la futura área de comercio libre de América del Norte, Asia oriental constituye un conjunto de unidades económicas interdependientes, pero separadas por profundas barreras históricas y políticas».

El espacio asiático y el ámbito del Pacífico carecen de unas Organizaciones Internacionales comparables, por ejemplo, a las europeas e incluso a las americanas. El mundo que empieza a diseñarse en la posguerra fría tiene que plantearse esta cuestión, institucionalizar estructuras que sigan, en cierto modo, el ejemplo de la Conferencia de Seguridad y Cooperación en Europa, la Unión Europea o el mismo y más simple Espacio Económico Europeo.

Como ha señalado el Primer Ministro de Taiwán Lien Chan, «todos los principales actores de la comunidad del Pacífico, por ejemplo, desde Estados Unidos hasta Indonesia, han expresado su interés en desarrollar un mecanismo multilateral para la resolución de los crecientes problemas económicos, políticos y de seguridad. Los importantes desequilibrios comerciales, el incierto, aunque explosivo, crecimiento y desarrollo económico, el acelerado incremento de los inventarios militares, y la aparición de cambios políticos desestabilizadores en varias zonas, contribuyen al desasosiego real y potencial que invade a los dirigentes políticos de la región».

El contencioso entre las dos Repúblicas chinas o las dos Coreas u otros focos de tensión conocidos como la rivalidad indo-pakistaní o las disensiones en la península indochina, no son los únicos problemas de seguridad en Asia.

Como también recuerda Lien Chan, «en casi toda Asia existe la posibilidad de que se produzcan disputas territoriales, así como reivindicaciones conflictivas de islas costeras, prolongaciones de plataforma continental adyacente y zonas económicas exclusivas. Por ejemplo, existen reivindicaciones encontradas respecto a los islotes, atolones y arrecifes del mar de China meridional; la ROC, China Continental, Malasia, Vietnam y Filipinas están desplegando guarniciones militares en algunos de ellos».

Y tampoco deben olvidarse los problemas de rivalidad comercial que están surgiendo en el Extremo Oriente, con Japón en su centro, rivalidad a la que hay que añadir cuestiones financieras, transferencia de tecnologías, explotación de recursos y competencia laboral.

Un intento para fomentar la colaboración transnacional en Asia cuajó el 2-II-92 al crearse en Singapur por los países que integraban la ANSEA o Asociación de Naciones del Sudeste Asiático una Zona de Libre Comercio. Asistieron al acto el Sultán de Brunei y los Presidentes de Indonesia, Malasia, Tailandia, Filipinas y Singapur.

El Foro de la Cooperación Económica del Asia-Pacífico (APEC) es otro instrumento que debe aprovecharse para avanzar en este diálogo «comunicativo». Este acuerdo agrupa ya a 17 países, incluyendo asiáticos y americanos.

14.4.1. *China y su audiencia*

El XIII Congreso del Partido Comunista, celebrado en 1987, potenció la línea reformista y también el rejuvenecimiento de los cuadros políticos, burocráticos y económicos. Li-Peng sustituirá a Zhao-Ziyang en el Consejo de Estado y en 1986 Yang-Shankung es designado nuevo Presidente de la República.

La evolución de la Unión Soviética comienza a ejercer cierta influencia en China, especialmente en los círculos intelectuales y estudiantiles, que ven viable un cierto cambio democratizador. Este proceso, unido a la situación de una economía que avanza haciendo extraños zigzag, va a culminar en una de las crisis más graves que ha atravesado el país y el régimen: Tiananmen.

A) Como ha dicho Gómez Antón, el crecimiento creó también sombras: «La "economía de mercado", las subidas de *salarios*, las *facilidades de crédito* bancario, y la *incentivación* continua de la iniciativa individual (desde el poder se presentó el enriquecimiento personal como una nueva forma de servicio a los intereses del país) generaron un notable *incremento de la demanda interna*. Al dinero circulante se sumó el correspondiente a las *cuantiosas inversiones extranjeras* de las Zonas Especiales. Pero la capacidad de producción de China no aumentaba al ritmo de esas demandas o necesidades. Y la *insuficiencia de los bienes disponibles* produjo efectos funestos: la *inflación*, que había sido casi siempre nula, se disparó al 20%; los *precios* subieron desmesuradamente, reduciendo el *poder adquisitivo* de los trabajadores; tal río revuelto incitaba a la *especulación* que, en efecto, se convirtió en el negocio más rentable; se extendió y agravó la *corrupción*, especialmente entre los funcionarios públicos y los cuadros del Partido; y se agravó igualmente la *desigualdad* en la distribución de la riqueza.

«De otra parte, los *recursos del Estado* le eran de todo punto *insuficientes* para *sanear la infraestructura productiva* (el sector industrial, a la sazón estatalizado por completo, era un «peso muerto» ineficaz; y el sector agrario, tras la supresión de las comunas, requería inversiones importantes), para hacer frente a los compromisos adquiridos en "*joint-ventures*", e incluso para sus *gastos corrientes* (entre ellos, los sueldos de los empleados civiles y militares).

»Explicablemente, el *descontento* aumenta. A lo largo de 1988, proliferan de nuevo las *manifestaciones* de protesta e incluso las huelgas».

Estas reformas económicas contribuyeron a animar a quienes propiciaban paralelos cambios políticos. Este proceso desencadenó una serie de hechos que culminaron en las masivas concentraciones de estudiantes en la inmensa plaza pekinesa de Tiananmen.

Como primer dato desencadenante hay que citar la muerte de Hu Yaobang, artífice de la apertura económica. El aparato del partido y del Gobierno no se mostró partidario de organizar grandes funerales, pero los estudiantes opinaron lo contrario y se sumaron en masa a las honras fúnebres. Desde estos hechos, a finales de marzo de 1989 los jóvenes comenzaron su presencia continua y masiva en Tiananmen reclamando medidas democratizadoras.

Las algaradas y movilizaciones se extendieron a otras veinte ciudades chinas y los trabajadores empezaron a unirse a los estudiantes en sus denuncias de corrupción y en las críticas al sistema, reclamando nuevas libertades.

En abril, coincidiendo con la visita de Gorbachov a Pekín, los estudiantes se crecieron en sus peticiones y algunos empezaron una huelga de hambre. El Gobierno, que al principio ignoró a los estudiantes, tuvo que terminar tomando medidas y el 20 de mayo acabó decretando la ley marcial y enviando tropas. Cerca de 300.000 soldados rodearon la capital china, que encontraron entorpecidos sus movimientos por grupos que apoyaban a los manifestantes.

Los estudiantes levantaron una estatua a la «diosa de la Democracia», prácticamente calcada de la estatua de la Libertad neoyorquina, y las tropas confraternizaron con los amotinados, creando una peligrosa situación de desgobierno, al menos para las autoridades comunistas que optaron por llamar a una división acorazada estacionada en Mongolia. El 4 de junio los carros de combate entraron en Tiananmen, frente al antiguo palacio imperial y abrieron fuego contra los estudiantes. Las escenas de aquella matanza dieron la vuelta al mundo y hundieron la imagen de China en todas partes. Probablemente, nunca se conocerán las cifras auténticas de las víctimas de la represión. Se habló de entre 1.000 y 5.000 muertos.

Pocos días más tarde se recrudecieron las medidas policiales y muchas personas, mayoritariamente jóvenes, fueron detenidas y ejecutadas. La condena internacional ante todos estos sucesos fue casi unánime y la CEE adoptó serias medidas diplomáticas y económicas contra China. También resultó destituido Zhao-Ziyang, acusado de conspiración.

B) Los dirigentes chinos optan por mantener la ortodoxia del régimen y así, el 20-III-90, en la apertura del Congreso Popular Nacional, el Primer Ministro Li Peng critica y rechaza los cambios que se están produciendo en la Europa del Este, hablando de «sedición contrarrevolucionaria» y de «liberalización burguesa». También añadió el Secretario General del P.C., Jiang Zemin que, «mientras China disponga del Ejército Popular de Liberación, las fuerzas hostiles del exterior están destinadas a fracasar y no habrá forma de abolir el sistema socialista en la tierra».

Pese a estos distintos enfoques de interpretación del comunismo van a mejorar las relaciones chino-soviéticas. El hecho se confirma con la visita a Moscú, a fines de abril de 1990, del Primer Ministro chino Li Peng. Desde que en 1964 visitara Zhou Enlai la capital rusa, no había vuelto otro primer mandatario chino a la URSS. Li Peng acordó con Gorbachov diversos tratados de colaboración económica, científica y técnica, además de la instalación de una central nuclear soviética en China.

El Presidente chino visitará Moscú, pero en 1994.

Aunque la reacción internacional fue dura tras la represión de Tiananmen, pronto se volverá a la normalidad. China ha visto crecer las inversiones extranjeras (de 1991 a 1992 alcanzaron los 11.000 millones de dólares y de

1992 a 1993 los 26.000 millones). Del mismo modo, afianza su presencia en el concierto internacional, desempeñando su papel en el Consejo de Seguridad en crisis como la guerra del Golfo o el conflicto yugoslavo, apoyando expresa o tácitamente la acción intervencionista. Mientras Taiwán ha visto reducidas las representaciones diplomáticas a una veintena —aunque compensa este hecho con el mantenimiento de oficinas comerciales que cumplen una función inferior pero de algún modo «paralelo»—, Pekín ha normalizado sus relaciones con casi todo el mundo.

C) A la espera de que se cumpla el proceso previsto para Hong Kong, Macao vive una situación paralela.

Macao pasará a la soberanía de China en diciembre de 1999. Finalizará así la presencia portuguesa en este territorio, que se remonta a 1557.

El esquema negociado entre China y Gran Bretaña para Hong Kong será aplicado a Macao. Se basa en el principio de *un país, dos sistemas*. Es decir, un país, China, con dos sistemas, uno socialista y otro *capitalista*, al menos durante los 50 años que seguirán a la devolución de ambas colonias.

Macao es un territorio de unos 16 km^2 —que incluye la capital, en la zona continental, y las dos pequeñas islas de Taipa y Coloane— en el que residen unas 400.000 personas, el 98% de ellas de raza china.

Aunque Portugal ofreció ya devolver Macao en 1975, este hecho se ha ido retrasando por los mismos intereses chinos y de la población local. La colonia portuguesa volverá a China 3 años más tarde que Hong Kong, pero antes del límite del año 2000.

En marzo de 1993, el secretario general del Partido Comunista, Jiang Zemin, es elegido Presidente de la República de la Comisión Militar por la Asamblea Popular Nacional. Jiang, de 67 años, será el quinto Presidente de la República después de Mao Zedong (1954-1959), Liu Shaoqi (1959-1969), Li Xiannian (1983-1988) y Yang Shangkun (1988-1993).

El centenario del nacimiento de Mao Zedong, nacido el 26-XII-1893 en la aldea de Shaoshan, tuvo un carácter demasiado normal y casi arqueológico. Son ahora otras las preocupaciones de China Popular embarcada en líneas reformistas y pragmáticas.

Un revés para la diplomacia china fue la designación de Sydney como sede olímpica para los juegos del 2000 en lugar de Pekín. China esperaba montar una adecuada campaña de imagen, pero por el momento tuvo que esperar.

Lo más relevante de este año 1993, aparte de acuerdos con India y Vietnam, fue la apertura de negociaciones directas con Taiwán. La reunión se llevó a cabo en Singapur y puso fin a 44 años de incomprensión. Se firmaron cuatro acuerdos de colaboración bilateral, uno de ellos prevé mecanismos de comunicación permanente. Aspecto notable de este nuevo clima es el volumen de inversiones taiwanesas en China continental, casi siempre vía Hong Kong, una cifra que se estima ascenderá en 1994 a 10.000 millones de dólares.

D) La elevada edad del líder chino Deng Xiaoping actúa como elemento de freno en cierto modo a la expectativa. La reforma económica sigue adelante, pero generando unos desequilibrios cada vez más peligrosos y que además provocan un fenómeno de surgimiento de poderes no controlados desde Pekín y de zonas de sombra que traen el acuerdo de los antiguos *señores de la guerra*.

La inflación, las diferencias crecientes entre campo y ciudad, entre interior y costa y el recalentamiento de la economía se unen a cierto malestar social, sobre todo campesino, sector que sigue constituyendo el 80% de este país de 1.200 millones de habitantes. Junto a Deng siguen en el poder Jiang Zemin, Presidente, Li Peng; Primer Ministro y Zhu Rongji, Viceprimer Ministro. Quedaba por ver si se mantendría una dirección colegiada o se rompería esta cúpula.

El activo camino emprendido de reformas económicas que se aumentará tras la incorporación de Hong Kong hace preguntarse a todos los expertos si tal proceso será viable sin un paralelo cambio político y una modernización de la sociedad china. Daniel Bell ha escrito que el régimen se enfrenta a tres problemas fundamentales:

«Uno es que el Gobierno de la China comunista cada vez tiene menos legitimidad, es decir, menos justificación para mantenerse en el poder. La legitimidad original era la revolución y el mito de Mao, que se remonta a las penalidades de la *larga marcha*. Pero también existe un *Mao malo* además del *Mao bueno*, y esa ambigüedad disminuye la legitimidad del partido.

»El segundo problema son las crecientes disparidades entre las regiones chinas. Hay una gran prosperidad en la parte central del sur (Cantón) y del este (Fujián y Shanghai), pero la pobreza es considerable en las zonas más áridas del suroeste, como Sichuán (con 100 millones de habitantes) y Yunnán (con 35 millones), la cuna de la revolución. En el peor de los casos, esto podría llevar a una reaparición bajo nuevas formas de los *señores de la guerra*, con una ruptura de esas provincias con el centro, o bien a importantes reclamaciones políticas de redistribución de los recursos y la riqueza.

»La tercera cuestión, y la más importante, es la de la ideología: ¿qué razones tendría la población china para apoyar al régimen? El socialismo ya no es viable. Incluso los miembros más preparados del partido están empezando a abandonarlo para fundar empresas privadas.

»Si no es el socialismo, ¿entonces qué? La respuesta probable es un nacionalismo nuevo y resurgido, cuya fuerza se remonta al fundador original de la China moderna, Sun Yat Sen, y al ejército nacionalista de su heredero político, Chiang Kaishek.

»Un nuevo nacionalismo permitiría a un futuro régimen movilizar al pueblo en nombre de un gran pasado histórico».

E) *Taiwán*

En Taiwán, el Partido Progresista Democrático defendía la postura de establecer la isla como un Estado autónomo independiente de toda relación, y por lo tanto reivindicación, respecto a la China.

En marzo de 1990, miembros de este partido (DPP) fueron excluidos de la Asamblea Nacional por negarse a jurar lealtad a la República China, fieles a su tesis de un nuevo Taiwán.

Se inició también un proceso para renovar la situación constitucional del país y amplios sectores pidieron la abolición de la Asamblea Nacional y elecciones presidenciales directas.

Sin embargo, el Presidente Lee Teng-hui, que venía ejerciendo el cargo desde 1988, fue reelegido sin oposición por la Asamblea para un nuevo período de seis años.

La Conferencia sobre Asuntos Nacionales reunió un grupo de trabajo para estudiar la reforma constitucional, acordándose fijar un calendario operativo. A finales de 1991 se eligió por votación popular una nueva Asamblea Nacional, con menor número de miembros (405), dejando sus puestos los antiguos representantes del continente. A lo largo de 1992 y 1993 tuvieron lugar las elecciones para renovar a los miembros del legislativo *Yuan*.

Los cambios llegaron por fin e incluso se reconoció la existencia, pero no la legitimidad, de la otra China. Incluso en agosto de 1991 el DPP anunció su proyecto alternativo constitucional «para Taiwán». El 21-XII-91 tuvieron lugar los comicios para la Asamblea Nacional que será responsable de la reforma constitucional. La oposición separatista del DPP perdió frente a los partidarios del mantenimiento de la República China.

El nuevo Jefe de Gobierno, Lien Chan, ha intentado avanzar superando las viejas tesis del Kuomintang y renovar el partido. Las relaciones con la otra China han tomado un giro sin precedentes, desde 1993. Como ya se ha indicado, se mantuvieron contactos directos en Singapur y Taiwán ha pasado a ser el segundo inversor en el continente. Se calcula que unas 12.000 compañías taiwanesas han invertido en China Popular 15.000 millones de dólares. El potencial económico de Taiwán es llamativo. En este mismo período se cifraron en unos 12.000 millones de dólares sus inversiones en la zona del Sudeste asiático. Sirva de dato que en 1992 su renta per cápita era de 10.215 dólares frente a los 368 de la China continental. Sin embargo, la tesis de llegar a un entendimiento con China, siguiendo el modelo de Hong Kong no se descarta, como tampoco la idea defendida por el DPP de un Taiwán totalmente diversificado, aunque por el momento se mantiene la situación de *facto* presente.

F) *Mongolia*

También llegan a Mongolia los ecos reformistas y en marzo de 1990 dimiten el pleno del Politburó del PCM y el Presidente del país, Zhambyn Batmunk, mientras se pide el fin del monopolio comunista. La Secretaría General del PCM es asumida por el reformista Gombojavin Ochirbat.

14.4.2. *Japón y las dos Coreas*

A) El 7 de enero de 1989 moría el único mandatario superviviente de la II GM, el emperador Hiro Hito, que hacía el número 124 de los descendientes de la mítica Amaterasu, diosa del sol. Terminaba así la era de *showa* (paz y armonía), que comenzó en 1926. Llegaba a su fin el reinado más largo de la historia del Japón. Empezaba ahora la era *heisei* (paz y éxito) con la subida al trono del nuevo emperador, Aki Hito. Los funerales por Hiro Hito congregaron en Tokio a los representantes de la mayor parte de los países, exactamente 163, incluyendo a los reyes de España.

La ceremonia de entronización del nuevo Emperador del Japón, Aki Hito, la dinastía gobernante más antigua del mundo, con cerca de tres mil años de historia, tuvo lugar el 12 de noviembre de 1990. Asistieron a los actos más de dos mil dignatarios japoneses y extranjeros. Los actos recuperaron parte del ceremonial clásico nipón y fueron causa de manifestaciones de simpatía y de protesta.

En octubre de 1992, Aki Hito visitó China. Era la primera vez que un emperador japonés rendía un viaje oficial a este vecino país asiático.

Las elecciones habidas en julio de 1993 supusieron la derrota del conservador Partido Liberal Democrático (PLD) tras 38 años de poderío. Los escándalos y casos de corrupción explican en buena parte lo sucedido.

La derrota ha sido posible al agruparse disidentes liberales, socialistas y centristas en torno al Nuevo Partido de Japón, liderado por Morihiro Hosokawa, un noble japonés de centro convencido de la necesidad de reformar el sistema político nacional que prima el voto rural sobre el urbano.

Hosokawa, en una de sus primeras comparecencias públicas, pidió perdón a los vecinos asiáticos agredidos este siglo por el Ejército Imperial, primera vez que lo hacía un líder nipón.

Este hombre que logró aglutinar a ocho pequeños partidos cayó en abril de 1994 por culpa de un escándalo financiero. Le siguió Tsutomu Hata, abanderado de la amplia reforma política que pusiera fin a décadas de corrupción, pero dos meses después sus socios socialistas le dejaron para aliarse con el enemigo histórico, el PLD, que con este pacto a la griega volvían al Gobierno.

Akio Watanabe —de la Universidad de Tokio— plantea en un trabajo el problema que crea a Japón esa especie de aislamiento al que todavía se ve sometido. Tras recordar que la derrota militar fue superada por el desarrollo económico evitando generar recelos de tipo político y militar y cómo se ha ido creando en Extremo Oriente una zona de estabilidad y progreso que hace suponer el afianzamiento de unas bases sociológicas para la formación de Estados democráticos, Watanaba afirma que Japón se enfrenta al dilema de situarse entre el Este y el Oeste y añade:

«En lo referente a la crisis del Golfo, hubo voces que criticaron a Japón por no cumplir con las responsabilidades que le correspondían, incluyendo el envío de tropas a la zona. Estas críticas surgieron en el entorno de EEUU y los países occidentales. Los países asiáticos, por otra parte, siguen desconfiando de Japón política y militarmente aunque éste afirma una y otra vez que jamás volverá a recurrir a la fuerza contra sus vecinos. Por ello, ¿Japón se encuentra de nuevo en un estado de aislamiento internacional sin merecer la confianza ni de Asia ni de Occidente? La política internacional después de la guerra, tras el largo período de rivalidad de EEUU y la URSS, está entrando en una nueva etapa. Los ojos del mundo están fijos en Alemania y en Japón. Alemania está amparada por varias instituciones europeas como la CE, la OTAN y la CSCE, sin embargo, los japoneses no tienen ninguna como referencia.

Japón, poniendo, por una parte su base en el marco de la democracia europea y, por otra, asentándose en el marco asiático-pacífico ¿cómo se enfrentará a su dilema? Occidente, reflexionando sobre su visión del mundo demasiado centrada en los intereses occidentales, podría ayudar a resolver este dilema japonés».

Un dato anecdótico, pero que no deja de ser revelador y simbólico, es que por primera vez desde el fin de la II GM, un contingente militar japonés se ha desplegado fuera de sus fronteras. Lo ha hecho, como «cascos azules», bajo la bandera de las fuerzas de pacificación de la ONU en el conflicto camboyano.

B) El fallecimiento del mítico Kim Il Sung, el Gran Líder que venía gobernando Corea del Norte desde la guerra de 1950-53, abrió la posibilidad de un principio de cambios en el país y de un diálogo con los vecinos del Sur.

El acuerdo alcanzado con los EEUU para poner fin a los programas de Pyongyang para hacerse con armamento nuclear ha suavizado la tensión que se había generado en la zona.

El heredero oficial Kim Jong II da un cierto carácter de relevo dinástico a esta República comunista, un país de 20 millones de habitantes que posee un millón de hombres bajo las armas.

La otra Corea, con el doble de población y una renta per cápita equiparable a la española, constituye un espejo para los nordistas. Flora Lewis ha propuesto que Corea del Sur debería emprender una especie de *Nordpolitik,* remedo de la Ostpolitik alemana para atraerse a sus hermanos comunistas.

En febrero de 1993 asumió su cargo como Presidente de Corea del Sur Yim Young Sam, primer mandatario civil en más de 30 años, tras haber vencido en las elecciones al candidato del Partido Democrático Kim Dae Yung.

Kim Young Sam estimó en su discurso que es posible una Corea reunificada antes de que acabe este siglo.

Pekín y Corea del Sur establecieron relaciones diplomáticas en 1992.

14.4.3. *India y Pakistán*

A) La Unión India se vio sacudida por un atentado que costó la vida a Rajiv Gandhi, el 21 de mayo de 1991, encarnando así una especie de trágica tradición familiar. La causante, una mujer, que aparentaba entregarle un ramo de flores, pero que llevaba adherido a su cuerpo un potente explosivo. El hijo de la también asesinada Indira murió en plena campaña para elegir el Parlamento nacional. Rajiv había viajado al estado de Tamil Nadú para hablar ante sus seguidores. Se perfilaba como el gran ganador de estos comicios. El atentado fue reivindicado por los separatistas tamiles de Sri Lanka. Su esposa Sonia, italiana de nacimiento, renunció a sucederle como líder del partido de Gandhi y candidato presidencial.

Las elecciones sufrieron un cierto retraso siendo elegido nuevo Primer Ministro Narasimha Rao.

Mientras en política exterior India ha mejorado sus relaciones con los países del área, las dificultades provienen de las disensiones internas, la situación tensa en algunos estados periféricos como Cachemira y los enfrentamientos de raíz religiosa. Otro problema complejo es la relación no siempre fácil entre el Gobierno Central y los Gobiernos de los Estados. El Jefe del Estado es Shankar Dayal Sharma.

B) Pakistán va a ser un país gobernado por una mujer joven, lo cual no deja de ser llamativo en el clima de expansión del fundamentalismo islámico en todo el conjunto musulmán. Benazir Butto era hija del depuesto y ejecutado Zulfikar Alí Butto y ha tenido una formación occidental y en buena medida sigue el camino de otras importantes mujeres indostánicas como la ceilanesa Barandanaike, la india Indira Ghandi. Benazir ganó las elecciones el 16-XI-88 con el Partido Popular que obtuvo el 45% de los votos.

Tras perder el poder en el verano de 1990 e incluso ser acusada de corrupción volverá al Gobierno tres años más tarde. En este intervalo Pakistán atraviesa una etapa poco estable, con Nawaz Sharif como nuevo Primer Ministro y Ghulam Ishaq Khan como Presidente hasta su dimisión por disensiones internas en 1993. Ejerció el poder provisionalmente Wassim Sayyad y Moeen Qureshi hasta la celebración de los comicios en los que venció Benazir. La Jefatura del Estado recaerá a finales de año en Faruq Legari.

C) Por contraste, en Birmania, la Junta Militar mantiene arrestada a Ayung San Suu Kyi, Premio Nobel de la Paz, una mujer de 49 años que lidera la oposición democrática.

D) Una novedad positiva se registró en marzo de 1993 en Afganistán al reunirse en Karachi los líderes de las distintas facciones de la guerrilla para firmar un acuerdo de paz y llegar a establecer en el país un Gobierno de amplia base.

El acuerdo fue también supervisado por el Presidente pakistaní, Nawaz Sharif. La guerrilla lleva 14 años combatiendo contra el Gobierno de Kabul. Pocos días más tarde, el Presidente iraní Rafsanyani, el Presidente de Pakistán y el Jefe de Estado afgano Burhanedin Rabani se reunieron en Teherán para estudiar las posibilidades del acuerdo de Karachi.

14.4.4. *El Sudeste Asiático*

A) *Camboya*

En la zona de Indochina y en el Sudeste asiático, el tema principal fueron los cambios en Camboya.

Del 25 al 28 de julio de 1988 se reunieron en Bogor (Indonesia) representantes de las distintas facciones camboyanas, iniciándose unos contactos que a la larga traerían la paz a la zona.

Por otra parte, Hanoi anunció su propósito de retirar la mitad de los efectivos del cuerpo expedicionario vietnamita destacado en Camboya desde 1978, el fin del régimen de los jemeres rojos y la instalación en Phnom Penh de una administración pro-vietnamita y pro-soviética.

El príncipe Norodom Sihanuk se acercó a su vez al Gobierno de Phonm Penh y los Viceministros chino y soviético de Exteriores se reunieron en Pekín para buscar una solución válida para Camboya.

Los Gobiernos de Pekín y Hanoi llegarán a un acuerdo para la retirada de las tropas vietnamitas de Camboya (25-I-89).

En mayo de 1990, la República Popular de Kampuchea decide recobrar su anterior denominación de Camboya. El acuerdo, adoptado por el Parlamento, implica también la adopción de una nueva bandera y nuevo himno.

Por su parte, el Consejo de Seguridad de la ONU aprueba la propuesta de un plan de paz para Camboya. El plan preveía el alto el fuego, el desarme de los combatientes, la salida del país de las tropas vietnamitas —bajo control de la ONU— y la preparación de elecciones libres.

El alto el fuego entre el Gobierno camboyano y las tres guerrillas es ya una realidad a mediados del año siguiente y en octubre se pondrá fin, en una reunión de las partes implicadas celebrada en París, a una guerra civil que había durado 13 años.

Camboya celebró en 1993 las elecciones generales previstas en el acuerdo de París. Venció el partido monárquico FUNCIPEC seguido por el provietnamita Partido del Pueblo de Camboya. La nueva Asamblea Nacional aprobó una nueva Constitución, restauró la Monarquía, devolviendo el trono al Príncipe Norodom Sihanuk.

B) En Singapur, ciudad-estado de 622 km^2, tercera renta per cápita de Asia tras Japón y Brunei, se inició en 1993 un tímido proceso democratizador, aunque controlado por el poderoso Partido de Acción Popular.

Wee Kim Wee estará al frente del país hasta agosto de ese año en que los sustituye Onag Teg Cheong.

C) Filipinas vio en 1992 terminar el mandato presidencial de Cory Aquino. Las elecciones celebradas el 11 de mayo dieron como nuevo mandatario de la República a Fidel Ramos, habiéndose presentado cinco candidatos.

La gran derrotada fue Imelda Marcos, que ya contaba con 63 años y era viuda del dictador derrocado Fernando Marcos.

Los temas pendientes en este archipiélago son, además de replantear su situación con los EEUU que aún conserva bases en el territorio, abrir el país a la inversión exterior, acabar con la corrupción, llevar a cabo la reforma agraria y poner fin a las actividades de la guerrilla comunista y de los separatistas islámicos en el sur.

D) Suharto fue elegido en marzo de 1993 Presidente de Indonesia por sexta vez consecutiva y por un mandato de cinco años. El líder indonesio que contaba con 71 años era uno de los mandatarios que lleva más tiempo seguido en el poder en el mundo, al haber sucedido a Sukarno hace 27 años.

La zona donde todavía subsistía un problema territorial era Timor Oriental.

Los portugueses habían arribado a la isla de Timor en el siglo XVI y se mantuvieron en su parte occidental tras la ocupación por Holanda de Indonesia. Durante la II GM, pese a ser Lisboa neutral, los japoneses se hicieron con Timor, estratégicamente situada frente a Australia.

Tras la revolución de los claveles (1974), los portugueses ofrecieron la autodeterminación a la isla, naciendo como principales fuerzas FRETILIN y UDT. Paralelamente, Indonesia ejerció su presión para incorporar Timor, deteriorándose la situación y llegándose a una situación de conflicto interno.

Aunque el FRETILIN proclamó la independencia, Indonesia acabó haciéndose con la isla, como anteriormente lo había hecho con Nueva Guinea Occidental.

La resistencia de los independentistas no ha cejado, siendo el líder del movimiento Xanama Gusmao y posteriormente Ma Huno. El problema de Timor, salvando distancias y diferencias, ofrece cierto paralelismo con el del Sahara Occidental ex-español.

14.4.5. *Cumbre de los No Alineados en Yakarta*

Noventa y siete de los ciento ocho Estados que componían en ese momento el Movimiento de Países No Alineados asistieron a la décima cumbre de este grupo celebrada en Yakarta del 1 al 6 de septiembre de 1992. La reunión era la primera que tenía lugar después del hundimiento del Bloque comunista, pero la cumbre no logró desenvolverse de un modo realmente satisfactorio, obteniendo escasos frutos.

Modificando el protocolo habitual, Indonesia se hizo cargo de la presidencia al principio de la conferencia y no al final, sustituyendo a Yugoslavia, dadas las protestas de los países islámicos contra la presencia de los representantes serbios en la mesa presidencial, llegándose incluso a pedir su expulsión. Indonesia, que presidirá el Movimiento No Alineado durante los tres años venideros, insistió en dar prioridad a los temas de desarrollo económico y cooperación, relegándose las cuestiones más ideológicas que antes prevalecían en los debates.

Mientras empezaron a surgir voces cuestionándose la razón de ser del movimiento una vez superada la tensión Este-Oeste, otros sectores mayoritarios defendieron el criterio de que pese a la diversidad de culturas, interés y políticas de los miembros, el grupo debía seguir existiendo.

En la reunión de Yakarta hubo notables ausencias de personajes antes carismáticos en el Movimiento como Fidel Castro, Gadaffi, Sadam Hussein o Mubarak. Sí asistieron Arafat, el Presidente iraní Rafsanjani, Mugabe o Norodom Sihanuk, único dirigente que ya estuvo en la primera cumbre de los No Alineados de 1961 en Belgrado.

El indonesio Suharto pidió al mundo «un nuevo consenso para el desarrollo» y una cooperación Sur-Sur en temas como la alimentación, y la disponibilidad de materias primas.

Butros Gali señaló en su intervención que «la voz del tercer mundo, la voz de las tres cuartas partes de los hombres y mujeres que viven en este planeta, debe estar representada y ser oída y entendida».

El texto final de la cumbre quedó vago y decepcionante, con las habituales condenas al racismo, la injusticia y la pobreza. La heterogeneidad de los miembros del Movimiento quedó patente una vez más a la hora de concretar posturas pragmáticas políticas, económicas y jurídicas. Se expresó también la preocupación por el deterioro ecológico, la deuda externa y la necesidad de democratizar la ONU.

Las cumbres anteriores, celebradas después de Nueva Delhi (1983), habían tenido lugar en Harare (Zimbabwe) con asistencia de 101 participantes y Belgrado (1989) con igual número de estados pero más delegaciones.

14.5. Cambios en África

El nuevo horizonte internacional también se hace presente en África con cambios llamativos y un nuevo clima favorable a los procesos de democratización.

A mediados del año 1991 todavía cerca de la mitad de los países africanos eran gobernados por dictaduras militares o regímenes de partido único, pero ya era detectable un movimiento bastante amplio hacia modelos democráticos. La falta de convicciones ideológicas, de líderes políticos, de cuadros sociales, de partidos y asociaciones sólidas, son obstáculos que retrasan el cambio. El principal riesgo es que los partidos se formen sobre bases étnicas y que las rivalidades de índole tribal acaben poniendo en peligro la estabilidad y pervivencia de los Estados.

El proceso democratizador se va realizando según el modelo nigeriano de multipartidismo constitucionalmente limitado a dos o tres partidos (Guinea, Zaire) o conforme al modelo senegalés de multipartidismo que en realidad fragmenta a los sectores de oposición frente al partido único (Gabón, Costa de Marfil).

Los aspectos más importantes fueron, por un lado, la transformación de Sudáfrica que culminará con el fin de la segregación racial y, por otro, la caída de los regímenes marxistas, hecho que ha repercutido directamente para poner fin a varios conflictos armados.

Los estados africanos apenas han sabido afianzar su propia entidad e identidad a lo largo del período poscolonial, que ya cumple tres décadas en buena parte de ellos. Las dificultades ancladas en las diferencias étnicas, culturales y sociológicas, el monopartidismo, el desencanto, los problemas de infraestructura característicos de las zonas subdesarrolladas, el endeudamiento, el escaso o nulo peso en la vida internacional, el excesivo gasto en armamento, los conflictos latentes o manifiestos, las reivindicaciones fronterizas, son comunes en estos países. Líderes carismáticos de la descolonización como Jomo Kenyata, Nkhruma, Houphouet Boigny, Agostinho Neto, Amilcar Cabral, Julius Nyerere o Burguiba se perpetuaron en el poder de modo autoritario, siendo más lacerantes las dictaduras militares de Idi Amín, Bokassa o Macías. África sufrió además conflictos separatistas como los de Katanga, Biafra, Eritrea y Somalia, luchas internas como en Angola o confrontaciones religiosas como las de Nigeria, Argelia y Túnez.

La deuda externa es elevada en muchos países, siendo Angola y Mozambique, con más de 3.000 millones de dólares cada uno, los más llamativos.

Parte de las naciones africanas ocupan los últimos lugares en las distintas tablas estadísticas sobre índices sociales y económicos, con un PNB tan bajo como los de Burkina Faso (190 dólares), Malí (230) o Mozambique (80 dólares) según datos de 1990.

Quienes más cambios experimentan son los regímenes más o menos vinculados a la órbita soviética como Etiopía y Angola o de influencia norteamericana, como Liberia y Zaire.

No es exagerado afirmar que en la década de los noventa África vuelve a tener una nueva oportunidad de recuperar su destino, viviendo una transformación, al menos en el campo político en buena parte de sus estados, aunque no en todos, pues todavía se conservan regímenes dictatoriales y personalistas.

Se dotaron de nuevas constituciones democráticas Malí, Níger, Chad, Burkina-Faso, Togo, Benín, Guinea-Bissao o el Congo exfrancés.

El panafricanismo que nació de ideólogos como Booth, Williams y Du Bois ha perdido su auge. El fracaso de intentos de federación como la de Seneganbia, las efímeras uniones magrebíes y la prácticamente inoperancia de la Organización de Estados Africanos han frustrado el sueño de la cooperación y la unidad.

Como ha escrito Fraz Ausprenger, «África tiene que dejar de luchar solamente *contra* algo, ya se trate del imperialismo o del racismo sudafricano. Esta lucha, entiéndase, no ha terminado y es una lucha necesaria que África puede incluso ganar. Pero el progreso de la liberación significa ante todo, ahora y en el futuro, corregir con pequeñas medidas, inmediatamente y sin sobresaltos, los errores que puedan cometerse; levantar algo que, dejando abiertas las vías para la vuelta atrás y para la reflexión sobre otras alternativas, pueda verse cuando haya concluido el período de construcción».

14.5.1. *El Magreb y el fundamentalismo*

El amplia área de África del Norte conocida por el Magreb ocupa unos 4.754.891 km^2, es decir, nueve veces España y abarca los estados de Marruecos, Argelia, Túnez y Libia, pero con una población total que apenas sobrepasa los 55 millones, aunque con un previsible crecimiento. Junto a las ciudades y franjas costeras más desarrolladas, buena parte de estos países son desierto. La novedad del Magreb en los primeros años noventa fue el auge del fundamentalismo islámico y el riesgo de desestabilización que ello implica, especialmente en Argelia y Túnez.

Es una zona que mantiene vínculos especiales con sus antiguas potencias coloniales y la Europa mediterránea y está necesitada de una adecuada política específica por parte de la Unión Europea, como España varias veces ha declarado.

El litigio social y religioso interno se ha manifestado de modo más expreso contra los sectores y personas de formación y costumbres *occidentales*. En Argelia, el enfrentamiento ha cobrado rasgos especiales por las características socialistas y en cierto modo laicistas del FLN.

Haro Tecglen ha escrito que «en Argelia, el FLN llegó a tener guerra abierta contra los integristas, represiones muy fuertes y juicios escasamente válidos. En los años ochenta fue dictando algunas amnistías, pero utilizándolas sobre todo para dividir el movimiento. El crecimiento del integrismo se ha producido por el hueco de identidad dejado por el FLN: su Gobierno militar-progresista no consiguió nunca ni una verdadera occidentalización ni un respeto al arabismo profundo. Ni administrar el país con eficacia.

«En Libia hay menos problemas con el Gobierno porque se considera a Muammar el Gaddafi un revolucionario antioccidental, y porque él mismo presume de realizar todas las prácticas musulmanas».

La habilidad política de Hassan II, y su carácter carismático como líder religioso, ha permitido que en Marruecos, donde por otra parte no faltan elementos de crítica política, el control de la situación, en ocasiones ejercido con rigor, sea más firme y no hayan surgido tensiones de índole fundamentalista comparables a los de Argelia. Al menos por ahora.

A) *Argelia y el desafío del FIS*

El Frente Islámico de Salvación (FIS) nació en febrero de 1989 en Argelia, coincidiendo con un proceso de apertura democrática que incluía el multipartidismo, la libertad de prensa y la posibilidad de unas elecciones libres.

La evolución de los acontecimientos llevará, en cambio, a un enfrentamiento radical entre el Gobierno argelino y los seguidores del FIS, cuya acción islámica, por otra parte, va a influir en todo el conjunto del Magreb.

Junto a motivaciones de índole religiosa, el auge del FIS es explicable también por otras causas, económicas, sociales y culturales, incluyendo la caída del precio del petróleo y el aumento de la inestabilidad laboral en Argelia, especialmente en el campo. También hay que tener en cuenta cierto desencanto por la gestión del FLN y los casos de corrupción que contrastaba con un paro creciente.

Los principales dirigentes del FIS, Abassi Madani y Alí Belh encabezaban así un movimiento que era a la vez espiritual, político y renovador del descontento generalizado.

En las elecciones municipales y regionales del 12 de junio de 1990, los electores expresaron su cansancio del FLN y favorecieron la subida del FIS, que fue elegido en 31 prefecturas de 48 y en más de la mitad de los ayuntamientos.

El éxito electoral del FIS volvió a repetirse, aunque en menor grado y con interpretaciones no siempre coincidentes, en la primera vuelta de las elecciones legislativas el 26-XII-91.

La Asamblea Nacional adoptó el escrutinio mayoritario de dos vueltas, creyendo que así saldría beneficiado el FLN. Pero fue el FIS el que aprovechó esta modalidad de escrutinio, pues favorecía al partido que se colocaba en cabeza. De esta forma ganó 188 escaños sobre 430. Su victoria «estaba cantada» en la segunda vuelta si se tiene en cuenta la dispersión de votos, más de cincuenta partidos presentados y el retroceso del FLN.

Ante esta posibilidad, los militares y los partidarios del Primer Ministro Ahmed Gozali optaron por interrumpir el proceso democrático. El 11-I-92 tuvo lugar un golpe de Estado. El ejército obligó al Presidente Chadli Benyedid a dimitir y se suspendió la segunda vuelta de las elecciones legislativas a la vez que se nombraba un Alto Consejo de Estado presidido por Mohamed Budiaf, uno de los jefes históricos del Frente de Liberación Nacional.

El 22 de abril de 1992 se formó un Consejo Consultivo compuesto por 60 miembros y se prohibió el FIS.

La respuesta del integrismo islámico a las detenciones y al régimen sostenido por el Ejército ha sido una trágica escalada de violencia que ha costado la vida a cientos de personas y que también ha incluido entre sus objetivos a los extranjeros residentes o visitantes del país.

Escritores, periodistas, empresarios, abogados, médicos y jueces se han convertido en blancos reiterados de esta campaña de atentados. La situación desencadena un éxodo, especialmente a los países europeos, de intelectuales, profesionales y antiguos responsables del FLN.

Por su parte, la represión del Gobierno ha ido en aumento, multiplicándose las detenciones y las ejecuciones de los acusados de terroristas.

Esta estrategia del integrismo de atacar a los europeos, también a los turistas se fue contagiando al resto de los países del área, incluido Egipto.

Mohamed Budiaf, Presidente del Alto Consejo de Estado de Argelia, fue asesinado el 29-VI-1992 en Annaba. Será sustituido por Alí Kafi, de la Organización de Mujaidines.

El país norteafricano se encuentra prácticamente al borde de la guerra civil, sumando los muertos ya varios miles de personas.

La guerrilla fundamentalista está integrada principalmente por dos importantes facciones: la del Grupo Islámico Armado —GIA— y la del Ejército Islámico Armado —AIS—. Los líderes fueron condenados a 12 años de prisión.

Posteriormente, Liamin Zernal, que en calidad de Ministro de Defensa formaba parte del Consejo de Estado, ha sido elegido Presidente de la República. Declaró que su principal objetivo era pacificar Argelia y ha emprendido una cierta aproximación a los sectores moderados del FIS. Incluso a Madan y Belhay se les concedió una libertad mitigada.

Como se ha dicho en la prensa: «El desenlace del conflicto argelino condicionará la manera de como los demás países del Magreb traten al movimiento islamista radical, esencialmente Marruecos, donde el Gobierno del rey Hassan II ha anunciado reiteradamente la intención de legalizar los sectores más moderados del fundamentalismo».

B) *El Sahara, tema pendiente*

Otro problema que todavía subsiste es el contencioso saharaui. También en el año «pacificador» de 1988, el Secretario General de la ONU presentó en Ginebra un plan de paz que fue, en principio, aceptado por Marruecos y por el Frente Polisario. Sus propuestas básicas eran la proclamación de una tregua efectiva y la posterior convocatoria de un referéndum para decidir el futuro de la ex-colonia española. Los polisarios admitieron el plan sin el anterior requisito de pedir la retirada previa de las fuerzas marroquíes.

Este acuerdo se facilitó por el restablecimiento de relaciones diplomáticas entre Argelia y Marruecos, rotas desde 1976. La visita de Hassan II a Argel confirmó la reconciliación entre ambos países y la posibilidad de conseguir un «gran Magreb».

El 6-XI-91 se alcanzó el alto el fuego entre las dos partes en conflicto, pero el problema continúa. La tesis del Polisario es que Marruecos puede invocar derechos históricos sobre esta zona y reclama la formación de un estado propio. La ambigüedad de la postura española en el momento de abandonar su control del Sahara y los compromisos adquiridos han hecho que Madrid se mantuviera «demasiado ajeno» al problema. El Polisario también estima que se está alargando intencionadamente el prometido referéndum.

El Consejo de Seguridad aprobó en marzo de 1993 una resolución dando tres meses de plazo para que Marruecos y el Frente Polisario lleguen a un punto de acuerdo acerca del censo para así poder celebrar un referéndum de autodeterminación del Sahara. Este referéndum, previsto en principio por la ONU para enero del año anterior, quedó en suspenso precisamente por las dificultades para la elaboración del censo. Problema que por cierto, en el 2000, sigue sin resolverse.

14.5.2. *África Central y Occidental*

A) La situación en Angola mejoró con el reconocimiento, por parte de Savimbi, de la legitimidad de Dos Santos en marzo de 1994. El país, potencialmente el más rico de África, aún se resiente de su larga guerra civil entre el MPLA, residuo de los sectores marxistas ahora reconvertidos, y UNITA, que contaba con el apoyo americano y sudafricano. En 1992 se celebraron elecciones supervisadas por la ONU. Pero el país sigue siendo un polvorín.

En Benin se vivió una pacífica transición, que contrasta con su pasado golpista. En 1991, el dictador Mathieu Kerekou convocó elecciones presionado por Francia. Ganó en los comicios Nicéphore Soglo.

También en Cabo Verde se produjo un cambio pacífico tras la derrota electoral de los marxistas que gobernaban la isla desde 1975.

En el Congo gobernó desde 1979 hasta 1992 el coronel Denis Sassau-Nuesso. Obligando a efectuar cambios democráticos fue reemplazado tras las elecciones por Pascal Lissouba, cuyas drásticas reformas económicas le han hecho impopular.

En Madagascar, la oposición consiguió en 1993 que se convocaran elecciones por el Presidente Didier Ratsiraka que gobernaba desde 1975. Venció Albert Zafy que inauguró la III República Malgache.

Otro dictador que perdió el poder fue Moussa Traoré, Presidente de Malí, tras un levantamiento popular en 1991, pero el nuevo régimen pluripartidista encontraba dificultades para afianzarse.

La paz ha vuelto también a Mozambique después del acuerdo firmado en Roma en 1992 entre el FRELIMO y las guerrillas de RENAMO. La guerra venía durando desde 1977 y se calcula que costó más de un millón de vidas.

En Níger tras el referéndum de 1992, se optó por el sistema multipartidista, siendo elegido un año después Presidente Mahamane Ousmane al frente de una coalición de partidos.

Zambia es otro de los países donde se ha producido el cambio político. Keeneth Kaunda no tuvo otra alternativa que convocar elecciones en 1991 y las perdió, siendo sustituido por el sindicalista Fred Chiluba, pero la gravedad de la situación económica está empañando la transición.

La Guinea Ecuatorial no mejoró su suerte tras el derrocamiento de Macías en 1979. La ex-colonia española está gobernada por Teodoro Obiang que mantiene un régimen igualmente autoritario.

A partir de 1992 ha habido algunos intentos y promesas de liberalización, que no han cuajado. En noviembre de 1993 se celebraron unas elecciones que la oposición boicoteó. Las relaciones entre Madrid y Malabo son tirantes.

En Nigeria, la Junta Militar que presidía el General Ibrahim Babangida aplazó por tercera vez la transición a un régimen civil, al anular las elecciones ganadas por Moshood Abiola, un socialdemócrata que no era del agrado de los militares que gobernaban el país desde 1985.

En enero de 1993 entró en vigor la Constitución de la III República, promulgada por el Presidente, General Alí Sebú. El texto establece el pluripartidismo y un sistema semipresidencialista. Fue aprobada en referéndum por aplastante mayoría el mes anterior.

Paul Biya en Camerún, Daniel Arap Moi en Kenia y Mobutu Sese Seko en Zaire son otros de los dirigentes que en este período se perpetúan en el poder en el África subsahariana.

Cuatro Presidentes ocupaban el cargo ininterrumpidamente desde la independencia en los años sesenta: Felix Hufuet Buañi en Costa de Marfil, Hastings Kamuzu Bando en Malawi, Hasan Guled Aptidon en Yibuti y Dawda Jawara en Gambia.

No obstante, hubo cambios de Gobierno por elecciones democráticas en Gabón, Camerún, Mauritania, Burkina-Faso, Ghana y Kenia.

B) Un cambio en parte pintoresco que llevó a cabo en Uganda el Presidente Yueri Museveni fue restaurar las cuatro monarquías indígenas que existían en el país, y que habían sido abolidas en 1966 por Milton Obote. En agosto de 1993 fue así coronado rey de Buganda, uno de estos cuatro reinos integrados en una República, por paradójido que suene, Mutebi II.

En la antigua colonia belga de Burundi el endémico enfrentamiento tribal entre los tutsis, que detentaban el poder, y los hutu, que sin embargo eran mayoría, en lugar de remitir fue a más hasta volver a degenerar en conflicto abierto.

El Presidente Pierre Buyoya, tutsi, perdió el poder en las elecciones habidas en julio de 1993, que ganó Melchior Ndadaye quien de esta forma se convertía en el primer Presidente hutu.

Poco tiempo duró este cambio pues el 22 de octubre un grupo de oficiales tutsi dio un golpe de Estado en el que el Presidente y otros líderes fueron asesinados desencadenándose una auténtica guerra civil con miles de víctimas.

Tampoco se mantuvo esta situación, devolviendo el Ejército el poder a los civiles. El nuevo Presidente, Ciprien Ntaryamira era también hutu.

Paralelamente a estos acontecimientos, en Ruanda, los hutus se encontraban en el poder desde la independencia en 1962 y del mismo modo controlaban el Ejército.

Desde 1990 la acción guerrillera del llamado Frente Patriótico de Ruanda ha hostigado al Gobierno. Este grupo está integrado básicamente por tutsis y apoyado desde el exilio.

El 6-IV-94 se produjo un criminal atentado que costó la vida a los Presidentes de ambos países, Burundi y Ruanda, cuando los dos volaban sobre la zona de Kigali. Murieron Ntaryamira y el líder ruandés Juvenal Habyarimana.

A consecuencia de estos hechos se desató una imparable ola de violencia racial siendo asesinados miles de personas de una y otra etnia creándose una situación tan trágica que merece el nombre de *genocidio*. La opinión pública internacional reaccionó ante esta violenta situación, y se envió importante ayuda humanitaria y se trasladó voluntarios para ayudar a los afectados. Las matanzas provocaron un éxodo masivo, improvisándose campos de refugiados en las zonas fronterizas vecinas. Se calcula que pudieron haber muerto un millón de personas en seis meses y que unos tres millones de ruandeses huyeron del país.

La acción de las ONG, de los misioneros y de asociaciones humanitarias se volcó en la tragedia pero resultó insuficiente. Por otra parte, Francia envió un contingente de paracaidistas para contribuir a pacificar la zona y evitar más enfrentamientos. Esta acción fue por tiempo limitado.

En el Chad, en diciembre de 1990, las tropas rebeldes de Idriss Debey entran en la capital mientras Hissène Habré se refugia en el Camerún.

14.5.3. África Oriental

A) *Mengistu cae en Etiopía*

La caída del régimen marxista que durante 16 años había gobernado Etiopía era inminente. Mengistu Haile Marian, que en 1974 había derrocado al legendario «Negus» Haile Selasie, se veía impotente para solucionar los problemas que amenazan al régimen. La guerrilla unificada había tomado Asmara y, el puerto de Asaba, única salida que daba al mar Rojo. El hambre seguía siendo un problema endémico, agravado por la retirada de la ayuda alimentaria de los países Occidentales ante el grado de corrupción del Gobierno.

La URSS, garante de la supervivencia del Presidente, se había desentendido de él y lo había dejado a su suerte ante la perspectiva de una aproximación a sus nuevos aliados Occidentales. Mengistu se había visto obligado a sentarse a negociar en Londres con la guerrilla, fuertemente respaldada por EEUU y con la posición de fuerza que les da saberse vencedores. Ante el desastre imparable, abandonó el país el 21 de mayo de 1991.

Tras la caída de Addis Abeba el 28 de mayo, el nuevo Gobierno se ha dedicado a controlar la situación, acabando con los últimos focos de resistencia. Los nuevos gobernantes han de enfrentarse a la amenaza del hambre, que afecta a 7 millones de personas. Israel evacuó a 15.000 judíos de origen africano que eran ciudadanos etíopes mediante un puente aéreo bautizado como «Operación Salomón».

El nuevo régimen, para lograr la estabilidad del país, debe aunar fuerzas diferentes que habían colaborado en su oposición a Mengistu. Se trataba de los representantes del Frente de Liberación de Eritrea (FLPE) y del Frente Democrático Revolucionario Popular Etíope (FDRPE), formado a su vez por los autonomistas del Frente Popular de Liberación de Tigré y el Frente Democrático Popular Etíope.

Estas fuerzas acabarán evolucionando desde el maoísmo hasta planteamientos de democracia liberal. El nuevo Presidente será Meles Zenawi.

B) *Sudán*

El 30-VI-89 un golpe militar derroca al Gobierno sudanés de Saquid al-Mahdi, que ostentaba su Presidencia desde 1986. La Junta Militar que se hace con el poder está encabezada por el General Omar Hassán Ahmed El-Bachir, que deroga la Constitución y disuelve el Parlamento.

En abril de 1990 fracasa un intento de golpe contra el Gobierno militar. Los jefes de la sublevación, Abdelkader al-Kaduru y Mohamed Osmán Hamed, son fusilados juntamente con otros veintiséis jefes militares.

Sudán, que es el país que tiene la mayor superficie de África (2.505.000 km²) y cuenta con una población de 27 millones, mantiene un conflicto endémico entre el norte y el sur. La mayor parte de los habitantes son musulmanes (63%) sobre un 24% de cristianos y un 13% de adeptos a cultos indígenas.

En el norte, que comprende el 75% del territorio nacional, vive la mayor parte de sus habitantes —21 millones— y predominan los musulmanes.

La oposición al régimen de Omar El-Bachir la forma el Ejército Popular de Liberación de Sudán (SPLA) que desde mediados de 1991 se encuentra dividido en tres facciones. El Gobierno dirige Sudán con el Frente Islámico de Hassan El-Turabi.

Desde que en 1956 Sudán se hizo independiente de los británicos —formalmente había sido un protectorado anglo-egipcio—, sus dirigentes no han podido resolver el problema del sur.

C) *Eritrea, nuevo estado africano*

Eritrea, que había sido colonia italiana desde finales del siglo XIX, fue anexionada a Etiopía en 1939 y una vez terminada la presencia italiana y posteriormente inglesa después de la II GM, continuó vinculada a Etiopía como región autónoma.

En 1962 se alteró el estatus, mientras se había iniciado una acción guerrillera etíope de carácter separatista. El conflicto civil, con diversas etapas, duró treinta años, hasta que en abril de 1993 tras un referéndum organizado por el Frente Popular de Liberación de Eritrea accedía a la independencia, oficialmente establecida el 24 de mayo. Hacía el número 53 de África y por primera vez se establecía un nuevo estado modificando las fronteras heredadas del sistema colonial.

La última fase de la guerra se caracterizó por el entendimiento entre el FPLE, que evolucionó de un marxismo radical hacia posturas socialdemócratas, y el Frente Democrático Revolucionario del Pueblo Etíope (FDRPE). El derrocamiento del régimen marxista de Mengistu Haile Marian, facilitó las cosas para el reconocimiento de la independencia de Eritrea.

D) *Intervención de la ONU en Somalia*

Somalia, que había firmado la paz con Etiopía en 1988 tras once años de conflicto, inicia un complejo período de rivalidades internas que acabarán poniendo en tela de juicio la propia existencia del país y justificando una intervención internacional propiciada por la ONU en 1992.

En 1991 el Presidente Mohamed Siad Barre huye a Mogadiscio, tras 22 años en el poder, y se forma un Gobierno interino bajo la presidencia de Alí Mahdí Mohamed, aunque muy pronto surgen diferencias que derivan en una guerra civil generalizada.

Los enfrentamientos armados están protagonizados por dos clanes rivales de la tribu «hauiye», pero otros centros de poder también aumentan las disensiones hasta un total de 14 «señores de la guerra».

La mortandad de civiles se elevó a 300.000 personas, coincidiendo la guerra con una terrible «hambruna».

La ayuda internacional intentó remediar esta situación, pero los dirigentes locales convirtieron los medicamentos y la comida que llegaban de fuera en un nuevo negocio. Casi un 70% de la ayuda internacional terminaba siendo usada como materia de contrabando. Y la muerte por hambre amenazaba a dos millones de personas.

En esta situación, la ONU autorizó el envío de una fuerza multinacional para asegurar la entrega de alimentos y medicinas y devolver en lo posible la estabilidad al país, en lo posible. La resolución contó con la aprobación unánime de los 15 miembros del Consejo de Seguridad.

China y varios países no alineados del Consejo, como la India y Zimbabwe, tradicionales defensores de los principios de soberanía y no injerencia en los asuntos internos, votaron a favor pero subrayaron que la crisis somalí es un caso único, que requiere medidas excepcionales y que la ONU debe controlar la operación en todo lo posible.

Es la primera vez que estos países aceptan el principio del derecho a la injerencia para emergencias humanitarias.

La resolución era claramente coercitiva al permitir el uso de «todos los medios necesarios» para crear un «entorno seguro» para la entrega de ayuda humanitaria.

La operación bautizada «Devolver la Esperanza» contó con la participación de fuerzas de 14 países, en distinto grado, siendo la mayor parte *marines* norteamericanos (28.000 hombres). Otros contingentes militares fueron de Francia, Italia, Pakistán y, en menor medida, de Australia, Suecia, Bélgica, etc. España contribuyó con apoyo logístico.

La intervención militar se complicó, originándose problemas con la población civil y un enfrentamiento abierto con el líder somalí Aidid.

Varios países retiraron sus tropas y aunque se remedió en cierto modo la grave situación y la hambruna, Somalia continuó con sus disensiones y rivalidades, cuestionándose la continuidad de la permanencia de los «cascos azules».

14.5.4. *Independencia de Namibia*

El proceso descolonizador dio otro de sus últimos coletazos con la independencia de Namibia. La antigua África del Sudoeste, que tras la derrota alemana en la I GM recibió Sudáfrica como Mandato de la Sociedad de Naciones, iba a dejar de ser dirigida desde Pretoria. En el país convivía una minoría blanca (75.000) con una mayoría de color (1.200.000). A este hecho se unía la ideología radical del grupo previsiblemente ganador de las elecciones, el SWAPO.

El 13-VII-88, en Nueva York, después de una larga negociación auspiciada por EEUU, los representantes de las Repúblicas de Cuba, Sudáfrica y Angola formaron un acuerdo para solucionar la crisis de Namibia, que recibirá su independencia de Pretoria, mientras los cubanos retirarían sus efectivos —unos 55.000 hombres—.

Las Naciones Unidas vigilaron el proceso de independencia sobre el propio terreno, incluso enviando 5.000 cascos azules, entre los cuales había un contingente español.

En las elecciones de noviembre de 1989, se impuso el SWAPO, pero con un margen menor del esperado. Su líder Sam Nujoma se inclinaba por el modelo de partido único de inspiración marxista, pero ya antes de los comicios moderó su propio programa propugnando una postura de diálogo con las otras fuerzas y de «reconciliación nacional». El SWAPO obtuvo 41 diputados, mientras la Alianza Democrática Turnhall, coalición interracial dirigida por Dirk Mudge, logró 21. Otros partidos menores consiguieron también algunos escaños, con lo cual Nujoma no tenía la mayoría necesaria para imponer su política.

El trasfondo tribal que siempre late en las agrupaciones políticas africanas —el mismo SWAPO se vincula a los ovambos, que forma la mitad de la población— fue superado y Nujoma tuvo que gobernar en coalición con esos grupos menores y contando con una oposición legal fuerte y adoptar medidas pragmáticas y transaccionales. Incluso se adoptó una estrategia de buena vecindad con Sudáfrica, que por cierto se reservó la soberanía sobre el puerto de Walvis Bay.

Sam Nujoma será elegido primer Presidente del país el 16-II-90 en votación de la Asamblea Constituyente.

La proclamación oficial de la independencia de Namibia se celebró el 20-II-90 en Windhoek, con la presencia del Presidente electo, Nujoma, el líder sudafricano de color Nelson Mandela y el Presidente blanco de Sudáfrica Frederik de Klerk.

Otro gesto del nuevo clima de distensión se tuvo ya antes, en 1988, cuando coincidiendo con un viaje del Papa por varios Estados del África austral, el

Presidente sudafricano Botha fue recibido por el Presidente mozambiqueño Chissano, en la presa de la central hidroeléctrica de Cabora-Bassa sobre el río Zambeze, demostrándose así el nuevo talante de diálogo que también iba alcanzando esa zona africana.

14.5.5. *La nueva Sudáfrica*

África del Sur ocupa una posición clave entre los océanos Indico y Atlántico, dominando dos tercios el tráfico marítimo entre Asia por una parte y Europa y los EEUU por otra.

Otro dato que no debe marginarse es su riqueza, especialmente en minería y no sólo por sus yacimientos de oro y brillantes sino por contar en su subsuelo con las materias primas estratégicas indispensables para el desarrollo de los sectores de tecnología punta, como la industria aeronáutica, la industria espacial, el armamento más sofisticado o la informática.

Sudáfrica incluía diez *homelands:* Bophuthatswana, Kuandebele, Leboua, Gazankalu, Venda, Kuanguane, Kuazulu, Transkei, Ciskei y Quaqua.

El cambio de política soviética en su acción exterior tras el afianzamiento de Gorbachov influyó de un modo especial en la zona austral, donde la estrategia de Moscú alentaba los regímenes marxistas en Angola y Mozambique y promovía la inestabilidad en África del Sur.

La nueva línea de Moscú llevó incluso a la celebración de conversaciones secretas con Sudáfrica en torno el precio del oro y algunas materias estratégicas.

De un modo complementario, los países Occidentales aumentaron sus presiones sobre Pretoria para impulsar su cambio político interno.

África del Sur tiene la mitad del PNB de África subsahariana, con una población de 30 millones, frente a los 400 millones de habitantes con que cuenta toda esa región. En el contexto de África austral el hecho es aún más llamativo: con una población algo inferior a la mitad de la zona, su PNB por habitante es seis veces superior.

Este país ha constituido desde principios de siglo un foco de atracción y de inmigración. Si en 1904 contaba con cinco millones de habitantes, en 1995 tenía 37.700.000 habitantes, de ellos el 75% negros.

Pero África del Sur es también un mosaico de pueblos negros, destacando los zulúes, los xhosas, los shotos y los tswanas. También cuenta con grupos de población de origen asiático.

A) El proceso de cambios se inició dentro del partido racista de Pieter W. Botha, el Partido Nacional, donde se impuso sorpresivamente el programa reformista de Frederik de Klerk, partidario de desmontar poco a poco el *apartheid*. También propugnaba la excarcelación de los dirigentes del Congreso Nacional Africano.

Aunque los negros tomaron con evidente recelo estas promesas, los hechos iban a demostrar que iban en serio.

La política de diálogo y revisión del *apartheid* del nuevo Gobierno sudafricano se concreta en hechos al ponerse en libertad el 14-X-89 a un importante grupo de líderes de color que llevaban más de veinticinco años encarcelados.

El 2-II-90, el Presidente Frederik W. de Klerk, con motivo de la apertura del Parlamento, pronunció un discurso anunciando, entre otras cosas, la legalización del Congreso Nacional Africano y de otras organizaciones de oposición al *apartheid*. Señaló que había llegado la hora de la reconstrucción, la reconciliación y del fin de la violencia. Igualmente anunció la atenuación del estado de excepción, la libertad para que regresasen los exiliados y la supresión en este año de la ley que establecía el sistema segregacionista.

Paralelamente de Klerk y otros consejeros de su grupo habían venido manteniendo conversaciones con Nelson Mandela, el preso político más significativo que llevaba 28 años en prisión, que todavía se negaba a ser liberado, mientras los partidos racistas arreciaban sus amenazas y sus críticas por la nueva política del Gobierno.

El día 9 Mandela y de Klerk se reunieron en secreto para discutir las exigencias del líder negro: levantamiento completo del estado de excepción, libertad de todos los presos políticos, incluso los implicados en hechos violentos. Parece que ambas partes llegaron a fórmulas transaccionales y Mandela salió a la calle el día 11, siendo recibido por una gran multitud y proclamando que todavía no habían cambiado todas las condiciones para poner fin a la lucha armada. Ante los incidentes que se produjeron en Soweto, en su nueva alocución pública se mostró más comedido y conciliador.

B) El Parlamento sudafricano deroga, el 19-VI-90, la ley que obligaba a la segregación racial en los lugares públicos del país.

Las tres cámaras del Parlamento (india, blanca y mestiza) abolieron los grandes pilares jurídicos del *apartheid*: la Ley de Habitats Separados, las leyes sobre la Tierra (de 1913 y 1936) y la Ley de Clasificación de la Población (1950).

Desmantelado el *apartheid* jurídico, la primera exigencia del Congreso Nacional Africano (CNA) de Nelson Mandela fue la formación de una Asamblea constituyente que debatiera una Constitución Democrática y la liberación de todos los presos políticos.

Estas exigencias parecieron, en principio, excesivas. De Klerk prefería poner en marcha un proceso negociador que concluyese en una reforma constitucional, sin concretarse plazos.

De Klerk, como gesto de diálogo, liberó más presos políticos y logró que el Presidente norteamericano Bush decretara el levantamiento de las sanciones contra Sudáfrica.

Tras diversas vicisitudes se consiguió que De Klerk presentara un borrador de reforma constitucional que otorgaba por primera vez en la historia de Sudáfrica el voto a la mayoría negra.

Sin embargo, también se mantenían unas limitaciones que fueron rechazadas por Mandela. Por fin, en noviembre de este mismo año 1991, representantes de una veintena de partidos políticos sudafricanos se reunieron en Johannesburgo para preparar una conferencia multipartita con objeto de sentar las bases jurídicas de una nueva convivencia en el país entre las razas.

Mientras Mandela y el Congreso Nacional Africano (ANC) propugna el Gobierno de la mayoría, es decir la entrega del poder a los negros, De Klerk intenta preservar alguna forma de distribución que mantenga una especie de «reparto del poder».

Otro dato de peso era que los sudafricanos de color tampoco deseaban que su acceso al poder político ocasionara una desbandada del capital y de los cuadros técnicos de los blancos. Tampoco poseía el ANC personas suficientemente preparadas como para hacerse con el control de la administración civil o militar. De alguna manera se imponía un entendimiento, que los sectores radicales de ambos grupos de población boicoteaban.

El complejo proceso negociador entre las distintas fuerzas políticas y los sectores no menos diversos y enfrentados del entramado social de Sudáfrica fue largo, hasta culminar en una transición en gran parte pactada y dirigida de un modo conjunto por el ANC y el NP.

El calendario implicaba la convocatoria de las primeras elecciones multiétnicas, la redacción y aprobación de una Constitución interina, un Gobierno de transición y finalmente la celebración de elecciones que llevaran a la renovación de la presidencia del país.

Cuestión paralela ha sido las modificaciones de *status* de los bantustanes y las reticencias de algunas etnias, especialmente los zulúes, casi equiparables a los boers más recalcitrantes.

Al terminar el proceso de cambio, ya en 1994, los bantustanes independientes (Bophuthatswna, Ciskei, Transkei y Venda), se reintegrarían en Sudáfrica.

Cabe señalar entre los momentos clave de este proceso, el referéndum celebrado el 17 de marzo de 1992 para la eliminación del *apartheid*. Tanto el

PN como el ANC hicieron campaña en favor del sí. El resultado fue llamativo: el 68,7% de los votantes se inclinó por la supresión frente al 31,3 que votó por el no.

La redacción de un nuevo texto constitucional fue otro de los temas difíciles. El 18 de noviembre de 1993, se aprobó el texto por 19 de las 21 fuerzas políticas integrantes de la negociación, además de Mandela y De Klerk. Este borrador consensuado será la base para la nueva Ley Fundamental sudafricana. Un mes más tarde, el día 22, el parlamento, de mayoría blanca, aprueba también el texto para la nueva Constitución, que tendrá una vigencia de dos años, siendo sustituida, en su caso, por la que elaboren los diputados elegidos en las elecciones legislativas que se convocan ya para abril de 1994.

C) Después de las elecciones, Sudáfrica verá desaparecer sus cuatro provincias y sus diez *homelands,* reestructurándose en nueve estados: Cabo Norte, Cabo Occidental, Cabo Oriental, Noroeste, Estado Libre de Orange, KwaZulu-Natal, Pretoria-Witwatersrand-Vaal, Transvaal Norte y Transvaal Oriental.

Los estados o provincias contarán con un importante nivel de autogobierno, Consejos ejecutivos y Cámaras legislativas propios, con capacidad para redactar las Constituciones provinciales. Los límites geográficos entre estos territorios podrán ser alterados, vía refrendos locales, en aquellas zonas cuya pertenencia a una u otra provincia es discutida. A pesar del alto grado de descentralización, la Constitución no responde a las pretensiones federalistas de varias de las formaciones políticas, aunque se reconoce el principio de autodeterminación.

Las autoridades tradicionales, profundamente arraigadas entre la población negra surafricana y especialmente entre los zulúes, están reconocidas en la Constitución. Las leyes indígenas podrán ser aplicadas, sometidas siempre a la primacía de la ley del Estado.

El nuevo Parlamento constará de dos Cámaras, la Asamblea Nacional tendrá 400 escaños, 200 elegidos proporcionalmente según el apoyo en el conjunto del país a la lista nacional y otros 200 enviados por las provincias según su número de habitantes, teniendo en cuenta igualmente la lista nacional.

El Senado constará de 90 escaños, cubiertos por senadores elegidos por cada uno de los nueve parlamentos estatales, con un número de 10 por cada Estado.

Desaparece así el anterior sistema tricameral —blancos, mestizos e indios—. También se oficializan las once lenguas más utilizadas y se asigna el desarrollo de otras.

La nueva bandera, de varios colores, quiere simbolizar la diversidad racial del país.

El Gobierno estará compuesto por Ministros de partidos que hayan obtenido 5% o más votos en las elecciones, nombrándose Vicepresidentes, uno por cada partido con 80 ó más escaños en la Asamblea Nacional.

D) El acuerdo entre las distintas partes permitió establecer una fase transitoria para compartir el Gobierno. Este entendimiento supuso la concesión del Premio Nobel de la Paz a Mandela y De Klerk por «la labor cumplida por ambos para lograr con métodos pacíficos la eliminación del régimen del *apartheid* y el establecimiento de leyes destinadas a crear una nueva democracia en Sudáfrica».

Hasta la celebración de las elecciones, continuaron las acciones terroristas de los sectores más radicalizados, entre ellas el asesinato del líder comunista Chris Hani.

El despliegue policial se acentuó en la víspera electoral, sin conseguirse por ello evitar acciones sangrientas. Contribuyeron al mantenimiento de la seguridad fuerzas y observadores, como las enviadas por Europa, incluyendo policías españoles.

Mandela se dirigió por televisión a sus compatriotas diciendo: «Hoy es un día como no ha habido otro. Hoy es el principio de nuestra libertad. Años de prisión no han podido acabar con nuestro deseo de ser libres. Años de intimidación y de violencia no han podido detenernos. Y no nos detendrán ahora». Y agregó: «Mostraremos al mundo que tenemos la determinación de levantarnos contra la violencia y de votar por una vida mejor para todos».

Entre el 26 y el 29 de abril se llevaron a cabo las primeras elecciones multirraciales. El Congreso Nacional Africano consiguió más del 60% de los votos, De Klerk obtenía un 25%. El partido de la Libertad Inkata, del jefe zulú Buthelezi, que había amenazado con boicotear los comicios, logró más del 5%, lo cual le daba derecho a participar en el nuevo Gobierno de concentración.

Nelson Mandela, figura emblemática de la lucha contra el *apartheid* y que había permanecido en la cárcel 29 años de su vida, será así el primer Presidente de color de la nueva Sudáfrica.

Mandela juró el cargo el 10 de mayo, asistiendo a la ceremonia 42 jefes de Estado.

La Constitución interina entró en vigor a la vez que se celebraron las elecciones.

El Gobierno será un Gobierno de unidad nacional en el que estarán proporcionalmente representados todos los partidos que hayan obtenido veinte o más de los escaños en la Asamblea Nacional, en un intento de contribuir a la reconciliación nacional.

La Asamblea Constituyente integrada por ambas Cámaras dispone de dos años, desde su primera sesión, para redactar la Constitución de la República de Sudáfrica que, entre muchos otros, deberá de solventar el problema de las minorías.

También se señala un plazo de cinco años para hacer efectiva la reconciliación nacional y convocarse nuevas elecciones generales, de las que sí surgirá ya un Gobierno de mayoría.

14.6. IBEROAMÉRICA SE TRANSFORMA

La América hispana ha sido una de las regiones del mundo donde la caída del comunismo, y consiguientemente de la influencia soviética, se ha notado más.

La estabilidad política de las nuevas democracias parece duradera, pero está amenazada por la pobreza y la incertidumbre. Las fuerzas armadas no constituyen ya un problema institucional, hablando globalmente, y la pérdida de acción del marxismo contribuirá a ello.

Pero esto no significa ni el triunfo abusivo de los grupos reaccionarios, ni el fin de la necesaria búsqueda de unas estructuras sociales más justas para estos países.

Como ha escrito Octavio Paz, «la derrota sandinista, como la derrota de la izquierda marxista en general, es la derrota de la fantasía. El remedio comunista a la injusticia social demostró ser peor que la enfermedad. Ahora nuestro reto es encontrar la imaginación política necesaria para enfrentarnos a esas injusticias que han sobrevivido a su insostenible solución».

En efecto, junto a la consolidación del proceso democratizador y la instauración de regímenes de libertad en la mayor parte de los estados latinoamericanos, tras el fin de las dictaduras en Argentina, Brasil, Chile, Uruguay y Paraguay en la década de los 80, estos pueblos tienen que conseguir también transformar sus sociedades.

Lo mismo es predicable de las demás Repúblicas, las andinas, como Perú, Bolivia y Ecuador o las vecinas al Caribe, desde Colombia y Venezuela a los estados del itsmo e insulares.

América Central ha sido también en estos años una zona especialmente sensible.

Los esfuerzos del grupo Contadora se veían en parte frenados por el desinterés de la Administración Reagan. En febrero de 1987 se propuso el llamado Plan Arias y, superadas las dificultades, se dieron cita en Guatemala los Presidentes de las Repúblicas de la zona, elaborándose un texto muy positivo sobre la convivencia en el área.

En esta reunión de Esquípulas participaron Daniel Ortega (Nicaragua), José Napoléon Duarte (El Salvador), Vinicio Cerezo (Guatemala), José Azcona (Honduras) y Oscar Arias (Costa Rica). Entre los puntos consensuados figuraron el cese de la ayuda a movimientos insurreccionales, la prohibición de utilizar el territorio de un estado para agredir a otro, limitación de armamentos, además de impulsar procesos democráticos y pluralistas, el respeto a los derechos humanos y la promoción social.

Era el principio de otra época en esta región.

La puesta en marcha de las Cumbres Iberoamericanas ha sido otra ejemplar iniciativa que irá dando en el futuro, si el proceso se afianza e institucionaliza, como todo parece indicar, una presencia conjunta y rotunda a los países de raíces hispanas en el concierto de las naciones.

Los actos conmemorativos del V Centenario del Descubrimiento de América fueron otra oportunidad para hacer más presente las especiales relaciones de estos pueblos con España y Portugal.

Se celebró también en 1994 la llamada «Cumbre de las Américas» que reunió a los primeros mandatarios de los países del continente. El acto confirmó el nuevo giro político de EEUU que demuestra un directo interés por esta *audiencia* cercana, encaminada ya por la senda de la democratización.

Aldo Ferrer expone con acierto que «la tarea de la reconstrucción económica alcanza dimensiones formidables. En efecto, estabilización, modernización y cambio estructural, equidad en el reparto de ingresos y cargas del ajuste, constituyen ingredientes indispensables de las estrategias transformadoras del desarrollo integral de América Latina y el Caribe. Las combinaciones específicas de metas o instrumentos variarán en cada caso, como función del contenido y la rapidez con que se formulen los consensos sociales básicos que respaldan la solución de la crisis económica.

«El primer requisito del desarrollo integral es el logro de la voluntad política interna para reconstruir los consensos sociales y unir las energías de la población de cada país, en torno a propósitos y estrategias compartidas y democráticamente elegidas».

El mismo autor añade que el desarrollo integral es un fenómeno esencialmente *endógeno*, afirmativo de la identidad cultural de cada pueblo, asentado en la confianza entre gobernantes y gobernados, en la autonomía nacional, donde las relaciones internacionales resultan compatibles con el ejercicio de la soberanía.

El desarrollo endógeno no quiere decir desarrollo autárquico o aislado del sistema económico internacional.

Afortunadamente, los nuevos vientos democratizadores y el contexto internacional más abierto y pacífico pueden hacer superar aquella brillante frase de Humboltd cuando definió a esta tierra como «un mendigo sentado sobre un montón de oro».

Esperemos que se haya emprendido el camino acertado y Octavio Paz tenga razón al decir que Iberoamérica ha entrado en una nueva era.

14.6.1. *México*

Desde diciembre de 1988 ejerce en este periodo la presidencia del país Carlos Salinas de Gortari.

La violencia política y la corrupción continúan siendo los principales males. Salinas ha conseguido avances importantes en la reforma económica. El hecho más destacable fue la firma del Tratado de Libre Comercio que cerró junto con Canadá y los EEUU.

Por primera vez un país hispanoamericano formará parte de un gran mercado, junto a los dos gigantes anglosajones de América del Norte, lo que significa una mayor oportunidad de empleo para los mexicanos y una gran responsabilidad para México con respecto a toda Hispanoamérica.

El Presidente mexicano destacó que las negociaciones para alcanzar el Tratado de Libre Comercio «se ajustaron a los mandatos de nuestra Constitución y en especial en lo que se refiere a mantener la propiedad y el control del petróleo en manos de los mexicanos».

México vivió unos años en los cuales mejoró su imagen internacional y la situación interna, especialmente en el terreno económico, controlando la inflación y llevando a cabo interesantes reformas estructurales.

El país también inició una aproximación al área del Pacífico e ingresó en el Acuerdo de Cooperación Económica en la Zona Asia-Pacífico y en la OCDE.

También hubo cambios en el entramado del partido gubernamental que venía dirigiendo México desde 1929.

Sin embargo, estas realizaciones no lograban ocultar las bolsas de pobreza y las carencias sociales que aún tenía el gran país centroamericano, especialmente en las zonas campesinas e indígenas.

El 1-I-1994 un denominado «Ejército Zapatista de Liberación Nacional» (EZLN) había ocupado cuatro poblaciones del estado de Chiapas. Esa región, fronteriza con Guatemala, es una de las más atrasadas del país. Los insurgentes reclamaban, entre otras cosas, una reforma agraria, el reconocimiento de los derechos y costumbres de los indios, la destitución del Presidente de la

República, la garantía de un escrutinio no fraudulento en las próximas elecciones presidenciales y generales. Tras intentar sofocar la rebelión por la fuerza, Carlos Salinas de Gortari, bajo la presión de la opinión pública del país y ante las repercusiones internacionales del movimiento, decidió entablar negociaciones. Manuel Camacho Solís fue nombrado comisario para la negociación.

A mediados de febrero las negociaciones se entablaron en la catedral de San Cristóbal de las Casas, gracias a la mediación del obispo. El 2 de marzo, ambas partes concluían unos compromisos para la paz.

Sin embargo, el problema de Chiapas no había quedado resuelto del todo y volverá a plantearse.

Otro grave suceso fue el asesinato el 23 de marzo del candidato oficial del PRI Luis Donaldo Colosio durante una reunión electoral en Tijuana. Más tarde se sabrá la implicación del propio hermano de Salinas en el hecho.

El nuevo candidato oficial, Ernesto Zedillo Ponce de León, de 42 años y economista, se enfrentaría a Cuahtemoc Cárdenas, del Partido de la Revolución Mexicana (izquierda) y Diego Fernándes de Cevallos, del Partido de Acción Nacional (derecha).

Los comicios se celebraron el 21 de agosto de 1994, y en ellos Zedillo obtuvo el 48% de los sufragios frente a un 25% del candidato del PAN. Aunque el PRI volvía a ganar, lo hacía ya de una forma mucho más reñida que en otras ocasiones.

Un nuevo magnicidio evidenciaría la inseguridad y las rivalidades intestinas que continuaban afectando al país. En septiembre moría asesinado el Secretario General del PRI, José Francisco Ruiz Massieu.

14.6.2. *América Central*

En Nicaragua, después del acuerdo de Sapoa entre el Gobierno sandinista y la Contra, entró en vigor, a partir del primero de abril de 1988, la tregua que iba a devolver la paz al país, mientras continuaron las conversaciones para buscar un arreglo definitivo al conflicto.

La sorpresa la iban a deparar las urnas el 25-XI-90. Cuando la mayoría de los observadores que habían augurado el triunfo sandinista, Daniel Ortega perdía y Violeta Chamorro, de la Unión Nacional Opositora (UNO), se alzaba con la victoria en los comicios tantas veces prometidos y esperados. Los sandinistas se sometieron al veredicto de las urnas.

Se dieron varias explicaciones para interpretar el hecho, desde el ejemplo del desplome de los regímenes marxistas en Europa hasta la presión norteamericana. Tras ocho años de conflictos, carencias, autoritarismos y dificultades, la mayor parte de los nicaragüenses optaron por la alternativa que se les brindaba, esperando que así terminase la violencia, la oposición de Washington y que se entrase en una etapa de mayor paz, estabilidad y desarrollo económico, apoyado por los EEUU.

El desarme de la Contra fue traumático, resistiéndose muchos de sus miembros a entregar las armas a un Ejército regular todavía mandado por los oficialistas sandinistas. La ONU intervino en el proceso, siendo precisamente un general español quien supervisó el cambio y el desarme.

En junio de 1991 unos cuatrocientos miembros de la Contra se reagruparon en el norte de Costa Rica para reemprender la lucha guerrillera en el interior del país. En efecto, 150 *recontras* —como los denomina la prensa— tomaron San José Bocatras.

Violeta Chamorro ha tenido que enfrentarse después a otros intentos desestabilizadores como la toma de Esteli en 1993 por insurrectos del FROC.

En El Salvador el partido Demócrata Cristiano del Presidente José Napoleón Duarte fue derrotado, en marzo de 1988, en los comicios municipales y legislativos, ganando el partido de extrema derecha Alianza Republicana Nacionalista (ARENA).

En noviembre de 1989, el asesinato, en El Salvador, de seis sacerdotes jesuitas puso una vez más en evidencia el clima de violencia e injusticia reinante en este país.

Cinco de estos seis jesuitas eran españoles, entre ellos Ignacio Ellacuría, uno de los inspiradores de la Teología de la Liberación. La Iglesia y otros sectores, entre ellos el Gobierno español, acusaron al Ejército de haber causado la matanza. El Presidente Cristiani prometió investigar el hecho y castigar a los autores. La semana anterior a estas declaraciones, el Frente Farabundo Martí atacaba la capital salvadoreña donde se librarían fuertes combates que seguirían confirmando la profunda división del país y la debilidad del Gobierno, que recuperaría, sin embargo, el control de la ciudad.

En febrero, Guillermo Ungo dirigente del socialdemócrata Movimiento Revolucionario Salvadoreño y Presidente del Frente Democrático Revolucionario (brazo político de los guerrilleros del Frente Farabundo Martí de Liberación Nacional —FMLN—), falleció víctima de una embolia cerebral. Dos meses más tarde delegaciones del Gobierno y de la guerrilla lograron en la capital mexicana importantes «acuerdos sobre reforma constitucional, fuerzas armadas, sistema judicial, electoral y de los derechos humanos». El peruano Alberto de Soto actuó como mediador de las Naciones Unidas.

Tras anunciar el FMLN una tregua unilateral y gracias a las gestiones de Javier Pérez de Cuéllar, se agilizaron las negociaciones de paz entre representantes de la guerrilla y el Gobierno. Los encuentros tuvieron lugar en Nueva York, 12 años de guerra civil iban a terminar.

El 16 de enero el Gobierno y la guerrilla firmaron la paz. Nadie podía creer que Alfredo Cristiani, Presidente desde marzo de 1989 por el Partido ARENA (Alianza Republicana Nacionalista) pudiera acabar con la guerra civil.

La guerrilla transformada en fuerza política se presentará en los próximos comicios, los primeros auténticamente democráticos de la historia de El Salvador.

De acuerdo con lo estipulado, el 20-III-94 se celebraron simultáneamente elecciones presidenciales, legislativas y municipales, participando todos los grupos políticos. Pese a ciertas deficiencias y algunas denuncias, el sistema democrático funcionó.

El candidato de la Alianza Republicana Nacionalista (Arena), Armando Calderón Sol, triunfó con el 49,2% de los sufragios, por delante de la Izquierda Unida, de Rubén Zamora (apoyado por el FMLN) con el 25,6% de los votos. La democracia cristiana, que gobernó a comienzos de la década de 1980, quedó en tercer lugar. La ausencia de mayoría absoluta hizo necesaria una segunda vuelta, ganada el 24 de abril por A. Calderón Sol con el 68,2% de los votos. Las izquierdas se dieron por satisfechas por haber pasado en pocos años a ser la segunda fuerza política del país. El FMLN había logrado su reconversión política al obtener 21 escaños.

En Guatemala, Jorge Serrano Elías gobernó, desde enero de 1991, por el Movimiento de Acción Solidaria. Tuvo varios enfrentamientos con los mandos militares. Guatemala ocupaba un papel destacado en los informes sobre violaciones de los derechos humanos, aunque es justo reconocer la voluntad presidencial de acabar con los excesos y perseguir a los culpables.

Tras su destitución fue elegido Presidente el 5-VI-93 Ramiro de León Carpio, que se ha esforzado por encauzar el país por la normalidad democrática.

En enero de 1994 se reanudaron las negociaciones con la Unión Revolucionaria Nacional de Guatemala bajo los auspicios de la ONU.

En Honduras, Rafael Leonardo Callejas, en el poder desde noviembre de 1989, por el Partido Nacional Blanco, logró que se sucedieran tres mandatos presidenciales sin ninguna interrupción militar.

En noviembre de 1993 se eligió como nuevo mandatario a Carlos Roberto Reina, del Partido Liberal.

En Costa Rica se han sucedido Rafael Angel Calderón, que inició su mandato en 1990 por la Unión Socialdemócrata, y José María Figueres, desde febrero de 1994, del partido de Liberación Nacional.

El país es uno de los estables del istmo centroamericano y firmó con México un acuerdo de libre comercio.

LA CRISIS

Panamá atravesó altercados y problemas políticos a lo largo de 1989 que culminan con la invasión de las tropas norteamericanas. Cabe recordar el intento de golpe de Estado contra Noriega protagonizado el 3 de octubre por el comandante Moisés Giroldi. La intentona fracasó y Noriega ordenó una dura represión. Entre las víctimas figuró el mismo Giroldi.

El 21-XII-89 tropas norteamericanas del Comando Sur, con el refuerzo de 12.000 soldados más, invaden Panamá con el objetivo de hacer prisionero al general Noriega, acusado por los EEUU de narcotráfico.

La invasión había sido precedida por una absurda declaración de guerra por parte de la Asamblea panameña, el día 15, y la muerte de un soldado norteamericano. Al encontrar mayor resistencia de la esperada, los atacantes operaron indiscriminadamente causando numerosas víctimas, entre ellas el periodista español Juantxu Rodríguez.

Mientras tanto, el vencedor de las elecciones realizadas en mayo, Guillermo Endara, asume la presidencia con el apoyo americano.

Noriega consigue burlar el cerco y refugiarse en la Nunciatura. El representante del Vaticano, el español Laboa, dio asilo al general, mientras la sede diplomática era rodeada por los *marines*.

Los norteamericanos se hicieron con el control militar del país, especialmente en la capital y en las localidades de Colón y Chiriquí. Noriega había lanzado la consigna de «vencer o morir» y los llamados «Batallones de la Dignidad» opusieron resistencia.

La tensión aumentaba conforme pasaban los días y Noriega seguía asilado. Las condenas internacionales por la invasión fueron tímidas, formales por parte de la OEA y de la URSS, mientras el veto americano paralizaba el Consejo de Seguridad. El único país europeo en protestar fue España.

El 28 de diciembre de 1989, Endara era ratificado en su cargo de Presidente por la misma Junta Electoral que lo había nombrado en mayo.

Tras once días de encierro, Noriega —llamado «cara de piña»— abandonó la Nunciatura y se entregó a las unidades americanas, siendo trasladado a Miami en un avión especial con el fin de ser sometido a juicio.

Mientras tanto las tropas americanas continuaron presentes en Panamá. En junio, George Bush efectuó su primera visita desde la invasión a este país, no faltando manifestaciones de protesta por parte de la población.

Durante su breve visita, Bush se reunió con el Presidente panameño, Guillermo Endara, para conversar sobre la «coordinación» del traspaso del canal interoceánico y sus áreas anexas a Panamá, que según los tratados suscritos en 1977, se completará el 31-12-99.

Desde el 1-IX-94, Pérez Valladares será el nuevo Presidente panameño.

14.6.3. *El Caribe*

El régimen castrista en Cuba no se vio afectado directamente por los cambios que la *perestroika* había ido generando en la URSS, ni tampoco por el posterior hundimiento del Bloque del Este, pero sí lo ha sido de modo indirecto.

Fidel continuaba lanzando su emblemático grito de «¡Marxismo-leninismo o muerte!», pero lo cierto es que en Cuba comenzó a hablarse de crisis, aunque el carácter insular del país y las características del sistema hacían prever una evolución muy lenta, si es que se llegaba a ello. El *personalismo* del régimen le daba una peculiaridad específica.

Un asunto poco claro de tráfico de drogas que comprometía a altos mandos militares sacudió al régimen cubano en el verano de 1989, no faltando comentarios, atribuyendo al escándalo un trasfondo político.

Lo más dramático fue el juicio y fusilamiento de varios altos mandos, entre ellos Arnaldo Ochoa, héroe de Angola.

El proceso confirmó el creciente aislamiento del castrismo. El fin de la ayuda económica de Moscú a Cuba llevó a la isla a una situación económica muy cercana a la miseria.

También se fue acentuando la distancia respecto a España y el Gobierno español. Con ocasión de la I Cumbre de Jefes de Estado y de Gobierno en Guadalajara, se produjo el primer encuentro de Castro con el rey Juan Carlos, y un nuevo encuentro de González con Fidel. El líder cubano pudo constatar el respeto que todavía se guardaba hacia su persona, pero que igualmente se le solicitaba una política de cambios y apertura.

Un viaje sorpresa fue el del dirigente de la derecha española Manuel Fraga, quien fue agasajado por Fidel, y ambos políticos mantuvieron numerosos encuentros, cuyo fruto no arrojó ninguna modificación de la situación en la isla. Al contrario, durante el Congreso del Partido Comunista cubano, Castro se reafirmó en sus planteamientos continuistas y autoritarios.

Con ocasión de celebrarse en España la II Cumbre Iberoamericana, Castro viajó a la tierra de sus mayores e incluso se trasladó a Lugo para visitar la casa donde nació su padre.

Como ha escrito Manuel Martorell, el hundimiento de los países del Este ha supuesto un verdadero cataclismo económico. «En realidad, debido en gran parte al bloqueo de los EEUU en el espacio comercial cubano por naturaleza —el continente americano—, el 85 por ciento de las transacciones comerciales cubanas se realizaban con los países llamados "comunistas"».

En 1989, Cuba ingresó más de un billón de pesetas gracias a estos acuerdos preferenciales con la URSS y sus aliados. Tres años después, Cuba no solamente dejó de recibir el imprescindible petróleo para la industria y el transporte, sino que perdió la capacidad de comprar carburante y cualquier otro producto necesario para el consumo nacional básico. Las posibilidades adquisitivas del país se redujeron en un 75%.

En octubre de 1991, el Partido Comunista Cubano decidió en su IV Congreso impulsar el proceso de «rectificación», una modesta «perestroika». Pocos meses después se modificó buena parte de la Constitución, como el voto secreto y directo para elegir al propio Parlamento, a las asambleas provinciales y a los ayuntamientos, además de admitir empresas mixtas con capital extranjero. La apertura a los inversores foráneos y ciertas medidas internas permiten hablar de un «capitalismo a la cubana», pero el malestar social creado por las carencias que sufre la población y el desencanto por la ausencia de medidas políticas reformistas han llevado al país a una situación crítica.

En el verano de 1994 se produjo la *crisis de los balseros* al huir cientos de cubanos de la isla utilizando los medios de navegación más elementales. Este éxodo ha supuesto un problema de acogida para los EEUU y otros países centroamericanos.

La opinión pública internacional, por otra parte, se muestra mayoritariamente en contra del mantenimiento del bloqueo por EEUU.

En Haití, el 30-IX-91, un golpe militar derriba al Presidente Bertrand Aristide. El instigador de la operación es el general Raúl Cedrás, pero se nombra Presidente interino al juez Justice Nerette.

El depuesto Presidente y los representantes de la Asamblea Nacional logran en febrero de 1992, tras una reunión en la sede de la OEA, un acuerdo para resolver la crisis creada tras el golpe de Estado. Se aprobó la formación de un Gobierno Provisional dirigido por el diputado comunista René Théodore, la permanencia del golpista general Cedrás al frente de las Fuerzas Armadas y el regreso de Aristide, sin concretarse la fecha.

Sin embargo, este acuerdo no se llevará a la práctica. Ya en julio de 1993 se firmó un acuerdo en la isla del Gobernador, en el que se estipulaba la retirada de Cedrás y de Joseph François y el regreso de Aristide el 30 de octubre de 1993, así como el nombramiento de un Primer Ministro y un nuevo Gobierno. El Presidente Aristide designó Primer Ministro a Robert Malval, pero tras el asesinato del partidario de Aristide, Antoine Izmery, el país volvió a vivir una profunda crisis, sin que el embargo decretado por la ONU y el envío de buques de guerra de los EEUU alterasen la situación. El ejército seguía en el poder y Aristide en el exilio.

Mientras, en el país, una minoría de parlamentarios apoyados por el ejército proclamó Presidente de la República, de manera inconstitucional, al ex-Presidente del Tribunal Supremo, Emile Jonassaint. La represión aumentó, sobre todo contra los partidarios de Aristide y los representantes de asociaciones populares y de derechos humanos, mientras que las fuerzas neoduvalieristas se reconstituían.

Intentó mediar en la crisis el ex-Presidente Carter, logrando, ante la amenaza de una intervención militar estadounidense, que Cedrás aceptase el retorno del Presidente derrocado.

El 19-IX-94, las fuerzas norteamericanas desembarcan en la isla y tomaban el control de la situación. Tras un último pulso de las fuerzas golpistas, el general Cedrás aceptaba dimitir de la jefatura de las Fuerzas Armadas y abandonar el país. Se producía también la dimisión del Presidente E. Jonassaint, y su exilio a Panamá. El día 15 regresó Aristide, y el 24, una vez repuesto en sus funciones, designaba como Primer Ministro a Smarck Michel.

En la República Dominicana, en mayo de 1994, Joaquín Balaguer, con 87 años de edad y prácticamente ciego, era reelegido por séptima vez como Presidente de un país que venía gobernando desde 1960.

Su contrincante José Francisco Peña Gómez denunció que había habido un claro fraude electoral, cosa que en parte corroboraron los observadores internacionales, pero el Ejército optó por mantener a Balaguer como Presidente.

14.6.4. *Brasil, Argentina y Chile*

Los «planes de choque» aplicados a la deteriorada economía brasileña por su Presidente, Fernando Collor de Mello, no acababan de ofrecer buenos resultados. En el Gobierno, desde marzo de 1990, el partido de Collor, el PRN (Partido de Reconstrucción Nacional), desciende en las perspectivas de voto, en parte, por la polémica provocada por las denuncias de corrupción al hermano del Presidente.

Este grave clima de corrupción política afectó al mismo Presidente de la República, que se vio envuelto en un proceso o *impeachement*.

En septiembre de 1992, la Cámara de Diputados aprobó por 411 votos sobre 503 la destitución de Fernando Collor de Mello, que fue reemplazado a los pocos días por el Vicepresidente Itamar Franco.

Brasil batió en 1993 las marcas continentales y tal vez mundiales de inflación, con una tasa anual por encima del 2.500%. Esto no ha impedido que Brasil tenga un crecimiento del producto interior bruto (PIB) en este mismo período.

Un hecho curioso fue el plebiscito convocado en abril de 1993 acerca de la restauración de la Monarquía, que fue rechazada. Tampoco se aprobó la transformación de la República Presidencialista Parlamentaria. Hay que recordar que el país estuvo gobernado por la Casa de Braganza, en calidad del Imperio de Brasil, desde su independencia de Portugal hasta 1889.

En el otoño de 1994 se celebraron elecciones presidencialistas y legislativas y se impuso Fernando Henrique Cardoso.

En Argentina, en noviembre de 1988, la Cámara Federal de Buenos Aires condenó a 12 años de prisión al general Leopoldo Galtieri, al almirante Jorge Ayala y al brigadier Basilio Lami Dozo, miembros de la Junta Militar que condujeron la guerra de las Malvinas.

Precisamente un año después, Argentina y Gran Bretaña acuerdan reestablecer sus relaciones suspendidas por la guerra, en 1982. Se reanudan, también, las comunicaciones aéreas y marítimas. El acuerdo se alcanza en Madrid, donde se mantuvieron las conversaciones, el 19-X-89. La normalización diplomática se completará en 1990.

En enero de ese año un nuevo intento desestabilizador fracasa en Argentina. Un grupo de individuos asalta el cuartel de La Tablada siendo recuperado por el Ejército. El comando asaltante resultó pertenecer al movimiento izquierdista MTP.

El candidato peronista Carlos Menem obtuvo casi el 50% de los votos en los comicios celebrados en mayo. Se efectuó el traspaso de poderes con la toma de posesión del nuevo Presidente el 8 de julio de 1989, cinco meses antes de lo previsto, por renuncia expresa de Raúl Alfonsín. Desde 1928 era la primera vez que un mandatario civil sucedía a otro civil al frente del Estado.

La política de reconciliación nacional promovida por Menem explica la firma de cuatro decretos de indulto que amnistían a militares que se vieron involucrados en la etapa de la dictadura, además de algunos civiles y personas vinculadas a la guerilla durante los años setenta. La decisión levantó críticas y también la protesta de grupos de manifestantes. En diciembre de 1990 el Presidente Menem tiene que sofocar la cuarta rebelión de los «carapintadas», que bajo el mando del coronel Seineldín habían ocupado la sede del Estado Mayor del Ejército.

En el terreno económico, Carlos Menem es reconocido como el «autor del milagro económico»: la inflación bajó de 1.344% en 1990, a 173% en 1991; la bolsa experimentó revalorizaciones superiores al 100% como consecuencia de la entrada de capitales. También anunció un decreto de «desregulación» mediante el cual liberalizaba las actividades económicas derogando 17 leyes de signo intervencionista de la economía. El desempleo ha experimentado una mejora.

Las dificultades económicas, aún frenadas, no han sido superadas del todo y Argentina atraviesa todavía en estos años un momento complejo.

Tampoco han faltado casos de corrupción y de escándalos como el de Amira Yoma, cuñada del Presidente, vinculada al blanqueo de dinero del narcotráfico.

En las legislativas habidas en octubre de 1993 salió vencedor el partido justicialista frente a la Unión Cívica Radical y los otros grupos menores. Carlos Menem vio en este resultado un apoyo a su política económica que está devolviendo la estabilidad al país.

Sin embargo, no se ha conseguido aún reformar la Constitución como desea Menem. El acuerdo de Los Olivos con Raúl Alfonsín ha hecho inclinarse a los radicales por la reforma constitucional. Por todo ello, en abril de 1994 se consiguieron celebrar elecciones para formar una Asamblea Constituyente.

Los cambios principales han sido la reducción a 4 años de la duración del mandato presidencial, con posibilidad de reelección para otro mandato y el nombramiento de un Ministro coordinador.

En Chile, el 5 de octubre de 1988 se celebró el plebiscito convocado por el Gobierno de Pinochet con el fin de legitimar el régimen y prolongar el mandato del general, pero el resultado de las urnas fue desfavorable a Pinochet, ganando los partidarios del «No» por un 54,68% frente al 43,04% de los partidarios del «Sí».

El nivel de participación fue muy alto, cercano al 95%, y la jornada transcurrió con absoluta normalidad. El resultado suponía el fin del sistema, aunque todavía el Presidente continuaría al frente del país hasta marzo de 1990, cuando Patricio Aylwin, del Partido Democratacristiano, asumiría la Presidencia de la República, tras 17 años de dictadura militar.

Durante el Gobierno de Patricio Aylwin, la relativa prosperidad económica lograda gracias a su acertada gestión ha hecho pasar a segundo plano las difíciles relaciones cívico-militares.

La «cohabitación» entre el nuevo Presidente democrático y el antiguo dictador que continuaba al frente del Ejército no fue fácil pero se ha conseguido saldar positivamente.

Un momento crítico se vivió en marzo de 1991 con motivo de la publicación del informe de la Comisión Verdad y Reconciliación, popularmente conocido como el «informe Rattig», en el que se daba cuenta de las numerosas muertes o desapariciones acaecidas durante la época de Pinochet.

La economía chilena ha corregido desequilibrios crecientes en materia de precios y de cuentas externas y ha avanzado en el campo social. El país ha tomado una senda de crecimiento sostenido con estabilidad.

Frei ganó la Presidencia el 11-XII-93, con un 58% de voto popular, uno de los porcentajes más altos de la historia del país. Justamente se cumplían dos décadas del golpe militar que dio paso a la dictadura de Augusto Pinochet. Frei era candidato de la coalición de centro-izquierda. El candidato de la derecha, Francisco Alessandri, obtuvo cerca del 25% de los votos.

Chile vive una etapa de desarrollo económico y normalización política.

14.6.5. *Uruguay y Paraguay*

Alberto Lacalle gobierna este país desde marzo de 1990. Líder del Partido Nacional o Partido Blanco, logra un largo período de estabilidad política y mejora económica. Uruguay adoptó una política de «borrón y cuenta nueva» evitando el replanteamiento de problemas internos, en especial con los militares.

— En Paraguay, como ya se ha citado, en la noche del 2 al 3 de febrero de 1989 fue derrocado el General Alfredo Stroessner, poniéndose fin a 32 años de uno de los regímenes más significativos del autoritarismo latinoamericano. En los últimos tiempos, se había debilitado el poder de Stroessner, que perdió hasta el apoyo del Partido Colorado y de la mayoría de sus partidarios. Fue derribado por el General Andrés Rodríguez, cuya hija estaba casada con un hijo del dictador. El nuevo mandatario lanzó una proclama prometiendo la implantación de los derechos humanos y de la democracia. La oposición acogió con recelo este cambio que algunos sectores interpretaron como una sustitución de personas para servir los mismos intereses.

En las elecciones, convocadas con excesiva premura, ganó Rodríguez, que obtuvo el necesario respaldo popular.

Entre las primeras modificaciones que realizó se encuentra la jura, por parte del General, de una nueva constitución que le prohíbe ser reelegido.

En agosto de 1993, un civil, Juan Carlos Wasmosy llegará a la Presidencia tras vencer en las elecciones, después de casi 40 años de mandatarios militares.

14.6.6. *Los Países Andinos*

Perú vivió, en 1990, un reñido proceso electoral a la Presidencia del país en el que compitieron dos personajes: el escritor Mario Vargas Llosa y el ingeniero japonés Alberto Fujimori. El primero aglutinó los partidos de centro-derecha en el FREDEMO o Frente Democrático, para oponerse a la Alianza Popular Revolucionaria (APRA), del Presidente en el poder, Alan García, y otros sectores de la izquierda, en principio dividida.

Perú atravesaba una difícil situación política y social, agravada por la crisis económica y el terrorismo de Sendero Luminoso. El FREDEMO aparecía como el favorito en las elecciones, pero su vinculación con los sectores más conservadores hizo perder popularidad a un candidato, que aparecía como favorito.

La figura hasta entonces desconocida de Fujimori, hijo de emigrantes japoneses y apodado «el Chinito», recibió el apoyo de los sectores menos favorecidos. Su campaña se centró en el lema «moralidad, trabajo y tecnología».

En la primera vuelta, Fujimori casi alcanzó a su rival y en la segunda pudo concitar los votos del APRA y los de otros sectores dubitativos. Conseguía vencer a Vargas Llosa el 10 de junio, tomando posesión de su cargo el 28 de julio.

Una vez en el poder y ante la gravedad de los problemas políticos, económicos y sociales, Fujimori disolvió el Congreso el 6-IV-92 dando un «autogolpe».

Su nuevo mandato fue considerado de «populismo tecnocrático» y aunque en el interior se han ido consiguiendo algunas mejoras, el régimen anticonstitucional sigue mereciendo el rechazo internacional.

Las causas de los problemas del país eran diversas: tras la inflación del 2.775% anual de 1989 se llegaba a fines de 1991 al 139%.

Pese al éxito económico, los otros frentes del Gobierno seguían pendientes. El terrorismo continuaba causando cientos de víctimas con sus atentados, mientras la represión policial era también fuerte.

El Presidente peruano justificaba su golpe de Estado insistiendo en no retroceder en su proyecto político contra una democracia que consideraba «palabrera e ineficaz» y unos políticos corruptos.

A principios de 1991, el Gobierno Fujimori se tiene que enfrentar con otro grave problema: el cólera, una enfermedad que la Organización Mundial de la Salud consideraba erradicada de América Latina desde 1973, pero que reapareció en forma de feroz epidemia y que, en sólo tres meses, llegó a afectar a unas 100.000 personas y causó la muerte de casi otras 600.

La propagación de la enfermedad se vio favorecida por las condiciones de pobreza y miseria en que vivían dos tercios de la población peruana, según las propias estadísticas oficiales.

Fujimori ganó en noviembre de 1993 el referéndum para modificar la Constitución, obteniendo un 47% favorable, aunque la oposición calculó que la abstención era del 27%.

El nuevo texto permitía a Fujimori volver a presentarse como candidato a la Presidencia de la República en 1995 para otro mandato de cinco años.

La oposición intenta rehacerse y aglutinarse buscando figuras capaces de enfrentarse al actual Presidente, entre ellas se habló del ex-Secretario General de la ONU Pérez de Cuéllar, que se mostró reticente.

Tras la detención del líder de Sendero Luminoso Abimael Guzmán, las acciones terroristas han disminuido.

En Ecuador, Rodrigo Borja gobernará hasta agosto de 1992, cuando accede a la Presidencia Sixto Durán Ballén del partido de centro-derecha Unidad Republicana, que emprendió un plan de austeridad adecuado para estabilizar la economía del país. Sin embargo, la incidencia de problemas económicos internacionales, como la caída de los precios de los productos principales exportados por Ecuador volvió a empeorar la situación que repercutió a su vez en el clima social. El Gobierno tiene que enfrentarse, además, a un parlamento en gran medida dividido y opuesto.

El país tiene graves carencias internas y problemas como la situación de los indios de la Amazonia. También mantiene un contencioso fronterizo con Perú.

En Bolivia, el socialdemócrata Jaime Paz Zamora, candidato del MIR (Movimiento de Izquierda Revolucionaria), obtiene la Presidencia de la República, en agosto de 1989, tras una votación en el Congreso, gracias al acuerdo alcanzado con Hugo Banzer, de la derechista Acción Democrática Nacionalista. Lo curioso de este hecho radica no sólo en que Paz Zamora fue perseguido en su día por el entonces mandatario del país, general Banzer, sino también en que el candidato del partido ganador de las elecciones legislativas, Paz Estensoro, que perdió el poder por esta maniobra, es el tío del nuevo Presidente.

Paz Zamora ha logrado frenar la tradición golpista de su país, justamente por esta unión con la oposición conservadora. La preocupación principal del Gobierno es asegurar la estabilidad económica y política, amenazada por el paro, la creciente deuda exterior y los bajos salarios impuestos por los programas de ajuste que exige el Fondo Monetario.

Desde agosto de 1993, Gonzalo Sánchez de Lozada será el nuevo Presidente boliviano, del Movimiento Nacionalista Revolucionario. Su dura política económica ha devuelto al país una cierta estabilidad, frenando la anterior hiperinflación.

14.6.7. *Colombia y Venezuela*

El problema del narcotráfico y de las acciones terroristas ensombrece estos años la situación colombiana.

El 18-VIII-89, Luis Carlos Galán Sarmiento, precandidato liberal a la Presidencia, es asesinado por hombres del cártel de Medellín durante un mitin electoral. Galán es la tercera víctima mortal en cuarenta y ocho horas, después de las muertes del magistrado Carlos E. Valencia y del comandante de la policía de Antioquia, Valdemar F. Quintero.

La escalada de atentados en Colombia culmina a fines de 1989 con un sangriento golpe en la capital que produjo 40 muertos y 800 heridos en una acción contra el cuartel de la policía.

Ese mismo año, el Presidente Virgilio Barco anuncia una fortísima campaña contra el narcotráfico. A los pocos días son numerosas las confiscaciones de fincas de los grandes dirigentes del cártel y se cifra en más de 10.000 los detenidos en todo el país. Sin embargo, los atentados seguirán ensangrentando Colombia. En noviembre, un avión de la compañía Avianca explota en el aire apenas despegar del aeropuerto de Bogotá, muriendo 107 personas.

Las medidas contra los *narcos* adoptadas por el Gobierno de Virgilio Barco permitieron el registro e incautación de propiedades, aviones, yates, helicópteros y vehículos de personas relacionadas con la droga. Se ofrecieron grandes recompensas por la captura de los principales dirigentes, con escasos resultados.

Desde agosto de 1990 gobierna César Gaviria, del Partido Liberal. Aunque los guerrilleros del Ejército de Liberación Nacional (ELN) y de las Fuerzas Armadas Revolucionarias Colombianas (FARC) continuaron con sus ofensivas, a principios de marzo de 1991 se entregaron a las autoridades 2.000 hombres del EPL mandados por Jairo Morales; otros guerrilleros los imitaron. El Ejército Popular de Liberación ponía así fin a 23 años de insurgencia.

El 19 de junio de 1991 se entregó a las autoridades colombianas el hombre más buscado del mundo, el narcotraficante Pablo Escobar Gaviria, acogiéndose a unos decretos gubernamentales que ofrecían reducciones de pena y la no extradición a los delincuentes que se entregasen voluntariamente.

Escobar estaba considerado como uno de los veinte hombres más ricos del mundo, calculándose una fortuna de 5.000 millones de dólares. Escobar fue ingresado en la cárcel de Envigado, al parecer financiada por él y donde gozó de toda clase de comodidades. Al comunicarse al narcotraficante que iba a ser trasladado de prisión a otra custodiada por el Ejército, Escobar se fugó.

El buscado «capo» del narcotráfico acabará muerto por la policía durante un asalto al lugar en que se escondía, en diciembre de 1993.

En las elecciones presidenciales de 1994 se enfrentaron Ernesto Samper (liberal) y Andrés Pastrana (conservador). Vencerá el primero, que ocupará la Presidencia desde agosto.

La economía colombiana ha venido experimentando un crecimiento espectacular.

En Venezuela, Carlos Andrés Pérez, que gobernó entre 1974 y 1979, fue reelegido en diciembre de 1988 por el Partido Acción Democrática. Al fracasado golpe de Estado de febrero de este año, le suceden las numerosas protestas y la ola de descontento general contra su persona. Este malestar social amenazó su mandato.

Pero el rechazo de la ciudadanía no va dirigido sólo contra Pérez, sino contra un sistema que empobreció al país al tiempo que los dirigentes se enriquecían enormemente con los ingresos petroleros. En los meses transcurridos desde la intentona golpista, que resquebrajó los cimientos del sistema político, Pérez reorganizó su Gabinete en dos ocasiones, en un intento de buscar una combinación que ayude a recuperar su liderazgo y credibilidad. Su principal problema eran los militares, a quienes ha incorporado al Gabinete, y frenar el avance de la oposición democristiana, el COPEI.

El intento de golpe encabezado por el teniente coronel Hugo Chávez, en febrero de 1992, fue rápidamente sofocado, pero confirmó el malestar latente contra Carlos Andrés Pérez.

La Corte Suprema de Venezuela acordó en mayo de 1993 procesar a Pérez por presunta malversación de fondos de la partida secreta de gastos. También el Senado aprobó por unanimidad autorizar su enjuiciamiento, tras lo que quedó destituido de su cargo, en espera de la sentencia definitiva tras un breve período de interinidad.

En las elecciones del 5 de diciembre, con una abstención superior al 40%, algo más del 30% de votantes venezolanos eligió como Presidente a Rafael Caldera, quien con 78 años de edad tomará posesión en febrero, un cuarto de siglo después de su primera presidencia. Curiosamente, Caldera no fue presentado por el COPEI, su partido tradicional, sino por una coalición de 17 partidos bajo el nombre de Coalición Nacional.

14.6.8. *Las Cumbres Iberoamericanas*

La cumbre de Guadalajara que reunió en esta ciudad mexicana a los primeros mandatarios de 21 estados de habla española y portuguesa de América y Europa, durante los días 18 y 19 de julio de 1991, consiguió hacer realidad el propósito tantas veces malogrado de un gran encuentro de los países iberoamericanos.

A la cita de Guadalajara seguirán otras confirmando la seriedad, utilidad y continuidad del empeño. En 1992 se tuvo en España la II Cumbre.

La llamada «Declaración de Guadalajara», hecha pública tras la I Cumbre, establece la acción conjunta de los países participantes mediante estas Conferencias Iberoamericanas, proclamando la fundamentación de sus objetivos en los principios de la democracia y los derechos humanos, anunciando una nueva cultura de cooperación internacional como vía para lograr un mundo justo y estable, libre de la pobreza, la guerra, la intolerancia, el hambre, la enfermedad, la degradación del medioambiente, el narcotráfico y la ignorancia. También se reitera el respeto al Derecho Internacional, la lucha por el desarrollo y el desarme y la consecución de una paz universal.

En el texto se dice expresamente que:

«2. Representamos un vasto conjunto de naciones que comparten raíces y el rico patrimonio de una cultura fundada en la suma de pueblos, credos y sangres diversas. A 500 años de nuestro primer encuentro, y como uno de los grandes espacios que configuran el mundo de nuestros días, estamos decididos a proyectar hacia el tercer milenio la fuerza de nuestra comunidad.

»3. Reconocemos que este propósito de convergencia se sustenta no sólo en un acervo cultural común, sino, asimismo, en la riqueza de nuestros orígenes y de su expresión plural. Nuestra comunidad se asienta en la democracia, el respeto a los derechos humanos y en las libertades fundamentales. En este marco se reconoce el derecho de cada pueblo a construir libremente en la paz, estabilidad y justicia su sistema político y sus instituciones.

»4. Encontramos en la aproximación respetuosa de nuestras diferencias y en la voz múltiple de nuestras sociedades, las bases de un proyecto de cooperación iberoamericana sustentado en el diálogo y la solidaridad».

El respeto a los pueblos indígenas se establece de modo tajante: «8. Reconocemos la inmensa contribución de los pueblos indígenas al desarrollo y pluralidad de nuestras sociedades y reiteramos nuestro compromiso con su bienestar económico y social, así como la obligación de respetar sus derechos y su identidad cultural».

En la Cumbre de Madrid, en el mes de julio, que coincidió con las conmemoraciones del V Centenario del Descubrimiento de América, volvieron a expresarse estos mismos votos en favor de la democracia, la paz y la solidaridad internacional.

España y su rey Juan Carlos I tuvieron un mayor protagonismo. Hubo también actos sociales y culturales con ceremonias en el Palacio Real, El Escorial, y visitas a Barcelona y Sevilla.

La presencia de Fidel Castro creó algunos problemas y no faltaron en la calle manifestaciones de cubanos exiliados.

Los países iberoamericanos volvieron a reunirse entre el 15 y 16 de julio de 1993 en Salvador, Bahía, capital histórica de Brasil. En el transcurso de esta cumbre se expresó la petición de que España y Portugal ejercieran un cierto papel «puente» entre la UE y los pueblos americanos. También se insistió en la necesidad de reformar y democratizar la ONU. Igualmente, se planteó la conveniencia de ampliar el plazo de las reuniones y hacerlas bianuales.

En julio de 1994, esta vez en la ciudad no menos simbólica de Cartagena de Indias, se tuvo la nueva cumbre.

14.6.9. *Nace Mercosur*

El primero de enero de 1995 entró en vigor la Unión Aduanera entre Argentina, Brasil, Uruguay y Paraguay que se denomina «Mercosur».

Registra un PIB de 750.000 millones de dólares y su población, aproximadamente 200 millones de personas, representa el 45% de todos los habitantes de América Latina y el 60% de su territorio. Un sistema de garantías recíprocas promoverá y tratará de evitar los desequilibrios y condiciones injustamente diferenciales en un movimiento de capitales, tecnología y prestaciones que se prevé dinámico y promisorio.

Aunque tiene muchos aspectos sin concretar e incluso se establecen todavía excepciones y salvaguardias, lo importante es la puesta en marcha de un ambicioso proyecto que puede culminar en la formación de un Mercado Común e incluso de una Comunidad Económica. Nace el segundo Bloque continental tras el Tratado de Libre Comercio entre EEUU, Canadá y México.

14.6.10. *Reivindicaciones fronterizas interamericanas*

Entre los distintos Estados americanos existen varios conflictos fronterizos que con cierta regularidad vuelven a plantearse o retornar a su *congelación*. Casi todos se deben a disputas territoriales que pueden remontarse a lógicas indefiniciones de límites en la época colonial.

Merecen citarse como más importantes los siguientes:

— *Colombia-Nicaragua*. Por un tratado firmado en 1928. Nicaragua cedió la soberanía de las islas de San Andrés y Providencia frente a la costa atlántica, en el mar de las Antillas. Posteriormente, los nicaragüenses declararon nulo ese tratado.

— *Perú-Chile-Bolivia*. Tras la guerra del Pacífico (1879), Bolivia perdió su salida al Pacífico después de que Chile le ganara la región de Antofagasta, confirmado más tarde en el protocolo de 1929. La reivindicación de Bolivia para lograr una salida al mar es admitida como lógica por la misma OEA pero todavía no se ha encontrado una solución. Uno de los inconvenientes es que Perú también perdió parte de su territorio sur en el mismo conflicto.

— *Colombia-Venezuela*. Ha habido varias disputas entre ambas Repúblicas perviviendo la demarcación de aguas, lecho y subsuelo, del golfo de Maracaibo. En 1980 se llegó a una fórmula de prearreglo que nunca llegó a ser culminada. La riqueza en hidrocarburos del fondo marino contribuye a agravar la diferencia.

— *Venezuela-Guyana*. Tras la separación en 1989 de Guyana, una parte del territorio guyanés, la delimitada por el río Esequibo, pura selva con apenas cuarenta mil habitantes muy diseminados, ha sido reclamada históricamente por los sucesivos Gobiernos venezolanos.

— *Argentina-Chile*. Los conflictos en torno al canal de Beagle y acerca de 532 km^2 de territorio en la Patagonia ya han sido resueltos amistosamente, pero quedan pendientes ciertas disputas sobre algunas islas del Cabo de Hornos y algunas cumbres de los Andes.

— *Ecuador-Perú*. Una zona sin delimitación clara en la Amazonia.

— *Colombia-Panamá*. Existe una disputa de territorialidad acerca del llamado Tapón del Darién, una zona prácticamente inaccesible. La propuesta colombiana de abrir un nuevo Canal a través del río Atrato, que marca la frontera con Panamá, constituye otro motivo de fricción.

— *Belice-Guatemala.* Guatemala siempre ha reivindicado su soberanía sobre lo que era Honduras británica, porque la imprecisión del tratado fronterizo de 1859 se prestaba a distintas interpretaciones. Los reiterados incidentes militares de 1972, 1975 y 1977 reflejan este problema.

Por otra parte, México también mantiene reivindicaciones sobre Belice.

También hay problemas menores entre Brasil y Bolivia en el Estado de Acre, entre Perú y Bolivia en el reparto del lago Titicaca, entre Bolivia y Paraguay desde las guerras del Chaco, disputas de naturaleza hidroeléctrica entre Argentina y Brasil, entre Argentina y Paraguay sobre demarcación del río Pilomayo y entre Argentina y Uruguay sobre el Río de la Plata, sin olvidar la reivindicación de Buenos Aires del archipiélago de las Malvinas, ocupadas irregularmente en 1833 por los británicos y que llevó a la guerra de 1982.

Capítulo XV
AGITADO FIN DE SIGLO

15.1. Estructura y proceso

El sistema internacional *globalizado* del último lustro del siglo no es algo homogéneo, como pudiera suponerse, sino heterogéneo, asimétrico, plurimorfo, discontinuo y multicultural. Su grado de uniformidad proviene básicamente de las redes comunicativas y la gestación de una economía mundial, dos factores muy emblemáticos dentro de la concepción del complejo relacional como ecosistema informativo.

Es innegable que estamos ante el hecho de un mundo interdependiente, un espacio de conexión planetario y en cualquier movimiento, pero entendemos con Lluis Bassets que «un enfoque radicalmente escorado es el de abdicar todo pluralismo ante la hegemonía del llamado pensamiento único, que además resulta, desde un planteamiento ético riguroso, un pensamiento también débil. Convertir al dinero, al capital y al mercado en únicos objetivos y en únicos mecanismos reguladores del sistema internacional es una equivocación».

La concesión del Premio Nobel de Literatura 2000 al escritor chino Gao Xingijian, del Premio Nobel de la Paz al también asiático Kim Dae-jung, Presidente de Corea del Sur, junto a galardonados de Rusia y de EEUU ilustran la universalización del sistema internacional a la vez que su diversidad.

Si la «cumbre del milenio» en Nueva York reunió a representantes de 189 Estados o los Juegos Olímpicos de Sidney confirmaban la existencia de un espacio informativo mundial, el encuentro entre el transbordador discovery y la Estación Espacial Internacional demuestra la cooperación científica en una época de innegables avances técnicos.

Del Arenal expone que «la sociedad mundial de principios de los años noventa se caracteriza principalmente por ser un sistema internacional en profunda mutación, o en crisis, cargado de incertidumbres en cuanto a lo que sea el orden mundial futuro, que avanza, en medio de contradicciones, singularidades y limitaciones, hacia un sistema cuyas características se mueven entre la unipolaridad y la multipolaridad entendidas en sentido clásico, pero también entre el estatocentrismo y el multicentrismo, desde una perspectiva nueva. La relativa "simplicidad" que presentaba el mundo estatocéntrico de los siglos anteriores y, más en concreto, el mundo de la posguerra, caracterizado por una bipolaridad manifiesta en el plano político-militar y por una hegemonía económica de los Estados Unidos, ha dado paso a un mundo de complejidad, movilidad e incertidumbres crecientes...».

La última etapa de la postguerra fría se ve sacudida por un reajuste aún sin terminar, donde coexisten nuevas tensiones, aparecen rompimientos centrales y periféricos y el fin del Consulado entre EE.UU. y la URSS no acaba de cuajar en un nuevo orden estable.

15.1.1. *Variables*

A) *Espacio geográfico y estructura social*

Desaparecida la fractura entre Bloques pervive la diferencia Norte-Sur y además se advierten nuevos desajustes como el generado por la globalización que ha acentuado por un lado el perfil homogéneo de los países desarrollados y ha distanciado más a los que quedan separados por las desigualdades económicas, culturales, tecnológicas y sociales.

Europa camina hacia su integración, todavía enfrentándose a un complejo horizonte, más despejado tras la caída de Milósevic. Se advierte también un incremento de los esfuerzos de agrupación regional, especialmente en Asia y América Latina y una actividad más dinámica en las organizaciones internacionales, empezando por las propias Naciones Unidas.

Las nuevas tecnologías han suprimido, en cierto modo, las barreras espaciales y ello ha aumentado la diplomacia directa, la frecuencia de las cumbres, el volumen de intercambios culturales y económicos, la mejora de las infraestructuras y el afianzamiento de las grandes *audiencias* de civilización.

Algunas espectaculares obras públicas simbolizan esta intensificación de la red comunicativa. Así en 1996 entró en funcionamiento el gaseoducto Magreb-Europa, que cuenta con 1.400 km. de longitud y posee capacidad para transportar 10.000 millones de metros cúbicos de gas natural al año.

También se construyó un puente de 16 km. de largo para unir Suecia y Dinamarca, denominado puente de Oeresund. Consta además de una isla artificial y un túnel. Con la apertura de esta vía queda conectada toda Europa, desde la línea polar hasta Algeciras. Se empezó a construir en 1993 y se terminó en el 2000.

Si prolongamos la ampliación del espacio al ámbito extra-terrestre el logro más espectacular ha sido la colocación de la Estación Internacional en la que cooperan 16 países.

La concienciación sobre la urgencia de preservar el medio ambiente, evitar el deterioro ecológico y la búsqueda de energías limpias ha aumentado sensiblemente en estos años, en los que tampoco han faltado catástrofes naturales como el huracán Mitch o grandes inundaciones y terremotos; ni desastres achacables al hombre como las hambrunas africanas; accidentes aéreos, alguno tan llamativo como el sufrido por el Concorde en París; el demencial atentado con gas sarin en Tokio, o los vertidos tóxicos en las aguas del canal de la Mancha como los del petrolero Erika o el carguero químico Ievoli Sun.

Se han alzado voces pidiendo la reforma de la ONU y especialmente de su Consejo de Seguridad, para dar cabida a países como Alemania, Japón, China, la India y algunos que representan al mundo islámico y al hispanoamericano, para institucionalizar de un modo más justo el reparto geopolítico del sistema actual.

Al final de los años noventa, Europa tenía 702.433.000 habitantes; Asia 3.611.658.000, África 748.401.000; América septentrional y central 469.775.000; América meridional 336.834.000 y Oceanía 30.837.000, según datos del Calendario Atlante de Agostini, con muy desiguales índices de natalidad, mortandad y crecimiento.

El racismo, la xenofobia y las migraciones por motivos políticos o económicos eran los grandes problemas demográficos, donde también cabe mencionar el crecimiento de las grandes ciudades que van tejiendo una visión reticular de las sociedades humanas.

Según estudios realizados para la ONU, Europa necesitará un total de 159 millones de emigrantes en los próximos 25 años si desea mantener el actual equilibrio entre población activa y pasiva. Por su parte, EEUU también deberá recibir 150 millones de personas.

La UE declaró 1997 Año Europeo contra el Racismo y en varios países se van adoptando medidas legislativas para normalizar la situación de los cada vez más numerosos emigrantes. Cabe citar la ley francesa que concede la nacionalidad a los hijos de emigrantes nacidos en este país, la ley de Ciudadanía alemana que mejoró la situación de los hijos de emigrantes o la nueva ley de Extranjería española.

Todos los analistas coinciden en estimar que uno de los grandes desafíos del siglo entrante es el incremento de los procesos migratorios y la asimilación de los emigrantes por las sociedades desarrolladas, que por otra parte necesitan en la mayoría de los estados un fuerte relevo generacional que no parece posible sin la acogida de emigrantes.

El hecho puede crear tensiones, no solamente xenófobas sino identitarias, justamente en un momento en que por el recelo frente a la globalización se advierten retornos localistas e incluso nacionalistas.

B) *Tiempo histórico y universo cultural*

La globalización en el ámbito de las relaciones culturales ofrece una situación contradictoria. Por un lado es evidente la expansión de valores, gustos y obras emanadas del centro hegemónico que refuerzan los procesos de *occidentalización*. Esto es muy evidente en industrias culturales como en el cine, la discografía o el periodismo; pero por otro lado, hay una emergencia defensiva de las llamadas identidades locales y culturas étnicas o diferenciales. Una muestra del intento de armonizar ambas tendencias se aprecia en las estrategias de marketing para incorporar elementos locales a las grandes producciones globalizadoras. Vallespin escribe al respecto que cuando el destinatario son clientelas periféricas se realizan programas o juegos de ordenador en diferentes lenguas, noticiarios «regionales» de la CNN, incorporación de noticias de fútbol local o como hace Disney, introducción de historias y personajes asiáticos o africanos.

Las reacciones radicalizadas a esta occidentalización son los fundamentalismos culturales, que también los hay, y no sólo en lo religioso. Además no debe olvidarse que componentes culturales como la lengua, la arquitectura propia, las tradiciones colectivas o los estereotipos simbólicos, constituyen rasgos vindicatorios de identidad.

La globalización también afecta a las lenguas que hay en el planeta. Los expertos calculan que se hablan más de 6.000, pero de continuar el ritmo de destrucción, el 80 por ciento de ellas habrá desaparecido en 200 años. Destacan como lenguas más habladas el inglés, el español, el chino mandarín, el árabe y a cierta distancia el francés y el ruso.

La pérdida de valores morales y éticos y el crecimiento del consumismo y el materialismo, con incidencia en unas sociedades más frívolas y más violentas, es uno de los aspectos negativos de esta época.

El desarrollo de la industria cultural y el cultivo del ocio, el auge del turismo y la popularización de eventos artísticos, junto al incremento de exposiciones, muestras, ferias, conciertos, efemérides conmemorativas y el renacer de un interés político por la promoción artística, especialmente por la gran arquitectura, ilustra el auge cultural finisecular.

Aeropuertos, estaciones ferroviarias, palacios de congresos, auditorios, museos, bibliotecas, óperas y grandes complejos deportivos devolvieron a la arquitectura su función simbólica y su contribución a la mejora de la calidad de vida, el urbanismo y la identidad política.

La pluralidad de las escuelas y gustos estéticos se manifestaron en las obras convencionales y en las más espectaculares y emblemáticas, incluyendo la ingeniería y las obras públicas. Posiblemente, sea el replanteamiento arquitectónico y urbanístico de Berlín convertido de nuevo en capital de Alemania el mejor símbolo de este proceso de reescritura de la estética del siglo.

Se ha hablado, como hace Racionero, del caos posmoderno, pero a la vez se reconocen factores de eclecticismo, de un cierto orden en lo complejo, de un vértigo ante lo desconocido y, sobre todo, de la aceleración del tiempo histórico, que deja obsoletos los movimientos más rompedores y hace efímero lo vanguardista.

C) *Seguridad nacional y necesidades colectivas*

El 24-III-99 aviones de la OTAN bombardean, por primera vez, un país europeo soberano. Había nacido una nueva estrategia de seguridad, que además pronto se anunció prácticamente mundial. Desde una cierta postura crítica, Ignacio Ramonet, comentando la intervención en Kosovo alerta sobre los riesgos de la injerencia humanitaria y su colisión con el principio clásico de la soberanía. «¿Dónde reside ahora la soberanía de un país? No se sabe. ¿Nos dirigimos hacia la instauración, a escala planetaria y bajo la égida de Occidente de unas "soberanías limitadas", semejantes a las que querían instaurar en los años sesenta y setenta Leonid Bréznev y la URSS en los estados del ámbito socialista? ¿Habrá que pensar en la resurrección de la figura colonial del protectorado?».

Las tesis partidarias del llamado deber de injerencia han visto en el conflicto de Kosovo el comienzo de una nueva etapa de las relaciones internacionales. Afirman que se ha acabado la impunidad de los Gobiernos que violen las normas de la Comunidad Internacional y valores compartidos como los Derechos Humanos. El recuerdo a la soberanía y al principio de no intervención en asuntos internos ya no se estima suficiente.

La experiencia de la administración de la paz en Kosovo será sin duda decisiva para decantarse por una u otra postura. Así Kouchner señala que «el reto de Kosovo es enorme para la ONU porque aquí se ensaya la organización del mundo del próximo siglo». Y añade Kouchner: «Lo que se ha hecho en Kosovo y en Timor significa un progreso enorme. Es el inicio de la aplicación del derecho de injerencias, es un avance inmenso en la historia de la humanidad en nombre de los derechos del hombre y no del derecho internacional que descansa sobre la soberanía de los Estados, en nombre de la protección de las minorías dentro de las fronteras de un Estado. Es una transformación, una revolución, algo completamente nuevo».

Si ampliamos esta dinámica intervencionista al campo jurídico, vemos como un paso trascendental en la consecución de una justicia internacional eficaz fue la creación de un Tribunal Penal Internacional con el fin de juzgar los crímenes de guerra, genocidio y otros delitos contra la Humanidad. El acuerdo se tomó en Roma en julio de 1998 coincidiendo con una conferencia en la que participaban 120 países. Estados Unidos y China Popular, entre otros, votaron en contra, dejando así claro desde este primer momento lo dificultoso que iba a resultar hacer realidad el proyecto de modo generalizado.

Si ya la Guerra del Golfo arrojó un balance de escasísimas bajas en el bando aliado, el hecho resulta significativamente llamativo en el conflicto de Kosovo, donde se ha asistido más a una guerra entre máquinas, que entre hombres y en la que apenas se han contabilizado bajas en combate.

Las misiones aéreas sobrepasaron las 25.000 y solamente se perdieron dos aviones y sus pilotos fueron además rescatados en territorio enemigo por un comando. Tampoco se han buscado víctimas entre los serbios y las que ha habido se han achacado más a equivocaciones y a los eufemísticos «daños colaterales». Como escribió Umberto Eco, «en la *neoguerra* pierde ante la opinión pública el que ha matado demasiado».

El último lustro del siglo XX vio crecer de modo importante la actividad comercial y la liberalización de los intercambios. Ya en 1995 entró en funcionamiento la Organización Mundial del Comercio, que sustituía al GATT tras los acuerdos de la ronda Uruguay. También se crea Mercosur y entró en vigor el convenio de Schengen.

Si la crisis monetaria de 1998 afectó seriamente al Sudeste asiático y repercutió en todos los mercados, el contrapunto se vio en las grandes fusiones de importantes empresas en ámbitos muy diversos, destacando las habidas en los sectores automovilístico, energético y de las telecomunicaciones.

Los flujos de capital a corto plazo, según el FMI, alcanzaron en todo el mundo 1,9 billones de dólares. Aunque el euro ofrece algunos altibajos en su estreno, la implantación de su última fase fue un hecho destacado desde 1999. Otros acontecimientos que hay que recordar fueron la cumbre de Río que sentaba las bases para una Zona de Libre Comercio entre EEUU, América Latina y el Caribe; la IX Cumbre Iberoamericana o las reuniones celebradas en Seattle y en Praga que tuvieron fuerte contestación en movimientos anti-globalización.

Habermas insiste en esta desnacionalización de la producción económica. Tras recordar que desde su origen el capitalismo se desarrolló alcanzando dimensiones planetarias, su vinculación a los estados modernos ayudó a la consolidación de los mismos, afirma que esta situación ha cambiado radicalmente, pues «las estrategias de inversión de un número cada vez mayor de empresas se orientan hacia *mercados financieros y laborales* que se encuentran entrelazados a nivel mundial».

Como señalan varios autores e incluso la misma realidad comercial, cada vez importa menos el *made in*, pues buena parte de los productos no se pueden ubicar en un sólo país, sino concretar qué *marca de empresa* es la que fabrica y garantiza la calidad.

De continuar adelante este proceso deslocalizador, habrá que convenir con Robert Reich «que en el futuro no habrá economías nacionales; no habrá productos o tecnologías nacionales, ni empresas ni industrias nacionales.

Vallespín señala que «sólo las operaciones de las 200 empresas multinacionales más poderosas superan la tercera parte del comercio internacional. Pensemos por poner algunos ejemplos, que el volumen de negocios de la General Motors equivale aproximadamente al PIB de un país como Indonesia, con una población de más de 200 millones de habitantes, el de la Siemens al de Venezuela y el de Mobil Oil al de Portugal o Israel».

Los riesgos negativos de la globalización quedaron de manifiesto en el verano de 1998 por la crisis desatada en el sudeste asiático. Los expertos se alarmaron ante los peligros que entrañaba dejar actuar libremente a las fuerzas de un mercado muy sensible que hizo entrar en recesión al 60% de los países, provocando un descenso generalizado de las bolsas de valores.

La amenaza de una nueva crisis del petróleo como la de 1973 volvió a plantearse en octubre de 2000 con ocasión de la grave crisis que se vivió en Oriente Medio.

Las desigualdades seguían sin corregirse en estos años y los informes de organizaciones como la UNCTAD advertían del grave dato de que los países subdesarrollados crecían menos que los desarrollados, aumentándose así más las diferencias planetarias.

D) *Aparato tecnológico e interacción de actores*

Las discusiones sobre las ventajas y los riesgos de los avances de la cibernética, de la emergencia del llamado espacio informacional, del *tercer entorno*, en frase de Javier Echeverría, o de la *Sociedad Red*, como dijo Castells, se reflejaron en campos como las telecomunicaciones, el teletrabajo, el telemercado, la robótica, la medicina, la automatización industrial y otros afines, llegándose a una cierta alarma ante las posibles consecuencias del *efecto 2000,* al especularse sobre las negativas consecuencias que el cambio de guarismos iba a tener para los sistemas informáticos. Sin embargo, no ocurrió nada catastrófico, cambiando los dígitos sin mayores problemas.

El debate acerca de la búsqueda de alternativas energéticas como la eólica, la mareomotriz, la solar y otras renovables, centró también parte de las discusiones científicas y tecnológicas.

La generalización de internet y de la telefonía móvil fueron otros rasgos de este período. También crecerá la comercialización de la televisión digital que además permite, junto a una mejor calidad de imágenes y sonidos, posibles conexiones complementarias de inactividad entre ordenadores.

Román Gubern advierte del riesgo de las concentraciones multimedia y señala que «los estados deben regular las condiciones de las megaconcentraciones de medios de comunicación. Sobre todo cuando los analistas nos anuncian que en las primeras décadas del próximo siglo reinarán en el planeta sólo seis o siete compañías transnacionales de megacomunicación y el resto será únicamente su arrabal mediático».

En este sentido se ha empezado a hablar de la *brecha digital* como otro tipo de fractura entre las desigualdades Norte-Sur.

La ingeniería genética será otro de los campos que ofrezca más llamativos avances, especialmente gracias a los estudios y logros en la clonación de seres vivos. Verdadero acontecimiento fue la oveja clónica apodada *Dolly*, la primera que se obtuvo a partir de células de animal adulto por el Instituto Roslin de Edimburgo en 1997. Inmediatamente surgió en la prensa la inquietante pregunta acerca si estos experimentos acabarían afectando al hombre. La polémica estaba servida. En enero de 1998 se firmó en París por 19 países el Protocolo para la Prohibición de la Clonación de Seres Humanos.

Por otra parte, el estadounidense James Thomson logra cultivar células madre embrionarias, abriéndose así la posibilidad de desarrollar tejidos para transplantes. Sin embargo será el Proyecto Genoma Humano quien logre descifrar en el 2000 el primer cromosoma completo.

La aplicación de la ingeniería genética y de otros avances científicos a la agricultura y la ganadería permitieron aumentar la producción y en algunos casos la calidad de los alimentos. También el sector industrial fue otro de los ámbitos beneficiados por las innovaciones tecnológicas.

La interacción, resulta evidente en la mayoría de los muy diversos campos de la actividad humana y también entre los actores internacionales. Junto a los estados ha aflorado una dinámica sociedad civil transnacional, que responde a la complejidad que ya poseen, en sí mismas, las naciones desarrolladas.

15.1.2. *Actores*

Como señala Celestino Del Arenal: «Durante cuatrocientos años la estructura dominante y caracterizadora del sistema internacional ha consistido en un mundo "anárquico" de Estados soberanos, que no reconocían superior y que en caso de conflicto tenían la guerra como instrumento legítimo. Ese sistema en función del reparto de poder entre sus actores estatales, ha conocido históricamente diferentes versiones, con caracteríticas muy diversas, que van desde la multipolar, pasando por la hegemónica, hasta la bipolar. Hoy, sin embargo, desde hace ya bastantes años, es evidente, aunque tendamos a ignorarlo, que el sistema internacional no es ya un sistema exclusivamente estatocéntrico, sino un sistema cada vez más multicéntrico, en lo que se refiere a los actores y, consecuentemente, más imprevisible respecto a las estructuras y dinámicas, en el que el reparto del poder no se circunscribe sólo a los Estados, ni se realiza en los términos tradicionales establecidos por el realismo».

Así junto a los estados, Strange destaca los actores que denomina *global players*.

Las *organizaciones internacionales,* que constituyen uno de los fenómenos más característicos del actual sistema internacional, son un magnífico ejemplo de cómo han ido modificándose los actores, factores, medios y mensajes del *complejo relacional internacional*. Nacieron como asociaciones de estados y evolucionan buscando la consecución de una entidad diferenciada y autónoma.

La ONU que cumplió 50 años en 1995 está protagonizando una función estructurada del nuevo horizonte histórico al propiciar un espacio institucional, político, jurídico, diplomático e incluso comunicativo, según veremos.

Como escribe Carrillo: «Las Naciones Unidas son hoy, en mi opinión, muy distintas de como fueron concebidas en 1945, ya que en la actualidad se configuran como la estructura institucional de una incipiente comunidad internacional, interdependiente, solidaria y universal. Sus lagunas e insuficiencias son innegables, pero a pesar de ellas han contribuido a la consolidación de la noción de comunidad internacional. No estamos aún ante una federación mundial, pero sí ante una institución política progresivamente dedicada a actividades operacionales y al planteamiento de problemas globales que afectan e interesan a la comunidad internacional en su conjunto». Otros actores, también, en auge han sido las ONG.

Ricardo Petrella ha dicho que «los miles de movimientos, asociaciones y ONG han desempeñado en los últimos diez años un papel histórico fundamental en el nacimiento y consolidación de una conciencia moral, de una demanda social y de una oferta política mundiales, expresiones vivientes y diversificadas de la riqueza creadora de las resistencias, de las luchas y de las innovaciones que han marcado la vida de las poblaciones que sufren, que sueñan, que quieren vivir, que pretenden construir un mundo mejor para todos más allá de las *realpolitiks* cínicas de los poderosos».

También resulta evidente el peso creciente en el complejo relacional de las empresas multinacionales, de los grandes de la comunicación, de los partidos y de los sindicatos, sin olvidar las confesiones y organizaciones religiosas.

El panorama de dirigentes y estadistas experimenta en este período importantes cambios. El 17-XII-96 los representantes de los 185 estados que entonces eran miembros de la ONU eligieron Secretario General de la organización al ghanés Kofi Annan, en sustitución de Butros Gali, cuya reelección fue vetada por los EEUU.

En 1997 la llamada nueva izquierda logró hacerse con el poder en tres importantes estados europeos: Blair puso fin a 18 años de conservadurismo en Gran Bretaña; Jospin accedía a la presidencia del Gobierno francés; y Prodi, con ciertas dificultades, lo hacía en Italia. También los socialistas se harán con el poder en Alemania al ganar Gerhard Schröeder la Cancillería. En España, por el contrario será el Partido Popular quien gane las elecciones en 1996 y en el 2000.

En EEUU, tras dos mandatos del demócrata Clinton y tras unas reñidísimas y sorprendentes elecciones que pusieron en tela de juicio al mismo sistema electoral, resultará elegido el candidato republicano Bush, según ya veremos.

Boris Yeltsin dejó la presidencia rusa por sorpresa, aduciendo motivos de salud, tras ocho años de mandato. Su delfín Vladimir Putin, ganará las elecciones en el 2000.

Javier Solana, que fue secretario general de la OTAN, durante el conflicto de Kosovo, se convertirá en el primer *Superministro de Exteriores* de la UE.

En este lustro mueren tres mandatarios árabes, los reyes Hussein de Jordania, Hassan de Marruecos y el presidente sirio Hafe Assad.

También fallecieron Franjo Tudjman, el hombre que independizará a Croacia; los líderes asiáticos Deng Xiaoping, Pol Pot, ex-jefe de los jemeres rojos; el dictador africano Mobuto Sesé Seko y el ex-presidente francés Mitterrand.

Cambiarán los presidentes de China, Jiang Zenín y de Taiwan Chen-Shui-bian. Milosevic tendrá que abandonar el poder en Yugoslavia y Fujimori anunciará su renuncia en Perú.

Espacial conmoción causó la muerte por accidente de tráfico en París de Diana de Gales, que iba acompañada de Dody Alfayet (31-VIII-97); y el fallecimiento poco después de la madre Teresa de Calcuta, que recibió honores públicos en un multitudinario funeral, causó otro fuerte impacto en todo el mundo.

Otros personajes que irrumpen en la escena internacional serán Hugo Chávez, Laurent Kabila, Thabo Mbeki —que sucede a Mandela—, Vicente Fox, Fernando Henrique Cardoso, Fernando de la Rúa y Ricardo Lagos. También se renovará la Comisión Europea.

Dos personajes históricos serán reivindicados, el zar Nicolás II que será canonizado por la Iglesia Ortodoxa rusa con toda su familia y el Negus de

Etiopía que a los 25 años de su muerte será enterrado con todos los honores en la Catedral de Addis Abeba.

La IV Conferencia Mundial sobre la Mujer celebrada en Pekín en septiembre de 1995 abre paso a unos años de creciente aumento de las corrientes feministas y de una mayor participación de la mujer en todos los ámbitos de la vida social, incluyendo los cargos políticos. Un buen ejemplo se encuentra en Madeleine Albright, Secretaria de Estado de EEUU; la guatemalteca Rigoberta Menchú; la italiana Emma Bonino; la española Loyola de Palacio; la pakistaní Fatana Ishaq Gailani; la argelina Fatiha Boudiaf; la camboyana Somaly Man o Taja Malonen, primera mujer presidenta de Finlandia, entre otras mujeres que ejercen altos cargos en este período. Hillary Clinton resultará elegida senadora por Nueva York.

15.1.3. *La audiencia*

«El terremoto histórico de la revolución democrática en Europa central y oriental en 1969 —señala Hermann Tertsch— dejó obsoletos los conceptos básicos hasta entonces vigentes en materia de seguridad y defensa, pero también en lo que respecta a la construcción europea, a la cooperación transatlántica y al debate político interno en las sociedades democráticas occidentales».

En efecto, esta onda de cambio no ha sido detenida y el sistema internacional continúa debatiéndose en una oleja de modificaciones, en una fragmentación de estructuras y un entrecruzamiento de dinámicas, todavía en ebullición, que además rebasa Europa y afecta a todo el planeta.

Para unos analistas, el sistema está regido, por vez primera, por una sola potencia hegemónica, los Estados Unidos, que apenas tiene contrapeso en los ámbitos más significativos del complejo relacional; político, económico, militar, tecnológico y hasta cultural. Sin embargo, otros autores se inclinan por la formación, aún embrionaria de un nuevo directorio de potencias, actores más o menos representativos de las distintas regiones geopolíticas y las áreas de civilización.

Para Salustiano del Campo, «el modelo de capitalismo de mercado libre favorece el crecimiento económico, pero al globalizarse aumenta también la inestabilidad y perjudica la cohesión social de los estados nacionales y de la sociedad internacional en general. Un mundo sin controles no es un mundo seguro».

Esta dialéctica entre universalización y rompimiento tiene en la crisis del Estado como forma de comunicación política paradigmática su más claro exponente.

El fin de siglo confirma la creciente interdependencia entre expansión del mercado libre, democracia, preocupación por el medio ambiente, implantación de los derechos humanos individuales y colectivos, sociedad civil activa y mundialización de la red comunicativa e informática.

El complejo relacional se articula al terminar el siglo en una audiencia en fase de reconstrucción tras la crisis de una postmodernidad que se enfrenta a su remodelación.

Con la readmisión de Yugoslavia, los Estados miembros de la ONU aumentan, pero la influencia de los actores no estatales es manifiestamente creciente.

Un sistema mundial desvertebrado de actores comunicativos llevaría a una situación inarticulada. Así lo ve Habermas al señalar que «si no sólo el Estado nacional ha llegado a su fin, sino que con él toda forma de socialización *política*, los ciudadanos serán arrojados a un mundo de redes anónimas en el que tendrán que decidir según sus propias preferencias entre opciones creadas en términos sistémicos» y añade «... el punto de fuga es la sociedad mundial completamente descentrada que se desintegra en un cúmulo sin orden de sistemas funcionales que se producen a sí mismos y se dirigen por sí mismos».

Y es que junto a las fuerzas centrípetas operan otras dinámicas de fragmentación y perviven hondos desajustes. Carlos Taibo ha escrito que «la globalización, por otra parte, no implica en modo alguno la desaparición de atávicas jerarquías: no se trata, en otras palabras, de una dinámica espontánea y descentralizada encaminada a homologar las capacidades de todos. El Tercer Mundo y sus miserias no van a desaparecer a su amparo, como lo testimonia la pervivencia de un sinfín de conflictos bélicos».

El siglo termina con la reaparición de crisis que, ahora se ve, eran heridas mal cerradas, problemas no resueltos en su momento y que los órdenes de Versalles y Yalta, ya obsoletos, tan solo habían congelado. Así, está el rediseño de los Balcanes, la estabilidad de Rusia, la construcción europea, la superación del conflicto de Oriente Medio, el hegemonismo norteamericano, y la incorporación de esa galaxia de países afroasiáticos que una descolonización desdibujada no ha logrado todavía incardinar el sistema.

15.2. Hegemonía norteamericana

15.2.1. *El mandato de Clinton*

El segundo mandato de Clinton se caracterizó por la hegemonía norteamericana en el escenario internacional y un crecimiento llamativo en lo económico, con escasa inflación y pleno empleo. Los EEUU concentraron la mitad de la capitalización bursátil del mundo. Aunque los asuntos internos ocuparon parte importante de la actividad gubernativa, el destacado protagonismo de Washington en el ámbito exterior obligó al presidente a desempeñar un activo papel fuera de sus fronteras, implicándose directamente en el relanzamiento del proceso de paz entre israelíes y palestinos, y enviando tropas americanas al área balcánica.

Una novedad del año 1995 fue la normalización de las relaciones diplomáticas de los EEUU con su antiguo enemigo vietnamita, pese a la oposición de los congresistas del ala más conservadora. Precisamente poco antes de terminar su mandato, el presidente Clinton visitará Vietnam en noviembre de 2000 en un significativo gesto de reconciliación.

El país sufrió algunos actos terroristas, más bien obra de personas desequilibradas, como el atentado durante los Juegos de Atlanta, la explosión a bordo de un avión en Nueva York por causas desconocidas o los disparos contra escolares en centros de enseñanza.

En 1996 con una participación del 49%, una de las más bajas que se recuerdan de la historia de Estados Unidos, Bill Clinton obtuvo legitimidad para seguir de presidente un segundo y último mandato. «Sólo desde el centro, el consenso y la moderación tenía alguna posibilidad de construir el puente prometido hacia el siglo XXI, su lema electoral de 1996», escribe Felipe Sahagún. Era la primera reelección de un presidente demócrata desde Roosevelt.

Tres de cada cuatro mujeres —que forman más de la mitad del electorado—, dos de cada tres hispanos y una proporción similar de jubilados votaron a Clinton. El resultado: 49% para Clinton frente al 41 para Robert Dole. En votos electorales: 379 para el primero, y 159 para el segundo; y por Estados: 31 frente a 19. Por cierto, la canción española *Macarena* fue el himno oficioso de su campaña.

Los estadounidenses reeligieron a Clinton con un programa conservador y dieron la mayoría en las dos cámaras a los republicanos. Tanto al frente del Senado como de la Cámara de los Representantes iban a estar situados dos sureños: Trent Lott y Newt Gringrich. Terminaban 40 años de mayoría demócrata.

Se habían creado 10 millones de puestos de trabajo desde 1993; la inflación apenas superaba el 3%, el paro estaba en el 5,1%; el índice Dow Jones rozaba la barrera de los 6.000 millones de dólares en 1992 a menos de 110.000 en 1996.

Pero Clinton tenía escándalos pendientes de decisiones judiciales y debía encarar el déficit presupuestario y la estabilidad del dólar, además de intentar sacar adelante sus ideas de protección social.

Su segundo mandato va a estar marcado, sin embargo, por la activa presencia estadounidense en el ámbito internacional con implicaciones muy directas en el proceso de paz de Oriente Medio y en el conflicto de la ex-Yugoslavia. Llevará a cabo muchas giras diplomáticas en Europa, Asia, América e incluso África, además de asistir a frecuentes cumbres con los líderes más relevantes.

Clinton nombrará al frente de la Secretaría de Estado a Madeleine Albright, de origen checo, embajadora ante la ONU. Tenía 59 años y era la primera mujer que iba a desempeñar este cargo. Para Defensa fue escogido William Cohen.

Las relaciones entre Cuba y Estados Unidos e incluso entre Washington y los países occidentales que mantienen relaciones comerciales con La Habana se vieron empeoradas por la aprobación de la llamada ley Helms-Burton que endurecía el embargo contra la isla.

La UE hace serias críticas a la postura norteamericana y Clinton acaba por posponer la polémica ley.

También cobraron especial importancia las relaciones con Rusia y con los aliados europeos, sin olvidar los contactos con China y Japón.

Las acusaciones de índole sexual a que fue sometido Clinton en estos años, especialmente por obra del fiscal Starr, acabaron formando una enorme tormenta política que estuvo a punto de costar el puesto al presidente norteamericano al que se tachaba de no decir la verdad. En septiembre de 1998 se publicó un informe con 445 páginas con detalles escabrosos que fueron absurdamente aireados, pero la campaña acabó favoreciendo a Clinton que resultó fortalecido ante el hastío de la opinión pública y las declaraciones de las personas implicadas.

El Senado acabará inclinándose en favor del presidente. Tampoco los ciudadanos satisfechos de la prosperidad y protagonismo de los EEUU, deseaban agravar la crisis personal de Clinton.

Washington resucitó en 1999 el antiguo proyecto reaganiano de la *guerra de las galaxias* pero de forma más discreta como la Defensa nacional contra Misiles (NMD), destinado a proteger el territorio americano de posibles ataques de misiles cargados con armas nucleares, biológicas, químicas o convencionales por parte de los denominados «Estados gamberros» o *rogue States* que para la Administración Clinton vienen a ser Irak, Irán, Corea del Norte y Libia. La medida no gustó a Pekín ni a Moscú que protestaron por el proyecto. El programa se calcula que puede tener un coste de 12.700 millones de dólares. De llevarse a cabo el NMD requeriría modificar o denunciar el Tratado ABM suscrito en 1972 con la URSS. El proyecto señala la fecha del 2005 para realizar el posible despliegue.

El Senado rechazó el 13 de octubre de 1999 la ratificación del tratado de Prohibición Completa de Pruebas Nucleares (CTBT). El resultado final de la votación ponía de manifiesto la divergencia entre los intereses de seguridad de la Casa Blanca y los de la mayoría republicana en el Senado.

En opinión de Vicente Garrido «significó la oposición a la política de control de armamentos que había constituido una de las bases de la política exterior norteamericana a lo largo de los últimos cuarenta años, y puso en peligro la legitimidad de Estados Unidos a la hora de decir al resto de países lo que deben hacer en materia de desarme y no proliferación. Los senadores republicanos apostaban por el rearme nuclear; y enviaban una señal acerca del cambio drástico que podría sufrir la política exterior y de seguridad norteamericana en el nuevo milenio».

Una novedad del año preelectoral fue la campaña de Hillary Clinton en favor de su candidatura a senadora por Nueva York, en cierto modo había salido indirectamente beneficiada del escándalo Lewinsky. Cuatro nombres iban a disputarse la carrera hacia la Casa Blanca: los demócratas Al Gore y Bill Bradley y los republicanos George Bush y John MacCain.

Escribe Javier Valenzuela que: «Varios elementos permitían vislumbrar cómo iba a ser el EEUU que aspiraba a protagonizar un segundo siglo imperial. Se mantenían aspectos negativos tradicionales como el uso de las armas por individuos o grupos enloquecidos, la falta de un sistema público de salud, las tremendas disparidades entre los muy ricos y los muy pobres, la crueldad en la aplicación de la pena de muerte o una nefasta forma de alimentarse que provocaba descomunales gorduras. Y se introducían otros elementos como el ascenso de las minorías hispana y asiática, que anunciaba un EEUU aún más multirracial y cultural. El castellano se abría paso con fuerza como segunda lengua del imperio, y Bush y Gore lo utilizaban a fondo en sus campañas electorales».

15.2.2. *La historia interminable de la elección de Bush*

La elección del presidente que debería suceder a Clinton se convirtió en el más largo y complejo proceso electoral de la historia norteamericana. Desde la cita del 7 de noviembre de 2000 con las urnas, el país vivió cinco semanas de inesperada incertidumbre, en las que se mezclaron cuestiones políticas, constitucionales, judiciales y electorales que mantuvieron en vilo a la opinión pública nacional e internacional. El triunfo final del candidato republicano George W. Bush, se debió más al reñidísimo y discutido fallo del Tribunal Supremo que a una clara ventaja en los comicios, que por cierto, en votos populares fueron favorables al candidato demócrata, Al Gore.

Un breve resumen de esta compleja peripecia fueron los 267 votos electorales de Gore frente a 271 de Bush, representativos, respectivamente, de 20 y de 30 Estados, correspondientes a 50.148.801 votos populares (48,3%) a favor de Gore y a 49.790.449 (47,9%) que fueron para Bush. Otros candidatos solo alcanzaron el 3,6%.

A) A tenor de los sondeos y de las encuestas y resultados las televisiones dieron, por unas horas a Al Gore como ganador, pero el día 8 los primeros recuentos oficiales se inclinaban por Bush e incluso Al Gore llegó a felicitarle para retractarse horas después.

El primer resultado oficial dejó a Bush una ventaja de 1.784 votos en Florida a falta de los votos por correo, pero se ordenó un nuevo recuento automático.

El 9 de noviembre: la ventaja de Bush tras el primer recuento automático se redujo a 327 votos. Al Gore solicitó un nuevo recuento, esta vez manual, en cuatro Condados: Miami-Dade, Volusia, Broward y Palm Beach.

Como respuesta, George Bush planteó un recurso para impedir los recuentos manuales.

El 13 un juez federal rechazó la petición de Bush, mientras los Condados que están recontando manualmente piden a los responsables de las operaciones electorales en Florida, la republicana Katherine Harris, más tiempo para poder entregar sus resultados. Esta petición es rechazada.

La Corte Suprema de Florida (con mayoría de jueces democrátas) autoriza los recuentos manuales, pero suspende la publicación de los resultados oficiales hasta ver si deben ser admitidos los votos de los Condados que no entregaron a tiempo sus recuentos.

El 18, contando el voto por correo, Harris anuncia que la ventaja de Bush sube a 930 votos, los votos de los Condados que no llegaron a tiempo no son incluidos.

El Supremo de Florida ordena tener en cuenta los recuentos manuales y amplía el plazo hasta el 26 de noviembre, pero Bush recurre la decisión ante el Supremo de Estados Unidos.

El 26 de noviembre: Katherine Harris declara a Bush ganador oficial de la elección en Florida con 537 votos de diferencia, mientras Gore impugna los resultados y pide un nuevo recuento manual en todo el Estado.

El Supremo de Florida rechaza el 1 de diciembre un nuevo escrutinio en Palm Beach. Se plantean recursos para invalidar 25.000 votos por correo en los Condados de Martin y Semínola.

El juez de Tallahassee, Sanders Sauls, rechaza la demanda de Gore de un nuevo recuento manual en todo el Estado. Gore recurre ante el Supremo de Florida. Por su parte, el Supremo de Estados Unidos pide al Supremo de Florida explicar el fundamento de su decisión que autorizó, el 21 de noviembre, seguir adelante con los recuentos manuales.

B) El embrollo de recursos y demandas alcanza su apogeo, y las reacciones entre los ciudadanos y los medios de opinión demuestran la división de la sociedad americana. Se escuchan voces criticando el sistema electoral, tachado de obsoleto. En algunos sectores se cuestiona la conveniencia de reformar la fórmula del Colegio Electoral. En el resto del mundo, el proceso se sigue con una mezcla de asombro y de críticas, que van del humor a las sospechas de fraude.

Como todavía no se había resuelto el proceso judicial de recuento, el Congreso de Florida, de mayoría republicana, comenzó una reunión extraordinaria de ambas Cámaras para designar por sí misma los 25 electores que corresponden al Estado. El asunto se agudizó todavía más, pues ese mismo día, 8 de diciembre, la Corte Suprema de Florida da la razón a Gore y, en contra de la decisión anterior del juez Sanders, ordena el recuento manual de cerca de 45.000 papeletas que no fueron recontadas por las máquinas en toda Florida. Mientras, dos jueces locales rechazan la petición de invalidar los 25.000 votos por correo de Semínola y Martin. George Bush plantea un recurso ante el Supremo de Estados Unidos y ante la Corte de Apelaciones de Atlanta para impedir el recuento de votos.

Al día siguiente, comienzan a recontarse los 45.000 votos dudosos pero el Supremo federal ordena, horas después, parar el recuento hasta que oiga las alegaciones de Bush y Gore sobre el mismo.

La última palabra quedó así en manos de los nueve jueces que integran el Tribunal Supremo, en buena parte nombrados en la época en que Bush padre fue presidente. El fallo no se hizo esperar y el día 12 de un modo salomónico y por el escasísimo margen de 5 votos contra 4, el Tribunal pone fin al recuento de Florida al considerarlo inconstitucional. Ante este hecho, la presión de su partido y el cansancio de la opinión pública, Al Gore optó por anunciar en una rueda de prensa su renuncia a continuar el litigio y reconocer la victoria de Bush.

El nuevo primer mandatario lo será con el mínimo número de compromisarios en el Colegio Electoral, habiendo conseguido 350.000 votos menos que su rival en toda la nación y tras ganar en Florida por apenas 537 votos de diferencia y quedar sin recontar las 43.000 papeletas dudosas de Florida. George W. Bush será, pues, el 43 presidente de los EEUU, desde su elección por el Colegio Electoral. El panorama que tiene enfrente no fue fácil y, desde el primer momento, adoptó una política de moderación y de colaboración con los demócratas. El control del Senado está igualado entre los dos partidos y en la Cámara de Representantes los republicanos solo tienen una ligera mayoría. Una de las primeras decisiones de Bush fue nombrar nuevo Secretario de Estado, al general Colin Powell, jefe del Estado Mayor durante la guerra del Golfo. Parte de su equipo procede de los asesores de su padre, como el vicepresidente Dick Cheney. Otros nombramientos fueron el de Condolezza Rice como consejera de Seguridad Nacional y del hispano Alberto González como consejero legal.

15.2.3. Continuismo en Canadá

El referéndum celebrado en Quebec en octubre de 1995 dio una escasa pero suficiente ventaja de 50.000 votos a los partidarios de no separarse del resto de Canadá.

La comunidad francófona representa algo más del 80% de una población de 7,3 millones de habitantes, de los que el 9% restante son anglófonos y el 5% lo integran otras etnias. El conjunto de Canadá tiene unos 30 millones de ciudadanos.

En noviembre de 1998, volvió a plantearse esta división en las elecciones regionales, que de alguna manera se convirtieron en un referéndum oficioso que tampoco favoreció a los separatistas.

Canadá ha mantenido una política interior y exterior estable. Ha participado en las acciones de la OTAN y en el Tratado de Libre Comercio con EEUU y México.

La reina de Gran Bretaña sigue figurando al frente del Estado, que tiene como Gobernador General a Adrienne Clarkson y Primer Ministro Federal a Jean Chrétien. Los liberales poseen la mayoría en el Senado y en los Comunes.

15.2.4. Diplomacia en la cumbre

Estos últimos años del siglo XX registraron una dinámica actividad diplomática en todos los campos y en todas sus formas, pero han destacado, especialmente, las llamadas reuniones en la cumbre y las grandes conferencias auspiciadas por las organizaciones internacionales.

El movimiento de los no alineados celebró su XI Cumbre en octubre de 1995 en Cartagena de Indias. Congregaron a 95 representantes de los 113 Estados que formaban parte del mismo, aunque si se tiene en cuenta a observadores e invitados los asistentes llegaron a 130. El objeto principal de la reunión fue redefinir el papel de este movimiento en el nuevo marco de las relaciones internacionales, muy distinto del mundo que vio nacer este grupo, hace 40 años.

Europa abrió también un foro de diálogo con Asia en la cumbre de Bangkok (en marzo de 1996) que reunió a los principales mandatarios de la Unión Europea, Japón, China, Corea del Sur, Tailandia, Brunei, Indonesia, Filipinas, Malasia, Singapur y Vietnam. También en 1998, se volvió a celebrar un encuentro de los mandatarios de Europa y Asia en Londres y nuevamente se tuvo un gran encuentro en el 2000 en Seúl.

Si las celebraciones del 50 aniversario de la ONU dieron cita en Nueva York a 160 Jefes de Estado y de Gobierno, en septiembre del año 2000 tuvo lugar otra espectacular cumbre onusiana. Kofi Annan, en su intervención, además de señalar como temas prioritarios mantener la paz, enaltecer los derechos humanos, combatir la pobreza y la enfermedad en el mundo, diseminar la tecnología de la información y frenar el deterioro medioambiental, insistió en que son necesarias instituciones capaces de manejar el nuevo sistema internacional de la globalización.

En 1996 se celebraron las Olimpiadas en Atlanta y cuatro años más tarde en Sidney, constituyendo ambos eventos auténticas cumbres del atletismo y el deporte, con participantes de todo el mundo.

El llamado grupo del G-7 que ha venido manteniendo frecuentes reuniones en este lustro sumó a sus encuentros a Rusia a partir de la cumbre de Denver en 1997.

Ese mismo año, hubo otros importantes foros, como la reunión en Vancouver de los países del Pacífico y Asia, la cumbre del clima en Kyoto o la VIII reunión de la Conferencia Islámica que llevó a Teherán a representantes de 55 países.

La II Cumbre de la tierra en Nueva York terminó sin obtener ningún compromiso significativo. Más eco tuvo la reunión en Seattle de la OMC, pero sus resultados no cuajaron en nada serio. Lo más llamativo de este encuentro como del habido en Praga en el 2000 fueron las paralelas reuniones contestatarias de los movimientos antiglobalización.

Otra importante reunión fue la celebrada en mayo de 2000 para revisar el Tratado de No Proliferación de Armas Nucleares.

Paralelamente, se mantuvieron durante estos años un gran número de encuentros bilaterales y multilaterales entre los Jefes de Estado y de Gobierno en las reuniones propias de las diversas organizaciones internacionales, siendo especialmente destacables las mantenidas por la Unión Europea, la OTAN, países árabes y las naciones iberoamericanas.

15.3. El espacio post-soviético

15.3.1. *Rusia*

Rusia avanzaba con problemas un lustro después de la desaparición de la URSS en el proceso de normalización democrática y de implantación de la economía de mercado. En las elecciones presidenciales del 16 de junio y el 3 de julio (a dos vueltas) de 1996, Boris Yeltsin recuperó la imagen de 1991 y aunque había padecido dos crisis cardíacas en 1995, se mostró en excelente forma.

El Presidente realizó, por otra parte, un sinfín de promesas —pago de salarios atrasados, actualización de las pensiones, desaparición del servicio militar y solucionar el conflicto de Chechenia.

Ninguno de los candidatos obtuvo en la primera vuelta el 50% de los votos, necesarios para no pasar a la segunda vuelta. A esta última consiguieron acceder Yeltsin y Ziuganov. La tercera parte de los votos se fueron a tres líderes que hubo de tener en cuenta para ver qué sucedería en la segunda vuelta: Lebed, Yavlinski y Zhirinovski.

Rusia fue admitida en enero de 1996 como miembro del Consejo de Europa.

A finales de agosto se acabaron los combates en Chechenia, tras el acuerdo de paz firmado por el entonces secretario del Consejo de Seguridad ruso, el ex general Alexander Lebed, y por los principales dirigentes de la resistencia chechena.

Ahora debía lograrse una activa desmilitarización del territorio, la creación de patrullas conjuntas ruso-chechenas y un desplazamiento de los dirigentes chechenos impuestos por Moscú. Además, el acuerdo preveía una etapa, de cinco años de duración, cuyo objetivo sería una plena normalización de la vida económica y política de Chechenia. Transcurrido ese plazo debería adoptarse una decisión final sobre la condición de la república, dentro o fuera de Rusia.

En las elecciones presidenciales salió vencedor Aslan Maskhadov, seguido de Shamil Basaiev. Sin embargo estos positivos logros pronto se verían puestos en entredicho y el conflicto checheno se reanudaría con especial virulencia hasta que Rusia se hizo con el control del país al final de siglo.

Rusia y Bielorrusia reforzaron sus relaciones al crear, en 1996, la llamada Comunidad de Repúblicas Soberanas (CRS) con el fin de lograr una mayor cooperación política y económica.

Coincidiendo con la segunda visita oficial de Boris Yeltsin a China, en octubre de 1996, Jiang Zemin manifestó su rechazo a la ampliación de la OTAN, mientras el dirigente ruso expresaba que Taiwan y el Tibet formaban parte de China. Los dos estadistas firmaron también en Shangai un pacto de no agresión y el compromiso de reducir sus contingentes militares en las zonas fronterizas. Al acuerdo se sumaron también los presidentes de las Repúblicas centroasiáticas de Kazakstán, Kirguisistán y Tadjikistán.

B) El domingo 7-V-2000 tuvo lugar en la deslumbrante sala de San Jorge del Kremlin la toma de posesión como presidente de Rusia de Vladimir Putin, de 47 años, ex agente del KGB, en un teatral acto que era el primer relevo democrático en la historia de este inmenso país. Como detalle anecdótico hay que reseñar que las tropas que rindieron honores, lucían iguales uniformes que los soldados vencedores de Napoleón en 1812. Entre los invitados, un sonriente Yeltsin y más en segundo plano un ensimismado Gorbachov. También asistía el patriarca de la iglesia ortodoxa, Alejo II.

La Federación rusa, con sus 17.075.40 km, sigue siendo el Estado más grande del mundo. Heredera de la desaparecida URSS es todavía, en sí misma, un complejo mosaico de etnias.

Apenas cumplida una semana como Presidente, Putin decretó una reforma de la división administrativa de Rusia, al reagrupar el territorio en siete grandes distritos federales donde él nombrará representantes plenipotenciarios directos. La cuestión clave es saber cómo van a convivir estos cambios con la división de la Federación fijada por la Constitución vigente.

Estos siete distritos federales nuevos son: Central (con su capital en Moscú); del Noroeste (San Petesburgo); del Cáucaso Norte (Rostov del Don); del Volga (Nizhni Nóvogorod); de lo Urales (Yekaterimburgo); de Siberia (Novosibirsk); y del Extremo Oriente (Jabarovsk).

Con esta medida, se refuerza la cadena vertical del poder ruso y parece ser el primer síntoma de una estrategia más general de centralización y reforzamiento de la autoridad federal.

C) En vísperas del cambio de milenio los analistas se siguen planteando interrogantes como estos: ¿Se ha terminado la transición del período postsoviético? ¿Cabe todavía un riesgo de involución? ¿Hacia dónde se encamina de verdad Rusia? ¿Qué graves consecuencias acarrearía al sistema internacional un rompimiento de Rusia similar al que sacudió a la URSS? Evitar ese caótico peligro ¿puede desembocar en un régimen nuevamente autoritario y nacionalista? ¿Ha dejado de ser Rusia un amenazador rival poseedor de ingentes arsenales atómicos? ¿Cuándo se podría hablar de una estable integración rusa en el orden mundial?

Los retos más importantes se arrastran desde la misma crisis del Estado soviético.

Las dificultades que encontró la puesta en práctica de las distintas *perestroikas* (institucional, económica, cultural, social, militar, etc.), no han sido todavía resueltas. Es verdad que han transcurrido pocos años para el calado de las reformas y que Rusia adolece de rasgos autoritarios y desestabilizadores serios, entre ellos los encrespamientos nacionalistas, que tienen en Chechenia su más grave exponente; los problemas de rediseñar una economía libre y arrumbar la acción soterrada de las mafias; la sujeción de los poderes fácticos, incluyendo a un Ejército que parece sintonizar con Putin; e incluso cuestiones periféricas como el contagio del fundamentalismo islámico, las desigualdades regionales o los derechos de las numerosas minorías.

Tampoco hay que olvidar el deseo oficial de recuperar el prestigio ruso en los primeros foros de decisión internacionales. Este doble frente interno y externo deben conjugarse con prudente habilidad, con un elástico tira y afloja. En el interior, hay que tener especial cuidado con el avispero del Cáucaso y con brotes de nuevos focos independentistas. No es tarea fácil sopesar y resolver desigualdades y opresiones seculares en esta auténtica Babel de pueblos, que van de los esquimales a los turcomanos; de los armenios a los eslavos; de los finoúgrios a los judíos; de los campesinos olvidados a los obreros y funcionarios de un régimen que ha dejado de ser oficialmente estatalista pero que todavía no ha alcanzado el sistema liberal democrático de modo definitivo. Todo ello ocurre, además, en un clima de crisis económica, de enormes restructuraciones y reajustes, con frecuentes renovaciones de planes de choque y reiterados intentos de seguir caminos diversificados.

El espectro político ha ofrecido en un complejo arco de formaciones y dirigentes, entre los que destacan el partido comunista dirigido por Ziuganov, «Nuestra Casa Rusia», el liberal ultranacionalista de Jirinovski o el más moderado de Yavlinski, además de hombres como Chernomirdin o Lébed.

D) El mandato de Yeltsin (1991-2000) no fue cómodo ni estable. Además del conflicto con el Parlamento y la elaboración de una nueva Constitución, como ya se vio anteriormente, tuvo que enfrentarse a una Duma dominada por los comunistas tras las elecciones de 1995 y a la guerra de Chechenia, como ya se ha señalado.

Tras superar una operación de corazón, consigue la incorporación de Rusia al G-7, entró en una etapa política difícil, con destituciones y estrategias cambiantes. Su dimisión justamente al acabar 1999 conlleva el reconocimiento de Putin como delfín del Kremlin.

La guerra de Chechenia, duramente llevada por Putin, contribuye a impulsar su figura hacia la presidencia, como así se confirmará en las elecciones de agosto y en el ascenso del recién creado partido Unidad en las legislativas, en perjuicio de «Patria Toda Rusia».

La canonización del zar Alejandro II y su familia por la Iglesia Ortodoxa (20-VIII-2000) casi coincidió con la tragedia del submarino nuclear Kursk hundido con toda su tripulación en el mar de Barents.

Las relaciones entre Rusia y los aliados occidentales se vieron enturbiadas por la ampliación de la OTAN al Este, por la intervención en Kosovo y por el grave conflicto de Chechenia.

La antes poderosa URSS se debate por recuperar su posición internacional, pero sus enormes problemas internos constituyen un serio lastre: la desestabilización en el área caucásica; las dificultades económicas; un arsenal nuclear desfasado y dividido cuyo control no está bien definido; la presencia de mafias cada vez más influyentes.

Boris Yeltsin recuperó al final de su mandato parte de su capacidad de acción, sobreponiéndose a su mala salud. Logró tener la iniciativa política cambiando dos veces de primer ministro. Con anterioridad habían sido Jefes del Gobierno ruso Yegor Gaidan, Chernomirdin y Kirylenko. Sereguéi Stepashin sustituyó a Yuri Primakov y Vladimir Putin, a Stepashin. Todos procedían del antiguo KGB.

Rusia no logró evitar la acción aliada en Kosovo, pero a cambio ha mantenido las manos libres en Chechenia, pese a las protestas de algunos sectores occidentales y de la opinión pública. También, ha iniciado un cierto entendimiento con China y una revisión de sus relaciones cada vez más fraternas con Bielorrusia. Ya con Putin en el poder se intentó normalizar la situación con Japón, pero la negativa rusa a devolver las Kuriles ha congelado la firma del acuerdo de paz.

15.3.2. *Del Báltico al Asia Central*

A) Los países bálticos han continuado con su estrategia de aproximación a la Unión Europea y a la OTAN en lo exterior, y de reformas liberalizadoras en política interna.

En Bielorrusia avanzaron las gestiones de un mayor entendimiento con Moscú. Así se firmó en diciembre de 1998 un acuerdo denominado de «unificación» que posibilitaba una ciudadanía común. Desde 1994, Alexander Lukashenko sigue al frente del país.

En junio de 1998 se creó en Yalta la Organización Económica del Mar Negro (CEMN) para establecer una zona de libre cambio que facilitase el transporte del petróleo caspiano.

En Moldavia sigue sin resolverse el conflicto con la región del Dniester, autoproclamado como República.

En Ucrania, Leonid Kutchma revalidó en las elecciones a finales de 1999 su puesto al frente del Estado, que detenta desde 1994, aunque se advierte la aparición de líderes renovados en los grupos nacionalista, centrista y neocomunista.

El contencioso de Sebastopol es uno de los pocos asuntos que enturbian una clara política de fraternidad eslava. La Cámara Alta del Parlamento ruso rechazó en enero de 1999 ratificar el acuerdo vigente desde 1997 que reconocía la pertenencia de la importante base naval a Ucrania, que Rusia tiene en arriendo.

B) Armenia vio sacudida su vida política y social por una serie de asesinatos de importantes personajes, como el procurador general, el ministro adjunto de defensa, un general, el primer ministro, el presidente del Parlamento y dos vicepresidentes.

Las elecciones presidenciales de marzo de 1998 dieron la victoria a Robert Kotcharian, antiguo presidente de la autoproclamada República del Alto Karabaj, territorio de Azerbaiyán mayoritariamente armenio. Un año más tarde se convocaron los comicios legislativos, que ganó el bloque Unidad (Miasnoutin).

Edvard Shevardnadze volvió a ganar las elecciones en 1999 al frente del partido «Unión de Ciudadanos». El antiguo ministro de exteriores de Gorvachov ejerce la presidencia de Georgia desde 1992, pero el país sigue sin resolver sus graves problemas internos como el de Abjazia, Osetia del Sur y la minoría turca de los meskhetes.

En abril de 1999, se inauguró la terminal petrolera de Supsa, en el mar Negro, con la asistencia de los presidentes de Georgia, Azerbaiyán y Ucrania. Fue un acto positivo para el entendimiento del área.

Rusia mantiene bases militares en todas las Repúblicas y territorios del Cáucaso, excepto Azerbaiyán.

El Caspio es un problema propio, especialmente por su riqueza de hidrocarburos y su situación estratégica. Irán lo considera un lago, no un mar y defiende que sus recursos deben repartirse entre los estados ribereños.

Los proyectos para grandes oleoductos como el de Bakú-Ceyhan previsto para transportar petróleo hasta la costa mediterránea turca, o los más modestos de Bakú-Georgia y los esfuerzos de Turkmenistán por dar salida a su gas, sin olvidar el muy improbable gaseoducto por Afganistán son otro importante capítulo de las tensiones económicas y políticas del área que implican a varios países. Por su parte, Irán se ha visto marginado por el proyecto de gaseoducto transcaspiano que lo arrincona.

C) Tras unas discutibles reformas, Nursultán Nazarbáiev volvió a ganar las elecciones anticipadas en Kazakstán en 1999. Ostenta la Jefatura del Estado desde 1991. La duración del mandato presidencial se amplió hasta los 7 años. También han tenido lugar diversas escisiones y reagrupamientos entre los partidos y continúan las tensiones sociales y los problemas étnicos de las minorías, pero Kazakstán ha sabido mantener sus buenas relaciones con Moscú, apoyar el oleoducto de Bakú hacia Turquía, solucionar el litigio fronterizo con China tras el acuerdo de Almaty en 1998, e incluso participar en maniobras multilaterales con la OTAN, desarrollando así una compleja y múltiple política exterior.

En Turkmenistán continúa el régimen fuertemente presidencialista de Separmurad, al frente del país desde 1991. No ha conseguido superar, por ahora, sus dificultades económicas, vinculadas al proyecto del oleoducto que dé salida a su petróleo.

Uzbekistán ha tenido que hacer frente a las alteraciones provocadas por los radicales islamistas y ha buscado el respaldo de Moscú, Tadjikistán y Kirguisistán frente al auge fundamentalista que a todos preocupa en ese área, complicada por la llegada de los talibanes afganos a la frontera uzbeka en 1998. También se han producido purgas políticas de base religiosa. Aunque Uzbekistán mantiene un tratado bilateral con Rusia, ha abandonado el sistema de seguridad colectiva de la CEI.

Tampoco es cómoda la situación interna en Tadjikistán, con problemas étnicos, de mafias y de rivalidades políticas, aunque en 1999 Imamail Rahmanov, que ejerce el poder desde 1992, volvía a ganar las elecciones, pese a las protestas de la oposición. También son preocupantes las relaciones con la vecina república uzbeka.

D) Coincidiendo con la reunión conmemorativa de la OTAN en Washington, Uzbekistán se adhirió al GUAM, grupo formado por Georgia, Ucrania, Azerbaiyán y Modavia, que pasó a denominarse GUUAM.

La asociación que había nacido en 1997 fue uno de los varios retoques que en los años noventa experimentó el antiguo espacio soviético remodelado bajo las siglas de la indefinida CEI. También, ese mismo año se celebró en Moscú la cumbre de la CEI que fue incapaz de conseguir algo más que unos objetivos mínimos como la continuidad del mandato para las afueras de interposición rusa en Abjazia, la unión aduanera entre Rusia, Kazakstán, Bielorrusia y Kirguisistán y el nombramiento de Yuri Yarov como nuevo secretario ejecutivo.

Unicamente se ha avanzado algo en el establecimiento de vinculaciones bilaterales y en el reforzamiento de los lazos entre las repúblicas eslavas, mientras siguen sin resolverse de un modo estable los problemas de Transcaucasia como Abjazia y el Alto-Karabaj, además del asunto clave ya citado de la explotación del petróleo del Caspio.

Por último, en Kirguisistán aunque la situación económica continúa siendo difícil, ha logrado mayor estabilidad política, otorgando más poder al Parlamento. Al frente del país continúa, desde 1991 Askar Akaiev. Mantiene estrechas relaciones con Kazakstán.

15.4. Hacia la Europa Continental

Los países de la Unión Europea se enfrentan en estos años a la doble reforma de su próxima ampliación al Este y la necesaria y urgente democratización y rediseño de su estructura institucional. La OTAN atraviesa una fase histórica al intervenir por vez primera en un conflicto armado e incluso plantearse, no su desaparición como algunos analistas predijeron al término de la Guerra Fría, sino su crecimiento en numero de miembros, de responsabilidades y de espacio operativo.

En los estados occidentales los cambios fueron los previstos por los respectivos procesos electorales, sin otras alteraciones que las causadas por la violencia terrorista y algunos escándalos por corrupción. El crecimiento económico y la entrada en vigor del euro será otro de los rasgos finiseculares.

15.4.1. *Normalidad democrática en Europa Occidental*

A) *Reino Unido e Irlanda*

Las cuestiones europeas y los conflictos de Yugoslavia y Oriente Medio, además del difícil proyecto de paz en el Ulster, serán las principales preocupaciones del Reino Unido, a las que hay que añadir el inesperado problema jurídico y político creado por el asunto Pinochet.

El 22-II-95 los primeros ministros del Reino Unido e Irlanda presentaron en Belfast un documento conjunto sobre el futuro de Irlanda del Norte. Se proponía establecer un organismo conjunto para la zona británica e introducir ciertas reformas.

El Castillo de Stormont, en Belfast se convirtió en diciembre de 1995 en escenario del primer encuentro oficial en 22 años entre el Gobierno y el Sinn Fein, la rama política del IRA. Para pocos días más tarde estaba fijada otra cita con los paramilitares protestantes. Este diálogo, constituía la mejor de las pruebas de que Irlanda del Norte caminaba por la senda de la paz, después de un conflicto que se había cobrado cerca de 3.200 vidas en los últimos 25 años.

El laborista Tony Blair asumió la presidencia del Gobierno británico a los 43 años, con un aplastante apoyo parlamentario. Relevaba a los conservadores tras 18 años de mandato. Las elecciones, celebradas en mayo de 1997 otorgaron 419 escaños a los laboristas y 165 a los conservadores.

El 10 de abril de 1998 el Primer Ministro británico y su homólogo irlandés firmaron un acuerdo de paz para Irlanda del Norte, poniendo fin, al menos por el momento a más de treinta años de conflicto civil. Junto a Blair y Bertie Ahern otra figura clave de las llamadas negociaciones de Stormont fue el líder del Sinn Fein, partido independentista, Gerry Adams.

El 22 de abril los irlandeses votaron sí al acuerdo, pero todavía quedaban sectores descontentos como se evidenció en el trágico atentado de Omagh.

Los principales puntos del acuerdo se referían a la posible convocatoria de un referéndum para la reunificación con Irlanda o el mantenimiento de la vinculación con Londres; la formación de una Asamblea que designaría al primer ministro norirlandés; creación de un consejo de cooperación inter-irlandés y otro que agrupará todas las regiones autónomas del reino Unido; abolir la discriminación y promover la igualdad social y religiosa; y reducción de los efectivos de seguridad británica en el Ulster.

El IRA hizo público que estudiaría el documento, aunque insistió que su objetivo seguía siendo la ruptura total con Gran Bretaña. Se iniciaba una nueva fase del espinoso problema irlandés, que en los últimos años de la década de los noventa no ha acabado de ser resuelto, aunque ha mejorado su anterior crispación, pese a los desencuentros entre los unionistas y el Sinn Fein. En el 2000 David Trimble retorna como Primer Ministro.

El Premio Nobel de la Paz de 1998 reconocerá los esfuerzos para la normalización en Irlanda del Norte. Se concederá conjuntamente a John Hume (SDLP, católico) y a David Trimble (UUP, protestante). Sin embargo, las esperanzas puestas en el llamado acuerdo del «Viernes Santo» volverán a frustarse.

El panorama irlandés mejorará a finales de 1999 al formarse un gobierno autónomo cuatripartito bajo la presidencia de Trimble. Una reforma importante llevada a cabo fue la del sistema del escrutinio electoral en la que se adoptó el modelo proporcional. Con este sistema se realizaron las elecciones al Parlamento Europeo en 1999.

El nuevo gabinete británico impulsó la política autonomista y en mayo se celebraron elecciones para los Parlamentos de Escocia y Gales. Se registró una escasa participación y la moderación de los sectores nacionalistas. El nuevo Parlamento escocés tendrá capacidad legislativa, mientras el galés sólo controlará el gasto.

Irlanda sí se incorporó a la Zona Euro y va a experimentar estos años un pujante desarrollo económico. Al frente de la República está, desde 1997, Mary McAleese y del Gobierno, Bertie Ahern.

B) *Benelux y Países Nórdicos*

Los países del Benelux sufren pocos cambios en este período, salvo la continuidad del problema entre flamencos y valones y la estabilidad económica de toda la zona. En Bélgica, Guy Verhofstadt sustituyó al frente del Gobierno a Jean-Luc Dehaene. En Holanda, continuó funcionando la coalición entre socialistas y liberales. Desde 1994, sigue al frente del Gobierno Win Kok.

El 7-X-00, en una breve y sencilla ceremonia, el Gran Duque Juan de Luxemburgo abdicaba en su hijo Enrique, que será el sexto soberano de este pequeño territorio desde que Adolfo de Nassau fue proclamado en 1890 Gran Duque.

También, la estabilidad caracterizó estos años a los países nórdicos. Dinamarca produjo más de un sobresalto por su euroescepticismo, como el rechazo a entrar en la zona euro. Finlandia y Suecia, pese a algún debate en la opinión pública continuaron al margen de la OTAN y Noruega siguió sin replantearse su vinculación a Bruselas.

C) *Alemania y Austria*

El décimo aniversario de la caida del muro reunió en Berlín a Gorbachov, Bush y Kohl. La ciudad se estaba ya convirtiendo en la capital de la Alemania reunificada y emprendió llamativas reformas urbanísticas.

Tras las elecciones del 27-IX-98, el socialdemócrata Gerhard Schröeder, de 54 años, se convertía en el nuevo Canciller germano, apoyado por los Verdes, sustituyendo al mítico Helmut Kohl, y poniendo fin a 16 años de hegemonía de la coalición entre democristianos, socialcristianos de Baviera y liberales. Schröeder procedía de Baja Sajonia y contó también con la ayuda del SPD de Lafontaine.

Por el contrario, Kohl y su partido se vieron envueltos en escándalos financieros que se relacionaban con las ayudas recibidas de modo poco claro por el CDU.

En 1999, el socialdemócrata Johannes Ran fue elegido para la presidencia de la República; sustituía en el cargo a Roman Herzog.

Austria, miembro de la Unión Europea, sigue sin incorporarse a la OTAN. En las elecciones regionales (7-III-99) el Partido Liberal, de extrema derecha, logra vencer en Carintia y su jefe Jürg Haider gobernará este territorio. El hecho cobrará mayor eco al obtener la extrema derecha un llamativo crecimiento en las legislativas convirtiéndose el FPO en el segundo partido del país. Será en las elecciones del 2000 cuando el asunto se complica más al entrar este partido en el Gobierno austriaco apoyando a los populares. El hecho generará protestas en los estados comunitarios.

D) *España y Portugal*

En 1995, los reyes de España visitaron China, Filipinas y Malasia para dar impulso a las relaciones diplomáticas y comerciales con esos países. En mayo, los monarcas visitarán EEUU para asistir a la graduación del Príncipe en la Universidad de Georgetown. En este lustro otras novedades de la familia real serán las bodas de las Infantas y el nacimiento de los primeros nietos de los reyes.

En abril, el líder de la oposición, José María Aznar salió ileso de un atentado con coche bomba perpetrado por ETA. Varias personas resultaron heridas y algunos edificios, afectados por la explosión.

Como ya predecían las encuestas, las elecciones municipales y autonómicas confirmaron la pérdida de voto de la izquierda y la subida del Partido Popular. Igual ocurriría en las europeas de 1999.

Un incidente pesquero va a entorpecer las buenas relaciones entre España y Canadá, que llegarán a ser muy tirantes. Todo empezó en marzo con el apresamiento del pesquero *Estai* en aguas internacionales frente a Terranova. El armador tuvo que pagar una fuerte multa. Había comenzado la llamada guerra del fletán en los calderos que regula la Organización Pesquera del Atlántico Norte (NAFO) y que implicó a Canadá y la Unión Europea. El contencioso terminó amigablemente, como era presumible, invocando cada parte sus razones e intereses.

Se celebró en Barcelona la Conferencia para la protección del Mediterráneo, que adoptó el acuerdo de reducir los vertidos tóxicos al mar.

También en Barcelona, se desarrolló la I Conferencia Euromediterránea, en noviembre, en la que participaron los 12 Estados de la UE y otros 12 del Oriente Medio y África del Norte. En la Declaración final, se contemplaba el fomento de los valores democráticos, el desarme y la posible creación de una zona de Libre Comercio en el Mediterráneo.

El cambio político vendría en España al obtener José María Aznar, líder del Partido Popular el 3-III-96 la victoria electoral sobre los socialistas que venían gobernando desde 1982. Sin embargo, la victoria resultó muy ajustada, con tan sólo 15 escaños de diferencia y el PP tendrá que buscar el apoyo de los nacionalistas para gobernar.

La visita del presidente chino Jiang Zemin confirmará la creciente presencia española en el escenario intelectual. El aspecto negativo de este período serán los atentados de ETA y el procesamiento de personas vinculadas a los GAL. Un cambio llamativo será el acuerdo de establecer en breve el Ejército profesional.

En julio de 1997, la guardia civil logró liberar a Ortega Lara de su largo secuestro de 532 días, pero al cabo de una semana, ETA secuestró al joven concejal del PP en Ermua Miguel Angel Blanco y lo asesinó al cumplirse el plazo que se había fijado para el traslado de presos al País Vasco. Toda España fue un clamor de protestas y, precisamente, con el nombre de Ermua nacerá un Foro opuesto al nacionalismo radical.

Durante el resto de los años noventa, salvo la tregua de meses iniciada en 1998, ETA continuó con sus atentados, que cobraron una trágica escalada de violencia en el 2000, mientras las manifestaciones y protestas generalizadas de la opinión pública, los medios y los representantes de todos los sectores políticos y sociales, pedían inútilmente a la organización terrorista que dejara de matar.

HB, reconvertido en EH, fue el único partido que no condenaba las acciones de ETA. Por otra parte, tras el llamado acuerdo de Lizarra se produjo un cierto acercamiento táctico entre PNV, EA y EH que fue criticado desde el PP y el PSOE. IU mantuvo una posición más vacilante. La crisis fue aumentando y afectó a la estabilidad del Gobierno autónomo vasco que se tuvo que gobernar en minoría, en condiciones difíciles y desoyendo las peticiones de convocar nuevas elecciones.

El PSOE celebró en 1998 unas primarias que dieron el triunfo a José Borrell, creándose con ello una bicefalia en el partido que conservaba a Joaquín Almunia como Secretario General. Esta situación de inestabilidad se complicó al dimitir Borrell por verse indirectamente vinculado a un caso de corrupción de dos antiguos colaboradores. La crisis de los socialistas se agravará tras su derrota en las elecciones de 2000 y durará hasta la renovación del partido tras acceder a la Secretaría General, como nuevo líder en el XXXV Congreso, José Luis Rodríguez Zapatero.

En las elecciones generales del 12 de marzo de 2000 el partido de José María Aznar arrolló, superando todas las previsiones. El PP obtuvo 183 de los 350 Diputados, frente a los 125 socialistas y 127 senadores frente a los 61 del PSOE. Los populares vencieron en 13 de las 17 Comunidades Autónomas y en 42 de las 52 circunscripciones electorales provinciales. La participación rozó el 70% con un censo superior a los 33 millones de votantes.

En Portugal, fueron los socialistas los ganadores de los comicios legislativos habidos en octubre de 1995. Se impuso Antonio Guterres con el 43% de los votos frente a su oponente Fernando Nogueira.

También a Jorge Sampaio, socialista, le bastó la primera vuelta para ganar las presidenciales, en 1996, frente a Cavaco Silva, del PDS. Tras haber agotado los dos mandatos constitucionales, Mario Soares dejaba el cargo a otro hombre de su mismo partido.

En una reunión celebrada en Lisboa, Portugal, Brasil, Cabo Verde, Angola, Mozambique, Guinea-Bissao y Santo Tomé y Príncipe acordaron establecer la llamada Comunidad de Países de lengua Portuguesa (CPLP) con el objetivo de impulsar la colaboración política, económica y cultural entre los Estados lusófonos.

La Exposición Universal de Lisboa, en 1998, simbolizó los cambios del nuevo Portugal que un años después conmemorará el 25 aniversario de la revolución de los claveles.

En 1999 Macao será devuelto a China.

El 16-II-98 se celebraron elecciones legislativas en Andorra, con una participación muy alta del electorado. La Unió Liberal, encabezada por el presidente en funciones, Marc Forné, obtuvo, contra todo pronóstico, la mayoría absoluta.

E) *Francia, Italia y Suiza*

Despúes de 14 años de presidencia socialista, el alcalde de París y candidato por el RPR, Jacques Chirac se proclama vencedor en la segunda vuelta para designar al Jefe del Estado. Obtuvo el 52,67% de los votos frente al socialista Lionel Jospin que logró el 47,33% y salió reforzado como líder de su partido. Terminaba así, como dijo la prensa «el más largo de los reinados republicanos», pues Mitterrand gobernaba desde 1981. Jospin había vencido en la primera vuelta, quedando excluido Balladur del RPR.

La reanudación de las pruebas nucleares en la Polinesia francesa con la explosión en el atolón de Mururoa el 5-IX-95 de la primera de las ocho bombas previstas, desató una gran campaña de protestas y manifestaciones en distintos lugares del mundo. Las pruebas habían sido suspendidas desde 1992 por orden del anterior Presidente. Las críticas aumentaron, incluso en la propia Francia. Los momentos más álgidos se vivieron al instalarse en la zona una flotilla de embarcaciones de Greenpeace. Por otra parte, Australia y Nueva Zelanda reabrieron el contencioso que tenían por este tema ante el Tribunal de la Haya. Además de Japón, especialmente sensible ante estos experimentos, el malestar llegó a EEUU y Clinton pidió a Chirac el fin de las pruebas. Parte de los estados europeos se sumaron a la petición, y París acabó por reducir el programa de pruebas previsto.

Las elecciones en junio de 1997 volvieron a abrir un período de cohabitación entre un Presidente de la República derechista, Chirac y un Primer Ministro socialista, Lionel Jospin. El Jefe del Estado había adelantado en un año la convocatoria, pero la maniobra le salió al revés, al obtener su partido la mitad de escaños que en 1993. Los socialistas lograron 268 frente a los 253 de los conservadores.

En Francia, se celebró un referéndum en el 2000, que tuvo una mínima participación, para revisar la duración del mandato presidencial y reducirlo a 5 años. La Propuesta del denominado Quinquenato, fue aprobada, hecho que se espera facilite una convocatoria más cercana de las presidenciales, como Chirac desea para acabar con su incómoda cohabitación con los socialistas. A partir del 2002, coincidirán las legislativas y las presidenciales.

Aunque Francia continúa siendo el país más centralista de Europa, París ampliará el poder autonómico de Córcega, según un proyecto presentado por Jospin a la Asamblea corsa que entraría en vigor en el 2004 tras las necesarias reformas constitucionales.

Francia desempeña en esta etapa un importante papel en las crisis de Oriente Medio y de la ex-Yugoslavia.

Italia estrenó nuevo Gobierno en enero de 1995 al designar el Presidente Scalfaro como Jefe del Gabinete a Lamberto Dini, que no contó con el apoyo de la derecha.

Las elecciones en abril de 1996 confirman la derrota de la derecha y la imposibilidad para Berlusconi de constituir Gobierno; sin embargo, el centro-izquierda que capitanea Romano Prodi tampoco logró una mayoría que dé suficiente estabilidad. Los comunistas consiguieron más de 30 diputados y el Olivo, al menos, se establece como nueva fuerza que altera el tradicional reparto entre democristianos e izquierda.

Por otra parte, tras autoproclamar su parlamento en Mantua, Bossi multiplicó las declaraciones secesionistas contra el «poder colonial» de Roma. Hizo adoptar la «Constitución del Norte», y proclamó el nacimiento de la Padania. Se trataba de una imprecisa entidad territorial que incluía teóricamente a unos cuatro millones de votantes, y que la Liga, por su cuenta y riesgo extendía hasta Florencia. El absurdo experimento político acabó en un fracaso, al ser respaldado en un acto en Venecia por 15.000 personas mientras que en Milán, en el corazón del norte italiano, la Alianza Nacional congregaba a 150.000 personas pidiendo la unidad de toda la nación.

El país entrará en una fase de mayor estabilidad hasta que el problema creado por Refundación Comunista, miembro de la coalición, condujo en 1998 a una recomposición de la izquierda que llevará al frente del Gobierno al excomunista moderado Massimo d'Alema.

El presidente de la República será desde 1999 Carlo Azeglio Ciampi.

Últimos días de julio de 1996. La Asociación Suiza de Banqueros adoptó una medida sin precedentes en la historia de este país: publicar en diarios de todo el mundo la lista de titulares de cuentas corrientes inactivas, abiertas en la época de la Segunda Guerra Mundial. Entre los titulares se hallaban numerosos judíos de territorios ocupados entre 1939 y 1945, así como otros pertenecientes a particulares o familias de España, Portugal, Turquía y otros países. La medida daba al traste con el hasta ahora nunca desvelado secreto bancario.

Eran casi 2.000 cuentas «durmientes», por un monto global de entre 4.000 y 6.000 millones de pesetas que se orientaban a un proceso de reclamaciones.

El asunto del oro del Tercer Reich, es decir, el de los fondos estatales alemanes de los que se apropiaron la jerarquía nazi y los jefes del ejército derrotado en la contienda, podía llegar a los 800.000 millones de pesetas.

Para paliar las acusaciones de connivencia de la banca Suiza con el régimen nazi, varias entidades bancarias helvéticas abrieron un fondo compensatorio con 100 millones de francos suizos destinado a las víctimas del holocausto.

F) Turquía y Grecia

Abdalá Ocalan, líder de la guerrilla kurda, tras ser detenido en Kenia fue trasladado a Turquía donde el Tribunal de Seguridad lo condenó a muerte en junio de 1999. Las peticiones de clemencia llegaron al gobierno de Ankara desde todos los principales países y Ocalan no será ejecutado.

Turquía celebró elecciones legislativas en 1999 que ganó el DSP del primer ministro Bülent Ecevit, mientras la extrema derecha del MHP logró mejorar su representación.

Ya en el bienio 1997-1998, el Consejo Nacional de Seguridad ejercía una especie de control sobre la evolución política y seguía de cerca los cambios de Gabinete. El Partido Refah, acusado de atentar contra la laicidad fue prohibido, aunque en su lugar nació el llamado Partido de la Virtud. El Ejército mantendrá un indirecto recelo frente a posibles brotes de fundamentalismo islámico. Otro foco de preocupación siguió siendo la cuestión kurda.

Suleimán Demirel sigue al frente de la República turca desde 1993.

Al ratificar el Parlamento griego la convención internacional que permite ampliar las aguas jurisdiccionales hasta las 12 millas, se creó un nuevo motivo de fricción con Turquía ya que numerosas islas helénicas están situadas frente a la costa turca en el Egeo. Andreas Papandreu, figura carismática del socialismo griego, tras haber dimitido del cargo de Primer Ministro, morirá en junio de 1996. Fue sustituido por Costas Simitis. El presidente de la República será desde 1995, Costis Stephanopoulos.

En Grecia, en las elecciones de abril de 2000 venció el PASOK por mayoría absoluta y el socialista Constantino Simitis formó el nuevo Gobierno. También hay que destacar la subida de Nueva Democracia, encabezada por Caramanlis.

Las medidas económicas del gobierno de Simitis dieron resultado y aunque implicaron algunos reajustes duros consiguieron alcanzar los criterios de convergencia de Maastricht. El dracma será otra de las monedas sustituidas por el euro.

En política exterior han mejorado las relaciones con Turquía, en parte por su común pertenencia a la OTAN y la asignación de mandos de ambos ejércitos en los Estados Mayores regionales. Perviven las dificultades en el contencioso chipriota, la afluencia de refugiados kurdos y la delimitación de soberanía en el mar Egeo. La crisis balcánica también se siguió muy de cerca por Atenas.

Chipre y Malta mantienen su deseo de incorporarse a la Unión Europea en la futura ampliación.

15.4.2. *Replanteamiento de la Unión Europea*

A) El Consejo Europeo, celebrado en Madrid a mediados de diciembre de 1995 decidió la fecha en la que se aprobará qué países cumplen los requisitos para acceder a la moneda única, que se llamaría «Euro», además de concretar las modalidades para su introducción a partir del primero de enero de 1999.

También se firmó un acuerdo con el Mercosur y se decidió la convocatoria de una Conferencia Intergubernamental para reformar el Tratado de Maastricht y posibilitar la incorporación de Estados del extinto COMECON. Con Turquía se llegó a un acuerdo de Unión Aduanera.

La decisión sobre el euro fue sin duda la más importante, junto con la convicción de ampliar la Unión y reformarla. Todo ello ayudó a superar un cierto escepticismo que, en este período, parecía haberse afianzado y que fue superado por el decidido impulso de fe europeísta de esta cumbre.

Otro hecho importante fue la firma de una nueva Agenda Trasatlántica y del Plan de Acción conjunta de la Unión con los EEUU. Clinton asistió al acto.

El 26-II-95 entró en vigor el convenio de Schengen, firmado por Francia, Alemania y los países del Benelux en 1985 y al que se adhirieron luego España y Francia. Se establecía así la libre circulación de personas, que por otra parte ya se preveía en los tratados de Roma y Maastricht.

El socialdemócrata finlandés Jacob Söderman fue elegido primer defensor del Pueblo Europeo, cargo que venía ejerciendo en su país.

La Unión Europea creó un plan especial de ayuda para el Magreb, con el fin de colaborar en la transición económica de estos países y frenar la creciente migración. Se desea crear una Zona de Libre cambio para el 2001.

Un hecho anecdótico acabó convirtiéndose en relevante: el llamado «caso Bosman», planteado por un jugador belga que denunció su derecho a fichar por un equipo de otro país comunitario. La UEFA tuvo que cambiar sus reglamentos y recorrer este derecho de contratación laboral en el marco comunitario.

La divulgación en 1996 de una epidemia que afectó al ganado bovino inglés y que fue conocida como enfermedad de las vacas locas creó un gran problema sanitario y de consumo en el ámbito de la UE al prohibir Bruselas la comercialización de esta carne, además de hacerlo otros países como EEUU, Canadá y Australia. El peligro volvería a plantearse en el 2000.

La Cumbre Europea en Florencia (22-VI-96) confirmó el proceso ya irreversible del lanzamiento de la moneda única, prevista para el 1 de enero de 1999. Se acordó acabar antes de final de año los trabajos técnicos preparatorios referentes al marco jurídico del euro y se dio el apoyo al ECOFIN, centrado en la disciplina presupuestaria con vistas a la tercera fase (Pacto de Estabilidad).

Siguiendo la línea marcada por las cumbres de Essen, Cannes y Madrid, el empleo constituyó uno de los temas prioritarios. Como expresó José María Aznar al finalizar la reunión, los Quince están unánimemente de acuerdo en que «es necesario reforzar la política de la restricción presupuestaria con el fin de disminuir los déficit públicos».

También se acordó agilizar la colaboración en la lucha contra el terrorismo y la delincuencia organizada.

El español José María Gil-Robles, del PP fue elegido Presidente del Parlamento Europeo en enero de 1997, será sustituido en 1999 por Nicole Fontaine.

En su reunión de Luxemburgo (14-XII-97) los Quince decidieron abrir la UE a Chipre y a cinco países del Este, Polonia, Hungría, Chequia, Estonia y Eslovenia, aprobando el inicicio de negociaciones. También se trató de una futura ampliación a los otros países del Este aún no incluidos en este paquete negociador. Sin embargo el período de transición se preveía largo.

B) El 2-X-97 los titulares de Exteriores firmaron el Tratado de Amsterdan, cuyo texto había sido cerrado en junio y una vez ratificado por los respectivos Parlamentos acabará entrando en vigor en 1999. Se trataba de una modesta modificación de lo acordado en Maastricht e introdujo algunos progresos en política exterior, defensa, justicia e interior.

Al no lograr la reforma institucional, la ponderación de votos o la supresión de la regla de la mayoría fue calificado de «minimalista» e «insuficiente».

La nueva normativa respeta la estructura de tres pilares diseñada en Maastricht en 1992 —la Comunidad Europea, la Política Exterior y de Seguridad Común (PESC) y los asuntos de Justicia e Interior— e introduce algunos avances. Los Quince se comprometen a crear, en cinco años, un espacio de justicia, libertad y seguridad para la libre circulación de personas. La inmigración, los visados y el derecho de asilo también se convertirá en política común y el Convenio de Schengen será integrado en el Tratado.

Se incorporó dentro del cuerpo principal del texto el reconocimiento de que las Islas Canarias, junto con los Departamentos franceses de Ultramar, las Azores y Madeira, quedan dentro del Tratado de la Comunidad Europea a todos los efectos. Se prevé, sin embargo, que, a causa de sus peculiares circunstancias geográficas, sociales y económicas —las cuales pueden perjudicar gravemente su desarrollo—, la Comunidad Europea deberá adoptar medidas específicas que permitan una adaptación de las políticas comunitarias a las condiciones de estas regiones.

Se mencionan como políticas comunitarias objeto de consideración especial: la aduanera y comercial, la fiscal, la agrícola y pesquera, así como las que se refieran a zonas francas, abastecimiento de materias primas y bienes de consumo esenciales, ayudas públicas, y acceso a los fondos estructurales y a los programas horizontales comunitarios.

Otros asuntos mencionados fueron la subsidiariedad; la creación de la figura del Alta Representante para la PESC; el acercamiento a la UEO para su posible integración; la acción económica exterior; mayor poder para el Parlamento mediante la fórmula de la *codecisión*; la necesidad de que el Presidente de la Comisión y su equipo sean ratificados por la Cámara; mayor protagonismo al Comité de las Regiones y la atribución de un cierto papel a los Parlamentos nacionales que deberán conocer las propuestas legislativas y mantener un intercambio de información.

El primer ministro holandés, Wim Kok, destacó en su discurso el simbolismo que supone que el Tratado fuera firmado en la «Sala de los Ciudadanos» del Palacio, que data del siglo XVII, porque «lo que le ha inspirado es justamente el destino del ciudadano europeo y su plena participación en los procesos».

«En el Tratado establece las bases y los criterios para ayudar a los estados miembros, en el contexto europeo, a resolver el doloroso problema del paro», afirmó.

Kok recalcó que, también, «fija los criterios para una lucha conjunta en contra de la criminalidad, que amenaza a nuestros ciudadanos y a la democracia. El Tratado sienta las bases para que la apertura y la seguridad vayan mano a mano».

El Presidente del Parlamento Europeo, José María Gil Robles, opinó que el nuevo Tratado dio «un gran paso en la nueva dirección», y pidió «una reflexión en profundidad sobre la necesidad de mejorar el método de revisión de los Tratados» que opinó «tras medio siglo de sucesivas reformas y ampliaciones, el sistema actual ha llegado al límite de sus posibilidades».

C) La Cumbre Europea de primeros de mayo de 1998 anunció la entrada en funcionamiento del euro agrupando a divisas de once países: pesetas, marco alemán, francos francés, belga y luxemburgés, florín holandés, libra irlandesa, lira italiana, escudo portugués, marco finlandés y chelín austriaco. La paridad irreversible de estas monedas se fijará oficialmente el 1-I-99.

El Banco Central Europeo, con sede en Frankfurt, será el responsable de la política monetaria del euro. Su principal función será la estabilidad de los precios, también decidirá los tipos de interés. El tipo de cambio frente a terceras monedas se fijará por el ECOFIN (Consejo de Ministros de Economía y Finanzas). El Sistema Europeo de Bancos Centrales (SEBC) se integrará por el comité ejecutivo del BCE y los gobernadores de los bancos centrales de la zona euro.

Se espera que con el euro desaparezcan las fluctuaciones cambiarias en beneficio de empresas y consumidores y se obtendrán costes financieros más bajos, además de fomentarse una mayor coordinación de la política económica de estos países, la fiscalidad y la presupuestaria, repercutiendo lógicamente en la productividad, competitividad y el empleo.

En la Cumbre celebrada en la ciudad portuguesa de Feira se decidió la entrada de Grecia en el sistema euro para enero del 2001. Por otra parte, en septiembre del 2000 aprobó acotar la convivencia de las monedas nacionales con el euro. Es decir, desde el 1-III-02 sólo se empleará ya el euro.

Los casos de corrupción fueron en estos años clamorosos en varios estados europeos y alcanzaron a la misma Comisión de la UE. En efecto, el año del euro fue, paradójicamente el de la crisis institucional comunitaria al tener que dimitir Santer y su equipo de comisarios por un informe que ponía en tela de juicio la administración de las finanzas comunitarias (16-III-99).

En el Consejo Europeo de Berlín fue elegido Romano Prodi como nuevo Presidente de la Comisión. Liberal, de 60 años, profesor de economía y ex-primer ministro italiano, recibió en septiembre el respaldo del Parlamento europeo. La nueva Comisión tiene un total de 20 miembros y su mandato está previsto hasta el 22-I-05. Como Vicepresidente figuran el británico Kinnock y la española Loyola de Palacio. El otro comisario español es Pedro Solbes y ocupará la cartera de asuntos económicos y monetarios. La mitad de los nuevos comisarios son socialistas, 6 democristianos o centristas, 3 liberales y 1 verde. Una cuarta parte son mujeres.

En septiembre de 1999, Javier Solana se convirtió en mister PESC; el hombre encargado de dar una voz única a la política exterior y de seguridad de la Unión Europea. Apenas abandonado su cargo en la OTAN, tomará también la responsabilidad de otra organización castrense, la UEO; una entidad algo olvidada y que lleva camino de convertirse en el brazo armado de la Europa comunitaria.

Su gestión al frente de la OTAN durante la que tuvo lugar la mayor operación aliada desde la II GM al intervenir en Kosovo aplicando con efectividad el derecho de injerencia humanitaria, el pacto con Rusia, la ampliación de la organización a tres países del Este o el empuje al proyecto de afianzar una Identidad Europea de Defensa, habían sido sus principales logros.

En las elecciones al Parlamento se impuso el Partido Popular Europeo (224 escaños) seguido por los socialistas (180) y con un aumento de los Verdes que alcanzan los 44 escaños. Poco después, la UE se reunió en Río de Janeiro con representantes de los Estados americanos para diseñar una estrategia de colaboración.

D) La cumbre de Helsinki a finales de 1999 terminó con el compromiso de abrir el camino a una futura Unión con 28 miembros que puede llegar a albergar 500 millones de habitantes. De momento ya eran 13 los países candidatos. El finlandés Lipoonen señaló que la ampliación solo terminará «cuando los límites de la Unión Europea coincidan con los límites geográficos de Europa», en una clara alusión a la posible adhesión rusa.

Desde hace más de un año, se vienen celebrando conversaciones con Polonia, Chipre, Hungría, Chequia, Eslovenia y Estonia y en los próximos meses se van a abrir negociaciones con Rumanía, Eslovaquia, Letonia, Lituania, Bulgaria y Malta, además de la solicitud ya conocida de Turquía.

Además de la ampliación, la UE tiene como objetivos prioritarios en su horizonte la reforma institucional y concretamente la composición de la Comisión, la ponderación de votos de los estados miembros, sin olvidar la consolidación de una fuerza militar de intervención rápida.

También se decidió poner en marcha una Conferencia Intergubernamental para estudiar la reforma de los Tratados. Durante las presidencias portuguesa y francesa, es decir, a lo largo del año 2000, se volvieron a tratar todos estos temas. Destacó la Cumbre de Lisboa a la que, por cierto, se invitó al presidente de México para firmar el Tratado de Libre Comercio de este país con la UE.

La entrada del partido de Haider, el FPV, tenido por ultraderechista en el Gobierno de Viena, creó dificultades en la UE hasta el punto de aprobarse una serie de medidas de presión. En la cumbre de Feira, se acordó establecer un cuerpo de 5.000 policías para operaciones de paz.

Otro dato negativo de este período ha sido el progresivo deterioro del euro. Dinamarca rechazó en septiembre su ingreso en la zona euro por 52,9% en contra y el 47,1% a favor, con una masiva participación del electorado.

En Suiza también se han empezado a dar pasos de acercamiento a la UE, todavía muy tímidamente, como se vio al votar en favor de siete acuerdos bilaterales que regulan sus relaciones con los Quince. No se trata todavía de la apertura de un proceso negociador, pero sí hay una nueva estrategia hacia Bruselas. Se especuló, tras este referéndum, que los suizos pudieran plantearse la adhesión a la UE a partir del 2003.

15.4.3. *La nueva OTAN*

En principio, el fin de la guerra fría y del sistema de Bloques hizo comentar a algunos especialistas que la OTAN había perdido su razón de ser y debía disolverse o al menos transformarse. Sin embargo, ocurrió todo lo contrario. La OTAN intervendrá por primera vez militarmente y, además, en un país que objetivamente estaba «fuera del área». Y no sólo no se ha disuelto, sino que ha aumentado el número de sus miembros.

A) Javier Solana, ministro español de Asuntos Exteriores fue elegido con el apoyo de todos los países miembros nuevo Secretario General. La sesión tuvo lugar en Bruselas el 2-XII-95. Pocos días más tarde Francia comunicó su vuelta al Comité Militar, de donde se habían autoexcluido en 1966. El anterior secretario, Willy Claes había dimitido tras verse envuelto en un caso de corrupción —aunque siempre reiteró su inocencia—.

La Alianza se iba a enfrentar a una serie de cuestiones de importancia como el conflicto yugoslavo, las relaciones con Rusia y los países del Este, y por otra parte, mantener su entidad en un horizonte de integración comunitaria que reclamaba un reforzamiento de la política europea de seguridad relanzando la Unión Europea Occidental (UEO) como posible *brazo militar* de la UE.

Uno de los primeros logros de Solana fue llegar a un entendimiento con Rusia para evitar los recelos de Moscú ante la ampliación de la OTAN. Con este fin se reunió en Moscú con el titular de Exteriores Yevgueni Primakov, acordándose firmar la llamada, con cierta ambigüedad, «Acta Fundacional sobre las relaciones mutuas de cooperación y de seguridad». El documento se rubricará en París el 27-V-97. Según lo acordado, no se desplegarán armas nucleares en los nuevos territorios, ni habrá un aumento sustancial de los efectivos convencionales. Se establecía también un organismo de consulta y cooperación entre Rusia y la Alianza.

En la cumbre celebrada en Madrid a primeros de julio de 1997, la OTAN puso en marcha el más importante proceso de su ampliación, especialmente por tratarse los nuevos socios de tres antiguos miembros del extinto Pacto de Varsovia. Los Dieciséis invitaron a adherirse a Polonia, a Hungría y a la República Checa, abriéndose las correspondientes negociaciones.

En diciembre, España modificó su estatus en la alianza al integrarse en la estructura militar, una vez superado el escollo de Gibraltar y con la aprobación parlamentaria. No se consideró necesario convocar un referéndum como algunos sectores políticos y de opinión habían pedido.

B) Las relaciones con el Este habían cuajado anteriormente en el Consejo de Cooperación del Atlántico Norte (COCOAN). Abarcaba a 24 estados, pero esta organización fue sustituida en mayo de 1997, en la reunión de Sintra, por el Consejo de la Asociación Euroatlántica del que formaron parte 44 países.

La intervención militar en Yugoslavia afectó, —menos de lo esperado— al entendimiento con Rusia, y hubo que revisar la situación llegándose en

1999 al pacto de Helsinki entre el jefe del Pentágono y el ministro ruso de Defensa sobre la participación rusa en la KFOR.

Las acciones en Kosovo coincidieron con el 50 aniversario de la Alianza, que tuvo en Washington, en abril, una Cumbre conmemorativa en la que se diseñó un nuevo concepto estratégico que ampliaba su campo de responsabilidad al transformarse de una organización de defensa colectiva en una organización de *seguridad colectiva* y preveía, de acuerdo con los principios de la ONU, la gestión de crisis y promover relaciones de asociación, cooperación y diálogo en toda la región euroatlántica.

En la Cumbre Europea de Colonia (4-IV-99) se decidió literalmente que «la Unión debe disponer de una capacidad de acción autónoma apoyada por fuerzas militares fiables, y debe tener los medios para recurrir a ella y estar preparada para hacerlo con el fin de reaccionar frente a las crisis internacionales, sin perjuicio de las acciones llevadas a cabo por la OTAN».

También se expresó la voluntad de los Quince de transformar el Eurocuerpo (compuesto por tropas de Francia, Alemania, España, Bélgica y Luxemburgo) en un cuerpo de acción rápido.

Otra importante reunión fue la cumbre de la OSCE en Estambul, en noviembre de 1999, en la que se dieron cita representantes de 54 países para reescribir la Carta de estabilidad europea que tuvo su primera versión en Helsinki, hace un cuerto de siglo. También se renovó el Tratado sobre Fuerzas Convencionales en Europa (CFE) aunque los países occidentales cuestionaron su ratificación a la evolución del conflicto de Chechenia. Precisamente, se cumplían los 10 años de su primera redacción en la reunión de París, considerada entonces como el acta final de la Guerra Fría.

En este ámbito de la seguridad, convergen al menos cuatro asuntos de importancia; la ampliación de la OTAN, su nueva estrategia mundialista, su relación con Rusia y, por último, la tensión ya aflorada entre OTAN y UED. Es decir, plantear si es o no compatible el fortalecimiento de una Europa militarmente más diferenciada de EEUU con los puntos anteriormente citados.

Todo lo dicho ocurre en el marco de construcción de una Unión Europea previsiblemente continental y que a corto plazo desea tener su propio sistema de seguridad, coherente con el proyecto de integración político, todavía muy embrionario, pero ya en marcha.

15.4.4. *Europa del Este*

En Europa del Este se vive un proceso compartido de transición a las instituciones democráticas y a la economía de mercado, a la vez que un deseo de incorporación lo más pronto posible a la Unión Europea.

En Polonia, las reformas económicas van dando un lento resultado pero crean también desasosiego social a causa de las reestructuraciones.

Lech Walesa, el hombre clave en el proceso de transición en Polonia del comunismo a la democracia y político carismático de la histórica etapa del desplome del Bloque del Este perdió las elecciones celebradas el 19-XI-95 que ganó el ex comunista Aleksander Kwasnievski.

Sin embargo, en las elecciones locales de 1998 se impuso Solidaridad. En las presidenciales del 2000 Walesa volverá a perder ganando Kwasniewski.

En Bulgaria en 1997 los socialistas perdieron en las urnas tras varios años en el poder. El centroderechista Petar Stoyanov, de la Unión de Fuerzas Democráticas (UFD) venció a Ivan Mazarov. Los resultados mostraban el desencanto y la decepción ante la política económica.

Rumanía puso el punto final a su transición democrática caracterizado por la lentitud en las reformas políticas y económicas y el control que ejercían los antiguos comunistas en la vida social. Los rumanos apostaron por el cambio, dando su voto al opositor Emil Constantinescu, de Convención Democrática, frente al ex comunista Ion Iliescu del Partido de la Democracia Social. En 1998, Radu Vasile sustituirá a Ciorbea como Jefe del Gobierno.

En la República checa, el deterioro de la economía y el aumento del paro han debilitado la situación, ya de por sí difícil, del gobierno minoritario del partido socialdemócrata, apoyado por el partido democrático cívico. El ingreso en la OTAN despertó recelos en parte de la población, sobre todo por coincidir con las operaciones contra Yugoslavia. Vaclav Javel sigue como Jefe del Estado y Milos Zeman relevó a Josef Tosovsky en 1998.

Eslovaquia vivió un período de inestabilidad política y disensiones entre los partidos. En las elecciones de 1998 hubo ocho intentos de elección presidencial, pero tras las legislativas se impuso por escaso margen el Movimiento por una Eslovaquia Democrática de V. Mëciar. Se formó un nuevo gobierno de coalición con Mikulás Dzurinda, de la Coalición Democrática Eslovaca con apoyo de otros grupos. En mayo de 1999 fue elegido presidente Rudolf Schuster.

Una coalición de centro derecha logró en Hungría la mayoría suficiente en las elecciones de 1998 y Gyula Horn fue sustituido por el joven Viktor Orban. Sin embargo, los socialistas conservaron una minoría de bloqueo, liderados por Kovacs. Hungría se vio implicada en el conflicto yugoslavo apenas incorporada a la OTAN, cediendo sus bases. El hecho tuvo cierta trascendencia si se recuerda que en la cercana Voivodina vivían unos 300.000 yugoslavos de origen magiar.

15.4.5. *Las reformas de Niza*

A) El Consejo Europeo de Niza fue la cumbre más larga de la historia de la UE. Empezó el jueves día 7 de diciembre de 2000 y terminó a las 4 y 20 de la madrugada del lunes 11, mediante una prórroga de 24 horas. En total hubo 330 reuniones preparatorias y las negociaciones entre los mandatarios sumaron 88 horas.

Se trataba de adecuar el sistema institucional, especialmente la reponderación de votos en el Consejo, y el replanteamiento de la representación de los países miembros y candidatos en el Parlamento ampliado. Era esencial evitar que el proyecto europeísta perdiese empuje e ilusión, máxime teniendo en cuenta la delicada situación por la que atravesaba el euro y la repercusión del resultado de la reunión podía tener en la política interior de cada Estado.

La tensión entre Francia y Alemania por mantener su paridad y satisfacer a la vez el innegable peso que la nueva Alemania reunificada reclamaba era uno de los temas centrales, juntamente con el difícil equilibrio entre los países grandes, el deseo español de estar en el grupo de cabeza, la equiparación de Polonia a la situación de España, y el rediseño de unas instituciones pensadas para un reducido número de estados occidentales, que ahora debía enfrentarse a una ampliación hasta alcanzar 27 miembros. De estos nuevos socios, la mayoría eran pequeños e introducían un mayor desequilibrio entre los estados grandes, medianos y menores.

Niza alcanzó su principal objetivo: abrir la ampliación hacia el este con datos precisos. Ello significaba la reconciliación de las dos Europas, el fin definitivo de los ecos de la Guerra Fría, sin romper por ello los fundamentos originales del proceso europeísta, el entendimiento franco-alemán y la reconciliación entre unos pueblos que pese a compartir valores, cultura, geografía e intereses económicos y políticos, se habían enfrentado secularmente. Haber rechazado la ampliación hubiera generado una gravísima frustración en el Este; pero romper el entendimiento entre los occidentales, otras crisis no menos grave.

Es cierto que se ha avanzado a pequeños pasos, que se trata de unos acuerdos para la transición a una Europa continental que indudablemente reclamará otro rediseño institucional de más calado cuando sea realidad lo que ahora es sólo un calendario de intenciones.

Como escribió Andrés Ortega: «La reconciliación franco-alemana fue la piedra angular de la primera construcción europea en la posguerra. Ahora estamos en otra Europa, y ya no se trata de reconciliar a Alemania y Francia, sino a las dos Europas que, con cierta ayuda del cinismo occidental, había separado la guerra fría. La unificación del continente cambia las tornas; y si no se entiende esto, no se entiende nada. Ha empezado por la unificación y *nor-*

malización de Alemania, que, afortunadamente, se ha realizado en el marco de una mayor integración europea con el euro, con fuerzas alemanas ahora en los Balcanes en operaciones europeas y de la OTAN. Pero esta nueva Alemania ha recuperado no sólo peso demográfico, geográfico, económico, sino también margen de maniobra diplomática y una perspectiva distinta. Bonn estaba cerca de París. Berlín, la nueva capital, está a tan sólo 60 kilómetros de la frontera polaca».

B) Los principales puntos del nuevo texto que deberá ser definitivamente redactado, y aprobado por los parlamentos de los estados miembros, son los siguientes:

— Se ha previsto que en la Comisión cada Estado miembro, incluyendo los que se adhiera, contarán con un representante hasta alcanzar los 27 miembros.

— Los cinco países grandes —Alemania, Francia, Reino Unido, Italia y España— renunciaron a su segundo representante en Bruselas.

Paralelamente, y para que una Comisión de tantos miembros pueda trabajar, se refuerza el poder del Presidente de la Comisión Europea a partir del 1 de enero del 2005, que será elegido por mayoría y no por unanimidad. También decidirá el reparto de carteras entre los comisarios y podrá destituirlos.

Sin embargo, criterios prácticos aconsejan no superar el número de 20 comisarios y es posible que, en un futuro, se proceda a una rotación entre los países, hipótesis que no satisface a los pequeños. España, por otra parte, expresó que si renunciaba a su segundo comisario reclamaba ser compensada con más votos en el Consejo.

En la segunda propuesta propiciada por Francia, cuando la Unión cuente con 27 miembros, los estados *fijarán* el número definitivo de representantes. En cualquier caso éste «deberá ser inferior a los 27 países miembros», afirma el texto que eli.nina el umbral máximo de 20 representantes de la propuesta inicial. El principio de rotación igualitaria entre los países quedará garantizado para el futuro aunque la fórmula concreta queda pendiente. Como expresaron fuentes comunitarias, parece impensable una Comisión sin Francia, Gran Bretaña o Alemania.

— En el Parlamento se ha procedido a una revisión del número de representantes, por cierto, saltándose el artículo 189 del Tratado de Amsterdam por el que la Eurocámara no podía exceder de 700 miembros. Ahora podrá alcanzar los 732.

Con un total de 99 escaños, Alemania mantiene el número de asientos que tiene en la actualidad.

La paridad con Francia, que dispone de 87 esacaños, ya se rompió en el pasado en esta institución. Pero tras Niza, se incrementará este diferencial, así como en el Reino Unido, que verán reducidos sus eurodiputados a 72, lo mismo que Italia.

España, también, figura en la lista de países que registran un recorte del número de escaños: pasa de 64 a 50.

Polonia, que iba a tener un eurodiputado menos quedó equiparada a España por la presión de Berlín.

El nuevo reparto asigna a Rumanía 33; 25 a Holanda; 22 a Bélgica, Portugal y Grecia; 20 a Hungría y la República Checa; 18 a Suecia; 17 a Austria y Bulgaria; 13 a Finlandia, Dinamarca y Eslovaquia; 12 a Lituania e Irlanda; 8 a Letonia; 7 a Eslovenia; 6 a Luxemburgo, Chipre y Estonia y 5 a Malta.

— En el Consejo de Ministros se ha procedido a la reponderación del voto: Alemania, Francia, Reino Unido e Italia (29); España y Polonia (27); Rumanía (14); Holanda (13); Grecia, República Checa, Bélgica, Hungría y Portugal (12); Suecia, Bulgaria y Austria (10); Eslovaquia, Dinamarca, Finlandia, Irlanda y Lituania (7); Letonia, Eslovenia, Estonia, Chipre y Luxemburgo (4) y Malta (3).

En el nuevo reparto de votos, los grandes han multiplicado casi por tres los que tenían (pasan de 10 a 29). Los demás han multiplicado por una media de 2,3. Ahora hay menos desequilibrio entre población y votos. España también ha crecido más pues tenía 8 votos y los ha multiplicado por 3,37. Ha sido el país más beneficiado.

C) Otras novedades del acuerdo de Niza son las siguientes:

La Carta de Derechos —54 artículos—, no ha sido incorporada al documento. Niza se ha limitado a proclamar este conjunto de valores y principios del ciudadano europeo. En 2004 se pactará qué clase de encaje jurídico debe tener. Ese año habrá otra profunda reforma de la UE pues, a petición alemana, se convocará otra importante cumbre para revisar la situación.

— Triple bloqueo. Hoy sólo existe la vía de sumar votos (26 sobre un total de 87) para bloquear decisiones. Cuando entre en vigor el Tratado de Niza, habrá otros dos caminos de bloqueo: los votos que representen un 38% de habitantes y la mitad de Estados más uno, es decir, 14 sobre 27.

Alemania hace pesar así su superioridad demográfica y prácticamente no se podrá aprobar nada sin su consentimiento. Esta nueva vía de bloqueo se ha denominado «red de seguridad del factor población». Pero esta vía sólo se podrá utilizar caso por caso y a petición explícita de un país.

— Niza abre las puertas para que los países que lo deseen se agrupen para avanzar más rápido en áreas concretas, incluso en política exterior, terreno vedado hasta ahora.

Este principio se conoce por «velocidades distintas», «Europa a la carta» y «cooperación reforzada». Se había aplicado ya en el caso del euro.

El veto no ha desaparecido. Se ha decidido que unos 29 temas sean aprobados por mayoría en lugar de por unanimidad, pero aún queda una veintena, los más sensibles para cada país.

La mayoría cualificada se ha extendido y alcanza a unos 30 artículos del Tratado de Amsterdam.

Para que una decisión se adopte por mayoría cualificada deberá contar con el apoyo de 255 votos a favor, lo que representa el 71% de la población. La minoría de bloqueo alcanzará por lo tanto unos 91 votos en una UE con 27 países.

El veto se mantiene en todos los temas ligados a la fiscalidad y a las políticas sociales. También para los asuntos militares, la inmigración y el comercio exterior. España ha renunciado al veto en lo fondos de cohesión pero sólamente a partir del 2007 y cuando se apruebe el gasto comunitario que finalizará en el 2013.

Los cinco grandes —y Polonia cuando ingrese— si se ponen de acuerdo cuatro de ellos pueden rechazar cualquier decisión.

Si son tres deberán contar también con un país pequeño. España (27 votos) necesitará la colaboración de otros dos grandes y de un país menor.

El Parlamento quiere que todo cuanto pueda aprobarse por mayoría cualificada deba someterse, también, al sistema de codecisión.

El texto prevé la imposición de sanciones a países que violen de forma grave y reiterada derechos fundamentales de la UE.

— Los Quince han decidido que, en 2004, quedará fijado el reparto de competencias entre las instituciones europeas y los Estados. Los Estados podrán luego hacer lo propio con las regiones. Este tema interesa especialmente a Alemania por su estructura federal y a España por su sistema autonómico.

Aunque el tema no se ha aclarado del todo, parece que las futuras reuniones del Consejo Europeo deberán celebrarse en Bruselas; dejarán de ser itinerantes.

Por intervención británica, se redujo el texto dedicado al proyecto de defensa. Obedecía a una estrategia de no insistir en ampliar un posible contencioso entre la UE y la OTAN. Los planes para el establecimiento de una Fuerza de Intervención Rápida cifran sus efectivos en 100.000 hombres, 100 navíos y 400 aviones. España aportará 6.000 hombres, un cuartel general de división, una brigada mecanizada, una escuadrilla de fuerzas anfibias, dos escuadrones mecanizados y una unidad aerotransportada. Suecia, rompiendo que su tradicional neutralidad también se sumará a estas fuerzas. Los nuevos países se prevé que proporcionen 32.900 soldados.

Varios temas importantes no han sido todavía abordados, como la mayor democratización institucional, la potenciación del Parlamento, la posibilidad de una segunda Cámara, las relaciones con las Repúblicas eslavas, la futura vinculación de los países de la ex-Yugoslavia o el siempre difícil tema de Turquía.

15.5. Esperanza en los Balcanes

Bayart escribe que «desde la división de Chipre en 1974 y la de Bosnia en 1995 y quizás la de Kosovo en 1999, la cuestión de los Balcanes —es decir, históricamente la cuestión del Imperio de los Habsburgo y el Impero Otomano— sigue solucionándose mediante divisiones indefinidas, sobre la base del más pequeño denominador común de identidad».

Tras la caída del régimen de Milosevic, queda por ver si este proceso de rompimiento continúa o ha tocado fin y si comienza ahora, en sentido contrario, el entendimiento y la cooperación en esta atormentada tierra, que también es Europa.

15.5.1. *Los acuerdos de Dayton*

El año 1995 comenzó en Bosnia-Herzegovina con un esperanzador alto el fuego de cuatro meses, mientras Tudjman pedía la retirada de las tropas de UNPROFOR de Croacia para mediados de año. La UE reconoce la soberanía e integridad croatas. Otro hecho significativo fue la primera acusación del Tribunal para crímenes de guerra contra varios serbios por acciones en Omarska.

Se acuerda una alianza entre las fuerzas militares de Croacia y de los croatas bosnios, mientras Tudjman admite la continuidad de la UNPROFOR en su zona. En marzo se reanudan los bombardeos serbios contra Gorazde y la aviación de la OTAN inicia vuelos disuasorios. El 30-IV-95 finaliza el acuerdo de alto el fuego, hecho que hace temer la reanudación de hostilidades, a la vez que se producen choques entre serbios y croatas. La UE defiende el procesamiento de Karadzic por crímenes de guerra.

Tras expresar su preocupación por el deterioro de la situación, los ministros de la UEO se reúnen en Lisboa. Por su parte, los serbios intensifican sus bombardeos sobre Sarajevo hasta que la OTAN se decide a lanzar un ataque en regla el 24 y 26 de mayo en el que participan F-18 españoles. Los serbobosnios respondieron con ataques artilleros sobre Tuzla y capturando 200 observadores internacionales y *cascos azules,* que fueron utilizados como escudos humanos.

En junio, la OTAN aprueba crear una Fuerza de Reacción Rápida bajo mando de la ONU y en apoyo de la UNPROFOR y poco más tarde la UE, en su reunión de Cannes, hace pública una declaración sobre la ex-Yugoslavia pidiendo el diálogo y el fin de los enfrentamientos. Un dato significativo fue la aprobación por el Parlamento alemán del envío de fuerzas de este país a Yugoslavia. Será la primera vez desde el fin de la II GM que soldados alemanes intervengan en una misión de combate.

La toma serbia de Srebrenica empeora la situación, aunque Milosevic acepta liberar a los rehenes capturados a la ONU. Durante todo el verano, se intensificaron las operaciones bélicas. Por su parte, el Tribunal Internacional de La Haya acusa formalmente a Karadzic y Mladic de crímenes de guerra y las Fuerzas de Intervención Rápida llegan a la zona. Al continuar los enfrentamientos, especialmente contra Sarajevo, la OTAN ataca a los serbios. Yeltsin expresó su malestar por estos hechos.

Gracias a la continuada presión de la OTAN, los serbios levantan el cerco de Sarajevo y empiezan los contactos diplomáticos para buscar una salida negociada, que culminarán al abrirse en la base americana de Dayton (Ohio) conversaciones directas.

Tras 43 meses de guerra y 21 días de interminables negociaciones, en parte aceleradas por la presión estadounidense, los representantes bosnios, croatas y serbios llegan a un acuerdo el 21 de noviembre, que será rubricado solemnemente en París, en diciembre. Asistieron al acto los presidentes de Serbia, Milosevic, de Croacia, Tudjman, de Bosnia, Itzetbegovic, Bill Clinton y Felipe González por la UE.

El acuerdo incluye el inicio de relaciones diplomáticas entre Serbia y Bosnia, con el intercambio de embajadores en un plazo de 60 días. También se aprueba el establecimiento de una potente fuerza internacional de implementación llamada I-FOR bajo mandato de la OTAN, que supone la mayor y más compleja iniciativa militar en Europa desde el fin de la II Guerra Mundial. El traspaso de poderes formal entre la ONU y la OTAN tiene lugar el 20 de diciembre.

El mapa resultante es bastante complejo y nace una Bosnia que más parece un laberinto que un estado viable.

15.5.2. *Intentos de normalización*

La ex-Yugoslavia entra ahora en un período más tranquilo, aunque continúa la presencia de un fuerte dispositivo militar internacional. En 1996 tienen lugar varios procesos electorales.

Las elecciones generales celebradas en Bosnia-Herzegovina en septiembre dieron los resultados que la comunidad internacional esperaba: los partidos nacionalistas vencieron ampliamente, superando el 80% de los sufragios, en las dos entidades políticas en las que está dividida Bosnia-Herzegovina: la Federación Croatamusulmana y la denominada República Serbobosnia, instituciones diseñadas en Dayton para articular políticamente a la antigua ex república yugoslava de Bosnia-Herzegovina.

En porcentajes por partidos y líderes; el 81,9% de los votos para Alia Izetbegovic por Acción Democrática (AD); el 75,2% para Momcilo Krajisnik por el Partido Democrático Serbio (PDS); y el 87,8% para Kresmir Zubak por Unión Democrático Croata (UDC). Los tres candidatos elegidos por sus respectivas comunidades (musulmana, serbobosnia y croatamusulmana) pasan a ocupar la presidencia tripartita del Parlamento de Bosnia-Herzegovina.

Bosnia era un estado confederal integrado por dos entes autónomos: la Federación Musulmanacroata y la República Serbobosnia. Existía una presidencia tricéfala (los tres con el mismo poder que se votaban) y un Parlamento.

También en Serbia, hubo elecciones, pero municipales, que dieron la victoria a una Coalición de Izquierda (40% de los votos) frente a la Coalición Liberal Opositora (con el 20%) y al Partido Serbio Radical (15%). Slobodan Milosevic anuló los resultados (había perdido en 34 ciudades incluida Belgrado) y esto provocó la mayor protesta callejera contra el régimen socialista serbio. En Navidades, un grupo paramilitar asesinó a un joven opositor, y la OSCE nombró una comisión presidida por Felipe González. Ésta elaboró un informe en el que se declaraba que había ganado las elecciones municipales la oposición y recomendaba a Milosevic la inmediata apertura de negociaciones que dieran paso a una transición democrática. Estos hechos demostraron que en el país no toda la población estaba de acuerdo con el autoritario Gobierno.

Por otra parte, el Tribunal Penal Internacional inició sus actividades e investigaciones. También las unidades de la IFOR serán sustituidas por una Fuerza de Estabilización (SFOR).

Reestablecidas las relaciones entre Croacia, Serbia y Macedonia, y mientras Bosnia ve afianzarse lentamente su difícil convivencia, los focos conflictivos van a trasladarse pronto a la vecina Albania y a Kosovo, donde acabará volviendo a recrudecerse la guerra y aún con mayor virulencia, al menos desde el punto de vista de la intervención internacional.

Albania vive un trágico mes de marzo en 1997 tras declararse el estado de emergencia e iniciarse una revuelta popular y una huida masiva de ciudadanos por mar que buscaban refugio en Italia. El choque entre un navío albanés y otro italiano costará 80 muertos. Los refugiados se hacinan en el puerto de Durres. El dirigente albanés Berisha acepta celebrar elecciones y se pide la intervención internacional. España estará una vez más presente en el contingente de las fuerzas aprobada por la ONU.

En Croacia, Tudjam, ya con 75 años, es reelegido Presidente por mayoría absoluta (15-VI-97). La situación empieza a enturbiarse en Kosovo y la UE advierte que no tolerará un nuevo estallido de violencia. Aparece el ELK como grupo armado Kosovar partidario de la unión con Albania. Pronto empezarán los enfrentamientos de las fuerzas regulares serbias con los separatistas albanokosovares que se irán agudizando a lo largo de 1998. El Grupo de Contacto, EEUU y la UE se preocupan por la escalada en Kosovo.

En las elecciones de marzo, el líder opositor Ibrahim Rugova logra imponerse y su partido, la Alianza Democrática de Kosovo, es mayoría en la Cámara legislativa. Mientras, en Serbia, se aprueba un referéndum para condenar la intervención extranjera en la crisis yugoslava.

El empeoramiento de la situación en Kosovo es evidente. AENOR habla ya de 300.000 desplazados y la ONU (resolución 1199) pide el alto el fuego a Belgrado. La OTAN activa su operativo militar y Rusia intenta convencer a Milosevic de que se modere en Kosovo.

El nuevo representante del Grupo de Contacto y de EEUU, Holbrooke también se reúne con Milosevic, pero la OTAN señala un plazo, amenaza con intervenir y despliega fuerzas en Macedonia (noviembre 1998).

15.5.3. *La guerra de Kosovo*

La diplomacia consigue reunir a las partes implicadas en febrero de 1999. Las conversaciones mantenidas en Rambouillet y prolongadas en París, el mes siguiente, reconocerán la soberanía yugoslava sobre Kosovo, pero impusieron una serie de condiciones que Belgrado consideró inadmisibles. Entre estas limitaciones figuraban la presencia de una fuerza militar de la OTAN, reducción de los efectivos serbios a 1.500 hombres, y definición de una «autonomía sustancial» por una duración de 3 años.

Sin embargo, la evolución de los hechos empeora sustancialmente y mientras el ELK proclama un gobierno provisional y Clinton sugiere la posibilidad de atacar a Serbia, Primakov condena tajantemente cualquier ataque a Belgrado.

El 23-III-99 Javier Solana da la orden de atacar objetivos serbios y comienzan los masivos bombardeos de la OTAN. La guerra será únicamente por aire, además del bloqueo naval.

Kosovo, situado al sur de Serbia estaba poblada en un 80 por ciento por albaneses y su estatus de provincia autónoma había sido suprimida en 1989-90 por Belgrado al principio de la crisis yugoslava. La formación del ELK mucho más radical que los moderados seguidores de Roguva llevó al enfrentamiento armado civil, como ya se ha señalado, tras tomar los separatistas el control de una tercera parte de la provincia lo que generó una fuerte represión serbia.

La OTAN esperaba una rápida solución del contencioso, pero Serbia no cedió y los bombardeos continuaron un tiempo muy superior al previsto. Mientras los aviones destruían las infraestructuras, comunicaciones, cuarteles, instalaciones militares e incluso la televisión de Belgrado sin doblegar a Milosevic, las fuerzas serbias y los paramilitares llevaron a cabo una feroz «limpieza étnica» de Kosovo provocando una huida de más de 700.000 habitantes hacia Albania y Montenegro.

Las salidas aéreas se cifraron en 36.000 refugiados y los ataques duraron once semanas hasta el 4-VI-99. Belgrado aceptó las condiciones propuestas por el G-8, una entidad curiosamente ajena al conflicto y en principio con fines económicos y no políticos ni militares.

Los serbios se comprometieron a retirarse en un plazo de once días y a aceptar el despliegue de una fuerza multinacional de paz de 50.000 hombres, autorizada mediante resolución del Consejo de Seguridad el 10 de junio.

La situación en Kosovo mejoró rápidamente pero ahora el éxodo lo iniciaron los ciudadanos de origen serbio. Tampoco está todavía claro el futuro régimen de la zona, pues se impone a Belgrado el reconocimiento de las peculiaridades kosovares, pero se deniega explícitamente la independencia del territorio.

La intervención militar de la OTAN recibió muchas críticas, incluso en los países implicados y se afirmó que careció de la debida autorización del Consejo de Seguridad.

Quienes critican la actuación de la OTAN insisten en la falta de legitimidad de esta organización para violar la soberanía de un Estado que estaba operando dentro de sus fronteras internacionales reconocidas, es decir que no se había violado territorio de otro estado miembro de la ONU, como sí ocurrió en 1990 con la invasión iraquí de Kuwait.

Para Joseph Krulic «los bombardeos llevados a cabo por la Coalición Atlántica, desde el estricto punto de vista del derecho internacional público positivo, fueron ilegales por una razón que no han criticado los Gobiernos implicados: en realidad, ninguna resolución de las Naciones Unidas había autorizado la intervención armada, a pesar de que es cierto que las resoluciones 1199 y 1203 habían prescrito a los protagonistas un comportamiento totalmente opuesto al del Gobierno de Milosevic, y que la resolución 1199 se refería a las estipulaciones del capítulo 7 de la Carta de la ONU, relativa al uso de la fuerza contra un Estado que actúa en contra de dicha Carta».

15.5.4. *La caída de Milosevic*

En Croacia, la muerte de Tudjman (11-XII-99) reforzaba las esperanzas de una transición más limpiamente democrática. El poder venía ya siendo ejercido por Vlatko Pauletic presidente del Parlamento. Tudjman, que fue el primer presidente de la nueva Croacia, era, sin embargo, una figura política ligada a los turbulentos principios del conflicto yugoslavo, de corte autoritario y cuya sustitución iba a permitir al país encaminarse por rutas más liberales.

Si Tudjman murió por enfermedad, el otro personaje clave del rompimiento yugoslavo, Slobodan Milosevic va a perder el poder de un modo sorprendente, por culpa de unas elecciones anticipadas que esperaba reforzasen su posición. El resultado de los comicios y la masiva reacción popular contra las maniobras del dictador para perpetuarse en el Gobierno, unidas a la presión internacional le hicieron reconocer como nuevo mandatario yugoslavo al líder opositor Vojislav Kostunika. La primera vuelta de las elecciones se tuvo el 24-IX-00 y Milosevic se encontró con un frente opositor integrado por 18 partidos y un sindicato bajo el nombre de Oposición Democrática de Serbia. La lentitud en la difusión de los resultados y las denuncias de fraude hacían sospechar la argucia de convocar una segunda vuelta. El pueblo se echó a la calle en Belgrado, el día 5 de octubre, tomó el Parlamento y el edificio de la televisión, ante la pasividad de la policía y del ejército. También la Iglesia ortodoxa se desmarcó de Milosevic. Un papel decisivo fue el del jefe del ejército, Paukovic, que se negó a intervenir.

El Ministro de Exteriores ruso viajó a Belgrado y terminó de convencer a Milosevic para que renunciara como en efecto acabó haciendo pacíficamente. La Unión Europea anunció el inmediato levantamiento de las sanciones e incluso Kostunika viajó a Biarritz donde se encontraban reunidos los primeros ministros de la UE quienes le recibieron ya como líder de la nueva Yugoslavia.

Milosevic que era presidente de Serbia desde 1989 y de la Federación Yugoslava desde 1997, y que estuvo ligado al partido comunista, manifestó que no se retiraba definitivamente de la vida política y pasaba a la oposición.

El nuevo Parlamento proclamó el 7-X-00 a Kostunika presidente de Yugoslavia. Las elecciones en Kosovo y en Montenegro y las veleidades separatistas de ambos territorios son, además de la reconstrucción de la destrozada Yugoslavia, los retos principales con los que tendrá que enfrentarse este abogado de 56 años, poco conocido y declarado nacionalista.

En los comicios municipales de Kosovo, venció la Liga Democrática encabezada por Ibrahim Rogova, que anunció su propósito de no renunciar a la independencia kosovar. Otro hecho significativo fue la readmisión de Yugoslavia en la ONU tras 8 años de exclusión. Kostunika manifestó que pronto esperaba ingresar también en la OSCE y en el Consejo de Europa.

Con el fin del régimen de Milosevic no se cerraba unicamente un dramático capítulo de la historia balcánica, sino que era también el último acto del proceso de disolución del comunismo en Europa, iniciado en 1989 con la caída del muro de Berlín.

Capítulo XVI
ALFA Y OMEGA

16.1. Involución en Oriente Medio

Al revés que en los Balcanes, el panorama termina ensombrecido en Oriente Medio en un lustro que ya empezó mal con el atentado contra Rabin. Ymal Amir, un joven ultranacionalista judío asesinó el 4-XI-95 al Primer Ministro israelí, Isaac Rabin, que acababa de pronunciar un discurso ante una multitudinaria manifestación de paz. El atentado causó una conmoción general en Israel y en todo el mundo.

16.1.1. *Los acuerdos de Wye Plantation*

El 20-I-96 Arafat revalidó una vez más su liderazgo al frente de los palestinos al ser elegido presidente por una abrumadora mayoría del 88%. En Arabia Saudí, sí hubo cambio al ser sustituido el rey Fahd por su hermanastro Abdula.

En Israel, con una alta participación de los electores, la coalición conservadora Likud-Tsomet-Gesher capitaneada por Benjamín Netanyahu ganó las legislativas celebradas el 29-V-96, pero de modo muy reñido, al obtener el 50,5% de los votos frente al 49,5% de los laboristas. Todo un símbolo de la polarización que vive la sociedad judía, fundamentalmente por la marcha de las negociaciones con los palestinos.

Poco antes se había constituido el primer Parlamento palestino democráticamente elegido en la zona controlada por la autoridad de Arafat.

Un acuerdo importante para mejorar las perspectivas de entendimiento fue la decisión tomada en abril por el Consejo Nacional Palestino de renunciar formalmente a destruir Israel, modificando por ello los artículos que así lo postulaban en su Carta Nacional de 1964.

Gracias a la mediación del secretario de Estado norteamericano, Warren Cristopher, Israel y El Líbano firmaron el mismo mes un documento que suspendía las hostilidades en la zona; lo que implicaba el fin de los ataques guerrilleros de Hezbolá y el compromiso israelí de no bombardear el sur del país.

En cambio, los intentos iraquíes de violar las duras condiciones impuestas por los aliados de la Guerra del Golfo tuvieron siempre contundentes respuestas, como el bombardeo norteamericano de septiembre de 1996 al haber cruzado las tropas de Sadam el paralelo 36 y entrando en la zona de exclusión.

Desde el conflicto de la Guerra del Golfo no se celebraba una reunión entre los países árabes. Se trataba de una reconciliación que tuvo lugar en la capital de Egipto el 22 y el 23 de junio de 1996.

Las incertidumbres que la elección de Netanyahu había suscitado provocó la aparente reconciliación entre el rey Hussein de Jordania y Hafed el-Assad, entre Arafat y El-Assad, entre Muammar el Gadafi y el emir de Kuwait, entre el propio Mubarak (anfitrión al conseguir reunir a todos los líderes árabes) y el sudanés Omar Hassan Ahmed el Bachir. Sólo faltó Saddam Hussein, pero la cumbre expresó su solidaridad con el sufrimiento del pueblo iraquí castigado por el embargo de las Naciones Unidas.

El comunicado final expresaba que si Israel se apartaba de los acuerdos de Oslo, los Estados árabes se verían obligados a reconsiderar las medidas tomadas en el contexto del proceso de paz.

Netanyahu dijo que las amenazas árabes no le impresionaban y medidas como el cierre de instituciones palestinas en Jerusalén oriental, instalación de nuevas colonias y expropiaciones de tierras palestinas, la negativa a retirar el ejército de Hebrón las excavaciones de túneles de los Asmodeos, junto a las mezquitas de Jerusalén, causaron una reacción palestina que sobrepasó los peores días de la *intifada* con un saldo de 83 muertos.

Tampoco ayudaban a mejorar la situación actos de violencia como el atentado en el mercado de Jerusalén en julio de 1997.

Otro grave suceso que afectó al turismo fue la matanza de 68 extranjeros que realizaban una gira turística en los templos de Luxor, en el Alto Egipto. Fueron asesinados por un comando armado presumiblemente formado por miembros de la organización clandestina egipcia Gamaa al-Islamiya, de signo integrista.

También hubo otra tragedia en La Meca. A mediodía del 15 de abril, la explosión de una bombona de gas provocó el incendio de numerosas tiendas del campamento situado en la llanura de Mina, cinco kilómetros al sur de La Meca. Murieron 343 personas y resultaron heridas 1.290.

El 23-V-97 se celebraban elecciones presidenciales en Irán. La población temerosa de un aumento del integrismo eligió al moderado Mohamed Jatami. Se rechazaba la opción más conservadora, la de Alí Akbar Nateq-Nuri.

Tras 18 años de la fundación de la República Islámica, las pretensiones de los líderes religiosos de islamizar la sociedad iraní habían acabado al estilo afgano. Jatami era un hombre más integrador y tolerante y desde joven había pertenecido al círculo de confianza de Jomeini. Defendía la reducción de la intervención del clero chií y una mayor participación de la sociedad civil en la vida política.

En Irak, Sadam expulsó a los inspectores enviados por la ONU para comprobar el proceso de desarme, creando nuevamente una situación difícil que hizo movililizarse a la marina estadounidense en el área del Pérsico. Ante la firmeza de Washington, aceptó el regreso de los inspectores.

A primeros de diciembre se celebró en Teherán una cumbre de la Conferencia Islámica, que congregó a representantes de 55 países que adoptaron posturas más moderadas y que condenaron los excesos de la violencia integrista. También se criticó la desigual política de EEUU respecto a Israel y Palestina.

Un importante paso adelante en el proceso de paz se dio en los acuerdos firmados el 24-X-98 en Wye Plantation (EEUU). Se otorgaba a los palestinos el control del 40 por ciento de Cisjordania y el 60 por ciento de Gaza.

Unos meses antes, Israel había celebrado sus 50 años de existencia como estado soberano. Las esperanzas puestas en el acuerdo de Wye Plantation pronto se esfumaron por el giro político que adoptó en poco tiempo el gobierno conservador de Netanyahu.

16.1.2. *Relevo de mandatarios*

En el mundo árabe hubo en 1999 un significativo relevo generacional al morir personajes tan decisivos como Hassan II, Hussein y Assad. El monarca marroquí llevaba en el trono 38 años, el rey jordano 46 y el presidente sirio gobernó por 30 años. Fueron sucedidos por sus hijos Mohamed VI y Abdalá, e incluso también ocurrió los mismo con Assad, que había instituido una especie de república hereditaria al nombrar sucesor a su hijo Bashar.

Las elecciones convocadas en Israel para elegir a los diputados de la Knesst (Parlamento) y al primer ministro se celebraron el 17-V-99. Obtuvo el dirigente laborista y ex-militar Ehud Barak la mayoría absoluta, frente a Netanyahu, del Likud. En la cámara, los resultados llevaron a una composición difícil de estructurar con 15 partidos representados, algunos de ellos muy dispares, hecho que reflejó el cambio que estaba experimentando la sociedad israelí hacia un modelo más pluralista: desde los ultraortodoxos hasta los laicistas. El nuevo Gobierno, continuista en buena parte de la política de Rabín, reanudó los contactos con los palestinos y se propuso reabrir el proceso negociador que estaba estancado.

Este giro desembocó en el acuerdo de Sharm el Sheij firmado por Barak y Arafat el 4-IX-99 en la turística localidad egipcia, con la presencia de Mubarak, el rey Abdalá de Jordania y Madeleine Albright. El nuevo texto se basaba en el memorándum de Wye Plantation. Se comprometía Israel a la liberación de presos palestinos y a continuar las transferencias territoriales; se aludió también a problemas más espinosos como el retorno de los palestinos exiliados o la situación de Jerusalén oriental.

Pocos días más tarde y con una participación ampliamente mayoritaria Hosni Mubarak fue reelegido presidente de Egipto para un cuarto mandato mediante plebiscito.

En junio de 2000, Israel retiró las tropas que tenía desplegadas en la zona sur de El Líbano, en parte para realizar un gesto significativo hacia el nuevo gobierno sirio y también para evitar más enfrentamientos con la guerrilla islámica de Hezbolá, que venía ejerciendo una fuerte presión en la zona. La ocupación israelí de esta franja duraba ya 22 años. Paralelamente, se produjo un regreso de los refugiados y una desbandada de las milicias prosionistas. La retirada comenzó a finales de mayo y culminó en pocos días.

Un dato anecdótico pero muy simbólico fue la inauguración de las emisiones radiofónicas de la Voz de Jerusalén, emisora palestina instalada en Abu Dis, uno de los suburbios de la ciudad recientemente transferidos.

En un clima relativamente crispado comenzará en Camp David, por iniciativa de Clinton, un nuevo encuentro entre Barak y Arafat. La reunión, a mediados de julio, terminará sin acuerdo y augurando un incierto futuro. El principal obstáculo fue el destino de Jerusalén que ambos desean como capital, además de otros asuntos como las revisiones fronterizas, los asentamientos, los refugiados y el control del agua. Las promesas norteamericanas de proporcionar ayudas multimillonarias para la zona no fueron suficientes.

Para establecer una línea de interposición a lo largo de los 82 km fronterizos con El Líbano se dispuso el asentamiento de una Fuerza Interina de la ONU (FINUL), compuesta por soldados de 5 nacionalidades que completó su dispositivo el 5-VIII-00.

Pocos días antes, el Parlamento israelí eligió como octavo Jefe del Estado al diputado derechista Moshé Katsav, que inesperadamente se impuso al veterano Simon Peres, por 63 votos contra 57. Katsav había nacido en Irán en 1945 y emigró a Israel en 1951.

En El Líbano, el multimillonario Rafik Harini venció en las elecciones de septiembre. Musulmán suní ya había gobernado entre 1992 y 1998; encauzó la recuperación económica del destrozado país. Continúa como Jefe del Estado el cristianismo maronita Emile Lahoud.

Otro país que empieza a normalizar sus relaciones internacionales es Irán. En 1999, el Presidente Mohammed Jatamí visitó Italia y el Vaticano. Jatamí también irá a Arabia Saudí. En el año 2000 será José María Aznar quien viaje a Teherán y reciba el deseo iraní de mejorar sus contactos con Europa.

16.1.3. *La segunda intifada*

Un factor del fracaso del encuentro de Camp David era la debilidad del gobierno de Barak, tras el abandono de 6 ministros y el deterioro que también estaba sufriendo la imagen de Arafat. Pues bien, tras el fracaso de esta cumbre, las posiciones de ambos dirigentes empeoraron y se acentuarán con la crisis de octubre, que además radicalizarán sus tesis, especialmente en el espinoso asunto de Jerusalén.

Mientras Arafat esgrime las resoluciones 194, 242 y 238 de la ONU que implican la retirada israelí de los territorios conquistados en 1967, y el regreso de los refugiados, Israel se niega a renunciar al control de la ciudad santa.

Era evidente en el verano de 2000 que los cinco acuerdos hasta entonces conseguidos —El Cairo (4-V-94), Washington (28-IX-95), Hebrón (15-I-97), Wye River (23-X-98) y Sharm el Sheij (5-IX-99)— llevaban camino de quedar prácticamente bloqueados.

Con motivo de la cumbre del milenio en Nueva York, volvió a renacer cierto optimismo e incluso cobró fuerza la posible mediación española en el conflicto. Sin embargo, la realidad de los hechos vino a demostrar lo frágil de estos intentos y el empeoramiento de la situación. El asunto clave seguía siendo Jerusalén. Miguel Angel Bastenier ha escrito que: «Jerusalén es hoy una especie de juego de muñecas rusas que encierra en sucesivos círculos concéntricos una nueva ciudad, a través de las diversas ampliaciones que la suerte militar ha ido deparando.

»Jerusalén Este tiene 6,5 kilómetros cuadrados, y en junio de 1967, tras la derrota jordana, pasó a formar parte de un conjunto de 71 kilómetros, que una ley rápidamente aprobada convertía en la capital unificada de Israel. Enseguida se inició la absorción de un primer cinturón de localidades limítrofes para convertirlas en asentamientos judíos, tras expropiar a los palestinos lo que hizo falta».

A continuación, se levantó otro cinturón que se reconocerá como Gran Jerusalén. La ciudad alcanza en el 2000 algo más de 320 km cuadrados a los que hay que sumar las ampliaciones suburbanas. Su población se cifra en 750.000 personas, de ella unos 200.000 palestinos.

La zona histórica por excelencia está en el Este y se conoce por Ciudad Vieja, amurallada por los árabes y llamada Al Kuds (la Santa). Se divide en sectores musulmán, cristiano occidental, armenio y judío. Tiene aún en el Monte del Templo su corazón más sagrado. Aquí coinciden la explanada de las Mezquitas de Omar y Al Aqsa, el Muro de las Lamentaciones, último resto del que fue templo de Salomón y muy cerca se alza el Santo Sepulcro donde cristianos de seis cultos distintos —ortodoxo, copto, católico-latino, armenio, sirio y abisinio— comparten su custodia. Está próxima la Vía Dolorosa.

Se han propuesto varias soluciones posibles que van desde la internacionalización a la partición o al condominio. Las más manejadas son el reconocimiento por parte israelí del control árabe de sus santos lugares y el establecimiento de su capitalidad en el suburbio de Abu Dis (rechazada por los palestinos), o bien Palestina reconoce la soberanía israelí sobre la zona occidental y a cambio adquiere la soberanía del Este, que es rechazada por los israelíes. También se ha hablado de un protectorado, de establecer un ayuntamiento conjunto habiéndose llegado a proponer una especie de «soberanía divina» acordando las partes no reivindicar el Monte del Templo y compartir su control. La Asamblea General de la ONU, en su Plan de Partición de Palestina de 1947, recomendó la internacionalización de Jerusalén, decisión aceptada entonces por los judíos, pero no por los árabes.

«Con la primera guerra árabe-israelí y hasta 1967, Guerra de los Seis Días, Jerusalén Este y la explanada estuvieron bajo soberanía jordana.

»Israel se hizo en 1967 con toda la ciudad, pero Naciones Unidas no reconoció la anexión. El 13-X-1990, su resolución 672 consideraba Jerusalén Este como un territorio ocupado. De ahí que ninguna embajada extranjera, salvo las de Costa Rica y El Salvador, se haya instalada en la ciudad».

La Santa Sede, que reconoció diplomáticamente a Israel en 1993 y también mantiene relaciones con la Autoridad Palestina, ya señaló su posición en la Carta Apostólica *Redemptionis anno* (1984). Propugnan una serie de garantías internacionales para el libre acceso a los lugares santos de las tres religiones y un estatuto especial, que no supone necesariamente la internacionalización de Jerusalén.

Tras el rezo del Angelus, el 23-VIII-00, el papa Juan Pablo II dijo que «La Santa Sede sigue considerando que sólo ese estatuto especial, internacionalmente garantizado, podrá preservar de modo efectivo las partes más sagradas de la ciudad y asegurar la libertad de fe y de culto para todos los fieles que, en la región y en el mundo entero, miran a Jerusalén como una encrucijada de paz y de convivencia».

Tras siete años de un zigzagueante proceso de paz lleno de altibajos, la grave crisis surgida el 29-IX-00 tras disparar la policía israelí contra los manifestantes en la esplanada de las mezquitas de Jerusalén, cuando protestaban la anterior visita a la zona del líder del Likut Ariel Sharon, tomada como una provocación, puso en marcha la llamada *Intifada Al-Aksa* que volvió a situar a Oriente Medio al borde de la guerra.

Conviene recordar como señaló Silvani Cypel que en este período de tiempo «Arafat sólo se ha hecho con el control real del 70% de Gaza (360 kilómetros cuadrados), del 13,1% de Cisjordania (5.673 kilómetros cuadrados) y nada en Jerusalén Este, es decir, en total, el control del 20% de los territorios conquistados por los israelíes en junio de 1967 (que, a su vez, constituyen el 22% de la entidad Palestina). Cisjordania está dividida en zonas sometidas a tres estatutos diferentes: A (bajo control palestino), B (donde la seguridad sigue en manos de los israelíes) y C (bajo control israelí). El acuerdo de Sharm (no llevado a la práctica) prevé que la zona A representará el 17,2% del territorio; la zona B, el 23,8% y la zona, C el 59%. En cambio, fuera de Jerusalén, la Autoridad Palestina ejerce un poder directo o parcial sobre el 70% de la población.

«Por su parte, la colonización de los territorios ha proseguido bajo los gobiernos de Rabin, Netanyahu y Barak. Según la ONG israelí B'Tselem, desde el acuerdo de Oslo, 78.000 colonos se han establecido en ellos y las autoridades israelíes han construido 11.190 nuevas viviendas. El número de asentamientos (que reúnen a 200.000 personas) ha pasado de 122 en 1993 a 141 en 2000. El balance de víctimas de siete años de *paz* se eleva a 385 civiles y 23 policías palestinos muertos por las fuerzas del orden o por colonos israelíes, 171 civiles israelíes muertos en atentados palestinos y 92 soldados y policías israelíes muertos en enfrentamientos».

Esta nueva y sangrienta etapa de enfrentamientos, con dramáticas imágenes de jóvenes palestinos enfrentándose a pedradas con los blindados israelíes y que costó numerosas vidas, tuvo un mínimo paréntesis durante la apresurada reunión en Sharm el Sheij (16-X-00) que concitó a Barak, Arafat, Clinton, Mubarak, Koffi Annan, el rey Abdalá y Javier Solana. En el se acordó un frágil alto el fuego que a las pocas horas de su firma ya había sido violado.

Ese mismo fin de semana se reunieron en El Cairo los mandatarios de la Liga Árabe que, si bien emplearon un duro lenguaje para condenar la represalia israelí, no tomaron ninguna medida concreta de apoyo a la causa palestina. Incluso Mubarak pidió a Israel la reanudación de las conversaciones de paz. Se aprobó un fondo de 800 millones de dólares para «preservar la identidad islámica de Jerusalén» y se planteó pedir a la ONU la creación de un tribunal penal para juzgar las acciones israelíes.

Los enfrentamientos continuaron y a primeros de noviembre la noticia de un encuentro entre Simón Peres y Arafat pareció devolver la esperanza de reanudarse el proceso negociador si se restablecía la calma.

16.2. ASIA SE INQUIETA

Asia vive, en cierto modo, un tiempo distinto del que marca la evolución de los hechos en el resto del mundo. Mientras el comunismo se desplomó en la URSS y en sus estados satélites, pervive en China Popular, en Corea del Norte, en Vietnam y mantiene en vela a otras zonas cercanas. Si la Guerra Fría es ya pasado en otras latitudes, está presente en el contencioso entre Taipeh y Pekín, entre Piongyang y Seúl. Si la descolonización parece haber curado sus heridas en otras zonas, resurge aquí en disputas como Timor; Cachemira; Tibet; el separtismo taimil en Sri Lanka; las convulsiones en Camboya y Asia Central —que inquietan los bordes de Rusia— sin olvidar las tensiones en Mongolia interior; en Aceh e Irian oriental; en Filipinas, donde el frente moro no ha sido sometido del todo; en Assam; en la recurrente rivalidad entre Pakistán y la Unión India; en Bután, en Myanmar...

La evolución de los acontecimientos en Asia tiene mucho de contradictorio bamboleo entre el quietismo y el estallido de violentos terremotos.

Es cierto que desde el fiasco de Vietnam Estados Unidos parece haberse apartado un poco del escenario asiático, pero no hay que olvidar que sigue siendo la Gran Potencia del Pacífico, que sus intereses y presencia en Corea, Taiwan y Filipinas son obvios, por no mencionar otras vinculaciones. Así, curiosamente y pese a ser el gran magma terrestre, Asia aparece también como espacio de fronteras imperiales, con Rusia, con Oriente Medio, con el mar índico y especialmente con Oceanía, es decir con Australia. Ya los autores clásicos de la Geopolítica veían en Eurasia el *Heartland,* el corazón y centro de la tierra.

Tras la integración de China Popular en el concierto de los Grandes, su ingreso en la ONU y el fin del conflicto vietnamita, Asia pareció entrar en un largo período de estabilidad. Apenas había focos visibles de tensión, al menos que tuvieran relevancia más allá de sus propios límites, pero de repente, sin saberse muy bien los motivos, el tranquilo panorama empezó a alterarse en los últimos años noventa.

Los regímenes autoritarios, al menos, han sabido dar cierto desarrollo económico en otros países, especialmente en Corea del Sur, Singapur y Malasia, pese a las protestas internacionales por la competencia desleal de sus productos —y de lo chinos, tailandeses y taiwaneses— debido sobre todo a la explotación de una mano de obra infrarretribuida.

Aunque Asia, afortunadamente, no está balcanizada ni fragmentada, y la mayor parte de sus países son grandes espacios, y por lo tanto viables como estados, no está vertebrada por organizaciones regionales adecuadas, pese a existir ya algunos intentos en esta dirección.

Es obvio que no está debidamente representada en unas Naciones Unidas cada vez más necesitadas de rediseño. Un continente que ocupa 45.080.496 kilómetros cuadrados y cuenta con una población de 3.559.564.000 habitantes, debiera tener, por lo menos en el Consejo de Seguridad, no sólo a China, sino también a Japón e India, por lo menos.

Asia es ya un gran dragón que está estirando su musculatura y cuanto antes se estructure y estabilice de modo justo y pacífico, con instituciones democráticas, respeto a la libertad religiosa y convivencia multicultural y étnica, lográndose fórmulas de arreglo para sus contenciosos fronterizos, y freno a la carrera de armamentos, mejor será, no sólo para este inmenso y milenario mundo, sino para todo el planeta.

16.2.1. *El gigante chino*

Desde la perspectiva internacional, China es ya una de las Grandes Potencias. Su crecimiento económico es el más alto del mundo. En su visita a Pekín, Madeleine Albright declaró que la relación con China «es la llave para la estabilidad del siglo XXI», aunque para el analista Gerard Segal es «un país sobrevalorado».

Desde el enfoque interno, hay que preguntarse por cuanto tiempo se puede tener sometido a un pueblo que es, nada menos, que la quinta parte de la población mundial. Si se avanza en lo económico, será inevitable la reforma política, pero todavía queda un largo camino. Sus índices de desarrollo son aún muy bajos.

Cuestión clave es ver si la fórmula de «un país, dos sistemas», con la actual convivencia de regiones todavía ancladas en el atraso secular de la China profunda y las llamadas «zonas especiales», casi hipercapitalistas, émulos de Hong Kong, puede funcionar o puede acabar diviendo China hasta romperla. No cabe olvidar tampoco los movimientos secesionistas de Xinjang y Tibet.

El asunto más llamativo es el contencioso entre las dos Repúblicas chinas, la comunista y la democrática (Taiwan). En lo económico se ha impuesto el buen sentido y las relaciones se han multiplicado, destacando las inversiones taiwanesas en el continente. Sin embargo, de modo periódico, emergen crisis militares, como las demostraciones de fuerza que regularmente hace Pekín. Las más significativas tuvieron lugar con el impresionante desfile conmemorativo de los 50 años de la República Popular y poco antes de las últimas elecciones presidenciales en Taiwan.

Como dijo el primer ministro Li Peng, el gobierno de China continental desea la reunificación pacífica entre el continente y la isla; pero no ha renunciado al uso de la fuerza para recuperar Taiwan.

Se calcula que sus fuerzas aéreas cuentan con 5.000 aparatos, su marina con un total de 1.100 buques y sus tropas de tierra alcanzan los 3.000.000 soldados (incluyendo 136.000 mujeres). A estas cifras hay que sumar su armamento nuclear. China es el país más poblado del mundo.

El 20-II-97 muere Deng Xiaoping, el gestor de la llamativa transformación económica china. Había sido apartado en los años sesenta y setenta y fue el hombre clave en los ochenta por su política de las *cuatro modernizaciones* (agricultura, industria, tecnología y militar), que, sin embargo, contrastó con su férrea dirección ideológica e institucional y la represión contra los reformistas políticos. Al morir contaba con 92 años. Deng era uno de los *dirigentes históricos* que ayudaron a Mao a conquistar el poder. Había participado en la *Larga Marcha* y alcanzó el rango de *viceprimer ministro en 1952,* convirtiéndose en el número *tres* del regímen tras *El Gran Timonel* y Chu En Lai.

Fue apartado de sus cargos durante la *Revolución Cultural* pero volvió al poder en 1973. Fue de nuevo marginado se le rehabilitó en 1977 por Hua Kuo Feng.

Su sucesor será Jian Zemin. Un hombre de aspecto y formación más intelectual, el primer universitario que ocupará tan alto cargo en China. Ya en 1989 Deng lo había designado como su sustituto.

Cumpliendo lo acordado, el primero de julio de 1997, Hong Kong retornó a la soberanía china tras 156 años de dominio británico. En un gesto significativo cuatro mil soldados chinos entraron en la antigua colonia mientras el último gobernador, Chris Patten recogía la bandera del Reino Unido tras ser arriada. La jornada constituyó un día de grandes festejos y celebraciones, incluidos llamativos fuegos artificiales.

Las visitas de los principales dirigentes occidentales a China, incluyendo la de Aznar, ilustran la valoración del enorme país en el concierto internacional.

También los dirigentes chinos practicaron la diplomacia viajera. Jiang Zemin viajó a ver a Bill Clinton tras doce años desde el último viaje de un presidente chino a Estados Unidos. Clinton optó por una política de *constructive engagement* (compromiso constructivo) en vistas a hacer participar a China en unas relaciones internacionales estables y civilizadas. Para Jiang, el viaje tenía un interés económico y la disposición de EEUU de ayudar a China en su programa de energía nuclear, una vez que ésta ha renunciado a cooperar con Irán en este terreno que puede tener aplicaciones militares.

Poco después, Yeltsin visitó a Jiang en Pekín. Se ponía fin así a un contencioso sobre la demarcación de la frontera entre los dos países a lo largo de 4.200 kilómetros. También acordaron la construcción de un gaseoducto desde Siberia hasta tierras Chinas por 12.000 millones de dólares. Unos años más tarde, Putin y Jiang Zemim sellarán la alianza estratégica entre ambas potencias (julio 2000). Tras el acuerdo el presidente chino anunció el nacimiento de una nueva era en las relaciones entre Rusia y China. «En adelante, la cooperación entre nuestros países será completa en política, economía, cuestiones militares, ciencia, tecnología y estrategia internacional».

El texto firmado critica las intenciones de Washington de variar el Tratado de Misiles Antibalísticos de 1972 para llevar adelante su programa antimisiles. «El Plan de Defensa Antimisiles activaría una nueva carrera de armamentos y daría un vuelco a las tendencias positivas aparecidas en política internacional tras el final de la Guerra Fría», se afirma en la declaración conjunta.

También el presidente norteamericano había devuelto la visita de Jiang viajando en 1998 y no faltaron discursos y declaraciones para impulsar las relaciones entre este país y EEUU. Macao, colonia portuguesa fue devuelta a China el 20-XII-99 poniendo fin a cuatro siglos de historia. Disfrutará de un régimen administrativo especial.

El cambio más llamativo en China —que ha ingresado en la OMC— afecta a las costumbres, el ocio, las diversiones, el consumo de productos occidentales, el incremento del turismo, la moda, todo ello compatible con el respeto a las tradiciones, de los ancestros, y a un sentimiento nacional fortalecido.

El Parlamento chino aprobó una ley con la que se declaraba el mandarín como idioma oficial del país (4-VII-2000). China comprende 56 minorías étnicas que hablan 73 lenguas diferentes.

G. Higuera ha escrito que «China ha lanzado su primera nave capaz de llevar a un hombre al espacio; está construyendo algunos de los mayores aeropuertos y metros del mundo y desarrolla toda una red de telecomunicaciones. Cientos de millones de personas han mejorado considerablemente su nivel de vida y el país ha salido del aislamiento para convertirse en la undécima potencia comercial».

En Taiwan, el triunfo electoral del candidato independentista Chen Shuibian no ha empeorado, como se temía, las relaciones con Pekín. Al revés, se habla de posibles negociaciones, aunque nadie sabe muy bien hacia donde se camina. La antigua Formosa no parece muy decidida a aceptar una solución a la hongkonesa. Es decir, a reconocer su unión en un sola China, pero conservando su sistema democrático y su economía de mercado. Chen reiteró que no convocará un referéndum sobre la independencia.

El candidato del Kuomintang, el partido oficial fundado por el histórico Chiang Kaishek, Lien Chan fue el gran derrotado, quedando en tercer lugar.

16.2.2. Inestable Indostán

Entre el 27 de abril y el 7 de mayo de 1996 se celebraon en La India elecciones legislativas. Ganó con 195 escaños el Partido Bharatiya Janata (PBJ) o Partido del Pueblo Indio, portavoz de un nacionalismo religioso, xenófobo y antimusulmán. Le quedaba mucho para alcanzar la mayoría absoluta (273 escaños) por lo que se preveía una etapa de inestabilidad.

La era inaugurada por Jawahartal Nehru en 1947, se clausura con el ascenso y la creciente respetabilidad del nacionalismo hindú. El éxito electoral del PBJ y su efímero paso por el poder (el gobierno minoritario formado por una coalición nacionalista duró sólo 13 días, derrocado por la tercera fuerza política, otra coalición de centro-izquierda formada por 14 partidos) confirman las propensiones nacionalistas en un país asociado tradicionalmente con la diversidad étnica y cultural.

En Pakistán, Benazir Bhuto tendrá que dimitir de su puesto al frente del Gobierno por verse implicada en un caso de corrupción.

Al cumplir los 50 años de independencia, la India, en un cambio antes inimaginable, eligió como presidente a Kocheril R. Narayanan, de origen paria. El dato era tan llamativo como otros muy diversos que revelaban las estadísticas. El país era el primer productor de películas y de té, su ejército estaba considerado el cuarto del mundo, era potencia nuclear y construía misiles intercontinentales. Como contraste la renta per cápita no llegaba a las 50.000 pts y la violencia religiosa y los extremismos no han disminuido.

En la India, tras los enfrentamientos en Cachemira se vive una crisis gubernamental, y es derrocado Atal Bihari Vajpaye, que lideraba una heterogénea coalición de 14 partidos nacionalistas, que había llegado al poder en 1998.

En Pakistán, la Liga Musulmana ganó las elecciones legislativas y se impuso su líder Nawaz Sharif al partido del Pueblo Pakistaní de la ex primera ministra.

El contencioso por Cachemira y las rivalidades entre Karachi y Nueva Delhi, que se remontan al mismo nacimiento de ambos Estados, vuelven a resurgir, como ocurrió también a finales de los noventa, con el riesgo añadido de que ambos países son poseedores de armamento nuclear.

Como ha escrito Garrido Rebolledo, «la posible utilización de armamento nuclear en misiles balísticos es la dimensión más preocupante a corto plazo de la proliferación en la región. Hasta ahora, tanto la India como Pakistán han considerado el arma nuclear a nivel disuasorio, pero nunca ofensivo. Ahora, precisamente, cuando ambos países tienen capacidad nuclear, es cuando más urge que renuncien a seguir adelante con la nuclearización de sus respectivos países. Un primer paso sería conseguir que ambos ratificasen el CTBT, seguido de un acuerdo vinculante que limitara la producción de materiales fisionables con propósitos militares. Ahora bien, sin un sistema de garantías de seguridad en el que la India vea salvaguardada su seguridad con respecto a China (algo que estuvo presente en la visita del presidente Clinton a ese país) y la de Pakistán, cualquier renuncia va a ser extremadamente difícil para la India. De ahí que muchos estados hayan preferido las negociaciones a las sanciones. Sin embargo, la finalidad de estas últimas es precisamente evitar el surgimiento de nuevas potencias nucleares que intenten emular a la India y Pakistán».

En Maldivas el presidente Abdul Gayaoom, en el poder desde 1978, fue reelegido en octubre de 1998 para un quinto mandato. En Nepal el período de coaliciones electorales dará paso al gobierno mayoritario de Bhattarai del Nepali Congress. Donde siguen sin resolverse los graves problemas internos es en Sri Lanka. El gobierno de Srimavo Bandaranaike no ha podido acabar con la rebelión tamil.

En julio de 1998, se celebró en Colombo la X Cumbre de los países de Asia del Sur para la Cooperación Regional. Se acordó crear una zona de libre cambio para el año 2001.

Afganistán atrajo la atención política internacional a mediados de septiembre de 1996. Un movimiento nutrido por estudiantes islámicos rigoristas, conocido como talibán, tomó el poder en Kabúl. Aliados con el general uzbeko Abdul Rashid Dostum, los talibanes contaron con el apoyo político-militar del Estado pakistaní y de los aliados de éste, desde su irrupción en la escena en septiembre de 1994.

Después de conquistar la capital afgana, los talibanes formados en las escuelas teológicas sunníes y en los campos militares de las zonas fronterizas con Pakistán ajusticiaron al ex dirigente comunista Mohamed Najibulá, que había sido aliado de los soviéticos hasta el abandono por éstos del territorio afgano; impusieron la *sharia* y el velo obligatorio para las mujeres.

De etnia pashtún, la mayoría en la zona septentrional de Pakistán, los talibanes ocuparon Kabúl tras un prolongado cerco (el acoso venía desde enero de 1995). La guerra causó 30.000 muertos y más de 100.000 heridos, así como un éxodo de refugiados hacia Irán, los territorios del Asia central y Pakistán.

Culminaban 17 años de guerra. El líder talibán, Mohamed Omar constituyó el nuevo gobierno formado por *mulás* y dirigido por Rabani. En un mensaje radiado se anunció la implantación de un «Estado y de un sistema islámico completo».

16.2.3. *Mejoras en el Sudeste Asiático, Corea y Japón*

A) A principios de julio de 1997, los bancos centrales de Tailandia y Filipinas dejaron flotar sus monedas, el baht y el peso. En pocas semanas, las monedas de Malasia, Indonesia, Singapur y Corea del Sur, empezaron a desquebrajarse también. El pánico llegó a los inversores y a las bolsas de Hong

Kong y Tokio, haciendo que el sistema financiero internacional, se desplomara. Los mercados de Occidente acusaron el golpe. De todas formas, las bolsas de Nueva York y de la Unión Europea pronto volvieron a la normalidad.

Entre las causas, que se mencionaron para explicar este «crack» estaban que estas economías del Sudeste Asiático se asentaban en un sistema de endeudamiento permanente, una escasa acumulación de fondos propios, e inversiones directas con alta especulación y acumulación de riesgos financieros.

La situación interior va normalizándose en Camboya tras el acuerdo entre Hun Sen y el príncipe Norodom Ranariddh; apoyado por la Asamblea Nacional. El país fue admitido como décimo miembro de la Asociación de Naciones del Sudeste Asiático (ANSEA) en abril de 1999. Otro hecho destacado fue la muerte del siniestro Pol Pot, líder del histórico movimiento de los jemeres rojos, el 15-IV-98 y la captura del rebelde Ta Mok.

En el vecino Laos, muy afectado por la crisis económica del Sudeste, no acaba de despegar la reforma democrática y se dieron casos de corrupción. Mantiene estrechos lazos con Vietnam. Tampoco mejoran las cosas en Myanmar (Birmania) donde continúa la dictadura militar del general Than Shwe.

La crisis asiática afectó también a Vietnam, país que lentamente va incorporándose al sistema internacional y recuperando su ritmo interno, además de llevar a cabo una política exterior de mayor participación. Acogió en 1998 una cumbre de la ANSEA. Monopoliza el poder el partido comunista, el primer ministro es Pham Van Khai, y el Jefe del Estado, Tran Duc Luong.

La visita del presidente Clinton en noviembre de 2000 fue una especie de gesto de reconciliación y de superación de la trágica y larga guerra que había enfrentado a ambos países.

La monarquía continúa siendo la forma el régimen de Tailandia y su rey, Bhumibol Adulyadej, Rama IX lo es desde 1946. También, se encontró con dificultades para salir de la crisis generalizada del área y para ello se abordaron ambiciosas reformas, algunas no muy bien acogidas por la población. La reorganización gubernamental de 1998 se apoyó en una coalición de siete partidos.

B) Cuando Corea del Sur estaba en plena campaña electoral, en 1996, tropas de Corea del Norte, violaron el armisticio y cruzaron la zona desmilitarizada de 4 kilómetros que separa a los dos estados. Corea del Norte trataba de forzar un tratado de paz tan sólo con Estados Unidos y poner fin al armisticio de 1953. La crisis estuvo a punto de desembocar en un conflicto de graves consecuencias y tanto las Naciones Unidas como Estados Unidos condenaron la acción norcoreana.

El hecho venía precedido de la negativa de Corea del Norte a aceptar el Tratado de No Proliferación Nuclear y al abandono por parte de este país de la

Organización Internacional para la Energía Atómica (OIEA), lo que provocó diversas inspecciones por comisiones de observadores enviadas por las Naciones Unidas y un mayor aislamiento del régimen de Piongyang.

Sin embargo, la situación va a encauzarse y al terminar la década la gran noticia será la reconciliación entre las dos Coreas, como simbólicamente se plasmó al concurrir con la misma bandera las delegaciones de atletas olímpicos en los de Sydney. En junio de 2000, los líderes de las Coreas celebraron su primer encuentro oficial. No se habían mantenido conversaciones directas desde la guerra que dividió la península. La reunión se celebró en Piongyang (del 12 al 14). No faltaron actos oficiales, ceremonias y declaraciones.

«Mi gran esperanza es que, con esta visita, medio siglo de recelo y enfrentamientos sean sutituidos por la reconciliación y la cooperación», declaró Kim Dae-jung al término de la cena. «Tenemos que desarrollar nuestro futuro nosotros mismos» añadió.

Aunque fue una visita protocolaria, se trató sin duda de un gesto histórico que hace suponer un pronto acercamiento entre ambas Repúblicas y el establecimiento de relaciones de todo tipo, permitiéndose el libre tránsito de personas. Como un impulso a esta política de reconciliación, el presidente surcoreano fue galardonado con el Premio Nobel de la Paz del año 2000.

El hecho de tener Seúl como sede de la III Conferencia Euroasiática ha sido otro dato significativo del apoyo internacional a Corea.

Sin embargo, no hay que olvidar que la reunificación coreana, máxime si el Estado resultante es democrático y capitalista alterará de forma importante la situación en Asia. Tal cosa será imposible sin la anuencia de China.

Como escribe Ignacio Cembrero: «A principios de los noventa la URSS, que empezaba a resquebrajarse, no pudo poner trabas a la unidad de las dos Alemanias y la incorporación a la OTAN de la parte oriental. El poderío de China, vecino y aliado de Corea del Norte, está, en cambio, en auge y difícilmente se podría producir el acercamiento sin su beneplácito. China se considera ya amenazada por un Vietnam con el que llegó a las armas en 1980. El precio que haría pagar a Corea sería, como mínimo la neutralidad de la península».

El futuro de Corea ha vuelto a plantear la revisión de las relaciones entre EEUU y sus aliados en la zona, especialmente la presencia militar estadounidense en Japón. Washington dispone de unos 40.000 soldados en territorio japonés, la mayoría en Okinawa, donde sus bases ocupan cerca del 10% de la superficie de la isla. EEUU tiene un total de 100.000 soldados desplegados en Asia. El grueso se halla en Japón y en Corea del Sur (37.000). Los americanos también tienen fuerzas en Filipinas, además de sus importantes bases insulares en el Pacífico. Precisamente, en la visita de Clinton a Tokio con ocasión de la reunión del 6-8 de julio de 2000, habló con el primer ministro japonés Yoshiro Mori de la reducción o al menos traslado de fuerzas.

C) Japón, la potencia económica y tecnológica, no oculta ya sus deseos de ser admitido de modo completo en el concierto de los Grandes. Atraviesa problemas políticos y sociales internos, incluyendo casos de corrupción, pero su activo protagonismo en muy distintos ámbitos del complejo relacional parecen reclamar su nítida incorporación a los estados rectores del sistema, sin descartarse un puesto permanente en un reformado Consejo de Seguridad.

Tokyo también ha mejorado sus relaciones con Moscú, recibiendo primero a Yeltsin y luego a Putin. Se cerro así el largo período de incomunicación entre ambos estados.

Japón tuvo unos gobiernos algo inestables. En 1998, dimitió Ryutaro Hashimoto al haber perdido las elecciones en el Parlamento los conservadores (PDL). Fue sucedido por Keizo Obuchi.

El gobierno tomó serias medidas económicas como nacionalizar el primer establecimiento de crédito y la Nippon Credit Bank en un marco de quiebras y recomposiciones del sector financiero.

En el 2000 los tres partidos de la coalición que continúan en el poder en Japón tras obtener la mayoría absoluta en las elecciones generales acordaron reelegir al actual primer ministro Yoshiro Mori. Los secretarios del Partido Liberal Demócrata (PLD), el Nuevo Komeito y el Nuevo Conservador, confirmaron la continuidad de Mori, quien sucedió en el cargo de primer ministro al fallecido Keizo Obuchi.

D) El Sudeste asiático insular también ha sufrido ciertas sacudidas. En Filipinas, las primeras medidas de Joseph Estrada no fueron bien recibidas, hecho que se unió a la crisis económica y al alarmante aumento del paro. Se han incrementado los combates con el Frente Moro Islámico de Liberación en la isla de Mindanao, se han suspendido las negociaciones que se mantenían con los comunistas. La inestabilidad, los atentados y la ineficacia del Gobierno continuaron a lo largo del año 2000.

Indonesia vivirá el fin del régimen de Suharto y la crisis de Timor. Suharto, el hombre que había dirigido Indonesia durante 32 años, tuvo que dimitir ante las protestas populares en mayo de 1998, pese a haber sido reelegido para un séptimo mandato dos meses antes por un dócil Parlamento. Las acusaciones de corrupción cifraban su fortuna en unos seis billones de pesetas.

Los nuevos comicios reflejaron el deseo de cambio y venció la oposición liderada por Megawati Sukarnoputei.

La jefatura del Estado será ocupada desde el 22-V-98 por Bacharuddín Yusuf Habibie, que para frenar el descontento popular permitió el pluripartidismo y la libertad de expresión. Destacó la formación de partidos reformistas e islámicos, como el liderado por Abdurrahmán Wahid. Si la situación social y económica es difícil, hay que sumar a esta problemática el afianzamiento de las tendencias separatistas en algunos territorios como en Aceh, al norte de Sumatra, en Kalimantan (Borneo) y sobre todo en Timor Oriental.

16.2.4. *Oceanía asoma en el horizonte*

Australia cuenta con una población de 18.520.000 habitantes y constituye una Federación. De ella dependen Tasmania, las islas de Norfolk, Cocos, Christmas y MacDonald, además de Macquarie —en la Antártida—, una zona estratégica donde Camberra también tiene intereses.

El país es una democracia parlamentaria que el 6 de noviembre de 1999 decidió mediante referéndum no romper sus lazos con Gran Bretaña, es decir, no transformarse en República y continuar teniendo a la Reina de Inglaterra como su Jefe de Estado. El resultado de la consulta fue muy reñido: 54,7% de los votos contra el 45,3% que proponía el cambio. El representante de la Reina es William Patrick Deane, y John Howard, el Jefe del Gobierno. Los principales partidos son el Liberal, el Nacional, el Laborista, los Verdes y los Demócratas. Gobierna la coalición conservadora de los dos primeros.

Australia vivió 13 años gobernada por el laborista Paul Keating, partidario de la separación de la Corona y de la proclamación de la república. El 2 de marzo de 1996 fue derrotado en las elecciones presidenciales por Huward.

El país ofrece una gran estabilidad política y social y un claro crecimiento económico, paralelo a su mayor peso como potencia regional. Su vínculo con Estados Unidos resulta, posiblemente, ya más intenso que el que mantiene con su antigua metrópoli europea.

A las citadas hay que añadir otra fuerza política: Una Nación. El partido de Pauline Hanson representa a los nacionalistas antiaborígenes y antiasiáticos y tiene su base de operaciones en Queensland. El tema de los aborígenes es, obviamente, motivo de polémica, pues constituyen el grupo de habitantes más desfavorecidos y atrasados. Además, mantienen un contencioso para reivindicar sus ancentrales tierras.

También en Nueva Zelanda, la reina Isabel II figura a la cabeza del Estado. Tras las elecciones de noviembre de 1999, gobiernan los laboristas, presididos por Helen Clark. Los maoríes —famosos en el mundo gracias al deporte del rugby— cuentan en el país; e incluso su lengua, junto con el inglés, es oficial.

Papuasia-Nueva Guinea es también una democracia parlamentaria que tiene a la Reina de Inglaterra como Jefe de Estado. Entre sus mayores problemas cabe citar el de la isla de Bouganville, aunque parece casi resuelto el tradicional conflicto secesionista.

En el 2000 tuvo lugar en Fidji un golpe de Estado liderado por George Speight —un hombre de negocios que dice defender los intereses de los indígenas— contra el primer ministro Mahendra Chaudhry. En el fondo, late un enfrentamiento entre los aborígenes fiyianos y la influyente comunidad india. Poco después, un grupo de rebeldes armados tomaba como rehén a Bartholomew Ulufa'alu, primer ministro de Salomón y pidió su dimisión, en un intento de golpe de Estado inspirado en el de las vecinas Fidji. La acción fue iniciativa del grupo Águilas de Malaita, una milicia étnica dirigida por el abogado Andrew Nori.

En la Micronesia destacan como estados independientes Kiribaty y Nauru, además de las islas Marshall, los Estados federados de Micronesia y la República de Palau. Mantienen una relación especial —de libre asociación— con Estados Unidos, que se encarga de su defensa.

Polinesia sólo tiene tres estados soberanos. Samoa —antigua Samoa Occidental— constituye una monarquía un tanto pintoresca, pero formalmente parlamentaria. Malietoa Tanumafili es su rey desde 1963. La otra monarquía es Toga, gobernada por Taufa'ahau tupu IV desde 1965. Otro pequeño reino —tiene 158 kilómetros cuadrados— es Tuvalú, pero está vinculado a la soberana británica.

Persisten en Oceanía territorios coloniales con beneplácito de sus propios habitantes, que ven en los recursos turísticos un aceptable marco de vida. Bajo control francés está Nueva Caledonia, que tras los acuerdos de Numea goza de amplia autonomía y gobierno local. Existe una corriente independentista y se prevé su completo autogobierno dentro de una veintena de años.

16.3. ÁFRICA CONVULSA

Como escribe Juan Pando: «África ha pasado de ser *terra incognita* a convertirse en territorio conocido de lo injusto. Sin ser esto un dogma, no es cosa incierta. Pero los procesos liberadores habidos en Marruecos, Mali, Nigeria y Sudáfrica son reales y, según los casos, rápidos y constantes. Pero, ¿cómo racionalizar la vida y otorgar credibilidad al Estado en un desamparo evidente de pueblos castigados por el clima, unas condiciones edafológicas adversas, un círculo de enfermedades pandémicas, una red de políticos corruptos y unas bandas de guerrilleros matones que se transmiten odios y vicios como herencia? África lucha contra estas hostilidades. Y no tiene otra alternativa que la de preservar en este pelear».

En los últimos años noventa, el África Subsahariana se va organizando en zonas de influencia de Estados que intentan erigirse en potencias regionales. Así ocurre con Nigeria, en el África del Oeste, Uganda en su área, Angola y, especialmente, Sudáfrica en la parte austral e incluso en una progresiva proyección hacia el interior continental.

Las grandes cifras sobre el continente africano, según el informe del Banco Mundial en 1999 daban una población de 612 millones con una densidad de 25 habitantes por km^2, una esperanza de vida de 51 y un índice de fertilidad de 5 hijos por mujer. Los datos sobre infraestructuras y equipamiento señalaban 16 líneas de teléfono por 1000 habitantes, 2,32 servidores de internet por cada 1000 habitantes, solamente un 16 por ciento de carreteras asfaltadas. En los indicadores económicos, el producto interior bruto ascendía a 55.136.124 millones de pesetas; el PIB per cápita de 86.000 pts y un crecimiento del 3,1 por ciento anual. Su deuda externa se cifra en 222.600 millones de dólares.

Donato Ndongo-Bidyogo atribuye a la pugna de intereses neocoloniales parte de la responsabilidad en las crisis africanas: «Hay que subrayar que la raíz de esos conflictos se halla en la pugna por el control de las materias primas africanas y, por tanto, en la política de los estados africanos; es decir, se trataría de consolidar el papel que el neocolonialismo asignó a África, pero sobre las nuevas bases estratégicas resultantes del proceso de globalización. De ahí la soterrada lucha que enfrenta en suelo africano a Estados Unidos con Francia, país que se arroga, desde el siglo XIX, la hegemonía sobre el continente, incluso en detrimento de otras potencias ex coloniales como Inglaterra, Portugal, Bélgica o España.

«Esa rivalidad entre Estados Unidos y Francia se evidenció en el conflicto de la región de los Grandes Lagos, particularmente en las crisis de Uganda, Burundi, Ruanda y, sobre todo, de la República Democrática de Congo; pero también es clara en países como Congo-Brazzaville, Angola, Guinea Ecuatorial, Gabón, Camerún, Liberia, Sierra Leona y, más recientemente, en Senegal y Costa de Marfil».

Sin embargo, el tribalismo y las rivalidades étnicas siguen siendo considerados por la mayoría de los autores como una de las causas de violencia y enfrentamiento más extendidas, junto a las carencias y desigualdades económicas, las insuficientes infraestructuras o la débil sociedad civil en unos marcos institucionales inestables.

Los acuerdos de paz resultan a menudo frágiles, los conflictos internos casi endémicos y algunas disputas fronterizas de muy compleja solución.

El nigeriano Wole Soyinka, premio Nobel de Literatura, sin marginar la responsabilidad de las potencias, ha escrito que «el terrible dolor que sufre hoy África no está causado por enemigos externos sino internos. Los líderes africanos están hundiendo a sus pueblos en el abismo mientras luchan por establecer su propio dominio». «Más que elegir a hombres como Nelson Mandela de modelo» —continúa Soyinka—, «líderes como Robert Mugabe en

Zimbabwe preferirían ver a sus países en llamas antes que abandonar el poder».

Sobre las fuerzas de pacificación e intervención, el mismo Wole Soyinka señala: «Para que las misiones de paz funcionen en África deben ser realizadas por organizaciones imparciales, comprometidas con una visión global de solución de crisis, no importa dónde. No es misión de una fuerza cualquiera, sino de una fuerza legítima, y sólo la ONU puede cumplir ese papel».

El cuerno de África se ve azotado periódicamente por temibles *hambrunas* y pertinaces sequías y la ayuda internacional apenas puede ser distribuida por falta de medios. Esta región, que abarca Etiopía, Eritrea, Kenia, Somalia, Yibuti y Sudán se ve, además, azotada por la guerra.

El contrapunto lo ofrece la costa atlántica de donde parten cientos de emigrantes subsaharianos con la esperanza de alcanzar Europa, a los que hay que añadir los magrebíes que diariamente intentan también lo mismo.

La sequía ha afectado últimamente a países atlánticos como Nigeria, Ghana, Senegal, Mauritania o Guinea mientras países del sur y del oeste como Mozambique, Madagascar o Zambia han perdido sus cosechas por fuertes inundaciones.

16.3.1. *El Magreb*

El Magreb está tensionado por el fundamentalismo, los tímidos intentos modernizadores y la emigración. Argelia ha mejorado respecto a los últimos años, aunque sigue sacudida por el conflicto entre el Gobierno y los islamistas. Túnez, más sosegado, es un cierto oasis. Libia también parece más en calma bajo el liderazgo de Gadaffi y Marruecos se enfrenta a una nueva etapa con su joven rey Mohamed VI. El gran tema abierto es el futuro del Sáhara, donde el referéndum previsto por la ONU parece cada vez más lejano.

Liamin Zerual había anunciado en septiembre de 1998 que abandonaría su mandato antes de agotarlo y prometió unas elecciones pluralistas y abiertas. En efecto, el 15 de abril de 1999, tras siete años de violencia, Argelia celebraba elecciones que convirtieron al candidato, Abdelaziz Bouteflika en el quinto presidente del convulsionado país.

Aunque la situación había mejorado ligeramente, Argelia continuaba sumida en su crisis interna, incluida la división en la cúpula militar y el destacado papel que sigue teniendo en el proceso de paz el islamismo político. El antiguo FIS hizo un llamamiento en favor de los comicios «para devolver al país la concordia nacional», pero la retirada de los otros candidatos ensombreció las elecciones.

La XXV Cumbre de la OUA celebrada precisamente en Argel reintegró un cierto peso al país en el espacio africano. En Túnez, que ha visto mejorada su situación económica por el auge del turismo, Zin el-Abidín Ben Alí, presidente desde 1987 ha vuelto a ser elegido en 1999 frente a una débil oposición.

La resolución del polémico asunto del atentado de Lockerbie, con la llegada a Holanda de los dos agentes libios presuntos autores del hecho, permitió a la ONU levantar el embargo impuesto a Libia desde 1992, gesto que ha devuelto a Gaddafi un cierto papel en el contexto africano y la reanudación de las actividades económicas internacionales en el país.

Tras dos décadas de conflicto el Chad parece haberse iniciado un proceso de estabilidad. El país, dividido entre un norte árabe y un sur negro-africano, de modo parecido a lo que ocurre en Sudán y Mauritania, tiene aún un difícil camino por delante y continúa un cierto rescoldo guerrillero en ciertas zonas. Un hecho positivo fue la reconciliación entre Libia y Chad en 1998.

El príncipe Side Mohamed, con 36 años se convirtió tras la muerte de su padre Hassan II el 23-VII-99 en el nuevo monarca marroquí. Las honras fúnebres fueron una ocasión para el respaldo internacional, especialmente de España y Francia, al joven rey. Mohamed VI sorprendió por la rapidez del giro político que dio, relevando a colaboradores de Hassan II e iniciando un proceso de modernización cuya consecución no va a ser, sin embargo, tarea fácil.

El contencioso sobre el futuro del ex-Sahara español y la celebración del cada vez más aplazado referéndum sigue siendo el mayor problema de esta zona.

Carlos Echeverría tras señalar que «diversos factores de fragilidad, tanto económica como política, debilitan la gobernabilidad de los estados magrebíes y la estabilidad global de la región», reclama un entendimiento y mayor cooperación desde Europa para estos países y señala cómo «la existencia de dos *cordones umbilicales* en forma de gaseoductos que conectan Argelia y Europa, vía Túnez y vía Marruecos, deben de servir de estímulo a una actividad, no sólo de cooperación entre orillas norte y sur del Mediterráneo, sino también y, sobre todo, a una concertación Sur-Sur basada en la teoría de la integración económica como condición fundamental de la seguridad».

16.3.2. *África Ecuatorial*

A) En Sierra Leona, las esperanzas de paz puestas en la reinstauración de Ahmad Teján en marzo de 1998, que había sido elegido y derrocado por un golpe militar poco después, no se vieron cumplidas y el país continuó sumido en el caos. La intervención de un fuerte contingente del ECOMOG, enviado por la Comunidad Económica de Estados del África Occidental (CEDEAO) alivió momentaneamente la situación. La tregua entre el régimen y el Frente Revolucionario Unificado (RUF), duró poco. El líder rebelde Foday Sankoh que había sido detenido en Nigeria en 1997 fue extraditado a Sierra Leona y condenado a muerte, pero los rebeldes atacaron la capital para impedir la ejecución. Fueron contenidos por la ECOMOG que aprociaba por una salida negociada.

La guerra de este país, que ha tenido terribles escenas de crueldad, puede degenerar en un conflicto más amplio pues los estados que apoyan la acción interafricana, tienen intereses y objetivos diversos y la coalición puede romperse. Además de la rivalidad político y militar, otra de las claves del conflicto es el control de las ricas minas de diamantes, que por cierto, sirven para adquirir las armas para continuar la guerra.

En Guinea Ecuatorial se celebraron elecciones presidenciales con participación de distintos partidos. Venció el Partido Democrático de Guinea Ecuatorial (PDGE) de Teodoro Obiang, que lleva en el poder desde 1979. La oposición cuestionó el resultado electoral y se negó a ocupar sus escaños.

En Níger y Mali han continuado los enfrentamientos con los tuaregs. En abril de 1999 se llegó a un acuerdo con la ORA, gracias a la mediación internacional, pero el FIAA continúa activo en Mali.

B) Nigeria vivió un positivo período de transición que además de estabilizar su situación interna va confirmando al país como potencia regional. En junio de 1998 moría el general Sani Abacha, que ejercía el poder desde 1993. Le sucedió el también militar Abdulsalami Abukabar quien emprendió un decidido programa reformador para restaurar la democracia. Se liberó a los presos políticos, se disolvieron los partidos existentes, se invitó a los exiliados a regresar a Nigeria y se tomaron medidas económicas y políticas liberalizadoras.

Se formaron nuevos grupos políticos, entre los que destacaban nueve partidos como el PDP o Partido Democrático del Pueblo de tendencia moderada, el Partido de Todos los Pueblos a (APP), más conservador y la Alianza para la Democracia (AD) de mayoría yoruba. Las elecciones para designar los gobernantes y representantes de las Asambleas de los 36 Estados federados se realizaron a principios de 1999. El PDP venció en las zonas ibo, haoussa y fulani, mientras la AD en las regiones yorubas, incluyendo Laos. En las elecciones al Parlamento Federal, también se impuso el PDP y por último, en las presidenciales ganó el general Olusegun Obasanjo frente a Olu Falae. El nuevo presidente ya había gobernado Nigeria entre 1976 y 1979.

El país mantiene su contencioso con Camerún por la zona de Bakassi.

C) Níger vio culminado un período de dificultades con el asesinato en abril de 1999 del presidente Baré, sustituido por el militar Daouda Mallam

Wanké. Éste fue nombrado Jefe del Estado por el Consejo de Reconciliación Nacional, y prometió convocar elecciones, como así hizo, antes de acabar el año. Fue elegido primer mandatario Mamadou Tandja.

En Guinea-Bissau también hubo momentos difíciles a partir de la sublevación militar en junio de 1998, que sumieron al país en una serie de combates y treguas. Hubo intervenciones militares senegalesas, guineanas y del ECOMUG. Fue derribado Nino Vieira por la junta militar presidida por A. Mané.

En Liberia, se viven las secuelas del grave conflicto interno iniciado en 1996. Charles Taylor presidente desde 1997 sigue en el poder, pero es contestado por amplios grupos opositores y la acción de las Fuerzas de Interposición de ECOMOG no parece imponer la paz. El apoyo de Taylor al Frente Revolucionario Unificado de Sierra Leona le ha granjeado la enemistad occidental. Como dato positivo hay que mencionar el paulatino regreso de los refugiados y exiliados.

16.3.3. *África Central*

En mayo de 1997, terminaban 30 años de régimen dictatorial en el Zaire, al entrar las tropas de Laurent Kabila en Kinshasa tras haberla abandonado Mobutu Sese Seko rumbo a Marruecos. Kabila juró como presidente y prometió convocar elecciones. El mandatario exiliado fallecería el 7 de septiembre.

La rebelión había comenzado en octubre del año anterior al unirse los banyamulenges con otros opositores al régimen, formándose, así, la Alianza de las Fuerzas Democráticas para la Liberación del Zaire que encabezará Kabila.

Los principales enfrentamientos tuvieron lugar en Kivu Norte, Kindú, Kisangani, Kasenga, Kasai, Lubumbasi, Shaba hasta tomar las zonas cercanas a la capital del país. Ya en febrero la ONU pidió el cese de hostilidades e, incluso, se celebraron algunos encuentros entre Mobutu y Kabila, por mediación sudafricana, sin resultado.

El Zaire volvió a denominarse República Democrática del Congo. Se dijo que el fin de la Guerra Fría hizo que Mobutu dejara de ser una pieza útil, por su oposición al comunismo, en el tablero de intereses africanos.

El Congo se ha convertido en los finales de los noventa en un verdadero espacio de enfrentamiento interafricano. La gravedad de la situación apenas tiene eco fuera de los límites del país, que sin embargo corre el riesgo de acabar transformándose en una guerra semicontinental.

El frente se estabilizó a comienzos de 1999 al crearse una división fáctica entre el este y el oeste. Angola, Zimbabwe y Namibia apoyan al gobierno de Kinshasa, mientras Uganda y Ruanda cooperan con la Agrupación para un Congo Democrático (RCD).

Apenas había transcurrido un año desde el triunfo de Kabila, cuando se inició la rebelión de la Agrupación, que ha supuesto la apertura de un nuevo frente por los seguidores de Mbemba. El mismo RCD mantiene rivalidades intestinas.

Tras el acuerdo firmado en Libia entre los presidentes congoleño, ugandés, eritreo y sudanés, parece haber mejorado la intervención foránea, pero conforme avanza el tiempo, el régimen de Kabila tiende a deteriorarse y desprestigiarse. No faltan acciones condenables y persecuciones étnicas, especialmente contra los tutsi. También, ha empeorado la situación económica y los países africanos mezclados en el conflicto han obtenido un cierto reparto de influencias para explotar los recursos congoleños, a la vez que la moneda se deprecia alarmantemente.

Poco duraron también los efectos de pacificación del acuerdo firmado en julio de 1998 entre el FMI y el gobierno del Congo-Brazaville, pues los enfrentamientos se reiniciaron pocos meses más tarde en la región de Pool. Los combates entre las tropas regulares y las milicias de Denis Sassou Nguesso contra los Ninja, partidarios de Bernard Koléas se han ido intensificando y extendiéndose por el país, forzando la huida de habitantes a Gabón y Zaire.

16.3.4. *África Oriental y del Sur*

A) En agosto de 1998, dos atentados terroristas destruyeron las embajadas norteamericanas en Tanzania y Kenya causando 186 muertos y numerosos heridos. Como respuesta, el mismo mes, la aviación estadounidense bombardeó en Sudán un complejo que, se dijo, fabricaba armas químicas. Al parecer, era simplemente una planta farmacéutica.

Uganda puso fin a la actividad guerrillera en el norte, exceptuando al grupo que capitaneaba Kony, pero no ha concluido la rivalidad entre los multipartidistas y los unionistas del Movimiento de Resistencia Nacional.

Los problemas que crispan la situación de Ruanda y Zaire salpican a Uganda.

En Senegal, a finales de los noventa, todavía continuaba vivo el secesionismo de la provincia de Casamance.

En febrero de 1995, se completó la retirada de las fuerzas internacionales de Somalia. Los primeros contingentes intervinieron en 1992; pero desde que los estadounidense se retiraron en 1994, la presencia militar de pacificación fue mucho menor.

En junio de 2000, se logró que Etiopía y Eritrea firmasen la paz tras dos largos años de conflicto armado, que costaron más de 100.000 muertos y un millón de desplazados. El acto tuvo lugar en Argel bajo los auspicios de la Organización para la Unidad Africana (OUA). Se ha previsto un despliegue de cascos azules para supervisar el fin de las hostilidades.

Esta última guerra había sido una continuación del conflicto que ambos países venían manteniendo hacía 30 años y que tuvo un breve período de paz. Eritrea fue el primer país africano reconocido por la ONU nacido de una secesión.

Hay que citar como litigios y reivindicaciones fronterizas las disputas de Egipto y Sudán por la zona de Halaib.

B) Los miles de ruandeses que habían buscado refugio en el Congo en 1994 emprendieron un masivo retorno al levantarse en el Zaire los banyamulenges o tutsis contra el régimen de Mobutu para aplastar a los hutus. Se calcula que para noviembre habían regresado a Ruanda 700.000 hutus. Los ruandeses abandonaron los campos de Mugunga, Katale y Kibumba, donde estaban acogidos.

El entendimiento entre la Unión Nacional de Kenia (KANU), el partido en el poder y el Partido Demócrata Nacional (NPD) ha dado una aceptable estabilidad a Kenia desde 1998, aunque los casos de corrupción, las disensiones internas, y la actividad guerrillera, no dominada por completo en la zona norte, confirman que aún no se ha restablecido por completo la seguridad y la normalidad.

En la región de los Grandes Lagos, en los últimos años han tenido lugar sangrientos enfrentamientos tribales.

Desde el asesinato de Melchior Ndadaye en 1993, Burundi sufre una cuenta contienda civil.

Pierre Boyoya, que ocupa el poder desde 1996, ha intentado una cierta transición y autorizado el multipartidismo. La guerrilla ha seguido operando desde la vecina Tanzania y con menor intensidad desde el Congo, aunque paralelamente se abrieron las negociaciones de Arusha. El levantamiento del embargo y la formación de dos agrupaciones políticas, URPONA, de mayoría tutsi y FRODEBU, hutu, han mejorado la situación.

Las fuerzas ruandesas y banyamulenges (tutsis) que habían ayudado a Kabila y que fueron un año más tarde expulsadas del Congo, consiguieron afianzarse en la amplia zona de Kivu, ahora dirigidas por James Kabare. Ruanda sigue recibiendo el apoyo norteamericano y mantiene su presencia en el complejo conflicto congoleño.

En Zimbabue, como no podía ser de otro modo ganó Robert Mugabe las presidenciales, aunque la oposición obtuvo un importante triunfo moral y de votos. La presión sobre los ciudadanos blancos, poseedores de las mejores tierras, no ha amainado y sigue siendo un tema polémico.

C) El 6-V-95 en Lusaka, el presidente angoleño José Eduardo dos Santos y el líder guerrillero Jonas Savimbi ratificaron el acuerdo de paz que ya habían alcanzado dos años antes. UNITA negociará su incorporación al Gobierno para poner fin a un conflicto que empezó con la independencia de Angola en 1975. Cuando se cumplen ya 25 años de aquella fecha el conflicto sigue abierto y la perspectiva abierta en Lusaka no ha cuajado en una paz estable.

Angola y Mozambique no acaban de apagar del todo sus focos conflictivos, que en otras zonas del continente reviven como los incendios forestales. En África hay otros temas, no menos trágicos, como la alarmante expansión del SIDA; el mantenimiento de los factores de subdesarrollo e inestabilidad, pese a las innegables riquezas de estas tierras, especialmente mineras; las carencias de unas sociedades civiles realmente vertebradas y democráticas; la pervivencia de partidos autoritarios, hegemónicos y vinculados a sectores militares y por añadidura, aunque desaparecieron las tensiones generadas por el impacto de la Guerra Fría, la pervivencia de los intereses cruzados de las Potencias extra-africanas.

Nelson Mandela, el hombre carismático que había llenado todo un período de la historia sudafricana, dejó la presidencia de su país con ochenta años de edad el 16-V-99. La ceremonia de despedida congregó a representantes de todo el mundo que rindieron homenaje a este líder que pasó 27 años en la cárcel por oponerse al racismo. Le sucedió Tabo Mbeki, su hombre de confianza y del mismo partido, el Congreso Nacional Africano, que venció claramente en las elecciones.

El 8-V-96 la Asamblea Constituyente había aprobado la nueva constitución democrática para Sudáfrica, en cuyo texto destaca la Carta de los Derechos del Hombre que ilegaliza todo tipo de discriminación.

16.4. Iberoamérica progresa

El afianzamiento de la democracia formal en Iberoamérica se enfrenta ahora con el reto de resolver problemas sociales muy concretos como las demandas de trabajo, salud, educación, redistribución de la riqueza, estabilidad, seguridad ciudadana, más igualdad, respeto a las pluralidades y justicia, además de instaurar unas administraciones públicas eficaces y honradas.

Durante este último lustro las inversiones españolas en estos países han ido creciendo en progresión geométrica, especialmente en sectores como el bancario, las telecomunicaciones, el turismo o las obras públicas. Por otra parte, el Banco Santander Central Hispano (BSCH) y el Banco Bilbao Vizcaya Argentaria (BBVA) se han erigido en los dos primeros grupos financieros latinoamericanos.

Si los progresos son evidentes, también hay que registrar turbulencias políticas y dificultades económicas. No faltaron tiempos catastróficos naturales importantes como el huracán *Mitch* en Centroamérica o las inundaciones de Venezuela.

Los grupos guerrilleros continuaron con sus acciones. Destacan como principales organizaciones las Fuerzas Armadas Revolucionarias de Colombia (FARC); el Ejército de Liberación Nacional (ELN), también en Colombia; Sendero Luminoso en Perú junto con el denominado Movimiento Revolucionario Tupac Amarú (MRTA) y los zapatistas (EZLN) en México.

Entre el 16 y el 17 de octubre de 1995 se celebró en la localidad argentina de Bariloche la V Cumbre Iberoamericana de Jefes de Estado y de Gobierno, en la que se decidió el fortalecimiento de los lazos políticos, económicos, culturales y lingüísticos, se destacó el valor de la educación como factor para el desarrollo. También se insistió en la preocupación generada por las sanciones norteamericanas a Cuba.

Las Cumbres iberoamericanas volvieron a celebrarse en Villa del Mar (1996), Venezuela (1997), Lisboa (1998), La Habana (1999) y Panamá (2000).

16.4.1. *México y América Central*

América Central entra en un período más tranquilo y en México la novedad más llamativa será el relevo del todopoderoso PRI de la presidencia de la República.

A) Además de la guerrilla zapatista encabezada por el subcomandante Marcos, a mediados de los noventa surgieron otros dos movimientos revolucionarios, el primero en el Estado de Guerrero denominado Ejército Popular Revolucionario (EPR) y el segundo el Ejército Revolucionario de Insurgencia Popular (ERIP). El diálogo entre el Gobierno y los insurgentes siguió adelante pero sin conseguir resultados del todo satisfactorios, mientras continuaban las acciones violentas de guerrilleros y paramilitares.

El acuerdo comercial y de cooperación con la Unión Europea supuso un excelente marco para la expansión de las relaciones económicas de México, que también mantenía su especial situación en el Acuerdo de Libre Cambio en América del Norte.

Ya en las elecciones legislativas de 1997, el PRI perdió su anterior hegemonía, logrando el Partido de Acción Nacional (PAN) la mayoría en el Congreso y la alcaldía de la capital. Pero el gran cambio histórico vendrá con las presidenciales de 2000 al resultar vencedor Vicente Fox, candidato del PAN.

El 2-VIII-00 terminaban 71 años de hegemonía del PRI al ser derrotado Francisco Labastida, 35,7% de los votos, frente a los 42,7% de Fox. El tercer candidato Cuautémoc Cárdenas del PRD tuvo que contentarse con el 16,5%. La alta participación del electorado (casi 30 millones de votantes) parece ser una de las explicaciones del resultado de estos comicios. Fox prometió un gobierno «plural e independiente».

En la Cámara de Diputados la victoria del PAN fue más corta. El partido de Cárdenas continuó con la alcaldía de México capital, conseguida en 1997. Todos los comentaristas resaltaron la limpieza del proceso electoral y felicitaron a Zedillo, el mandatario saliente. El proceso ya se había iniciado al celebrarse unas primarias dentro del PRI en lugar del llamado *dedazo* o designación del candidato por coaptación.

B) El 13-XII-98 los puertorriqueños se pronunciaron en un referéndum por el mantenimiento del estatus de Estado libre asociado a los EEUU. Se rechazaron las otras dos opciones: transformación en un Estado de la Unión, o inclinarse por la independencia.

En Belize el Partido Único del Pueblo recuperó el poder tras las elecciones generales. El nuevo Jefe de Gobierno, Said Musa es de origen palestino. En el territorio continúa nominalmente, al frente del Estado, la reina Isabel II.

El presidente de Costa Rica, Miguel Angel Rodríguez, impulsó un Fórum de Concertación Nacional formado por representantes políticos y sociales que han ido elaborando positivas propuestas para el país que el Gobierno fue haciendo suyas.

En la ciudad de México, en diciembre de 1996, se alcanzaba el acuerdo que ponía fin a 36 años de guerra civil y a unas largas negociaciones entre el Gobierno y los representantes de la Unidad Revolucionaria Guatemalteca (URNG). El nuevo clima internacional, la habilidad del presidente Alvaro Arzú y el papel de los países mediadores, entre ellos España, contribuyó al éxito de las conversaciones que terminaban con uno de los conflictos más duros y negativos del área, iniciado en 1961.

En 1998, el Congreso aprobará varias reformas Constitucionales, pero en el posterior referendum para sancionar los cambios, estos fueron rechazados. También se creó una Comisión para esclarecer las responsabilidades de la dramática situación anterior de Guatemala.

Nicaragua parece superar su división interna, expresada claramente en las elecciones de 1996, entre los partidarios de Daniel Ortega y el presidente

Arnoldo Alemán. Un año antes, el sandinismo se había escindido en dos grupos al crearse el llamado Movimiento de Renovación Sandinista por el exvicepresidente Sergio Ramírez. A finales de los noventa, disminuirá la popularidad del presidente Alemán y se produjo una escisión en su partido.

En Honduras, tras la intentona golpista de 1996, se vive un pausado proceso de transición. Formalmente, el poder está en manos del presidente civil Carlos Roberto Reina; pero no puede olvidarse la influencia que todavía detentan los militares, encabezados por el general Mario Hung.

Sin embargo, en 1998 una reforma constitucional disminuyó de modo importante el poder del ejército, nombrarse a un civil titular de Defensa. El nuevo Jefe del Estado será Carlos Flores.

También el nuevo presidente salvadoreño se apellidará Flores, candidato de la Alianza Republicana Nacionalista (ARENA), partido en el poder desde 1989. Fue disminuyendo el porcentaje de votos del representante del antiguo Frente Farabundo Martí, que se había adaptado a la contienda democrática desde los acuerdos de 1992.

Tampoco salió adelante el referéndum para la reforma constitucional en Panamá que tenía matices autoritarios como la posible reelección del presidente. Precisamente, Pérez Balladares será sustituido en las elecciones de 1999 por Mireya Moscoso. El hecho más destacado en el país fue la devolución del Canal el 31-XII-99 al cumplirse el plazo señalado por los acuerdos Torrijos-Carter de 1977. Al acto conmemorativo asistió Carter y también fue invitado el rey de España.

C) En las grandes Antillas se apreció un período de bonanza con cierto crecimiento económico gracias al auge del turismo y de la estabilidad política.

La visita del Papa a Cuba fue sin duda una de las novedades del período.

La entrevista de Fidel Castro con Juan Pablo II en el Vaticano en 1996 y la concertación de un viaje del Papa a Cuba aportaba luz y esperanza a nuevas concesiones a la oposición. Al regresar Castro a La Habana, autorizó el ingreso de 40 religiosos extranjeros para trabajar en Cuba, algo que la jerarquía católica venía reclamando hacía años.

Otros resultados tuvieron que ver con el acceso a los medios de comunicación para difundir el mensaje pastoral de la Iglesia (se constituyó también la Asociación de Periodistas Católicos de Cuba, amparada por la Iglesia).

Cuba había logrado frenar la caída de su economía, pero tras derribar dos cazas cubanos a dos avionetas de la organización anticastrista Hermanos para el Rescate, el gobierno de EEUU aprobó la llamada ley Helms-Burton, que trataba de recrudecer e internacionalizar el bloqueo económico al tomarse medidas contra los países que comerciaran con Cuba. La decisión levantó una fuerte polémica en numerosos estados, siendo rechazada en Europa y especialmente por España.

Sin embargo, las relaciones entre Castro y el Jefe del Gobierno español empeoraron. Aznar pidió a Castro que «moviese ficha» para democratizar el régimen y se llegaron a romper las relaciones diplomáticas que pronto volvieron a reestablecerse.

Cuba se ha acercado a la Unión Europea y ha logrado un estatus de observador en las renegociaciones de los acuerdos de Lomé. Con motivo de la celebración en La Habana la Cumbre de Países Iberoamericanos en 1999, a pesar de las protestas y ausencias de varios mandatarios latinoamericanos, sí asistió Juan Carlos I que de modo protocolariamente indirecto visitaba Cuba.

Haití iba recuperándose lentamente de su crisis y tardó dos años en contar con un nuevo gobierno estable que encabezará como Jefe del Estado René Préval y del Gobierno Jacques Edouard Alexis.

16.4.2. *América Andina*

La América andina vivió unos tiempos algo confusos que culminaron con el sorprendente anuncio de dimisión de Fujimori sin plazo fijo primero, y por carta desde Japón después.

A) En Bolivia, retornó a la presidencia el veterano Hugo Banzer en 1997, que ya había gobernado en el país como dictador en la década de los setenta. El Gabinete se verá envuelto en casos de corrupción y tendrán que dimitir varios ministros. El contrapunto favorable vino por la mejora económica, en parte, propiciada por el gaseoducto para mandar gas boliviano a Brasil.

El gobierno peruano ofreció en 1995 al brasileño la posibilidad de tener una salida comercial al Pacífico a través de dos puertos. Obtuvo Asia a cambio ayuda para mejorar sus infraestucturas.

Los presidentes de Colombia, Perú, Bolivia, Ecuador y el Primer Ministro venezolano acordaron en una reunión celebrada en Trujillo el (10-III-96) crear una Comunidad Andina que sustituya al Pacto Andino creado en 1969.

Este mismo año Chile se adhirió a MERCOSUR.

Un grave enfrentamiento tuvo lugar en la frontera amazónica al mantener combates fuerzas regulares de Perú y Ecuador en la zona cercana a la cordillera andina, que tiene reservas de oro y uranio. Aunque los límites se habían fijado ya en 1942, Ecuador denunció el acuerdo en los sesenta. Las hostilidades serán cortas y se llegó a un acuerdo de paz firmado en Brasilia, pero el tema fronterizo seguía sin resolverse.

En Colombia se habían celebrado elecciones en 1997. Venció el Partido Liberal al Conservador y al año siguiente Andrés Pastrana sustituirá a Samper Lozano en las presidenciales.

El Presidente colombiano y el dirigente guerrillero de las FARC, Manuel Marulanda, se reunieron en 1998 para dar comienzo a unas negociaciones de paz. Se calcula que desde 1995 cerca de 750.000 colombianos habían tenido que abandonar sus tierras y viviendas por la contienda. Las conversaciones continuaron en Costa Rica, mientras el ELN mantenía sus acciones, al igual que los paramilitares.

A partir del 10-VIII-96 se inició en Ecuador el quinto período constitucional tras recobrar la democracia en 1979 con la toma de posesión del populista Abdalá Bucaram, derrotado por Jaime Nebot, de la derecha tradicional, en la primera vuelta, pero vencedor en la segunda.

En la campaña electoral, criticó la política de ajustes, privatizaciones y apertura económica instrumentada por el anterior gobierno, pero se apresuró a decir que continuará con ella, dentro de los cánones neoliberales.

El incumplimiento de las ofertas electorales —muchas de ellas demagógicas, como la de la vivienda popular con el subsidio estatal del 75%— podía abocar al país a una situación muy difícil, como pronto se evidenciará, pues a los seis meses será destituido por el Congreso acusado de corrupción, tras varias manifestaciones populares de protesta.

En su lugar, la legislatura nombró presidente interino al presidente del Congreso, Fabián Alarcos, encomendándole dirigir el país hasta 1998, año para el que estaban previstas nuevas elecciones generales.

El malestar de los sectores menos favorecidos y especialmente de la población indígena no cesó en estos años sino que fue en aumento, coincidiendo con una inflación galopante y una caída del PIB.

En julio de 1998 llegó al poder el abogado Mahuad con atractivas promesas que resultaron inviables y generaron nuevas devaluaciones. Apenas duró año y medio el gobierno pues, en enero de 2000, se produjo un golpe militar y un alzamiento indigenista. Tras unas horas de confusión se formó una Junta de Salvación Nacional, expulsó a Mahuad y estableció un triunvirato encabezado por el nuevo presidente Gustavo Novoa, acompañado por el general Carlos Mendoza y el líder indígena Antonio Vargas. Pronto retornó la legalidad constitucional y Novoa se erigió en Presidente del país.

B) Fujimori fue reelegido presidente del Perú en abril de 1995, obteniendo el 60% de los votos frente al 25% del ex-Secretario General de la ONU, Pérez de Cuellar.

El 17-XII-96 se celebraba en la embajada japonesa en Lima una fiesta en honor del emperador nipón con motivo de su aniversario. A las 8,30 de la tarde miembros del movimiento guerrillero penetraron en la embajada disfrazados de floristas y camareros y secuestraron a todos los invitados.

Casi 500 personas representantes de la política peruana, las Fuerzas Armadas, la diplomacia o el mundo empresarial sirvieron de rehenes al Movimiento Revolucionario Tupac Amaru (MRTA) para reivindicar al presidente Alberto Fujimori la amnistía de 458 presos de este grupo armado.

Entre los secuestrados se encontraban tres españoles. Los secuestradores dejaron salir a las mujeres y los niños que había en el interior del edificio.

Al día siguiente viajó a Lima el ministro de Exteriores japonés Yukihiko Ikeda, con la firme voluntad de convencer a Fujimori de llegar a una salida negociada y sin derramamiento de sangre.

Las reivindicaciones de los guerrilleros tupamaros fueron a más: «Mataremos a los rehenes uno a uno si no liberan a nuestros combatientes presos y no se logra un acuerdo global de paz con el gobierno y la sociedad peruana, que facilite la pacificación y la democratización del país». Fueron capaces de tener en vilo a todo el mundo durante todo el tiempo que duró el secuestro y no cumplieron la dramática promesa. El 31 de diciembre, ya sólo quedaban 85 en la embajada.

Los guerrilleros no aceptaron el asilo político ofrecido por Cuba.

Mediante un golpe sorpresa, unidades especiales del Ejército peruano asaltaron la embajada japonesa, el 22 de abril de 1997 y liberaron a 71 de los 72 rehenes que estaban en poder de los guerrilleros tupamaros. Durante el asalto murieron los 14 secuestradores. El propio Fujimori dirigió la operación de rescate.

En julio de 2000, Alberto Fujimori inició su tercer mandato presidencial tras unos comicios que fueron denunciados como fraudulentos por la oposición y por observadores neutrales. Sin embargo, la sorpresa vino pocos meses más tarde al anunciar Fujimori por radios y televisión su retirada del poder y la nueva, aunque todavía imprecisa, convocatoria de elecciones a las que no pensaba presentarse (17-IX-00).

Apenas se difundió la noticia, Alejandro Toledo, líder de la oposición y competidor en las recientes votaciones regresó de Washington desde Madrid e hizo un llamamiento para agrupar a toda la oposición y constituir un Gobierno de Unidad Nacional.

La inesperada decisión de Fujimori, celebrada por miles de manifestantes en las calles de Lima, llegó dos días después del escándalo motivado por la difusión de un video en el que su *número dos,* Montesinos, ofrecía dinero a una parlamentario de la oposición.

Acusó de los sucedido a «fuerzas e intereses políticos que no aceptan ni aceptarán quedarse al margen por cinco años más, fuerzas que representan políticas de gobierno distintas a la nuestra que pretenden un cambio de Gobierno». El presidente dijo que no quería convertirse «en factor de perturbación, y menos en obstáculo para fortalecer el sistema democrático».

La confusión se extendió por el país ante las pocas explicaciones de lo sucedido, la indefinición del futuro inmediato y el paradero desconocido de Montesinos que luego se supo había marchado a Panamá, de donde al poco tiempo regresó a Perú. Todos los partidos pidieron la detención del antiguo jefe del Servicio de Ineligencia Nacional e incluso Fujimori encabezó una teatral batida policial para dar con su paradero.

La rocambolesca historia se complica aún más, pues Fujimori, de viaje en Japón, decide quedarse en este país y envía una carta de dimisión a Lima (19-XI-00), con el que cesa a todo el Gobierno. El vacío de poder se resolvió al hacerse cargo provisionalmente de la jefatura del Estado el presidente del Congreso, Valentín Paniagua y ser nombrado Jefe del Gobierno, Pérez de Cuellar.

16.4.3. *Venezuela y Cono Sur*

A) En Venezuela Rafael Caldera tuvo un final poco afortunado de su segundo mandato por la caída de los precios del petróleo. El ex golpista Hugo Chávez resultó vencedor en las elecciones del 6-XII-99 causando además el descalabro de los partidos tradicionales del país. El nuevo presidente inició una política populista que bautizó como bolivariana y suprimió las instituciones que calificó de corruptas y convocó un referéndum para plantear la reforma constitucional.

La consulta, en abril, aprobó los cambios y después se ratificó por una Asamblea Constituyente que recibió en encargo de redactar una nueva Constitución.

Chávez fue reelegido en julio de 2000 por amplia mayoría según las normas recién aprobadas, superando a su rival y antiguo compañero de armas Francisco Arias Cárdenas. También sus seguidores lograron el control de los gobiernos regionales y la Asamblea Nacional. Tanto Acción Democrática como COPEI, que habían protagonizado la política venezolana entre 1958 y 1998 quedaron de nuevo marginados por los electores.

Chávez ha iniciado una política internacional más activa, visitando varios países europeos y americanos, entrevistándose con Clinton y recibiendo también a Castro. Con motivo de la presidencia de la OPEP por parte de Venezuela se entrevistó con Sadam Hussein y Gadafi entre otros Jefes de Estado.

En Guyana se dieron algunas fricciones entre las comunidades intergradas por los indígenas indios y los de procedencia africana, mientras en Surinam el Parlamento retiró su confianza al presidente Wijdenbosch, que se negó a dimitir y propuso elecciones anticipadas para el 2000.

B) En el cono sur el socialdemócrata Julio María Sanguinetti, que ya había gobernado Uruguay entre 1985 y 1990, volvió a ser elegido Presidente en 1995.

También Uruguay modificó su constitución y cambió su sistema electoral. Tras unos comicios muy reñidos Jorge Batle, el candidato colorado logró imponerse al izquierdista Frente Amplio y al candidato Tabaré Vazquez.

Paraguay tuvo una etapa más complicada pues en marzo de 1999 fue asesinado el vicepresidente Argaña, atribuyéndose la inspiración del hecho al propio presidente.

En Argentina, fue reelegido Menem en 1995, jefe del Partido justicialista, frente al senador Bordón, del Frente del País Solidario. Se quedó en tercer lugar el candidato radical; pero en 1997 la Alianza de Izquierdas que agrupaba a varias formaciones políticas venció al Partido justicialista en las legislativas. Un síntoma de la evolución en el país fue la detención del ex-Presidente Videla acusado de delitos contra menores.

También la retirada de Pinochet como Jefe de las Fuerzas Armadas contribuyó a normalizar la evolución política en Chile.

Los comicios presidenciales de 1999 en Argentina confirmaron el declive justicialista al vencer el candidato de la Alianza Opositora Fernando de la Rua con el 46,5% de los votos. Sus contrincantes fueron Eduardo Duhalde y Domingo Cavallo.

En Brasil, Fernando Henrique Cardoso, socialdemócrata pero de tendencia liberal volvió a ganar las presidenciales de 1998, aunque los partidos opositores también acortaron distancias y alteraron el mapa del poder en las circunscripciones regionales (estatales). El Gobierno tomó medidas para estabilizar la economía y dar más austeridad al gasto público. La Deuda externa todavía seguía siendo muy elevada.

C) El 17-X-98 la policía británica ponía bajo custodia en Londres, por orden de detención internacional del juez español Garzón, al general y ex Presidente chileno, Augusto Pinochet. Pocos días más tarde, la Audiencia Nacional de Madrid declaraba que la justicia española era competente para juzgar delitos cometidos por las dictaduras militares de Chile y Argentina.

Se iniciaba así un largo proceso que iba a prolongarse hasta mediado el año 2000, al disponer Londres que, por razones de salud, Pinochet regresara a Chile, donde sus partidarios lo recibieron calurosamente.

El 25-XI-98 la Cámara de los Lores había rechazado la inmunidad del general y poco después el Ministerio del Interior autorizaba el proceso de extradición. En este corto espacio de dos meses se estaba configurando una situación jurídica nueva que iba a propiciar un interminable debate internacional e implicar la posibilidad de juzgar a dictadores por los delitos cometidos en sus propios países, hasta entonces amparados por el concepto de soberanía y el principio de no injerencia.

Las diversas fases del interminable pleito tuvo uno de sus momentos más álgido el 8-X-99 cuando la justicia británica decidió conceder la extradición de Pinochet a España por 34 delitos de tortura, pero la defensa recurrió alegando motivos humanitarios y reanudándose por tanto el litigio.

El proceso empeoró gravemente las relaciones entre España y Chile y dividió a la opinión pública del país sudamericano.

Ya en Chile Pinochet fue privado de su fuero y puesto a disposición de los tribunales, en un clima en principio crispado que fue remitiendo conforme

El retorno de un presidente socialista al palacio de La Moneda tras 26 años fue calificado por algunos medios de «segunda transición». Ricardo Lagos venció el 6-I-2000 por muy estrecho margen a Joaquín Lavín —188.000 votos y en segunda vuelta— al lograr el 51,3% de los sufragios. El nuevo Gobierno dará continuidad a la alianza entre democristianos y socialistas que ya viene funcionando desde hace 16 años. Esta elección coincidía con el interminable «asunto Pinochet». Por eso, Lagos declaró ante sus seguidores que «los juicios los resuelven los tribunales de justicia y haré respetar la decisión de los tribunales de justicia».

D) Si Asia y África deben tener representación permanente en el Consejo de Seguridad, con el mismo argumento de hacer presente en los foros internacionales la realidad de un mundo más unido a la vez que más plural, Iberoamérica y especialmente alguno de sus grandes Estados como México, Argentina, Brasil o Chile deberían también ocupar al menos un puesto, fijo o rotativo en la cúpula de la ONU.

16.5. LA CONQUISTA DEL ESPACIO EXTERIOR

Las expediciones al espacio exterior y la continuidad de las investigaciones y exploraciones volvieron a dar un llamativo impulso a estas actividades que, poco a poco, van cobrando una mayor importancia y recuperando el interés de la opinión pública.

Si la *carrera espacial* nació en buena medida como un aspecto de la confrontación soviético-norteamericana en los años de la Guerra Fría, se ha ido transformando en un campo de cooperación internacional, en uno de los mejores ejemplos de entendimiento entre los países tecnológicamente más avanzados.

A) En marzo de 1995, un astronauta norteamericano viajó por primera vez en un cohete ruso con destino a la estación espacial Mir. La colaboración entre americanos y rusos permite que pocos meses después el transbordador Atlantis se acople a la Mir. El momento más simbólico fue el encuentro de los comandantes Gibson y Dezhurov en el tubo de conexión de ambas naves, mientras viajaban a una velocidad de 28.000 km por hora. En el mes de noviembre el Atlantis y la Mir volverán a protagonizar otro acoplamiento pensando en la próxima construcción de la estación internacional Alfa.

Tras un viaje de siete meses, el 4-VII-97 la nave no tripulada *Pathfinder* aterrizó en el ecuador de Marte y el robot que llevaba a bordo envió fotografías a la tierra con las primeras imágenes del llamado planeta rojo.

El 29-X-98 fue lanzado en Cabo Cañaveral el *Discovery,* transbordador espacial que llevaba a cabo el primer astronauta español, Pedro Duque. El viaje, que duró nueve días contaba también entre los tripulantes al veterano John Glenn, el primer estadounidense que dio vueltas a la tierra en 1962.

Las misiones espaciales continuaron en 1999. Destacando el lanzamiento de la Columbia en una operación que por primera vez era mandada por una mujer, Eileen M. Collins y el fracaso de la nave Mars Polar Lander que debía haber estudiado la posible existencia de agua en Marte.

El último año del siglo trajo el éxito de los dos satélites de la misión europea Cluster II que investigarán las interacciones entre la Tierra y el Sol. Los satélites, en cuya fabricación participó España, fueron puestos en órbita en una operación conjunta desarrollada entre las estaciones de Villafranca del Castillo (Madrid), la central ESOC de Alemania (Darmstad) y la base de Baikonur en Kazajistán. La primera misión Cluster, fracasó en 1996 al estallar el cohete Arianne. También desde Baikonur se lanzó en julio el módulo que permitirá habitar la estación espacial internacional, bautizado como *Zvezdá* (Estrella). El plan llevaba paralizado año y medio. Dos semanas más tarde se acoplará al complejo compuesto por los módulos *Zaría* (Amanecer) y *Unity* (Unidad), a unos 400 km sobre la Tierra. El cuerpo central tiene un peso de 20 toneladas, 13 metros de largo y 30 de ancho con los paneles extendidos. En octubre se lanzó el transbordador espacial Discovery para alcanzar el complejo con 7 astronautas a bordo que llevaban la misión de colocar unas piezas estructurales.

Los astronautas lograron su objetivo tras cuatro paseos espaciales, dos de ellos realizados por López-Alegría. El resto de la tripulación del comandante Dufy está formada por la piloto Pamela Melroy y los especialistas de misión Leroy Chiao, William McArthur y Koichi Wakata (astronauta de la agencia espacial japonesa NASDA), que se encargará de manejar el brazo robotizado de 15 metros de longitud del *Discovery* en las operaciones de montaje del Z-1 y del PMA-3.

Pocos días más tarde (2-XI-2000) llegaron los tres primeros ocupantes permanentes, los rusos Serguéi Krikaliov y Yuri Guidzenko y el norteamericano William Shepherd que permanecerán 117 días abordo.

Con 184 metros cuadrados de espacio habitables la estación será la mayor estructura nunca construida en el espacio. Se verá desde la Tierra como el cuarto objeto más brillante del cielo.

Con esta misión los transbordadores de la NASA cumplieron su vuelo número 100 desde el primer lanzamiento del Columbia en 1981. Cuando la estación se encuentre totalmente acabada hacia el año 2006 tendrá el tamaño de un campo de fútbol. El coste se cifra en 60.000 millones de dólares. La masa de la estación será de 440 toneladas, en una estructura de 120 metros, por 88 metros, por 44 metros, que proporcionará un espacio interior habitable equivalente al tamaño de un Boeing 747, *Jumbo*. Participan en el proyecto Alemania; Bélgica; Brasil; Canadá; Dinamarca; España; Estados Unidos; Francia; Holanda; Italia; Japón; Noruega; Reino Unido; Rusia; Suecia y Suiza.

B) Justamente cuando el mundo apenas tiene espacios que el hombre no haya ocupado, cuando se han alcanzado las cumbres más altas, los polos y las selvas más primitivas, en estos años finales del segundo milenio, la aventura espacial es un reto que confirma el afán innovador de la Humanidad.

Sí es obviamente positivo este esfuerzo por investigar el espacio exterior, sería injusto no reclamar un empeño paralelo para combatir de modo riguroso las carencias, desigualdades, injusticias y violentos conflictos que todavía azotan a esta misma Humanidad. No se trata de criticar el osado proyecto de conocer el cosmos cuyos efectos multiplicadores en variados ámbitos científicos es manifiesto, sino de reescribir el orden de prioridades de una sociedad que es consciente de su intervinculación y continúa sin superar fracturas estructurales que también deberían reclamar la atención de los responsables del sistema internacional.

Si el siglo XX nos ha traído un espectacular progreso científico y tecnológico y una mejora de las condiciones higiénicas y de habitabilidad, la incorporación de las masas a la Historia y la construcción de una infraestructura comunicativa en todas sus manifestaciones, es de esperar que el nuevo siglo complemente estos logros con un rearme moral, con una aceptación de valores compartidos y con una sociedad más solidaria animada de mensajes de paz, libertad, cooperación e integración en un mismo ecosistema político.

COLECCIÓN COMUNICACIÓN

Juan Pablo de Villanueva: *La dinámica y el valor de la opinión pública* (agotado).
Ana María Calzada: *La prensa navarra* (agotado).
I Semana de Estudios para Periodistas: *Técnica y contenido de la información* (agotado).
Antonio Melich Maixe: *La influencia de la imagen en la sociedad de masas* (agotado).
Gloria Toranzo: *Un elemento de interés en la fonética española* (agotado).
Guadalupe Ferchen: *Neue Zürcher Zeitung* (agotado).
II Semana de Estudios para Periodistas: *Las secciones en la información de actualidad* (agotado).
José Ortego Costales: *Noticia, actualidad, información* (2.ª ed.) (agotado).
Ángel Faus Belau: *La ciencia periodística de Otto Groth* (agotado).
Alfonso Nieto: *El concepto de Empresa Periodística* (agotado).
Autores varios: *Ciencia y Enseñanza del periodismo* (agotado).
Mariano del Pozo: *El cine y su crítica* (agotado).
Autores varios: *Los profesores del periodismo* (agotado).
José María Desantes: *La relación contractual entre autor y editor* (agotado).
Geoffrey Whatmore: *La documentación de la noticia* (agotado).
Carlos Soria: *El director de periódicos* (agotado).
Carlos Soria: *Orígenes del Derecho de Radiodifusión en España* (agotado).
Pedro Lozano Bartolozzi: *El ecosistema informativo* (agotado).
Francisco García Labrado: *La ayuda económica del Estado a la prensa* (agotado).
Pedro Lozano Bartolozzi: *El ecosistema político* (agotado).
José María Desantes: *La función de informar* (agotado).
Eduardo Gorostiaga: *La radiotelevisión en España* (agotado).
Miguel Urabayen: *Vida privada e información. Un conflicto permanente* (agotado).
László Révész: *Ley y arbitrariedad en la prensa soviética*.
José María Desantes, Alfonso Nieto y Miguel Urabayen: *La cláusula de conciencia* (agotado).
Ruth Thomas: *Radiotelevisión y democracia en Francia*.
Jaime Planell: *La cuestión religiosa en la campaña electoral del Presidente Kennedy*, I (agotado).
Esteban López-Escobar: *Análisis del «nuevo orden» internacional de la información* (agotado).
Fernando Conesa: *La libertad de la empresa periodística* (agotado).
José Tallón: *Papel y empresa periodística* (agotado).
Manuel Casado: *Lengua e Ideología. Estudio de «Diario Libre»* (agotado).
James F. Scott: *El cine. Un arte compartido* (agotado).
Luka Brajnovic: *El ámbito científico de la Información* (2.ª ed.).
Óscar Núñez Mayo: *La radio sin fronteras. Radiodifusión exterior y comunicación de masas* (agotado).
Emil Dovifat: *Política de la información*, I.
Joaquín de Aguilera: *La educación por televisión. Un servicio público desatendido* (agotado).
Ángel Faus Belau: *La información televisiva y su tecnología* (2.ª ed.) (agotado).
Jesús Timoteo Álvarez: *Restauración y prensa de masas. Los engranajes de un sistema, 1875-1883*.
Autores varios: *Televisión pública. Televisión privada*. VI Jornadas de estudio para antiguos alumnos. Pamplona, 1 y 2 de mayo de 1981* (agotado).
Juan José García-Noblejas: *Poética del texto audiovisual* (agotado).
José Luis Dader: *Periodismo y pseudocomunicación política. Contribuciones del periodismo a las democracias simbólicas* (agotado).
Claude-Jean Bertrand: *Los medios de comunicación social en Estados Unidos*.
Francis Balle: *Información y sociedad. Antiguos y nuevos desafíos**.
Emmanuel Derieux: *Cuestiones ético-jurídicas de la Información*.
Alberto Díaz Mancisidor: *La empresa de radio en USA* (agotado).
Denis McQuail y Sven Windahl: *Modelos para el estudio de la comunicación colectiva* (3.ª ed.).
Richard Clutterbuck: *Los medios de comunicación y la violencia política**.
Leo Bogart: *La prensa y su público*.
Juan María Guasch Borrat: *«El Debate» y la crisis de la Restauración, 1910-1923*.
Jorge Yarce (editor): *Filosofía de la comunicación*.
Carlos Soria (editor): *Prensa, paz, violencia y terrorismo: La crisis de credibilidad de los informadores* (2.ª ed.).

Carmen Sofía Brenes: *Fundamentos del guión audiovisual* (2.ª ed.).
Daniel Innerarity y Aires Vaz (editores): *Información y derechos humanos*. Actas de las I Jornadas de Ciencias de la Información.
Marisa Aguirre: *El deber de formación en el informador*.
Esteban López-Escobar y José Luis Orihuela (editores): *La responsabilidad pública del periodista*. Actas de las II Jornadas de Ciencias de la Información. Servicio de Publicaciones de la Universidad de Navarra, S.A. (agotado).
Alfonso Nieto y Juan Manuel Mora: *La concentración informativa en España. Prensa diaria*. Servicio de Publicaciones de la Universidad de Navarra, S.A. (agotado).
Alfonso Sánchez Tabernero: *El Correo Español-El Pueblo Vasco y su entorno informativo, 1910-1985*. Servicio de Publicaciones de la Universidad de Navarra, S.A. (agotado).
Norberto González Gaitano: *El deber de respeto a la intimidad. Información pública y relación social*.
Autores varios: *Estudios en honor de Luka Brajnovic*.
María Teresa La Porte: *La política europea del régimen de Franco, 1957-1962*.
José Manuel Ordovás: *Historia de la ACN de P. Tomo I: De la Dictadura a la Segunda República, 1923-1936*.
Mercedes Montero: *Historia de la ACN de P. Tomo II: La construcción del Estado Confesional, 1936-1945*.
Manuel Martín Algarra: *La comunicación en la vida cotidiana. La fenomenología de Alfred Schutz*.
María José Canel: *La opinión pública. Estudio del origen de un concepto polémico en la Ilustración Escocesa*.
Gabriel Galdón: *Desinformación. Método, aspectos y soluciones* (3.ª ed.).
Francisco Javier Pérez-Latre: *Centrales de compra de medios*.
Carlos Barrera: *El Diario Madrid: realidad y símbolo de una época* (2.ª ed.).
Francisco Verdera Albiñana: *Conflictos entre la Iglesia y el Estado en España. La revista Ecclesia entre 1941 y 1945*.
Ángel Arrese Reca: *La identidad de The Economist*.
Juan de los Ángeles: *Creatividad publicitaria. Concepto, estrategias y valoración*.
José Alberto García Avilés: *Periodismo de calidad: estándares informativos en la CBS, NBC y ABC*.
Alfonso Sánchez Tabernero, Inmaculada Higueras, Mercedes Medina Laverón, Francisco Pérez-Latre y José Luis Orihuela: *Estrategias de marketing de las empresas de televisión en España*.
Norberto González: *La interpretación y la narración periodísticas. Un estudio y tres casos: Croacia, drogas, mujer*.
Cristina López Mañero: *Información y dolor. Una perspectiva ética*.
José Ángel Cortés Lahera: *La estrategia de la seducción. La programación en la neotelevisión*
Franciso Javier Zubiaur Carreño: *Historia del cine y de otros medios audiovisuales*.
Roberto Rodríguez Andrés y Teresa Sádaba Garraza (editores): *Periodistas ante conflictos. El papel de los medios de comunicación en situaciones de crisis*.
Marisa del Pozo Lite: *Gestión de la comunicación interna en las organizaciones. Casos de empresa*.
Inmaculada Higueras: *Valor comercial de la imagen. Aportaciones del right of publicity estadounidense al derecho a la propia imagen*.

MANUALES

LUKA BRAJNOVIC: *Tecnología de la Información* (2.ª ed.) (agotado).
GLORIA TORANZO: *El estilo y sus secretos* (agotado).
LUKA BRAJNOVIC: *Deontología periodística* (2.ª ed.).
LUKA BRAJNOVIC: *Grandes figuras de la Literatura Universal*, I (agotado).
ALFONSO NIETO: *La empresa periodística en España* (agotado).
MARÍA VICTORIA ROMERO: *Vocabulario de cine y televisión* (agotado).
PETER RUGE: *Prácticas de periodismo televisivo**.
MARIO R. GARCÍA: *Diseño y remodelación de periódicos.*
ALFONSO NIETO: *La prensa gratuita* (agotado).
FRANCISCO IGLESIAS y SAM VERDEJA: *Marketing y gestión de periódicos* (2.ª ed.).
ESTEBAN MORÁN TORRES: *Géneros del periodismo de opinión.*
JOSÉ JAVIER SÁNCHEZ ARANDA y CARLOS BARRERA DEL BARRIO: *Historia del periodismo español. Desde sus orígenes hasta 1975.*
ANTONIO VILARNOVO y JOSÉ FRANCISCO SÁNCHEZ: *Discurso, tipos de texto y comunicación* (2.ª ed.).
MIGUEL URABAYEN: *Esructura de la información periodística. Concepto y método.*
IRWIN R. BLACKER: *Guía del escritor de cine y televisión.*
JOSÉ FRANCISCO SÁNCHEZ: *La entrevista periodística: introducción práctica* (4.ª ed.).
MARY LUZ VALLEJO MEJÍA: *La crítica literaria como género periodístico.*
PEDRO LOZANO BARTOLOZZI: *Relaciones internacionales.*
    Vol. I: *«El gran consulado» de la Segunda Guerra Mundial a la coexistencia (1939-1975).*
    Vol. II: *«El directorio mundial» de la distensión al tiempo post-soviético (1976-1994).*
FERNANDO LÓPEZ PAN: *70 columnistas de la prensa española.*
MIGUEL ÁNGEL JIMENO LÓPEZ: *El suelto periodístico. Teoría y práctica. El caso de ZIGZAG.*
FERNANDO LÓPEZ PAN: *La columna periodística. Teoría y práctica. El caso de HILO DIRECTO.*
JESÚS ZORRILLA RUIZ: *Introducción al diseño periodístico* (2.ª ed.).
ANA AZURMENDI: *Derecho de la información. Guía jurídica para profesionales de la comunicación* (2.ª ed.).
CARLOS SORIA: *El laberinto informativo: una salida ética.*
MERCEDES MEDINA LABERÓN: *Valoración publicitaria de los programas de televisión.*
GIANFRANCO BETTETINI Y ARMANDO FUMAGALLI: *Lo que queda de los medios. Ideas para una ética de la comunicación.*
PEDRO LOZANO BARTOLOZZI: *De los imperios a la globalización. Las relaciones internacionales en el siglo XX*

DOCUMENTACIÓN

GABRIEL GALDÓN LÓPEZ: *Perfil histórico de la documentación en la prensa de información general, 1845-1984* (3.ª ed.).
JOSÉ LÓPEZ YEPES: *La documentación como disciplina. Teoría e historia* (2.ª ed.).
ALFONSO LÓPEZ YEPES: *Manual de documentación audiovisual.*
ADELINA CLAUSÓ GARCÍA: *Manual de análisis documental: Descripción bibliográfica* (2.ª ed.).
MARÍA EULÀLIA FUENTES I PUJOL: *Documentación y periodismo.*

---

* Editado con la colaboración de la FUNDACIÓN ACADEMIA NACIONAL DE CIENCIAS Y ARTES DEL CINE Y LA TELEVISIÓN (Caracas, Venezuela).